Margaret Thatcher
Downing Street No. 10

MARGARET THATCHER

Downing Street No. 10

Die Erinnerungen

ECON Verlag

Düsseldorf · Wien · New York · Moskau

Titel der englischen Originalausgabe: The Downing Street Years
Originalverlag: HarperCollins Publishers Ltd.,
London, England
Copyright © 1993 by Margaret Thatcher

Übersetzt von
Heinz Tophinke, Blanca Dahms, Karin Dufner, Petra Hrabak,
Bernhard Jendricke, Nicole Kaufmann, Klaus Pemsel, Christa Prummer,
Sonja Schuhmacher, Barbara Steckhan, Ursula Wulfekamp;
Kollektiv Druck-Reif, München

Die Deutsche Bibliothek – CIP-Einheitsaufnahme

Thatcher, Margaret:
Downing Street No. 10: Die Erinnerungen / Margaret Thatcher.
[Übers. von Heinz Tophinke...]. – Düsseldorf; Wien; New York; Moskau:
ECON Verl., 1993
ISBN 3-430-19066-5

Redaktion: Boris Heczko; Kollektiv Druck-Reif, München.
Fachlicher Rat: Stefan Junker, Otto Schreiner
Gesetzt aus der Sabon, Linotype
Satz: Lichtsatz Heinrich Fanslau, Düsseldorf
Druck und Bindearbeiten: Bercker Graph. Betrieb GmbH, Kevelaer
Printed in Germany
ISBN 3-430-19066-5

Für meinen Mann und meine Familie,
ohne deren Liebe und Ermutigung
ich nie Premierministerin geworden wäre.

Und für all jene,
die in der Downing Street und in Chequers,
in welcher Funktion auch immer,
mit mir zusammengearbeitet haben.
Mit ihrem unermüdlichen Einsatz
waren sie in diesen Jahren der Herausforderung
eine große Stütze.

Inhalt

Einführung

»311 Jastimmen, 310 Neinstimmen«

Noch bevor die Stimmenzähler die Zahlen bekanntgaben, wußten wir auf den Oppositionsbänken, daß Jim Callaghans Labour-Regierung bei ihrer Vertrauensfrage gescheitert war und Neuwahlen ausschreiben mußte. Wenn nämlich die vier Stimmenzähler in den Saal zurückkommen, um die Gesamtzahl der im Couloir, dem Foyer des Parlaments, gezählten Stimmen zu verlesen, erkennen die Abgeordneten daran, an welcher Seite gegenüber dem Parlamentspräsidenten (Speaker) sie ihren Platz einnehmen, wer gewonnen hat. Dieses Mal gingen die beiden Stimmenzähler der Torys auf die linke Seite des Parlamentspräsidenten, auf die Plätze, die normalerweise den Whips, den »Einpeitschern«, der Regierungspartei vorbehalten sind. Von den Bänken der Torys wurden daraufhin spontan Beifallsrufe und -gelächter laut, und unsere Anhänger auf den Zuschauertribünen brachen unter Verstoß gegen die Parlamentsordnung in lauten Jubel aus. Denis, der die Szene von den untersten Bänken der Opposition aus verfolgte, wurde für einen lauten Hurraruf von einem Ordnungsbeamten gerügt, wie es sich gehört. Über den ganzen Tumult hinweg vernahm man jedoch Spenser Le Marchant, den zwei Meter großen und für seinen Champagnerkonsum allseits bekannten Tory-Abgeordneten für den Wahlkreis High Peak, der mit dröhnender Guards-Officer-Stimme das Ergebnis bekanntgab – die erste derartige Niederlage einer britischen Regierung seit mehr als fünfzig Jahren.

Daß es sehr knapp ausfallen würde, hatten wir gewußt – doch mit einem derartigen Kopf-an-Kopf-Rennen hatten wir während unseres Gangs vom Saal ins Foyer und zurück nicht gerechnet. Wir alle hatten nach unverhofft erschienenen Personen Ausschau gehalten, die über den Ausgang der Wahl entscheiden könnten. Eifrig hatten die Whips der Labour Party die wenigen unabhängigen Parlamentsmitglieder zusammengetrommelt, deren Stimmen ihrer Partei möglicherweise zum Sieg verhelfen konnten. Am Ende wurde jedoch alles durch die Stimme eines einzigen, schwer einschätzbaren irischen Abgeordneten – Frank Maguire – entschieden, der doch noch in Westminster aufgetaucht war, was die Labour-Minister erst einmal hoffnungsvoll aufatmen ließ. Während der schier endlosen Zeit des Wartens auf die Verkündigung des Ergebnisses machten im Plenum alle nur erdenklichen Gerüchte die Runde. Unser Chief Whip teilte mir im Flüsterton seine persönliche Diagnose mit. Ich erwiderte nichts darauf, sondern versuchte nur, ein undurchdringliches Gesicht zu machen, was mir aber mit Sicherheit nicht gelang. Als Mr. Maguires Erscheinen bekannt wurde, begannen einige Abgeordnete der Labour Party siegessicher zu grinsen. Er war jedoch nur gekommen, um sich der Stimme zu enthalten. Und damit war am 28. März 1979 die Regierung unter Führung von James Callaghan, die letzte Labour-Regierung – und vielleicht die letzte Labour-Regierung überhaupt – gescheitert.

Die Beileidsbekundungen über den Tisch hinweg fielen knapp und weitgehend förmlich aus. Premierminister Callaghan teilte dem Haus mit, daß er Neuwahlen ausschreiben lassen und daß das Parlament aufgelöst werde, sobald anstehende dringende Geschäfte erledigt seien. Ich sicherte ihm als Sprecherin für die Opposition unsere Zusammenarbeit in dieser Angelegenheit zu, damit die Auflösung des Parlaments zum frühestmöglichen Zeitpunkt gewährleistet sein würde. Nach der vorangegangenen Aufregung wurden die Parlamentarier nun von einem plötzlichen Gefühl der Leere erfaßt. Allenthalben verbreitete sich die Empfindung, daß das Unterhaus im Augenblick nicht mehr im Mittelpunkt der Ereignisse stand. Die großen Fragen der Macht und der Grundsätze wurden anderswo entschieden. Ich verließ den Plenarsaal und ging zu einer Besprechung des Schattenkabinetts in meinem Büro im Unterhaus. Willie Whitelaw, der oft schon erahnte, wie ich mich fühlte, wenn ich mir selbst noch gar nicht klar darüber war, legte mir aufmunternd seinen Arm um die Schultern.

Die Sitzung des Schattenkabinetts verlief lebhaft und sachbezogen. Unser Hauptanliegen war zu verhindern, daß die Labour-Regierung während der ihr noch verbleibenden Zeit im Parlament weitere Beschlüsse in ihrem Sinne durchbringen konnte. Vor allem sollte keine Haushaltserklärung mehr stattfinden, auch wenn begrenzte Änderungen im Steuerbereich nötig sein würden, damit der Finanzhaushalt im Lot blieb. Wir beschlossen ferner, gleich nach der Regierungsübernahme das Versprechen der Labour-Regierung einzulösen und die Renten um die Beträge zu erhöhen, die der Premierminister in der der Vertrauensfrage vorangehenden Debatte angekündigt hatte. Was den Zeitpunkt der Neuwahlen anbetraf, wollten wir auf den 26. April, den frühestmöglichen Zeitpunkt, drängen. Denn wir wußten, daß Labour versuchen würde, die Wahlen hinauszuzögern – in der Hoffnung, zwischenzeitlich die Parteimoral wiederherstellen zu können. (Am Ende mußten wir uns mit dem 3. Mai als Wahltermin zufriedengeben.) Nachdem das Geschäftliche geklärt war, stießen wir auf unseren Erfolg an und beendeten dann die Sitzung.

Als ich mit Denis zur Flood Street zurückfuhr, mußte ich an die bevorstehende Schlacht denken. Zweifellos würden wir schwer zu kämpfen haben; doch wenn nichts dazwischenkam, sollten wir in der Lage sein, zu gewinnen. Das Scheitern der Regierung bei der Vertrauensfrage stellte für die Linke insgesamt eine große Niederlage dar – sie hatte nicht nur das Vertrauen der Öffentlichkeit, sondern auch des Parlaments verloren. Der »Winter des Mißvergnügens« mit seinen zahllosen Streiks, die ideologischen Streitereien innerhalb der Regierung, deren Unfähigkeit, ihre Verbündeten bei den Gewerkschaften im Zaum zu halten, dazu ein kaum faßbares Gefühl, daß den Sozialisten überall die Luft und auch die Ideen ausgegangen waren – all dies verlieh dem kommenden Wahlkampf fast eine Endzeitstimmung.

Im Gegensatz dazu hatte die Tory Party ihre Zeit in der Opposition dazu genutzt, einen neuen Ansatz zur Wiederbelebung von Staat und Wirtschaft Großbritanniens auszuarbeiten. Wir hatten nicht nur ein vollständiges Regierungsprogramm erstellt, sondern uns auch Strategien aus der Werbebranche angeeignet und gelernt, komplexe Sachverhalte sprachlich kurz, knapp und prägnant zu vermitteln. Schließlich hatten wir unsere Anliegen nahezu vier

Jahre lang vertreten. Mit etwas Glück würden die Wähler unser
Programm als Ausdruck gesunden Menschenverstandes begreifen
und nicht als ein wildes, radikales Projekt. Bei allen diesen Punkten erfüllte mich vorsichtige Zuversicht.
Unsere Erfolgsaussichten nach dem Wahlsieg standen allerdings
auf einem anderen Blatt. Nachdem Großbritannien über den Zeitraum eines ganzen Jahrhunderts hinweg von immer ernsteren
Schwierigkeiten heimgesucht worden war, lag das Land im Jahre
1979 am Boden. Seit etwa 1880 war unsere industrielle Vormachtstellung zunächst von der amerikanischen und später von der
deutschen Konkurrenz immer mehr untergraben worden. Sicherlich war dies teilweise unvermeidlich, ja sogar willkommen. Als
Pionier der industriellen Revolution genoß Großbritannien gegenüber seinen Konkurrenten einen Startvorteil, der sich verringern
mußte, sobald Staaten mit größerer Bevölkerung und reicheren
Bodenschätzen in den Wettlauf eintraten. Doch da deren Aufstreben auch zum Anwachsen großer Exportmärkte für die britische
Wirtschaft führte – das Deutsche Reich etwa war 1914 Großbritanniens zweitgrößter Exportmarkt –, erwies sich diese kommerzielle Rivalität mehr als Segen denn als Fluch.

Durch die Unfähigkeit Großbritanniens, dem Konkurrenzkampf mit den richtigen Mitteln zu begegnen, wurde dieser Segen
allerdings dann doch zum Fluch. Unsere Investitionen gingen
zurück, unser Bildungs- und Ausbildungsniveau sank ab, und wir
gestatteten unseren Arbeitern und Fabrikanten, sich in Kartellen
zusammenzuschließen, die den Wettbewerb einschränkten und die
Leistungsfähigkeit minderten. Aufmerksame Beobachter hatten
solche Entwicklungen schon zu Beginn unseres Jahrhunderts festgestellt. Als eine Reaktion auf öffentliche Unruhen, die unter dem
Schlagwort »Streben nach nationaler Effizienz« (»quest for national efficiency«) bekannt wurde, reformierte Arthur Balfours Tory-Regierung die Schul- und Berufsausbildung sowie die wissenschaftliche Forschung. Doch solche Versuche, die britische Wirtschaft mit Hilfe gesellschaftlicher Reformen zu beleben, hatten
auch gegen starke gesellschaftliche Kräfte anzukämpfen: die
natürliche Selbstzufriedenheit einer Nation, die sich über mehr als
hundert Jahre hinweg an eine Spitzenstellung in der Welt gewöhnt
hatte; das ökonomische »Ruhekissen« in Form von immensen bri-

tischen Investitionen in Übersee (die im Jahre 1914 186 Prozent des
Bruttosozialprodukts ausmachten); die trügerische Macht eines
Weltreichs, das bis 1919 ständig ausgeweitet wurde, dessen Verteidigung jedoch mehr Kosten verursachte, als es zum Wohlstand der
Nation beitragen konnte; und natürlich die Erschöpfung durch
die Verluste zweier Weltkriege. Folglich war Großbritannien nach
1945 nicht nur von zwei gewaltigen militärischen Anstrengungen
zur Verteidigung der Zivilisation ausgeblutet, sondern litt auch
noch unter einer anhaltenden ökonomischen und finanziellen
Schwäche.

Mit der Wahl von Attlees Labour-Regierung jedoch begann ein
langer, mehr als dreißig Jahre währender Versuch, diesem Niedergang Einhalt zu gebieten und eine Wiederbelebung in Gang zu setzen. Der dabei gewählte Ansatz – mag man ihn nun als sozialistisch, sozialdemokratisch, dirigistisch oder einfach nur butskelli-
stisch[1] bezeichnen – schlug sich in einem zentralistischen, gängeln-
den, bürokratischen und interventionistischen Regierungsstil nieder. Die Regierung Großbritanniens, durch ihre Aufblähung in
zwei Weltkriegen ohnehin schon groß und schwerfällig geworden,
mischte sich bald in alle öffentlichen Angelegenheiten ein. Sie
erhob hohe Steuern auf Arbeit, Unternehmen, Verbrauch und Ver-
mögenstransfer. Sie plante das Wachstum auf allen Ebenen – in
Stadt und Land, Industrie und Wissenschaft. Sie lenkte die Wirtschaft – makroökonomisch nach Keynes' Methoden der Steuer-
manipulation, mikroökonomisch, indem sie Regionen und Industrien nach den verschiedenartigsten Kriterien bezuschußte. Sie
verstaatlichte Industrien – entweder direkt durch Übernahme der
Eigentumsrechte oder indirekt, indem sie ihre Verfügungsgewalt
dazu benutzte, die Entscheidungen des privaten Managements
nach ihrem Gutdünken zu beeinflussen. (Arthur Shenfield drückte
es folgendermaßen aus: Der Unterschied zwischen privatem und
staatlichem Sektor bestand darin, daß der private Sektor von der
Regierung kontrolliert wurde, während der verstaatlichte Sektor
keinerlei Kontrolle unterlag.) Sie stellte für ein breites Spektrum
von Fällen verschiedene Formen von Sozialhilfe bereit: Armut,
Arbeitslosigkeit, große Familien, Altersfürsorge, Unglück, Krankheit, Familienstreitigkeiten – und dies im allgemeinen auf einer
umfassenden Basis. Und wenn jemand es vorzog, auf seine eigenen

Mittel oder auf die Unterstützung von Familie und Freunden zurückzugreifen, wurde er schnell durch Regierungskampagnen von den vermeintlichen Vorteilen der Abhängigkeit überzeugt.

Der Grundgedanke, der sich hinter diesem umfassenden Katalog an staatlichen Eingriffen verbarg, könnte mit einem Zitat des früheren Labour-Kabinettsministers Douglas Jay wiedergegeben werden: »Der Gentleman in Whitehall weiß wirklich besser, was für das Volk gut ist als das Volk selbst.« Eine desinteressierte staatliche Verwaltung mit Zugang zu den besten Informationsquellen konnte ökonomische Eventualitäten demnach besser vorhersehen und entsprechende Maßnahmen vorschlagen als die blinden Kräfte des sogenannten »freien Markts«.

Diese Philosophie wurde ausdrücklich von der Labour Party verfochten. Staatliche Planung, Reglementierung, Kontrolle und finanzielle Unterstützungen waren für sie das Nonplusultra. Und sie hatte eine Vision von der Zukunft: Großbritannien als Beispiel für einen demokratischen, sozialistischen dritten Weg zwischen osteuropäischem Kollektivismus und amerikanischem Kapitalismus. Zwischen ihren Grundsätzen und ihrer Politik – beide trugen zu einer Aufblähung des Regierungsapparats bei – herrschte eine grobe Übereinstimmung, wenngleich die gesellschaftliche Veränderung für den linken Flügel dieser Regierung nicht schnell genug vonstatten ging.

Die Tory Party hingegen war ambivalenter. Sie trat in ihren Aussagen als Oppositionspartei prinzipiell gegen diese Doktrinen ein und predigte das Hohelied freien Unternehmertums mit möglichst geringen Einschränkungen. Fast jeder Wahlsieg der Torys nach dem Krieg war mit einem Slogan wie »Für ein starkes und freies Großbritannien« oder »Freiheit für das Volk« errungen worden. Doch genaugenommen stellten die Regierungszeiten der Torys lediglich Unterbrechungen auf dem langen Marsch nach links dar. Die Torys versuchten nie ernsthaft, diese Entwicklung umzukehren. Privatisierung? Die staatlichen *Carlisle Pubs* wurden in Privatbesitz überführt. Besteuerung? Reglementierung? Subventionen? Wenn sie zu Beginn einer Amtszeit der Torys reduziert wurden, dann schlichen sie sich gegen Ende zusehends wieder ein. Der Wohlfahrtsstaat? Wir rühmten uns, mehr Geld auszugeben als Labour, nicht aber Unabhängigkeit und Selbstvertrauen der Men-

schen wiederherzustellen. Das Resultat solcher Anpassungspoli-
tik, so klagte mein Kollege Keith Joseph, war, daß konservative
Politik in der Nachkriegszeit zu einer »Sperrklinke im sozialistischen Zahnrad« verkam – die Labour Party lenkte Großbritannien in Richtung auf mehr Dirigismus; die Torys unternahmen
praktisch nichts dagegen; und unter der nächsten Labour-Regierung bewegte sich das Land wieder ein bißchen weiter nach links.
Die Torys lockerten das Korsett des Sozialismus, doch sie schafften es nicht ab. Vielleicht war Keiths Formulierung sogar noch zu wohlwollend. Nach anfänglichen Reformbestrebungen propagierte
Edward Heaths Regierung, der wir beide angehörten, die radikal-
ste Form des Sozialismus, die je von einer gewählten Regierung in
Großbritannien erwogen wurde, und hätte sie auch fast in die Tat
umgesetzt. Als Gegenleistung für das Entgegenkommen der
Gewerkschaften in Fragen der Einkommenspolitik erklärte sie
sich zu einer staatlichen Kontrolle von Preisen und Dividenden
bereit und befürwortete eine gemeinsame Überwachung der Wirtschaftspolitik durch ein Dreiergremium, das aus dem Gewerkschaftsdachverband TUC (Trades Union Congess), dem Arbeitgeberverband CBI (Confederation of British Industry) und der
Regierung bestehen sollte. Vor dieser politischen Verirrung rettete
uns lediglich der Konservatismus und der Argwohn des TUC, der
es vielleicht einfach nicht fassen konnte, daß sich sein »Klassen-
feind« kampflos geschlagen geben würde.

Keiner politischen Theorie wurden in einem demokratischen
Staat je bessere Testbedingungen und eine längere Erprobungs-
phase zugestanden, als dem demokratischen Sozialismus in Großbritannien. Trotzdem scheiterte er in jeder Hinsicht kläglich. Er
erwies sich nicht nur als unfähig, den – verglichen mit den bedeutendsten wirtschaftlichen Konkurrenten Großbritanniens – langsamen Niedergang des Landes umzukehren, sondern beschleunigte ihn sogar noch. Wir fielen ständig weiter zurück, bis man uns im
Jahre 1979 schließlich als »Patient Europas« betrachtete. Dabei
wurde die relative Verschlechterung unserer wirtschaftlichen Lage
noch verschleiert durch den insgesamt steigenden Wohlstand des
Westens. Neben anderen Staaten konnten auch wir kaum umhin,
an dem von den Vereinigten Staaten angeführten langfristigen

wirtschaftlichen Aufschwung der westlichen Welt in der Zeit nach
dem Zweiten Weltkrieg teilzuhaben. Doch wenn wir es auch noch
nie so gut gehabt hatten – andere, wie Deutschland, Frankreich,
Italien, Dänemark, hatten es zunehmend besser. Und während
sich die siebziger Jahre trübe dahinschleppten, nahm unsere Mise-
re sowohl absolut als auch relativ gesehen immer mehr zu.

Die antizyklische, nachfrageorientierte Politik, die in den frühen
fünfziger Jahren zu einer Zunahme der realen Produktion und einer
Abnahme der Arbeitslosigkeit geführt hatte, bevor sie einen leichten Preisanstieg bewirkte, verursachte jetzt sofort eine hohe Inflationsrate, ohne sich auch nur im geringsten auf Produktion oder
Arbeitsmarkt auszuwirken. Staatliche Subventionen und gelenkte
Investitionen gingen an zunehmend leistungsschwächere Industrien und führten zu immer niedrigeren Kapitalerträgen. Gesetze,
die den Gewerkschaften zu Beginn unseres Jahrhunderts Straffreiheit verliehen hatten, wurden nun mißbraucht zum Schutz restrikti-
ver Praktiken, zu personeller Überbelegung von Betrieben und zur
Abstützung von Streiks. Arbeiter wurden gezwungen, der Gewerkschaft beizutreten und wider besseres Wissen an Arbeitskampfmaßnahmen teilzunehmen. Sozialleistungen, die mehr oder weniger ohne Berücksichtigung ihrer Auswirkungen auf das Verhalten
der Empfänger verteilt wurden, leisteten dem Auseinanderbrechen
von Familien Vorschub, führten zur Geburt unehelicher Kinder und
ersetzten Initiativen, die Arbeit und Selbstvertrauen gefördert hätten, durch eine perverse Ermutigung von Müßiggang und Betrüge-
reien. Die letzte Illusion – daß nämlich staatliche Intervention Solidarität und sozialen Frieden, oder, in den Worten der Torys, den
Zusammenhalt der Nation nach dem Motto »ein Land, ein Volk«
(»One Nation«) fördern würde –, diese letzte Illusion brach zusammen in dem zu trauriger Berühmtheit gelangten »Winter des Mißvergnügens«, als Tote nicht bestattet und schwerkranke Patienten
vor den Krankenhäusern von Streikposten abgewiesen wurden und
das vorherrschende soziale Klima von Mißgunst und unmotivierter
Feindseligkeit geprägt war. Der Versuch, das kranke Großbritannien mit Hilfe des Sozialismus zu heilen, war, als wolle man Leukä-
mie mit Blutegeln kurieren.

Es mußte ein anderer Weg gefunden werden – und zwar sowohl
aus außenpolitischen wie auch aus innenpolitischen Gründen. Die

wirtschaftliche Schwäche Großbritanniens hatte zur Folge, daß auch die internationale Rolle des Landes in Mitleidenschaft gezogen wurde. Die schmerzlichste Erfahrung der eingeschränkten Handlungsfähigkeit der Nation war das Scheitern der Expedition im Suez-Konflikt 1956. Sie war mehr das Resultat politischer und ökonomischer Schwäche als eines militärischen Fehlschlages, denn die Regierung zog damals im Gegenzug zu einem von der US-Regierung ermutigten »Run auf das Pfund« unsere siegreichen Truppen aus der Kanalzone zurück. Aber wie die Details dieser Niederlage auch immer gewesen sein mochten, sie blieb unvergessen und verzerrte unser Bild von Großbritanniens Platz in der Welt.

Wir entwickelten so etwas wie ein »Suez-Syndrom«: Zuvor hatten wir unsere Machtpolitik zu weit getrieben, nun übertrieben wir unsere Ohnmacht. Militärische und diplomatische Erfolge – etwa der Krieg auf Borneo, dank dem die Unabhängigkeit ehemaliger britischer Kolonien gegen die indonesische Subversion gewahrt sowie der antiwestliche Diktator Sukarno gestürzt und damit langfristig das Kräftegleichgewicht in Asien zu unseren Gunsten verschoben wurde – wurden entweder als Bagatellen abgetan oder einfach ignoriert. Niederlagen, die in Wirklichkeit aus vermeidbaren Fehlurteilen resultierten, beispielsweise der Rückzug vom Persischen Golf im Jahre 1970, wurden als unvermeidliche Auswirkungen des britischen Niedergangs betrachtet. Und Unternehmungen, die man eigentlich nur dem Bereich der komischen Oper zurechnen kann, wie etwa Harold Wilsons »Invasion« in Antigua (für die die Bezeichnung »Polizeiaktion« angemessener erscheint), wurden schadenfroh als Illustration für den realen Machtverfall Großbritanniens ausgeschlachtet. Die Wahrheit – nämlich daß Großbritannien durchaus eine Macht mittlerer Stärke war, die kraft ihrer historischen Sonderstellung, ihrer großen diplomatischen Erfahrung und ihrer vielseitig verwendbaren Streitkräfte außergewöhnlichen Einfluß besaß, aber aufgrund des wirtschaftlichen Niedergangs sehr geschwächt war – schien für besonders kluge Zeitgenossen zu komplex zu sein. Sie zogen es vor, ihr Land für schwächer und nichtswürdiger zu halten, als es tatsächlich war, und wiesen jede gegenteilige Behauptung weit von sich.

In den späteren siebziger Jahren wurde diese Haltung noch gefährlicher, weil die Vereinigten Staaten infolge ihrer Niederlage in Vietnam eine ähnliche moralische Krise durchzustehen hatten. Vielleicht wirkte das »Vietnam-Syndrom« in den USA sogar noch weit demoralisierender als die Suez-Krise bei uns, ging es doch einher mit der Überzeugung, daß die Vereinigten Staaten glücklicherweise unfähig zu Interventionen seien, da ein solches Vorgehen fast mit Sicherheit ethisch verwerflich sowie gegen die Armen der Welt oder die revolutionären Wellen der Geschichte gerichtet sein würde. Angesichts der Befangenheit ihrer ganzen Nation und eines ebenfalls von diesem psychologischen Phänomen in Mitleidenschaft gezogenen Kongresses mußten zwei amerikanische Präsidenten zusehen, wie die Sowjetunion und ihre Vasallen mit subversiven Mitteln wie auch direkter militärischer Intervention Macht und Einfluß in Afghanistan, im südlichen Afrika und in Mittelamerika ausbauten. Im Osten Europas stationierten die immer selbstbewußter auftretenden Sowjets Offensivwaffen in ihren Satellitenstaaten, vergrößerten ihre konventionellen Streitkräfte weit über den Stand des ihnen gegenüberstehenden NATO-Potentials hinaus und bauten eine Marine auf, die ihnen die Möglichkeit zu weltweitem Eingreifen sichern sollte.

Eine nach dem Zusammenbruch des Kommunismus geprägte Theorie, die die Politik der »Tauben« während des Kalten Krieges rechtfertigen will, besagt, da die Sowjetunion in den späten achtziger Jahren, nach fast einem Jahrzehnt der ökonomischen und militärischen Wiedererstarkung des Westens, relativ schwach gewesen sei, könne sie in den späten siebziger Jahren keine echte Bedrohung dargestellt haben. Ganz abgesehen von der logischen Absurdität, eine Ursache hinter ihre Wirkung zu stellen – meines Erachtens ein Trugschluß im Sinne von *ante hoc, propter hoc* –, widerlegt die Geschichte der Sowjetunion von 1917 bis in die jüngste Zeit dieses Argument. Aus politischen und ideologischen Gründen erlegte sich die Sowjetunion vorsätzlich wirtschaftliche Rückständigkeit auf, die sie jedoch kompensierte, indem sie ihre Ressourcen auf den militärischen Bereich konzentrierte, sowie dadurch, daß sie auf diese Weise gewonnene Macht durch Gewalt oder Gewaltandrohung zur Gewinnung weiterer Ressourcen einsetzte. Darüber hinaus pflegte sie dem um Frieden bemühten Westen in Perioden politischen »Tauwetters« subventionierte Kredite abzupressen und in »frostigen« Zeiten sowohl mit Mitteln der Subversion als auch durch Eroberung neue Territorien an sich zu reißen. In den späten siebziger Jahren sahen sich die USA, Großbritannien und unsere europäischen Verbündeten einer Sowjetunion in dieser zweiten aggressiven Phase gegenüber. Und wir waren weder psychologisch noch militärisch oder wirtschaftlich in der Lage, ihr Widerstand zu leisten.

Zusammengenommen bildeten diese drei Herausforderungen – der langfristige wirtschaftliche Niedergang, die Schwächung durch den Sozialismus und die wachsende sowjetische Bedrohung – für einen neuen Premierminister ein abschreckendes Erbe. Vielleicht hätte mich dies auf unserem Rückweg in die Flood Street mehr einschüchtern sollen, als es tatsächlich der Fall war. Vielleicht wäre ich auch besorgter gewesen, wenn ich die sich überschlagenden Ereignisse der kommenden elf Jahre, die in diesem Buch geschildert werden, damals besser hätte übersehen können. Aber so sonderbar es auch klingen mag, was ich angesichts der mir bevorstehenden schweren Aufgabe fühlte, war eine große Hochstimmung. Wir hatten alle diese Probleme durchdacht, diskutiert, beschrieben und debattiert – und jetzt, wenn in den nächsten Wochen alles glattging, würden wir endlich die Gelegenheit bekommen, sie selbst in die Hand zu nehmen.

Zum Teil rührte diese Hochstimmung auch daher, daß ich in meinen vier Jahren als Oppositionsführerin die verschiedenartigsten Menschen unseres Landes kennengelernt hatte. Sie waren so viel besser, als die Statistiken glauben machten: viel tatkräftiger, viel selbständiger, weit mehr über den Niedergang des Landes beunruhigt – und weit mehr als der Großteil meiner Parlamentskollegen bereit, auch schmerzhafte Maßnahmen zur Umkehrung dieses Niedergangs in Kauf zu nehmen. Wenn wir unser Versprechen eines radikalen Konservatismus und einer totalen politischen Wende nicht einhielten, davon war ich überzeugt, dann würden wir uns mehr Vorwürfen aussetzen, als wenn wir trotz aller Attacken und Widerstände, die uns die Sozialisten entgegensetzen mochten, eisern voranschritten. Ich spürte – und offenbar bemerkte es auch Jim Callaghan im Verlauf des Wahlkampfes –, daß sich im politischen Bewußtsein der Briten ein großer Wandel vollzogen hatte. Sie hatten sich vom Sozialismus abgewandt – das

dreißig Jahre währende Experiment war eindeutig gescheitert –
und wollten etwas Neues versuchen. Dieser große Wandel war
unser politischer Auftrag.

Aber auch eine persönliche Komponente trug zu meinem Hoch-
gefühl bei. Chatham äußerte einmal den berühmt gewordenen
Satz: »Ich weiß, daß ich dieses Land retten kann und daß nur ich
dazu in der Lage bin.«² Es wäre anmaßend gewesen, mich mit ihm
zu vergleichen – aber wenn ich ehrlich bin, muß ich eingestehen,
daß meine Hochstimmung aus einer ähnlichen inneren Überzeugung erwuchs.

Meiner Herkunft und meiner Erfahrung nach entsprach ich
nicht dem traditionellen Bild eines konservativen Premierministers. Ich konnte nicht von vornherein davon ausgehen, respektiert zu werden, doch vielleicht ließ ich mich durch die Gefahren
eines Wandels auch nicht so leicht einschüchtern. Meine älteren
Kollegen, die in den krisengeschüttelten dreißiger Jahren zu politischer Reife gelangt waren, betrachteten die Möglichkeiten der
Politik pessimistischer und waren eher bereit, sich zu fügen. Vielleicht waren sie sogar zu leicht gewillt, die Labour Party und die
Gewerkschaften als echte Vertreter der Volksmeinung zu akzeptieren. Ich hingegen hatte nicht das Gefühl, einen Dolmetscher zu
benötigen, wenn ich Menschen gleicher Sprache ansprechen wollte. Und ich betrachtete es als großen Vorteil, daß ich aus vergleichbaren sozialen Verhältnissen kam.³

Dank meiner Erfahrungen aus dieser Zeit fühlte ich mich aber
paradoxerweise gut für die Mühen gewappnet, die mir bevorstanden.

Ich wuchs in einer Familie auf, die man weder als arm noch als
reich bezeichnen kann. Damit wir uns gelegentlich etwas Luxus
leisten konnten, mußten wir im Alltag sparen. Manchmal wird der
Umstand, daß mein Vater Inhaber eines Lebensmittelgeschäfts
war, als Hintergrund meiner Wirtschaftsphilosophie zitiert. Das
war – und ist – zutreffend, doch war seine eigene Philosophie
etwas umfassender und nicht auf den Gedanken beschränkt, daß
die Einkünfte am Ende der Woche die Ausgaben etwas übersteigen
sollten. Vielmehr war mein Vater sowohl ein guter Praktiker wie
ein Mann der Theorie. Es gefiel ihm, den Erfolg unseres Geschäfts
an der Straßenecke in Zusammenhang mit dem abenteuerlichen

Geflecht der internationalen Handelsbeziehungen zu betrachten, bei denen Menschen aus aller Herren Ländern sicherstellten, daß bei einer Familie in Grantham Reis aus Indien, Kaffee aus Kenia, Zucker von den Westindischen Inseln und Gewürze aus allen fünf Kontinenten auf den Tisch kamen. Noch bevor ich eine Zeile der großen Vertreter liberaler Wirtschaftstheorien gelesen hatte, wußte ich bereits aus den Erzählungen meines Vaters, daß der freie Markt wie ein riesiges, empfindliches Nervensystem auf Ereignisse und Signale aus allen Teilen der Welt reagiert, um sich auf die in ständigem Wandel begriffenen Bedürfnisse unterschiedlichster Völker in verschiedensten Ländern, Schichten und Religionen einzustellen, ohne ihrer gesellschaftlichen Stellung Beachtung zu schenken. Im Vergleich dazu standen den Regierungen wesentlich weniger greifbare Informationen zur Verfügung; sie konnten nur blindlings im dunkeln umhertappen, wobei sie die Marktbewegungen öfter hemmten als förderten. Die britische Wirtschaftsgeschichte der nächsten vierzig Jahre bestätigte und illustrierte fast jedes Detail der praktischen Ökonomie meines Vaters. Und so wurde ich in der Tat schon von Kindesbeinen an mit der richtigen Einstellung und dem passenden analytischen Instrumentarium zum Wiederaufbau einer von sozialistischer Mißwirtschaft ramponierten Volkswirtschaft vertraut gemacht.

Wie das Leben der meisten Menschen auf dieser Erde wurde auch mein Werdegang durch den Zweiten Weltkrieg sehr stark beeinflußt. In meinem Falle war dieser Einfluß eher geistiger als physischer Art, da ich während des Krieges zunächst zur Schule ging und dann die Universität besuchte. Aus dem Scheitern der Politik des Appeasement zog ich die Lehre, daß man Aggressionen stets entschlossen begegnen muß. Aber wie? Der letztendliche Sieg der Alliierten überzeugte mich davon, daß Nationen zur Verteidigung vereinbarter internationaler Regeln zusammenarbeiten müssen, wenn sie großes Unglück abwenden oder Vorteile für sich erreichen wollen. Das ist jedoch nicht mehr als ein Gemeinplatz, solange politischen Führern Mut und Voraussicht fehlen oder – was nicht weniger bedeutsam ist – wenn Nationen nicht durch starke Loyalität miteinander verbunden sind. Schwache Staaten hätten Hitler nicht wirkungsvoll widerstehen können – tatsächlich traten ihm jene, die schwach waren, auch gar nicht entgegen.

Mit anderen Worten, ich zog aus der Erfahrung des Zweiten Weltkrieges ganz und gar nicht die Lehre, daß der Nationalstaat abzulehnen sei, wie es so manche anderen europäischen Staatsmänner
der Nachkriegszeit taten. Meine Ansicht war und ist vielmehr, daß
ein effektiver Internationalismus sich nur auf starke Nationen
gründen kann, die auf die Bereitschaft ihrer Bürger bauen können,
anerkannte Regeln des internationalen Umgangs miteinander zu
verteidigen und durchzusetzen. Dagegen wird ein Internationalismus, der den Nationalstaat zu überwinden sucht, schnell an der
Tatsache scheitern, daß nur wenige Menschen bereit sind, für ihn
Opfer zu bringen. Er hat daher bestenfalls Aussichten, zu einer
Formel für frucht- und endlose Diskussionen zu verflachen.

Bei Kriegsende waren diese Auffassungen bei mir noch nicht
völlig ausgereift. Doch im Verlauf der vierziger und fünfziger Jahre
und angesichts der sowjetischen Bedrohung wurden daraus feste
Überzeugungen. Denn Institutionen wie die NATO – ein Beispiel
für internationale Zusammenarbeit zwischen starken Nationen –
erwiesen sich als weitaus fähiger, dieser Bedrohung entgegenzutreten, als etwa die Vereinten Nationen, die oberflächlich betrachtet
einen konsequenteren, in Wirklichkeit aber einen wesentlich
kraftloseren Internationalismus verkörperten. 1979 war ich sehr
in Sorge, denn der Widerstand der NATO gegen die neueste
Bedrohung durch die Sowjetunion fiel genau deshalb so schwach
aus, weil die nationale Moral der Bürger in den meisten NATO-
Ländern, Großbritannien eingeschlossen, so sehr gesunken war.
Um der Sowjetunion entgegentreten zu können, bedurfte es zuallererst der Wiederherstellung unseres Selbstvertrauens (und natürlich unserer militärischen Stärke).

Einen ähnlichen Kollaps nationalen Selbstvertrauens hatte ich
schon in meinen ersten Tagen als aktive Jungkonservative im
Kampf gegen die Labour-Regierung von 1945 bis 1951 erlebt.
Offenbar denken manche mit gewissen nostalgischen Gefühlen an
die damalige Zeit der Genügsamkeit und Einschränkung; doch ist
es natürlich sehr viel angenehmer, diese Entbehrungen nachzu-
empfinden, als sie am eigenen Leibe erfahren zu müssen. Aus der
Ferne oder von weit oben betrachtet – also aus dem Blickwinkel
eines sozialistischen Gentleman im Londoner Regierungsviertel
Whitehall oder aus der Perspektive eines distinguierten High Tory

– besitzt der Sozialismus etwas Edles: Alle bringen die gleichen
Opfer, erhalten gleich große Anteile und ziehen am selben Strang.
Von »unten« besehen stellt er sich allerdings völlig anders dar.
Da sind gleiche Teile offenbar immer nur kleine Teile, und als nächstes
muß sich jemand darum kümmern, daß sie auch wirklich gerecht
verteilt werden; wieder jemand anders muß darauf achten, daß
das gerecht Verteilte nicht auf dem Schwarzmarkt landet oder der
Günstlingswirtschaft anheimfällt, und ein Dritter muß die beiden
ersten kontrollieren, damit diese Verwalter der Gerechtigkeit nicht
mehr einstecken, als ihnen zusteht. All das fördert eine Atmosphäre von Neid, Klatsch und übler Nachrede. Niemand, der die karge
Zeit nach dem Krieg miterleben und sich mit schlechtem Fisch, bil-
ligem Büchsenfleisch und einfacher Alltagskleidung begnügen
mußte, wird die kleinen Eifersüchteleien, tyrannischen Grausam-
keiten, Unfreundlichkeiten und die ganze Bitterkeit dieser Jahre
mit Idealismus und Gleichheit verwechseln. Für die meisten Menschen bedeutete die teilweise Aufhebung der Lebensmittelzutei-
lungen durch den Staat in den frühen fünfziger Jahren schon aus
psychologischen Gründen eine ungeheure Erleichterung.

Ich erinnere mich besonders gut an die politische Atmosphäre
jener Jahre. Die Revision der politischen Linie der Torys, inspiriert
durch Rab Butler und das Conservative Research Department, war
zwar ein wichtiger Schritt für die Konservative Partei, um ihren
Anspruch auf das Regierungsamt ideologisch zu untermauern,
doch auch an der politischen Basis fand ein Umdenkungsprozeß
statt, der aber grundlegender und wohl auch einschneidender war.
Wir wurden weniger von Rab Butlers Industrial Charter beeinflußt
als vielmehr von Büchern wie der antisozialistischen Satire »Our
New Masters« [»Unsere neuen Herren«] von Colm Brogan, die den
moralischen Dünkel der Sozialisten in brillanter Weise schonungs-
los verspottete, sowie Hayeks packendem Werk »Road to Serf-
dom« [»Der Weg in die Leibeigenschaft«], das »den Sozialisten
aller Parteien« gewidmet war. Solche Lektüre versorgte uns nicht
nur mit guten und analytisch klaren Argumenten gegen den Sozialismus, indem sie aufzeigte, welcher Zusammenhang zwischen dessen ökonomischen Theorien und den niederdrückenden Entbehrungen unseres damaligen Alltags bestand; durch ihren wunderbaren Spott für sozialistische Torheiten gaben sie uns darüber hinaus

das Gefühl, daß diese Seite letztlich einfach nicht gewinnen konnte. Und dieses Gefühl ist in der Politik lebenswichtig, denn es merzt die Erinnerung an vergangene Niederlagen aus und verhilft zu künftigen Siegen. Es hat auch mich politisch sehr geprägt und mich zu einer unbeirrbaren Optimistin im Hinblick auf die Sache der Freiheit und des freien Unternehmertums gemacht. Und es hat mich auch während der düsteren Periode sozialistischer Vorherrschaft in den sechziger und siebziger Jahren aufrechtgehalten. Im Jahre 1959 wurde ich für den Wahlbezirk Finchley [im Norden Londons; A. d. Ü.] ins Unterhaus gewählt, und später gehörte ich den Regierungen von Harold Macmillan, Alec Douglas Home und Ted Heath an. Die ersten Jahre meiner Arbeit in den Ministerien waren sehr befriedigend: Ich lernte sehr viel über die Regierungsgeschäfte in Whitehall und über die verwaltungstechnischen Einzelheiten der Altersversorgung. Aber ich mußte immer wieder eine eigenartige Diskrepanz im Verhalten meiner Kollegen feststellen; ihre Worte schienen mir irgendwie unvereinbar mit ihren Taten. Nicht, daß sie absichtlich jemanden getäuscht hätten; sie waren vielmehr höchst ehrenwerte Menschen. Doch während sie keine Gelegenheit versäumten, sich für freie Marktwirtschaft, die Interessen der Nation und gegen den Sozialismus auszusprechen, legten sie bei der praktischen Regierungsarbeit ganz andere Maßstäbe an, was die innenpolitische Rolle des Staates und jene der Nation auf internationaler Ebene anbelangte. Ihre Rhetorik entsprang allgemeinen Ideen, die sie für wünschenswert erachteten, wie etwa den Gedanken der Freiheit, doch bei ihrem Tun zeigten sie sich von allgemeinen Vorstellungen befangen, die sie als unvermeidlich betrachteten, etwa jene der Gleichheit.

Am Anfang, als junge unerfahrene Ministerin, mußte ich mit diesem Widerspruch leben. Als wir nach den Wahlniederlagen von 1964 und 1966 in die Opposition gehen mußten, unterzog ich zusammen mit Ted Heath die ganze Parteipolitik einer Überprüfung, bei der sich viel von dem abzeichnete, was man später »Thatcherismus« nannte. Die Wahlen des Jahres 1970 gewann »Selsdon Man«[4] mit einem radikalen konservativen Programm. Doch die Konversion der Partei zu ihrer ureigensten Philosophie erwies sich nur als oberflächlich. Nach zwei harten Jahren des Versuchs, die Neuorientierung durchzusetzen, vollzog die Regierung Heath einen radikalen Kurswechsel und übernahm ein Programm des Korporativismus, der Intervention und der Reflation. Ich hatte diesbezüglich meine Zweifel, doch als Neuling im Kabinett widmete ich mich hauptsächlich den Problemen meines Ressorts (Bildung) und überließ es meinen erfahreneren Kollegen, mit ihren Aufgaben voranzukommen. Doch mein ganzes Inneres sträubte sich gegen diese neue Politik. Vielleicht war es dieses starke Unbehagen, welches mich früher als die meisten anderen darauf aufmerksam werden ließ, daß genau jene politischen Maßnahmen, die als Anpassung an die Realität gedacht waren, auch am wenigsten Erfolg zeigten. Die Einkommenspolitik schränkte nicht nur die Freiheit der Menschen ein, sondern zog auch unweigerlich eine Explosion der Lohnkosten nach sich. Und das war nur eine Auswirkung unter vielen. Fast jede politische Maßnahme, die von »praktisch denkenden« Männern aus »pragmatischen« Gründen durchgeführt wurde, erwies sich am Ende als sehr unpraktisch, doch schien diese Tatsache dem Enthusiasmus der Verantwortlichen keinen Abbruch zu tun. Als Ted Heaths Regierung die ersten Wahlen des Jahres 1974 aufgrund ihrer Einkommenspolitik verlor, propagierte er im Programm für die zweite Wahl sogar eine noch ehrgeizigere interventionistische Politik.

Während ich über dieses Rätsel nachsann, machte Keith Joseph eine Bemerkung, die sich nachhaltig meinem Gedächtnis einprägte. »Ich bin erst seit kurzem ein Konservativer«, sagte er, womit er ausdrücken wollte, daß er während seiner ersten zwanzig Jahre in der Politik – in denen er viele Spitzenpositionen bekleidet hatte – eher ein gemäßigter Fabier [A. d. Ü.: Anspielung auf die sozialistische *Fabian Society*] gewesen sei. Ich erkannte sowohl, daß diese Bemerkung der Wahrheit entsprach, wie auch die Tatsache, daß die Dinge bei mir etwas anders lagen: Ich war gefühlsmäßig schon immer konservativ gewesen, aber ich hatte dieses Gefühl nie weiterentwikkelt – weder zu einem einheitlichen Gedankengebäude noch zu einem Konzept für eine Regierungspolitik. Und je schneller die Illusionen der »praktischen Männer« vor dem Ansturm der Realität zu Staub zerfielen, desto notwendiger wurde es für mich, genau dies zu leisten.

Zu eben diesem Zweck riefen Keith und ich das Centre for Policy Studies ins Leben, und nachdem ich Vorsitzende der Konservativen Partei geworden war, gründeten wir eine Reihe von Gremien, die unsere allgemeinen Richtlinien in praktische politische Maßnahmen umsetzen sollten, auf welche wir nach der Regierungsübernahme zurückgreifen konnten.

Zusammen mit Keith war ich zu der Erkenntnis gelangt, daß Gedanken, bei denen es sich lediglich um fachliche Argumente über die Beziehung zwischen der Geldmenge und der Höhe der Preise zu handeln schien, direkt zu der Frage nach der Rolle der Regierung in einer freien Gesellschaft führten. Es ist die Aufgabe der Regierung, mit Hilfe der Verfassung, mit Gesetzen oder mit einer soliden Geldpolitik einen Rahmen von Stabilität zu schaffen, innerhalb dessen einzelne Familien oder Unternehmen frei ihren Träumen und Zielen nachgehen können. Wir mußten damit aufhören, den Menschen immer sagen zu wollen, was ihre Ziele sein sollten und wie sie sie genau erreichen konnten – das war ihre Sache. Überdies stimmten die Schlüsse, zu denen ich gekommen war, völlig mit meinen Erfahrungen und Empfindungen überein. Ich erkannte, daß nur allzu wenige meiner Kollegen im Schattenkabinett und im Unterhaus die Sache ebenso betrachteten wie ich und daß ich behutsam vorgehen mußte, wenn ich sie davon überzeugen wollte, was zu tun war und weshalb.

Die Oppositionsjahre waren oft enttäuschend gewesen, aber wenigstens hatten sie mir Gelegenheit gegeben, dafür zu sorgen, daß unsere politische Linie meine Prioritäten widerspiegelte und genügend konkret ausgearbeitet war. Einen Abriß unserer politischen Strategie hatten wir 1976 in »The Right Approach« [»Der richtige Weg«] veröffentlicht, dem ein Jahr später »The Right Approach to the Economy« [»Wie man die Wirtschaft richtig anpackt«] folgte. Wir hatten uns auch überlegt, weitere Publikationen dieser Art vorzulegen, entschieden uns jedoch dann dafür, unsere politischen Vorschläge lieber in Reden zu unterbreiten. Hinter diesen öffentlichen Darlegungen lagen Jahre intensiver Arbeit politischer Gruppen unter Leitung der jeweiligen Ersten Sprecher des Schattenkabinetts. Die Resultate dieser Gruppen wurden dem Beraterstab des Oppositionsführers [Leader's Consultative Committee – die offizielle Bezeichnung des Schattenkabinetts; A. d. Ü.] vorgelegt, der sie erörterte, veränderte, verwarf oder akzeptierte.

Auf drei Punkte kam ich während dieser Zeit immer wieder
zurück. Erstens mußten alle unsere Vorhaben mit der übergeordneten Strategie der Umkehrung von Großbritanniens wirtschaftlichem Niedergang in Einklang stehen, denn ohne ein Ende dieses
Niedergangs waren auch unsere anderen Ziele zum Scheitern verurteilt. Dies führte zum zweiten Punkt: Jede politische Maßnahme
mußte sorgfältig auf ihre Finanzierbarkeit überprüft werden, und
wenn diese im Rahmen unserer vorgesehenen öffentlichen Ausgaben nicht gewährleistet war, wurde sie verworfen. Geoffrey Howe,
der Schatzkanzler des Schattenkabinetts, und seine außerordentlich fähigen Finanzspezialisten durchkämmten alles bis ins Detail,
um dies sicherzustellen. Und schließlich mußten wir immer wieder
betonen, daß wir eine grundlegende Wende herbeiführen wollten,
gleichgültig, wie schwierig und langwierig sich dieser Prozeß
gestalten mochte. Wir setzten uns für einen neuen Anfang ein,
nicht für eine Fortführung des Bestehenden.

Einmal mehr forderte ich die Konservative Partei auf, ihr Vertrauen in Freiheit, Marktwirtschaft, Beschränkung der Interventionen durch die Regierung und eine starke Landesverteidigung zu
setzen. Ich wußte, mit diesem Programm konnten wir die Einheit
der Partei während des Wahlkampfes gewährleisten. Doch während der düsteren Tage, die dem tatsächlichen Erfolg vorausgehen
sollten, würde ich schwer zu kämpfen haben, um sicherzustellen,
daß die Konservative Partei dieses Mal die Nerven behielt. Wenn
wir verlören, würden wir nie mehr eine Chance bekommen.

Diese Überlegungen beschäftigten mich auf der Heimfahrt. In
der Flood Street angekommen, hatten wir noch eine kleine Feier
im Rahmen der Familie, bevor wir uns zur Nachtruhe begaben.
Mein letzter Gedanke an diesem Abend war: Die Würfel sind
gefallen. Wir hatten alle erdenklichen Vorbereitungen für die Wahl
und die Übernahme der Regierung getroffen. Wenn ehrliche
Anstrengung belohnt werden sollte, konnten wir nicht verlieren.
Doch letztlich gilt das Sprichwort: »Der Mensch denkt, und Gott
lenkt.« Wir mochten den Erfolg verdient haben, aber wir konnten
ihn nicht durch Befehl erzwingen. Seltsamerweise war dies ein
tröstlicher Gedanke. Ich schlief gut.

Rede vor der Vollversammlung der Vereinten Nationen, November 1989
(Foto: Privatsammlung)

Oben: Nach dem Wahlsieg 1979 in der Parteizentrale, mit Peter Horney-
croft, Denis und den Kindern Carol und Mark
(Foto: Camera Press/dpa Ffm.)
Unten: Wahlkampf in Newbury 1983 (Foto: Rex Features)

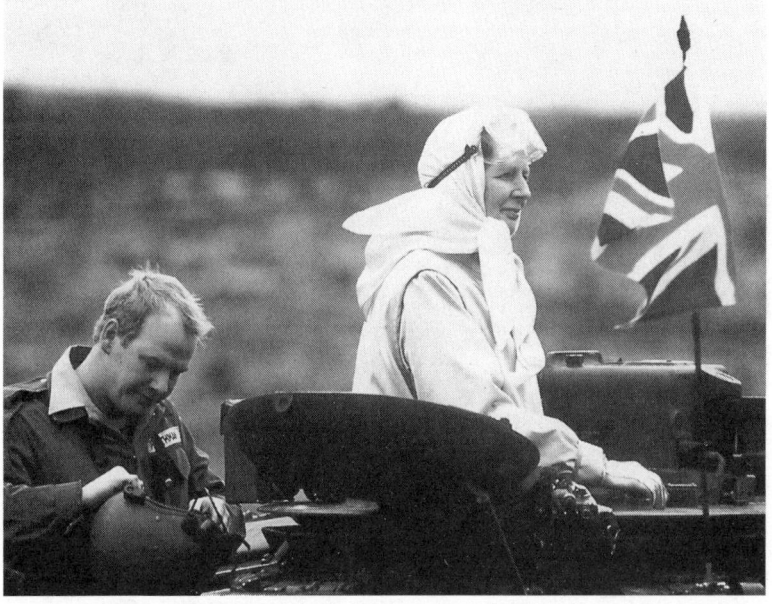

Oben: Mit dem Persönlichen Referenten Charles Powell im Arbeitszimmer
von Downing Street (Foto: Network)
Unten: Probefahrt mit dem Panzer »Challenger«, Besuch in Deutschland,
September 1988 (Foto: Frank Spooner Pictures)

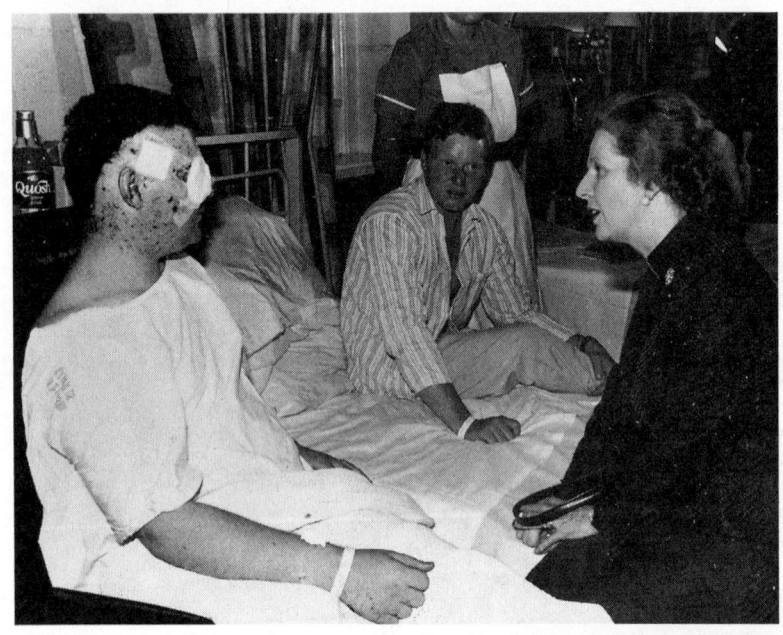

Oben: Krankenhausbesuch nach dem IRA-Bombenanschlag in Regent's
Park 1982 (Foto: Central Office of Information)
Unten: Besuch in Irland, August 1979 (Foto: Century Newspapers)

Auf den Stufen von St. Paul's Cathedral anläßlich des Gedenkgottesdienstes
für den Falklandkrieg, mit Lord Lewin, Chef des Verteidigungsstabes,
Juli 1982 (Foto: Press Association)

Oben: Mit Denis und den Reagans auf dem Balkon des Weißen Hauses
Unten: Mit François Mitterrand anläßlich der Vereinbarung
über den Bau des Ärmelkanaltunnels; Canterbury, Februar 1986
(Fotos: Rex Features)

Oben: Treffen mit Michail Gorbatschow in Brize Morton, Dezember 1987
(Foto: Privatsammlung)
Unten: G7-Gipfeltreffen in Tokio, Mai 1986; v. l. n. r.: Reagan, Thatcher,
Mulroney, Nakasone, Mitterrand, Kohl (Foto: Büro des Premiers, Tokio)

Oben: Pressekonferenz nach der ersten Begegnung mit Helmut Schmidt,
Mai 1979 (Foto: Hulton Deutsch)
Unten: Mit Helmut Kohl während des Nato-Gipfeltreffens in London,
Juli 1990 (Foto: AP Ffm.)

1
Über dem Laden

Die ersten Tage und Beschlüsse
als Premierministerin

Zum Palast

In den frühen Morgenstunden des 4. Mai, einem Freitag, wußten wir, daß wir gewonnen hatten, aber erst gegen Nachmittag erreichten wir die klare Mehrheit an Abgeordnetensitzen, die wir benötigten – eine Mehrheit von 44, wie sich schließlich herausstellte. Damit würde die Konservative Partei die nächste Regierung bilden.

Viele Freunde verbrachten diese langen Stunden des Wartens mit mir in der Parteizentrale der Konservativen. Doch als der Anruf kam, der mich zum Palast beorderte, beschlich mich trotzdem eine seltsame Stimmung: ein Gefühl der Einsamkeit und gleichzeitig der Erwartung. Ich war nervös, darauf bedacht, keine Protokollfehler zu machen und mich richtig zu verhalten. Es ist erstaunlich, wie man sich bei wirklich wichtigen Ereignissen oft auf Dinge konzentriert, die nüchtern betrachtet lediglich Belanglosigkeiten darstellen. Aber die peinlichen Episoden, die sich beim Abschied des Premierministers und der Amtsübernahme seines Nachfolgers schon ereignet hatten, wollten mir nicht aus dem Sinn: Ted Heath' Abschied von der Downing Street war ein gutes Beispiel dafür. Ich konnte auch nicht umhin, Mitgefühl für James Callaghan zu empfinden, der kurz zuvor in einer kurzen, achtunggebietenden und hochherzigen Rede unseren Sieg eingestanden hatte. Allen unseren vergangenen und noch zu erwartenden Meinungsverschiedenheiten zum Trotz betrachtete ich ihn als einen Patrioten, dem die Interessen Großbritanniens

am Herzen lagen und dessen größtes Ungemach von seiner eigenen Partei herrührte.

Der Anruf kam gegen 14.45 Uhr. Ich verließ die Parteizentrale
und schritt durch eine Schar von Anhängern zu dem wartenden
Wagen, der Denis und mich auf meiner letzten Fahrt als Oppositionsführerin zum Palast brachte.

Für gewöhnlich wird einem Premierminister die königliche
Audienz, durch die er zur Bildung einer neuen Regierung ermächtigt wird, nur einmal im Leben gewährt. Wenn ein amtierender
Premierminister eine Wahl gewinnt, behält dieser Auftrag seine
Gültigkeit, und somit mußte er während der Jahre, die ich im Amt
war, nie mehr erneuert werden. Alle Audienzen bei der Königin
finden auf der Basis strikter Vertraulichkeit statt – einer Vertraulichkeit, die für die Arbeit der Regierung und die Aufrechterhaltung der verfassungsmäßigen Ordnung unabdingbar ist. In
Zukunft sollte ich derartige Audienzen bei Ihrer Majestät jede
Woche erhalten, gewöhnlich dienstags, wenn sie sich in London
befand, aber manchmal auch anderswo, wenn die königliche
Familie auf Windsor oder Balmoral weilte.

Es sei mir gestattet, nur zwei Anmerkungen zu diesen Begegnungen zu machen. Wer glaubt, sie seien eine reine Formalität oder
beschränkten sich auf den Austausch von Höflichkeiten, unterliegt
einem Irrtum. Vielmehr verlaufen sie betont sachlich und geschäfts-
mäßig, und Ihre Majestät weiß sie mit einem außergewöhnlichen
Verständnis der Gegenwartsprobleme und einem großen Schatz
von Erfahrungen zu bereichern. Und obwohl die Presse nicht der
Versuchung widerstehen konnte, besonders in Fragen des Commonwealth ab und zu Meinungsverschiedenheiten zwischen Palast
und Downing Street zu unterstellen, empfand ich die Haltung der
Königin gegenüber der Regierung immer als völlig korrekt und von
Anteilnahme geprägt. Natürlich war es unter den gegebenen
Umständen einfach eine unwiderstehliche Versuchung, Berichte
über Streitigkeiten zwischen »zwei mächtigen Frauen« in die Welt
zu setzen. Im großen und ganzen wurde während meiner Amtsperiode über den sogenannten »weiblichen Faktor« mehr Unsinn
geschrieben als über irgend etwas anderes. Ich wurde gerne gefragt,
wie man sich denn als weiblicher Premier fühlt. Meist antwortete
ich: »Keine Ahnung. Ich habe die Alternative nie ausprobiert.«

Nach der Audienz führte mich Sir Philip Moore, der Sekretär der Königin, über die sogenannten »Prime Minister's Stairs«, die Treppe des Premierministers, hinunter in sein Büro. Dort erwartete mich Ken Stowe, mein neuer Persönlicher Referent (Principal Private Secretary), um mich in die Downing Street zu begleiten. Kaum eine Stunde zuvor war Ken mit dem scheidenden Premierminister James Callaghan zum Palast gekommen. Den staatlichen Bediensteten waren unsere politischen Vorstellungen bereits gut bekannt, denn das Parteiprogramm der Opposition wird hier einer genauen Betrachtung unterzogen, damit eine rasche Vorbereitung auf die Gesetzgebung der neuen Regierung gewährleistet ist. Natürlich mußte ich bald erkennen, daß einige altgediente Beamte in Führungspositionen mehr Hintergrund als nur eine gewissenhafte Lektüre unseres Programms und die Kenntnis einiger Reden benötigten, um die Tragweite der Veränderungen, die wir uns vorgenommen hatten, wirklich zu erfassen. Außerdem bedarf es einiger Zeit, um mit Staatsbediensteten ein Arbeitsverhältnis aufzubauen, das über eine formelle Respektsbeziehung hinauswächst und in gegenseitiges Vertrauen mündet. Aber die hohe Professionalität der britischen Staatsdiener ermöglicht einen Regierungswechsel mit einem Minimum an Chaos und einem Maximum an Leistungsfähigkeit – weshalb uns andere Staaten wahrhaftig darum beneiden können.

Denis und ich verließen den Buckingham-Palast im Wagen des Premierministers. Mein vorheriger Wagen stand bereits Mr. Callaghan zur Verfügung. Als wir durch das Tor fuhren, bemerkte Denis, daß die Wachen diesmal salutierten. In jenen unbeschwerten Tagen, als noch nicht Furcht vor dem Terrorismus so viele straffe Sicherheitsvorkehrungen nötig machte, erwarteten uns Scharen von Neugierigen, Gratulanten sowie Presse- und Kamerateams in der Downing Street. Die Menge säumte die ganze Straße bis nach Whitehall. Denis und ich stiegen aus und gingen auf die vielen Menschen zu. Dabei hatte ich Zeit, mir die Worte zurechtzulegen, die ich vor dem Haus Nummer 10 sprechen wollte.

Als wir uns den Kameras und den Reportern zuwandten, ertönten so laute Hochrufe, daß niemand auf der Straße meine Worte verstehen konnte. Doch zum Glück wurde meine Rede von einem Mikrophon aufgefangen und in Rundfunk und Fernsehen übertragen.

Ich zitierte ein berühmtes Gebet, das dem heiligen Franz von
Assisi zugeschrieben wird. Es beginnt mit den Worten:»... Mögen
wir Eintracht bringen, wo Zwietracht herrscht.« Später wurde
dieses Zitat mit kräftigem Sarkasmus bedacht, denn sein Ende
wird allzuoft vergessen. Der heilige Franziskus betete nicht nur um
Frieden, vielmehr fuhr er fort:»Mögen wir Wahrheit bringen, wo
Irrtum herrscht. Mögen wir Glauben bringen, wo Zweifel
herrscht. Und mögen wir Hoffnung bringen, wo die Verzweiflung
regiert.« Wie der vorausgegangene»Winter des Mißvergnügens«
[ein Winter, der von heftigen Streiks gezeichnet gewesen war;
A.d.Ü.] gerade eindringlich gezeigt hatte, waren die Kräfte des Irr-
tums, des Zweifels und der Verzweiflung so tief in der britischen
Bevölkerung verankert, daß es unmöglich sein würde, sie ohne ein
gewisses Maß an Zwietracht zu überwinden.

Downing Street, Nummer 10

Das gesamte Personal von Nummer 10 war angetreten, um uns
willkommen zu heißen. Ich bin überzeugt, daß es in der Zeit vor
Fernsehübertragungen einen guten praktischen Grund für diese
Zeremonie gab. Schließlich muß jeder, der dort arbeitet, den Premierminister kennen – und zwar nicht nur aus Sicherheitsgrün-
den, sondern auch, um eine reibungslose Erledigung der anfallenden verschiedenartigen Aufgaben zu gewährleisten. Es trifft auch
zu, daß in Nummer 10 eine fast familiäre Atmosphäre herrscht.
Die Zahl der dort Beschäftigten ist verhältnismäßig niedrig – insgesamt bewegt sie sich zwischen 70 und 80, aber weil sie in Schicht
arbeiten, sind nie alle gleichzeitig anwesend. Diese Zahl beinhaltet
die Angestellten in meinem Persönlichen Büro, einschließlich der
Diensthabenden, die rund um die Uhr arbeiten, damit Nummer 10
jederzeit einsatzfähig ist; das Pressereferat, wo immer eine Person
auf Abruf ist; die»Garden Room Girls« (Gartenzimmer-Mäd-
chen), die die Sekretariatsarbeit erledigen; die Registratur, die die
enormen Mengen anfallender Dokumente sortiert und ablegt; das
Parlamentsreferat, das sich mit parlamentarischen Anfragen,
Erklärungen und Debatten befaßt; das Korrespondenzreferat, wo
wöchentlich 4000 bis 7000 Briefe eingehen; die Referate, die für

kirchliche Angelegenheiten und Auszeichnungen zuständig sind; das Politische Referat und das Grundsatzreferat sowie auch die Kuriere und das Personal, die die ganze Großfamilie mit Kaffee und Tee versorgen – und vor allem mit Informationen aus der »Außenwelt«. Es ist ein außerordentlicher Betrieb, und zu seinem Funktionieren bedarf es ungewöhnlicher Fähigkeiten und eines Engagements, das über das normale Maß hinausgeht. Dies wird besonders deutlich, wenn man unsere verhältnismäßig bescheidenen Mittel und einfach ausgestatteten Arbeitsräume mit anderen Institutionen vergleicht, zum Beispiel mit dem Weißen Haus, in dem 400 Angestellte arbeiten, oder mit dem deutschen Kanzleramt und seinen 500 Beschäftigten.

Die Persönlichen Referenten des Premierministers, allen voran der Principal Private Secretary, spielen bei der Durchführung der Regierungsaufgaben eine entscheidende Rolle. Sie agieren als »Kommunikationskanäle« zwischen dem Premierminister und den übrigen Ämtern beziehungsweise Institutionen des Regierungsviertels Whitehall und tragen eine schwere Verantwortung. Ich hatte das Glück, über die Jahre mit einer Reihe ausgezeichneter Persönlicher Referenten zusammenzuarbeiten. Andere Referenten, Experten auf dem Gebiet der Wirtschaft oder der Außenpolitik, machten sich rasch mit meiner Denkweise vertraut, so daß ich mich voll auf sie verlassen konnte. Auch Bernard Ingham, der fünf Monate nach meinem Einzug in die Downing Street das Amt des Pressereferenten übernahm, wurde ein unentbehrliches Team-Mitglied. Man sagte mir, daß Bernard politisch eher der Labour Party als den Konservativen nahegestanden hatte, aber bereits bei unserer ersten Begegnung erwärmte ich mich für diesen humorvollen, zähen und freimütigen »Yorkshireman«. Bernards überragende Tugend war sein hohes Maß an Integrität. Da er selbst ein Ehrenmann war, stellte er auch an andere entsprechend hohe Ansprüche. Er ließ mich nie im Stich.

Der Arbeitstag in Downing Street ist lang. Mir hat das jedoch nie etwas ausgemacht. Das Amt der Premierministerin nahm mich so vollkommen in Anspruch, daß ich Schlaf nur noch als Luxus betrachtete. Ich hatte mich über die Jahre ohnehin daran gewöhnt, mit vier Stunden Schlaf pro Nacht auszukommen. Auch mein Persönliches Büro arbeitete oft bis 11 Uhr nachts. Wir waren so wenige, daß wir keine Möglichkeit hatten, die Akten auf den Schreibtisch eines Mitarbeiters abzuschieben. Diese Atmosphäre schafft nicht nur ein bemerkenswert frohgemutes, sondern auch ein ungeheuer leistungsstarkes Arbeitsteam. Das Personal arbeitet unter großem Druck, und es bleibt keine Zeit für Belanglosigkeiten. Alle Kraft wird für die Bewältigung der Arbeit benötigt. Dies führt häufig zu freundlichen Arbeitsbeziehungen und gegenseitigem Respekt. Dieses für Downing Street typische Klima prägt nicht nur die Beziehungen der Mitarbeiter untereinander, sondern auch zum Premierminister, mit dem alle direkt oder indirekt zusammenarbeiten. Die Hochrufe und der Applaus beim Einzug eines neuen Premierministers mögen eine traditionelle Formalität sein, doch die Traurigkeit und die Tränen beim Auszug eines scheidenden sind gewöhnlich echt.

Ich hatte die Downing Street natürlich bereits in meiner Eigenschaft als Minister für Erziehung und Wissenschaft während Ted Heath' Amtszeit zwischen 1970 und 1974 besucht, und auch in den Jahren davor, als ich während der Amtsperiode von Harold Macmillan und Alec Douglas-Home Parlamentsreferentin des Sozialministers gewesen war. Daher wußte ich, daß das Haus viel größer ist, als man von außen vermutet, denn es handelt sich in Wirklichkeit um zwei hintereinanderstehende Häuser, die durch Gänge und einen eingebauten Zwischenflügel verbunden sind. Doch wenngleich mir die Empfangsräume und der Kabinettssaal vertraut waren, war mir das übrige Gebäude fast unbekannt.

Leben »über dem Laden«

Downing Street No. 10 ist mehr als ein Bürogebäude: Es soll dem Premierminister ein Heim bieten. Ich hegte nie Zweifel daran, daß ich nach dem Auszug der Callaghans in die kleine Wohnung des Premierministers im obersten Stockwerk ziehen würde. Dies hatte neben meiner Vorliebe für lange Arbeitszeiten auch noch praktische Gründe. Wie wir in Anspielung auf meine Kindheit in Grantham immer zu sagen pflegten: Ich lebte einfach gerne »über dem Laden«. Ich konnte erst Anfang Juni aus unserem Haus in der Flood Street, wo die Familie die letzten zehn Jahre gelebt hatte, ausziehen. Aber von diesem Zeitpunkt bis zum November 1990 waren Downing Street und Chequers die beiden Zentren meines Berufs- und Privatlebens.

Die Wohnung in der Downing Street wurde schnell zum Zufluchtsort, von dem der Rest der Welt ausgesperrt war, obwohl gelegentlich auch viel Arbeit dort erledigt wurde. Sie lag direkt unter dem Dach – sozusagen im Speicher. Aber das war ein Vorteil, denn das Treppensteigen war meine einzige sportliche Betätigung. Es gab jede Menge Schränke und eine Kammer, wo man alles lagern konnte, bevor es seinen dauerhaften Platz gefunden hatte, und Stöße von Büchern und Zeitungen deponieren konnte, wenn Besuch erwartet wurde.

Denis und ich beschlossen, keine Haushaltshilfe, die bei uns wohnen würde, einzustellen. Unseren unregelmäßigen Tagesablauf konnte man keiner Haushälterin zumuten. Wenn es mein Terminkalender zuließ, dann ging ich um die Mittagszeit in die Wohnung hinauf, um einen kleinen Imbißsalat oder Ei auf Toast zu mir zu nehmen. Aber gewöhnlich wurde es zehn oder elf Uhr abends, bevor ich in der Küche etwas zubereitete. Wir kannten sämtliche Variationen von Eier- und Käsegerichten, und im Kühlschrank befand sich immer kalter Braten, den ich noch schnell aufschneiden konnte, während Denis mir bereits einen »Schlaftrunk« servierte.

Der Gefrierschrank war immer gut gefüllt, und kaum waren Mikrowellenherde auf dem Markt aufgetaucht, erwies uns auch schon einer unverzichtbare Dienste, wenn schnell ein Gericht zubereitet werden mußte, weil wir bis spät in die Nacht hinein arbeiteten: sei es an einer Rede, einer öffentlichen Erklärung, Beschlüssen zum Falkland-Feldzug oder zum Angriff auf Libyen – oder auch Resolutionen für den UNO-Sicherheitsrat. Bei diesen Anlässen benutzten wir das kleine Eßzimmer neben der noch kleineren Küche; die Mitarbeiter des Politischen Referats, deren Gehälter nicht vom Steuerzahler bestritten wurden, halfen immer mit.

Mochte ich nun auch Premierministerin sein, so vergaß ich doch niemals, daß ich auch Abgeordnete für den Wahlbezirk Finchley war, und diese Aufgabe wollte ich auch beibehalten. Durch meine monatlichen Sprechstunden im Wahlkreis und die Korrespondenz, die von meiner Sekretärin Joy Robilliard erledigt wurde (sie war bis zum Tod von Airey Neavers dessen Sekretärin gewesen), hatte ich stets direkten Kontakt mit der Bevölkerung und ihren Sorgen. Es kam mir zugute, daß mir immer ein erstklassiger Wahlkreisagent zur Seite stand sowie ein Wahlkreisvorsitzender, der mir seine ganze Unterstützung gab – ein nicht zu unterschätzender Vorteil, wie jedes Parlamentsmitglied bestätigen kann. Ich gab auch persönliche Interessen nicht auf, die sich aus meiner Arbeit im Wahlkreis ergeben hatten; zum Beispiel blieb ich weiterhin Schirmherrin für das Hospiz von Nord-London.

Nie hätte ich mehr als elf Jahre Premierministerin sein können, wenn mir Denis nicht zur Seite gestanden hätte. Als starke Persönlichkeit hatte er immer schon sehr ausgeprägte Ansichten darüber, was getan oder unterlassen werden sollte. Seine scharfsinnigen Ratschläge und treffenden Kommentare dienten mir als unerschöpfliche Hilfsquelle. Und klugerweise sparte er diese für mich allein auf und verweigerte grundsätzlich Interviews. Er hatte nie eine Sekretärin oder einen Berater für Öffentlichkeitsarbeit, aber er beantwortete persönlich 30 bis 50 Briefe pro Woche.

Denis teilte meine Faszination für die Politik – dieser Gemeinsamkeit verdankten wir natürlich auch unsere ursprüngliche Bekanntschaft –, aber er ging daneben seinen eigenen, vor allem auch sportlichen Interessen nach. Rugby war seine Leidenschaft – er war sogar Schiedsrichter gewesen. Auch für Wohltätigkeitszwecke engagierte er sich stark und war zudem ein aktives Mitglied der Stiftung Sporthilfe und der Vereinigung der Lord's Taverners. Denis hielt viele Reden über seine (nichtpolitischen) Lieblingsthemen. Eine davon, die für mich seinen Charakter und seine Überzeugungen am besten widerspiegelt, befaßte sich mit der Ethik des Sports. Sie enthält diese Zeilen:

Der Wunsch zu gewinnen, liegt in fast allen.
Der Wille zu gewinnen, ist Trainingssache.
Die Art zu gewinnen, ist Ehrensache.

Obwohl sich Denis sehr für militärische Angelegenheiten interessierte und nach dem Ende des Zweiten Weltkriegs lieber in der Armee geblieben wäre, ließ ihm der unerwartete Tod seines Vaters keine andere Wahl, als den Familienbetrieb weiterzuführen, ein

Unternehmen der Farben- und Chemikalienbranche. Ich bin sehr froh darüber, denn sein dadurch erworbenes wirtschaftliches Know-how war für mich unbezahlbar. Er war nicht nur mit der wissenschaftlichen Seite vertraut (diese Kenntnisse teilten wir), darüber hinaus kannte er sich auch ausgezeichnet in Kostenberechnung und Management aus. Nichts entging seinem professionellen Scharfblick – er konnte Probleme aufspüren, lange bevor sie von anderen erkannt wurden. Seine Verbindungen zur Ölindustrie verschafften mir sofort Zugang zu fachmännischem Rat, als die Welt 1979 ganz plötzlich mit dem zweiten drastischen Anstieg der Ölpreise konfrontiert wurde. Tatsächlich war ich durch ihn und unsere vielen Freunde immer in Kontakt mit Industrie und Handel.

Das Amt des Premierministers macht einsam. Das muß wohl so sein: Man kann nicht inmitten der Menge stehen und ein Land führen. Aber ich war nie allein, denn ich hatte Denis an meiner Seite. Welch ein Mann! Welch ein Gatte! Welch ein Freund!

Downing Street von innen

Downing Street No. 10 ist ein ungewöhnliches Zuhause. Überall erinnern Porträts, Büsten und Skulpturen an die früheren Premierminister und eine nahezu 250jährige Geschichte, deren Lauf man fortsetzt.

Als Premierministerin hatte ich die Möglichkeit, auf den Stil der Ausstattung des Hauses Einfluß zu nehmen. In den offiziellen Räumen stellte ich die Porzellansammlung aus, die ich über die Jahre hinweg angelegt hatte. Aus meinem Büro im Unterhaus brachte ich ein ausdrucksvolles Porträt von Churchill mit, das ich im Vorzimmer des Kabinettssaals aufhängte. Bei meinem Einzug ähnelte dieser Raum mit seiner schweren, abgeschabten Ledergarnitur einem heruntergekommenen Pall-Mall-Club; ich veränderte diese Atmosphäre, indem ich Bücherregale, Couchtische und Sessel aufstellen ließ. Es mochte ja sein, daß man schwierigen Zeiten im Kabinettssaal entgegenging, aber es gab keinen Grund, die Wartenden schon im Vorzimmer niedergeschlagen zu stimmen.

Zwar sollte es zehn Jahre dauern, bis die wichtigsten Veränderungen der Innenausstattung abgeschlossen waren, doch ich versuchte bereits von Anfang an, den Zimmern ein heimeliges Ambiente zu geben. Bei unserer Ankunft waren die offiziellen Räume fast kahl, und Downing Street No. 10 sah aus wie ein »Möbliertes Haus zur Vermietung«. In gewisser Hinsicht war es das auch. Es gab nicht einmal Silberbesteck. Bei jedem offiziellen Essen mußte es vom Party-Service gestellt werden. Lord Brownlow, der in der Nähe von Grantham wohnte, lieh mir Silber aus seiner Sammlung in Belton House: Es verlieh dem Eßzimmer eine gewisse Eleganz. Ein bestimmtes Stück bedeutete mir sehr viel: eine Schatulle, in der die Urkunde mit den Stadtrechten des Borough von Grantham aufbewahrt wird, wo der verstorbene Lord Brownlow und später mein Vater Bürgermeister gewesen waren. Die Gärtner, die den unweit des Hauses gelegenen St.-James's-Park betreuten, brachten Blumen. Aber erfreulicherweise kamen Blumensendungen auch täglich von Freunden und Anhängern, bis zu meinen letzten Tagen in der Downing Street, an denen man vor lauter Sträußen kaum die Flure entlanggehen konnte. Das Arbeitszimmer ließ ich auf eigene Kosten renovieren. Die häßliche salbeigrüne Damasttapete wurde durch eine cremefarbene Tapete ersetzt, die für einige schöne Bilder einen besseren Hintergrund abgab.

Es war mir ein Anliegen, in der Downing Street sowohl Werke zeitgenössischer als auch alter Maler und Bildhauer auszustellen. Als Ministerin für Erziehung und Wissenschaft hatte ich Henry Moore kennengelernt, dessen Arbeiten ich sehr bewunderte. Die Moore-Stiftung stellte uns als Leihgabe eine der kleineren Skulpturen zur Verfügung, die genau in eine Nische in der Eingangshalle paßte. Dahinter hängten wir eine Zeichnung des Künstlers, die alle drei Monate durch eine andere ersetzt wurde. Am liebsten mochte ich die Szenen von schlafenden Menschen, die während des Luftangriffs auf London in den U-Bahn-Schächten Zuflucht gesucht hatten.

Ich hatte als erste Frau das Amt des Premierministers übernommen, und ich war auch der erste Premierminister mit einer wissenschaftlichen Ausbildung. Deshalb stattete ich das kleine Eßzimmer, wo ich oft mit Besuchern und Kollegen eine rasche Mahlzeit einnahm, mit Porträts und Büsten unserer berühmtesten Wissenschaftler aus.

Es war mir ein wichtiges Anliegen, daß ausländische Gäste in der Downing Street einen Einblick in das britische Kulturerbe gewinnen sollten. Bei meinem Einzug waren sämtliche Gemälde im großen Eßzimmer nur Kopien. Sie wurden ausgetauscht; zum Beispiel lieh man mir ein Gemälde von Georg II., jenem König, der das Haus Nummer 10 dem ersten Premierminister, Sir Robert Walpole, zum Geschenk gemacht hatte. Auf meinen Besuchen im Ausland entdeckte ich bald, daß viele unserer Botschaften mit hervorragenden Kunstwerken ausgestattet waren; und auch sie trugen zu dem Eindruck bei, den die Menschen dort von Großbritannien gewannen. Dies wünschte ich mir auch für die ausländischen Gäste, die in die Downing Street No. 10 kamen. Mir war bekannt, daß in unseren Museen zahlreiche hervorragende Gemälde britischer Künstler lagerten, die nicht ausgestellt wurden. Ich konnte ein paar Werke von Turner ausleihen; aus Schottland kam ein Raeburn, und auch die Dulwich Gallery schickte einige Bilder. Wir hängten sie im Weißen Salon und in der großen Empfangshalle auf. Ich ließ auch ein paar ausgezeichnete Porträts unserer Nationalhelden aufhängen, die dem Betrachter die Geschichte unseres Landes vor Augen führten. Ich erinnere mich, wie der französische Präsident Giscard d'Estaing einmal zwei Porträts im Eßzimmer betrachtete – eines zeigte den jungen Nelson, das andere Wellington. Er wies mich auf die Ironie hin. Ich antwortete, daß es sicher nicht weniger ironisch sei, wenn ich bei Besuchen in Paris mit Porträts von Napoleon konfrontiert würde. Rückblickend fällt mir auf, daß diese Analogie nicht ganz stimmte. Napoleon wurde besiegt.

An meinem ersten Abend konnte ich jedoch nur eine kurze Erkundungstour durch die wichtigsten Räume des Gebäudes machen. Dann ging ich in den Kabinettssaal, wo mich bekannte Gesichter erwarteten – auch meine Tochter Carol war darunter. Ebenfalls anwesend waren: Richard Ryder, seit längerer Zeit und für die nähere Zukunft mein Politischer Referent, dessen Aufgabe es war, die Verbindung zu den Parteibüros der Konservativen Partei im ganzen Land zu pflegen; David Wolfson (jetzt Lord Wolfson), mein Stabschef, der seine Aufgaben in No. 10 mit Charme und großer Erfahrung erfüllte; Caroline Stephens (später Caroline Ryder), die für die Führung des Terminkalenders zuständig war;

Alison Ward (später Alison Wakeham), meine Wahlkreissekretärin und Cynthia Crawford – von allen »Crawfie« genannt –, meine persönliche Assistentin, die immer noch mit mir zusammenarbeitet. Wir verschwendeten nicht viel Zeit mit Plaudereien. Alle wollten so rasch wie möglich klären, wer welche Aufgaben übernehmen sollte. Ich war mit der gleichen Frage beschäftigt: der Wahl meiner Kabinettsmitglieder.

Die Ernennung des Kabinetts

Die Wahl der Kabinettsmitglieder ist zweifellos eines des wichtigsten Mittel, mit denen ein Premierminister Einfluß auf die Arbeit der Regierung nimmt. Doch die Öffentlichkeit weiß nur wenig von den Zwängen, unter denen diese Wahl vor sich geht. Traditionsgemäß müssen alle Minister entweder dem Unterhaus oder dem Oberhaus angehören, und gewöhnlich dürfen nicht mehr als drei Kabinettsmitglieder vom Oberhaus kommen. Diese Vorbedingung begrenzt natürlich die Auswahl der potentiellen Amtsträger. Noch dazu muß man auf landesweiten Proporz bedacht sein – in jeder Region entsteht leicht der Eindruck, man sei übergangen worden. Auch muß dem gesamten Meinungsspektrum innerhalb der Partei Rechnung getragen werden.

Trotzdem erwartet die Presse innerhalb von 24 Stunden eine Namenliste der etwa 22 zu ernennenden Kabinettsminister – eine Verzögerung wird sofort als sicheres Zeichen einer politischen Krise gewertet. Meine Freunde in Amerika, aber auch in anderen Ländern, sind oft erstaunt über die Geschwindigkeit, mit der britische Regierungsmannschaften gebildet und bekanntgegeben werden.

Aus diesem Grunde glaube ich nicht, daß auch nur einer der Anwesenden in der Downing Street an diesem Tag viel Zeit verschwendete – und es wurde ein langer Tag. Dabei hatte ich in der vorausgegangenen Nacht kaum zwei Stunden geschlafen. Man weihte mich in die Sicherheitsvorkehrungen ein, die jeder neue Premierminister kennenlernen muß. Dann ging ich nach oben in mein Arbeitszimmer, in dem ich in den folgenden Jahren so viele Stunden verbringen sollte. Willie Whitelaw und unser neuer Chief Whip, Michael Jopling, begleiteten mich. Wir begannen damit, die naheliegenden und weniger naheliegenden Namen durchzugehen, und langsam nahm dieses äußerst komplizierte Puzzle Gestalt an. Während ich mit Willie und Michael beriet, wer ins Kabinett berufen werden sollte, versuchte Ken Stowe bereits, mit den Personen unserer Wahl einen Termin für den nächsten Tag zu arrangieren. Um 20.30 Uhr legten wir eine Essenspause ein. Da es in Nummer 10 keine Kantine gab, holte jemand ein chinesisches Gericht »zum Mitnehmen«, und wir alle, etwa fünfzehn Leute, aßen im großen Eßzimmer. (Ich glaube, während meiner Amtszeit als Premierministerin war das mein letztes Gericht aus dem Straßenverkauf.)

Ich wußte, daß uns die härtesten Kämpfe in der Wirtschaftspolitik bevorstehen würden. Deshalb sorgte ich dafür, daß die Schlüsselpositionen von Fachministern besetzt wurden, die unsere Vorstellungen zur Wirtschaft auch tatsächlich unterstützten. Geoffrey Howe hatte sich bereits als der Wortführer für die Wirtschaftspolitik der Partei einen Namen gemacht. In Debatten wurde er ständig von Denis Healey attackiert. Aber dank seiner umfassenden Kenntnisse auf diesem Gebiet und seiner Fähigkeit, Argumente und Ratschläge aus unterschiedlichsten Quellen zu nutzen, war deutlich geworden, daß sich unter der trügerischen Oberfläche eines verbindlichen Auftretens die Fähigkeiten des hervorragenden Schatzkanzlers verbargen, der er werden sollte. Er hatte einige der schwierigsten Entscheidungen zu fällen. Er wich niemals zurück. Meiner Ansicht nach waren es politisch seine besten Jahre.

Nachdem ich 1975 Oppositionsführerin geworden war, hatte ich erwogen, Keith Joseph zum Schatzkanzler meines Schattenkabinetts zu ernennen. Er hatte in Wort und Schrift besser als jeder andere ausgedrückt, welche Fehlentwicklungen in der britischen Wirtschaft stattgefunden hatten und wie hier Abhilfe zu schaffen war. Keith ist einer der besten politischen Köpfe. Er ist ein eigenständiger Denker, an dem deutlich wird, was Burke meinte, als er schrieb, Politik sei »Philosophie in Aktion«. Auch in anderer Hinsicht ist er ein ungewöhnlicher Mensch: Er vereint in sich Bescheidenheit und Aufgeschlossenheit mit unbeirrbarer Prinzipientreue. Seine Anteilnahme am Unglück anderer Menschen ist aufrichtig und tief empfunden. Obwohl er die Richtigkeit der Entscheidungen, die wir zu treffen hatten, nie anzweifelte, war er sich deren

Auswirkungen bewußt: unrentable Firmen würden schließen, und statt Überbelegung in Betrieben würde es Arbeitslosigkeit geben. Keith hegte viel mehr Mitgefühl für die Betroffenen als unsere sämtlichen beruflich mitfühlenden Kritiker. Aber solch eine Mischung von Charaktereigenschaften kann im rauhen Auf und Ab des politischen Lebens, dem vor allem der Schatzkanzler ausgesetzt ist, Schwierigkeiten bereiten. Deshalb übernahm Keith das Industrie-Ressort, wo er die äußerst bedeutsame Aufgabe bewältigte, der sich kein anderer gewachsen gezeigt hätte: Er veränderte die ganze Philosophie, die der Arbeit in diesem Ressort bis dahin zugrunde gelegen hatte. Keith war – und ist immer noch – mein engster politischer Freund.

John Biffen ernannte ich zum Staatssekretär des Schatzamts. Während unserer Oppositionszeit war er ein brillanter Verfechter unserer Wirtschaftspolitik gewesen, und davor hatte er mit großem Mut die politische Kehrtwendung der Heath-Regierung kritisiert. Doch die zermürbende Aufgabe, die Staatsausgaben einzudämmen, bewältigte er nicht so gut, wie ich erhofft hatte. In seiner späteren Funktion als Fraktionsführer der Regierungspartei, die ausgeprägtes politisches Einfühlungsvermögen, Humor und einen gewissen Stil verlangt, war er wesentlich besser aufgehoben. John Nott übernahm das Handelsministerium. Auch er war ein überzeugter Verfechter unserer Finanzpolitik und setzte sich für Geldmengenkontrolle, niedrigere Steuern und eine freie Marktwirtschaft ein. Aber Johns Charakter könnte man als eine Mischung von Gold, Blech und Quecksilber beschreiben. Kein anderer konnte eine Situation besser analysieren und bessere Vorschläge zu ihrer Bewältigung unterbreiten. Doch es fiel ihm schwer – oder vielleicht fand er es langweilig –, sich an ebendiese Maßnahmen zu halten, sobald aus ihnen feste Beschlüsse geworden waren. Seine Schwäche war, daß er im nachhinein zu viele Überlegungen anstellte.

Ich war überzeugt, daß wir unsere Ziele in der Wirtschaftspolitik würden verwirklichen können, denn Geoffrey und Keith würden mir dabei helfen, unsere Linie im Kabinett durchzusetzen, und ich konnte mich fest auf die Unterstützung von Willie Whitelaw und einigen anderen verlassen.

Da wir in der Opposition und im Wahlkampf unsere Politik sehr erfolgreich dargestellt hatten, schien es ratsam, die Kontinuität zwischen Schattenkabinett und Kabinettsposten so gut wie möglich aufrechtzuerhalten. Willie Whitelaw wurde Innenminister, und sowohl in dieser Funktion als auch später als Führer des Oberhauses gab er mir persönlich und der gesamten Regierung wertvolle Ratschläge, die sich auf seiner weitreichenden Erfahrung gründeten. Viele waren überrascht, daß wir so gut zusammenarbeiteten, da wir ja beide um die Führung gekämpft und im Hinblick auf die Wirtschaftspolitik unterschiedliche Ansichten hatten. Aber Willie ist körperlich wie charakterlich ein großer Mann. Ihm lag der Erfolg der Regierung am Herzen, und er akzeptierte von Anfang an, daß ihre Arbeit maßgeblich von meinen Vorstellungen geprägt sein würde. Nachdem er uns einmal seine Unterstützung zugesagt hatte, hielt er Wort. Er unterstützte mich standhaft, wenn ich im Recht war und – was noch wichtiger ist – auch wenn dies nicht der Fall war. Zudem war er als Vize-Premier unentbehrlich – dieses Amt ist zwar nicht in der Verfassung vorgesehen, besitzt aber einen hohen politischen Stellenwert. Willie bot uns den Halt, den die Regierung brauchte, um auf Kurs zu bleiben. Er war ein echter Freund.

Doch ich wußte auch, daß in einigen Ressorts Veränderungen nötig waren. Ich ernannte Christopher Soames, einen Mann mit ungeheurem Durchsetzungsvermögen, zum Führer des Oberhauses. Christopher war ein Mann, der seinen eigenen Weg ging, und dies in sehr dezidierter Weise. Daher schien er besser geeignet für eine Position, die Handeln im Alleingang erfordert, als zur harmonischen Zusammenarbeit im Team – sei es nun als Botschafter in Paris oder als letzter Gouverneur von Rhodesien. Peter Carrington, der sich während der Oppositionszeit als geschickter Oberhausführer bewährt hatte, wurde Außenminister. Seine unvergleichliche Erfahrung in der Außenpolitik qualifizierte ihn mehr als ausreichend für dieses Amt. Peter hatte eine charismatische Ausstrahlung und besaß die Fähigkeit, in Diskussionen sofort die entscheidenden Fragen zu erkennen und seinen eigenen Standpunkt mit Nachdruck zu vertreten. Wir hatten zwar Meinungsverschiedenheiten, doch sie führten nie zu Ressentiments. In vielem ergänzten wir uns gut – nicht zuletzt deshalb, weil Peter besonders eigensinnigen Amtskollegen immer erklären konnte, daß er persönlich deren Anliegen ja wohl verstehen könne, aber seine Premierministerin ganz sicher nicht. Dieses Argument war gewöhnlich überzeugend. Ich wollte jedoch unbedingt mindestens einen Wirtschaftspolitiker mit vernünftigen Ansichten als Fachminister im Außenministerium haben, auf dessen Ansichten Verlaß war. Deshalb veranlaßte ich Peter, Nick Ridley zu berufen.

Zwei weitere Ernennungen gaben Anlaß zu vielen Kommentaren. Sehr zu seiner eigenen Überraschung fragte ich Peter Walker, ob er das Amt des Landwirtschaftsministers übernehmen wolle. Peter hatte nie einen Hehl daraus gemacht, daß er meinen Vorstellungen zur Wirtschaftspolitik abgeneigt war. Aber er war nicht nur zäh, sondern auch redegewandt, beides unschätzbare Eigenschaften für einen Mann, der sich mit den Ungereimtheiten der europäischen Agrarpolitik zu befassen hatte. Indem ich ihn ins Kabinett berief, machte ich deutlich, daß ich bereit war, jede Strömung innerhalb der Konservativen Partei in die Regierungsarbeit miteinzubeziehen; indem ich ihm gerade dieses Ressort gab, zeigte ich aber auch, daß ich nicht gewillt war, die zentralen Punkte unserer Wirtschaftsprogramms preiszugeben.

Dieser letzte Punkt wurde vielleicht weniger deutlich in meiner Entscheidung, Jim Prior als Arbeitsminister einzusetzen. Ich werde an anderer Stelle auf die Meinungsverschiedenheiten zwischen Jim und dem Rest der Partei während der Oppositionszeit eingehen. Seit diesem Zeitpunkt datierte unsere lebhafte Auseinandersetzung über die Gewerkschaftsreform. Wir waren uns alle einig, daß die Gewerkschaften zuviel Macht und Privilegien angehäuft hatten. Auch darüber, daß hier Schritt für Schritt eingegriffen werden mußte, herrschte kein Dissens. Aber sobald konkrete Maßnahmen erörtert wurden, gab es grundlegende Unstimmigkeiten über das Ausmaß der Reformen und das Tempo, mit dem sie verwirklicht werden sollten. Trotzdem gab es für mich nie einen Zweifel daran, daß wir Jim Prior brauchten. Im ganzen Land, auch in der Konservativen Partei, herrschte noch immer die Meinung, daß Großbritannien nicht ohne die stillschweigende Zustimmung der Gewerkschaften regiert werden könne. Es sollte einige Jahre dauern, bevor sich das änderte. Wenn wir schon von Anfang an eine tiefgreifende Reform der Gewerkschaften – noch dazu gegen ihren Widerstand – angekündigt hätten, dann hätte dieses Vorgehen das Vertrauen in die Regierung erschüttert und vielleicht sogar einen Widerstand hervorgerufen, dem wir noch nicht gewachsen waren. Jim stand für unser politisches Augenmaß. Er hatte mit mehreren Gewerkschaftsführern ein gutes Verhältnis aufgebaut, wenngleich er den praktischen Wert dieser Beziehungen vielleicht überschätzte. Aber er war ein erfahrener Politiker mit starkem Charakter, was er später im Staatsministerium für Nordirland unter Beweis stellen sollte. Das Gesetz schreibt vor, daß nur 22 Personen das Gehalt eines Kabinettsministers erhalten können. Mein Entschluß, einen Außenminister aus dem Oberhaus zu berufen, hatte zur Konsequenz, daß wir einen zusätzlichen Außenminister im Kabinett brauchten, der dem Unterhaus Rede stand. Die Mitglieder des Unterhauses sehen es ohnehin nicht gerne, wenn zu viele Mitglieder des Oberhauses im Kabinett vertreten sind. Sie akzeptieren natürlich, daß der Führer des Oberhauses sowie dessen Präsident, der Lordkanzler (in diesem Fall der großartige, temperamentvolle Quintin Hailsham) und möglicherweise noch ein dritter Peer, der die nötigen Voraussetzungen mitbringt, Mitglieder des Kabinetts sein müssen. Aber sie verlangen, daß dafür ein zweiter Kabinettsminister im Unterhaus sitzt, um an Stelle des Amtsträgers aus dem Oberhaus Rede zu stehen. Auf diesen Posten berief ich Ian Gilmour. (Eine ähnliche Regelung sollte später wieder notwendig werden, als David Young ins Kabinett berufen wurde, und zwar zunächst als Arbeitsminister und später als Wirtschaftsminister.) Ian blieb zwei Jahre lang im Außenministerium. Auch danach brachte er mir als einfacher Abgeordneter die gleiche Loyalität entgegen, die er mir als Regierungsmitglied gezeigt hatte.

Mir lag sehr viel daran, Angus Maude ins Kabinett aufzunehmen, da ich glaubte, daß seine langjährige politische Erfahrung, seine vernünftigen Ansichten und seine Scharfzüngigkeit eine Bereicherung für uns darstellen würden. Ich übertrug ihm die Leitung des Informationsamts. Am Ende dieses Arbeitstages hatten wir einen Kabinettsplatz zuwenig. Daher konnten wir Norman Fowler, den Verkehrsminister, nicht als offizielles Mitglied ins Kabinett aufnehmen, wenngleich er an allen Sitzungen teilnahm.

Gegen 11 Uhr abends war die Kabinettsliste vollständig und auch von der Königin gebilligt worden. Ich ging nach oben, um mich bei den Telefonistinnen zu bedanken, die alle Hände voll zu tun gehabt hatten, um die Termine für den nächsten Tag zu arrangieren. Dann ließ ich mich nach Hause fahren. Am Samstag führte ich Einzelgespräche mit den zukünftigen Kabinettsmitgliedern. Alles ging glatt über die Bühne. Diejenigen, die nicht bereits Privy Counsellors – Mitglieder des Staatsrats – waren, wurden im Buckingham-Palast vereidigt.[1] Am Samstag nachmittag war das ganze Kabinett ernannt, und die Liste der Namen wurde der Presse bekanntgegeben. Somit hatte jeder neue Minister ein Wochenende Zeit, um Richtlinien für sein Ressort auszuarbeiten, damit die politischen Inhalte unseres Wahlprogramms in die Tat umgesetzt werden konnten. Tatsächlich hatten wir sogar etwas mehr Zeit, da der Montag ein Feiertag – Bank Holiday – war.

Weitere Ernennungen

Am Samstagabend vervollständigten wir die Liste der Junior-Minister, und im Lauf des Sonntags sprach ich mit jedem persönlich oder telefonisch. Viele von ihnen sollten später dem Kabinett angehören, einschließlich Cecil Parkinson, Norman Tebbit, Nick Ridley und John Wakeham. Die besten Junior-Minister sind seitens der Senior-Minister immer sehr gefragt: Eine wirklich gute Teamarbeit ist von äußerster Wichtigkeit, um eine wirksame politische Kontrolle über die Arbeit des Ministeriums zu gewährleisten. Über sechzig Posten mußten besetzt werden. Trotzdem war 48 Stunden nach meiner Amtsübernahme die gesamte Regierungsmannschaft ernannt und der Presse bekanntgegeben worden.

Zu guter Letzt ernannte ich Ian Gow zu meinem Parlamentarischen Referenten (Parliamentary Private Secretary, kurz PPS). Dies war meine beste Entscheidung. Ian besaß Loyalität, Gewitztheit und einen unverwüstlichen Sinn für Humor – alles Eigenschaften, die uns in der Zukunft durch viele schwere Stunden helfen sollten. Er war ein Vollblut-Parlamentarier, der die Arbeit im Unterhaus liebte. Bei »Insider«-Gesprächen im privaten Kreis sorgte er einfühlsam dafür, daß sich niemand ausgeschlossen fühlte, sondern jeder den Eindruck hatte, daß gerade sein Beitrag zur Diskussion besonders wichtig sei. Seine Reden waren mit trockenem Witz gewürzt, der beide Seiten des Unterhauses zu Lachtränen hinreißen konnte. Auch nach Ians Rücktritt – als kompromißloser Unionist lehnte er das anglo-irische Abkommen kategorisch ab – blieben wir enge Freunde. Seine Ermordung durch Terroristen der IRA im Jahre 1990 bedeutete einen unersetzbaren menschlichen Verlust.

Wie bereits erwähnt, war der Montag ein Feiertag. Diese Gelegenheit nahm ich wahr, um in der Downing Street einige Anwärter auf nichtministerielle Posten zu empfangen. John Hoskyns suchte mich am Nachmittag auf, um die Leitung des Grundsatzreferats zu übernehmen.[2] Eigentlich kam John aus der freien Wirtschaft und war Computerexperte, aber daneben besaß er auch ausgezeichnete analytische Fähigkeiten und hatte in der Opposition mitgeholfen, unser Wirtschaftsprogramm zu formulieren. Er vertrat die Theorie, daß viele Probleme der britischen Wirtschaft letzten Endes auf einen »kulturellen Niedergang« zurückzuführen seien. Während unserer Regierungsarbeit veranlaßte er die Minister immer wieder, jedes Problem im Lichte unserer umfassenden Strategie zur Umkehrung dieses Niedergangs zu betrachten – und damit sorgte er dafür, daß wir am Ball blieben.

Noch am gleichen Tag traf ich auch mit Kenneth Berrill, dem Leiter des Zentralen Planungsstabs (Central Policy Review Staff, CPRS), einer sogenannten »Denkfabrik«, zusammen. Der CPRS war ursprünglich von Ted Heath ins Leben gerufen worden, um der Regierung Ratschläge zu langfristigen politischen Problemen zu erteilen. Dies geschah zu einer Zeit, als es weniger private Denkfabriken und weniger Sonderberater in der Regierung gab, dafür aber den weitverbreiteten Glauben, daß die großen Probleme der Menschheit durch fachliche und technische Analyse gelöst werden könnten. Zwangsläufig paßte jedoch eine Arbeitsgruppe mit einem technokratischen Denkansatz wenig in das Gesamtkonzept einer Regierung mit einem klaren philosophischen Ansatz. Und die praxisfernen Theorien der Denkfabrik schufen oft peinliche Situationen, wenn sie der Presse zugespielt und einem Minister zugeschrieben wurden. Die Welt hatte sich verändert, und der CPRS konnte mit dem Wandel nicht Schritt halten. Aus diesen und anderen Gründen glaube ich, daß meine spätere Entscheidung, ihn abzuschaffen, richtig und wahrscheinlich unvermeidlich war. Ich muß sagen, daß ich ihn auch nie vermißt habe.

Ferner bat ich Sir Derek Rayner, einen Leistungsüberprüfungsausschuß (Efficiency Unit) zu bilden, der Ineffizienz und Verschwendung innerhalb von Regierungsbehörden unter die Lupe nehmen sollte. Derek kam von Marks and Spencer, einem Unternehmen, das allgemein als meine Lieblingsfirma bezeichnet wurde, und er war ebenfalls ein erfolgreicher Geschäftsmann. Wir vertraten beide den Standpunkt, daß man in der Politik den Wert einer Dienstleistung allgemein nach dem geleisteten Arbeitsaufwand beurteilte, im Geschäftsleben dagegen nach dem erzielten Erfolg. Auch teilten wir die Überzeugung, daß einige der Grundsätze aus dem Geschäftsleben auf die Politik übertragen werden mußten. Aber weder er noch ich hatte eine klare Vorstellung davon, wie schwierig dies in der Praxis werden sollte.

Am gleichen Tag traf ich auch mit Sir Richard O'Brian zusammen. Unsere Gesprächsthemen zeigen deutlich die außerordentliche Reichweite von Fragestellungen, mit denen ich mich in diesen ersten Regierungstagen befassen mußte. Sir Richard war nicht nur Vorsitzender der »Manpower Services Commission«, die zu den sogenannten Quangos gehörte[3] und die Aufsicht über die staatlichen Fortbildungs- und Umschulungsprogramme führte, sondern auch Vorsitzender des Komitees, das den Premierminister bei der Ernennung des neuen Erzbischofs von Canterbury beriet. (Donald Coggan hatte bereits seinen Rücktritt als Erzbischof von Canterbury angekündigt, und bis zum Jahresende mußte ein Nachfolger gefunden werden.) Er informierte mich über die Arbeit des Komitees und teilte mir mit, zu welchem Zeitpunkt ich Empfehlungen erwarten konnte. Aus der Perspektive meiner späteren Beziehungen zur kirchlichen Hierarchie betrachtet wäre es wünschenswert gewesen, wenn Sir Richard seine beiden Ämter zusammengelegt und ein nützliches Schulungsprogramm für Bischöfe entworfen hätte.

Es waren jedoch die finanziellen und wirtschaftlichen Probleme des Landes, die von Anfang an unsere Aufmerksamkeit erforderten. Sir John Hunt, der Geschäftsführende Kabinettssekretär, wirkte wie ein Mann, der ohne viel Aufhebens gewissenhaft seine

Arbeit erledigt – ein beruhigender Eindruck, der sich später als vollkommen gerechtfertigt erweisen sollte. Er hatte knappe Vorlagen zu den dringlichsten Themen vorbereitet, z. B. zu öffentlichen Löhnen und Gehältern und zur Höhe der benötigten Kreditaufnahme der öffentlichen Hand. Außerdem hatte er auch eine Liste der bevorstehenden Begegnungen mit anderen Regierungschefs erstellt. Zu allen diesen Punkten mußten schnell Entscheidungen getroffen werden. Bei meinem letzten Termin an diesem Montag nachmittag erörterte ich mit Geoffrey Howe seinen anstehenden Haushaltsplan. An diesem Abend gelang es mir ausnahmsweise, rechtzeitig zum Essen mit der Familie in die Flood Street zurückzukommen. Aber es gab noch keine Ruhepause. Ein ganzer Stapel von Berichten zu jedem erdenklichen Thema wartete noch darauf, durchgelesen zu werden.

Wenigstens erschien es so. Die unaufhörliche Flut von roten Aktenkoffern hatte eingesetzt – jeden Abend waren es bis zu drei, am Wochenende sogar vier. Aber ich machte mich entschlossen an die Arbeit. Eine eben mit einem neuen Wählerauftrag an die Macht gekommene Regierung erhält nicht noch einmal eine gleichwertige Chance, der politischen Arbeit ihre eigene Prägung zu geben. Ich war fest entschlossen, diese Chance zu nutzen.

Erste Entscheidungen

Am darauffolgenden Dienstag um 14.30 Uhr hielten wir unsere erste Kabinettssitzung ab. Sie war »informell«: Das Kabinettssekretariat hatte keine Tagesordnung aufgestellt, und es wurde kein Protokoll verfaßt. (Die gefaßten Beschlüsse wurden später in der ersten »offiziellen« Kabinettssitzung protokolliert, die wie gewöhnlich am Donnerstag morgen stattfand.) Die Minister erstatteten Bericht über ihre Arbeitsbereiche und die Vorbereitungen, die sie für die bevorstehende Gesetzgebung getroffen hatten. Wir lösten sofort unser im Wahlprogramm gegebenes Versprechen ein, die Gehälter der Polizeibeamten und den Sold der Streitkräfte zu erhöhen. Als Folge der sinkenden Arbeitsmoral im Polizeidienst, rückgängigen Bewerberzahlen und Gerüchte über einen etwaigen Streik hatte die Labour-Regierung ein Komitee eingerichtet, das unter dem Vorsitz von Lordrichter Edmund Davies die Gehälter im Polizeidienst überprüfte. Dieses Komitee hatte eine Methode erarbeitet, nach der Polizeigehälter den übrigen Gehältern angepaßt werden konnten. Wir beschlossen, die Empfehlungen für Gehaltserhöhungen, die am 1. November in Kraft treten sollten, zeitlich vorzuverlegen. Dieser Beschluß wurde am nächsten Tag, einem Mittwoch, bekanntgegeben. Gleichzeitig entschieden wir, die Gehälter für die Streitkräfte ab dem 1. April anzuheben, womit wir den Empfehlungen im letzten Bericht des Gremiums für die Überprüfung der Streitkräftebesoldung voll nachkamen.

Bei dieser ersten informellen Kabinettssitzung begannen wir mit der schmerzhaften, aber notwendigen Abspeckungskur für den öffentlichen Dienst, nachdem man jahrelang angenommen hatte, daß er zu Lasten des privaten Sektors weiterwachsen könne. Wir verhängten einen sofortigen vollkommenen Einstellungsstop für den Staatsdienst, den wir jedoch später modifizierten und statt dessen spezifische Einsparungsquoten erstellten. Wir begannen auch mit einer Revision der Kontrolle, die die staatlichen Behörden über die Kommunalbehörden ausübten. Doch auch auf diesem Gebiet sahen wir uns bald gezwungen, noch striktere Finanzkontrollen anzuwenden, da es immer offensichtlicher wurde, daß die Kommunen entweder unfähig oder nicht willens waren, ihren Dienstleistungsauftrag rationell und effizient zu erfüllen.

Preise und Gehälter gaben von Anfang an Grund zur Besorgnis, was sich auch während dieser ganzen frühen, wirtschaftlich schwierigen Jahre nicht ändern sollte. Professor Hugh Cleggs »Commission on Pay Comparability« (Kommission zur Überprüfung vergleichbarer Gehälter) war von der Labour-Regierung als ehrbares Instrument zur Bestechung eingesetzt worden, mit dem Staatsbedienstete durch vordatierte Schecks, die erst nach der Wahl fällig wurden, von einem Streik abgehalten werden sollten. Die Clegg Commission verursachte uns große Kopfschmerzen, die sich mit dem Herannahen der Fälligkeitsdaten dieser Schecks stetig verschlimmerten.[4]

Im Hinblick auf die Lohnverhandlungen bei den Staatsbetrieben entschieden wir, daß sich die zuständigen Minister sowenig wie möglich einmischen sollten. Unsere Strategie bestand darin,

die nötige finanzielle Disziplin anzuwenden und dann den direkt
betroffenen Betriebsleitungen und Gewerkschaften die Entscheidungen selbst zu überlassen. Resultate würden sich hier jedoch
erst nach Fortschritten in komplementären Bereichen – also auf
dem Gebiet des freien Wettbewerbs, der Privatisierung und der
Gewerkschaftsreform – zeigen können.

Zudem war es nötig, die Preiskontrollen einer gründlichen
Überprüfung zu unterziehen. Die bestehenden Mechanismen zur
Preiskontrolle – Maßnahmen der Preiskommission, staatlicher
Druck und Subventionen – waren interventionistischer Natur.
Wir gaben uns keinen falschen Illusionen hin: Preisanstiege waren
ein Symptom der Inflation, nicht aber ihre Ursache. Die Inflation
wiederum war ein monetäres Phänomen, das man nur mit finan-
zieller Disziplin eindämmen konnte. Eine künstliche Eindäm-
mung des Preisanstiegs würde nur das Investitionsvolumen und
Profite verringern – beide für eine gesunde Wirtschaft ohnehin
schon viel zu niedrig – und in der britischen Industrie eine
»Kosten-plus-Mentalität« verbreiten.

Am Ende der beiden Kabinettssitzungen wies ich ausdrücklich
auf die Notwendigkeit eines kollektiven Verantwortungsbewußt-
seins und eines Vertrauensverhältnisses zwischen den Ministern
hin. Ich erklärte, daß ich nicht vorhätte, ein Tagebuch über Kabinettsdiskussionen zu führen, und hoffte, daß die Anwesenden meinem Beispiel folgen würden. Dies mag zwar den Autoren von
Memoiren gewisse Unbequemlichkeiten bereiten, aber für eine
zufriedenstellende Zusammenarbeit der Regierungsmannschaft
ist eine derartige Regel unerläßlich. Trotzdem mußte ich meine
Mahnung, nichts von dem Inhalt unserer Gespräche an die Presse
durchsickern zu lassen, häufig wiederholen.

Wir befanden uns noch in unserer ersten Regierungswoche,
doch schon mußten wir uns über den Inhalt der Thronrede Gedanken machen. Diese Aufgabe fiel größtenteils dem »QL« zu[5],
einem Komitee unter dem Vorsitz von Willie Whitelaw. Seine Aufgabe war es, dem Kabinett jene Gesetzentwürfe vorzuschlagen,
die in die Rede der Königin aufgenommen werden sollten. Glücklicherweise waren unsere Verpflichtungen im Parteiprogramm so
klar formuliert, daß die Thronrede keinerlei Schwierigkeiten
bereitete.

Mir war bewußt, daß ich trotz der arbeitsintensiven Aufgabe der Regierungsbildung und der Festlegung der politischen Richtlinien die einfachen Fraktionsmitglieder nicht vernachlässigen durfte. Nach zwanzig Jahren im Unterhaus und sechs Legislaturperioden als Abgeordnete wußte ich, wie rasch Probleme auftauchen und die Arbeit im Unterhaus gefährden konnten. Deshalb hatte ich für den Dienstag abend, am Tag bevor das Parlament zusammentrat, den Vorsitzenden und die Vorstandsmitglieder des Komitees von 1922 eingeladen, um unseren Sieg zu feiern und die Arbeit für die kommende Legislaturperiode zu besprechen.[6] Der Name erinnert an die Ereignisse des Jahres 1922, als die konservativen Abgeordneten den Rücktritt von Lloyd Georges Koalitionsregierung und Neuwahlen erzwangen, aus denen die Konservativen siegreich hervorgingen und unter Bonar Law die neue Regierung bildeten. Dies möge allen zur Erinnerung dienen, welche bezweifeln, daß das Komitee von 1922 für die Regierung von Bedeutung ist. Sogar in weniger stürmischen Zeiten kann ein umfangreiches Gesetzespaket nur dann bewältigt werden, wenn zwischen der Downing Street, dem Komitee von 1922, dem Büro der Whips und dem Fraktionsführer der Regierungspartei ein gutes Einvernehmen herrscht.

Am Mittwoch, dem 9. Mai, versammelte sich das neue Parlament zur Wahl des Speakers. Der Speaker des letzten Parlaments war der ehemalige Labour-Kabinettsminister George Thomas gewesen, und er wurde einstimmig für dieses Amt wiedergewählt. Ich hegte bereits zu diesem Zeitpunkt große Achtung für George Thomas, doch im Lauf der Jahre sollte sie sogar noch zunehmen. Er war ein tiefgläubiger Christ und eine integre Persönlichkeit, was ihm als Speaker besondere Autorität verlieh. Doch während meiner Gratulationsansprache konzentrierte ich mich auf etwas anderes: Ständig mußte ich achtgeben, daß ich nicht Jim Callaghan als Premierminister bezeichnete.

Der Besuch von Helmut Schmidt

Am nächsten Tag wurde von einer Anzahl der Parlamentsmitglieder der Amtseid geleistet. Aber der Donnerstag war nicht nur ein

Tag der Feiern und Zeremonien (tatsächlich ging eine Feier, nämlich die von Denis' Geburtstag, in der ganzen Hektik unter). Es
war auch der Tag, an dem Helmut Schmidt, der westdeutsche
Bundeskanzler, zu einem noch mit der Labour-Regierung vereinbarten Staatsbesuch in London erwartet wurde. Er war der erste
auswärtige Regierungschef, den ich als Premierministerin empfing. Es hatte einige Diskussionen gegeben, ob dieser Besuch überhaupt stattfinden sollte. Aber ich sah dieser Begegnung mit großer
Erwartung entgegen. Ich hatte bereits die Bekanntschaft von Helmut Schmidt gemacht, als wir noch in der Opposition gewesen
waren, und hatte ihn bald schätzengelernt. Er besaß ein tiefgrei-
fendes Verständnis in Fragen der internationalen Wirtschaft,
einem Bereich, in dem wir weitgehend übereinstimmten, obwohl
er sich selbst als Sozialist bezeichnete. Tatsächlich begriff er
wesentlich besser als einige der britischen Konservativen, wie
wichtig es war, in finanziellen Angelegenheiten orthodox zu denken und das Geldangebot zu überwachen sowie die Ausgaben und
Kreditaufnahme der öffentlichen Hand in Schranken zu halten,
um dadurch das Wachstum des privaten Sektors zu fördern. Dennoch mußte sofort und ohne Umschweife klargestellt werden, daß
Großbritannien trotz seiner Bereitschaft, innerhalb der Europäischen Gemeinschaft eine tragende und einflußreiche Rolle zu spielen, diese Aufgabe nicht erfüllen konnte, solange das Problem
unseres äußerst ungerechten Haushaltsbeitrags nicht gelöst war.[7]
Ich sah keinerlei Veranlassung, unsere Ansichten hinter einer
diplomatischen Nebelwand zu verschleiern. Vielmehr wollte ich
Helmut Schmidt von der Vernünftigkeit unserer Position und
unserer festen Entschlossenheit überzeugen, gerade weil er und die
Bundesrepublik in der Europäischen Gemeinschaft großen Einfluß besaßen. Deshalb benutzte ich jede Gelegenheit, um unser
Anliegen deutlich zu machen.

Die Rede, die ich an diesem Donnerstag abend beim Essen zu
Ehren des Bundeskanzlers hielt, bot mir die erste Gelegenheit,
meine Haltung zur Europäischen Gemeinschaft zu umreißen. Von
Anfang an wies ich den Gedanken zurück, es sei »uneuropäisch«,
die Bereinigung von Ungleichheiten zu fordern. In einem Absatz,
der die Aufmerksamkeit der Medien erregte, sagte ich:

Es wurde in diesem Lande behauptet, daß die Gemeinschaft mit mir und meiner Regierung »leichtes Spiel« haben würde. Herr Bundeskanzler, falls dieses Gerücht Ihnen zu Ohren gekommen sein sollte, weil es die Spatzen auf dem Smith Square, dem Belgrave Square oder anderswo von den Dächern gepfiffen haben, dann muß ich Ihnen fairerweise jetzt schon den Rat geben, dem keine Bedeutung beizumessen (wie es meine Kollegen schon seit langem nicht mehr tun!). Ich habe die Absicht, die britischen Interessen sehr genau zu analysieren und resolut zu verteidigen.[8]

Bei unserer gemeinsamen Pressekonferenz am folgenden Tag wurden wir nach unserem persönlichen Verhältnis gefragt, da Helmut Schmidt als Sozialist Mr. Callaghan immer »Jim« genannt hatte. Als ich die Übereinstimmung unserer Politik unterstrich, unterbrach er: »Bitte, Frau Premierministerin, gehen Sie nicht zu weit, und verderben Sie mir nicht das Verhältnis zu meiner eigenen Partei!«

Arbeitswochenende

Am Samstag flog ich nach Schottland, um eine Rede vor dem Parteitag der schottischen Konservativen zu halten. Dies war eine Aufgabe, der ich immer gerne nachkam. Die schottischen Torys hatten es noch nie leicht, und das sollte sich auch in Zukunft nicht ändern. Im Gegensatz zu den Konservativen in England sind die Schotten daran gewöhnt, eine Minderheitspartei zu sein, die von der politisch einseitigen schottischen Presse stets heftig attackiert wird. Aber dieser Umstand verlieh den schottischen Konservativen einen Kampfgeist und eine Begeisterung, die ich bewunderte. Dank dieser Haltung konnte ich mir einer aufgeschlossenen und aufmerksamen Zuhörerschaft sicher sein. Einige der führenden schottischen Torys hegten allerdings immer noch den Wunsch nach einer Art dezentralisierter Regierung (»Devolution«), aber wir übrigen hatten große Befürchtungen, was dies für die Zukunft der Union bedeuten würde. Nachdem ich noch einmal unseren Beschluß bekräftigt hatte, das Schottland-Gesetz der Labour-

Regierung wieder aufzuheben, wies ich darauf hin, daß wir eine Allparteien-Gesprächsrunde ins Leben rufen würden, die »die Regierung dem Volk näherbringen sollte«. Letztendlich gelang uns dies eher durch die Verringerung der Einflußnahme des Staates als durch die Schaffung neuer staatlicher Institutionen.

Als wichtigsten Punkt meiner Rede vor dem Parteitag hatte ich jedoch bewußt ein düsteres Thema gewählt, das ganz Großbritannien betraf. Am selben Tag war bekanntgeworden, daß die Inflationsrate 10,1 Prozent erreicht hatte und noch weiter steigen würde. Ich erklärte:

Das Übel der Inflation ist noch nicht bezwungen. Wir müssen noch einen langen Weg gehen, bevor die Geldwirtschaft gesundet ist. Bei unserer Amtsübernahme sagte das Schatzamt voraus, daß die Inflation weiter ansteigen würde. Es wird noch beträchtliche Zeit dauern, bis unsere Maßnahmen Wirkung zeigen. Wir dürfen das enorme Ausmaß der Aufgabe, die vor uns liegt, nicht unterschätzen. Aber ohne einen stabilen Geldmarkt können wir nicht viel erreichen. Er ist die Grundlage einer stabilen Regierung.

Als unsere wirtschaftlichen und politischen Schwierigkeiten in den kommenden Monaten anwuchsen, konnte niemand behaupten, daß er nicht davor gewarnt worden war.

Wir flogen zurück nach Northold, dem Flugplatz der Royal Air Force, und fuhren weiter nach Chequers, wo ich mein erstes Wochenende als Premierministerin verbrachte. Ich glaube, es ist unmöglich, sich längere Zeit in Chequers aufzuhalten, ohne diesen Landsitz liebzugewinnen. Seit der Zeit seines ersten Bewohners, David Lloyd George, geht man davon aus, daß ein Premierminister nicht unbedingt über ein eigenes Landgut verfügt. Als Lord Lee damals seinen Landsitz der Nation zum Geschenk machte, damit die Premierminister dort Ruhe und Erholung finden konnten, war dies ebenso der Beginn einer neuen Ära wie die Einführung der Reformgesetze.

Zu Beginn meiner Amtszeit als Premierministerin war Vera Thomas die Hausverwalterin in Chequers. Sie kannte und liebte jedes auf Hochglanz polierte Möbelstück, jedes historische Porträt und jedes funkelnde Stück Silber. Ursprünglich war Chequers im elisabethanischen Stil erbaut worden, doch über die Jahre wurde das Haus grundlegend renoviert. Sein Mittelpunkt, der große Saal, war einst ein Innenhof, der gegen Ende des letzten Jahrhunderts in das Gebäude integriert wurde. Im Winter brennt dort ein großes Kaminfeuer, das in allen Räumen den heimeligen Geruch von Holz verbreitet.

Dank der Großzügigkeit von Walter Annenberg, der von 1969 bis 1974 amerikanischer Botschafter in Großbritannien war, besitzt Chequers ein überdachtes Schwimmbecken. In den Jahren, die ich dort verbrachte, wurde es jedoch nur im Sommer benutzt. Ich hörte gleich anfangs, daß die Beheizung 5000 Pfund pro Jahr kostete. Indem wir diese Summe einsparten, hatten wir mehr Geld für die ständig notwendigen Reparaturen am Haus zur Verfügung.

Die wichtigste Arbeit, die ich in Auftrag gab, war wohl die Restauration der elisabethanischen Holzverkleidung im Eßzimmer und im großen Salon. Nachdem Lack und Schmutz entfernt worden waren, kam eine wunderschöne Einlegearbeit zum Vorschein, von der jahrelang niemand etwas gewußt hatte.

Die Gruppe, die sich nur zehn Tage nach unserem Wahlsieg am Sonntag zum Lunch einfand, war ziemlich typisch für ein Wochenende auf Chequers. Meine Familie war da, also Denis, Carol und Mark. Keith Joseph, Geoffrey und Elspeth Howe, die Pyms und Quintin Hailsham vertraten sozusagen das Regierungsteam. Peter Thorneycroft und Alistair McAlpine aus der Parteizentrale waren gekommen – letzterer war als Schatzmeister der Konservativen Partei unübertroffen im Auftreiben von Geldspenden gewesen und einer meiner engsten und treuesten Freunde. David Wolfson, Brian Cartledge (mein Persönlicher Referent), ihre Gattinnen und ein befreundetes Ehepaar, Sir John und Lady Tilney, vervollständigten die Runde.

Wir waren immer noch in der Stimmung, unseren Wahlsieg zu feiern. Hier herrschte nicht die offizielle Atmosphäre der Downing Street. Unsere vordringliche Aufgabe, die Regierung arbeitsfähig zu machen, war erledigt. Wir waren noch ganz erfüllt von dem Geist der Kameradschaft, der erst viel später durch die unvermeidlichen Dispute und Unstimmigkeiten im Zuge der Regierungsarbeit gedämpft werden sollte. Es war ein heiteres und unterhaltsames Essen – und wahrscheinlich ein gutes Beispiel für das, was ein Kritiker später einmal »bürgerlichen Triumphalismus« nannte.

Doch wir waren uns im klaren darüber, daß ein langer Weg vor uns lag. Mein Vater pflegte immer zu sagen:

Anfangen ist leicht, aber kannst du auch durchhalten? Es ist leichter, eine Arbeit zu beginnen, als sie zu vollenden.

Um 19.00 Uhr fuhren Denis und ich nach London zurück, wo ich meine zweite Woche als Premierministerin in Angriff nahm. Die Arbeit stapelte sich bereits, Aktenkoffer kamen nach und von Chequers. Ich erinnere mich, wie einst Harold Macmillan einer Gruppe von jungen, aufmerksamen Abgeordneten – keiner davon aufmerksamer als Margaret Thatcher – erklärte, daß Premierminister, da sie ja kein eigenes Ressort besäßen, über viel Zeit zum Lesen verfügten. Er empfahl Disraeli und Trollope. Manchmal frage ich mich, ob er uns auf den Arm nehmen wollte.

2
Neue Weichen stellen

Die Innenpolitik der ersten sechs Monate,
bis Ende 1979

Nach der Euphorie des Wahlsiegs glich die Konfrontation mit den britischen Wirtschaftsproblemen dem Morgen nach einer durchzechten Nacht. Die Inflationsrate wuchs ständig, die Gehälter im öffentlichen Dienst waren außer Kontrolle geraten, die Prognosen sagten steigende öffentliche Ausgaben und fallende Steuereinnahmen voraus. Gleichzeitig wurden unsere innenpolitischen Probleme noch verschärft durch einen Anstieg der Ölpreise, der die ganze Welt in eine Rezession trieb. Unter diesen Umständen lag die Versuchung nahe, in die Defensive zu gehen und an falscher Stelle Vorsicht walten zu lassen; die Einkommenssteuer nicht zu senken, obwohl die Steuereinnahmen bereits zu fallen drohten; Preiskontrollen nicht aufzuheben, obwohl wir es bereits mit einer galoppierenden Inflation zu tun hatten; angesichts der zunehmenden Rezession keine Kürzungen bei den Subventionen für die Industrie vorzunehmen und den öffentlichen Sektor nicht einzuschränken, da der Privatsektor zu schwach schien, um neue Arbeitsplätze zu schaffen. Diese ungünstigen Faktoren wirkten natürlich hemmend auf unser Bemühen, dem Land durch einen wirtschaftlichen Aufschwung wieder auf die Beine zu helfen. Aber mir war bewußt, daß wir gerade deswegen unsere Anstrengungen verdoppeln mußten. Wir rannten eine abwärtsfahrende Rolltreppe hinauf und mußten zweimal so schnell sein, wenn wir jemals oben ankommen wollten.

Die erste Thronrede

Unsere erste Gelegenheit, sowohl Freunden als auch Gegnern zu zeigen, daß uns die Schwierigkeiten nicht entmutigen konnten, war die Thronrede. Die erste »Loyal Address«, wie die Antrittsrede einer neuen Regierung auch genannt wird, stellt die Weichen für die gesamte kommende Amtsperiode. Nimmt man diese Gelegenheit, einen radikal neuen Kurs einzuschlagen, nicht wahr, so hat man eine höchstwahrscheinlich einmalige Chance verschenkt, und die Öffentlichkeit geht davon aus, daß trotz aller kämpferischen Rhetorik alles beim alten bleibt. Ich war fest entschlossen, ein klares Zeichen des Wandels zu setzen.

Am Ende der Debatten zur »Address« – der Erwiderung des Parlaments auf die Thronrede – war es offensichtlich, daß das Unterhaus ein umfassendes Programm erwarten konnte, mit dem der Sozialismus rückgängig gemacht, mehr Wahlmöglichkeiten gegeben und der Haus- und Wohnungsbesitz gefördert werden sollten. Neue Gesetze würden den Wirkungsbereich des National Enterprise Board (der Staatlichen Unternehmensverwaltung) der Labour Party begrenzen und damit beginnen, staatliche Unternehmen und Vermögenswerte wieder dem privaten Sektor zuzuführen. Sozialmieter sollten das Recht erhalten, ihren Wohnraum mit großem Preisnachlaß und der Möglichkeit einer hundertprozentigen Hypothekenfinanzierung zu erwerben. Auf dem privaten Wohnungsmarkt sollte die Mietpreisbindung teilweise aufgehoben werden. (Jahrzehntelange restriktive Kontrollen hatten stetig das Angebot auf dem Wohnungsmarkt reduziert und dadurch die Mobilität der arbeitenden Bevölkerung eingeschränkt und den wirtschaftlichen Fortschritt gehemmt.) Es war geplant, den von der Labour Party erlassenen Community Land Act, das Gesetz zur Landreform, außer Kraft zu setzen – dieser Versuch, Gewinne der Bauindustrie zu verstaatlichen, hatte zu einem Mangel an Bauland geführt und die Immobilienpreise in die Höhe getrieben. Wir entbanden die Kommunalbehörden von ihrer Verpflichtung, Gymnasien in Gesamtschulen umzuwandeln, und kündigten das Assisted Places Scheme an, ein Förderprogramm, das es begabten Kindern aus armen Familien ermöglichen sollte, Privatschulen zu besuchen. Dies waren die ersten Schritte, denen, wie ich hoffte, weitere folgen würden, um Kindern aus Familien wie der meinigen bessere Bildungschancen zu geben. Nicht zuletzt wollten wir auch den oft korrupten und verschwenderischen Machenschaften der Gewerkschaften innerhalb der Kommunalbehörden (die gewöhnlich unter sozialistischer Kontrolle standen) Einhalt gebieten.

Als ich in der Debatte zur Thronrede das Wort ergriff, erregten zwei Punkte meines Vortrags besonderes Aufsehen: die Abschaffung der Preiskontrollen und das Versprechen, die Gewerkschaften zu reformieren. Es wurde allgemein erwartet, daß wir wenigstens vorübergehend einige Preiskontrollen aufrechterhalten würden. Schließlich war die Kontrolle von Preisen, Gehältern und Dividenden eines der Mittel, mit denen die meisten Regierungen der westlichen Welt ihre Macht und ihren Einfluß aufzubauen versuchten und den durch ihre finanziell unverantwortliche Politik bedingten Anstieg der Inflation lindern wollten.

Doch der britische Arbeitgeberverband (Confederation of British Industry – CBI) konnte anschaulich belegen, daß Preiskontrollen die Inflation nur minimal beeinflußten, dagegen jedoch zweifellos Gewinne und Investitionen der Industrie beeinträchtigten. Das Economic Strategy Committee, der Wirtschaftsausschuß des Kabinetts (kurz E Committee genannt), in dem ich den Vorsitz führte, befaßte sich in einer seiner ersten Sitzungen mit der Frage, ob wir die Preiskommission vollkommen und so bald wie möglich abschaffen sollten. Einige Minister gaben zu bedenken, daß man diesen Schritt und damit die Regierung dafür verantwortlich machen würde, wenn die Preise angesichts der beschleunigten Inflationsrate stiegen. Dieses Argument war nicht von der Hand zu weisen. Aber Handelsminister John Nott drängte auf ein rasches Vorgehen, und er hatte recht. Es wäre noch schwieriger gewesen, die Preiskommission später abzuschaffen, wenn die Preise noch mehr in die Höhe schnellten. Wahrscheinlich begriffen unsere Gegner an dem Tag, an dem wir die Abschaffung der Preiskommission ankündigten, zum ersten Mal, daß die Regierung entschlossen war, ihr Bekenntnis zur Marktwirtschaft auch tatsächlich umzusetzen. Gleichzeitig gaben wir auch unsere Entscheidung bekannt, die Vollmachten des Leiters der Kommission für Preisfindung sowie der Monopol- und Preiskommission zu erweitern, damit sie gegen Monopolpreise, einschließlich der von den Staatsbetrieben festgesetzten Preise, einschreiten konnten. Ich wollte meine Rede in der Debatte zur Thronrede auch dazu nutzen, unseren Willen zur Reform der Gewerkschaft zu bekräftigen. Jim Priors bevorzugte Strategie bestand darin, die Gewerkschaften zu konsultieren, bevor er die begrenzten Reformen, die wir in der Opposition vorgeschlagen hatten, in das Gewerkschaftsgesetz aufnahm. Doch es war wesentlich klarzustellen, daß wir von unserem eindeutigen Wählerauftrag, der uns zu grundlegenden Veränderungen verpflichtete, nicht Abstand nehmen würden.

Die Thronrede enthielt drei Reformvorschläge: Erstens, das Recht, Streikposten zu stehen, das jahrelang und besonders während der Streiks im vergangenen Winter ernstlich mißbraucht worden war, sollte nur noch für jene Arbeitnehmer gelten, die an ihrem eigenen Arbeitsplatz und mit ihrem eigenen Arbeitgeber im Konflikt standen. Das bedeutete, daß der Einsatz von Streikposten aus anderen Betrieben gesetzlich verboten sein würde. Zweitens wollten wir auch das Gesetz zur Regelung des Gewerkschaftszwangs in bestimmten Betrieben ändern (closed shop law). Dieses Gesetz hatte Arbeitnehmer, die ihre Arbeitsstelle behalten oder sich um eine neue bewerben wollten, praktisch gezwungen, einer Gewerkschaft beizutreten. Zu jenem Zeitpunkt waren ungefähr fünf Millionen Arbeitnehmer davon betroffen. In Zukunft sollten diejenigen, die ihre Arbeitsstelle aus diesem Grunde verloren, eine entsprechende Abfindung erhalten. Drittens würden öffentliche Gelder bereitgestellt werden, damit Gewerkschaftswahlen und wichtige gewerkschaftliche Entscheidungen per Briefwahl durchgeführt würden: wir versuchten, die Wahl durch Handheben, also die berüchtigten »Parkplatzabstimmungen«, zu unterbinden, ebenso wie die skrupellosen Praktiken der Wahlmanipulation und Einschüchterung, die über die Jahre ein Bestandteil der »Gewerkschaftsdemokratie« geworden waren. Rückblickend erscheint es unglaublich, daß dieses relativ gemäßigte Programm von den meisten Gewerkschaftsführern und der Labour Party als ein direkter Angriff auf die Gewerkschaften dargestellt wurde. Tatsächlich mußten wir sehr bald auf das Thema Gewerkschaftsreform zurückkommen. Im Laufe der Zeit wurde es den Gewerkschaftsführern und der Labour Party immer klarer, daß nicht nur die öffentliche Meinung unsere Politik unterstützte, sondern auch die Mehrzahl der Gewerkschaftsmitglieder, deren Familien von Streiks in Mitleidenschaft gezogen wurden, für die viele von ihnen nicht gestimmt hatten. Wir waren diejenigen, die die Stimmung in der Bevölkerung erkannt hatten. Dies war mein erster bedeutender Auftritt im Parlament in der Rolle als Premierministerin, und ich überstand ihn unbeschadet. Heutzutage richtet der Premierminister relativ wenig Reden an das Unterhaus. Die wichtigsten davon befassen sich mit dem Gesetzgebungsprogramm der Regierung, mit Mißtrauensanträgen, Erklärungen nach internationalen Gipfeltreffen sowie Debatten in Zeiten internationaler Spannungen. Neben der demoralisierenden Wirkung einer Wahlniederlage und des Amtsverlustes ist dies wohl einer der Gründe, weshalb es Premierministern oft so schwerfällt, wieder die Rolle des Oppositionsführers zu übernehmen, in der mehr Reden ohne gründliche Vorbesprechungen gehalten werden müssen. Jim Callaghan, der seiner Partei bislang nie in der Opposition vorgestanden hatte, fühlte sich in der neuen Rolle als Oppositionsführer sichtlich nicht sehr wohl. Es überraschte mich daher nicht, als er im Oktober 1980 beschloß, von einem Amt zurückzutreten, das ihm sein eigener linker Parteiflügel zusehends verleidete.

Aber der eigentliche Prüfstein der Autorität des Premierministers im Unterhaus, der Beziehung zu seiner Partei, seiner Regierungskunst sowie seiner Fähigkeit, politisches Handeln zu rechtfertigen, ist die Fragestunde, die jeden Dienstag und Donnerstag stattfindet. Nirgendwo auf der Welt wird ein Regierungschef so regelmäßig einer derartigen Belastung ausgesetzt, und viele tun ihr möglichstes, um sich dieser Pflicht zu entziehen. Nicht selten erinnerte ich die Teilnehmer eines Gipfeltreffens daran, daß kein Regierungschef so eingehend zur Rechenschaft gezogen wird wie der britische Premierminister.

Ich bereitete mich immer sehr gründlich auf die Fragestunde vor. Zusammen mit einem Persönlichen Referenten, meinem Politischen Referenten und meinem Parlamentarischen Referenten ging ich alle Punkte durch, die ohne Vorwarnung zur Sprache kommen konnten. Dies ist möglich, weil sich die Fragen auf der

Tagesordnung nur mit den offiziellen Verpflichtungen des Premierministers für diesen Tag befassen. Das eigentliche Problem sind die Zusatzfragen, die eine ganze Reihe von Themen berühren können, vom Kreiskrankenhaus bis hin zu bedeutsamen internationalen Fragen oder einer Verbrechensstatistik. Selbstverständlich wurde von jedem Ministerium erwartet, die Fakten und ausreichende Antworten für eventuell auftauchende Fragen zur Verfügung zu stellen. Es war eine ausgezeichnete Möglichkeit, die Wachsamkeit und Fähigkeit eines Kabinettsministers zu prüfen – waren die gelieferten Informationen richtig oder falsch, verständlich oder durch Amtsjargon vernebelt, kamen sie zu spät oder überhaupt nicht? Gemessen an diesen Kriterien war das Resultat nicht immer zufriedenstellend. Doch mit der Zeit erlangte ich mehr Selbstsicherheit in diesen regelmäßigen lautstarken Wortgefechten, und mein Auftreten gewann an Wirkung. Manchmal machten sie mir sogar Spaß.

Der Haushalt für das Jahr 1979

Der nächste Markstein im Regierungsprogramm war der Haushaltsplan. Im großen und ganzen war unser Ansatz bekannt. Eine strikte Kontrolle der Geldmenge war nötig, um die Inflationsrate zu senken. Ausgaben und Kreditaufnahme der öffentlichen Hand mußten gekürzt werden, um die Steuerlast des Wohlstand schaffenden Privatsektors zu verringern. Eine Senkung der Einkommenssteuersätze sowie eine stärkere Besteuerung der Ausgaben an Stelle der Einkommen würden neue Anreize schaffen. Diese weitgesteckten Ziele mußten jedoch unter den Bedingungen einer sich national wie auch international zuspitzenden Wirtschaftskrise angestrebt werden.

Bei unserer Amtsübernahme lag die Inflationsrate in Großbritannien bei 10 Prozent und war immer noch im Anstieg. (Die dreimonatige Rate lag bei 13 Prozent.) Diese Situation spiegelte den Mangel an finanzieller Disziplin während der letzten Regierungsjahre der Labour Party wider, als sie sich über die vom Internationalen Währungsfond im Jahre 1976 auferlegten Einschränkungen hinweggesetzt hatte. Außerdem führten mächtige Gewerkschaftsgruppen durch einen rücksichtslosen Umgang mit den letzten Überbleibseln der Labour-Einkommenspolitik eine Explosion der Löhne und Gehälter herbei. Und auf der ganzen Welt waren die Ölpreise stark im Anstieg begriffen und bereits um 30 Prozent höher als noch vor sechs Monaten – eine Folge der fortdauernden Unruhen im Iran nach dem Sturz des Schahs im Jahre 1978. All dies hatte eine verheerende Wirkung auf die internationale Wirtschaftslage.

Der Anstieg des Ölpreises beschleunigte weltweit den Anstieg der Inflation. Aber er hatte noch dazu einen eigenartigen und zumindest kurzfristig auch sehr schädlichen Einfluß auf die britische Wirtschaft, denn das Pfund war eine Petrol-Währung und gewann dementsprechend an Wert. Auch aus anderen Gründen war unsere Währung stark. Nach der Wahl war das Vertrauen in die britische Wirtschaft allgemein gestiegen. Zudem betrieben wir eine strikte Geldpolitik mit hohen Zinssätzen (die Zinssätze mußten nach dem Haushaltsplan um zwei Prozentpunkte erhöht werden) und vergrößerten damit den Zufluß von ausländischem Kapital. Aufgrund all dieser Faktoren verzeichnete das Pfund einen immer größeren Wertzuwachs.

Wahrscheinlich waren wir besser als jede frühere Opposition dafür gerüstet, die notwendigen wirtschaftlichen Entscheidungen zu treffen. Jahr für Jahr hatten wir intern unsere eigenen Berechnungen der öffentlichen Ausgaben durchgeführt und dabei mögliche Kürzungen sowie deren Höhe festgestellt. Zusätzlich hatten wir durch die »Stepping Stones Group« (Gruppe von Wegbereitern) unserer Schattenminister und Berater, unter denen John Hoskyns die treibende Kraft war, Mechanismen zur Koordinierung unserer Maßnahmen ausgearbeitet. Dadurch wollten wir unser großes Ziel erreichen, den wirtschaftlichen Verfall Großbritanniens rückgängig zu machen. Doch selbst die gründlichste Vorbereitung konnte die unangenehmen Tatsachen der Finanzlage und Haushalts-Arithmetik nicht aus der Welt schaffen. Die beiden entscheidenden Diskussionen über den Haushaltsplan für 1979 fanden am 22. und 24. Mai zwischen mir und dem Schatzkanzler statt. Geoffrey Howe machte mir klar, daß eine Senkung des Einkommensteuerspitzensatzes von 83 auf 60 Prozent, eine Verringerung des Eingangssatzes von 33 auf 30 Prozent und eine Reduzierung der Kreditaufnahme der öffentlichen Hand auf 8 Milliarden Pfund (so viel glaubten wir uns leisten zu können) eine Erhöhung der zweistufigen Mehrwertsteuersätze von 8 und 12,5 Prozent auf einen einheitlichen Satz von 15 Prozent erforderlich machen würde. (Der Nullsatz für Lebensmittel und andere Grundbedürfnisse sollte erhalten bleiben.) Verständlicherweise machte ich mir Sorgen, daß diese große Verschiebung von direkter zu indirekter Besteuerung den Lebenshaltungspreisindex um etwa 4 Prozent erhöhen würde.

Dies würde eine einmalige Preiserhöhung sein (und dadurch war sie nicht im eigentlichen Sinne »inflatorisch«, weil dieser Begriff ja eine stetige Preissteigerung impliziert). Aber es bedeutete auch, daß sich die Teuerungsrate, die allgemein als Maßstab für den Lebensstandard galt und die allzuoft als Grundlage für Gehaltsforderungen diente, im ersten Jahr unserer Amtsperiode verdoppeln würde.[1] Es bereitete mir auch Sorgen, daß zu viele der vorgeschlagenen Kürzungen der öffentlichen Ausgaben höhere Gebühren für öffentliche Dienstleistungen zur Folge hatten. Dies würde eine ähnliche Auswirkung auf den Lebenshaltungspreisindex haben. Bei meinem ersten Haushaltsgespräch mit Geoffrey erinnerte ich daran, daß Rab Butler als Schatzkanzler im Jahre 1951 seine Steuersenkungen allmählich eingeführt hatte. Sollten wir nicht ebenso verfahren? Geoffrey blieb bei seinem Entschluß. Wir einigten uns darauf, weiter über das Problem nachzudenken.

Bei unserem zweiten Treffen beschlossen wir, den Plan durchzuführen. Eine Senkung der Einkommenssteuer war unumgänglich, selbst wenn sie durch eine drastische Erhöhung der Mehrwertsteuer finanziert werden mußte. Das entscheidende Argument war, daß solch eine umstrittene Erhöhung der indirekten Steuern nur am Anfang unserer Amtsperiode durchgeführt werden konnte, solange unser Wählerauftrag noch frisch in Erinnerung war. Wenn wir uns der Hoffnung hingaben, daß entweder das Wirtschaftswachstum oder die Kürzungen der öffentlichen Ausgaben für uns arbeiteten, dann würden wir vielleicht nie die Strukturveränderungen durchsetzen, die für die Ankurbelung der Wirtschaft nötig waren. Wir mußten unsere Richtlinien von Anfang an und ohne Zögern festlegen. Am Ende dieses zweiten Treffens stand der

Haushaltsplan, den Geoffrey Howe am 12. Juni vorstellte, bereits
in groben Zügen fest. Er wurde allgemein als ein dramatischer Reformplan gewürdigt,
sogar von Stimmen aus dem anderen politischen Lager. Die Tageszeitung »The Guardian« etwa beschrieb ihn als das »interessanteste
politische und wirtschaftliche Roulettespiel der Nachkriegszeit«.
Seine Hauptpunkte entsprachen den Ergebnissen unserer Gespräche von Ende Mai: eine Senkung des Prozentsatzes von 33 auf 30
Prozent für den Anfangssteuersatz und eine Senkung von 83 auf 60
Prozent für die höchste Einkommensstufe, eine Erhöhung der Steuerfreibeträge um 9 Prozent über der Inflationsrate und außerdem
die Einführung eines neuen, einheitlichen Mehrwertsteuersatzes
von 15 Prozent. Zusätzlich zu den beträchtlichen Einkommenssteuersenkungen war es uns jedoch auch gelungen, Kontrollen in
verschiedenen Bereichen des Wirtschaftslebens zu verringern oder
ganz aufzuheben. Gehalts-, Preis- und Dividendenkontrollen
waren verschwunden. Genehmigungsverfahren für Industrie- und
Bürobauvorhaben und eine Reihe von Runderlassen und unnötigen Planungskontrollen entfielen oder wurden modifiziert. (1980
kündigte Geoffrey Howe in seinem zweiten Haushaltsplan die
Schaffung von Industriegebieten – Enterprise Zones – an, in denen
Firmen Erleichterungen bzw. Steuerbefreiungen genießen konnten,
um damit die Entwicklung der strukturschwachen Gebiete zu fördern und Arbeitsplätze zu schaffen.)

Mir persönlich bereitete jedoch der Wegfall der Devisenkontrollen die größte Genugtuung – also die Abschaffung der komplizierten gesetzlichen Beschränkungen, die bestimmten, welche Summen
in ausländischer Währung britische Bürger erwerben konnten. Sie
waren zu Beginn des Zweiten Weltkrieges als »Notstandsmaßnahme« eingeführt und von nachfolgenden Regierungen beibehalten
worden, größtenteils in der Hoffnung, sie würden Investitionskapital nach Großbritannien bringen und dem Druck auf das britische
Pfund entgegenwirken. Es war ganz offensichtlich, daß sie diese
Erwartungen nicht mehr erfüllten (sofern dies überhaupt jemals
der Fall gewesen war). Da das Pfund jetzt aber sehr stark war und
die wirtschaftlichen Vorteile der Nordsee-Ölförderung sich in
Großbritannien gerade bemerkbar zu machen begannen, war der
Zeitpunkt gekommen, sie vollkommen abzuschaffen.

Sie wurden folglich in drei Etappen beseitigt – einige bei der Erstellung des Haushaltsplans, die nächsten später im Juli und der Rest im Oktober (nur Kontrollen hinsichtlich Rhodesiens wurden vorübergehend aufrechterhalten). Die entsprechenden Gesetze blieben zwar noch bis 1987 in Kraft, wurden aber nicht mehr angewandt. Die Abschaffung der Devisenkontrollen gab nicht nur Einzelpersonen und Firmen mehr Freiheit, sondern brachte auch ausländische Investoren nach Großbritannien und förderte britische Investitionen im Ausland. Daraus erwuchs ein wertvoller Einnahmenfluß, der wahrscheinlich auch dann nicht versiegen wird, wenn die Ölvorräte in der Nordsee längst erschöpft sind. Aber nicht jeder Kapitalist teilte mein Vertrauen in den Kapitalismus. Ich erinnere mich an eine Konferenz mit Finanzexperten während unserer Oppositionszeit. Sie zeigten sich sehr bestürzt über meinen Wunsch, ihren Markt zu liberalisieren. »Nicht zu schnell!« warnten sie. Es war offensichtlich, daß sie sich nicht wohl fühlten in einer Welt ohne Devisenkontrollen, in der der Markt und nicht die Regierung die Kapitalbewegungen bestimmte. Sie hätten ja vielleicht ein Risiko eingehen müssen.

Während der Haushaltsgespräche mußten wir unsere Aufmerksamkeit auch auf die besorgniserregenden Gehaltserhöhungen im öffentlichen Dienst lenken. Hier konnten wir nicht so frei manövrieren. Politische Erwägungen, die so notwendig wie unangenehm waren, hatten uns während des Wahlkampfs dazu bewogen, die Beschlüsse der Clegg Commission zu jenen Gehaltsforderungen anzuerkennen, die dieser Kommission bereits vorlagen. Die Frage war nun, ob die anstehenden Forderungen anderer Gruppen an die Clegg Commission weitergeleitet werden oder ob neue Wege zur Bewältigung dieses Problems gefunden werden sollten.

Mir war klar, daß längerfristig gesehen nur zwei Kriterien die Höhe der Gehälter im öffentlichen wie im privaten Sektor bestimmen durften. Das erste war Zahlungsfähigkeit: Letzten Endes war es der Steuerzahler, der die Löhne und Gehälter des öffentlichen Dienstes finanzierte, und wenn diese Finanzlast eine gewisse Grenze überschritt, dann würde die Wirtschaft des Landes darunter leiden. Das zweite war die Besetzung freier Stellen: Die Gehälter mußten hoch genug sein, um für Bewerber mit entsprechenden Fähigkeiten und beruflichen Qualifikationen genügend Anreiz zu bieten. Doch der ganze Verwaltungsapparat – nicht nur die Clegg Commission, sondern auch das Gremium zur Überprüfung der Löhne und Gehälter im öffentlichen Dienst (Civil Service Pay Research Unit) und andere Körperschaften –, den man ins Leben gerufen hatte, um »Vergleichbarkeit« zwischen öffentlichen und privaten Gehältern zu erzielen, vernebelte diese einfachen Kriterien.

Wir beschlossen daher, der Clegg Commission zu beweisen, daß es unumgänglich war, den Etat der öffentlichen Ressorts in akzeptablen Grenzen zu halten, und sie darauf aufmerksam zu machen, welche Folgen dies für die Gehälter im öffentlichen Dienst haben mußte. Gleichzeitig entschieden wir uns dafür, die Kommission noch am Leben zu erhalten und neue Gehaltsforderungen auf einer Ad-hoc-Basis an sie weiterzuleiten. Wir glaubten, daß sich die Kommission für niedrigere Gehaltsforderungen einsetzen würde, als es für die zuständigen Minister möglich sein würde. Doch wie sich später herausstellen sollte, war diese Annahme zu optimistisch, und folglich unterschätzten wir die Kosten, die die Clegg Commission der öffentlichen Hand verursachen sollte.

Rückblickend kann man sagen, daß wir einen Fehler begingen. Sogar damals waren die Warnsignale schon sichtbar. Geoffrey Howe erklärte mir, daß die Durchschnittsgehälter wahrscheinlich zwei bis drei Prozentpunkte höher liegen würden als bei den Prognosen vom letzten Juni angenommen, selbst wenn man in Betracht zog, daß Abfindungen für die Aufgabe von Kontrollmaßnahmen einigen Erfolg erzielen würden. Schließlich warteten wir bis August 1980 mit der Ankündigung, daß die Clegg Commission nach Abschluß ihrer derzeit bearbeiteten Fälle aufgelöst würde. Ihr letzter Bericht erschien im März 1981. Allerdings hatten die Gehaltsforderungen des öffentlichen Dienstes durch seine viel zu hohe Anzahl an Beschäftigten, die Macht der Gewerkschaften und die Inflation bereits eine Eigendynamik entwickelt, die nicht sofort gebremst, geschweige denn rückgängig gemacht werden konnte.

Die Reform des öffentlichen Dienstes

Trotz der kurzfristigen Schwierigkeiten war ich entschlossen, mit der Arbeit an den langfristigen Reformen innerhalb der Verwaltung wenigstens zu beginnen. Wenn wir mehr britische Kräfte in den Wohlstand schaffenden privaten Sektor lenken wollten, dann war ein Stellenabbau im öffentlichen Dienst unumgänglich. Seit den frühen sechziger Jahren war der Verwaltungsapparat stetig gewachsen, und sein Anteil am gesamten Arbeitsmarkt hatte sich dementsprechend vergrößert.[2] Im Gegensatz zum privaten Sektor zeigte der öffentliche in Zeiten der Rezession eine Tendenz zum Wachstum, während die Beschäftigungszahl in Perioden des wirtschaftlichen Aufschwungs unverändert blieb. Kurz gesagt, er unterlag nicht den normalen, allgemein gültigen wirtschaftlichen Kontrollmechanismen.

Dementsprechend groß war die Zahl der Beschäftigten im öffentlichen Dienst. Im Jahre 1961 war die Angestelltenzahl mit 640 000 auf den niedrigsten Stand der Nachkriegszeit gesunken, bis 1979 war sie auf 732 000 angestiegen. Dieser Trend mußte umgekehrt werden. Wie bereits erwähnt, verhängten wir schon in den ersten Tagen unserer Amtsübernahme einen Einstellungsstop, um die Staatsausgaben für Gehälter um ungefähr 3 Prozent zu reduzieren. Die betroffenen Ministerien brachten eine ganze Reihe einfallsreicher Einwände vor, warum diese Maßnahme nicht für sie gelten könne, doch einer nach dem anderen wurde abgewiesen. Am 13. Mai 1980 konnte ich dem Unterhaus unsere langfristigen Ziele zum Stellenabbau in der Verwaltung vorlegen. Die Gesamtzahl der Stellen war bereits auf 705 000 gesunken, und während der nächsten vier Jahre wollten wir sie auf 630 000 zurückschrauben. Da ungefähr 80 000 Bedienstete jährlich wegen Pensionierung oder Fluktuation aus dem öffentlichen Dienst ausschieden, schien es möglich, unser Ziel ohne Entlassungen zu erreichen. Tatsächlich gelang es uns während der nächsten vier Jahre, die Stellenzahl auf 630 000 zu senken.

Aber als notwendiger Begleitumstand dazu mußte die Vergütung für besondere Leistungen entsprechend angehoben werden. Wir hatten immense Schwierigkeiten, Gehaltsstufen auf der Basis von Leistung einzuführen. Zwar kamen wir voran, doch es gelang nur nach zähen Kämpfen und dauerte mehrere Jahre.

Von Anfang an nahm ich starkes Interesse an Bewerbern für die Spitzenpositionen innerhalb der Verwaltung, denn sie konnten die Leistung und Arbeitsmoral einer ganzen Behörde beeinflussen. Ich

war entschlossen, mit einer Geisteshaltung aufzuräumen, wie sie
in den frühen siebziger Jahren durch eine Bemerkung ausgedrückt
wurde, die man dem damaligen Chef der Behörde für den öffentlichen Dienst zuschrieb: Das Beste, worauf die Briten hoffen könnten, sei »die ordentliche Verwaltung des Niedergangs«. Diese
negative Haltung wurde weder dem Land noch dem öffentlichen
Dienst gerecht. Sie hatte auch zur Folge, daß hier viele wertvolle
Kapazitäten brachlagen. Ich war ungeheuer beeindruckt von den
Fähigkeiten und Leistungen des Personals in meinem Persönlichen
Büro in der Downing Street. Gewöhnlich führte ich selbst Vorstel-
lungsgespräche mit Kandidaten, die sich für Referentenposten
bewarben. Die Bewerber gehörten zu den intelligentesten jungen
Männern und Frauen in der Verwaltung; sie waren ehrgeizig und
strebten danach, im Zentrum der staatlichen Entscheidungsgewalt zu wirken. Ich wollte dafür Sorge tragen, daß solche Menschen mit regem Geist und einem großen Engagement für gute
Administration in die Führungspositionen der Verwaltung aufstei-
gen würden. Tatsächlich übernahmen während meiner Amtsperiode viele meiner vormaligen Referenten Spitzenpositionen in den
Ministerien. Bei all diesen Entscheidungen zählten jedoch Begabung, Energie und Engagement; der politische Standpunkt des
Bewerbers gehörte nicht zu meinen Kriterien.

Schließlich hatten sich über die Jahre hinaus auch noch gewisse
Arbeitsgewohnheiten und -haltungen entwickelt, die einer guten
Administration nicht zuträglich waren. So mußte ich zum Beispiel
gegen den übermächtigen Einfluß der Gewerkschaften des öffentlichen Dienstes ankämpfen, die noch dazu immer stärker politi-
siert wurden. Die Einführung neuer und effizienterer Arbeitsprak-
tiken, etwa die Anwendung von EDV, wurde durch den Widerstand der Gewerkschaften verzögert. Im Ministerium für Gesundheit und Soziales etwa, wo Daten schnell zur Hand sein mußten,
um Unterstützungsgelder auszuzahlen, war ein solches Vorgehen
eine Schande. Aber schließlich räumten wir damit auf. Sogar auf
höchster Ebene hatten wir Probleme. Einige Ständige Fachliche
Staatssekretäre sahen sich mehr in der Rolle als politische Berater
und vergaßen dabei, daß sie auch für eine wirkungsvolle Arbeit
ihres Ministeriums verantwortlich waren. Um mir selbst einen
Überblick zu verschaffen, beschloß ich, die wichtigsten Ministe-

rien selbst zu besuchen und mit so vielen Menschen wie möglich zu sprechen, um aus erster Hand zu hören, wo sie ihre Prioritäten setzten. Ich verbrachte fast einen ganzen Tag in jedem Ministerium.

Im September 1979 zum Beispiel führte ich eine sehr nützliche Diskussion mit Beamten des Gesundheits- und Sozialministeriums. Ich verwies auf die Notwendigkeit, überschüssiges Land im Besitz der öffentlichen Hand zu veräußern. Es lag mir sehr daran, daß zum Beispiel Krankenhäuser, die nicht benötigten Grund und Boden besaßen, diesen verkaufen und den Gewinn zur Verbesserung der Krankenpflege nutzen konnten. Es gab Argumente dafür und dagegen, aber ein Argument, das bei dieser Gelegenheit aufgeworfen wurde, war für die bestehenden Mißstände symptomatisch, nämlich daß dies doch unfair sei jenen Krankenhäusern gegenüber, die nicht das Glück hatten, überschüssiges Land zu besitzen. Es war ganz klar, daß uns ein langer Weg bevorstand, bis alle Mittel der Gesundheitsbehörde effizient zum Wohl der Patienten genutzt wurden. Aber mit diesem Besuch begann der Prozeß, der zur »Griffiths-Reform« im staatlichen Gesundheitsdienst und 1990 zu den »internen Marktreformen« der Gesundheitsbehörde führte.[3]

Am 11. Januar 1980 besuchte ich die Behörde für den öffentlichen Dienst (Civil Service Department – CSD). Dieser Besuch war sehr aufschlußreich, wenn auch nicht gerade ermutigend. Das CSD war 1968 nach der Veröffentlichung des Berichts des Fulton Committee eingerichtet worden, und in seiner Verantwortung lagen die Verwaltung des öffentlichen Dienstes und die Besoldung. Die bereits bestehende Besoldungs- und Verwaltungsabteilung des Schatzamtes wurde durch die Civil Service Commission und die neugegründete Verwaltungsakademie ergänzt. Die ganze Behörde hatte 5000 Angestellte und wurde von Sir Ian Bancroft, einem hochrangigen Ständigen Fachlichen Staatssekretär, geleitet. Obwohl mir als Premierministerin letztendlich die Verantwortung für die öffentliche Verwaltung übertragen war, wurden die eigentlichen Aufgaben von einem Staatsminister wahrgenommen. In Whitehall hatte die Behörde für den öffentlichen Dienst noch nie viel Vertrauen oder Einfluß besessen.

Und das hatte seinen Grund. Bei meinem Besuch im CSD wurden viele meiner schlimmsten Befürchtungen über den öffentlichen Dienst bestätigt. Ich traf auf fähige und gewissenhafte Leute, die versuchten, die Leistung von Behörden zu überwachen, von deren Aufgaben sie nur geringe Kenntnis besaßen. Noch weniger wußten sie über das jeweilige Ressort Bescheid. Da den anderen Ressorts die ungünstigen Bedingungen, unter denen das CSD arbeitete, wohlbekannt waren, nahmen sie kaum Notiz von dessen Empfehlungen. Nach diesem Besuch gab es für mich nur eine Frage: ob die Verantwortung für den Aufgabenbereich des CSD dem Schatzamt oder dem Kabinettsamt übertragen werden sollte.

Leider konnte ich meine Besuche bei den Ministerien nie so lange ausdehnen, wie ich es gewünscht hätte. Auch aus einem weiteren Grund konnte ich bei diesen Gelegenheiten nicht genug erfahren: Beamte in leitenden Positionen mochten den Eindruck haben, daß sie in Gegenwart ihrer zuständigen Minister nicht offen reden konnten. Folglich lud ich die Ständigen Staatssekretäre für den 6. Mai 1980 zum Abendessen in die Downing Street ein, nachdem ich Rücksprache mit Sir Ian Bancroft und Kabinettskollegen gehalten hatte. Am Tisch saßen dreiundzwanzig Staatssekretäre, der Direktor des Zentralen politischen Planungsstabs (CPRS), Robin Ibbs, mein Persönlicher Referent, Clive Whitmore, David Wolfson und ich.

Es wurde eines der trübseligsten Ereignisse meiner gesamten Regierungsperiode. Für eine offene Diskussion bin ich immer zu haben, und das Aufeinanderprallen von Ideen und Temperamenten macht mir sogar Spaß, aber solch ein Menü von Beschwerden und negativer Einstellung, wie es an diesem Abend serviert wurde, reichte aus, um mir den Appetit für ähnliche Anlässe in der Zukunft zu verderben. Das Abendessen fand ein paar Tage vor der Ankündigung unserer Sparmaßnahmen im Unterhaus statt, und das war wahrscheinlich der Grund für die Klagen, daß die Minister die »Moral« des öffentlichen Dienstes untergraben hätten. Ich spürte jedoch, daß noch mehr dahintersteckte, nämlich der Wunsch, daß alles beim alten bleiben sollte. Aber die Vorstellung, daß der öffentliche Dienst unberührt bleiben konnte von dem Reformeifer, der Englands öffentliche und private Institutionen in den nächsten zehn Jahren grundlegend verändern sollte, war eine

Illusion. Ein Funke Widerstandsgeist wäre mir lieber gewesen als diese behäbige Art, sich mit dem Niedergang abzufinden. Und ich wußte auch, daß die Fähigeren in der jungen Beamtengeneration genauso dachten wie ich. Fairerweise muß man sagen, daß einige der an diesem Abend anwesenden Staatssekretäre meine Ansichten teilten. Sie waren so bestürzt wie ich und wurden zusehends verschlossener. Mir wurde klar, daß Fortschritte eher durch die Ernennung und Ermutigung von Einzelpersonen erzielt werden konnten als durch den Versuch, die Geisteshaltung einer ganzen Beamtenschaft zu ändern. Und nach dieser Methode wollte ich vorgehen.[4]

Öffentliche Ausgaben

Dieser Weg würde jedoch Jahre in Anspruch nehmen. Während des zweiten Halbjahres 1979 wurden wir mittlerweile wöchentlich mit einer neuen Krise konfrontiert, als wir Staatsausgaben und Kreditaufnahme der öffentlichen Hand vor dem Hintergrund einer zunehmenden internationalen Rezession überprüften. Unsere vorrangige Aufgabe war es, für das Haushaltsjahr 1979/80 so viele Einsparungen wie möglich vorzunehmen. Im Normalfall wurde die Finanzplanung im Sommer und Herbst des vorhergehenden Jahres von der Regierung erstellt und im November bekanntgegeben. Obwohl bereits einige Monate des Geschäftsjahres vergangen waren, mußten wir noch einmal von vorne beginnen und die von der Labour-Regierung angesetzten Staatsausgaben revidieren. Wir wollten unsere neuen Ausgabenpläne mit dem Gesamthaushalt ankündigen. Aus diesem Grund und auch wegen unserer eigenen Wahlversprechen war der Spielraum für Sparmaßnahmen eingeschränkt. Außerdem benötigten wir für einige der geplanten Änderungen neue Gesetze.

Wir hatten versprochen, die Mittel für Verteidigung und innere Sicherheit zu erhöhen und beim staatlichen Gesundheitsdienst nicht zu kürzen. Außerdem waren wir verpflichtet, die Renten und andere langfristige Sozialbezüge den Preisen anzugleichen sowie die für dieses Jahr von der Labour-Regierung zugesagten Rentenerhöhungen vorzunehmen. Wir hätten auf die Sicherheitsrücklagen zurückgreifen können, doch wenn sich herausstellte, daß es Rücklagen gab, würden wir uns zusätzlicher Forderungen von Ministerien erwehren müssen, und das war nicht eben leicht. Eine andere Möglichkeit wäre gewesen, die Staatsausgaben innerhalb der von der vorherigen Regierung gesteckten Grenzen zu halten, was einer effektiven Verringerung gleichgekommen wäre, da die Inflationsrate inzwischen gestiegen war. Das wiederum hätte bedeutet, bei den öffentlichen Gehältern keinen Schritt nachzugeben, was ebenfalls schwierig schien. Einkünfte aus Privatisierungen konnten vielleicht zu einem finanziellen Ausgleich beitragen. Aber nur die staatlichen Aktien von British Petroleum konnten sofort verkauft werden. Für den großangelegten Verkauf staatlicher Vermögenswerte benötigten wir neue Gesetze. Die meisten unserer noch in der Opposition entworfenen Pläne für Sparmaßnahmen waren mittlerweile überholt. Vor allem hatte Professor Cleggs Großzügigkeit großen Schaden angerichtet. Mit einem Wort: Wir standen an der Wand.

Aber ich war entschlossen, gleich zu Anfang klare Zeichen zu setzen. Der erste Entwurf des Schatzamtes für Sparmaßnahmen im Geschäftsjahr 1979/80 erschien mir nicht ausreichend. Kaum zwei Wochen nach meinem Einzug in die Downing Street hatte ich deshalb ein Treffen mit Haushaltsexperten, bei dem ich meine Unzufriedenheit mit der gebotenen Entschiedenheit zum Ausdruck brachte. Daraufhin legte John Biffen einen revidierten Entwurf vor, der Abstriche von weiteren 500 Millionen Pfund vorsah, und ich machte meinen Kollegen klar, daß ich dies als ein Mindestmaß unserer Anstrengungen betrachtete.

Am Ende konnten wir zusammen mit Geoffreys Haushaltsplan Einsparungen in Höhe von 3,5 Milliarden Pfund ankündigen. Zusätzlich zu den ursprünglich geplanten Maßnahmen kürzten wir auch Subventionen für die Industrie, vor allem im Bereich der Regionalentwicklung und Energieversorgung. Ebenso wurden geplante Ausgaben für die Erschließung von Bauland und staatliche Investitionen zurückgehalten.

Wir beschlossen auch, die Rezeptgebühren für verschreibungspflichtige Arzneimittel zu erhöhen. Er war acht Jahre lang auf demselben Stand geblieben, obwohl sich in dieser Zeit die Preise mehr als verdoppelt hatten. (Für die große Gruppe von Ausnahmefällen blieben die Sonderregelungen weiter erhalten.) Dies war nicht unsere erste Wahl für Einsparungen im Etat des Ministeriums für Gesundheit und soziale Sicherheit gewesen. Ursprünglich hatten wir erwogen, die Zahl der Karenztage, also jener Tage, die ein Antragsteller warten muß, bevor er Arbeitslosen- oder Krankengeld bekommt, von drei auf sechs zu erhöhen. Wir ließen den Plan fallen, aber trotzdem fanden diese Überlegungen ihren Weg in die Presse. Dies war nur eine der Indiskretionen, von denen unsere Diskussionen über die Staatsausgaben fortlaufend belastet wurden.

Sobald wir uns über die Sparmaßnahmen für das laufende Haushaltsjahr 1979/80 einig waren, mußten wir uns der noch härteren Aufgabe stellen, die Staatsausgaben für 1980/81 und die folgenden Jahre zu planen. Die Kabinettsdiskussionen im Juli 1979, bei denen die wichtigsten Entscheidungen vorbereitet wurden, gestalteten sich deshalb besonders schwierig und verliefen in einer gereizten Atmosphäre. Unser Ziel war es seit unserer Oppositionszeit, die realen Staatsausgaben auf den Stand von 1977/78 zu bringen. Wir hofften, dies bis 1982/83 zu erreichen. Aber trotz unserer Sparmaßnahmen drohten die öffentlichen Ausgaben außer Kontrolle zu geraten. Das wiederum würde ernste Folgen für die Kreditaufnahme der öffentlichen Hand nach sich ziehen und somit auch für die Zinssätze sowie langfristig gesehen für die Steuersätze, das heißt für unser gesamtes Programm.

Trotzdem – oder gerade deswegen – leisteten einige Minister heftigen Widerstand gegen unsere Sparmaßnahmen, nämlich die sogenannten »Wets«, die sich in den folgenden Jahren gegen unsere Wirtschaftsstrategien zur Wehr setzen sollten – bis hin zur Rücktrittsdrohung.[5] Einige argumentierten, unsere Wirtschaftsstrategie sei nicht mehr zeitgemäß; und wirklich, wenn jemand noch nicht gehört hatte, daß Keynes und mit ihm seine Theorie gestorben war, dann bestand für ihn zweifellos Grund zur Beunruhigung, als wir angesichts einer weltweiten Rezession Ausgaben und Kreditaufnahme reduzieren wollten. Andere brachten hunderterlei Gründe vor, warum bestimmte Kürzungen nicht in Frage kommen konnten. Das Verteidigungsministerium zum Beispiel sah sich unter diesen Bedingungen außerstande, sein geheiligtes Ziel eines Haushaltswachstums von jährlich 3 Prozent zu errei-

chen. Von seiten des Bildungsministeriums verlautete, es könne –
trotz rückläufiger Schülerzahlen – in dem genannten Zeitraum
keine Einsparungen vornehmen. Im Arbeitsministerium war man
der Ansicht, man müsse angesichts der wachsenden Arbeitslosenzahlen mehr Geld erhalten. Aufgrund dieses Widerstands wies ich
die wichtigsten Minister an, die Einsparungsvorschläge mit den
Behörden zu besprechen und nachfolgend dem Kabinett Bericht
zu erstatten.

Geoffrey Howe widerstand mit faszinierendem Gleichmut dem
Druck, den man auf ihn ausübte. Ende Juli setzte er den Kollegen
klar auseinander, welche Folgen eine Ablehnung seines Sparpro-
gramms von 6,5 Milliarden Pfund haben würde. Er räumte auch
mit einigen Mißverständnissen auf. Die Minister sollten verstehen, daß wir ihnen nicht das letzte Hemd wegnehmen, sondern
nur die von Labour geplanten Erhöhungen beschränken wollten.
Außerdem mußten andere Erhöhungen, die angesichts der fort-
schreitenden Rezession nahezu unvermeidlich waren, kompen-
siert werden.

Nach den Plänen der Labour-Regierung wären die Ausgaben im
Haushaltsjahr 1979/80 auf 2 bis 3 Prozent über den Stand von
1978/79 angehoben worden; und im Haushaltsjahr 1980/81 sogar
auf 5 Prozent. Ganz offensichtlich war man davon ausgegangen,
daß das Wirtschaftswachstum jährlich zwischen 2 Prozent und 3
Prozent liegen würde. Und nicht nur die Labour Party hatte sich
diese irrige Annahme zu eigen gemacht. Das Schatzamt pflegte in
seinen Weißbüchern zum Wirtschaftswachstum eine faszinierende
graphische Darstellung zu veröffentlichen, das sogenannte »Sta-
chelschwein«: In einem Weißbuch nach dem anderen schossen die
Prognosen für das Wirtschaftswachstum nach oben, so daß es aussah wie die Stacheln eines Stachelschweins, während die tatsächliche Wachstumsrate hartnäckig eine nur sanft ansteigende Kurve
bildete. Das war im wahrsten Sinne des Wortes eine anschauliche
Illustration der überzogen optimistischen Vorhersagen, auf die
frühere Pläne für die öffentlichen Ausgaben Jahr für Jahr gegründet wurden. Ich war fest entschlossen, nicht noch mehr »Stacheln« hinzuzufügen.

Im gegebenen Falle hatten die Pläne der Labour-Regierung für
1980/81 weitere Ausgaben von 5 Milliarden Pfund vorgesehen,

finanziert aus einem Wirtschaftswachstum, das nicht stattfand. Diese Maßlosigkeit wurde noch verschlimmert durch Gehaltserhöhungen im öffentlichen Sektor, die mit 18 Prozent veranschlagt wurden und weitere 4,5 Milliarden kosten würden. Um diese ständig wachsenden Zahlungsverpflichtungen auszugleichen, mußten wir erhebliche Ausgabenkürzungen vornehmen. Bei geplanten Ausgaben für 1980/81 mußten 6,5 Milliarden Pfund eingespart werden, damit wenigstens die Kreditaufnahme der öffentlichen Hand 9 Milliarden nicht überstieg. Trotzdem war diese Zahl immer noch zu hoch. Aber die »Wets« setzten ihren Widerstand gegen unsere Sparmaßnahmen fort, und zwar sowohl im Kabinett wie auch durch unfeine Praktiken, nämlich die Weitergabe vertraulicher Informationen an die Zeitung »The Guardian«.

Das Kabinett konnte sich erst Ende Juli zu den notwendigen Entscheidungen durchringen. Viele der Beschlüsse wurden vorzeitig der Presse zugespielt. Trotzdem hielten wir es für das beste, mit der Veröffentlichung der kompletten Zahlen bis zur Herbsterklärung zu warten. In diesen ersten drei Monaten hatten wir einige schwierige Entscheidungen gefällt. Das war jedoch nur der Anfang.

Im Verlauf des Sommers verschlechterte sich die Wirtschaftslage. Als ich im August von meiner ersten Commonwealth-Konferenz in Lusaka zurückkam, legte mir Geoffrey Howe einen Überblick über die wirtschaftliche Situation vor, die er zutreffend als »nicht sehr erfreulich« beschrieb. Wegen der zunehmenden internationalen Rezession mußte mit einem Anstieg der Arbeitslosigkeit gerechnet werden. Die Inflation stieg rascher. Unsere Wettbewerbsfähigkeit hatte sich verschlechtert, weil das Pfund stark war und zudem hohe Löhne die Industrie zunehmend unter Druck setzten. Die Auswirkungen von Lohnerhöhungen auf die Arbeitslosenrate und die Zahl der Konkurse beunruhigten uns in wachsendem Maße. Ich schlug vor, Beispiele für überhöhte Tarifabschlüsse, die unsere Produkte wettbewerbsunfähig machten und Arbeitsplätze zerstörten, zu sammeln und in Umlauf zu bringen.

Im September wandten wir uns wieder dem Bereich der öffentlichen Ausgaben zu. Wir mußten sowohl die Beschlüsse vom Juli als auch unsere Pläne für die folgenden Jahre bis 1983/84 veröffentlichen. Und das bedeutete mehr Sparmaßnahmen. Wir beschlossen

einen neuen Vorstoß, mit dem wir gegen Verschwendung ankämpfen und die Stellenzahl im öffentlichen Dienst reduzieren wollten.
Außerdem einigten wir uns auch auf eine erhebliche Erhöhung der
Strom- und Gaspreise (die von der Labour-Regierung künstlich
niedriggehalten worden waren). Ab Oktober 1980 sollte der
Strompreis um 5 Prozent, der Gaspreis um 10 Prozent über die Inflationsrate steigen.

Das Weißbuch über die öffentlichen Ausgaben von 1980/81
wurde termingerecht am 1. November veröffentlicht. Mit diesen
Ausgabenplänen lösten wir unsere Versprechen ein, mehr Mittel
für Verteidigung, innere Sicherheit und Sozialleistungen zur Verfügung zu stellen; sie reflektierten darüber hinaus die Rekorderhö-
hung der Renten in diesem Jahr. Außerdem sahen sie vor, daß die
Gesamtsumme der öffentlichen Ausgaben für 1980/81 auf dem
Stand von 1979/80 blieben. Die Einsparungen von etwa 3,5 Milliarden Pfund gegenüber den Plänen der Labour-Regierung wurden
zwar als drakonisch hingestellt, waren aber in Wirklichkeit nicht
drastisch genug. Das war nicht nur mir, sondern auch den Finanzmärkten klar, wo man sich bereits über den übermäßigen Geldmengenwachstum besorgt zeigte.

Auch hier schienen wir gegen die Richtung der hinunterfahren-
den Rolltreppe zu laufen. Am 5. November suchte mich Geoffrey
Howe auf. Die Geldmengenzahlen lagen weit über der von uns
angestrebten Grenze, hauptsächlich weil die Kreditaufnahme des
öffentlichen und privaten Sektors höher waren als erwartet. Die
Kreditaufnahme der öffentlichen Hand war von einem Streik in
die Höhe getrieben worden, durch den sich die Zahlung der Telefonrechnungen verzögerte, und einem weiteren, durch den die
Mehrwertsteuerzahlungen beeinträchtigt wurden. Firmen nahmen Kredite auf, um Gehaltsforderungen zu finanzieren, die sie
sich nicht leisten konnten. Die Zinssätze im Ausland waren im
Anstieg, und die öffentlichen Ausgaben waren meinen Erwartungen gemäß zu hoch für die Geldmärkte. Eine Finanzkrise drohte.
Unter Denis Healey hätte diese Situation ein Paket steuerlicher
Maßnahmen oder einen »Mini-Haushalt« zur Folge gehabt. Wir
zogen ein solches Vorgehen keine Minute lang in Betracht. Höhere
Zinssätze oder verringerte Staatsausgaben waren angebracht,
nicht aber Flickwerk an der Steuer- und Finanzpolitik.

Als Konsequenz erhöhten wir am 15. November den Mindest-
diskontsatz auf 17 Prozent. (Gemessen an dem Lebenshaltungspreisindex betrug die Inflationsrate zur Zeit 17,4 Prozent.) Außerdem kündigten wir weitere Maßnahmen an, um die Kreditaufnahme der öffentlichen Hand zu finanzieren.

Die Opposition witterte natürlich Morgenluft und griff unsere
gesamte Strategie als verfehlt und inkompetent an. Natürlich war
unsere Strategie richtig, doch wir hatten sie noch nicht rigoros
genug angewandt, um öffentliche Ausgaben und Kreditaufnahme
in den Griff zu bekommen. Dies wiederum verstärkte den Druck
auf den privaten Sektor durch höhere Zinssätze. 1976, als wir
noch in der Opposition waren, hatte Keith Joseph in seiner Stock-
ton-Vorlesung vor dieser Entwicklung gewarnt; sie wurde später
unter dem Titel »Monetarism is not enough« (»Monetarismus
reicht nicht aus«) veröffentlicht. Daraus ein Zitat:

Es wird zwar immer wieder über Kürzungen der Staatsausgaben geredet, doch ist es hier zumeist bei Worten geblieben.
Das Wort »Sparmaßnahmen« bedeutet heutzutage nur mehr
ein Jonglieren mit Zahlen ... Aber während Einsparungen
der öffentlichen Hand ausgesprochen selten vorgenommen
werden, leidet der private Sektor ganz reell unter der Geld-
knappheit. Die Zinssätze steigen, die Kreditaufnahme wird
eingeschränkt, Steuern werden erhöht, und unzeitgemäße
Deflationsmaßnahmen werden eingesetzt. Der private Sektor wird für die Verschwendungssucht des staatlichen Sektors
bestraft.

Mir war klar, daß es galt, diesen Teufelskreis zu durchbrechen. Wir
mußten weiter versuchen, öffentliche Ausgaben und öffentliche
Kreditaufnahme mit allen Mitteln zu bremsen. Andernfalls würde
der private Sektor die schwere Last der öffentlichen Verschuldung
zu tragen haben. Folglich kamen Geoffrey und ich überein, daß
wir keine Alternative hatten, als für 1980/81 und die folgenden
Jahre weitere Einsparungsmöglichkeiten zu finden. Er erstellte
einen Bericht, den er zunächst mir und einer kleinen Gruppe von
Ministern, später dem gesamten Kabinett vorlegte, in dem er für
das Finanzjahr 1980/81 weitere Kürzungen in Höhe von einer Mil-

liarde und für jedes folgende Jahr von zwei Milliarden Pfund vorschlug. Da ich schon erfahren hatte, wie heftig einzelne Minister
die Budgets ihrer Ressorts verteidigten, war mir klar, daß wir auf
große Schwierigkeiten stoßen würden. Aber ich wußte auch, daß
eine große Mehrheit innerhalb der Partei hinter unserer Strategie
stand, und deren Rückhalt suchte ich.

Am 12. Oktober hatte ich auf dem Parteitag in Blackpool bereits
gesagt:

> Es sind Ihre Steuern, mit denen die Staatsausgaben finanziert
> werden. Die Regierung hat kein Geld. Sie verfügt nur über
> das Geld der Steuerzahler.

Kurz vor der Erhöhung der Zinssätze im November nutzte ich das
Bankett des Lord Mayor von London als Forum, um noch einmal
zu versichern, daß wir unsere Finanzpolitik im Kampf gegen die
Inflation aufrechterhalten würden:

> Wir werden alle nötigen Schritte unternehmen, um ein
> Anwachsen des Geldangebots einzuschränken. Im Gegensatz
> zu unseren Vorgängern wird diese Regierung den wirtschaft-
> lichen Tatsachen ins Auge sehen.

Ich ließ keinen Zweifel darüber aufkommen, daß wir erneut zum
Angriff gegen die Verschwendungspraktiken der öffentlichen
Hand übergehen würden. Die Reden des Parteiführers vor dem
Komitee von 1922 bieten die Möglichkeit, direkt um Unterstützung für die Regierungspolitik zu werben. Am Donnerstag, dem
13. Dezember, teilte ich dem Komitee mit, daß wir weiter versuchen müßten, die Staatsausgaben zu reduzieren. Meine Ausführungen fanden Zustimmung. Kaum einen Monat später erklärte
ich mich zu einem Interview mit Brian Walden in der Sendung
»Weekend World« bereit, in dessen Verlauf ich sagte, daß ich ganz
zufrieden wäre, wenn wir noch eine Milliarde einsparen könnten.
Das öffentliche Klima schien nun günstiger für neue Maßnahmen
gegen übermäßige Ausgaben.

Am 24. Januar 1980 kamen wir im Kabinett auf das Thema der
öffentlichen Ausgaben für 1980/81 und die Jahre bis 1983/84

zurück. Für die industrialisierten Länder wurde im kommenden Jahr kaum ein Wachstum vorausgesagt. Diese Prognose, dazu gestiegene Ölpreise und der Stahlstreik[6], der den öffentlichen Kreditbedarf in die Höhe trieb, bildeten einen düsteren Hintergrund für unsere Überlegungen. Mir war bewußt, daß die nächsten beiden Jahre entscheidend sein würden. In dieser Periode mußten wir die notwendigen Schritte zur Dämpfung der Inflation und der öffentlichen Ausgaben unternehmen: Später, wenn das Wirtschaftswachstum zunahm, würden wir wieder in der Lage sein, Steuern und Zinssätze zu senken. Doch die »Wets« griffen nun unsere Politik und die ihr zugrundeliegende Theorie heftig an. Beispielsweise argumentierten sie, man solle den Kreditbedarf der öffentlichen Hand während einer Rezession steigen lassen. Unsere Antwort darauf war, daß die Sache ganz anders liege, wenn der öffentliche Kreditbedarf von vornherein schon viel zu hoch sei – und dies sei das Erbe einer Labour-Regierung, in deren Amtszeit sich die Staatsverschuldung verdoppelt habe. Einzelne Minister verteidigten die Haushalte ihrer Ressorts. Jim Prior argumentierte überzeugend für eine Beibehaltung der Arbeitsbeschaffungsprogramme.[7] Wir stimmten ihm zu, wollten jedoch die Kostenexplosion im Sozialhaushalt noch einmal unter die Lupe nehmen.

Eine Woche später nahm das Kabinett die Diskussion wieder auf und richtete sein Augenmerk diesmal auf den Sozialetat.[8] Um die Ausgaben der öffentlichen Hand zu verringern und um die verbreitete Einstellung »Wozu denn arbeiten?« zu bekämpfen (der geringe Unterschied zwischen Sozialbezügen und Löhnen untergrub die Motivation), hatten wir bereits entschieden, kurzfristige Sozialbezüge so bald wie möglich zu besteuern. Mittlerweile kürzten wir Arbeitslosen-, Unfall-, Kranken- und Mutterschaftsgelder sowie Invaliditätsbezüge um 5 Prozent. Die sogenannte Gehaltsausgleichszulage, die mit bestimmten kurzfristigen Sozialbezügen gezahlt wurde, sollte ab Januar 1981 gekürzt und im Januar 1982 abgeschafft werden. Außerdem beschlossen wir, neue Gesetze zu erlassen, um die umstrittene Frage der finanziellen Unterstützung für die Familien von Streikenden neu zu regeln. Diese Zuwendungen belasteten nicht nur die Staatskasse, sie verschoben auch die Machtverhältnisse in Arbeitskämpfen zum Nachteil von Arbeitgebern und verantwortungsbewußten Gewerkschaftsführern. In

Zukunft würde man voraussetzen, daß 12 Pfund pro Woche entweder von den Streikenden aufgebracht oder aus der Streikkasse der Gewerkschaft bezahlt würden. Zuletzt beschlossen wir noch eine Reihe unterschiedlicher Sparmaßnahmen im Wohnungswesen und in der »Property Services Agency« sowie eine Erhöhung des Eigenanteils für verschreibungspflichtige Arzneimitteln auf 1 Pfund.

Als Geoffrey Howe am 26. März 1980 seinen zweiten Haushaltsplan vorstellte[9], konnte er bekanntgeben, daß im Haushaltsjahr 1980/81 weitere 900 Millionen Pfund eingespart werden konnten (wenngleich mit einem Teil dieses Betrages die Notfonds aufgestockt werden mußten). Insgesamt lagen die Ausgaben bei Berücksichtigung der herrschenden Preise um mehr als 5 Milliarden Pfund unter den von der Labour-Regierung veranschlagten Aufwendungen. Unter den gegebenen Umständen war dies eine beeindruckende Leistung, doch stand sie auf wackligen Beinen. Mit Zunahme der Rezession würden weitere kaum zu umgehende Sozialausgaben sowie Subventionen für die mit Verlusten arbeitenden staatlichen Unternehmen erforderlich sein. In einem Bericht, den John Hoskyns im Juni 1979 für mich erstellt hatte, prägte er einen denkwürdigen Satz in bezug auf Regierungen, die »inmitten eines Erdrutsches ihr Zelt aufbauen wollen«. Als die Ausgabenrunde für 1980/81 näherrückte und die Prognosen sich verschlechterten, konnte ich fast das Donnern der Erdmassen und das Geräusch der zerreißenden Zeltwände hören.

Die Gewalttaten der irischen Terroristen

Die zweite Hälfte des Jahres 1979 wurde von wirtschaftspolitischen Fragen und reger diplomatischer Tätigkeit beherrscht[10], doch es war auch eine vom Terrorismus überschattete Zeit. Kaum zwei Wochen nach meinem Einzug in die Downing Street hielt ich bereits den Nachruf beim Gedenkgottesdienst für Airey Neave[11]. Wenig später verübten IRA-Terroristen einen weiteren Anschlag, der die ganze Welt schockierte. Ich verbrachte den Bank Holiday am Montag, dem 27. August, in Chequers und erfuhr dort von den schrecklichen Morden an Lord Mountbatten und achtzehn briti-

schen Soldaten. Lord Mountbatten wurde durch eine Explosion
an Bord seines Schiffes vor der Küste von Mullaghmore, County
Sligo, getötet. Drei seiner Begleiter kamen ebenfalls ums Leben,
und drei weitere wurden verletzt.

Noch abscheulicher und eine noch offenere, völlige Mißachtung von Recht und Anstand war die Ermordung unserer Soldaten. Bei Narrow Water, Warrenpoint, nahe der Grenze zur Republik Irland, wurden bei zwei durch Fernbedienung ausgelösten
Explosionen achtzehn junge Männer getötet und fünf verletzt. Die
IRA hatte die erste Bombe gezündet und dann auf die Ankunft der
Rettungshubschrauber gewartet, bevor sie die zweite Detonation
auslöste. Unter den Opfern der zweiten Bombe befand sich der
Befehlshabende Offizier der Queen's Own Highlanders.

Worte reichen nicht aus, um derartige Gewaltverbrechen zu verurteilen. Daher entschloß ich mich sofort, nach Nordirland zu reisen, um Armee, Polizei und Bürgern zu zeigen, daß mir das Ausmaß der Tragödie bewußt war, und um unsere Entschlossenheit im
Kampf gegen den Terrorismus zu demonstrieren. Nach meiner
Rückkehr von Chequers verbrachte ich den Dienstag in London,
damit die zuständigen Stellen Gelegenheit hatten, erste Maßnahmen zu ergreifen. Währenddessen berief ich zwei Konferenzen mit
Kollegen ein, um die Sicherheitserfordernisse für Nordirland zu
diskutieren. Am selben Abend schrieb ich persönlich an die Familien der Soldaten, die ihr Leben verloren hatten. Solche Briefe sind
nicht leicht zu schreiben, doch leider mußte ich während meiner
Amtszeit noch viele von ihnen verfassen.

Am Mittwoch morgen flog ich nach Ulster. Aus Sicherheits-
gründen wurde der Besuch nicht vorab publik gemacht. Ich
besuchte zuerst das Musgrave Park Hospital in Belfast, um mit
den verletzten Soldaten zu sprechen; danach sprach ich mit dem
Oberbürgermeister im Rathaus von Belfast. Ich hatte auf einer
Begegnung mit der Bevölkerung der Stadt bestanden, und da dies
am besten mit einem Spaziergang durch Belfasts Einkaufszone zu
erreichen war, ging ich anschließend dorthin. Nie werde ich den
Empfang vergessen, der mir bereitet wurde. Es ist seltsam berüh-
rend, aufmunternde Worte von Menschen zu hören, die so viel
Leid ausgesetzt sind. Man weiß nicht, wie man reagieren soll. Aber
damals gewann ich den Eindruck, daß sich die Bürger von Belfast

nie der Gewalttätigkeit beugen würden, und bis heute hatte ich keinen Grund, meine Ansicht zu ändern.

Nach einem kalten Buffet mit Soldaten aller Ränge von der Dritten Brigade erhielt ich einen Lagebericht von der Armee und flog dann mit dem Hubschrauber in das so treffend als »Banditenland« bezeichnete Süd-Armagh. Mit einer Tarnjacke bekleidet, wie sie von den weiblichen Soldaten des Ulster Defence Regiment getragen wird, besichtigte ich den zerbombten Standort Crossmaglen der Royal Ulster Constabulary (RUC) – den am häufigsten angegriffenen Posten in Nordirland – und rannte dann schnell wieder zum Hubschrauber zurück. Auf diesem Areal ist es sowohl für Hubschrauber als auch für das Sicherheitspersonal zu gefährlich, längere Zeit an einer Stelle zu bleiben.

Mein letzter Besuch führte mich zur Gough-Kaserne, dem RUC-Stützpunkt in Armagh. Um sechs Uhr abends flogen wir zurück nach England. Es ist schwierig, in Worten dem Mut der Sicherheitskräfte gerecht zu werden, deren Aufgabe es ist, uns alle vor terroristischen Anschlägen zu schützen. Vor allem die Mitglieder des Ulster Defence Regiment – die militärische Pflichten erfüllen, jedoch unter der Zivilbevölkerung leben, wodurch sie und ihre Familien besonders gefährdet sind – legen einen schlichten und nüchternen Heroismus an den Tag, den ich stets bewundern werde.

Zurück in London setzten wir die dringenden Gespräche zu den Sicherheitsmaßnahmen fort. Zwei Kernfragen stellten sich: Wie konnten wir die Leitung und Koordination unserer Sicherheitseinsätze in Nordirland verbessern? Und wie konnten wir in Sicherheitsfragen mehr Kooperation von seiten der Republik Irland erlangen? Als Antwort auf die erste Frage entschieden wir, daß die Schwierigkeiten in der Koordination der Nachrichten, die von der Royal Ulster Constabulary und der Armee gesammelt wurden, am besten durch die Gründung eines übergreifenden Sicherheitsstabes zu bewältigen waren. Zum zweiten Problem kamen wir dahingehend überein, daß ich den irischen Premierminister, Jack Lynch, in dieser Frage ansprechen sollte, dessen Besuch in Kürze anläßlich des Begräbnisses von Lord Mountbatten erwartet wurde.

Also verabredeten wir mit Mr. Lynch und seinen Kollegen für den Nachmittag des 5. Septembers, einem Mittwoch, eine Gesprächsrunde in der Downing Street. Nach einem Gespräch unter vier Augen zwischen den beiden Premierministern gesellten sich ab 16 Uhr unsere jeweiligen Minister und Regierungsbeamten hinzu. Mr. Lynch hatte von sich aus keine positiven Vorschläge anzubieten. Als ich unterstrich, wie wichtig die Auslieferung von Terroristen aus der Republik Irland sei, meinte er, die irische Verfassung erschwere ein derartiges Vorgehen außerordentlich. Er wies darauf hin, daß nach dem irischen Gesetz Terroristen, die in Großbritannien Verbrechen begingen, in der Republik Irland vor Gericht gestellt werden konnten. Daraufhin schlug ich vor, daß RUC-Offiziere, die in den meisten Fällen das Beweismaterial für diese Verhandlungen sammeln mußten, bei den in Irland stattfindenden Verhören Verdächtiger anwesend sein sollten. Mr. Lynch erwiderte, seine Regierung wolle darüber »nachdenken«. Ich wußte, was er damit meinte: nichts sollte geschehen. Ich bat um eine Erweiterung der bestehenden Abmachungen, denen zufolge unsere Hubschrauber die Grenze überfliegen durften, über die die Terroristen augenscheinlich kommen und gehen konnten, wie es ihnen beliebte. Er sagte, man werde auch darüber nachdenken. Ich drängte auf effektivere Zusammenarbeit zwischen der RUC und der Garda, der irischen Polizei, sowie zwischen der britischen und irischen Armee – die gleiche Antwort. Nach einer Weile war ich so verärgert, daß ich fragte, ob die irische Regierung gewillt sei, überhaupt etwas zu unternehmen. Die Iren willigten in eine weitere Konferenz von Ministern und Regierungsbeamten ein, aber ich spürte einen fatalen Mangel an dem politischen Willen, harte Maßnahmen zu ergreifen. Ich war enttäuscht, wenn auch keineswegs überrascht. Doch ich war entschlossen, Irland weiterhin unter Druck zu setzen. Ich konnte nicht vergessen, daß bis zum Zeitpunkt meines Besuchs in Nordirland 1 152 Zivilisten und 543 Mitglieder der Sicherheitskräfte durch Terroranschläge ihr Leben verloren hatten.

Wir ließen auch keine Gelegenheit außer acht, um den Abscheu, den die Terroranschläge in den Vereinigten Staaten hervorgerufen hatten, dazu zu nutzen, die dortige Öffentlichkeit über die wirklichen Lebensumstände in Ulster aufzuklären. Die Gefühle und die Heimatverbundenheit von Millionen rechtschaffener Amerikaner irischer Abstammung werden von den Extremisten der IRA manipuliert, die es verstanden haben, dem Terrorismus eine Aura romantischer Ehrenhaftigkeit zu verleihen, die von der schmutzigen Wirklichkeit Lügen gestraft wird. Die Folge ist ein stetiger Strom von Geld und Waffen, der es der IRA ermöglicht, ihre Anschläge fortzusetzen. Wir dagegen waren 1979 mit der absurden Situation konfrontiert, daß der Kauf von 3 000 Revolvern für die RUC durch eine Revision des US-Außenministeriums verzögert wurde, die durch den Druck der irisch-republikanischen Lobby im Kongreß der USA zustande gekommen war.

Ich besuchte Nordirland noch einmal am Heiligen Abend. Diesmal traf ich mit Angehörigen der Sicherheitskräfte und Bediensteten des Strafvollzugs zusammen, denn das Gefängnispersonal war ebenfalls großen Gefahren ausgesetzt und arbeitete oft unter entsetzlichen Bedingungen. Seit März 1978 waren die Bediensteten der Strafanstalten den Auswirkungen der sogenannten »schmutzigen Proteste« ausgesetzt, mit denen über 350 inhaftierte Terroristen einen Sonderstatus und Vorrechte erzwingen wollten.[12] In den letzten vier Jahren waren siebzehn Gefängniswärter ermordet worden, sieben davon in den vergangenen drei Monaten. Im Vergleich dazu erschienen die Sorgen des politischen Lebens geradezu belanglos.

3
Hinein ins Getümmel

Die Außenpolitik in den ersten achtzehn Monaten;
1979/80

Großbritannien und die Europäische Gemeinschaft

Bevor ich Premierministerin wurde, hatte ich schon eine ganze
Anzahl politischer Besuche im Ausland absolviert. Sie hatten mich
in die Sowjetunion, in die Vereinigten Staaten, nach Deutschland,
Israel und Australien geführt. Mir gefiel das Reisen – solange es
genug zu lesen gab, ich interessante Leute kennenlernte und wir
nützliche Arbeit leisteten. Doch wenn man als Premierministerin
ins Ausland fährt, begleitet von einem höchst professionellen
Team von Beratern, mit einem für gewöhnlich übervollen Terminkalender und auf der gleichen Ebene mit den Staats- und Regierungschefs, ist das eine völlig andere Erfahrung.

Die Gewöhnung an meine neue Rolle wurde mir durch die Tatsache, daß ich mich wenige Wochen nach Amtsantritt mit dem
Problem der überhöhten Haushaltsbeiträge Großbritanniens an
die Europäische Gemeinschaft (EG) auseinandersetzen mußte,
nicht gerade erleichtert. Dieses Thema erforderte hartes Verhandeln unter schwierigen Ausgangsbedingungen und den Rückgriff
auf diplomatische Taktiken, die viele alles andere als diplomatisch
nennen würden. Außerdem war unser Haushaltsbeitrag selbst in
jener frühen Zeit keineswegs die einzige Quelle der Unzufriedenheit in der EG. Schon damals war mir klar, daß es unterschiedliche
Vorstellungen über die weitere Zukunft der Gemeinschaft gab.

Kurz nach meiner Amtsübernahme fanden die ersten Direkt-
wahlen zum Europaparlament statt (bis zu diesem Zeitpunkt hieß
das Parlament offiziell »Europäische Versammlung«, eine Be-

zeichnung, die seiner begrenzten Rolle viel eher gerecht wurde). Während des Wahlkampfs hielt ich eine Rede, in der ich meine Vorstellung von der Gemeinschaft als Wegbereiter der Freiheit herausstrich.

Wir glauben an ein freies Europa, nicht an ein vereinheitlichtes Europa. Sobald man die mannigfachen Unterschiede zwischen den Mitgliedsstaaten verringert, verarmt die ganze Gemeinschaft...

Ich fuhr fort:

Wir fordern: Die Einrichtungen der Europäischen Gemeinschaft müssen so organisiert sein, daß sie die Freiheit jedes einzelnen auf dem gesamten Kontinent vergrößern. Diese Einrichtungen dürfen nicht in die Bürokratie abgleiten. Wenn sie der Aufgabe, die Freiheit zu vergrößern, nicht gerecht werden, müssen diese Einrichtungen zur Rechenschaft gezogen werden. Das Gleichgewicht muß wiederhergestellt werden.

Aber innerhalb der Gemeinschaft herrschte immer auch eine gegenläufige Tendenz, die interventionistisch, protektionistisch und letztendlich förderalistisch ausgerichtet war. Wie schroff der Gegensatz zwischen den beiden Konzeptionen zur Entwicklung Europas tatsächlich war, sollte sich erst im Laufe der Jahre deutlich abzeichnen. Doch eigentlich trat dieser Gegensatz unter der Oberfläche stets deutlich zutage, und ich war mir seiner Existenz stets bewußt.

Ebenso bewußt nahm ich eine andere Strömung in der EG wahr, die sich bereits von Anfang an abgezeichnet hatte, ihre Entwicklung prägte und Großbritanniens Einflußmöglichkeiten drastisch einschränkte – die enge Beziehung zwischen Deutschland und Frankreich.

Obwohl es den Anschein hatte, daß diese Beziehung durch ein besonderes persönliches Verhältnis – zwischen Präsident Giscard d'Estaing und Kanzler Schmidt beziehungsweise Präsident Mitterrand und Kanzler Kohl – bedingt war, so dürften letztendlich doch eher historische Tatsachen und langfristige Interessen entscheidend gewesen sein. Schon seit langem fürchtete Frankreich die Macht der Deutschen und hoffte, diese Macht mit Hilfe des überlegenen gallischen Intellekts in einer Weise kanalisieren zu können, die für die Franzosen von Vorteil war. Was die Deutschen betraf, so leisteten sie zwar auf finanziellem und wirtschaftlichem Gebiet weitaus höhere Beiträge an die EG als jedes andere Land, doch diese Tatsache wurde durch das internationale Ansehen und den Einfluß, den sie gewannen, mehr als wettgemacht. Die deutsch-französische Achse würde ein Faktor bleiben, mit dem man rechnen mußte.

Die Sitzung des Europäischen Rats in Straßburg

Die erste Sitzung des Europäischen Rats, an der ich teilnahm, fand am 21. und 22. Juni 1979 in Straßburg statt. Gastgeber war Frankreich. Straßburg war als Tagungsort gewählt worden, um nach den Wahlen – bei denen die Konservativen 60 der 78 Sitze Großbritanniens errungen hatten – die neue Bedeutung des Europaparlaments (das zwei Drittel seiner Sitzungen dort abhält) zu würdigen.

Kanzler Schmidt mußte bei unseren vorausgegangenen Gesprächen klargeworden sein, daß ich entschlossen war, für eine spürbare Verminderung des britischen Haushaltsbeitrags zu kämpfen. Zudem hoffte ich, daß er Giscard d'Estaing, der bei diesem Gipfel die Präsidentschaft innehatte, von meinen Absichten unterrichtet hatte. Beide Politiker waren früher Finanzminister ihrer Länder gewesen, weshalb man annehmen konnte, daß sie in der Lage sein würden, den Standpunkt Großbritanniens zu verstehen. (Damals fiel mir auf, daß sie sich auf Englisch unterhielten; doch ich war so taktvoll, eine Bemerkung zu unterdrücken.)

Der Hintergrund der Auseinandersetzungen um den britischen Haushaltsbeitrag ist schnell beschrieben, wenngleich die konkreten Einzelheiten recht komplex waren. Zum Zeitpunkt der Verhandlungen über den Beitritt Großbritanniens war uns (wie ich den anderen Mitgliedsstaaten immer wieder in Erinnerung rief) folgendes versichert worden:

... sollte in der gegenwärtigen oder einer erweiterten Gemeinschaft eine *inakzeptable Situation* entstehen, so ist es für das Überleben der Gemeinschaft unabdingbar, daß die Einrichtungen (der Gemeinschaft) nach zufriedenstellenden Lösungen suchen. (Hervorhebung durch die Autorin.)

Nötig geworden war diese Erklärung, weil Großbritannien aufgrund seiner einzigartigen Handelsstruktur zu einem bedeutenden Nettozahler an den EG-Haushalt wurde – und zwar mit so großen Beiträgen, daß die Situation tatsächlich inakzeptabel war. Unsere Importe aus Nicht-EG-Ländern waren von jeher weitaus höher als die anderer Mitgliedsstaaten, insbesondere auf dem Nahrungsmittelsektor. Dies hatte zur Folge, daß wir – in Form von Zöllen – weitaus höhere Beiträge an den Haushalt der Gemeinschaft leisteten als andere Länder. Auf der anderen Seite wurde der Großteil der EG-Haushaltmittel für Subventionen der Landwirtschaft im Rahmen der Gemeinsamen Agrarpolitik aufgewendet: Zur Zeit meiner Amtsübernahme flossen mehr als 70 Prozent des Haushaltsvolumens in diesen Bereich. Die Gemeinsame Agrarpolitik war – und ist – von Verschwendung geprägt. Der Verkauf ihrer landwirtschaftlichen Überschüsse zu Dumpingpreisen an Abnehmer außerhalb der EG führt zur Verzerrung der Verhältnisse auf dem globalen Nahrungsmittelmarkt und gefährdete den Freihandel zwischen den wichtigsten Wirtschaftsnationen. Die britische Wirtschaft hängt in weitaus geringerem Maße von der Agrarproduktion ab als die anderer Länder der Gemeinschaft, und da unsere landwirtschaftlichen Betriebe in der Regel größer sind und höhere Erträge abwerfen als die in Deutschland und Frankreich, erhielten wir auch weniger Subventionen als diese Länder. Seit jeher erhielt Großbritannien einen gerechten Anteil an Bezügen aus der EG, die nicht mit der Landwirtschaft in Verbindung standen (wie dem Regional- und dem Sozialfonds), doch einer Aufstockung dieser Programme waren angesichts der mächtigen europäischen Landwirtschaftslobby und der internationalen Rezession Grenzen gesetzt.

Die frühere Labour-Regierung hatte mit großem Tamtam die ursprünglich für Großbritannien formulierten Beitrittsbedingungen »neu verhandelt«. 1975 war ein Finanzmechanismus zur

Begrenzung unseres Haushaltsbeitrags in Grundzügen ausgearbeitet worden. Allerdings wurde er nicht realisiert und würde es wohl auch nie werden, solange nicht die ursprünglich ausgehandelten Bedingungen abgeändert wurden. Also gab es kein konkretes Abkommen, auf das wir uns gegenüber unseren Partnern in der Gemeinschaft berufen konnten.

Zu einer Verschlechterung der Situation hatte eine weitere Entwicklung beigetragen: Der Wohlstand in Großbritannien war im Verhältnis zu unseren europäischen Nachbarn stetig zurückgegangen. Trotz unseres Nordseeöls gehörte unser Land 1979 zu den weniger wohlhabenden Nationen der Gemeinschaft und stand beim Bruttoinlandsprodukt pro Kopf an siebter Stelle unter den Mitgliedsstaaten. Dennoch sollten wir in Kürze der größte Nettozahler der Gemeinschaft werden.

Deswegen war meine Politik von Anfang an darauf ausgerichtet, die Schäden und die Verzerrungen, die durch die Gemeinsame Agrarpolitik entstanden, zu begrenzen und die Ausgaben der Gemeinschaft an die finanziellen Realitäten anzugleichen. Doch für die Ministerratssitzungen in Straßburg hatte ich mir noch zwei kurzfristige Ziele gesetzt. Erstens sollte die Haushaltsfrage auf die Tagesordnung gesetzt und Übereinstimmung dazu erzielt werden, daß hier ein Handlungsbedarf bestand, ohne daß wir in diesem Stadium zu sehr ins Detail gingen. Zweitens wollte ich von den anderen Staats- und Regierungschefs die feste Zusage erhalten, daß auf der nächsten Sitzung des Europäischen Rats in Dublin die EG-Kommission Vorschläge zur Lösung des Problems unterbreiten würde.

Gleich zu Anfang wollte ich unserem »Bekenntnis zu Europa« Nachdruck verleihen. Wir Konservativen wurden in Straßburg mit offenen Armen empfangen, da man uns eine europafreundlichere Haltung nachsagte als der Labour-Regierung. Diesen Eindruck versuchte ich zu verstärken, indem ich zu verstehen gab, daß es uns in der augenblicklichen Lage zwar nicht möglich sei, dem Wechselkursmechanismus des Europäischen Währungssystems (EWS) beizutreten, doch daß wir »beabsichtigen« würden, einen Teil unserer Reserven bei der Bank of England in ECU umzutauschen – wobei ich diese Formulierung wählte, um das Unterhaus nicht vor den Kopf zu stoßen, da es von dieser Absicht noch nicht informiert war. Wie ich wußte, war Kanzler Schmidt daran gelegen, daß sich das Pfund Sterling dem Wechselkursmechanismus anschloß, doch bereits damals hegte ich Zweifel an der Weisheit dieses Schritts, die in der Folge nur bestätigt wurden. Tatsächlich stieß unsere Ankündigung, ECU einzuwechseln, bei den anderen auf geringe Resonanz – wie viele ähnliche Zugeständnisse an den *esprit communautaire* wurde unser Vorstoß einfach zur Kenntnis genommen, um anschließend dem Vergessen anheimzufallen.

Wenn ich erreichen wollte, daß das Thema Haushalt im Brennpunkt unserer Überlegungen stand, mußte es schon am ersten Tag angesprochen werden, denn die Abschlußerklärung wurde gewöhnlich in der ersten Nacht von unseren Mitarbeitern vorbereitet, damit wir sie am folgenden Morgen diskutieren konnten. Aus diesem Grunde mußten unsere Beamten ihre Instruktionen bereits am Abend des ersten Tages erhalten. Beim Mittagessen sprach ich mit Präsident Giscard d'Estaing und gewann den Eindruck, daß meinem Wunsch, die Haushaltsfrage schon zu einem frühen Zeitpunkt zu erörtern, nichts im Wege stünde. Anschließend wanderte unsere gesamte Gruppe durch Straßburgs enge, malerische Gassen zum Hotel de Ville.

Doch als wir die Sitzung wiederaufnahmen zeigte sich bald, daß Präsident Giscard d'Estaing trotz seiner verbindlichen Worte bei Tisch gewillt war, an seiner ursprünglichen Tagesordnung festzuhalten. Aber zumindest war ich gut vorbereitet und beteiligte mich aktiv an der Diskussion zu Energiefragen und der Weltwirtschaft. Ich wies darauf hin, daß Großbritannien vor den unbequemen Entscheidungen, die zur Lösung dieser Probleme erforderlich waren, nicht zurückgeschreckt sei und einschneidende Kürzungen bei den öffentlichen Ausgaben vorgenommen habe. Um 18.40 Uhr hatten wir beschlossen, die Ölimporte der Gemeinschaft im Zeitraum von 1980 bis 1985 nach Möglichkeit auf dem Niveau des Jahres 1978 einzufrieren. Wir waren übereingekommen, die Bedeutung der Kernenergie hervorzuheben. Wir hatten uns der Bekämpfung der Inflation verpflichtet. Wie ich vermutete, war es unvermeidlich, daß wir auch eines der üblichen Bekenntnisse zur »Konvergenz« der wirtschaftlichen Entwicklung der einzelnen Mitgliedsstaaten billigten – ein klassisches Beispiel für den Euro-

Jargon. Im Grunde hatten wir fast alle Themen abgehakt, außer dem einen, das mir am Herzen lag – dem britischen Haushaltsbeitrag.

Glücklicherweise war ich vorgewarnt und ahnte daher bereits, was jetzt kommen würde. Präsident Giscard d'Estaing meinte, angesichts der fortgeschrittenen Stunde und der Tatsache, daß wir uns für das Dinner umziehen müßten, schlage er vor, die Haushaltsfragen auf den nächsten Tag zu verschieben. Die Premierministerin des Vereinigten Königreiches sei doch wohl damit einverstanden? Und so mußte ich bereits auf meiner ersten Ministerratssitzung nein sagen. Dann allerdings stellte sich heraus, daß die späte Stunde für mich wohl von Vorteil war: Anscheinend lassen sich Ergebnisse viel leichter unter Zeitdruck und mit der Aussicht auf französische *haute cuisine* und *grands crus* erzielen. Ich stellte die Fakten dar, und die Fakten sprachen wohl für sich. Man einigte sich darauf, in die Abschlußerklärung eine Anweisung an die EG-Kommission aufzunehmen, für die nächste Ministerratssitzung Vorschläge zu diesem Thema auszuarbeiten. Und so brachen wir mit einiger Verspätung zum Dinner auf. Aber durch Auseinandersetzungen bekommt man erst so richtig Appetit.

Bei diesen Zusammenkünften war es zur Regel geworden, daß die Staats- und Regierungschefs mit dem Präsidenten der EG-Kommission gemeinsam speisten und die Außenminister eine eigene Gruppe bildeten. Ebenso hatte es sich eingebürgert, dabei die Außenpolitik zu erörtern. Eines der Themen, das natürlich Großbritannien direkt betraf, war die tragische Situation der vietnamesischen »Boat People«. Ein anderes war Rhodesien. Und interessanterweise beschäftigten wir uns schon damals mit dem Dauerproblem der japanischen Handelsbilanz.

Straßburg zeitigte ein konkretes Ergebnis: Ich hatte die Frage des ungerechten britischen Haushaltsbeitrags klar und deutlich auf die Tagesordnung gesetzt. Zudem hatten die anderen nun wohl begriffen, daß ich Nägel mit Köpfen machen wollte. Später erfuhr ich, daß diese Einschätzung richtig war. Denn noch in Straßburg hörte ich zufällig eine Äußerung eines Regierungsbeamten, die mich mehr freute als alles andere, was mir in Erinnerung geblieben war: »Großbritannien ist wieder aus der Versenkung aufgetaucht.«

Weltwirtschaftsgipfel in Tokio

Viele der allgemeineren Themen, die wir in Straßburg erörtert hatten, wurden bald darauf in dem noch größeren Rahmen des Weltwirtschaftsgipfels in Tokio – der Zusammenkunft der sieben wichtigsten Industrienationen der westlichen Welt, kurz G7 genannt – wieder aufgegriffen. Direkt im Anschluß an meinen Bericht vor dem Unterhaus über die Ergebnisse von Straßburg fuhren wir nach Heathrow, wo wir die lange Reise nach Tokio antreten sollten. Ich wußte bereits, daß der Ölpreis und sein Einfluß auf die Wirtschaft wieder ganz oben auf der Tagesordnung stehen würde. Und ich war gut vorbereitet. Denis' Kenntnisse über die Ölindustrie standen mir zur Verfügung, und außerdem hatte ich mich bei einem Arbeitsessen in Chequers von Ölexperten beraten lassen. Sie kannten das Ölgeschäft wie ihre Westentasche. Hingegen mußte ich in Tokio feststellen, daß jene Politiker, die meinten, den Ölverbrauch mittels Plänen und Zielvorgaben einschränken zu können, über die tatsächliche Situation auf diesem Markt nur schlecht informiert waren.

Auf der Reise nach Tokio ergriff ich die Gelegenheit, noch andere ähnlich bedeutsame Angelegenheiten zu besprechen. Auf unsere Bitte hin hatte uns die Sowjetunion die Genehmigung erteilt, den Weg nach Japan abzukürzen, indem wir russisches Hoheitsgebiet überflogen. Zum Auftanken landete unser Flugzeug in Moskau, wo ich von Ministerpräsident Kossygin begrüßt wurde, der eine Sitzung mit kommunistischen Regierungschefs unterbrochen hatte, um zum Flughafen zu kommen. Zu meiner Überraschung war in der Lounge des Flughafens ein Dinner vorbereitet worden. Bei bedeutenden Besuchern wurde Gastfreundschaft in der Sowjetunion immer großgeschrieben. Hier gab es zwei Welten: eine mit allem nur erdenklichen Luxus für ausländische Staatsgäste und die Parteielite und eine andere für gewöhnliche Sterbliche mit dem Allernotwendigsten – und auch davon nicht viel.

Die Beweggründe für die besondere Aufmerksamkeit der Sowjets wurden schnell deutlich. Sie wollten mehr über die »Eiserne Lady« – wie ihre offizielle Nachrichtenagentur TASS mich nach einer Rede als Oppositionsführerin im Jahre 1976 getauft hatte – erfahren.

Diese Phase in den Ost-West-Beziehungen war die Ruhe vor gewaltigen politischen Stürmen. Unter dem Deckmantel der Entspannungspolitik hatten die Sowjets und ihre kommunistischen Satellitenstaaten über einige Jahre hinweg die Strategie der verdeckten Aggressionen verfolgt, während der Westen in seiner Verteidigungsbereitschaft immer nachlässiger geworden war. In Tokio sollte ich mit weiteren Beweisen für das allzu große Vertrauen der Regierung Carter in den guten Willen der Sowjetunion konfrontiert werden. Das SALT-II-Abkommen (Vertrag zur Begrenzung strategischer Waffen) war wenige Tage zuvor unterzeichnet worden. Man sprach sogar bereits von einem SALT-III-Abkommen. Doch die Stimmung sollte sich bald ändern. Denn sechs Monate später erfolgte der Einmarsch der Sowjets in Afghanistan.

Zwar sprachen wir über Verteidigungsfragen, doch das heikelste Thema, das ich mit Ministerpräsident Kossygin erörterte, war das tragische Schicksal der »Boat People«, die zu Hunderttausenden aus Vietnam flüchteten. Sie waren Opfer einer grausamen Verfolgung, die sie zwang, all ihr Hab und Gut zu verkaufen, ihre Heimat zu verlassen und ihr Leben aufs Spiel zu setzen, indem sie auf überfüllten, baufälligen Schiffen einem ungewissen Schicksal entgegenfuhren. Die große Handelsflotte unter britischer Flagge nahm natürlich immer wieder diese bedauernswerten Flüchtlinge aus dem kommunistischen Machtbereich auf, um sie vor Schiffbruch und Piraterie zu bewahren. Nach dem Seerecht können Schiffbrüchige im nächstgelegenen Hafen an Land gesetzt werden. Doch oft weigerte sich der nächste Hafen – Singapur, Malaysia oder Taiwan –, die Flüchtlinge aufzunehmen, wenn wir nicht zusicherten, daß sie nach Großbritannien weiterreisen durften. Zu Hause litten wir jedoch noch immer an den sozialen und politischen Nachwirkungen der Masseneinwanderung vergangener Jahre, weshalb wir nur höchst widerstrebend unsere Zustimmung gaben. In Taiwan erhielten die Flüchtlinge zwar medizinische Versorgung und Lebensmittel, doch sie durften dort die Schiffe nicht verlassen. Die Boat People ihrerseits weigerten sich, in Kanton an Land zu gehen, denn vom Kommunismus hatten sie genug. Und so erkoren sie Hongkong zu ihrem bevorzugten Etappenziel. Von dort aus hofften sie, in die USA oder ein anderes westliches Land ausreisen zu können. Die Kommunisten wußten natürlich genau,

welche unangenehmen und kostspieligen Konsequenzen diese
Emigrantenflut für den Westen hatte, und hofften zweifellos, daß
sie eine destabilisierende Wirkung auf die Länder jener Region
ausüben würden.

Im Gespräch mit Ministerpräsident Kossygin hob ich hervor,
Vietnam sei ein kommunistisches Land und ein enger Verbündeter
der Sowjetunion, auf das er einen beträchtlichen Einfluß habe.
Diese Ereignisse seien nicht nur eine Schande für das Regime in
Vietnam, sondern für den Kommunismus insgesamt. Ob er nicht
etwas dagegen unternehmen könne? Seine Antwort wurde mir
übersetzt. »Also«, sagte er (oder das entsprechende russische Wort
dafür), »das sind alles Drogensüchtige oder Kriminelle . . .« Weiter
kam er nicht. »Wie bitte« fragte ich, »eine Million Drogensüchtige? Ist der Kommunismus so schlimm, daß eine Million Menschen
Drogen nehmen oder stehlen müssen, um ihn zu ertragen?« Auf
der Stelle wechselte er das Thema. Doch das Wichtigste war ausgesprochen und auch verstanden worden, wie ich an den betroffenen
Gesichtern seiner Begleiter – und sogar auch einiger meiner Mitarbeiter – erkannte. Zwar konnte ich dem Strom der Menschen, die
vor der Verfolgung flohen, kein Ende setzen, doch ich konnte –
und würde es auch immer tun – die Lügen in Frage stellen, mit
denen die Kommunisten ihre Verfolgung zu rechtfertigen suchten.
Nach einer Stunde und vierzig Minuten kehrten wir zum Flugzeug
zurück und setzten unseren Flug nach Tokio fort. Später leitete ich
dieses Problem an die Vereinten Nationen weiter – die Zahl der
Flüchtige war zu groß, als daß sie ein einzelnes Land hätte aufnehmen können.

Durch die große Zahl der internationalen Gipfeltreffen hat sich
das Leben eines Premierministers gegenüber den Zeiten von
Anthony Eden, Harold Macmillan oder Alec Douglas-Home von
Grund auf verändert. Als ich in der Opposition war, hatte ich den
Sinn dieser ständigen Reisen noch angezweifelt. Aber auch nach
unserer Regierungsübernahme fragte ich mich besorgt, ob diese
Gipfelgespräche zu viel Zeit und Energie verschlangen, besonders,
da es zu Hause so viel zu tun gab. Innerhalb weniger Monate nach
meinem Amtsantritt reiste ich nach Straßburg, um Großbritannien in der Europäischen Gemeinschaft zu vertreten, und nach
Tokio, um unser Land innerhalb dieses weiter gefaßten wirt-

schaftspolitischen Rahmens zu repräsentieren, und bald würde ich nach Lusaka zur Konferenz der Regierungschefs des Commonwealth fahren.

Der G7-Gipfel war ein Ergebnis der internationalen Bemühungen, die Wirtschaftskrise in der Mitte der siebziger Jahre zu bewältigen. Das erste Treffen fand 1975 in Rambouillet in Frankreich statt. Seitdem war die Zahl der Teilnehmer angestiegen, und der Gipfel hatte immer offizielleren Charakter gewonnen, was keineswegs einen Fortschritt zum Besseren bedeutete. Die grundsätzlichen Vorzüge und Nachteile dieser Gipfeltreffen wurden von Kanzler Schmidt deutlich auf den Punkt gebracht. Seiner Ansicht nach hatten die G7-Gipfel dazu beigetragen, daß die westlichen Länder nicht dazu übergegangen seien,»den Nachbarn an den Bettelstab zu bringen«, also nicht auf das Mittel der Abwertung und protektionistische Maßnahmen zurückgegriffen hätten, die in den dreißiger Jahren so großen wirtschaftlichen und politischen Schaden angerichtet hatten. Andererseits seien die Gipfelteilnehmer zu oft der Versuchung erlegen, Versprechungen zu machen, die nicht eingehalten werden konnten. Ich war völlig seiner Meinung. Ständig stand man unter dem Druck – dem sich manche Regierungen nur allzu bereitwillig beugten –, mit neuen Wortschöpfungen und ehrgeizigen Absichtserklärungen aufzuwarten, die ein jeder vom Inhalt her zwar akzeptieren konnte, doch im Grunde nicht wirklich ernst nahm.

Durch den besorgniserregenden Anstieg des Ölpreises erhielt der G7-Gipfel von Tokio allerdings eine erheblich größere Bedeutung. Die Mitgliedsländer der Organisation Erdölexportierender Länder (OPEC) traten zur gleichen Zeit zusammen wie die G7-Staaten, ihre wichtigsten Abnehmer.[1] Während wir in Tokio tagten, stieg der Preis für ein Barrel Rohöl aus Saudi-Arabien von 14,54 auf 18 Dollar, und viele OPEC-Staaten gingen sogar noch weiter. Infolgedessen beschäftigten wir uns bei unseren Gesprächen hauptsächlich mit der Frage, wie die Abhängigkeit des Westens von Öl begrenzt werden konnte und welche vermeintlich konkreten Zielvorgaben bis zu einem bestimmten Datum eingehalten werden sollten. Ich wußte jedoch, daß es im wesentlichen nur einen Weg gab, den Ölverbrauch einzuschränken, indem man den Preismechanismus greifen ließ. Wenn wir diesen Weg nicht einschlugen, bestand die Gefahr, daß die einzelnen Länder die Erhöhung der Ölpreise aufzufangen suchten, indem sie Geld druckten, um Rezession und Arbeitslosigkeit abzuwenden, was wiederum zu Inflation führen würde. In Großbritannien war uns vor Augen geführt worden, daß Inflation keineswegs eine Alternative zur Arbeitslosigkeit war, sondern vielmehr ihre Ursache. Doch diese Erkenntnis schien noch nicht zu jedermann durchgedrungen zu sein.

Der vorausgegangene Weltwirtschaftsgipfel hatte 1978 in Bonn stattgefunden, zu einer Zeit, als man noch immer der Doktrin der »Feinabstimmung bei der Erhöhung der Binnennachfrage« anhing. Damals hatte man erwartet, daß Deutschland die Rolle der »Lokomotive« (wie es im politischen Jargon hieß) übernehmen würde, die das Wirtschaftswachstum wieder in Gang brachte und die Welt aus der Rezession zog. Doch dies hatte, wie Kanzler Schmidt den Regierungschefs der G7-Staaten nun erklärte, in erster Linie die Inflation in Deutschland angeheizt, weshalb er diesen Weg nicht noch einmal einschlagen würde. In Bonn hatte sich unter den Teilnehmern des Weltwirtschaftsgipfels kein neuernannter Regierungschef befunden, und so hatte man sich im wesentlichen an althergebrachte Rezepte gehalten. In Tokio hingegen gab es drei Neulinge – den japanischen Ministerpräsident Ohira, der den Vorsitz innehatte, den neuen kanadischen Premierminister Joe Clark und mich. Neben mir waren Kanzler Schmidt und – vielleicht sogar in noch stärkerem Maße – sein Finanzminister Otto Graf Lambsdorff die entschlossensten Verfechter einer freien Marktwirtschaft.

Als ich das Flugzeug in Tokio verließ, wurde ich von einer großen Reporterschar empfangen (damals wurden diese Gipfeltreffen von etwa zweitausend Journalisten beobachtet, heute sind es sogar noch mehr). Sie hatten sich auf den Weg gemacht, um dieses außergewöhnliche und bislang nahezu einzigartige Phänomen zu bestaunen – ein weiblicher Premierminister. Das Wetter war drückend und schwül, und die Sicherheitsvorkehrungen waren sehr streng. Deswegen war ich froh, als wir endlich das Hotel erreichten, wo die Mehrzahl der ausländischen Delegierten, außer dem amerikanischen Präsidenten, untergebracht war. Kurz nach meiner Ankunft fuhr ich zu einer Unterredung mit Präsident Carter in die amerikanische Botschaft, wo wir über unsere Vorstellungen hinsichtlich der zu erwartenden Themen sprachen. Insbesondere ging es um den Energieverbrauch, der für die USA ein ganz spezielles und zudem mit bedeutsamen politischen Implikationen verbundenes Problem darstellte. Gegen Ende der Unterredung gesellten sich Mrs. Carter und Amy zu uns. Trotz der Kritik der Presse machte es den Carters offensichtlich große Freude, daß ihre Tochter mit ihnen reiste – und warum auch nicht, dachte ich. Man mußte Jimmy Carter einfach mögen. Er war ein zutiefst gläubiger Christ und ein durch und durch redlicher Mann. Außerdem verfügte er über eine ausgeprägte Intelligenz und einem fundierten Verständnis für wissenschaftliche Fragen und Methoden, wie man es bei Politikern nur selten antrifft. Doch er war in Reaktion auf die Watergate-Affäre zum Präsidenten gewählt worden und nicht etwa, weil er die Amerikaner von der Richtigkeit seiner Analyse der Weltprobleme hatte überzeugen können.

Und tatsächlich sollte sich diese Analyse als durch und durch fehlerhaft erweisen. In Wirtschaftsfragen war er unsicher und suchte daher sein Heil in nutzlosem, überhastetem Interventionismus, sobald Probleme auftraten. Die von ihm eingeführte Zusatzsteuer auf Mineralölgewinne und die staatliche Kontrolle der Energiepreise beispielsweise führten nicht zu dem beabsichtigten Ergebnis, die von der OPEC verfügten Preissteigerungen aufzufangen, sondern lediglich zu unpopulären Warteschlangen vor den Tankstellen. In der Außenpolitik hatte er sich zu stark der mittlerweile in der Demokratischen Partei vorherrschenden Anschauung verschrieben, die vom Kommunismus ausgehende Bedrohung sei übertrieben worden und die US-Interventionen zur Stützung rechter Diktaturen seien beinahe ebenso verdammenswert wie der Kommunismus. Von daher traf ihn die sowjetische Invasion in Afghanistan und die Geiselnahme amerikanischer Diplomaten im Iran völlig unvorbereitet und brachte ihn in eine peinliche Lage. Generell fehlten ihm klare Vorstellungen für die Zukunft der Vereinigten Staaten. So kam es, daß ihm angesichts der widrigen Umstände nichts weiter einfiel, als die strenge Doktrin von den Grenzen des Wachstums zu predigen, die den Amerikanern unangenehm, ja sogar fremd war.

Zu diesen politischen Fehleinschätzungen kam noch, daß er von seiner Persönlichkeit her für die Präsidentschaft nicht geeignet war. Er quälte sich bei Entscheidungen und verzettelte sich zu sehr in Details. Und schließlich war es ihm auch nicht vergönnt, nach Napoleons Wahlspruch zu regieren, daß ein General vom Glück begünstigt sein müsse. Während seiner Amtszeit war er – von den Ölpreiserhöhungen der OPEC bis zur sowjetischen Invasion in Afghanistan – vom Pech verfolgt. Daran zeigte sich wieder einmal, daß mehr als nur Redlichkeit und Fleiß vonnöten waren, um eine große Nation zu führen. Dennoch: Ich mochte Jimmy Carter, er hatte sich mir und Großbritannien immer als guter Freund gezeigt. Wäre er unter den veränderten Umständen der Ära nach dem Kalten Krieg an die Macht gekommen, wären seine Talente vielleicht besser zur Geltung gekommen.

An jenem Abend trafen sich die europäischen Teilnehmer des Gipfels auf Einladung von Präsident Giscard d'Estaing zu einem Dinner. Natürlich hatten sich die Staaten der Europäischen Gemeinschaft auf der Ministerratssitzung in Straßburg bereits auf eine eigene Linie zur Energiepolitik geeinigt. Nun beschäftigte uns die Frage, wie dieser mit den Plänen der drei auf dem Weltwirtschaftsgipfel vertretenen Nicht-EG-Staaten in Einklang zu bringen wäre.

Am folgenden Morgen versammelten wir uns nach dem unvermeidlichen Fototermin zu unserer ersten Sitzung im Konferenzsaal im ersten Stock des Akasaka-Palasts. Die Delegationen saßen in alphabetischer Reihenfolge an einem rechteckigen Tisch; ich fand es immer recht nützlich, daß die Vertreter des Vereinigten Königreichs auf diese Weise neben die Vertreter der Vereinigten Staaten von Amerika zu sitzen kamen. An der genau festgelegten Reihenfolge, in der die Politiker den Raum betraten, erkannte man die offizielle Rangordnung: Staatschefs erschienen nach Regierungschefs, und bei beiden Kategorien wurde die Reihenfolge nach der Dauer der Amtszeit bestimmt. Frankreich maß dieser Rangordnung die größte Bedeutung bei, Amerika die geringste. Weder Jimmy Carter noch Ronald Reagan kümmerten sich sonderlich darum. Nachdem wir Platz genommen hatten, fragten wir uns gewöhnlich, wer wohl als letzter eintreffen würde.

Wie üblich begann die Sitzung mit einer kurzen, allgemein gehaltenen Erklärung der einzelnen Regierungschefs. Kanzler

Schmidt sprach in der ersten Sitzungsperiode vor mir und in der
zweiten nach mir. Wir stellten fest, daß wir die gleichen Punkte
hervorhoben – die Bedeutung der Inflationsbekämpfung und die
herausragende Rolle, die wir dem Preismechanismus bei der
Beschränkung des Energieverbrauchs beimaßen. Ich hatte den
Eindruck, daß meine Ausführungen gut aufgenommen wurden –
nicht zuletzt von den Deutschen, wie uns Graf Lambsdorff später
berichtete. So nahe sind wir einer britisch-deutschen Entente
wahrscheinlich nie wieder gekommen. Ich betonte, ein Großteil
unserer gegenwärtigen Schwierigkeiten rühre aus dem Festhalten
am Keynesianismus mit seinem Schwerpunkt auf der Defizitfinanzierung der öffentlichen Ausgaben. Zur Bekämpfung der Inflation
müßten wir die Geldmenge kontrollieren. Nachdem sich Kanzler
Schmidt und Ministerpräsident Ohira in ähnlicher Weise geäußert
hatten, folgte ein spektakulärer Beitrag von Präsident Giscard
d'Estaing, in dem er Lord Keynes leidenschaftlich verteidigte und
den marktwirtschaftlichen Ansatz als unnötigerweise deflationistisch zurückwies. Signor Andreotti – damals und in den letzten
Tagen meiner Amtszeit Italiens Ministerpräsident – unterstützte
die Ansicht der Franzosen. Deutlicher konnten die grundlegenden
ideologischen Gegensätze innerhalb der Europäischen Gemeinschaft nicht zutage treten.

Außerdem waren diese Auseinandersetzungen sehr aufschlußreich, was die Persönlichkeit von Präsident Giscard d'Estaing und
Ministerpräsident Andreotti betraf. Mit Giscard d'Estaing wurde
ich nie richtig warm, und ich hatte den starken Eindruck, daß dies
auf Gegenseitigkeit beruhte. Das war um so überraschender, als
ich schon immer eine Schwäche für den Charme der Franzosen
gehabt habe und Präsident Giscard d'Estaing eigentlich als Vertreter der Rechten galt. Doch er war ein schwieriger Gesprächspartner, der ganze Absätze wohlformulierter Prosa von sich gab,
die keine Unterbrechung zuließen. Darüber hinaus unterschied
sich seine Politik grundlegend von der meinen: Er verfügte zwar
über die Umgangsformen eines Aristokraten, doch seine Denkweise war die eines Technokraten. In seinen Augen war die Politik eine
Beschäftigung für die Elite, bei der man zwar zum Nutzen der
Bevölkerung verhandelte, dabei jedoch ohne deren aktive Beteiligung auskam. Für diesen Ansatz hätte manches gesprochen, wenn

die Technokraten tatsächlich jene kühlen, von der Vernunft geleiteten Wächter über unsere Leidenschaften und Interessen gewesen
wären, als die sie sich gaben. Doch wie jeder andere ließ sich auch
Präsident Giscard d'Estaing von intellektuellen und politischen
Modeerscheinungen begeistern, nur mit dem Unterschied, daß er
seinen Neigungen auf kühle Weise Ausdruck verlieh.

Ministerpräsident Andreotti lag ebensowenig auf meiner Wel-
lenlänge wie Giscard d'Estaing. In noch höherem Maße als der
französische Präsident vertrat dieses offenbar unersetzliche Mitglied der italienischen Regierungen einen politischen Ansatz, der
mir fremd war. Er schien eine tiefgreifende Abneigung gegen
Prinzipien zu hegen und war möglicherweise sogar der Überzeugung, daß sich ein Mensch mit Grundsätzen früher oder später
zum Narren machen würde. Die Politik betrachtete er wie ein
General aus dem achtzehnten Jahrhundert den Krieg: als eine
Reihe ausgedehnter und ausgefeilter Paradeplatzmanöver, bei
denen es nie zum Kampf zwischen den Armeen kam. Sieg, Niederlage oder eine Einigung ergaben sich vielmehr aus dem mutmaßlichen Kräfteverhältnis zwischen den Beteiligten. Anschließend konnte man sich gemeinsam dem eigentlichen Ziel widmen,
das darin bestand, die Kriegsbeute unter sich aufzuteilen. Vielleicht erforderte das System Italiens ja tatsächlich eher das
Talent, spektakuläre politische Tauschgeschäfte abzuschließen,
als sich wirklich einer politischen Überzeugung zu verschreiben,
und ganz gewiß wurde diese Fähigkeit auch in der Europäischen
Gemeinschaft als unerläßlich erachtet. Doch mir flößten Menschen, die solche Praktiken betrieben, stets einen gewissen
Widerwillen ein.

Trotz ihrer großzügigen Gastfreundschaft ließ sich nicht viel
Positives über die Leitung des Gipfels durch die Japaner sagen. An
einem bestimmten Punkt schaltete ich mich ein, um im Interesse
unserer Mitarbeiter – der »Scherpas«, wie sie genannt wurden –
klarzustellen, über welchen der beiden alternativen Entwürfe der
Abschlußerklärung wir gerade diskutierten. Während wir am
Abend an einem Bankett teilnahmen, zu dem der Tenno geladen
hatte, machten sich die Scherpas an die Arbeit. Um 2 Uhr nachts
suchte ich sie, noch immer im Abendkleid, auf, um zu sehen, wie
sie mit dem Entwurf der Abschlußerklärung vorankamen. Sie ver-

besserten gerade einen früheren Entwurf, in dem sie die Ergebnisse unserer Diskussion einfließen ließen, und suchten nach einer Reihe alternativer Formulierungen zu den Punkten, die am folgenden Tag des Gipfels zur Entscheidung anstanden. Ich hoffte, daß wir ebenso zielstrebig zur Sache kommen würden, wie sie es offensichtlich taten.

Am folgenden Tag trafen wir wieder im Akasaka-Palast zusammen, um das Abschlußkommuniqué durchzuarbeiten, was in der Regel eine mühsame und langwierige Angelegenheit ist. Es herrschte eine gewisse Uneinigkeit zwischen den Amerikanern und den Europäern über die Frage, von welchem Jahr an unsere unterschiedlichen Zielvorgaben zur Reduktion der Ölimporte gelten sollten. Am bezeichnendsten erschien mir jedoch die Diskussion über die japanischen Zielvorgaben. Nahezu bis zum letzten Moment war immer noch nicht klar, ob Ministerpräsident Ohira von seinen Beratern grünes Licht erhalten würde, überhaupt eine Zahl zu nennen. Da ich überzeugt war, daß – ohne Rücksicht auf unsere Ankündigungen – der Markt die erforderliche Einschränkung des Ölverbrauchs regeln würde, schien mir die gesamte Diskussion akademisch. Als die Japaner schließlich ihre Zahlen nannten, fragte sich jeder, inwieweit diese überhaupt eine Reduktion bedeuteten – doch Präsident Carter begrüßte sie wärmstens.

Und so wurde das Kommuniqué herausgegeben und die übliche Pressekonferenz abgehalten. Die wichtigste Entscheidung hatte jedoch nichts mit der Einschränkung des Ölverbrauchs zu tun. Entgegen den Vorstellungen mancher Vertreter der G7 würden wir nicht wieder in die Falle tappen und eine koordinierte Aktion zur Steigerung der Nachfrage anregen. Dies war ein wichtiges Signal für die Zukunft.

Von Tokio aus flog ich nach Canberra, wo ich am folgenden Morgen eintraf. Dies war mein – ausgesprochen kurzer – dritter Besuch in Australien. Ich traf mich mit meiner Tochter Carol, die dort als Journalistin arbeitete, doch vor allem sprach ich mit Malcolm Fraser, dem australischen Premierminister, den ich von den Ergebnissen des Gipfels in Tokio informierte. Wichtiger waren allerdings unsere Gespräche über die demnächst stattfindende Commonwealth-Konferenz in Lusaka, die sich hauptsächlich mit dem Thema Rhodesien beschäftigen würde. Im Verlauf der kommenden acht Monate sollte die Rhodesien-Frage einen Großteil meiner Zeit in Anspruch nehmen.

Das Rhodesien-Abkommen

Rhodesien hatte einer ganzen Reihe britischer Regierungen Kummer bereitet, und seit Ian Smith' einseitiger Unabhängigkeitserklärung im Jahr 1965 hatten wir dort sogar ein brisantes Problem. Besonders in der Konservativen Partei kam es zu Auseinandersetzungen, weil viele von uns die Wirtschaftssanktionen, die gegen dieses illegitime Regime verhängt worden waren, für nutzlos und schädlich hielten und der Ansicht waren, daß wir für ihre Aufhebung stimmen sollten, wenn wieder einmal die Entscheidung über ihre Verlängerung für ein Jahr anstand. Seit langem versuchten die führenden Fraktionsmitglieder der Labour Party und der Konservativen ein Abkommen auf der Grundlage der sogenannten »sechs Prinzipien« zu erreichen. Dessen wichtigster Zweck sollte sein, die Voraussetzungen für den Übergang zu einer schwarzafrikanischen Mehrheitsregierung unter Wahrung der Rechte der weißen Minderheit zu schaffen sowie echte Demokratie, eine gesetzliche Ordnung und das Ende jeglicher Diskriminierung sicherzustellen. Zwar hatten sich die Führer der beiden großen Parteien Großbritanniens auf diese Grundlagen geeinigt, doch sie wurden längst nicht von all ihren Anhängern befürwortet.

Durch die im April des Jahres 1979 in Rhodesien abgehaltenen Wahlen änderte sich die Situation grundlegend. Unter der neuen, bei der »internen Lösung« mit Ian Smith ausgehandelten Verfassung wurde Bischof Muzorewa mit 64 Prozent der Stimmen der schwarzafrikanischen Bevölkerung zum Führer der schwarzen Mehrheitsregierung gewählt. Die Parteien der »Patriotischen Front« – die Guerillakämpfer von Robert Mugabe und Joshua Nkomo – hatten die Wahlen natürlich boykottiert. Viscount Boyd of Merton, früher Kolonialminister der Konservativen, war als Wahlbeobachter in Rhodesien gewesen und hatte mir noch in meiner Zeit als Oppositionsführerin berichtet, sie seien fair verlaufen. Allgemein kam man zu dem Schluß, die »sechs Prinzipien« seien damit verwirklicht, weshalb wir die neue Regierung nach unserer Amtsübernahme anerkennen würden.

Ich war mir jedoch bewußt, daß die Bürger Rhodesiens nun vor allem Frieden und Stabilität brauchten. Letztlich war es der unbarmherzig geführte Krieg der Guerillakämpfer gewesen, der die weiße Minderheitenregierung zu Zugeständnissen gezwungen hatte. Und dieser Krieg mußte jetzt beendet werden. Um dem Land zu Frieden zu verhelfen, mußten wir entweder dafür sorgen, daß das neue Regime international anerkannt wurde, oder Veränderungen in die Wege leiten, die internationale Zustimmung finden würden.

Ein entscheidendes Problem, dem wir uns unverzüglich zuwenden mußten, war die Haltung der benachbarten afrikanischen »Frontstaaten« [A.d.Ü.: Front for the Liberation of Zimbabwe / Front zur Befreiung Simbabwes]. Wir mußten versuchen, sie auf unsere Seite zu ziehen. Also entsandten wir Lord Harlech, der früher ebenfalls Minister der Konservativen sowie Botschafter in Washington gewesen war, um mit den Präsidenten von Sambia, Tansania, Botswana, Malawi und Angola zu verhandeln. Außerdem reiste er nach Mozambique und Nigeria. Ich war nicht sonderlich begeistert von dem Gedanken, daß er in diesem Stadium auch mit den Führern der »Patriotischen Front«, mit Mr. Mugabe und Mr. Nkomo, verhandeln sollte. Ihre Truppen hatten Greueltaten verübt, die jedermann mit Abscheu erfüllten, und mir war stets daran gelegen, Verhandlungen mit Terroristen zu vermeiden, mochten sie nun im Inland oder im Ausland operieren. Aber auch unangenehmen Realitäten muß man ins Auge sehen. Peter Carrington vertrat die Ansicht, wir müßten auf eine breitestmögliche Anerkennung des rhodesischen Regimes hinarbeiten, da dieses Land eine Schlüsselposition für den ganzen Süden Afrikas innehabe. Diese Einschätzung sollte sich als richtig erweisen.

Also traf Lord Harlech auch mit den Führern der Patriotischen Front sowie mit Bischof Muzorewa und anderen zusammen. Zumindest wurde in diesen Gesprächen deutlich, welch große Hindernisse einer Beendigung des Krieges im Weg standen. Im Juli erkannte die Organisation für Afrikanische Einheit (OAU) die Patriotische Front als einzigen rechtmäßigen Repräsentanten des Volks von Simbabwe an. Nigeria, das enge wirtschaftliche Verbin-

dungen zu Großbritannien pflegte, stand der Regierung Muzorewa ausgesprochen feindlich gegenüber. Die schwarzafrikanischen
Staaten vertraten nämlich hartnäckig die Auffassung, die Regierung von Bischof Muzorewa sei lediglich ein Aushängeschild für
die Fortsetzung der Herrschaft der weißen Minderheit. Diese Haltung mochte den Veränderungen, die durch die »interne Lösung«
erzielt worden waren, in keiner Weise gerecht werden, doch sie
hatte weitreichende Konsequenzen für die Entwicklung in Rhodesien.

Wenngleich wir nicht an die von Labour verfolgte Linie eines
gemeinsamen Vorgehens mit den Amerikanern, das ohne Erfolg
geblieben war, anknüpfen wollten, war die Haltung der Vereinigten Staaten dennoch von entscheidender Bedeutung. Präsident
Carter wurde jedoch von den Liberalen und der schwarzen Bevölkerung seines Landes erheblich unter Druck gesetzt. In Kürze würde sich die amerikanische Regierung dazu äußern müssen, ob
Bischof Muzorewas Regierung die vom Kongreß aufgestellten
Bedingungen erfüllte, da eine Anerkennung durch die USA und
eine Aufhebung ihrer Wirtschaftssanktionen andernfalls nicht in
Frage kamen. Aller Wahrscheinlichkeit nach würde die Regierung
Carter zu dem Ergebnis kommen, die Bedingungen seien nicht
erfüllt.

Dennoch boten sich uns auch in dieser Situation Möglichkeiten,
die wir lediglich nutzen mußten. Erstens herrschte allgemein die
Ansicht, es sei Großbritanniens Aufgabe, das Problem zu lösen.
Obwohl wir dadurch gelegentlich ins Kreuzfeuer der Kritik gerieten, verschaffte uns diese Position doch einen relativen Handlungsspielraum, vorausgesetzt, wir wußten ihn zu nutzen. Zweitens waren alle betroffenen Parteien, also nicht nur die Rhodesier,
zermürbt. Die benachbarten afrikanischen Staaten fanden es teuer, unbequem und bedrohlich, zwei Bürgerkriegsarmeen zu beher-
bergen und zugleich als Angriffsziel für die gutgeschulte, schlagkräftige rhodesische Armee zu dienen. Angeblich waren Nkomos
Einheiten in Sambia zahlenmäßig stärker als die eigene Armee des
Landes. Daher bestand ein wirklicher Wunsch nach einer Einigung. Doch wie war sie zu erreichen?

Am ehesten schien ein Durchbruch auf der bevorstehenden
Commonwealth-Konferenz in Lusaka möglich. Dabei handelte es

sich um die erste reguläre Tagung der Staats- und Regierungschefs des Commonwealth in Afrika. Sambia grenzte an die rhodesische Kriegszone an. Zudem war es ein Binnenstaat, so daß die Königin, die als Oberhaupt des Commonwealth traditionell während der ersten Tage der Konferenz zugegen ist (obwohl sie weder die Tagung eröffnet noch den Sitzungen beiwohnt), nicht in der königlichen Yacht »Britannia« anreisen konnte. Demzufolge machte man sich Sorgen um die Sicherheit Ihrer Majestät, und es war meine Aufgabe, dazu eine Empfehlung abzugeben. Ich sah jedoch keinen Grund, weshalb die Königin nicht nach Lusaka fahren sollte. Diesen Rat erteilte ich ihr kurz vor Antritt ihrer Reise durch Afrika, von der sie sich dann direkt nach Lusaka begab. Dort wurde ihr ein begeisterter Empfang bereitet. Meine Gegenwart hingegen war offensichtlich nicht besonders erwünscht, denn als ich spät am Abend, am Montag, dem 30. Juli, in Lusaka eintraf, mußte ich mich ohne Vorbereitung einer anstrengenden Pressekonferenz stellen, die in einer feindseligen Atmosphäre verlief.

Wir nutzten den langen Flug, um unser konkretes Vorgehen festzulegen. Ich hatte ein erstklassiges Beraterteam und zudem natürlich auch einen erstklassigen Außenminister – mit dem ich in einen lebhaften Meinungsaustausch geriet, als er meinte, unsere Mission sei in Wirklichkeit ein »Versuch, den Schaden zu begrenzen« – eine Wendung, die ich (wie ich ihm mitteilte) noch nie zuvor gehört hatte. Ich entgegnete, ich wolle mehr erreichen als das, und schließlich gelang uns das auch.

Unsere Strategie war es, deutlich zu machen, daß die Herbeiführung eines Abkommens einzig und allein in unserer Verantwortung lag. In Lusaka mußten wir dies nun den Staats- und Regierungschefs der Commonwealth-Staaten beibringen. Sie mußten die Tatsache akzeptieren, daß das Rhodesien-Problem nicht zum Verantwortungsbereich des gesamten Commonwealth gehörte. Aus diesem Grunde galt es klarzustellen, daß Großbritannien bereit war, in Rhodesien wieder die Verantwortung zu übernehmen und neue Wahlen abhalten zu lassen. Zudem war uns bewußt, daß die bestehende Verfassung Rhodesiens entscheidend abgeändert werden mußte, wenn die neue Regierung nach den Wahlen international anerkannt und akzeptiert werden sollte. Diese Änderungen wiederum konnten nur von einer Verfassungs-

konferenz erarbeitet werden, an der alle Seiten beteiligt waren. Die
Entscheidung für oder gegen eine solche Konferenz würde wesentlich vom Verlauf der Gespräche in Lusaka abhängen.

Zum Zeitpunkt meiner Ankunft in Sambia hatte die nigerianische Regierung gerade angekündigt, die Vermögenswerte von British Petrol in Nigeria zu verstaatlichen. Dies war kein guter
Anfang. Dennoch war der Tag vor dem Beginn des Gipfels sehr
ergiebig für mich, da ich die Zeit nutzte, um Gespräche mit anderen Regierungschefs zu führen. Am Dienstag wurde die Konferenz
offiziell eröffnet. Sie war außerordentlich gut besucht: 27 Regierungschefs waren gekommen, und alle 39 Mitgliedsländer des
Commonwealth hatten Repräsentanten geschickt. Präsident Kenneth Kaunda war unser Gastgeber. Die Eröffnungsrede bei der
geschlossenen Sitzung – eine der besten der Konferenz – hielt der
Premierminister von Singapur, Lee Kuan Yew, er gab einen Überblick über die aktuellen internationalen Entwicklungen. Viele
wichtige Gespräche fanden jedoch – wie es im diplomatischen Jargon heißt – »am Rande« der größeren Sitzungen statt. So fragte
mich der Premierminister von Sri Lanka beispielsweise, ob wir
noch immer eine beträchtliche Summe aus unserem Entwicklungshilfefonds für den Bau des großen Victoria-Damms in seinem Lande zur Verfügung stellen könnten. Ich bestätigte ihm dies
auf einer Postkarte – wahrscheinlich war es eine der teuersten, die
ich je geschrieben habe.

Dennoch hatte die Situation in Rhodesien Vorrang vor allen
anderen Themen. In meiner ersten öffentlichen Erklärung auf der
Konferenz am Mittwoch äußerte ich, wir wollten »uns mit großer
Aufmerksamkeit anhören, was auf dieser Tagung in Lusaka gesagt
wird«. Doch auf der geschlossenen Sitzung am Freitag konnte ich
beim Thema Rhodesien deutlicher werden. Ich erklärte, ein jeder
müsse anerkennen, wieviel sich durch die Wahl von Bischof Muzorewa geändert habe, auch wenn »es Leute gibt, die glauben, die
Welt solle [ihn] einfach weiterhin behandeln, als wäre er Mr.
Smith«. Ich hob hervor, daß wir auf der Suche nach einer Lösung
umfassende Konsultationen auf internationaler Ebene durchgeführt hätten. Dabei sei uns auch die Gewichtigkeit des Einwands
vor Augen geführt worden, »daß die Verfassung, unter der Bischof
Muzorewa an die Macht gekommen ist, in einigen bedeutsamen

Punkten schwerwiegende Mängel aufweist«. Damit meinte ich vor allem die Bestimmungen, die der weißen Minderheit die Möglichkeit gäben, ihnen unliebsame Verfassungsänderungen zu blokkieren. Zudem sei bei unseren Konsultationen wiederholt Kritik an Zusammensetzung und Machtbefugnissen der verschiedenen Kommissionen der Versorgungseinrichtungen geäußert worden; und ich stellte fest:»... es ist eindeutig falsch, daß der Regierung [von Rhodesien/Simbabwe] kein angemessener Einfluß auf die Ernennung von Inhabern wichtiger Ämter gewährt wird«. Weiterhin habe man uns darauf hingewiesen, wie wichtig es sei, daß die Patriotische Front zurückkehren und eine gleichberechtigte Rolle in der Politik einnehmen könne. Und schließlich wären wir beeindruckt über die allgemein vorherrschende Anschauung gewesen, daß bei jeder Lösung Großbritannien als verantwortliche Kolonialmacht seine Zustimmung erteilen müsse.

Unsere Ziele faßte ich wie folgt zusammen:

Die Regierung Großbritanniens setzt sich uneingeschränkt für eine Regierung der schwarzafrikanischen Mehrheit ein ... Wir erklären uns mit dem Ziel einverstanden ... Unabhängigkeit auf der Grundlage einer Verfassung zu gewähren, die den Verfassungen gleicht, welche wir mit anderen Ländern abgesprochen haben ... Aus diesem Grunde werden wir unsere Vorschläge so früh wie möglich allen Parteien vorlegen und sie gleichzeitig aufrufen, die Feindseligkeiten einzustellen und mit uns auf ein Abkommen hinzuarbeiten.

Wir waren übereingekommen, die Debatte über das südliche Afrika bis Freitag zurückzustellen, so daß die Regierungschefs im Anschluß daran gleich ihr sitzungsfreies Wochenende antreten konnten, um in informellen Gesprächen Rhodesiens Zukunft zu erörtern. Meine Aufgabe bestand darin, uns die Unterstützung der entscheidenden Personen zu sichern. Es bildete sich eine kleine Gruppe, bestehend aus mir und Peter Carrington sowie Mr. (inzwischen Sir) Sonny Ramphal, dem Generalsekretär des Commonwealth, dem sambischen Präsident Kaunda, dem tansanischen Präsident Nyerere, den Premierministern von Australien und Jamaika und Mr. Adefope, dem Vertreter Nigerias. Sir Anthony Duff, der zu meinem Team gehörte, hielt die Punkte, in denen wir Übereinstimmung erreichten, schriftlich fest. Wir machten außergewöhnlich gute Fortschritte, und als wir die Zusammenkunft am Sonntag zur Mittagszeit beendeten, hatten wir einen Durchbruch erzielt. Der vollständige Entwurf für das Abkommen sollte am Montag von der gesamten Konferenz diskutiert und beschlossen werden. Leider zog es Malcolm Fraser jedoch vor, am Sonntag abend die australische Presse zu informieren. Deshalb war nun rasches und unkonventionelles Handeln nötig.

An diesem Abend besuchten wir alle den Commonwealth-Gottesdienst in der Kathedrale von Lusaka, wo wir in den Genuß einer langen, polemischen Predigt des Erzbischofs kamen. Zu diesem Zeitpunkt hatte ich bereits erfahren, daß die Presse im wesentlichen über unsere Beschlüsse unterrichtet war. Sonny Ramphal saß neben mir; er sollte den ersten Bibeltext lesen und ich den zweiten. Als er geendet hatte, reichte ich ihm die Notiz, die ich von Peter Carrington erhalten hatte und in der er mich von Malcolm Frasers Schritt unterrichtete. Der Außenminister meinte, daß wir nun die britische Presse von den Vorgängen informieren müßten, vorausgesetzt, der Generalsekretär erteile seine Zustimmung. Noch während ich den zweiten Bibeltext vorlas, notierte Mr. Ramphal auf der Rückseite des Blattes, auf dem die Kirchenlieder standen, seinen Alternativvorschlag. Die Regierungschefs waren an diesem Abend zu einer Grillparty in die Villa eingeladen worden, die Malcolm Fraser für die Dauer der Konferenz bewohnte: Am besten sei es, wenn wir dort eine Sitzung abhielten und direkt im Anschluß daran ein Kommuniqué veröffentlichten. Ich fand diesen Vorschlag ausgezeichnet. Also erklärte ich mich einverstanden, direkt nach dem Gottesdienst Kenneth Kaunda anzurufen und ihn in unsere Pläne einzuweihen. Auf diese Weise kam die Sitzung zustande. Sie dauerte eine Stunde, und es fielen einige spitze Bemerkungen. Auch ich war über Malcolm Frasers Verhalten nicht gerade erfreut. Doch die Unterredung führte zu einem zufriedenstellenden Ergebnis. Die meisten von uns waren erleichtert, daß sie in so freundschaftlicher Atmosphäre verlaufen war und daß wir unsere Verhandlungen auf diese Weise einen Tag früher abschließen konnten.

Am Dienstag morgen kehrte ich nach Großbritannien zurück.

Ich war mit den erreichten Ergebnissen, zu denen Peter Carrington und Tony Duff wesentlich beigetragen hatten, sehr zufrieden. Viele hatten bezweifelt, daß wir auf der Konferenz von Lusaka ein Abkommen erreichen würden, das unseren Vorstellungen entsprach. Nun hatten wir sie eines Besseren belehrt. Auch die sambische Presse war zum Umdenken gezwungen worden: Sie war so sehr von ihren vorgefaßten Meinungen über meine Person überzeugt gewesen, daß die Erkenntnis, einen Menschen aus Fleisch und Blut und nicht den Prototyp des Kolonisten vor sich zu haben, ein ziemlicher Schock für sie gewesen sein dürfte. Über die Aufgabe, die vor uns lag, gab ich mich keinen Illusionen hin; es würde keineswegs einfach werden, Rhodesien in die Unabhängigkeit zu führen und für eine gesetzliche Ordnung sowie für Stabilität zu sorgen. Doch nach der Konferenz von Lusaka hielt ich es für möglich, denn schließlich hatten wir erreicht, daß nun auch die Afrikaner willens waren, diesen Weg bis zu einem erfolgreichen Ende zu gehen.

So rief Großbritannien im September die interessierten Parteien zur Verfassungskonferenz im Lancaster House in London zusammen. Es wurde ausdrücklich betont, daß auf dieser Konferenz nicht nur Gespräche geführt, sondern auch eine Übereinkunft erzielt werden sollte. Peter Carrington, der die Tagesordnung zusammenstellte, sorgte dafür, daß die schwierigsten Punkte am Schluß besprochen wurden. Daher war die neue Verfassung der erste Punkt, über den man sich einigen mußte; erst dann würde man sich mit den Übergangsregelungen befassen und zuletzt den Waffenstillstand aushandeln. Je weiter die Konferenz fortschreite, so glaubten wir, desto weniger würde eine der interessierten Parteien sich dem Vorwurf aussetzen wollen, sie sei für den Abbruch der Verhandlungen verantwortlich. Letztlich behielten wir uns das Recht vor, in jeder einzelnen Phase abschließende Vorschläge einzubringen, zu denen die Verhandlungspartner Stellung beziehen sollten, auch wenn diese Vorschläge nicht in allen Punkten ihren Vorstellungen entsprachen. In jeder Phase mußten wir auf die beiden Seiten – direkten oder indirekten – Druck ausüben, damit sie einem zufriedenstellenden Kompromiß zustimmten. Peter Carrington leitete die Konferenz mit großem Geschick und kümmerte sich auch um die täglichen Einzelheiten. Mein Aufgabenfeld lag außerhalb der Konferenz. Die Staats- und Regierungschefs der Frontstaaten kamen entweder persönlich nach London oder entsandten Hochkommissare, um sich von mir über die Fortschritte berichten zu lassen. Als besonders kooperativ erwies sich der mozambiquianische Präsident Machel, der seinen Einfluß bei Robert Mugabe geltend machte. Ich gab auch ein Essen für Präsident Nyerere, einen weiteren engagierten Förderer von Mr. Mugabe. Ihn beschäftigte besonders das Problem, wie die drei Streitkräfte – die beiden Guerillaarmeen und die rhodesische Armee – miteinander vereint werden konnten – eine Aufgabe, um die sich schließlich britische Militärs kümmerten. Die Vorschläge der Verfassungskonferenz im Lancaster House hätten nicht ohne die Unterstützung der Frontstaaten und auch vieler anderer Commonwealth-Mitglieder verabschiedet werden können.

Unmittelbar nach Abschluß der Konferenz erschienen die Führer der drei rivalisierenden Parteien gemeinsam bei mir in der Downing Street. Unsere Unterredung fand in meinem Arbeitszimmer statt. Sie sannen über die Zukunft nach und waren in nachdenklicher Stimmung. Ich hatte den Eindruck, daß sich jeder von ihnen für den zukünftigen Sieger hielt. Aber vielleicht war das auch gar nicht so schlecht.

Der wahrscheinlich heikelste Punkt bei unserem Vorgehen waren die Übergangsregelungen: Für mich war klar, daß Großbritannien Rhodesien sowohl aus praktischen als auch aus verfassungsrechtlichen Gründen bis zum Abschluß der Wahlen wieder seiner direkten Kontrolle unterstellen mußte, wenn diese Phase auch so kurz wie möglich bemessen sein sollte. Am 15. November brachten wir einen Gesetzentwurf ein, der die Ernennung eines Gouverneurs und die Aufhebung der Sanktionen unmittelbar nach seinem Eintreffen in Rhodesien vorsah. Christopher Soames übernahm das Amt des Gouverneurs. Die Entscheidung, ihn am 12. Dezember, also noch bevor die Patriotische Front den Waffenstillstandsbedingungen zugestimmt hatte, nach Rhodesien zu entsenden, barg einige Risiken in sich und wurde damals heftig kritisiert. Doch uns war daran gelegen, die Gunst der Stunde zu nutzen. Außerdem war Chistopher der ideale Mann für diesen Posten. Er verfügte nicht nur über den Sachverstand eines Kabinettsministers und große diplomatische Erfahrung; er und seine Frau Mary besaßen auch das nötige Fingerspitzengefühl für diese heikle und anspruchsvolle Aufgabe. Dank des massiven Drucks der USA und der Frontstaaten akzeptierte die Patriotische Front schließlich am 17. Dezember die Waffenstillstandsbedingungen, und am 21. Dezember wurde das Abkommen unterzeichnet. Ich rief die Soames am ersten Weihnachtstag in Salisbury an, um ihnen meine Weihnachtsgrüße zu übermitteln und mich nach dem Stand der Dinge zu erkundigen. Sie antworteten, trotz mehrerer schwerer Verstöße gegen den Waffenstillstand und einiger eindeutiger Einschüchterungsversuche durch die Anhänger Mugabes gebe die Entwicklung immer mehr Anlaß zu Hoffnung.

Das Ergebnis der Wahlen ist bekannt. Zur allgemeinen Überraschung errang die Partei Robert Mugabes einen überwältigenden Sieg. Am 18. April wurde Rhodesien als Republik Simbabwe in die Unabhängigkeit entlassen.

Es war traurig, daß in Rhodesien/Simbabwe schließlich die Marxisten die Regierungsmacht gewannen – und das auf einem Kontinent, auf dem es bereits zu viele Marxisten gab, die die Ressourcen ihrer Länder verschleuderten. Doch die politischen und militärischen Vorteile lagen eindeutig auf der Seite der Guerilla-Führer. Eine Regierung ohne internationale Anerkennung, wie jene unter Bischof Muzorewa, hätte den Bürgern Rhodesiens nie den Frieden gebracht, den sie ersehnten und nötiger als alles andere brauchten. Vom britischen Standpunkt aus betrachtet, hatte das Abkommen einige bedeutsame Vorteile. Nachdem wir endlich das Rhodesien-Problem gelöst hatten, hatte unsere Stimme bei Fragen des Commonwealth – und insbesondere wenn es um Afrika ging – wieder mehr Gewicht. Dies galt vor allem in Hinblick auf die drängenden Probleme um die Zukunft Namibias und die schwierige längerfristige Aufgabe, in Südafrika auf friedlichem Wege einen Wandel herbeizuführen. Großbritannien hatte sich fähig erwiesen, als ehrlicher Makler mit Hilfe entschlossener Diplomatie einen der kompliziertesten Konflikte zu lösen, die in seiner Vergangenheit als Kolonialmacht wurzelten.

Das EG-Haushaltsabkommen von 1980

Noch während der Rhodesien-Konferenz im Lancaster House mußte ich meine Aufmerksamkeit wieder der komplizierten Frage zuwenden, wie wir eine spürbare Verminderung des britischen Nettobeitrags an den EG-Haushalt durchsetzen konnten. Die Summe dieses Beitrags lag nun endlich in Zahlen vor, und von nun an würde niemand mehr die Dimensionen des Problems leugnen können. Außerdem hatte die EG-Kommission einen Bericht vorgelegt, aus dem hervorging, daß es tatsächlich möglich sei, in Übereinstimmung mit den vereinbarten Prinzipien der Gemeinschaft eine »weitgehende Ausgewogenheit« zwischen den Beiträgen und den Bezügen Großbritanniens zu errreichen. Daher bestand ein gewisser Grund zu Optimismus, wenngleich ich auch nicht erwartete, daß es ein Kinderspiel werden würde, ein Abkommen auszuhandeln. Deswegen erwog ich die Möglichkeit, drastische Maßnahmen zu ergreifen. Britische Staatsbeamte hatten ihren Kollegen aus dem Stab des gegenwärtigen Ratspräsidenten mitgeteilt, daß ich Auseinandersetzungen über den Ablauf der Sitzungen befürchtete, wie sie noch in Straßburg an der Tagesordnung gewesen waren und daß ich resolutes Durchgreifen des Präsidenten wünschte, damit wir die Haushaltsfragen zu einem frühen Zeitpunkt diskutieren konnten.

Damals wußten die Mitgliedsstaaten der Gemeinschaft bereits, daß wir es ernst meinten. Am 18. Oktober hielt ich in Luxemburg die Winston-Churchill-Memorial-Rede, bei der ich mich, wie es der Anlaß verlangte, hauptsächlich mit außenpolitischen Fragen beschäftigte.

Ich betonte:

In dieser Sache will ich ganz deutlich werden. Großbritannien kann die gegenwärtige Regelung in der Haushaltsfrage nicht länger hinnehmen. Sie ist erwiesenermaßen ungerecht. Sie ist politisch unhaltbar: Ich kann nicht für die Gemeinschaft den barmherzigen Samariter spielen und gleichzeitig von meinen Wählern verlangen, Kürzungen im Bereich des Gesundheits-, Erziehungs-, Sozialwesens und allen anderen Gebieten hinzunehmen.

Außerdem hatten wir bei jeder sich bietenden Gelegenheit um Verständnis für die Berechtigung unseres Standpunkts geworben. Ende Oktober war ich zu Unterredungen mit Helmut Schmidt nach Bonn gefahren, und am 19. und 20. November fand in London ein zweitägiger britisch-französischer Gipfel statt. Die Deutschen und die Franzosen wußten also, daß es mir ernst war.

Zudem prüften wir bei den Vorbereitungen für den EG-Ministerrat in Dublin sorgfältig die Maßnahmen, mit denen wir gegebenenfalls die Gemeinschaft unter Druck setzen konnten. Christopher Soames, der, was die Eigenheiten der Europäer betraf, über große Erfahrung verfügte, bemerkte in einer Notiz an mich, daß die Gemeinschaft noch nie dafür bekannt gewesen sei, unbequeme Entscheidungen ohne langwierige Debatten zu treffen. Ich solle mir keine grauen Haare wachsen lassen, weil wir möglicherweise zu wenig Trümpfe in der Hand hielten. Ein so bedeutendes Land wie Großbritannien könne die Gemeinschaft durchaus aus der Bahn werfen, wenn es wirklich wolle. Diesen Rat wollte ich beherzigen. Bereits zu diesem frühen Zeitpunkt hatten wir auch die Möglichkeit geprüft, Großbritanniens Zahlungen an die Gemeinschaft zurückzuhalten (und wir sollten sie später wieder in Betracht ziehen). Doch sowohl aus praktischen als auch aus rechtlichen Gründen hielt ich dieses Vorgehen für wenig erfolgversprechend. Trotzdem war ich überzeugt, daß allein die Aussicht, wir könnten zu dieser Maßnahme greifen, bei der EG-Kommission – die sich mittlerweile mit ganzer Kraft für ein befriedigendes Abkommen einsetzte – eine heilsame Furcht auslöste. Außerdem blieb uns noch die Möglichkeit, eine Erhöhung der Agrarpreise abzulehnen, die die deutsche und die französische Regierung angesichts der anstehenden Wahlen in ihren Ländern durchzusetzen wünschten. Moralischen Rückhalt erhielten wir noch durch die Tatsache, daß die Franzosen gegen EG-Recht verstoßen und Lammimporte aus Großbritannien verhindert hatten: Der Europäische Gerichtshof befand sie am 25. September für schuldig – doch Moral war in der Gemeinschaft schon immer billig zu haben.

Beim nächsten Ministerrat, der Ende November in Dublin unter der Präsidentschaft der Iren stattfand, war unser Haushaltsbeitrag das beherrschende Thema. Da natürlich mit einem Anschlag der

IRA gerechnet werden mußte, war ich gezwungen, in der »splendid isolation« des Dublin Castle zu logieren, dem früheren Herr-
schaftssitz der Briten. Die irische Presse amüsierte sich bei der Vorstellung, daß ich in dem Bett schlief, in dem Königin Victoria 1897
genächtigt hatte – obwohl ich im Gegensatz zu ihr in den Vorzug
einer Duschkabine in meinem Zimmer kam. Und man kümmerte
sich wirklich rührend um mich. Wahrscheinlich war die Gastfreundschaft das Angenehmste an diesem Besuch: Sie stand in
krassem Gegensatz zu der Atmosphäre auf den Sitzungen, wo die
Feindseligkeit immer stärker zutage trat. Allerdings hatte ich
etwas Derartiges erwartet. Ich hatte ein neues Schneiderkostüm
nach Dublin mitgebracht, da ich gewöhnlich zu solchen wichtigen
Anlässen gern etwas Neues anzog. Aber dann überlegte ich es mir
anders: Ich wollte nicht das Risiko eingehen, daß sich mit meinem
neuen Kostüm unangenehme Erinnerungen verbanden. Dies war
nicht die einzige kluge Entscheidung, die ich in Dublin traf: Noch
viel wichtiger war meine Entschlossenheit, in aller Deutlichkeit
und mit mindestens ebensoviel Nachdruck wie in Straßburg nein
zu sagen. Bei dem Mittagessen in Phoenix Park, der offiziellen
Residenz des irischen Präsidenten, mit dem der Ministerrat eröffnet wurde, herrschte noch eine recht freundschaftliche Atmosphäre. Nach unserer Rückkehr zum Dublin Castle kamen wir dann
zur Sache. In meiner Eröffnungsrede legte ich in größerer Ausführ-
lichkeit als in Straßburg die Fakten dar, auf die wir unser Anliegen
stützten. Und während der folgenden heftigen Debatte wies ich
immer wieder auf diese Tatsachen hin. Ein Großteil der Auseinandersetzung drehte sich um die Zahlen, wobei es um ein undurchsichtiges und kompliziertes Problem ging – auf welche Weise sollten die Verluste und die Gewinne eines einzelnen Landes im Rahmen der Gemeinsamen Agrarpolitik berechnet werden? Doch wie
diese Zahlen auch immer zustande kamen, an der Tatsache, daß
das Vereinigte Königreich einen immensen Nettobeitrag leistete,
konnte keinerlei Zweifel bestehen, und wenn dieser nicht bald
angepaßt wurde, würden wir demnächst sogar der größte Nettozahler der Gemeinschaft sein. Dabei erhoben wir keineswegs die
Forderung, nun zu Nettoempfängern zu werden (obwohl manche
Briten dies gern gesehen hätten), sondern verlangten lediglich, daß
eine »weitgehende Ausgewogenheit« hergestellt wurde. Es war

einfach nicht akzeptabel, von uns einen Beitrag von über einer Milliarde abzuverlangen, während wir gleichzeitig zu Hause die öffentlichen Ausgaben kürzten. Ich betonte, daß sich Großbritannien mit der Gemeinschaft verbunden fühle und daß uns daran gelegen sei, eine Krise zu vermeiden. Allerdings ließ ich keinen Zweifel aufkommen, daß die Gemeinschaft genau auf diese Krise zusteuern würde, wenn dieses Problem nicht gelöst wurde. Wir hatten unsere eigenen Vorschläge zum Haushalt vorgelegt. Doch auch die EG-Kommission hatte Vorschläge ausgearbeitet, und ich war bereit, sie in Grundzügen als Ausgangsbasis zu akzeptieren. Als ersten Schritt sah sie eine allgemeine Verlagerung der Ausgaben der Gemeinschaft von der Landwirtschaft auf die Struktur- und Investitionsprogramme vor. Der Nachteil dabei war nur, daß dies zu lange dauern würde – sofern dieses Maßnahmepaket überhaupt verwirklicht werden würde. Zweitens schlug man vor, daß zusätzliche Gelder in spezielle Projekte des Vereinigten Königreichs fließen sollten, um so zu einer Erhöhung unserer Bezüge beizutragen. Doch es gab einfach nicht genügend Projekte, die dafür in Frage kamen. Durch den Korrekturmechanismus aus dem Jahre 1975 hatten sich unsere Beiträge bisher nicht verringert. Wenn man ihn entsprechend den Vorschlägen der Kommission überarbeitete, würden sich unsere Beiträge zwar verringern, doch bei weitem nicht in ausreichendem Maße. Auch dann würden wir noch etwa genausoviel wie Deutschland und um einiges mehr als Frankreich bezahlen. Es war also ein radikalerer Ansatz vonnöten.

Ich formulierte noch eine weitere Bedingung, die sich als bedeutsam erweisen sollte: Die Übereinkunft, so erklärte ich, müsse »so lange Gültigkeit haben, wie sich das Problem stellt«. Ich war der Meinung – in der ich während der Ministerratssitzung noch bestärkt wurde –, daß wir diesen Kampf nicht jedes Jahr durchfechten konnten, nur um Dinge durchzusetzen, über die es, vom Standpunkt des gesunden Menschenverstandes und der Gerechtigkeit aus betrachtet, eigentlich von vornherein gar keine Diskussion geben durfte.

Leider stellte sich jedoch bald heraus, daß ich die anderen Staats- und Regierungschefs nicht zu dieser Anschauung bewegen konnte. Einige, wie der niederländische Ministerpräsident van Agt, zeigten sich einsichtig, doch die meisten leider nicht. Ich hatte den starken Eindruck, daß sie meine Fähigkeit und Bereitschaft, mich ihnen zu widersetzen, auf die Probe stellen wollten. Dabei hatten sie nicht das geringste Schamgefühl: Sie waren fest entschlossen, weiterhin soviel wie nur möglich von unserem Geld zu kassieren. Am Ende der Ministerratssitzung war Großbritannien eine Rückerstattung von lediglich 350 Millionen angeboten worden – wodurch unser Nettobeitrag bei ungefähr 650 Millionen gelegen hätte. Diese Rückerstattung war einfach nicht hoch genug, und ich war nicht bereit, sie zu akzeptieren. Ich hatte jedoch zugestimmt, daß wir uns auf einer weiteren Sitzung des Europäischen Rats mit diesem Thema befassen würden. Doch nach meinen Erfahrungen in Dublin war ich nicht gerade optimistisch. In meinen Augen ging es um mehr als nur um ein hartes Schachern um Geld, das sich leider nicht vermeiden ließ. Ich konnte nicht hinnehmen, daß bei dieser Gleichung die Gerechtigkeit offenbar kein Faktor war. Ich hatte offen und ehrlich erklärt, Großbritannien würde nicht mehr fordern, als ihm zustünde, und ebenso ehrlich war meine Wut, als diese Erklärung dann lediglich auf zynisches Achselzucken stieß.

Während ich noch über die einem Engländer so wesensfremde Haltung nachdachte, die die Gemeinschaft zu dieser Zeit an den Tag legte, stieß ich in meiner alten, zerlesenen Ausgabe von Kiplings »Norman and the Saxon« auf die folgenden Zeilen aus der Feder meines Lieblingsautors. Darin warnt der normannische Baron, ein Großgrundbesitzer, seinen Sohn vor unseren englischen Vorfahren, den Angelsachsen:

Der Sachse gleicht nicht uns Normannen: Höflichkeit kümmert ihn nicht.
Es wird ihm erst ernst, wenn für Rechte und Gesetz die Lanze er bricht.
Da steht er dann stur wie ein Ochse, blickt störrisch dir ins Gesicht
Und knurrt dabei: »Ich wittere Unrecht.« – Mein Sohn, streit' mit dem Sachsen nicht.

Auf der Pressekonferenz im Anschluß an den Europagipfel verteidigte ich unseren Standpunkt mit aller Vehemenz. Ich erklärte, die

anderen Staaten hätten nicht »von mir erwarten [sollen], daß ich
mich mit einem Drittel eines Laibs zufriedengebe«. Außerdem
weigerte ich mich, im Hinblick auf die »Eigenmittel« den üblichen
EG-Jargon zu gebrauchen. Unverblümt stellte ich richtig, daß das
Geld, von dem wir sprachen, Großbritannien und nicht etwa
Europa gehörte:

> Ich spreche nur von unserem Geld und nicht von dem der
> anderen; wir müßten eine Rückerstattung in Form von Bar-
> geld erhalten, damit unsere Bezüge auf das durchschnittliche
> Niveau der Bezüge in der Gemeinschaft angehoben wer-
> den.

Die meisten anderen Regierungschefs schäumten. Die irische Presse erging sich in gehässigen Kommentaren. Die »Times« beschrieb
mein Auftreten als »bravourös«, obwohl im Leitartikel Kritik
geäußert wurde. Den meiner Meinung nach besten Kommentar
brachte der »Figaro«, wo es hieß:

> Wer Mrs. Thatcher vorwirft, sie wolle Europa torpedieren,
> weil sie mit aller Entschlossenheit die Interessen ihres Landes
> vertritt, stellt ihre Motive auf die gleiche Weise in Frage, wie
> man es einst bei de Gaulles Motiven im Hinblick auf die Wah-
> rung französischer Interessen tat.

Mir gefiel dieser Vergleich.

Die Zeit zwischen dem Gipfel in Dublin und der darauffolgenden Sitzung des Europäischen Rats wurde von uns genutzt, um
sowohl in der Öffentlichkeit als auch auf diplomatischer Ebene
für unser Anliegen einzutreten. Am 29. und 30. Januar führte ich
Gespräche mit dem italienischen Ministerpräsidenten (und späteren Staatspräsidenten) Francesco Cossiga. Ich hatte mit Cossiga
bereits im Jahre 1979 verhandelt, als die in meinem Wahlkreis
ansässige Familie Schild auf Sardinien gekidnappt worden war.
Damals hatte er sich als kompetent und hilfsbereit erwiesen. Auch
er war ein Mensch, der sich von Prinzipien leiten ließ, wie sein
Rücktritt als Innenminister nach der Ermordung von Aldo Moro,
dem früheren Vorsitzenden der Christdemokraten, beweist und

wie meine persönlichen Erfahrungen mit ihm gezeigt hatten. Die italienische Politik und ihre Politiker stoßen in Großbritannien – und offenbar auch in Italien selbst – weder auf großes Verständnis noch auf Sympathie, und ich muß gestehen, daß ich diese Abneigung bis zu einem gewissem Grade teilte. Allerdings hatte Francesco Cossiga selbst seine Zweifel an den politischen Praktiken seines Landes. In Italien konnte er am ehesten als ein unabhängiger Politiker gelten: Bei Verhandlungen sprach er gewöhnlich aus, was er dachte, und man konnte sich – wie etwa in der Frage der Stationierung von Cruise-Missiles in Italien – darauf verlassen, daß er sein Wort hielt. Überdies war er eindeutig anglophil gesinnt und ein großer Bewunderer der »Glorreichen Revolution« von 1688, in der er die Geburtsstunde der wahren liberalen Politik sah. Ich war froh, daß Ministerpräsident Cossiga bei der kommenden Sitzung des Europäischen Rats als Gastgeber fungieren würde.

Am 25. Februar kam Helmut Schmidt nach London. Unsere Gespräche drehten sich hauptsächlich um den britischen Haushaltsbeitrag und um den wiederholt geäußerten Wunsch des Bundeskanzlers, daß das Pfund Sterling dem Wechselkursmechanismus angeschlossen werden solle. Im Gegensatz zu irreführenden Presseberichten waren unsere Gespräche ergiebig und verliefen in einer entspannten Atmosphäre. Am 27. und 28. März fanden in London offizielle britisch-deutsche Gipfelgespräche statt. Erneut bemühte ich mich, allen Anwesenden klarzumachen, wie ernst es uns mit unserem Anliegen zum Haushaltsbeitrag war. Wie ich später erfuhr, hatte Kanzler Schmidt anderen Regierungsvertretern der Gemeinschaft mitgeteilt, falls wir in dieser Frage keine Lösung fänden, bestünde die Gefahr, daß Großbritannien seine Beitragszahlungen an die Gemeinschaft zurückhalten würde. Also hatte ich den gewünschten Eindruck erweckt. Die ursprünglich für den 31. März und 1. April anberaumte Sitzung des Europäischen Rats mußte wegen einer Regierungskrise in Italien (einem nicht gerade ungewöhnlichen Ergebnis) verschoben werden, doch wir drängten auf eine Sitzung des Europäischen Rats noch vor Ende April. Schließlich fand sie am Sonntag und Montag, dem 27. und 28. April, in Luxemburg statt.

In dieser Phase hatte sich die Haltung der britischen Öffentlichkeit aufgrund der Art, wie wir von der Gemeinschaft behandelt

wurden, spürbar verhärtet. Insbesondere wurden immer wieder
Spekulationen angestellt, ob wir unsere Beiträge zurückhalten
würden. Dies kam mir keineswegs ungelegen, wenngleich ich mich
mit Äußerungen zu diesem Thema zurückhielt. Am 25. Februar
erklärte ich in *Panorama,* wir würden diesen Schritt erwägen, aber
nur höchst ungern zu diesem Mittel greifen wollen, weil dies einen
Verstoß gegen die Gesetze der Gemeinschaft bedeuten würde. Am
10. März gab ich ein Interview für das französische Fernsehen, in
dem ich erklärte:

Ich würde von Frankreich auch nicht verlangen, daß es die
höchsten Beiträge zahlen müßte, wenn sein Einkommen
unter dem Durchschnitt der Gemeinschaft läge. Und ich
möchte Ihnen versichern, daß Ihre hervorragenden französischen Politiker die ersten wären, die sich darüber beschweren
würden.

In einem Interview mit der deutschen Zeitung »Die Welt« sagte
ich:

Wir werden alles in unserer Macht Stehende tun, damit sich
diese Angelegenheit nicht zu einer Krise auswächst. Doch es
muß einfach klarwerden, daß es so nicht weitergehen kann –
daß wir von unseren Bürgern verlangen, den Gürtel enger zu
schnallen, und gleichzeitig diesen immensen Beitrag zum
Wohlstand in Europa leisten.

Die Atmosphäre in Luxemburg war wesentlich angenehmer als
die in Dublin. Und ich war optimistisch. In einer Unterredung mit
Ministerpräsident Cossiga, der zuvor mit Präsident Giscard
d'Estaing gesprochen hatte, erfuhr ich, daß die Franzosen offenbar bereit waren, für einen Zeitraum von einigen Jahren unabhängig vom Wachstum des Gesamthaushalts der Gemeinschaft eine
Obergrenze unserer Nettobeiträge festzulegen, über die nach
Ablauf dieser Periode neu verhandelt werden sollte. Dies wäre ein
Schritt nach vorn gewesen. Bei näherer Betrachtung stellte sich
jedoch heraus, daß die Franzosen in Wirklichkeit zuerst Entscheidungen zu den für sie bedeutsamsten Themen – also zu den Land-

wirtschaftspreisen innerhalb der Gemeinsamen Agrarpolitik, zu
Lammimporten und Fischereirechten – durchsetzen wollten,
bevor sie sich mit dem Haushaltsproblem beschäftigten. Schließ-
lich kamen wir überein, an diesem Wochenende parallele Sitzungen abzuhalten: Die Landwirtschaftsminister würden zusammentreten, und eine Gruppe unserer Mitarbeiter sollte sich mit dem
Thema Haushalt beschäftigen.
Daher hatten wir keine Gelegenheit, in der ersten Sitzungsperiode das Thema Haushalt auch nur anzuschneiden. Erst nach dem
Dinner und den üblichen Tischgesprächen zu außenpolitischen
Angelegenheiten kam man auf mein Drängen hin überein, daß die
Gruppe unserer Mitarbeiter an diesem Abend mit konkreten Verhandlungen beginnen sollte. Die Franzosen bereiteten uns die
größten Schwierigkeiten; die Vorschläge, die ihre Beamten unterbreiteten, waren längst nicht so konstruktiv, wie sie sich aus dem
Munde von Präsident Giscard d'Estaing angehört hatten. In der
Zwischenzeit hatten sich die Landwirtschaftsminister der anderen
Mitgliedsstaaten der Gemeinschaft auf ein Paket von Vorschlägen
geeinigt, nach dem die landwirtschaftlichen Erzeugerpreise angehoben werden sollten, wodurch der Schwerpunkt des EG-Haushalts (entgegen den in Dublin formulierten Bestrebungen) in noch
größerem Maße auf den Bereich Landwirtschaft gelegt wurde.
Frankreich wurde ein »Schaffleisch-Regime« übertragen, also
mehr oder weniger das, was die Franzosen sich gewünscht hatten.
Vor dem Hintergrund dieser – für uns – ungünstigen Entscheidungen bot man uns dann schließlich an, unseren Haushaltsbeitrag
auf 325 Millionen zu begrenzen. Dies sollte allerdings lediglich für
das Jahr 1980 gelten. Ein nachfolgender Vorschlag sah die
Beschränkung unseres Nettohaushaltsbeitrags für das Jahr 1981
auf 550 Millionen vor.
   Mir war das zuwenig. Vor allem aber war ich nicht bereit, ein
Abkommen zu akzeptieren, das lediglich zwei Jahre Gültigkeit hatte. Helmut Schmidt, Roy Jenkins (der Präsident der EG-Kommission) und fast alle anderen drängten mich jedoch, es anzunehmen.
Aber ich war nicht gewillt, mich im kommenden Jahr mit genau
dem gleichen Problem auseinanderzusetzen und erst recht nicht mit
dem damit verbundenen Procedere. Daher lehnte ich das Angebot
ab. Darüber hinaus war auch der Entwurf der Abschlußerklärung

unannehmbar für uns, denn darin wurde weiterhin auf dem alten
Dogma beharrt, daß» die Eigenmittel zur Finanzierung politischer
Maßnahmen der Gemeinschaft dienen sollen; es handelt sich dabei
nicht um Beiträge der Mitgliedsstaaten«. Weiterhin fand sich in
dem Entwurf kein Hinweis auf die Zusicherungen, die wir bei unserem Beitritt erhalten hatten, daß nämlich nach einer Lösung gesucht werden müsse,» falls eine unakzeptable Situation entstand«.

Viele reagierten ungläubig auf meine Entscheidung in Luxemburg: In gewissen Kreisen war das unverhüllte Eintreten für britische Interessen das letzte, was man von einem britischen Premierminister erwartete. Doch die Ansichten dazu waren sehr unterschiedlich: Während jedoch ein Teil der Presse äußerst feindselig
reagierte, standen das Unterhaus und die Bevölkerung eindeutig
hinter mir.

In der Tat waren wir einer Einigung viel näher, als die meisten
annahmen. Auf dem Weg zu einem Abkommen über eine wesentliche Verringerung unseres Beitrags waren nämlich bereits beträchtliche Fortschritte erzielt worden. Wir mußten die Kürzungen für
die ersten beiden Jahre lediglich noch festschreiben und eine verbindliche Zusage für das dritte Jahr erhalten. Zudem verfügten
wir über eine ganze Anzahl von wirksamen Mitteln, wie wir
dahingehend Druck ausüben konnten. Die Franzosen versuchten
immer verzweifelter, ihre Ziele im Rat der Landwirtschaftsminister durchzusetzen. Man erwog sogar bereits, sich über ein eventu-
elles britisches Veto hinwegzusetzen, indem man den sogenannten
»Luxemburger Kompromiß« von 1966 abschaffte, der einst als
Zugeständnis an de Gaulle beschlossen worden war. Dabei handelte es sich lediglich um eine Übereinkunft und nicht etwa ein
offizielles, rechtlich bindendes Abkommen, doch immerhin
ermöglichte es einem Mitglied, eine Mehrheitsentscheidung zu
blockieren, wenn vitale Interessen des betreffenden Landes auf
dem Spiel standen. Genau das sollte beim Rat der Landwirtschaftsminister im Mai 1982 geschehen – und zwar während des
Falkland-Krieges. Im Augenblick jedoch wäre ein solcher Schritt
gefährlich gewesen, besonders da man den Franzosen im Zusammenhang mit den Lammimporten bereits einen Verstoß gegen das
EG-Recht nachgewiesen hatte. Auch die Deutschen machten sich
für eine Erhöhung der landwirtschaftlichen Erzeugerpreise stark.

Vor allem aber würde die Gemeinschaft unserer Einschätzung
nach etwa 1982 finanziell an ihre Grenzen stoßen. Die stets viel zu
hohen Ausgaben liefen den Einnahmen davon, doch eine Erhöhung der Eigenmittel würde ohne die Zustimmung Großbritanniens nicht möglich sein. Und so war unsere Verhandlungsposition
letztlich gar nicht so schlecht.

Schon bald zeigte sich, daß unser Auftreten in Luxemburg im
Anschluß an die Auseinandersetzungen in Dublin die gewünschte
Wirkung gezeitigt hatte. Obwohl es hieß, das Angebot von
Luxemburg sei inzwischen »zurückgezogen« worden, gab es Hin-
weise, daß die meisten die Haushaltsfrage noch vor der nächsten
Sitzung des Europäischen Rats im Juni in Venedig lösen wollten.
Und dies schien am leichtesten auf einer Ministerratssitzung der
Außenminister der Gemeinschaft möglich.

Nachdem Peter Carrington seine Vollmacht von mir erhalten
hatte, flog er am Donnerstag, dem 29. Mai, mit Ian Gilmour nach
Brüssel. Nach einem Sitzungsmarathon von achtzehn Stunden
kehrten die beiden mit einem, wie sie es einschätzten, annehmbaren Ergebnis zurück. Am Freitag kamen sie zur Mittagszeit nach
Chequers, um mir Bericht zu erstatten.

Zunächst war ich alles andere als begeistert. Das vorgeschlagene Abkommen sah für 1980 einen höheren Haushaltsbeitrag vor
als das Angebot von Luxemburg. Allerdings ließen Peters Zahlen
erkennen, daß wir nach dem neuen Paket 1981 weitaus weniger
zahlen würden als im Vorjahr, obwohl dies in gewissem Sinn auf
einem Taschenspielertrick beruhte: Offenbar herrschten über die
Höhe des Gesamthaushalts für jenes Jahr unterschiedliche Auffassungen. Doch die Vorschläge von Brüssel hatten einen großen Vorteil: Man bot uns eine Lösung für drei Jahre an. Außerdem stellte
man uns eine grundlegende Überprüfung des Haushaltsproblems
für Mitte 1981 in Aussicht. Falls diese nicht erfolgen sollte (wie es
dann tatsächlich der Fall war), würde die EG-Kommission Vorschläge auf der Grundlage der Absprachen für 1980/81 unterbreiten, und der Europäische Rat würde sich nach diesen Vorgaben
richten. Die weiteren Punkte des Pakets betrafen die Landwirtschaft, den Markt für Lammfleisch sowie die Fischereirechte und
waren mehr oder weniger annehmbar. Wir mußten einer fünfpro-
zentigen Erhöhung der Agrarpreise zustimmen. Insgesamt jedoch

sah dieses Abkommen die Rückerstattung von zwei Dritteln unserer Nettobeiträge vor und war daher ein großer Fortschritt gegenüber dem Stand der Dinge, den unsere Regierung bei ihrer Amtsübernahme vorgefunden hatte. Aus diesem Grunde entschloß ich mich, die Vorschläge anzunehmen.

Krise im Mittleren und im Nahen Osten

Während wir uns bemühten, Rhodesien auf gesetzlicher Basis in die Unabhängigkeit zu entlassen und unseren Beitrag zum EG-Haushalt zu verringern, kamen die Entwicklungen auf internationaler Ebene nicht zum Stillstand. Im November 1979 wurden 49 amerikanische Botschaftsangehörige im Iran als Geiseln genommen, ein Akt, der für die wichtigste Großmacht der westlichen Welt eine tiefe und wachsende Demütigung bedeutete. Im Dezember stattete ich den Vereinigten Staaten auf Präsident Carters Einladung hin einen kurzen Besuch ab – den ersten während meiner Amtszeit als Premierministerin, dem eine ganzen Reihe weiterer folgen sollten. In der kurzen Ansprache, die ich bei der Begrüßung auf dem Rasen des Weißen Hauses hielt, hob ich nachdrücklich die Führungsrolle der Vereinigten Staaten in der westlichen Welt hervor. Am folgenden Tag warnte ich in einer Rede in New York vor den Gefahren, die aus den Bestrebungen der Sowjets erwuchsen, und betonte die Notwendigkeit einer entschlossenen Verteidigungsbereitschaft des Westens.

Die unmittelbare Bedrohung durch die Sowjetunion ist eher militärischer als ideologischer Natur. Die Drohung richtet sich nicht nur gegen unsere Sicherheit in Europa und Nordamerika, sondern sowohl direkt wie auch indirekt gegen die der Dritten Welt (...) über die Motive der Sowjets mag man streiten, doch Tatsache ist, daß die Russen Waffen haben und sich noch mehr davon verschaffen. Die reine Vorsicht läßt es erforderlich erscheinen, daß der Westen darauf reagiert.

Außerdem unterstützte ich die Vereinigten Staaten im UN-Sicherheitsrat bei ihren Bemühungen, gegen den Iran nach Artikel 7 der

UN-Charta internationale Wirtschaftssanktionen durchzusetzen.
Präsident Carter und ich sprachen über die Verteidigungspolitik
und die Situation in Nordirland. Außerdem dankte ich ihm bei
dieser Gelegenheit für all die Hilfe, die er hinter den Kulissen in der
Endphase der Verhandlungen über Rhodesien geleistet hatte.

Ende des Jahres 1979 stand die Welt an einem Wendepunkt.
Derartige Ereignisse werden so oft vorhergesagt und treten so selten ein, daß man immer völlig überrascht ist, wenn man tatsächlich mit einem solchen Wendepunkt konfrontiert wird, wie der
Invasion der Sowjets in Afghanistan. Im April 1978 war die afghanische Regierung durch einen von Kommunisten lancierten
Staatsstreich gestürzt worden. Eine prosowjetische Regierung
übernahm die Macht im Lande, sah sich jedoch bald mit einer
starken Opposition und schließlich mit offener Rebellion konfrontiert. Im September 1979 wurde der neue Präsident Taraki
selbst gestürzt und von seinem Stellvertreter Amin ermordet. Am
27. Dezember des Jahres wiederum wurde Amin entmachtet und
umgebracht. An seine Stelle trat Babrak Karmal, der sich nur mit
Hilfe Tausender Sowjetsoldaten an der Macht halten konnte.

Die Sowjets maßen Afghanistan schon seit langem große strategische Bedeutung zu und versuchten, ihren Einfluß mit Hilfe sogenannter »Freundschaftsverträge« zu sichern. Man vermutete, daß
sie angesichts der Vorgänge im Iran befürchteten, die Anarchie in
Afghanistan würde zu einem zweiten fundamentalistischen Mos-
lemstaat führen, was sich auf ihre eigene moslemische Bevölkerung auswirken und somit einen destabilisierenden Einfluß haben
könne. Der Westen wiederum befürchtete schon seit langem, die
Sowjets könnten ihre Fühler nach dem Öl der Golfregion ausstrek-
ken – und durch die Energiekrise waren solche Ängste noch mehr
gerechtfertigt.

Die sowjetische Invasion in Afghanistan kam für mich wohl
weniger überraschend als für viele andere. Schon seit langem hatte
ich erkannt, daß die Sowjets die Entspannungspolitik schamlos
ausnutzten, um die Schwächen des Westens aufzuspüren und
Unruhe zu stiften. Ich kannte die Bestie.

Die Ereignisse in Afghanistan waren nur Teil einer weitergefaß-
ten Strategie. Die Sowjets hatten Kuba und Ostdeutschland veranlaßt, ihre Pläne und Bestrebungen in Afrika voranzutreiben. Sie

arbeiteten auf weitere kommunistische Putschversuche in der
Dritten Welt hin und hatten trotz all ihrem Gerede über Frieden
und Freundschaft auf internationaler Ebene eine Armee aufgebaut, die weitaus besser gerüstet war, als für bloße Verteidigung
nötig war. Welche konkreten Motive sie auch immer zu dem
Schritt in Afghanistan bewogen haben mochten, sie mußten
gewußt haben, daß sie damit die Stabilität in Pakistan und im Iran
– wo die Situation unter dem Ayatollah schon instabil genug war –
gefährdeten und daß sie nun nur noch knapp 500 Kilometer von
der Straße von Hormus trennten. Diese Situation war schon unangenehm genug, aber die Möglichkcit, daß durch ihr Vorgehen ein
Präzendenzfall geschaffen werden konnte, gab noch viel größeren
Anlaß zur Sorge. Schließlich bestand die Möglichkeit, daß die
Sowjets auch in anderen Regionen der Welt der militärischen
Intervention den Vorzug gegenüber Diplomatie geben würden,
wenn sie jetzt ungestraft davonkamen. In Jugoslawien beispielsweise neigte sich das Leben von Marschall Tito offensichtlich dem
Ende zu, und auch dort bestand die Gefahr einer sowjetischen
Intervention. Deswegen mußten die Sowjets für ihren Akt der
Aggression bestraft werden, und man mußte ihnen – wenn auch
etwas verspätet – vor Augen führen, daß der Westen das Wort Freiheit nicht nur im Munde führte, sondern daß er auch zu Opfern
bereit war, um sie zu verteidigen.

Am Freitag, dem 28. Dezember, rief mich Präsident Carter in
Chequers an, und wir sprachen ausführlich über das Vorgehen der
Sowjets in Afghanistan und unsere mögliche Reaktion darauf. Für
ihn bedeuteten die Ereignisse ein schwerer Schlag. Großbritannien
hatte sich nicht in der Lage gesehen, in jeder Hinsicht den Wünschen der Amerikaner nach einer angemessenen Reaktion auf die
Geiselaffäre im Iran zu entsprechen, insbesondere waren wir nicht
bereit gewesen (und hätten auch nicht die rechtliche Handhabe
gehabt), die iranischen Vermögenswerte einzufrieren. Dieser
Schritt hätte nämlich verheerende Auswirkungen auf das Vertrau-
en in die Londoner City als einem der führenden Finanzzentren
der Welt gehabt. Was die Maßnahmen gegen die UdSSR und ihr
Marionettenregime in Kabul betraf, war ich jedoch fest entschlossen, dem von Amerika eingeschlagenen Weg zu folgen. Und so
beschlossen wir eine Reihe von Maßnahmen, wie beispielsweise

die Beschneidung von Besuchs- und Kontaktmöglichkeiten, die
Nichterneuerung des britisch-sowjetischen Kreditabkommens
und die Verschärfung der Vorschriften beim Technologietransfer.
Außerdem bemühte ich mich, die Regierungen der Europäischen
Gemeinschaft für eine Unterstützung der Amerikaner zu gewinnen. Doch ebenso wie Präsident Carter versprach ich mir die größte Wirkung von Schritten, mit denen wir verhinderten, daß die
Sowjetunion die demnächst in Moskau stattfindenen Olympi-
schen Spiele für Propagandazwecke mißbrauchte. Leider entschloß sich ein Großteil der britischen Olympiamannschaft, an
den Spielen teilzunehmen, obwohl wir sie zu einem Boykott zu
bewegen versuchten. Doch im Gegensatz zu den Sportlern aus der
Sowjetunion stand es unseren Athleten frei, sich eine eigene Meinung zu bilden. Unser UNO-Botschafter Tony Parsons bemühte
sich mittlerweile, die »blockfreien« Staaten zu einer Verurteilung
der sowjetischen Aggression zu bewegen. Ich für meinen Teil mußte am 3. Januar in London mitanhören, wie sich der sowjetische
Botschafter ausführlich und mit drastischen Worten über den
Inhalt der Telegramme erging, die ich an Staats- und Parteichef
Breschnew geschickt hatte.

Ab diesem Zeitpunkt begann sich das gesamte Klima in der
internationalen Politik spürbar zu ändern, und das war auch gut
so. Nüchterner Realismus und entschiedene Verteidigungsbereitschaft standen nun auf der Tagesordnung. Denn den Sowjets war
bei ihrer Einschätzung der Lage ein folgenschwerer Fehler unter-
laufen: Sie hatten den Weg für Amerikas Wiedergeburt unter
Ronald Reagan bereitet.

Doch das lag damals noch in der Zukunft. Zunächst mußte
Amerika die Qual einer weiteren demütigenden Niederlage durch-
leiden, als sein Versuch scheiterte, die Geiseln im Iran zu befreien.
Als ich erleben mußte, wie Präsident Carter in seiner Fernsehansprache zu den Ereignissen Stellung nahm, spürte ich die offene
Wunde Amerikas, als wäre sie unserem Lande zugefügt worden. In
gewissem Sinne war dies ja auch berechtigt, denn wer die Schwäche Amerikas bloßlegte, schwächte damit auch uns. Doch ich sol-
te bald darauf die Gelegenheit erhalten zu zeigen, daß wir in Großbritannien nicht vor dem Terrorismus aus dem Mittleren Osten
zurückweichen würden.

Am Mittwoch, dem 30. April, während eines Besuchs bei der BBC, erfuhr ich von dem terroristischen Anschlag auf die iranische Botschaft am Prince's Gate in Knightsbridge. Die ersten Berichte waren irreführenderweise noch einigermaßen beruhigend. Bald stellte sich jedoch heraus, daß mehrere Bewaffnete gewaltsam in die iranische Botschaft eingedrungen waren und zwanzig Geiseln genommen hatten – vor allem iranisches Botschaftspersonal, allerdings auch einen Polizisten, der vor der Botschaft Wache gehalten hatte, und zwei Reporter der BBC, die die Botschaft wegen Visaanträgen aufgesucht hatten. Die Bewaffneten drohten, die Botschaft mitsamt den Geiseln in die Luft zu sprengen, sofern ihre Forderungen nicht erfüllt würden. Die Terroristen gehörten einer Organisation an, die sich selbst »Märtyrergruppe« nannte; es handelte sich um Araber, die aus dem Iran stammten, im Irak ausgebildet worden waren und erbitterte Gegner des gegenwärtigen Regimes im Iran waren. Sie forderten die Freilassung von 91 Gefangenen durch die iranische Regierung, die Anerkennung der Rechte der iranischen Regimegegner und die Bereitstellung eines Flugzeugs, das sie und die Geiseln außer Landes bringen sollte. Die Regierung in Teheran war nicht bereit, ihre Forderungen zu erfüllen, und wir für unseren Teil hatten nicht die Absicht, Terroristen zu gestatten, ihre Ziele mit dem Mittel der Geiselnahme durchzusetzen. Wenngleich es sich diesmal um eine andere Terroristengruppe handelte, war mir bewußt, daß dieser Versuch ebenso darauf abzielte, die angebliche Schwäche des Westens bloßzulegen, wie die Geiselnahme des amerikanischen Botschaftspersonals im Iran. Deswegen war ich entschlossen, alles in meiner Macht Stehende zu unternehmen, um die Krise auf friedlichem Wege zu lösen, ohne dabei das Leben der Geiseln zu gefährden. Aber vor allem mußte dem Terrorismus eine für jeden unübersehbare Niederlage beigebracht werden.

Innenminister Willie Whitelaw übernahm sogleich die Leitung der Operation innerhalb des Krisenstabs im Kabinettsamt. Dieses Gremium wird immer dann einberufen, wenn eine Sicherheitskrise eingetreten ist. Die darin vertretenen Mitarbeiter des Kabinettsamts, des Innen- und Außenministeriums, des Militärs, der Polizei und der Geheimdienste stehen dem vorgesetzten Minister – wie auch bei diesem Anlaß handelt es sich meistens um den Innenminister – mit Rat und Tat zur Seite. Ich hatte diese Funktion nur einmal kurzzeitig während der Entführung eines Flugzeugs auf dem Weg von Tansania nach Stanstead inne. Stunde für Stunde werden Informationen zusammengetragen, überprüft und analysiert, so daß jeder Umstand und jede Option angemessen bewertet werden können. Willie blieb während der Krise in ständigem Kontakt mit mir. Die Metropolitan Police wiederum hielt über eine extra eingerichtete Telefonleitung den Kontakt zu den Terroristen aufrecht. Außerdem setzten wir uns mit Personen in Verbindung, die möglicherweise einen gewissen Einfluß auf die Terroristen ausüben konnten. Letztere verlangten, daß der Botschafter eines arabischen Landes als Vermittler tätig werden solle. Wir hegten jedoch Zweifel, ob es klug war, auf diesen Wunsch einzugehen, denn es bestand die Gefahr, daß die Ziele eines solchen Vermittlers den unseren widersprechen würden. Und die Jordanier, denen wir vertraut hätten, wollten nicht in die Sache hineingezogen werden. Die Unterredung eines moslemischen Imam mit den Terroristen führte zu keinem Ergebnis. Die Situation war festgefahren.

Über unsere Strategie waren Willie und ich einer Meinung. Wir wollten es mit geduldigen Verhandlungen versuchen, doch falls eine der Geiseln verwundet werden sollte, würden wir einen Angriff auf die Botschaft in Betracht ziehen. Würde eine der Geiseln ums Leben kommen, wollten wir die Botschaft in jedem Fall vom Special Air Service (SAS) stürmen lassen. Wir mußten flexibel reagieren. Doch von Anfang an kam es für uns nicht in Frage, die Terroristen abziehen zu lassen, sei es mit oder ohne Geiseln.

Am Sonntag nachmittag spitzte sich die Krise zu. Ich wurde vorzeitig aus Chequers nach London zurückgerufen und erhielt noch während der Fahrt einen Anruf über das Autotelefon. Aufgrund von Funkstörungen konnte man sich nicht vernünftig unterhalten, und deshalb bat ich meinen Chauffeur, auf einem Parkplatz anzuhalten. Es hatte den Anschein, daß mittlerweile Gefahr für das Leben der Geiseln bestand, und Willie bat mich um die Erlaubnis, das Gebäude vom SAS stürmen zu lassen. »Ja, geht rein«, sagte ich. Während mein Wagen wieder auf die Straße rollte, versuchte ich mir vorzustellen, was nun geschehen würde, und wartete auf das Ergebnis. Der Angriff des SAS – der mit großem Mut und hoher Professionalität durchgeführt wurde, wie es die Welt heutzutage von einer solchen Einheit erwartet – fand vor laufenden Fernsehkameras statt. Alle 19 Geiseln, die zu Beginn des Angriffs unseres Wissens nach noch am Leben waren, wurden gerettet. Keiner der Terroristen entkam: Vier wurden getötet, einer festgenommen. Als ich hörte, daß es auf seiten des SAS und der Polizei keine Verwundeten gegeben hatte, atmete ich erleichtert auf. Später fuhr ich in die Kaserne am Regent's Park, um unsere Männer zu beglückwünschen. Peter de la Billire, der Kommandeur des SAS, begrüßte mich, und dann sahen wir uns die Ereignisse gemeinsam in den Fernsehnachrichten an, wobei die Männer, die an dem Sturm teilgenommen hatten, unterbrochen von erleichtertem Lachen, ihre persönlichen Kommentare dazu abgaben. Einer von ihnen wandte sich mit den Worten an mich: »Wir hätten nie gedacht, daß Sie uns die Erlaubnis geben.« Wo immer ich in den nächsten Tagen auch hinkam, spürte ich großen Stolz über den Ausgang der Ereignisse, und aus dem Ausland trafen zahllose Glückwunschtelegramme ein. Wir hatten gezeigt, daß Terroristen, ganz gleich welcher Couleur, von Großbritannien keine Zugeständnisse erwarten durften.

Auch in den letzten Monaten des Jahres 1980 richtete sich meine Aufmerksamkeit auf den Mittleren und auf den Nahen Osten. Auf der Sitzung des Europäischen Rats in Venedig am 12. und 13. Juni erörterten die Staats- und Regierungschefs den Konflikt zwischen Israel und den Palästinensern. Dabei ging es um die Frage, ob die PLO nach Ansicht der EG-Mitglieder lediglich als »Beobachter« oder als »gleichberechtigter« Partner an den Friedensgesprächen für den Nahen Osten teilnehmen sollte. Ich wandte mich nachdrücklich gegen die zweite Alternative, solange die PLO nicht dem Terrorismus abgeschworen hatte. In unserer Abschlußerklärung drückte sich eine meiner Meinung nach ausgewogene Haltung aus: Sie bestätigte die Existenzberechtigung und das Sicherheitsbedürfnis aller Staaten jener Region – einschließlich Israels –, forderte aber auch Gerechtigkeit für alle Völker, was das Recht der Palästinenser auf Selbstbestimmung mit einbezog. Natürlich war keine der betroffene Seiten mit unserer Erklärung zufrieden.

Bald darauf wandte sich unsere Aufmerksamkeit wieder dem Mittleren Osten zu. Im September 1980 griff der Irak den Iran an.

Wir standen plötzlich vor dem Ausbruch eines neuen Konflikts, der gefährliche Auswirkungen für die politischen und wirtschaftlichen Interessen des Westens haben konnte. Saddam Hussein war entschlossen, die chaotischen Zustände im Iran auszunutzen. Irakische Truppen besetzten die Region am Schatt el Arab, ein Gebiet, auf das schon früher beide Länder Anspruch erhoben hatten. Saddam Hussein widerrief das 1975 getroffene Abkommen von Algier, in dem zu dieser Frage eine Einigung erzielt worden war.

Kurz nach Ausbruch des Krieges kam Peter Carrington nach Chequers, um die Lage mit mir zu besprechen. Ich machte mir große Sorgen, daß sich der Konflikt möglicherweise auf die Golfregion ausweiten könne und die verwundbaren ölreichen Golfstaaten, die traditionell eng mit Großbritannien verbunden waren, in den Krieg hineingezogen würden. Wie ich Peter auseinandersetzte, teilte ich nicht die weitverbreitete Auffassung, daß der Iran rasch in die Knie gezwungen würde. Die Iraner waren fanatische Kämpfer und verfügten über eine schlagkräftige Luftwaffe, mit der sie die Ölanlagen des Gegners angreifen konnten. Ich sollte recht behalten: Zum Jahresende war die Position der Irakis nach anfänglichen Erfolgen geschwächt, und der Krieg drohte die Stabilität am Golf und die westliche Schiffahrt zu gefährden. Doch zu diesem Zeitpunkt hatten wir bereits die Armilla Patrol zum Schutz unserer Schiffe in die Region entsandt.

Als ich Weihnachten 1980 in Chequers die Ereignisse auf der weltpolitischen Bühne Revue passieren ließ, wurde mir klar, daß die Erfolge der britischen Außenpolitik dazu beigetragen hatten, uns durch innenpolitisch und besonders wirtschaftlich schwierige Zeiten zu steuern. Doch sowohl in der Wirtschafts- wie auch in der Außenpolitik standen wir bei unserem neuen Kurs erst am Anfang. Die Lösung der Frage des britischen Haushaltsbeitrags für die EG war lediglich der erste Schritt einer Reform der Finanzen der Gemeinschaft. Die Entlassung Rhodesiens in die Unabhängigkeit war ein Vorspiel zu der Auseinandersetzung mit dem Problem Südafrika. Die Reaktion des Westens auf die sowjetische Invasion in Afghanistan erforderte ein konsequentes Umdenken in Hinblick auf unsere Beziehungen zum kommunistischen Block – ein Prozeß, der eben erst begonnen hatte. Die Wiederkehr der Instabilität in der Golfregion als Folge des irakischen Angriffs auf den Iran erforderte letztlich ein neues Engagement der Westmächte für die Sicherheit der Region. All diese Themen sollten in der Außenpolitik Großbritanniens während der kommenden Jahre an erster Stelle stehen.

4

Das Beste kommt noch, Jack

*Die Umstrukturierung der britischen Industrie und
die Gewerkschaftsreform 1979/80*

Die Krise der britischen Industrie

In den Nachkriegsjahren hatte sich die britische Politik vor allem
mit der Frage beschäftigt, welchen Einfluß der Staat auf die Wirtschaft nehmen sollte. Von 1979 an – vielleicht auch schon früher –
war der optimistische Glaube an die günstigen Auswirkungen
staatlicher Intervention deutlich gesunken. Diese veränderte Einstellung, auf die ich in Wort und Tat so lange hingearbeitet hatte,
wies darauf hin, daß nun auch viele, die bislang keine Anhänger
der Konservativen gewesen waren, unsere Herangehensweise,
wenn auch unter Vorbehalt, wohlwollend in Betracht zogen.
Allerdings wußte ich, daß an die Stelle dieser durchaus gerechtfer-
tigten Zweifel an der Allwissenheit des Staates neues Vertrauen in
das kreative Potential des Unternehmertums treten mußte.

Inzwischen war die Haltung, die viele Menschen gegenüber der
Industrie und den Gewerkschaften einnahmen, von einer gewissen
zynischen Verachtung geprägt, die sich oft in Gestalt von schwarzem Humor äußerte. Der Film »Das Beste kommt noch, Jack«
[»I'm All Right, Jack«] fand bei den Zuschauern großen Anklang;
das Problem, das er behandelte, war allerdings keineswegs zum
Lachen.

Britische Produkte sind nur dann attraktiv, wenn sie im Wettbewerb mit den besten Erzeugnissen anderer Länder bestehen können – sowohl im Hinblick auf die Qualität als auch auf die Zuver-
lässigkeit, den Preis oder auf alle drei Faktoren gemeinsam. In
Wahrheit jedoch waren die Erzeugnisse der britischen Industrie

allzuoft nicht konkurrenzfähig. Das lag nicht allein daran, daß das starke Pfund ein Exporthemmnis darstellte. Vielmehr war der Grund, daß unser guter Ruf auf dem Markt beharrlich untergraben worden war – und schließlich und endlich sagt der Ruf doch viel über die Wirklichkeit aus. Deswegen blieb uns keine andere Wahl, als diese Wirklichkeit grundlegend und radikal zu verändern.

Auch wenn es auf den ersten Blick den Anschein hatte, daß Streiks, Preiswettbewerb und die weltweite Rezession die vordringlichsten Probleme darstellten, lag die Wurzel allen Übels doch in der geringen Produktivität der britischen Industrie. Der Lebensstandard der Briten war niedriger als der unserer größten Konkurrenten auf dem Weltmarkt, und es bestand ein geringeres Angebot an gutbezahlten und verhältnismäßig sicheren Arbeitsplätzen, da wir pro Kopf weniger produzierten. Vor etwa 25 Jahren war unsere Produktivitätsrate die höchste in ganz Europa gewesen, 1979 lag sie ganz unten auf der Skala. Der überhöhte Beschäftigungsgrad, den uns die restriktiven Maßnahmen der Gewerkschaften eingebracht hatten, stellte in Wahrheit eine verdeckte Arbeitslosigkeit dar. Früher oder später – auch wenn dieser Zeitpunkt 1979 noch nicht gekommen war – würde dieser zu große Bestand an Arbeitskräften viele Betriebe in den Konkurs treiben, vorhandene Arbeitsplätze vernichten und auch jene Unternehmen zur Schließung zwingen, die unter anderen Umständen hätten florieren können. Wenn man neue Chancen nutzen will, müssen zuerst veraltete Produktionsstätten und Berufszweige, für die kein Bedarf mehr vorhanden war, verschwinden. Das Paradox, das weder die britischen Gewerkschaften noch die Sozialisten einsehen wollten, bestand allerdings darin, daß eine Produktivitätssteigerung zunächst zu einem Abbau von Arbeitsplätzen führt, ehe sie Wohlstand und somit neue Arbeitsplätze schafft. Jedesmal wenn wieder ein Werk oder ein Betrieb geschlossen wurde, lautete die Frage: »Woher sollen denn die neuen Arbeitsplätze kommen?« Doch im Laufe der folgenden Monate konnten wir dann stets auf eine Zunahme von Existenzgründungen und auf Erfolge der Industrie – beispielsweise in den Bereichen Luftfahrt, Chemie und Nordsee-Öl – verweisen. Außerdem war es uns möglich, uns zunehmend um ausländische Investoren zu bemühen, zum Beispiel in der Elektronik- und der Automobilindustrie. Tatsache ist jedoch, daß die Regierung in einer freien Marktwirtschaft nicht weiß – und auch gar nicht wissen kann –, woher die Arbeitsplätze kommen. Hätte ich es gewußt, hätten all diese Interventionsmaßnahmen, deren Anliegen es war, »auf Gewinner zu setzen« und »Erfolge zu fördern«, nicht so oft zu dem Ergebnis geführt, daß man Verlierer unterstützte und Fehlschläge finanzierte.

Da in unserer Analyse der Schwachpunkte in der britischen Industrie eher die niedrige Produktivität und ihre Ursachen und nicht das Lohnniveau im Vordergrund standen, wurde die Lohnpolitik in unserer Wirtschaftsstrategie völlig ausgeklammert. Auf jeden Fall wollte ich verhindern, daß die Regierung sich nach dem Beispiel früherer Labour- und Tory-Kabinette in die obskuren Haarspaltereien über »Normen«, »Tarifstandards« und »Sonderfälle« verstrickte. Natürlich waren die Lohnerhöhungen in großen Teilen der britischen Industrie, die wenig oder gar keinen Gewinn erwirtschafteten, zum damaligen Zeitpunkt bei weitem übertrieben. Außerdem waren die Investitionen unzureichend und die Chancen auf dem Absatzmarkt erbärmlich. Wenn man von den relativen Lohnkosten ausging, war unsere Wettbewerbsfähigkeit gegenüber 1980 um etwa 40 bis 50 Prozent gesunken; zu ungefähr drei Fünfteln lag das an den Lohnkosten im Vereinigten Königreich, die schneller anstiegen als im Ausland. Lediglich zwei Fünftel des Rückgangs resultierten aus den Aufwertungen des Pfunds. Den Wechselkurs konnten wir nur wenig, wenn überhaupt, beeinflussen, ohne eine weitere und raschere Zunahme der Inflation in Kauf zu nehmen. Allerdings konnten die Unterhändler der Gewerkschaften eine ganze Menge tun, falls es ihnen wirklich darauf ankam zu verhindern, daß nicht nur ihre Mitglieder aus Kostengründen den Arbeitsplatz verloren. Als jedoch die Verantwortungslosigkeit der Gewerkschaften in ihrer ganzen Tragweite offensichtlich wurde, wurden Forderungen nach einer Lohnpolitik laut.

Aus diesem Grund war es für mich – schon ehe wir uns des Ausmaßes der drohenden Lohnkostenexplosion überhaupt bewußt wurden – wichtig, daß ich diesen Forderungen entschieden entgegentrat. Einige Kollegen in wichtigen Positionen befürworteten eine Rückkehr zur Einkommenspolitik, und kurz nach unserem

Regierungsantritt setzte sich Jim Prior für frühzeitige Gespräche mit den Gewerkschaften und Arbeitgeberverbänden ein. Bereits während unserer Oppositionszeit hatten wir über dieses Thema heftige Auseinandersetzungen geführt, denn der »Right Approach to the Economy« ging weiter, als es mir recht war, indem er für die Einrichtung eines »Diskussionsforums« für Arbeitgeber und Gewerkschaften plädierte. In diesem Rahmen sollte die Rolle der Wirtschaftspolitik der Regierung bei der Lohnentwicklung erörtert werden. In unserem Wahlprogramm von 1979 war dieser Punkt in wesentlich abgeschwächter Form aufgetaucht. Mittlerweile jedoch war ich zu der Einstellung gelangt, daß solche Gespräche bestenfalls bedeutungslos sein und schlimmstenfalls zu fehlerhaften Schlußfolgerungen führen würden.

Selbstverständlich ist es von größter Wichtigkeit, daß alle Verhandlungspartner in einer Lohnrunde den wirtschaftlichen Rahmen, innerhalb dessen sie sich bewegen, kennen und verstehen und über die besonderen Faktoren Bescheid wissen, die ihren Betrieb betreffen. Wenn man von einer festgelegten Geldmenge ausgeht (vorausgesetzt, die Regierung hält daran fest), bleibt, je mehr man davon für Löhne ausgibt, um so weniger für Investitionen übrig. Das Resultat ist ein weiterer Verlust von Arbeitsplätzen.

Einige unterbreiteten mir ihre Version des »Deutschen Modells« als Lösungsansatz, was wohl daran lag, daß uns allen der wirtschaftliche Erfolg Deutschlands beispielhaft vor Augen stand. Tatsache war allerdings, daß wir nach dem Krieg mitgeholfen hatten, die Voraussetzungen für diesen Erfolg zu schaffen, indem wir den Wettbewerb einführten und die deutschen Gewerkschaften neu aufbauten. Manche in Großbritannien gingen jetzt sogar noch weiter und meinten, wir sollten den kooperativistischen Ansatz der Deutschen übernehmen, der beinhaltet, daß wirtschaftliche Entscheidungen in Absprache mit Arbeitgeberorganisationen und Gewerkschaften getroffen werden. Was sich allerdings in Deutschland bewährt haben mochte, mußte nicht notwendigerweise auch bei uns zu den gewünschten Resultaten führen. Es waren die Erfahrungen Deutschlands mit der Hyperinflation zwischen den beiden Weltkriegen, die die überwältigende Mehrheit der Bevölkerung von der Notwendigkeit einer niedrigen

Inflationsrate überzeugten – und sei es um den Preis einer kurzfristig steigenden Arbeitslosigkeit. Außerdem besaßen die deutschen Gewerkschaften weitaus mehr Verantwortungsgefühl, und dann unterscheidet sich natürlich die deutsche Mentalität von der unseren – es herrscht weniger Individualismus und eine größere Bereitschaft zur Anpassung. Aus diesen Gründen war das »Deutsche Modell« für Großbritannien ungeeignet.

Zudem gab es bei uns schließlich schon den »Nationalen Entwicklungsrat« (NEDC), eine unregelmäßig stattfindende Runde von Ministern, Arbeitgebern und Gewerkschaftsvertretern. Daher war ich fest davon überzeugt, daß wir die Idee eines zusätzlichen »Forums« nicht weiterverfolgen sollten. Meiner Ansicht nach war es weitaus vorteilhafter, genau den entgegengesetzten Weg einzuschlagen und mit dem Denkansatz, der von einer Preis- und Einkommenskontrolle ausging, gründlich aufzuräumen. Zwar würde die Regierung die Rahmenbedingungen festsetzen, aber die letztendliche Entscheidung sollte den Unternehmen und den Belegschaften überlassen bleiben. Die Folgen daraus – mochten sie nun positiv oder negativ sein – würden die Beteiligten selbst tragen müssen. Auf dem privatwirtschaftlichen Sektor mußten sich die Löhne endlich nach der Leistungsfähigkeit des jeweiligen Betriebs richten, die wiederum von dessen Rentabilität und Produktivität abhing. Auch in der staatlichen Wirtschaft sollte die Finanzierbarkeit die Grundlage bilden – womit in diesem Fall der Grad der Belastung gemeint war, die man dem Steuerzahler guten Gewissens aufbürden konnte. Da die Regierung hier letztlich Arbeit- und Geldgeber in einer Person war, ergab sich daraus zwangsläufig, daß sich diese Maßnahmen hier weniger deutlich und direkt durchführen ließen als auf dem privatwirtschaftlichen Sektor.

Der Haushalt des Jahres 1980 und die mittelfristige Finanzplanung

Die Einkommenssteuer-Kürzungen, die unser Haushalt für das Jahr 1979 vorsah, zielten darauf ab, den Beschäftigten einen höheren Anreiz zur Arbeit zu bieten. Der Haushaltsplan für das

Jahr 1980 hingegen konzentrierte sich in der Hauptsache auf eine
Verbesserung unserer wirtschaftlichen Leistungsfähigkeit. Ende
Februar suchte mich Geoffrey Howe auf, um zu besprechen, in
welcher Form das vonstatten gehen sollte. In Fragen der Finanz-
und Währungspolitik waren wir uns in allen Punkten einig: Wir
wollten die gegenwärtigen Geldmengenziele, die noch nicht
erreicht waren, weiterverfolgen und den Kreditbedarf der öffentlichen Hand im Vergleich zum Vorjahr auf demselben Niveau
halten.

Allerdings bereiteten mir Geoffreys Vorschläge zur Steuerpolitik ziemliches Kopfzerbrechen. Zweifellos steckte die Industrie in
Schwierigkeiten: Wegen der hohen Lohnzahlungen waren einige
Firmen kaum noch liquide, obwohl die Ölgesellschaften sich
dank der Preissteigerungen auf dem Ölsektor in einer besseren
Lage befanden. Aus diesem Grunde sprach viel für einen Haushalt, der den Unternehmen unter die Arme griff. Andererseits
wollte ich auf jeden Fall verhindern, daß Eigeninitiative sich
nicht mehr lohnte. Nun war das Problem, den goldenen Mittelweg zwischen diesen beiden Positionen zu finden. Zudem stellte
sich ohnehin die Frage, welche Maßnahmen im einzelnen getroffen werden mußten, um der Industrie zu helfen. Mein Gefühl riet
mir, einen niedrigen Kreditbedarf der öffentlichen Hand anzuvi-
sieren und somit den Zinssatz zu senken. Allerdings hätte es die
Industrie lieber gesehen, wenn wir die Abgabe auf die Sozialversicherung (NIS) gestrichen hätten – eine von der Labour-Regierung eingeführte Steuer, die die Betriebskosten empfindlich
erhöht hatte. Auch hatte Geoffrey schon seit dem letzten Dezember auf ein Paket von Kürzungen und Erleichterungen bei der
Kapitalsteuer gedrungen.

Schließlich einigten wir uns auf einen »Haushalt für die Wirtschaft«, der jedoch nur gemäßigte und wenig kostenintensive
Maßnahmen vorsah. Geoffrey Howes zweiter Etat vom 26. März
1980 unterstützte kleine Betriebe durch die Ausweisung von
Gewerbegebieten,[1] gewährte Steuerermäßigungen, räumte Steuerfreibeträge bei der Investition von Risikokapital und Bauzu-
schüsse für kleine Handwerksbetriebe ein.

Was die Einkommensteuer betraf, wurde der persönliche Frei-
betrag parallel zur Inflation angehoben. Allerdings schafften wir

den ermäßigten Steuersatz von 25 Prozent – ein Relikt der Labour Party, der das System komplizierte – ab. Um dafür einen Ausgleich zu erreichen, erhöhten wir die Schwelle der höheren Steuersätze um ungefähr sieben Prozent unterhalb der Inflationsrate. Der Haushalt sah auch eine Reihe schwieriger und unpopulärerer Maßnahmen vor, wie zum Beispiel eine Rezeptgebühr und Kürzung der Sozialversicherungsleistungen. Trotzdem lag der Schwerpunkt des Haushalts für das Jahr 1980 im Bereich der Geldpolitik und nicht bei den Steuern. Wir kündigten darin unsere mittelfristige Finanzplanung (bald als MTFS bekannt) an, die in der Phase des Erfolges unserer Wirtschaftspolitik ihr Herzstück bildete. Erst in den letzten Jahren meiner Amtszeit, als Nigel Lawsons Unvorsichtigkeit uns allmählich in den Abgrund steuerte, verlor sie an Bedeutung. Eine gewisse Ironie der Geschichte liegt darin, daß Nigel selbst als Staatssekretär im Schatzamt für den »Bericht zur Lage der Finanzen und des Haushalte« (FSBR) – das »Rotbuch« – verantwortlich zeichnete, in dem die MTFS zum ersten Mal einer überraschten Welt präsentiert wurde. Er hatte bei der Vorbereitung einen großen Beitrag geleistet und vertrat dieses Konzept brillant und engagiert.

Ziel der mittelfristigen Finanzplanung (MTFS) war es, den währungspolitischen Rahmen für die Wirtschaft über einen Zeitraum von mehreren Jahren hinweg abzustecken. Sie verfolgte die Absicht, durch eine Verringerung des Geldmengenwachstums die Inflation einzudämmen und gleichzeitig die Kreditaufnahme zu beschränken, um sicherzustellen, daß die hierbei entstehende Belastung in Gestalt höherer Zinssätze nicht einzig und allein die Privatwirtschaft traf. Die Geldmengenzahlen, die wir 1980 für die kommenden Jahre bekanntgaben, sollten unsere Ziele eher veranschaulichen als fixieren – was ihre Kritiker allerdings nicht daran hinderte, sich darüber lustig zu machen, wenn die Zielvorgaben abgeändert oder nicht erreicht wurden. Dies war vorherzusehen, doch zuweilen auch recht lästig. Die MTFS-Zahlen, die das Geldangebot für 1980 betrafen, wurden in M3 Sterling (EM3) ausgedrückt, wobei das »Rotbuch« anmerkte, daß »die Definition der Geldmenge im Zusammenhang mit der Festlegung unserer Ziele möglicherweise in Anlehnung an veränderte Bedingungen angeglichen werden muß« – eine wichtige Einschränkung.[2]

Nicht alle, die mit unseren grundlegenden wirtschaftlichen Zielsetzungen übereinstimmten, hießen die mittelfristige Finanzplanung uneingeschränkt willkommen. Manchen erschien sie wie eine Neuauflage des »National Plan«, den die Labour Party 1965 entwickelt hatte. Andere wiederum bezweifelten, ob sie tatsächlich zur Ankurbelung der Wirtschaft führen würde, und fragten sich, was geschehen würde, wenn dies nicht der Fall sein sollte. Allerdings bestand zwischen der mittelfristigen Finanzplanung und der Wirtschaftsplanung alten Stils ein wichtiger Unterschied: Wir versuchten, eine größere Geldwertstabilität zu sichern, auf deren verläßlicher Basis sowohl Unternehmen als auch der einzelne aktiv werden konnten. Das jedoch war, wie wir wußten, nur möglich, wenn wir auf die Dinge Einfluß nahmen, auf die eine Regierung nun einmal Einfluß hat: die Geldmenge und die Kreditaufnahme der öffentlichen Hand. Ganz im Gegensatz dazu war in den meisten Wirtschaftsplänen der Nachkriegszeit versucht worden, Produktionsleistung und Arbeitsmarkt zu kontrollieren – Dinge also, die sich letztendlich dem Einfluß einer Regierung entziehen. Das geschah mittels einer Flut von Verordnungen, die Investitionen, Löhne und Preise regulieren sollten, in Wirklichkeit aber nur den Wirtschaftsprozeß störten und die persönliche Freiheit einschränkten. Die mittelfristige Finanzplanung setzte diesen Mißständen ein Ende. Sicherlich konnte niemand garantieren, daß die Menschen ihr Verhalten mit Rücksicht auf die mittelfristige Finanzplanung ändern würden; tatsächlich weigerten sich die Verhandlungspartner in Lohnrunden – besonders im Bereich der staatlichen Wirtschaft – anfangs ganz entschieden, das zu tun. Die mittelfristige Finanzplanung konnte die allgemeinen Erwartungen nur insoweit beeinflussen, solange die Menschen auf unsere Entschlossenheit vertrauten, auch daran festzuhalten. Die Glaubwürdigkeit der mittelfristigen Finanzplanung hing also von der Glaubwürdigkeit der Regierung ab – und letztendlich davon, daß ich fest von ihr überzeugt war, worüber ich niemanden in Zweifel zu lassen gedachte. Ich würde den Forderungen nach einer Abschaffung der inflationshemmenden Maßnahmen nicht nachgeben. Und so entwickelte sich die mittelfristige Finanzkontrolle von einem ehrgeizigen Ziel zum Grundstein einer erfolgreichen Politik.

152

Erste Schritte zu einer Reform der Gewerkschaften: der »Employment Act« von 1980

Um unsere wirtschaftliche Leistungsfähigkeit zu verbessern, war eine konsequente finanzpolitische Strategie vonnöten. Allerdings wiegten wir uns nie in dem Glauben, daß allein Steuerkürzungen und der Wegfall hemmender Bestimmungen für die Wirtschaft ausreichen würden. Zusätzlich mußten wir uns noch mit dem Machtzuwachs der Gewerkschaften auseinandersetzen, der unter den aufeinanderfolgenden Labour-Regierungen noch zugenommen hatte. Kommunisten und militante Linke, die innerhalb der Gewerkschaften in Schlüsselpositionen aufgestiegen waren, nützten diesen Umstand während der im Winter 1978/79 skrupellos geführten Streiks rücksichtslos aus.

Die wirtschaftlichen Auswirkungen dieser gewerkschaftlichen Macht zeigten immer noch ihre verheerenden Nachwirkungen. Die Löhne hatten schwindelerregende Höhen erreicht, während die Aussichten der Unternehmen auf Gewinn mit dem Einsetzen der Rezession immer mehr schwanden. In diesem Zusammenhang zeigte der Arbeitskampf in der Maschinenbauindustrie auf anschauliche Weise, in welchem Maße diese Macht der Gewerkschaften und deren Vorrechte die britische Industrie unterminierten – und das nicht nur im verstaatlichten, sondern auch im privaten Sektor. In der Maschinenbauindustrie sprach wirtschaftlich gesehen alles dafür, die Kosten zu reduzieren, um wettbewerbsfähig zu bleiben. Trotzdem willigte der Arbeitgeberverband der Maschinenbauindustrie (Engineering Employers Federation – EEF) nach einem einwöchigen Streik in die Einführung der 39-Stunden-Woche und eine Lohnerhöhung für Facharbeiter um £ 13 in der Woche ein. Außerdem sollte im Laufe der nächsten vier Jahre schrittweise eine zusätzliche Woche Urlaub geschaffen werden. All das trieb die Kosten beträchtlich in die Höhe. Die EEF hatte nachgegeben, und wegen des zentralisierten Systems der Lohnverhandlungen taten es andere Arbeitgeber der Branche auch. Seit langem schon hatte die EEF *closed shops* als unvermeidliches Schicksal akzeptiert, weshalb die Gewerkschaften eine mehr oder weniger uneingeschränkte Macht über ihre Mitglieder ausübten. Manchen Unternehmern, die Ärger vermeiden wollten, war es

sogar lieber so. Allerdings bedeutete das im Falle eines Arbeitskampfes, daß die Gewerkschaften ihre Mitglieder buchstäblich
einschüchtern konnten – »legitime Einschüchterung« lautete die
unheilvolle Formulierung, die der damalige Erste Kronanwalt der
Labour-Regierung, Sam Silkin, prägte. Genau gesagt bedeutete
das, daß die Gewerkschaft Streikunwilligen mit Ausschluß drohen
konnte, was den Verlust des Arbeitsplatzes zur Folge gehabt hätte.
Der Streik in der Maschinenbauindustrie war weder politischer
Natur, noch drohte er das Alltagsleben lahmzulegen. Aber es war
genau die Art von Streik, die sich kein Land leisten konnte, das um
seine Zukunft als Industrienation kämpfte, und ein Paradebeispiel
für die Fehlentwicklungen in Großbritannien. Seine Nachwirkungen schadeten dem gesamten Industriezweig auf Jahre hinaus.

In der Tat zeigte sich während des größten Teils meiner Amtszeit
durch das wiederholte Auftreten von Arbeitskämpfen immer wieder, wie wichtig es war, in der Reform der Gewerkschaften eine
neue Richtung einzuschlagen. Allerdings war unser Nachteil, daß
wir eigentlich ständig den Ereignissen hinterherhinkten, da wir
stets erst unsere Lektion aus dem jüngsten Streik lernen mußten.
Jedoch hatten wir auch den Vorteil, daß wir auf die letzten Ausschreitungen Bezug nehmen konnten, um die Notwendigkeit von
Reformmaßnahmen zu rechtfertigen. Auf diese Weise gelang es
uns auch, uns die Unterstützung der öffentlichen Meinung zu
sichern.

Am 14. Mai 1979, knapp 14 Tage nachdem ich meine Regierungsmannschaft aufgestellt hatte, legte mir Jim Prior schriftlich
seine Pläne für eine Gewerkschaftsreform dar. Verschiedene Punkte konnten wir sofort in Angriff nehmen. Einer davon war, unser
Versprechen einzulösen und das erpresserische Vorgehen bei der
Anwerbung neuer Mitglieder durch die Druckergewerkschaft
SLADE und auch die Aktivitäten der Grafikergewerkschaft NGA
in der Werbebranche zu untersuchen. Außerdem konnten wir auch
gewisse Änderungen im Arbeitsrecht vornehmen, wobei das Ziel
war, die schweren Belastungen – besonders für kleine Unternehmen – zu reduzieren, die sich aus den Bestimmungen im Falle von
ungerechtfertigten Kündigungen und Abfindungen ergaben. Was
aber unsere Vorschläge zu dem Einsatz fliegender Streikposten,
den *closed shop* und den Urabstimmungen betraf, mußten wir uns

zuerst ausführlich mit den Arbeitgebern und den Gewerkschaften beraten. Daraus ergab sich, daß die weitgreifenderen Veränderungen, die wir eigentlich angestrebt hatten, nicht rechtzeitig vor eventuellen Streiks im Winter unter Dach und Fach sein würden. Jim Prior hegte die optimistische Ansicht, daß der Gewerkschaftsdachverband TUC unsere Anregungen nicht in Bausch und Bogen zurückweisen würde, wenn man ihn nur richtig behandelte, wozu er sich in der Lage sah. Der Verband der Britischen Industrie CBI war ebenfalls – wie man es von ihm gewohnt war – gegen ein überstürztes Handeln. Ich hielt dem entgegen, daß er sich wohl als erster beklagen würde, wenn wieder fliegende Streikposten eingesetzt würden. Weiterhin machte ich deutlich, daß bis November eine Gesetzesvorlage veröffentlicht werden müsse, die noch vor Weihnachten dem Unterhaus zur Beratung vorliegen solle. Am Nachmittag des 6. Juni, einem Mittwoch, besprach ich mit Jim unser weiteres Vorgehen. Aus Gründen der Verhandlungstaktik wollte Jim dem TUC mehr Zugeständnisse einräumen, als in unserem Wahlprogramm vorgesehen, doch ich bestand darauf, daß unser endgültiger Standpunkt nicht hinter den Zielen des Wahlprogramms zurückbleiben dürfe, setzte also völlig andere Prioritäten.

Zwei Wochen später unterbreitete Jim seine Vorschläge dem Kabinett. Sie entsprachen im großen und ganzen den Maßnahmen, die das Gesetz von 1980 schließlich enthielt. Behandelt wurden in der Hauptsache drei Themenkreise: der Einsatz von Streikposten, *closed shops* und Urabstimmungen. Wir beabsichtigten, die besondere Straffreiheit von Streikposten, die das Gesetz von 1974 und 1976 garantierte, strikt auf jene Beschäftigten zu beschränken, die direkt am Arbeitskampf beteiligt waren und die Betriebe ihres eigenen Arbeitgebers bestreikten. Wir wollten unsere ganze Autorität einsetzen, um eine gesetzliche Regelung zur Frage der Streikposten zu schaffen. Was die *closed shops* betraf, lautete unser Vorschlag, daß Beschäftigte, die keiner Gewerkschaft beitreten wollten und deshalb entlassen werden sollten, sich wegen eines Schadensersatzes an eine Schlichtungsstelle wenden konnten. Für diejenigen, die willkürlich aus einer Gewerkschaft ausgeschlossen wurden, sollte es ein gesetzlich garantiertes Einspruchsrecht geben. Den gegenwärtigen Schutz für Beschäftigte, die aus persönlicher Überzeugung nicht einer Gewerkschaft beitreten wollten, beabsichtigten wir zu erweitern. In Zukunft sollte ein *closed shop* nur noch dann entstehen können, wenn eine überwiegende Mehrheit von Arbeitnehmern in geheimer Wahl dafür stimmte. Auch dafür mußte eine gesetzliche Regelung geschaffen werden. Und schließlich sollte das Arbeitsministerium ermächtigt werden, den Gewerkschaften die durch die geheime Abstimmung anfallenden Kosten zu ersetzen.

Diese ersten Entwürfe waren sowohl wegen ihrer Defizite als auch wegen ihrer Vorzüge bemerkenswert: In diesem Stadium wurde weder die Frage der Solidaritätsaktionen (ausgenommen den Einsatz fliegender Streikposten) noch das weiter reichende Problem der gewerkschaftlichen Immunität berücksichtigt. Doch ohne eine Regelung zu diesem zweiten, entscheidenden Punkt war ein gerichtlicher Zugriff auf den Gewerkschaftsfonds nicht möglich. Was die Solidaritätsaktionen anging, warteten wir ab, wie das Oberhaus zu dem wichtigen Fall »Express Newspapers« gegen McShane Stellung beziehen würde.[3] Es darf nicht außer acht gelassen werden, daß die Änderungen, die wir zu all diesen Fragen, einschließlich dem Problem der Streikposten, einführten, zivilrechtlicher und nicht strafrechtlicher Natur waren. In der öffentlichen Diskussion bei späteren Streiks fiel diese Unterscheidung oft unter den Tisch. Dabei konnte das Zivilrecht das Verhalten der Gewerkschaft nur beeinflussen, falls die Arbeitgeber oder in manchen Fällen die Arbeitnehmer bereit waren, sich seiner zu bedienen: Sie mußten das Verfahren selbst in Gang bringen. Im Gegensatz dazu war ein strafrechtliches Vorgehen gegen Streikposten, dessen Grundlagen in den darauffolgenden Jahren genauer definiert, aber nicht grundlegend verändert wurden, Aufgabe von Polizei und Gerichten. Zwar gab die Regierung in aller Deutlichkeit zu erkennen, daß sich die Polizei auf ihre moralische Unterstützung verlassen konnte, und traf Vorkehrungen, um Ausrüstung und Ausbildung zu verbessern, doch die Verfassung erlegte uns auf diesem Gebiet Beschränkungen auf, die uns manchmal den Mut nahmen.

Im weiteren Verlauf des Sommers wurde klar, daß der TUC, obwohl er Bereitschaft zu Gesprächen mit der Regierung signalisierte, keineswegs die Absicht hatte, mit uns zusammenzuarbeiten. Am 25. Juni hatte ich eine Unterredung mit dem General Council des TUC. Betrübt, aber keineswegs überrascht stellte ich fest, daß von seiten der Gewerkschaft keinerlei Bereitschaft vorhanden war, den wirtschaftlichen Tatsachen ins Auge zu sehen oder Verständnis für unser Vorgehen aufzubringen. Dennoch setzte ich dem TUC auseinander, daß wir zwar alle einen höheren Lebensstandard und mehr Arbeitsplätze haben wollten, doch wenn man einen Lebensstandard wie in Deutschland zum Ziel hätte, müsse man sich auch die deutsche Produktivität zum Vorbild nehmen. Auf die Forderung des TUC, der Staat solle mehr Geld zur Verfügung stellen, erwiderte ich, daß es in der Wirtschaft nicht an Nachfrage mangele. Unser Problem sei vielmehr, daß diese Nachfrage wegen unzureichender Wettbewerbsfähigkeit unserer Wirtschaft durch Importe befriedigt werden müsse. Aber ich redete gegen eine Wand an. Die TUC-Konferenz im September zeichnete sich durch Unvernunft und unqualifizierten Widerstand gegen alles, was wir unterbreiteten, aus – sogar gegen die Einrichtung eines Fonds für geheime Abstimmungen, der die Gewerkschaft nicht in ihrem freien Willen behindert hätte, abgesehen davon, daß sie dann moralisch dazu gezwungen gewesen wären, ihre eigenen Mitglieder nach deren Meinung zu fragen.

Am Abend des 12. September, einem Mittwoch, erörterte ich mit Geoffrey Howe, Jim Prior und anderen Kollegen unser weiteres Vorgehen. Meiner Meinung nach bestand keinerlei Aussicht, die Haltung der Mehrheit der Gewerkschaftsführer, die eingefleischte Sozialisten waren, zu beeinflussen. Daher kamen wir überein, sie zu umgehen und uns direkt an die Basis zu wenden.

Ich war überzeugt, daß ein einfaches Gewerkschaftsmitglied ganz anders über die Reformen dachte als die Funktionäre. Deswegen war es unsere Aufgabe, sie zu befreien, indem wir die *closed shops* abschafften und innergewerkschaftliche Demokratie einführten. Dann würden die Mitglieder selbst die Extremisten und Apparatschiks in ihre Schranken verweisen. Aber bevor wir solche Veränderungen realisieren konnten – und dazu brauchte es mehr als unsere Gesetzesvorlage –, konnten wir nichts weiter tun, als so überzeugend und tatkräftig wie möglich um ihre Unterstützung zu werben.

So ging ich immer wieder mit der Botschaft hausieren, daß gerade die einfachen Gewerkschaftsmitglieder und ihre Familien unter dem verantwortungslosen Machtmißbrauch zu leiden hatten. Zum Beispiel sagte ich in meiner Rede vor dem Parteitag in Blackpool am Freitag, dem 12. Dezember 1979:

Die Tage, in denen nur die Arbeitgeber unter einem Streik litten, sind lange vorbei. Heute treffen Streiks Gewerkschaftsmitglieder und ihre Familien wie alle anderen. Eine Gewerkschaft kann uns ohne Schwierigkeiten Kohle, Lebensmittel oder Transportmöglichkeiten nehmen. Aber sie kann ihre Mitglieder nicht vor ähnlichen Aktionen anderer Gewerkschaften schützen. Kürzlich hatten wir einen Streik, der den Versand der Telefonrechnungen verhinderte. Das führte bei der Post zu einem Schaden von 110 Millionen Pfund. Die Kosten müssen nun von allen Telefonkunden bezahlt werden. Der zweitägige Streik der Maschinenbauergewerkschaft, der vor kurzem stattfand, brachte der Branche Verkaufseinbußen von insgesamt zwei Milliarden Pfund. Das können wir vielleicht nie wieder aufholen, und so mancher Arbeitsplatz, der davon abhängt, wird verlorengehen.

Dieses Thema schnitt ich auch an, als ich am Samstag, dem 17. November, in Nottingham auf der Konferenz der konservativen Gewerkschaften (CTU) sprach. Die Streiks seien nicht das einzige Problem; es seien eher die sozialistischen Denkmuster im Zusammenhang mit der Wirtschaftspolitik, von denen die Gewerkschaftsführer sich nicht lösen könnten; insbesondere ihre Vorliebe für Monopole und Protektionismus. Ich wählte das Beispiel der britischen Stahlindustrie – das bald drastisch in den Vordergrund rücken sollte –, um meine Aussagen zu untermauern.

Die britische Stahlindustrie würde die von ihr benötigte Kohle gern importieren, um ihren Stahl wettbewerbsfähiger zu machen. Aber die Bergarbeitergewerkschaft stellt sich dagegen und sagt: »Kauft unsere Kohle, auch wenn sie teurer ist.« Wenn die Stahlindustrie dem zustimmt, muß sie ihrerseits den Autoherstellern sagen: »Kauft unseren Stahl, auch wenn er teurer ist.« Doch dann müssen British Leyland und die anderen Automobilhersteller den Verbraucher bitten: »Kauft unsere Autos, auch wenn sie teurer sind.« Wir sind aber alle Verbraucher, und als Verbraucher wollen wir eine Auswahl zur Verfügung haben. Wir wollen den besten Gegenwert für unser Geld. Wenn ausländische Autos oder Waschmaschinen billiger oder besser sind als die britischen, möchte der Verbraucher seine Wahl treffen können. Hier ist der Kreis unterbrochen. Die Hersteller wollen einen geschützten Absatzmarkt für ihre Produkte. Das ist auch die Forderung der Gewerkschaften. Aber dieselben Gewerkschaften wollen als Verbraucher einen offenen Markt. Sie können dabei nicht beides gewinnen, doch sie können beides verlieren.

Gegen Ende 1979 und Anfang 1980 feilten wir am Employment Act und verwandten viel Zeit auf die Frage der Solidaritätsaktionen und der gewerkschaftlichen Immunität. Auch gingen wir Punkt für Punkt die Maßnahmen durch, mit denen die Belastungen abgebaut werden sollten, welche die Labour-Gesetzgebung vergangener Legislaturperioden der Wirtschaft auferlegt hatte. Eine davon war Anhang 11 des Employment Protection Act von 1975. Anhang 11 war ein typischer Fall; er zeigte, wie eine scheinbar harmlose Maßnahme, mit den besten Absichten getroffen, die Beweggründe ihrer Initiatoren ins Gegenteil verkehren und zu höheren Arbeitslosenzahlen führen kann. Anhang 11 sah vor, daß »einmal festgesetzte Bedingungen« in dem jeweiligen Industriezweig durchgehend Anwendung finden sollten. Ursprünglich wollte man auf diese Weise gegen jene Betriebe vorgehen, die extrem niedrige Löhne zahlten, ein Prinzip, das seine Wurzeln noch in Kriegszeiten hatte. Aber in den letzten Jahren hatten Beschäftigte in höheren Gehaltsgruppen, beispielsweise bei der BBC, dieses Gesetz zu ihren Gunsten ausgenutzt. In diesem Fall mußte der unselige Inhaber einer Fernsehlizenz die Zeche zahlen. Im allgemeinen führte der Anhang 11 zum Abbau von Arbeitsplätzen, da dank ihm die Löhne auf das Niveau der finanzkräftigsten Unternehmen einer Branche hinaufgetrieben wurden.

Doch die gerichtliche Immunität der Gewerkschaften war der weitaus strittigste Punkt. Unsere Vorschläge zum Einsatz fliegender Streikposten hatten bereits in diese Richtung gewiesen. Doch nun gingen wir noch einen Schritt weiter. Kronanwalt Andrew Legatt hatte uns mittlerweile den Bericht über die Untersuchung zu den Praktiken der Mitgliederwerbung bei der Druckergewerkschaft SLADE vorgelegt.[4] Als Antwort beschlossen wir, die Straffreiheit in den Fällen aufzuheben, wo ein Arbeitskampf von anderen als den unmittelbar Betroffenen in der Absicht heraufbeschworen wurde, die Beschäftigten zum Gewerkschaftsbeitritt zu zwingen.

Wir waren entschlossen, noch weiterzugehen, wobei wir uns der Entscheidung des Oberhauses vom 13. Dezember im Fall McShane anschlossen. Der Fall McShane war deshalb so bedeutungsvoll, weil er die ganze Bandbreite der Regelungen zur Straffreiheit bei Solidaritätsaktionen vor Augen führte. Die meisten dieser Regelungen leiteten sich aus dem Trade Disputes Act von 1906 ab, den die Labour Party nach ihrem knappen Wahlsieg im Oktober 1974 drastisch erweitert hatte.

Der Fall McShane entwickelte sich aus einem Arbeitskampf, den die Journalistengewerkschaft NUJ 1978 gegen eine Reihe von Regionalzeitungen geführt hatte. Die Zeitungen hielten sich während der Streiks mit der Veröffentlichung von Nachrichten, die ihnen die Press Association lieferte, über Wasser. Die NUJ versuchte, dies zu unterbinden, in dem sie einen entsprechenden Appell an ihre Mitglieder, die für die Press Association arbeiteten, richtete. Als dieser nicht den gewünschten Erfolg brachte, instruierte sie ihre Leute bei den landesweiten Zeitungen, das Material der Press Association völlig zu boykottieren. Im Gegenzug beantragte der »Daily Express« eine einstweilige Verfügung gegen die NUJ. Das Appellationsgericht entschied im Dezember 1978 zugunsten des »Daily Express«, daß der Solidaritätsaufruf der NUJ über eine Unterstützung der Ziele des Arbeitskampfes hinausginge und daher nicht unter die Straffreiheit fiele. Aufgrund dieser Entscheidung wurde es möglich, einstweilige Verfügungen zu erlassen, was auch geschah. Als der Fall jedoch vor das Oberhaus kam, wurde der Beschluß des Appellationsgerichts aufgehoben. Die Lords entschieden einstimmig, daß vom Standpunkt des Gesetzes her ein Arbeitskampf die »Fortführung einer Arbeitsstreitigkeit« darstelle und daher straffrei sei, falls Gewerkschaftsfunktionäre ihn nach bestem Wissen und Gewissen als solchen einschätzten. Die damit

zur Instanz erhobene subjektive Betrachtungsweise konnte zu
äußerst beunruhigenden Folgen führen, da sie genaugenommen
bedeutete, daß für Solidaritätsaktionen praktisch uneingeschränkte Straffreiheit bestand.
    Die Lage wurde durch zwei weitere Fälle, die bei Gericht anhän-
gig waren, noch komplizierter. Einer davon – NWL Limited gegen
Nelson & Wood, auch bekannt als der »Fall Nawala« – resultierte
aus dem Versuch des Internationalen Transportarbeiter-Verban-
des, die Beschäftigung ausländischer Seeleute auf britischen Schiffen zu verhindern. Diese Aktion des Verbands bedrohte die
Zukunft der britischen Schiffahrt. Noch wichtiger jedoch war der
zweite Fall, der das Spektrum von Solidaritätsaktionen im Stahlarbeiterstreik zusätzlich erweiterte. Der Eisen- und Stahlarbeiterver-
band ISTC hatte seine Mitglieder in der privaten Stahlindustrie zu
einer Beteiligung an Arbeitskampfmaßnahmen gegen die British
Steel Corporation (BSC) aufgerufen, der am 2. Januar 1980
begonnen hatten. Duport Steels, ein privatwirtschaftliches Unternehmen, erwirkte eine einstweilige Verfügung des Appellationsgerichts gegen Bill Sirs, den Generalsekretär der ISTC. Das Gericht
entschied, daß in diesem Fall keine Immunität gewährt werden
könne, weil die Auseinandersetzung im Grunde eher mit der
Regierung als mit der BSC geführt werde. Aber wiederum hob das
Oberhaus diese Entscheidung auf, und zwar mit der gleichen
Begründung wie im Fall McShane. In der Praxis hatte das zur Folge, daß der Streik erneut auf die privaten Stahlunternehmen über-
griff.
    Wir alle waren uns einig, daß das Gesetz, auf das sich die
Gerichte im Augenblick stützten, geändert werden mußte. Als wir
noch in der Opposition waren, hatten wir uns allen Versuchen der
Labour Party widersetzt, die Machtstellung und die Immunität
der Gewerkschaften auszuweiten. In unserem Wahlprogramm
hieß es dazu: »Der Schutz des Gesetzes soll auch jenen zugänglich
sein, die nicht direkt von einem Arbeitskampf betroffen sind.«
Nun kamen wir überein, daß der richtige Zeitpunkt gekommen
war, die Grenzen der Immunität eindeutig festzulegen. Allerdings
waren wir unterschiedlicher Meinung darüber, wie die Straffreiheit im Fall von Solidaritätsaktionen – sofern es überhaupt eine
geben sollte – im einzelnen aussehen würde. Außerdem hatten wir

uns noch nicht geeinigt, wann die notwendigen Änderungen in die »Employment Bill« eingefügt werden sollten. Wiederholt betonte Jim Prior, er wünsche nicht, daß Entscheidungen über eine Gesetzesänderung im Zusammenhang mit einem bestimmten Arbeitskampf gefällt würden. Als der Stahlarbeiterstreik jedoch immer drastischere Formen annahm und immer noch keins unserer geplanten Gesetze in Kraft war – ganz zu schweigen von Maßnahmen gegen Solidaritätsaktionen und Boykotte –, spitzte sich die öffentliche Kritik zu. Ich pflichtete den Kritikern voll und ganz bei, obwohl ich mir gewünscht hätte, daß manche Arbeitgeber sich schon früher unnachgiebiger gezeigt hätten. Denn immer, wenn jene unter uns, die eine härtere Gangart befürworteten – also Geoffrey Howe, John Nott, Keith Joseph, Angus Maude, Peter Thorneycroft und John Hoyskins –, unseren Standpunkt darlegten, sprach sich sofort Jim Prior gegen ein »überstürztes Vorgehen« aus und verwies dabei auf die vorsichtige Haltung des britischen Unternehmerverbandes.

Am Nachmittag des 30. Januar, einem Mittwoch, ersuchte mich Jim um eine Unterredung und überbrachte mir eine Hiobsbotschaft. Offensichtlich hatte sich die Stimmung bei den Gewerkschaften seit Weihnachten deutlich verschlechtert, weswegen wir uns auf einen »Aktionstag« in Wales gefaßt machen mußten. Die Stahlarbeitergewerkschaften hatten ihre Mitglieder in Betrieben des privaten Sektors zum Streik aufgerufen. Ich antwortete, daß ich bei allem Verständnis für seine Befürchtungen seinen Pessimismus nicht teile.

Tatsächlich unterschied sich meine Einschätzung der Situation zu diesem Zeitpunkt grundlegend von Jims Ansicht. Er glaubte allen Ernstes, daß wir uns bereits zu stark eingemischt hätten und nicht weitergehen sollten – sowohl was die Gewerkschaftsgesetze wie auch die allgemeine Wirtschaftspolitik anbelange. Ich für meinen Teil bereute bereits bitter, daß wir bei der Kürzung der öffentlichen Ausgaben und der Reform der Gewerkschaften nicht schneller vorgegangen waren.

Doch die ideologische Kluft zwischen mir und Jim war noch um einiges tiefer. Ungeachtet all seiner Vorzüge entsprach Jim genau dem Politikertypus, der in der Nachkriegszeit bei den Torys häufig anzutreffen gewesen war und der meiner Ansicht nach der Par-

tei großen Schaden zugefügt hatte. Für diese Art von Leuten habe
ich den Begriff »falsche Landjunker« geprägt. Äußerlich erinnern
sie an John Bull – gerötetes Gesicht, weißes Haar und ein schroffes
Auftreten –, aber innerlich sind sie politische Zauderer, die die
Aufgabe der Konservativen darin erblicken, sich angesichts des
unaufhaltsamen Vormarsches der Linken mit Anstand zurückzuziehen. Rückzug als Taktik ist manchmal notwendig; als politisches Grundprinzip jedoch geht er an die Substanz. Um die zahllosen Niederlagen zu rechtfertigen, die diese Philosophie nach sich
zieht, muß der »falsche Landjunker« die Parteimitglieder der
Konservativen – und auch sich selbst – davon überzeugen, daß
Erfolg unmöglich ist. Schließlich wäre seine gesamte politische
Existenz ein gigantischer Fehlschlag, wenn eine Reformpolitik der
Torys sich als erfolgreich erweisen und öffentlichen Beifall ernten
würde. Darin liegt die Wurzel des vehementen und hartnäckigen
Widerstandes, den die »Wets« Anfang der achtziger Jahre gegen
die Reformen in der Finanz-, Wirtschafts- und Gewerkschaftspoli-
tik leisteten. Diese Reformen mußten entweder fehlschlagen oder
verhindert werden. Denn sollten sie sich als erfolgreich erweisen,
würde das heißen, daß eine ganze Generation von Tory-Führern
völlig grundlos der Verzweiflung anheimgefallen wäre. Am deutlichsten war diese Einstellung bei Ian Gilmour erkennbar, aber
auch Jim Prior war damit infiziert, weshalb er in seiner Politik
gegenüber den Gewerkschaften ängstlich und übervorsichtig zu
Werk ging. Also lag es an mir, ein entschlosseneres Herangehen
einzufordern.

    Am Sonntag, dem 6. Januar, interviewte mich Brian Walden für
»Weekend World«. Ich nutzte die Gelegenheit und sagte, daß wir
beabsichtigten, die Employment Bill zu ergänzen, um das durch
das McShane-Urteil entstandene Problem zu bereinigen. Zugleich
stellte ich klar, daß wir nicht die Absicht hatten, die gewerkschaftliche Immunität aufzuheben, sofern sie Kampfmaßnahmen betraf,
die zur Folge hatten, daß Arbeitsverträge gebrochen wurden; statt
dessen wollten wir uns mit der Immunität im Zusammenhang mit
gewerklichen Kampfmaßnahmen befassen, die Arbeitgeber daran
hinderten, ihre Verträge mit anderen Unternehmen einzuhalten.
Außerdem wies ich darauf hin, daß die gewerkschaftliche Immunität im Zusammenspiel mit staatlichen Monopolen den Gewerk-

schaften in diesen Industriezweigen zu einer enormen Macht verholfen hätten. Deswegen mußten wir diese Immunität einschränken und die Monopole durch die Einführung von Wettbewerb auflösen.

Mein Gefühl sagte mir, daß wir bei einer Einschränkung der gewerkschaftlichen Macht mit großer Unterstützung in der Bevölkerung rechnen konnten, und alle Anzeichen sprachen für meine Ansicht. Am 21. Januar 1980 veröffentlichte die »Times« das Ergebnis einer Meinungsumfrage zu folgendem Punkt: »Glauben Sie, daß Sympathiestreiks und Boykotte legitime Mittel im Arbeitskampf sind, oder sollte das neue Gesetz ihre Anwendung einschränken?« 71 Prozent der Befragten – und 62 Prozent der befragten Gewerkschaftsmitglieder – meinten, daß Einschränkungen durch ein neues Gesetz verankert werden sollten.

Dennoch würde es schwierig sein, ohne Unterstützung der Unternehmensleitungen vorzugehen. Am Morgen des 5. Februar, einem Dienstag, hatte ich zwei Unterredungen mit Vertretern der Industrie. Zuerst sprach ich mit Repräsentanten des Unternehmerverbandes. Einige von ihnen vertraten die Ansicht, der vorliegende Gesetzentwurf habe bereits die Grenzen des Möglichen erreicht. Als ich das hörte, konnte ich meine Enttäuschung nicht verbergen. Ich erwiderte, wenn radikalere Maßnahmen getroffen werden würden, sei das Risiko einer Konfrontation mit den Gewerkschaften nie auszuräumen – ganz gleich, zu welchem Zeitpunkt dies geschehen würde. Doch erschiene es mir sinnvoller, dieses Risiko im Laufe der kommenden Monate einzugehen, als damit bis zum Herbst zu warten, wenn die Gewerkschaften den größten Schaden anrichten konnten. Außerdem bedauere ich inzwischen, daß wir nicht schon in unserem Gesetzentwurf radikalere Vorschläge unterbreitet hätten. So blieben uns nur noch zwei Möglichkeiten: entweder konnten wir den bestehenden Gesetzentwurf ergänzen oder in dem beratenden Dokument, das wir vorlegen wollten, weitere gesetzgeberische Schritte ankündigen. Nach dieser Unterredung konnten bei den Vertretern des Unternehmerverbandes keine Zweifel mehr über meine Haltung aufkommen.

Meine zweite Besprechung an diesem Tag fand mit Repräsentanten der privatwirtschaftlichen Stahlindustrie statt, deren Haltung in krassem Gegensatz zu der des CBI stand. Die Stahlproduzenten klagten, sie seien in einen Arbeitskampf verwickelt worden, den sie nicht verursacht hätten. Jetzt müßten sie als einzige wirklich dafür bluten. Infolge des Streiks hätten sie etwa 10 Millionen Pfund pro Woche verloren. Die ICTS hatte alle verfahrensrechtlichen Abkommen mit den Privatunternehmern praktisch vom Tisch gefegt und die Beschäftigten zum Streik aufgerufen. Dabei war klar, daß es für die Arbeitnehmer in der privatwirtschaftlichen Stahlindustrie keinen wirklichen Anlaß für einen Streik gab: Im Fall Duport Steel waren nach der einstweiligen Verfügung durch das Appellationsgericht alle Beschäftigten an ihre Arbeitsplätze zurückgekehrt. Erst als das Oberhaus diese Entscheidung wieder aufgehoben hatte, war der Streik in der Privatwirtschaft fortgesetzt worden. Die Androhung des Gewerkschaftsausschlusses für den Fall der Weigerung hatte entscheidend dazu beigetragen, daß sich die Stahlarbeiter in der Privatwirtschaft am Streik beteiligten. Unter diesen Umständen überraschte es nicht weiter, daß die privaten Stahlunternehmen sofortige gesetzliche Maßnahmen forderten, die Solidaritätsstreiks unter Strafe stellen sollten. Allerdings konnte ich nichts weiter tun, als ihnen meine Anteilnahme zu versichern. In einer Antwort auf den Brief eines führenden Industriellen, der dringend zur »Vorsicht« riet, machte ich meinen Standpunkt klar:

Wenn wir nicht wirksam das Gesetz ändern, bestätigen wir eindeutig, was Lord Diplock gesagt hat [im Fall Duport Steels Limited gegen Sirs und andere]. Wir würden signalisieren, daß wir nicht vorhaben, denjenigen zu schützen, der ohne eigenes Verschulden durch Dritte zu Schaden gekommen ist. Für den gesetzestreuen Bürger klänge das so, als zögen wir es vor, die Machtstellung derjenigen auszubauen, die anderen Unrecht zufügen, statt denen zu helfen, die darunter zu leiden haben.
... Sie argumentieren, daß es auch gemäßigte Gewerkschafter gibt. Auch diese haben mich in unzähligen Briefen darum gebeten, ihnen Mittel gegen die Militanten in die Hand zu geben. Deswegen, so schreiben sie, hätten sie uns gewählt, und nun habe unsere Regierung sie im Stich gelassen, indem sie es versäumte, wirksame Maßnahmen zu ergreifen.

Wenn wir uns jetzt vor dieser Aufgabe drücken, obwohl wir die öffentliche Meinung und die große Mehrheit der Gewerkschaftsmitglieder hinter uns wissen, werden sie uns im nächsten Winter wahrscheinlich kein großes Vertrauen entgegenbringen.

Abschließend zitierte ich aus Shakespeares »Maß für Maß«:

Unsere Zweifel sind Verräter / Und lassen uns verliern, wo wir gewinnen könnten / Weil den Versuch wir scheun.

Ich machte mich wieder an die Aufgabe, das Gesetz zu verschärfen. Inzwischen waren die Minister damit einverstanden, dem Gesetz seine ursprüngliche Fassung vor dem McShane-Urteil zurückzugeben und unter Bezug auf diesen Arbeitskampf weitere Kriterien einzubauen, die die Gerichte im jeweiligen Fall anwenden konnten. Allerdings würde es kein völliges Verbot für Solidaritätsaktionen geben. Nach einer kurzen Beratungszeit wurde am 17. April 1980 die neue Klausel nach einer Lesung im Unterhaus in die Employment Bill aufgenommen. Sie schränkte die Immunität bei Solidaritätsaktionen ein, sofern sie zum Bruch oder zur Beeinträchtigung von Verträgen zwischen dem betroffenen Betrieb und anderen Unternehmen führten. Straffreiheit sollte es nur noch dann geben, wenn die Solidaritätsaktion – von Beschäftigten der Lieferfirmen oder Kunden der betroffenen Arbeitgeber – den »einzigen oder hauptsächlichen Zweck hatte, den ursprünglichen Arbeitskampf fortzuführen und wenn dabei vernünftige Aussichten auf einen Erfolg bestanden. Als richtungsweisenden Schritt für die Zukunft kündigten wir die Veröffentlichung eines Grünbuchs über die Immunität von Gewerkschaften an, das noch im gleichen Jahr erscheinen und das ganze Problem in einen größeren Kontext stellen sollte.

Das Gesetz von 1980 hatte keine direkten Folgen für den Ausgang des Stahlarbeiterstreiks. Einzig und allein eine beschleunigte Einführung der Klausel 14 der Employment Bill hätte in dieser Hinsicht etwas bewirken können, denn dadurch wäre der Einsatz fliegender Streikposten für ungesetzlich erklärt worden. Ich für meinen Teil hätte diesen Schritt befürwortet, um so mehr, als am Donnerstag, dem 14. Februar, das private Stahlunternehmen in Hadfields von einem massiven Aufgebot an fliegenden Streikposten lahmgelegt wurde. Keith Joseph rief mich am darauffolgenden Sonntagmorgen in Chequers an, um den Vorfall zu besprechen. Für uns stand außer Zweifel, daß diese Aktion einen schwerwiegenden Verstoß gegen strafrechtliche Bestimmungen darstellte. Die Frage war nur, ob ein zivilrechtliches Vorgehen und insbesondere die Anwendung von Klausel 14 nicht mehr Schaden als Nutzen gebracht hätte. Am Telefon sprach ich mit dem Innenminister Willie Whitelaw über die innere Sicherheit. Ich schlug vor, in der kommenden Woche eine Verordnung zur Regelung der Streikpostentätigkeit vorzulegen. Außerdem hatte ich eine Unterredung mit dem Ersten Kronanwalt Michael Havers. Mir war klar, daß gewerkschaftliche Rollkommandos schon bei ihrer Ankunft am Bestimmungsort von der Polizei aufgehalten werden mußten, wenn wir die Streiks wirklich unter Kontrolle bringen und Einschüchterungsversuche unterbinden wollten. Doch die Instrumente des Zivilrechts griffen in diesem Fall nicht. Manche vertraten sogar den Standpunkt, eine Änderung im Zivilrecht als Antwort auf Ausschreitungen werde sicherlich dazu führen, daß die Bevölkerung das Strafrecht nicht mehr ernst nähme. Doch ich verlangte, daß alle Möglichkeiten umgehend geprüft werden müßten.

Nach einer Diskussion mit den Ministern am Montag, dem 18. Februar, wurde beschlossen, auf eine Beschleunigung der Verabschiedung der Klausel zum Einsatz fliegender Streikposten zu verzichten. Statt dessen sollte der Erste Kronanwalt am nächsten Tag im Unterhaus die strafrechtlichen Bestimmungen zur Streikpostentätigkeit noch einmal darlegen. Parallel dazu wollte Jim Prior in einem offenen Brief an Len Murray auf die Verstöße gegen die traditionell üblichen und anerkannten Gepflogenheiten bei Streiks hinweisen. Auf diese Weise versuchten wir, weiterhin Druck auszuüben.

Der Stahlarbeiterstreik von 1980

Die sowohl innerhalb als auch außerhalb der Regierung geführte Debatte über die Gewerkschaftsreform wurde von Krisen in der Industrie überschattet: Besonders die Diskussion über Solidari-

DAS BESTE KOMMT NOCH, JACK

tätsaktionen und Immunität ist eng mit dem Stahlarbeiterstreik von 1980 verknüpft. Damals bedeutete dieser Streik eine unmittelbare Herausforderung für unsere wirtschaftspolitische Strategie, und nachdem der Arbeitskampf erst einmal begonnen hatte, hätte eine Niederlage unserer Regierung wahrscheinlich auch das Ende unserer Wirtschaftspolitik bedeutet.

Genau wie die Automobilindustrie litt auch die Stahlindustrie noch unter den Nachwirkungen übertriebener staatlicher Intervention. Die Regierung Ted Heath, der auch ich angehörte, hatte die British Steel Corporation (BSC) in den Jahren vor der Ölkrise, die so manche ehrgeizige Unternehmung an ihre Grenzen stoßen ließ, dazu veranlaßt, in großem Rahmen in eine Kapazitätserweiterung zu investieren. Zwar hatte die Labour-Regierung in der folgenden Legislaturperiode einige Schließungen angeordnet, aber die Wirtschaftlichkeitsprüfung, welche unter dem Vorsitz von Lord Beswick im Jahre 1974 durchgeführt wurde, war doch nur ein Versuch gewesen, Zeit zu gewinnen. Je länger man die Sanierungsmaßnahmen allerdings herauszögerte, desto mehr schwanden die Aussichten, die zum damaligen Zeitpunkt noch offenstehenden Möglichkeiten optimal zu nutzen. Deswegen verschlechterte sich die Lage der BSC insgesamt zusehends, wodurch die Arbeitsplätze in Gefahr gerieten. Die dabei entstandenen ungeheuren Verluste wurden auf den Steuerzahler abgewälzt.

Meine erste Entscheidung über einen staatlichen Betrieb traf ich, als ich der Schließung der Shotton-Stahlwerke in Süd-Wales zustimmte. Zwar waren Maßnahmen geplant, um in dieser Region neue Arbeitsplätze zu schaffen, aber ich wußte, daß eine Schließung für die Stahlarbeiter und ihre Familien verheerende Folgen haben würde. Eine Delegation aus Shotton hatte mich aufgesucht, als ich mich in meiner Funktion als Oppositionsführerin in Wales aufhielt. Ich hatte großes Mitleid mit diesen Leuten, da sie alles getan hatten, was in ihrer Macht stand – doch leider hatten ihre Bemühungen nicht ausgereicht, eine Schließung zu verhindern.

Das Schicksal der BSC verdeutlichte nicht nur die Nachteile der Verstaatlichung und der Intervention durch die Regierung, sondern auch, wie das Verhalten der britischen Gewerkschaften zum Niedergang unserer Industrie beitrug. Ein gutes Beispiel für die

Dinge, die da im argen lagen, war auch der Erzhafen Hunterston am Fluß Clyde. Hier hatte die BSC den größten Tiefwasserhafen Europas gebaut. Er war im Juni 1979 fertiggestellt worden, konnte aber erst im November in Betrieb genommen werden, weil sich die Transportarbeitergewerkschaft und die ISTC in der Personalfrage nicht einigen konnten. Fünf Monate lang mußten die Erztransporter zum Festland umgeleitet werden, wo man ihre Fracht auf kleinere Schiffe umlud, um sie von dort über Glasgow nach Ravenscraig zu bringen.

Gegen Ende des Jahres 1979 trugen noch weitere Faktoren, die sich unserem Einfluß entzogen, zur drastischen Verschlechterung der Lage der BSC bei. Durch das weltweite Abgleiten in die Rezession gab es plötzlich auf dem Weltmarkt ein Überangebot von Stahl. Fast überall kam es bei der Stahlindustrie zu Verlusten und Schließungen. Allerdings waren die grundlegenden Probleme der BSC hausgemacht, denn sie brauchte zur Herstellung einer Tonne Stahl nahezu doppelt so lange wie ihre größten europäischen Konkurrenten. Wir befanden uns in der absurden Situation, daß der Gewinn der BSC beinahe weniger als die Lohnkosten ausmachte. Während der fünf Jahre bis 1979/80 waren über drei Milliarden Pfund öffentlicher Gelder in die BSC geflossen – das bedeutet 221 Pfund pro Familie im Land. Dennoch stiegen die Verluste weiter. Zwar waren Keith Joseph und ich bereit, auch in Zukunft die Mittel für Investitionen und Abfindungsprogramme bereitzustellen, aber nicht willens, weiterhin Verluste zu finanzieren, die aus übertriebenen Lohnkosten resultierten und nicht durch eine höhere Produktionsleistung ausgeglichen wurden.

Wenn wir uns jedoch ernsthaft daranmachen würden, die BSC von Grund auf neu zu organisieren – das hieß Schließungen, Arbeitsplatzabbau und restriktive Maßnahmen –, riskierten wir einen Stahlarbeiterstreik mit verheerenden Folgen. Allerdings war die Alternative – nämlich alles beim alten zu lassen – noch um einiges besorgniserregender. Die Ausgabenobergrenze der BSC war im Juni 1979 festgesetzt worden. Bis zum März 1980 sollte die Rentabilitätsschwelle erreicht werden. Dieses Ziel hatte wohlgemerkt die Labour-Regierung vorgegeben. Aber am 29. November 1979 hatte die BSC bereits 146 Millionen Pfund Verlust für das erste Halbjahr zu verzeichnen. Das eigentlich für März angestrebte Ziel, aus den roten Zahlen zu kommen, mußte um weitere zwölf Monate verschoben werden. Die Situation spitzte sich rasch zu. Am 6. Dezember teilte mir Keith Joseph mit, welche Folgen dies haben würde. Die BSC konnte sich keine Lohnerhöhung zum 1. Januar leisten, abgesehen von gewissen Zusatzleistungen, die im vergangenen Jahr beschlossen worden waren und sich auf zwei Prozent beliefen. Jede weitere Erhöhung hing von den Verhandlungen vor Ort ab und auch davon, ob es zu einer angemessenen Steigerung der Produktivität kommen würde. Die BSC hatte den Gewerkschaften in der Woche davor mitgeteilt, daß zusätzlich zur Eisen- und Stahlproduktion in Corby und Shotton Kapazitätsüberschüsse in Höhe von fünf Millionen Tonnen abgebaut werden mußten. Bill Sirs drohte bereits mit einem Streik. Ich war mir mit Keith darin einig, daß wir der BSC den Rücken stärken mußten. Außerdem beschlossen wir, dem Unternehmen die Unterstützung der öffentlichen Meinung zu sichern und den Gewerkschaften klarzumachen, welche schädlichen Auswirkungen ein Streik für ihre eigenen Mitglieder haben würde.

Während der Streik wie ein Damoklesschwert über unseren Köpfen hing, fragte sich alles beunruhigt, ob das Management der BSC sich wirklich ausreichend auf einen Arbeitskampf vorbereitet hatte. Die Zahlen, die den Standpunkt der Geschäftsführung untermauern sollten, wurden sogar von Nicholas Edwards, dem Minister für Wales, angezweifelt. Auch wenn seine Skepsis möglicherweise angebracht war, vertrat ich dennoch die Auffassung, daß wir uns als Politiker nicht in Entscheidungen der Industrie einmischen dürften. Endlich war für das Management der Zeitpunkt gekommen, selbst Verantwortung zu übernehmen.

Am 10. Dezember bestätigte der Vorstand der BSC, daß 52 000 Arbeitsplätze im Stahlbereich abgebaut werden müßten. Die wirtschaftlichen Aussichten der BSC verschlechterten sich immer mehr. Als wir dann tatsächlich die Zahlen studierten, die die Prognose der Geschäftsleitung für die zukünftige Nachfrage nach Stahl wiedergaben, hielten wir diese Voraussagen für eher optimistisch. Allerdings hatten wir noch immer nicht die Absicht, die Position des Vorstandes und der Geschäftsführung in Frage zu stellen. Schon vor dem Streik hatten wir uns nach einem Nachfolger für den damaligen Vorstandsvorsitzenden, Sir Charles Villiers,

umgesehen, dessen Vertrag in Kürze auslaufen sollte. Doch wir
hatten bereits sieben oder acht endgültige Absagen von geeigneten
Kandidaten bekommen – offensichtlich wirkte die Angst vor einer
Einmischung der Regierung sehr abschreckend.

Prognosen zum Ausgang des Streiks waren nur schwer zu treffen. Die BSC, die privatwirtschaftlichen Stahlproduzenten und die
stahlverarbeitenden Betriebe verfügten alle über ausreichende
Lagerbestände. Da die stahlverarbeitende Industrie bereits drei
Wochen im voraus von dem Streik erfuhr, hatte sie die Möglichkeit, Reserven anzulegen. Außerdem produzierten viele stahlverarbeitenden Betriebe aufgrund der schlechten Wirtschaftslage
ohnehin weit unterhalb ihrer Kapazität. Andererseits würden sich
für die Galvanisierungsbetriebe und womöglich auch für die
Automobilindustrie ernsthafte Probleme ergeben – und die Situation konnte sich durchaus noch weiter zuspitzen –, falls die Hafen-
und Transportarbeiter die Beförderung von aus- und inländischem
Stahl zum Erliegen bringen sollten. Trotzdem würde ein Streik die
BSC am härtesten treffen: Ihre Preise lagen bereits über denen
ihrer europäischen Konkurrenten, und der einheimische Absatzmarkt würde in einem solchen Fall höchstwahrscheinlich endgültig an ausländische Stahlerzeuger verlorengehen, da diese auch in
Zukunft verläßliche Lieferungen garantieren konnten.

Von Ende Dezember an trat eine kleine Gruppe von Ministern
und Beamten regelmäßig unter meinem Vorsitz zusammen, um die
Lage in der Stahlindustrie einzuschätzen und die notwendigen
Entscheidungen zu treffen. Es war eine schwierige Phase ergebnis-
loser Bemühungen. Weder die Stahlarbeiter noch die Öffentlichkeit verstanden das Angebot der BSC in allen Einzelheiten, und die
BSC ihrerseits tat wenig, um ihren Standpunkt zu erläutern. Mit
der Begründung, ein solches Vorgehen könne als Provokation
gewertet werden, gab das Unternehmen keine Erklärungen ab und
veröffentlichte auch keine Anzeigen in den Zeitungen. Statt dessen
hoffte man, auf andere Weise Druck auf die ISTC und die Gewerkschaft der Kesselschmiede (NUB) ausüben zu können. Weiterhin
unternahm die BSC den fehlgeleiteten Versuch, öffentliche Unterstützung für verschiedene Lohnangebote zu gewinnen, indem sie
eine Reihe verwirrender Zahlen in Umlauf brachte, überzeugen
konnte sie damit niemanden. In den Augen der Öffentlichkeit stie-

gen die Summen ständig an, während die Gewerkschaften sie immer noch für ungenügend hielten.

Die ISTC ihrerseits verwies vor allem auf die Lohnabschlüsse in anderen Beschäftigungssparten – das heißt auf den »üblichen Lohntarif« –, anstatt sich um die traurige Wirtschaftslage jener Betriebe zu kümmern, in denen ihre Mitglieder tätig waren. Am 28. November stimmten die Arbeiter der Ford-Werke einer Lohnerhöhung von 21,5 Prozent zu. Am 5. Dezember akzeptierten die Bergleute einen Abschluß von 20 Prozent – und wurden für ihre Bescheidenheit allseits gelobt. Zweifellos trugen diese Ereignisse dazu bei, daß die Stahlarbeiter Morgenluft witterten. Am 7. Januar forderten Len Murray und Bill Sirs acht Prozent plus fünf Prozent entsprechend dem Produktivitätsabkommen. Am nächsten Tag, scheiterten die Tarifverhandlungen. Die Gewerkschaft der Beschäftigten im öffentlichen Dienst (GMWU) schloß sich dem Streik an. Am darauffolgenden Tag streikten auch die Handwerker: Obwohl ihre Gewerkschaftsführer am 10. Februar einer separaten Einigung von zehn Prozent plus vier Prozent zugestimmt hatten, lehnten die Mitglieder in derselben Woche das Angebot ab. In der Zwischenzeit, am 16. Januar, hatte die ISTC den Streik auch auf die private Stahlwirtschaft ausgeweitet, wo die unklare Gesetzeslage und der massive Einsatz von fliegenden Streikposten zu unseren Schwierigkeiten beitrug.

Mir wurde jedoch bald klar, daß der Stahlarbeiterstreik die britische Industrie nicht lahmlegen konnte. Bei einer Sitzung meines Krisenstabes am 18. Januar konnten wir aus den Zahlen erkennen, daß der Arbeitskampf sich bislang nur wenig auf die Produktion ausgewirkt hatte; sie war in der vergangenen Woche um zwei Prozent gesunken, und während wir zusammensaßen, mochte sie noch weiter geringfügig zurückgegangen sein. Selbst wenn die private Stahlproduktion gänzlich zum Erliegen kommen sollte, waren die Lager noch voll genug, um die weiterverarbeitende Industrie für weitere vier bis sechs Wochen – in problematischen Regionen vielleicht zwei bis drei Wochen – zu beliefern. Vermutlich würden sich die größten Probleme in der Konservenindustrie ergeben.

Vor dem Hintergrund dieser Ereignisse traf ich am Montag, dem 21. Januar, in der Downing Street zuerst mit den Vertretern der Gewerkschaft und dann mit der Geschäftsführung der BSC zusammen. Die Gewerkschaftsführer hatten am vorangegangenen Samstag bereits mit Keith Joseph und Jim Prior gesprochen. Schwierigkeiten ergaben sich unter anderem daraus, daß die Gewerkschaften womöglich aufgrund von Bemerkungen zur Geschäftsführung der BSC, die Jim gegenüber der Presse geäußert hatte, einen falschen Eindruck bekommen hatten. Ich hatte mich sehr geärgert, als ich davon erfuhr. Als ich allerdings eine Woche später von Robin Day in *Panorama* dazu interviewt wurde, ging ich freundlich darüber hinweg:»Wir alle machen hin und wieder Fehler. Ich glaube, es war einfach ein Fehler, und Jim Prior hat ihn wirklich sehr bedauert und sich vielmals dafür entschuldigt. Aber man darf niemandem aus einem einzigen Fehler einen Strick drehen.«

In meiner Unterredung mit Mr. Sirs und Mr. Smith (den Vorsitzenden der ISTC und der NUB) äußerte ich, die Regierung werde sich nicht in den Arbeitskampf einmischen. Ich selbst sei mit der Stahlindustrie nicht vertraut, um mich an den Verhandlungen zu beteiligen, aber natürlich sehr daran interessiert, ihre Meinung zu hören. Die Gewerkschaften verlangten von der Regierung, auf die BSC Druck auszuüben, damit sie ein besseres Angebot machte. Sie forderten»frisches Geld«, doch ich stellte klar, daß das nicht in Frage kam. Geld für die Stahlindustrie könnte nur aus anderen Industriezweigen kommen, die Gewinn erzielten. Meiner Ansicht nach sei die Produktivität das entscheidende Thema, und die BSC liege hier – auch wenn Bill Sirs die Zahlen anzweifle – nach allgemeiner Auffassung weit zurück. Nachdem Luxemburg die Zahl der Beschäftigten in der Stahlindustrie von 24 000 auf 16 000 reduziert und seine Produktivität umfassend erhöht habe, exportiere es jetzt Eisenbahnschienen nach Großbritannien. Als ich dies im Herbst erfahren hatte, sei ich höchst alarmiert gewesen – und das solle meiner Ansicht nach auch Bill Sirs wissen.

Am gleichen Nachmittag traf ich mit Sir Charles Villiers und Bob Scholey, dem Vorstandsvorsitzenden und dem Geschäftsführer der BSC, zusammen. Sie erläuterten mir ihr Angebot und ihren begrenzten Handlungsspielraum in allen Einzelheiten. Ich sagte ihnen meine volle Unterstützung zu.

Am nächsten Tag hatten Bill Sirs und Bob Scholey eine Unterredung, die allerdings zu keinem Ergebnis führte. Bill Sirs forderte weiterhin 20 Prozent, eine augenscheinlich völlig unrealistische Zahl. Uns blieb nur, den Streik durchzustehen. Bei der Sitzung unserer Minister- und Beamtenrunde am 1. Februar erfuhren wir, daß in den Häfen immer noch Stahl ausgeliefert wurde. Abgesehen von der immer schlechter werdenden Lage beim Unternehmen Metal Box gab es keine Anzeichen für Engpässe. Der Bericht für die Woche bis zum 2. Februar wies wieder ein gutes Ergebnis auf; die Produktion hielt sich bei 96 Prozent ihres normalen Niveaus. Am 12. Februar erhielten wir weitere Beweise dafür, daß in der Stahlindustrie immer noch alles normal lief: 90 Prozent der Stahlunternehmen mit Lagerbeständen waren weiter in der Lage, ihre Auftraggeber ausreichend zu beliefern. Trotz aller Behinderungen durch die Gewerkschaften konnte, wenn auch im beschränkten Rahmen, weiterhin importiert werden. Zwar erteilten die stahlverarbeitenden Betriebe – was nicht weiter verwunderlich war – nur zurückhaltend Auskunft über ihre Lagerhaltung und ihr Durchhaltevermögen, aber die Stimmung war positiv. Metal Box rechnete damit, die Nachfrage ihrer Kunden zu 50 Prozent befriedigen zu können. Bei British Leyland konnte man bis Ende Februar uneingeschränkt weiterproduzieren.

Das wirkliche Ausmaß des Problems zeigte sich jetzt in der privatwirtschaftlichen Stahlindustrie, wobei der massive Einsatz von Streikposten in Hadfields die Krise noch verschärfte. Die Situation erinnerte an die Eskalation von Einschüchterung und Gewalt, die während des Bergarbeiterstreiks 1972 zur Schließung der Kokerei in Saltley geführt hatte: Es war lebenswichtig, daß wir siegten.

Die britischen Unternehmen legten angesichts des Streiks Flexibilität und Einfallsreichtum an den Tag – und dies erwies sich als der entscheidende Faktor. Immer fanden sie Mittel und Wege, um an den benötigten Stahl heranzukommen. Nach den Berichten, die bei unseren Sitzungen vorgetragen wurden, war der kritische Punkt, an dem es in der Stahlverarbeitung zu ernsthaften Schwierigkeiten kommen würde, noch lange nicht in Sicht.

Bei der Sitzung am 4. März wies alles darauf hin, daß der Streik zu keinem Erfolg für die Gewerkschaften führen konnte, da die stahlverarbeitende Industrie durch ständige Importe weiterhin beliefert wurde. Man konnte sogar sagen, daß die Lage rosiger erschien als noch in der vergangenen Woche. Bis zum 14. März hatten alle stahlverarbeitenden Betriebe des privaten Sektors, außer einem, die Produktion wieder aufgenommen, und als wir am 18. desselben Monats wieder zusammenkamen, lief auch dort die Arbeit wieder.

Obwohl die Gewerkschaften nun ganz offensichtlich den kürzeren gezogen hatten, da der Streik die Industrie ganz einwandfrei nicht hatte lahmlegen können und bei den Beteiligten zunehmend die Motivation sank, war noch nicht sicher, unter welchen Bedingungen Regierung und Unternehmensleitung den Sieg erringen würden. Am 9. März veranstaltete die BSC eine »Abstimmung über eine Abstimmung«, bei der die Arbeitnehmer befragt wurden, ob sie über eine Lohnerhöhung abstimmen wollten, was ihnen die ISTC bisher verweigert hatte. Diese Befragung erbrachte den eindeutigen Beweis, daß über Taktik und Führung der ISTC keine Illusionen herrschten. Nun suchte die Gewerkschaft nach einem Ausweg, bei dem sie das Gesicht wahren konnte. Am 17. Februar hatte die BSC in aller Form eine Schlichtung vorgeschlagen. Das war zwar abgelehnt worden, doch die BSC hatte ihr Angebot weiterhin aufrechterhalten. Inzwischen wurden von allen Seiten Forderungen nach Einsetzung einer Untersuchungskommission laut, die eine Lösung vorschlagen sollte. Ich jedoch wollte diesem Druck nicht nachgeben. Statt dessen hätte ich es vorgezogen, die ACAS [eine Schlichtungskommission; A.d.Ü.] anzurufen. Wenn sie irgendeine Existenzberechtigung hatte, dann in einer Situation wie dieser. Tatsächlich waren wir aber zu einer Zuschauerrolle verurteilt, während die BSC und die Gewerkschaften sich auf die Einsetzung einer dreiköpfigen Kommission einigten, die aus Lord Lever, Lord Marsh (beide frühere Kabinettsminister einer Labour-Regierung) und Bill Keyes von der Grafikergewerkschaft SOGAT bestand. Sie unterbreitete am 31. März einen Vorschlag, der weit über dem Angebot der BSC und erheblich unterhalb der Forderung der ISTC lag; doch sie wurde angenommen.

Bei unserem Abschlußtreffen am 9. April teilte man meinem Komitee mit, daß alle Betriebe der BSC die Arbeit wieder aufgenommen hatten. Produktion und Zulieferung lagen bei etwa 95 Prozent des Standes, den sie erreicht hätten, wäre es gar nicht erst zu diesem Arbeitskampf gekommen. Doch das Ergebnis wurde trotz des hohen Tarifabschlusses allgemein als Sieg der Regierung, wenn nicht gar der BSC-Geschäftsführung, betrachtet. Die Zeche war jedoch noch nicht gezahlt. Am 6. Juni schrieb Sir Charles Villiers an Keith Joseph, er benötige im Haushaltsjahr 1980/81 voraussichtlich weitere 400 Millionen Pfund zusätzlich zu den 450 Millionen, die bereits bewilligt waren. Die Vorschläge der BSC, die darauf abzielten, das von der Regierung gesetzte externe Finanzlimit (EFL) nicht zu überschreiten, beinhalteten verschiedene finanzielle Transaktionen wie beispielsweise den Verkauf und die anschließende Pachtung von Betrieben. Die einzige Alternative dazu sei die Liquidation. Auch wenn der Streik der BSC stark zugesetzt hatte, hätte es trotzdem nie so weit kommen dürfen; und dies warf ein schlechtes Licht auf die Geschäftsführung. Aber wir hatten bereits entschieden, was zu tun war. Trotz aller Empörung über die Begleitumstände wurde Ian McGregor zum Nachfolger von Sir Charles Villiers ernannt. Ich erwartete von ihm, daß er mit dieser besorgniserregenden wirtschaftlichen und finanziellen Hinterlassenschaft fertig wurde, und zu diesem Zweck bewilligten wir eine umfangreiche Erhöhung bei der Finanzierung der BSC, um ihm diese Aufgabe zu ermöglichen. Wir wurden nicht enttäuscht. Die zusätzlichen Ausgaben, die wir diesmal nicht bedauerten, führten zu einem Aufschwung in Regionen wie Llanwern, Port Talbot, Consett und Scunthorpe, die besonders schwer von der Rezession betroffen waren.

Diese Schlacht war nicht nur für die Regierung und unsere Politik geschlagen worden, sondern für das wirtschaftliche Wohlergehen des ganzen Landes. Man mußte den Gewerkschaften die Stirn bieten, die glaubten, weil sie öffentliche Aufgaben wahrnahmen, wirtschaftliche Realitäten und die Notwendigkeit einer Produktionssteigerung ignorieren zu können. In Zukunft mußten die Löhne sich nach der Lage der Industrie richten und nicht nach einer wie auch immer gearteten »Vergleichbarkeit« mit dem Einkommen in anderen Branchen. Allerdings war ein solcher Realismus dort schwieriger durchzusetzen, wo der Staat Eigentümer und Finanzier in einer Person war und manchmal auch in Versuchung geriet, ins Management einzugreifen.

British Leyland 1979/80

In vieler Hinsicht stellte British Leyland für die Regierung eine ähnliche Herausforderung wie die BSC dar; allerdings erwies sie sich als weitaus drastischer und war politisch um einiges heikler. Wie die BSC war BL faktisch in Staatsbesitz, obwohl sie juristisch gesehen eigentlich nicht verstaatlicht war. Das Unternehmen war zum Sinnbild für den Niedergang der britischen Industrie und das gewissenlose Vorgehen der Gewerkschaft geworden. Zum Zeitpunkt meines Einzugs in die Downing Street wurde es allmählich jedoch auch zum Symbol für den Kampfgeist des Managements. Der Vorstandsvorsitzende von BL, Michael Edwardes, hatte bereits seinen Mut im Umgang mit den militanten Gewerkschaftsführern bewiesen, die die britische Automobilindustrie in die Knie gezwungen hatten. Ich wußte, daß alles, was wir im Fall BL unternahmen, sich auf die Moral und Stimmung im gesamten britischen Management auswirken würde, und ich war fest entschlossen, die richtigen Zeichen zu setzen. Anders als im Fall BSC wurde unglücklicherweise in zunehmendem Maße deutlich, daß es nicht ausreichte, nach rein wirtschaftlichen Gesichtspunkten zu handeln, wenn wir BL gegen die obstruktiven Praktiken der Gewerkschaften den Rücken stärken wollten. Das bedeutete ein Problem, aber wir mußten Michael Edwardes unterstützen.

Während unserer Zeit in der Opposition hatten wir bereits unsere Ablehnung gegenüber dem Ryder-Plan für die BL signalisiert. Seine Umsetzung war mit enormen Kosten verbunden, und er bot keine ausreichend drastischen Maßnahmen, um die Produktion zu erhöhen und die Gewinne zu steigern.[5]

Mit dem Problem BL wurde ich während meiner Amtszeit als Premierministerin zum ersten Mal im September 1979 konfrontiert, als mich Keith Joseph von den katastrophalen Ergebnissen des vergangenen Halbjahres und den geplanten Maßnahmen des Vorsitzenden und des Vorstandes in Kenntnis setzte. Teil des neuen Plans war die Schließung des Werks in Coventry, was zum Abbau von mindestens 25 000 Arbeitsplätzen und einer Produktivitätssteigerung führen würde. Weiterhin sollte die Entwicklung neuer Modelle beschleunigt werden. Dazu benötigte das Unternehmen, wie der Vorstand bekannt gab, zusätzliche Finanzhilfen – also mehr als die 225 Millionen Pfund, die von der Milliarde, die die Labour-Regierung entsprechend dem Ryder-Plan ursprünglich zugesagt hatte, noch übrig waren. Allerdings ließ sich Keith nicht auf finanzielle Versprechungen ein, sondern erklärte, BL solle das Geld aus eigenen Mitteln aufbringen – das hieß aus dem Verkauf jener Teile des Unternehmens, die Gewinn machten. Bevor uns die Staatliche Unternehmensverwaltung (National Enterprise Board) im November den neuen Unternehmensplan vorlegen würde, bestand für die Regierung keine unmittelbare Notwendigkeit, Entscheidungen zu treffen.

Die Arbeiter bei BL sollten über den neuen Unternehmensplan abstimmen; und wenn sich eine deutliche Mehrheit dafür aussprach, würde die Regierung Schwierigkeiten haben, ihn abzulehnen. Außerdem wurde rasch offensichtlich, daß das Unternehmen weitere 200 Millionen Pfund zusätzlich zu der Restzuteilung aus dem Ryder-Plan brauchen würde. Das Ergebnis der Abstimmung, das am 1. November bekanntgegeben werden sollte, würde höchstwahrscheinlich im Sinne der Unternehmensleitung ausfallen. Doch auch wenn das Gegenteil der Fall sein sollte, würde das sofort neue Probleme aufwerfen. Denn falls die Abstimmung zu einem anderen Ergebnis führen würde als zu einer überwältigenden Mehrheit für die Vorschläge des Unternehmens, würde das unweigerlich zu Spekulationen über die Zukunft von BL führen. Und daraufhin würden viele kleine und mittlere Gläubiger sofort ihr Geld einfordern. Die großen Anleihegläubiger ihrerseits würden zusätzlichen Druck ausüben. British Leyland konnte so überstürzt zur Liquidation gezwungen werden, und zwar unter Umständen, die es uns unmöglich machen würden, angemessen zu reagieren und die Veräußerung der Vermögenswerte ordnungsgemäß abzuwickeln. Welche wirtschaftlichen Folgen ein solcher Zusammenbruch haben konnte, wagten wir uns gar nicht auszumalen.

In Großbritannien hatte das Unternehmen 150 000 Beschäftigte; in der Zulieferungsindustrie waren es etwa noch einmal so viele. Es hieß, eine komplette Schließung bedeute für die Handelsbilanz jährlich einen Nettoverlust von rund 2200 Millionen Pfund und werde die Regierung nach Einschätzung der Staatlichen Unternehmensverwaltung bis zu einer Milliarde Pfund kosten.

Über die politische und wirtschaftliche Tragweite der nun anstehenden Entscheidung gab es keine Zweifel mehr. Zwar würde eine Schließung drastische Folgen haben, aber wir durften auf keinen Fall den Eindruck erwecken, daß wir eine solche Möglichkeit von vornherein für ausgeschlossen hielten. Denn falls wir das Unternehmen und die Beschäftigten in diesem Glauben ließen, würden ihre Forderungen an die Staatskasse keine Grenzen kennen. Aus diesem Grund beschlossen Keith und ich, der Bitte von BL um die Deckung ihrer Schulden nicht nachzugeben. Das Unternehmen verlangte, daß wir noch vor dem Ergebnis der Abstimmung einen Brief dieses Inhalts veröffentlichten. Tatsächlich sprachen sich 87,2 Prozent aller an der Abstimmung Beteiligten für den Plan von BL aus, und das Unternehmen bat sofort um die Zustimmung der Staatlichen Unternehmensverwaltung, um ihn in die Tat umzusetzen. Man ersuchte die Regierung nachdrücklich um die Bereitstellung der nötigen Mittel.

Unsere Überlegungen zum Unternehmensplan von BL verzögerten sich durch zwei Ereignisse: Erstens traten in Folge unserer (von BL unabhängigen) Entscheidung, Rolls-Royce von der Aufsicht durch die Staatliche Unternehmensverwaltung abzukoppeln, Sir Leslie Murphy und seine Kollegen zurück, und ein neuer Vorstand unter der Leitung von Sir Arthur Knight wurde ernannt. Zweitens bedrohte jetzt die Gewerkschaft der Beschäftigten in der Automobilindustrie AUEW die Existenz von BL, indem sie aus Protest gegen die Entlassung von Derek Robinson am 19. November zum Streik aufrief. Robinson, ein berüchtigter Agitator, Vorsitzender des Betriebsrats in Longbridge und des sogenannten »Gemeinsamen Gewerkschaftskomitees von Leyland«, hatte gemeinsam mit anderen noch nach der Billigung des BL-Plans Stimmung gegen ihn gemacht, weswegen ihn die Geschäftsleitung zu Recht hinausgeworfen hatte, ohne das Ergebnis einer Untersuchung durch die AUEW abzuwarten.

Am Montag, dem 10. Dezember, berieten die Minister unter meinem Vorsitz über den Unternehmensplan. Zuerst merkte ich an, daß die Produktionsleistung der BL noch während der Entstehung des Unternehmensplans zurückgegangen war. Daher verlangte ich aktuelle Prognosen über Gewinn und Cash-flow des Unternehmens. Außerdem forderte ich Michael Edwardes auf, sich präzise über die Bedingungen zu äußern, unter denen der Vorstand von BL von dem Plan Abstand nehmen würde. Nur auf der Basis klarer Bezugsgrößen könne man eine Prognose über die zukünftige Produktionsleistung des Unternehmens abgeben. Zudem wollte ich wissen, ob Michael Edwardes weiterhin beabsichtigte, Vorsitzender zu bleiben; offiziell lief sein Vertrag in einem Jahr aus.

Nun wurden wir jedoch unter Druck gesetzt, den Plan noch vor der Weihnachtspause zu verabschieden – ohne das Ende der Lohnrunde bei BL abwarten zu können –, damit das Unternehmen einen Vertrag mit Honda über eine Zusammenarbeit bei der Entwicklung eines neuen Mittelklassewagens unterzeichnen konnte. Ich war nicht bereit, mich zu einer Zustimmung drängen zu lassen. Ohnehin sagte mir meine Erfahrung, daß der Plan nicht verwirklicht werden würde. Schließlich sprachen die jährlichen Prognosen von BL immer von einer umfassenden Besserung, aber mit jedem Jahr schien sich die Lage nur noch weiter zu verschlechtern. Der Marktanteil von BL auf dem britischen Automobilsektor war von 33 Prozent im Jahr 1974 auf 20 Prozent im Jahr 1979 gesunken und in den letzten beiden Monaten noch weiter auf 16 Prozent zurückgegangen. Die Produktivität von BL belief sich auf lediglich zwei Drittel der Leistung ihrer ausländischen Konkurrenten, im Vergleich mit Japan war sie sogar noch geringer. Wollte das Unternehmen wieder wettbewerbsfähig werden, mußte es seine Produktivität um etwa 50 Prozent steigern. Ob der Unternehmensplan das zuwege bringen würde, stand noch in den Sternen! Vielleicht würden die in Aussicht gestellten neuen Modelle dazu beitragen; doch das erste davon würde nicht vor Ende des kommenden Jahres vom Band rollen, und bis dahin hatte die Konkurrenz sicherlich ebenfalls Neuheiten auf den Markt gebracht. Schon jetzt ging BL das Geld aus. Das Unternehmen würde einen Vorschuß aus den Mitteln benötigen, die eigentlich erst für das nächste Finanzjahr eingeplant waren.

Daher bat ich John Nott, der die Erfahrung und die Skepsis eines Bankers beisteuern konnte, zusammen mit dem Finanzdirektor des Unternehmens die Bücher von BL durchzugehen. Keith Joseph, John Biffen und andere erörterten den Plan in allen Einzelheiten mit Michael Edwardes. Sie kamen zu dem Schluß, daß BL

nur eine geringe Überlebenschance hatte und der Plan höchstwahrscheinlich fehlschlagen würde, was zum Zusammenbruch
oder zur Liquidation der Firma führen würde. Etwa ein Drittel
von BL galt als verkäuflich. Aber ein endgültiges Urteil mußte sich
auf weitergehende Überlegungen stützen. Nur widerstrebend
beugten wir uns der Einsicht, daß die Bevölkerung niemals Verständnis für eine Liquidation des Unternehmens aufbringen würde, solange das Management gleichzeitig den Gewerkschaften
Paroli bot und rigorose marktwirtschaftliche Vernunft predigte.
Nach langer Diskussion kamen wir schließlich überein, den Plan
zu billigen und die nötige finanzielle Unterstützung zu gewähren.
Keith gab unseren Entschluß am 20. Dezember im Unterhaus
bekannt.

Der Beschluß, mehr öffentliche Gelder bereitzustellen, bedeutete jedoch – wie zumeist – nicht das Ende aller Probleme. Die
Abstimmung über das Lohnangebot bei BL scheiterte, woran zum
Teil die verwirrende Fragestellung schuld war: »Befürworten Sie
die Ablehnung des Lohnangebots durch den Verhandlungsaus-
schuß?« 59 Prozent stimmten gegen das Angebot. Außerdem kam
die Untersuchung der AUEW zu dem Schluß, daß Robinsons Entlassung nicht Rechtens gewesen sei, und rief daraufhin zu einem
offiziellen Streik auf, der am 11. Februar beginnen sollte. Zu Recht
weigerte sich Michael Edwardes, Robinson wieder einzustellen
oder das Lohnangebot zu erhöhen. Der Vorstand von BL entwarf
mit Hilfe des Industrieministeriums und Mitarbeitern des Schatzamtes ein Krisenkonzept, um die Situation im Griff zu haben, falls
der Unternehmensplan zurückgezogen und die Firma liquidiert
werden mußte. Nicht einmal in diesem Stadium war Michael
Edwardes bereit, mögliche ausländische Käufer für die BL anzusprechen, obwohl er sich einverstanden erklärte, auf eventuelle
Angebote positiv zu reagieren. Unter den Beschäftigten bei BL
herrschte kein Zweifel am Ernst der Lage. Der Marktanteil der BL
war derart gesunken, daß Ford im Januar von einem einzigen
Modell (dem »Cortina«) mehr verkaufte als BL insgesamt.

Michael Edwardes und der Vorstand von BL behielten die Nerven und ließen sich von den Gewerkschaften nicht unter Druck
setzen. Den Streikenden wurde mitgeteilt, daß sie entlassen werden würden, wenn sie nicht bis Mittwoch an ihre Arbeitsplätze

zurückkehrten. Aber so sehr ich auch die Zähigkeit des Vorstands bewunderte, versetzte mich doch sein Geschäftsgebaren zunehmend in Sorge. Insbesondere gab es auf seiten von BL starken Widerstand gegen den Verkauf der gesamten Firma oder wenigstens von Firmenanteilen, obwohl das eher als Zeichen von Starrsinn denn als grundsätzlich ablehnende Haltung zu werten war. Zum Beispiel sträubte man sich heftig gegen meinen Vorschlag, einen unabhängigen Finanzberater zu engagieren, der sich um die Veräußerung der Vermögenswerte kümmern sollte. Man wandte ein, daß eine solche Regelung das Vertrauen in die Zukunft des Unternehmens nachhaltig stören würde, und ließ sogar durchblikken, dies sei eine Angelegenheit der Geschäftsleitung, nicht der Regierung. Das konnte ich nicht akzeptieren. Immerhin besaß der Staat die Aktienmehrheit von BL, und es war nur recht und billig, daß er auch ein Wort mitzureden hatte, wenn es um die Frage ging, wann und wie Vermögenswerte verkauft werden sollten. Tatsächlich wurde nach einiger Zeit mit dem Einverständnis von Michael Edwardes ein solcher Berater ernannt.

Am Mittwoch, dem 21. Mai, kamen Michael Edwardes und zwei seiner Kollegen zu einem Arbeitsessen in die Downing Street. Auf seiten der Regierung nahmen auch Geoffrey Howe, Keith Joseph, Robin Ibbs, der Leiter des Zentralen Politischen Beratungsstabes CPRS, und mein Persönlicher Referent an der Besprechung teil. Michael Edwardes meinte, die Marktbedingungen, mit denen BL konfrontiert sei, hätten sich seit der Zeit, als der Plan für 1980 vorbereitet wurde, deutlich verschlechtert. Zwar werde man mit den für 1980 genehmigten Geldern auskommen, aber die für 1981 einstweilig bewilligte Summe von 130 Millionen reiche nicht aus. Außerdem sei die Annahme, daß danach keine Unterstützung von der Regierung mehr benötigt werde, seiner Ansicht nach unrealistisch. Weiterhin behauptete er, er habe große Hoffnungen auf eine Zusammenarbeit mit einem deutschen Unternehmen. Allerdings bestünden wenig Aussichten, den Großteil des Unternehmens in naher Zukunft zu veräußern. Nur Landrover würde im Augenblick einen guten Preis erzielen, aber wenn man diesen Unternehmenszweig getrennt verkaufe, würde dies das übrige Unternehmen ernsthaft schwächen. Weitere Teile von BL könnten innerhalb der nächsten ein bis zwei Jahre veräußert werden, wäh-

rend das Sanierungsprogramm weiterliefe. Es lag auf der Hand,
worauf diese Aussagen abzielten: British Leyland war im Begriff,
uns eine weitere Forderung nach Steuergeldern zu präsentieren;
aller Wahrscheinlichkeit nach eine beträchtliche.

Ich antwortete, ich müsse anerkennen, daß BL eine Menge
zustande gebracht habe. Aber ich betonte auch, wie sehr mich diese ständigen Forderungen nach immer mehr Finanzmitteln beunruhigten, und sagte, BL habe das Planziel nicht erreicht. Deswegen
könne nicht davon ausgegangen werden, daß noch weitere Gelder
zur Verfügung gestellt würden.

Im weiteren Verlauf des Sommers wurde klar, daß sich die finanzielle Situation des Unternehmens sogar noch weiter verschlechtert
hatte. Michael Edwardes bombardierte uns mit Klagen. Er war
außer sich über die japanischen Importe und machte auf die (zweifellos tatsächlich bestehenden) Schwierigkeiten beim Export nach
Spanien aufmerksam, die mit den hohen Einfuhrzöllen zusammenhingen; umgekehrt konnten die Spanier weiterhin zollfrei ihre
Autos nach Großbritannien exportieren. Außerdem machte er sich
Sorgen über den Kurs des Pfunds. Aber nichts konnte die Tatsache
verschleiern, daß bei BL die Dinge schlecht standen. Offenbar war
der Vorstand nicht in der Lage, einen anderen Kurs einzuschlagen.
Vor Abzug von Zinsen und Steuern schrieb das Unternehmen im
ersten Halbjahr Verluste von 93,4 Millionen Pfund – im gleichen
Zeitraum des Vorjahres hatte es noch 47,7 Millionen Pfund
Gewinn erwirtschaftet. Michael Edwardes versuchte, die Regierung separat und im Vorgriff auf den Unternehmensplan zur Finanzierung des neuen Mittelklassewagens – des »LM 10« – zu bewegen. Er verlangte sogar, ich solle die staatliche Beteiligung daran bei
einem Empfang ankündigen, den der Verband der Automobilhersteller und -händler (SMMT) am 6. Oktober veranstaltete. Doch
ich hatte nicht die Absicht, einzuwilligen; wieder einmal wollte ich
mich nicht unter Druck setzen lassen.

Statt dessen machte ich der Automobilindustrie eine ganz andere Eröffnung, die ihr sicherlich weniger Freude bereitete. Zwar
räumte ich ein, daß einige der Probleme, mit denen sich die Branche auseinandersetzen mußte, von der Rezession verursacht worden seien, doch diese sei nicht der eigentliche Grund der Flaute in
der Automobilindustrie:

... in diesem Jahr hat die Automobilproduktion ihren niedrigsten Stand seit 20 Jahren erreicht. Nicht weil die Verkaufsziffern rückläufig wären – weit gefehlt. Grund ist vielmehr, daß die Leute lieber ausländische Autos kaufen als einheimische. Und einige dieser Autos kommen aus Ländern mit hohen Löhnen und hohen Wechselkursraten. Die weltweite Rezession mag unsere Probleme verschärft haben, aber sie ist nicht die Wurzel des Übels, an dem die Automobilindustrie krankt. Die Entwicklungen in der Automobilindustrie seit den fünfziger Jahren zeigen beispielhaft die Fehler auf, die in vielen Zweigen der britischen Industrie begangen wurden: Lohnerhöhungen ohne die entsprechende Produktivitätssteigerung; geringe Renditen, daher niedrige Investitionen; zu wenig Geld für Forschung und Entwicklung und neues Design ... und warum ist unsere Produktivität so gering? Die Antwort lautet: zuviel Personal, Widerstand gegen Neuerungen, zu viele Streiks und Arbeitsniederlegungen.

Der letzte Teil dieser Ausführung stieß offenbar auf taube Ohren. Am 27. Oktober beschlossen die Gewerkschaften bei der BL mit überwältigender Mehrheit, das Angebot einer Lohnerhöhung von 6,8 Prozent abzulehnen, und rieten zum Streik. Michael Edwardes schrieb an Keith Joseph, ein Streik werde die Verwirklichung des Unternehmensplans für 1981 unmöglich machen. Um Unterstützung für das Lohnangebot zu gewinnen, beabsichtigte er, die Gewerkschaftsfunktionäre schriftlich über die wichtigsten Punkte zu informieren; einschließlich der benötigten Gelder für 1981 und 1982, die er auf 800 Millionen Pfund veranschlagte. Nur ungern gab ich grünes Licht für diesen Vorschlag. Allerdings knüpfte ich daran die Bedingung, daß das Industrieministerium bekanntgeben würde, die Regierung sei in keiner Weise zur Bereitstellung der Finanzmittel verpflichtet. Was diese Angelegenheit anbelange, müsse erst noch eine Entscheidung getroffen werden. Am 18. November gaben die Gewerkschaftsvertreter bei BL tatsächlich nach und entschlossen sich endlich, das Angebot des Unternehmens zu akzeptieren. Die Geschichte wiederholte sich: Fast das gleiche war bereits im Vorjahr geschehen. Da wir mit einer Krise zwischen den Tarifparteien fertig werden mußten, konnten wir nur mit äußerster Mühe den Eindruck vermeiden, wir seien bereit, dem Unternehmen große Summen an zusätzlichen öffentlichen Geldern zur Verfügung zu stellen. Ganz gleich, wie deutlich wir das auch in Abrede stellten, diese Schlußfolgerung war einfach nicht zu vermeiden. Bei nüchterner kaufmännischer Betrachtung gab es nichts, was für eine weitere Unterstützung von BL sprach. Der Unternehmensplan von 1980 hatte für 1981 und darüber hinaus eine staatliche Kapitaleinlage von etwa 130 Millionen Pfund vorgesehen. Im Plan für 1981, den wir jetzt verabschieden sollten, war diese Summe auf eine Milliarde angewachsen. In der Zwischenzeit hatten sich die Aussichten auf Gewinn verschlechtert. In den folgenden Plänen zeichneten die Prognosen zu den Marktanteilen ein noch düstereres Bild. Viele Modelle von BL waren nicht wettbewerbsfähig. Zwar gaben der »Metro« und der von Honda und BL gemeinsam produzierte »Bounty« Anlaß zur Hoffnung, aber keiner von beiden würde großen Gewinn erzielen. British Leyland gehörte immer noch zu den Automobilherstellern mit hohen Produktionskosten und geringem Produktionsvolumen; und das in einer Welt, in der niedrige Kosten und Massenabsatz die Grundlage des Erfolgs bilden.

Am 12. Januar setzte ich in der Downing Street eine Besprechung mit Keith Joseph, Geoffrey Howe, Norman Tebbit und anderen an, um den Unternehmensplan zur Diskussion zu stellen. Ich vertrat weiterhin die Ansicht, wir sollten versuchen, einen Mittelweg zwischen einer völligen Schließung und einer kompletten Finanzierung des Unternehmensplans zu finden.

Ich wußte, was die Schließung dieses Automobilwerks für Massenfertigung mit all ihren Konsequenzen für die West Midlands und die Region Oxford bedeuten und daß das Kabinett – zumindest gegenwärtig – einer solchen Entscheidung nicht zustimmen würde. Außerdem würde diese Maßnahme eine beträchtliche Belastung für die Staatskasse nach sich ziehen – die vielleicht sogar mit der Summe vergleichbar war, welche BL jetzt forderte. Am 16. Januar teilte ich der Ministerrunde mit, die Regierung müsse sich ihrer finanziellen Verpflichtung für die Automobilproduktion auf humane und gleichzeitig politisch tragbare Art entledigen. Möglicherweise müßten wir dem Unternehmen eine »Aussteuer«

mitgeben, um das Interesse eines potentiellen Käufers an BL zu
wecken. Letztlich könne es natürlich trotzdem noch zu einer
Schließung kommen – der Markt und nicht die Regierung würde
über die Zukunft von BL entscheiden. Ich sei bereit, den Unternehmensplan zu unterstützen, allerdings nur unter der Bedingung,
daß das Unternehmen seine Vermögenswerte möglichst rasch veräußern und sich um Zusammenschluß mit anderen Firmen bemühen würde. Dieser letzte Punkt war immer noch sehr strittig. Michael
Edwardes äußerte gegenüber Geoffrey Howe und Keith Joseph,
daß der Vorstand von BL bereit sei, Landrover und andere Unter-
nehmensteile zu verkaufen und die Massenfertigung einzustellen.
Zum Verkauf von Landrover sei man aber nicht mehr bereit, wenn
gleichzeitig zur Auflage gemacht werde, daß weiterhin versucht
werden solle, die Massenproduktion zu retten. Seiner Ansicht
nach werde der Vorstand in eine unhaltbare Position manövriert,
wenn öffentlich eine Frist für den Verkauf festgesetzt werde.

Diese Haltung brachte uns natürlich in eine Zwickmühle – was
zweifellos beabsichtigt war. Einige Minister waren darüber sogar
so verärgert, daß sie dem gesamten Plan nun ablehnend gegenüberstanden. Außerdem war es uns nicht gelungen, den angestrebten »Mittelweg« zu finden. Dieser Kompromiß hätte so ausgesehen, das Unternehmen Schritt für Schritt zu veräußern, wodurch
es nicht zu einer vollständigen und sofortigen Schließung gekommen wäre. Aber man mußte der politischen Wirklichkeit ins Auge
sehen. British Leyland mußte nun einmal unterstützt werden. Also
einigten wir uns darauf, den Unternehmensplan zu akzeptieren,
der die Teilung des Unternehmens in vier mehr oder weniger unabhängige Gesellschaften vorsah. Wir legten Rückstellungen für
eventuelle Risiken fest, die zu einem Scheitern des Plans führen
konnten, und setzten die Richtlinien für eine weitere Zusammenarbeit mit anderen Unternehmen fest. Und wir stellten 990 Millionen Pfund zur Verfügung – der Schritt, der uns am meisten
schmerzte.

Damit war für BL – ebenso wie für die BSC – die Sache natürlich
noch nicht ausgestanden. In der Folge sollte sich herausstellen,
daß die veränderte Herangehensweise und die Effektivitätssteige-
rung, die in diesen Jahren erzielt wurden, von Dauer waren.[6]

Soweit haben wir, was BL in den Jahren 1979 bis 1981 anbelangt, einen Erfolg zu verzeichnen – allerdings um einen hohen Preis. Denn die riesige Summe öffentlicher Gelder, die wir bewilligen mußten, stammte aus den Taschen der Steuerzahler beziehungsweise – via höherer Zinsen, die für zusätzliche öffentliche Kredite benötigt wurden – von anderen Unternehmen. Und während manche angesichts der erhöhten öffentlichen Zuschüsse in lauten Jubel ausbrachen, war von jenen, die dafür bezahlen mußten, nur ein leises Stöhnen zu hören.

5
Keine Kehrtwendung

*Politik und Ökonomie in den Jahren
1980/81*

Wenden verboten

Am Freitag, dem 10. Oktober 1980, begann ich um 14.30 Uhr meine
Rede vor dem Parteitag der Konservativen in Brighton. Die Arbeitslosenzahl hatte die Zwei-Millionen-Grenze überschritten und
nahm weiter zu; eine schwere Rezession lag vor uns; die Inflationsrate war weitaus höher als bei unserer Amtsübernahme, zeigte aber
fallende Tendenz; und hinter uns lag ein Sommer, in dem die Regierung Lecks und Risse bekommen hatte. Die Partei war ebenso in
Sorge wie ich. Zwar verfolgten wir die richtige Strategie, aber der
Preis für ihre Umsetzung erwies sich als enorm hoch. Außerdem verstanden die meisten nicht, was wir eigentlich beabsichtigten, weshalb wir bei unseren Wählern auf große Schwierigkeiten stießen.
Von einer Sache war ich jedoch felsenfest überzeugt: Sollte die
Bevölkerung den Eindruck gewinnen, daß wir unter äußerem
Druck unseren Kurs änderten, würden wir niemals den fundamentalen Gesinnungswandel erreichen, der nötig war, um Großbritannien vor dem Niedergang zu retten. Ich veranschaulichte diese
Überzeugung mit einem Zitat von Ronnie Millar:

Allen, die mit angehaltenem Atem auf das Lieblingsschlagwort
der Medien – die »Kehrtwendung« – warten, möchte ich nur
eines sagen:»Wenn Sie umkehren wollen, dann tun Sie es. *The
lady is not for turning* – die Lady jedoch wird nicht umkehren.«
Ich sage das nicht nur Ihnen, sondern auch unseren Freunden
im Ausland – und auch denen, die nicht unsere Freunde sind.

Die Botschaft richtete sich sowohl an einige meiner Kollegen in der Regierung als auch an Politiker anderer Parteien. Im Sommer 1980 versuchten Kritiker innerhalb des Kabinetts zum ersten Mal, die Umsetzung der Strategie, zu der uns unser Wählerauftrag verpflichtete, zu blockieren. Diese Angriffe erreichten im darauffolgenden Jahr ihren Höhepunkt und wurden dann zurückgeschlagen. Zu der Zeit, als ich meine Rede hielt, waren viele Menschen der Meinung, daß diese Gruppe mehr oder weniger die Oberhand gewonnen habe.

Der Streit über die öffentlichen Ausgaben

In den folgenden beiden Jahren drehte sich der Streit um drei miteinander verknüpfte Themen: die Geldpolitik, die öffentlichen Ausgaben und die Gewerkschaftsreform. Die »Wets« argumentierten, wir hätten uns eine dogmatische Geldtheorie zu eigen gemacht, derzufolge die Inflation nur durch eine strenge Geldverknappung gesenkt werden könne. Dadurch aber würden wir die Wirtschaft, die sich mitten in der Rezession befand, noch mehr unter Druck setzen. Ein solcher Dogmatismus, sagten sie, werde auch den Einsatz von praktischen Mitteln der Wirtschaftspolitik, wie zum Beispiel eine staatliche Preis- und Einkommenskontrolle, verhindern; außerdem seien wir dadurch gezwungen, die öffentlichen Ausgaben zu reduzieren, während doch – wie Keynes lehrte – die öffentlichen Ausgaben gesteigert werden müßten, um die an Nachfragemangel leidende Wirtschaft anzukurbeln.

Die heftigsten Auseinandersetzungen im Kabinett drehten sich um die öffentlichen Ausgaben. Jene, die sich der von Geoffrey Howe und mir verfolgten Linie widersetzten, wollten in der Regel nicht bloß unsere gesamte Wirtschaftsstrategie als doktrinären Monetarismus brandmarken, sie versuchten zugleich, den Haushalt ihrer Ressorts vor Kürzungen zu bewahren. Es war schnell klar geworden, daß die im März 1980 verkündeten staatlichen Ausgabenpläne viel zu optimistisch angelegt waren. Insbesondere stellte sich in der verstaatlichten Industrie nicht die große Wende – von der Verlustzone in die Rentabilität – ein; die Kommunalverwaltungen überzogen wie gewöhnlich ihre Etats, und die Rezession erwies sich als schwerwiegender als erwartet, wodurch die Aufwendungen für Arbeitslosengeld und andere Sozialleistungen zunahmen. Die Kreditaufnahme der öffentlichen Hand für das erste Vierteljahr 1980 schien sehr hoch auszufallen. Zudem forderte der Verteidigungsminister Francis Pym eine Aufstockung des Verteidigungsetats.

Wir hatten beschlossen, am 3. Juli 1980 im Kabinett die Grundlinien der Wirtschaftspolitik zu erörtern, bevor wir am 10. Juli unsere erste gemeinsame Gesprächsrunde über die öffentlichen Ausgaben für 1980/81 begannen. Unser Ziel war es, den Ministern, die zu leichtfertig mit ihrem Etat umgingen, klarzumachen, welche Folgen ein Scheitern der Ausgabenkürzung für die Steuerpolitik haben würde; außerdem wollten wir die Ansicht entkräften, die Konjunktur lasse sich durch eine Vergrößerung der Geldmenge beleben, wie man fast täglich in den Zeitungen las und von bestimmten Interessengruppen zu hören bekam. Ich gab mich keineswegs der Illusion hin, daß es leicht sein würde, die Bestrebungen meiner Kollegen mit einer heilsamen Dosis Realismus zu dämpfen.

Geoffrey legte dem Kabinett dar, wie schwierig die Wirtschaftslage bei uns und im Ausland geworden sei. In den größten Wirtschaftsnationen war die Inflation stark angestiegen, der Ölpreis hatte sich verdoppelt und die Weltwirtschaft sank immer tiefer in die Rezession – allen voran die Vereinigten Staaten unter der Regierung Jimmy Carters. 1980 war zwar das Produktionsvolumen in Großbritannien weniger stark zurückgegangen als vorhergesagt, doch wahrscheinlich würde gerade deshalb 1981 genau das Gegenteil eintreten. Auch der Anstieg der Inflationsrate hatte sich verlangsamt, aber in geringerem Maße, als wir gehofft hatten. Also fand die Gesprächsrunde über die öffentlichen Ausgaben und den Haushalt des nächsten Jahres unter ziemlich bedrückenden Bedingungen statt. Zu Beginn der Diskussion verlangten einige Minister eine beträchtliche Erhöhung der öffentlichen Ausgaben, um so die Arbeitslosigkeit einzudämmen; andere plädierten für Maßhalten. In meinem Resümee betonte ich, daß wir an der gegenwärtigen Strategie festhalten würden und daß es notwendig sei, die Ausgabenkürzungen fortzuführen und die Lohnerhöhungen im öffentlichen Sektor zu beschränken, um auf diese Weise

einen Rückgang der öffentlichen Kreditaufnahme und Zinssen-
kungen zu bewirken – doch bei den Ausgaben insgesamt sollten
Maßnahmen zum Problem der Arbeitslosigkeit – insbesondere
unter Jugendlichen – ein höherer Stellenwert eingeräumt werden.
Die erste Runde ging an Geoffrey und mich.
   Doch die Debatte setzte sich innerhalb und außerhalb des Kabinetts fort.
   Die »Wets« fanden für ihre Einwände immer wieder neue ausge-
klügelte Formulierungen, doch der Kern ihrer Botschaft war stets
der gleiche: mehr ausgeben und mehr Schulden machen. Für
gewöhnlich behaupteten sie, wir müßten für Beschäftigungs- und
Industrieförderungsprogramme mehr zusätzliche öffentliche Gelder zur Verfügung stellen, als ursprünglich geplant. Aufgrund der
Rezession seien wir geradezu verpflichtet, Mittel bereitzustellen.
Doch damit konnte man sich nicht an der Tatsache vorbeimogeln,
daß das Geld für zusätzliche öffentliche Ausgaben – wofür es auch
immer verwendet werden mochte – ja von irgendwoher kommen
mußte. Und »irgendwoher« bedeutete entweder höhere Besteuerung von Privatpersonen und Unternehmen oder Kreditaufnahme
– die die Zinssätze in die Höhe treiben würde – oder Geldvermeh-
rung, was die Inflation anheizen würde. Andere Kollegen vertraten die Ansicht – die ich ebenfalls ablehnte –, daß die Rückerstattungen aus dem EG-Haushalt, die ich ausgehandelt hatte, zur
Finanzierung zusätzlicher öffentlicher Ausgaben verwendet werden sollten. Warum hielt man überhaupt öffentliche Ausgaben für
besser als private Ausgaben? Warum sollten die Früchte meiner
Bemühungen, den Appetit der Europäischen Gemeinschaft zu
zügeln, automatisch von einem fast ebenso unersättlichen öffentlichen Sektor in Großbritannien aufgesogen werden? Aus diesem
Grund war ich entschlossen, dafür zu sorgen, daß das Kabinett
den Ausgabenplan 1981/82 für den öffentlichen Sektor in der Fassung billigte, wie er im vorausgegangenen Weißbuch angekündigt
worden war – abzüglich der Rückerstattungen aus dem EG-Haushalt.
   Während der Kabinettssitzung vom 10. Juli, in der wir uns mit
den öffentlichen Ausgaben befaßten, traten diese grundlegenden
Differenzen zwischen uns offen zutage. Einige Minister setzten
sich dafür ein, den Kreditbedarf der öffentlichen Hand zu erwei-

tern, um den enorm hohen zusätzlichen Finanzbedarf der verlust-
bringenden verstaatlichten Industrien zu decken. Doch der Kreditbedarf der öffentlichen Hand war bereits jetzt schon viel zu
hoch, auch wenn manche sich von weiteren öffentlichen Anleihen
theoretische Vorteile zur Bekämpfung der Rezession versprachen.
Je höher die öffentliche Kreditaufnahme, um so größer die Notwendigkeit, die Zinssätze zu erhöhen – als Anreiz für die Sparer,
der Regierung das benötigte Geld zu leihen. Doch wenn man das
zu weit treibt, läuft man ab einem bestimmten Punkt Gefahr, in
eine umfassende staatliche Finanzkrise zu geraten, dann nämlich,
wenn die Kreditaufnahme nicht mehr aus dem Nichtbankensek-
tor finanziert werden kann. Wir durften nicht riskieren, uns noch
weiter in diese Richtung zu bewegen. Deshalb betonte ich noch
einmal, daß wir uns an die bestehenden Ausgabenpläne halten
mußten – aber innerhalb dieses Rahmens sehr wohl stärkeres
Gewicht auf die Förderung der Beschäftigung legen konnten.

Der Verteidigungshaushalt war ein besonderes Problem. Wir
hatten uns bereits auf die NATO-Linie verpflichtet, die eine jährliche Erhöhung der Verteidigungsausgaben um effektiv drei Prozent
vorsah. Damit konnten wir zwar demonstrieren, daß wir nicht
gewillt waren, die Sowjets in dem von ihnen begonnenen
Rüstungswettlauf gewinnen zu lassen: doch in zweifacher Hinsicht war der Verteidigungsetat um so unbefriedigender. Erstens
wurde dadurch das Verteidigungsministerium kaum motiviert, bei
der Anschaffung der enorm teuren Rüstungsgüter darauf zu achten, daß es für das Geld auch den entsprechenden Gegenwert
erhielt. Und zweitens bedeutete unsere Zusage einer dreiprozenti-
gen Erhöhung, daß unserem Land, das trotz einer besonders
schweren Rezession einen wesentlich höheren Anteil seines Bruttoinlandsprodukts für Verteidigungsaufgaben aufwandte als
andere europäische Länder, eine verhältnismäßige und immer
schwerer werdende Last aufgebürdet wurde. Zudem gab es Probleme bei der Verwaltung des Verteidigungshaushalts. Ende 1980
hatte nämlich das Verteidigungsministerium seinen Etat überzogen, weil angesichts der schlechten wirtschaftlichen Lage die
Zulieferer die Staatsaufträge schneller ausgeführt hatten als
erwartet.

Im Winter 1980 verschlimmerten sich die wirtschaftlichen

Schwierigkeiten, und zugleich nahm der politische Druck zu. In unserem Kampf um eine rigorose Kürzung der öffentlichen Ausgaben hätten wir wohl leichter Unterstützung gefunden, wenn sich der zweite Faktor unserer Strategie – das Geldvolumen – berechenbar entwickelt hätte.

Das war aber nicht der Fall. Am Mittwoch, dem 3. September, erörterten Geoffrey Howe und ich die Lage der Geldpolitik. Was sagten die Zahlen wirklich aus? Gemessen an der Geldmengendefinition M3 war das Geldvolumen weit schneller gestiegen, als wir dies bei der mittelfristigen Finanzplanung im März-Haushalt vorgesehen hatten. Es war schwer zu sagen, inwieweit das mit dem Wegfall der Devisenkontrolle im Jahre 1979 und mit unserer Entscheidung vom Juni zusammenhing, das »Korsett« abzuschaffen – eine Regelung, nach der die Zentralbank Obergrenzen für die Kreditgeschäfte der Geschäftsbanken festgelegt hatte. Einige Experten meinten, die M3-Zahlen seien in irreführender Weise aufgebläht, da nun das durch das »Korsett« erzeugte falsche Bild seine Wirkung zeige. In einem Interview, das Brian Walden am Sonntag, dem 1. Februar, mit mir führte, formulierte ich es so: »Ein Korsett verdeckt nur die darunterliegenden Pölsterchen, beseitigt sie aber nicht, und wenn Sie es ablegen, werden Sie merken, daß die Pölsterchen noch zugenommen haben.«[1] Andere geldpolitische Maßnahmen hingegen verfehlten die angestrebten Ziele. Für die »Wets« war das unberechenbare Verhalten der Geldmenge M3 ein dankbares Thema für Spötteleien auf Dinnerpartys. Geoffrey und ich konnten uns darüber allerdings nicht amüsieren. Die Diskussion um den richtigen Maßstab für die Geldmenge verlief zwar auf hochtheoretischer Ebene, war aber von großer Bedeutung.

Natürlich waren die Geldmengenzahlen nicht der alleinige Indikator, nach dem wir die Lage beurteilten. Wir betrachteten auch die Welt um uns herum. Und was wir dort wahrnahmen, sprach eine ganz andere Sprache als die hohen Zahlen von M3. Die Inflationsrate war merklich zurückgegangen, und besonders dort, wo intensiver Wettbewerb herrschte, waren die Preise deutlich gesunken. Der Kurs des Pfund Sterling war sehr stark und lag in der zweiten Jahreshälfte 1980 durchschnittlich knapp unter 2,40 US-Dollar. Die entscheidende Frage lautete, ob die hohe Wechselkursrate nun ein mehr oder weniger unabhängiger Faktor war, der die

Inflation senkte, oder vielmehr das Ergebnis der Geldverknappung, die gravierender war, als wir beabsichtigt hatten und als es die M3-Zahlen vermuten ließen. Einige meiner engsten Berater waren der Meinung, daß letzteres zutreffe. Professor Douglas Hague schickte mir eine Studie, in der er unsere Politik in zweifacher Hinsicht als »unausgeglichen« charakterisierte. Erstens ginge die Geldpolitik mehr zu Lasten des privaten als des öffentlichen Sektors (was sicherlich zutraf), und zweitens werde zu großes Gewicht auf die Kontrolle der Geldmenge gelegt und zu wenig auf die Kontrolle des Kreditbedarfs der öffentlichen Hand, mit dem Ergebnis, daß die Zinssätze höher lagen als angestrebt. (Im Laufe der nächsten Jahre sollte ich ihm auch in diesem Punkt recht geben.) Im Sommer 1980 konsultierte ich Alan Walters, der mir ab Anfang 1981 als mein wirtschaftspolitischer Berater in der Downing Street zur Verfügung stand und auf dessen Urteil ich mich immer mehr verließ. Nach Alans Ansicht war unsere Geldpolitik zu restriktiv. Die engste Definition von »Geld«, das heißt die monetäre Basis, sei die beste und auch die einzig verläßliche Leitlinie, an der man sich orientieren sollte. Sicher traf es im Herbst 1980 zu, daß wir nach dieser Richtlinie der »engsten Definition« eine sehr rigide Geldpolitik verfolgten.

Zu dieser Zeit herrschte vielleicht Unsicherheit über die monetäre Lage, keinen Zweifel gab es jedoch über den Trend bei den öffentlichen Ausgaben, der unerbittlich nach oben wies. Die Lohnkosten im öffentlichen Sektor waren eines der ärgsten Probleme. Die Rechnungen, die wir hier begleichen mußten, waren größtenteils die Hinterlassenschaft der gescheiterten Einkommenspolitik der Labour Party; dennoch mußten sie bezahlt werden – und erhöhten gleichzeitig die Ausgangsbasis für zukünftige Tarifabkommen. Der zweite große Missetäter, der am gewaltigen Anstieg der öffentlichen Ausgaben Schuld trug, war – ich habe es bereits gesagt – die verstaatlichte Industrie. Mit Blick auf die enttäuschenden Zahlen, die während der Gesprächsrunde zu den öffentlichen Ausgaben zutage traten, schrieb ich damals, die verstaatlichte Industrie »hat die gesamte Finanzstrategie der Regierung bezüglich der öffentlichen Ausgaben unterminiert«. Doch es sollte noch schlimmer kommen.

Im September schickte mir Geoffrey Howe eine Mitteilung, in

der er noch einmal seine Warnung vor der Ausgabenexplosion bekräftigte, die er bereits vor dem Kabinett ausgesprochen hatte. Die für die verstaatlichte Industrie, insbesondere für die British Steel Corporation notwendig gewordene Steigerung der Finanzmittel würde – um die Gesamtsumme beizubehalten – größere Kürzungen von Programmen erforderlich machen, als im Juli beschlossen worden war. Eine Aufstockung der Wirtschafts- und Beschäftigungsförderung – die das Kabinett ja wünschte – würde weitere Kürzungen gleichen Umfanges nötig machen. Folglich müßten wir uns bei der fünften Tagung zu den öffentlichen Ausgaben innerhalb von sechzehn Monaten auf einen Aufschrei der Entrüstung gefaßt machen – den wir dann auch zu hören bekamen.

Eine weitere Mitteilung von Geoffrey, die er mir Anfang Oktober schickte, bestätigte, daß sich die Lage verschlimmerte: die vorliegenden Zahlen waren schlechter, als man im Monat zuvor prognostiziert hatte. Denn die neueste Vorausberechnung des öffentlichen Kreditbedarfs für 1981/82 lag bei etwa elf Milliarden Pfund und damit weit höher als geplant. Das Schatzamt hatte bereits Überlegungen angestellt, wie sich der Kreditbedarf vermindern ließe: in Betracht gezogen wurden eine höhere Besteuerung der Gewinne aus der Öl- und Gasförderung in der Nordsee, eine Erhöhung des Arbeitnehmerbeitrags zur Sozialversicherung und eine Entkoppelung der Freibeträge bei der Einkommensteuer von der Inflationsrate. All diese ungenießbaren Besteuerungsvorschläge zeigten noch einmal, wie notwendig weitere Ausgabenkürzungen bei der öffentlichen Hand waren. Wir benötigten aber nicht nur Ausgabensenkungen bei sämtlichen staatlichen Programmen und eine Kürzung der laufenden Ausgaben der Kommunalverwaltungen, sondern mußten auch noch einmal den Verteidigungsetat und den politisch noch heikleren Sozialhaushalt unter die Lupe nehmen. (Der Sozialhaushalt allein umfaßte ein Viertel aller öffentlichen Ausgaben; der mit Abstand größte Posten dabei waren die Aufwendungen für Renten und Pensionen. Ich hatte aber öffentlich das Versprechen abgegeben, daß diese noch während der laufenden Legislaturperiode der Inflationsrate angepaßt würden.) Wir gerieten allmählich in gefährliches Fahrwasser.

Sehr wichtig war ganz offensichtlich, welche Taktik man bei der Diskussion über die Ausgabendiskussion einschlug. Geoffrey und ich entschlossen uns daher, das Kabinett nicht unvorbereitet mit dem Problem zu konfrontieren, sondern vorab ein Treffen der wichtigsten Minister einzuberufen und ihnen die ganze Angelegenheit vorzutragen. Der Schatzkanzler erläuterte dort unsere Lage und erklärte die Berechnungen.

Unser Plan hatte Erfolg. Ohne allzu großen Unmut billigte die Kabinettsrunde am 30. Oktober unsere Strategie und unterstützte die Zielsetzung, die öffentlichen Ausgaben für 1981/82 und die darauffolgenden Jahre weitgehend den Vorgaben anzupassen, wie sie im Weißbuch vom März vorgelegt worden waren. Das bedeutete, daß Kürzungen in der Höhe vorgenommen werden mußten, wie sie das Schatzamt vorgeschlagen hatte – und selbst mit diesen Kürzungen würden wir gezwungen sein, die Steuern zu erhöhen, wenn wir die öffentliche Kreditaufnahme so weit beschränken wollten, daß die Zinssätze nicht stiegen.

Viel stärkerer Widerstand entwickelte sich im Kabinett jedoch, als wir darüber berieten, welche Entscheidungen getroffen werden mußten, um die Strategie, auf die wir uns festgelegt hatten, auch umzusetzen. Die »Wets« versuchten es jetzt mit einer neuen Methode: Sie behaupteten, ihnen lägen nicht genügend Informationen vor, um beurteilen zu können, ob die Gesamtstrategie auch auf soliden Grundlagen beruhte. Ohne diese Informationen aber seien sie nicht in der Lage, die wirtschaftlichen, politischen und sozialen Folgen der verschiedenen Maßnahmen abzuwägen, so zum Beispiel der Veränderungen bei der Besteuerung und der Kürzungen der öffentlichen Ausgaben. Der Trick war durchschaubar. Die für den jeweiligen Etat verantwortlichen Minister versuchten ganz einfach, sich als Möchtegern-Schatzkanzler aufzuspielen. Das aber hätte zur völligen Preisgabe der Ausgabenkontrolle und somit ins wirtschaftliche Chaos geführt.

Die drei wichtigsten Diskussionspunkte bei unserem Treffen am Dienstag, dem 4. November, waren die Gesundheitsfürsorge, der Verteidigungshaushalt und die Sondermaßnahmen zur Beschäftigungsförderung, die Jim Prior forderte. Was den ersten Punkt betraf, beschlossen wir, den in der Sozialversicherung enthaltenen Anteil für die Gesundheitsfürsorge zu erhöhen, anstatt das Gesundheitsprogramm zu reduzieren – und somit erfüllten wir unser Versprechen, das wir im Wahlprogramm gegeben hatten.

Hinsichtlich des Verteidigungshaushalts einigte sich das Kabinett, daß die Kürzungen dort zwischen dem vom Schatzamt angesetzten Umfang und dem Angebot des Verteidigungsministeriums liegen mußte. Und schließlich beschlossen wir auch die Sonderprogramme zur Beschäftigungsförderung, die ich später in meiner Rede nach der Royal Address verkündete und die im Rahmen des Youth Opportunities Programme 440 000 Arbeitsplätze schufen – 180 000 mehr als im Vorjahr.

Zwei Tage später trat das Kabinett erneut zusammen, um die Diskussion fortzusetzen. In der kurzen Zeit, seit wir mit der Prüfung der Ausgabenpolitik begonnen hatten, hatte sich die finanzielle Lage der verstaatlichten Industrie noch weiter verschlechtert. Auch die Gehälter der Beschäftigten im öffentlichen Dienst bereiteten immer noch Kopfzerbrechen. Wenn es uns gelang, die Ausgabensteigerung bei den Gehältern im öffentlichen Dienst auf sechs Prozent zu begrenzen – wie wir beabsichtigten –, mußten wir für 1981/82 immer noch mit einem öffentlichen Kreditbedarf von 12 Milliarden Pfund rechnen, wohingegen es laut mittelfristiger Finanzplanung nur 7,5 Milliarden sein sollten. Es war jedoch nicht möglich, eine öffentliche Kreditaufnahme in dieser Höhe zu finanzieren und gleichzeitig die Zinssätze zu senken. Um die Erhöhung der Zinssätze zu verhindern, würde es daher unumgänglich sein, die Steuern deutlich zu erhöhen. In meinem Resümee wies ich darauf hin, daß sich die Lage noch verschlechtern würde, wenn die zur Diskussion stehenden Kürzungen – einschließlich des Wehretats, des Sozialbudgets und des Bildungshaushalts – nicht beschlossen würden. Das Kabinett traf die endgültige Entscheidung über das Finanzpaket in der darauffolgenden Woche.

Die Regierungserklärung vom 24. November 1980 enthielt deshalb einige sehr unpopuläre Maßnahmen. Der Arbeitnehmeranteil an der Sozialversicherung mußte erhöht werden. Die Erhöhung der Renten und anderer Leistungen zur sozialen Sicherheit hingegen würden im folgenden Jahr um ein Prozent unter der Inflationssteigerung liegen, falls sich herausstellen sollte, daß sie im laufenden Jahr um ein Prozent darüber lagen. Auch bei der Verteidigung und bei den Ausgaben der Kommunalverwaltungen würden Kürzungen erfolgen. Für die Gewinne aus der Ölförderung in der Nordsee würde eine Zusatzsteuer eingeführt werden. Es gab aber auch gute Neuigkeiten: die zusätzlichen Maßnahmen zur Beschäftigungsförderung und eine zweiprozentige Senkung des Diskontsatzes.

Unstimmigkeiten durch Indiskretionen

Wirkliche Experten für die verzwickten Fragen der Ökonomie gibt es nur wenige – doch die meisten Menschen merken sehr genau, wenn sie übers Ohr gehauen werden. Ende 1980 spürte ich, daß wir allmählich Gefahr liefen, das Vertrauen der Öffentlichkeit in unsere Wirtschaftsstrategie zu verspielen. Mit Unpopularität konnte ich leben. Doch fehlendes Vertrauen in unsere Fähigkeit, unser Wirtschaftsprogramm umzusetzen, war viel gefährlicher. Wir gaben jetzt mehr aus, obwohl unsere Absicht war, weniger auszugeben; wir verkündeten als vorrangiges Ziel, die Inflationsrate zu senken, und gleichzeitig lag sie hoch; und obwohl wir schon seit Jahren predigten, daß nur ein erfolgreiches freies Unternehmertum einem Land zu Wohlstand verhelfen würde, war die Privatwirtschaft ins Straucheln geraten. Natürlich konnten wir auf Faktoren verweisen, auf die wir keinen oder nur geringen Einfluß hatten, insbesondere auf die weltweite Rezession. Und was die Inflation und die Lohnabschlüsse anging, befanden wir uns auf dem richtigen Weg. Doch unsere Glaubwürdigkeit stand auf dem Spiel. Am allerwenigsten konnte ich es mir deshalb leisten, daß Kabinettsmitglieder unsere Meinungsverschiedenheiten gezielt nach außen trugen. Aber genau damit wurde ich jetzt konfrontiert.

Die »Wets« machten ihre abweichende Meinung publik und formulierten sie in einer Sprache, die wohl hochgelehrt klingen sollte; aber jeder Satz war gespickt mit Doppeldeutigkeiten, und ein philosophischer Gemeinplatz reihte sich an den anderen, um durch Anspielungen unsere politische Praxis in Grund und Boden zu verdammen. Diese verschleierte und indirekte Form der Kritik ist noch nie mein Stil gewesen, und ich hatte dafür nur Verachtung übrig. Eine offene und ehrliche Auseinandersetzung empfinde ich als konstruktiv. Mich interessieren praktische Vorschläge, und ich ziehe es vor, mit meinen Opponenten Streitgespräche zu führen, anstatt sie mit wohllancierten Indiskretionen zu Fall zu bringen.

Kollektive Verantwortung halte ich nicht für eine interessante Fiktion, sondern für ein grundlegendes Prinzip. Meine Erfahrung hat mich gelehrt, daß eine ganze Reihe von Männern, mit denen ich in der Politik zu tun hatte, genau jene Eigenschaften an den Tag legen, die sie Frauen zuschreiben – Eitelkeit und Unfähigkeit, harte Entscheidungen zu treffen. Es gibt auch eine bestimmte Art von Männern, die sich einfach nicht damit abfinden können, für eine Frau zu arbeiten. Sie sind zwar bereit, gegenüber dem »schwächeren Geschlecht« großzügig Nachsicht zu üben: doch wenn eine Frau nicht um besondere Vorrechte bittet, sondern erwartet, nur nach ihrer Persönlichkeit und Leistung beurteilt zu werden, wirkt das auf sie äußerst verwirrend, und sie verzeihen es ihr nie. Natürlich war ich in den Augen der »Wets« im Tory-Establishment nicht nur eine Frau, sondern »diese Frau«, nicht nur ein Mensch anderen Geschlechts, sondern auch einer anderen Klasse zugehörig; eine Person mit der beunruhigenden Überzeugung, daß die durch den Konsens des Establishments geschaffenen Probleme mit Hilfe der Werte und Tugenden der englischen Mittelschicht bewältigt werden konnten. Ich erregte in vielerlei Hinsicht Anstoß.

Die 1980 geführten Diskussionen über die Wirtschaft und die öffentlichen Ausgaben fanden wiederholt ihren Weg in die Presse; wenn Entscheidungen fielen, wurde dies als Sieg der einen oder der anderen Seite dargestellt, und Bernard Ingham wies mich darauf hin, daß es ganz unmöglich sei, in einem solchen Klima ein Bild von Einigkeit und Zielstrebigkeit zu vermitteln. Im Laufe des Jahres 1980 hatte die Öffentlichkeit reichlich Gelegenheit, sich eine Reihe von Reden und Vorträgen von Ian Gilmour und Norman St. John Stevas anzuhören. Die beiden dozierten über die Fehler des Monetarismus, der ihrer Meinung nach völlig dem Tory-Geist widerspreche und eine Art Lehrmeinung von einem anderen Stern sei; zugleich achteten sie in der Regel aber sehr darauf, sich gegen den Vorwurf der Illoyalität zu schützen, indem sie übertriebenes Lob über mich und die Vorgehensweise der Regierung einstreuten. In einer Rede, die Ian Gilmour im November in Cambridge hielt, behauptete er, man müsse befürchten, daß in Großbritannien »eine Gesellschaft wie in ›Uhrwerk Orange‹ entsteht und es zu Entfremdung und Verelendung kommt« – was auffallend an das Großbritannien im Winter des Mißvergnügens erinnerte.

Manche Industriellen trugen dazu bei, den allgemeinen Eindruck der Verwirrung zu verstärken. Ebenfalls im November versprach der neue Generaldirektor des Britischen Unternehmerverbandes (CBI), die Regierungspolitik mit »bloßen Fäusten zu bekämpfen«; deshalb war ich froh, daß bei meinem Treffen mit der CBI, das kurz danach stattfand, keine bloßen Fäuste in Aktion traten. Im Dezember wurde von Jim Prior behauptet, er fordere, wir sollten auf den Jargon des »akademischen Seminars« verzichten. Doch die vielleicht erstaunlichste Bemerkung – wenngleich es nicht seine letzte dieser Art sein sollte – kam von John Biffen. Wie ausführlich berichtet wurde, hatte er vor dem Parlamentarischen Finanzkomitee der Konservativen Partei eingeräumt, daß er die Begeisterung für die mittelfristige Finanzstrategie nicht teile, die er – der Staatssekretär des Schatzamtes – mit einzigartig geringem Erfolg im Bereich der öffentlichen Ausgaben umzusetzen versuchte. Als ich noch im gleichen Monat den Vorsitzenden des Komitees von 1922 traf, war ich nicht überrascht zu erfahren, daß das Komitee eine sehr geringe Meinung von der öffentlichen Selbstdarstellung der Minister hatte. Ich konnte ihm voll und ganz zustimmen. Doch es war nicht nur eine Frage der Präsentation in der Öffentlichkeit: manche Minister versuchten auch die Strategie selbst in Mißkredit zu bringen. Dem mußte ein Ende gesetzt werden.

Während der Weihnachtsferien überlegte ich, was zu tun sei. Ich kam zu dem Schluß, daß es an der Zeit sei, das Kabinett umzubilden. Die einzige Frage war, ob ein begrenztes Revirement genügen würde, um das Gewicht zugunsten unserer Wirtschaftsstrategie zu verlagern, oder ob viel weitreichendere Veränderungen notwendig wären. Ich entschied mich für das erstere.

Am Montag, dem 5. Januar, machte ich mit Norman St. John Stevas den Anfang; er verließ die Regierung. Es tat mir leid, Norman zu verlieren, aber er selbst hatte mir keine andere Wahl gelassen. Er war ein sehr kluger Kopf und besaß große Schlagfertigkeit. Aber er hatte die Indiskretion zum politischen Prinzip erhoben. Seine Scherze über die Regierungspolitik verbreiteten sich über Privatgespräche und Klatsch im Unterhaus und landeten schließlich auf den Titelseiten der Zeitungen. Der zweite Mann, den ich verabschiedete, Angus Maude, hatte zwar seinen beißenden Witz

in den Dienst meiner Politik gestellt, aber er hielt es für angebracht, seine Tätigkeit als Generalzahlmeister des Schatzamtes
und als Verantwortlicher für die Öffentlichkeitsarbeit der Regierung niederzulegen, um sich wieder der Schriftstellerei zu widmen.
Im Verteidigungsministerium ersetzte ich Francis Pym durch John
Nott. Meiner Überzeugung nach benötigten wir in diesem Ministerium jemanden, der wirklich etwas von Finanzen verstand und
großen Wert auf wirtschaftliche Effizienz legte. Im Wirtschaftsministerium übernahm John Biffen die bisherige Funktion von John
Nott, und auf den Wunsch von Geoffrey Howe ernannte ich Leon
Brittan zum Staatssekretär. Leon Brittan, ein enger Freund von
Geoffrey, war hochintelligent und ein unermüdlicher Arbeiter.
Bereits in der Oppositionszeit hatte mich sein scharfer Verstand
beeindruckt. Damals war er als einer unserer Parteisprecher für
das leidige Thema der Devolution zuständig.

Zur Unterstützung von Keith Joseph erhielt das Industrieministerium zwei sehr begabte neue Staatsminister: Norman Tebbit
und Kenneth Baker. Während unserer Oppositionszeit hatte Norman eng mit mir zusammengearbeitet. Er stand, wie ich wußte,
voll und ganz hinter unserer politischen Linie, teilte weitgehend
meine Vorstellungen und galt im Unterhaus als gefürchteter Redner. Ken war insbesondere für den Bereich Informationstechno-
logien zuständig; dabei bewies er sein Talent als brillanter Vermittler unserer politischen Zielsetzungen. Francis Pym übernahm
die Öffentlichkeitsarbeit und die Funktion des Fraktionsführers
der Regierungspartei. Doch in der ersten Hälfte seiner Amtszeit
bereitete er den Boden für einige der Schwierigkeiten, mit denen
wir uns in den kommenden Monaten auseinandersetzen mußten.

Mit dieser begrenzten Kabinettsumbildung würden wir, wie ich
hoffte, in der Lage sein, uns den wirtschaftlichen Problemen mit
größerer Einigkeit und Entschlossenheit zu stellen. Beides hatten
wir nötig, denn die Kritik an unserer Strategie nahm immer mehr
zu. Doch ich ging zum Gegenangriff über. Sowohl bei dem Interview, das ich am 1. Februar für die »Weekend World« gab, als auch
ein paar Tage später in meiner Rede während der Wirtschaftsdebatte im Unterhaus trat ich den Argumenten derjenigen entgegen,
die glaubten, das eigentliche Problem in Großbritannien sei der

Mangel an Nachfrage und das Heilmittel liege in der Konjunkturbelebung durch Erhöhung der Geldmenge:

Indem die Regierungen versuchten, den Arbeitsmarkt durch
Subventionen an die Wirtschaft zu stimulieren, führten sie
eine Inflation herbei. Diese wiederum bewirkte einen Kostenanstieg, und der Kostenanstieg beeinträchtigte seinerseits die
Wettbewerbsfähigkeit. Die wenigen Arbeitsplätze, die wir
gewonnen hatten, gingen bald wieder verloren und viele
andere mit ihnen. Und dann begann der gleiche Prozeß, nun
auf einem höheren Niveau von Arbeitslosigkeit und Inflation, wieder von neuem, und bei jeder neuen Runde nahmen
sowohl die Inflation als auch die Arbeitslosigkeit zu.

Doch die andere Seite hatte einflußreiche Verbündete in den
Medien. Ein Leitartikel der »Sunday Times«, die an sich ein konservatives Blatt ist, trug die Überschrift »Falsch, Mrs. Thatcher,
falsch, falsch, falsch«. Die Presse war voller feindseliger Kommentare. Und das untergrub die Moral meiner Anhänger. Am 27.
Februar schickte mir Ian Gow ein Memorandum:

An die Premierministerin
1. Es tut mir leid, Ihnen mitteilen zu müssen, daß sich die
   Moral in unserer Fraktion merklich verschlechtert
   hat.
2. Ich führe dies zurück auf:
   (a) die zunehmende Besorgnis über das Ausmaß der
       Rezession und der Arbeitslosigkeit;
   (b) die spürbaren Mißerfolge der Regierung im
       Umgang mit der Kohleindustrie und, in etwas
       geringerem Maße, bei den Tarifabkommen für die
       Beschäftigten der Wasserwerke;
   (c) den Umfang des Kreditbedarfs der öffentlichen
       Hand und die zu langsam sinkenden Zinssätze;
   (d) den unstillbaren Bedarf des öffentlichen Sektors –
       insbesondere von British Leyland, British Steel Cor-
       poration und National Coal Board;
   (e) den Staatszuschuß an die Kommunen. ...

Viele Kritiker innerhalb und außerhalb der Konservativen Partei meinten, bei mir Schwächen entdeckt zu haben. Sie waren entschlossen, diese auszunutzen, und witterten ihre Chance, als die Debatte um den Haushaltsentwurf für das Jahr 1981 näherrückte.

Der Haushalt für das Jahr 1981

Niemals werde ich die Wochen vor der Verabschiedung des Haushalts 1981 vergessen. Es schien kaum ein Tag zu vergehen, an dem sich die finanzielle Lage nicht in irgendeiner Hinsicht verschlechterte. Noch Ende Januar hoffte Geoffrey Howe, die Kapitalsteuern deutlich senken und der Wirtschaft merkliche Unterstützung geben zu können, doch schon Anfang Februar wurden die Prognosen des Schatzamtes vorsichtiger und zugleich pessimistischer. Der Kreditbedarf der öffentlichen Hand im laufenden Jahr schien zwischen vier und sechs Milliarden Pfund höher zu liegen, als die Prognose im Haushaltsplan 1980 ergeben hatte. Die gegenwärtige Prognose des Finanzministeriums, die von einer Indexierung von Steuerfreibeträgen und Sonderabgaben ausging und die im November 1980 verkündeten Maßnahmen berücksichtigte, ergab für 1981/82 einen Kreditbedarf in Höhe von etwa elf Milliarden Pfund (fast 4,5 Prozent des Bruttoinlandsprodukts), während die mittelfristige Finanzplanung von etwa 7,5 Milliarden Pfund (etwa 3 Prozent des BIP) ausgegangen war. Das Schatzamt vertrat damals die Ansicht, wir sollten einen Kreditbedarf von etwas unter 10 Milliarden Pfund ansteuern. Es blieb daher eine Lücke von einer bis eineinhalb Milliarden Pfund.

Während die Renditen der Unternehmen geschrumpft waren, waren die Privateinkommen gestiegen, deshalb mußte jede zusätzliche Besteuerung bei der Einzelperson und nicht bei Unternehmen ansetzen. Das Schatzamt schlug damals vor, die Einkommensteuerfreibeträge um mindestens 6,5 Prozent anzuheben – und hoffte dabei auf eine Erhöhung um neun oder zehn Prozent – und nicht um 15 Prozent, was der Inflationsrate entsprochen hätte. Außerdem plante der Finanzminister, die Steuern auf Alkohol, Tabak und Erdöl um das Eindreiviertelfache oder das Doppelte anzuheben, um der Inflation Rechnung zu tragen. Die Wirtschaft, insbesondere der Britische Unternehmerverband CBI, forderte eine Senkung der Abgabe auf die Sozialversicherung (NIS), doch dabei gab es zwei Probleme: Jeder Prozentpunkt bei dieser Senkung hätte aufs ganze Jahr berechnet enorme Kosten verursacht, die Steuerentlastung wäre nach dem Gießkannenprinzip erfolgt, und ein Teil davon wäre wohl rasch durch Lohnerhöhungen aufgesogen worden. Andere Möglichkeiten der Wirtschaftsförderung – jede mit ihren eigenen Nachteilen – hätten darin bestanden, die Körperschaftsteuer oder die Steuer auf schweres Heizöl zu senken. Im November hatten wir eine Zusatzsteuer auf die Gewinne aus der Öl- und Gasförderung in der Nordsee angekündigt. Jetzt stellte sich die Frage, ob wir auch eine Steuer auf sogenannte »Windfall«-Gewinne von Banken erheben sollten. Natürlich wehrten sich die Finanzinstitute vehement dagegen, aber Tatsache blieb, daß sie dank unserer Hochzinspolitik und nicht etwa aufgrund höherer Effizienz oder eines besseren Kundenservice ihre hohen Gewinne erzielt hatten.

Doch das waren zweitrangige Fragen – und was die wichtigeren Punkte betraf, gab es berechtigterweise Uneinigkeit unter meinen Anhängern innerhalb der Regierung. Das Hauptproblem war, wie stark der Haushalt auf Steuereinnahmen und die sie unterstützende Geldpolitik ausgerichtet sein sollte. Zu diesem Punkt entwickelte Alan Walters, der mir nun in der Downing Street zur Seite stand, seine eigenen ausgeprägten Ansichten. Er meinte, es sei nötig, den öffentlichen Kreditbedarf stärker zu beschränken, als Geoffrey Howe vorschlug. Außerdem hielt er unsere Vorgehensweise in der Geldpolitik für unzulänglich. Doch das Finanzministerium war nicht bereit, zum Konzept der Geldmengensteuerung überzugehen, das Alan favorisierte und von dem er mich durch seine klaren und bestechenden Analysen überzeugte.

Dies alles ging weit über einen Dissens in Sachfragen hinaus. Alan Walters, John Hoskyns und Alfred Sherman hatten vorgeschlagen, daß Professor Jurg Niehans, ein anerkannter Schweizer Finanzwissenschaftler, für mich eine Studie über unsere Geldpolitik anfertigen sollte. Der Bericht von Professor Niehans, den ich Anfang Februar las, war zwar in einer hochtheoretischen Sprache abgefaßt, hatte aber eine klare Aussage. Wahrscheinlich war nicht das Nordseeöl der Hauptfaktor für die Wertsteigerung des Pfund

Sterling, vielmehr hatte die strikte Geldpolitik das Pfund so steigen lassen, wodurch die britische Wirtschaft unter Druck geriet und die Rezession verstärkt wurde. Der Bericht schlug vor, die Zentralbankgeldmenge und nicht die Geldmenge M3 als Hauptindikator der Geldpolitik zu nehmen; außerdem sollten wir zulassen, daß das Geldvolumen in der ersten Hälfte des Jahres 1981 stieg. Kurz gesagt, Professor Niehans meinte, die Geldpolitik sei zu restriktiv, und wir sollten unverzüglich die Zügel etwas lokkern. Alan stimmte diesem Urteil nachdrücklich zu.

Noch größer als meine Skepsis gegenüber dem geldpolitischen Kurs des Schatzamtes war meine Besorgnis über seine immer höheren Schätzungen zum öffentlichen Kreditbedarf – die Zielvorgabe, die unsere Fiskalpolitik bestimmte. Am 10. Februar 1981 traf ich mit Geoffrey Howe zusammen, um die Haushaltsstrategie zu diskutieren. Geoffrey eröffnete mir, daß die Berechnung für den künftigen Kreditbedarf aktualisiert worden sei und nun nicht mehr bei elf Milliarden, sondern bei 13 Milliarden lag. Er sprach davon, den Einkommensteuerfreibetrag nur um sechs Prozent und nicht mehr, wie zuvor geplant, um zehn Prozent zu erhöhen – obgleich er nach wie vor für eine wesentliche Steuerentlastung der Unternehmen eintrat. Ich sagte ihm, unser oberstes Ziel müsse die Ankurbelung der Wirtschaft sein, und dies bedeute, der Zinssenkung Priorität einzuräumen, weil dies auch dazu beitragen würde, den Wechselkurs zu senken. Wenn wir die Wahl hätten, entweder die Abgabe auf die Sozialversicherung zu senken oder die Kreditaufnahme der öffentlichen Hand zu verringern, würde ich letzteres bevorzugen.

Mich beunruhigte die Aussicht, daß als Folge der vorgeschlagenen indirekten Steuererhöhung die Teuerungsrate um zwei Prozent steigen würde. Ich war mir sicher, daß weitere Kürzungen bei den öffentlichen Ausgaben die bessere Lösung gewesen wären. Doch ich mußte zugeben, daß angesichts der Haltung des Kabinetts die Chance für die Durchsetzung dieser Maßnahme sehr gering war.

Bei diesem Treffen wies Alan Walters noch einmal darauf hin, daß wir seiner Ansicht nach die Zentralbankgeldmenge schneller wachsen lassen sollten. Wir diskutierten auch, in welchem Zeitrahmen die für uns möglichen Senkungen der Zinssätze zu verwirklichen wären.

Allmählich wurde uns klar, wie beschränkt die Alternativen waren, zwischen denen wir wählen konnten. Noch am gleichen Tag schickte mir Alan eine Übersicht über das Problem der öffentlichen Verschuldung. Wir sahen uns dem Problem gegenüber, daß sich die Berechnungen rasch und beträchtlich änderten, was eine strategische Haushaltsplanung sehr schwierig machte. Aber eines war klar: Der Trend bei den Vorhersagen zum Kreditbedarf der öffentlichen Hand wies nach oben. Wahrscheinlich würden wir im Haushaltsplan die Verringerung der öffentlichen Kreditaufnahme viel zu hoch kalkulieren, was auch schon 1980/81 der Fall gewesen war. Doch wenn wir diesen Fehler noch einmal begingen, würden wir gezwungen sein, entweder im Spätsommer oder im Herbst einen Nachtragshaushalt vorzulegen oder die Begrenzung unserer Defizitfinanzierung aufzuheben. Wenn wir zu letzterem Zuflucht nahmen, konnte dies in eine Finanzkrise münden, und mit Sicherheit würden wir gezwungen sein, die Zinssätze zu erhöhen, wodurch der Kurs des Pfund Sterling hoch bleiben und der bereits erhebliche Druck auf den Privatsektor noch zunehmen würde. Das müßten wir verhindern. Doch wir hatten immer noch die Möglichkeit, die Dinge rechtzeitig in die richtige Richtung zu lenken – aber nur dann, wenn wir jetzt unpopuläre Entscheidungen treffen und diese wirkungsvoll der Öffentlichkeit präsentieren würden: nämlich als die einzig mögliche Antwort auf die Kosten der letzten Lohnrunde und die Verluste der verstaatlichten Industrie. Was wir brauchten, war ein Haushalt, der die Beschäftigung förderte.

Am Freitag, dem 13. Februar, hatte ich ein weiteres Treffen mit Geoffrey Howe; auch Alan Walters nahm daran teil. Die neueste Prognose für den öffentlichen Kreditbedarf lag zwischen 13,5 und 13,75 Milliarden Pfund. Durch die Steuererhöhungen, die Geoffrey vorschlug, würde der Kreditbedarf auf 11,25 bis 11,5 Milliarden sinken, wobei es seiner Ansicht nach politisch nicht machbar war, elf Milliarden zu unterschreiten; außerdem käme eine Anhebung des Grundsteuersatzes nicht in Frage. Alan hingegen trat entschieden für eine noch stärkere Reduzierung der Verschuldung ein. Seiner Meinung nach führe ein Kreditbedarf von beispielsweise zehn Milliarden keineswegs rascher zu einer Deflation als einer von elf Milliarden, denn letzterer habe weitaus negativere Auswirkungen auf die Finanzmärkte und die Zinsen. Seiner Meinung nach kämen wir nicht darum herum, die Eingangssätze der Einkommensteuer um ein oder zwei Prozentpunkte zu erhöhen. Alan war der Wirtschaftsexperte, aber Geoffrey und ich waren die Politiker. Geoffrey bemerkte zu Recht, es sei schon schwierig genug, inmitten der schwersten Rezession seit den dreißiger Jahren einen Haushalt vorzulegen, der als deflationistisch gelten würde; wenn man dabei aber noch den Eingangssatz anhob, würde das zu einer politischen Katastrophe führen. Ich teile zwar Geoffreys Ansicht, daß es problematisch sei, die Einkommensteuer zu erhöhen, war aber nicht restlos überzeugt, und nach einigen Tagen wuchs mein Unbehagen.

Bei unserer nächsten Diskussion zum Haushalt am 17. Februar sagte Geoffrey, er habe ebenfalls noch einmal darüber nachgedacht. Nun sei er doch bereit, eine Erhöhung des Eingangssatzes in Erwägung zu ziehen. Er überlege aber auch, ob es nicht besser sei, den Eingangssatz der Einkommensteuer um ein Prozent und die Freibeträge um etwa zehn Prozent zu erhöhen, um dadurch die Belastung für jene Steuerzahler, die unter dem Durchschnittsverdienst lagen, zu verringern. Ich versicherte ihm, ich würde dies ebenfalls in Erwägung ziehen, doch meiner Überzeugung nach sei es von grundlegender Bedeutung, daß wir den öffentlichen Kreditbedarf unter elf Milliarden hielten.

Meine Berater Alan Walters, John Hoskyns und David Wolfson setzten sich weiterhin vehement dafür ein, den öffentlichen Kreditbedarf auf diesen viel niedrigeren Stand festzulegen. Auch Keith Joseph unterstützte den Vorschlag nachdrücklich. Alan, der wußte, daß ich zu jeder Zeit für ihn zu sprechen war – was meiner Meinung nach jedem engen Berater zustehen sollte, wenn der Premierminister nicht zum Sklaven des Dienstweges werden will –, suchte mich in meinem Arbeitszimmer auf, um einen letzten Versuch zu unternehmen, mich hinsichtlich des Haushalts umzustimmen. Er trug mir noch einmal die Gründe vor, warum wir niemals niedrigere Zinssätze erreichen würden – eben das, was die Wirtschaft so dringend brauchte –, sofern wir nicht eine geringere Staatsverschuldung bewirkten, was zum jetzigen Zeitpunkt höhere Steuern bedeutete. Heute weiß ich, daß er beim Weggehen glaubte, es sei ihm immer noch nicht gelungen, mich zu überzeugen. Aber je mehr ich mir die Sache durch den Kopf gehen ließ, um so schlüssiger schien mir seine Analyse. Der Haushalt, für den er eintrat, wäre bei der Bevölkerung unpopulär gewesen. Außerdem wäre er vielen meiner engsten Anhänger sowohl im Unterhaus als auch draußen im Land rätselhaft erschienen und denjenigen Wirtschaftswissenschaftlern, die immer noch der orthodoxen Lehre des Nachkriegs-Keynesianismus anhingen, unverständlich vorgekommen. Welche Folgen ein solcher Haushalt für meine Regierung gehabt hätte, war nicht vorherzusagen. Doch im Innersten wußte ich, daß es nur eine einzige richtige Entscheidung gab und diese jetzt gefällt werden mußte.

Am Nachmittag des 24. Februars, einem Dienstag, traf ich mich noch einmal mit Geoffrey Howe, um über den Haushaltsentwurf zu diskutieren. Alan war wegen eines anderen Termins verhindert, doch dafür nahm Douglas Wass, der Ständige Staatssekretär des Finanzministeriums, an der Besprechung teil. Geoffrey plante für das Jahr 1981/82 nach wie vor eine Kreditaufnahme von 11,25 Milliarden Pfund. Ich äußerte meine Bestürzung über diese Summe und bezweifelte, ob es möglich sei, die Zinssätze zu senken – was wir so dringend benötigten –, sofern die staatliche Kreditaufnahme nicht auf rund 10,5 Milliarden Pfund reduziert werden könne. Ich würde sogar einen Penny auf den Standardsteuersatz akzeptieren. Angesichts der enormen Mengen an Steuergeldern, die in die Kohle und den Stahl geflossen seien, wäre dies wenigstens eine klare Erklärung dafür.

Geoffrey sprach sich gegen einen Penny auf die Einkommensteuer aus. Es war nicht allzu schwer, mich hier eines Besseren zu belehren, denn mich erschreckte der Gedanke, einen Teil der Fortschritte rückgängig zu machen, die wir bei der Senkung der von Labour verantworteten Steuersätze erzielt hatten. Doch Geoffrey war auch dagegen, die Kreditaufnahme der öffentlichen Hand noch weiter zu reduzieren, und was diesen Punkt betraf, war ich überhaupt nicht seiner Ansicht. Wir diskutierten noch einmal – und ohne Ergebnis – alternative Möglichkeiten der Steuererhöhung. Die Zeit lief uns allmählich davon. Geoffrey war immer noch guten Mutes, was die Folgen einer Kreditaufnahme von 11,25 Milliarden für die Zinssätze betraf. Doch er wußte, daß ich das einfach nicht akzeptieren konnte. Deshalb wollte er nach dem

Ende unserer Unterredung noch einmal überlegen, was wir tun konnten.

Am folgenden Morgen in aller Frühe suchte mich Alan in meiner Wohnung auf. Ich war gerade dabei, meine Hüte in Schachteln zu packen, da ich am Nachmittag in die USA reisen wollte. Ich sagte ihm, daß ich entsprechend seinem Wunsch auf eine geringere öffentliche Kreditaufnahme bestanden hätte; doch ich könne nicht vorhersagen, wie Geoffrey darauf reagieren würde. Dann, kurz vor meinem Aufbruch, kam Geoffrey zu mir. Nachdem er sich mit seinen Ministerkollegen im Finanzministerium beraten hatte, billigte er nun eine geringere öffentliche Kreditaufnahme, die unter elf Milliarden liegen sollte. Er schlug vor, statt einer Erhöhung des Eingangssatzes bei der Einkommensteuer einen weniger unpopulären Kurs einzuschlagen und die Einkommensgrenze, ab der Steuerzahlungen fällig wurden, nicht anzuheben – obgleich auch dies angesichts einer Inflationsrate von 13 Prozent ein außergewöhnlich kühner Schritt war. Das war der Wendepunkt. Ich war froh, daß Geoffrey sich meiner Ansicht angeschlossen hatte, und es freute mich, daß er einen Weg gefunden hatte, die Steuereinnahmen zu erhöhen, ohne unsere langfristige Zielsetzung, die von Labour eingeführten hohen Steuersätze zurückzuschrauben, zunichte zu machen. Unsere Haushaltsstrategie stand nun fest. Und es sah danach aus, als ob wir am folgenden Dienstag bei der Vorstellung des Haushalts eine Reduzierung des Diskontsatzes von zwei Prozent ankündigen konnten.

Im Haushaltsplan wurde noch eine weitere Änderung angekündigt, die zwar nur formaler Art, aber dennoch von großer Bedeutung war: die Planung der öffentlichen Ausgaben sollte von nun an in Geldeinheiten anstatt wie bisher in sogenannten »Volumen«-Einheiten erfolgen. Jedem Ministerium sollte ein bestimmter Geldbetrag zur Verfügung gestellt werden, an dem es seine Ausgaben orientieren mußte. Seit Frühjahr 1980 hatten wir überlegt, wie dies zu bewerkstelligen sei, und am 28. Januar 1981 erörterte ich beim Lunch im Schatzamt die Frage mit Geoffrey Howe und anderen. Jedem Finanzdirektor eines Unternehmens und sogar jeder Hausfrau wäre es sehr merkwürdig erschienen, wie die Regierung damals bei der Erstellung ihres jährlichen Ausgabenplans vorging. Der Schatzkanzler legte zwar seinen Bericht über die Staatseinnahmen in Geldeinheiten dar, doch die Entscheidung über die Ausgaben wurde je nach dem Umfang der Leistungen berechnet, die erbracht werden sollten und – wie Kommentatoren das nannten – in »Spielgeld« ausgedrückt: das heißt, weder entsprechend der Preise, die zur Zeit der Ausgabenfestsetzung gültig waren, noch entsprechend der Preise, die galten, wenn das Geld tatsächlich ausgegeben wurde. Die Folge davon war, daß das Schatzamt immer erst viel zu spät wußte, wieviel Geld bei einem Ausgabenbeschluß tatsächlich benötigt wurde. Zwar gab es für bestimmte staatliche Ausgaben bereits Begrenzungen, aber paradoxerweise entstand dadurch noch mehr Verwirrung, weil die Ausgabenplanung nach Volumeneinheiten hierzu konträr lief. Von nun an sollte alles in Geldwert geplant werden – aber natürlich müßten die Ministerien nach wie vor den Umfang ihrer Leistungen schätzen, die innerhalb ihrer Ausgabengrenzen möglich waren. Auf diese Weise lernten die Ministerien die gleiche Art von finanzieller Disziplin kennen, wie sie in der Privatwirtschaft üblich war. Die Festsetzung einer »Geldobergrenze« hatte den unschätzbaren Vorteil, daß sie sich auf die realen öffentlichen Ausgaben auswirkte. Außerdem wurden die Ministerien dadurch stärker motiviert, bei der Erbringung der Leistungen, die von ihnen erwartet wurden, den effizientesten Weg zu suchen.

Es war jedoch keine Überraschung, daß im Wirtschaftsteil der Zeitungen nicht die Planung in Geldeinheiten für Schlagzeilen sorgte, sondern die Belastung durch die Steuererhöhungen. Unser Haushalt wurde heftig kritisiert. Doch manche Leitartikel fielen wohlwollender für uns aus als die Schlagzeilen, und niemand zweifelte daran, daß der Haushaltsplan gut durchdacht war und es einer guten Portion Courage bedurft hatte, um ihn vorzulegen. In den Augen unserer Kritiker war natürlich die Strategie grundsätzlich falsch. Wer wie diese Kritiker der Meinung anhing, die Steigerung der staatlichen Kreditaufnahme sei der Schlüssel zur Überwindung der Rezession, für den war unser Vorgehen unerklärlich. Wer jedoch unsere Überzeugung teilte, daß man der Wirtschaft vor allem dadurch wieder auf die Beine half, indem man die Zinssätze senkte, würde die öffentliche Kreditaufnahme verringern müssen. Unser Haushaltsplan war alles andere als deflationär und zielte in genau die umgekehrte Richtung: wenn die

Regierung weniger Kredite aufnahm und allmählich den monetären Druck verringerte, konnten die Zinssätze und die Wechselkursrate sinken, die beide der Wirtschaft schwer zu schaffen gemacht hatten. Ich glaube nicht, daß es jemals zuvor einen besseren Prüfstein für zwei fundamental verschiedene Strategien in der Wirtschaftspolitik gegeben hat.

Die Wirtschaftswissenschaftler erkannten das sehr wohl. Ende März 1981 unterzeichneten nicht weniger als 364 führende Experten eine Erklärung, in der sie gegen uns Stellung bezogen. Samuel Brittan von der »Financial Times« verteidigte uns, ebenso Professor Patrick Minford von der Universität Liverpool, der in einem Leserbrief an die »Times« seinen 364 Kollegen widersprach; ich wiederum gratulierte ihm schriftlich zu seiner brillanten Verteidigung der Regierungslinie. Wir hatten unsere Entscheidung gefällt: die Aufgabe lautete nun, die eingeschlagene Richtung beizubehalten und uns, sofern möglich, in der politischen Auseinandersetzung zu behaupten, während wir auf den Erfolg unserer Strategie warteten. Ich war zuversichtlich, daß er sich einstellen würde.

Die Dissidenten im Kabinett waren vom Haushaltsentwurf, dessen Inhalt sie bei der traditionellen Morgensitzung am Tag, an dem er erörtert werden sollte, kennenlernten, schockiert. Bald darauf erschienen Informationen, die sie an die Presse hatten durchsickern lassen, aus denen ihre Wut und ihre Enttäuschung sprachen. Mit diesem Haushaltsplan sahen sie ihre politische Chance gekommen. Weil er so radikal mit den ökonomischen Dogmen der Nachkriegszeit brach, waren selbst manche unserer eigenen Anhänger nicht völlig von der Strategie überzeugt, solange sie noch keine Ergebnisse zeitigte. Und das konnte noch eine geraume Zeit dauern. Deshalb mußten wir im ganzen Land die Partei mobilisieren, damit sie unser Handeln unterstützte. Der bevorstehende Central Council der Konservativen in Bournemouth bot mir hierzu die passende Gelegenheit. Ich hatte vor einiger Zeit beschlossen, wenn möglich, nicht mehr jeden Central Council zu besuchen, weil ich ohnehin schon jedes Jahr bei einer großen Zahl von Parteiveranstaltungen sprechen mußte: Es gab eigene Parteitage der englischen, schottischen und walisischen Konservativen, die Frauenvereinigung hielt jährlich ihre Versammlung ab, daneben fanden Jahrestagungen der konservativen

Kommunalverwaltungen, der Jungen Konservativen, der Konservativen Studenten und der Konservativen Gewerkschafter statt. Bald aber wurde mir klar, daß ich es mir nicht leisten konnte, einen Central Council zu versäumen. In der Nacht vom Freitag bis zum folgenden Morgen arbeiteten John Hoskyns und ich an meiner Rede, die ich am Samstag hielt und in der ich die Herausforderung annahm:

In der Vergangenheit hat unser Volk Opfer auf sich genommen, nur um fünf Minuten vor zwölf festzustellen, daß die Regierung die Nerven verlor und das Opfer umsonst war. Dieses Mal wird es nicht umsonst sein. Diese konservative Regierung, die noch keine zwei Jahre im Amt ist, wird nicht von ihrem Kurs abweichen, bis die Zukunft unseres Landes gesichert ist. Es kümmert mich wenig, was die Leute über mich sagen; es kümmert mich aber sehr, was die Menschen über unser Land denken. Laßt uns also die Nerven behalten und stark bleiben, und laßt uns diese Freundschaft bewahren, der dem Patriotismus innewohnt. Das ist der Weg, den ich mit aller Entschlossenheit beschreiten werde; der Weg, den ich gehen muß. Deswegen bitte ich alle, die vom richtigen Geist beseelt sind – diejenigen, die mutig, unerschütterlich und im Herzen jung geblieben sind –, aufzustehen und mich auf meinem Marsch in die Zukunft zu begleiten. Denn bessere Reisegenossen könnte ich mir nicht wünschen.

Meine Rede kam gut an. Zumindest für den Augenblick waren die treuen Anhänger der Partei bereit, sich von der Stimmung anstecken zu lassen und die Regierung zu unterstützen. Allerdings würde diese Entschlossenheit den Sommer nicht überdauern, falls die Regierung selbst keine Einigkeit zeigte.

Der Bergarbeiterstreik, der nicht stattfand

Zum Glück nahmen Streiks 1981 weniger von unserer Zeit in Anspruch, als das noch 1980 der Fall gewesen war. Im Vergleich zum Vorjahr betrug die Zahl der durch Arbeitskämpfe verlorenge-

gangenen Arbeitstage nur ein Drittel. Doch zwei Arbeitskämpfe –
einer in der Kohleindustrie, der aber nicht zu einem Ausstand
führte, und ein weiterer im öffentlichen Dienst, der in einen Streik
mündete[2], waren sowohl für die Haushaltsentscheidungen wie
auch für das allgemeine politische Klima von großer Bedeutung.

Einem Ausländer, der nichts von den sonst nirgendwo anzutref-
fenden Hinterlassenschaften des Staatssozialismus in Großbritannien weiß, wäre der im Januar 1981 drohende Streik der Bergarbeiter wohl völlig unverständlich erschienen. Seit 1974 waren zwei
Milliarden Pfund an Steuergeldern in die Kohleindustrie investiert
worden. In einigen der neuen Zechen war die Produktivität hoch,
und eine abgespeckte und wettbewerbsfähige Montanindustrie
hätte den dort Beschäftigten sichere und gutbezahlte Arbeitsplätze
bieten können. Das aber war nur möglich, wenn unrentable
Zechen stillgelegt wurden, was die Kohlebehörde NCB auch zu
tun beabsichtigte. Außerdem waren die Zechen, die das NCB laut
ihres Anfang 1981 vorgelegten Programms schließen wollte, nicht
nur unwirtschaftlich, sondern mehr oder weniger erschöpft. Am
27. Januar informierte mich Energieminister David Howell über
die Stillegungspläne. Am folgenden Nachmittag suchte mich dann
Sir Derek Ezra, der Vorsitzende des NCB, in der Downing Street
auf und unterrichtete mich persönlich. Ich stimmte ihm zu, daß es
angesichts der wachsenden Kohlehalden und der anhaltenden
Rezession keine andere Möglichkeit gab, als die unwirtschaftlich
arbeitenden Zechen so schnell wie möglich zu schließen. Schon
seit langem bedauerte ich es, daß die früheren Regierungen die
Kohle so sehr in den Vordergrund ihrer Bemühungen gerückt hatten: hätten wir statt dessen nach dem Beispiel Frankreichs mehr in
die Kernenergie investiert, wäre unser Strom billiger und unsere
Versorgungslage sicherer gewesen.

Wie im Falle von British Leyland und der British Steel Corporation, so war es auch hier die Aufgabe des Managements, die vereinbarten Pläne umzusetzen, doch zwangsläufig wurde die Regierung in eine Krise hineingezogen, die sie weder gewollt noch vorhergesehen hatte. In der Presse erschienen schon bald zahlreiche
Berichte über die Absichten des NCB, 50 Zechen zu schließen, und
ein erbitterter Arbeitskampf wurde vorhergesagt. Die Gewerkschaft der Bergarbeiter NUM kündigte Kampfmaßnahmen gegen

die Schließungen an. Joe Gormley, der Vorsitzende der NUM, zählte zwar zu den Gemäßigten, doch die starke linke Fraktion innerhalb der Gewerkschaft wollte die Situation ausnutzen, und es war bekannt, daß in nächster Zukunft Arthur Scargill, der Führer der extremen Linken, Mr. Gormley als Vorsitzenden ablösen würde.

Bei einem Treffen mit der NUM, das am 11. Februar stattfand, widersetzte sich der Vorstand des NCB dem Druck, eine Aufstellung der Zechen bekanntzugeben, die geschlossen werden sollten, und bestritt außerdem, daß es sich um fünfzig Zechen handelte. Der Vorstand versäumte es jedoch, die Vorschläge für verbesserte Abfindungszahlungen vorzulegen, die bereits in der Regierung diskutiert wurden, und schloß sich statt dessen den Forderungen der NUM an. Diese verlangte von uns, die Kohleimporte zu drosseln und weiterhin in großem Maße zu investieren und zu subventionieren, und zwar im gleichen Umfang, wie angeblich die Regierungen anderer Länder ihre Kohleindustrien unterstützten. Anstatt so vorzugehen, wie man es von einem Management erwarten dürfte, verhielt sich der Vorstand des NCB, als teile er völlig die Interessen der Gewerkschaft, die ja die Arbeitnehmerseite repräsentierte. Die Lage verschlechterte sich zusehends. Glücklicherweise stand mir ein persönlicher, unabhängiger und kundiger Berater in Person meines Pressereferenten Bernard Ingham zur Seite. Ingham war, bevor er für mich in der Downing Street arbeitete, einige Jahre im Energieministerium tätig gewesen und vertrat von Anfang an die Auffassung, daß das Ministerium den drohenden Streik nicht ernst genug nahm.

Am Montag, dem 16. Februar, traf ich mich mit David Howell und anderen. Ihr Ton hatte sich gänzlich gewandelt. Das Ministerium hatte gezwungenermaßen über den Rand des Abgrunds geblickt, und der Schreck war ihnen in die Glieder gefahren. Nun war das Ziel, einen landesweiten übergreifenden Streik abzuwenden und dabei möglichst geringe Zugeständnisse zu machen. Zu diesem Zweck würde David Howell einer trilateralen Unterredung mit der NUM und dem NCB zustimmen müssen. Auch der NCB-Vorsitzende schlug inzwischen einen völlig anderen Ton an. Zu meinem Entsetzen mußte ich feststellen, daß wir unversehens in eine Schlacht geraten waren, die wir nicht gewinnen konnten.

Im Energieministerium hatte sich niemand Gedanken über die Vorgehensweise im Fall eines Streiks gemacht. Für die Frage, ob das Land einen Streik durchstehen könne, war die in den Zechen auf Halde liegende Kohle relativ unwichtig: wichtig hingegen waren die Vorräte in den Kraftwerken, und diese reichten einfach nicht aus. Mein Vertrauen in das Management des NCB litt dadurch noch mehr. Es wurde zunehmend klar, daß uns nichts weiter übrigblieb, als unsere Verluste abzubuchen und den Kampf bis auf weiteres zu verschieben – mit der entsprechenden Vorbereitung konnten wir ihn vielleicht sogar gewinnen. Nachdem ich meine Haltung erläutert hatte, konnte einer der Beamten mit seiner Enttäuschung und seinem Erstaunen nicht mehr hinter dem Berg halten. Meine Erwiderung war einfach: Man läßt sich nicht auf eine Schlacht ein, wenn man nicht vom Sieg überzeugt ist. Eine Niederlage in einem Bergarbeiterstreik hätte verheerende Folgen gehabt.

Das trilaterale Treffen sollte am 23. Februar stattfinden. Wir hofften, das NCB würde in der bis dahin verbleibenden Zeit in der Lage sein, seinen Standpunkt wirkungsvoller zu vertreten, damit die NUM nicht wie bislang das große Wort führte. Dann aber erfuhren wir, daß die Führung der NUM eine Urabstimmung beschließen würde, wenn wir das trilaterale Treffen nicht früher als geplant einberiefen. Deswegen besprach ich mich am Morgen des 18. Februar umgehend mit David Howell, um abzustimmen, welche Konzessionen wir anbieten müßten, damit ein Streik abgewendet werden konnte. Es herrschte noch immer beträchtliche Verwirrung über den tatsächlichen Stand der Dinge. Obwohl es ursprünglich geheißen hatte, das NCB plane die Stillegung von 50 oder gar 60 Zechen, war nun nur noch die Rede von 23. Das trilaterale Treffen erfüllte dennoch seinen unmittelbaren Zweck: der Streik wurde verhindert. Die Regierung verpflichtete sich, die Kohleimporte auf das absolute Minimum zu begrenzen, wobei David Howell andeutete, daß wir bereit seien, die damit zusammenhängenden finanziellen Fragen unvoreingenommen zu diskutieren. Und Sir Derek Ezra verkündete, daß unsere Zusage, die Finanznöte des NCB zu überprüfen, den Unternehmensvorstand bewegen würde, die Schließungspläne zurückzuziehen und gemeinsam mit den Gewerkschaften die Lage neu zu beraten.

Am folgenden Tag verlas David Howell im Unterhaus eine Erklärung zum Ergebnis des Treffens. In der Presse hieß es daraufhin, die Bergleute hätten auf Kosten der Regierung einen großen Sieg errungen; vermutlich aber hätten wir recht getan, indem wir nachgaben. Damit waren unsere Schwierigkeiten noch nicht zu Ende. Wir stimmten zu, die Abfindungsregelung für Bergleute zu verbessern. Außerdem erklärten wir uns bereit, einen Plan zur Umstellung in der Industrie von Öl auf Kohle zu finanzieren und uns noch einmal mit der Finanzlage des NCB zu befassen. Wie immer, wenn der Korporativismus zuschlägt, war es auch diesmal äußerst schwierig, die trilateralen Gespräche zu beenden, ohne eine Krise zu provozieren; und ebenso schwierig war es, dafür zu sorgen, daß nicht die ganze Frage der staatlichen Finanzierung des NCB auf die Tagesordnung kam. Bereits bei dem trilateralen Treffen am 25. Februar hatte sich herausgestellt, daß das NCB weit tiefer in finanziellen Schwierigkeiten steckte, als wir gewußt hatten. Es würde vermutlich sein externes Etatlimit, das immerhin bei etwa 800 Millionen Pfund lag, um 450 bis 500 Millionen Pfund überschreiten, und es erwartete einen Verlust von 350 Millionen. Wir würden diese Zahlen hinterfragen und eingehend prüfen müssen, aber das konnten wir nicht – wie das NCB zweifellos wußte –, wenn die Bergarbeitergewerkschaft fast ebenso genau über die finanzielle Lage des NCB Bescheid wußte wie wir. Daher mußte unser Ziel sein, die Kohleindustrie von anderen Bereichen abzugrenzen, indem wir argumentierten, daß Kohle ein Sonderfall, aber kein Präzedenzfall sei. Und wir mußten versuchen, jede Verpflichtung unsererseits zu vermeiden, die über das Jahr 1981/82 hinausging. Vor allem aber mußten wir Pläne für den Eventualfall ausarbeiten, falls die Gewerkschaft in der nächsten Lohnrunde erneut die Konfrontation suchte.

Bei einem Treffen der Minister am 5. März wurden diese Entscheidungen bekräftigt. David Howell absolvierte sehr geschickt das folgende trilaterale Treffen am 11. März, bei dem festgelegt wurde, daß keine weiteren Gespräche dieser Art stattfinden würden, bis die Finanzlage der Kohlebehörde bereinigt sei. Howell war inzwischen beauftragt worden, bis Ostern ein Memorandum über die Pläne für einen Eventualfall auszuarbeiten.

Nachdem es uns gelungen war, die Regierung aus einer unange-

nehmen Lage herauszumanövrieren – allerdings, wie mir bewußt
war, um einen hohen politischen Preis –, konzentrierte ich mich
darauf, die finanziellen Folgen unseres Rückzugs zu begrenzen
und Vorkehrungen zu treffen, damit wir nie wieder in solch eine
Zwickmühle gerieten. David Howell war durch die Ereignisse sehr
erschüttert. Er fürchtete eine Wiederholung der Vorfälle vom
Januar. Zwischen ihm und dem Schatzamt gab es heftige Debatten
über die Neufestsetzung des externen Etatlimits für das NCB und
über die Höhe der von uns zu finanzierenden Investitionen. Wir
mußten einem Etatlimit von über einer Milliarde Pfund zustimmen. Die bedrohliche Möglichkeit eines Arbeitskampfes schränkte unseren Aktionsradius ein, obwohl wir etwas unternehmen
mußten, um einen künftigen Streik besser durchzustehen. Ganz
offensichtlich mußten die Kohlevorräte in den Kraftwerken aufgestockt werden, doch das war unmöglich, wenn man verhindern
wollte, daß es bekannt wurde, und je schneller die Vorräte umgela-
gert wurden, um so auffälliger würde es sein. Jim Prior riet, diese
Frage nicht einmal mit den davon betroffenen Industriezweigen zu
erörtern, da das als Provokation aufgefaßt werden könne. Das
Energieministerium zögerte sehr lange, bis es der Entscheidung
zustimmte, vier bis fünf Millionen Tonnen Kohle bis zum Herbst
umzulagern, wenn die Lohnverhandlungen mit der NUM stattfinden sollten. Wir erfuhren, daß die Behörde für Energieversorgung
CEGB möglicherweise zusätzliche Lagerflächen erwerben müßte,
um größere Vorräte als die bislang geplanten anzulegen. Am 19.
Juni berief ich eine Zusammenkunft ein, um die Sachlage noch
einmal zu prüfen. Meiner Ansicht nach war die Angst vor den
möglichen Risiken bei einer Verlagerung der Kohlevorräte übertrieben. Schließlich waren in den letzten zwölf Monaten die Hal-
den auf den Zechen von 13 Millionen auf 22 Millionen Tonnen
angewachsen, und von daher war es nur natürlich, daß einige
zusätzliche Umlagerungen stattfanden.

Für mich bestand die eigentliche Frage darin, ob wir tatsächlich
in der Lage waren, in diesem Winter einen Streik zu überstehen –
selbst wenn wir die Belieferung der Kraftwerke mit Kohle wesentlich steigern konnten. Auf dem Gewerkschaftstag der NUM, der im
Juli in Jersey stattfand, war klargeworden, daß der linke Flügel der
Gewerkschaft der Regierung unter allen Umständen den Kampf

ansagen wollte. Arthur Scargill – damals bereits sicherer Anwärter
auf den Vorsitz – würde dieses Ziel zu seiner politischen Leitlinie
erklären. Willie Whitelaw, der als Innenminister für alle zivilen
Notfallpläne verantwortlich war, hatte eine Untersuchung erstellen lassen, wie wir in diesem Winter einen Streik durchstehen könnten. Er schickte mir am 22. Juli einen Bericht darüber zu, der zu dem
Ergebnis kam, daß wir in diesem Jahr einem Streik nicht länger als
13 bis 14 Wochen standhalten konnten. Die Berechnungen hatten
bereits die Umlagerung der Kohlevorräte berücksichtigt, die wir
veranlaßt hatten. Theoretisch hätten wir unser Durchhaltevermögen erhöhen können, indem wir den Strom rationierten und die
Kohle von Soldaten zu den Kraftwerken transportieren ließen,
doch beide Optionen waren problematisch. Im Falle eines Streiks
würden wir unter enormem politischem Druck stehen, einzulenken. Entschlossen wir uns jedoch dazu, die Kraftwerke mit größeren Ölvorräten auszustatten, würde die Gewerkschaft möglicherweise Verdacht schöpfen. Deswegen rang ich mich im August
widerstrebend dazu durch, vor der diesjährigen Lohnrunde mit der
NUM keine dieser Maßnahmen zu ergreifen. Wir würden uns auf
unsere Flexibilität verlassen und den Gegner »bluffen« müssen, bis
wir wieder in der Lage waren, der Kampfansage der vereinten
Streitmacht von Monopolunternehmen und Gewerkschaft in der
Kohleindustrie, die sich gegen die Wirtschaft und potentiell auch
gegen die Rechtsordnung richtete, entgegenzutreten.

Die Unruhen in den Städten 1981

Am Wochenende vom 10. auf den 12. April brachen im Londoner
Stadtteil Brixton Unruhen aus. Geschäfte wurden geplündert,
Autos demoliert, und 149 Polizeibeamte und 58 Zivilisten trugen
Verletzungen davon. 215 Personen wurden festgenommen. Es gab
erschreckende Szenen, die an die Unruhen in den USA während
der sechziger und siebziger Jahre erinnerten. Ich unterstützte den
Vorschlag von Willie Whitelaw, daß Lord Scarman, der angesehene Law Lord (Mitglied des Oberhauses mit richterlicher Funktion; A. d. Ü.) eine Untersuchung über die Ursachen der Vorfälle
und entsprechende Lösungsvorschläge ausarbeiten sollte.

Zunächst gab es eine Atempause. Dann aber, am Freitag, dem 3. Juli, eskalierte eine Straßenschlacht zwischen weißen Skinheads und asiatischen Jugendlichen in Southall in einen regelrechten Aufstand, bei dem die Polizei rasch zur primären Zielscheibe wurde. Die Beamten wurden mit Molotowcocktails, Ziegelsteinen und allem, was gerade zur Hand war, attackiert. Der Mob griff sogar Feuerwehrleute und Sanitäter an. An diesem Wochenende wurde auch der Stadtteil Toxteth in Liverpool zum Schauplatz gewalttätiger Ausschreitungen. Erneut kam es zu Brandstiftungen, Plünderungen und wütenden Angriffen auf die Polizei. Die Polizei von Liverpool reagierte entschlossen und trieb den Mob mit Hilfe von Reizgas auseinander.

Am 8. und 9. Juli fanden in Moss Side in Manchester zwei Tage lang schwere Krawalle statt. Anfangs hielt sich die Polizei bewußt zurück, in der Hoffnung, daß »community leaders« [inoffizielle Sprecher von Wohnvierteln; A. d. Ü.] die Lage beruhigen könnten. Dieser Versuch war ein vollkommener Fehlschlag, weshalb die Polizei Gewalt anwenden mußte. Nach seinem Besuch in Manchester und Liverpool berichtete mir Willie Whitelaw, daß die Krawalle in Moss Side nicht direkt gegen die Polizei gerichtet waren, sondern vor allem in Form von Plünderungen und Schlägereien abgelaufen waren. In Liverpool hingegen standen Rassenspannungen und erbitterte Feindseligkeit gegen die Polizei – meiner Meinung nach geschürt von linksgerichteten Extremisten – im Vordergrund.

Die Unruhen waren natürlich ein Geschenk des Himmels für die Kritiker der Regierung im allgemeinen und für die Labour-Opposition im besonderen. Hier hatten sie den langersehnten Beweis, daß unsere Wirtschaftspolitik zum gesellschaftlichen Zusammenbruch und zu Gewalt führe. Im Unterhaus und auch andernorts mußte ich die Behauptung entkräften, die Ursache der Unruhen liege in der Arbeitslosigkeit. Hinter vorgehaltener Hand wiederholten sogar manche Konservative diese Kritik und klagten, das soziale Netz werde durch den doktrinären Monetarismus, dem wir uns verschrieben hatten, zerrissen. Dabei wurde geflissentlich die Tatsache übersehen, daß Unruhen, Ausschreitungen von Hooligans und die Kriminalitätsrate insgesamt seit den sechziger Jahren zugenommen hatten, zu Zeiten gerade der Wirtschaftspolitik, die uns unsere Kritiker aufdrängen wollten. Die dritte Erklärung –

nämlich daß ethnische Minderheiten auf die Brutalität der Polizei und auf rassistische Diskriminierung reagierten – nahmen wir weitaus ernster. Aus eben diesem Grund hatten wir unmittelbar nach den April-Unruhen in Brixton Lord Scarman gebeten, deren Gründe zu untersuchen und uns hierüber Bericht zu erstatten. Auf seine Empfehlung hin entwarfen wir einen gesetzlichen Rahmen, der die Abstimmung zwischen der Polizei und den örtlichen Behörden regelte, verbesserten die Bestimmungen hinsichtlich der Festnahme und Überprüfung von Verdächtigen und veranlaßten neue Maßnahmen bezüglich der Einstellungskriterien, Ausbildung und Disziplin bei der Polizei.

Ungeachtet der Empfehlungen von Lord Scarman und der Erfolge, die Michael Heseltine nach seiner Untersuchung der Probleme in Merseyside durch ausgezeichnete Öffentlichkeitsarbeit erzielte, lautete die unmittelbare Aufgabe, Recht und Ordnung wieder herzustellen. Am Samstag, dem 11. Juli, teilte ich Willie mit, daß ich beabsichtige, Scotland Yard aufzusuchen, um mir erklären zu lassen, wie mit den Schwierigkeiten vor Ort umgegangen wurde.

Nachdem ich bei Scotland Yard in Grundzügen informiert worden war, zeigte man mir Brixton. In der Kantine des dortigen Polizeireviers sprach ich den Beamten meinen Dank aus – wie ich zuvor schon den Polizeioffizieren gedankt hatte – für alles, was sie leisteten. Mit den westindischen Küchenhilfen in der Kantine wechselte ich ebenfalls ein paar Worte. Sie waren auch während der Unruhen stets zur Arbeit gekommen, weil es für sie selbstverständlich war, daß die Beamten bei jeder Tages- und Nachtzeit mit Kantinenessen versorgt werden mußten. Und sie verabscheuten die Unruhestifter ebenso wie ich.

Danach kehrte ich zu Scotland Yard zurück und führte dort ein längeres Gespräch mit Sir David McNee, dem Leiter der Metropolitan Police, seinem Stellvertreter und seinem Assistenten. Sie hatten einiges auf dem Herzen: Sie plädierten dafür, Straftäter rascher zu verurteilen – was durch lange Verzögerungen bei den Krongerichten oft verhindert wurde. Außerdem waren sie besorgt, daß ihre Vollmachten bei der Festnahme von Verdächtigen nicht ausreichten; und vor allem benötigten sie dringend eine geeignete Ausrüstung für Einsätze bei Unruhen. Ich versprach, sie in jeder Hinsicht zu unterstützen. Ich erschrak beim bloßen Gedanken,

welche Ausrüstung die britische Polizei jetzt benötigte: zum Beispiel verschiedene Sorten von Schutzschilden, mehr Fahrzeuge,
längere Schlagstöcke, ausreichend Vorrat an Gummigeschossen
und zusätzliche Wasserwerfer. Vom Verteidigungsministerium
war die Polizei bereits mit den dringend benötigten Schutzhelmen
versorgt worden, aber an diesen mußten Änderungen vorgenommen werden, weil die Visiere nur ungenügend Schutz vor brennen-
dem Benzin boten. Ich schärfte Willie ein, wie dringlich es sei, die
gewünschte Ausrüstung bereitzustellen.

Am Montag, dem 13. Juli, stattete ich auch Liverpool einen
Besuch ab. Während meiner Fahrt durch Toxteth, wo sich die
Unruhen abgespielt hatten, gewann ich den Eindruck, daß unbe-
nommen dessen, was ich über das Elend in diesem Viertel gehört
hatte, die Wohnungssituation dort keineswegs die schlechteste der
Stadt war. Man hatte mir gesagt, daß manche der Jugendlichen,
die an den Ausschreitungen beteiligt waren, nur aus Langeweile
und Mangel an Beschäftigungsmöglichkeiten teilgenommen hatten. Um zu erkennen, daß diese Erklärung falsch war, brauchte
man jedoch nur einen Blick auf die Grünflächen rund um diese
Häuser zu werfen: Das ungepflegte Gras wuchs an manchen Stellen hüfthoch, und überall lag der Abfall herum. Die Jugendlichen
hätten genügend Möglichkeiten gehabt, sich nützlich zu machen,
wenn sie nur wollten. Ich fragte mich, wie Menschen in solchen
Verhältnissen leben konnten, ohne zu versuchen, die Unordnung
zu beseitigen und ihre Umgebung zu verschönern. Was hier eindeutig fehlte, war ein Sinn für Stolz und Eigenverantwortung –
etwas, was der Staat einem Menschen zwar ohne weiteres nehmen, aber kaum jemals zurückgeben kann.

Meine ersten Gesprächspartner in Liverpool waren Polizeibeamte: Ihre Kommentare und Bitten um Ausrüstung ähnelten dem, was
ich bei ihren Kollegen in London gehört hatte. Im Rathaus von
Liverpool hatte ich eine Unterredung mit Stadträten und sprach
dann mit einer Gruppe von »community leaders« und jungen Leuten. Deren Feindseligkeit gegenüber dem Chief Constable und der
Polizei erschreckte mich. Aber ich hörte mir aufmerksam an, was
sie zu sagen hatten. Zwei von ihnen waren, wie sich herausstellte,
Sozialarbeiter. Die beiden versuchten, für die übrigen Jugendlichen
das Wort zu ergreifen. Doch diese jungen Leute brauchten nieman-

den, der in ihrem Namen sprach: sie drückten sich unmißverständlich aus und redeten über ihre Probleme mit großer Offenheit. Die Presse war ziemlich konsterniert, als sie – entgegen ihren Erwartungen – von den Jugendlichen erfuhr, daß ich ihnen wirklich zugehört hatte. Aber ich hörte nicht bloß zu, sondern sprach auch zu ihnen und erinnerte sie daran, daß Liverpool eine Menge Hilfsgelder erhalten hatte. Ich sagte ihnen auch, ich sei sehr besorgt darüber, was sie über die Polizei geäußert hatten; die Hautfarbe eines Menschen sei mir völlig gleichgültig, Verbrechen allerdings nicht. Ich bat sie inständig, nicht wieder zur Gewalt zu greifen oder sich in eigenen Gemeinschaften, getrennt von der übrigen Gesellschaft, abzukapseln. Bevor ich nach London zurückkehrte, sprach ich noch mit dem katholischen Erzbischof und dem anglikanischen Bischof von Liverpool, die beide als große Fürsprecher ihrer Stadt landesweit Aufmerksamkeit erregt hatten.

Als ich an jenem Abend zurückfuhr, hatte ich keinen Zweifel mehr, daß wir in Gebieten wie Toxteth und Brixton mit enormen Problemen zu rechnen hatten. Die Menschen dort mußten wieder ein Gefühl dafür entwickeln, daß man das Gesetz, den Mitbürger und sich selbst zu achten hat. Obwohl wir Scarmans Empfehlungen im großen und ganzen gefolgt waren und in den Städten weitere Initiativen ergreifen würden, war wohl keine dieser konventionellen Lösungsvorschläge, die sich auf staatliches Handeln und öffentliche Gelder stützten, erfolgversprechend. Die Ursachen lagen viel tiefer; also mußten auch die Heilmittel tiefer ansetzen.

Die Aufrüher waren ausnahmslos junge Männer, die bei diesen Ereignissen ihren ausgeprägten animalischen Instinkten – die gewöhnlich von einem Bündel sozialer Kontrollmechanismen in Zaum gehalten werden – freien Lauf gelassen hatten, um möglichst viel Zerstörung anzurichten. Was aber war mit den Kontrollmechanismen geschehen? Der Gemeinschaftssinn – simpel gesagt die Wachsamkeit und Mißbilligung der Nachbarn – ist die stärkste dieser Barrieren. Doch dieser Gemeinschaftssinn war in den Städten aus vielerlei Gründen verlorengegangen. Oft waren die Wohnviertel künstliche Gebilde, geschaffen von den örtlichen Behörden, die die Menschen aus ihren ursprünglichen sozialen Gemeinschaften herausgerissen und sie in schlecht angelegte und ungepflegte Viertel verpflanzt hatten, wo diese Leute ihre neuen

Nachbarn meistens nicht einmal kannten. In einigen dieser neuen Wohnviertel ist aufgrund der massenhaften Einwanderung die Bevölkerung ethnisch gemischt; zusätzlich zu den Spannungen, die sowieso jederzeit ausbrechen können, erlebten selbst jene Einwandererfamilien, die ihre tradierten Werte hochhalten, daß diese Werte bei ihren eigenen Kindern durch den Einfluß der sie umgebenden Kultur untergraben wurden. Insbesondere die staatliche Sozialhilfe führt zur Abhängigkeit und mindert das Verantwortungsbewußtsein. Zusätzlich zerstört das Fernsehen die allgemein gültigen moralischen Werte, die früher einmal die Arbeiterklasse zusammengehalten haben. Die Folge davon war eine ständig steigende Zahl von Verbrechen (bei jungen Männern) und von außerehelichen Kindern (bei jungen Frauen).

Damit in diesem Milieu auf breiter Front Unruhen ausbrechen konnten, bedurfte es nur noch des Verfalls der Autoritäten, wodurch bei den potentiellen Aufrührern der Eindruck entstand, daß sie wohl ungeschoren davonkämen, auch wenn sie großen Schaden anrichteten. Die Autorität jeder Art – die der Eltern, der Schule, der Kirche und des Staates – war seit Ende des Zweiten Weltkrieges zunehmend verlorengegangen. Daher haben Ausschreitungen der Fußballrowdys, Rassenunruhen und die Kriminalität insgesamt in dieser Zeit zugenommen. In manchen Fällen hatte die Polizei sogar durch Ängstlichkeit und Unentschlossenheit – zum Beispiel indem sie ihre Beamten nicht einschreiten ließ, bevor Verstärkung eintraf – sowohl die Aufrührer ermutigt als auch das Vertrauen der gesetzestreuen Mitglieder der Gemeinschaft untergraben. Zu wahren Saturnalien gerieten die Unruhen von 1981 jedoch wohl erst, als das Fernsehen den Eindruck vermittelte, daß aus all den genannten Gründen die Aufrührer unter dem Deckmantel des sozialen Protestes ein Fest des Verbrechens, der Plünderungen und des Krawalls feiern konnten. Es war ihnen im voraus die Absolution erteilt worden. Dies sind genau die Bedingungen, die dazu führen, daß junge Männer wieder und immer wieder Krawall schlagen – und sie stehen in keinerlei Zusammenhang mit der Geldmenge M3.

Wenn die Krise der britischen Wirtschaft erst einmal bewältigt war, würden wir uns mit diesen tieferliegenden und hartnäckigeren Problemen auseinandersetzen müssen. Zu diesem Zweck entwarf

ich in meiner zweiten und dritten Amtszeit ein Paket von politischen
Maßnahmen hinsichtlich des Wohnungsbaus, des Bildungssystems, der Gemeindeverwaltungen und der Sozialversicherung, das
meine Berater trotz meiner Einwände als» sozialen Thatcherismus«
bezeichnen wollten. Auswirkungen zeigten diese Maßnahmen
jedoch erst allmählich zu der Zeit, als ich mein Amt niederlegte.

Weitere Uneinigkeit im Kabinett und das Revirement im September 1981

Es war jedoch vor allem der Haushaltsplan 1981, der den ganzen
Sommer über das Kabinett in Unruhe versetzte. Einige der Minister
vertraten schon von jeher eine ablehnende Haltung, andere, auf
deren Unterstützung ich früher hatte zählen können, begannen allmählich abtrünnig zu werden. Es lag eine gewisse Ironie darin, daß
die Rezession ausgerechnet zu der Zeit, als der Widerstand gegen
unsere Wirtschaftsstrategie am heftigsten war, ihre Talsohle bereits
durchschritten hatte. Während 1980 die Dissidenten im Kabinett
sich geweigert hatten, die ernste wirtschaftliche Lage überhaupt
zur Kenntnis zu nehmen und statt dessen höhere Staatsausgaben
forderten, als wir uns leisten konnten, begingen sie 1981 den entgegengesetzten Fehler: Sie übertrieben die Düsternis der wirtschaftlichen Zukunftsaussichten und forderten sogar noch höhere Staatsausgaben, um dadurch die Wirtschaft aus der Rezession herauszu-
führen. An einem Lösungsvorschlag, der für jedes Problem gleichermaßen paßt, kann logischerweise etwas nicht stimmen.

Eine der Mythen, die die Medien damals in Umlauf brachten,
lautete, das Schatzamt und ich hielten mit aller Gewalt unsere
wirtschaftspolitischen Pläne unter Verschluß und bemühten uns
ständig, jede Diskussion darüber im Kabinett zu vermeiden. Angesichts der Indiskretionen in der Vergangenheit hätte dies tatsächlich eine verständliche Reaktion sein können, aber wir haben nie
zu solchen Mitteln gegriffen. Für Geoffrey Howe war es unabdingbar, die Wirtschaftspolitik jedes Jahr drei- bis viermal im
Kabinett ausführlich zu erörtern. Dadurch meinte er, größere
Unterstützung für unsere Politik zu finden. Ich bezweifelte zwar,
ob Diskussionen dieser Art die Geister versöhnen konnten, doch

solange Geoffreys Vorschläge zu praktischen Ergebnissen führten, insbesondere zu größerem Realitätssinn bei den öffentlichen Ausgaben, unterstützte ich sie.

Bei der Kabinettsitzung Mitte Juni gab es eine allgemeine wirtschaftspolitische Diskussion, die sich zwei Stunden lang mit mehreren Vorlagen des Schatzamtes zu den zur Debatte stehenden Themen befaßte. Der Hauptbericht war eine ausführliche Untersuchung über die gegenwärtige und zukünftige wirtschaftliche Entwicklung. Er zeigte, daß die öffentlichen Finanzen auf eine solidere Grundlage gestellt worden waren: Wir hatten die Kreditaufnahme verringert und einige unserer Auslandsschulden beglichen. Die Zinssätze, die in Großbritannien bei 12 Prozent lagen, waren jetzt wesentlich niedriger als in den USA, in Frankreich und den übrigen großen Industrienationen. Der Rückgang der Industrieproduktion konnte aufgehalten werden, obgleich die Arbeitslosenzahl – wie immer ein nachhinkender Indikator – weiterhin stieg. Die Steuerbelastung war hoch; aber zumindest finanzierten wir die Ausgaben auf eine solide Weise – und ehrlich erworbenes Geld war von entscheidender Bedeutung für eine nachhaltige Gesundung.

Andere Minister jedoch wollten an diesem Bericht kaum etwas Positives sehen. Sie meinten, eine Arbeitslosenzahl von über drei Millionen – wie in dem Bericht vorausgesagt wurde – sei politisch inakzeptabel, deshalb sollte der Staat zur Beschleunigung und Stärkung der konjunkturellen Erholung mehr Geld einsetzen. Meine eigene Analyse lief auf ein ganz anderes Ergebnis hinaus: Die Gesundung war nur dann zu erreichen, wenn ein geringerer Anteil des Nationaleinkommens in die Taschen des Staates floß, weil dadurch Mittel für den privaten Sektor freigesetzt wurden, in dem die Mehrheit der Beschäftigten arbeitete.

Bei der Kabinettsdiskussion am Donnerstag, dem 23. Juli, spitzte sich der Streit über diese Fragen zu. Ich hatte schon dunkle Vorahnungen, was kommen würde. Bevor ich an diesem Morgen ins Sitzungszimmer hinabging, sagte ich zu Denis, wir seien nicht deswegen so weit gekommen, um jetzt umzukehren. Ich würde mein Amt als Premierministerin niederlegen, wenn wir unsere Strategie nicht durchsetzen konnten. Die Ministerien hatten Sonderausgaben von mehr als 6,5 Milliarden Pfund verlangt, davon etwa 2,5 Milliarden allein für die verstaatlichten Industrien. Doch angesichts dessen, daß wir in der Vergangenheit zuviel ausgegeben hatten, und in Anbetracht der bereits stattgefundenen Steuererhöhungen drängte das Schatzamt für das Haushaltsjahr 1982/83 auf eine Verminderung der öffentlichen Ausgaben, so daß sie den im Weißbuch vom März erstellten Voranschlag unterschritten. Im Kabinett kam es wegen der Wirtschaftspolitik zu einem der erbittertsten Wortgefechte, das ich während meiner gesamten Amtszeit als Premierministerin erlebt habe. Weil wir keinen Nachweis erbringen konnten, daß unsere Politik die Lage verbessert hatte, verfochten die »Wets« ihren Standpunkt natürlich mit doppeltem Nachdruck. Manche von ihnen meinten, die wirtschaftliche Gesundung werde nicht durch Steuersenkungen erzielt, sondern trete eher dann ein, wenn die öffentlichen Ausgaben gesteigert und die Kreditaufnahme erhöht werden. Außerdem war die Rede von einem Einfrieren der Löhne und Gehälter. Selbst Leute wie John Nott, von denen man wußte, daß sie für eine solide finanzielle Basis eintraten, warfen Geoffrey Howe vor, seine Vorschläge seien unnötig rigide. Es war, als gingen allen plötzlich die Nerven durch. Selbst ich wurde äußerst wütend. Ich hatte geglaubt, mich auf diese Leute verlassen zu können, wenn es hart auf hart ginge. Ich war einfach nicht interessiert an dieser Art von Zahlenspiel, das es den Schön-Wetter-Monetaristen ermöglichte, eine Kehrtwendung zu rechtfertigen. Andere Kabinettsmitglieder hingegen waren loyal wie immer, vor allem Willie, Keith und natürlich Geoffrey, der damals wie ein Fels in der Brandung standhielt. Und dank ihrer Loyalität schafften wir es, uns durchzusetzen.

Zu Beginn meiner Amtszeit hatte ich gesagt: »Gebt mir sechs starke und getreue Männer, und ich werde es schaffen.« Nur selten standen mir sechs Männer zur Verfügung. Also sprang ich für den Schatzkanzler in die Bresche. Ich erklärte mich bereit, ein weiteres Gutachten zum Thema Steuersenkung versus öffentliche Ausgaben ausarbeiten zu lassen; doch zugleich warnte ich vor den Folgen für unsere internationale Glaubwürdigkeit, wenn wir die öffentlichen Ausgaben erhöhen oder von der mittelfristigen Finanzplanung abweichen würden. Ich war entschlossen, den eingeschlagenen Weg weiterzugehen. Am Ende der Sitzung war mir jedoch klar, daß es im Kabinett zu viele gab, die meine Ansicht nicht teilten. Und darüber hinaus würde es für diese Ministerrunde nach den Worten, die dort gefallen waren, kaum mehr möglich sein, weiterhin als Team zusammenzuarbeiten.

Ein Gutteil dieses bitteren Zerwürfnisses sickerte an die Presse durch – und zwar nicht nur in Form von Berichten über die Kabinettsdiskussionen, die aus nicht genannten ministeriellen Quellen stammten, sondern auch in kaum verschlüsselten öffentlichen Reden und Erklärungen. Besonders peinliche Kommentare gaben Francis Pym und Peter Thorneycroft zum besten, die gemeinsam für die öffentliche Darstellung unserer Politik verantwortlich waren. Auf den Vorschlag von Francis hin hatte ich die Wiedereinrichtung des »Verbindungskomitees« genehmigt, in dem die Minister und die Parteileitung gemeinsam an der Formulierung einheitlicher politischer Aussagen arbeiten sollten. Im August wurde klar, daß diese Einrichtung dazu benutzt wurde, um unsere Strategie zu hintertreiben.

Im Unterhaus hatte Geoffrey Howe erklärt, die neueste Untersuchung des Verbands der Britischen Industrie zur wirtschaftlichen Entwicklung habe den Nachweis erbracht, daß die Rezession jetzt überwunden sei – eine vielleicht etwas unkluge Bemerkung, die jedoch genau der Wahrheit entsprach. Am darauffolgenden Wochenende verkündete Francis Pym im Laufe einer längeren Rede:»Es gibt noch kaum Anzeichen dafür, wann ein Aufschwung eintreten wird. Und falls die wirtschaftliche Gesundung wie angekündigt kommen sollte, wird das wohl langsamer und weniger eindeutig geschehen als in vergangenen Zeiten.« Selbst für einen Wirtschaftswissenschaftler wäre das eine kühne Voraussage gewesen; aus dem Munde von Francis grenzte das schon an Hellseherei. Um das Maß vollzumachen, fügte er noch hinzu, wir müßten»in unserer Industriepolitik partnerschaftlich mit der Industrie und den Gewerkschaften zusammenarbeiten, um die Schlüsselsektoren der Wirtschaft und die vielversprechendsten Exportmärkte zu ermitteln«– mit dieser Art neokorporativistischer Beschwörungsformel bewies er, daß er unsere Wirtschaftsstrategie rundweg ablehnte. Sogar Peter Thorneycroft, der während unserer Zeit in der Opposition ein hervorragender Parteigeschäftsführer gewesen war, stimmte in den Chor der»Wets«ein und sagte, er leide unter der »zunehmenden Niedergeschlagenheit«, und es gebe kein deutliches Zeichen dafür, daß die Wirtschaft auf die Beine komme. Daß

solche Kommentare von zwei Männern abgegeben wurden, die für
die öffentliche Darstellung der Regierungspolitik verantwortlich
zeichneten, war sehr schädlich und (gemäß der unvermeidlichen
Metapher) nur »die Spitze des Eisbergs«.

Auch die Gewerkschaftsreform gab im Kabinett Anlaß zu Auseinandersetzungen. Wir hatten zur Frage der Immunität der
Gewerkschaften ein Grünbuch herausgegeben, zu dem wir bis
Ende Juni 1981 Stellungnahmen erwarteten. Die eintreffenden
Äußerungen zeigten, daß die Unternehmer für weitere radikale
Schritte plädierten, die die Gewerkschaften unter die volle Kontrolle der Gesetze stellten. Doch Jim Prior und ich waren uns über
die zu unternehmenden Schritte uneins. Ich wollte die Immunität
der Gewerkschaften noch weiter einschränken, damit sie mit
ihrem Vermögen gerichtlich haftbar gemacht werden konnten;
Jims Vorschläge hatten das nicht bewirkt. Seine Analyse unterschied sich grundlegend von der meinen, denn er war der Auffassung, die Geschichte zeige, daß die Gewerkschaften jegliche
Gesetzesvorlage zu Fall bringen könnten, wenn sie es nur wollten.
Ich hingegen glaubte nicht, daß die Geschichte das beweise, sondern vielmehr, daß die Regierungen früherer Zeiten aufgrund
ihrer schwachen Nerven die Nation im Stich gelassen hätten – weil
sie nämlich aufgaben, als die Schlacht schon fast gewonnen war.
Außerdem war ich überzeugt, daß wir beim Thema Gewerkschaftsreform auf ein hohes Maß an öffentlicher Unterstützung
zählen durften. Wie ich zu Jim sagte, liefen wir sogar Gefahr, daß
die Menschen den Eindruck gewannen, wir hätten zuwenig getan,
um die Macht der Gewerkschaften einzuschränken.

Die Differenzen zwischen den Kabinettsministern über die
Wirtschaftsstrategie – und die zwischen mir und Jim Prior über die
Gewerkschaftsreform – entzündeten sich nicht an der Frage, wie
weit man gehen durfte, sondern betrafen das Prinzip an sich. Wenn
wir die Ziele, die ich während unserer Oppositionszeit formuliert
hatte, wirklich erreichen wollten, dann nur mit einem neuen Kabinett, das sie unterstützte und für sie kämpfte. Es war mir völlig
klar, daß eine große Kabinettsumbildung stattfinden mußte, wenn
unsere Wirtschaftspolitik weitergeführt werden sollte – und wenn
ich Premierministerin bleiben wollte.

Ich zog es vor, das Kabinett während der Parlamentsferien

umzubilden, so daß sich die neuen Minister in ihr Amt einarbeiten konnten, bevor sie sich dem Parlament stellen mußten. Und da gegen Ende Juli die Amtsgeschäfte in der Regel ziemlich schwierig werden, kam ich zu der Überzeugung, daß es für uns alle besser sei, erst einmal in Urlaub zu gehen, bevor Entscheidungen gefällt wurden. Deshalb besprach ich erst im September mit meinen engsten Beratern die Einzelheiten. Willie Whitelaw, Michael Jopling (der Chief Whip) und Ian Gow kamen am Wochenende des 12./13. Septembers zu mir nach Chequers. Zeitweilig nahmen auch Peter Carrington und Cecil Parkinson an den Beratungen teil. Die Umbildung fand am Montag darauf statt.

Ich hatte immer zuerst eine Unterredung mit den Ministern, die um das Ausscheiden aus dem Kabinett ersucht wurden. Den Anfang machte ich mit Ian Gilmour. Als ich ihm meine Entscheidung mitteilte, reagierte er – ich finde kein anderes Wort dafür – eingeschnappt. Nachdem er die Downing Street verlassen hatte, denunzierte er vor laufenden Fernsehkameras die Politik der Regierung als »rasende Fahrt direkt auf die Felsen zu« – er spielte gekonnt einen Mann, der aus innerer Überzeugung zurückgetreten ist. Christopher Soames war ebenso zornig – aber er blieb dennoch ganz Gentleman. Ich konnte mich des Eindrucks nicht erwehren, daß für ihn die natürliche Ordnung der Dinge auf den Kopf gestellt war und daß er sich fühlte, als werde er von seinem Dienstmädchen entlassen. Mark Carlisle, der als Erziehungsminister nicht sehr erfolgreich gewesen war und eher nach links tendierte, verließ ebenfalls das Kabinett – aber blieb dabei höflich und nahm es mir nicht übel. Jim Prior war offensichtlich schokkiert, aus dem Arbeitsministerium entlassen zu werden, wo er sich selbst für unersetzlich hielt. Die Zeitungen hatten ausführlich über seine Drohungen berichtet, er werde aus der Regierung ausscheiden, wenn er sein jetziges Amt aufgeben müßte. Ich wollte aber diesen Posten Norman Tebbit übertragen, der über ein beachtliches Durchsetzungsvermögen verfügte. Also konnte Jim mir keine Angst einjagen, indem er seinen Posten zur Disposition stellte. Deshalb ließ ich mich gar nicht erst auf sein Spiel ein und bot ihm das Amt des Nordirland-Ministers an. Er bat um Bedenkzeit, und nach einigem Grübeln und einigen Telefonaten akzeptierte er mein Angebot; er übernahm das Amt von Humphrey Atkins, einem liebenswürdigen Mann, der im Unterhaus Nachfolger von Ian Gilmour als Erster Staatsminister im Auswärtigen Amt wurde. David Howell versetzte ich vom Energie- ins Verkehrsministerium. Es war mir eine große Freude, den ungeheuer talentierten Nigel Lawson, den geistigen Vater der mittelfristigen Finanzplanung, an Howells Statt ins Kabinett zu berufen. Nigel erwies sich als ein überaus erfolgreicher Energieminister, der mit Nachdruck das Wettbewerbsprinzip förderte, das Ministerium fest im Griff hatte und für die unvermeidliche Auseinandersetzung mit den Bergleuten Kohlevorräte anlegte.

Keith Joseph hatte mich gebeten, ihn aus dem Industrieministerium zu entlassen. Da er der Ansicht war, daß sich eine unternehmensfeindliche Mentalität breitgemacht und jahrelang der wirtschaftlichen Leistung unseres Landes geschadet habe, lag sein Wunsch nahe, ins Erziehungsministerium zu wechseln, um von dort aus dieses Übel an der Wurzel anzupacken. Deshalb versetzte ich Keith in mein altes Ministerium, wo er das Amt von Mark Carlisle übernahm. Norman Fowler kehrte wieder ins Kabinett zurück und übernahm das Ressort für Gesundheit und Sozialwesen, das er bereits als Schattenminister innegehabt hatte; er ersetzte Patrick Jenkin, der den Posten von Keith im Industrieministerium übernahm. Meine langjährige Freundin Janet Young, die als Vorsitzende des Stadtrats von Oxford das erste Mal ein politisches Amt bekleidet hatte, wurde Führerin des Oberhauses und war damit die erste Frau in diesem Amt; zudem übernahm sie von Christopher Soames die Verantwortung für den öffentlichen Dienst.

Die wohl wichtigste Veränderung war die Ablösung von Jim Prior als Arbeitsminister durch Norman Tebbit. Als Gewerkschaftsmitglied hatte Norman eigene Erfahrungen gesammelt, wie man zwischen den Tarifparteien vermittelte. Er war Funktionär der Britischen Vereinigung der Flugzeugpiloten (British Airline Pilots' Association) gewesen und machte sich keine Illusionen über die harten Bandagen, mit denen in den extrem linksgerichteten Kreisen innerhalb der Gewerkschaften gekämpft wurde. Andererseits aber zweifelte er nicht an der grundsätzlichen Ehrbarkeit der meisten Gewerkschaftsmitglieder.

Als treuer Verfechter der Politik, für die Keith Joseph und ich

einstanden, verstand Norman, wie die Gewerkschaftsreform sich
in unsere Gesamtstrategie einfügte. Außerdem gehörte Norman
zu den befähigtsten Rednern der Partei, sei es im Parlament oder
auf dem öffentlichen Podium. Daß die Linken bei seiner Ernennung in lautes Geheul ausbrachen, bewies, daß er der richtige
Mann für diese Aufgabe war – jemand, den sie fürchteten.

Schon zuvor war ich mir mit Peter Thorneycroft einig geworden, daß er als Parteigeschäftsführer zurücktreten sollte. In den
letzten Monaten war ich mit so manchem, was er tat, nicht besonders zufrieden gewesen. Doch ich werde nie vergessen, wie sehr er
mir geholfen hat, 1979 die Wahlen zu gewinnen. Er gehörte zur
alten Schule der politischen Führer – ein Mann mit Stärke und
Charakter – und blieb mir als Freund erhalten. Ich ernannte Cecil
Parkinson zu seinem Nachfolger – ein dynamischer Mann mit
einer Menge gesundem Menschenverstand, ein guter Buchhalter,
ein ausgezeichneter Präsentator und, was nicht weniger wichtig
war, ein Mitglied meines eigenen Parteiflügels.

Dieses Revirement veränderte den Charakter des Kabinetts
grundlegend. Nach der ersten Sitzung der neuen Regierungsmannschaft bemerkte ich zu David Wolfson und John Hoskyns,
was für einen Unterschied es mache, wenn man die meisten Leute
auf seiner Seite wisse. Das bedeutete nicht, daß wir immer gleicher
Meinung sein würden oder nicht regelmäßig über die Ausgabenpolitik streiten würden. Darüber herrschte immer eine gewisse
Uneinigkeit, und Jim Prior blieb auf eigenen Wunsch Mitglied des
Kabinettsausschusses für Wirtschaft. Aber es sollten ein paar Jahre ins Land gehen, bevor mich ein Streitpunkt von der Mehrheit
meines eigenen Kabinetts grundlegend trennte, und in der Zwischenzeit war (möglicherweise viel zu selbstverständlich) der Aufschwung der britischen Wirtschaft als Tatsache akzeptiert worden
– also genau der Punkt, der 1981 Anlaß der Auseinandersetzung
gewesen war.

Am Tag nach der Kabinettsumbildung trug der Leitartikel der
»Times« die Überschrift:»Prima Inter Pares«; er faßte die Reaktionen auf meine Kabinettsumbildung zusammen:

Der abschließende Eindruck ... den dieses Revirement hinterläßt, ist der unauslöschliche Stempel und Stil der Premiermini-

sterin selbst. Sie hat ihre politische Dominanz erneut abgesichert und den Glauben an ihre eigene Politik bekräftigt. Diejenigen, die diesen Glauben teilen, hat sie belohnt, einige von denen, die ihn nicht teilen, hat sie bestraft. Wenn sie damit Erfolg hat – und mit Erfolg meinen wir die Gesundung der britischen Wirtschaft und den Gewinn der nächsten Wahlen durch die Konservative Partei –, wird es ein bemerkenswerter persönlicher Triumph für sie sein. Sollte sie aber scheitern, wird man ihr allein die Schuld an der Niederlage geben, auch wenn der Schaden und die Opfer auf die gesamte politische und wirtschaftliche Landschaft verteilt sein werden.

Damit konnte ich leben.

Der Parteitag der Konservativen von 1981

Die »Wets« waren zwar geschlagen, aber sie hatten das noch nicht ganz realisiert, und versuchten daher einen letzten Angriff auf unserem Parteitag, der im Oktober 1981 in Blackpool stattfand. Um diese Zeit bot die wirtschaftliche Lage ein äußerst bedrükkendes Bild. Die Inflationsrate, die seit 1980 stark zurückgegangen war, hielt sich hartnäckig zwischen elf und zwölf Prozent. Vor allem war das Haushaltsdefizit der Amerikaner daran schuld, daß die Zinssätze Mitte September um zwei Prozent hochgetrieben wurden. Dadurch wurde die Zinssenkung, die wir im März-Budget unter hohen politischen Kosten erreicht hatten, kurzfristig zunichte gemacht. Gleich nach meiner Ankunft in Melbourne, wo am 30. September die Commonwealth-Konferenz stattfand, erhielt ich telefonisch die Nachricht, daß wir noch einmal um weitere zwei Prozent erhöhen müßten. Die Zinssätze hatten nun eine schwindelerregende Höhe von 16 Prozent erreicht.

Vor allem aber stieg die Zahl der Arbeitslosen unerbittlich an: Im Januar 1982 würde sie die schlagzeilenträchtige Marke von drei Millionen erreichen, doch bereits im Herbst 1981 schien das kaum mehr zu verhindern zu sein. Die meisten Leute waren deshalb nicht davon überzeugt, daß die Rezession allmählich zum Stillstand kam, und es war noch zu früh, als daß der neu eingeschlagene Weg im Kabinett – den die Umbildung sicher bringen würde – die öffentliche Meinung hätte beeinflussen können.

Wir waren auch noch aus einem anderen Grund in politischen Schwierigkeiten. Die Schwäche der Labour Party, die uns anfänglich zugute gekommen war, hatte der neugegründeten SDP erlaubt, in den politischen Ring zu steigen. Im Oktober lagen laut Meinungsumfragen die Liberalen und die SDP bei 40 Prozent; Ende des Jahres hatten sie schon über 50 Prozent erreicht. (Bei den Nachwahlen in Crosby, die in der letzten Novemberwoche stattfanden, konnte sich Shirley Williams gegen die bisherige Mehrheit der Konservativen von 19 000 Stimmen durchsetzen und wieder ins Unterhaus einziehen.) Am Vorabend unseres Parteitages hieß es in der Presse, ich sei »die unbeliebteste Premierministerin seit der Erfindung der Meinungsumfrage«.

Natürlich vermittelten die Wirtschaftsstatistiken einen falschen Eindruck. Denn hätten wir nicht die in unserem Haushalt festgeschriebenen Maßnahmen ergriffen, wären die Zinssätze noch höher gewesen. Innerhalb weniger Wochen konnten wir die Zinsen wieder senken. Und wenn man eine Erklärung für den Anstieg der Arbeitslosigkeit suchte, waren demographische Faktoren ebenso wichtig wie die Rezession. Denn die niedrigen Geburtenraten während des Ersten Weltkrieges führten dazu, daß Anfang der achtziger Jahre weniger Menschen in den Ruhestand traten als Anfang der Siebziger. Zur gleichen Zeit aber erreichte infolge des »Baby-Booms« der sechziger Jahre die Zahl der jungen Menschen, die neu auf den Arbeitsmarkt kamen, einen Höchststand. Zwischen 1979 und 1981 mußte die Wirtschaft 83 000 Arbeitsplätze zusätzlich zur Verfügung stellen, nur um zu verhindern, daß die Arbeitslosigkeit noch weiter anstieg.

Aber diese Fakten waren damals nicht offenkundig, und die »Wets« waren entschlossen, unsere augenscheinlichen Schwierigkeiten in Blackpool voll und ganz auszunutzen. Ich konnte beobachten, wie man in der Conference Hall als auch bei Gesprächen am Rande eine konzertierte Aktion in Gang brachte, um die Partei gegen die Regierungspolitik umzustimmen. In seiner Rede vor der Selsdon-Gruppe formulierte Nigel Lawson eine brillante Antwort auf die Kritiker. Nigel machte deutlich, daß ihnen die Flucht in politische Gemeinplätze keine Überzeugungskraft gab:

KEINE KEHRTWENDUNG 233

Man kann die Inflation nicht erfolgreich bekämpfen, wenn man keine vernünftige Wirtschaftspolitik betreibt. Es ist sinnlos, sich selbst vorzumachen, daß die Politik das alles schon irgendwie meistern werde ... Was uns die Kritiker unserer Strategie anbieten, ist nichts als Zögerlichkeit, verpackt in hochtrabende Prinzipien.

Bei der Wirtschaftsdebatte auf dem Parteitag führte kein Geringerer als Ted Heath den Angriff. Er behauptete, es stünden auch noch andere politische Richtlinien zur Verfügung; wir aber weigerten uns einfach, sie zu ergreifen. Die Diskussion wurde höflich, aber leidenschaftlich geführt, und zeichnete sich durch hohe Sachkenntnis aus. Beide Seiten legten seriöse wirtschaftliche Analysen von hohem Niveau vor – und auch der Einsatz war sehr hoch. Hätte man den Delegierten auf dem Podium eine Abfuhr erteilt, so wären die »Wets« in der Parlamentsfraktion ermutigt gewesen, ihren Angriff im Unterhaus fortzuführen – mit unausdenklichen Folgen. Eine Abfuhr für die Kritiker würde hingegen unsere moralische Autorität stärken; letzteres traf schließlich ein. In seiner Antwort auf Ted Heath faßte Geoffrey Howe unseren Standpunkt beherrscht, maßvoll und überzeugend zusammen und erinnerte den Parteitag an Teds eigene Worte, mit denen er 1970 das Programm der Konservativen vorgestellt hatte:

Nichts in der Welt hat Großbritannien mehr geschadet als das ewige Hin und Her in den vergangenen Jahren. Wenn die politische Linie einmal festgelegt ist, sollten der Premierminister und seine Kollegen den Mut aufbringen, an ihr festzuhalten.

»Ich stimme jedem einzelnen Wort dieses Zitats zu«, sagte Geoffrey. Durch seine Rede überzeugte er einige der Zweifler und verschaffte uns eine klare Stimmenmehrheit. Trotzdem erschien es mir angebracht, in meiner späteren Rede unseren Sieg abzusichern, indem ich die Argumente von Ted Heath und anderen frontal attackierte:

Die gegenwärtige Arbeitslosigkeit ist teilweise auf den starken Anstieg der Ölpreise zurückzuführen; er hat Geld absorbiert, das sonst für höhere Investitionen oder für den Kauf von britischen Erzeugnissen verwendet worden wäre. Aber das ist noch nicht alles. Denn die momentane Arbeitslosigkeit wird in einem zu hohen Maße von den enormen Lohnerhöhungen der vergangenen Jahre verursacht, die nicht durch höhere Produktionsziffern gerechtfertigt waren, durch die hemmenden Praktiken der Gewerkschaften, durch Überbelegung, durch Streiks, durch gleichgültiges Management und durch die festverwurzelte Überzeugung, daß die Regierung stets den Unternehmen, die in Schwierigkeiten geraten sind, unter die Arme greifen wird – komme, was da wolle. Keine Politik, die sich vor diesen grundlegenden Fragen drückt, kann Erfolg haben.

Obgleich die »Wets« noch die folgenden sechs Monate skeptisch blieben, hatte unsere politische Linie bereits erste Erfolge gezeitigt. Die ersten Anzeichen für eine Konjunkturbelebung im Sommer 1981 wurden im folgenden Vierteljahr durch Statistiken bestätigt, die den Beginn des längsten Wirtschaftswachstums in Großbritannien seit Ende des Zweiten Weltkriegs signalisierten und belegten. Nach diesen ersten Zeichen der Erholung verbesserte sich auch die politische Situation, was im Frühjahr 1982 zu günstigeren Ergebnissen bei den Meinungsumfragen führte. Wir standen kurz vor dem Falkland-Krieg, aber die zweite Schlacht um England hatten wir bereits gewonnen.

6
Der Westen und der Rest der Welt

Die frühe Behauptung des westlichen – und
britischen – Einflusses in der internationalen Politik
in den Jahren 1981/82

Wir konnten es damals noch nicht wissen, aber 1981 sollte das
letzte Jahr sein, in dem der Westen gegenüber der Achse zurück-
wich, die die Sowjetunion und die Dritte Welt zum beiderseitigen
Nutzen gebildet hatten. Das Jahr begann damit, daß die amerikanischen Geiseln im Iran unter Bedingungen freigelassen wurden,
die auf die Demütigung Präsident Carters abzielten, und endete
damit, daß Solidarność in Polen zerschlagen wurde, wenn auch
nur vorübergehend. In der Zeit nach dem Vietnamkrieg hatte die
Sowjetunion mit Hilfe ihres »Stellvertreters« Kuba weitere Vorstöße in der Dritten Welt unternommen, worauf die USA mit einer
nervösen Verteidigungshaltung reagiert hatten. Dies schien zu
einem festen Muster erstarrt zu sein, was mehrere Konsequenzen
hatte: Die Sowjetunion nahm eine immer überheblichere Haltung
ein; die Dritte Welt forderte immer aggressiver eine internationale
Umverteilung des Reichtums; die westlichen Staaten waren immer
häufiger mit Streitereien untereinander beschäftigt und neigten
zusehends dazu, Sondervereinbarungen mit Organisationen wie
der OPEC auszuhandeln; und unsere Freunde in den Ländern der
Dritten Welt hatten das Schicksal des Schah vor Augen und unternahmen daher wachsende Anstrengungen, um ihre eigene Herrschaft abzusichern. Obwohl Maßnahmen ergriffen worden
waren, um den Trend umzukehren – wie etwa die Entscheidung
von 1979, Cruise-Missiles und Pershing-II-Raketen in Europa zu
stationieren –, so hatten sie noch keine konkreten Folgen gezeitigt
oder die Menschen davon überzeugt, daß das Blatt sich gewendet
hatte. Dieser Prozeß hatte eben erst begonnen.

Erste Gespräche mit Präsident Reagan

Im November 1980 wurde Ronald Reagan zum Präsidenten der Vereinigten Staaten gewählt. Dies stellte einen Wendepunkt in der amerikanischen Innenpolitik dar, der ebenso entscheidend war wie mein eigener Wahlsieg im Mai 1979 für das politische Leben im Vereinigten Königreich; und natürlich bewirkte Ronald Reagans Wahlsieg eine noch viel größere Wende in der Weltpolitik. Im Laufe der Jahre hatte das Beispiel Großbritanniens auf andere Länder in mehreren Erdteilen einen stetigen Einfluß ausgeübt, insbesondere im Bereich der Wirtschaftspolitik. Ronald Reagans Wahl jedoch besaß unmittelbare und grundlegende Bedeutung, da sie demonstrierte, daß Amerika, der größte Streiter für die Freiheit, den die Welt je gekannt hatte, wieder eine selbstbewußte Führungsrolle in der internationalen Politik übernahm. Ich war mir über die Bedeutung dieser Wende von Anfang an im klaren und betrachtete es als meine Pflicht, alles in meiner Macht Stehende zu tun, um Präsident Reagan in seinem kühnen Unterfangen zu unterstützen, den Kalten Krieg zu gewinnen, in dem der Westen langsam aber sicher auf die Verliererstraße geraten war.

Am frühen Morgen des 5. November, einem Mittwoch, erfuhr ich von dem amerikanischen Wahlergebnis und beeilte mich, dem designierten Präsidenten meine wärmsten Glückwünsche zu übermitteln. Gleichzeitig lud ich ihn zu einem baldigen Besuch in Großbritannien ein. Als Oppositionsführerin war ich Gouverneur Reagan bereits zweimal begegnet, und seine Herzlichkeit, sein Charme und seine völlig ungekünstelte Art hatten mich sofort in ihren Bann gezogen. Diese Eigenschaften sollte er auch während der folgenden Jahre als Präsident unverändert beibehalten. Vor allem wußte ich, daß ich es mit einem Menschen zu tun hatte, der instinktiv genauso fühlte und dachte wie ich. Dies bezog sich nicht nur auf die politische Praxis, sondern im weiteren Sinne auch auf seine Philosophie als Regierungschef, sein Menschenbild – all jene hohen Ideale und Werte, die dem Handeln eines jeden Politikers bei der Führung seines Landes zugrunde liegen – oder zugrunde liegen sollten.

Menschen mit weniger Weitblick mochten Ronald Reagan leicht unterschätzen, wie viele seiner Gegner es in der Vergangenheit getan hatten. Seine Arbeitsweise und seine Art, Entscheidungen zu treffen, waren dadurch gekennzeichnet, daß er über den Dingen stand und nur grobe Linien vorgab – was ihn stark von mir unterschied. Dies war teilweise eher auf unsere sehr unterschiedlichen Regierungssysteme als auf Wesensunterschiede zurückzuführen. Er gab seiner Regierung klare, allgemeine Richtlinien vor und erwartete, daß seine Untergebenen diese im Detail ausführten. Sein Ziel war, die amerikanische Wirtschaft durch Steuersenkungen wiederzubeleben, die amerikanische Machtposition durch eine Erhöhung des Verteidigungsetats zu stärken und das Land zu einem neuen Selbstbewußtsein zu führen. Und es gelang ihm, all diese Ziele zu erreichen, weil er sie nicht nur vertrat, sondern in gewisser Weise auch verkörperte. Er war dynamisch, selbstbewußt und freundlich, ein typischer Amerikaner, der sich aus ärmlichen Verhältnissen bis ins Weiße Haus hochgearbeitet hatte – die Verwirklichung des amerikanischen Traums – und sich nicht scheute, die Machtposition und Führungsrolle Amerikas innerhalb des atlantischen Bündnisses auch einzusetzen. Neben seinem eigenen Volk beflügelte er später auch die Menschen hinter dem Eisernen Vorhang durch seine freimütigen Worte über das Reich des Bösen, von dem sie unterdrückt wurden.

Zum damaligen Zeitpunkt jedoch befand sich die Strategie des Wettstreits mit der Sowjetunion auf militärischer, wirtschaftlicher und technologischer Ebene noch in den Anfängen; die amerikanische Öffentlichkeit stand Präsident Reagans Politik noch weitgehend skeptisch gegenüber, ebenso wie seine Verbündeten – einschließlich der meisten Mitglieder meiner Regierung. Ich war in der NATO wohl diejenige, die sich am meisten für ihn einsetzte.

Daher war ich hoch erfreut über die Nachricht, daß ich auf Wunsch des neuen Präsidenten der erste ausländische Regierungschef sein würde, der die Vereinigten Staaten nach seinem Amtsantritt besuchte. Am 25. Februar, um 15.45 Uhr, startete die VC 10 der Royal Air Force, die ich bei solchen Gelegenheiten benutzte, zum Flug nach Washington. Peter Carrington begleitete mich. Was die politische Linie des Präsidenten betraf, waren wir eher unterschiedlicher Meinung. Carrington beabsichtigte, in einigen Fragen eine Richtung einzuschlagen, die sich – wie ich wußte – in der Praxis als fruchtlos erweisen würde, da der Präsident sich bei gewissen Punkten nicht von seiner Haltung abbringen lassen würde. Schon jetzt stießen die Amerikaner bei einer Reihe von Fragen – wie etwa der Rüstungskontrolle, der amerikanischen Unterstützung für die Militärregierung in El Salvador und zunehmend auch der Höhe des amerikanischen Haushaltsdefizits – auf Widerstand seitens ihrer Verbündeten. Wir befürchteten, daß die geplanten Steuersenkungen der neuen Regierung das Defizit noch erhöhen könnten – obwohl wir zu diesem Zeitpunkt noch hofften, der Präsident würde die geplanten umfassenden Ausgabensenkungen durchsetzen können, die er dem Kongreß vorgelegt hatte. Angesichts so vieler wichtiger Diskussionspunkte erschien es mir wenig sinnvoll, auch noch das Problem Namibia anzusprechen, was Peter Carrington vorhatte. Ich wußte, die USA würden Südafrika nicht zum Rückzug aus Namibia auffordern, wenn nicht auch die rund 20 000 Kubaner aus dem benachbarten Angola abgezogen würden. Meines Erachtens war es auch völlig berechtigt, diese beiden Probleme miteinander zu verknüpfen. Wie dem auch sein mag, es gibt ein Prinzip, das sich die Diplomaten öfter vor Augen halten sollten: Es ist zwecklos, sich auf eine Auseinandersetzung mit einem Freund einzulassen, wenn man sich nicht durchsetzen kann und eine Niederlage vielleicht das Ende der Freundschaft bedeutet.

Meinen ersten Vormittag in Washington verbrachte ich mit Gesprächen mit dem Präsidenten – zunächst unter vier Augen, dann in Anwesenheit des amerikanischen Außenministers General Alexander Haig und Peter Carringtons; und schließlich gesellten sich noch amerikanische Kabinettsmitglieder zu uns. Zwei Vorfälle, die sich am Vorabend ereignet hatten, hatten großen Einfluß auf unsere Gespräche.

Zum einen hatte Lawrence Eagleburger, der Leiter der Europaabteilung im Außenministerium, London und andere europäische Hauptstädte besucht. Dort hatte er eine Akte mit Beweismaterial vorgelegt, welches die amerikanische Behauptung untermauerte, daß Waffenladungen von Kuba – stellvertretend für die Sowjetunion – nach El Salvador geliefert wurden, um dort die Revolution gegen die pro-westliche, wenngleich zweifellos unliebsame Regierung zu unterstützen. Unsere Ansichten darüber, wie ernst die Bedrohung tatsächlich war, gingen zwar noch auseinander, aber die jetzt vorgelegten Beweise machten es uns leichter, die Absichten der Amerikaner in dieser Region zu unterstützen und dem Druck anderer Interessengruppen standzuhalten. Kurz vor meiner Abreise nach Amerika gab das britische Außenministerium eine entsprechende Erklärung ab. Präsident Reagan erklärte mir, er wolle bei der Bekämpfung der kommunistischen Subversion via Kuba eine neue Politik einschlagen. Dies bedeute auch, engere Beziehungen zu Mexiko anzuknüpfen – nach amerikanischer Einschätzung ein gefährdeter und wichtiger Nachbarstaat. Obwohl ich diesen Gedankengang nachvollziehen konnte und dem Präsidenten zustimmte, warnte ich ihn vor der Gefahr einer Niederlage im Propagandakrieg zu El Salvador – denn die Berichterstattung war sehr einseitig.

Die zweite und viel wichtigere Entwicklung war eine Rede des sowjetischen Staatschefs Breschnew, der einen internationalen Gipfel und ein Moratorium für taktische Kernwaffen in Europa vorschlug. In der hektischen Medienwelt Washingtons liefen hitzige Diskussionen darüber, wie die neue amerikanische Regierung darauf reagieren sollte. Ich hatte öffentlich zur Vorsicht gegenüber dem Gedanken eines frühzeitigen Gipfeltreffens und auch gegenüber dem russischen Moratoriumsvorschlag geraten. Dessen Umsetzung hätte nämlich zu einer überwältigenden Überlegenheit der Sowjetunion geführt, da sie bereits taktische Kernwaffen stationiert hatte, wir aber nicht. Wie sich herausstellte, teilte Präsident Reagan meine Ansicht. Wir waren uns beide sehr bewußt darüber, daß wir es hier mit einem taktischen Schachzug der UdSSR zu tun hatten, der vermutlich nur darauf ausgerichtet war, ihre westlichen Gegner zu verwirren und zu spalten. Der sowjetische Propagandafeldzug war damit in eine neue Phase getreten: Die Sowjetunion schlug vor, keine weiteren Nuklearwaffen aufzustellen, nachdem sie gerade erst die Stationierung ihrer eigenen modernisierten Waffensysteme beendet hatte. Dieses Thema würde die Politik des Bündnisses für die folgenden sechs Jahre beherrschen.

Bei meiner Ankunft in Washington fand ich mich im Mittelpunkt der Aufmerksamkeit – nicht nur wegen meiner engen Beziehung zu dem neuen Präsidenten, sondern noch aus einem anderen, weniger schmeichelhaften Grund. Als ich nach Amerika abreiste, konnten die dortigen Leser gerade in einem langen Artikel der Zeitschrift *Time* mit dem Titel »Embattled but Unbowed« (»In Bedrängnis, aber ungebeugt«) lesen, daß meine Regierung mit Schwierigkeiten zu kämpfen hatte. In der amerikanischen Presse und in Kommentaren wurde angedeutet, daß die USA bald mit den gleichen Problemen konfrontiert wären wie gegenwärtig Großbritannien – vor allem einer hohen und weiterhin steigenden Arbeitslosigkeit –, da die Wirtschaftspolitik der Regierungen in beiden Ländern von einem ähnlichen Ansatz ausginge. Dies wiederum veranlaßte einige Mitglieder der US-Regierung und andere Personen aus regierungsnahen Kreisen – doch keine Sekunde lang den Präsidenten selbst – zu dem Schluß, die angeblichen Mißerfolge des »Thatcher-Experiments« seien darauf zurückzuführen, daß wir nicht radikal genug vorgegangen seien. Tatsächlich hielt Finanzminister Donald Regan während meines Aufenthalts in Washington vor dem Kongreß eine Rede ähnlichen Tenors – um gleich darauf an einem Essen teilzunehmen, das zu meinen Ehren gegeben wurde. Natürlich schlachteten die britischen Medien dieses Ereignis entsprechend aus. Ich nahm jede Gelegenheit wahr, um den Journalisten, Senatoren und Kongreßmitgliedern, mit denen ich zusammentraf, die wahre Lage der Dinge zu erläutern. Anders als Amerika hatte Großbritannien mit den Altlasten des Sozialismus zu kämpfen – Verstaatlichung, mächtige Gewerkschaften, eine tief verwurzelte kulturelle Abneigung gegen das freie Unternehmertum. Die Übergangsschwierigkeiten waren durch die Preis-, Einkommens- und Lohnpolitik der Labour Party in Verbindung mit einer nachlässigen Geldpolitik noch vergrößert worden, da die Explosion der Löhne und Gehälter im öffentlichen Dienst die Staatsausgaben nach oben trieb. Bei einem Treffen erzählte mir Senator Jesse Helms, daß einige der US-Medien die Totenmesse für meine Regierung intonierten. Ich konnte ihm jedoch versichern, daß eine Totenmesse für meine Politik noch verfrüht sei. Bei jeder Krankheit gibt es eine Phase, in der die Medizin schlimmer ist als die Krankheit; dennoch sollte man die Medizin weiterhin einnehmen. Meiner Meinung nach, so sagte ich ihm, hätten breite Kreise des britischen Volkes erkannt, daß meine Politik richtig war.

Nach einer weiteren kurzen Unterredung und einer Tasse Kaffee mit dem Präsidenten, wobei auch Nancy und Denis zugegen waren, brach ich mit meinen Begleitern von Washington nach New York auf. Am Nachmittag traf ich mich dort zu Gesprächen mit dem UN-Generalsekretär Dr. Waldheim, und am Abend hielt ich eine Rede zum Thema »Die Verteidigung der Freiheit«, in der ich meinen vorsichtigen Optimismus für das vor uns liegende Jahrzehnt zum Ausdruck brachte:

... Wir wissen seit langem, daß die achtziger Jahre ein Jahrzehnt voller Schwierigkeiten und Gefahren sein werden. Es wird Krisen und Entbehrungen geben. Aber ich glaube daran, daß das Blatt sich zu unseren Gunsten wendet. Die Entwicklungsländer erkennen allmählich die wahren Absichten der Sowjetunion und lernen die Realitäten des sowjetischen Alltags kennen. Das westliche Bündnis tritt mit einer neuen Entschlossenheit auf. Die neue amerikanische Führung erfüllt alle Menschen in der freien Welt mit Vertrauen und Hoffnung.

Besuche in Indien und am Golf

Am 20. Mai 1980 hatte ich bei einer Konferenz ein Thema erörtert, das wegen der russischen Invasion in Afghanistan etwas verspätet auf einen der obersten Plätze der Tagesordnung der westlichen Welt gerückt war – nämlich, wie man die Expansion der Sowjetunion in der Dritten Welt verhindern könnte. Da in Amerika jetzt ein frischer Wind wehte, eröffneten sich völlig neue Möglichkeiten. Dennoch habe ich nie bezweifelt, daß Großbritannien über seine Rolle als Freund und Verbündeter Amerikas hinaus in manchen Bereichen vieles bewegen konnte – und daß dazu nur Großbritannien imstande war. Nach Ansicht der Linken war die Hinterlassenschaft des Britischen Empire in den ehemaligen Kolonien von Bitterkeit und Armut geprägt. Dies war jedoch eine gröbliche Verzerrung und Verfälschung der Tatsachen. In Wirklichkeit sahen die meisten Menschen, mit denen ich in diesen Ländern zusammentraf, Großbritannien in einem anderen Licht. Wenn man von vordergründiger Rhetorik absieht und einige brisante Punkte wie etwa unsere Beziehungen zu Südafrika außer acht läßt, wird man zu dem Schluß gelangen, daß kein Land auf allen Kontinenten soviel Vertrauen genießt wie Großbritannien. 1981 begann ich, diese Beziehungen systematischer zu nutzen, um die Interessen unseres Landes und die umfassenderen Ziele des Westens zu fördern. Am Mittwoch, dem 15. April 1981, brach ich zu meiner mittlerweile dritten Reise nach Indien auf. Mit der indischen Premierministerin Indira Gandhi war ich bereits dreimal zusammengetroffen. Doch in der Zwischenzeit war die strategische Bedeutung Indiens gewachsen. Das Land konnte nicht nur wirtschaftliche Fortschritte vorweisen, insbesondere auf dem überaus wichtigen landwirtschaftlichen Sektor, sondern war – vor allem seit dem Tod Marschall Titos – eines der führenden Länder in der Bewegung der blockfreien Staaten geworden. Da der Einstellung der blockfreien Staaten zur sowjetischen Invasion in Afghanistan große Bedeutung zukam, waren sie für uns noch wichtiger geworden. Indien konnte uns, wenn es wollte, bei diesem Problem sehr viel mehr schaden als nutzen. Das Land besaß traditionell enge Bindungen zu Rußland und stand Pakistan feindlich gegenüber. Und da Pakistan der Hauptstützpunkt der antikommunistischen afghanischen Guerilleros war, mußte der Westen jetzt sehr feinfühlig auf die Gefühle und Bedürfnisse der indischen Regierung reagieren. Im Hinblick auf die bilateralen Beziehungen gab es überdies noch das heikle Problem der neuen und häufig falsch dargestellten British Nationality Bill (Gesetzentwurf zur Regelung der britischen Staatsangehörigkeit). Dieser Gesetzentwurf war Teil unserer Vorschläge, wie man die Masseneinwanderung nach Großbritannien in Zukunft begrenzen konnte – nicht zuletzt die Einwanderung vom indischen Subkontinent.

Meine Gespräche mit Indira Gandhi waren zwar interessant, verliefen aber weitgehend ergebnislos. Im indischen Kabinett schien man viel Zeit darauf zu verwenden, Aufträge zu vergeben, was in einem sozialistischen Land vielleicht nicht allzusehr überrascht. Mein Interesse galt jedoch mehr internationalen Fragen. Leider konnte ich Indira Gandhi nicht dazu bewegen, die sowjetische Invasion in Afghanistan zu verurteilen. Sie brachte die üblichen Rechtfertigungsgründe vor, wenngleich es ihr offensichtlich unangenehm war. Bis zum Zusammenbruch des kommunistischen Systems gelang es mir nie, Indira Gandhi oder ihre Nachfolger von der traditionellen Allianz mit der Sowjetunion abzubringen oder sie Amerika anzunähern. Doch legten wir den Grundstein für eine nützliche englisch-indische Arbeitsbeziehung bei Problemen des Commonwealth und Fragen der praktischen Durchführung der Entwicklungshilfe für die Dritte Welt. Hierbei bewies sie einen sehr viel realistischeren Blick für die erforderlichen Maßnahmen als die meisten anderen Regierungschefs in der Dritten Welt. Auch die Auseinandersetzung über die British Nationality Bill konnte diese gute Beziehung nicht lange trüben. Obwohl die Premierministerin vehement auf einen Zusatz zu der Gesetzesvorlage drängte, der mehr indischen Familien die Einwanderung nach Großbritannien erlaubt hätte, beharrte ich auf der Vorlage in ihrer ursprünglichen Form. Indira Gandhi griff mich unter vier Augen und auch in der Öffentlichkeit heftig an, so daß ich bei der Abschlußpressekonferenz mit feindseligen Fragen konfrontiert war. Es schien mir jedoch, als reagierte sie damit nur auf den Druck, den die Öffentlichkeit auf sie ausübte.

Ich mochte und respektierte Indira Gandhi. Zwar war ihre Politik mehr als eigenmächtig gewesen, doch konnte nur eine starke Persönlichkeit und Führerfigur hoffen, Indien erfolgreich zu regieren. Indira Gandhi hatte auch einen Sinn für das Praktische, und es ist wohl nicht nur ein Mythos, wenn man darin einen weiblichen Charakterzug sieht. Beispielsweise war sie immer der festen Überzeugung, daß Indien in erster Linie Hilfeleistungen auf der elementarsten Ebene benötigte – manche würden von der primitivsten Ebene sprechen –, die es den Bauern erlaubten, die Nahrungsmittelproduktion zu steigern. Ebenso wie ich mir war auch sie sich bewußt, welch enorm großen Nutzen man aus der Naturwissenschaft ziehen konnte, und sie führte auch bereits neue Pflanzensorten und Anbautechniken ein. Indira Gandhis schwacher Punkt war jedoch, daß sie niemals die Bedeutung des freien Marktes begriff.

Doch ich führte nicht nur Gespräche mit Indira Gandhi, sondern lernte auch drei unterschiedliche Aspekte des neuen Indien kennen. Am Donnerstag sprach ich vor dem indischen Parlament; am Freitag war ich zu Gast in einem indischen Dorf, in dem Maßnahmen zur Steigerung der landwirtschaftlichen Produktion durchgeführt wurden; und am Samstag besuchte ich das Kernforschungszentrum in Bombay. Die Reise nach Indien war, wie ich es erwartet hatte, ein faszinierendes Erlebnis, doch hatte ich nicht gedacht, daß sie ein Erfolg werden würde, trotzdem sich keine dramatischen neuen Entwicklungen ergaben. Ich verließ Indien ungern nach so kurzer Zeit: Jede Reise läßt in mir den Wunsch aufkommen, wiederzukehren und diesmal länger zu bleiben.

Am Sonntag brach ich nach Saudi-Arabien und dem Persischen Golf auf. Da es wichtig war, sich den Gebräuchen dieser konservativen islamischen Länder anzupassen, mußte ich mir für diese Besuche eigens eine neue Garderobe anfertigen lassen. Ich war der erste »weibliche Premierminister« aus dem Westen, der diese Staaten besuchte, wodurch sich die Herrscher am Golf jedoch nicht aus der Fassung bringen ließen – wie man vielleicht hätte erwarten können. Im Laufe meines Besuchs fand ich heraus, welche wichtige Rolle die Gattinnen der führenden arabischen Politiker spielten. Viele dieser Frauen sind sehr gebildet und gut informiert. Im Westen wird ihr Einfluß stark unterschätzt, und es ist höchst anregend, sich einen Abend lang mit ihnen zu unterhalten.

Zwar war ich der erste britische Premierminister, der diese Staaten je besucht hatte, doch besaß Großbritannien traditionell enge Bindungen zu dieser Region. Sie gingen auf die Zeit zurück, als wir Schutztruppen in einigen Golfstaaten stationiert hatten, lange bevor man dort Öl entdeckte. Die Regierung unter Ted Heath hatte den von der Wilson-Regierung beschlossenen Abzug unserer Streitkräfte und die Aufgabe vieler unserer Verpflichtungen östlich von Suez nie rückgängig gemacht, was ich schon damals bedauert hatte. Wiederholt haben uns die aktuellen Entwicklungen bewiesen, daß der Westen nicht gut daran tun würde, sich politisch völlig aus diesem strategisch wichtigen Gebiet zurückzuziehen. Großbritannien hat diesen Staaten jedoch weiterhin Unterstützung in Form von Technik, Ausbildung und Beratern zukommen lassen.

Bei meinem Besuch in Saudi-Arabien und den Golfstaaten war ich bestrebt, meinen Gastgebern zu versichern, daß etwaige Entscheidungen über die damals erwogene Aufstellung einer Rapid Deployment Force (»Schnelle Eingreiftruppe«) nur mit ihrem Wissen und ihrer Zustimmung getroffen würden. Man befürchtete dort, diese werde den Weg für eine direkte militärische Intervention im Nahen Osten ebnen. Der Krieg zwischen dem Irak und dem Iran war zu jener Zeit noch im Gange, wenn auch in abgeschwächter Form, und niemand konnte wissen, wie ernst die Bedrohung durch islamische Fundamentalisten werden konnte. Eine zu offensichtliche Präsenz des Westens konnte ihnen möglicherweise als Vorwand dienen, umgekehrt aber konnten sie sich durch zuwenig Unterstützung des Westens für die Golfstaaten auch ermutigt fühlen. Man hatte den Kooperationsrat der Arabischen Golfstaaten (Gulf Cooperation Council) gegründet, ein Forum für die Staaten in dieser Region, durch das sie sich wechselseitig ihre Sicherheit garantierten. Dies stellte zweifellos eine erfreuliche Entwicklung dar. Darüber hinaus war es wichtig, daß sie die richtige militärische Ausrüstung besaßen und dafür ausgebildet wurden. In dieser Hinsicht waren unsere langjährigen Verbindungen auf dem Gebiet der Verteidigung unseren wirtschaftlichen Interessen dienlich. Einige britische Flugzeug und Panzer eigneten sich hervorragend für dieses Gebiet.

Am Dienstag, dem 21. April, traf ich in Abu Dhabi ein, dem größten Mitglied der Vereinigten Arabischen Emirate (VAE). Scheich Zayed, der Emir und Präsident der VAE, besaß eine sehr poetische Ausdrucksweise und war überaus charmant. Er kannte Pakistan gut, weil er sich wie andere Araber aus den Golfstaaten regelmäßig dort aufhielt, um auf die Falkenjagd zu gehen. Bei solchen Gelegenheiten erfuhren die Araber aus den Golfstaaten viele interessante Neuigkeiten über die Entwicklungen in Pakistan und Afghanistan. Wir versorgten die Vereinigten Arabischen Emirate im großen Stil mit militärischer Ausrüstung und Beratern – und hatten ein starkes Interesse, die ausgezeichneten Schul- und Bodenunterstützungsflugzeuge vom Typ Hawk an alle Staaten der Region zu verkaufen.

In Dubai, dem zweiten großen VAE-Staat, traf ich einen Tag später ein. Bei meiner Ankunft begrüßte mich der Herrscher, Scheich Rashid, bereits an der Landebahn, obwohl wir uns eben erst in Abu Dhabi begegnet waren. Diesmal sah er gealtert und leidend aus. Aber seine ausdrucksvollen Gesichtszüge, vor allem seine Augen, verrieten Klugheit und Mut. Es gibt ein Bild des jungen Scheichs, wie er hoch zu Roß, mit blitzendem Schwert, aus der Wüste reitet, um sein Land einzufordern. Beim Betrachten dieses Bildes kam mir in den Sinn, daß man die Eigenschaften seiner Generation in der heutigen Welt nur schwer wiederfinden könnte.

Dubai ist entzückend. Wie in den anderen Golfstaaten, die ich besuchte, trifft man hier auf eine wahre Blütenpracht, die gehegt und gepflegt wird. Dabei ist Dubai auch eine florierende Hafenstadt. Mit Bahrain hat sie gemeinsam, daß sie im Unterschied zu anderen Städten an der Golfküste lange vor den ersten Ölfunden gegründet wurde. Von hier aus segelten arabische Händler zum Roten Meer und zum Indischen Ozean.

Eine weitere Station auf meiner Reise war Maskat in Oman. Sultan Qabus, der Herrscher des Landes, war von jeher einer von Großbritanniens engsten Freunden am Golf. Der Eingang zum Hafen von Maskat wird von alten Befestigungsanlagen bewacht. Wie auch anderswo am Golf hat man die Bebauung sorgfältig geplant, um sie den traditionellen Gebäuden anzupassen. Ich besprach mit dem Sultan von Oman dessen Bedarf an militärischer Ausrüstung. Als später der Ölpreis fiel und sich die Finanzlage von Oman verschlechterte, schlugen wir dem Sultan vor, Schul- und Bodenunterstützungsflugzeuge vom Typ Hawk anstelle des wesentlich teureren Tornado zu kaufen. Wir erörterten auch die Lage am Golf und den Krieg zwischen dem Iran und dem Irak. Der Sultan war stets eine Quelle wertvoller Informationen über die Ereignisse im Iran. Uns war sehr daran gelegen, daß der Krieg auf diese beiden Staaten und den nördlichen Teil des Golfs beschränkt blieb. 1980 hatten wir die drei Schiffe der Armilla Patrol in dem Gebiet stationiert, um die Seewege offenzuhalten. Meine Gespräche mit dem Sultan und anderen Herrschern am Golf legten den Grundstein für eine spätere Zusammenarbeit, als der Krieg zwischen dem Iran und Irak die Schiffahrt am Golf gefährdete und – einige Jahre später – die Iraker in Kuwait einmarschierten.

Mein letzter Besuch führte mich zu Scheich Khalifa, dem Emir von Qatar. Qatar besitzt die größten natürlichen Gasvorkommen der Welt, und das Land ist sehr reich. Hier führte ich Gespräche über die Beteiligung britischer Firmen bei der Förderung dieser Vorkommen.

In den folgenden Jahren sollten sich derartige Besuche, bei denen ich Diplomatie, Geschäftliches und private Gespräche zu verbinden wußte, noch oft wiederholen. Obwohl mich diese Reise in viele Länder geführt hatte, so hatte ich doch nicht alle Mitspieler im »großen Spiel« am Golf besuchen können. Ich wollte das im September nachholen und Bahrain und Kuweit auf meinem Weg zur Commonwealth-Konferenz in Melbourne besuchen.

Der Weltwirtschaftsgipfel von Ottawa

Mein zweiter Weltwirtschaftsgipfel – und der erste von Präsident Reagan und Staatspräsident François Mitterrand – fand in Montebello statt, einem Ort in der Nähe von Ottawa. Ich traf dort am Nachmittag des 19. Juli ein und wurde von Kanadas Premierminister Pierre Trudeau empfangen. Man hatte Montebello als Konferenzort gewählt, da die Staatsoberhäupter der G 7 diesmal die übermäßige Präsenz der Massenmedien, die bei den Gipfeltreffen in wachsendem Maße störend wirkte, vermeiden wollten. Nach jeder Nachmittagssitzung flog Pierre Trudeau per Hubschrauber zurück nach Ottawa, um die Journalisten kurz zu unterrichten. Wir genossen auf Schloß Montebello – das zuweilen als größtes Blockhaus der Welt bezeichnet wird, aber in Wirklichkeit ein sehr luxuriöses Hotel ist – eine »splendid isolation«, eine glanzvolle Abgeschiedenheit. Bei dem diesjährigen Gipfel sollten die Gespräche etwas informeller ablaufen. Vielleicht war es Ronald Reagans Anwesenheit zu verdanken und seiner selbstverständlichen Liebenswürdigkeit, daß wir uns alle beim Vornamen nannten. Was mir weniger gefiel, war die Entscheidung, daß sich die Teilnehmer ungezwungen kleiden sollten. Meiner Erfahrung nach macht das die Kleiderwahl eher schwieriger als leichter. Die Japaner zum Beispiel trugen die schönsten weißen Freizeitanzüge, die ich je gesehen habe – und wirkten dadurch um so förmlicher angesichts der offenen Hemdkrägen und bequemen Hosen der westlichen Teilnehmer. Was mich betraf, so machte ich wie die Japaner kaum Zugeständnisse an die neue Kleiderordnung. Die Öffentlichkeit zieht es meiner Ansicht nach vor, ihre Führung in geschäftsmäßiger und tadelloser Kleidung zu sehen. Ich war daher froh, daß dieser Grad an Ungezwungenheit rückblickend nicht als Erfolg bewertet und somit nicht wiederholt wurde.

Präsident Reagan mußte sich in Montebello wegen der Höhe der amerikanischen Zinssätze einige Kritik anhören. Er erklärte, er habe sie von seinem Vorgänger geerbt. »Gebt mir Zeit«, sagte er, »ich will sie auch senken.« Und er hielt Wort. Sein Vorhaben, das amerikanische Defizit durch die Senkung der öffentlichen Ausgaben in den Griff zu bekommen, erwies sich als größeres Problem – das Defizit stieg weiter bis etwa 1985. Es war das einzige Thema, über das der Präsident und ich uns nicht einig wurden. Dies änderte sich erst, als das Haushaltsdefizit in der zweiten Hälfte seiner zweiten Amtszeit stark sinkende Tendenzen zeigte. Nach meinen eigenen Erfahrungen auf diesem Gebiet mußte man den Gürtel enger schnallen und die öffentlichen Ausgaben niedrig halten. Bei einer Kürzung des Etats kann man die Steuern vorübergehend erhöhen, weil in diesem Fall die Steuereinnahmen dazu beitragen, das Defizit zu verringern (und damit die Zinssätze zu senken). Bei einer Erhöhung der öffentlichen Ausgaben jedoch würde eine Steuererhöhung nur zu noch höheren Ausgaben verleiten und somit das Defizit vergrößern. Da der Kongreß durch das in der amerikanischen Verfassung verankerte System der Gewaltenteilung die Ausgaben gegen den Wunsch des Präsidenten erhöhen kann, stellten in diesem Fall Steuersenkungen möglicherweise das einzig wirksame Mittel für den Präsidenten dar, um die Ausgaben niedrig zu halten. Aus diesem Grund konnte ich Ronald Reagans Standpunkt in gewisser Weise nachvollziehen. Als der Präsident dann mit Recht für eine größtmögliche Freiheit im internationalen Handel eintrat, konnte ich ihm voll und ganz zustimmen. Der Handel spielte auch in den Beiträgen anderer Teilnehmer eine große Rolle, wobei die Japaner wie üblich eine vernünftige Einstellung zu dem Prinzip des freien Welthandels vertraten, aber trotz des auf sie ausgeübten Drucks nicht bereit waren, praktische Schritte zur Öffnung ihrer Märkte einzuleiten.

Helmut Schmidt, der persönlich die Politik der neuen amerikanischen Regierung bekanntermaßen kritisch betrachtete, trat für eine solide und orthodoxe Haushaltspolitik und für freien Handel ein. In einer ziemlich langen, frei gehaltenen Rede trug ich dieselben Ansichten vor. Mein Beitrag war vermutlich um so überzeugender, da die britischen Zinssätze aufgrund einer geringeren staatlichen Kreditaufnahme in unserem Haushaltsplan von 1981 inzwischen gefallen waren – obwohl wir gleichzeitig weiterhin die Inflation bekämpften.[1] Mein vielleicht nützlichstes Gespräch in Ottawa war eine private Zusammenkunft mit Ronald Reagan. Seit wir uns in Washington getroffen hatten, hatte er sich von den Verletzungen eines Attentats erholt, die manchen jüngeren Mann außer Gefecht gesetzt hätten. Er aber sah gut erholt aus. Ich informierte ihn kurz über die Ereignisse in Großbritannien, wobei ich sowohl unsere wirtschaftlichen Probleme als auch die kürzlichen Unruhen in den Innenstädten in das richtige Licht rückte. Was die amerikanischen Beziehungen zu Europa betraf, war ich zunehmend beunruhigt über die Töne, die Washington neuerdings anschlug. Zum Beispiel drängte ich den Präsidenten, das Gerede über »eine zunehmende Welle der Neutralität« in Europa zu unterbinden. Die Argumentation, die solchen Äußerungen zugrunde lag, leuchtete mir ein; dennoch konnte man solche Tendenzen nur allzuleicht herbeireden. Bei dieser Gelegenheit dankte ich ihm wärmstens für seine unnachgiebige Haltung gegenüber dem irischen Terrorismus und dessen Befürwortern vom Irish Northern Aid Committee (NORAID). Es war gut zu wissen, daß die Regierung Reagan der IRA-Lobby keine Zugeständnisse machen würde, wie stark sie auch sein mochte.

Die Commonwealth-Konferenz in Melbourne und ein Besuch in Pakistan

Beinahe zwei Monate später, am 30. September, wurde die Commonwealth-Konferenz in Melbourne eröffnet.

Die Konferenz wurde wie immer von der Südafrikaproblematik überschattet. Robert Mugabe, mit dem ich eine vertrauliche Unterredung hatte, nahm zum erstenmal als Repräsentant Simbabwes an der Konferenz teil. Die Haltung der neuen amerikanischen Regierung zu der Namibia-Frage erregte große Feindseligkeit. Ich war entschlossen, ihr die Stange zu halten – die sogenannte »Kontaktgruppe« von fünf Nationen einschließlich der USA sollte auch weiterhin das Instrument sein, von dem der

Druck für eine Regelung des Problems ausging. Im Verlauf der Konferenz hielt Maurice Bishop, der marxistische Premierminister von Grenada, eine flammende Rede, in der er uns beschwor, unsere Brüder in Namibia, die unter der südafrikanischen Herrschaft litten, durch eine klare Botschaft unserer Unterstützung zu versichern. Ein anderer hochrangiger Vertreter der Regierung von Grenada meinte später zu mir, man sollte Maurice Bishop fragen, was mit den Angehörigen seines eigenen Volkes sei, besonders den Intellektuellen und Angehörigen der Mittelschicht, die jetzt in Grenada von der eigenen Regierung ins Gefängnis gesteckt worden waren. Ein Streitpunkt, der das Commonwealth immer wieder belastete, betraf die sportlichen Verbindungen zu Südafrika: Die Springboks hatten in Neuseeland gespielt, und es war dabei zu Unruhen gekommen. Robert Muldoon [A.d.Ü.: der neuseeländische Premierminister] wurde wegen dieses angeblichen Verstoßes gegen das Gleneagles Agreement, welches die internationalen Sportbeziehungen mit Südafrika regelt, scharf angegriffen, und er setzte sich heftig zur Wehr. Da mittlerweile die Rhodesien-Frage gelöst war, stand zumindest Großbritannien weniger im Brennpunkt der Kritik durch die Commonwealth-Mitglieder als bei der letzten Konferenz. Zudem lagen die harten Forderungen nach Sanktionen gegen Südafrika noch in der Zukunft.

In meinen Redebeiträgen während der Konferenz räumte ich ein, daß die Bedingungen für die Dritte Welt zweifellos schwierig seien. Die Länder der Dritten Welt waren durch den Anstieg der Ölpreise und durch die Auswirkungen der Rezession auf den westlichen Märkten, von denen sie abhängig waren, hart getroffen worden. Doch betonte ich, daß es daher um so entscheidender sei, Wohlstand zu schaffen, als sich nur mit dessen internationaler Umverteilung zu beschäftigen. Dies sei jetzt wichtiger als je zuvor. Ich verteidigte auch den britischen Entwicklungshilfebericht, der sich sehen lassen konnte, wenn man nicht nur die eng definierten Hilfsprogramme berücksichtigte, sondern auch die öffentlichen und privaten Kredite und Investitionen. Da ich zusammen mit sechs anderen Regierungschefs von Commonwealth-Staaten auch an der kommenden internationalen Konferenz in Cancún über das »Nord-Süd-Gefälle« teilnehmen würde, hielt ich es für vorteilhaft, schon jetzt die Fakten auf den Tisch zu legen.

Während ich mich in Australien aufhielt, griff Ted Heath in einer Rede in Manchester meine Politik scharf an. Angesichts seiner Vorgeschichte mochte es vielleicht verwundern, daß Ted jetzt ein Verfechter einer Politik des »Konsenses« geworden war; andererseits war es vielleicht nicht ganz so verwunderlich, wenn man bedenkt, daß diese Politik letzten Endes auf staatliche Intervention und Korporativismus hinauslief. Ich bekam einen Vorabdruck der Rede zugeschickt und nutzte meinen Sir-Robert-Menzies-Vortrag an der Monash University, um ihm und allen Kritikern meines Regierungsstils darauf zu antworten. Die entscheidende Anregung dazu lieferte mir unwissentlich Forbes Burnham, der Präsident von Guayana, während des Wochenendes, das die Regierungschefs in Canberra bei Melbourne verbrachten. Dort erörterten wir gerade einen Punkt, der in das Abschlußkommuniqué aufgenommen werden sollte, und Forbes Burnham bemerkte an einer Stelle, wir müßten einen Konsens erzielen. Ich fragte ihn, was er unter »Konsens« verstehe – ein Wort, das ich viel zu oft hörte –, und er erwiderte, daß »es etwas ist, das man erhält, wenn man sich nicht einigen kann«. Das schien mir eine ausgezeichnete Definition. So fügte ich in meinem Vortrag eine Passage ein, in der es hieß:

Mir scheint Konsens folgendes zu sein: Ein Vorgang, bei dem man alles aufgibt, woran man glaubt, all seine Prinzipien, Werte und politischen Ansichten, und etwas anstrebt, woran niemand glaubt, aber wogegen auch niemand etwas einzuwenden hat. Der Vorgang, bei dem man genau die Probleme, die gelöst werden müßten, umgeht, nur weil man sich in einem bestimmten Punkt nicht einigen kann. Aber für welche große Sache könnte man unter dem Banner des Spruches »Ich stehe für den Konsens« siegreich streiten?

Auf der Rückreise machte ich einen Abstecher nach Pakistan. Ich flog nach Islamabad und besuchte Präsident Zia. Der Krieg in Afghanistan hatte seinen Höhepunkt erreicht, und man arrangierte für mich den Besuch eines in Pakistan errichteten Lagers für afghanische Flüchtlinge. Wir flogen mit dem Hubschrauber zum Flüchtlingslager Nasir Bagh, das sehr groß, aber tadellos sauber, ordentlich und offensichtlich gut geführt war. Dort sprach ich unter einem großen Zeltdach, das mir Schutz vor der heißen Sonne bot, während die Flüchtlinge – Männer, Frauen und Kinder – mit gekreuzten Beinen auf dem Boden saßen. Ich äußerte meine Bewunderung darüber, daß sie es ablehnten, unter einem »gottlosen kommunistischen System zu leben, das versucht, [ihre] Religion und Unabhängigkeit zu zerstören«, und versprach ihnen meine Hilfe. Meine Rede wurde von Zeit zu Zeit von den Zuhörern unterbrochen, die sich erhoben und mir ihren Beifall mit den Worten »Allah ist groß« kundtaten.

Das Mittagessen nahm ich als Gast des Gouverneurs von Peshawar im Garten seines wunderschönen alten Hauses ein. Dort, in den Gartenanlagen des Hauses, sprach ich zu einer riesigen Versammlung von Stammesführern der umliegenden Gebiete. Anschließend flog ich mit dem Hubschrauber zum Khyber-Paß hinauf. Man hatte mich vorgewarnt, daß ich zum Zeichen der Wertschätzung, die man mir entgegenbrachte, das traditionelle Lamm als Gastgeschenk erhalten würde. Um meinem Dank Ausdruck zu verleihen, tätschelte ich den Kopf des Tieres und bat dann meine Gastgeber, an meiner Stelle für das Lamm zu sorgen. Von dort aus ging ich direkt zur afghanischen Grenze, wo reger Verkehr herrschte, obwohl sie jetzt eine Trennungslinie zwischen dem Kommunismus und der Freiheit darstellte. Ich blickte hinüber in das von den Sowjets beherrschte Land. Eine lange Lastwagenkolonne wartete darauf, die Grenze nach Pakistan überqueren zu dürfen. Die Beziehungen zu den russischen Grenzposten auf der afghanischen Seite waren zu dieser Zeit recht freundlich. Sie nahmen reges Interesse an allem, was auf unserer Seite passierte. Ich hielt mir vor Augen, welchen Heroismus, den man nie angemessen gewürdigt hatte, Pakistan an den Tag legte – es nahm Hunderttausende von Flüchtlingen auf und grenzte überdies an den Einflußbereich der größten Militärmacht auf der Erde. Obwohl es kein reiches Land war, wirkten alle Pakistanis gesund und waren gut gekleidet. Als ich dies Präsident Zia gegenüber erwähnte, erwiderte er: »Gott sei Dank hat jeder genügend Kleidung und Essen.« Großbritannien stellte den Flüchtlingen bereits Hilfsmittel zur Verfügung. Aber wenn Pakistan sich als Bollwerk gegen den Kommunismus behaupten sollte, würde das Land noch viel mehr Hilfe vom Westen benötigen.

Der Nord-Süd-Gipfel von Cancún

Während unserer Gespräche in Washington hatte ich Präsident Reagan davon überzeugen können, wie wichtig seine Teilnahme an dem Gipfel von Cancún war, der in diesem Oktober in Mexiko stattfand. Meiner Ansicht nach sollten wir trotz unserer Vorbehalte gegen eine solche Veranstaltung teilnehmen, um für unsere Positionen einzutreten und dabei der Kritik, wir zeigten kein Interesse für die Entwicklungsländer, zuvorkommen. Das ganze Konzept eines »Nord-Süd«-Dialogs, das die Nord-Süd-Kommission unter Willy Brandt zu einem beliebten Thema der internationalen Gemeinschaft gemacht hatte, war in meinen Augen hirnverbrannt. Nicht nur wurde die irrige Behauptung aufgestellt, es gebe einen einheitlichen reichen Norden, dem im Gegensatz dazu ein einheitlicher armer Süden gegenüberstand; hinter diesem Gerede verbarg sich der Gedanke, Armut und Hunger seien eher durch eine Umverteilung der internationalen Ressourcen als durch die Schaffung von Wohlstand zu bekämpfen. Dabei brauchten die Entwicklungsländer Handel dringender als Entwicklungshilfe. Aus diesem Grunde war und ist es unsere Hauptaufgabe, ihnen einen möglichst freien Zugang zu unseren Märkten zu gewähren. Natürlich sprach der Begriff »Nord-Süd«-Dialog auch jene Sozialisten an, die den grundlegenden Unterschied zwischen dem freien kapitalistischen Westen und dem unfreien kommunistischen Osten herunterspielen wollten.

Den Vorsitz bei der Konferenz führten der mexikanische Präsident López-Portillo, unser Gastgeber, und Pierre Trudeau, der für den wegen Krankheit verhinderten österreichischen Kanzler eingesprungen war. 22 Länder nahmen teil. Wir logierten in einem jener mit verschwenderischem Luxus ausgestatteten Hotels, die man oft gerade in den Ländern findet, wo viele Menschen in entsetzlicher Armut leben. Cancún wurde in den siebziger Jahren an einer Stelle erbaut, die angeblich ein Computer ausgewählt hatte als den Ort, der ausländische Touristen am meisten anspricht. Die Stadt wurde 1988 vom Hurrikan »Gilbert« schwer verwüstet. Soviel zum Nutzen der Informationstechnologie.

Es ist nicht unbescheiden zu behaupten, daß Indira Gandhi und ich auf der Konferenz die beiden Persönlichkeiten waren, die am meisten Aufmerksamkeit von den Medien erhielten. Indien hatte gerade den bislang größten Kredit erhalten, den der Internationale Währungsfonds (IWF) je vergeben hatte, und zwar zu einem Zinssatz, der unter dem des Marktes lag. Natürlich wollten Indien und auch andere Länder in Zukunft noch mehr günstige Kredite erhalten. Das war der Grund, warum man darauf drängte, den Internationalen Währungsfonds und die Weltbank direkt der UNO zu unterstellen. Ich war entschlossen, mich diesem Druck zu widersetzen. Im Verlauf einer heftigen Diskussion mit einer Gruppe von Regierungschefs, die während der Konferenz stattfand, beharrte ich auf meiner Ansicht, daß die Eigenständigkeit des IWF und der Weltbank durch ein solches Ansinnen unvermeidlich gefährdet würden und daß den Befürwortern eher Schaden als Nutzen daraus erwachsen würden. Die Diskussionsteilnehmer konnten meinen Standpunkt nicht nachvollziehen. Daher sagte ich zum Schluß ziemlich unverblümt, ich würde auf keinen Fall britische Gelder auf eine Bank einzahlen, die von jenen geführt wurde, welche ihren Kredit überzogen hatten. Nun begriffen sie.

Während meines Aufenthalts in Cancún traf ich mich auch unter vier Augen mit Julius Nyerere. Er war wie immer charmant und wortgewandt, aber in gleichem Maße schlecht beraten und unrealistisch in seinen Einschätzungen zu den Problemen, die in seinem Land und darüber hinaus in so großen Teilen Schwarzafrikas herrschten. Er erzählte mir, wie ungerecht die Bedingungen des Internationalen Währungsfonds für weitere Kredite an sein Land seien. Der IWF habe ihm die Auflage gemacht, Tansanias Staatshaushalt zu ordnen, die Schutzzölle abzubauen und seine Währung auf das sehr viel niedrigere Marktniveau abzuwerten. Vielleicht waren die Forderungen des IWF zum damaligen Zeitpunkt ein wenig zu rigoros, aber Julius Nyerere erkannte nicht, daß überhaupt Änderungen in diese Richtung notwendig seien und überdies im langfristigen Interesse seines Landes lägen. Er klagte auch über die Auswirkungen von Dürreperioden und den Zusammenbruch der Landwirtschaft Tansanias, brachte dies aber keineswegs mit dem Umstand in Verbindung, daß man dort fehlgeleitete sozialistische Strategien verfolgte, einschließlich der Kollektivierung der Bauernhöfe.

Die Abfassung eines Abschlußkommuniqués erwies sich diesmal als besonders schwierig. Ein ursprünglicher kanadischer Entwurf wurde abgelehnt. Pierre Trudeau überließ es daraufhin weitgehend uns, das Kommuniqué zu entwerfen, und ließ durchblikken, daß er unsere Bemühungen für schlechter hielt als seine. Ich verbrachte viel Zeit damit, bestimmte Punkte des Entwurfs mit den Amerikanern abzuklären, die fast bis zum letzten Moment Einwände gegen den Text vorbrachten.

Der Gipfel war ein Erfolg – wenn auch nicht aus den in der Öffentlichkeit verlautbarten Gründen. Am Schluß gab es natürlich das erwartete allgemeine und weitgehend bedeutungslose Gerede über »globale Verhandlungen« zu Nord-Süd-Problemen. Ein spezieller sogenannter »Energiezweig« der Weltbank sollte gegründet werden. Aber für mich war es wichtig, daß die Unabhängigkeit des Internationalen Währungsfonds und der Weltbank aufrechterhalten wurde. Ebenso nützlich war es, daß dies die letzte Zusammenkunft dieser Art blieb. Die komplizierten Probleme der Dritten Welt – Armut, Hunger und Schulden – würden nicht durch fehlgesteuerte internationale Intervention, sondern eher durch freies Unternehmertum sowie die Förderung des Handels gelöst werden – und durch die Bezwingung des Sozialismus in all seinen Ausprägungen.

Bevor ich Mexiko verließ, hatte ich noch eine weitere Aufgabe zu erledigen: Ich mußte einen Vertrag über den Bau eines riesigen neuen Stahlwerks durch die britische Firma Davy Loewy unterzeichnen. Wie andere sozialistische Länder war auch Mexiko der irrigen Ansicht, daß die Errichtung großer Vorzeige-Produktionsbetriebe der beste Weg zu wirtschaftlichem Fortschritt seien. Aber wenn ihnen das am Herzen lag, wollte ich wenigstens dafür sorgen, daß britische Firmen davon profitierten. Um die Unterzeichnung vornehmen zu können, mußte ich die Nacht davor in Mexico City verbringen. Ich logierte im Haus des englischen Botschafters Crispin Tickell. Während des Abendessens begannen die Kronleuchter zu schaukeln, und der Boden schwankte. Man fand keinen festen Boden unter den Füßen. Anfangs dachte ich, es sei vielleicht Höhenkrankheit, obwohl ich bei früheren Skiurlauben nie Probleme gehabt hatte. Aber der Botschafter, der neben mir saß, versicherte mir: »Nein, das ist nur wieder ein Erdbeben.«

In diesem Jahr verursachten auch noch andere Erdbeben

Erschütterungen. Bevor ich zu den in diesem Kapitel beschriebenen internationalen Besuchen aufbrach, war ich mir bereits deutlich bewußt gewesen, welche Bedeutung die Stationierung von Cruise-Missiles und Pershing-II-Raketen in Europa für den Kalten Krieg hatte. Wenn wir wie geplant weitermachten, würde die Sowjetunion eine ernste Niederlage erleiden. Sollten wir jedoch unsere Stationierungsabsichten angesichts der von der Sowjetunion angeregten »Friedensinitiative« aufgeben, bestand die Gefahr, daß es zu einer Abkoppelung zwischen Amerika und Europa kommen würde. Meine Begegnungen mit Präsident Reagan hatten mich davon überzeugt, daß die neue amerikanische Regierung sich dieser Gefahren bewußt und entschlossen war, sie zu bekämpfen. Aber die übertriebene amerikanische Rhetorik sowie die ewige Ängstlichkeit der Europäer drohten, die gute transatlantische Beziehung, die für eine Stationierung erforderlich war, zu schwächen. Ich erachtete es als Großbritanniens Pflicht, die amerikanische Sache in Europa zu vertreten, da wir die amerikanische Einschätzung der Lage teilten, sie aber in eine weniger ideologische Sprache kleideten. Und so verfuhren wir in den folgenden Jahren.

Doch im Kalten Krieg gab es noch eine zweite Front – jene zwischen dem Westen und der Achse Sowjetunion–Dritte Welt. Meine Besuche in Indien, Pakistan, den Golfstaaten, Mexiko und Australien, dem Ort der Commonwealth-Konferenz, hatten mir verdeutlicht, wie sehr die Invasion in Afghanistan dem Ansehen der UdSSR geschadet hatte. Die islamischen Länder hatten sich en bloc von der Sowjetunion distanziert, und innerhalb dieses Blocks waren die konservativen, prowestlichen Regime gegenüber den radikalen Staaten wie dem Irak und Libyen gestärkt worden. Traditionelle Freunde der Sowjetunion wie Indien waren in Verlegenheit. Dies bedeutete nicht nur, daß der Westen seinerseits mit den islamischen Ländern eine Allianz gegen den sowjetischen Expansionsdrang schmieden konnte, es führte auch zu einer Spaltung der Dritten Welt und damit zu einer Verringerung des Drucks, den sie auf den Westen in bezug auf internationale Wirtschaftsfragen ausüben konnten. Unter diesen Umständen mußten Länder, die bisher ihren unabhängigen Sozialismus praktiziert hatten und deshalb mit westlicher Entwicklungshilfe unterstützt wurden, sich um eine realistischere Annäherung an den Westen und seine Investitionen bemühen, indem sie ihre Politik der freien Marktwirtschaft öffneten. Es war noch ein kleines Erdbeben – und in nur wenigen sich entwickelnden Ländern –, aber eines, das die Weltwirtschaft im kommenden Jahrzehnt von Grund auf umgestalten sollte.

7

Der Falklandkrieg I: Folgt der Flotte

*Suche nach einer diplomatischen Lösung und
die Entsendung von Truppen zur Rückeroberung
der Falkland-Inseln, bis Ende April 1982*

Hintergrund

Rückblickend ist mir von meinen Jahren in der Downing Street No. 10 nichts lebhafter in Erinnerung geblieben als die elf Wochen im Frühling 1982, als Großbritannien den Falklandkrieg führte und gewann. Es stand viel auf dem Spiel: Bei unserem Kampf im Südatlantik, 13 000 km von England entfernt, ging es nicht nur um das Territorium und die Bevölkerung der Falkland-Inseln, so wichtig uns beide auch waren. Wir verteidigten auch die Ehre unserer Nation und einige Prinzipien, die für die ganze Welt von grundsätzlicher Bedeutung sind – vor allem, daß Aggressoren niemals ihre Ziele erreichen dürfen und daß das Völkerrecht gegenüber der Anwendung von Waffengewalt obsiegen muß. Der Krieg kam völlig unerwartet. Die argentinische Invasion war erst wenige Stunden vor ihrem Beginn vorauszusehen, obwohl im nachhinein viele sie schon früher vorausgesagt haben wollen. Als ich Premierministerin wurde, hätte ich nie vermutet, daß ich einmal britische Soldaten in die Schlacht schicken müßte, und ich habe wohl nie eine solche Phase der Anspannung und Konzentration erlebt wie während jener Tage.

Der Falklandkrieg hatte sowohl für das Nationalbewußtsein Großbritanniens als auch für unsere Stellung in der Welt enorme Bedeutung. Seit dem Fiasko der Suezkrise im Jahre 1956 war die britische Außenpolitik von stetigem Rückzug gekennzeichnet gewesen. Sowohl die britische wie auch Regierungen anderer Länder gingen stillschweigend davon aus, daß wir dazu verurteilt seien, nur noch eine immer unbedeutendere Rolle in der Weltpolitk zu spielen. Freund und Feind betrachteten uns mittlerweile als Nation, die weder willens noch fähig war, ihre Interessen im Frieden zu verteidigen – vom Krieg ganz zu schweigen. Durch den Sieg auf den Falkland-Inseln änderte sich das Bild. Überall wo ich nach dem Krieg hinkam, galt der Name Großbritanniens um einiges mehr als zuvor. Auch für die Ost-West-Beziehungen war der Krieg von Bedeutung: Jahre später vertraute mir ein russischer General an, die Sowjets seien felsenfest überzeugt gewesen, daß wir um die Falkland-Inseln nicht kämpfen würden, und wenn wir es täten, dann ohne Erfolg. Wir bewiesen ihnen in beiden Punkten das Gegenteil, und sie sollten es nicht vergessen.

Im Sommer 1982, nur wenige Wochen nach dem Krieg, begann ich mit einer ausführlichen Niederschrift meiner Erinnerungen an die Ereignisse, wie ich sie als Regierungschefin erlebt hatte. Ich beendete meine Aufzeichnungen während der Ostertage 1983 in Chequers. Die Vorgänge standen mir noch deutlich vor Augen, und ich hatte alle Unterlagen zur Hand. Das Vorhaben nahm einige Zeit in Anspruch, denn die Geschichte ist lang und kompliziert. Ein Teil davon wird noch einige Zeit geheim bleiben müssen, doch der folgende Bericht beruht auf meinen persönlichen Erinnerungen.

Die erste überlieferte Landung auf den Falkland-Inseln erfolgte im Jahre 1690 durch britische Seeleute, die den Kanal zwischen den Hauptinseln nach dem Schatzmeister der Marine, Viscount Falkland, benannten. Die Inseln wurden im Laufe des 18. Jahrhunderts nacheinander von Engländern, Franzosen und Spaniern besiedelt. 1770 veranlaßte ein Streit mit Spanien die damalige britische Regierung, die Marine zu mobilisieren und einen Flottenverband bereitzustellen, der jedoch nie entsandt wurde. Damals wurde für den Konflikt eine diplomatische Lösung gefunden.

Die strategische Bedeutung der Inseln war offensichtlich, denn sie besaßen mehrere brauchbare Häfen, welche nur 700 km von Kap Horn entfernt waren. Sollte der Panama-Kanal jemals geschlossen werden, konnten die Inseln große Bedeutung gewinnen. Es war freilich höchst unwahrscheinlich, daß die Falkland-Inseln im 20. Jahrhundert zum Auslöser eines Krieges werden könnten.

Die argentinische Invasion auf den Falkland-Inseln fand 149
Jahre nach dem Beginn der offiziellen britischen Herrschaft über
das Gebiet statt, und es hat den Anschein, daß der bevorstehende
150. Jahrestag im Kalkül der argentinischen Junta eine maßgebliche Rolle spielte. Seit 1833 waren die Briten ununterbrochen auf
den Inseln präsent gewesen, und nichts hatte das friedliche
Zusammenleben gestört. Großbritanniens gegenwärtiger Rechtsanspruch basiert auf dieser Tatsache und auf dem Wunsch der dort
ansässigen Bevölkerung – die ausschließlich britischer Abstammung ist –, britisch zu bleiben. Das Prinzip der »Selbstbestimmung« ist heute eine grundlegende Komponente des Völkerrechts
und in der Charta der Vereinten Nationen niedergelegt. Die britische Oberhoheit beruht auf stichhaltigen rechtlichen Grundlagen,
und das wissen die Argentinier.

Etwa 1300 km südöstlich der Falkland-Inseln liegt Süd-Georgien, und weitere 800 km weiter im Süden befinden sich die Süd-
Sandwich-Inseln. Hier sind die Ansprüche Argentiniens noch
fragwürdiger. Diese Inseln sind Schutzgebiete des Vereinigten
Königreichs, obwohl sie von den Falkland-Inseln aus verwaltet
werden. Aufgrund des dort herrschenden rauhen Klimas sind sie
nie besiedelt worden. Vor der Annexion durch Großbritannien im
Jahre 1908 erhob kein anderer Staat Anspruch auf dieses Gebiet,
und seit dieser Zeit stand es ständig unter britischer Verwaltung.

Kurz nach den Parlamentswahlen von 1979 befaßte ich mich
zum erstenmal mit dem Thema. Es lag auf der Hand, daß es nur
zwei Möglichkeiten gab, das Wohlergehen der Bevölkerung auf
den Falkland-Inseln zu gewährleisten. Die naheliegendere und
attraktivere Methode war die Förderung der Entwicklung von
Wirtschaftsbeziehungen mit dem benachbarten Argentinien.
Doch dem stand entgegen, daß Argentinien die Falkland-Inseln
und die Schutzgebiete als Teil seines Staatsgebietes beanspruchte.
Die Regierung Heath hatte 1971 ein wichtiges Verkehrsabkom-
men unterzeichnet, das den Luft- und Seeverkehr zwischen den
Inseln und dem Festland regelte, aber weitere Fortschritte in dieser
Richtung scheiterten an der Forderung Argentiniens, auch die Frage der Hoheitsrechte einzubeziehen. Folglich wurde geltend
gemacht, über diese Frage müsse eine Einigung mit Argentinien

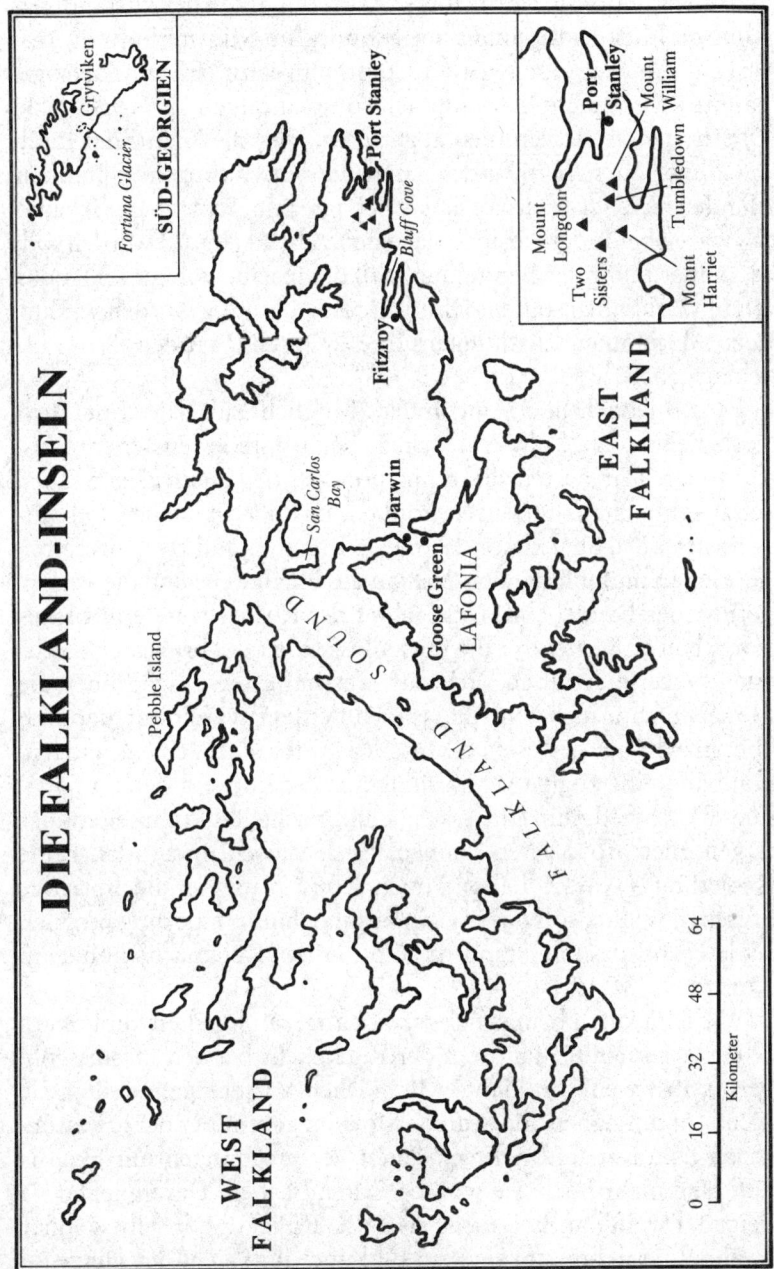

DIE FALKLAND-INSELN

WEST FALKLAND

EAST FALKLAND

SÜD-GEORGIEN

Grytviken
Fortuna Glacier

Port Stanley
Bluff Cove
Fitzroy
San Carlos Bay
Darwin
Goose Green
LAFONIA
Pebble Island
FALKLAND SOUND

Port Stanley
Mount Longdon
Two Sisters
Mount William
Tumbledown
Mount Harriet

0   16   32   48   64
Kilometer

erzielt werden. Argumente dieser Art veranlaßten den zuständigen
Minister Nick Ridley und seine Beamten im Ministerium für Auswärtige Angelegenheiten und Commonwealth (FCO), das sogenannte »Rückpacht«-Abkommen voranzutreiben, das vorsah, die
Oberhoheit an Argentinien abzutreten, aber die Kultur der Inselbewohner zu sichern, indem man die Verwaltung in britischen
Händen beließ. Dieser Vorschlag behagte mir nicht, aber Nick und
ich waren beide der Ansicht, daß er eingehend geprüft werden sollte, immer unter der Bedingung, daß die Inselbewohner selbst das
letzte Wort haben sollten. Ohne ihre Zustimmung würden wir keinem Abkommen zustimmen: Ihre Wünsche würden den Ausschlag geben.

Es gab jedoch noch eine andere Möglichkeit – die wesentlich
kostspieliger und, allem Anschein nach, mindestens ebenso riskant war. Wir hätten die Empfehlungen des langfristigen Wirt-
schaftsgutachtens umsetzen können, das der ehemalige Labour-
Minister Lord Shackleton 1976 erstellt hatte, und zwar insbesondere eine Empfehlung: den Ausbau des Flughafens und die Verlängerung der Landebahn. Ungeachtet der Kosten wäre ein solches
Vorhaben als Beweis für die Entschlossenheit der britischen Regierung gewertet worden, sich auf ernsthafte Gespräche über die
Hoheitsrechte nicht einzulassen; außerdem wären wir dadurch
eher in der Lage gewesen, die Inseln zu verteidigen, da eine längere
Rollbahn eine zügige Verstärkung aus der Luft ermöglicht hätte.
Dies hätte wiederum eine rasche militärische Reaktion seitens der
Argentinier provozieren können. Es überrascht nicht, daß keine
Regierung – weder Labour noch Konservative – die Initiative
ergreifen wollte, solange irgendeine annehmbare Lösung möglich
schien, und deshalb stand die Option der Rückpacht höher im
Kurs.

Wie ich jedoch beinahe erwartet hatte, fanden diese diplomatischen Argumente zugunsten der Rückpacht bei den Inselbewohnern selbst wenig Anklang. Mit solchen Vorschlägen wollten sie
nichts zu tun haben. Sie hegten Argwohn gegenüber der argentinischen Diktatur und nahmen deren Versprechungen mit Skepsis
auf. Und mehr noch, sie wollten Briten bleiben. Daran ließen sie
keinen Zweifel aufkommen, als Nick Ridley die Inselbewohner
zweimal besuchte, um sich ein Bild über ihre Sicht der Dinge zu

machen. Auch das Unterhaus bekundete lautstark seine Entschlossenheit, die Wünsche der Falklandbevölkerung zu respektieren. Die Rückpacht war also gestorben. Ich war nicht bereit, den Bewohnern der Falkland-Inseln eine Vereinbarung aufzuzwingen, die für sie untragbar war – und die ich an ihrer Stelle auch nicht geduldet hätte. Was dies jedoch auf lange Sicht für die Zukunft der Falkland-Inseln bedeutete, war weniger klar. Die Regierung mußte feststellen, daß sie sehr geringen Handlungsspielraum besaß. Es war uns viel daran gelegen, die Gespräche mit den Argentiniern, soweit möglich, weiterzuführen, doch die diplomatischen Beziehungen gestalteten sich zunehmend schwieriger. Im Jahre 1976 hatten die Argentinier einen Militärstützpunkt auf Süd-Thule im Süd-Sandwich-Archipel errichtet; diesen Stützpunkt gab es immer noch, die Labour-Regierung hatte keine Anstalten unternommen, ihn wieder zu beseitigen, und die Minister hatten das Unterhaus erst 1978 über den Sachverhalt informiert.

Im Dezember 1981 erfolgte schließlich ein Machtwechsel in Buenos Aires. Eine neue Drei-Mann-Junta ersetzte die vorherige Militärregierung, und General Leopoldo Galtieri wurde Präsident. Galtieri stützte sich auf die argentinische Marine, deren Oberbefehlshaber Admiral Anaya den Anspruch Argentiniens auf die »Malvinas« kompromißlos verfocht.

Zynischerweise setzte die neue argentinische Junta die Verhandlungen mit uns noch einige Monate lang fort. Ende Februar 1982 fanden Gespräche in New York statt, die Anlaß zu Optimismus zu geben schienen. Doch dann schwenkten die Argentinier schlagartig auf eine härtere Linie um. Rückblickend gesehen war dies der Wendepunkt. Bei der Beurteilung unserer Reaktion auf die neue Junta muß man jedoch bedenken, welch aggressive Reden es in der Vergangenheit bereits gegeben hatte, ohne daß sie irgendwelche Folgen gezeitigt hätten. Aufgrund früherer Erfahrungen waren wir außerdem der Ansicht, daß die Politik Argentiniens wahrscheinlich darauf abzielen würde, den Streit allmählich eskalieren zu lassen und zunächst diplomatischen und wirtschaftlichen Druck auszuüben. Anders als damals behauptet wurde, waren wir fast bis zum letzten Augenblick nicht darüber informiert, daß Argentinien im Begriff war, eine großangelegte Invasion zu starten. Auch die Amerikaner waren nicht im Bilde: Alexander Haig versicherte mir später sogar, daß sie noch weniger gewußt hätten als wir.

Eine Rolle spiele auch, daß es Bestandteil der amerikanischen Strategie zur Eindämmung des von Kuba ausgehenden kommunistischen Einflusses war, die Beziehungen zu Argentinien weiter zu festigen. Später wurde klar, daß die Argentinier völlig überzogene Vorstellungen von ihrer Bedeutung für die Vereinigten Staaten hatten. Am Vorabend der Invasion überzeugten sie sich davon, daß sie die amerikanischen Warnungen vor einem Militärschlag nicht ernst zu nehmen brauchten, und als sie später diplomatisch unter Druck gesetzt wurden, sich zurückzuziehen, wurde ihre Haltung sogar noch unnachgiebiger.

Hätte es eine Möglichkeit gegeben, sie von ihrem Vorhaben abzuschrecken? Man darf nicht vergessen, daß wir angesichts der gewaltigen Entfernung zwischen Großbritannien und den Falkland-Inseln etwa drei Wochen vorher hätten Bescheid wissen müssen, um eine wirksame Abschreckung aufzubauen. Des weiteren wären wir ein untragbares Risiko eingegangen, wenn wir eine Streitmacht von zu knapp bemessener Stärke entsandt hätten. Die Präsenz der »HMS Endurance« war militärisch nicht relevant – es handelte sich um ein leichtbewaffnetes Küstenwachboot, das nach den Vorschlägen des Verteidigungsberichts von 1981 abgezogen werden sollte. Es konnte weder Aggressoren von einer geplanten Invasion abschrecken noch sie verhindern. (Als die Invasion stattfand, war ich sogar sehr froh, daß das Schiff auf See war und nicht vor Port Stanley lag: Wenn das der Fall gewesen wäre, wäre es aufgebracht oder zerstört worden.) Am wichtigsten ist vielleicht, daß nichts geeigneter gewesen wäre, eine großangelegte Invasion heraufzubeschwören als die militärischen Vorkehrungen, die wir im Interesse einer wirkungsvollen Abschreckung hätten treffen müssen. Natürlich ist man hinterher klüger als vorher und hätte gerne anders gehandelt – und das gilt wohl nicht nur für uns, sondern auch für die Argentinier. In Wahrheit war die Invasion weder vorherzusehen noch zu verhindern. Dies war das wichtigste Untersuchungsergebnis des von Lord Franks geleiteten Ausschusses, den wir einsetzten, um unsere Handhabung des Konflikts im Vorfeld der Invasion zu überprüfen. Der Ausschuß hatte in beispielloser

Weise freien Zugang zu Regierungsdokumenten und Geheim-
dienstmaterial. Sein Bericht schließt mit den Worten: »Es wäre
nicht gerechtfertigt, die gegenwärtige Regierung in irgendeiner
Form zu kritisieren oder ihr die Schuld daran zu geben, daß die
argentinische Junta den Beschluß faßte, mit der Invasion auf den
Falkland-Inseln am 2. April 1982 einen unprovozierten Akt der
Aggression zu begehen.«

Alles begann mit einem Zwischenfall auf Süd-Georgien. Am
21. Dezember 1981 landeten sogenannte »Schrotthändler« aus
Argentinien ohne Erlaubnis im Hafen Leith; unsere Reaktion fiel
entschieden, aber angemessen aus. Daraufhin entfernten sich die
Argentinier wieder, und die argentinische Regierung behauptete,
nichts davon gewußt zu haben. Der Zwischenfall war zwar beunruhigend, aber nicht allzu sehr. Wesentlich besorgter war ich, als
die argentinische Regierung nach den englisch-argentinischen
Gesprächen in New York unter Verstoß gegen die Verfahrensre-
geln, die bei den Verhandlungen vereinbart worden waren, ein
unilaterales Kommuniqué veröffentlichte, das Einzelheiten der
Beratungen preisgab, während gleichzeitig die argentinische
Presse über mögliche Militäraktionen vor dem symbolisch wichtigen Datum Januar 1983 spekulierte. Am 3. März 1982 notierte
ich zu einem Telegramm aus Buenos Aires: »Wir müssen Notfallpläne machen« – doch trotz des Unbehagens, das ich empfand,
erwartete ich keinesfalls eine regelrechte Invasion; und nach den
jüngsten Erkenntnissen unseres Geheimdienstes war nicht zwingend damit zu rechnen, daß Argentinien dergleichen beabsichtigte.

Am 20. März erfuhren wir, daß die argentinischen Schrotthändler am Vortag erneut ohne Erlaubnis auf Süd-Georgien angelegt
hatten, und zwar wieder in Leith. Sie hatten die argentinische
Flagge gehißt und Schüsse abgefeuert. Auf unsere Proteste hin
behauptete die argentinische Regierung wieder, nichts gewußt zu
haben. Wir entschieden zunächst, daß die »Endurance« die
Anweisung erhalten sollte, die Argentinier zu vertreiben, ganz
gleich wer sie waren. Doch dann versuchten wir, mit den Argentiniern eine Bereinigung dieses merkwürdigen Zwischenfalls auszuhandeln – denn um einen solchen schien es sich eher zu handeln als
um den Vorboten eines Konflikts. Deshalb nahmen wir unsere

Befehle an die »Endurance« wieder zurück und ließen das Schiff statt dessen zum britischen Stützpunkt Grytviken, dem Hauptort der Insel, weiterfahren.

Die erste Woche

Als sich jedoch der März dem Ende näherte und der Zwischenfall immer noch nicht bereinigt war, wuchs unsere Besorgnis. Am Abend des 28. März, einem Sonntag, rief ich von Chequers aus Peter Carrington an, um meinen Befürchtungen Ausdruck zu geben. Er versicherte mir, daß er bereits den amerikanischen Außenminister Alexander Haig gebeten habe, Druck auf Argentinien auszuüben. Als ich am nächsten Morgen auf dem Weg zum Europarat in Brüssel war, traf ich Peter auf dem Luftwaffenstützpunkt Northolt und erörterte mit ihm unsere weiteren Schritte. Wir einigten uns, ein atomgetriebenes Unterseeboot als Verstärkung für die »Endurance« zu entsenden und den Einsatz eines zweiten U-Boots vorzubereiten. Ich war nicht allzu verärgert, als diese Entscheidung am folgenden Tag durchsickerte. Das U-Boot würde zwei Wochen benötigen, um den Südatlantik zu erreichen, aber es konnte schon jetzt Einfluß auf die Ereignisse ausüben. Es schien mir nun an der Zeit, den Argentiniern klarzumachen, daß wir es ernst meinten.

Am Dienstag, dem 30. März, kehrte ich spätnachmittags aus Brüssel zurück. Peter Carrington war um diese Zeit bereits zu einem offiziellen Besuch nach Israel abgereist; seine Abwesenheit fiel auf einen denkbar ungünstigen Zeitpunkt. Das Außen- und das Verteidigungsministerium hatten eine aktuelle Einschätzung der diplomatischen und militärischen Optionen geliefert. Am folgenden Tag – es war Mittwoch, der 31. März – berichtete ich vor dem Unterhaus von dem Brüsseler Gipfel, doch gedanklich beschäftigte mich nur die Frage, was die Argentinier vorhaben mochten und wie wir darauf reagieren sollten. Der Bericht unseres Nachrichtendienstes besagte, daß die argentinische Regierung unsere Reaktionen sondiere, jedoch nicht Drahtzieher der Landung auf Süd-Georgien sei und daß jede Eskalation, die sie ansteuern mochte, unterhalb der Ebene einer offenen Invasion haltmachen würde. Allerdings war uns klar, daß sich die Argentinier unberechenbar und sprunghaft verhielten und daß eine Diktatur nicht unbedingt Mittel und Wege wählen würde, die wir für rational hielten. Inzwischen war ich zutiefst beunruhigt. Dennoch rechnete niemand von uns damit, daß eine Invasion auf den Falkland-Inseln selbst unmittelbar bevorstünde.

Diesen Mittwochabend werde ich nie vergessen. Ich arbeitete in meinem Büro im Unterhaus, als ich erfuhr, daß John Nott eine sofortige Besprechung zum Thema Falkland-Inseln verlangte. Ich berief eine Sondersitzung ein. Da Peter Carrington abwesend war, nahmen Humphrey Atkins und Richard Luce vom Außenministerium daran teil; aus dem Commonwealth-Ministerium und dem Verteidigungsministerium kamen einige hohe Beamte. (Der Chef des Verteidigungsstabes war ebenfalls abwesend, er weilte in Neuseeland.) John war in großer Sorge. Er hatte soeben vom Nachrichtendienst die Information erhalten, daß die argentinische Flotte, die bereits ausgelaufen war, offenbar für Freitag, den 2. April, eine Invasion plante. Es gab keinen Grund, an dieser Information zu zweifeln. John berichtete, daß nach Einschätzung des Verteidigungsministeriums die Falkland-Inseln, wenn sie erst einmal besetzt waren, nicht zurückerobert werden konnten. Diese Vorstellung war schrecklich und vollkommen inakzeptabel. Ich konnte es nicht fassen: Es waren doch unsere Staatsangehörigen, unsere Inseln! Ich sagte sofort: »Wenn sie sie erobern, müssen wir sie uns zurückholen.«

In diesem düsteren Augenblick gewann das Geschehen für einen Moment lang komödienhafte Züge. Der Stabschef der Marine, Sir Henry Leach, der sich – in Zivil – auf dem Weg zu unserer Besprechung befand, war in der Eingangshalle zum Unterhaus von der Polizei aufgehalten worden. Er mußte von einem Whip »gerettet« werden. Als er schließlich zu uns stieß, fragte ich ihn, welche Möglichkeiten uns noch offenstünden. Er erwiderte ruhig und zuversichtlich: »Ich kann einen gemischten Flottenverband aus Zerstörern, Fregatten, Landungs- und Versorgungsschiffen zusammenstellen. Er wird von den Flugzeugträgern »Hermes« und »Invincible« angeführt. Der Verband kann in achtundvierzig Stunden zum Auslaufen bereit sein.« Seiner Meinung nach könne eine solche Task Force die Inseln zurückerobern. Um sie zusammenzustellen, brauche er lediglich meine Zustimmung. Ich erteilte sie ihm, und er verließ sogleich die Sitzung, um sich an die Arbeit zu machen. Die Entscheidung, ob und wann der Flottenverband aufbrechen sollte, würde das Kabinett zu fällen haben. Zuvor war ich empört und zu allem entschlossen gewesen. Nun aber gesellte sich zu meiner Empörung und Entschlossenheit ein ebenso starkes Gefühl der Erleichterung und der Zuversicht. Henry Leach hatte mir vor Augen geführt, daß sich, wenn es zum Kampf käme, der Mut und die Professionalität der britischen Streitkräfte durchsetzen würden. Als Premierministerin hatte ich nun dafür zu sorgen, daß das Militär die erforderliche politische Rückendeckung erhielt. Aber zunächst mußten wir alles Erdenkliche tun, um die entsetzliche Tragödie zu verhindern, sofern dies überhaupt noch im Bereich des menschenmöglichen lag.

Unsere einzige Hoffnung waren nun die Amerikaner – unsere Freunde und Verbündeten und zudem eine Macht, auf die Galtieri, wenn er noch bei Sinnen war, hören mußte. Bei unserer Besprechung setzten wir eine dringliche Botschaft an Präsident Reagan auf und baten ihn, Druck auf Galtieri auszuüben und ihn zu drängen, noch in letzter Minute einzulenken. Dazu war der amerikanische Präsident sofort bereit.

Am Morgen des 1. April, einem Donnerstag, berief ich für 9.30 Uhr eine Kabinettssitzung ein, früher als gewöhnlich, damit noch vor dem Mittagessen eine Besprechung des Kabinettsausschusses für Außen- und Verteidigungspolitik (OD) stattfinden konnte. Nach den neuesten Einschätzungen war am Freitag mittag unserer Zeit mit einem argentinischen Überfall zu rechnen. Zu diesem Zeitpunkt hofften wir noch auf einen Erfolg von Präsident Reagans Bemühungen. Doch Galtieri weigerte sich zunächst kategorisch, den Anruf Reagans entgegenzunehmen. Er ließ sich erst herab, mit dem amerikanischen Präsidenten zu sprechen, als die Invasion nicht mehr aufzuhalten war. Dies erfuhr ich am Freitag in den frühen Morgenstunden, und da wußte ich, daß unsere letzte Hoffnung nun dahin war.

Aber wie ernst nahmen die Argentinier die Warnungen aus den USA überhaupt? Am Freitag abend, als die Invasion im vollen Gange war, nahm die amerikanische UNO-Botschafterin Jeane Kirkpatrick an einem Festessen teil, das der argentinische Botschafter ihr zu Ehren gab. Unser Botschafter fragte sie später, was die Amerikaner wohl empfunden hätten, wenn er an dem Abend, als die amerikanischen Geiseln in Teheran festgenommen wurden, in der iranischen Botschaft diniert hätte? Unglücklicherweise spielte die Haltung von Frau Kirkpatrick und einigen anderen Mitgliedern der amerikanischen Regierung zu diesem Zeitpunkt eine ganz erhebliche Rolle.

Am Freitagmorgen um 9.45 Uhr trat das Kabinett erneut zusammen. Ich berichtete, daß eine argentinische Invasion nun unmittelbar bevorstünde. Wir würden im Laufe des Tages noch einmal zusammenkommen, um zu erörtern, ob ein Flottenverband losgeschickt werden sollte – obwohl meiner Meinung nach zu diesem Zeitpunkt nicht mehr zur Debatte stand, ob wir handeln sollten, sondern wie.

Die Kommunikation mit den Falkland-Inseln wurde häufig durch atmosphärische Störungen beeinträchtigt. Am Freitag morgen wollte uns der Gouverneur der Falkland-Inseln – Rex Hunt – mitteilen, daß die Invasion begonnen hatte, aber er kam nicht durch. (Ich konnte mit ihm erst wieder Verbindung aufnehmen, als er in Montevideo in Uruguay angekommen war, wohin die Argentinier ihn und einige andere höhere Beamte nach der Invasion ausgeflogen hatten.) Der Kapitän eines britischen Forschungsschiffs in der Antarktis fing den Funkspruch eines Amateurfunkers von den Falkland-Inseln auf und leitete die Nachricht ans Außenministerium weiter. Während eines offiziellen Lunch überbrachte mir mein Privatsekretär schließlich die definitive Bestätigung.

Inzwischen hatte die Diskussion über alle Aspekte des Feldzugs, einschließlich der Frage wirtschaftlicher und anderer Sanktionen gegen Argentinien, auf die gesamte britische Regierung übergegriffen. An den militärischen Vorbereitungen wurde fieberhaft gearbeitet. Die Armee traf ihre Vorkehrungen. Aus Schiffen, die damals zum überwiegenden Teil bei Gibraltar und zum geringeren Teil in britischen Häfen lagen, wurde ein Flottenverband zusammengestellt. Die Königin hatte bereits betont, daß Prinz Andrew, der auf »HMS Invincible« Dienst tat, der Task Force angehören würde. Sein Großvater, König Georg VI., hatte in der Schlacht von Jütland gekämpft, und heute wie damals stand außer Frage, daß ein Mitglied der königlichen Familie nicht anders behandelt wurde als jeder andere Soldat.

Das Kabinett trat am selben Tag um halb acht Uhr abends erneut zusammen, und nun fiel die Entscheidung, den Kampfverband zu entsenden. Die größten Sorgen bereiteten uns, daß so viel Zeit benötigt wurde, um die Falkland-Inseln zu erreichen. Wir vermuteten zu Recht, daß die Argentinier Personal und Material massieren würden, um es uns so schwer wie möglich zu machen, sie zu vertreiben. Und das Wetter im Südatlantik würde sich ständig verschlechtern, da der südliche Winter mit Frost und Orkanen bevorstand.

Unmittelbarer und leichter zu lösen war das Problem, wie wir in der Zwischenzeit mit der öffentlichen Meinung in der Heimat umgehen sollten. Wahrscheinlich würde die Entsendung des Flottenverbands lebhafte Unterstützung finden, aber würde die Haltung der britischen Bevölkerung nicht im Laufe der Zeit ins Wanken geraten? Tatsächlich hätten wir uns darüber nicht den Kopf zu zerbrechen brauchen. Es wurden laufend Schiffe gechartert, und die Verhandlungen – vor allem Alexander Haigs Pendeldiplomatie – gingen weiter. Unsere Politik wurde von den Menschen verstanden und gebilligt. Die Öffentlichkeit zeigte die ganze Zeit über starkes Interesse und großes Engagement.

Ein besonderer Aspekt dieses Problems verdient jedoch Erwähnung. Wir beschlossen, Kriegsberichterstatter auf den Schiffen zuzulassen, die die britische Bevölkerung während der langen Reise auf dem laufenden hielten. Sehr traurig stimmte mich der Versuch einiger Kommentatoren, »unparteiisch« zu erscheinen, und der frostig-nüchterne Gebrauch der dritten Person – das Gerede von »den Briten« und »den Argentiniern« in unseren Nachrichtensendungen.

Am Freitag, dem 2. April, erhielt ich zudem einen Bericht aus dem Außenministerium, der die mangelhafte Prinzipientreue dieser Behörde widerspiegelte. Man hielt mir vor Augen, daß die in Argentinien lebenden Briten möglicherweise Repressalien ausgesetzt werden könnten; daß es schwierig werden könne, im UN-Sicherheitsrat Unterstützung zu finden; daß man sich nicht auf die Unterstützung der Europäischen Gemeinschaft und der Vereinigten Staaten verlassen könne; daß die Sowjetunion involviert werden könne; daß man uns das unvorteilhafte Image einer Kolonialmacht anhängen würde. Alle diese Überlegungen waren natürlich berechtigt. Wer Krieg führt, darf jedoch nicht zulassen, daß die Probleme sein Denken beherrschen: Man muß die Sache mit einem eisernen Willen anpacken, um die Schwierigkeiten zu überwinden. Und welche Alternative hätten wir gehabt? Daß ein hergelaufener Diktator die Herrschaft über Untertanen Ihrer Majestät an sich riß und sich mit Arglist und Gewalt behauptete? Nicht, solange ich Premierministerin war!

Während die militärischen Vorbereitungen im Gange waren, verlagerte sich die Aufmerksamkeit der Öffentlichkeit auf den Sicherheitsrat der Vereinten Nationen. Anfang April verfolgten wir ein kurzfristiges und mehrere langfristige diplomatische Ziele. Auf kurze Sicht mußten wir unsere Sache gegen Argentinien im UN-Sicherheitsrat durchsetzen und dafür sorgen, daß eine Resolution verabschiedet wurde, die diesen Akt der Aggression verurteilte und den Rückzug der Argentinier forderte. Wenn wir uns auf eine solche Resolution stützen konnten, würde es uns wesentlich leichter fallen, die Unterstützung anderer Staaten zur Durchsetzung praktischer Maßnahmen gegen Argentinien zu gewinnen. Aber es war uns auch klar, daß wir langfristig versuchen mußten, unser Anliegen in den Vereinten Nationen nicht weiter zur Diskussion zu stellen. Schließlich war der Kalte Krieg noch nicht vorbei, und angesichts der antikolonialistischen Haltung vieler Mitgliedsstaaten der Vereinten Nationen bestand durchaus die Gefahr, daß der Sicherheitsrat versuchen würde, uns unbefriedigende Bedingungen aufzuzwingen. Wenn nötig, hätten wir gegen eine derartige Resolution unser Veto einlegen können, aber das hätte dazu geführt, daß wir international weniger Rückendeckung erhalten hätten. Diese Überlegung blieb während der gesamten Krise maßgebend. Unser zweites langfristiges Ziel war die Sicherung einer größtmöglichen Unterstützung durch unsere Verbündeten, hauptsächlich die Vereinigten Staaten, aber auch die EG-Staaten, das Commonwealth und andere wichtige westliche Nationen. Diese Aufgabe fiel der Regierungsspitze zu, doch auch das Außen- und Commonwealth-Ministerium hatte eine enorme Arbeitslast zu bewältigen, und eine Unmenge von Telegrammen wanderte in jenen Wochen über meinen Schreibtisch. Keinem Land wurden je bessere Dienste geleistet als Großbritannien durch zwei unserer wichtigsten Diplomaten: Sir Anthony Parsons, der britische Botschafter bei den Vereinten Nationen, und Sir Nicholas Henderson, unser Botschafter in Washington, besaßen beide genau jene Qualitäten, die die Situation verlangte – nämlich Intelligenz, Hartnäckigkeit, Stil und Beredsamkeit.

Bei den Vereinten Nationen setzte Anthony Parsons am Vorabend der Invasion alle Hebel in Bewegung, um die Argentinier auszumanövrieren. Der Generalsekretär der Vereinten Nationen hatte an beide Seiten appelliert, Zurückhaltung zu üben: Wir reagierten positiv, die Argentinier hüllten sich in Schweigen. Am Samstag, dem 3. April, erzielte Anthony Parsons einen diplomatischen Triumph: Er erreichte, daß der Sicherheitsrat die Resolution 502 verabschiedete, in welcher der sofortige und bedingungslose Rückzug der Argentinier von den Falkland-Inseln gefordert wurde. Dies war nicht leicht gewesen: Der Entscheidung ging eine schwierige und erbitterte Debatte voraus. Wir wußten, daß die traditionell antikolonialistische Einstellung der Vereinten Nationen einige Sicherheitsratsmitglieder gegen uns eingenommen hätte, wäre da nicht die Tatsache gewesen, daß die Argentinier einen ungeheuerlichen Akt der Aggression begangen hatten. Ganz besonders dankbar war ich Präsident Mitterrand, der neben den Staatschefs des Alten Commonwealth zu unseren treuesten Freunden zählte und der mich persönlich anrief, um mich seiner Unterstützung für den Samstag zu versichern. (In späteren Jahren sollte ich einige Kontroversen mit Präsident Mitterrand austragen, aber ich vergaß nie, wieviel Dank wir ihm für seine persönliche Unterstützung bei dieser Gelegenheit und während der gesamten Falklandkrise schuldeten.) Frankreich nutzte seinen Einfluß bei den Vereinten Nationen, um andere auf unsere Seite zu ziehen. Ich selbst führte in letzter Minute noch ein Telefongespräch mit König Hussein von Jordanien, der uns ebenfalls seine Unterstützung zusicherte. Er war Großbritannien schon von jeher freundlich gesonnen. Als ich ihm unsere Schwierigkeiten schilderte, mußte ich nicht erst zu langen Erklärungen ausholen, um ihn zu bewegen, Jordaniens Stimme für unsere Sache abzugeben. Er begann das Gespräch mit der einfachen Frage: »Was kann ich für Sie tun, Frau Premierministerin?« Am Ende waren wir glücklich, daß wir die nötigen Stimmen für die Resolution beisammen hatten und ein Veto der Sowjetunion abwenden konnten. Aber wir wußten, daß diese allgemeine Unterstützung nicht unbedingt von Dauer sein würde. Und wir gaben uns keinen Illusionen darüber hin, wem es überlassen bleiben würde, den Aggressor zu vertreiben, wenn die Phase der Unterredungen vorbei war: niemand anderem als uns. Auch die Debatte im Unterhaus an jenem Samstag ist mir in lebhafter Erinnerung.

Ich eröffnete die Debatte. Es war die schwierigste, die ich je zu gewärtigen hatte. Das Parlament war zu Recht darüber empört, daß britisches Territorium überfallen und besetzt worden war, und viele Abgeordnete neigten dazu, der Regierung die Schuld zu geben, weil sie es angeblich versäumt habe, das Geschehene vorauszusehen und zu verhindern. Meine erste Aufgabe bestand also darin, uns gegen den Vorwurf zu verteidigen, wir seien nicht vorbereitet gewesen.

Wesentlich schwieriger war meine zweite Aufgabe, nämlich die Abgeordneten davon zu überzeugen, daß wir der Aggression Argentiniens entschlossen und wirksam begegnen würden.

Ich erläuterte, was geschehen war, und stellte klar, was wir zu tun beabsichtigten:

Es obliegt mir, dem Parlament mitzuteilen, daß die Falkland-Inseln und die dazugehörigen Schutzgebiete weiterhin britisches Territorium bleiben. Keine Aggression und keine Invasion können an dieser schlichten Tatsache etwas ändern. Die Regierung verfolgt das Ziel, dafür zu sorgen, daß die Inseln von den Besatzern befreit und zum frühestmöglichen Zeitpunkt wieder der britischen Verwaltung unterstellt werden.

Die Bevölkerung der Falkland-Inseln ist wie die Bevölkerung des Vereinigten Königreiches ein Inselvolk ... Sie sind wenige an der Zahl, aber sie haben das Recht, in Frieden zu leben, ihre kulturellen Rahmenbedingungen selbst zu wählen und über ihre Zugehörigkeit als loyale Staatsbürger selbst zu bestimmen. Sie bekennen sich zur britischen Kultur: Ihre Loyalität gehört der Krone. Es ist der Wunsch des britischen Volks und die Pflicht der Regierung Ihrer Majestät, alles in unseren Kräften Stehende zu tun, um dieses Recht zu verteidigen. Dies wird unsere Hoffnung und unser Bestreben sein und, wie ich meine, der feste Wille eines jeden Abgeordneten.

Meine Ankündigung, daß die Task Force bereit war und vor der Abfahrt stand, wurde mit grimmigem Beifall begrüßt. Aber ich wußte, daß nicht alle aus demselben Grunde jubelten. Einige sahen den Kampfverband als rein diplomatische Armada, die die Argentinier zurück an den Verhandlungstisch zwingen würde. Diese Gruppe erwartete keine Sekunde lang, daß er tatsächlich zum Kampf eingesetzt würde. Ich brauchte jedoch ihre Unterstützung so lange wie möglich, denn wir mußten sowohl dem Feind wie unseren Verbündeten einen einheitlichen Volkswillen demonstrieren. Doch ich spürte instinktiv, daß sich die Argentinier niemals kampflos zurückziehen würden, und ein Rückzug war das mindeste, was das Land und gewiß auch ich erwartete.

Andere teilten meine Ansicht, daß der Kampfverband zum Einsatz kommen sollte, bezweifelten jedoch, daß die Regierung den Willen und das nötige Stehvermögen aufbringen würde. Enoch Powell brachte dieses Gefühl besonders drastisch zum Ausdruck, als er quer durch den Plenarsaal direkt zu mir herüberschaute und mit Grabesstimme erklärte:

Die Premierministerin hat kurz nach ihrem Amtsantritt den Beinamen »Eiserne Lady« erhalten. Dazu kam es im Zusammenhang mit Bemerkungen, die sie zur Verteidigung gegen die Sowjetunion und deren Verbündete machte; aber es gab keinen Grund anzunehmen, daß die Sehr Ehrenwerte Lady diese Bezeichnung nicht begrüßte, ja nicht sogar stolz darauf war. In den nächsten ein bis zwei Wochen werden dieses Parlament, die Nation und die Sehr Ehrenwerte Lady selbst erfahren, aus welchem Metall sie gemacht ist.[1]

An jenem Vormittag im Parlament konnte ich mir die Unterstützung beider Gruppen sichern, indem ich den Flottenverband losschickte und unsere Ziele formulierte: Die Inseln sollten zum frühestmöglichen Zeitpunkt von den Besatzern befreit und wieder der britischen Verwaltung unterstellt werden. Als ich das tat, erhielt ich die zwar widerwillige, aber doch einstimmige Unterstützung eines Unterhauses, das zwar darauf bedacht war, der Politik der Regierung Rückendeckung zu geben, es ich aber gleichzeitig vorbehielt, ihre Leistungen zu überprüfen.

Mir war jedoch klar, daß selbst diese modifizierte Unterstützung vermutlich im Laufe des Feldzugs abnehmen würde. Anders als die meisten Abgeordneten war mir das ganze Ausmaß der praktischen militärischen Probleme bewußt. Es war abzusehen, daß wir Rückschläge erleiden würden, die selbst bei einigen Falken Zweifel wecken würden, ob die Sache der Mühe wert war. Und wie lange konnte eine Ad-hoc-Koalition Bestand haben, die sich aus Kriegern, Verhandlungswilligen und sogar überzeugten Pazifisten zusammensetzte? Für den Augenblick hatte sie zumindest gehalten. Wir hatten die Zustimmung des Unterhauses für die Entsendung einer Task Force erhalten, und darauf kam es an.

Als ich das Parlament verließ, war ich mit den erreichten Ergebnissen zufrieden, für bevorstehende schwierigere Debatten gewappnet und sehr ernst gestimmt. Denn seit dem Augenblick, in dem ich von der Invasion erfahren hatte, erfüllte mich tiefe Sorge.

Fast unmittelbar darauf sah ich mich mit einer Regierungskrise konfrontiert. John Nott, der nun großen Belastungen ausgesetzt war, hatte sich in seiner abschließenden Rede ungewohnt schlecht geschlagen. In der Debatte war er sehr rauh behandelt worden. Viele unserer Abgeordneten machten ihn wegen der von ihm initiierten Revision der Verteidigungsmaßnahmen für das Geschehene verantwortlich. Das war nicht fair. Das Budget für die konventionellen Marinestreitkräfte (das heißt ohne das Trident-Programm) war um 500 Millionen Pfund höher – und auch ein Anteil am Verteidigungsbudget lag höher – als bei unserem Amtsantritt. Zwar sollte der Flugzeugträger »HMS Invincible« verkauft werden, doch nicht vor Ende 1983, und bis dahin würde er durch »HMS Illustrious« ersetzt sein. In ähnlicher Weise sollte »HMS Hermes« durch »HMS Ark Royal« ersetzt werden, so daß gewährleistet war, daß die gegenwärtige Flugzeugträgerstärke der Marine erhalten blieb. Aber nun war das Blut der Torys eben einmal in Wallung geraten: Und schließlich hatten sie nicht nur John Nott im Visier.

Peter Carrington verteidigte die Haltung der Regierung am selben Morgen im Oberhaus, wo seine Rede gut aufgenommen wurde. Doch dann besuchten Peter und John eine überfüllte Fraktionssitzung der Torys, die ihrem Ärger gleich nach der Debatte im Unterhaus Luft machten. Hier geriet Peter definitiv ins Hintertref-

fen: Als Peer hatte er es versäumt, jene Freundschaften und einver-
nehmlichen Beziehungen zu einfachen Abgeordneten zu pflegen,
auf die wir alle in der Stunde der Not zurückgreifen müssen. Wie
Ian Gow mir anschließend berichtete, war die Besprechung sehr
schwierig, und die Wogen gingen hoch.

Die zweite Woche

Die Presse zeigte sich am Wochenende höchst feindselig. Peter
Carrington trug sich mit Rücktrittsgedanken. Ich traf am Samstag
abend, am Sonntag morgen und noch einmal am Abend mit ihm
zusammen. William Whitelaw und ich versuchten, ihn mit allen
Mitteln zu überreden, im Amt zu bleiben. Ich war überzeugt, daß
das Land einen Außenminister mit seiner Erfahrung und seinem
internationalen Ansehen brauchte, um uns durch die Krise zu führen. Aber offenbar besteht immer das instinktive Bedürfnis, einen
Sündenbock für eine Katastrophe büßen zu lassen. Fest stand, daß
es nach Peters Rücktritt letztlich leichter war, die Partei zu einigen
und sich auf die Rückeroberung der Falkland-Inseln zu konzentrieren; und das verstand er. Nachdem er die Presse vom Montag
und insbesondere den Leitartikel der *Times* gelesen hatte, entschloß er sich zum Rücktritt. Zwei weitere Senior Ministers im
Außenministerium legten ebenfalls ihr Amt nieder: Humphrey
Atkins und Richard Luce. In einem handschriftlichen Brief vom
Dienstag, dem 6. April, teilte mir Peter folgendes mit:

... Ich glaube, meine Entscheidung war richtig. Die Atmosphäre wäre auf Dauer vergiftet gewesen, und die Ratschläge,
die ich Ihnen gegeben hätte, wären in Frage gestellt worden.
Nun wird die Partei geschlossen hinter Ihnen stehen, wie sie
es am vergangenen Samstag hätte tun sollen.
Die letzten drei Jahre waren ebenso ereignis- und arbeitsreich
wie erfreulich, und die lebhaften Diskussionen, die wir
manchmal führten, waren produktiv und haben keinen Groll
hinterlassen.
Nur noch eines: Obwohl ich nie behauptet habe, in jeder
Hinsicht mit Ihnen übereinzustimmen, empfinde ich nach

wie vor grenzenlose Bewunderung für Ihren Mut, Ihre Entschlossenheit und Ihren Einfallsreichtum. Sie verdienen es, sich durchzusetzen, und wenn es irgend etwas gibt, was ich für Sie tun kann, brauchen Sie sich nur an mich zu wenden.

Dieser Brief war so hochherzig und ermutigend, wie man es von seinem Verfasser gewohnt zwar – und solche Zeichen zählen, wenn Gewitterwolken aufziehen.

Außerdem erhielt ich einen wunderbaren Brief – einen von mehreren im Laufe der Jahre – von Laurens Van der Post, der betonte, daß es bei dem Konflikt um ein Grundprinzip ging, welches noch wichtiger sei als die Frage der Oberhoheit:

> Wer einer Aggression und einem Übel mit einer Beschwichtigungspolitik begegnet, leistet damit für die Zukunft noch größerer Aggression und noch größerem Übel Vorschub... Wenn es uns nicht gelingt, mit dem faschistischen Argentinien fertig zu werden, werden sich die Russen noch stärker ermutigt fühlen, mit immer neuen Akten der Aggression an dem zu nagen, was noch von der freien Welt übrig ist.

Selbstverständlich hatte er vollkommen recht.

Auch John Nott wollte zurücktreten. Aber ich machte ihm unmißverständlich klar, daß es, wenn die Flotte erst einmal in See gestochen war, seine verdammte Pflicht und Schuldigkeit sei, im Amt zu bleiben und die Sache durchzustehen. Deshalb zog er sein Ersuchen unter der Bedingung zurück, daß die Öffentlichkeit von der Ablehnung seines Rücktrittsangebots informiert wurde. Welche Fragen sich später auch aus der ausführlichen Untersuchung ergeben mochten (die ich am 8. April ankündigte), jetzt galt es, sich nur auf eines zu konzentrieren – den Sieg. In der Zwischenzeit mußte ich einen neuen Außenminister finden. Offensichtlich war Francis Pym der richtige Mann für das Amt; die notwendigen außenpolitischen Erfahrungen hatte er in der Opposition gesammelt, und in der Regierung war er Verteidigungsminister gewesen. Also ernannte ich ihn zum Außenminister und bat John Biffen, seine bisherige Position als Fraktionsführer der Regierungspartei zu übernehmen. Francis ist in vieler Hinsicht ein typischer Tory vom alten Schlag: ein Landedelmann und Soldat, ein guter Taktiker, aber kein Stratege. Auf seinen Pragmatismus ist er stolz, und Ideologien sind ihm verhaßt; kurz ein Mann, von dem die Leute meinen, er sei »der Richtige für Krisenzeiten«. Ich sollte allen Grund haben, dieses Urteil in Zweifel zu ziehen: Es stand außer Frage, daß Francis' Ernennung die Partei einte, aber sie führte zu ernsten Schwierigkeiten bei der Durchführung des Feldzugs selbst.

Am Montag hatte ich auch Gelegenheit, in der Downing Street mit Rex Hunt und zwei Offizieren der Royal Marines zusammenzutreffen, die gerade aus Uruguay gekommen waren. Ich fragte ihn, ob er die Invasion erwartet habe, und er erwiderte: »Nein, ich dachte, es wäre wieder ein blinder Alarm, wie wir ihn schon öfter erlebt hatten.« Nachdem er am vergangenen Mittwoch unsere Botschaft erhalten hatte, hatte er einen Vertreter der argentinischen Luftfahrtgesellschaft auf der Insel darauf angesprochen, der ihm versicherte, daß seines Wissens nichts derartiges im Gange sei. Doch wie mir einer der beiden Marines versicherte, hatte es den Anschein, daß andere Argentinier über alle Einzelheiten und Vorgänge Bericht erstattet hatten, und zwar vom Büro ihrer Fluggesellschaft auf den Falkland-Inseln aus. Offensichtlich kannte der argentinische Kommandant der Invasionstruppen vor Ort die Namen fast aller Marines, die erst vor ein paar Tagen zur Verstärkung eingetroffen waren. Die Operation war scheinbar sehr gut geplant, denn die erste Welle argentinischer Truppen kam von der Landseite. Sie blieben jedoch in Deckung und warteten ab, bis Panzerkräfte und weitere Truppen in überwältigender Stärke eintrafen. Die beiden Offiziere der Marines waren sehr darauf erpicht, auf die Inseln zurückzukehren. Sie wurden später nach Ascension Island geflogen – dem Stützpunkt und Umschlagplatz für unseren Kampfverband im mittleren Atlantik, der für unsere Operation entscheidende Bedeutung hatte. Sie nahmen auch später nach dem Fall von Port Stanley im Regierungsgebäude die Kapitulation der Argentinier entgegen.

Der Gouverneur war einfach großartig; mit den Medien kam er gut zurecht, obwohl das nicht immer einfach war. Er wurde nicht müde zu wiederholen, was ich im Unterhaus gesagt hatte, nämlich, daß es unser Ziel sei, die britische Oberhoheit wiederherzustellen und die Inseln wieder der britischen Verwaltung zu unterstellen; und er verlieh seiner Überzeugung Ausdruck, daß ich zu meinem Wort stehen würde. Und natürlich war das auch der Fall. Aber bei den kommenden Verhandlungen mußte ich mich oft fragen, ob ich Rex Hunts Rückkehr auf die Falkland-Inseln wirklich garantieren konnte.

Am Dienstag, dem 6. April, stand die Krise im Mittelpunkt einer langen Debatte im Kabinett. Von Anfang an waren wir sicher, daß die Haltung der Vereinigten Staaten für den Ausgang maßgeblich sein würde. Wenn sie wollten, konnten die Amerikaner der argentinischen Wirtschaft gewaltigen Schaden zufügen. Ich sandte also eine Botschaft an Präsident Reagan und bat die Vereinigten Staaten eindringlich, wirksame Wirtschaftssanktionen zu verhängen. Aber im Augenblick waren die Amerikaner dazu nicht bereit. Nicholas Henderson führte erste Gespräche mit US-Außenminister Haig, bei denen sich die wesentlichen Aspekte der amerikanischen Reaktion während der kommenden Wochen schon abzeichneten. Die Waffenverkäufe hatten die Vereinigten Staaten bereits eingestellt, aber sie wollten Argentinien nicht zu heftig »zusetzen«. Sie fürchteten um ihren Einfluß auf Buenos Aires. Die Amerikaner wünschten Galtieris Sturz zu verhindern und waren deshalb an einer Lösung interessiert, bei der er sein Gesicht wahren konnte. Es gab deutliche Anzeichen dafür, daß die Amerikaner erwogen, zwischen beiden Seiten zu vermitteln. All dies ging von Grund auf in die falsche Richtung, und Nicholas nahm bei seiner Erwiderung kein Blatt vor den Mund. Aber in der Praxis wirkte sich die Verhandlungstätigkeit Alexander Haigs, die vor diesem Hintergrund stattfand, zu unseren Gunsten aus, da sie eine Zeitlang noch weniger wünschenswerte diplomatische Aktivitäten von anderer Seite – zum Beispiel den Vereinten Nationen – verhinderte. In einer solchen Krise finden sich stets Leute, die gerne in die Vermittlerrolle schlüpfen würden, und manche werden lediglich von dem Wunsch geleitet, auf der weltpolitischen Bühne eine gute Figur zu machen.

Diese Überlegungen lagen jedoch zu jenem Zeitpunkt noch in der Zukunft. In diesem Stadium waren die Amerikaner darauf bedacht, eine Regelung zu finden, die es ihnen ersparte, sich zwischen Großbritannien, ihrem eigentlichen Verbündeten, und ihren Interessen in Südamerika zu entscheiden. Es soll jedoch nicht unerwähnt bleiben, daß Verteidigungsminister Caspar Weinberger von Anfang an mit unserem Botschafter in Verbindung stand und betonte, daß Amerika ein befreundetes Land, und zudem einen NATO-Verbündeten, nicht mit Argentinien auf eine Ebene stellen dürfe. Er versprach, alles in seinen Kräften Stehende zu tun, um uns zu helfen. Amerika hatte nie einen weiseren Patrioten und Großbritannien nie einen treueren Freund.

Bei dieser Kabinettssitzung gab ich bekannt, daß wir einen Kabinettsausschuß für Außen- und Verteidigungspolitik bilden würden, der bald als »Kriegskabinett« bekannt wurde. Offiziell handelte es sich um einen Unterausschuß des Kabinettsausschusses, obwohl mehrere seiner Mitglieder diesem Komitee nicht angehörten. Die Mitgliedschaft in dem Ausschuß und das Verfahren im einzelnen wurden durch eine Besprechung mit Harold Macmillan beeinflußt, der mich am 6. April nach der Fragestunde im Unterhaus aufsuchte, um mir als altgedienter Ex-Premier des Landes und der Konservativen Partei Rat und Unterstützung anzubieten. Seine wichtigste Empfehlung bestand darin, das Schatzamt – das heißt, Geoffrey Howe – aus dem für den Feldzug verantwortlichen Ausschuß, aus den Beratungen über die diplomatischen Schritte und die Folgen herauszuhalten. Dies war ein geschickter Schachzug, aber Geoffrey war verständlicherweise verärgert. Trotzdem habe ich nie bereut, daß ich Harold Macmillans Rat befolgt habe. Wir gerieten nie in Versuchung, die Sicherheit unserer Truppen aus finanziellen Erwägungen heraus zu gefährden. Alle unsere Entscheidungen wurden durch militärische Erfordernisse gelenkt. Also gehörten dem Kriegskabinett ich selbst, Francis Pym, John Nott, William Whitelaw als mein Stellvertreter und getreuer Ratgeber sowie Cecil Parkinson an, der nicht nur von denselben politischen Instinkten geleitet war wie ich, sondern auch als Verbindungsmann zu den Medien Hervorragendes leistete. Sir Terence (jetzt Lord) Lewin, der Chef des Verteidigungsstabs, nahm stets an unseren Sitzungen teil. Auch Michael Havers, Erster Kronanwalt und Rechtsberater der Regierung, fehlte nie. Natürlich wurden wir stets von Regierungsbeamten aus dem Außen- und Commonwealth-Ministerium und dem Verteidigungsministerium sowie von Militärs unterstützt und beraten. Der Ausschuß trat täglich, manchmal sogar zweimal am Tag zusammen.

Zum Zeitpunkt unserer ersten Sitzung war der Kampfverband bereits mit einer Geschwindigkeit und Effizienz in Marsch gesetzt worden, die die Welt erstaunte. Millionen Menschen verfolgten am Fernsehschirm, wie die beiden Flugzeugträger am Montag, dem 5. April, in Portsmouth ablegten. An diesem und den beiden folgenden Tagen stieß ein Flottenverband zu ihnen, dem elf Zerstörer und Fregatten, drei Unterseeboote, das Landungsschiff »HMS Fearless« (das für die Anlandung von entscheidender Bedeutung war) sowie zahlreiche Hilfsschiffe angehörten. Handelsschiffe aller Art wurden ebenfalls für militärische Zwecke requiriert. Zunächst wurden 3000 Soldaten für die Operation eingesetzt – die 3. Commando Brigade der Royal Marines, das 3. Bataillon des Parachute Regiment und eine Einheit des Air Defence Regiment. Im Laufe des Feldzugs mußten wir die geschätzte Zahl der erforderlichen Soldaten mehrere Male nach oben korrigieren und Verstärkungen schicken. Diese erste Gruppe verließ das Vereinigte Königreich am Freitag, dem 9. April, auf dem Kreuzfahrtschiff »Canberra«. Nicht allen war klar, daß die Verschiffung eines großen Kampfverbands rund um die halbe Welt, mit der Absicht, besetzte Gebiete zurückzuerobern, eine gewaltige logistische Operation darstellte – sowohl im Vereinigten Königreich selbst als auch auf See. Insgesamt entsandten wir schließlich über 100 Schiffe mit mehr als 25 000 Mann an Bord.

Der Oberbefehlshaber der Flotte war Admiral Sir John Fieldhouse; er übernahm das Kommando über den gesamten Kampfverband von seiner Basis in Northwood, Westlondon, aus und ernannte Konteradmiral Sandy Woodward zum Einsatzbefehlshaber für die Überwasserschiffe der Streitmacht. (Unsere U-Boote wurden direkt von Northwood aus über Satellit befehligt.) Ich habe bereits an anderer Stelle über Sandy Woodward geschrieben; damals kannte ich ihn noch nicht persönlich, aber ich wußte, daß er als einer der fähigsten Männer in der Marine galt. Admiral Fieldhouses Stellvertreter zu Lande war Generalmajor Jeremy Moore von den Royal Marines. General Moore weilte zu Beginn des Feldzugs in Northwood und brach im Mai zum Südatlantik auf. Sein Stellvertreter, Brigadegeneral Julian Thompson von der 3. Command Brigade, war auf der »HMS Fearless« mit den ersten Schiffen gereist. Brigadegeneral Thompson sollte nach der Landung über den entscheidenden Zeitraum bis zur Ankunft General Moores die Verantwortung für unsere Truppen auf den Falkland-Inseln tragen. Der Verteidigungssausschuß des Kabinetts trat am Mittwoch, dem 7. April, zweimal zusammen. Während des gesamten Krieges sahen wir uns vor das Problem gestellt, zwischen diplomatischen und militärischen Erfordernissen abzuwägen. Ich war der festen Ansicht, daß die Bedürfnisse unserer Soldaten Vorrang vor politischen Erwägungen haben sollten. An jenem Mittwoch wurden wir zum erstenmal mit einem solchen Problem konfrontiert. Unsere Atom-U-Boote sollten in den nächsten Tagen das Gebiet der Falkland-Inseln erreichen. Wir würden deshalb alsbald in der Lage sein, eine maritime Sperrzone für Schiffe im Umkreis von 200 Seemeilen um die Falkland-Inseln zu errichten.[2] Sollten wir diesen Schritt schon jetzt ankündigen? Oder sollten wir Alexander Haigs Besuch am folgenden Tag abwarten? Aus rechtlichen Gründen mußten wir die Errichtung der Sperrzone auf alle Fälle einige Tage vor ihrem Inkrafttreten bekanntgeben.

Tatsächlich mußte Haigs Besuch wegen der an diesem Tag stattfindenden Unterhausdebatte verschoben werden. Im Kriegskabinett, das um 19 Uhr zusammentrat, kam es zwischen Verteidigungsministerium und dem Außen- und Commonwealth-Ministerium zu einer geradezu klassischen Meinungsverschiedenheit über den Zeitpunkt der Ankündigung. Wir beschlossen, sofort Ernst zu machen und Haig kurzfristig über die Errichtung der Sperrzone zu informieren.

John Nott gab die Entscheidung in der Rede bekannt, mit der er die Debatte im Unterhaus eröffnete. Sie sollte sein Ansehen und sein Selbstvertrauen wiederherstellen. Niemand erhob Einspruch gegen die Sperrzone, und James Callaghan soll sogar »vollkommen richtig« gerufen haben. Die Errichtung der Sperrzone trat am Ostermontag, dem 12. April, in den frühen Morgenstunden in Kraft, und zu diesem Zeitpunkt waren unsere Unterseeboote bereits an Ort und Stelle, um ihr Geltung zu verschaffen. Es verdient, erwähnt zu werden, daß wir während des gesamten Falklandkrieges Maßnahmen immer erst dann ankündigten, wenn wir auch in der Lage waren, sie durchzuführen. Ich war entschlossen, nicht zuzulassen, daß uns jemand zwingen würde, Farbe zu bekennen.

Noch ein weiterer Punkt aus dieser Unterhausdebatte ist erwähnenswert: Keith Speed, der ehemalige Marineminister, behauptete, wir könnten gegen die auf den Falkland-Inseln befindlichen Argentinier eine Blockade durchsetzen. Tatsächlich wäre dies aufgrund des grauenhaften Wetters und der Versorgungsprobleme, die sich für einen Kampfverband so fern der Heimat stellen mußten, keinesfalls möglich gewesen.

In diesen Tagen und Wochen versuchten wir ständig, auf diplomatischem Wege größtmöglichen Druck auf die Argentinier auszuüben. Ich hatte am 6. April Botschaften an die Staats- und Regierungschefs der EG-Länder, der USA, Japans, Kanadas, Australiens und Neuseelands gesandt und sie gebeten, uns in der Auseinandersetzung mit Argentinien zu unterstützen, indem sie Waffenverkäufe verböten, alle oder zumindest einige Importe stoppten, die Deckung für Exportkredite bei Neuverschuldung aufhoben und ihren Banken keine Anreize boten, Argentinien Darlehen anzubieten. Zunächst war angeregt worden, daß ich einen völligen Importstop verlangen sollte, aber obwohl wir das eigentlich gewünscht hätten, hielt ich es für taktisch unklug, zuviel auf einmal zu fordern. Nun stellten sich die Reaktionen ein. Die Reaktionen der Vereinigten Staaten und Frankreichs und unseren Erfolg im UN-Sicherheitsrat habe ich bereits erwähnt. Helmut Schmidt versicherte mir persönlich, die Bundesrepublik wolle uns nach Kräften unterstützen. Nicht alle Länder der Europäischen Gemeinschaft reagierten so positiv. Zwischen Italien und Argentinien gab es enge Beziehungen. Obwohl die Spanier die Anwendung von Gewalt verurteilten, unterstützten sie weiterhin die Sache Argentiniens; und es überrascht nicht, daß uns die Iren Sorge bereiteten. Später wurde klar, daß wir nicht mit ihrer Unterstützung rechnen durften. Doch anfangs verhielt sich die Europäische Gemeinschaft kooperativ und verhängte ab Mitte April für einen Monat ein Importembargo für Waren aus Argentinien. Als das Embargo Mitte Mai verlängert werden sollte, gab es erhebliche Schwierigkeiten, aber schließlich wurde ein Kompromiß gefunden: Italien und Irland durften ihren Handel mit Argentinien wieder aufnehmen, während die übrigen acht Länder ihr Embargo auf unbegrenzte Zeit fortsetzten.

Abgesehen von Indien unterstützten uns die Commonwealth-

Staaten nach Kräften. Insbesondere Malcolm Fraser in Australien verbot sämtliche Importe aus Argentinien, sofern nicht laufende Verträge tangiert wurden. Der neuseeländische Regierungschef Robert Muldoon unterstützte uns womöglich noch tatkräftiger und bot uns später sogar an, uns eine Fregatte zur Verfügung zu stellen, um damit unser eigenes Wachschiff in der Karibik zu ersetzen, das wir dann dorthin verlegen konnten, wo es dringender gebraucht wurde.

Die etwas indifferente Haltung Japans enttäuschte uns. Wie vorherzusehen war, ergriff die Sowjetunion immer stärker Partei für Argentinien und begann, uns mit verbalen Attacken zu überziehen. Wenn wir uns noch einmal an die Vereinten Nationen gewandt hätten, um eine weitere Resolution mit Sanktionen gegen Argentinien durchzusetzen, so hätte die Sowjetunion zweifellos ihr Veto eingelegt.

Auch die Regierungen einiger lateinamerikanischer Staaten spuckten Gift und Galle, und zwar nicht nur gegen uns, sondern auch gegen die Vereinigten Staaten – wenngleich Chile aufgrund eigener langjähriger Konflikte mit Argentinien auf unserer Seite stand. Einige andere sympathisierten im stillen mit uns, mochten sie auch öffentlich eine andere Haltung an den Tag legen: Argentinien erfreute sich aufgrund seiner Arroganz nicht allzu großer Beliebtheit im übrigen Lateinamerika. Während unser Flottenverband auf dem Weg zum Südatlantik war, wurden seine Ziele auf diese Weise durch Aktivitäten an der diplomatischen Front unterstützt. Und eine wirksame Diplomatie wäre natürlich ohne die Entsendung des Kampfverbands nicht möglich gewesen. Denn wie schon Friedrich der Große bemerkte: »Diplomatie ohne Waffen ist wie Musik ohne Instrumente.«

Am Donnerstag, dem 8. April, traf Alexander Haig in London ein; es war die erste Station seiner langen ermüdenden Pendeldiplomatie. Mir lag ein kurzer und, wie sich herausstellte, äußerst präziser Bericht von Nicholas Henderson vor, der die Vorschläge zusammenfaßte, welche uns Haig unterbreiten würde. Wir stellten von vornherein klar – und er akzeptierte unsere Haltung –, daß er in London nicht als Vermittler, sondern als Freund und Verbündeter empfangen werden sollte. In dieser Eigenschaft würde er mit uns wirksame Maßnahmen erörtern, welche die Vereinigten Staaten ergreifen konnten, um uns in unseren Bemühungen um den Rückzug Argentiniens von den Falkland-Inseln zu unterstützen. Nach einem ersten Meinungsaustausch mit Francis Pym kam er zu weiteren Gesprächen mit anschließendem Arbeitsessen in die Downing Street. Zu seinem Team gehörten Ed Streator von der Londoner US-Botschaft, General Vernon Walters, Haigs Sonderberater – ein Mann mit einer starken Persönlichkeit, den ich besonders schätzte und respektierte –, sowie Thomas Enders, der im amerikanischen Außenministerium für Südamerika zuständig war. Ich erschien in Begleitung von Francis Pym, John Nott, Terry Lewin, Sir Anthony Acland (dem Leiter des Beraterstabs im Außenministerium) und Clive Whitmore (meinem Persönlichen Referenten). Die Gespräche verliefen lebhaft und offen, um im Diplomatenjargon zu bleiben: Es stand zuviel für mich auf dem Spiel, um zuzulassen, daß sie anders verliefen.

Von Anfang an stand fest, daß Alexander Haig und seine Kollegen, ungeachtet aller öffentlichen Bekundungen, gekommen waren, um zu vermitteln. Er versuchte, mich im Hinblick auf die Haltung der Amerikaner zu beruhigen. Die Amerikaner seien nicht unparteiisch, sagte er, müßten jedoch auf ihr »Profil« achten. Der argentinische Außenminister habe angedeutet, daß das Land möglicherweise auf die Hilfe der Sowjetunion zurückgreifen würde, was den Amerikanern höchst unangenehm war. Haig war der Meinung, daß Verhandlungen während der nächsten 72 Stunden im Hinblick auf die Haltung der Argentinier am vielversprechendsten seien. Er habe sich entschlossen, Großbritannien zuerst zu besuchen, weil er nicht nach Buenos Aires gehen wollte, ohne unsere Haltung von Grund auf zu kennen.

Das war mein Stichwort. Ich erklärte Mr. Haig, daß es um wesentlich mehr ginge, als um einen Konflikt zwischen dem Vereinigten Königreich und Argentinien. Der Einsatz von Gewalt zur Eroberung umstrittener Geriete bedeute einen gefährlichen Präzedenzfall. In diesem Sinne seien die Falkland-Inseln für viele Länder von Bedeutung – zum Beispiel für Deutschland wegen West-Berlin, für Frankreich wegen seiner überseeischen Besitzungen wie auch für Guyana, da ein großer Teil seines Staatsgebietes von Venezuela beansprucht wurde. (Später erstellte das Ministerium für Äußeres und Commonwealth-Fragen eine Materialsammlung zu den aktuellen Territorialkonflikten, die ich für den Weltwirtschaftsgipfel in Versailles brauchte; das Dokument war recht umfangreich.) Wir in Großbritannien hätten am eigenen Leibe erlebt, welche Gefahren aus einer Beschwichtigungspolitik gegenüber Diktatoren erwüchsen. Was die Sowjetunion betraf, war ich der Ansicht, daß die Russen ein Eingreifen Amerikas genauso fürchteten, wie es umgekehrt der Fall war. Der Westen, erklärte ich, mochte nervös sein, doch die Sowjetunion sei es ebenfalls. Es würde mich wundern, wenn sie aktiv eingreifen würden. Dann fragte ich, welche Druckmittel die Amerikaner gegen Galtieri einsetzen konnten? Der Ruf der westlichen Welt stand auf dem Spiel. Wir wünschten, die Angelegenheit mit diplomatischen Mitteln zu bereinigen, aber wir waren nicht bereit, unter Zwang zu verhandeln – der Rückzug war eine Vorbedingung.

Mir wurde immer klarer, daß Haig nicht nur darauf bedacht war, »A-priori-Urteilen zur Frage der Oberhoheit« (wie er es ausdrückte) zu vermeiden, sondern auch auf etwas anderes abzielte als die Wiederherstellung der britischen Verwaltung, zu der ich mich öffentlich verpflichtet hatte. Sein gesamter Ansatz beruhte auf dem Versuch, beide Seiten zu überreden, nach dem Rückzug Argentiniens irgendeine neutrale »Übergangsverwaltung« für die Inseln zu akzeptieren, während man an einer Lösung für ihre weitere Zukunft arbeitete. Ihm schwebte für den Zeitraum der Verhandlungen eine amerikanische oder eventuell kanadische Präsenz auf den Inseln vor. Dies, betonte ich, würde bedeuten, daß die Argentinier durch Gewaltanwendung einen Vorteil erzielt hätten. Und ich stellte klar, daß die britische Oberhoheit weiterbestehen und die britische Verwaltung wiedereingesetzt werden müsse. Erst wenn dies erfolgt sei, kämen Verhandlungen in Betracht, und hier sei wiederum oberste Bedingung, daß die Wünsche der Inselbewohner an erster Stelle stünden.

Auch während des Essens drehte sich das Gespräch vor allem um dieses Thema. Ich versuchte herauszufinden, welche Vorstellungen Haig im Hinblick auf die Verwaltung der Inseln nach einem Rückzug der Argentinier hatte. Er äußerte sich ziemlich vage; aber ich hatte weiterhin den Eindruck, daß er nicht die britische Verwaltung meinte, zu deren Wiederherstellung wir uns verpflichtet hatten.

Alexander Haig reiste nun nach Buenos Aires weiter, um sich ein Bild von der Haltung Argentiniens zu machen. Wir einigten uns auf eine gemeinsame Linie: Vor der Presse wollten wir beide sagen, daß wir beabsichtigten, die Resoluton 502 des UN-Sicherheitsrats so schnell wie möglich durchzusetzen. Weiterhin hätten wir erörtert, welchen Beitrag die Vereinigten Staaten dazu leisten könnten. Der amerikanische Außenminister habe die britische Einschätzung der Situation zur Kenntnis genommen und wisse nun, wie wichtig uns die Sache sei. Auf keinen Fall aber sollte Haig auch nur durch die geringste Andeutung den Eindruck wecken, daß sich unsere Haltung in irgendeiner Hinsicht geändert habe oder daß wir die geringste Nachgiebigkeit zeigten.

Wahrscheinlich erinnerte sich Haig mit Wehmut an unsere freundschaftlichen Meinungsverschiedenheiten in London, als er in Buenos Aires anlangte und mit der argentinischen Junta zu verhandeln versuchte. Es stellte sich heraus, daß die Junta selbst keine klare Linie verfolgte, und sowohl General Galtieri als auch Außenminister Costa Mendez schienen ihre Meinung von einer Stunde auf die andere zu ändern. Einmal glaubte Haig, er habe den Argentiniern Zugeständnisse abgerungen, aber als er am Ostermontag, dem 12. April, nach London abreisen wollte – genauer gesagt, als er im Begriff war, das Flugzeug zu besteigen – überreichte ihm Costa Mendez ein Papier, das die Zugeständnisse wieder zurückzunehmen schien, die er, zu Recht oder Unrecht, glaubte erreicht zu haben.

Über das Osterwochenende hielt ich in Chequers Besprechungen zur Falklandkrise ab. Am Karfreitag kam Anthony Parsons, und wir erörterten die Verhandlungsstrategie. Am folgenden Tag erschienen Francis Pym, John Nott und Terry Lewin über Mittag zu einem Arbeitsessen. Ich bin froh, daß Chequers in der Geschichte des Falkland-Konflikts eine wichtige Rolle spielte. Churchill hatte den Landsitz während des Zweiten Weltkriegs oft genutzt, und die dort herrschende Atmosphäre trug dazu bei, daß man leichter zusammenfand.

Die dritte Woche

Am Ostermontag trafen die ersten Schiffe unseres Kampfverbands auf Ascension Island ein. Diese Insel liegt auf halbem Wege zu den Falklands. Das amerikanische Team kehrte am Morgen desselben Tages, dem 12. April, nach London zurück. In der Downing Street wurden die Teppiche zum alljährlichen Frühjahrsputz herausgenommen, was ein wenig den Anschein erweckte, als würde jemand umziehen. Dieser Eindruck war jedoch irreführend.

Alexander Haig erstattete uns zunächst mündlich Bericht über seine Gespräche in Buenos Aires. Ihm war aufgefallen, daß es Meinungsunterschiede zwischen den Vertretern der drei Teilstreitkräfte der argentinischen Armee gab. Die Marine war durchaus auf den Kampf erpicht. Die Luftwaffe wollte dagegen keinen Krieg, und die Position des Heeres lag irgendwo dazwischen. Die Kampfbegeisterung verhielt sich offenbar umgekehrt proportional zum Kampfgeist. Der amerikanische Außenminister hatte eine Reihe von Vorschlägen ausgearbeitet, die zu akzeptieren man die Argentinier seiner Meinung nach bewegen konnte. Der Katalog enthielt im wesentlichen sieben Punkte:

- Erstens sollten sich sowohl Großbritannien als auch Argentinien bereit erklären, sich innerhalb von zwei Wochen von den Inseln in einem bestimmten Umkreis zurückzuziehen.
- Zweitens sollten keine weiteren Streitkräfte hinzugezogen werden und die abgezogenen Streitkräfte wieder ihren normalen Dienst aufnehmen. Die Argentinier hatten eine Garantie von uns verlangt, unseren Flottenverband ganz aus dem Südatlantik abzuziehen, aber Haig hatte ihnen erkärt, daß dies unmöglich sei, und er glaubte, daß sie sich eventuell damit zufriedengeben würden, wenn das Abkommen die Rückkehr der Briten zum normalen Dienst vorsah.
- Drittens sollte anstelle des Gouverneurs eine Kommission eingesetzt werden, in der Vertreter der Vereinigten Staaten, Großbritanniens und Argentiniens zusammenarbeiten würden (ob mit einstimmig oder mehrheitlich gefaßten Beschlüssen, war nicht näher erläutert), um die Einhaltung des Abkommens zu garantieren. Zu diesem Zweck sollten alle Parteien Beobachter

stellen. Alle Mitglieder der Kommission konnten ihre Fahne über dem Hauptquartier hissen.

- Viertens sollten die wirtschaftlichen und finanziellen Sanktionen gegen Argentinien aufgehoben werden.

- Fünftens sollte die traditionelle Kommunalverwaltung der Inseln sowie Exekutivrat und Legislativrat wiedereingesetzt werden, in denen auch die kleine argentinische Bevölkerungsgruppe auf den Falkland-Inseln vertreten sein sollte. Eine Rückkehr des Gouverneurs lehnten die Argentinier kategorisch ab.

- Sechstens würde die Kommission Handel, Personen- und Nachrichtenverkehr zwischen den Inseln und dem argentinischen Festland fördern; allerdings sollte der britischen Regierung in diesen Fragen ein Vetorecht eingeräumt werden.

- Siebtens und letztens würden Verhandlungen über eine dauerhafte Regelung »im Einklang mit den Zielen und Grundsätzen der Charta der Vereinten Nationen« zu führen sein. Die Vereinigten Staaten hatten offenbar auf diesem Punkt beharrt, weil darin auf das Selbstbestimmungsrecht verwiesen wurde. Scheinbar waren die Argentinier nur bereit gewesen, diesem Teil der Vorschläge zuzustimmen, wenn darin ein Termin für den Abschluß der Verhandlungen genannt wurde; vorgeschlagen wurde der 31. Dezember 1982.

Zu diesem Zeitpunkt versuchte ich noch nicht, auf Haigs Vorschläge Punkt für Punkt einzugehen; ich wies nur noch einmal auf das Prinzip der Selbstbestimmung hin, dem ich mich verpflichtet fühle. Wenn die Falkländer den Anschluß an Argentinien wünschten, würde die britische Regierung ihre Entscheidung respektieren. Ebenso aber sollte die argentinische Regierung bereit sein, den Willen der Inselbewohner zu akzeptieren, falls diese Briten bleiben wollten. Wie zuvor vereinbart, ließen uns die Amerikaner dann neunzig Minuten lang allein, um uns Gelegenheit zu geben, die Vorschläge mit den übrigen Mitgliedern des Kriegskabinetts zu diskutieren.

Haigs Vorschläge wiesen zwar einige Lücken auf, boten aber auch gewisse Vorzüge. Wenn wir die argentinischen Truppen tatsächlich von den Inseln verbannen konnten, indem wir uns mit der Einsetzung einer offenbar relativ machtlosen Kommission einverstanden erklärten und hinnahmen, daß die Argentinier eine begrenzte Zahl von Vertretern in die beiden Räte entsandten (und zwar Angehörige der dort ansässigen Bevölkerung, die nicht durch die Junta ausgewählt wurden) und die argentinische Flagge neben anderen über dem Hauptquartier wehte, dann sprach durchaus manches für diese Vorschläge. Bei näherer Betrachtung kamen allerdings erhebliche Schwierigkeiten zutage. Welche Sicherheiten sollten den Falkländern nach Ablauf der Übergangszeit geboten werden? Offensichtlich mußte man die Vereinigten Staaten bitten, die Inselbewohner vor einer erneuten Invasion zu schützen. Überdies waren die geographischen Gegebenheiten zu bedenken. Argentinien befand sich nun einmal in unmittelbarer Nachbarschaft der Falkland-Inseln; doch wo blieben unsere Truppen, wenn wir uns in »normale Gebiete« zurückziehen mußten? Man mußte uns das Recht zubilligen, ebenso in Reichweite zu bleiben wie die argentinischen Truppen. Abgesehen von einem vagen Hinweis auf die UN-Charta wurde keineswegs deutlich klargestellt, daß die Wünsche der Inselbewohner bei den abschließenden Verhandlungen ausschlaggebend sein sollten. Außerdem mußte verhindert werden, daß sich in der Übergangszeit eine wachsende Zahl von Argentiniern auf den Inseln ansiedelte, um schließlich die Mehrzeit zu bilden – eine ernstzunehmende Befürchtung, insbesondere wenn unsere Landsleute nach und nach ausreisten, was in Anbetracht der Umstände verständlich gewesen wäre.

Nun führten Francis Pym, John Nott und ich das Gespräch mit Alexander Haig fort. Ich sprach ihm meinen Dank für die enorme Arbeit aus, die er geleistet habe, betonte aber, daß noch eine Reihe von Fragen offen seien. Was sollte nach Meinung der Amerikaner geschehen, wenn bis zum 31. Dezember 1982 keine endgültige Lösung gefunden war? Mit dieser Frage wollte ich herausfinden, ob die Vereinigten Staaten bereit waren, uns eine Garantie zu geben. Die Antwort fiel nicht ganz klar aus – und im Lauf der Zeit wurde sie auch nicht klarer. Ich betonte noch einmal, daß man im Unterhaus dem Prinzip des Selbstbestimmungsrechts für die Inselbewohner erheblichen Stellenwert beimaß. Daher verlangten wir einen ausdrücklichen Hinweis auf Artikel 1, Absatz 2, und Artikel 73 der UN-Charta, in denen der Grundsatz der Selbstbestimmung festgeschrieben ist. Außerdem müßten wir bedenken, daß Argentinien das Abkommen anders interpretieren würde als die britische Regierung. Dies sah auch Haig ein.

Was die argentinische Flagge betraf, erklärte ich Alexander Haig, sie könne von mir aus überall, aber keinesfalls über dem Haus des Gouverneurs wehen. Haig wies darauf hin, daß die Besetzung des Gouverneursamts für die Argentinier zentrale Bedeutung habe: Sie wollten den Gouverneur, den sie nach der Invasion ernannt hatten, als Regierungskommissar auf der Insel belassen. Wenn sie das täten, entgegnete ich, sähen wir uns gezwungen, Rex Hunt zum britischen Regierungskommissar zu ernennen. Außerdem brachte ich Süd-Georgien zur Sprache, auf das Großbritannien einen eindeutigen Rechtsanspruch habe, und zwar ganz unabhängig von unserem Anspruch auf die Falkland-Inseln. Für Haig stellte diese Frage kein Problem dar. (Wir bereuten später, daß wir Süd-Georgien überhaupt im Zusammenhang mit diesen ersten Vorschlägen erwähnt hatten. Aber damals schien die Möglichkeit zu bestehen, die Argentinier kampflos zu vertreiben, die die Insel kurz nach ihrer Invasion auf den Falkland-Inseln besetzt hatten.)

Dennoch stand die militärische Frage zwangsläufig im Mittelpunkt. Ich wußte, daß die Argentinier überhaupt nur deshalb verhandlungsbereit waren, weil sie unseren Flottenverband fürchteten. Ich betonte, daß die britischen U-Boote zwar die vorgeschlagene entmilitarisierte Zone verlassen würden, sobald sich die argentinischen Streitkräfte zurückzogen, daß die britische Flotte aber dennoch weiterhin südwärts ziehen würde, ohne allerdings in die entmilitarisierte Zone vorzudringen. Dies war ein wesentlicher Punkt: Eine zweite argentinische Invasion konnten wir uns nicht leisten. Ich war jedoch zu dem Zugeständnis bereit, daß unser Kampfverband dieselbe Entfernung zu den Falkland-Inseln einhalten würde wie die argentinischen Truppen. Weitergehende Zugeständnisse würde das Parlament keinesfalls akzeptieren.

Kurz danach begaben wir uns zum Mittagessen und vereinbarten, das Gespräch am späteren Nachmittag fortzusetzen, nachdem wir die Vorschläge im einzelnen geprüft und, nach Beratung mit Regierungsbeamten und Militärs, detaillierte Ergänzungen ausgearbeitet hatten. In der Zwischenzeit machten die Amerika-

ner von der abhörsicheren Telefonverbindung zwischen der
Downing Street und dem Weißen Haus Gebrauch. Wie Haig in seinen Memoiren verrät, rief er auch den argentinischen Außenminister an, da er gehört hatte, daß die New York Times soeben den
Inhalt des Dokuments veröffentlicht habe, das Costa Mendez ihm
am Flughafen von Buenos Aires übergeben hatte und dessen Text
mit den uns vorgeschlagenen Bedingungen vollkommen unvereinbar war. Verständlicherweise wollte Haig nun wissen, ob dieses
Dokument die Vorschläge des argentinischen Außenministers enthielt oder das letzte, offizielle Wort der Junta darstellte.
Unsere Gespräche mit den Amerikanern nahmen wir kurz vor
18.00 Uhr wieder auf. Es standen noch mehrere Punkte auf der
Tagesordnung; doch wieder betraf die wichtigste Frage die Position unserer Flotte. Haig erklärte, daß es Galtieri den Kopf kosten
würde, wenn sich die Argentinier verpflichteten, innerhalb von
zwei Wochen von den Falkland-Inseln abzuziehen, während in britischen Zeitungen weiterhin zu lesen sei, daß unser Flottenverband südwärts zöge. Die Amerikaner verlangten nicht, daß unsere
Flotte den Heimweg antreten sollte; doch solle sie sofort nach
einer Vereinbarung angehalten werden. Darauf entgegnete ich,
daß es mich im Unterhaus den Kopf kosten würde, wenn ich unseren Flottenverband stoppen würde, bevor der Rückzug Argentiniens abgeschlossen wäre. Und dazu sei ich auch gar nicht bereit.
Ich war jedoch willens, die Weiterfahrt der Truppentransporter zu
verlangsamen, sobald ein Abkommen unterzeichnet war. Doch
der Hauptteil der Flotte müsse weiterhin Kurs auf die Falkland-
Inseln halten. Ich sah keinen Grund, im Zweifelsfalle zugunsten
Argentiniens zu entscheiden. Ich war bereit, unseren Flottenverband anzuweisen, den Abstand einzuhalten, den die Inseln zum
argentinischen Festland hatten, aber weiter konnte ich nicht
gehen.
Wir debattierten bis in die Nacht hinein. Argentinien forderte,
auf der Grundlage des Verkehrsabkommens von 1971 seinen
Staatsbürgern dasselbe Recht zuzubilligen, auf den Inseln zu leben
und Eigentum zu erwerben, wie es die Falkländer genossen. Die
Argentinier verlangten, die zur Verwaltung der Inseln eingesetzte
Kommission solle sich im Sinne dieser Forderung betätigen und
über damit zusammenhängende Angelegenheiten entscheiden.

Gegen diesen Vorschlag verwahrten wir uns mit der Begründung, daß die Übergangsregierung das Leben auf den Inseln nicht grundlegend umgestalten dürfe. Schließlich erklärten wir uns einverstanden, auf der Basis eines etwas vage formulierten Textes die Verhandlungen fortzusetzen. Allerdings gab es einige Bedingungen, die vorab klargestellt werden mußten: die Rückzugszonen, die Tatsache, daß es sich bei den argentinischen Vertretern in den beiden Räten um Einwohner der Falklands handeln mußte, und daß die Argentinier auf den Inseln erst nach der gleichen Wartezeit das Wahlrecht erhalten sollten, wie sie auch für die Falklanders galt.

Damit war der Ostermontag jedoch noch nicht zu Ende. Kurz vor 22.00 Uhr rief mich Alexander Haig an und teilte mir mit, daß er einen Anruf von Costa Mendez erhalten habe. Sein argentinischer Amtskollege habe ihm erklärt, er brauche gar nicht erst nach Buenos Aires zurückzukehren, sofern ein mögliches Abkommen über die Falkland-Inseln nicht vorsehe, daß der Gouverneur von der argentinischen Regierung ernannt und die argentinische Flagge dort weiterhin wehen werde. Und falls das nicht möglich sei, verlangten die Argentinier eine Garantie, daß am Ende der Verhandlungen mit Großbritannien die argentinische Oberhoheit über die Falkland-Inseln anerkannt werde. Haig war am Boden zerstört. Ich nahm diese Nachricht mit gemischten Gefühlen auf, aber ich war keineswegs gewillt, mich auf diese Weise unter Druck setzen zu lassen. Also erklärte ich Außenminister Haig am Telefon:

Wenn die Bedingungen so aussehen, können Sie nicht [direkt nach Buenos Aires] zurückkehren; es muß jedoch öffentlich bekanntgemacht werden, daß sie [die Argentinier] diese Bedingungen gestellt haben und daß Sie aus diesem Grund erklärt haben:»Das ist nicht annehmbar, also können wir nicht wiederkommen.« Aber Sie müssen das von Ihrem Standpunkt aus klarstellen. Öffentlich.

Alexander Haig willigte ein; offensichtlich war er sehr niedergeschlagen.

Nachdem die Amerikaner beschlossen hatten, nicht nach Bue-

nos Aires weiterzureisen, ersuchten sie uns zu unserer Überraschung am nächsten Morgen um ein weiteres Gespräch. Also trafen unsere beiden Teams wieder zusammen. Inzwischen hatte sich
herausgestellt, daß die Vorschläge, die uns die Amerikaner am
Vortag unterbreitet hatten, bei den Argentiniern keineswegs auf
Zustimmung stießen. Tatsächlich stellte sich die Frage, welchen
Status all diese Vorschläge überhaupt hatten. Je genauer ich Alexander Haig zu diesem Punkt befragte, um so unklarer wurde die
Sache. Da die Argentinier diesen Vorschlägen nicht zugestimmt
hatten, konnten sie, selbst wenn wir sie billigten, nicht die Grundlage einer Vereinbarung bilden.

Diese Tatsache wurde bei der Besprechung an diesem Vormittag
nur allzu deutlich, als uns Haig ein Dokument mit fünf Punkten
überreichte, die, wie er sagte, für die Position der Argentinier
unverzichtbar waren. Wie er selbst einräumte, zielte die argentinische Taktik praktisch darauf ab, Zeit zu gewinnen. Ich hatte ohnehin angenommen, daß sie sich vor allem aus diesem Grund verhandlungsbereit zeigten.

Allmählich war meine Geduld erschöpft. Ich erklärte, hier gehe
es im wesentlichen um eine Auseinandersetzung zwischen Diktatur und Demokratie. Galtieri hoffe, durch Waffengewalt den Sieg
davonzutragen. Nun stelle sich die Frage, ob er durch Wirtschaftssanktionen von seinem Vorhaben abzubringen sei oder, wie ich
schon immer vermutet hatte, nur durch militärische Gewalt. Haig
erwiderte, er habe den Argentiniern unmißverständlich erklärt,
daß sich die Vereinigten Staaten im Falle einer Eskalation des Konflikts auf die Seite Großbritanniens stellen würden. Aber wollten
wir die Verhandlungen tatsächlich schon heute abbrechen? Er
könne öffentlich erklären, daß er seine eigenen Bemühungen ein-
stelle, und betonen, daß die kompromißlose Haltung Argentiniens
dafür verantwortlich sei. Aber wenn er das täte, könnten andere,
weniger hilfreiche Vermittler auf den Plan treten. Dies war mir nur
allzu deutlich bewußt, und ich glaubte auch, daß die Öffentlichkeit von uns erwartete, die Verhandlungen jetzt noch nicht aufzugeben.

Noch am selben Tag nahmen die Ereignisse eine bizarre Wendung. Alexander Haig berichtete Francis Pym den Inhalt eines
weiteren Telefongesprächs, das er mit Costa Mendez geführt hat-

te. Offenbar hatten die Argentinier ihre fünf Forderungen nun fallenlassen und sich von ihrer früheren Position ziemlich weit entfernt. Haig meinte, daß eine Einigung nach den von uns erörterten Grundsätzen möglich sei, wenn wir damit einverstanden wären, von Entkolonialisierung der Falklandcrs gemäß den Wünschen sprechen, vielleicht ergänzt durch ein, zwei kleinere Änderungen, um die Vorschläge noch schmackhafter zu machen. Es sollte sich herausstellen, daß dieses Gerede von »Entkolonialisierung« nicht ungefährlich war; dennoch erklärten wir uns bereit, einen Entwurf in Augenschein zu nehmen. Außerdem bat uns Haig eindringlich, in der Frage der Hoheitsrechte keine allzu starre Haltung einzunehmen. Er hatte beschlossen, nach Washington zurückzukehren, um dort über seinen nächsten Schritt zu entscheiden. Aus alldem ging hervor, daß Haig ängstlich darauf bedacht war, die Verhandlungen aufrechtzuerhalten. Aber hatte sich bei den Argentiniern tatsächlich ein Sinneswandel vollzogen oder handelte es sich hier nur um Wunschdenken seitens des amerikanischen Außenministers?

Am Mittwoch, dem 14. April, war im Unterhaus eine weitere Debatte zur Falklandkrise anberaumt. Für mich bot sich nun die Gelegenheit, unsere Verhandlungsziele zu formulieren und der Außenwelt zu demonstrieren, daß das Parlament geschlossen hinter unserer Politik stand. Ich erklärte:

Bei allen Verhandlungen im Laufe der kommenden Tage werden wir uns von folgenden Prinzipien leiten lassen: Wir werden weiterhin darauf bestehen, daß sich Argentinien von den Falkland-Inseln und deren Schutzgebieten zurückzieht. Wir werden uns weiterhin vorbehalten, von unserem Recht auf Gewaltanwendung zum Zwecke der Selbstverteidigung gemäß Artikel 51 der Charta der Vereinten Nationen Gebrauch zu machen, bis die Besatzungstruppen die Inseln verlassen. Unser Flottenverband hält weiter Kurs auf sein Ziel. Wir vertrauen nach wie vor vollkommen darauf, daß er in der Lage sein wird, die notwendigen Maßnahmen zu ergreifen. In der Zwischenzeit unterstützt er durch seine bloße Existenz und sein Vorrücken in Richtung Falkland-Inseln unsere Bemühungen um eine diplomatische Lösung. Diese

Lösung muß gewährleisten, daß der Wille der Inselbewohner grundsätzlich Vorrang hat. Es gibt keinen Grund zu der Annahme, sie könnten irgendeiner Alternative zu der Regierung den Vorzug geben, welche an die Stelle der Regierung treten könnte, deren Untertanen sie vor dem Angriff durch Argentinien waren. Es mag zwar sein, daß ihre jüngsten Erfahrungen sie bewegen werden, ihre Meinung zu ändern, aber solange die Inselbewohner nicht die Möglichkeit haben, ihre Meinung frei zu äußern, wird die britische Regierung nicht unterstellen, daß sie nun etwas anderes wünschen als früher.

Meiner Bemerkung, daß die Inselbewohner möglicherweise ihre Meinung über die künftige Regierung der Falklands ändern könnten, lag eine ernste Sorge zugrunde: Wir befürchteten, daß die Moral zusammenbrechen und sehr viele Menschen ausreisen würden. Aus Nachrichten, die in London eintrafen, konnten wir einiges über den Alltag unter der Besatzungsmacht entnehmen, doch das Bild war keineswegs vollständig.

Die Debatte war noch in vollem Gange, als ich einen Anruf von Alexander Haig erhielt. Die Argentinier beschwerten sich darüber, daß die Vereinigten Staaten nicht unparteiisch zwischen Argentinien und Großbritannien vermittelten, und insbesondere, daß sie Großbritannien Militärhilfe leisteten. Er wollte nun eine Erklärung abgeben, die es ihm ermöglichen würde, nach Buenos Aires zurückzukehren und die Verhandlungen weiterzuführen; sie endete mit folgenden drei Sätzen:

Seit dem Beginn der Krise sind die Vereinigten Staaten nicht auf Wünsche eingegangen, die über das übliche, gewohnte Maß der Zusammenarbeit hinausgegangen wären. Diesen Standpunkt werden sie, solange Friedensbemühungen im Gange sind, beibehalten. Die Nutzung von amerikanischen Militäranlagen auf der Insel Ascension durch Großbritannien wurde dementsprechend eingeschränkt.

Während die Debatte ihren Fortgang nahm, erörterte ich diesen Text mit Francis Pym. Eine halbe Stunde später rief ich Außenminister Haig in Washington zurück.

Ich scheute mich nicht, ihm zu sagen, daß ich über sein Vorhaben höchst unglücklich war. Natürlich wurde viel unternommen, um uns zu helfen. Das geschah im Rahmen der »gewohnten Zusammenarbeit«, wie sie zwischen Verbündeten wie den Vereinigten Staaten und Großbritannien üblich war. Aber in diesem Zusammenhang die Nutzung der Insel Ascension zu erwähnen, war falsch und irreführend. Darüber hinaus würde eine solche Erklärung eine äußerst feindselige Reaktion im Vereinigten Königreich zur Folge haben. Weiter führte ich aus, daß Ascension uns, genauer gesagt der Königin, gehörte. Die Amerikaner benutzten sie als Stützpunkt, doch dies geschah, wie der amerikanische Außenminister sehr wohl wußte, im Rahmen eines Abkommens, welches festschrieb, daß wir weiterhin die Hoheitsrechte innehatten. Ich freue mich, sagen zu können, daß Haig bereit war, jede Erwähnung der Insel Ascension aus seiner Erklärung zu streichen.

Am folgenden Tag flog Alexander Haig zu weiteren Gesprächen von Washington nach Buenos Aires. Zu Hause in London waren es jedoch die militärischen Gegebenheiten, die mich am stärksten beschäftigten. Das Kriegskabinett trat an diesem Vormittag nicht in der Downing Street, sondern im Verteidigungsministerium zusammen. Wir mußten wichtige Entscheidungen treffen. Es wurden zusätzliche Truppen benötigt, die sich unserer Task Force anschließen sollten. Wir mußten den neuen Entwurf durchsehen, den wir, wie am Vortag vereinbart, in Betracht ziehen wollten. (Am Ende wurde nichts daraus.) Außerdem mußten wir eine Botschaft an die Vereinigten Staaten aufsetzen, in der wir betonten, daß sie zur Durchsetzung des Abkommens innerhalb der genannten Frist (31. 12. 1982) beitragen und gewährleisten sollten, daß die Argentinier nach Ablauf dieser Frist nicht eine weitere Invasion versuchten. Leider kamen wir mit diesem Ansinnen nicht sehr weit; denn die Amerikaner waren nicht sonderlich darauf erpicht, Garantien zu übernehmen.

Doch unsere Hauptaufgabe bei der Sitzung im Verteidigungsministerium bestand in einer gründlichen Analyse der militärischen Lage. Es war wichtig, genau einschätzen zu können, welche Streitkräfte gegen uns aufgeboten wurden, was sie leisten konnten, wie sich der antarktische Winter auswirken würde und – natürlich –

welche Optionen uns offenstanden. Wer geglaubt hatte, daß unser Flottenverband eine Blockade vor den Falklands errichten und Stoßtruppunternehmen durchführen könne, sofern die Verhandlungen ergebnislos verliefen, wurde bald eines Besseren belehrt. Ganz abgesehen von dem Verlust von Flugzeugen, mit dem zu rechnen war – die beiden Flugzeugträger führten insgesamt nur zwanzig Harriers mit – warf die Frage der Versorgung der Männer und der Instandhaltung der Ausrüstung auf stürmischer See enorme Probleme auf. Es stand fest, daß wir im Mai nur einen Zeitraum von zwei bis drei Wochen zur Verfügung hatten, in dem wir landen konnten, ohne schwere Verluste zu riskieren. Und dann war zu entscheiden, wieviel Ausrüstungsgüter, Flugzeuge und Soldaten zusätzlich entsandt werden sollten und wie gegebenenfalls mit Kriegsgefangenen zu verfahren sei. Auch die Frage, was im Hinblick auf Süd-Georgien zu unternehmen sei und wann wir dort aktiv werden sollten, war noch offen. Für eine Atempause blieb keine Zeit. All diese Entscheidungen mußten rasch fallen. Mein Blick wanderte von den Stabschefs auf meine Kollegen. Sie mußten die Fülle von Informationen erst einmal verdauen. Mit Ausnahme von John Nott, der über die Schwierigkeiten natürlich schon im Bilde war, schienen sie etwas bestürzt. Inzwischen hatte auch die Presse Wind davon bekommen, daß wir im Verteidigungsministerium tagten, und beim Aufbruch bat ich alle, eine zuversichtliche Miene aufzusetzen.

Am Freitag, dem 16. April, bestand unsere Hauptaufgabe darin, die Verfahrensvorschriften im Gefecht zu billigen, die für die Überfahrt von Ascension, für die 200-Meilen-Zone um Süd-Georgien und zum Zwecke der Rückeroberung Süd-Georgiens gelten sollten. Diese Gefechtsregeln geben den von den Politikern autorisierten Rahmen vor, innerhalb dessen das Militär Einsatzentscheidungen treffen kann. Dieser muß den Zielen entsprechen, die bei einer bestimmten militärischen Operation erreicht werden sollen. Außerdem muß er dem Verantwortlichen vor Ort einen annehmbaren Freiraum zubilligen, um angemessen reagieren und Entscheidungen treffen zu können, die auf jeden Fall von den Politikern mitgetragen werden. Folglich müssen diese Verfahrensvorschriften klar formuliert sein und alle Eventualitäten abdecken. Deshalb wurden sie erst nach sorgfältiger Befragung der Stabschefs und des Ersten Kronanwalts und nach ausführlicher Diskussion gebilligt. Mit jeder neuen Phase der Operation, die zu prüfen war, sollten weitere Verfahrensvorschriften folgen. Doch nun standen wir alle zum erstenmal vor der Aufgabe, solche Entscheidungen zu treffen.

Am Vortag hatte ich eine Nachricht von Präsident Reagan bekommen, der einen Anruf von Galtieri erhalten hatte; der argentinische Präsident hatte offenbar gesagt, er wolle einen bewaffneten Kontakt auf jeden Fall vermeiden. Darauf eine Antwort zu finden, war nicht schwer. Ich erklärte dem US-Präsidenten:

Ich nehme zur Kenntnis, daß General Galtieri Ihnen gegenüber seinen Wunsch bekräftigt hat, einen Konflikt zu vermeiden. Aber es scheint mir – und das muß ich Ihnen als Freund und Verbündeten offen gestehen –, daß er es versäumt, den logischen Schluß daraus zu ziehen. Nicht Großbritannien hat den Frieden gebrochen, sondern Argentinien. Die verbindliche Resolution des UN-Sicherheitsrats, die Sie und wir unterzeichnet haben, fordert Argentinien auf, seine Truppen von den Falkland-Inseln zurückzuziehen. Dies ist der maßgebliche erste Schritt, der unternommen werden muß, um einen Konflikt zu vermeiden. Erst wenn dies geschehen ist, lohnt es sich, Gespräche über die Zukunft der Inseln zu führen. Jeder Gedanke daran, ein Konflikt sei durch einen Kunstgriff zu vermeiden, der dem Aggressor die Aufrechterhaltung der Besatzung ermöglicht, ist völlig am Platz. Die Folgen für andere potentielle Spannungsgebiete und kleine Länder in aller Welt wären äußerst schwerwiegend. Die grundlegenden Prinzipien, für die die freie Welt einsteht, wären zerstört.

Am Freitag, dem 16. April, erreichten unsere beiden wichtigsten Flugzeugträger »HMS Hermes« und »HMS Invincible« die Insel Ascension.

Nach einer Woche verworrener Verhandlungen verbrachte ich ein Wochenende in Chequers. Ich fand die Zeit zu einem privaten Essen mit Freunden und einem Künstler, der eine Ansicht des Hauses mit Umgebung malen wollte. Dennoch mußte ich am Samstag-

abend kurz in die Downing Street zurückkehren, um einen Anruf
von Präsident Reagan entgegenzunehmen – es besteht zwar eine
Direktverbindung von Chequers zum Weißen Haus, doch an diesem Tag gab es technische Probleme. Ich freute mich, daß sich die
Gelegenheit bot, die wichtigen Fragen mit dem Präsidenten zu
besprechen. Noch glücklicher war ich, daß er einräumte, man dürfe nicht mit gutem Gewissen von uns verlangen, uns der argentinischen Position noch weiter anzunähern. Alexander Haig habe die
Argentinier diesmal noch unmöglicher gefunden als bei seinem
ersten Besuch. Das Weiße Haus hatte ihn beauftragt, der Junta
mitzuteilen, es werde zu einem Abbruch der Gespräche führen,
wenn sie an ihrer kompromißlosen Haltung festhielte, und die US-
Regierung werde klarstellen, wer dafür verantwortlich sei.

Am Sonntag kam John Nott nach dem Gottesdienst zum Mittagessen, und wir machten eine Bestandsaufnahme sowohl der
militärischen als auch der diplomatischen Lage.

Gleichzeitig legten weit von uns entfernt mitten im Atlantik die
Schiffe »Hermes«, »Invincible«, »Glamorgan«, »Broadsword«,
»Yarmouth«, »Alacrity« und die Hilfsschiffe »Olmeda« und
»Resource« von der Insel Ascension ab und machten sich auf den
Weg in den Süden.

An diesem Tag telefonierte ich auch mit Anthony Parsons in
New York, um zu erörtern, ob und in welcher Weise wir bei den
Vereinten Nationen aktiv werden sollten. Wir befanden uns in der
glücklichen Lage, daß wir durch die Resolution 502 nahezu unbe-
schränkte Rückendeckung für unsere Position erhalten hatten.
Allerdings stellte sich das Problem, daß Haigs Vermittlungsbemühungen offenkundig an einem toten Punkt angelangt waren; und
da ein bewaffneter Konflikt drohte, bestand die Gefahr, daß andere eine neue Initiative vorbereiten und wir im Sicherheitsrat in eine
schwierige, defensive Position geraten würden. Wir konnten versuchen, dieser Entwicklung zuvorzukommen, indem wir selbst
eine Resolution einbrachten. Doch dann würde diese mit Ergänzungen versehen werden, welche für uns ganz einfach unannehmbar waren. Anthony Parsons und ich waren uns einig, daß es im
Augenblick das Beste war, auf unserem Standpunkt zu beharren
und zu versuchen, dem Druck standzuhalten, der zweifellos noch
wachsen würde.

Die vierte Woche

Am Montag studierte ich zunächst in allen Einzelheiten die Vorschläge, die Alexander Haig und die Argentinier in Buenos Aires erörtert hatten. Der amerikanische Außenminister hatte sie uns mit dem Kommentar übermittelt, er sei selbst so enttäuscht über diesen Text, daß er nicht versuchen wolle, in irgendeiner Weise Einfluß auf uns zu nehmen. Die Vorschläge waren tatsächlich vollkommen inakzeptabel. Je genauer man sie prüfte, desto deutlicher wurde, daß Argentinien immer noch versuchte zu behalten, was es sich mit Gewalt genommen hatte. Die Argentinier wollten sich militärische Vorteile sichern, indem sie dafür Sorge trugen, daß unsere Streitkräfte auf Standorte in sicherer Entfernung von den Inseln verlegt würden. Mit ihrer Forderung, den beiden Räten der Insel sollten je zwei Vertreter der argentinischen Regierung angehören, verfolgten sie die Absicht, die traditionelle Kommunalverwaltung zu unterminieren. Sie wollten die Inseln mit argentinischen Staatsbürgern überschwemmen, um die Bevölkerungsstruktur zu verändern. Und sie waren nicht bereit, den Inselbewohnern das Recht zu gewähren, sich für die Wiedereinsetzung der britischen Verwaltung zu entscheiden, unter der sie vor der Invasion gelebt hatten. Dieser letzte Punkt war zwar verklausuliert ausgedrückt, doch die dahinterstehende Absicht war unverkennbar. Der Vorschlag hatte folgenden Wortlaut:

Am 31. Dezember 1982 endet die Übergangsperiode, in der die Unterzeichneten ihre Verhandlungen über die Modalitäten für die Streichung der Inseln von der Liste der Abhängigen Gebiete gemäß Ziffer XI der Charta der Vereinten Nationen sowie über gemeinsam befürwortete Bedingungen ihren endgültigen Status abschließen werden, wobei auch die Rechte der Bewohner und das Prinzip der territorialen Integrität, das bei dieser Kontroverse anzuwenden ist, gebührend zu berücksichtigen sind...

Der harmlos klingende Hinweis auf die Streichung der Inseln von der Liste unter Ziffer XI schloß eine Rückkehr zum Status vor der Invasion aus, womit den Inselbewohnern praktisch das Recht verweigert werden sollte, sich frei für die Regierung zu entscheiden, unter der sie leben wollten. Hier wurden sehr viele Worte gemacht, um die schlichte Tatsache zu verschleiern, daß Gewaltanwendung von Erfolg gekrönt worden wäre, die Diktatur die Oberhand behalten hätte und die Wünsche der Bevölkerung übergangen worden wären. Diese Vorschläge waren so dürftig, daß wir Alexander Haig mitteilten, unserer Meinung nach sei es nicht nötig, daß er von Buenos Aires nach London weiterreise, und versprachen, ihm nach seiner Rückkehr in die amerikanische Hauptstadt detaillierte Erläuterungen zu unserer Haltung gegenüber diesem Text zu übermitteln.

Am selben Tag erhielt ich ein Telegramm aus Buenos Aires, dessen Inhalt bestätigte, daß die Junta offenbar hartnäckig an ihrem Entschluß festhielt, sich die Oberhoheit über die Inseln zu sichern. Etwa alle fünf Minuten spielte Radio Argentinien den »Malvinas Song« mit dem Text: »Ich bin dein Vaterland, und vielleicht mußt du für mich sterben.« Bald wurde diese Gesinnung auf die Probe gestellt: Am selben Tag genehmigte das Kriegskabinett die Operation zur Wiederinbesitznahme Süd-Georgiens – wenngleich sich die Rückeroberung etwas verzögerte, weil bei der Ankunft unserer Schiffe ein Orkan mit Windstärke 11 tobte, der mehrere Tage anhielt.

Alexander Haig lud Francis Pym nach Washington ein, um über unsere Ansichten zu dem argentinischen Text zu diskutieren, und ich war damit einverstanden. Francis schickte unseren ausführlichen Kommentar und wesentliche Änderungsvorschläge zu dem Text aus Buenos Aires voraus. Wir waren uns einig, daß er sich bei seinen Gesprächen mit Haig von diesen Gegenvorschlägen leiten lassen sollte. Außerdem sollte er sich um eine Garantie Amerikas für die Sicherheit der Inseln bemühen. Unglücklicherweise vermittelte Francis am folgenden Tag, als er nach einer Erklärung vor dem Unterhaus Fragen beantwortete, den Eindruck, daß wir keine Waffengewalt anwenden würden, solange die Verhandlungen andauerten. Eine solche Haltung durften wir keinesfalls einnehmen, da wir den Argentiniern damit ermöglicht hätten, uns endlos hinzuhalten. Deshalb mußte Francis später noch einmal vor das Parlament treten, um diese Bemerkung in einer kurzen Erklärung zu korrigieren.

Am Mittwoch ließen wir Außenminister Haig durch Nicholas Henderson mitteilen, wir seien fest entschlossen, Süd-Georgien in nächster Zukunft zurückzuerobern. Haig zeigte sich überrascht und besorgt und wollte wissen, ob unser Entschluß endgültig sei, was ich bestätigte: Wir zögen ihn nicht zu Rate, sondern informierten ihn lediglich. Später äußerte er gegenüber unserem Botschafter, er glaube, die argentinische Junta über unsere Absicht im vorhinein unterrichten zu müssen. Wir waren entsetzt. Nicholas Henderson gelang es, ihm dieses Vorhaben auszureden.

Francis Pym weilte am Donnerstag in Washington, um unsere Vorschläge mit Alexander Haig zu besprechen. Mit der Forderung nach einer amerikanischen Garantie stieß er auf taube Ohren. Die Amerikaner schienen nicht bereit, Regelungen ins Auge zu fassen, die die Zeit nach der Übergangsphase betrafen. Und wie ich bald erfahren sollte, war es ihm mit unseren übrigen Ideen nicht besser ergangen. Mich bewegten jedoch andere Dinge, denn ich war in größter Sorge über die Vorgänge auf Süd-Georgien.

Am Donnerstagabend suchten John Nott und der Chef des Verteidigungsstabs mich in der Downing Street auf, um mir eine dringende Nachricht zu überbringen. Unsere Spezialeinheiten des Special Air Service waren bei einem Erkundungsvorstoß auf dem Fortuna-Gletscher auf Süd-Georgien gelandet. Der erste Versuch, sie abzusetzen, mußte wegen Sturm und schweren Schneefällen aufgegeben werden. Während einer vorübergehenden, leichten Wetterbesserung waren unsere Männer dann erfolgreich gelandet. Aber danach hatten sich die Bedingungen rapide verschlechtert, und ein Südwestwind wütete mit Böen bis über 130 km/h. Die ungeschützte Lage der Männer auf dem Gletscher wurde unerträglich, und sie übermittelten eine Nachricht an die »HMS Antrim«, in der sie darum baten, von Hubschraubern abgeholt zu werden. Der erste Hubschrauber, der einschwebte, verlor im aufgewirbelten Schnee die Orientierung und machte Bruch. Ein zweiter Hubschrauber erlitt dasselbe Schicksal. Im Verteidigungsministerium war nicht bekannt, ob es Verluste gegeben hatte. Dies war ein schrecklicher, besorgniserregender Auftakt für den Feldzug.

Als ich mich zu einem Wohltätigkeitsfestessen im Mansion House umzog, bei dem ich als Hauptrednerin sprechen sollte, war

mein Herz schwer. Wie sollte ich meine Gefühle verbergen? Ich
quälte mich mit Zweifeln, ob wir uns nicht eine unmögliche Aufgabe aufgeladen hatten. Aber als ich gerade im Begriff war, die
Downing Street zu verlassen, kam mein Persönlicher Referent,
Clive Whitmore, mit neuen Nachrichten aus seinem Büro
gestürmt. Ein dritter Hubschrauber war auf dem Gletscher gelandet und hatte alle Männer des Special Air Service und die Besatzung der beiden anderen Hubschrauber an Bord genommen. Wie
der Pilot das geschafft hatte, ist mir ein Rätsel. Monate später traf
ich ihn: ein sehr bescheidener Mann, der eine Art ruhige Professionalität ausstrahlte. Sein einziger Kommentar war, er habe noch nie
so viele Leute in seinem Hubschrauber gesehen. Als ich schließlich
das Haus verließ und mich zu dem Dinner begab, schwebte ich wie
auf Wolken. Alle unsere Leute hatten überlebt.

Am Freitag, dem 23. April, sprachen wir gegenüber Argentinien
die allgemeine Warnung aus, daß sich nähernde argentinische
Kriegsschiffe, U-Boote oder Flugzeuge, die eine potentielle Bedrohung der britischen Streitkräfte im Südatlantik darstellten, als
feindlich betrachtet und entsprechend behandelt werden würden.
Noch am selben Tag besuchte ich Northwood, von wo aus die
Militäroperationen und die gesamte Logistik gesteuert wurden. Es
war faszinierend zu beobachten, wie dort Entscheidungen in die
Tat umgesetzt wurden. Bevor ich in die Downing Street zurückkehrte, war ich bei Admiral Fieldhouse und seiner Frau Midge
zum Mittagessen eingeladen.

Francis Pym befand sich inzwischen mit neuen Vorschlägen für
eine Vereinbarung auf der Heimreise von den Vereinigten Staaten.

Samstag, der 24. April, sollte ein entscheidendes Datum für den
Verlauf der Falklandkrise und ein kritischer Tag für mich persönlich werden. Am frühen Morgen kam Francis in mein Arbeitszimmer in der Downing Street, um mich über die Ergebnisse seiner
Bemühungen zu unterrichten. Das Dokument, das er aus Amerika
mitbrachte, kann ich nur als bedingte Kapitulation bezeichnen.
Alexander Haig war ein Überredungskünstler, und wer mit ihm
verhandelte, mußte ihm mutig entgegentreten und durfte keinen
Schritt zurückweichen. Haig hatte offenbar die drohenden Feindseligkeiten und die Gefahr, daß Großbritannien international die

Rückendeckung verlieren würde, wenn es zum Krieg käme, geschickt ausgenutzt. Ich erklärte Francis, daß die Bedingungen vollkommen unannehmbar seien. Sie würden den Falklanders die Freiheit und Großbritannien Ehre und Ansehen rauben. Francis war anderer Meinung. Er meinte, wir sollten die in dem Dokument enthaltenen Bedingungen akzeptieren. Wir gerieten uns ernsthaft in die Haare.

Für den Abend war eine Sitzung des Kriegskabinetts anberaumt, und ich verbrachte den Rest des Tages damit, all die verschiedenen Vorschläge, die die Diplomaten bisher vorgelegt hatten, eingehend zu prüfen und zu vergleichen. Je genauer ich sie studierte, um so deutlicher wurde für mich, daß darin unsere Position preisgegeben und die Falkländer verraten wurden. Ich bestellte den Ersten Kronanwalt in die Downing Street, um die Vorschläge mit mir durchzugehen. Aber aufgrund eines Mißverständnisses begab er sich statt dessen ins Außenministerium. Kaum eine Stunde bevor das Kriegskabinett zusammentrat, erhielt er endlich meine Nachricht und kam zu mir, nur um meine schlimmsten Befürchtungen zu bestätigen.

Es ist wichtig zu verstehen, daß voneinander abweichende Formulierungen in diplomatischen Texten, die dem ungeschulten Auge auf den ersten Blick als unbedeutende Unterschiede anmuten mögen, entscheidende Bedeutung haben können, und genau das war hier der Fall. Im wesentlichen lagen vier Texte vor, die verglichen werden mußten. Da waren die Vorschläge, die Alexander Haig mit uns besprochen und am 12. April mit nach Argentinien genommen hatte. Über unsere eigene Haltung zu diesen Angeboten hatten wir ihn bewußt im unklaren gelassen; obwohl er sie im einzelnen mit uns durchgesprochen hatte, hatten wir uns nicht verpflichtet, sie zu akzeptieren. Dann gab es die vollkommen unannehmbaren Vorschläge, die Haig uns nach seinen Gesprächen in Buenos Aires am 19. April übermittelt hatte. Am 22. April hatten wir dieses Angebot soweit umgearbeitet, daß es für uns annehmbar gewesen wäre, und auf dieser Grundlage hätte Francis Pym die Verhandlungen führen sollen. Schließlich war da noch der neueste Entwurf, den Francis aus den Vereinigten Staaten mitgebracht hatte und mit dem ich mich nun befassen mußte. Die Unterschiede zwischen den Texten vom 22. und vom 24. April betrafen genau die Gründe, aus denen wir bereit waren, um die Falkland-Inseln Krieg zu führen.

Erstens ging es um die Frage, wie weit und wie schnell wir unsere Streitkräfte zurückziehen würden. Laut dem Text, den Francis Pym mitgebracht hatte, würde sich unser Kampfverband noch weiter zurückziehen müssen als laut den Vorschlägen aus Buenos Aires. Schlimmer noch, alle unsere Streitkräfte, auch die U-Boote, sollten die festgelegten Zonen innerhalb von sieben Tagen verlassen, so daß uns keinerlei Möglichkeit geblieben wäre, während des Rückzugsprozesses militärisch Einfluß auszuüben. Was sollte werden, wenn die Argentinier sich nicht an die Vereinbarung hielten? Außerdem sollte unser Flottenverband nach fünfzehn Tagen vollständig aufgelöst werden. Auch konnte nicht gewährleistet werden, daß die argentinischen Truppen die Bestimmung beachteten, »sich nicht in Bereitschaft zu halten, nach sieben Tagen wieder einzumarschieren« (was immer das heißen mochte).

Zweitens sollten die Sanktionen gegen Argentinien aufgehoben werden, sobald das Abkommen unterzeichnet war – und nicht, wie wir in unseren Gegenvorschlägen forderten, wenn der Rückzug abgeschlossen war. Auf diese Weise verloren wir unser einziges anderes Druckmittel, um sicherzustellen, daß sich Argentinien tatsächlich zurückzog.

Drittens griff der Text im Hinblick auf die Übergangsregierung auf den Vorschlag aus Buenos Aires zurück, zwei Vertreter der argentinischen Regierung in die Räte der Falkland-Inseln zu entsenden, und zwar neben mindestens einem Vertreter der ansässigen argentinischen Bevölkerung. Zudem wurde die Formulierung wiederaufgenommen, die sich auf Wohn- und Eigentumsrechte für Argentinier bezog und ihnen praktisch ermöglicht hätte, die einheimische Bevölkerung mit Argentiniern zu überschwemmen.

Ähnlich wichtig war eine Formulierung, die sich auf die langfristigen Verhandlungen nach dem Rückzug Argentiniens bezog. Wie das Dokument aus Buenos Aires schloß Francis Pyms Papier die Option einer Rückkehr zu der Situation aus, der sich die Falkländer vor der Invasion erfreuten. Damit hätten wir unsere Zusage gebrochen, daß die Wünsche der Inselbewohner Vorrang haben sollten, und hätten von vornherein ausgeschlossen, daß sie britische Untertanen blieben. War Francis überhaupt bewußt, wieviel er geopfert hatte?

Obwohl ich am Morgen meine Ansichten klar dargelegt hatte, brachte Francis im Kriegskabinett ein Papier ein, in dem er empfahl, diese Bedingungen anzunehmen. Kurz vor 18.00 Uhr begannen die Minister und Regierungsbeamten sich vor dem Sitzungssaal zu versammeln. Auch Francis war da und warb um ihre Unterstützung. Ich bat William Whitelaw, mit hinauf in mein Arbeitszimmer zu kommen. Ich erklärte ihm, daß ich diese Bedingungen nicht annehmen könne, und erläuterte meine Gründe. Wie immer in entscheidenden Situationen stärkte er mir den Rücken.

Die Sitzung begann, Francis Pym stellte sein Papier vor und empfahl, den Plan zu billigen. Aber die fünf Stunden, die ich in die Vorbereitung investiert hatte, waren nicht umsonst gewesen. Ich ging den Text Satz für Satz durch. Was hatten die einzelnen Punkte tatsächlich zu bedeuten? Wie kam es, daß wir nun akzeptierten, was wir zuvor abgelehnt hatten? Warum hatten wir nicht als Minimalforderung auf dem Selbstbestimmungsrecht beharrt? Warum hatten wir den Argentiniern das fast unbegrenzte Recht zugebilligt, einzuwandern und Eigentum zu erwerben, so wie es den Falklanders zustand? Die übrigen Ausschußmitglieder waren auf meiner Seite.

John Nott lieferte die rettende Idee, wie weiter zu verfahren sei. Er regte an, keinen Kommentar zu dem Entwurf abzugeben, Außenminister Haig jedoch zu bitten, ihn zunächst den Argentiniern vorzulegen. Falls sie ihn billigten, würden wir zweifellos Schwierigkeiten bekommen; doch dann konnten wir die Sache vor dem Hintergrund der argentinischen Zustimmung dem Parlament vorlegen. Falls die Argentinier das Angebot jedoch ablehnten – und damit rechneten wir, weil es für eine Militärjunta beinahe ein Ding der Unmöglichkeit ist, einen Rückzieher zu machen – dann konnten wir die Amerikaner auffordern, sich mit aller Entschiedenheit auf unsere Seite zu stellen, wie Alexander Haig es uns in Aussicht gestellt hatte, sofern wir die Verhandlungen nicht abbrachen. Wir beschlossen, diesen Weg einzuschlagen, und ich sandte dem amerikanischen Außenminister eine Botschaft mit folgendem Wortlaut:

Am Anfang der ganzen Angelegenheit stand ein Angriff Argentiniens. Seitdem war es unser gemeinsames Ziel, den baldigen Rückzug der Argentinier gemäß der Resolution des Sicherheitsrats zu gewährleisten. Deshalb meinen wir, daß Ihr nächster Schritt darin bestehen sollte, den Argentiniern Ihre neuesten Gedanken zu unterbreiten. Ich hoffe, daß Sie morgen die Meinung der argentinischen Regierung zu dem Angebot einholen und baldmöglichst feststellen werden, ob sie es annehmen kann. Das britische Kabinett muß die Haltung Argentiniens kennen, bevor es Ihre Gedanken in Betracht ziehen kann.

Und so war eine ernsthafte Krise ausgestanden. Wenn das Kriegskabinett Francis Pyms Vorschläge gebilligt hätte, so hätte ich nicht Premierministerin bleiben können. Ich wäre zurückgetreten.

Auf diese entscheidende und schwierige Auseinandersetzung folgte am nächsten Tag die Rückeroberung Süd-Georgiens. Bei Grytviken wurde ein aufgetauchtes argentinisches U-Boot ausgemacht, von unseren Hubschraubern angegriffen und manövrierunfähig gemacht. Ein gewisser Hauptmann Astiz hatte die argentinische Garnison vor Ort befehligt. Seine Festnahme sollte uns noch Probleme bereiten. Sowohl in Frankreich als auch in Schweden wurde er wegen Mordes gesucht. Er wurde nach Ascension ausgeflogen und dann nach Großbritannien gebracht; er weigerte sich jedoch, Fragen zu beantworten, und schließlich mußten wir ihn, wenn auch widerstrebend, gemäß der Genfer Konvention an Argentinien übergeben.

Am Spätnachmittag erfuhr ich von unserem Erfolg in Süd-Georgien. Am Abend war eine Audienz bei der Königin in Windsor angesetzt. Ich freute mich, ihr persönlich mitteilen zu können, daß eine ihrer Inseln zurückerobert war. Dann kehrte ich in die Downing Street zurück, um die Bestätigung des Funkspruchs und die Freigabe der Meldung abzuwarten. Ich wollte John Nott Gelegenheit geben, die Neuigkeit bekanntzugeben, und bat ihn deshalb, in die Downing Street zu kommen. Gemeinsam mit dem Pressereferenten des Verteidigungsministeriums entwarfen wir die Pressemitteilung und gingen dann hinaus, um die gute Nachricht zu verkünden.

Eine Bemerkung, die ich machte, wurde – teilweise absichtlich – mißverstanden. Nachdem John Nott seine Erklärung abgegeben hatte, begannen die Journalisten Fragen zu stellen:»Was geschieht als nächstes, Mr. Nott? Werden wir Argentinien den Krieg erklären, Mrs. Thatcher?« Scheinbar lag ihnen mehr daran, uns über diese Themen auszuhorchen, als Nachrichten zu melden, die die Nation in Hochstimmung versetzen und den Falklanders neuen Mut machen würden. Ich war verärgert und intervenierte, um ihnen Einhalt zu gebieten:»Freuen Sie sich doch über diese Nachricht, und gratulieren Sie unseren Streitkräften und der Marine... Freuen Sie sich!« Damit meinte ich, sie sollten sich über die unblutige Wiedereroberung Süd-Georgiens freuen, nicht über den Krieg an sich. Für mich ist ein Krieg kein Grund zur Freude. Aber manch einer sollte das anders auslegen.

Was uns in diesem Stadium Sorge bereitete, war, daß sich in der Presse und wahrscheinlich auch in Teilen der Öffentlichkeit die Annahme durchzusetzen begann, es sei bloß eine Frage von Tagen, bis wir die Falklands wieder in Besitz nehmen würden, und dies würde genauso schnell über die Bühne gehen wie die Rückeroberung Süd-Georgiens. Wir wußten, daß dies weit gefehlt war. Tatsächlich verließen erst an diesem Tag die letzten Schiffe der zur Landung benötigten amphibischen Kampfgruppe Großbritannien. Unter Führung des Landungsschiffes»Intrepid« liefen die Fährschiffe»Norland« und»Europic Ferry« aus, die das 2. Bataillon des Parachute Regiment an Bord hatten, sowie, mit lebenswichtigem Nachschub, das Containerschiff»Atlantic Conveyor«.

Die fünfte Woche

Am Montag, dem 26. April, beschloß das Kriegskabinett, ein Gebiet mit einem Umkreis von 200 Seemeilen zur absoluten Sperrzone zu erklären, und legte die Verfahrensvorschriften für das Gefecht fest, die hier anzuwenden waren. Der militärische Druck auf Argentinien nahm beständig zu. Die neue Regelung ging weiter als bei der zuvor ausgerufenen Sperrzone, da sie nicht nur Wasserfahrzeuge, sondern auch Flugzeuge betraf, unser Flottenverband würde bald so nah an die Falklands herangerückt sein, daß er einerseits die Einhaltung der Sperrzone sicherstellen konnte, doch andererseits selbst durch Luftangriffe bedroht werden konn-

te. Eine besonders hohe Priorität kam der Ausschaltung des Flug-
platzes von Port Stanley zu.

Zu Hause wurde durch den offenbar bevorstehenden militärischen Konflikt die Entschlossenheit jener erschüttert, die von jeher
nur halbherzig für die Rückeroberung der Falklands eingetreten
waren. Einige Abgeordnete schienen gewillt, die Verhandlungen
endlos in die Länge zu ziehen. Ich mußte der Nation reinen Wein ein-
schenken. In der Fragestunde der Premierministerin erklärte ich:

> Ich muß darauf aufmerksam machen, daß der zeitliche Spiel-
> raum äußerst knapp wird, da der Kampfverband sich den
> Inseln nähert. Seit der Verabschiedung der Resolution 502
> des UN-Sicherheitsrates sind drei Wochen verstrichen. Ange-
> sichts des rauhen, stürmischen Wetters in diesem Gebiet steht
> uns kein breites Spektrum an Alternativen und militärischen
> Optionen offen.

Dasselbe betonte ich in einem Live-Interview am selben Abend in
der Sendung *Panorama:*

> Ich muß die Interessen unserer Jungs auf den Kriegsschiffen
> und unserer Marines im Auge behalten. Ich muß auf ihre
> Sicherheit achten und dafür sorgen, daß sie die Aufträge, die
> wir ihnen erteilen, zum bestmöglichen Zeitpunkt und mit
> dem geringsten Risiko für ihr Leben durchführen können.

Außerdem nutzte ich die Gelegenheit, mit deutlichen Worten klarzustellen, wofür wir kämpften:

> Ich trete für das Selbstbestimmungsrecht ein. Ich trete für
> unser Territorium ein. Ich trete für unser Volk ein. Ich trete
> für das Völkerrecht ein. Ich trete für all jene Territorien ein –
> jene kleinen Territorien und Völker in aller Welt – die, wenn
> man nicht aufsteht und den Invasoren Einhalt gebietet...
> gefährdet wären...

Unglücklicherweise sprach viel dafür, daß die Risse, die nun innerhalb der Labour Party sichtbar wurden, durch die Vorgänge bei

den Vereinten Nationen vertieft werden würden. Der Generalsekretär der Vereinten Nationen begann sich verstärkt für die Sache zu interessieren, da die Vermittlungsbemühungen Alexander Haigs offenkundig einen toten Punkt erreicht hatten. Ein Aufruf zur Mäßigung, den Señor de Cuellar an beide Seiten richtete – und der anzudeuten schien, daß nicht nur Argentinien, sondern auch wir es versäumt hätten, der Resolution 502 des UN-Sicherheitsrates Folge zu leisten – wurde von Denis Healey und Michael Foot aufgegriffen. Während der Fragestunde am Dienstag, dem 27. April, kam es zu einem ernsten Zusammenstoß zwischen Foot und mir; der Auslöser war die Frage, ob wir uns erneut an die Vereinten Nationen wenden würden. Der Generalsekretär zeigte sich einsichtig für unsere Vorbehalte, aber der Schaden war bereits geschehen. Wir selbst hatten den Vorschlag des mexikanischen Präsidenten López Portillo geprüft, der seine Vermittlung bei Verhandlungen anbot. Doch Alexander Haig wünschte nicht, daß wir dieses Angebot aufgriffen, und ich bezweifle, ob die Mexikaner tatsächlich die einfachere und befriedigendere Formel vorgeschlagen hätten, die wir brauchten.

Alexander Haig hatte unterdessen selbst mit diplomatischen Problemen zu kämpfen. Seine Rede vor einer Tagung der Organisation Amerikanischer Staaten (OAS), in der er die Haltung der Vereinigten Staaten zu den Falklands und zu Argentinien rechtfertigte, wurde mit eisigem Schweigen aufgenommen. Erbost über die Rückeroberung Süd-Georgiens, hatte es der argentinische Außenminister offiziell abgelehnt, mit Haig zusammenzutreffen, obwohl sie informell in Verbindung geblieben waren.

Unter diesen Umständen konnte Alexander Haig nicht nach Buenos Aires zurückkehren, was von unserem Standpunkt aus gesehen vermutlich nur gut war. Er hatte die mit Francis Pym in Washington besprochenen Vorschläge erneut modifiziert und übermittelte diese nun der argentinischen Regierung. Haig teilte der Junta mit, daß Abänderungen unzulässig seien, und setzte ihr eine strikte Frist für ihre Antwort, obwohl er in der Folge nicht darauf beharren wollte. Die Junta ihrerseits war nun entschlossen, Zeit zu schinden. Haig telefonierte am Nachmittag des 28. April, einem Mittwoch, mit Francis Pym, um ihm mitzuteilen, daß er aus

Buenos Aires immer noch nichts gehört habe. Sowohl Francis als
auch Nicholas Henderson versuchten weiterhin, ihn zu einer
öffentlichen Erklärung zu bewegen, daß die Argentinier für das
Scheitern seiner Vermittlungsbemühungen verantwortlich seien
und daß die Vereinigten Staaten uns offen unterstützten.

Auf der Kabinettssitzung am Donnerstag, dem 29. April, sprachen wir über die anhaltende Unsicherheit. Die den Argentiniern
gesetzte Frist für ihre Antwort war bereits verstrichen, aber nun
meinte Haig, es sei möglich, daß sie seine Vorschläge überarbeiteten. Wo sollte das alles hinführen?

Nach der Kabinettssitzung teilte ich Präsident Reagan in einer
Botschaft mit, man müsse unserer Ansicht nach davon ausgehen,
daß die Argentinier die amerikanischen Vorschläge abgelehnt hätten. Tatsächlich wiesen die Argentinier den amerikanischen Text
noch am selben Tag in aller Form zurück. Präsident Reagan antwortete auf meine Botschaft folgendermaßen:

Gewiß sind auch Sie der Meinung, daß es jetzt unbedingt
erforderlich ist, vor der Weltöffentlichkeit klarzustellen, daß
alle Anstrengungen unternommen wurden, um eine faire und
friedliche Lösung zu finden, und daß der argentinischen
Regierung die Wahl zwischen einer solchen Lösung und weiteren Feindseligkeiten gelassen wurde. Deshalb werden wir
über die von uns unternommenen Anstrengungen einen
Bericht veröffentlichen. Das heißt, wir werden das US-Ange-
bot zwar in groben Zügen darstellen, es jedoch nicht veröffentlichen, da Ihnen daraus Schwierigkeiten entstehen könnten. Ich nehme zur Kenntnis, daß Sie das Angebot nicht abgelehnt haben, obwohl Sie grundlegende Schwierigkeiten darin
sehen. Wir werden keine Zweifel daran aufkommen lassen,
daß die Regierung Ihrer Majestät in gutem Glauben mit uns
zusammengearbeitet hat und keine andere Wahl hat, als auf
der Grundlage des Selbstverteidigungsrechts militärische
Maßnahmen zu ergreifen.

Diese Antwort war höchst befriedigend. Wir wollten eine klare
Stellungnahme, die besagte, daß die Argentinier für das Scheitern
der Verhandlungen verantwortlich waren. Aber andererseits woll-

ten wir auch das Bild nicht trüben, indem wir Vorschläge in allen
Einzelheiten bekanntmachten, die für uns in Wahrheit keineswegs
annehmbar waren, und genausowenig wollten wir andeuten, daß
wir Haigs Angebote akzeptiert hätten.

Dennoch hatte die Sache einen Haken. Sobald Haigs Vermittlungsbemühungen offiziell beendet waren, würde man uns verstärkt unter Druck setzen, uns erneut an die Vereinten Nationen zu
wenden, wo wir mit erheblichen Schwierigkeiten zu rechnen hatten. Anthony Parsons warnte uns sogar, falls sich der Sicherheitsrat noch einmal mit unserer Sache beschäftigen sollte, werde
unausweichlich eine unannehmbare Aufforderung an uns ergehen, die Vorbereitung militärischer Schritte einzustellen und die
Vermittlung des Generalsekretärs in Anspruch zu nehmen. Das
würde bedeuten, daß wir unser Veto einlegen mußten, was wir vermeiden wollten. Obwohl diese Einschätzung tatsächlich richtig
war, spitzte sich die Situation erst im darauffolgenden Monat zu.
Und wir konnten von Glück sagen, daß es nicht früher zur Krise
kam.

Am Freitag, dem 30. April, war die erste Phase unserer diplomatischen und militärischen Offensive zur Rückgewinnung der Falklands praktisch abgeschlossen. Die Vereinigten Staaten stellten
sich nun offen auf unsere Seite. Präsident Reagan erklärte vor
Fernsehjournalisten, daß die Argentinier einen bewaffneten
Angriff unternommen hätten und daß eine solche Aggression
nicht von Erfolg gekrönt sein dürfe. Am wichtigsten war jedoch
eine Anweisung des Präsidenten, daß die Vereinigten Staaten unsere Bitte um militärische Ausrüstungsgüter positiv zu beantworten
hätten. Unglücklicherweise waren sie jedoch nicht bereit, Importe
aus Argentinien mit einem Embargo zu belegen. Dennoch spielte
die moralische Unterstützung, die unsere Position durch die Verlautbarungen des Präsidenten erhielt, eine bedeutsame Rolle.

An diesem Tag trat auch die absolute Sperrzone (TEZ) in Kraft.
Und obwohl diplomatische und militärische Angelegenheiten
unentwirrbar miteinander verknüpft blieben, kann man sagen,
daß von nun an zunehmend die militärischen und nicht mehr die
diplomatischen Fragen unsere Aufmerksamkeit in Anspruch nahmen. Als das Kriegskabinett an diesem Vormittag zusammentrat,
bereitete uns vor allem der argentinische Flugzeugträger »25 de

Mayo« Sorge. Er konnte 500 Seemeilen pro Tag zurücklegen und jedes seiner Flugzeuge weitere 500. Seine Geleitschiffe führten Raketen vom Typ Exocet mit sich, die während der siebziger Jahre von Frankreich geliefert worden waren. Wir waren uns durchaus bewußt, daß die Bedrohung durch die Exocet-Raketen ernst zu nehmen war. Dadurch wuchs die Gefahr, die von dem argentinischen Flugzeugträger und seinen Geleitschiffen für unsere Flotte und deren Nachschubverbindungen ausging. Deshalb genehmigten wir einen Angriff auf den Flugzeugträger, sobald er sich südlich des 35. Breitengrades und östlich des 48. Längengrades sowie außerhalb der 12-Meilen-Zone der argentinischen Hoheitsgewässer befand. Ein solcher Angriff war durch das Selbstverteidigungsrecht und Artikel 51 der UN-Charta abgedeckt; in Anbetracht unserer Ankündigung vom 23. April war keine weitere Vorwarnung erforderlich.[3]

An diesem Abend mußte ich vor einer riesen Versammlung in Stephen Hastings Wahlkreis Milton Hall (Bedfordshire) sprechen. Stephen und sein Vorgänger Alan Lennox-Boyd hielten ausgezeichnete Reden, und mir wurde ein großartiger Empfang bereitet. Keiner der Anwesenden hatte den leisesten Zweifel daran, daß unsere Sache gerecht war und daß wir uns letztendlich durchsetzen würden. Ich war von Stolz und frischem Mut erfüllt; aber gleichzeitig empfand ich die bedrückende Last der Verantwortung. Ich wußte, daß unser Kampfverband am folgenden Tag die Gewässer um die Falkland-Inseln erreichen würde.

8

Der Falklandkrieg II: Sieg

Kampf um die Falkland-Inseln im
Mai und Juni 1982

Von Anfang Mai bis zur Rückeroberung der Falkland-Inseln Mitte
Juni beschäftigte ich mich vor allem mit militärischen Überlegungen. Dies bedeutete aber nicht, daß Verhandlungen nun überflüssig geworden wären – ganz im Gegenteil. Ich sah mich einem fast
unerträglichen Druck zu Verhandlungen um der Verhandlungen
willen ausgesetzt; außerdem bemühten sich viele Politiker verzweifelt darum, Gewaltanwendung zu verhindern – als ob die
Argentinier bei ihrer Invasion keine Gewalt angewendet hätten.
Zu solchen Zeiten scheint immer alles zusammenzukommen, um
einen von dem Kurs abzubringen, von dem man weiß, daß er der
richtige ist.

Doch konnte ich es mir zu keinem Zeitpunkt erlauben, die
diplomatischen Bemühungen zu vernachlässigen. Von ihrem
Erfolg hing die mühsam errungene Unterstützung des Weltsicher-
heitsrats für die Resolution 502 ab – und, was noch wichtiger war,
der Grad der Unterstützung, den wir von unseren Verbündeten,
allen voran den Vereinigten Staaten, erwarten konnten. Zudem
beherrschte uns während der Krise ständig die Furcht vor dem
Unbekannten. Würde unsere Luftunterstützung ausreichen? Wo
lagen die argentinischen Unterseeboote? Würde es uns gelingen,
innerhalb der kurzen Zeit, die uns vor dem Einbruch des strengen
südatlantischen Winters noch zur Verfügung stand, die erforderlichen militärischen und diplomatischen Vorkehrungen für eine
erfolgreiche Landung zu treffen?

Während ich in Milton Hall frühstückte, erhielt ich telefonisch
die Nachricht, daß unsere »Vulcan«-Flugzeuge die Rollbahn des

Flughafens von Port Stanley bombardiert hatten. Unsere Marine-Kampfgruppe beschoß auch weitere argentinische Stellungen auf den Falkland-Inseln. Man sagte mir, daß es bislang keine Verluste unter den britischen Soldaten gegeben hatte, doch sollten noch viele Stunden vergehen, ehe die »Vulcans« – nach ihrem Marathonflug mit fünfmaligem Auftanken in der Luft – wieder auf der Insel Ascension landeten.

An diesem Tag flog die argentinische Luftwaffe einen größeren Angriff gegen unsere Flotte. Die Argentinier konnten der Weltöffentlichkeit Luftbildaufnahmen präsentieren, wozu wir nicht in der Lage waren. Sie behaupteten, viele unserer Flugzeuge abgeschossen zu haben; doch in seiner berühmt gewordenen Reportage stellte Brian Hanrahan, der hervorragende BBC-Korrespondent, die Verhältnisse klar: »Ich habe sie beim Start gezählt, und bei der Rückkehr konnte ich sie vollständig abhaken.« Obwohl wir sehr erleichtert waren, machten wir uns keine Illusionen darüber, was der massive Angriff zu bedeuten hatte. Zudem stellte er uns vor die entscheidende Frage, ob unsere Luftunterstützung hinreichend war.

Den folgenden Sonntag verbrachte ich in Chequers. Dieser Tag war von großer – wenngleich oft falsch interpretierter – Bedeutung für den Ausgang des Falkland- Krieges. Wie an vielen Sonntagen während der Krise versammelten sich die Mitglieder des Kriegskabinetts, die Stabschefs der Teilstreitkräfte sowie einige hohe Staatsbeamte in Chequers zum Mittagessen und anschließenden Diskussionen. Diesmal stand eine besonders dringliche Frage zur Debatte, die eine sofortige Entscheidung erforderte.

An diesem Tag bestellte ich William Whitelaw, John Nott, Cecil Parkinson, Michael Havers, Terry Lewin, Admiral Fieldhouse und Sir Antony Acland, den ständigen Staatssekretär im Außenministerium (Francis Pym hielt sich in Amerika auf), zu mir. Admiral Fieldhouse berichtete uns, daß eines unserer U-Boote, die »HMS Conqueror«, den argentinischen Kreuzer »General Belgrano« beschattet hatte, der von zwei Zerstörern eskortiert wurde. Durch seine Bestückung mit Flugabwehrraketen und Kanonen vom Kaliber 6″, welche eine Reichweite von 20 Kilometern hatten, besaß der Kreuzer eine beträchtliche Feuerkraft. Wir erhielten den Hinweis, die Belgrano sei möglicherweise mit »Exocet«-Schiff-Schiff-Rake-

ten ausgestattet. Ihre beiden Geleitzerstörer waren definitiv damit
ausgerüstet. Der gesamte Verband kreuzte am Rande der Sperrzone. Nachrichtendienstliche Informationen warnten uns vor den
aggressiven Absichten der argentinischen Flotte. Am Vortag hatte
es schwere Luftangriffe auf unsere Schiffe gegeben, und Admiral
Woodward, der Befehlshaber unseres Flottenverbandes, hatte allen
Grund zu der Annahme, daß ein Großangriff in Vorbereitung sei.
Der argentinische Flugzeugträger »25 de Mayo« war einige Zeit
zuvor gesichtet worden, und wir waren übereingekommen, angesichts dieser Bedrohung unsere Taktik zu ändern. Allerdings hatte
unser U-Boot den Kontakt zu dem Flugzeugträger verloren, der sie
in nördlicher Richtung passiert hatte. Mit hoher Wahrscheinlichkeit würde die »Conqueror« auch den Kontakt zur »Belgrano«-
Gruppe verlieren. Admiral Woodward mußte eine Entscheidung
fällen, was angesichts dieser Umstände mit der »Belgrano« zu
geschehen habe. Aus den verfügbaren Informationen schloß er, daß
der Flugzeugträger und die »Belgrano«-Gruppe in einer klassischen Zangenbewegung gegen unseren Flottenverband begriffen
waren. Angesichts von Admiral Woodwards Besorgnis und Admiral Fieldhouses Rat war mir sofort klar, was geschehen mußte, um
unsere Flotte zu schützen. Daher entschieden wir, daß es britischen
Streitkräften gestattet sein sollte, jedes beliebige Schiff der argentinischen Marine auf derselben Grundlage anzugreifen, die zuvor für
den Flugzeugträger beschlossen worden war.

Später billigten wir die Entsendung weiterer Truppen. Die Verstärkung der Falkland-Truppen sollte auf der »Queen Elizabeth II« [für militärische Zwecke requiriertes Kreuzfahrtschiff;
A.d.Ü.] dorthin verschifft werden. Ich war etwas erstaunt darüber,
daß die Notwendigkeit der Entsendung von Verstärkungstruppen
nicht schon früher erkannt worden war, und fragte, ob es wirklich
notwendig beziehungsweise ratsam sei, ein so großes Schiff einzusetzen und so viele Menschen darauf zu transportieren. Doch
sobald man mir versichert hatte, es sei wirklich nötig, um sie rechtzeitig an Ort und Stelle zu bringen, gab ich meine Zustimmung.
Ich war stets in Sorge, wir könnten nicht genügend Mann und
Material beisammen haben, wenn es zur Entscheidungsschlacht
kam, und es erschütterte mich, daß sogar so hochqualifizierte
Experten wie unsere Berater oftmals den Bedarf unterschätzten.

Als wir uns trennten, bedrückte uns nach wie vor die Sorge, daß der Flugzeugträger, der unserem verwundbaren Flottenverband derartigen Schaden zufügen konnte, noch immer nicht aufgespürt war.

Der Befehl, mit dem die Änderung der Gefechtsregeln angeordnet wurde, erging um 13.30 Uhr von Northwood an »HMS Conqueror«. Doch bestätigte die »Conqueror« erst nach 17 Uhr, den Befehl erhalten zu haben. Die »Belgrano« wurde kurz vor 20 Uhr am selben Abend torpediert und versenkt. Unser U-Boot drehte umgehend ab. In der irrtümlichen Annahme, sie würden als nächste angegriffen, hatten die Geleitschiffe der »Belgrano« offenbar U-Boot-Bekämpfungsmaßnahmen ergriffen, statt ihre Besatzung zu retten. 321 Mann fanden den Tod; allerdings wurden die Verluste anfangs weit höher angegeben. Die unzulängliche Gefechtsbereitschaft des Schiffs hatte zu der hohen Zahl von Opfern erheblich beigetragen. Als wir wieder in London waren, erfuhren wir, daß die »Belgrano« getroffen worden war, doch sollte es noch mehrere Stunden dauern, ehe wir wußten, daß sie gesunken war.

Über die Gründe, warum wir die »Belgrano« versenkt hatten, kursierten damals und noch lange Zeit später die bösartigsten und irreführendsten Gerüchte. Diese Behauptungen haben sich samt und sonders als unwahr erwiesen. Die Entscheidung, die »Belgrano« zu versenken, wurde ausschließlich aus militärischen und nicht aus politischen Gründen getroffen; und die Behauptung, wir hätten versucht, eine aussichtsreiche Friedensinitiative von peruanischer Seite zu unterminieren, könnte keiner eingehenden Prüfung standhalten. Diejenigen unter uns, die die Entscheidung in Chequers fällten, wußten zu dem Zeitpunkt nichts von den Vorschlägen Perus, welche ohnehin weitgehend mit dem erst wenige Tage zuvor von Argentinien abgelehnten Haig-Plan identisch waren. Es hatte zweifelsfrei eine militärische Bedrohung bestanden, und es wäre unverantwortlich gewesen, sie einfach hinzunehmen. Darüber hinaus rechtfertigten die nachfolgenden Ereignisse unser Vorgehen zur Genüge. Aufgrund des verheerenden Verlustes der »Belgrano« kehrte die argentinische Flotte – insbesondere der besagte Flugzeugträger – in ihre Heimathäfen zurück, wo sie auch blieb. Danach stellte sie für den Erfolg des Kampfverbandes keine ernsthafte Bedrohung mehr dar, obwohl wir dies damals noch

nicht absehen konnten. Die Versenkung der »Belgrano« erwies
sich im nachhinein als eine der entscheidendsten militärischen
Unternehmungen des gesamten Krieges.

Dennoch bereiteten uns die entsetzlichen Verluste an Menschenleben viele Probleme, da sie einen Grund – beziehungsweise
in manchen Fällen wohl einen Vorwand – dafür lieferten, daß
unsere weniger verläßlichen Verbündeten schwankend wurden;
auch verstärkte sich dadurch der Druck, den die Vereinten Nationen auf uns ausübten. Die irische Regierung forderte eine sofortige Einberufung des Sicherheitsrates, doch ließ sie sich durch massiven Druck von Anthony Parsons und das Drängen des UN-
Generalsekretärs schließlich dazu bewegen, ihre Forderung
zurückzustellen – allerdings ließ es sich der irische Verteidigungsminister nicht nehmen, uns als »Aggressor« zu titulieren. In Frankreich und mehr noch in der Bundesrepublik Deutschland, wo man
einen Waffenstillstand und Verhandlungen seitens der UNO forderte, herrschte Unschlüssigkeit. Zudem hatte sich die diplomatische Lage zur Zeit der Versenkung der »General Belgrano« bereits
kompliziert und zugespitzt.

Ich habe den Friedensplan erwähnt, der Alexander Haig vom
peruanischen Präsidenten unterbreitet worden war und den Haig
am 1. und 2. Mai in Washington Francis Pym vorlegte. Allerdings
sollten wir den Plan erst später zu Gesicht bekommen. Nach der
Versenkung der »General Belgrano« bedrängte uns Haig zum wiederholten Male, auf diplomatischer Ebene Großmut zu zeigen. Er
betonte, unabhängig vom Ausgang des Feldzugs müßten Verhandlungen zu einem Ergebnis führen, um Feindseligkeiten, bei denen
kein Ende abzusehen war, sowie eine ebenso verfahrene politische
Situation abzuwenden. Zur allgemeinen Verwirrung trug noch
bei, daß der Generalsekretär der Vereinten Nationen nunmehr –
übrigens sehr zu Haigs Verdruß – versuchte, eine eigene Friedensinitiative einzubringen.

Die sechste Woche

Nun wuchs sowohl der militärische als auch der diplomatische
Druck. Am Dienstag, dem 4. Mai, traf eine argentinische Exocet-

Rakete den Zerstörer »HMS Sheffield« und richtete verheerenden
Schaden an. Für den Verlust der »Sheffield« war eine Verkettung
unglücklicher Zufälle verantwortlich; zugleich demonstrierte er
auf schreckliche Weise, welchen Gefahren unsere Einsatzkräfte
ausgesetzt waren. Die »Sheffield« war ein relativ altes Schiff mit
überalterten Radaranlagen. Sie sendete noch wenige Minuten vor
dem Einschlag der Rakete Meldungen via Satellit nach London,
was ihre Fähigkeit zur zeitgerechten Erfassung der Bedrohung
beeinträchtigte und wodurch nicht genügend Vorwarnzeit zum
Abschießen von Düppel zur Täuschung blieb. Auch standen die
Brandschotts offen, und die Konstruktion enthielt zuviel Alumi-
nium – was durch die Feuersbrunst, die nach dem Einschlag der
Rakete wütete, offensichtlich wurde. Obwohl das Schiff zunächst
nicht kenterte, erwies es sich wegen der stürmischen See als
unmöglich, es nach England zu schleppen – was mein Wunsch
gewesen war –, und schließlich sank es. Zuerst wurde mir von 20
Toten berichtet, dann erhöhte sich die Zahl auf 40.

Es fiel mir sehr schwer, eine Formulierung für die Bekanntgabe
dieser traurigen Nachricht zu finden. Uns wäre es lieb gewesen, die
Angehörigen zuerst zu informieren, wie es ursprünglich geplant
gewesen war. Doch in der Zwischenzeit gaben die Argentinier Verlautbarungen heraus – manche zutreffend, manche aber auch
falsch, alle jedoch von einer durchschaubaren Absicht bestimmt –,
während wir noch nichts Genaueres wußten. In der Folge verbrachten viele Ehefrauen und Familien bange Tage und Nächte.
An diesem Tag verloren wir auch eines unserer Harrier-Flug-
zeuge.

Inzwischen war Francis Pym aus den Vereinigten Staaten
zurückgekehrt. Die amerikanisch-peruanischen Vorschläge, die er
mitgebracht hatte, gefielen uns nicht, und wir wollten wichtige
Veränderungen vornehmen lassen, vor allem dahingehend, daß
der Wille der Inselbevölkerung respektiert werden müsse. Alexander Haig weigerte sich aber, unsere Änderungen zu akzeptieren
und sie an die Peruaner weiterzuleiten, da er der Ansicht war, die
Argentinier würden sie kategorisch ablehnen. Außerdem erhielt
ich eine Nachricht von Präsident Reagan, in der er uns drängte,
weitere Kompromisse einzugehen.

Am Morgen des 5. Mai, einem Mittwoch, berief ich zunächst

das Kriegskabinett und dann das gesamte Kabinett ein, um die amerikanisch-peruanischen Vorschläge zu erörtern. Francis Pym hielt es angesichts der Kämpfe im Südatlantik für ungünstig, die Vorschläge – die im Prinzip von Alexander Haig stammten – zurückzuweisen. Darüber hinaus hatte – wie bereits erwähnt – die Unterstützung der EG-Staaten, die uns anfangs starke Rückendeckung gegeben hatten, merklich nachgelassen. Die von der EG beschlossenen Sanktionen galten nur für einen Monat, und es würde nicht leicht werden, alle Mitglieder für eine Verlängerung zu gewinnen.

Mit den Vorschlägen der Amerikaner und Peruaner war ich nicht zufrieden, und auch im Kabinett fanden sie keinen Anklang. Dennoch mußten wir darauf reagieren. Ich wollte sicherstellen, daß jedwede Übergangsverwaltung die Interessen der Inselbewohner auf lange Frist sicherte. Auch verlangte ich eine Garantie, daß Süd-Georgien und die anderen Schutzgebiete nicht mit in die Verhandlungen einbezogen würden. Das Kabinett stand geschlossen hinter mir, und wir waren uns einig, daß wir versuchen wollten, diese Ziele zu erreichen, was uns auch weitgehend gelang.

Diese beständigen Versuche, unsere Position zu schwächen, behagten mir nicht. Daher setzte ich einen persönlichen Brief an Präsident Reagan auf, in dem meine Enttäuschung vielleicht allzu deutlich zum Ausdruck kam, obwohl ich das Schreiben vor der Absendung noch abmilderte. Doch tröstete ich mich mit dem Gedanken, daß die argentinische Junta niemals bereit sein würde, sich unter diesen oder irgendwelchen anderen Bedingungen zurückzuziehen – und in der Tat lehnten die Argentinier die amerikanisch-peruanischen Vorschläge ab. Nun erhielten die Vorschläge des UN-Generalsekretärs erhöhte Aufmerksamkeit. Die Argentinier entsandten ihren Außenminister nach New York. Offenbar hofften sie, aus der allgemeinen Anteilnahme, die ihnen infolge der Versenkung der »General Belgrano« entgegengebracht wurde, Kapital schlagen zu können und hatten durch die Zerstörung der »Sheffield« moralischen Auftrieb bekommen. Es gab keinen Mangel an neuen »Initiativen« – unter denen der Vorschlag von Präsident López Portillo, ich solle mich in Mexiko unter vier Augen mit General Galtieri unterhalten, bei weitem nicht die ausgefallenste und unpraktikabelste war. Doch ich hatte nicht vor, die Bewohner der Falklands zu verschachern, und ich wußte, daß ein Rückzug die argentinische Junta den Kopf kosten würde. Offenkundig bestand wenig Aussicht auf einen diplomatischen »Durchbruch«, und trotzdem wurden die scheinbar endlosen Verhandlungen fortgeführt.

Anthony Parsons verteidigte die britische Position bei den Vereinten Nationen mit großer Nachdrücklichkeit und Brillanz. Die Argentinier waren eindeutig entschlossen, aus den neuen Gesprächen unter der Schirmherrschaft Pérez de Cuellars den größtmöglichen Propagandaerfolg zu erzielen. Anthony warnte den UN-Generalsekretär unter Hinweis auf unsere bisherigen Erfahrungen mit der Junta, er müsse damit rechnen, daß etwaige Vereinbarungen, die Argentinien scheinbar zufriedenstellten, anschließend von der Junta sabotiert würden. Die Argentinier hätten die Absicht, noch vor einer möglichen Einigung die Hoheitsgewalt über die Inseln zu erlangen.

Ich war nicht bereit, den militärischen Vormarsch zugunsten von Verhandlungen aufzuhalten. Uns allen war bewußt, daß wir in ein kritisches Stadium eingetreten waren. Wenn wir auf den Inseln landen und sie zurückerobern wollten, mußte das irgendwann zwischen dem 6. und dem 30. Mai geschehen; ein späterer Zeitpunkt konnte wegen der Wetterverhältnisse nicht in Erwägung gezogen werden. Das bedeutete, daß die Verhandlungen in der UNO innerhalb von rund zehn Tagen abgeschlossen sein mußten. Wenn sie erfolgreich verliefen und unsere Prinzipien und Minimalforderungen eingehalten wurden – schön und gut. Sollte dies nicht der Fall sein oder sollten sie sich noch weiter ergebnislos dahinschleppen, dann mußten wir – falls die Empfehlung unserer Stabschefs entsprechend lautete – zur Tat schreiten.

Ich stand den Verhandlungen mit gemischten Gefühlen gegenüber. Einerseits hatte auch ich den Wunsch, weiteres Blutvergießen zu vermeiden. Am Samstag, dem 8. Mai, telefonierte ich deswegen mit Anthony Parsons und bat ihn, den Generalsekretär nach London einzuladen. Weiter sagte ich:

... Sie wissen, daß wir letzten Endes einschreiten müssen. Ich sage, letzten Endes – die Zeit ist knapp. Doch ich bin einfach der Überzeugung ... einerseits, daß unsere Leute dort in

Selbstbestimmung und in Freiheit gelebt haben, ehe das alles
begonnen hat, und man ihnen jetzt nichts Schlechteres anbieten darf. Andererseits steht das Leben zu vieler junger Menschen auf dem Spiel, wenn wir wirklich losziehen müssen, um
die Inseln einzunehmen... Vor einer endgültigen Entscheidung werde ich alles daransetzen, sowohl dem Völkerrecht
als auch der Freiheit und Gerechtigkeit, die unserem Volk
meiner Überzeugung nach zustehen, Geltung zu verschaffen,
und mich darüber hinaus bemühen, eine Entscheidungsschlacht zu vermeiden.

Während die Verhandlungen mit den Argentiniern in Washington
andauerten, wurde jedoch immer deutlicher, daß sie nicht bereit
waren, auf unsere Forderungen einzugehen. Sie waren fest entschlossen, auch über Süd-Georgien und die anderen Schutzgebiete
zu verhandeln, und weigerten sich, der Inselbevölkerung während
der Übergangszeit ein geeignetes Mittel der Meinungsäußerung
zuzugestehen. Sie drängten auf den vollständigen Rückzug des
britischen Flottenverbandes in seine Heimathäfen – was nun,
nachdem der Kampf um die Falkland-Inseln begonnen hatte,
natürlich noch weniger annehmbar war als zuvor. Auch wollten
sie argentinischen Staatsbürgern ermöglichen, sich auf den Inseln
anzusiedeln und Eigentum zu erwerben, womit sie die Ausgangsbedingungen dieses Konflikts von Grund auf verändert hätten.
Das Scheitern der Verhandlungen war abzusehen; und wir mußten
dafür sorgen, daß die Argentinier uns nicht die Schuld daran
zuschieben konnten. Im Idealfall würden wir sie zu einer endgültigen Entscheidung zwingen, ehe die Landung erfolgte. Offensichtlich war ein Ultimatum vonnöten.

Am Nachmittag des 9. Mai, einem Sonntag, befaßten wir uns
bei unserer regelmäßigen Sitzung in Chequers abermals mit der
diplomatischen wie auch der militärischen Lage. Wir diskutierten
den Stand der Verhandlungen und ihren möglichen Ausgang.
Zudem stand ein militärischer Sachverhalt von großer politischer
Tragweite zur Entscheidung. Argentinische Zivilflugzeuge überflogen unsere Nachschubwege und übermittelten ihre Beobachtungen zweifellos direkt an die argentinischen Unterseeboote. Es
war vollkommen gerechtfertigt, dies durch unser Eingreifen zu

unterbinden. Doch wie konnten wir sicher sein, daß ein Zivilflugzeug, das wir beschossen, wirklich aus Argentinien stammte? Die charakteristischen Radarmeldungen und die typische Flugroute würden uns helfen, Flugzeuge zu identifizieren, die sich auf einem Aufklärungsflug befanden. Trotzdem bestand ohne Zweifel das Risiko einer Fehlentscheidung. Auch mußten wir mit einem eventuellen Kommandounternehmen gegen Ascension und unsere dortigen Streitkräfte rechnen – was zwar eher unwahrscheinlich war, gegebenenfalls aber verheerende Folgen haben konnte.

Die siebente Woche

Wir durften uns nun nicht dem auf uns ausgeübten Druck beugen und unannehmbare Kompromisse eingehen und mußten gleichzeitig den Anschein vermeiden, wir seien unnachgiebig. Anthony Parsons wurde über unsere Forderungen genauestens instruiert, was Rückzugsdistanzen, Übergangsverwaltung, die Frage der Einwanderung und den Erwerb von Eigentum in der Übergangszeit anbelangte. Auch erhielt er den Auftrag, dafür zu sorgen, daß Argentinien nicht ungestraft die Entscheidung über die Oberhoheit der Inseln vorwegnehmen konnte: diese sollte den Falkland-Bewohnern selbst überlassen werden. Es gab ausführliche Diskussionen über die verfassungsrechtliche Lage im Falle einer Verwaltung der Inseln durch die Vereinten Nationen. Unserer Ansicht nach konnte ein UNO-Vertreter nur die bestehenden Gesetze anwenden, nicht aber sie verändern. Ein solches Vorhaben mußte er durch den Legislativrat der Falklands absegnen lassen. Auch forderten wir weiterhin eine militärische Garantie der USA für die Sicherheit der Inseln – allerdings mit geringem Erfolg. Der UN-Generalsekretär zeigte sich betroffen über unsere Sturheit; doch Anthony Parsons führte ihm die grundlegenden Fragen des Konflikts vor Augen. Schließlich war die Aggression nicht von uns ausgegangen, und wir hatten trotzdem eine ganze Reihe gewichtiger Zugeständnisse gemacht. Jede Regelung, die die argentinische Aggression zu belohnen schien, würde in Großbritannien schlichtweg auf Ablehnung stoßen.

Den Argentiniern war nicht zu trauen. In der Frage einer Vorabentscheidung über die Hoheitsfrage zum Beispiel vertrat der argentinische UNO-Botschafter gegenüber dem Generalsekretär eine Position, die in direkten Widerspruch zu den öffentlichen Erklärungen des Außenministers standen. Wem sollte man nun Glauben schenken? Die Informationen, die wir von den Amerikanern über die Haltung der argentinischen Junta erhielten, bestätigten unsere schlimmsten Befürchtungen. Aufgrund der aktuellen politischen Situation in ihrem Lande konnte die Junta offenbar in der Hoheitsfrage gar nicht nachgeben, selbst wenn sie es gewollt hätte – was allerdings nicht unser Problem war, sondern ihres. Ich selbst nahm zu jener Zeit eine härtere Haltung ein, da ich überzeugt war, daß wir mit unserer Kompromißbereitschaft allenfalls schon zu weit gegangen waren. Diese Ansicht teilte man im Unterhaus. In der Debatte am Donnerstag, dem 13. Mai, zeigten sich Abgeordnete unserer Fraktion irritiert über unsere Verhandlungstätigkeit. Francis Pym verfolgte immer noch einen milderen Kurs als ich, was nicht gut ankam.

Alexander Haig hielt sich damals in Europa auf, und die Sympathisanten Argentiniens in der US-Regierung nutzten offensichtlich seine Abwesenheit, um Präsident Reagan einzureden, wir seien diejenigen, die keine Kompromißbereitschaft bewiesen. Präsident Reagan rief mich am selben Abend um 18.40 Uhr an und sagte, er habe den Eindruck gewonnen, daß die Argentinier und wir uns inzwischen in unseren Verhandlungspositionen angenähert hätten. Da mußte ich ihn leider enttäuschen: Weiterhin gab es große Hindernisse, die einer Einigung im Weg standen. Für die Übergangsverwaltung forderte Argentinien größere Befugnisse, als wir akzeptieren konnten, und es gab grundsätzliche Meinungsunterschiede in den Fragen der Eigentums- und Zuzugsrechte. Zweitens kam noch die Auseinandersetzung um Süd-Georgien hinzu, wo unser Anspruch völlig anders geartet war und das sich in unserem Besitz befand. Ein zusätzliches Problem war, daß wir gar nicht wußten, mit wem wir eigentlich verhandelten. Die Argentinier wollten eine Übergangsverwaltung einrichten, die zwangsläufig zu einer argentinischen Oberhoheit führen würde. Und zu guter Letzt gab es keine Garantie dafür, daß sie die Inseln nicht erneut überfallen würden.

Präsident Reagan hatte in Washington mit dem brasilianischen

Präsidenten gesprochen. Man befürchtete – völlig unbegründeter-
weise –, wir bereiteten einen Angriff auf das argentinische Festland vor. Es sei dahingestellt, ob ein solcher Schlag überhaupt
militärisch sinnvoll gewesen wäre, doch waren wir uns von
Anfang an im klaren darüber, daß er zu großen politischen Schaden angerichtet hätte und für unsere Position allenfalls kontraproduktiv gewesen wäre. Präsident Reagan verlangte, wir sollten vorerst keine weiteren militärischen Maßnahmen ergreifen. Ich hielt
ihm entgegen, Argentinien habe erst am Vortag unsere Schiffe
angegriffen; wir konnten uns keinen Aufschub militärischer
Lösungen erlauben, nur weil die Verhandlungen fortdauerten. In
Wahrheit hätten allein unsere militärischen Aktionen eine diplomatische Reaktion hervorgerufen, so unbefriedigend dies auch
sein mochte.

Präsident Reagan befürchtete außerdem, dieser Konflikt könne
als Kampf zwischen David und Goliath ausgelegt werden – wobei
Großbritannien der Goliath wäre. Bei einer Entfernung von
12 000 Kilometern könne davon wohl kaum die Rede sein, entgegnete ich und hielt dem Präsidenten vor Augen, er selbst würde
sicher auch nicht wollen, daß sein Volk unter dem Regime einer
Militärjunta leben müsse. Zudem machte ich ihn darauf aufmerksam, wie lange viele der Inselbewohner bereits dort ansässig
waren, und wies auf die strategische Bedeutung der Falklands hin,
falls zum Beispiel der Panama-Kanal jemals geschlossen würde.
Schließlich versuchte ich ihn zu überzeugen – was mir meiner Meinung nach auch gelang –, daß er, was die angeblichen Zugeständnisse der Argentinier betraf, falsch unterrichtet worden war. Das
Gespräch war nicht einfach, doch brachte es alles in allem doch
einigen Nutzen. Die Tatsache, daß sogar unser engster Verbündeter – der sich zudem als einer meiner engsten politischen Freunde
erwiesen hatte – die Lage auf diese Weise betrachten konnte,
machte deutlich, welchen Schwierigkeiten wir uns gegenübersahen.

Am Morgen des 14. Mai, einem Freitag, trat das Kriegskabinett
zweimal zusammen. Die erste Sitzung befaßte sich mit der detaillierten Einschätzung der militärischen Lage und Optionen, die
andere mit der diplomatischen Situation. Wir beschlossen, nun
selbst Bedingungen zu formulieren, um sie den Argentiniern in

Form eines Ultimatums vorzulegen. Zur Erörterung der Forderungen wurden Anthony Parsons und Nicholas Henderson über das Wochenende aus den Vereinigten Staaten nach Chequers zurückbeordert.

Zwei Ereignisse an diesem und am nächsten Tag stärkten meine Moral erheblich. Zunächst war da der begeisterte Empfang, der mir auf dem Parteitag der schottischen Konservativen in Perth bereitet wurde – ein Ereignis, das ich, wie bereits erwähnt, immer sehr genoß. In meiner Ansprache erläuterte ich ausführlich, aus welchen Gründen und für welche Sache wir kämpften. Außerdem sagte ich:

> Die Regierung wünscht eine friedliche Lösung. Einen friedlichen Ausverkauf lehnen wir jedoch ab.

David Steel, der Vorsitzende der Liberalen, beschuldigte mich des »Jingoismus« [engl. Bezeichnung für Chauvinismus; A.d.Ü.]. Wie weit sich doch Politiker in dieser Situation der Krise von der Realität entfernen konnten: Weder seine Zuhörer noch das britische Volk sollten so verblendet sein, meine Entschlossenheit zur Verteidigung der Gerechtigkeit und der Ehre der Nation mit derartigen Begriffen zu belegen.

Außerdem erfuhr ich von der erfolgreichen Kommandooperation unserer Männer vom Special Air Service und Special Boat Service, die im Schutze der Dunkelheit alle elf auf dem Behelfsflugplatz von Pebble Island (einer Insel, die nördlich von West-Falkland liegt), abgestellten argentinischen Flugzeuge zerstört hatten. Wenngleich dieses gewagte Unternehmen wenig Beachtung fand, handelte es sich doch um eine bedeutsame Aktion, da sie den Argentiniern einen Eindruck von der professionellen Leistungsfähigkeit unserer Streitkräfte vermittelte.

Den Sonntag in Chequers brachten wir hauptsächlich mit der Vorbereitung unseres Ultimatums zu, das den Argentiniern vom Generalsekretär der Vereinten Nationen vorgelegt werden sollte. Maßgeblich war die Überlegung, daß wir die Verhandlungen abbrechen wollten – sinnvollerweise noch vor der Landung –, ohne jedoch den Eindruck zu erwecken, wir seien nicht kompromißbereit. Man kam zu dem Schluß, daß wir Argentinien annehmbare Bedingungen stellen mußten, und ich ließ mich darauf ein, da ich überzeugt war, daß die Junta ohnehin ablehnen würde. Das Angebot war nach dem Motto »Entweder-Oder« formuliert, so daß die Argentinier es als Ganzes entweder akzeptieren oder zurückweisen mußten, und nach einer Ablehnung würden wir es sofort zurückziehen. Außerdem wollten wir den Argentiniern eine Frist für ihre Antwort setzen.

Anthony Parsons und Nicholas Henderson waren beide eng in die Arbeit an dem Entwurf eingebunden. Wie gewöhnlich saßen wir an dem langen Tisch im Großen Salon im Obergeschoß, besprachen jeden einzelnen Punkt im Detail und überarbeiteten Klausel für Klausel, wobei wir auf umfangreiches UN-Belegmaterial und das Gesetz zur Verwaltung der Falklands zurückgreifen konnten. Wir verschärften unsere Forderungen hinsichtlich der Übergangsverwaltung, um eine Regelung durchzusetzen, die einer Selbstverwaltung der Inselbewohner nahekam, und verweigerten der argentinischen Regierung jede Beteiligung daran. Süd-Georgien und die anderen Schutzgebiete nahmen wir von den Vorschlägen vollständig aus: Süd-Georgien befand sich wieder unter britischer Kontrolle, und es kam nun nicht mehr in Frage, diese Gebiete in die Verhandlungen einzubeziehen. Wir verwiesen auf Artikel 73 der UN-Charta, in dem das Selbstbestimmungsrecht verankert ist, um klarzustellen, daß der Wille der Inselbewohner bei langfristigen Verhandlungen vorrangig zu berücksichtigen seien. Weiterhin forderten wir die argentinische Regierung auf, innerhalb von 48 Stunden zu antworten und stellten klar, daß diese Bedingungen selbst nicht verhandelbar waren. Dieses Vorgehen gestattete mir auch, die einzelnen Punkte anschließend vor dem Unterhaus zu erläutern, um die verständlichen Befürchtungen zu zerstreuen, wir seien womöglich bereit, zu vieles aufzugeben.

Um die US-Regierung auf dem laufenden zu halten und uns ihre – entscheidende – Unterstützung bei den Vereinten Nationen zu sichern, beauftragte ich Francis Pym, noch am selben Abend Alexander Haig über unser Angebot zu unterrichten. Dies war eine kluge Entscheidung, denn nachdem Haig den Text studiert hatte, bezeichnete er ihn als fair. Auch der UNO-Generalsekretär wirkte beeindruckt von der Kompromißbereitschaft, die wir damit bewiesen hatten.

Ich selbst war ganz von unseren intensiven diplomatischen Bemühungen in Anspruch genommen, uns am Vorabend des meiner Meinung nach entscheidenden militärischen Schlages Rükkendeckung zu sichern. Es war von größter Wichtigkeit, daß die Länder der EG ihre Sanktionen gegen Argentinien verlängerten, doch einige waren bereits dabei, einzulenken. Am Sonntag nachmittag rief ich den italienischen Außenminister an, was allerdings wenig Nutzen brachte.

Die achte Woche

Am Montag, dem 17. Mai, weilte Präsident Mitterrand zu Gesprächen in London, und ich nutzte diese Gelegenheit, um ihm die Dringlichkeit von Sanktionen deutlich zu machen. Mit dem irischen Ministerpräsidenten Haughey telefonierte ich am selben Nachmittag, um die Haltung Irlands zu beeinflussen. Auch wenn ich mir keine großen Hoffnungen machte, mußte ich doch wenigstens einen Versuch unternehmen. Letztlich beschlossen die EG-Außenminister in Luxemburg, die Sanktionen auf »freiwilliger« Basis fortzuführen, was zwar nicht ideal war, doch wesentlich besser als gar nichts.

Am Morgen des 18. Mai, einem Dienstag, tagte das Kriegskabinett mit den Stabschefs der Teilstreitkräfte. Auf dieser Sitzung konnten möglicherweise ausschlaggebende Entscheidungen fallen. Es ging um den Beschluß, ob wir auf den Falklands anlanden sollten; dazu bat ich die Chefs der einzelnen Teilstreitkräfte um ihre Stellungnahme. Die Diskussion wurde sehr freimütig geführt, und die Schwierigkeiten traten klar zutage: Während der Landung waren wir ungeschützt, und es war vor allem fraglich, ob unsere Luftunterstützung angesichts der Tatsache, daß britische Schiffe vom argentinischen Festland aus leicht angegriffen werden konnten, ausreichen würde. In den Wochen vor der Landung hatten wir nicht so viele argentinische Schiffe und Flugzeuge außer Gefecht setzen können, wie wir beabsichtigt hatten. Zudem war es uns immer noch nicht gelungen, die argentinischen U-Boote zu orten.

Doch es stand auch fest, daß sich das Risiko von Verlusten ver-

größern und die Kampfverfassung unserer Truppen verschlechtern würden, je länger wir die Landung hinausschoben. Die Soldaten durften nicht ewig an Bord der Schiffe bleiben. Natürlich
konnte niemand das Ausmaß der zu erwartenden Verluste
abschätzen, doch ging man davon aus, daß eine baldige Landung
weniger Risiken barg als eine Verzögerung. Die Gefechtsregeln
waren bereits festgelegt. Der Angriff sollte bei Nacht erfolgen.
Niemand von uns hatte Zweifel, was zu tun war. Wir genehmigten die Landung nach dem Plan des Befehlshabers des Kampfverbandes, die abschließende Billigung durch das Kabinett vorausgesetzt. Die Operation konnte noch bis spät in den Donnerstag hinein jederzeit gestoppt werden, was uns Gelegenheit geben würde,
die argentinische Reaktion auf unser Ultimatum gründlich zu prüfen. Die Entscheidung konnte daher nach der Kabinettssitzung am
Donnerstagvormittag zurückgezogen oder aber bestätigt werden.
Danach jedoch oblagen die Entscheidungen über den zeitlichen
Ablauf dem Befehlshaber des Kampfverbands selbst.

Selbst in letzter Minute mangelte es nicht an Forderungen,
diplomatische Zugeständnisse zu machen. Michael Foot hatte in
einem Brief an mich auf weitere Verhandlungen gedrängt. Ich antwortete, wenn wir mit den Argentiniern keine für uns akzeptable
Einigung erreichten, dann müßten wir entscheiden, welche weiterführenden militärischen Schritte zu ergreifen seien, und wir würden für unsere Maßnahmen vor dem Unterhaus geradestehen.
Auch US-Außenminister Haig mußte davon abgebracht werden,
noch weitere Vorschläge zu unterbreiten, was Argentinien nur
ermöglicht hätte, immer weiter auf Zeit zu spielen. Tatsächlich
erhielten wir am folgenden Tag – dem Mittwoch – eine Antwort
aus Argentinien, die praktisch eine vollständige Ablehnung aller
unserer Vorschläge bedeutete. Ich hatte auch niemals erwartet,
daß die Junta sie annehmen würde. Nun zogen wir unser Angebot
zurück. Auf Anregung von Francis Pym hatten wir bereits
beschlossen, unsere Vorschläge nach der Ablehnung durch die
Argentinier zu veröffentlichen, was am 20. Mai geschah. Dies war
das erste Mal während all der diplomatischen Manöver, daß beide
Seiten ihre Verhandlungsposition publik gemacht hatten, und
unser Angebot wurde weltweit positiv aufgenommen.

Der Generalsekretär der Vereinten Nationen versuchte in letzter

Minute mit Botschaften an mich und General Galtieri, seine eigenen Vorschläge einzubringen. Am Donnerstag, dem 20. Mai, trat das Kriegskabinett zusammen, und später tagte das gesamte Kabinett. Wieder drängte Francis auf einen Kompromiß, obwohl es jetzt wirklich fünf vor zwölf war. Er meinte, das Memorandum des Generalsekretärs decke sich in vieler Hinsicht mit seinen eigenen Vorschlägen, und niemand werde es verstehen, wenn wir nun militärische Maßnahmen ergriffen. Tatsächlich waren die Vorschläge de Cuellars oberflächlich und vage; sie zu akzeptieren, hätte uns schlagartig wieder an den Ausgangspunkt zurückkatapultiert. Entschlossen faßte ich die Lage zusammen: Es kam nicht in Frage, den militärischen Zeitplan aufzuhalten; das würde sich für unsere Streitkräfte verhängnisvoll auswirken. Wenn das Wetter es zuließe, würde die Landung beginnen. Das Kriegskabinett stimmte zu, und später auch das gesamte Kabinett.

Pérez de Cuellar hatte von den Argentiniern keine Antwort auf sein Memorandum erhalten, wir dagegen hatten trotz unserer Vorbehalte ernsthaft dazu Stellung genommen. Vor dem Sicherheitsrat räumte der Generalsekretär das Scheitern seiner Bemühungen ein. Wir veröffentlichten unsere Vorschläge, und ich verteidigte sie am Nachmittag im Unterhaus. Die Debatte verlief positiv und gab uns die geeignete Rückendeckung für die nun erforderlichen Schritte.

Am Freitag, dem 21. Mai, standen zahlreiche Termine in meinem Wahlkreis an, und ich hielt es für wichtig, wieder zur Tagesordnung zurückzukehren. Vor dem Mittagessen mußte ich einen großen Anbau bei Gersons' eröffnen, einer auf Lagerung, Verpackung und Auslandsumzüge spezialisierten Spedition. Vor den rund 1200 Gästen, unter denen sich viele Botschafter befanden, spielte eine Militärkapelle. Der Stolz und Patriotismus der Anwesenden rührte mich; gleichzeitig war ich zutiefst bewegt, weil ich (im Gegensatz zu ihnen) wußte, was in diesem Augenblick 12 000 Kilometer von uns entfernt begann. Ich absolvierte das bei solchen Anlässen übliche Programm und fuhr sogar auf einem Gabelstapler. Dann eilte ich in mein Wahlkreisbüro zurück, um zu erfahren, ob es schon Neuigkeiten gab. Noch nichts. Doch rief ich nie – weder bei dieser noch bei irgendeiner anderen Gelegenheit – in Northwood an, um mich über die laufenden Operationen zu erkundigen. Ich wußte, daß die Kommandeure vor Ort Wichtigeres zu tun hatten, als überflüssige Anfragen aus London zu beantworten. Als ich kurz nach 17 Uhr in mein Büro in Finchley zurückkehrte, wurde mir telefonisch in sorgsam verschlüsselten Worten mitgeteilt, daß die Dinge ihren Lauf nahmen, doch erfuhr ich keine Einzelheiten.

Später, als ich, immer noch in meinem Wahlkreis, einem Empfang in der Woodhouse-Schule beiwohnte, brachte das Fernsehen die Meldung: Der Union Jack wehte in San Carlos – wir waren auf die Falklands zurückgekehrt.

Mich aber erfüllt eine Frage mit entsetzlicher Sorge: Hatte es Verluste gegeben, und wenn ja, wie hoch waren sie? War es wirklich möglich, mit einer ganzen Flotte voller Soldaten und Gerät unbemerkt an dieser feindlichen Küste anzulanden?

Später am Abend, als ich wieder in der Downing Street war, erstattete mir John Nott umfassend Bericht. Die Landung selbst war völlig ohne Verluste vonstatten gegangen. Doch nun war es Tag, und heftige Luftangriffe hatten eingesetzt. Die Fregatte »HMS Ardent« war verlorengegangen: eine weitere Fregatte, die »HMS Argonaut«, und der Zerstörer »HMS Brilliant« waren schwer beschädigt. Warum die argentinischen Piloten die riesige, weiß lackierte »Canberra«, die als Truppentransporter diente, verfehlten, werde ich wohl niemals erfahren. Doch die militärischen Befehlshaber waren bestrebt, sie so rasch wie möglich aus der Gefahrenzone zu bringen.

Das Gros der amphibischen Landungskräfte war begünstigt durch einen bedeckten Himmel und schlechte Sicht auf die Bucht von San Carlos vorgerückt, während andernorts auf Ost-Falkland weitere Ablenkungsangriffe stattfanden. Gedeckt vom Geschützfeuer der Schiffe waren unsere Truppen in Landungsbooten an Land gegangen, während Hubschrauber Gerät und Versorgungsgüter transportierten. 5000 Mann wurden sicher angelandet, doch verloren wir zwei Hubschrauber mit Besatzung. Der Brückenkopf war errichtet. Allerdings sollte es noch einige Tage dauern, ehe er endgültig gesichert war.

Im UNO-Sicherheitsrat, der in öffentlicher Sitzung zusammentrat, verteidigte Anthony Parsons unsere Position gegen die absehbaren Vorwürfe der Verbündeten Argentiniens. Gegen Ende der

Debatte brachten die Iren eine völlig unannehmbare Resolution ein. Nun erhielten wir Unterstützung von unerwarteter Seite – während uns einige alte Freunde im Stich ließen. Ausgerechnet die Afrikaner änderten die irische Resolution so ab, daß wir sie akzeptieren konnten. Dieser Vorschlag war die Grundlage der Sicherheitsratsresolution (SCR) 505, die am 26. Mai einstimmig angenommen wurde. Darin wurde dem Generalsekretär der Vereinten Nationen das Mandat erteilt, sich um die Einstellung der Feindseligkeiten und die vollständige Durchsetzung der Resolution 502 zu bemühen.

Am Samstagnachmittag machte ich auf dem Weg nach Chequers einen Abstecher nach Northwood. Inzwischen war der gesamte Umfang der argentinischen Luftangriffe deutlich geworden. Um die Operation in San Carlos zu schützen, war eine mehrstufige Verteidigungsstrategie erforderlich. Da waren zunächst die auf Gefechtspatrouille eingesetzten Sea Harriers, die nach Anweisungen der Schiffe unter ihnen hoch über den Landeplätzen flogen. Ohne die außerordentlich wendigen Harriers, ausgestattet mit der neuesten Version der Luft-Luft-Rakete Sidewinder, die uns Caspar Weinberger zur Verfügung gestellt hatte, und ohne das überragende Geschick und den Mut ihrer Piloten hätten wir die Inseln nicht zurückerobern können. Zum zweiten waren Batterien von Rapier-Luftabwehrraketen mit den Truppen an Land gebracht und in den Hügeln um die Bucht postiert worden. Allerdings gab es Probleme mit den Rapiers; vor allem hatte die lange Seereise ihrer Elektronik zugesetzt. Und zum dritten verfügten die Schiffe, von denen einige direkt in der Bucht und die anderen draußen im Falkland-Sund lagen, über eigene Flugabwehrwaffen – hauptsächlich Sea-Dart-Raketen mit großer Reichweite auf den Zerstörern vom Typ 42 sowie Sea-Wolf- und Sea-Cat-Raketen mit kürzerer Reichweite auf den Zerstörern vom Typ 22 und anderen Fregatten, wie auch Flugabwehrgeschütze und sogar Handfeuerwaffen.

In Northwood verbrachte ich einige Zeit in der Einsatzzentrale. Ich versuchte mein Bestes, um Zuversicht auszustrahlen, doch als ich mit Admiral Fieldhouse hinausging und wir außer Hörweite waren, konnte ich nicht umhin, ihn zu fragen: »Wie lange können wir das alles denn noch einstecken?« Er selbst war nicht weniger besorgt. Doch er sah auch die andere Seite – eine Fähigkeit, die jeden hervorragenden Befehlshaber auszeichnet. So einschneidend unsere Verluste auch gewesen waren und in der Zukunft noch sein mochten, so war doch die Tatsache nicht zu leugnen, daß unsere Landung erfolgreich verlaufen war und daß wir der argentinischen Luftwaffe einschneidende Verluste zugefügt hatten.

An dieser Stelle sollte ich auch anmerken, daß uns drei große Schwächen der argentinischen Luftoffensive zugute kamen – für die allerdings in mancher Hinsicht auch unsere Aktionen verantwortlich waren. Erstens konzentrierten die Argentinier ihre Angriffe – bis auf einen späteren bei Bluff Cove, bei dem es tragische Verluste gab – auf die Geleitschiffe und nicht auf die Truppentransporter und Flugzeugträger. Das lag natürlich teilweise daran, daß die Geleitschiffe diese erfolgreich abschirmten, was ja auch ihre Aufgabe war. Zweitens mußten die argentinischen Flugzeuge sehr tief fliegen, um unseren Raketen zu entgehen, mit dem Ergebnis, daß ihre Bomben (deren Zündung auf eine größere Abwurfhöhe eingestellt war) oftmals nicht detonierten. (Leider explodierte ein Blindgänger an Bord der »HMS Antelope« unglücklicherweise dann, als ein tapferer Entminungsexperte ihn zu entschärfen versuchte, wodurch das Schiff sank.) Drittens besaßen die Argentinier nur eine begrenzte Anzahl der verheerenden französischen Exocet-Raketen. Sie unternahmen jedoch verzweifelte Versuche, ihr Arsenal aufzustocken. Es gab Beweise dafür, daß über andere südamerikanische Länder Waffen aus Libyen und Israel nach Argentinien geschleust wurden. Wir waren unsererseits ebenso verzweifelt bemüht, diese Lieferungen zu unterbinden. Einige Tage später, am 29. Mai, erfuhr ich bei einem Telefonat mit Präsident Mitterrand, daß er einen bestehenden französischen Vertrag mit Peru über die Lieferung von Exocets bereits gestoppt hatte, da wir beide befürchteten, die Waffen würden nach Argentinien weitergeleitet. Wie stets während des gesamten Konfliktes war auf ihn felsenfest Verlaß.

Auch die Amerikaner, wie irritierend und unberechenbar ihre öffentlichen Erklärungen gelegentlich sein mochten, leisteten unschätzbare Hilfe. Die Bereitstellung der Sidewinder-Raketen habe ich bereits erwähnt. Darüber hinaus statteten sie uns mit rund 120 000 Quadratmetern Mattenbelag zur Errichtung eines

Behelfsflughafens aus. Am 3. Mai bot Caspar Weinberger sogar die Entsendung des Flugzeugträgers »USS Eisenhower« an, der uns als mobile Start- und Landebahn im Südatlantik dienen sollte – was wir allerdings eher als ermutigende Geste denn als praktikablen Vorschlag erachteten.

Ich arbeitete am Abend des 25. Mai, einem Dienstag, gerade in meinem Büro im Unterhaus, als John Nott erschien, um mir mitzuteilen, daß der Zerstörer »HMS Coventry« in mehreren Wellen von argentinischen Flugzeugen angegriffen worden sei. Mindestens sechs Maschinen hatten ihn mehrfach beschossen, und das Schiff war dabei zu sinken. Es war eines von zwei Kriegsschiffen, die vor der Einfahrt zum Falkland-Sund als Vorposten dienten, um vor den Luftangriffen Frühwarnung zu geben und einen Luftabwehrschirm für die Versorgungsschiffe, die vor San Carlos entladen wurden, zu gewährleisten. Später kenterte die »Coventry« und sank. Neunzehn Besatzungsmitglieder fielen dem Angriff zum Opfer. John mußte eine halbe Stunde später im Fernsehen erscheinen. Von den Geschehnissen war bereits etwas an die Öffentlichkeit gedrungen, allerdings war der Name des Schiffes noch unbekannt. Wir hielten es für besser, ihn geheimzuhalten, solange wir nichts Näheres über das Schicksal der Besatzung wußten. Ich bin mir heute noch nicht sicher, ob diese Entscheidung richtig war, denn die Geheimhaltung bewirkte lediglich, daß in den Familien aller Marineangehörigen Angst und Sorge herrschte. Die Einzelheiten gab John dann am nächsten Tag im Unterhaus bekannt.

Noch am selben Abend erhielt ich eine weitere schlechte Nachricht. Ich war in mein persönliches Büro gegangen, um mich über die Neuigkeiten zum Schicksal der »Coventry« zu erkundigen, doch informierte mich der Diensthabende der Downing Street, daß das 18 000-t-Containerschiff »Atlantic Conveyor« der Cunard Line von einer Exocet-Rakete getroffen worden war. Das Schiff brannte, und der Befehl war ergangen, es aufzugeben. Die »Atlantic Conveyor« beförderte lebenswichtigen Nachschub für unsere Truppen auf den Falkland-Inseln. Im Gegensatz zu den Kriegsschiffen war sie nicht in der Lage, sich durch das Schießen von Düppel zur Radarstörung gegen einen Raketenangriff zu verteidigen. Vier Männer kamen an Bord ums Leben, und der Kapitän ertrank; obwohl er, wie man mir später berichtete, sowohl die

Explosion wie auch den Brand überlebt hatte und noch lebend im
Wasser gesichtet worden war. Glücklicherweise konnte der größte
Teil der Mannschaft lebend geborgen werden.

Ich wußte, daß die »Atlantic Conveyor« weitere neunzehn Harriers geladen hatte, die zur Verstärkung dringend benötigt wurden. Waren sie noch an Bord gewesen? Und wenn ja, würden wir
trotzdem weiterkämpfen können? Das Schiff transportierte auch
Hubschrauber, die für die Truppenbewegungen und Nachschub-
transporte beim Feldzug an Land von entscheidender Bedeutung
waren. Dieser Verlust bereitete unseren Heereskommandeuren
einige Schwierigkeiten. Nur einer der Hubschrauber konnte
geborgen werden. Unsere Bestürzung wuchs, als – unter Berufung
auf die Argentinier – gemeldet wurde, die »HMS Invincible« sei
getroffen und beschädigt worden. Außerdem wußte ich, daß sich
irgendwo östlich der Falklands die »Queen Elizabeth II« mit 3000
Mann an Bord aufhielt. Für mich war dies eine der schrecklichsten
Nächte des Krieges.

In aller Frühe am nächsten Morgen erfuhr ich dann, daß die
neuesten Entwicklungen doch nicht ganz so trostlos waren. Man
berichtete mir von der sensationellen Bergung der meisten Mann-
schaftsangehörigen der »Coventry« und der »Atlantic Conveyor«.
Die 19 »Harriers« waren zuvor auf die »Hermes« und die »Invincible« überstellt worden. Darüber war ich sehr erleichtert: Trotz
des Verlustes von acht Hubschraubern und 4500 Winterzelten
war den Argentiniern damit doch kein vernichtender Schlag
gelungen. Außerdem erwies sich die Nachricht, die »Invincible«
sei getroffen worden, als Falschmeldung.

Vor San Carlos wurde weiterhin Material entladen. Einige Lan-
dungsboote und Versorgungsschiffe wurden bombardiert, und es
gab einige Blindgänger, von denen die meisten entschärft werden
konnten. Unser Lazarettzentrum in San Carlos wurde ebenfalls
getroffen, doch die Ärzte arbeiteten weiter.

Für uns in London war es dennoch eine deprimierende Zeit. Wir
alle machten uns Sorgen, da über den Brückenkopf hinaus offen-
bar kaum Truppenbewegungen stattfanden. Bis das Material –
Ausrüstung und Munition – abgeladen war, vergingen viele Tage.
Der Verlust der Hubschrauber hatte zur Folge, daß die gesamte
Planung neu überdacht werden mußte.

Noch eine weitere Sorge bedrückte uns. Würde die argentinische Marine, die ja das größte Interesse an der Invasion auf unseren Inseln gehabt zu haben schien, wirklich in ihren Häfen liegen bleiben oder würde sie nun auslaufen, um uns anzugreifen oder unseren Vormarsch zu unterbrechen? Zwei britische Schiffe waren in unseren Hoheitsgewässern um die Falkland-Inseln versenkt worden. Vielleicht sollten wir nun unsere U-Boote aussenden, um argentinische Schiffe innerhalb ihrer Hoheitsgewässer zu versenken? Doch der Erste Kronanwalt Michael Havers widersetzte sich diesem Gedanken. Daher blieb unseren U-Boot-Kommandanten keine andere Wahl, als entlang der Grenze der argentinischen 12-Meilen-Zone zu patrouillieren.

Das Problem dabei war, daß die argentinischen Schiffe versuchen konnten auszubrechen und wir sie möglicherweise nicht rasch genug aufspüren konnten, um sie daran zu hindern. Wieder stellte der argentinische Flugzeugträger »25 de Mayo« die größte Gefahr dar. Mir war gesagt worden, wir sollten uns noch vor der Landung möglichst erst mit diesem Flugzeugträger befassen, doch hatten wir ihn meistens nicht orten können. Wir befürchteten, er werde für den Fall unserer Landung in Reserve gehalten und wahrscheinlich am argentinischen Nationalfeiertag – dem 25. Mai – in Erscheinung treten. Einige Wochen vor der Landung hatte eines unserer Unterseeboote ihn in der Mitte einer Bucht aufgespürt. Hier die Grenze der argentinischen Hoheitsgewässer zu bestimmen, war eine der Streitfragen des internationalen Rechts: Obwohl die Mitte der Bucht mehr als zwölf Meilen von der Küste entfernt war, konnte man argumentieren, die gesamte Bucht liege innerhalb dieser Zone. Schließlich genehmigten wir einen Angriff auf das Schiff, doch war es zu diesem Zeitpunkt wieder näher an die Küste verlegt worden. Dieselbe Frage stellte sich auch bei anderen argentinischen Schiffen, die sich im Süden nahe der Hoheitsgewässer aufhielten. Bei dieser Gelegenheit hatten Michael Havers und ich alle relevanten Seekarten im Salon in Chequers auf dem Fußboden ausgebreitet und nahmen die Messungen persönlich und von Hand vor. Doch die Argentinier waren auf der Hut, und im Gegensatz zu ihnen waren wir entschlossen, das Völkerrecht einzuhalten.

Zum Mißfallen von Alexander Haig und dem UN-Generalsekretär gaben wir deutlich zu verstehen, daß wir nun, nach der Landung, nicht zu Verhandlungen bereit waren. Wir konnten das Konzept einer Übergangsverwaltung oder Vorschläge für einen beiderseitigen Abzug argentinischer und britischer Truppen nicht mehr akzeptieren. Wieder gerieten die Amerikaner in Sorge, denn bei einer OAS- Konferenz am 27. Mai waren sie heftig angegriffen worden. Washington setzte uns abermals unter Druck, um die endgültige militärische Demütigung Argentiniens zu vermeiden, die sie nun offenbar für unabwendbar hielten. Ich wünschte, ich hätte diese Überzeugung teilen können, denn im Gegensatz zu ihnen wußte ich, wie viele Gefahren bei unserem Feldzug zur Rückeroberung der Inseln noch auf uns lauerten.

Dies zeigte sich zur Genüge bei der Schlacht um Port Darwin und Goose Green. Die Argentinier waren gut vorbereitet und hatten sich in starken Verteidigungsstellungen verschanzt, denen sich unsere Truppen über eine schmale Landenge auf freiem Gelände nähern mußten. Sie gerieten unter heftigen gegnerischen Beschuß. Es ist bekannt, daß Oberst »H« Jones, der Kommandant des 2. Fallschirmjägerregiments, bei der Sicherung des Vorstoßes seiner Truppen ums Leben kam. Sein Stellvertreter übernahm das Kommando und nahm schließlich die Kapitulationserklärung entgegen. Einmal wurde aus den argentinischen Schützengräben eine weiße Fahne geschwenkt, doch als zwei unserer Soldaten daraufhin vorrückten, wurden sie erschossen. Zuletzt sandte unser Kommandeur zwei argentinische Kriegsgefangene mit einer Aufforderung zur Kapitulation vor, in der mitgeteilt wurde, man könne seinetwegen einen Appell abhalten, doch müßten zuerst die Waffen niedergelegt werden. Dies schien ihnen annehmbar. Die argentinischen Offiziere appellierten an ihre Mannschaften, ihr Kampf gelte einer gerechten Sache, aber sie ergaben sich dennoch. Die Einwohner von Goose Green, die drei Wochen lang im Gemeindesaal gefangengehalten worden waren, wurden befreit. Eine glorreiche Schlacht war gewonnen. Heute steht in der Nähe von Goose Green eine Gedenkstätte für die Fallschirmjäger, und an »H« Jones erinnert ein eigenes Denkmal.

Die Medien hatten am Tag vor dem Angriff berichtet, unsere Truppen stünden kurz vor der Einnahme von Goose Green. Ich war erbost, als ich davon erfuhr – ebenso wie »H« Jones es meiner

Meinung nach gewesen wäre. Zuviel Gerede konnte die Argentinier vor unseren Plänen warnen, doch lag die Schuld nicht immer bei den Medien selbst, sondern auch bei der Pressearbeit des Verteidigungsministeriums. Am selben Tag, als das 2. Fallschirmjägerregiment um Port Darwin und Goose Green kämpfte, hatte ich eine Begegnung mit Kardinal Casaroli, dem apostolischen Kardinalstaatssekretär. Wir waren alle sehr erfreut, daß der Papst seinen Besuch in Großbritannien – den ersten Papstbesuch in unserem Lande überhaupt – nicht verschoben hatte, obwohl wir uns im Krieg mit einem überwiegend katholischen Land befanden. Jedoch hatten wir Verständnis für die Schwierigkeiten, die ihm ein Besuch zu diesem Zeitpunkt bereiten konnte, und entschieden, es sei das beste, wenn die Kabinettsmitglieder auf eine persönliche Begegnung mit ihm verzichteten. Doch hatte ich bereits bei einer früheren Gelegenheit mit dem Papst gesprochen, und ich bewunderte seine Prinzipien und seine Beherztheit. Ich erläuterte Kardinal Casaroli, worum wir kämpften: Zwar sei der Krieg ein schreckliches Übel, doch gebe es noch Schlimmeres, beispielsweise die Vernichtung all dessen, woran ein Mensch glaubte. Wir durften nicht dulden, daß die Aggression siegreich blieb. Auch durften wir die Freiheit, Gerechtigkeit und Demokratie – Werte, die die Falkländer seit so langer Zeit genossen hatten – nicht verhökern und die Inseln stillschweigend Argentinien überlassen, wo diese Werte unbekannt waren. Damals gaben wir keinen öffentlichen Kommentar ab, doch hoffte ich, daß diese Botschaft nach Buenos Aires gelangen würde; denn nach seiner Abreise aus Großbritannien wollte der Papst Argentinien besuchen.

Bedauerlicherweise strebten die Amerikaner nun die Wiederaufnahme diplomatischer Verhandlungen an. Alexander Haig wollte mit Hilfe Brasiliens eine Regelung erreichen, die – abweichend von seinen früheren Vorschlägen – nach seiner Auffassung vor der endgültigen Niederlage der argentinischen Streitkräfte auf der Insel in Kraft treten mußte. Diese Vorschläge kamen nicht nur zum falschen Zeitpunkt, sondern waren auch absolut fehl am Platz. Wir hatten bereits klargestellt, daß wir nun den bedingungslosen Abzug der Argentinier und die Wiedereinsetzung der britischen Verwaltung anstrebten. Doch war mir klar, daß wir uns nicht erlauben konnten, die Amerikaner vor den Kopf zu stoßen, schon gar nicht in diesem Stadium. Wir hielten Haig auf dem laufenden, sowohl über die Frage der Versorgung und Rückführung der argentinischen Kriegsgefangenen wie auch über unsere Vorstellungen für die langfristige Zukunft der Inseln. Es wäre völlig verfehlt gewesen, eine diplomatische Niederlage einzustecken, wenn der militärische Sieg schon in greifbarer Nähe war – was ich Präsident Reagan erklären mußte, als er mich am Montag, dem 31. Mai, spätabends anrief. Weder für ihn noch für mich war es sonderlich befriedigend, daß ich auf sein Anliegen nicht vorbereitet worden war, und daher wirkte ich vielleicht eher energisch als freundlich. Reagan hatte offenbar nochmals mit dem brasilianischen Präsidenten gesprochen, der wie er einen Friedensschluß vor einer vollständigen Demütigung der Argentinier befürwortete. Da Großbritannien nun in militärischer Hinsicht die Oberhand gewonnen hatte, sollten wir nun ein Abkommen anstreben. Damit konnte ich mich nicht zufriedengeben. Ich sagte Reagan, wir könnten ohne den Rückzug der argentinischen Truppen keinen Waffenstillstand in Erwägung ziehen. Nachdem wir Schiffe und Menschenleben verloren hatten, weil die Argentinier sieben Wochen lang Verhandlungen abgelehnt hatten, dächten wir nicht mehr daran, die Inseln an unbeteiligte Dritte zu übergeben. Ich zeigte Verständnis für Befürchtungen des Präsidenten, doch bat ich ihn, sich in meine Lage zu versetzen. Ich sei überzeugt, daß er genauso gehandelt hätte wie ich, wenn zum Beispiel Alaska – ein Teil seines Staatsgebietes und von seinem Volk bewohnt – auf ähnliche Weise überfallen worden wäre.

Ferner äußerte ich mich zustimmend zu seiner Aussage in einem ausgezeichneten Fernseh-Interview, in dem er gewarnt hatte, bei einem Sieg des Aggressors wären etwa 50 weitere Gebiete, die ähnlich umstritten seien, in Gefahr. Auch wenn unsere Unterredung damals etwas unangenehm war, so erfüllte sie doch ihren Zweck. Die Amerikaner waren sich nun völlig im klaren über unsere Position und unsere Absichten. Bald darauf sollte ich wieder Gelegenheit zu einem kurzen vertraulichen Gespräch mit Präsident Reagan haben, und zwar beim bevorstehenden Weltwirtschaftsgipfel in Versailles.

Mittlerweile mußten wir mit viel Fingerspitzengefühl auf einen

Fünf-Punkte-Plan des UN-Generalsekretärs eingehen. Die Forderung nach einem Waffenstillstand unter der Schirmherrschaft des Weltsicherheitsrates wurde stärker. Nachdem der Generalsekretär am Mittwoch, den 2. Juni, bekanntgegeben hatte, er habe seine Bemühungen eingestellt, versuchten Spanien und Panama im Auftrag Argentiniens einen augenscheinlich harmlosen Resolutionsentwurf zu einem Waffenstillstand durchzusetzen, der genau das bewirkt hätte, was wir vermeiden wollten. Es stand auf Messers Schneide, ob es den Spaniern nicht doch noch gelingen würde, die notwendigen neun Stimmen zu bekommen, die uns zwingen würden, unser Veto gegen die Resolution einzulegen. Auch wir warben nach Kräften um Stimmen. Die Abstimmung wurde auf Freitag vertagt.

Am selben Nachmittag flog ich nach Paris zum Weltwirtschaftsgipfel. Mein erstes – und wichtigstes – Gespräch führte ich natürlich mit Präsident Reagan, der in der amerikanischen Botschaft residierte. Auf seinen Wunsch hin unterhielten wir uns unter vier Augen. Ich dankte ihm für die tatkräftige Unterstützung, die uns von seiten der Vereinigten Staaten zuteil geworden war, und fragte ihn, inwieweit die Amerikaner bei der Repatriierung argentinischer Kriegsgefangener helfen konnten. Auch bat ich ihn um die Unterstützung Amerikas für unsere Position bei der Abstimmung im UN-Sicherheitsrat.

Bei den Vereinten Nationen in New York herrschte zu diesem Zeitpunkt gewiß eine völlig andere Stimmung als in Versailles, wo die Regierungschefs im Petit Trianon untergebracht waren. Nach dem Diner folgte eine lange Diskussion über die Falklands, und die Reaktionen waren im allgemeinen verständnisvoll und hilfreich. Später zog ich mich mit der britischen Delegation in den Salon zurück, der uns zugewiesen worden war. Wir hatten etwa eine Viertelstunde lang konferiert, als eine Mitteilung vom Außenministerium und von Anthony Parsons eintraf, die Abstimmung im Sicherheitsrat stehe bevor, und die Japaner wollten gegen uns stimmen. Dies war besonders ärgerlich, da ihre Stimme als neunte für die Resolution erforderlich war – so viel zu den vorausgegangenen Versprechungen, man wolle mit uns kooperieren. Ich bemühte mich, den japanischen Ministerpräsidenten Suzuki zu erreichen, um eine Rücknahme der Entscheidung oder zumindest eine Stimmenthaltung Japans zu erreichen. Er konnte unmöglich in so kurzer Zeit zu Bett gegangen sein, doch wurde mir beschieden, er sei nicht zu sprechen. Die allgemeine Aufmerksamkeit wurde durch das seltsame Verhalt von Mrs. Kirkpatrick, der amerikanischen Botschafterin bei den Vereinten Nationen, etwas von unseren Problemen abgelenkt. Nur wenige Minute nachdem sie gemeinsam mit uns ihr Veto eingelegt hatte erklärte sie, daß sie sich nach soeben erhaltenen Instruktionen nun bei einer Wahlwiederholung der Stimme enthalten würde. Es entbehrt nicht einer gewissen Ironie, daß dadurch die Aufmerksamkeit der Medien von unserem Veto abgelenkt wurde, was allerdings gar nicht unsere Absicht gewesen war. Offenbar hatte Alexander Haig sie unter dem Druck der lateinamerikanischen Staaten aus Versailles angerufen, um ihr zu sagen, sie solle uns ihre Unterstützung entziehen, doch hatte seine Nachricht sie nicht mehr rechtzeitig erreicht. Diese Begebenheit sollte für die Vereinigten Staaten noch ein peinliches Nachspiel haben: Unmittelbar vor dem Mittagessen im Schloß Versailles wurden die Fernsehteams hereingebeten, und ein amerikanischer Journalist fragte Präsident Reagan, was die Ursache der amerikanischen Verwirrung bei den Vereinten Nationen am Vorabend gewesen sei. Zu meinem Erstaunen erwiderte er, er wisse nichts darüber – folglich war mein Freund nicht informiert worden. Dann wandte sich der Journalist an mich. Da ich nicht die Absicht hatte, Salz in die Wunde zu streuen, erwiderte ich nur, ich gäbe beim Essen grundsätzlich keine Interviews.

An diesem Vormittag bot mir der japanische Ministerpräsident eine ausgesprochen dürftige Erklärung dafür, daß Japan der Resolution zugestimmt hatte: Er sei überzeugt, sie werde die Argentinier zum Rückzug veranlassen. Doch die hervorragende Stellungnahme Präsident Mitterrands bei seiner Pressekonferenz nach Abschluß des Gipfels war uns eine große Stütze.

Weder Anthony Parsons noch ich waren sonderlich überrascht, daß wir letztlich von unserem Vetorecht hatten Gebrauch machen müssen. Rückblickend hatten wir Glück gehabt – und das sprach für Parsons' Verhandlungsgeschick –, daß wir nicht schon viel früher unser Veto gegen eine derartige Resolution einlegen mußten.

Inzwischen wanderten meine Gedanken wieder zu den Geschehnissen auf den Falkland-Inseln. Unsere Truppen waren gegen weitere argentinische Stellungen vorgerückt. Ein argentinischer Gegenangriff war ausgeblieben. Generalmajor Moore war eingetroffen, um den Oberbefehl über alle Operationen an Land zu übernehmen, und am 1. Juni war das 5. Infanterieregiment zur Verstärkung unserer Truppen auf den Inseln gelandet. Das größte Problem war, genügend Ausrüstung und Munition für den abschließenden Angriff auf die Bergkette um Port Stanley nach vorn zu bringen.

Präsident Reagan kam am Montagabend zu einem offiziellen Besuch nach Großbritannien, und ich empfing ihn am Flughafen. Am folgenden Tag hielt er eine Rede vor beiden Häusern des Parlaments. Doch sind mir von jenem Tag nur unsere schrecklichen Verluste bei Bluff Cove in Erinnerung geblieben. Die Landungsschiffe »Sir Tristram« und »Sir Galahad« waren, vollbeladen mit Soldaten, Ausrüstung und Munition, zur Vorbereitung des Schlußangriffs auf Port Stanley nach Bluff Cove und Fitzroy abkommandiert worden. Während die Besatzung noch dabei war, die Rapier-Raketen auszuladen, die sie vor Luftangriffen schützen sollten, lichtete sich die Wolkendecke, und die Argentinier nahmen beide Schiffe unter Beschuß. Von der »Sir Galahad« war die Mannschaft noch nicht angelandet, und es gab zahlreiche Tote. Viele der Überlebenden erlitten furchtbare Verbrennungen. Die schlimmsten Verluste hatten die Welsh Guards zu verzeichnen. Wie stets bei einem solchen Anlaß lautete die erste Reaktion »Hätten wir nur...!« – Vor allem: Wären die Soldaten gleich nach der Ankunft von Bord geholt und verteilt worden, dann hätten wir nicht eine derart hohe Zahl von Opfern zu beklagen gehabt. Doch wären die Verluste noch größer gewesen, wenn sich die Hubschrauberpiloten nicht so heldenhaft verhalten hätten. Sie flogen in der Nähe der um das Schiff treibenden Ölteppiche und trieben mit dem Rotorabwind die vollbesetzten Rettungsinseln mit den Überlebenden von dem Inferno fort, in das sie sonst hineingezogen worden wären.

Wieder standen wir bei der Veröffentlichung der Verlustzahlen vor schier unüberwindlichen Problemen. Die Argentinier streuten Gerüchte aus, es habe sehr viele Tote gegeben, und zahlreiche

Familien waren in panischer Sorge. Doch wir beschlossen, Einzelheiten über die Zahl der Gefallenen geheimzuhalten – allerdings wurden natürlich (wie immer) die Angehörigen einzeln benachrichtigt. Wir erfuhren durch geheimdienstliche Kanäle, daß die Argentinier unsere Verluste auf ein Vielfaches der tatsächlichen Rate schätzten und darüber hinaus annahmen, dies werde unseren Angriff auf Port Stanley verzögern. Der Angriff auf Mount Longdon, Two Sisters und Wireless Ridge sollte in der Nacht von Freitag auf Samstag beginnen. Dabei spielte das Überraschungsmoment eine wesentliche Rolle.

Ich hoffte inständig, daß uns nicht noch schlimmere Verluste bevorstanden. Doch kam am Morgen des 12. Juni, einem Samstag, der Diensthabende von No. 10 mit einer Nachricht in die Wohnung. Ich riß ihm die Notiz förmlich aus der Hand, da ich erwartete, der Angriff auf die Berge rund um Port Stanley habe begonnen. Doch die Nachricht lautete anders. Ich habe die Notiz aufgehoben, in ihr heißt es:

»HMS Glamorgan« mutmaßlich von Exocet-Rakete getroffen. Schiff in Position 51/58 Süd. Großbrand nächst dem Hangar sowie im Gasturbinen- und Maschinenraum. Antriebsleistung noch verfügbar. Schiff läuft mit zehn Knoten in südlicher Richtung. – Dem Verteidigungsminsterium liegen noch keine Informationen über Verluste vor, auch werden in den nächsten Stunden keine erwartet. Man hält uns auf dem laufenden.

Die »Glamorgan« hatte vor dem bevorstehenden Gefecht argentinische Stellungen in Port Stanley und auf den umliegenden Hügeln beschossen und war auf dem Rückweg aus dem Kampfgebiet von einer landgestützten Exocet getroffen worden.

Ich war sehr niedergeschlagen. In solchen Momenten hatte ich immer fast ein schlechtes Gewissen, in der Downing Street Behaglichkeit, Schutz und Sicherheit zu genießen, während im Südatlantik Gefahren und Tod lauerten. An diesem Tag fand die Fahnenparade anläßlich des Geburtstages der Königin statt. Zum ersten Mal, seit ich mich erinnern konnte, regnete es während der Zeremonie in Strömen. Auch wenn es für die Garderegimenter sehr unerfreulich war, schien mir das Wetter angesichts der schlechten Nachrichten und der großen Ungewißheit durchaus passend. Um meiner Trauer um die Gefallenen Ausdruck zu geben, trug ich Schwarz. Kurz bevor ich meinen Platz auf der Tribüne einnehmen mußte, erschien John Nott. Er wußte nichts Neues, doch meinte er, man hätte ihn sicherlich informiert, wenn der Angriff noch nicht begonnen hätte. Hinterher kamen einige Gäste, darunter auch Rex Hunt und seine Frau, bis auf die Haut durchnäßt mit in die Downing Street und trockneten sich am Kamin, so gut es ging.

Kurz vor 13 Uhr erfuhren wir, daß alle unsere Kampfziele erreicht waren. Es hatte jedoch erbitterte Gefechte gegeben. Two Sisters, Mount Harriet und Mount Langdon waren sicher in unserer Hand. Ursprünglich war geplant gewesen, in jener Nacht noch weiter vorzudringen und Mount Tumbledown einzunehmen, der näher bei Port Stanley lag, doch die Männer waren müde, und es dauerte länger, bis die Munition hinaufgeschafft war. Daher wurde beschlossen, abzuwarten. Ich fuhr am selben Nachmittag nach Northwood, um mich genauestens über die Ereignisse zu informieren. Dort gab es bessere Nachrichten über die »Glamorgan«; die Brände waren unter Kontrolle gebracht, und sie machte 20 Knoten Fahrt.

Mehr denn je lag die Entscheidung nun in den Händen unserer Soldaten auf den Falklands und nicht in denen der Politiker. Wie jeder andere Brite klebte ich förmlich am Radio – wobei ich mich nach wie vor strikt an meine selbstauferlegte Regel hielt, während der Dauer des Konfliktes nicht zu telefonieren. Auf dem Rückweg von Chequers in die Downing Street fuhr ich an diesem Sonntag (dem 13. Juni) in Northwood vorbei, um mich zu informieren. Zu der Zeit tobte gerade die – wie sich herausstellen sollte, letzte – Schlacht, vor allem auf dem Mount Tumbledown, wo sich die Argentinier gut vorbereitet hatten. Doch Mount Tumbledown, Mount William und Wireless Ridge fielen in die Hände unserer Truppen, die bald darauf am Stadtrand von Port Stanley standen.

Sieben Monate später stattete ich den Inseln einen Besuch ab und besichtigte das Gelände. Im ersten Morgenlicht wanderte ich bei Regen und stürmischem Wind um diese grimmigen Felsklippen, die eine natürliche Festung für die argentinischen Verteidiger gebildet hatten. Unsere Männer hatten in völliger Dunkelheit diese Strecken zurücklegen und die Stellungen einnehmen müssen, was nur bestens ausgebildeten und hervorragend disziplinierten Truppenteilen gelingen konnte. Als das Kriegskabinett am Montagmorgen zusammentrat, wußten wir lediglich, daß die Schlacht noch im Gange war. Daß das Ende dann so schnell kam, überraschte uns alle. Die Argentinier waren erschöpft, demoralisiert und ausgesprochen schlecht geführt – wofür es damals und auch später reichlich Beweise gab. Sie hatten einfach genug. Also warfen sie ihre Waffen weg und traten durch ihre eigenen Minenfelder den Rückzug nach Port Stanley an.

Am Abend ging ich, nachdem ich diese Nachricht erhalten hatte, ins Unterhaus, um unseren Sieg zu verkünden. Mein Büro war jedoch abgeschlossen, und der Assistent des Chief Whip mußte erst nach dem Schlüssel suchen. Dann entwarf ich auf einem Schmierzettel, den ich auf meinem Schreibtisch fand, die kurze Erklärung für das Parlament, die ich mangels anderer Verfahrensweisen als Antrag zur Geschäftsordnung anmelden mußte. Um 22 Uhr erhob ich mich und teilte dem Plenum mit, es sei gemeldet worden, daß über Port Stanley weiße Fahnen wehten. Der Krieg war vorüber. Die Jubelrufe bewiesen, daß wir alle dasselbe empfanden: Die Gerechtigkeit hatte gesiegt. Als ich mich dann sehr spät in jener Nacht schlafen legte, spürte ich, daß mir eine große Last von den Schultern genommen war.

Die täglichen Erinnerungen, Ängste und sogar die Erleichterung mochten allmählich verblassen, doch der Stolz auf die große Leistung unseres Landes blieb in der gesamten Nation erhalten. In einer Rede in Cheltenham, die ich einige Zeit später – am Samstag, dem 3. Juli – hielt, versuchte ich den Geist von Falkland in Worte zu fassen:

Unsere Nation befindet sich nicht mehr auf dem Rückzug. Statt dessen haben wir zu neuem Selbstvertrauen gefunden – das in den Wirtschaftskämpfen im eigenen Lande geboren und 12 000 Kilometer entfernt erprobt und für gut befunden wurde ... Und daher können wir uns heute unseres Erfolges auf den Falkland-Inseln erfreuen und stolz sein auf die Heldentaten der Männer und Frauen unseres Kampfverbandes. Doch diese Freude ist nicht das letzte Aufglimmen einer Flamme, die bald ersterben muß. Nein, wir freuen uns, daß Großbritannien diesen Geist wieder angefacht hat, der unser Land seit Generationen anfeuert und heute wieder so hell lodert wie früher. Die britische Nation hat sich im Südatlantik wiedergefunden und wird nach dem errungenen Sieg nicht mehr zurückblicken.

Generale, Kommissare, Mandarine

*Konfrontation mit der militärischen und politischen
kommunistischen Herausforderung weltweit,
insbesondere in Europa und Hongkong,
von Herbst 1979 bis Frühjahr 1983*

Frieden und Rüstung

Am Mittwoch, dem 23. Juni 1982, reiste ich nach New York, um einer noch zur Zeit des Falkland-Feldzuges einberufenen Sondersitzung der UNO-Generalversammlung über Abrüstungsfragen beizuwohnen. In meiner Rede erläuterte ich meine Ansichten über die Bedeutung von Verteidigungsmaßnahmen und Abrüstungsverhandlungen mit großem Nachdruck. Mit der bei solchen Angelegenheiten verwendeten Wortwahl war ich immer weniger glücklich. Alle redeten vom Frieden, als sei dieser das einzig erstrebenswerte Ziel. Doch Frieden allein reicht nicht aus, und manchmal – wie wir damals gerade im Falkland-Konflikt demonstrierten – war es notwendig, den Frieden zu opfern, damit sich Freiheit und Gerechtigkeit behaupten konnten. Auch war ich überzeugt, daß im Hinblick auf das Wettrüsten viele leere Phrasen gedroschen wurden – als ob wir den Frieden sicherer gestalteten, wenn wir die Verbesserung unserer Verteidigungsfähigkeit hinauszögerten. Die Geschichte hat wiederholt gezeigt, daß das Gegenteil der Fall ist.

Ich begann mit einem Zitat von Präsident Roosevelt: »Wir, die wir in Freiheit geboren sind und an die Freiheit glauben, möchten lieber stehend sterben als kniend leben.« Dann merkte ich an, der Atomkrieg stelle zwar in der Tat eine schreckliche Bedrohung dar, doch sei der konventionelle Krieg eine schreckliche Realität. Seit dem Abwurf der Atombomben auf Hiroshima und Nagasaki durch die Amerikaner habe es keine kriegerischen Auseinandersetzungen mehr gegeben, in denen Kernwaffen zum Einsatz gekommen seien – dafür aber rund 140 konventionelle Kriege, die fast zehn Millionen Menschenleben gefordert hätten. Jedenfalls, so führte ich aus:

> ... die grundlegende Gefahr für den Frieden besteht nicht in der Existenz bestimmter Waffengattungen. Sie besteht vielmehr in der Neigung einiger Staaten, unter Ausübung von Gewalt Änderungen in anderen Staaten herbeizuführen – und nicht etwa im sogenannten »Wettrüsten«, mag es sich dabei nun um Realität oder um eine Erfindung handeln. Aggressoren zetteln schließlich keine Kriege an, weil der Gegner seine eigene Streitkraft ausgebaut hat, sondern weil sie meinen, wenn sie in den Krieg ziehen, könnten sie mehr erreichen, als wenn sie friedlich bleiben... Ich glaube weder daran, daß Waffen allein Kriege verschulden [noch daran, daß] Abrüstung allein... Kriege verhindert. Die Annahme, wir könnten den Greueln des Krieges vorbeugen, indem wir uns auf seine Mittel konzentrieren, ist nicht nur ein Fehlschluß. Nein, hier weicht man der Verantwortung aus. Die Mittel sind bei weitem öfter Symptom als Ursache von Kriegen.

Diese Analyse lag auch meiner angestrebten Regierungspolitik in Verteidigungs- und Sicherheitsbelangen zugrunde. Sie gab mir den Überblick über die internationale Machtpolitik, ohne den wir keine klare Orientierung gehabt hätten. Allerdings löste die Analyse selbst noch keine spezifischen Probleme. In meinen ersten Amtsjahren sah ich mich immer wieder versucht, fünf verschiedene Ziele miteinander in Einklang zu bringen. Erstens standen für Verteidigungszwecke nur strikt begrenzte Mittel zur Verfügung, insbesondere wenn die Konjunktur nur langsam oder gar nicht anstieg. Obwohl der Verteidigungsetat erhöht wurde, war es deshalb unerläßlich, die Mittel wirksamer einzusetzen. Zweitens mußten wir regelmäßig eine Neueinschätzung vornehmen, welche Priorität wir der NATO-Politik und welche anderen britischen Interessen außerhalb des Geltungsbereichs der NATO einräumen wollten. Drittens mußte Großbritannien seinen Beitrag dazu leisten, daß

eine wirksame Reaktion der NATO auf die ständig wachsende
militärische Bedrohung durch die Sowjetunion gewährleistet
blieb. Viertens war es in diesem Zusammenhang entscheidend, die
westliche Einheit unter amerikanischer Führung zu erhalten.
Dazu war Großbritannien unter den europäischen Staaten – und
ich unter den europäischen Regierungschefs – auf einzigartige
Weise prädestiniert. Fünftens und letztens kommt in der Verteidi-
gungs- und Außenpolitik wie in keinem anderen Bereich jenes
Phänomen zur Geltung, was ich gern als »Thatchers Gesetz«
bezeichne: daß nämlich in der Politik gelegentlich das Unerwartete eintrifft. Darauf muß man vorbereitet sein. In meinen Amtsjahren als Premierministerin sollte es dafür nicht wenige Beispiele
geben.

Das militärische Gleichgewicht

Lange vor meinem Einzug in die Downing Street habe ich mich
bereits mit der Frage des militärischen Gleichgewichts zwischen
dem Nordatlantischen Bündnis und dem Warschauer Pakt befaßt.
Die NATO ist von jeher ein Verteidigungsbündnis von Demokratien westlichen Stils gewesen. Sie wurde im April 1949 als Antwort
auf die wachsende Aggressivität der Sowjetpolitik gegründet, die
in Ereignissen wie der sowjetisch unterstützten kommunistischen
Machtübernahme in der Tschechoslowakei und der Blockade Berlins im Jahr zuvor deutlich wurde. Obwohl die Vereinigten Staaten
die Führungsrolle in der NATO innehaben, können sie nur versuchen, mit Argumenten zu überzeugen, nicht aber Zwang ausüben.
In einem solchen Verhältnis besteht ständig die Gefahr von Differenzen. Das kaum verbrämte Ziel der sowjetischen Politik dagegen war es bis zu dem Zeitpunkt, als Deutschland wiedervereinigt
wurde und in der NATO verblieb, einen Keil zwischen Amerika
und seine europäischen Verbündeten zu treiben. Ich habe es immer
als eine der vornehmsten Aufgaben Großbritanniens betrachtet,
dafür zu sorgen, daß eine solche Strategie vereitelt wurde.
   Es gibt noch weitere grundsätzliche Unterschiede zwischen der
NATO und ihren Gegnern. Dank der demokratischen Freiheiten,
die unsere Völker genießen, ist es in der Praxis unmöglich, daß

mehr als ein bestimmter Anteil des Volkseinkommens für militärische Zwecke genutzt wird. Außerdem machen uns die offenen Gesellschaftsstrukturen im Westen, auch wenn sie möglicherweise die Opferbereitschaft in Krisenzeiten stärken, schwerfällig in unserem Vermögen, auf eine heimtückische Bedrohung zu reagieren. Von Demokratien geht im allgemeinen – und hier gibt es nur sehr wenige Ausnahmen – kein Krieg aus. Die einzige Bedrohung, die die NATO jemals für den Sowjetblock dargestellt hat, ist die Gefahr, die von den Ideen der Freiheit und Gerechtigkeit eben für die Herren geknechteter Nationen ausgeht.

Dagegen war der Warschauer Pakt seit seiner Gründung im Mai 1955 stets ein Machtinstrument der Sowjets. 1956 in Ungarn wie 1968 in der Tschechoslowakei hatten sie bewiesen, daß jede Bestrebung in Osteuropa, die ihre militärischen Interessen gefährden konnte, ohne Gnade oder Rechtfertigung niedergeschlagen wurde. Die Experten mochten über die konkreten Details der sowjetischen Militärdoktrin streiten, sooft und solange sie wollten – für mich und alle, die willens waren, über Vergangenheit und Gegenwart nachzudenken, stand eines außer Frage: Es war kein Verlaß darauf, daß die Sowjets und ihre sogenannten Verbündeten im Warschauer Pakt sich in Europa ihres Abenteurertums eher enthalten würden als in der Dritten Welt.

Zudem versuchten die Sowjets zu der Zeit, als wir die Regierung übernahmen, rücksichtslos, sich militärische Vorteile zu verschaffen. Die sowjetischen Militärausgaben – die auf das Fünffache der offiziellen Angaben geschätzt wurden – betrugen zwischen 12 und 14 Prozent des Bruttosozialprodukts der Sowjetunion[1]. Der Warschauer Pakt war der NATO im Bereich der Kampfpanzer und der Artillerie zahlenmäßig um ein Dreifaches und bei taktischen Kampfflugzeugen um mehr als das Doppelte überlegen. Darüber hinaus modernisierten die Sowjets zügig ihr Arsenal an Panzern, U-Booten, Schiffen und Flugzeugen. Der Ausbau ihrer Kriegsmarine erlaubte es ihnen, ihre Macht weltumspannend abzusichern. Die Modernisierung ihrer Raketenabwehrsysteme stellte die Glaubwürdigkeit der nuklearen Abschreckung der NATO – und damit nicht zuletzt der unabhängigen britischen Abschreckungssysteme – in Frage, während die Sowjets sich gleichzeitig auf dem Gebiet strategischer Raketen dem Gleichstand mit den USA näherten.

Nukleare Mittelstreckenwaffen (INF)

Im Bereich der im Fachjargon als »taktische nukleare Langstrek-
kenraketen« (LRTNF = long range theatre nuclear forces)
bezeichneten Waffen – welche üblicherweise nukleare Mittelstrek-
kenwaffen (INF = intermediate range nuclear forces) genannt
werden – waren allerdings die dringendsten und zugleich schwierigsten Entscheidungen erforderlich. Der sogenannte Doppelbe-
schluß, der die Modernisierung der nuklearen NATO-Mittelstrek-
kenraketen bei gleichzeitigen Rüstungskontrollverhandlungen
mit der Sowjetunion vorsah, war im Prinzip schon unter der vorhergehenden Labour-Regierung verabschiedet worden. Ob sie die
Entscheidung bis zur Stationierung durchgefochten hätte, möchte
ich allerdings bezweifeln.

Dieses Abkommen war nötig, um auf die Bedrohung durch die
neuen sowjetischen Atomwaffen zu reagieren. Die mobilen SS-20-
Raketen und der neue »Backfire«-Überschallbomber konnten
vom Territorium der Sowjetunion aus Ziele in Westeuropa angreifen. Die Amerikaner hatten aber auf europäischem Boden keine
gleichwertigen Waffensysteme stationiert. Die einzigen Waffen der
NATO, mit denen von Europa aus Ziele in der UdSSR angegriffen
werden konnten, wurden von den alten britischen Vulcan-Bom-
bern und den in Großbritannien stationierten amerikanischen
F-111 transportiert. Beide Flugzeugtypen waren bei einem möglichen sowjetischen Erstschlag bedroht. Natürlich mußte die sowjetische Armee bei einem Angriff damit rechnen, daß die USA ihre
eigenen strategischen Kernwaffen einsetzen würden. Doch das
wesentlichste Element der Abschreckung ist ihre Glaubwürdigkeit. Nachdem die Sowjetunion nun einen weitgehenden Gleichstand auf dem Gebiet der strategischen Kernwaffen erreicht hatte,
fragten sich manche, ob die USA wirklich in einem solchen Falle
ihre eigenen strategischen Kernwaffen einsetzen würden. Jedenfalls gab es in Europa einige, die meinten, Amerika werde seine
eigenen Städte nicht zur Verteidigung Europas aufs Spiel setzen.

Warum aber strebten die Sowjets diese neue Schlagkraft an, mit
der sie einen Atomkrieg in Europa gewinnen konnten? Sie hatten
die Hoffnung, das Bündnis zu entzweien.

Für die NATO jedoch hatte der Bestand schlagkräftiger atomarer Mittelstreckenwaffen in Europa einen völlig anderen Zweck. Die NATO-Strategie basierte auf dem Besitz einer ganzen Reihe konventioneller und nuklearer Waffen. Damit wurde erreicht, daß sich die UdSSR nie in der Sicherheit wiegen konnte, die NATO auf einer Ebene von Waffensystemen bezwungen zu haben, ohne eine Reaktion auf einer höheren Stufe herauszufordern, was letztlich bis zu einem regelrechten Atomkrieg eskalieren würde. Diese Strategie der »Flexible Response« wäre nicht wirksam gewesen, wenn man in Europa keine Kernwaffen als Verbindungsglied zwischen dem konventionellen und der strategischen nuklearen Verteidigungspotential stationiert hätte. Man wußte in der NATO, daß man den Streitkräften des Warschauer Paktes nur kurzzeitig standhalten konnte, falls diese mit ihrem ganzen in Mitteleuropa verfügbaren Potential zuschlagen sollten. Deswegen hat die NATO sich wiederholt verpflichtet, zwar niemals einen militärischen Erstschlag durchzuführen, doch den Sowjets nicht durch die Ankündigung eines Verzichts auf den nuklearen Erstschlag nach einem Angriff in die Hände zu spielen. Daher konnte die NATO-Strategie nur durch die Modernisierung der nuklearen Mittelstreckenraketen in Europa ihre Glaubwürdigkeit erhalten. Es war von Anfang an klar, daß dies nicht einfach sein würde.

Am Morgen des 11. Mai 1979, einem Freitag, erörterte ich diese Frage in London mit Helmut Schmidt. Obwohl er einer der Hauptinitiatoren dieser Strategie gewesen war, fragte er sich höchst besorgt, wie die Öffentlichkeit seines Landes auf die Stationierung weiterer Atomraketen in Deutschland reagieren würde. Die Amerikaner hatten für die bereits in der Bundesrepublik stationierten Pershing-Raketen wie auch für die see-, land- und luftgestützten Cruise-Missiles Nachfolgemodelle mit größerer Reichweite entwickelt. Zu diesem Zeitpunkt forderte Helmut Schmidt noch ein seegestütztes System, später allerdings räumte er widerstrebend die Vorteile der landgestützten Marschflugkörper (GLCM = ground launched cruise missile) ein. Er stand unter starkem Druck aus seiner eigenen Partei und legte großen Wert auf den zweiten Aspekt des NATO-»Doppelbeschlusses«: daß nämlich die USA Verhandlungen über den Abbau des sowjetischen Bedrohungspotentials führten, während wir gleichzeitig die Stationierung unserer eigenen Waffen vorbereiteten. Auch bestand er darauf, daß die Bundesrepublik Deutschland, die selbst keine Kernwaffen besitzen durfte², nicht das einzige Land sein dürfe, in dem diese Raketensysteme stationiert wurden. Im krassen Gegensatz zu der folgenden Debatte in Großbritannien waren die Deutschen sehr darauf bedacht, daß es keine sogenannte Zweischlüsselbedienung für die Kernwaffen geben sollte. Sie mußten in der Lage sein, vor der übrigen Welt zu erklären, daß sie weder Atomwaffen besaßen noch kontrollierten.

Am Mittwoch, dem 13. Juni, traf ich mit General Alexander Haig, dem scheidenden alliierten Oberbefehlshaber Europa zusammen. Wir erörterten nicht nur Fragen unseres Vorgehens bei Kernwaffen, sondern auch die Bedrohung durch die sowjetischen Vorbereitungen zur offensiven chemischen Kriegsführung, die ich höchst beunruhigend fand. Ich sagte, meine ursprüngliche Reaktion auf die ersten Lagebesprechungen zum Stand des militärischen Gleichgewichts in Ost und West sei zwar Besorgnis gewesen, doch sei ich nach reiflichem Nachdenken zu dem Schluß gekommen, daß die Überlegenheit des Westens im Hinblick auf menschliche und materielle Ressourcen es uns ermöglichen würde, jeder Herausforderung zu begegnen. Dies verringere jedoch meine Befürchtungen im Hinblick auf die anstehenden Probleme nicht. Am Abend des 24. Juni, einem Dienstag, traf ich Haigs Nachfolger, General Bernard Rogers, und brachte meine Besorgnis über den Vorsprung des Warschauer Pakts bei der Standardisierung seiner Waffen und Geräte sowie über die Verwundbarkeit der NATO-Organisation gegenüber einer Infiltrierung durch die Sowjets zum Ausdruck.

Die Frist, die sich die NATO selbst gesetzt hatte, um eine Entscheidung im Hinblick auf die neuen Mittelstreckenraketen zu treffen, lief Ende 1979 aus. Je länger wir zögerten, desto größer wurde die Gefahr, daß die sowjetischen Propaganda- und Desinformationskampagnen, die beabsichtigte Wirkung erzielten. Am Mittwoch, dem 19. September, entschied die kleine Ministerrunde zum Thema Nuklearwaffenpolitik unter meinem Vorsitz, Großbritannien werde der Aufstellung aller 144 uns zugeteilten amerikanischen bodengestützten Cruise-Missiles (GLCM) zustimmen. Helmut Schmidt hatte mich angerufen und angefragt, ob wir einen weiteren Verband von 16 Cruise-Missiles akzeptieren könnten.

Die Deutschen wollten die Anzahl der auf ihrem Boden stationierten Marschflugkörper reduzieren, und um einen weiteren Zeitver-
lust durch Streitereien zu vermeiden, willigte ich umgehend in seine Bitte ein. Nachdem Großbritannien und die Bundesrepublik
Deutschland standhaft geblieben waren, konnte die westliche
Strategie als Erfolg gewertet werden. Aber würden andere unserem Beispiel folgen?

Eine Woche zuvor hatte ich den belgischen Ministerpräsidenten
Martens zu Gesprächen in der Downing Street empfangen. Die
Belgier beobachteten aufmerksam die Vorgänge in den Niederlanden, wo die Regierung durch Querelen und Stimmungsmache
gegen die Aufstellung von Nuklearwaffen in Bedrängnis geraten
war. Belgien fiel eine besondere Rolle zu, denn wenn die Niederländer – und womöglich auch die Italiener – bei der bald zu fällen-
den Entscheidung nicht mit uns an einem Strang zogen, dann war
auch Kanzler Schmidts Position gefährdet – und die Bemühungen
der Bundesregierung zu unterstützen, war von entscheidender
Bedeutung für das Bündnis. Ich sagte zu Martens, das ich mir die
Frage stellte, ob die westeuropäischen Regierungen genügend
täten, um die Öffentlichkeit auf ihre Seite zu bringen. Ich selbst
hätte die Erfahrung gemacht, daß die Öffentlichkeit immer rasch
ansprach, wenn man das Ausmaß der sowjetischen Bedrohung
und die Notwendigkeit einer glaubwürdigen Verteidigung unsererseits erwähne. Meiner Meinung nach sei alles eine Frage der
Entschlossenheit.

Im Gegensatz dazu ermutigte mich die Entschiedenheit des italienischen Ministerpräsidenten Cossiga bei unserer Unterredung
in Rom am Freitag, den 5. Oktober – was ich ihn auch wissen ließ.
Er teilte mir mit, Italien werde sich für die Stationierung entscheiden. Außerdem beabsichtigte er, den holländischen Ministerpräsidenten van Agt bei einem bevorstehenden Treffen energisch unter
Druck zu setzen, und äußerte die Hoffnung, ich würde dasselbe
tun.

Allerdings bemühten sich die Sowjets in jener Zeit sehr, die Einheit der NATO zu untergraben. In meinen Gesprächen wies ich
häufig darauf hin, auf welch geniale Weise es ihnen in vielen Ländern gelungen war, Stimmung gegen die von Präsident Carter
erwogene Stationierung der Neutronenbombe zu machen. Wie

sich in den folgenden Monaten und Jahren herausstellen sollte, hatten sie in ihren Bemühungen keineswegs nachgelassen. Am Samstag, dem 6. Oktober, hielt der sowjetische Staats- und Parteichef Breschnew in Ostberlin eine Ansprache, die eine Reihe von Vorschlägen enthielt. Er kündigte für die kommenden zwölf Monate den Abzug von 20 000 Sowjetsoldaten und 1000 Panzern vom Territorium der DDR an. Auch bot er an, die Anzahl der sowjetischen Kernwaffenträger mittlerer Reichweite zu reduzieren, unter der Voraussetzung, daß in Westeuropa keine »zusätzlichen« nuklearen Mittelstreckenwaffen stationiert würden. Gemessen an der enormen Überlegenheit der Sowjetunion bei konventionellen Streitkräften waren die Reduzierungen allerdings, wenn auch willkommen, doch eher kosmetischer als substantieller Natur. Doch Breschnews Angebot im Hinblick auf die taktischen Kernwaffen war noch ein gut Teil schlimmer. Denn was Zielgenauigkeit, Durchschlagskraft, Mobilität und das Spektrum der Ziele betraf, die von diesen Raketen und Flugzeugen erreicht werden konnten, hatten die Sowjets erhebliche Fortschritte gemacht. Überdies waren solche Raketen von Stellungen hinter dem Ural auf Westeuropa gerichtet. Hätte man Breschnews Vorschläge – wie auch spätere – akzeptiert, wären die Sowjets im Besitz einer auf Europa gerichteten atomaren Erstschlagswaffe geblieben, auf die wir keine ebenbürtige Antwort hatten. Dennoch verstärkten derartige Vorschläge – zum Beispiel in den Niederlanden – unvermeidlich die Versuchung, sich nun lediglich auf die Rüstungskontrolle zu konzentrieren und die Entscheidungen über Modernisierung und Stationierung hinauszuschieben.

Am Mittwoch, dem 31. Oktober, besprach ich die Situation wieder mit Kanzler Schmidt. Wie konnten wir den Niederländern helfen, bei der bevorstehenden NATO-Konferenz die richtige Entscheidung zu treffen? Ich schlug vor, dem gesamten niederländischen Kabinett, das gespalten wirkte, die beeindruckende Darstellung der NATO zum militärischen Kräftegleichgewicht in Europa zu präsentieren. Helmut Schmidt drängte, die Amerikaner sollten den einseitigen Abzug von 1000 veralteten nuklearen Sprengköpfen aus der Bundesrepublik anbieten. Die Amerikaner signalisierten ihr Einverständnis, wovon mich Präsident Carter in einem Schreiben unterrichtete. Instinktiv sträubte sich in mir alles gegen einseitige Gesten dieser Art. Doch ich sah die praktischen Argumente für dieses Vorgehen ein und unterstützte das Angebot mit einigem Widerstreben. Eine bemerkenswerte Wirkung auf die öffentliche Meinung in den Niederlanden oder auf die niederländische Regierung hatte es allerdings nicht. Vielmehr schienen sich die Deutschen ungefähr zu diesem Zeitpunkt mit der Aussicht abzufinden, daß die Niederländer der Stationierung nicht zustimmen würden. Trotzdem war klar, daß sie selbst standhaft bleiben würden, solange die Italiener und Belgier nicht absprangen. Am Freitag, dem 23. November, traf der sowjetische Außenminister Gromyko zu einem Besuch in Bonn ein. Hier gab er eine Pressekonferenz, die ganz offensichtlich darauf abzielte, die öffentliche Meinung in Europa, insbesondere in Deutschland, aufzurütteln. Er warnte, es könnten keine Rüstungskontrollverhandlungen stattfinden, wenn der Westen weiterhin eine Taktik verfolge, die er als »neue Runde des Rüstungswettlaufs« bezeichnete.

Am Abend des 6. Dezember, einem Donnerstag, empfing ich den niederländischen Ministerpräsidenten Andries van Agt zu Gesprächen und einem Abendessen in der Downing Street. Ich verstand mich wie immer gut mit ihm, doch beneidete ich ihn keineswegs um seine Lage. Die notorische Instabilität von Koalitionsregierungen wie der seinen macht es ungeheuer schwierig, klare Beschlüsse zu fassen und sie durchzuziehen. Bei dieser Gelegenheit erläuterte er mir ausführlich die Schwierigkeiten, mit denen er sich konfrontiert sah. Offenbar befaßte sich inzwischen die Hälfte aller Predigten in niederländischen Kirchen mit der atomaren Abrüstung, und die Frage der Stationierung gefährdete die weitere Existenz seine Regierung. Ich stimmte ihm zu, daß der Sturz einer Regierung in einem NATO-Mitgliedsland aufgrund einer Bündnisfrage zutiefst besorgniserregend wäre. Doch fügte ich hinzu, die NATO müsse ihren Beschluß, taktische Nuklearwaffen zu stationieren, durchziehen, andernfalls werde das Bündnis sowohl seine Glaubwürdigkeit als auch seinen Sinn verlieren. Die Niederländer könnten jedoch ihre Stellungnahme etwas aufschieben und abwarten, welche Haltung die sowjetische Regierung bei den Verhandlungen zur Rüstungskontrolle zeigen werde. Die Russen spielten ihr klassisches psychologisches Spiel, um die NATO an Entscheidungen zu hindern, und es dürfe ihnen nicht ermöglicht werden, damit durchzukommen.

Und tatsächlich entschieden sich die NATO-Minister am 12. Dezember in Brüssel zu einem bemerkenswert mutigen Schritt angesichts solch massiven Drucks im Inland und seitens der Sowjetunion und fällten die notwendige Entscheidung. Die Vorschläge zur Rüstungskontrolle, einschließlich des amerikanischen Angebots, 1000 nukleare Sprengköpfe aus Europa abzuziehen, wurden angenommen. Das wichtigste aber war, daß das Bündnis der Stationierung der vorgesehenen Anzahl von 572 neuen amerikanischen Raketen in Europa zustimmte. Die Einwände der belgischen und der niederländischen Regierung waren weniger schwerwiegend, als zuvor befürchtet worden war. Die Belgier waren bereit, einen Teil dieser Raketen zu übernehmen, allerdings behielten sie sich vor, den Entschluß nach sechs Monaten im Licht der bei den Rüstungskontrollverhandlungen erzielten Fortschritte nochmals zu überprüfen. Die niederländische Regierung nahm die Vorschläge insgesamt an, vertagte jedoch die Entscheidung über die Stationierung eines Teils der Raketen auf ihrem Territorium bis Ende 1981. Dieser Termin lag aber weit vor dem tatsächlichen Beginn der geplanten Stationierung.

Natürlich war diese Angelegenheit damit noch nicht ausgestanden. Im Juni des folgenden Jahres gaben wir die britischen Standorte der Cruise-Missiles bekannt: Greenham Common in Berkshire und Molesworth in Cambridgeshire. Von diesem Zeitpunkt an sollte Greenham im Brennpunkt einer an Schärfe zunehmenden Kampagne für einseitige Abrüstung stehen.

Die abwechselnd erfolgenden Bestechungsangebote und Drohgebärden der Sowjetunion beeinflußten weiterhin die öffentliche Meinung in Europa. In einem Interview des holländischen Fernsehens am 4. Februar 1981, als ich einen Gegenbesuch bei van Agt machte, sprach man mich auf den Widerstand gegen die Stationierung von Cruise-Missiles in Holland und Deutschland an. Ich erwiderte:

Manchmal wünsche ich mir, daß diejenigen, die sich [gegen die Cruise-Missiles] zur Wehr setzen, all ihre Anstrengungen dafür aufwendeten, um den Sowjets zu sagen: »Hört mal her! Ihr habt doch mit euren SS-20 die modernsten taktischen Atomwaffen ... ihr habt sie auf jedes Land in Europa gerichtet. Jede Woche kommt mindestens eine neue dazu. Erwartet ihr ernsthaft, daß wir uns zurücklehnen und nichts tun? Wenn ihr nicht wollt, daß wir Cruise-Missiles in Europa haben, als Abschreckungsmaßnahme, damit ihr eure nicht benutzt, dann rüstet doch eure ab! Baut sie ab! Erklärt euch einverstanden mit Inspektionen, damit wir wissen, was ihr tut«... Ich kenne die Bedenken. Auch ich mag keine Atomwaffen, doch schätze ich meine Freiheit und die Freiheit meiner Kinder, und ich bin entschlossen, [die Stationierung] voranzutreiben.

Später erfuhr ich, daß solch offene Reden in den Niederlanden selten zu hören waren.

Die Beschaffung des Trident-Systems

Eine weitere anstehende Entscheidung mit langfristig größten Auswirkungen für Großbritannien betraf unser eigenes, unabhängiges nukleares Abschreckungssystem. Großbritannien besaß vier mit nuklearen Sprengköpfen bestückte Polaris-Unterseeboote. Die früheren Regierungen, ob Konservative oder Labour, hatten ein Modernisierungsprogramm für unsere Polaris-Raketen vorangetrieben. Das Programm mit dem Codenamen »Chevaline« war von Großbritannien gemeinsam mit den Vereinigten Staaten finanziert und organisiert worden, wobei wir einige amerikanische Versuchs- und Prüfeinrichtungen benutzten. Das verbesserte Polaris-System sollte die volle Wirksamkeit unserer strategischen Abschreckung bis in die 90er Jahre hinein gewährleisten, allerdings verursachte es Kosten, die mit fortschreitender Entwicklung alarmierend in die Höhe schnellten. Dennoch konnten wir aus verschiedenen technischen und einsatztaktischen Gründen den Fortbestand dieses Systems nicht zuverlässig bis über den Anfang der 90er Jahre hinaus planen. Wenn Großbritannien ein eigenes Abschreckungsprogramm behalten wollte, dann war in Anbetracht der Zeit für Konstruktion und Beschaffung neuer strategischer Kernwaffen des notwendigen technischen Standards bald eine Entscheidung über ein System fällig, das Polaris langfristig ersetzen konnte.

Unmittelbar nach der Regierungsübernahme begannen wir, die möglichen Optionen zu prüfen. Die Auswahl erwies sich bald als wesentlich beschränkter, als wir zu Anfang angenommen hatten – allerdings mußte sie jenen, die nicht zu allen Informationen Zugang hatten, zwangsläufig größer erscheinen. Ende September 1979 hatten wir die Möglichkeit eines Nachfolgesystems von luftgestützten Cruise-Missiles verworfen, weil es zu leicht verwundbar schien. Eine eventuelle Zusammenarbeit mit Frankreich, welches ein eigenes, unabhängiges Abschreckungssystem behalten hatte, wurde aus technischen Gründen verworfen. Von einem frühen Stadium an schien das amerikanische Trident-System die vielversprechendste Alternative zu sein.

Wir hatten feste Zusicherungen erhalten, daß das im Juni 1979 zwischen Carter und Breschnew ausgehandelte SALT-II-Abkommen keinen Einfluß auf die Etablierung unseres eigenen Abschreckungssystems haben würde. Doch war es unser Bestreben, wenn möglich noch vor Jahresende mit den Amerikanern eine Einigung über den Kauf von Trident zu erzielen, damit dieses System nicht in die Debatten vor der erwarteten Ratifizierung des Abkommens durch den US-Senat Eingang fände. Auch wünschten wir eine Entscheidung, bevor Präsident Carter zusehr von den Präsidentschaftswahlen 1980 in Anspruch genommen würde. Die Trident-Rakete besaß die wichtige hochentwickelte Technik der einzeln steuerbaren Mehrfachsprengköpfe (MIRV = multiple independently targeted re-entry vehicle). Im Vergleich zu den Möglichkeiten der Sowjets auf den Gebieten der U-Boot- und Raketenabwehr entsprach diese nicht nur dem neuesten Entwicklungsstand und war daher das glaubwürdigste Abschreckungssystem: Da wir es von den Amerikanern gekauft hatten, konnten wir auch davon ausgehen, daß es keine kostenintensiven Modernisierungsprogramme wie »Chevaline« geben würde. Am 6. Dezember 1979 beschlossen die beteiligten Minister, das beste System zum Ersatz von Polaris sei das MIRV-System Trident I mit C-4-Raketen, sofern wir es von den Vereinigten Staaten ohne Sprengköpfe und die Träger-U-Boote, die in Großbritannien hergestellt würden, erwerben konnten. Dieser Beschluß wurde später vom Kabinett bestätigt.

Doch damit begannen die größten und ärgerlichsten Scherereien. Obwohl Präsident Carter mir zugesichert hatte, er werde uns

alles liefern, was wir brauchten, fürchtete er politische Schwierigkeiten, wenn seine Entscheidung bekannt würde. Er hatte erhebliches politisches Kapital in das SALT-II-Abkommen investiert, bei
dem die Chancen auf eine Ratifizierung durch den Senat bereits
vorab in Zweifel gezogen wurden. Auch befürchtete er, die
Sowjets könnten sich aufgrund seiner Zustimmung zum Trident-
Geschäft zu einer Reaktion hinreißen lassen, die eine Ratifizierung
unmöglich machte. Infolgedessen konnte ich nicht offen über die
Angelegenheit sprechen, als ich ihn im Kreise seiner Regierung in
Washington traf. Die Amerikaner wollten auch unbedingt sichergestellt wissen, daß die Bekanntgabe des Trident-Geschäfts nicht
vor der für 12. Dezember anberaumten NATO-Tagung erfolgen
würde, auf der die Entscheidung über die Stationierung von
Cruise-Missile und Pershing fallen sollte. Das ergab auch für mich
Sinn. Doch in Anbetracht der Probleme mit SALT II befürchtete
ich allmählich, daß die Entscheidung über Trident bis ins Jahr
1980 hinausgezögert würde.

Nach der sowjetischen Invasion in Afghanistan zu Ende des Jahres sanken die Aussichten auf eine sofortige Ratifizierung von
SALT II beträchtlich. Doch widerstrebte es der US-Regierung, die
Entscheidung über Trident zu diesem Zeitpunkt bekanntzugeben,
da sie als Überreaktion auf die Vorgänge in Afghanistan gewertet
werden könne. Ähnlich übertriebene Sorge hegten die Amerikaner
im Hinblick auf Bundeskanzler Schmidts Haltung zur Trident-
Entscheidung. Darüber hinaus drängte die Regierung Carter auch
energisch auf politische und finanzielle Gegenleistungen für die
Entscheidung, uns mit Trident auszustatten. Man forderte von
uns, einer Formulierung zuzustimmen, die uns verpflichten würde, unsere Verteidigungsleistungen auszuweiten. Auch war die US-
Regierung bestrebt, ihren militärischen Stützpunkt auf unserer
Insel Diego Garcia im Indischen Ozean auszubauen – was mir sehr
entgegenkam. Es ging dabei um einen beträchtlichen Beitrag, den
wir zu den amerikanischen Forschungs- und Entwicklungskosten
zu leisten hatten und auf den die Amerikaner nicht zu verzichten
bereit waren.

Mit einigen dieser Forderungen war ich überhaupt nicht glücklich. Meiner Meinung nach lag es ebenso im Interesse der Vereinigten Staaten wie in unserem eigenen, daß wir ein unabhängiges

strategisches Abschreckungssystem besaßen, das wie Polaris der
NATO zugeordnet und für die internationale Verteidigung des
westlichen Bündnisses verfügbar war, es sei denn, die Regierung
des Vereinigten Königreichs entschied, daß nationale Interessen
auf dem Spiel standen. Wie bei der Frage der taktischen Atomwaffen bestimmt letztlich die sowjetische Einschätzung die Glaubwürdigkeit der strategischen Bedrohung – und wenn die Sowjets
auch die amerikanische Bereitschaft, zur Verteidigung Großbritanniens strategische Kernwaffen einzusetzen, anzweifeln mochten, so durfte es über die Entschlossenheit einer konservativen britischen Regierung, dies zu tun, keinen Zweifel geben.

Am Nachmittag des 2. Juni 1980, einem Montag, handelte ich
mit Dr. Harold Brown, dem fähigen amerikanischen Verteidigungsminister, in der Downing Street die endgültigen Bedingungen aus. Ich sagte, Großbritannien wolle die Trident-I- Raketen zu
denselben Bedingungen erwerben wie Polaris, sprich einen Beitrag
von 5 Prozent zu den Forschungs- und Entwicklungskosten zahlen. Dr. Brown weigerte sich, darin einzuwilligen, da diese Regelung im Kongreß auf heftige Kritik gestoßen sei. Er wolle sie
jedoch akzeptieren, wenn die britische Regierung den Personal-
aufwand für das Flugabwehrsystem Rapier übernähme, das die
USA für ihre Stützpunkte in Großbritannien anschaffen wollten.
Damit war ich einverstanden. Auch befürwortete ich die Absicht
der Amerikaner, die Nutzung des Stützpunkts auf Diego Garcia
auszubauen und auszuweiten, was allerdings schon für sich
betrachtet Sinn ergab und nichts mit der Entscheidung über Trident zu tun hatte. Dr. Brown war zufrieden. Nachdem die Entscheidung unter Dach und Fach war, sandte ich Präsident Carter
ein offizielles Schreiben, in dem ich den Kauf von Trident beantragte. Gleichzeitig informierte ich Präsident Giscard, Bundeskanzler Schmidt und Ministerpräsident Cossiga. Am 15. Juli gab
Francis Pym die Entscheidung vor dem Parlament bekannt, und
am 3. März 1981 fand auf seine Anregung eine umfassende Debatte statt, bei der die Anschaffung gebilligt wurde.

Im Sommer 1980 glaubten wir, die endgültige Entscheidung
über unser unabhängiges nukleares Abschreckungssystem gefällt
zu haben. Dies sollte sich jedoch als Irrtum erweisen. 1981 übernahm Präsident Reagan die Regierung mit einem Programm zur

Modernisierung der amerikanischen strategischen Kernwaffen, einschließlich Trident. Am 24. August erhielt ich ein Schreiben des neuen US-Verteidigungsminister Caspar Weinberger, das Präsident Reagans mittlerweile gefaßten Entschluß bestätigte, in den Trident-Unterseebooten Raketen vom Typ Trident II (D5) zu verwenden. Falls wir diese kaufen wollten, sei die amerikanische Regierung bereit, uns diese Rakete verfügbar zu machen. Am 1. Oktober erhielt ich eine offizielle Mitteilung Präsident Reagans über seinen diesbezüglichen Beschluß.

Reagans Entscheidung, das strategische Kernwaffenpotential der Vereinigten Staaten zu modernisieren, verstand ich gut, und ich unterstützte sie. Ich war besorgt über die Fortschritte der Sowjets, was die technologische Entwicklung wie auch die Anzahl der Waffen betraf. Allerdings standen wir nun vor einem neuen Problem. Wenn wir Trident I weiterhin stationieren wollten, liefen wir Gefahr, enorme Summen in ein System zu investieren, das bereits veraltet und immer schwieriger zu warten war, da die Amerikaner zu Trident II übergingen. Wenn wir aber Präsident Reagans großzügiges Angebot annahmen und uns für die neue Technologie von Trident II entschieden, mußten wir mit hohen Kosten rechnen, wie sie jedes neue Projekt mit sich bringt. Darüber hinaus zeichneten sich einige politische Probleme ab.

Im November 1981 trat eine Ministerrunde zusammen, um unser weiteres Vorgehen zu besprechen. Wir diskutierten sämtliche offenen Fragen und befaßten uns außerdem mit allen möglichen Einwänden, die von der Öffentlichkeit erhoben werden würden. Ein Kollege äußerte sich besorgt über die möglichen Auswirkungen auf die öffentliche Meinung, falls wir uns für eine noch schlagkräftigere Rakete entschieden. Ein weiterer stellte die Frage, ob es nicht schwieriger würde, die Trident-II-Raketen aus zukünftigen Rüstungskontrollverhandlungen herauszuhalten, was uns bei Trident I bisher gelungen war. Ein dritter befürwortete im Prinzip die Beschaffung von Trident II, allerdings nur unter der Bedingung, daß die Anzahl der Raketen verringert würde. Ein vierter räumte zwar ein, daß Trident II besser war als alle anderen Systeme, meinte jedoch, die Entscheidung werfe die weit wesentlichere Frage auf, ob sich Großbritannien überhaupt leisten könne, weiterhin ein unabhängiges strategisches nukleares Abschreckungssystem zu unterhalten. Ich selbst hatte zweierlei Befürchtungen. Die erste war, wie bereits erwähnt, daß die Kosten für ein völlig neuartiges Raketensystem, welches erst in der Entwicklung war, zwangsläufig einen Unsicherheitsfaktor darstellten und erfahrungsgemäß höchstwahrscheinlich eskalieren würden. Zweitens war ich nicht sicher, welche Folgen sowjetische Entwicklungen auf dem Gebiet der Raketenabwehr, einschließlich Strahlen- und Laserwaffen, für die strategische Abschreckung haben würden. Auf diese Möglichkeit war ich bereits einige Jahre zuvor aufmerksam gemacht worden, doch wurde sie erst öffentlich diskutiert, als Präsident Reagan im März 1983 seine Vorschläge zur SDI-Initiative unterbreitete.

Im Januar 1982 hatten wir eine weitere, ausführlichere Diskussion auf der Grundlage einer Präsentation. Je mehr wir über die Frage nachdachten, desto dringender schien es uns geboten, tatsächlich Trident II anzuschaffen, wenn wir eine wirksame Abschreckung erhalten wollten. Allerdings mußten wir sie zu den bestmöglichen Bedingungen bekommen. Die Frage wurde noch im selben Monat dem Kabinett vorgelegt, und am 1. Februar teilte ich Präsident Reagan schriftlich mit, daß ich einige Bevollmächtigte nach Washington entsenden würde, um die Konditionen auszuhandeln.

Wieder gestalteten sich die Verhandlungen – wie schon mit der Regierung von Präsident Carter – ausgesprochen zäh. Doch konnte ich immer darauf vertrauen, daß Präsident Reagan und Caspar Weinberger sich der langfristigen Interessen Großbritanniens und der NATO bewußt waren und letztlich Entscheidungen treffen würden, die sie unter dem Aspekt der Verteidigung für richtig hielten und nicht nur den Nutzen/Vorteil der amerikanischen Regierung oder ihr Ansehen beim Kongreß im Auge haben würden. Auch die Frage unserer Beteiligung an den Kosten kam wieder auf den Verhandlungstisch. Dabei drängten wir stark darauf, daß ein fester Anteil der Entwicklungsarbeiten für Trident an britische Firmen vergeben würde. Die Amerikaner, die gerade ihre eigene Marine vergrößerten, wollten uns unbedingt davon abbringen, unsere eigene Überwasserflotte zu reduzieren, wie wir es entsprechend der Richtlinien unseres Verteidigungsweißbuchs für dieses Jahr vorgesehen hatten. Wir wiesen auf die Möglichkeit hin, die amphibischen Landungsschiffe »HMS Fearless« und »HMS

Intrepid« im Dienst zu belassen, was unsere Verhandlungspartner
sehr begrüßten. Auch drängten sie auf eine Verstärkung unseres
militärischen Engagements in Belize, woraus inzwischen praktisch eine dauerhafte Verpflichtung geworden ist.
Schließlich schlossen wir mit den Vereinigten Staaten ein
Abkommen, nach dem wir Trident II zu günstigeren Konditionen
erwerben konnten als Trident I. In Übereinstimmung mit dem
Polaris-Beschaffungsvertrag konnten wir das Raketensystem zum
gleichen Preis bekommen wie die US-Navy für ihren eigenen
Bedarf. Doch die zusätzlichen Gesamtkosten und Beiträge waren
niedriger als bei dem Trident-I-Abkommen von 1980. Vor allem
sollte sich der Beitrag zu den Forschungs- und Entwicklungskosten auf eine fixe Summe belaufen, und auf den Nutzungsbeitrag
für die Stützpunkte, der Bestandteil des Trident-I-Vertrages gewesen war, wurde komplett verzichtet. Durch diese Konditionen
waren wir im Falle einer Eskalation der Entwicklungskosten vor
weiteren finanziellen Forderungen abgesichert. Die Vereinigten
Staaten sollten später ein Verbindungsbüro in London einrichten,
um britische Hersteller zu informieren, die sich gleichberechtigt
mit amerikanischen Firmen um Unteraufträge für das gesamte Tri-
dent-II-Programm – einschließlich der für den US-Bedarf
bestimmten Raketen – bewerben konnten. Auch beschlossen wir,
modernere und größere Träger-U-Boote für Trident zu beschaffen,
die leistungsfähiger und schwerer zu orten waren sowie durch längere Wartungsintervalle öfter für Einsatzfahrten zur Verfügung
standen. Die Gesamtkosten für Trident II und die anderen Neuerungen würden insgesamt 7,5 Milliarden Pfund betragen, was nur
knapp mehr als 3 Prozent des gesamten Verteidigungshaushalts
während dieses Zeitraums ausmachte. Ich war hocherfreut, als ich
von den neuen Konditionen erfuhr, die man uns anbot, und erklärte mich sogleich mit ihnen einverstanden.

Die Krise in Polen

So wirksame Regelungen Großbritannien auch bei seinen eigenen
Abwehrmaßnahmen getroffen hatte, so war es doch keine Frage,
daß unsere Sicherheit letztlich von Einheit, Stärke und Glaubwür-

digkeit der NATO abhing. Es war von größter Bedeutung, daß die amerikanische Öffentlichkeit sich weiterhin Westeuropa gegenüber verpflichtet fühlte. Die Spannungen und Risse, die zu jener Zeit im Bündnis auftraten, waren für mich daher Anlaß zu großer Besorgnis. Meiner Meinung nach war es letzten Endes unabdingbar, daß wir geschlossen hinter der amerikanischen Führungsmacht standen. Das bedeutete jedoch nicht, daß die USA ihre Interessen ohne Rücksicht auf ihre europäischen Verbündeten verfolgen konnten.

Die Frage, wie wir auf die Verhängung des Kriegsrechts in Polen durch die Regierung von General Jaruzelski am 13. Dezember 1981 reagieren sollten, bildete den Höhepunkt der Probleme, die sich im Laufe des Jahres angehäuft hatten. Einige europäische Länder, insbesondere die Bundesrepublik Deutschland, standen Präsident Reagans Wirtschaftspolitik feindselig und seinen Reden über Verteidigungspolitik und Rüstungskontrolle argwöhnisch gegenüber. Ich selbst teilte diese Ansichten allerdings nicht, doch forderte ich härtere Maßnahmen, um das wachsende Haushaltsdefizit der Vereinigten Staaten in den Griff zu bekommen. Was ich ärgerlich und zuzeiten auch recht ungerechtfertigt fand, war die Neigung der Amerikaner, Entscheidungen zu fällen, mit denen sie ihren Verbündeten weit größere Belastungen auferlegten als sich selbst – und zudem, so konnte man argumentieren, auch größere Belastungen als den Kommunisten in Polen und der Sowjetunion. Zum ersten Mal stellte sich dieses Problem, als die polnische Regierung sich zu einem harten Vorgehen gegen Solidarność entschloß.

Die Bedeutung der polnischen Frage war mir von Anfang an auf das schärfste bewußt. Wie die meisten Bürger Großbritanniens habe ich die Polen immer geschätzt und bewundert, von denen sich viele während des Zweiten Weltkrieges und danach in unserem Land niedergelassen haben. Aber es ging um mehr. Am 9. Dezember 1980 hatte ich ein recht freimütiges Gespräch mit dem stellvertretenden polnischen Ministerpräsidenten, der gerade in London weilte. Ich sagte, ich sei mir im klaren darüber, daß wir zur Zeit Zeugen einer Veränderung in einem sozialistischen Land würden, wie sie in den letzten 60 Jahren nicht vorgekommen sei. Eine neue Gruppe – die Bewegung Solidarność – forderte das

Machtmonopol der Kommunisten auf ihrem ureigensten Gebiet heraus. Ich erklärte ihm, daß wir die Ereignisse in Polen genau beobachteten und ich sie sehr aufregend fände. Auch sagte ich, dem sozialistischen System sei es erstaunlich lange gelungen, den menschlichen Geist zu unterdrücken, doch ich sei immer zuversichtlich gewesen, daß es irgendwann einen Durchbruch geben werde.

Leider waren diese erfreulichen Vorzeichen nicht von Dauer; die Sowjets übten zunehmend Druck auf die Polen aus. Ende 1980 kamen die Amerikaner zu der Überzeugung, daß die Sowjetunion eine direkte militärische Intervention zur Zerschlagung der polnischen Reformbewegung plante, ebenso wie sie 1968 den »Prager Frühling« niedergeschlagen hatte.

Etwa zur selben Zeit begannen wir Maßnahmen zu planen, um die Sowjetunion in einem solchen Falle zu bestrafen. Peter Carrington und ich einigten uns, daß wir auf die jeweilige Situation mit einer angemessenen, abgestuften Reaktion antworten sollten. Wir zogen vier unterschiedliche Szenarien in Betracht: daß die Anwendung von Gewalt durch die polnische Regierung unmittelbar bevorstünde oder bereits eingetreten wäre sowie daß eine sowjetische Intervention unmittelbar bevorstünde oder bereits vollzogen wäre. Wir waren uns einig, daß unwirksame Sanktionen schlimmer wären als gar keine, daß diese Sanktionen jedoch die Sowjets härter treffen mußten als uns. In der Zwischenzeit mußten wir eine Reihe komplizierter Einschätzungen im Hinblick auf die möglichen Absichten der Sowjetunion und der polnischen Regierung vornehmen. Waren die gegenwärtigen, ostentativen Aktivitäten des Warschauer Pakts der Auftakt zu einer militärischen Intervention oder ein Mittel, um politischen Druck auf die polnische KP auszuüben? Wäre es zum Nutzen der polnischen Bevölkerung, wenn wir weiterhin Lebensmittelhilfe leisteten und die Pläne zum Schuldennachlaß für Polen weiter verfolgten, oder würden wir damit den Hardlinern in die Hände spielen, die sich abmühten, die Folgen ihrer eigenen verfehlten Politik zu überstehen? Dies waren keine leichten Entscheidungen.

Plötzlich wendete sich das Blatt. Am 13. Dezember 1981 um Mitternacht wurde in Polen das Kriegsrecht ausgerufen und ein »Militärrat für die Nationale Rettung« eingesetzt, der aus militärischen Führungspersonen unter der Leitung von Ministerpräsident General Jaruzelski bestand. Die Grenzen wurden dichtgemacht, Telefon- und Telexverbindungen unterbrochen, eine Ausgangssperre wurde verhängt, Streiks und Versammlungen wurden verboten und Rundfunk und Fernsehen unter strenge Kontrolle gestellt. Ich hatte keinen Zweifel, daß dies alles moralisch nicht akzeptabel war, doch dadurch wurde es nicht einfacher, die Entscheidung für die richtige Reaktion zu treffen. Schließlich hatten wir, um eine sowjetische Intervention zu verhindern, beständig betont, daß es keine Einmischung in die inneren Angelegenheiten der Polen geben dürfe. Steckten die Sowjets selbst hinter der Verhängung des Kriegsrechts? Wollten sie die Uhren zurückdrehen und den orthodoxen Kommunismus sowie die Unterordnung unter Moskau wieder einführen? Oder handelte es sich, wie die Regierung Jaruzelski behauptete, tatsächlich um eine vorübergehende Maßnahme, die sie notgedrungen ergriffen hatte, um Ordnung in Polen zu schaffen – was stillschweigend beinhaltete, daß man auf diese Weise eine Machtübernahme der Sowjets verhindern wollte? In diesem frühen Stadium herrschte ein erhebliches Informationsdefizit; nicht nur blieben diese Fragen offen, auch war keine Auskunft über den Verbleib und die Sicherheit führender polnischer Regimegegner zu erhalten.

Doch je mehr wir über die Hintergründe der Geschehnisse erfuhren, desto verzweifelter erschien uns die Lage. Präsident Reagan zeigte sich schockiert über die Vorgänge und äußerte die Überzeugung, die eigentlichen Drahtzieher seien die Sowjets. Er war entschlossen, rasch zu handeln. Am 19. Dezember erhielt ich eine entsprechende Botschaft von ihm. Parallel dazu sandte Alexander Haig eine Nachricht an Peter Carrington, mit dem expliziten Vorschlag, der Westen solle noch nicht die weitreichenden Maßnahmen ergreifen, die die NATO für den Fall eines militärischen Eingreifens der Sowjets beschlossen hatte. Statt dessen wollten die Amerikaner sofort einige politische und wirtschaftliche Maßnahmen ergreifen und andere für den Fall einer Zuspitzung der Lage in Reserve behalten. Ohne weitere Rückfrage verhängten die Amerikaner dann im Laufe des Tages Sanktionen gegen die Sowjetunion. Wie wir erleichtert bemerkten, schlossen diese nicht den Abbruch der Abrüstungsgespräche mit ein, die damals in Genf geführt wur-

den. Doch beinhalteten sie zum Beispiel den Entzug der Lande-
rechte für Aeroflot, einen Stopp der Verhandlungen über ein neues
langfristiges Getreideabkommen (allerdings sollte ein bereits
bestehendes Abkommen in Kraft bleiben) und die Einstellung der
Materiallieferungen für den Bau der geplanten Erdgasleitungen,
an denen die Arbeiten bereits begonnen hatten.

Über diesen letzten Punkt sollte es noch große Empörung in
Großbritannien und anderen europäischen Ländern geben. Britische, deutsche und italienische Firmen hatten rechtlich bindende
Lieferverträge für Ausrüstungsgegenstände für die westsibirische
Gaspipeline, darunter auch für Bauelemente, die in den Vereinigten Staaten oder in amerikanischer Lizenz hergestellt wurden. Zu
diesem Zeitpunkt war noch unklar, ob die von Präsident Reagan
angekündigten Maßnahmen sich außer auf zukünftige oder auch
auf bestehende Verträge bezogen. Wäre das Embargo auch auf
bestehende Verträge ausgeweitet worden, hätte dies für britische
Firmen eine Einbuße von über 200 Millionen im Geschäft mit der
Sowjetunion zur Folge gehabt. Am härtesten wären die Konsequenzen für die Firma John Brown Engineering gewesen, die
durch einen Vertrag, von dem eine große Zahl von Arbeitsplätzen
abhing, zur Lieferung von Pumpen für das Pipelineprojekt verpflichtet war.

Während ich in diesem speziellen Punkt auf die Amerikaner einzuwirken suchte, sorgte ich dafür, daß wir ihnen innerhalb der
NATO und in der Europäischen Gemeinschaft für den von ihnen
anvisierten Kurs die größtmögliche Rückendeckung gaben. Dies
war keineswegs einfach. Anfangs zögerten die Deutschen, Maßnahmen gegen die polnische Regierung zu ergreifen, geschweige
denn gegen die Sowjetunion. Frankreich drängte, den Lebensmit-
telverkauf der Europäischen Gemeinschaft an die Sowjetunion zu
subventionierten Sonderpreisen fortzuführen. Ich dagegen war
nach wie vor der Auffassung, wenn es uns gelingen würde, die
Amerikaner zu einer vernünftigeren Haltung im Hinblick auf das
Pipelineprojekt zu überreden, dann konnten wir auch eine beeindruckende Einheit des Westens demonstrieren. Das Problem war
nur, daß die Einstellung einiger Mitglieder der US-Regierung
gegen den Bau der Pipeline nicht viel mit den Ereignissen in Polen
zu tun hatte. Diese Leute glaubten, wenn die Pipeline weitergebaut

würde, begäben sich die Deutschen und die Franzosen in eine
gefährliche Abhängigkeit von den sowjetischen Energielieferun-
gen, was verheerende strategische Folgen hätte. Dieses Argument
hatte zwar seine Berechtigung, doch war es reichlich übertrieben.
Denn obwohl die sowjetischen Lieferungen etwas mehr als ein
Viertel des deutschen und knapp ein Drittel des französischen
Gasverbrauchs abdecken würden, stellte dieses Volumen doch
nicht mehr als jeweils 5 Prozent des gesamten Energieverbrauchs
dar. Jedenfalls wollten sich weder Deutschland noch Frankreich
dem amerikanischen Druck beugen, weshalb dieser sowohl kontraproduktiv als auch für das spezifische Problem, das in Polen auf
uns zukam, völlig unerheblich war. Außerdem sprach man in den
Vereinigten Staaten davon, Polen zu keinen weiteren Zahlungsauf-
schub für die Auslandsschulden zu gewähren und dadurch in den
Staatsbankrott zu treiben, was bei der Bank von England große
Unruhe hervorrief und für andere europäische Banken verheerende Folgen gehabt hätte.

Ende Januar 1982 diskutierten wir im außen- und verteidi-
gungspolitischen Kabinettsausschuß über die verschiedenen Möglichkeiten. Ich sagte, es bestehe zweifelsfrei die Gefahr, daß die
gegenwärtige Politik der amerikanischen Regierung den Interessen des Westen mehr Schaden zufüge als dem Osten. Zudem rufe
sie einen größeren transatlantischen Streit hervor, und zwar genau
von der Art, wie ihn die Sowjets seit langem angestrebt hätten.
Großbritannien habe den Amerikanern bereits mehr Entgegenkommen gezeigt, als dies bei unseren europäischen Partnern zu
erwarten wäre. Nun seien keine Zugeständnisse mehr angebracht,
vielmehr müsse man mit unseren amerikanischen Freunden ein
offenes Wort reden. Ich beschloß, mich direkt an Präsident Reagan
zu wenden, und bat auch einige Minister, in dieser Hinsicht auf
ihre Kollegen in den Vereinigten Staaten einzuwirken. An Alexander Haig erging eine dringliche Einladung, auf dem Rückweg von
seinem derzeitigen Aufenthalt im Nahen Osten einen Abstecher
nach London zu machen.

Haig traf am 29. Januar, einem Freitag, mit mir zu einem späten
Mittagessen in der Downing Street zusammen. Ich erklärte ihm,
das vorrangigste Ziel müsse sein, das westliche Bündnis zusammenzuhalten. Zwar sei die letzte Sitzung des NATO-Rats harmo-

nisch verlaufen, doch machten uns die nun von den Vereinigten
Staaten angekündigten Maßnahmen Sorgen. Jegliche Aktion des
Westens müsse doch so zugeschnitten sein, daß sie der Sowjet-
union mehr Schaden zufüge als uns. Die Berichte über eventuelle
Schritte seitens der USA, Polen und auch andere osteuropäische
Schuldnerländer in die Zahlungsunfähigkeit zu treiben, seien
beängstigend. Auch wenn dies die betroffenen Länder zweifellos
in eine Zwangslage bringe, so berge es doch auch unkalkulierbare
Risiken für das westliche Bankensystem, das so wichtig für das
Ansehen der westlichen Welt insgesamt sei. Des weiteren müßten
wir uns auch damit abfinden, daß Frankreich und Deutschland
ihre Verträge für die Erdgas-Pipeline in Sibirien niemals stornieren
würden, was auch immer die Amerikaner davon halten mochten.
Sodann kritisierte ich auch, daß die Amerikaner kein Getreideem-
bargo in ihr erstes Maßnahmenpaket aufgenommen hatten, da sie
sich nicht ins eigene Fleisch schneiden wollten. In der Tat würden
nur wenige der Maßnahmen der Amerikaner ernsthafte Auswirkungen in ihrem eigenen Land zeitigen – doch in Europa richteten
sie einigen Schaden an. Milde ausgedrückt, herrschte hier ein
gewisser Mangel an Symmetrie.

Ich gewann den starken Eindruck, daß Haig meinen Ausführungen im wesentlichen zustimmte. Auch konnte ich spüren, daß
er sich in der amerikanischen Regierung zunehmend isoliert und
machtlos fühlte – tatsächlich verließ er sie noch im Laufe desselben Jahres. Er empfahl mir, Präsident Reagan eine Botschaft zu
diesen Fragen zukommen zu lassen, was ich noch am selben Tage
tat. Ich bin überzeugt, daß der von mir ausgeübte Druck Wirkung
zeigte, wenn auch leider nur vorübergehend.

Mittlerweile wurden die Reaktionen im Westen immer mehr mit
der umfassenderen Frage unserer politischen und wirtschaftlichen
Haltung gegenüber der Sowjetunion verknüpft. Präsident Reagan
sandte mir am 8. März eine Botschaft, in der er die Notwendigkeit
unterstrich, die Exportkredite für die Sowjetunion einzustellen
oder zumindest einzuschränken, insbesondere was die von unseren Regierungen subventionierten Kredite anging. Das Argument
der Amerikaner war, daß die UdSSR nicht nur wirtschaftlich
schwach war, sondern auch an akuter Devisenknappheit litt.
Europäische und andere Regierungen, die die Sowjetunion mit

subventionierten Krediten versorgten, schirmten deren zum Scheitern verurteiltes System vor den wirtschaftlichen Realitäten ab, die andernfalls eine Reform erzwungen hätten. Damit besaß die amerikanische Regierung zwar ein stichhaltiges Argument, doch unserer Einschätzung nach hätte eine Einschränkung der Kredite nicht die drastische Wirkung gehabt, die sich manche US-Experten davon erwarteten. Zu jener Zeit erhielten wir aus der US-Regierung widersprüchliche und verwirrende Signale über die Absichten, die sie verfolgten. Doch hoffte ich, strengere Kontrollen seitens der europäischen Regierungen bei der Vergabe von Krediten an die Sowjetunion würden die Garantie, die wir von den Amerikanern haben wollten, sicherstellen: daß nämlich die restriktiven amerikanischen Maßnahmen zu Verträgen, die das sibirische Pipelineprojekt betrafen, nicht rückwirkend gelten würden.

Völlig unerwartet ließen die Amerikaner jedoch am 18. Juni verlautbaren, daß der Boykott gegen die Lieferungen von Öl- und Gastechnologie an die Sowjetunion nicht nur für amerikanische Firmen gelte, sondern auch für ihre Tochtergesellschaften im Ausland sowie für ausländische Firmen, die in Amerika entworfene Bauelemente unter Lizenz herstellten. Als ich von dieser Entscheidung hörte, war ich entsetzt und verurteilte sie öffentlich. Im allgemeinen waren die Reaktionen darauf in Europa noch feindseliger.

Großbritannien ergriff im Rahmen des Gesetzes über den gewerblichen Interessenschutz Maßnahmen, um sich gegen weitere amerikanische Einflußnahme außerhalb der USA zu verwahren. Die Verärgerung in Europa wuchs noch, als bald darauf die Nachricht eintraf, die Amerikaner beabsichtigten, ihre Getreidelieferverträge mit der UdSSR zu erneuern – unter dem Vorwand, dies werde der Sowjetunion harte Währung entziehen. Der wahre Grund war jedoch ganz offensichtlich, das Interesse der amerikanischen Farmer, ihr Getreide zu verkaufen. Die US-Regierung war etwas bestürzt über den massiven Widerstand gegen ihre Maßnahmen, und es blieb dem hervorragenden neuen Außenminister George Shultz überlassen, einen Weg aus dem Dilemma zu suchen. Er fand ihn im späteren Verlauf des Jahres auch, indem er die Erfüllung der bestehenden Verträge für die Pipeline gestattete. Doch alles in allem war dies eine Lektion gewesen, wie die Bündnispolitik nicht zu betreiben sei.

Der Weltwirtschaftsgipfel in Versailles

Der Gedanke behagt mir, daß ich durch meine persönliche Beziehung zu Präsident Reagan und meine Bemühungen, eine gemeinsame Grundlage zwischen den Vereinigten Staaten und den Europäern zu schaffen, dazu beigetragen haben könnte, größere Mißhelligkeiten über die Pipeline und andere Handelsfragen die westliche Zusammenarbeit an diesem kritischen Zeitpunkt zu verhindern. Ganz sicher fanden im Sommer 1982 gleich mehrere nützliche internationale Begegnungen statt. Vom 4. bis zum 6. Juni tagten die Regierungschefs der sieben größten Industrienationen (G7) inmitten der Pracht von Versailles. Die Räumlichkeiten des Schlosses selbst dienten zu Zusammenkünften und zur Erholung. Das abschließende Bankett fand im Spiegelsaal statt, gefolgt von einem Opernprogramm und Feuerwerk. (Ich blieb allerdings nicht lange, denn es wäre mir unpassend erschienen, dies alles bis zu Ende zu genießen, während unsere Soldaten noch auf den Falkland-Inseln kämpften.)

Präsident Mitterrand, der bei dem Gipfel den Vorsitz führte, legte einen Bericht zu den Auswirkungen neuer Technologien auf den Arbeitsmarkt vor. Bei Gipfeltreffen kam es häufig vor, daß man im Gastgeberland meinte, man müsse eine neue Initiative einbringen, auch wenn das zusätzliche Regierungsarbeit und erhöhten bürokratischen Aufwand mit sich brachte. Insofern war dies also keine Ausnahme. Ich für meinen Teil hegte keinerlei Zweifel, wie die richtige Einstellung zu technischen Innovationen aussah: sie waren zu begrüßen und nicht abzulehnen. Es mochte zwar neue Technologien geben, doch der technische Fortschritt an sich war nichts Neues, und er hatte über die Jahre gesehen keine Arbeitsplätze zerstört, sondern neue geschaffen. Es war nicht unsere Aufgabe, großartige Pläne zur Frage der technologischen Innovationen zu machen, sondern uns darum zu kümmern, inwieweit die öffentliche Meinung beeinflußt werden konnte, um diese zu fördern anstatt zu behindern. Glücklicherweise wurde daher Präsident Mitterrands Bericht einer Arbeitsgruppe zugewiesen, die sich damit befassen sollte.

In Versailles hatte ich ein offenes Gespräch mit Helmut Schmidt über den Haushalt der EG – schien es doch das Los der Bundesrepublik Deutschland und Großbritanniens, immer nur einzuzahlen. Außerdem sprachen wir auch über die gemeinsame Agrarpolitik, in die ein Großteil unserer Mittel floß. Für mich war dies ein besonders wunder Punkt, da Großbritannien erst vor wenigen Wochen im Rat der EG-Landwirtschaftsminister überstimmt worden war, als wir uns unter Berufung auf den Luxemburger Kompromiß gegen die Erhöhung der Agrarpreise gewandt hatten. Helmut Schmidt bekräftigte, er wolle den Luxemburger Kompromiß aufrechterhalten, allerdings habe er Zweifel, ob dieser nach unseren Vorstellungen angewandt werden könne. Die gemeinsame Agrarpolitik sei der Preis gewesen, der – mochte er auch noch so hoch sein – habe bezahlt werden müssen, um Länder wie Frankreich und Italien als Mitglieder für die Europäische Gemeinschaft zu gewinnen.

Dies sollte für Kanzler Schmidt übrigens der letzte Weltwirtschaftsgipfel sein. Im September brach seine Koalitionsregierung auseinander, als die Freien Demokraten die Seite wechselten und damit den Christdemokraten Helmut Kohl an die Macht brachten. Obwohl ich in der Vergangenheit ernsthafte Auseinandersetzungen mit Helmut Schmidt gehabt hatte, so schätzte ich doch stets seine Klugheit, seine Direktheit und seinen Sachverstand in Fragen der internationalen Wirtschaft. Leider entwickelte ich nie ganz dieselbe Beziehung zu Kanzler Kohl, doch sollte es einige Zeit dauern, bis dieser Umstand eine gewisse Bedeutung gewann.

Doch was mir von dem Treffen in Versailles am lebhaftesten in Erinnerung blieb, war mein Eindruck von Präsident Reagan. Einmal sprach er rund zwanzig Minuten lang frei, ohne Notizen, über seine wirtschaftspolitischen Vorstellungen. Seine ruhigen und doch kraftvollen Worte gaben allen, die ihn noch nicht kannten, einen Einblick in seine hervorragenden Führungsqualitäten. Nachdem er geendet hatte, bemerkte der französische Staatschef, niemand könne Präsident Reagan vorwerfen, daß er nicht zu seinen Überzeugungen stehe. Aus dem Munde eines sozialistischen Politikers wie Präsident Mitterrand war das fast ein Kompliment.

Von Paris aus flog Präsident Reagan zu einem offiziellen Staatsbesuch nach London, wo er in der Royal Gallery des Westminster-Palastes vor beiden Häusern des Parlaments sprach. Die Rede selbst war schon bemerkenswert. Sie markierte ein entscheidendes

Stadium in der ideologischen Schlacht, die er und ich gegen den Sozialismus führen wollten, insbesondere gegen den sowjetischen Sozialismus. Wir waren beide davon überzeugt, daß eine starke Verteidigung ein notwendiges, wenngleich noch nicht ausreichendes Mittel war, um der kommunistischen Bedrohung zu begegnen. Anstatt einfach nur zu versuchen, den Kommunismus einzudämmen, wie es in der Vergangenheit die westliche Doktrin gewesen war, wollten wir offensiv die Position der Freiheit vertreten. In seiner Rede schlug Präsident Reagan eine globale Kampagne für die Demokratie vor, welche »die demokratische Revolution, die neue Kräfte sammelt«, aktiv unterstützen sollte. Im Rückblick gewinnt diese Rede noch größere Bedeutung, kennzeichnete sie doch eine neue Strategie im Kampf des Westens gegen den Kommunismus. Sie war das Manifest der Reagan-Doktrin – dem genauen Gegenstück zur Breschnew-Doktrin –, derzufolge der Westen keines der Länder im Stich lassen würde, denen der Kommunismus aufgezwungen worden war.

Und noch aus einem anderen Grunde ist mir diese Rede in Erinnerung geblieben. Es erfüllte mich mit tiefster Bewunderung, daß Reagan sie offenbar völlig ohne Notizen gehalten hatte.

»Ich gratuliere Ihnen zu Ihrem Schauspielergedächtnis«, sagte ich.

Er erwiderte: »Ich habe die ganze Rede von diesen beiden Plexiglas-Bildschirmen abgelesen« und deutete auf zwei Scheiben, die wir für Sicherheitseinrichtungen gehalten hatten. »Kennen Sie das nicht? Es ist eine britische Erfindung!« So machte ich meine erste Bekanntschaft mit Autocue, dem Teleprompter.

Der NATO-Gipfel in Bonn, Juni 1982

Der NATO-Gipfel am 10. Juni 1982 in Bonn wurde allgemein in Verbindung mit dem Weltwirtschaftsgipfel in Versailles gebracht. In Versailles hatten die »Großen Sieben« demonstriert, daß die wichtigsten Industriestaaten – mit ein oder zwei Ausnahmen, darunter Frankreich – eine Rückkehr zu einer soliden Wirtschaftspolitik anstrebten. In Bonn konnte der Westen auf ähnliche Weise sein Bekenntnis zu einer starken Verteidigung demonstrieren.

Natürlich wünschten wir alle sowohl eine starke Verteidigung als auch erfolgreiche Verhandlungen mit der Sowjetunion über eine Reduzierung des Rüstungsniveaus. Doch die große Frage war, welches dieser beiden Ziele Vorrang haben sollte. Des weiteren gab es unterschwellig eine schwerwiegende Auseinandersetzung über die Strategie des »Doppelbeschlusses«. In manchen Ländern hoffte man, die Stationierung von Cruise-Missiles und Pershings praktisch endlos hinauszögern zu können. Zum Beispiel wurden in den letzten Tagen der Regierung Schmidt in Deutschland Stimmen laut, die Stationierung werde die Aussichten erfolgreicher Verhandlungen schmälern. Im Gegensatz dazu vertraten die Amerikaner und wir in Großbritannien die Ansicht, daß eine starke Verteidigung eine unabdingbare Voraussetzung für jedes konstruktive Verhältnis mit der Sowjetunion und somit eine Bedingung für politische Entspannung war. In der Tat stammte der Gedanke des Bonner Gipfels ursprünglich von uns Briten, da wir es damals für höchst wichtig erachteten, die Einigkeit der NATO zu demonstrieren. Mit dem Ergebnis konnten wir weitgehend zufrieden sein.

Doch die Sowjets übten weiterhin Druck aus, unterstützt von Demonstrationen der sogenannten »Friedensbewegung« und ermutigt von der Beschwichtigungspolitik linker Politiker in Europa. Dies währte bis zu dem Moment, als Pershings und Cruise-Missiles stationiert wurden. Nicht einen Augenblick lang konnten wir in unserem Ringen um die öffentliche Meinung innehalten oder in unseren Anstrengungen nachlassen.

Hongkong und China

Als ich im September 1982 den Fernen Osten besuchte, hatte sich das internationale Ansehen Großbritanniens wie auch meiner Person dank des Sieges im Falklandkrieg grundlegend gewandelt. Bei meinen Gesprächen mit den Chinesen über Hongkong erwies sich dies allerdings eher als Nachteil. Die chinesische Führung wollte beweisen, daß das Vorgehen in Falkland kein Präzedenzfall für die Kronkolonie werden durfte. Auch mir war das vollkommen klar, sowohl unter militärischen als auch unter rechtlichen Gesichtspunkten.

Am Morgen des 22. September, einem Mittwoch, flog ich mit meiner Delegation von Tokio, wo ich zu einem Staatsbesuch geweilt hatte, nach Peking. Der britische Pachtvertrag für die New Territories, die über 90 Prozent des Gebietes der Kronkolonie Hongkong ausmachen, sollte in 15 Jahren enden. Die eigentliche Insel Hongkong ist zwar britisches Hoheitsgebiet, doch wie der Rest der Kolonie auf die Versorgung mit Wasser und anderen Gütern durch das chinesische Festland angewiesen. Die Volksrepublik China weigerte sich, den 1842 abgeschlossenen Vertrag von Nanking anzuerkennen, der den Erwerb der Insel Hongkong durch Großbritannien bestätigte. Wenngleich meine Verhandlungsposition sich auf den britischen Herrschaftsanspruch für zumindest einen Teil des Gebietes von Hongkong stützte, wußte ich daher, daß dieser mir letztlich nicht helfen würde, um Wohlstand und Sicherheit der Kolonie zuverlässig zu gewährleisten. Unser Verhandlungsziel war, die Hoheitsrechte für die Insel Hongkong aufzugeben und dafür den Fortbestand der britischen Verwaltung in der gesamten Kronkolonie bis weit in die Zukunft hinein zu sichern. Aus vielen Unterredungen mit Politikern und führenden Geschäftsleuten Hongkongs wußte ich, daß sie diese Lösung am stärksten befürworteten.

Wie bereits die Reaktionen in der Kronkolonie auf unseren Gesetzentwurf zur Regelung der britischen Staatsbürgerschaft (Nationality Bill) und auf verschiedene Äußerungen der chinesischen Kommunisten deutlich gemacht hatten, bestand die unmittelbare Gefahr darin, daß das Vertrauen in Hongkong als Finanzmetropole schwand, Kapital aus der Kronkolonie abgezogen wurde und in der Folge auch die Inhaber von Schlüsselpositionen fliehen würden, so daß Hongkong lange vor dem Auslaufen des Pachtvertrags für die New Territories von Niedergang und Verarmung heimgesucht würde. Zudem war sofortiges Handeln zwingend geboten, wenn neue Investitionen getätigt werden sollten, da Investoren bei ihrem Entscheidungsprozeß durchaus gute 15 Jahre vorausplanten.

Im April 1977 hatte ich Peking als Oppositionsführerin besucht. Einige Monate zuvor war die »Viererbande« entmachtet worden, und Hua Guofeng war der Vorsitzende [des ZK der KP – A.d.Ü.] geworden. Deng Xiaoping, der während der Kulturrevolution so

viel Leid hatte erdulden müssen, war im Vorjahr von der »Vierer-
bande« seines Amtes enthoben worden, doch befand er sich zur
Zeit meines Besuches noch in Haft. Bei meinem jetzigen ersten
Besuch als Premierministerin – übrigens war es der erste Besuch
eines amtierenden britischen Premierministers in China – saß
Deng Xiaoping jedoch unangefochten an den Schalthebeln der
Macht.

Am Nachmittag des 22. September, einem Mittwoch, traf ich
als erstes mit dem chinesischen Ministerpräsidenten Zhao Ziyang
zusammen, dessen gemäßigte Haltung und Verständigkeit sich in
seiner weiteren Laufbahn als großes Hindernis herausstellen sollten. Wir diskutierten über die Weltlage, wobei dank der feindseligen Haltung der Chinesen gegenüber dem sowjetischen Hegemo-
niestreben viel Übereinstimmung zwischen uns herrschte. Dennoch war dem chinesischen Ministerpräsidenten und mir sehr
wohl bewußt, daß unser Gespräch zum Thema Hongkong, welches für den nächsten Vormittag anberaumt war, ganz anders verlaufen würde.

Diese Begegnung eröffnete ich mit einer vorbereiteten Erklärung zur britischen Position. Ich bezeichnete Hongkong als einzig-
artiges Beispiel chinesisch-britischer Zusammenarbeit und
bemerkte, die beiden wichtigsten Punkte aus chinesischer Sicht
seien die Hoheitsrechte sowie der Fortbestand der Prosperität
Hongkongs. Die Prosperität sei allerdings vom Vertrauen in die
Stabilität der dortigen Situation abhängig. Sollten drastische Veränderungen in der Verwaltung der Kronkolonie eingeführt oder
auch nur angekündigt werden, so werde dies sicherlich eine massive Kapitalflucht zur Folge haben. Diese Entwicklung wolle Großbritannien keinesfalls fördern – ganz im Gegenteil –: doch könnten wir sie auch nicht verhindern. Ein Zusammenbruch Hongkongs werde unsere beiden Länder in Mißkredit bringen. Vertrau-
en und Prosperität hingen jedoch von der britischen Verwaltung
ab. Wenn sich unsere beiden Regierungen auf Regelungen zur
zukünftigen Verwaltung Hongkongs einigen könnten, wenn diese
Regelungen ferner griffen und bei der Bevölkerung der Kronkolonie auf Vertrauen stießen und wenn sie drittens das britische Parlament zufriedenstellten – dann könnten wir die Frage der Souveränität erörtern.

Ich hatte gehofft, diese pragmatische, realistische Argumentation würde meinen Gesprächspartner überzeugen. Schließlich kam China durch das kapitalistische Hongkong vor seiner Haustür in den Genuß immenser Devisen und Investitionen. Auf dem Höhepunkt der Kulturrevolution hatten die Kommunisten zwar Unruhen in der Kronkolonie geschürt, doch war es den Roten Garden niemals gestattet worden, Hongkong anzugreifen. Ich versuchte Zhao für eine relativ unverbindliche gemeinsame Erklärung des Inhalts zu gewinnen, daß es unser gemeinsames Ziel sei, die Prosperität Hongkongs zu wahren, und daß dazu bald offizielle Gespräche zwischen der Volksrepublik China und Großbritannien stattfinden sollten.

Aus den einleitenden Worten der Erwiderung des chinesischen Ministerpräsidenten ging jedoch deutlich hervor, daß die Chinesen in der Frage der Hoheitsrechte zu keinem Kompromiß bereit waren. Sie hatten die Absicht, ihre Hoheitsgewalt über das gesamte Gebiet der Kronkolonie – die Insel wie auch die New Territories – 1997 und keinen Tag später zurückzugewinnen. Die chinesische Haltung stützte sich auf das Argument, die Bürger Hongkongs seien Chinesen und keine Briten. Auf dieser Grundlage könne Hongkong unter Beibehaltung des bestehenden Wirtschafts- und Gesellschaftssystems eine von Einheimischen verwaltete Sonderzone werden. Ferner solle es sein kapitalistisches System wie auch den Freihafen und seine Funktion als internationales Finanzzentrum behalten. Der Hongkong-Dollar werde gültig und frei konvertierbar bleiben. Auf meinen erneuten Einwurf hin, eine solche Position werde bei ihrer öffentlichen Bekanntgabe zu einem großen Vertrauensschwund führen, antwortete er, wenn China vor die Wahl zwischen der Oberhoheit einerseits und Prosperität und Stabilität andererseits gestellt werde, werde es sich für ersteres entscheiden. Insgesamt war es eine durchaus höfliche Begegnung – doch die Chinesen waren nicht bereit, auch nur einen Deut von ihrem Standpunkt abzuweichen.

Ich wußte, daß der Inhalt unseres Gespräches Deng Xiaoping übermittelt werden würde, mit dem ich am nächsten Tag zusammentreffen sollte. Deng galt als Realist. Und er war es schließlich auch, der einer Lösung für Hongkong den Weg ebnete. Er hatte akzeptiert, daß in einem Land zwei verschiedene Wirtschaftssy-

steme existieren konnten, was durch die Einrichtung von Sonder-
wirtschaftszonen im Hinterland Hongkongs, also in China selbst,
bewiesen wurde. Bei dieser Gelegenheit jedoch blieb er stur. Er wiederholte, China sei nicht bereit, über die Hoheitsrechte zu verhandeln. Allerdings räumte er ein, die Entscheidung, Hongkong wieder unter
chinesische Oberheit zu stellen, brauche nicht zum jetzigen Zeitpunkt bekanntgegeben werden, doch werde die chinesische Regierung dies in ein oder zwei Jahren offiziell tun. Ich betonte noch
einmal, ich wolle in zukünftigen Verhandlungen eine Vereinbarung darüber erreichen, daß die britische Verwaltung mit demselben Rechtssystem, demselben politischen System und derselben
freien Währung auch nach 1997 weiterbestehen könne. Falls wir
in einem späteren Stadium eine solche Vereinbarung treffen könnten, werde dies zu einem enormen Vertrauensschub führen. Dann
könne ich auch im britischen Parlament erreichen, daß die gesamte Hoheitsfrage zur Zufriedenheit der Chinesen geregelt werde.

Doch er ließ sich nicht umstimmen. Einmal sagte er sogar, wenn
die Chinesen wollten, könnten sie noch heute in Hongkong ein-
marschieren und die Stadt einnehmen. Ich konterte, das könnten
sie allerdings, und ich könne sie nicht einmal daran hindern. Doch
werde dies zum Zusammenbruch Hongkongs führen, und dann
werde die ganze Welt sehen, welche Folgen ein Wechsel von der
britischen zur chinesischen Herrschaft habe.

Da stutzte er zum ersten Mal, und danach zeigte er sich entgegenkommender. Doch hatte er noch immer nicht den wesentlichen
Punkt begriffen, da er weiter forderte, die Briten sollten den Geld-
abfluß aus Hongkong stoppen. Ich versuchte zu erklären, daß
man bei der Ergreifung von Maßnahmen, die einen Kapitalabfluß
unterbinden, gleichzeitig die Hoffnung begraben könne, neues
Kapital anzuziehen. Die Investoren verlören in einem solchen Fall
jegliches Vertrauen, was für Hongkong das Ende bedeuten würde.
Allmählich zeigte sich überdeutlich, daß die Chinesen wenig
Ahnung von den rechtlichen und politischen Voraussetzungen des
Kapitalismus hatten. Wenn die Wirtschaft in Hongkong florieren
und stabil bleiben sollte, dann mußte China langsam und gründlich an das Wissen über die Wirkungsmechanischen des Kapitalismus herangeführt werden. Auch hatte ich während der Verhand-

lungen stets den Eindruck, den Chinesen, die an ihre eigene Propaganda von den Übeln des Kolonialismus glaubten, sei einfach nicht klar, daß wir in Großbritannien es als unsere moralische Pflicht betrachteten, unser Bestes zu geben, um die Freiheit der Bevölkerung Hongkongs zu garantieren. Allen Schwierigkeiten zum Trotz aber erwiesen sich die Gespräche nicht als völliger Fehlschlag. Obwohl ich mein ursprüngliches Ziel nicht erreichte, gelang es mir, Deng Xiaopings Zustimmung zu einer kurzen Verlautbarung zu erhalten, in der wir, ohne jedoch Einigkeit vorzutäuschen, die Aufnahme von Verhandlungen mit dem gemeinsamen Ziel der Erhaltung von Stabilität und Prosperität in Hongkong ankündigten. Eine derartige Erklärung war von wesentlicher Bedeutung, um das brüchige Vertrauen in Hongkong wiederherzustellen. Zwar hatten weder die Bevölkerung der Kronkolonie noch ich unsere angestrebten Ziele erreicht, doch hatte ich das Gefühl, wir hätten zumindest eine Grundlage für vernünftige Verhandlungen geschaffen. Wir wußten nun beide, wo der andere stand.

Mein Aufenthalt in China war arbeitsreich und anstrengend gewesen, doch blieb trotz allem noch etwas Zeit für Besichtigungen. So besuchte ich den im Nordwesten Pekings gelegenen wunderschönen Sommerpalast, der auf chinesisch »Garten des friedlichen und unbeschwerten Lebens« heißt. Auf meinen Besuch im Fernen Osten ließ sich diese Bezeichnung allerdings nicht anwenden.

Die Berliner Mauer

Im darauffolgenden Monat besichtigte ich ein weiteres Monument, das sich jedoch im Gegensatz zum Sommerpalast inzwischen in Staub aufgelöst hat. Nach Gesprächen mit Bundeskanzler Helmut Kohl in Bonn flog ich nach Berlin und erhielt einen ersten Eindruck von der Berliner Mauer und von dem grauen, trostlosen und öden Landstrich dahinter, auf dem unter dem starren Blick bewaffneter russischer Wachen Hunde herumstreiften. Kanzler Kohl begleitete mich bei diesem Besuch; und welche Meinungsverschiedenheiten sich auch in der Zukunft ergeben mochten, bei Themen wie den Übeln des Kommunismus und dem Bekenntnis

zu unseren amerikanischen Verbündeten waren wir stets einer
Meinung. Ich vermute, die deutsche Presse verstand, wie tief
bewegt ich von Berlin war. Die Stadt pulsierte vor Leben, und ich
fand sie aufregend, auch größer, als ich gedacht hatte, umgeben
von schönen Wäldern – doch in einzigartiger Weise von den beiden
totalitären Weltanschauungen des 20. Jahrhunderts entstellt.
In meiner Rede an jenem Nachmittag – Freitag, den 29. Oktober – sagte ich:

Es gibt größere und gewaltigere Kräfte als die Mittel des Krieges. Einen Menschen kann man anketten – seine Gedanken
aber lassen sich nicht fesseln. Man kann ihn versklaven –
doch seinen Geist kann man nicht bezwingen. In jedem Jahrzehnt seit dem Krieg sind die Sowjetführer daran erinnert
worden, daß ihre gnadenlose Ideologie nur überleben kann,
weil sie mit Gewalt aufrechterhalten wird. Doch der Tag wird
kommen, an dem der Zorn und die Frustration der Menschen so groß sind, daß sie mit Gewalt nicht mehr einzudämmen sind. Dann bekommt das Gebäude Risse: Der Mörtel
wird brüchig... eines Tages wird die Freiheit auf der anderen
Seite der Mauer erwachen.

Meine Prophezeiung sollte sich früher bewahrheiten, als ich
damals erwarten konnte.

10

Die Entwaffnung der Linken

Die Eroberung der Meinungsführerschaft
und die politischen Leitlinien für eine zweite Amtszeit,
1982/83

Die politische Situation 1982 – 1983

Es ist keine übertriebene Behauptung, wenn ich sage, daß unser
Sieg im Falkland-Krieg die politische Szenerie in Großbritannien
verändert hat. Laut Meinungsumfragen hatte die Konservative
Partei zwar schon vor Beginn des Konflikts teilweise ihre alte Stellung zurückgewonnen, als die Bevölkerung die Anzeichen für eine
wirtschaftliche Erholung wahrnehmen konnte. Aber der sogenannte »Falkland-Faktor«, den die politischen Kommentatoren
und die Wahlanalytiker so gerne zitierten, war deutlich zu spüren.
Wo immer ich mich aufhielt, bemerkte ich, welche enorme Wirkung dieser Sieg ausübte. Es wird gerne behauptet, daß Wirtschaftsthemen den Ausschlag für einen Wahlsieg oder eine Niederlage geben, und obwohl darin ein Körnchen Wahrheit liegt, ist dies
insgesamt gesehen eine allzu grobe Vereinfachung. In diesem Fall
erkannten die Menschen – ohne unser Zutun –, daß wir sowohl in
der Wirtschaftspolitik als auch in der Falklandkrise entschlossen
durchgegriffen hatten. Der Kampf gegen den wirtschaftlichen
Niedergang war nur ein Teil der uns auferlegten Verpflichtung, das
Ansehen unseres Landes wiederherzustellen; darüber hinaus galt
es auch zu zeigen, daß wir nicht zu denen gehörten, die vor Diktatoren zu Kreuze kriechen. Als diese Phase der Anspannung, in der
der Falkland-Konflikt alle anderen Themen überschattete, vorüber war, spürte ich, daß die Bevölkerung allmählich zu schätzen
lernte, was wir in den vergangenen drei Jahren erreicht hatten. In
meinen Reden legte ich daher großen Wert darauf zu verdeutli-

chen, daß wir dies alles nicht hätten schaffen können, wenn wir auf die politische Linie eingeschwenkt wären, die uns die Opposition aufzwingen wollte.

Die Opposition spaltete sich in die Labour Party und die neue »Alliance« der Liberalen und Sozialdemokraten. Damals wußten wir freilich noch nicht, daß die Alliance zu diesem Zeitpunkt den Zenit ihres Erfolges bereits überschritten hatte. Es sollte ihr nie mehr gelingen, eine vergleichbar enthusiastische Stimmung wie zu Ende des Jahres 1981 zu erzeugen, als sie in den Meinungsumfragen führte und ihre Anhänger behaupteten, sie habe die »versteinerten Verhältnisse« des britischen Zwei-Parteien-Systems endgültig »aufgebrochen«. Dabei können von Parteien, die bewußt den Mittelweg zwischen links und rechts suchen, ganz einfach keine neuen Ideen und radikalen Anstöße kommen, und so waren wir eigentlich diejenigen, die die versteinerten Verhältnisse bei ihnen aufbrachen. Die SDP und die Liberalen sehnten sich nach der verfehlten Politik der Vergangenheit – hohe Einkommensbesteuerung, höhere Inflation durch staatliche Ankurbelung der Nachfrage, mehr Macht für die Euro-Bürokratie anstatt für die wirklich demokratischen Regierungen der Mitgliedsländer. Die Haltung der SDP in Verteidigungsfragen war jedoch vernünftig – im Gegensatz zu der der Liberalen, die dauernd über einseitige Abrüstung sinnierten –, und sie verabscheute jegliche marxistische Dogmatik. Doch ich war und bin immer noch der Überzeugung, die Führer der SDP hätten besser daran getan, in der Labour Party zu verbleiben und dort die extreme Linke auszuschalten. Denn indem sie die Labour Party dem militanten Flügel überließen und zugleich Anhänger von uns auf ihre Seite zogen, riskierten sie, daß genau jene Leute an die Macht gelangten, die sie von ihr fernhalten wollten.

Die Labour Party selbst driftete weiterhin und offenbar unaufhaltsam nach links. Michael Foot ist ein in hohem Maße kultivierter Mann mit Prinzipien, und im Umgang mit uns war er stets von ausgesuchter Höflichkeit. Wenn ich nicht wüßte, daß ich ihm damit zu nahe trete, würde ich ihn sogar als einen Gentleman bezeichnen. Bei Debatten und auf der Rednertribüne entwickelt er nahezu geniale Züge. Doch die Politik, für die er eintrat – etwa einseitige Abrüstung, Austritt aus der Europäischen Gemeinschaft, umfassende Verstaatlichung und mehr Macht für die Gewerkschaften –, war für Großbritannien nicht nur auf katastrophale Weise ungeeignet, sie hätte außerdem den finsteren Revolutionären, die die staatlichen Institutionen und die Werte unserer Gesellschaft zerstören wollten, ein warmes Plätzchen verschafft. Je mehr die Öffentlichkeit von der Politik der Labour Party und deren Vertretern mitbekam, um so geringer wurden die Sympathien für sie. Anders als viele Konservative war ich damals nicht der Ansicht, daß die Alliance die Labour Party verdrängen würde. Der Sozialismus stellt eine ständige Versuchung dar, und man durfte die potentielle Anziehungskraft der Labour Party nicht unterschätzen. Aber natürlich war er leichter zu bekämpfen, wenn er so extreme Formen annahm wie unter der Führung von Michael Foot.

Die Meinungsumfragen und die Ergebnisse der Nachwahlen bestätigten, was mein Instinkt mir bereits gesagt hatte – nämlich daß die Falklands unser Ansehen im Land gestärkt hatten. Kurz vor Ausbruch des Krieges hatten wir laut Meinungsumfragen die Parteien der Alliance bereits knapp überrundet. Zwischen April und Mai stieg die Unterstützung für uns um zehn Prozentpunkte auf 41,5 Prozent, womit wir weit vor allen übrigen Parteien lagen. Nach der Rückeroberung der Inseln konnten wir einen weiteren Anstieg verbuchen, der dann in der zweiten Jahreshälfte wieder leicht zurückging. Doch von diesem Zeitpunkt an bis zur Parlamentswahl gerieten wir nur ein einziges Mal unter die 40-Prozent-Marke. Ich habe mich nie sehr um mein eigenes Abschneiden bei Meinungsumfragen gekümmert. Wenn man sich zu sehr mit diesem Thema beschäftigt, wird man nur abgelenkt. Doch ich darf hinzufügen, daß laut Meinungsumfragen auch mein persönliches Ansehen stark gewachsen war.

Der »Falkland-Faktor« hat die Alliance zweifellos geschwächt. Zusammen mit einem wachsenden Optimismus über die wirtschaftlichen Aussichten half er uns, jene abtrünnigen konservativen Wähler zurückzugewinnen, die gemeint hatten, eine – scheinbar – bequemere und gemäßigtere Option wählen zu müssen. Für den armen Michael Foot waren die Meinungsumfragen keine Freude, weder was die Labour Party insgesamt anging, noch was sein Ansehen als Vorsitzender betraf.

Die Ergebnisse der Nachwahlen gegen Ende der Legislaturperi-

ode bestätigten aber in manchen Wahlbezirken durchaus die
Befürchtung, daß die Alliance den Konservativen Wählerstimmen
wegnehmen und Labour davon profitieren würde. Ein gutes
Abschneiden der Alliance konnte auch immer als Signal für eine
Trendwende verstanden werden, die von den ihr gewogenen
Medien schon mit Freude erwartet wurde. Im März 1982 hatte
Roy Jenkins in Glasgow Hillhead einen überwältigenden Sieg
über unseren Kandidaten errungen. Nur zwei Monate konnten
wir unseren Stimmenanteil in Beaconsfield halten und somit unseren Sitz im Parlament behaupten. Im Juni schließlich setzten wir
uns in Mitcham und Morden gegen einen Kandidaten durch, der
von uns zur SDP übergelaufen war. Doch am 28. Oktober fanden
Nachwahlen in Peckham und Birmingham (Northfield) statt, und
beide Male verloren wir einen ziemlich hohen Stimmenanteil an
die Alliance, wodurch wir den Parlamentssitz für Birmingham an
die Labour Party abtreten mußten. Die Gefahr war also nicht zu
unterschätzen, obgleich – wenn man die Zahlen genauer betrachtete – die Lage für die Labour Party nicht gut aussah. Es war uns
klar, daß sie noch um einiges zulegen müßte, um auch nur die
Chance für einen Sieg bei den Parlamentswahlen zu haben.

Die beiden letzten Nachwahlen zum Parlament fanden im
Februar 1983 in Bermondsey – wo ein linksradikaler Labour-
Kandidat von den Liberalen aus dem Rennen geschlagen wurde –
und im März in Darlington statt, wo sich Labour behaupten
konnte. Beide Male schnitten wir nicht allzu gut ab, doch hat uns
auch keine dieser Nachwahlen wirklich geschadet. In London war
Labour unser Hauptgegner, also bedeutete Bermondsey wohl keinen großen Schaden für uns. Und obwohl die Labour Party in Darlington gewann, fiel das Ergebnis dort nicht so aus, daß es unsere
Position im Land insgesamt gefährdet hätte. Die Kommentatoren
ergingen sich in Spekulationen, doch niemand konnte wissen, in
welchem Maße sich bei den Parlamentswahlen das taktische Ab-
stimmungsverhalten gegen uns auswirken würde – das heißt, wie
viele Leute für die Kandidaten stimmen würden, die die größten
Siegeschancen gegen den jeweiligen Kandidaten der Regierungspartei hatten, und nicht für den Kandidaten der von ihnen favorisierten Partei. Ein solches Wahlverhalten ist aber weit seltener, als
manche glauben.

Ich habe Nachwahlen immer sehr intensiv mitverfolgt. Vom Geschäftsführer der Partei ließ ich mich regelmäßig über die Wahlkampfthemen und -taktiken unterrichten, und Keith Britto, unser genialer Wahlanalytiker in der Parteizentrale, lieferte mir detaillierte statistische Aufzeichnungen über Wählerwanderungen und deren Auswirkungen. Ich selbst beteiligte mich aber nie persönlich an den Wahlkämpfen zu den Nachwahlen, denn bei einem schlechten Abschneiden hätte ich der Regierung untragbare politische Risiken aufgebürdet. Und wenn man selbst an der Macht ist, fallen die Ergebnisse immer schlecht aus, insbesondere zur Halbzeit der Legislaturperiode, wenn viele Wähler in dem sicheren Wissen, daß das Wahlergebnis zu keinem Regierungswechsel führen wird, ihren Protest bekunden wollen. Dennoch sprach ich unseren Kandidaten stets öffentlich meine Unterstützung aus und führte nach den Wahlen persönliche Gespräche mit ihnen, um ihnen zu gratulieren oder – was häufiger der Fall war – sie zu trösten.

Verteidigung und einseitige Abrüstung

Natürlich wirkte sich der Falkland-Krieg auf die Verteidigungspolitik besonders stark aus. Während des Falkland-Feldzugs selbst war die Kernwaffenfrage fast gänzlich aus der öffentlichen Diskussion verschwunden – und dies obgleich ich im Juni 1982 auf der UNO-Sondersitzung zur Abrüstung in meiner Rede zu zeigen versuchte, daß die gesamte Verteidigungspolitik auf einem einheitlichen Fundament beruht.[1] Im Herbst des gleichen Jahres befaßte ich mich allmählich mehr mit der öffentlichen Präsentation unserer Nuklearstrategie, denn ich befürchtete, die Befürworter der einseitigen Abrüstung könnten das Thema Kernwaffen für sich besetzen. Zwar hatten wir, was das Prinzip der atomaren Abschreckung und die Ablehnung einseitiger Abrüstung anging, die öffentliche Meinung auf unserer Seite; doch gab es ziemlich großen Widerstand gegen die Trident II (hauptsächlich wegen der Kosten) und gegen die Stationierung von Cruise-Missiles. Dies war in beiden Fällen auf widerwärtige Tendenzen von Antiamerikanismus zurückzuführen. Am 20. Oktober und am 24. November berief ich deshalb die Verbindungsgruppe der Minister und

Vertreter der Parteizentrale ein, um die Fakten zu klären und die Argumentationslinie festzulegen.

Seit 1982 war für die Labour Party die einseitige Abrüstung offizielle politische Leitlinie; auf ihrem Parteitag hatte sich die notwendige Zweidrittel-Mehrheit dafür ausgesprochen. Auch Michael Foot selbst hatte schon seit langem diese Haltung vertreten. Vor allen an den Universitäten und in manchen Intellektuellenkreisen stieß der Gedanke der einseitigen Abrüstung auf Widerhall, und er erhielt nicht wenig Unterstützung in den Medien, insbesondere von Journalisten der BBC. Bei Sitzungen ließ es sich die Labour Party nicht nehmen, ihre Versammlungsräume zu »atomwaffenfreien Zonen« zu erklären. Obgleich die Kampagne für Nukleare Abrüstung (CND) ihren Höhepunkt bereits 1981 überschritten hatte und seitdem an Einfluß verlor, war sie nach wie vor gefährlich stark.

Zwei spezifische Aspekte der Kernwaffenpolitik standen im Mittelpunkt der Auseinandersetzung: das eigenständige Abschreckungspotential und die Stationierung von nuklearen Mittelstreckenraketen, wobei der zweite Punkt mehr Anlaß zur Kontroverse gab. Im Laufe des Jahres 1983 sollten die Cruise-Missiles stationiert werden, und wir machten uns auf heftigen Widerstand gefaßt.

Die kniffligste Frage war, wer die Kontrolle über die Cruise-Missiles erhalten sollte. Die Entscheidung, die in Europa stationierten Atomraketen mittlerer Reichweite zu modernisieren, wurde – man erinnere sich – auf Drängen der Europäer, insbesondere der Deutschen gefällt, die sehr darauf bedacht waren, eine »Entkoppelung« des amerikanischen und europäischen Zweigs der NATO zu verhindern. Die Amerikaner hatten die Raketen entwikkelt und finanziert, deshalb gehörten sie ihnen auch – wodurch die Kosten für die europäischen Regierungen enorm verringert wurden. Im US-Kongreß herrschte weitgehend die Überzeugung, daß Raketen, deren Eigentümer die Vereinigten Staaten waren, auch von den USA kontrolliert werden mußten. Doch aus den Besitzrechten der Amerikaner ergaben sich auch Folgen für die Entscheidungsgewalt im Falle eines Einsatzes.

In Großbritannien schlug sich der Argwohn gegenüber den Vereinigten Staaten in der Diskussion um die »Zweischlüsselbedienung« nieder – der Frage nämlich, ob eine technische Vorkehrung getroffen werden sollte, um sicherzustellen, daß die USA diese Waffen nicht ohne die Zustimmung der britischen Regierung abfeuern konnten. Eine solche Regelung wäre über das bestehende Abkommen hinausgegangen, nach dem die USA keine in Großbritannien stationierten Nuklearwaffen ohne eine »gemeinsame Entscheidung« der Briten und Amerikaner einsetzen würden.

Die Vereinigten Staaten hatten uns von Anfang an die Option einer »Zweischlüsselbedienung« angeboten, aber nur unter der Bedingung, daß wir die Raketen kaufen würden, was sehr hohe Kosten verursacht hätte. John Nott, damals noch Verteidigungsminister, befürwortete den Vorschlag der »Zweischlüsselbedienung«. Doch weder sein Amtsnachfolger Michael Heseltine noch ich teilten seine Ansicht. Das Vereinigte Königreich hatte noch nie die technische Kontrolle über Waffensysteme ausgeübt, die den USA gehörten und von ihnen betrieben wurden, und meiner Meinung nach war es weder fair noch notwendig, die USA um eine Änderung der bisherigen Praxis zu ersuchen. Außerdem, je mehr die Sowjets darüber eingeweiht waren, wie und unter welchen Bedingungen Cruise-Missiles abgefeuert wurden, um so unglaubwürdiger waren sie als Abschreckungsmittel. Die Sowjets konnten sogar zu der Überzeugung gelangen – und im Hinblick auf die Frage der Abschreckung war es belanglos, ob zu Recht oder nicht –, daß im letzten entscheidenden Moment die britische Regierung ihre Zustimmung zum Einsatz der Raketen verweigern würde. Und schließlich hätte die Einführung der »Zweischlüsselbedienung« auch alle anderen in Europa getroffenen Vereinbarungen in Frage gestellt. In Westdeutschland hatten – wie ich bereits ausgeführt habe – sowohl die Regierung als auch die Öffentlichkeit einer Stationierung von Cruise-Missiles und Pershing-II-Raketen nur unter der Bedingung zugestimmt, daß kein Deutscher über den letztendlichen Einsatz der Raketen bestimmen konnte.

Aus den genannten Gründen gelangte ich bei Gesprächen in Washington zu der Überzeugung, daß die gegenwärtige Regelung im Hinblick auf die britische Sicherheit völlig ausreichend war. Am 1. Mai 1983 entwarf ich zusammen mit Präsident Reagan die genaue Formulierung, in der dies festgeschrieben werden sollte. Ich wußte jedoch, daß wir damit einen schweren Stand in der

Öffentlichkeit haben würden. Denn nicht nur die Kernwaffengegner, sondern auch eine beträchtliche Anzahl unserer Anhänger inner- und außerhalb des Parlaments hegten Bedenken dagegen. Darüber hinaus bezogen die meisten Zeitungen in der Frage der »Zweischlüsselbedienung« gegen uns Front.

Es war vorauszusehen, daß der Terminplan für die Stationierung Schwierigkeiten mit sich bringen würde, vor allem deshalb, weil zuvor noch der Wahlkampf anstand. Wir waren sehr bemüht, in der Startphase und während des Wahlkampfs zu den Parlamentswahlen 1983 alle sichtbaren Anzeichen für Stationierungsmaßnahmen zu vermeiden, damit die Polizeikräfte nicht durch Demonstrationen gebunden wurden. Fast bis zum letzten Moment hatten wir geplant, die Wahlen im Herbst abzuhalten. Aber die Ereignisse wollten es so, daß die Wahlen im Juni stattfanden, weshalb es nicht zu den befürchteten Problemen kam. (Die Abschußrampen und die Sprengköpfe trafen wie geplant erst im November ein.)

In anderen europäischen Ländern gestaltete sich die Situation noch schwieriger. Sowohl in Italien als auch in Deutschland stieß die von der NATO vorgeschlagene Null-Lösung auf heftige Kritik in der Öffentlichkeit, weil viele sie für unrealistisch hielten. Und die Sowjets hatten eine große öffentliche Kampagne in Gang gesetzt.

Es war von entscheidender Bedeutung, daß die Haltung der NATO zur Rüstungskontrolle medienwirksam präsentiert wurde und daß die Allianz fest zusammenhielt. Am Mittwoch, dem 9. Februar, traf ich in der Downing Street mit George Bush zusammen, um diese Fragen zu erörtern. Der Vizepräsident war von Präsident Reagan beauftragt worden, mit den europäischen Regierungen engen Kontakt zu halten, und das tat er mit großem Geschick. Er war immer gut informiert und hatte eine geradlinige Art. Man wußte, daß seine Mitarbeiter auf ihn eingeschworen waren, was bewies, daß es sich dabei um seine ureigenen und keine vorgeschützten Eigenschaften handelte. Ich trat gegenüber dem Vizepräsidenten nachdrücklich dafür ein, daß die amerikanische Regierung bei den INF-Verhandlungen neue Initiativen ergreifen sollte. Ziel sollte ein zwischenzeitliches Abkommen sein, durch das begrenzte Reduzierungen auf sowjetischer Seite mit einer Ver-

minderung der Stationierungsmaßnahmen seitens der USA beant-
wortet würden, ohne dabei die Null-Lösung als letztes Ziel aufzugeben – das heißt die völlige Abschaffung der Nuklearwaffen
mittlerer Reichweite. George Bush unterbreitete meine Vorschläge Präsident Reagan,
der mir am Mittwoch, dem 16. Februar, darauf antwortete. Der
Präsident wollte sich zu diesem Zeitpunkt nicht auf eine neue
Initiative festlegen, erklärte sich aber bereit, jeden vernünftigen
Alternativvorschlag, der zum gleichen Ergebnis wie die Null-
Lösung führen könnte, ernsthaft zu prüfen. Das erschien mir
jedoch nicht ausreichend. Zwei Tage später sprach ich mit ihm
über den »heißen Draht«. Ich wies darauf hin, wie erfolgreich die
Europareise von Vizepräsident Bush verlaufen sei, machte aber
zugleich deutlich, daß sie die Erwartungen geschürt habe. Ich
hoffte, Präsident Reagan würde sich in der Rede, die er in Kürze zu
diesem Thema halten wollte, nicht auf die Wiederholung der
bereits bekannten Standpunkte der USA beschränken, sondern
Perspektiven für weitere Schritte aufzeigen. Wie sich später jedoch
herausstellte, enthielt die Rede des Präsidenten nichts Neues. Deshalb fuhr ich fort, hinter den Kulissen auf weitere Schritte bei den
Verhandlungen zu drängen, während ich in der Öffentlichkeit weiterhin voll und ganz die amerikanische Haltung unterstützte.

Am Montag, dem 14. März, erhielt ich von Präsident Reagan
erneut eine Botschaft. Er teilte mir mit, daß er einen sofortigen
Zwischenbericht über die INF-Verhandlungen angefordert habe,
auf dessen Grundlage man neue Instruktionen für das US-Ver-
handlungsteam entwerfen werde. In der Zwischenzeit sollten die
Europäer auf Forderungen nach größerer Flexibilität der USA verzichten. Außerdem richtete er die Bitte an mich, ich sollte mein
Vertrauen in die sehr enge Abstimmung der Politik unserer beider
Länder zum Ausdruck bringen. Ich erwiderte, daß ich diese Entscheidung sehr begrüße. Am Mittwoch, dem 23. März, informierte mich der Präsident von den Schlüssen, die er gezogen hatte. Paul
Nitze, der amerikanische Chefunterhändler, würde zwar die Null-
Lösung weiterhin als oberstes Ziel verfolgen, den Sowjets in Genf
jedoch vor Ende der laufenden Verhandlungsrunde mitteilen, daß
die USA sehr wohl bereit seien, über ein zwischenzeitliches
Abkommen zu verhandeln. Die Amerikaner würden die Stationie-

rung von Sprengköpfen auf eine bestimmte (noch festzulegende) Zahl begrenzen, sofern die UdSSR auf globaler Basis die Anzahl ihrer Sprengköpfe auf mobilen INF-Langstreckenraketen der der Amerikaner anglichen. Der Präsident sagte, nach seiner vorsichtigen Einschätzung der Lage sollte man sich derzeit auf keine konkreten Zahlen festlegen. Ich begrüßte auch die Entscheidung, wobei ich mich jedoch für die Festlegung genauer Zahlen einsetzte. Der Vorschlag, den der Präsident am 30. März vorlegte, enthielt dann jedoch keine quantitativen Angaben. Dennoch wirkte sich seine besonnene Flexibilität auf die öffentliche Meinung sehr positiv aus und kam uns in Großbritannien beim Wahlkampf zu den Parlamentswahlen zugute, die kurz danach stattfanden.

Die wirtschaftliche Erholung

In diesem Wahlkampf war die Verteidigungspolitik von größter politischer Bedeutung. Doch war ich mir sicher, daß das Wahlergebnis letztlich von der Wirtschaftslage abhängen würde. Im Haushaltsplan von 1981 hatten wir unseren Wirtschaftskurs bereits vorgezeichnet. Nun mußten wir versuchen, unsere Strategie auch durchzusetzen. Die damals bereits erreichte Solidität der öffentlichen Finanzen konnte man an der bemerkenswerten Tatsache ablesen, daß wir den Falkland-Krieg mit der Hilfe der Sicherheitsrücklagen finanzieren konnten, ohne auch nur einen Penny an zusätzlichen Steuern zu benötigen und nahezu ohne Beeinträchtigung der Finanzmärkte. Die Wirtschaft begann sich bereits zu erholen und hätte auch noch rascher gesunden können, wenn nicht die schleppende Weltkonjunktur bremsend gewirkt hätte. Der von Geoffrey Howe ausgearbeitete Haushaltsplan für 1982 sah vor, den Aufschwung einerseits durch Hilfsleistungen an die Unternehmen, andererseits durch gleichzeitige Senkung der Inflationsrate und der Zinssätze mittels Verringerung der öffentlichen Kreditaufnahme zu fördern. Die wichtigste Maßnahme zur direkten Wirtschaftsbelebung im Haushalt von 1982 war die Senkung der Abgabe auf die Sozialversicherung. Weitere Senkungen konnten wir zur Zeit der Regierungserklärung im Herbst 1982 und ein weiteres Mal im Haushalt von 1983 vornehmen. Dies war ein unmittelbarer Beitrag zur Verringerung der Lohnnebenkosten und zur Schaffung neuer Arbeitsplätze.

Ein anderes Mittel, um die Industrie zu stärken, ohne sich dabei in die nutzlose Aufgabe zu verstricken, die »Sieger herauszupikken«, bestand darin, die Anwendung der neuen »Informationstechnologie« (IT) zu fördern. An diesem Thema hatte ich ein besonders starkes Interesse. Als Wissenschaftlerin faszinierte mich schon die Technologie an sich; als leidenschaftliche Anwältin des freien unternehmerischen Kapitalismus war ich überzeugt, daß sie – vorausgesetzt, es gab einen geeigneten gesetzlichen Rahmen und eine entsprechend ausgebildete Arbeiterschaft – die Wahlmöglichkeiten erweitern, Wohlstand und neue Arbeitsplätze bringen und unser aller Lebensqualität verbessern konnte. Sowohl Keith Joseph vom Ministerium für Erziehung und Wissenschaft als auch Kenneth Baker vom Wirtschaftsministerium teilten meine Ansicht. Wir erklärten das Jahr 1982 zum Jahr der Informationstechnologie und unternahmen besondere Anstrengungen, um die Perspektiven, die die IT für die Wirtschaft bot, auf breiter Ebene aufzuzeigen. Natürlich gelang es den jungen Menschen am schnellsten, sich die neuen Fertigkeiten anzueignen, und eine unserer nützlichsten und meistgeschätzten Initiativen bestand darin, jede weiterführende Schule mit einem PC auszustatten.

Zum jetzigen Zeitpunkt lautete die Frage nicht, ob ein wirtschaftlicher Aufschwung eintreten würde, sondern wie rasch und wie nachhaltig die Konjunktur sich erholen würde und wann die Arbeitslosenrate anfangen würde zu sinken. Da unsere wirtschaftspolitische Herangehensweise auf der Überzeugung beruhte, daß weder die Politiker noch die Staatsbeamten die Antworten auf alle Fragen kennen, erlag ich nie der Versuchung, irgendwelche Zahlen aus dem Ärmel zu zaubern. Aber ich tat mein möglichstes, um Vertrauen herzustellen, denn solange die Fundamente – das heißt die öffentlichen Finanzen, die Geldpolitik, die Höhe der Steuersätze etc. – in Ordnung sind, führt Vertrauen an sich schon zu größeren Investitionen und zu höheren Konsumausgaben und hilft so bei der wirtschaftlichen Gesundung. Am Dienstag, dem 19. April 1983, sprach ich auf dem alljährlichen Dinner des Britischen Unternehmerverbandes CBI im Londoner Hilton-Hotel. Die Wahlen sollten nur wenige Wochen später stattfinden – was

jedoch weder das Publikum noch die Gastrednerin damals wußten. Ich erinnerte meine Zuhörer daran, daß noch vor zwei Jahren,
als ich das letzte Mal bei ihnen zu Gast gewesen war, die wirtschaftliche Lage Anlaß zu großer Besorgnis gegeben hatte:

> Damals hatten wir gerade einen Offenen Brief erhalten, der
> uns Verderben und ewige Finsternis prophezeite, falls wir
> unsere Politik nicht änderten. Der Brief war von genau 364
> Wirtschaftswissenschaftlern unterzeichnet: Somit hätte ich
> mir also ... für jeden Tag des Jahres – außer dem 1. April –
> einen schlechten Rat einholen können.

Seit damals waren jedoch durch die Senkung der Abgabe auf die
Sozialversicherung zwei Milliarden Pfund an die Privatunternehmen zurückgeflossen. Durch die Anhebung des Eingangssatzes
über die Inflationsrate wurde auch die Einkommenssteuer
gesenkt. Die Zinssätze lagen sieben Prozentpunkte unter ihrem
Höchststand, wodurch die Industrie weitere zwei Milliarden
Pfund einsparte. Der Wechselkurs war von dem hohen Stand von
2,45 US-Dollar im Oktober 1980 auf 1,54 US-Dollar gefallen.
Dies gab der Exportindustrie Aufschwung. Des weiteren waren
auch die Industrieproduktion, die Zahl der neugebauten Wohnungen und die Verkaufsziffern in der Automobilbranche nach oben
gegangen. Es gab also genügend Beweise für eine Gesundung der
Wirtschaft – und vor allem für eine Gesundung auf solider Grundlage.

Wir hatten den staatlichen Geldbedarf und die Verschuldung
der öffentlichen Hand unter Kontrolle gebracht. Völlig unerwartet begann jetzt, da die Konjunktur wieder stieg, der Anteil der
öffentlichen Ausgaben am Bruttoinlandsprodukt – wenn auch nur
leicht – zu sinken. Unsere Auslandsschulden hatten sich praktisch
halbiert, und die Produktivitätsrate der Industrie war insgesamt
gestiegen. Am beeindruckendsten war aber der Fall der Inflationsrate von 20 auf vier Prozent – der niedrigste Stand seit 13 Jahren.
Je näher der Wahltermin rückte, um so deutlicher stellten wir
unsere erfolgreiche Bekämpfung der Inflation heraus, nicht
zuletzt, weil die Labour Party eine gewaltige Erhöhung der öffentlichen Ausgaben und der Verschuldung versprach, was niemals

auf seriöse Weise finanziert werden konnte und was die Preise in die Höhe getrieben hätte. Der einzige Makel in unserer Erfolgsbilanz war natürlich die Arbeitslosenziffer, die immer noch bei mehr als drei Millionen lag. Es war von entscheidender Bedeutung, daß wir im Wahlkampf die Gründe für diese hohe Arbeitslosigkeit erklärten und unsere künftigen Maßnahmen für ihre Bekämpfung darlegten. Das Resultat unserer Bemühungen, mit diesem Problem zurechtzukommen, würde ein Gradmesser für unsere Überzeugungskraft und unseren Kredit bei der Bevölkerung sein; in gleicher Weise war es aber auch ein Prüfstein für die Reife und den Bewußtseinsstand der britischen Wählerschaft.

Die Gewerkschaften

Anders als manche meiner Ministerkollegen war ich immer der Überzeugung, daß unter gleichbleibenden Voraussetzungen die Arbeitslosenrate in direktem Verhältnis zur Macht der Gewerkschaften steht. Die Gewerkschaften hatten die Arbeitsplätze vieler ihrer Mitglieder zerstört, indem sie für ungenügende Leistungen völlig überhöhte Lohnforderungen stellten, so daß die britischen Produkte nicht mehr wettbewerbsfähig waren. Deshalb lag meinem neuen Arbeitsminister Norman Tebbitt und mir sehr viel daran, die Reform des Gewerkschaftsgesetzes voranzutreiben, die, wie wir wußten, so notwendig wie populär war – nicht zuletzt bei den Gewerkschaftsmitgliedern selbst.

Norman verschwendete keine Zeit. Ende Oktober 1981 bat er das Kabinett um Zustimmung für eine Vorlage, aus der das Beschäftigungsgesetz von 1982 hervorgehen sollte. Es behandelte sechs Hauptpunkte:

Die Abfindungen für Beschäftigte in *closed shops* (Betriebe mit Gewerkschaftszwang für die Beschäftigten), die aus ungerechtfertigten Gründen entlassen wurden, sollten beträchtlich erhöht werden.

In den bestehenden *closed shops* sollten regelmäßig Abstimmungen darüber stattfinden, ob die Mitarbeiter die Beibehaltung dieses Status wünschten.

Die Vertragsklausel »nur für Gewerkschaftsmitglieder«, welche alle Firmen benachteiligte, die keine *closed shops* waren, sollte für gesetzwidrig erklärt werden.

Künftig sollten Arbeitgeber das Recht erhalten, alle an einem Streik oder sonstigen Arbeitskämpfen beteiligten Beschäftigten zu entlassen, ohne dafür wegen ungerechtfertigter Kündigung belangt zu werden, vorausgesetzt, daß alle Teilnehmer des betreffenden Streiks entlassen werden.

Die Definition eines rechtmäßigen Arbeitskampfes sollte in einigen Punkten enger gefaßt werden, um dadurch die Schlupflöcher in der auf Jim Prior zurückgehenden Gesetzgebung zu schließen. Sie betrafen vor allem die Begrenzung der Immunität bei Solidaritätsstreiks.

Der mit Abstand wichtigste Punkt in Normans Entwurf betraf die Unantastbarkeit des Gewerkschaftsvermögens. Kraft Abschnitt 14 des Labour's Trade Union and Labour Relation Act von 1974 genossen die Gewerkschaften praktisch unbegrenzten Schutz vor Schadensersatzklagen, selbst wenn die gewerkschaftlichen Kampfmaßnahmen nicht in direktem Zusammenhang mit Arbeitsstreitigkeiten standen. Die Gewerkschaften bzw. die in ihrem Namen handelnden Funktionäre konnten für gesetzwidrige Aktionen nicht belangt werden. Diese umfassende Immunität war völlig untragbar. Solange sich die Gewerkschaften hinter dieser Regelung verschanzen konnten, gab es für sie keinen zwingenden Grund, dafür zu sorgen, daß Kampfmaßnahmen nur in den gesetzlich zulässigen Fällen – also aufgrund von Arbeitsstreitigkeiten – stattfanden und auch sonst Recht und Gesetz dabei gewahrt blieben. Norman schlug deshalb vor, die gewerkschaftliche Immunität auf das Maß zu begrenzen, das seit unserem 1980 beschlossenen Gesetz für Einzelpersonen galt.[2] Beide Regelungen zur Immunität sollten zudem noch enger gefaßt werden, indem man die Vertragsklausel »nur für Gewerkschaftsmitglieder« für gesetzwidrig erklärt und den Begriff der Arbeitsstreitigkeit genauer definierte: Bei Arbeitsstreitigkeiten, die sich nicht vornehmlich um Löhne und Arbeitsbedingungen drehten, und bei Konflikten zwischen den Einzelgewerkschaften würde die Immunität aufgehoben.

Wir mußten damit rechnen, daß die Gewerkschaften heftigen Widerstand leisten würden gegen alle Bestrebungen, sie zu belangen und für Schäden haftbar zu machen. Zweifellos würden sie behaupten, wir versuchten sie an der Wahrnehmung der Interessen ihrer Mitglieder zu hindern. Deshalb war es besonders wichtig, die Fairneß unserer Vorschläge zu erläutern und zu betonen, daß die Gewerkschaften sich nur dann einer Gefahr aussetzten, wenn sie Taten begingen, für die auch jeder Bürger bestraft wurde. Wir waren überzeugt, daß die breite Öffentlichkeit diese Argumente für vernünftig halten würde. Außerdem machten wir den Vorschlag, die Höhe des Schadensersatzes, der von Gewerkschaften gefordert werden konnte, zu begrenzen. Dagegen sollte es natürlich keine Obergrenze für die Geldstrafen geben, die ein Gericht wegen Rechtsverletzung verhängen konnte – eine sehr wichtige Unterscheidung.

Zunächst gab es im Kabinett – auch von seiten mancher, bei denen wir es gar nicht erwarteten – einigen Widerstand gegen Normans Vorschläge. Die meisten von uns aber äußerten sich voller Bewunderung darüber. In einigen strittigen Punkten überarbeitete Norman seine Vorlage zwar, doch das im November vom Kabinett gebilligte Paket entsprach im wesentlichen seinen ursprünglichen Vorstellungen. Noch im selben Monat legte Norman unseren Vorschlag dem Unterhaus vor. Der Gesetzentwurf wurde im Februar diskutiert, und am 1. Dezember schließlich traten die wichtigsten Bestimmungen des neuen Gesetzes in Kraft.

Die neuen Regelungen waren alles andere als unpopulär, und die Kritik, die von verschiedenen Seiten laut wurde, entzündete sich ganz im Gegenteil daran, daß das Gesetz nicht weit genug gehe. Die SDP versuchte uns mit der Forderung zu überbieten, daß die Anzahl der vorgeschriebenen geheimen Abstimmungen innerhalb der Gewerkschaften noch erweitert werden solle. Viele unserer eigenen Anhänger drängten darauf, daß wir Maßnahmen gegen den Mißbrauch ergriffen, der mit dem »politischen Beitrag« getrieben wurde – dabei handelt es sich um eine bestimmte Summe, die jedes Gewerkschaftsmitglied abzuführen hat und die hauptsächlich der Labour Party zugute kommt. Man drängte uns auch hartnäckig, etwas gegen Streiks in den lebenswichtigen Bereichen der Wirtschaft zu unternehmen – solche Forderungen wurden verstärkt erhoben, wenn Streiks im öffentlichen Sektor drohten, was 1982 häufiger der Fall war. Es wäre aber nicht sinnvoll gewesen, alle diese Punkte in einem einzigen Gesetz anzupacken, da jedes einzelne Thema komplexe Fragen aufwarf. Auf diesem wichtigen Gebiet konnten wir es uns nicht leisten, Fehler zu begehen. Ich war überzeugt, daß der gewaltige Schritt, den Norman gegen die Unantastbarkeit der Gewerkschaftsvermögen unternommen hatte, zunächst genügte. Und ich war froh, daß sich das politische Klima verändert hatte und daß man sich der Gefahren, die von der Macht der Gewerkschaften ausgingen, jetzt allgemein stärker bewußt war. Wir würden auch diese Schlacht gewinnen.

Norman und ich setzten unsere Diskussionen zu diesem Thema im Sommer 1982 fort. Im September präsentierte er seine Vorschläge für eine neue gesetzliche Regelung zu den Beziehungen der Tarifparteien; sein Papier sollte dem Kabinettsausschuß für Wirtschaft offiziell vorgelegt werden und vielleicht auch Eingang in unser Wahlprogramm finden. Norman hatte auch angekündigt, daß wir mit allen Beteiligten Beratungen zu einem Gesetz durchführen würden, welches den Gewerkschaften bei der Wahl ihrer Vorstände geheime Abstimmungen vorschreiben sollte. In beiden Häusern des Parlaments gab es massive Forderungen, die Gewerkschaften sollten zu geheimen Urabstimmungen vor Streikaktionen verpflichtet werden. Doch wir waren in dieser Frage uneins.

Die Minister diskutierten nun die Prioritätenliste für das bevorstehende Grünbuch [Vorschläge zu Maßnahmen, die im Parlament diskutiert werden sollen; A. d. Ü.]. Wir einigten uns auf drei Themen: Abstimmungen bei der Wahl der Gewerkschaftsleitung, Urabstimmungszwang bei Streiks und »politischer Beitrag«. Norman hatte Vorbehalte gegen die Einführung von obligatorischen Urabstimmungen, denn wir hatten zuvor beschlossen, daß diese freiwillig sein sollten. Außerdem bestanden Zweifel, ob durch Abstimmungen tatsächlich die Anzahl und Dauer von Streiks verringert werden konnten. Doch ich hielt es für sehr vorteilhaft, bei der Reform der Gewerkschaften die unverzichtbaren Prinzipien der Demokratie zur Geltung zu bringen. Außerdem lag mir viel daran, im Grünbuch unsere Vorschläge zu den Abstimmungen vor Streiks positiv darzustellen.

Im Januar 1983 veröffentlichten wir das Grünbuch unter dem Titel »Demokratie in den Gewerkschaften«; und im April erörterte eine Ministerrunde unser weiteres Vorgehen. Was die gewerkschaftlichen Vorstandswahlen und die Urabstimmungen vor Streiks betraf, waren wir uns völlig einig. Doch bei zwei anderen Themen – der Abwehr von Streiks in lebenswichtigen Bereichen und dem »politischen Beitrag« – gab es größere Schwierigkeiten. Seit dem Zweiten Weltkrieg gehörten in Großbritannien Streiks im öffentlichen Sektor und die sich daraus ergebenden Beeinträchtigungen zum gewohnten Alltagsbild. 1982 war ein besonders schwieriges Jahr. Zweimal wurde bei den Eisenbahnen gestreikt. Außerdem gab es im Nationalen Gesundheitsdienst einen langen und quälenden Arbeitskampf, der von Mai bis Mitte Dezember dauerte; er hatte damit begonnen, daß das nichtmedizinische Hilfspersonal wegen Lohnforderungen in den Ausstand trat. Ein Streik in den Wasserwerken schließlich warf in verstärktem Maße die Frage auf, wie man mit der Unterbrechung lebenswichtiger Dienstleistungen umgehen sollte. Allerdings gab es gewaltige praktische Schwierigkeiten bei der Lösung dieses Problems. Wie sollte man einen »lebenswichtigen Bereich« definieren? Wieviel würde es den Steuerzahler zusätzlich kosten, wenn man Abkommen zur Verhinderung von Streiks abschloß? Welche Strafen sollten bei Verstößen gegen ein solches Anti-Streik-Abkommen verhängt werden?

Der »politische Beitrag« der Gewerkschaftsmitglieder war ein zweites heikles Thema. Die erhobenen Beiträge flossen in den politischen Fonds der jeweiligen Gewerkschaft und kamen – wie ich bereits erwähnte – in erster Linie der Labour Party zugute. Der Beitrag wurde nach dem Prinzip des »contracting out« erhoben, das heißt, er wurde von den Gewerkschaftsmitgliedern automatisch eingezogen, solange sie sich nicht ausdrücklich weigerten. Auf den ersten Blick konnte man zu der Ansicht gelangen, es wäre gerechter, die Beitragserhebung auf das »Contracting-in«-Prinzip umzustellen, und es gab auch Stimmen, die dies forderten. Doch ein »contracting in« hätte sich auf die Finanzlage der Labour Party verheerend ausgewirkt, weil diese stark von den Gewerkschaften abhängig war. Hätten wir also eine solche Umstellung veranlaßt, wäre unweigerlich die Forderung laut geworden, den Modus der Spenden von Unternehmen an die politischen Parteien zu ändern, von dem natürlich in erster Linie die Konservative Partei profitierte. Allerdings bin ich nicht der Meinung, daß sich diese

beiden Sachverhalte vergleichen lassen: Schließlich wäre es für
Gewerkschaftsmitglieder in einem *closed shop* sehr schwierig, die
Zahlung des »politischen Beitrags« zu verweigern, insbesondere,
wenn der Arbeitgeber mit der betreffenden Gewerkschaft vereinbart hat, den Beitrag automatisch vom Lohn »abzuziehen«. Andererseits könnten Aktionäre, die nicht damit einverstanden sind,
daß das Unternehmen Spenden an politische Parteien abführt, entweder vom Aufsichtsrat Rechenschaft über diese Entscheidung
fordern oder einfach ihre Anteile verkaufen. Aber die Finanzierung der politischen Parteien war nun einmal ein heikles Thema.
Hätten wir hier unmittelbar vor den Parlamentswahlen radikale
Änderungen propagiert, hätte man uns der Unfairneß geziehen:
Einerseits, hätte es geheißen, wollten wir die Labour Party finanziell ausbluten lassen und andererseits bei der Spendenpolitik der
Unternehmen alles beim alten belassen.

Am Dienstag, dem 10. Mai, berief ich eine Ministerrunde ein,
bei der wir die Linie für unser Wahlprogramm festlegten. In den
»lebenswichtigen Bereichen« würde die Einführung von Urabstimmungen mit Sicherheit dazu beitragen, die Gefahr von Streiks
zu verringern. Doch wir würden auch weiterhin darüber beraten,
wie man Konflikte zwischen den Tarifparteien in »lebenswichtigen Bereichen« durch entsprechende Regelungen steuern konnte,
wobei Verstöße den Verlust der gewerkschaftlichen Immunität bei
Arbeitskämpfen nach sich ziehen würde. Zur Frage des »politischen Beitrags« wußten wir aus den Beratungen zum Grünbuch,
daß in weiten Kreisen Bedenken gegenüber der Handhabung dieses Systems herrschten. Deshalb schlugen wir vor, uns mit dem
Gewerkschaftsdachverband TUC zu beraten, um zu erfahren, welche Maßnahmen er zu ergreifen gedachte; falls dies zu keinem
Ergebnis führte, würden wir selbst etwas unternehmen. Mit diesen Fragen würden wir uns nach den Wahlen noch einmal beschäftigen müssen. Doch bei der Aufgabe, die erdrückende Macht der
Gewerkschaften zu beschneiden, hatten wir bereits jetzt wesentliche Fortschritte erzielt, mehr jedenfalls, als es die Furchtsamen je
für möglich gehalten hätten. Diese Bemühungen waren mitnichten zu einem politischen Alptraum geworden, sondern stellten
einen unserer großen Pluspunkte beim Wähler dar.

11
Alle Schäfchen im trockenen

Hintergrund und Verlauf des
Wahlkampfes 1983

Das Wahlprogramm

Die zentrale Bedeutung des Programms bei britischen Wahlen
erscheint ausländischen Beobachtern oft etwas eigenartig. Wahlprogramme haben in Großbritannien im Lauf der Jahre zunehmend an Bedeutung gewonnen und sind immer ausführlicher
geworden. Die in den Vereinigten Staaten und auf dem europäischen Kontinent üblichen programmatischen Erklärungen der
Parteien zu einer Wahl haben im Vergleich dazu wesentlich weniger Gewicht, weshalb ihnen bei weitem keine solch eingehende
Beachtung geschenkt wird. Aber auch in Großbritannien werden
Wahlprogramme erst seit relativ kurzer Zeit mit so detailliert ausgearbeiteten Vorschlägen versehen.

Das erste konservative Wahlprogramm war die Rede von Sir
Robert Peel an seine Wähler in Tamworth im Jahre 1835. Dieses
»Tamworth Manifesto« weist bei allem Unterschied eine grundle-
gende Ähnlichkeit mit den Wahlprogrammen der Konservativen
Partei unserer Zeit auf: Damals wie heute ist es in erster Linie eine
Aussage des Parteiführers zu seiner Politik.

Ich mußte mich nie mit mühseligen Komitees und Parteistatuten
abquälen, jenem Procedere, das die Erstellung und Annahme des
Parteiprogramms bei der Labour Party zu einem solchen
Alptraum macht. Allerdings kann der Parteivorsitzende dienstäl-
teren Kollegen auch nicht nur seine Ansichten diktieren: Die restlichen Regierungsmitglieder und die eigene Fraktion müssen sich
den im Programm unterbreiteten Vorschlägen verpflichtet fühlen,

was zwangsläufig ausführliche Beratungen notwendig macht. Ich erörterte dieses Problem mit Cecil Parkinson, und wir kamen überein, daß Geoffrey Howe der richtige Mann sei, um die Ausarbeitung des Programms zu leiten. Es gab wohl kaum jemanden, der so sehr vom Wert eingehender Konsultationen überzeugt war wie Geoffrey, und nachdem es notwendig geworden war, das Finanzministerium aus dem Falkland-Kriegskabinett auszuschließen, begrüßte er diese Gelegenheit, die ihm die Möglichkeit bot, stärker in Erscheinung zu treten. Als Schatzkanzler verfügte er über die Autorität und Erfahrung, die zur Überwachung der erforderlichen politischen Detailarbeit nötig waren. Rückblickend war diese Lösung jedoch nur in einer Hinsicht ein Erfolg – sie diente zu meiner Entlastung. Doch wie sich zeigen wird, hatte sie auch gravierende Nachteile, und deshalb entschloß ich mich 1987, die Vorarbeit für das Wahlprogramm selbst zu überwachen.

Die Arbeit begann bereits fast ein Jahr vor der Wahl. Am Samstag, dem 19. Juni 1982, genehmigte ich die Einrichtung programmatischer Arbeitskreise mit folgender Weisung: »Erfassung der Aufgaben einer konservativen Regierung für dieses Jahrzehnt, Vorschläge für mögliche Initiativen und, wo sich dies als nicht möglich erweist, Festhalten von Sachpunkten zur weiteren Bearbeitung.« Ursprünglich hatten wir elf derartige Gruppen bilden wollen; zwei wurden jedoch nie eingerichtet: Den Gedanken eines Arbeitskreises für eine Verfassungsreform ließen wir fallen, weil ich der Meinung war, daß es zu diesem Thema absolut nichts von Bedeutung zu sagen gab; und die Richtlinien über die »Erweiterung der gesellschaftlichen Wahlmöglichkeiten« erwiesen sich als zu vage. (Es war besser, wenn die anderen Gruppen im einzelnen dieses Thema mitberücksichtigten.) Die neun Arbeitskreise, die wir einrichteten, befaßten sich mit folgenden Problemen: Arbeitslosigkeit, Unternehmertum, Familien- und Frauenfragen, Bildung, Recht und Ordnung in den Städten, Armut, Europäische Gemeinschaft, verstaatlichte Industrien und städtischer Nahverkehr. Wir beschlossen, die Leitung jedes Arbeitskreises einem Abgeordneten des Unterhauses oder einem Peer aus dem Oberhaus zu übertragen, der dabei behilflich sein sollte, aus konservativen Kreisen der Akademiker und der Geschäftswelt sowie der freiwilligen Hilforganisationen und der Kommunalverwaltungen Mitarbeiter zu rekrutieren. Um die Regierung auf dem laufenden zu halten, sollten Sonderberater der jeweiligen Kabinettsminister an den Sitzungen teilnehmen. (Sonderberater werden nach parteipolitischen Gesichtspunkten ernannt und unterliegen somit nicht dem Zwang zu politischer Neutralität, der den Einsatz von Beamten der Staatsverwaltung zu solchen Zwecken verhindert.) Verwaltungs- und Recherchearbeiten wurden von Mitgliedern des Conservative Research Department erledigt.

Im wesentlichen hatten diese Arbeitskreise zwei Aufgaben. Die erste und vordringlichere lag darin, die Partei als Ganzes in unsere Zukunftsplanung miteinzubeziehen. In diesem Punkt waren sie meines Erachtens ein voller Erfolg. Ihre zweite Aufgabe bestand in der Entwicklung neuer Ideen für das Parteiprogramm, doch unglücklicherweise erwiesen sie sich hierbei als ein Fehlschlag. Aus unerklärlichen Gründen dauerte es zu lange, bis wir geeignete Vorsitzende fanden und ausgewogene Gruppenstrukturen erreichten. Dadurch konnten sie erst im Oktober oder November 1982 die Arbeit aufnehmen – ursprünglich hatten wir in unserem Optimismus geplant, sie könnten bereits im Juli beginnen. Erste Ergebnisse wurden deshalb nicht vor Ende März 1983 abgeliefert, doch bis dahin hatte natürlich auch die Regierung ihre politische Planung schon weit vorangetrieben. Ein zusätzliches Problem erwuchs aus der ständigen Versuchung, sich als großen »Insider« zu präsentieren, was nur allzuoft dazu führte, daß von Gruppen erarbeitete Ergebnisse an die Presse durchsickerten. Sogar die Times veröffentlichte den Auszug eines detaillierten Berichts der Gruppe Bildungspolitik.

Wirklich bahnbrechende Vorschläge in einem Parteiprogramm können nur über einen längeren Zeitraum entwickelt werden. Wenn man sich auf gute Ideen verläßt, die erst im letzten Augenblick entstanden sind, birgt dies die Gefahr in sich, daß ein Parteiprogramm zusammenhanglos und realitätsfern ausfällt. Deshalb mußte die tatsächliche Arbeit für das Wahlprogramm von 1983 letztlich in der Downing Street in Zusammenarbeit mit Fachministern geleistet werden.

Als Chef meines Beraterstabs in der Downing Street war Ferdy Mount der ideale Mann, um das Programm zu entwerfen, und darüber hinaus verfügte er auch über das nötige Talent dafür. Aus den »›Forward Look‹ Papers«, den Planungsberichten der Minister, die ich Ende 1982 erhielt, konnte er sehr gut deren Vorstellungen ersehen. Der nächste Schritt folgte im Februar 1983, als Geoffrey Howe Kabinettskollegen schriftlich aufforderte, ihm bis spätestens April Vorschläge für das Programm zu überreichen. Eine kleinere und mir direkt unterstehende Gruppe von Ministern und Beratern würde sie sodann entweder ausarbeiten oder verwerfen. Das Finanzministerium wollte die Kosten der Vorschläge gut im Auge behalten – ein weiterer Vorteil von Geoffreys direkter Mitarbeit –, so daß wir während der Wahl sagen konnten, alle unsere Vorschläge hätten in unserem letzten Weißbuch über die öffentlichen Ausgaben (Public Expenditure White Paper) Eingang gefunden. Da wir davon ausgingen, daß der Gegensatz zwischen der Vernunft der Torys und der Verschwendungssucht von Labour ein zentrales Wahlkampfthema sein würde, war dies sowohl politisch als auch ökonomisch sinnvoll.

Von März bis Anfang April arbeiteten Ferdy, Geoffrey Howe und dessen Berater Adam Ridley intensiv an Ferdys erstem Entwurf. Am Wochenende des 9. und 10. April gesellten sich Cecil Parkinson, Keith Joseph, Norman Tebbit, David Howell und Peter Gropper (der Direktor des Conservative Research Department) zu ihnen, da an diesen beiden Tagen ministerielle Vorlagen erörtert wurden. Ende April war der Entwurf im großen und ganzen fertig, und ich konnte mich damit am Sonntag, dem 24. April, in Chequers im Beisein von Geoffrey, Cecil, Ferdy und Adam befassen. Kurz darauf trat das politische Beratungskomitee der Partei (Party's Advisory Committee on Policy) unter Vorsitz von Keith Joseph zusammen, um dem Programmentwurf das endgültige Plazet der Partei zu geben. Im Lichte späterer Ereignisse betrachtet erscheint es interessant, daß die meiste Kritik von seiten der beiden Vertreter des Komitees von 1922 kam. Sie meinten, wir würden nicht genügend zur Reformierung der *Rates* unternehmen. Am Mittwoch, dem 4. Mai, wurden einzelne Abschnitte des Entwurfs an verschiedene Minister zur Überprüfung weitergeleitet. Einige letzte Änderungen nahmen wir bei einem letzten Treffen zur Festlegung der Wahlstrategie am darauffolgenden Sonntag in Chequers vor, und danach ging das Programm in Druck. Die Fahnen wurden schließlich bei einer inoffiziellen Sitzung dem Kabinett vorgelegt.

ALLE SCHÄFCHEN IM TROCKENEN

Die wichtigsten Versprechen, die das Wahlprogramm enthielt, ließen sich in drei Gruppen gliedern. Erstens wollten wir uns für die Beschleunigung der Privatisierung einsetzen, eine Maßnahme, die für unseren gesamten ökonomischen Ansatz von grundlegender Bedeutung war. Im Falle eines Wahlsieges wollten wir British Telecom, British Airways, große Bereiche von British Steel, British Shipbuilders, British Leyland und möglichst viele der britischen Flughäfen verkaufen. Ferner sollten die Offshore-Anteile von Ölförderungen der British Gas privatisiert werden, und auch in die National Bus Company sollte privates Kapital einfließen. Das war ein ehrgeiziges Programm – weit umfassender, als wir es bei der Amtsübernahme vor erst vier Jahren für möglich gehalten hatten.

Das zweite bedeutende Wahlversprechen betraf die Reform der Gewerkschaften. Ausgehend von den Beratungen über unser Grünbuch zum Thema Demokratisierung der Gewerkschaften (Trade Union Democracy Green Paper) versprachen wir, Gesetze zu erlassen, die Wahlen für die leitenden Gewerkschaftsorgane sowie Urabstimmungen vor Streiks vorschrieben; Gewerkschaften, die sich dagegen sträubten, sollten ihre Immunität verlieren. Wie schon bemerkt, gaben wir ferner die vorsichtige Zusicherung, ein Gesetz zur Erhebung des »politischen Beitrags« von Gewerkschaftsmitgliedern zu erwägen sowie eine gesetzliche Regelung von Streiks in Schlüsselbereichen des Dienstleistungssektors. Diese Vorsicht war gerechtfertigt: Wir hatten zu diesem Punkt bereits Gesetze erlassen. Zu einer Zeit, als die Labour Party versprach, unsere früheren Gesetze zur Reform der Gewerkschaften außer Kraft zu setzen, faßten wir neue ins Auge: Der Gegensatz zwischen den Parteien war gewaltig, und wir waren uns sicher, daß die Wähler dies zu würdigen wußten.

Die dritte Kategorie unserer Wahlversprechen betraf die Kommunalverwaltung. Vor allem wollten wir das Greater London Council (GLC) und die [sechs; A.d.Ü.] Stadträte (Councils) der Metropolitan Counties, der Stadtgrafschaften, abschaffen und ihre Funktionen – die wir ohnehin schon begrenzt hatten – auf Gemeinderäte übertragen, die engeren Kontakt zur Bevölkerung hatten – den Boroughs in London und den Stadtbezirksämtern (Districts) in den anderen Stadtgrafschaften. Dieser Vorschlag rief große Überraschung hervor und wurde als übereilter, wenig

durchdachter Vorschlag dargestellt. Doch die Wahrheit sah ganz
anders aus. Schon im Jahr zuvor hatte ein Kabinettsausschuß dieses Problem gründlich untersucht und die Abschaffung des GLC
und der Metropolitan County Councils empfohlen. Die Furcht
vor undichten Stellen in der Regierung veranlaßte mich jedoch,
diese Frage erst kurz vor der Wahl dem Kabinett zur letzten Entscheidung vorzulegen. Ferner versprachen wir eine Gesetzgebung,
die als »Rate Capping« (Festsetzen von Obergrenzen bei den
Rates) bekannt werden sollte – sie sollte es uns ermöglichen,
besonders ausgabenfreudige Gemeinderäte an die Kandare zu
nehmen, was den Interessen der jeweiligen ortsansässigen Bevölkerung wie auch der Wirtschaft insgesamt zugute kommen würde.

Das Wahlprogramm brachte zwar auch die politischen Überlegungen innerhalb der Partei einen Schritt weiter, doch alles in
allem war es kein bahnbrechendes Dokument. Die ersten Jahre
der konservativen Regierung waren vom Kampf gegen die Inflation und von dem ganz anders gearteten Kampf im Südatlantik
dominiert gewesen. So erfolgreich wir auf beiden Gebieten auch
waren, so eignete sich doch weder das Thema Wirtschaft noch das
der Verteidigung sonderlich gut für ein Wahlprogramm. Die
Sozialpolitik schien in dieser Hinsicht vielversprechender, doch
bei diesem Aufgabengebiet, das in den beiden folgenden Legislaturperioden zunehmend an Bedeutung gewinnen sollte, standen
wir noch ganz am Anfang. Und zumindest was diesen Bereich
betraf, war Geoffrey Howe wahrscheinlich zu vorsichtig. Ich war
etwas enttäuscht, wenngleich ich verstehen konnte, daß es taktisch sinnvoll war, ein eher moderates Wahlprogramm aufzustellen und uns mehr darauf zu konzentrieren, die Abenteuerlichkeit
der Labour Party herauszustellen.

Möglicherweise war das Wichtigste an diesem Wahlprogramm
das, was darin nicht enthalten war: Es versprach weder eine Änderung unseres Kurses noch eine weniger zügige Gangart in der
Zukunft. Und es ließ den Befürwortern von Sozialismus und Korporativismus keinen Spielraum. Im Vorwort erklärte ich meine
Vision von Großbritannien und den Briten:

... eine große Kette von Menschen, die sich weit in die Vergangenheit und in die Zukunft erstreckt, verbunden durch

den gemeinsamen Glauben an die Größe ihres Landes und an die Freiheit, in der sich alle dazu aufgerufen fühlen, ihren Beitrag zu leisten.

Hatte ich recht damit, daß ich dies damals für den Geist der Zeit hielt? Oder wollten die Menschen tatsächlich den Sozialismus? Die Antwort darauf sollten uns in Kürze die Wähler geben.

Die Planung des Wahlkampfes

Den 5. Januar 1983, einen Mittwoch, wollte ich ausschließlich der Diskussion unserer allgemeinen Wahlstrategie widmen. Da dieser Termin in den Ferien lag, trafen wir uns in Chequers; dort läßt sich gut und in Ruhe nachdenken. Die erste Hälfte des Vormittags saß ich mit Cecil Parkinson, dem stellvertretenden Parteivorsitzenden Michael Spicer, Ian Gow und David Wolfson zusammen. Wir kamen bei einer Reihe von Themen zu vorläufigen Ergebnissen.

Eine der wichtigsten Fragen war, wer mich bei meinen Wahlkampfauftritten begleiten sollte. Es war ein Bus mit Sonderausstattung angemietet worden, mit dem ich das ganze Land bereisen würde, und wir wollten versuchen, mein Begleitteam so klein wie möglich zu halten. Im Endeffekt stellte sich jedoch heraus, daß doch immer eine ganze Anzahl Mitreisender im Bus waren. Daß Ian Gow, mein Persönlicher Referent mit von der Partie war, verstand sich von selbst; nur wenn er aufgrund von Verpflichtungen in seinem Wahlkreis nicht abkömmlich sein würde, sollte mich Michael Spicer begleiten. Derek Howe und Tony Shrimsley sollten abwechselnd als Pressesprecher fungieren. John Whittingdale, der damals erst 23 Jahre alt war und später mein Staatssekretär (Political Secretary) werden sollte, würde sich um Recherchen kümmern. Alison Ward und Tessa Gaisman aus der Downing Street tippten meine Reden, und eines der »Garden Room Girls« sorgte für ständigen Kontakt mit Nr. 10 für den Fall, daß ich mich dort umgehend um etwas zu kümmern hatte. Last but not least begleitete mich auch meine Tochter Carol, die die täglichen Geschehnisse des Wahlkampfes aufschrieb und veröffentlichte. Harvey Thomas fuhr voraus, organisierte Versammlungen und zog Erkundi-

gungen für die Presse ein, während seine Frau Texte für den Teleprompter tippte, den ich inzwischen bei allen großen Reden einsetzte. Das Reisen im Bus war zwangsläufig anstrengend, doch wir
wußten, daß es uns zu einer besseren Präsentation in den Medien
verhelfen würde. Oft konnte ich auch per Flugzeug oder Bahn zum
Ausgangsort der eigentlichen Tour gelangen und während der
Anreise noch an Reden oder Instruktionen arbeiten.

Bei dieser Zusammenkunft trafen wir auch Abmachungen zur
personellen Besetzung einer Korrespondenzgruppe, die sich während des Wahlkampfes um meine Post kümmern sollte. Ich
beschloß, Sir John Eden, einen ehemaligen Minister, der nicht
mehr für das Parlament kandidierte, mit dieser Aufgabe zu betrau-
en. Als nächstes galt es zu entscheiden, wer das Komitee für
Grundsatzfragen (Questions of Policy Committee) in der Parteizentrale leiten sollte, das bei jeder Wahl eingerichtet wurde, um
auf schwierige Fragen, die unseren Kandidaten gestellt wurden,
maßgebende Antworten zu erarbeiten. [Ich kam zu dem Schluß,
daß Angus Maude, der beschlossen hatte, seinen Parlamentssitz
aufzugeben, der ideale Vorsitzende für dieses Komitee sei.]

Am späteren Vormittag stießen einige andere langgediente Mitarbeiter aus der Parteizentrale zu uns und gaben ihre Vorhaben
bekannt. Ein Problem, das sich bei jeder Wahl erneut stellte, war,
wann das Conservative Research Department seinen voluminösen
und zu Recht berühmten Wahlkampfführer (Campaign Guide),
eine politische Enzyklopädie, veröffentlichen sollte, der von Vertretern jeglicher politischer Couleur benutzt wird – bis hin zu linken Journalisten, die für eigene Recherchen zu faul sind. Das
Erscheinen dieser Publikation heizte die Wahlspekulationen stets
kräftig an. Wir entschlossen uns für die Veröffentlichung im Juli;
doch schließlich und endlich wurde der Wahltermin vorgezogen,
und wir mußten die Arbeit an dem Führer in aller Eile vorantreiben, damit er rechtzeitig zum Beginn des Wahlkampfes im Mai
vorlag. Wir diskutierten auch weiteres Informationsmaterial, das
für die Wahlkreise benötigt würde.

Auch ein Bericht der Kommission zur Festlegung der Wahlkreis-
grenzen (Boundary Commission) war fällig, und obwohl die Partei von ihren Vorschlägen für die Neuverteilung der Parlamentssitze beträchtlich profitieren würde, war es umgekehrt auch schwie-

rig, die kritischen Wahlkreise mit knappen Mehrheitsverhältnissen genau auszumachen, in denen die Chancen für Sieg und Niederlage gleichstanden. Es war deshalb absolut notwendig, daß wir unsere Anstrengungen auf diese Wahlkreise konzentrierten. Als nächstes erörterten wir unseren Umgang mit dem Fernsehen. Vieles sprach dafür, daß es in diesem Wahlkampf eine noch wichtigere Rolle spielen würde als früher, wenn auch das neue Frühstücksfernsehen nicht die oft prophezeite Wirkung zeigte. Gordon Reece war aus den Vereinigten Staaten angereist, um uns bei diesem Aspekt des Wahlkampfes zu unterstützen. Er war früher Fernsehproduzent gewesen und beherrschte dieses Medium wie kein zweiter. Gemessen daran, daß er hauptsächlich von Champagner und Zigarren lebte, konnte er den Geschmack der Masse wirklich hervorragend einschätzen; außerdem war er immer bester Laune und wirkte in dieser Hinsicht geradezu ansteckend. In einem Punkt jedoch unterschieden sich unsere Ansichten grundlegend. Er meinte, wir sollten eine Serie von Debatten ins Auge fassen, die im Fernsehen übertragen würden – und zwar sollte ich sowohl mit Michael Foot als auch mit den Führern der Alliance vor der Kamera diskutieren. Das war ein außergewöhnlicher Vorschlag: Nie zuvor hat ein britischer Premierminister eine derartige Herausforderung zu Wahlkampfzwecken angenommen. Für gewöhnlich geht man davon aus, daß ein Premierminister bei solchen Veranstaltungen nichts gewinnen, aber um so mehr verlieren kann. Ich lag jedoch bei den Umfragen so weit vor Michael Foot, daß Gordon meinte, in diesem Falle sei es falsch, sich an den herkömmlichen Gepflogenheiten zu orientieren, und ich könne bei einer solchen Konfrontation nur gewinnen. Trotzdem verwarf ich diesen Vorschlag. Es widerstrebte mir, aus den Wahlen ein reines Medienereignis zu machen. Und wie bereits erwähnt, unterschätzte ich auch Michael Foot als Diskussionsgegner nicht. Außerdem war die Sache, um die es ging, zu bedeutungsvoll, als daß man sie auf einen verbalen Schlagabtausch oder einen Gladiatorenkampf reduzieren durfte.

Einer unserer wichtigsten Pluspunkte war unsere hervorragende Parteiorganisation. Cecil Parkinson hatte für die Parteizentrale Wunder vollbracht. Er war ungefähr ein Jahr zuvor Geschäftsführer der Partei geworden und hatte seitdem die Parteifinanzen in

Ordnung gebracht. Das war deshalb so wichtig, weil nur durch
sparsames Haushalten mit den zur Verfügung stehenden Mitteln
während der Legislaturperiode an deren Ende genügend Geld vorhanden ist, um die beträchtlichen Kosten eines Wahlkampfes zu
decken. Darüber hinaus hatte Cecil auch einige sehr fähige Köpfe
mitgebracht. Peter Gropper hatte im Conservative Research
Department wieder eine rigorose Arbeitsmoral eingeführt. Tony
Shrimsley, der Öffentlichkeitsreferent, war ein hervorragender
und hochtalentierter Journalist, dessen Weltanschauung sich voll
mit der meinen deckte; leider sollte dies sein letzter Wahlkampf
werden – er war wahrscheinlich schon damals schwer krank.
Chris Lawson leitete ein neu eingerichtetes Ressort für Marketing,
das mit Meinungsforschung und Öffentlichkeitsarbeit befaßt
war; er war einer der seltenen Menschen, die Geschäftstüchtigkeit
mit einem exzellenten politischen Instinkt vereinen.

Am Nachmittag legte Tim Bell eine auf Meinungsumfragen
basierende Studie vor, die die Stärken und Schwächen unserer
Position zusammenfaßte. Tim hatte ein erheblich feineres Gespür
für Stimmungsschwankungen in der Wählerschaft als mancher
Politiker, und anders als die meisten Leute in der Werbebranche
wußte er sehr genau, daß man Ideen anders verkaufen muß als
etwa Seife. Er arbeitete eine Werbekampagne aus, die den Slogan
»Weiter mit dem Wandel« in den Mittelpunkt stellte, ein Ansatz,
den ich sehr befürwortete. Sein Vorteil lag darin, daß er den Eindruck vermittelte, die konservative Regierung und nicht die
Oppositionsparteien seien die radikale Kraft innerhalb der britischen Gesellschaft. Wie wir selbst 1979 demonstriert hatten, gibt
es kaum einen wirksameren Slogan für eine Oppositionspartei als
den Aufruf »Zeit für einen Wandel«. Tim zeigte uns, daß es möglich war, der Labour Party diesen Spruch zu »stehlen« und ihn
gegen sie selbst einzusetzen.

Am Donnerstag, dem 7. April, befaßten wir uns noch einmal
einen ganzen Tag lang in Chequers mit der Wahlkampfstrategie.
Die Arbeit am Programm war bereits im Endstadium, und ich war
besorgt darüber daß die Planung des Wahlkampfes sich völlig
unabhängig davon entwickelte. Daran ließ sich jedoch nichts
mehr ändern. Die wichtigsten Leute aus der Parteizentrale überprüften noch einmal zusammen mit Tim Bell, Ferdy Mount, David

Wolfson, Ian Gow und mir unsere Wahlkampfstrategie hinsichtlich Stil und Inhalt und vor allem meiner Rolle darin. Die Spekulationen über einen vorgezogenen Wahltermin waren in der Zwischenzeit voll im Gange, und es war mir kaum möglich, etwas dagegen zu unternehmen – es sei denn, ich schloß vorgezogene Wahlen einfach aus, was natürlich eine große Dummheit gewesen wäre. Ich hatte bereits bekanntgegeben, daß ich mich nicht vor dem Ende des vierten Jahres zur Wahl stellen wollte, und bei diesem Treffen machte ich kein Hehl daraus, daß ich gefühlsmäßig gegen einen früheren Wahltermin war. Ich dachte daran, die Wahl im Oktober anzusetzen, und zwar aus folgendem Grund: Wenn wir länger warteten, bestand die Gefahr, daß die öffentliche Meinung zugunsten von Labour umschlug und damit möglicherweise deren unverantwortliche Wirtschaftspolitik zum Zuge kam, was zur Schwächung des Pfundes und zur Zurückhaltung von Investitionen führen würde. Außerdem ist es eine generelle Regel – auch Jim Callaghan mußte diese Erfahrung zu seinem Nachteil machen, als er im Herbst 1978 die Wahlen verschob –, daß in der Politik immer das Unerwartete geschieht. Andererseits war ich jedoch davon überzeugt, daß wir gerade jetzt vor einer anhaltenden Erholung der Wirtschaft standen, die noch um so mehr zunehmen würde, je länger wir warteten: Und je mehr gewichtige positive Neuigkeiten im wirtschaftlichen Bereich wir präsentieren konnten, desto besser.

Dennoch ist und bleibt die vorrangige Überlegung bei der Festsetzung eines Wahltermins die Frage, ob man gewinnen wird oder nicht. Am Sonntag, dem 8. Mai, traf ich mich ein letztes Mal in Chequers mit Cecil Parkinson, Willie Whitelaw, Geoffrey Howe, Norman Tebbit, Michael Jopling, Ferdy Mount, David Wolfson und Ian Gow. Am Donnerstag zuvor hatten Kommunalwahlen stattgefunden, und wir wußten, daß wir aus den Ergebnissen gute Rückschlüsse für unsere Chancen ziehen konnten. In der Parteizentrale wurde fieberhaft gearbeitet, um bis zum Wochenende eine detaillierte Computeranalyse der Wahlen vom 5. Mai zu erstellen. Aber auch von privater und öffentlicher Seite durchgeführte Meinungsumfragen lieferten uns Ergebnisse.

Selbst als Cecil Parkinson die Informationen mit uns durchging, die die Parteizentrale zusammengestellt hatte, verspürte ich Zweifel, ob unsere Chancen wirklich gut genug seien. Ich brauchte etwas Überzeugendes; Wahlen auszuschreiben ist eine große Entscheidung, und so viele Ratschläge auch zur Verfügung stehen mögen, ist es letztlich doch allein Sache des Premierministers. Hinzu kam natürlich auch, daß ich vor einer Entscheidung stand, die ich noch nie zuvor hatte treffen müssen. Cecil und die anderen plädierten für Wahlen im Juni mit dem Argument, daß die wichtigsten wirtschaftlichen Indikatoren für diesen Zeitpunkt am günstigsten standen, während für die zweite Jahreshälfte ein leichter Anstieg der Inflation zu erwarten sei. Zudem mußten wir bei einem späteren Wahltermin mit Nachwahlen in Cardiff rechnen: Die Nationalisten in Wales drohten mit der Wahlausschreibung, und wir konnten nichts dagegen unternehmen. Der Ausgang einer Nachwahl ist unvorhersehbar, und zudem bestand die Gefahr, daß die dritte Partei erfolgreich sein würde. Das letztlich ausschlaggebende Argument war für mich jedoch das in der Bevölkerung um sich greifende Wahlfieber. Die Spekulationen überschlugen sich. Natürlich würde man mir vorwerfen, daß ich mich drückte, wenn ich die Wahlen für Juni ansetzte, doch dieselben Kritiker konnten behaupten, ich würde mich an die Macht klammern, wenn ich den Termin hinausschob – und das Schädlichste ist aller Wahrscheinlichkeit nach, wenn der Eindruck entsteht, als hätte man Angst, sich überhaupt einer Wahl zu stellen.

Es ist seit langem Usus, daß die Wahlen an einem Donnerstag stattfinden: Falls wir uns für den Juni entschieden, welcher Donnerstag sollte es dann sein? Einmal mehr zeigte es sich, daß Cecil und die Parteizentrale gute Arbeit geleistet hatten; sogar eine Liste zu berücksichtigender Daten war von ihnen erstellt worden. Aus dieser war zu ersehen, daß der zweite Donnerstag des Monats am geeignetsten sein würde, wenngleich dies bedeutete, in der »heißen« Wahlkampfperiode einen Feiertag (Bank Holiday) zu haben – was gerne vermieden wird, da es an einem solchen Wochenende fast unmöglich ist, aktiven Wahlkampf zu betreiben. Aber am darauffolgenden Montag würde in Ascot die berühmte alljährliche Woche der Pferderennen beginnen. Ich wollte nicht, daß während der letzten oder vorletzten Woche vor der Wahl im Fernsehen nur vornehme Herren und Damen mit exotischen Hüten gezeigt würden, während wir im ganzen Land umherfuhren, um die Leute zu bewegen, die Konservative Partei zu wählen. Wenn wir die Wahlen also für Juni ansetzten, dann kam als Termin nur der 9. in Frage, nicht aber der 16. oder 23. Das waren überzeugende Argumente. Aber ich wollte mich an diesem Tag noch nicht endgültig entscheiden, denn ich war noch nicht völlig überzeugt, als ich in die Downing Street zurückkam. Und immer wenn ich eine wichtige Entscheidung zu fällen habe, ziehe ich es vor, erst einmal darüber zu schlafen.

Unerledigte Geschäfte

Am nächsten Morgen kurz vor sieben Uhr rief ich den Diensthabenden an und bat ihn, meinen Persönlichen Referenten Robin Butler sofort nach dessen Eintreffen zu mir zu schicken. Robin sollte für den späteren Vormittag eine Audienz bei der Königin arrangieren: Ich hatte mich entschieden, das Parlament aufzulösen und für den 9. Juni Neuwahlen ausschreiben zu lassen.

Es gab nun viel zu tun. Ich teilte dem Chief Whip und dem Geschäftsführer der Partei meine Entscheidung mit, berief für 11.15 Uhr eine Sondersitzung des Kabinetts ein und begab mich um 12.25 Uhr zum Palast. Der restliche Tag verging mit Diskussionen über die letzten Wahlkampfvorbereitungen und das Wahlprogramm sowie Interviews. Einige wichtige Entscheidungen über Regierungsgeschäfte im Parlament mußten gefällt werden. Zwei wichtige Gesetzentwürfe – einer für ein Fernmeldegesetz, einer zu Polizei und Beweisführung bei Verbrechen – würden wir aufgeben müssen, aber natürlich konnten wir sie wieder einbringen, falls wir die nächste Regierung stellten. Ein Entwurf zur Finanzpolitik dagegen mußte vor der Auflösung des Parlaments noch Gesetz werden, denn ansonsten würde die Befugnis der Regierung zur Erhebung von Steuern erlöschen. Um diese Entwürfe schnell durchzubringen, mußten wir mit der Opposition verhandeln. Die Labour-Abgeordneten verhielten sich dabei ungeschickt und machten uns ein Abschiedsgeschenk: Sie erzwangen die Aufgabe einer Reihe in der *Finance Bill* vorgeschlagener Steuerkürzungen – einschließlich einer Erhöhung der Schwelle, bei der der höhere Einkommensteuersatz anzusetzen war – und größere Steuererleichterungen für Hypotheken. Sie hatten nichts dagegen, Labour als die Partei der Steuererhöhungen abzustempeln – wir ebensowenig.

Sodann hatte ich einige Entscheidungen über noch ausstehende Verpflichtungen als Premierministerin zu treffen, insbesondere was Gäste aus dem Ausland anbelangte: Sollte ich überhaupt noch welche empfangen, und wenn ja, wen? Einigen mußte ich absagen, doch so viele der vorgesehenen Termine wie möglich behielt ich bei. Am Mittwoch, dem 11. Mai, traf ich mit dem neuseeländischen Premierminister Robert Muldoon, der sich während der Falklandkrise als wirklicher Freund Großbritanniens erwiesen hatte, zu einem Abendessen zusammen. Am selben Abend besuchten mich auch Alexander Solschenizyn und seine Gattin. Dieser mutige Mann sandte dem britischen Volk bei einer Pressekonferenz eine sehr zeitgemäße Botschaft, in der er die Befürworter einer einseitigen Abrüstung als »naiv« bezeichnete.

Eine weitere Frage war, ob ich Ende Mai zum bevorstehenden Weltwirtschaftsgipfel in die Vereinigten Staaten reisen sollte. Zunächst beschloß ich, meine Pläne für Vorgespräche mit Präsident Reagan am 26. Mai in Washington zu streichen; am Gipfel selbst, der in Williamsburg stattfinden sollte, beabsichtigte ich zwar teilzunehmen, doch die letzte Entscheidung wollte ich mir noch offenhalten. Politiker müssen immer darauf bedacht sein, nicht mehr Zeit mit Kollegen im Ausland zu verbringen als zu Hause mit ihren eigenen Leuten; vor allem in Wahlkämpfen ist dies von großer Bedeutung. Doch dieses G7-Treffen war sehr wichtig, nicht zuletzt auch deshalb, weil der amerikanische Präsident den Vorsitz führte. Zudem würde es Großbritanniens Rolle als eine der führenden Nationen hervorheben und unserer Politik internationale Anerkennung verschaffen.

Wir begannen mit unserer Wahlkampagne absichtlich später als die anderen Parteien. Endlose parteipolitische Querelen ermüden die Wähler sehr rasch, und zudem ist es wichtig, den Höhepunkt der Kampagne nicht zu früh zu erreichen: Am besten ist es, erst in den letzten Tagen vor dem Wahltermin die Einflußnahme kräftig zu steigern. Das Wahlprogramm der Labour Party – es war bereits kurz vor Auflösung des Parlaments in sämtlichen großen Zeitungen abgedruckt – war ein erschreckendes Dokument. Die Partei verpflichtete sich darin zu einer Verteidigung ohne Kernwaffen, dem Austritt aus der Europäischen Gemeinschaft, exorbitanten Steigerungen der öffentlichen Ausgaben und einer Vielzahl weiterer unverantwortlicher politischer Maßnahmen. Einer der gewitzteren Minister des Schattenkabinettes titulierte es »die längste Selbstmordankündigung, die je geschrieben wurde«. Wir waren sehr erpicht darauf, es zu verbreiten, und so viel ich weiß, gab unsere Parteizentrale die größte Einzelbestellung dafür auf. Doch bei meiner traditionellen Rede vor dem Komitee von 1922 am selben Abend warnte ich die Partei vor übertriebenem Selbstvertrauen: Auch ein kurzer Wahlkampf, so sagte ich, ist lang genug, um völlig schiefzugehen.

Am nächsten Tag flog ich nach Schottland, um auf dem Parteitag der Schottischen Konservativen in Perth zu sprechen. Die Halle dort ist nicht sehr groß und hat eine hervorragende Akustik. Sie ist einer der geeignetsten Orte für Ansprachen in ganz Großbritannien – nur Blackpool Winter Gardens ist vielleicht noch besser. Deshalb war dieser Auftritt trotz einer noch nicht vollständig ausgeheilten Erkältung ein großers Vergnügen für mich. Nicht nur, weil ich in Schottland immer daran denken muß, daß dies die Nation Adam Smiths ist; der schottische Toryismus mit seiner romantischen Ader spricht auch den Nicht-Ökonomen in mir an. Und wie immer nach Besuchen des Schottischen Parteitags kehrte ich mit gestärktem Vertrauen und in Kampfstimmung nach London zurück. Die Atmosphäre dort oben war bestimmt gewesen von schwungvollem Enthusiasmus – ein gutes Omen für den Wahlkampf.

An diesem Wochenende konnte ich auch die Resultate unserer ersten Umfrage zum Wahlkampfverlauf studieren. Es ergab sich ein Vorsprung der Konservativen von 14 Prozent vor der Labour Party sowie ein Abfall der Allianz in der Gunst der Wähler. Das war natürlich sehr zufriedenstellend. Auch konnte ich beruhigt feststellen, daß der von mir angesetzte Wahltermin offenbar gut ankam; die große Mehrheit war der Meinung, ich hätte eine gute Entscheidung getroffen. Allerdings zeigte die Umfrage auch, daß ein eventuell gutes Abschneiden der Allianz auf die Stimmen unentschiedener Wähler zurückzuführen sein würde, die normalerweise entweder konservativ oder Labour wählten. Offenbar galt es, hier gut aufzupassen.

Der Wahlkampf beginnt

Wie 1979 und 1987, so begannen wir auch 1983 jeden Wahlkampftag gewöhnlich mit einer Pressekonferenz zu einem vorbereiteten Thema. Davor wurde ich in der Parteizentrale gebrieft – in
diesem Wahlkampf von Stephen Sherbourne, der schnell und
methodisch vorging und in Kürze die Funktion des Staatssekretärs
(Political Secretary) in meinem Team in der Downing Street übernehmen sollte. Dieses Briefing fand morgens um 8.30 Uhr in
einem engen Raum der Parteizentrale statt. Wir begannen normalerweise mit einer Durchsicht der Pressemeldungen des Tages und
überlegten uns anschließend Fragen, die sich daraus ergeben
konnten. Nach einiger Zeit kam dann ein Mitarbeiter des Conservative Research Department dazu, um über den Verlauf der Pressekonferenz der Labour Party zu berichten – das war damals noch
etwas einfacher als heute, da sich die Zentrale der Labour Party im
Transport House [der Gebäudekomplex, in dem Umwelt- und Verkehrsministerium untergebracht sind; A.d.Ü.] befand, also fast
direkt gegenüber unserer eigenen am Smith Square. Als praktisch
erwies sich auch, daß der Terminplan von Labour unserem immer
ein wenig voraus war. Unsere Pressekonferenz war für 9.30 Uhr
angesetzt und sollte eine Stunde dauern. Meine Wahlkampfreisen
waren so geplant, daß ich nur selten außerhalb Londons über-
nachten mußte, weshalb ich die Pressekonferenz fast jeden Morgen leiten konnte. Einige der Fragen beantwortete ich meist persönlich, doch versuchte ich, den jeweils anwesenden Ministern
soweit als möglich Gelegenheit zu geben, ihre eigene Meinung zu
äußern. Wir waren auch nicht abgeneigt, das jeweilige Tagesthema
bis fast zur letzten Minute noch zu ändern. Doch letztlich konnten
wir in diesem Wahlkampf alle geplanten Themenkomplexe beibehalten, obwohl auch außerordentliche Pressekonferenzen ohne
meine Teilnahme arrangiert wurden, die bestimmte Fragen wie
etwa die Labour-Wahlversprechen hinsichtlich der Ausgaben für
die Sozialversicherung zum Thema hatten.

Bei den Pressekonferenzen wie auch in Reden war es unser
wichtigstes Ziel, die schwierige Frage der Arbeitslosigkeit anzusprechen und unsere Bereitschaft zu zeigen, dieses Problem direkt
anzupacken und zu beweisen, daß unsere Politik zur Schaffung

zukünftiger Arbeitsplätze die beste war. Tatsächlich waren wir in
dieser Hinsicht sehr erfolgreich: Laut Meinungsumfragen war
gegen Ende des Wahlkampfes eine Mehrheit der Ansicht, daß wir
mit diesem Problem besser zurechtkommen würden als der Labour Party. Die Menschen kannten die wahren Gründe für die
hohe Arbeitlosenquote – sie war nicht auf die konservative Regierungspolitik zurückzuführen, sondern auf betriebliche Überbelegung und Ineffektivität in der Vergangenheit, auf Streiks, den technologischen Wandel, Veränderungen im Welthandel und die weltweite Rezession. Die Labour Party scheiterte mit ihrem Versuch,
die Gründe für dieses in den überkommenen Strukturen wurzeln-
de Problem den angeblich gefühl- und rücksichtslosen Torys in die
Schuhe zu schieben.

Für das Redenschreiben während des Wahlkampfes blieben fast
nur die Sonntage, die ich zu diesem Zweck zusammen mit Ferdy
Mount und anderen in Chequers verbrachte. Oft setzte ich mich
auch abends nach der Rückkehr von einer Wahlkampfveranstal-
tung in der Downing Street noch mit Ferdy zur letzten Überarbeitung einer Rede zusammen. Ferdy hatte schon vor Beginn des
Wahlkampfes ein halbes Dutzend Entwürfe zu verschiedenen Themen erstellt. Auszüge aus diesen dienten als Gerüst, das dann
jeweils mit Material ergänzt wurde, welches meist Ronnie Millar
und John Gummer beisteuerten, sowie mit Kommentaren zu aktuellen Ereignissen des Tages. Letzte Hand legte ich dann im Wahl-
kampfbus an oder in einem Zug, Flugzeug, Auto oder sonstwo,
während wir unterwegs waren. Ich hielt in diesem Wahlkampf
zwar einige große Ansprachen, da für aber sehr viele kurze, oft
schnell improvisiert und aus dem Stegreif, beispielsweise auf der
Ladefläche eines Lastwagens. Mir waren diese »Veranstaltungen
nach Bedarf« lieber, vor allem wenn es Zwischenrufer gab. Man
sagt mir nach, daß ich eine sehr altmodische Wahlkämpferin sei:
ich liebe die verbale Auseinandersetzung, wenngleich ich sagen
muß, daß weder meine Zuhörer noch ich die monotonen Sprech-
chöre der CND [Campaign for Nuclear Disarmament – Bewegung für atomare Abrüstung; A.d.Ü.] und der Protestierer aus den
Reihen der Socialist Workers, welche mir ständig auf den Fersen
waren, als besondere intellektuelle Herausforderung empfanden.

Der dritte wesentliche Punkt waren die Wahlkampfreisen selbst. Für sie gilt als Prinzip, daß ich die Auftritte des Parteivorsitzenden auf Wahlkreise mit knappen Mehrheitsverhältnissen konzentrieren sollten. Einmal tadelte mich David Wolfson im Bus, weil ich den Leuten, an denen wir vorbeifuhren, zu oft zuwinkte. »Bitte winken Sie nur in schwierigen Wahlkreisen, Frau Premierministerin«, meinte er. Dank der ständig zunehmenden Bedeutung von Fernsehen und Fototerminen ist die physische Anwesenheit des Parteichefs zu bestimmten Anlässen heute eher weniger wichtig als früher. Zudem ging es uns in diesem Wahlkampf darum, Stimmen und Parlamentssitze zu halten, so daß ich von Ausnahmen abgesehen hauptsächlich in Wahlkreisen auftreten mußte, die bereits konservativ wählten. Allerdings ist es wichtig, alle bedeutenden Regionen des Landes zu besuchen: Nichts ist für Kandidaten und aktive Parteimitglieder schlimmer, als glauben zu müssen, sie seien abgeschrieben.

Schließlich waren auch die Interviews in ihren verschiedenen Spielarten noch zu berücksichtigen. Brian Walden von »Weekend World« stellte für gewöhnlich die gründlichsten Fragen. Am aggressivsten war wahrscheinlich Robin Day von »Panorama«, doch in diesem Wahlkampf beging er den Fehler, in der Frage der Auswirkungen der Arbeitslosigkeit auf die öffentlichen Finanzen zu sehr ins Detail zu gehen – ein Fehler, wenn man einen ehemaligen Fachminister für Sozialversicherung (Minister of National Insurance) ins Kreuzverhör nimmt. Dann beging ich aber selbst noch einen Fauxpas, indem ich Sir Robin den ganzen Rest des Wahlkampfs als »Mr. Day« titulierte. Alistair Burnets Spezialität waren kurze, subtile, harmlos klingende Fragen, die aber versteckte Gefahren in sich bargen. Man mußte geistig sehr flink und beweglich sein, um bei ihm ungeschoren davonzukommen. Es gab auch Sendungen, in denen das Publikum Gelegenheit hatte, Fragen zu stellen. Von diesen mochte ich »Granada 500« am liebsten, da einen hier viele Leute zu jenen Dingen befragen können, die ihnen wirklich am Herzen lagen.

Unser Wahlprogramm wurde bei der Pressekonferenz der Konservativen Partei am Mittwoch, dem 18. Mai, der Öffentlichkeit vorgestellt. Das gesamte Kabinett war dabei anwesend. Zunächst erläuterte ich kurz die wichtigsten darin enthaltenen Vorschläge, und danach gingen Geoffrey Howe, Norman Tebbit und Tom King in wenigen Worten auf die Punkte ein, die ihre jeweiligen Ressorts betrafen. Anschließend bat ich um Fragen. Wahlprogramme machen selten Schlagzeilen, es sei denn, etwas geht schief – und das war hier der Fall. Normalerweise bringt die Presse sorgfältig ausgearbeitete Vorschläge für die Regierungspolitik auf einer Innenseite; doch jeden kleinsten Hinweis auf eine »Meinungsver-schiedenheit« im Kabinett hebt sie dafür um so mehr hervor. Bei dieser Pressekonferenz nun stellte ein Journalist Francis Pym eine Frage zu den Verhandlungen mit Argentinien. Ich befürchtete, Francis' Antwort würde nicht eindeutig genug ausfallen, und des-halb unterbrach ich ihn, um klarzustellen, daß wir bereit seien, über Handels- und diplomatische Verbindungen zu diskutieren, nicht aber über die Frage der Hoheitsrechte. Dies strich die Presse dann groß heraus – doch von einer Meinungsverschiedenheit konnte keine Rede sein. Aber das ist eben Politik.

D-21 bis D-14

In Großbritannien dauert der Wahlkampf für die Parlamentswah-len nur etwa vier Wochen oder sogar noch kürzer. Aus Gründen der Planung benutzten wir immer das sogenannte »D-(minus)«-System, in dem wie bei einem Countdown jeder Tag bis zum »D-day«, dem Wahltag, nach abwärts gezählt wird. Die wirklich intensive Phase beginnt mit D-21, der in diesem Fall auf Donners-tag, den 19. Mai fiel. Wir eröffneten unseren Wahlkampf am Tag D-20 – also am Freitag, dem 20. Mai –, zwei Tage nach Bekannt-gabe unseres Wahlprogramms. Die erste unserer fünf Wahlkampf-sendungen im Fernsehen war bereits am Tag D-23 ausgestrahlt worden.

Francis Pym war in dieser Woche nicht gerade in Hochform. In der Sendung »Question Time« der BBC sagte er, seiner Meinung nach »bringt ein politischer Erdrutsch alles in allem keine erfolg-reiche Regierung hervor«. Natürlich wurde daraus der Schluß gezogen, er würde uns keine große Mehrheit wünschen. Für jene, die wie er selbst ihren festen Platz im Parlament hatten, war das auch gar nicht weiter tragisch. Um so schädlicher aber wirkte es sich für Kandidaten aus, die in Wahlkreisen mit knappen Mehrheiten zu kämpfen hatten, oder für jene, die darauf hofften, den anderen Parteien Sitze abzunehmen. Und da Selbstgefälligkeit vermutlich ohnehin unser größter Feind in diesem Wahlkampf war, kam diese Bemerkung mehr als ungelegen.

Die erste reguläre Pressekonferenz in diesem Wahlkampf fand am Freitag, dem 20. Mai, statt. Darin griff Geoffrey Howe die Labour Party wegen der Vorschläge ihres Wahlprogramms an und erklärte, wenn Labour sie nicht verbreitete, würden wir dies tun. Damit kam zum erstenmal eine Strategie unserer Kampagne zum Tragen, die sich als sehr wirkungsvoll erweisen sollte. Patrick Jenkin griff sie auf, als er auf die Pläne der Labour Party zur Verstaatlichung und Reglementierung der Industrie hinwies. Eine Reihe von Fragen zu wirtschaftlichen Problemen wurden daraufhin laut. Doch was die Journalisten letztlich am meisten interessierte, war meine Stellungnahme zu Francis' Bemerkung. Darauf hatten wir uns jedoch schon bei unserem Briefing am Morgen eingestellt. Francis war unter Ted Heath Chief Whip gewesen, und darauf bezog ich mich nun in meiner Antwort:

> Ich denke, mit einer Mehrheit, die aus einem politischen Erdrutsch resultiert, würde ich ganz gut zurechtkommen. Die Bemerkung, auf die Sie sich beziehen, entspricht meines Erachtens der natürlichen Vorsicht eines Chief Whip – eines ehemaligen Chief Whip. Sie wissen sicher, daß die Chief Whips einen eigenen Club bilden. Das sind einfach sehr ungewöhnliche Leute.

Nach dieser Pressekonferenz brach ich zu meiner Wahlkampftour auf, die mich ins West Country führte. Um 10.45 Uhr fuhren wir von der Parteizentrale zur Victoria Station, per Zug ging es weiter nach Gatwick, und von dort flogen wir nach St. Mawgan in Cornwall. Eine Gruppe von 40 bis 50 Journalisten begleitete uns im hinteren Teil der Maschine. Es wurde ein angenehmer und ruhiger Tag auf dem Land. Ich besuchte den Fischmarkt in Padstow Harbour; dann fuhr ich weiter zur Trelyll Farm in der Nähe von Wadebridge. Dort ging ich allerdings der Presse auf den Leim: Als ich auf einem Haufen gemähten Grases stand, bat mich der Fotograf des Daily Mail, etwas davon aufzuheben. Ich dachte mir nichts dabei und kam der Bitte nach. Am nächsten Tag war das Foto dann abgedruckt mit dem Kommentar »Laßt sie ins Gras beißen«. Zuviel Kooperationsbereitschaft zahlt sich nicht aus, wie sich daran erkennen läßt. Am Montag, dem 23. Mai (D-17), wurde es dann ernst. Wie gewöhnlich hatten wir morgens ein Briefing als Vorbereitung für die Pressekonferenz, bei dem wir die Werbung der Partei diskutierten. Das Werbeunternehmen Saatchi & Saatchi hatte 1979 einige hervorragende Anzeigen und Wahlplakate für uns entworfen. In diesem Wahlkampf produzierte es, von einigen Ausnahmen abgesehen, leider nicht dieselbe Qualität. Auf einem Plakat wurden Seite an Seite das Wahlprogramm der Labour Party und das Programm der Kommunistischen Partei abgebildet und eine Liste gleichlautender Festlegungen aus beiden abgedruckt. Ein zweites nannte 14 Rechte und Freiheiten, die der Wähler aufgeben würde, falls er die Labour Party mit diesem Programm an die Regierung brachte. Ein drittes, das mit dem Slogan »Labour meint, er ist ein Schwarzer – die Konservativen meinen, er ist Brite« ethnische Minderheiten als Zielgruppe ansprach, gab Anlaß zu Meinungsstreitigkeiten. Meiner Ansicht nach war es jedoch in keiner Weise unangebracht. Nur gegen einen Entwurf legte ich mein Veto ein: Es war ein äußerst unschmeichelhaftes Bild von Michael Foot mit dem Slogan: »Bei einer konservativen Regierung geht es allen Pensionären besser«. Vielleicht wäre auch das ein fairer politischer Schachzug gewesen, aber persönliche Attacken kann ich nun einmal nicht leiden.

An diesem Abend sprach ich in der Stadthalle in Cardiff. Ich hielt eine lange Rede, die noch länger, dafür aber auch wesentlich lebendiger wurde, als ich mich vom Text löste – das scheint seine Wirkung nie zu verfehlen. Ich ließ kein wichtiges Wahlkampfthema aus – Arbeitsplätze, Gesundheitswesen, Altersversorgung, Verteidigungspolitik –, doch meine Ausführungen, zu den Sparplänen der Labour-Party, gefielen mir am besten:

Bei einer Labour-Regierung gibt es effektiv nichts, wo Sie Ihre Ersparnisse vor dem Staat in Sicherheit bringen können. Labour will ihr Geld zur Finanzierung des Staatssozialismus, und sie setzen alles daran, es auch zu bekommen. Sie bringen Ihr Erspartes zur Bank – Labour verstaatlicht die Bank. Sie stecken Ihr Geld in einen Rentenfond oder eine Lebensversicherung – eine Labour-Regierung zwingt diese Institutionen, es in ihre Pläne für den Sozialismus zu investieren. Und wenn Sie Ihre Ersparnisse in den Sparstrumpf steckten, dann würden sie wahrscheinlich sämtliche Strümpfe verstaatlichen.

Von der Wahltour am Dienstag kehrte ich früh in die Downing Street zurück, um mich noch für ein Interview mit Sue Lawley vorzubereiten, die die Sendung »Nationwide« moderierte. Unglücklicherweise entartete es jedoch zu einer Auseinandersetzung um den Untergang der »General Belgrano«.

Die Linke dachte, sie könne Pluspunkte sammeln, indem sie die Aufmerksamkeit der Öffentlichkeit beharrlich auf dieses Thema lenkte und kleine Diskrepanzen innerhalb des konservativen Lagers ausschlachtete, um so ihre Theorie einer ruchlosen Regierung, die nur ein Gemetzel beabsichtige, zu stützen. Das war nicht nur widerlich, sondern auch noch dumm. Die überwältigende Mehrheit der Wähler teilte unsere Ansicht, daß dem Schutz britischer Bürger Priorität einzuräumen sei. Mit ihren Zwangsvorstellungen in bezug auf die »Belgrano« schadete die Linke ihren eigenen Interessen ebenso wie bei allem anderen. Ich empfand diese Episode allerdings als sehr geschmacklos.

Mittwoch, der 25. Mai, war für beide große Parteien ein schwieriger Tag, wenngleich der Schaden für uns weit geringer war als für die Labour Party. Deren Wahlkampf war so unergiebig, daß sich die Presse in Ermangelung von Material zur Berichterstattung fast ausschließlich auf durchgesickerte Informationen stützte. Das Hauptinteresse an diesem Tag galt einem an die Öffentlichkeit gelangten Berichtsentwurf des Treasury and Civil Service Select Committee, in dem unsere Wirtschaftspolitik angegriffen wurde. Cecil Parkinson setzte sich mit Edward du Cann, dem Vorsitzenden des Select Committee, in Verbindung, der daraufhin prompt erklärte, das Komitee habe diesen Bericht nicht gebilligt. Es war typisch für den mangelnden Instinkt bei Labour, daß die Partei hier völlig die Gelegenheit versäumte, uns in Bedrängnis zu bringen, und ihre Pressekonferenz an jenem Mor-

gen dem Thema »Frauenprobleme« widmete. Wir staunten
zunächst und machten uns dann über den Vorfall lustig. Beim
Briefing scherzte ich mit meinen männlichen Kollegen: »Wenn es
nach denen ginge, dann würdet ihr bald die Kinder auf die Welt
bringen!« Unsere eigene Pressekonferenz an diesem Mittwoch sollte zwar
die Verteidigungspolitik zum Thema haben, doch tatsächlich ging
es dann um Enthüllungen zur politischen Vergangenheit unseres
Kandidaten in Stockton South. Er war Mitglied bei der National
Front gewesen, vor einigen Jahren jedoch aus dieser Organisation
ausgetreten und bezeichnete sich nun als orthodoxen Konservativen. Seinen Fehltritt von früher bedauerte er. Für uns war diese
Angelegenheit zwar eher eine unangenehme Episode von periphe-
rer Bedeutung, aber einige linke Journalisten dachten wohl, sie
wären Woodward und Bernstein persönlich [A.d.Ü.: Journalisten
der »Washington Post«, die die Watergate-Affäre recherchierten]
und müßten das Establishment bekämpfen. Im Endeffekt diente
das Ganze nur dazu, die Labour Party von den eigentlichen für die
Öffentlichkeit interessanten Problemen abzulenken.

Die Labour Party war jetzt in großen Schwierigkeiten. Am selben Tag, an dem wir ursprünglich über die Verteidigungspolitik
hatten sprechen wollen, hielt Jim Callaghan in Wales eine Rede, in
der er sich gegen eine einseitige nukleare Abrüstung aussprach.
Die Presse war voll von Widersprüchen über die Haltung der
Labour Party zu Atomwaffen. Sogar unter ihren führenden Fraktionsmitgliedern herrschte Uneinigkeit: Man hatte die Wahl zwischen Michael Foot, Denis Healey und John Silkin – ein jeder
schien seine eigene Verteidigungspolitik zu vertreten. Michael
Heseltines Kritik an der Politik der Labour Party war während des
ganzen Wahlkampfes, und erst recht bei unserer Pressekonferenz
zu diesem Thema, vernichtend.

Ich behielt stets einige Punkte im Auge, wo Labour besonders
verwundbar war – Themen, für die sie eine verantwortungslose
Politik vorschlugen und denen gleichzeitig die Öffentlichkeit große Beachtung schenkte. Dabei handelte es sich gleichzeitig auch
um die wirklich strittigen Probleme. Eines davon war die Verteidigung, ein anderes die öffentlichen Ausgaben – hier hegen die Wähler immer den Verdacht, daß Labour zuviel ausgibt und zu hohe

Steuern verlangt. Deshalb drängte ich darauf, daß Geoffrey Howe die Wahlkampfversprechen der Labour Party zu diesen Themen einer noch gründlicheren Prüfung als gewöhnlich unterzog. Er erstellte daraufhin eine hervorragende, 20 Seiten starke Analyse. Sie belegte, daß die Pläne von Labour für eine Legislaturperiode auf zusätzliche Ausgaben in Höhe von 36 bis 43 Milliarden Pfund hinausliefen – der letztere Betrag entspricht fast den gesamten Einkünften aus der Einkommenssteuer für denselben Zeitraum. Die Glaubwürdigkeit der Labour Party in Fragen der Ökonomie war auf Dauer erschüttert. Die Verschwendungssucht dieser Partei hat sich bei jeder Wahl, in der auch ich kandidierte, als Achillesferse erwiesen – ein Grund mehr für eine konservative Regierung, bei der nationalen Wirtschaft Umsicht walten zu lassen.

An diesem Mittwoch tourte ich bei herrlichem Wetter per Flugzeug und Bus in den Osten Englands. Einen Teil des Tages verbrachte ich in East Dereham in Norfolk, um dort Richard Ryder zu unterstützen. Wie bereits erwähnt, war er mein Staatssekretär (Political Secretary) gewesen. Es war mir eine Freude, ihm helfen zu können, nicht zuletzt weil auch seine Frau Caroline für mich gearbeitet hatte, so daß das Ganze sich fast wie ein Familientreffen gestaltete. Auf dem Marktplatz sprach ich vor einer dichtgedrängten Menschenmenge, wobei ein paar Zwischenrufer das Vergnügen dieses Auftritts noch zusätzlich erhöhten. Ich gab eine richtige altmodische Wahlrede zum besten, und später erzählte mir jemand, über der Tribüne, auf der ich gestanden hatte, habe eine große Kinoreklame mit dem Filmtitel »The Missionary« gehangen.

D-14 bis D-7

Am Donnerstag, dem 26. Mai (D-14), entnahmen wir den Meinungsumfragen in der Presse, daß wir mit einem Vorsprung zwischen 13 und 19 Prozent vor der Labour Party lagen. Von nun an lag die Hauptgefahr eher in einer möglichen Selbstzufriedenheit der konservativen Wähler als in eventuellen verzweifelten Versuchen von Labour, diesen Vorsprung noch wettzumachen.

Abends sprach ich in der Royal Hall von Harrogate über ein Thema, das einen der Kernpunkte meiner politischen Strategie darstellte. Die politischen Turbulenzen der siebziger und achtziger Jahre hatten die festgefügten Strukturen der britischen Politik über den Haufen geworfen. Der Linksruck der Labour Party sowie der Extremismus der Gewerkschaften hatten die traditionelle Anhängerschaft dieser Partei desillusioniert und gespalten. SDP und Liberale verkannten die Bedeutung dieses Prozesses. Sie wandten sich an die linke Mittelklasse, vor allem die Beschäftigten der öffentlichen Hand – wahrscheinlich, weil Roy Jenkins und Shirley Williams ganz instinktiv ihresgleichen als Zielgruppe anvisierten und diesem Gefühl den Vorrang gegenüber einem rationalen Urteil einräumten. In der Tat rekrutierte sich die Mehrzahl der unzufriedenen Anhänger von Labour aus der aufstrebenden Arbeiterschaft und der unteren Mittelschicht – derselben Gruppe, die in Amerika Ronald Reagan für sich hatte gewinnen können und die man bald »Reagan-Demokraten« bezeichnete. Diese Leute nahmen die Möglichkeiten wahr, die wir geschaffen hatten, insbesondere die Chance, ihre Sozialwohnungen zu kaufen. Noch wichtiger aber ist, daß sie unsere gesellschaftlichen Werte teilten – einschließlich eines festen Glaubens an die Familie und eines starken Patriotismus. Jetzt hatten wir die Chance, sie ins konservative Lager herüberzuziehen, und genau dieses Ziel verfolgte ich mit meiner Rede in Harrogate:

Die Dinge, an die die meisten Menschen in unserem Land glauben, sind bedeutsamer als jene, die uns trennen. Es gibt in allen Lebensbereichen Menschen, deren Vorstellungen für die Zukunft sich mit den unsrigen decken und die trotzdem in der Vergangenheit nicht für uns gestimmt haben. Aber bei dieser Wahl steht so viel auf dem Spiel, daß ich mich verpflichtet fühle, diesen Menschen zu sagen: Die Labour Party von heute ist nicht mehr die Partei, die Sie früher unterstützt haben. Sie steht nicht mehr ein für die Traditionen und Freiheiten, die dieses Land zu Größe geführt haben. Es ist die Konservative Partei, die diesen Traditionen und Freiheiten treu geblieben ist.

Die meisten Politiker mögen Wahlen nicht. Sie haben jedoch einen Vorteil: Im Verlauf eines Wahlkampfes bekommt man viele Facet-

ten seines Landes zu Gesicht, die ansonsten in Berichten und
Memoranden verborgen bleiben. Keine offizielle Meldung konnte
mir beispielsweise die Erregung in den hochmodernen Elektronik-
Betrieben um Reading vermitteln, die ich an diesem Freitag
besuchte. Bei dieser Gelegenheit bekam ich auch zum erstenmal
ein tragbares Telefon zu Gesicht.

Wieder zurück in London teilte man mir gleich die nächste
ungewöhnliche Entwicklung im Wahlkampf der Labour Party
mit: Ihr Generalsekretär Jim Mortimer hatte der erstaunten Presse
mitgeteilt, es sei »die einhellige Ansicht des Wahlkampfkomitees,
daß Michael Foot der Chef der Labour Party ist«. Angesichts solcher Erklärungen konnte man sich nur fragen, wie lange sie alle
ihre Posten behalten würden.

Meine Gedanken weilten an diesem Abend ganz beim bevorstehenden Weltwirtschaftsgipfel in Williamsburg, zu dem ich am
kommenden Samstagmittag in die Vereinigten Staaten abreisen
wollte. Präsident Reagan legte Wert auf meine Teilnahme. Er hatte
mir am 10. Mai ein Schreiben geschickt, in dem er sein volles Verständnis dafür zum Ausdruck brachte, daß ich nicht zu einem bilateralen Gespräch im Vorfeld des Gipfels nach Washington kommen konnte; um so mehr hoffe er jedoch auf meine Anwesenheit
in Williamsburg. Der Brief schloß mit folgenden Worten:

Ich wünsche Ihnen allen Erfolg bei der Wahl und beim Erringen eines weiteren Mandats, damit Sie Ihre mutige und von
hohen Grundsätzen geleitete Politik weiterhin fortsetzen
können.

In erster Linie wünschte er mir den Sieg bei der Wahl – wie auch
ich ihn immer als Sieger sehen wollte. Ich erhielt folgenden
Bericht, an dessen Wahrheitsgehalt zu zweifeln ich keinen Grund
habe: Der Präsident habe gesagt, daß ich, was die Frage meiner
Teilnahme am Gipfel betraf, in keiner Weise unter Druck gesetzt
werden solle. »Verdammt«, soll er ausgerufen haben, »das wichtigste ist, daß sie wiedergewählt wird!« Ich teilte diese Anschauung.

Wie immer sich das Gipfeltreffen in Williamsburg auch auf den
Wahlkampf auswirken würde, es bestand kein Zweifel an seiner

großen internationalen Bedeutung. Präsident Reagan war entschlossen, es zum Erfolg zu führen. Bei den bisherigen G7-Treffen
war der Diskussionsrahmen immer ein wenig dadurch begrenzt
gewesen, daß schon vor der ersten Gesprächsrunde der Staatschefs ein Kommuniqué-Entwurf erstellt worden war. Dieses Mal
hingegen hatten die Amerikaner darauf bestanden, erst zu diskutieren und dann einen Entwurf auszuarbeiten, was zwar für die
Regierungsbeamten beschwerlich, ansonsten aber weit vernünftiger war. Ich hatte vorsorglich allerdings doch schon einen britischen Entwurf mitgebracht.

Die Atmosphäre in Williamsburg war wunderbar, nicht nur
dank der ansteckenden guten Laune von Präsident Reagan, sondern auch aufgrund der Wahl des Ortes. Jeder der beteiligten
Staatschefs wohnte in einem für ihn eigens zur Verfügung gestellten Haus in der Umgebung der nach alten Plänen restaurierten
Stadt. Bei unserer Ankunft wurden wir von freundlichen Bürgern
in der traditionellen Kleidung der Kolonialzeit begrüßt – ein krasser Gegensatz zu der womöglich etwas zu sehr von Luxus geprägten Atmosphäre von Versailles.

Ich führte ein langes Zwiegespräch mit dem Präsidenten, bei
dem wir auf ein breites Spektrum von Themen eingingen: von den
Verhandlungen zur nuklearen Abrüstung über den Zustand der
amerikanischen Wirtschaft bis zu den protektionistischen Tendenzen des US-Kongresses. Der letzte Punkt erfüllte uns beide zunehmend mit Sorge. Später hatte ich eine kurze, aber wichtige Diskussion mit Ministerpräsident Nakasone von Japan, den ich schon
früher einmal bei einem Besuch seines Landes in meiner Eigenschaft als Oppositionsführerin kennengelernt hatte. Nakasone
war der vielleicht eloquenteste und »westlichste« aller japanischen Staatschefs während meiner Amtszeit als Premierministerin; er verstand es, das internationale Ansehen seines Landes zu
fördern und enge Beziehungen mit den Vereinigten Staaten zu pflegen. Bei dieser Gelegenheit war mein hauptsächliches Anliegen,
daß Nissan eine endgültige Entscheidung für Investitionen in
Großbritannien fällte, von denen ich mir die Schaffung vieler tausend Arbeitsplätze erhoffte. Verständlicherweise argumentierte
Nakasone dahingehend, daß dies allein eine Entscheidung der
Konzernleitung sei. An dieser Stelle sollte ich einfügen, daß

Berichten in der britischen Presse zufolge Nissan nicht in Großbritannien investiert hätte, wenn die Labour Party damals als Sieger aus den Wahlen hervorgegangen wäre. Zwar dementierte das Unternehmen diese Behauptung, doch sie dürfte wohl zutreffend gewesen sein.

Als Hauptziele des Wirtschaftsgipfels betrachteten Präsident Reagan und ich das neuerliche Bekenntnis zu einer gesunden Wirtschaftspolitik sowie die öffentliche Bekundung für unsere einmütige Unterstützung der NATO-Position zur Rüstungskontrolle, insbesondere im Hinblick auf die Aufstellung der Cruise-Missiles und Pershing II. Ich eröffnete die Diskussion über die Rüstungskontrolle am Samstag beim Dinner. Tatsächlich hatten wir bereits am Vormittag einen Kommuniqué-Entwurf fertig, der die meisten Teilnehmer zufriedenstellte. Der Position Frankreichs, das nicht der militärischen Struktur der NATO angehörte, mußte dabei besonders Rechnung getragen werden. Präsident Mitterrand erklärte jedoch, er sei mit unseren Vorschlägen im wesentlichen einverstanden Er schlug sogar noch einen Zusatz vor, den wir ohne Bedenken akzeptieren konnten, da er ganz in unserem Sinne war – wenngleich es unwahrscheinlich ist, daß Präsident Mitterrand dies erkannte.

Dem kanadischen Ministerpräsidenten Pierre Trudeau bereitete unsere unnachgiebige Haltung in der Frage der Abschreckung Probleme. Er drängte uns, »etwas weniger harte Töne« gegenüber der Sowjetunion anzuschlagen. Daraufhin hatte ich einen Meinungsaustausch mit ihm, den ich später in einem Brief an ihn als »sehr lebhaft« beschrieb. Am Ende brachten wir aber dann doch einen sehr zufriedenstellenden Text zur Rüstungskontrolle zustande.

Auch unser Dokument zur Wirtschaftslage war zufriedenstellend, abgesehen von einer kleinen sprachlichen Ungenauigkeit bei der Koordinierung der Wechselkurse. Präsident Mitterrand ließ sich zeitweilig zu großen Worten über ein »neues Bretton Woods« hinreißen – damit ist das System der festen Wechselkurse gemeint, das von 1944 bis 1973 in Gebrauch war. Er vertrat diese Ansicht in Williamsburg jedoch nicht mit großem Nachdruck.

Ich kam mit dem Nachtflug der British Airways nach Hause zurück – im Vertrauen darauf, daß die Ergebnisse der Gipfelge-

spräche meine Haltung zu den entscheidenden Themen unseres
Wahlkampfes – der Verteidigungs- und Wirtschaftspolitik – bestätigen würden. Dieser Gipfel bezeichnete auch einen Wendepunkt
im Verhältnis zwischen Präsident Reagan und den anderen teil-
nehmenden Regierungschefs. Wenn sie zuvor auch seine Eloquenz
und seine Prinzipienfestigkeit bewundert haben mochten, so
waren doch im Hinblick auf sein Wissen um Details Zweifel laut
geworden. Auch mir hatte dieser Punkt zeitweise Sorgen bereitet.
In Williamsburg erwiesen sich solche Bedenken jedoch als unbe-
gründet: Der Präsident hatte seine Hausaufgaben gemacht: Er
hatte alle Daten und Fakten griffbereit, und er leitete die Diskussionsrunden mit großem Geschick und Selbstbewußtsein. Alles,
was er sich von dem Gipfel erwartet hatte, erreichte er auch, und
gleichzeitig konnte er den anderen Teilnehmern das Gefühl vermitteln, zumindest einen Teil ihrer jeweiligen Ziele ebenfalls
erreicht zu haben. Bei alledem strahlte er eine überwältigende
Freundlichkeit aus. In Williamsburg demonstrierte Präsident Reagan, daß er sowohl auf nationaler als auch internationaler Ebene
ein meisterhafter Politiker war.

Montag, der 30. Mai, war Bank Holiday. An diesem Tag veröffentlichte Denis Healey, was die Labour Party als das »wahre«
Wahlprogramm der Konservativen Partei bezeichnete – ein absur-
des Pamphlet voller Lügen, Halbwahrheiten und Schreckensmel-
dungen, zusammengestellt aus Berichten über Dokumente, die an
die Öffentlichkeit durchgesickert waren – insbesondere aus Akten
des zentralen politischen Beraterstabs (CPRS) über die langfristigen öffentlichen Ausgaben, und das Ganze höchst phantasievoll
ausgeschmückt. Ich war darüber nicht überrascht: Mit dieser Taktik hatte es die Labour Party schon 1979 versucht, und schon
damals war sie damit gescheitert. Wieder einmal trug sie nicht den
Anliegen der Wähler, sondern ihren eigenen Zwangsvorstellungen
Rechnung. In der Labour Party fehlte die Einsicht, daß auch Propaganda die Menschen nie vom Unglaublichen überzeugen kann.
Nur die Presse läßt sich offenbar davon verführen.

Am Dienstagabend sollte ich am George Watson's College in
Edinburgh sprechen. Mein Gedanke war, bei dieser Gelegenheit
über Williamsburg zu berichten und unsere staatlichen Sozialle-
stungen zu verteidigen. Doch bei Durchsicht des bereits verfaßten

Materials bemerkte ich, daß es noch viel zu tun gab, und so brachten wir das Ganze in einem gewaltigen Kraftakt zu Ende, wie es bei meinen Reden nicht allzu selten vorkommt. Einige von uns krochen am Nachmittag zuvor noch stundenlang auf dem Boden meines Zimmers im Caledonian Hotel herum und suchten mit Klebeband Textstückchen zusammen. Danach flogen wir weiter nach Inverness, wo wir die Nacht verbrachten. Draußen vor dem Hotel brachte uns eine große Menge singender Protestierer noch ein Abendständchen.

Am nächsten Tag – Mittwoch, der 1. Juni, D-8 – hielt ich eine Pressekonferenz ab, gab zwei Fernsehinterviews, besuchte zwei schottische Fabriken, flog weiter nach Manchester, besuchte eine Bäckerei in Bolton und eine Brauerei in Stockport. Dann flog ich zurück nach London, um die Arbeit an einer neuen Rede zu beginnen. Für gewöhnlich machen mir Arbeitsdruck oder die Attacken von Gegnern nicht viel aus, doch an diesem Tag war es ein wenig anders. Denis Healey äußerte die geschmacklose Bemerkung, ich hätte während des Falkland-Krieges »über das Gemetzel gejubelt«. Ich war wütend und empört. Wir hatten diesen Krieg mit voller Absicht aus dem Wahlkampf ausgeklammert und absolut nichts unternommen, um ihn zu einem Thema zu machen. Diese Äußerung verletzte und beleidigte nicht nur Konservative, sondern auch viele andere Menschen, vor allem die Angehörigen jener Soldaten, die in diesem Krieg gekämpft hatten und gefallen waren. Mr. Healey machte später einen halbherzigen Rückzieher: Er habe nicht »Gemetzel«, sondern »Konflikt« sagen wollen – eine Unterscheidung, die keinen Unterschied machte. Ein paar Tage später griff Neil Kinnock dieses unliebsame Thema in noch offensiverer Form wieder auf. Alle diese Äußerungen waren um so entlarvender, als sie politisch unklug waren, und sie haben Labour in der Tat sehr geschadet. Sie entsprangen nicht politischer Überlegung, sondern waren Ausgeburten einer brutalen und schändlichen Phantasie.

D-7 bis D-Day

Trotz alledem kam bei der Pressekonferenz am Donnerstag morgen wieder die »General Belgrano« zur Sprache. Ich konnte mei-

nen Ärger über die Unfähigkeit mancher Journalisten, die harte
Realität des Krieges zu begreifen, nicht verhehlen, und sagte:

Ich halte es für außerordentlich erstaunlich, daß Ihr einziger
Vorwurf gegen mich darin besteht, daß ich tatsächlich mit
Zustimmung des Kriegskabinetts die Gefechtsregeln änderte,
damit ein Schiff, das eine Gefahr für unseren Kampfverband
darstellte, versenkt werden konnte.

Am Freitag mußten Cecil und ich im Anschluß an die Pressekonferenz entscheiden, ob wir am Wochenende eine großangelegte Werbekampagne in den Zeitungen starten sollten. Zwei Meinungsumfragen bestätigten uns an diesem Tag eine Mehrheit von elf beziehungsweise 17 Prozent vor Labour. Es hieß, wir hätten alle unsere
Schäfchen im trockenen. Aber viele Wähler fällen ihre Entscheidung erst in der letzten Woche, manche sogar erst auf dem Weg ins
Wahllokal; daher bin ich immer eine argwöhnische Wahlkämpferin gewesen. Cecil war aus dem gleichen Holz geschnitzt, und so
hatten wir geplant, teure dreiseitige Anzeigen in die Sonntagsaus-
gaben zu setzen. Aber dann entschlossen wir uns dann doch zum
Risiko und zur Sparsamkeit und reduzierten unsere Anzeigen auf
zwei Seiten. Meine politischen Überlegungen gingen dabei Hand
in Hand mit dem Instinkt der Kaufmannstochter aus Grantham:
Zur Schau gestellte Extravaganz ist nun einmal schlechte Werbung.

Am Samstag (D-5) machte ich Wahlkampf in Westminster
North, und von dort aus fuhr ich weiter in die Wahlkreise in der
Nähe meines eigenen in Ealing und Hendon. Den größten Teil des
Nachmittags verbrachte ich in Finchley; danach unterstützte ich
noch unseren Kandidaten in Hampstead und Highgate.

Nach der Rückkehr in die Downing Street begann praktisch
sofort die Arbeit an der Rede, die ich am nächsten Tag bei unserer
Jugendveranstaltung im Wembley Conference Centre halten sollte. Ich saß bis spät in die Nacht mit meinen Redenschreibern
zusammen. Wir unterbrachen die Arbeit nur einmal für ein
Abendessen, das ich von dem für solche Anlässe angelegten großen Vorrat an vorgekochten, tiefgefrorenen Lebensmitteln zubereitete und in der Küche servierte. »Shepherd's Pie« und ein Glas

Wein können die Moral durchaus heben. Das Verfassen meiner Reden war für mich übrigens eine wichtige politische Aktivität. Einer meiner Redenschreiber bemerkte einmal:»Niemand schreibt Reden für Mrs. Thatcher – alle schreiben Reden mit Mrs. Thatcher.« Jedes geschriebene Wort durchläuft erst meine erbarmungslose Kritik, bevor es sich in einer Rede wiederfindet. Das sind für mich Gelegenheiten, kreativ und politisch zu denken sowie umfassendere Gedankengänge zu entwerfen und bestimmte politische Maßnahmen in sie einzupassen. Oft stützte ich mich auf Sätze und Gedanken aus diesen Arbeitssitzungen, wenn ich frei sprach und im Parlament bei der Fragestunde (Prime Minister's Question Time) oder in Fernsehinterviews Antworten gab. Außerdem halfen sie mir, dem Berufsrisiko altgedienter Minister zu entgehen: Niemals wurde ich beschuldigt, wie ein Staatsbeamter zu denken. (Diese hatten vielmehr zu denken wie ich.) Nicht selten dauerten diese Sitzungen bis tief in die Nacht, und sie lassen sich vielleicht am besten als»Schwerarbeit mit viel Spaß« beschreiben.

Das galt auch für unsere Jugendveranstaltung. Manche der sauertöpfischeren Kritiker nahmen Anstoß an einigen spaßigen Bemerkungen des Komikers, der vor meiner Rede auftrat. Aber was ihnen wirklich aufstieß, war der große Anklang, den die neue Konservative Partei bei breiten Bevölkerungsschichten fand und der durch die unkonventionellen Menschen sowohl auf der Bühne wie auch im Publikum demonstriert wurde. Ein Punker drückte es bei diesem Anlaß einem Journalisten gegenüber so aus:»Lieber die Eiserne Lady als diese Pappkameraden!«

Am Sonntag lag die Allianz in einer Meinungsumfrage erstmalig vor der Labour Party. Dies bewirkte, daß die letzten Tage des Wahlkampfes von einem neuen Gefühl der Ungewißheit erfüllt waren. Letztlich aber hielt ich es nicht für möglich, daß es der Allianz gelingen könne, Labour auf den dritten Rang zu verweisen, wenngleich die Labour-Führer alles daran zu setzen schienen, um genau dies zu erreichen.

Am Mittwochmorgen (D-2) leitete ich unsere letzte Pressekonferenz, an der praktisch dasselbe Team teilnahm wie bei der Veröffentlichung des Wahlprogramms. Unter den Journalisten herrschte eine Atmosphäre wie zu Semesterende, und wir waren zuversichtlich genug, um sie zu teilen. Ich nannte noch einmal die wesentlichen Punkte, über die die Wähler zu entscheiden hätten – Verteidigung, Arbeitsplätze, Sozialleistungen, Wohnungseigentum und Rechtsstaatlichkeit. Nur allzu gerne ging ich auf den Vorwurf ein, eine große konservative Mehrheit könne dazu führen, daß wir unsere im Wahlprogramm festgeschriebene Politik aufgeben und uns statt dessen an einem extremen »heimlichen Programm« orientieren würden. Ich konterte, eine große konservative Mehrheit würde sich in der Tat ganz anders auswirken: Sie wäre ein Schlag gegen den Extremismus der Labour Party. Und das war meiner Überzeugung nach das Kernthema der Wahl von 1983.

Der Wahltag selbst hat etwas seltsam Frustrierendes. Ich ging immer früh zur Wahl und besuchte anschließend das Wahlkomitee in Finchley, wo die Berichterstattungen darüber eintrafen, wer von unseren prominenten Anhängern bereits gewählt hatte. Später am Tag besuchten Mitarbeiter der Partei dann diejenigen, die ihre Stimme noch nicht abgegeben hatten, um sie zum Gang ins Wahllokal zu ermutigen. Alle Meinungsumfragen legten einen überwältigenden Sieg der Torys nahe. Aber ich habe bei Wahlen schon zu viele Überraschungen erlebt, um solche Voraussagen für bare Münze zu nehmen.

Die Auszählung der Stimmen für Finchley findet in der Hendon Town Hall statt. Es dauerte lange, bis das Ergebnis bekannt wurde, da viele andere Kandidaten versucht hatten, sich Publicity zu verschaffen, indem sie gegen mich antraten. Zusätzlich verzögert wurde die Bekanntgabe, weil ein Kandidat mit Erfolg eine Wiederholung der Zählung verlangte. (Meine Mehrheit lag letztlich bei 9314 Stimmen.) Daher wurden mein Sieg und meine siebte Wiederwahl zur Abgeordneten erst in den frühen Morgenstunden bekanntgegeben.

Während ich auf das Ende »meiner« eigenen Auszählung wartete, verfolgte ich die Wahlberichterstattung im Fernsehen. Die ersten drei Ergebnisse waren nicht besonders ermutigend: In Torbay und Guilford hatte die Allianz beträchtlich zugelegt, wenngleich wir unsere Sitze halten konnten. Dann wurde es sogar noch schlechter: Wir verloren Yeovil an die Liberalen. Doch bald darauf kam der Wendepunkt – Nuneaton war der erste Wahlkreis, der von Labour an die Torys fiel. Von da an wurde unser Sieg immer

offensichtlicher und entwickelte sich wirklich zu einem Erdrutsch-
sieg: Wir errangen eine Mehrheit von 144 Sitzen – die größte
Mehrheit, die eine Partei seit 1945 je erzielt hatte.

Am frühen Morgen kehrte ich in die Parteizentrale zurück, wo
mich meine Mitarbeiter in Feierstimmung mit Glückwünschen
begrüßten. Ich bedankte mich mit einer kleinen Ansprache bei
ihnen für ihren unermüdlichen Einsatz, und danach ging ich nach
Hause in die Downing Street. Am Ende der Straße hatten sich viele
Menschen versammelt; ich gesellte mich dazu und sprach mit
ihnen, wie ich es am Abend der argentinischen Niederlage getan
hatte. Anschließend begab ich mich ins Haus. Während der letzten
Wochen hatte ich etwas aufgeräumt für den Fall, daß wir die Wahlen verlieren würden. Jetzt konnte sich die Unordnung wieder
breitmachen.

12

Alles läuft wieder normal

Politik, Wirtschaft und auswärtige Angelegenheiten vom Wahltag bis Ende 1983

Politischer Erfolg ist zwar sehr viel angenehmer als politisches Versagen, aber er bringt auch seine Probleme mit sich. Sie alle rühren laut einer durch die klassische Mythologie bestätigten Binsenweisheit von Hybris oder zumindest Selbstgefälligkeit her. Doch dem ist nicht immer so – und das galt auch für die etwas beschwerlichen sechs Monate nach den Parlamentswahlen im Jahre 1983. Hier gab es diffizilere Probleme zu bewältigen. Während die Medien sich in der Zeit des Wahlkampfs noch verpflichtet gefühlt hatten, sich mit realen politischen Streitfragen zu beschäftigen, kehrten sie bald wieder zum vergnüglicheren Zeitvertreib zurück, der Regierung eins auszuwischen. Doch gab es noch ein zweites Problem, mit dem wir während der folgenden Jahre mehr und mehr zu kämpfen hatten: Je schwächer die sozialistische Bedrohung schien, desto stärker scheuten die Menschen vor den Schwierigkeiten und Enttäuschungen zurück, die in einer freien Marktwirtschaft unvermeidlich auftreten.

1983 sahen wir uns auch zwei weiteren Problemen gegenüber – davon war eines hausgemacht, das andere nicht. Zum einen inspirierte das Wahlprogramm von 1983 die Regierung nicht zu der Art von missionarischem Eifer, der uns einen guten Start in die neue Sitzungsperiode des Parlaments verschafft hätte. Einige der wichtigsten Wahlversprechen waren recht populär, wie etwa die Abschaffung des Greater London Council (GLC) und der Stadtgrafschaften (Metropolitan Counties) sowie die Kürzung der *Rates,* aber daraus ergaben sich Schwierigkeiten, mit denen jede reformwillige Regierung rechnen muß: daß die weitgehende

Zustimmung der schweigenden Mehrheit es an Lautstärke nicht
mit dem Chor der Unzufriedenen aus der organisierten Minderheit aufnehmen kann. Die linksgerichteten Sozialisten aus den
Stadtverwaltungen und ihre subventionierten politischen Organisationen waren gewiefte Rhetoriker, die geschult und geschickt
jede unzulängliche Darstellung von Regierungsanliegen aus-
schlachteten. Das Wahlprogramm versprach zum Großteil »mehr
von der gleichen Sorte« – nicht gerade die ansprechendste Parole,
wenngleich tatsächlich noch viel »mehr« vonnöten war. Wir hatten die Steuern bisher noch nicht annähernd so weit gesenkt, wie
wir es wünschten. Es wartete noch mehr Arbeit am Gewerkschaftsgesetz auf uns, und das Privatisierungsprogramm – das
womöglich den wirklich großen Fortschritt dieser Legislaturperiode darstellen würde – war noch kaum in Angriff genommen.
Außerdem mußte die Gesetzesvorlage zur Privatisierung der British Telecom, die wegen der Wahl nicht mehr hatte verabschiedet
werden können, neu eingebracht werden.

An dem zweiten Problem traf uns keine Schuld: nämlich daß der
Sozialismus viel zu großen Einfluß in Großbritannien hatte. Das
Schicksal des Sozialismus hängt nicht von dem der Labour Party
ab; auf längere Sicht wäre es sicherlich zutreffender zu sagen, daß
das Schicksal der Labour Party von dem des Sozialismus abhängt.
Und der Sozialismus war nach wie vor in den Institutionen und im
geistigen Klima Großbritanniens verankert. Zwar hatten wir Tausende von Sozialwohnungen verkauft, doch 29 Prozent des Woh-
nungsbestandes verblieben immer noch in der öffentlichen Hand.
Wir hatten die Rechte der Eltern im Bildungssystem gestärkt, doch
die linksgerichtete Grundhaltung in den Klassenzimmern und den
Kursen zur Lehrerausbildung hielt sich hartnäckig. Wir hatten uns
dem Problem der Ineffizienz der Kommunalverwaltungen gestellt,
aber die linken Bollwerke in den Großstädten blieben davon praktisch unberührt. Wir hatten die Macht der Gewerkschaften
beschnitten, doch nahezu 50 Prozent der Beschäftigten waren
immer noch gewerkschaftlich organisiert – ein höherer Prozentsatz als in den Ländern, die unsere Hauptkonkurrenten waren –
und um die 4 Millionen davon arbeiteten in *closed shops*. Zudem
gab die radikale Linke bei den Gewerkschaften weiterhin den Ton
an, wie der Bergarbeiterstreik bald zeigen würde. Wir hatten im

Falkland-Krieg einen großen Sieg errungen und damit die Entwicklung umgekehrt, nach der dem britischen Einfluß ein unausweichliches Dahinschwinden vorherbestimmt schien – doch es gab weiterhin den sauertöpfischen Neid auf die Macht der USA und zuweilen auch einen tiefersitzenden Anti-Amerikanismus, der von zu vielen aus dem gesamten politischen Spektrum geteilt wurde.

Bei alledem hatte ich persönlich es mit einem einfachen Problem zu tun: Es war noch eine weitere Revolution fällig, aber es gab zu wenig Revolutionäre. Die Ernennung des ersten Kabinetts in der neuen Sitzungsperiode des Parlaments, die unpassenderweise vor dem Hintergrund traditioneller Militärmusik und der Fahnenparade zum Geburtstag der Königin ablief, gab mir die Möglichkeit, einige solche Revolutionäre in meinen Dienst zu stellen.

Die neue Regierung

Gleich zu Anfang ließ ich einen selbsternannten Lotsen fallen, dessen Orientierungssinn bei mehreren Gelegenheiten getrogen hatte. Als ich Außenminister Francis Pym durch Peter Carrington ersetzte, tauschte ich einen trübsinnigen Konservativen gegen einen amüsanten ein. Selbst die Aussicht auf einen politischen Erdrutsch bei den Wahlen hatte Francis Pym nicht davon abgehalten, unheilverkündende Warnungen auszustoßen. Francis und ich stimmten weder in der Ausrichtung unserer Politik noch in der Einstellung zur Regierungsarbeit und im Grunde nicht einmal in der allgemeinen Lebenshaltung überein. Doch wie viele Minister, denen ein Dissens mit dem Rest der Regierung nachgesagt wird, war er im Unterhaus beliebt, denn dies wird oft mit eigenständigem Denken verwechselt. Ich hoffte, er würde auf meinen Vorschlag eingehen und das Amt des Speaker übernehmen, und ich bin immer noch der Ansicht, er hätte diese Aufgabe gut erfüllt. (Allerdings bin ich mir nicht sicher, ob wir Pym zu diesem Posten hätten verhelfen können, denn das obliegt der selbständigen Entscheidung des Unterhauses.) Aber er wollte sowieso nicht. Er zog sich lieber in die Fraktion zurück, wo er nicht sehr erfolgreich als Kritiker der Regierung auftrat.

Ich bat auch David Howell und Janet Young, aus dem Kabinett auszuscheiden. David Howells Unzulänglichkeiten als Verwaltungsexperte waren im Energieministerium zutage getreten, und nichts, was ich von seiner Amtsführung im Verkehrsministerium sah, ließ mich an meiner Einschätzung zweifeln. Er besaß die unvoreingenommene Kritikfähigkeit, die in der Opposition oder beim Vorsitz eines Sonderausschusses gefragt ist, doch ihm fehlte die Mischung aus kreativer politischer Vorstellungskraft und Praxisorientierung, die ein erstklassiger Kabinettsminister nun einmal braucht. Janet Young bat ich wiederum, den Vorsitz des Oberhauses an Willie Whitelaw abzutreten. Sie war zwar bei den Lords im Oberhaus sehr beliebt, aber es hatte sich herausgestellt, daß sie nicht die Geistesgegenwart besaß, um das Oberhaus effektiv zu führen, und sie hielt sich wohl zu konsequent an die Regeln der Vorsicht. Sie verblieb in der Regierung als Fachministerin im Außenministerium. Ich bedauerte das Ausscheiden von David und Janet aus persönlichen Gründen, denn in der Oppositionszeit waren sie mir sehr nahegestanden.

Willie Whitelaw wurde als Janet Youngs Nachfolger den Erwartungen eindeutig gerecht. Willie war für mich im Kabinett schlichtweg unverzichtbar geworden. Ich wußte, daß er mir beistehen würde, wenn es wirklich darauf ankam, und wegen seiner Herkunft, Persönlichkeit und Stellung in der Partei konnte er manchmal Kollegen umstimmen, wenn mir dies nicht mehr möglich war. Willie hatte es als Innenminister nicht leicht gehabt. Das liegt zum Teil daran, daß Innenminister es nie leicht haben; oft heißt es, sie verfügten über eine einzigartige Verantwortlichkeit ohne Macht: Einerseits müßten sie die Verantwortung für Vorfälle wie die Beeinträchtigung der königlichen Sicherheit, das Fehlverhalten von Polizeiinspektoren, Gefängnisausbrüche oder auch gelegentliche Unruhen auf sich nehmen, andererseits verfügten sie jedoch nicht oder nur indirekt über die Macht, dies alles zu verhindern. Doch hier lag das Problem tiefer. Willie und ich wußten beide, daß wir nicht die gleiche innere Einstellung zu innenpolitischen Fragen hatten. Ich glaube, daß die Todesstrafe für die schlimmsten Morde als Vergeltung moralisch gerechtfertigt und als Abschreckung praktisch notwendig ist, Willie hingegen nicht. Meine Vorstellungen zum Strafrecht im allgemeinen und zur Ein-

wanderung sind um einiges rigider als seine. Und schmeichelhaf-
terweise – wenngleich es oft auch peinlich wirkte – stimmte die
breite Mehrheit der Konservativen und der britischen Öffentlichkeit mit mir überein, wie sich regelmäßig auf unseren Parteitagen
zeigte.

Als Willies Nachfolger im Innenministerium wählte ich Leon
Brittan. Ich ernannte nie einen Innenminister, der meine Einstellung in diesen Angelegenheiten vollständig teilte, aber ich dachte,
daß Leon mit seinem scharfen Juristenverstand und seiner intellektuellen Strenge für diese Aufgabe geeignet war. Er würde seine
Zeit nicht mit der falschen Sentimentalität verschwenden, die in so
viele Diskussionen um die Ursachen von Kriminalität hineinspielt.
Aus dem Finanzministerium brachte er einen wohlverdienten Ruf
als guter, tüchtiger Verwaltungsexperte mit. Leon war der beste
Staatssekretär des Finanzministeriums während meiner Amtszeit.
Er besaß geistiges Durchsetzungsvermögen, und so dachte ich,
daß er seine Chance haben sollte.

Im nachhinein betrachtet, hätte ich ihn zuerst an die Spitze eines
anderen Ministeriums versetzen sollen. Er hätte die Erfahrung
eines Ressortchefs benötigt, bevor er eines der drei gewichtigen
Staatsämter übernahm. Ein zu rascher Aufstieg kann die langfristige Zukunft von Politikern gefährden. Sobald sie im Kreuzfeuer
der Presse und der Kollegen stehen, besteht die Gefahr, daß sie
empfindlich und unsicher werden, und all das macht sie verwundbar. Auch Leon litt darunter, doch ebenso besaß er große Stärken.
Zum Beispiel zeigte er seine Fähigkeiten bei der Ausarbeitung des
Maßnahmenpakets zur Strafverschärfung für Gewaltverbrecher,
das wir – nach der Ablehnung der Todesstrafe durch das Unterhaus – im Juli zur offenen Abstimmung einbrachten. Er sollte
während des Bergarbeiterstreiks von 1984 bis 1985 Zähigkeit und
Kompetenz beweisen. Doch er hatte auch Schwächen, die mit den
Umständen seiner Ernennung in keinem Zusammenhang standen.
Wie andere brillante Anwälte, die ich kennengelernt habe, konnte
er einen Schriftsatz besser verstehen und auslegen als selbst verfassen. Darüber hinaus wurde viel Kritik an seinem Auftreten im
Fernsehen laut, weil er reserviert und steif wirkte. Da es im Laufe
der Jahre freilich auch viele Beschwerden über mein Auftreten
gegeben hat, hatte er meine volle Sympathie. Aber das änderte

nichts an der Sachlage, insbesondere da ich bald einen wirklich begabten Repräsentanten unserer Politik aus dem Kabinett verlieren sollte.

Ich ernannte Nigel Lawson zum Schatzkanzler – eine gewaltige und für die meisten unerwartete Beförderung. Ungeachtet unserer späteren Streitigkeiten würde ich auf einer möglichen Liste mit konservativen – sogar thatcheristischen – Revolutionären Nigel immer einen Spitzenplatz einräumen. Er besitzt viele Eigenschaften, die ich bewundere, allerdings auch einige, die ich nicht mag. Er ist phantasievoll, furchtlos und – zumindest im schriftlichen Bereich – von überzeugender Eloquenz. Er hat eine rasche Auffassungsgabe und ist – ganz anders als Geoffrey Howe, dem er als Schatzkanzler nachfolgte – entschlußfreudig. Seine erste Haushaltsrede zeigt, wie gut verständlich sich Wirtschaftsfragen darstellen lassen. Nigel konnte, wie ich wußte, ausgesprochen kreativ wirtschaftlich denken. Ganz im Gegensatz zu einfallsreicher Steuerberatung ist einfallsreiches wirtschaftliches Denken selten und wertvoll. Ich bezweifle, ob ein anderer Finanzminister die geniale Klarheit unserer Mittelfristigen Finanzplanung zustandegebracht hätte, die unsere Wirtschaftspolitik bestimmte, bis Nigel ihr in späteren Jahren selbst den Rücken kehrte. Die Steuerreformen des Schatzkanzlers Lawson boten die gleiche Qualität – eine Geradlinigkeit, bei der sich jeder fragt, warum niemand früher darauf gekommen ist.

Nigel Lawson war sich seiner eigenen Vorzüge wohl bewußt. Im Januar 1981, als ich auf Verlangen von Geoffrey Howe und über Nigels Kopf hinweg Leon Britten zum Staatssekretär im Finanzministerium ernannte, erschien er bei mir, um sich zu beschweren. Er fühlte sich übergangen und war offensichtlich verstimmt. Doch ich sagte ihm, daß die Zeit für seine Beförderung noch kommen werde, wofür ich sorgen wollte. Später zeigte er als Energieminister, daß er neben seinen übrigen guten Eigenschaften auch ein erstklassiger Verwaltungsexperte war. So teilte ich inzwischen Nigels hohe Einschätzung von sich selbst. Und während der Sitzungsperiode von 1983 hatte ich keinen Grund, diese Einschätzung zu korrigieren; in den meisten Punkten revidierte ich sie nie.

Doch was sollte ich mit Geoffrey Howe anfangen? Die Zeit für

seine Beförderung war gekommen. Vier strapaziöse Jahre im
Finanzministerium waren genug, und anscheinend gibt es ein psychologisches Gesetz, daß es Schatzkanzler naturgemäß ins Außenministerium drängt – zum Teil einfach deshalb, weil dies der nächste logische Schritt ist. Aufgrund des hohen Stellenwertes, der der
internationalen Finanzpolitik heute zukommt, muß sich ein
Schatzkanzler lebhaft für den Weltwährungsfonds, die Gruppe der
7 und die EG interessieren. Von daher ist es nur natürlich, daß ihn
danach verlangt, die Bühne der Weltpolitik zu betreten. Ich wollte
Geoffrey nach allem, was er geleistet hatte, befördern, doch ich
hatte Zweifel, ob er sich für das Außenministerium eignete. Rückblickend habe ich recht behalten. Geoffrey bewältigte in der Tat
die Aufgabe sehr gut, einen Text Zeile für Zeile durchzuarbeiten,
wobei ihm seine Anwaltsausbildung und seine Erfahrung im
Finanzministerium zugute kamen. Für mich war er die ideale
rechte Hand bei Sitzungen des Europäischen Rats. Doch er verfiel
dem Zauber des Außenministeriums, wo Kompromisse und Verhandlungen zum Selbstzweck gerieten. Daher traten seine Mängel
deutlicher hervor, während seine Vorzüge eher in den Hintergrund
rückten. In seinem neuen Ministerium verfiel er auch in die
Gewohnheiten, die man im Außenministerium zu kultivieren
scheint – die Abneigung, diplomatisches Vorgehen dem nationalen Interesse unterzuordnen, und die unersättliche Vorliebe für
Details und Vorbehalte, die die klarste Sicht trüben können. Am
Ende sah Geoffrey nur noch Formulierungsfragen vor sich. Sofern
Geoffrey ein Grundkonzept hatte, das ihm in außenpolitischen
Fragen den Weg wies, so war es eines, das sich von meinem deutlich unterschied, obwohl ich dem damals nicht viel Beachtung
schenkte. Denn Geoffrey hegte eine beinahe romantische Sehnsucht, daß Großbritannien in einer grandiosen europäischen Einheit aufgehen sollte. Ich habe von ihm nie eine Definition dieses
nebulösen Europäertums gehört, auch nicht in den letzten turbulenten Tagen meiner Regierungszeit, doch für ihn war dies (neben
seinen liberalen Ansichten in innenpolitischen Fragen) ein Prüfstein hoher Ideale und kultureller Werte. Das sollte uns allen endlose Probleme verursachen.

Mein erster Kandidat für den Posten des Außenministers war
Cecil Parkinson gewesen. Wir beide stimmten in wirtschafts- und

innenpolitischen Ansichten überein. Keiner von uns hatte den leisesten Zweifel, daß es bei unserer Außenpolitik vorrangig um Großbritanniens Interessen gehen müsse. Er war während des Falkland-Konflikts Mitglied des Kriegskabinetts gewesen. Soeben hatte er die technisch fortschrittlichste Wahlkampagne in die Wege geleitet, die ich je erlebt habe. Und so erschien er mir für diesen ranghöchsten Posten der Richtige zu sein. Doch meine Hoffnungen wurden enttäuscht. Am frühen Abend des Wahltags, nachdem ich aus meinem eigenen Wahlkreis zurückgekehrt war, suchte mich Parkinson in der Downing Street auf und teilte mir mit, daß er ein Verhältnis mit seiner früheren Sekretärin Sara Keays gehabt hatte. Das stimmte mich nachdenklich. Aber ich kam nicht sogleich zu dem Ergebnis, daß dies ein unüberwindliches Hindernis für seine Berufung ins Außenministerium wäre, denn ich dachte immer noch an die Wahl. Abgesehen davon fand ich es bewundernswert, daß er trotz dieser Probleme für einen so großartigen Wahlkampf gesorgt hatte. Ich war sogar erleichtert, daß er mir die Sorge und Ablenkung erspart hatte, die dies in jener Zeit ausgelöst hätte. Doch am nächsten Tag, kurz bevor Parkinson zum Mittagessen in der Downing Street eintreffen sollte, erhielt ich einen persönlichen Brief von Sara Keays' Vater, in dem er mir mitteilte, daß Sara ein Kind von Cecil erwartete. Als Cecil Parkinson kam, zeigte ich ihm das Schreiben. Es muß einer der schlimmsten Augenblicke seines Lebens gewesen sein.

Es lag auf der Hand, daß ich Parkinson nicht ins Außenministerium schicken konnte, wenn solch eine drohende Wolke über ihm hing. Ich bat ihn eindringlich, die privaten Fragen mit seiner Familie zu erörtern. In der Zwischenzeit entschied ich, ihn zum Minister im neu zusammengefaßten Wirtschaftsministerium zu machen. Es war ein Posten, den er meines Wissens gut ausfüllen würde – und der nicht so hochrangig und heikel war wie das Amt des Außenministers.

Im September ernannte ich John Gummer als Nachfolger von Cecil Parkinson zum Geschäftsführer der Partei (ich hätte ohnehin früher oder später einen neuen Geschäftsführer ernannt). John war unter Ted Heath stellvertretender Parteigeschäftsführer gewesen und kannte daher die Parteizentrale sehr gut. Er ist auch ein begabter Redner und Autor. Unmittelbar nach der Wahl bedurfte es für den Posten des Geschäftsführers auch keines führenden Ministers, geschweige denn eines Politikers von Parkinsons Format. Unglücklicherweise war John Gummer keine geborene Führungspersönlichkeit, und als wir in politische Schwierigkeiten gerieten, entwickelte er nicht genügend Initiative, um uns herauszuhelfen.

Dagegen wurde die Partei durch die Ernennung von John Wakeman zum Chief Whip gestärkt. John würde wohl seinem Ruf als »Macher« gerecht werden. In der Partei gehörte er dem rechten Flügel an und war außerdem ein höchst kompetenter Steuerberater, der versucht hatte, mir die unvollständigen Bilanzen von British Leyland aufzuschlüsseln. Er strahlte Selbstvertrauen aus, was zum Gutteil gerechtfertigt war. Diese Fähigkeiten machten ihn zu einem höchst effektiven Parteimanager.

Nach einigen Monaten mußte ich weitere wichtige Veränderungen vornehmen. Anfang Oktober gab Cecil Parkinson mit Zustimmung von Sara Keays eine Presseerklärung ab, in der er die Affäre und Saras Schwangerschaft eingestand. Ich wollte Parkinson wenn möglich behalten – als politischen Verbündeten, als fähigen Minister und als Freund. Zuerst schien dies auch möglich zu sein. Von seiten der Partei wurde kein großer Druck auf ihn ausgeübt, seinen Hut zu nehmen. Im wesentlichen standen seine Kollegen in der Regierung und der Fraktion hinter ihm. Der Parteitag fand in der Woche nach Parkinsons Erklärung statt, und seine Ministerrede wurde gut aufgenommen. Am späten Donnerstagabend jedoch, als ich meine eigene Rede für den nächsten Tag fertigstellte, rief das Pressebüro der Downing Street in meiner Hotelsuite an. Meinem Privatsekretär wurde mitgeteilt, Sara Keays habe der »Times« ein Interview gegeben, und die Story sei der Aufmacher der Freitagsausgabe. Ich berief augenblicklich eine Sitzung mit Willie Whitelaw, John Gummer und natürlich Cecil ein. Es war klar, daß die Angelegenheit Staub aufwirbeln würde, und obwohl ich Cecil bat, an jenem Abend noch nicht zurückzutreten, wußten wir alle, daß er seinen Hut würde nehmen müssen.

Früh am nächsten Morgen erschien Cecil und eröffnete mir, daß er und Ann sich für seinen Rücktritt entschieden hätten. Es gab nur ein Problem: Er sollte den neuen Blackpool Heliport eröffnen und eine Gedenktafel enthüllen. Natürlich konnte er dies jetzt unmöglich erledigen. Denis sprang ein und enthüllte die Tafel, die pikanterweise Cecils Namen trug. Glücklicherweise bedeutete dies nicht das Ende von Cecils politischer Karriere. Doch er mußte vier Jahre im politischen Abseits ausharren und büßte jede mögliche Chance ein, die Spitze der politischen Leiter zu erklimmen.

Auf lange Sicht führte Parkinsons Rücktritt zu einer Schwächung der Regierung. Er hatte sich als fähiger Minister erwiesen, und obwohl er nur kurzzeitig im Wirtschaftsministerium gewesen war, hatte er insbesondere in der City von London einen großen Eindruck hinterlassen. Es war ja Cecil gewesen, der die schwierige, aber richtige Entscheidung traf, durch eine gesetzliche Regelung darauf hinzuwirken, daß die Börse aus dem Geltungsbereich des Gesetzes über Wettbewerbsbeschränkung ausgenommen wurde, womit der Rechtsstreit um dieses Gesetz, den der Generaldirektor von Fair Trading angestrengt hatte, beendet werden konnte. Im Gegenzug verpflichtete sich die Börse, die schon lange bestehenden Handelsrestriktionen abzubauen. Somit war der Weg bereitet für den Financial Services Act von 1986 und den Börsenkrach vom Oktober desselben Jahres. Diese Reformen erlaubten der City, sich den hart konkurrierenden internationalen Märkten anzupassen, in denen sie nun operiert – eine entscheidende Voraussetzung für ihren jetzigen Erfolg.

Ich bat Norman Tebbit, vom Arbeitsministerium ins Wirtschaftsressort zu wechseln, und ersetzte ihn durch Tom King, der bislang das Verkehrsministerium geleitet hatte. Dies ermöglichte mir, Nick Ridley als Verkehrsminister ins Kabinett zu holen. Nicks Aufnahme ins Kabinett war ein Silberstreif am Horizont, der sich nach Cecils Ausscheiden eingetrübt hatte. Wie Keith Joseph wollte Nick Ordnung in seinem Amt, damit er bei seinen Entscheidungen freie Hand hatte. Zwar gibt es meiner Erfahrung nach nur wenige Politiker, die nicht danach streben, die richtigen Entscheidungen zur rechten Zeit zu treffen, doch jene, für die es das einzig Maßgebliche ist, lassen sich an einer Hand abzählen. Nick und Keith gehörten dazu. Nick lieferte der Regierung (und besonders mir) nicht nur ein klares Konzept, sondern auch praktische Lösungen für politische Probleme. Als Verkehrsminister trieb er die Privatisierung und die Aufhebung staatlicher Kontrollen voran. Und in den späteren Regierungsjahren konnte ich mich, was Loyalität und Aufrichtigkeit betraf, immer auf ihn verlassen. Tatsächlich war es seine zu große Ehrlichkeit, die ihn letztlich zu Fall brachte. (Der amerikanische Journalist Michael Kinsley hat einen »Fauxpas« als die Mitteilung einer unbequemen Wahrheit definiert. Ich muß sagen, daß meine eigene Erfahrung die Richtigkeit seiner Definition bestätigt.) So sah also die Mannschaft aus, von der der Erfolg der zweiten Legislaturperiode der Regierung abhing. Ich hoffte darauf, daß sie den Eifer und die Begeisterung ihres Kapitäns teilten.

Die Sitzung des Europäischen Rates in Stuttgart

Nach Abschluß der Regierungsbildung flog ich am Wochenende zur verschobenen Sitzung des Europäischen Rates nach Stuttgart, bei der Kanzler Kohl präsidierte. Wir hatten selbst nicht um eine Verschiebung des Treffens gebeten, das ursprünglich für den 6./7. Juni geplant gewesen war, aber als dieser Vorschlag dann auf dem Tisch lag, kam er uns sehr recht, da wir nun mehr Zeit für den Wahlkampf hatten. Wahrscheinlich dachten unsere europäischen Partner, sie könnten einer Regierung unmittelbar nach ihrer Wiederwahl ein paar Zugeständnisse mehr abringen als davor, wenn sie daheim dem Druck das Wahlkampfs ausgesetzt war.

In Stuttgart sollte es wieder hauptsächlich ums Geld gehen – »unser Geld« im besonderen –, obwohl ich diesmal so taktvoll war, diese Wendung nicht zu benützen. Ich wollte eine zufriedenstellende Rückerstattung an Großbritannien für 1983 sicherstellen und gleichzeitig möglichst große Fortschritte bei der Suche nach einer langfristigen Lösung erzielen, durch die sich unsere Nettobeiträge an die Gemeinschaft weiter verringern würden. Dies beinhaltete letztlich eine langfristige Reform der EG-Finanzen.

Hätte ich lediglich verlangt, was recht und billig war, wäre ich im Hinblick auf das zu erwartende Ergebnis nicht im entferntesten zuversichtlich gewesen. Doch mittlerweile stand die Gemeinschaft kurz vor dem Bankrott: ihre »Eigenmittel« würden in den nächsten Monaten aufgebraucht sein, und deren Aufstockung war nur durch den einstimmigen Beschluß zur Anhebung des Mehrwert-

DOWNING STREET NO. 10

steuerplafonds um 1 Prozent zu erreichen. Das hatte die Wirkung, die Dr. Johnson der unmittelbaren Erwartung des Galgens zuschrieb: Auf einmal arbeitete der Verstand unserer europäischen Partner fieberhaft. Durch den Zwang zur Einstimmigkeit hatte ich gute Karten, und sie wußten, ich würde sie nicht leichtfertig ausspielen. Natürlich hätte die Gemeinschaft innerhalb des durch die 1-Prozent-Höchstgrenze gesteckten Rahmens durchaus leben können, wenn sie entschieden genug Verschwendung, Ineffektivität und offene Korruption aus ihren eigenen Vorhaben verbannt hätte; schließlich sind die Mehrwertsteuereinkünfte bemerkenswert ergiebig. Aber ich wußte sehr wohl, daß die Entschiedenheit fehlte und daß Verschwendungssucht und jene besondere Verantwortungslosigkeit, die eine undurchschaubare Bürokratie hervorbringt, so lange fortbestehen würden, wie schwierige Entscheidungen aufgeschoben werden konnten.

Der Haltung der Bundesrepublik kam entscheidende Bedeutung zu. Die Deutschen waren die größten Nettozahler der Gemeinschaft. Zugegebenermaßen profitierte die westdeutsche Landwirtschaft von der aufwendigen EG-Agrarpolitik, doch ab einem bestimmten Punkt würden die Interessen der westdeutschen Steuerzahler Vorrang gewinnen. Die Deutschen unterstützten unseren Widerstand gegen eine Erhöhung der »Eigenmittel«, zumindest solange die EG-Finanzen nicht auf eine solidere Grundlage gestellt worden waren. Aber wir hatten den Verdacht, daß sie ins Schwanken kommen würden, wenn der Druck wuchs. Sie waren auch verärgert – und ich kann es ihnen nicht einmal verübeln –, weil sie nun zu der Finanzierung der von mir durchgesetzten britischen Rückerstattung ihren Teil beitragen mußten. Aber meine Antwort darauf war natürlich, daß sie endlich die Initiative ergreifen sollten, um dieses Problem der grundlegenden Unausgeglichenheit der EG-Finanzen ein für allemal aus der Welt zu schaffen. Kanzler Kohl war gewöhnlich nicht der resoluteste unter den Sitzungsteilnehmern, sofern die Deutschen nicht direkt betroffen waren. Doch ich wußte, daß er die Stuttgarter Tagung zu einem erfolgreichen Abschluß bringen wollte – als Krönung für seine erste Präsidentschaft. Ich hoffte, daß dies und die anderen Umstände, welche ich beschrieben habe, ein Ergebnis begünstigen würde, mit dem ich leben konnte.

In Stuttgart wurde beschlossen, die Verhandlungen über die zukünftige Finanzierung der Gemeinschaft zumindest zunächst den Außen- und Finanzministern zu überlassen, die dann bei der nächsten Sitzung im Dezember Bericht erstatten sollten. Die Kommission hatte bereits ihre eigenen Vorschläge unterbreitet, von denen wir einige befürworteten, andere aber nicht. Großbritannien wurde für das Jahr 1983 eine Rückerstattung zugesprochen. Doch die wahren Entscheidungen wurden um weitere sechs Monate verschoben – sechs Monate, die uns dem Tag näherbrachten, an dem die Gemeinschaft zahlungsunfähig sein würde.

Ich war von diesem Ergebnis nicht unbedingt enttäuscht und nahm demzufolge jede Gelegenheit wahr, Kanzler Kohls Sitzungsleitung zu loben. Die Ergebnisse waren für Großbritannien günstiger ausgefallen, als es zunächst den Anschein gehabt hatte. Zwar stellte die Rückerstattung für 1983 einen geringeren Betrag dar, als wir uns erhofft hatten, doch die Rückerstattungen der vier Jahre bis 1983 ergaben insgesamt einen Betrag von etwa zwei Dritteln unserer unbereinigten Nettobeiträge und entsprachen somit dem Ziel, das wir uns in unseren öffentlichen Verlautbarungen gesetzt hatten. In Anbetracht der starken Opposition Frankreichs empfand ich dies als ein brauchbares Ergebnis. In den britischen Zeitungen tauchten Spekulationen auf, ich hätte die britische Position zur Erhöhung der Mehrwertsteuerobergrenze verwässert, doch das war nur ein Verhandlungstrick von mir, und eine genaue Prüfung des Kommuniqués – nicht anders als eine Prüfung meiner Einstellung – würde zeigen, daß ich nichts dergleichen tat. (Das sollte für die Öffentlichkeit schon vor Ablauf des Jahres deutlich erkennbar werden.)

Es gab noch einen anderen Aspekt der Stuttgarter Ratssitzungen. Der Rat verabschiedete eine »Feierliche Erklärung zur Europäischen Union«, wie es in der vollmundigen Sprache hieß, die zu diesem Thema bereits vor unserem Beitritt verwendet worden war. Ich war der Ansicht, daß ich nicht gegen alles opponieren könne; und außerdem hatte das Dokument keine Rechtswirksamkeit. Also stimmte ich zu.

Als ich später in einer Fragestunde des Unterhauses zu dieser Erklärung Stellung beziehen sollte, erklärte ich: »Ich muß klarstellen, daß ich in keiner Weise an ein föderales Europa glaube.

Genausowenig ist das bei diesem Dokument der Fall.« Gewiß wurden darin keine Befugnisse an ein zentralistisch orientiertes Europa übertragen, wie später durch den Vertrag von Maastricht. Aber die hochtrabende Sprache der Erklärung wurde uns in der weiteren Entwicklung nur zu vertraut. Das sprachliche Skelett, auf dem so viel institutionelles Fleisch wachsen würde, zeichnete sich bereits ab.

Die Wirtschaft

In der Politik kommt es manchmal vor, daß mehrere relativ geringfügige Umstände ohne offenkundige Verbindung untereinander eine politische Atmosphäre schaffen, in der die Regierung dem Anschein nach nichts richtig machen kann. Ich habe an früherer Stelle schon einige Gründe angedeutet, die für eine solche Atmosphäre zu Beginn unserer zweiten Regierungsperiode verantwortlich waren. Doch es gab noch andere Probleme. Weiterhin führte das neue System der Erhöhung der Altersrenten entsprechend der Inflationsrate zu Mißverständnissen und zu Verstimmung. Viele unserer treuesten Anhänger waren verärgert, weil die Vorschläge zur Wiedereinführung der Todesstrafe von einem Unterhaus mit konservativer Mehrheit in einer Abstimmung ohne Fraktionszwang verworfen worden waren. Einige Unterhausabgeordnete hatten zweifellos ihren Wählern ihre wahren Ansichten vorenthalten (oder schlimmeres). Zudem beschlossen die Parlamentsmitglieder, sich eine Diätenerhöhung zu genehmigen, die beträchtlich höher lag als die Empfehlung der Regierung, und das zu einer Zeit, als die Arbeitslosigkeit stieg und viele Menschen eine geringe oder gar keine Lohnerhöhung zu erwarten hatten.

Doch diese Unstimmigkeiten wären nicht ins Gewicht gefallen, wenn da nicht die Wirtschaft gewesen wäre. Die Grundlagen der Wirtschaft waren solide; sie würde auch noch durch die weiter vorangetriebenen Strukturveränderungen, insbesondere durch die Privatisierungsmaßnahmen, noch solider werden. Als ich am 22. Juni 1983 vor dem Unterhaus die einführenden Worte zur Thronrede sprach, konnte ich auf die niedrigste Inflationsrate seit 1962, auf höhere Erträge und auf ein Rekordniveau in der Produktivität hinweisen. Doch zum Teil rührten die Schwierigkeiten daher, daß die Öffentlichkeit im Anschluß an eine Wahl die vergangenen Erfolge einer Regierung nicht mehr berücksichtigt. Einer meiner Berater kleidete es in die Worte von Rochefoucauld: »Anerkennung gibt es in der Politik nur für noch zu erwartende Vergünstigungen.« Und wir hatten mit dem Wahltermin so viel Glück gehabt (wenn es auch nicht Glück allein war), daß wir uns nun übertrieben hohen Erwartungen für die zukünftige Wachstumsrate gegenübersahen. Die Inflation stieg von ihrem Tiefpunkt von 3,7 Prozent im Mai/Juni bis zum Dezember auf 5,3 Prozent, wiewohl sie für die nächsten zwölf Monate auf diesem Niveau oder darunter blieb. Auch die Arbeitslosigkeit stieg allmählich wieder an und pendelte sich auf eine Zahl von über drei Millionen ein. Es ließ sich nur schwer vorhersagen, wann das höhere Wirtschaftswachstum, das sich nun abzeichnete, zur Verringerung dieser Zahl führen würde. Zwar fiel der Zinssatz, aber angesichts einer höheren Nachfrage nach Hypotheken stiegen die Hypothekenzinsen. An sich war dies ein Zeichen dafür, daß wir Fortschritte in Richtung einer Besitzstandsdemokratie machten, doch die Kreditnehmer reagierten darauf natürlich nicht sehr erfreut.

Dies alles führte zu Anschuldigungen, die Regierung hätte vor der Wahl die Wirtschaftsbilanzen »frisiert«. Dabei rückten die öffentlichen Ausgaben in den Mittelpunkt der Kritik. Es hatte in den Wochen vor der Wahl tatsächlich deutliche Hinweise auf Schwierigkeiten gegeben. Im April, dem ersten Monat des neuen Finanzjahrs, lag der Kreditbedarf der öffentlichen Hand deutlich über dem angestrebten Limit, und bald wurde klar, daß die voraussichtliche Geldmenge für 1982/83 – eine Zahl, die wir regelmäßig veröffentlichten – sich auf 9,2 Milliarden belaufen würde; das waren 1,7 Milliarden mehr, als im Etat veranschlagt. Es war denkbar, daß die unter den Erwartungen liegenden Staatseinkünfte zu den Problemen beitrugen. Doch hatte es schon vorher eine Fehleinschätzung über die Größenordnung gegeben, bis zu der Ausgabengrenzen unterschritten werden würden, und ein Großteil der Schwierigkeiten resultierte aus unseren korrigierenden Eingriffen. Bereits im vergangenen Winter hatten drastische Beweise vorgelegen, daß die Investitionsprogramme nicht voll genutzt wurden, so daß wir eingegriffen hatten, um Ausgaben bis zur veranschlagten Höhe anzuregen. (Im Prinzip ist es richtig, alles in voller Höhe auszugeben, denn sonst verlagert man die Ausgaben auf kommende Jahre, schädigt die Bauindustrie und erhöht die Arbeitslosigkeit.) Ich hatte das Problem am Donnerstag, dem 21. April, mit dem damaligen Schatzkanzler Geoffrey Howe besprochen. Wie so oft war anscheinend der Hauptübeltäter wieder das Verteidigungsministerium gewesen. Das Schatzamt hatte zuletzt dieses Ministerium vor der Verabschiedung des Haushaltsplans noch angewiesen, die Ausgabengrenzen nicht zu weit zu unterschreiten. Das Verteidigungsministerium hatte das mit ungewohnter Energie beherzigt. Weil sich abzeichnete, daß die Ausgaben zu gering ausfallen würden, gab es schließlich mit vollen Händen aus. Howe und ich waren entsetzt und entschieden, dem Ministerium eine bitter nötige Rüge zu erteilen. Doch da war der Schaden bereits angerichtet.

Nach der Wahl warf der neue Schatzkanzler wieder einen Blick auf die Kreditzahlen. Nigel Lawson befand sich in einer wenig beneidenswerten Lage. Die Prognosen des Schatzamtes für den Sommer waren soeben fertiggestellt worden, und darin wurde geschätzt, daß der Kreditbedarf der öffentlichen Hand für das laufende Finanzjahr um 3 Milliarden überschritten werden würde. Eine hohe Fehlerquote war bei diesen Zahlen unvermeidlich, wie immer beim Kreditbedarf, der sich aus dem Unterschied zwischen zwei riesigen Geldsummen errechnet – Einkünfte und Ausgaben der öffentlichen Hand. Aber die sich mehrenden Anzeichen ließen nichts Gutes ahnen. Zusätzlich wurde das Problem dadurch verschlimmert, daß die Geldmengenzahlen für Mai ungünstig waren; und weiterhin wußten wir, daß das britische Pfund – wenngleich gerade hoch im Kurs – bald unter Druck geraten würde, wenn die amerikanischen Zinssätze weiter anstiegen. Auf jeden Fall mußte etwas getan werden, wenn es tatsächlich stimmte, daß wir den Kreditbedarf der öffentlichen Hand überziehen würden.

Als ich am Donnerstag, dem 29. Juni, ein Schreiben von Nigel Lawson erhielt, in dem er seine beabsichtigten Maßnahmen erläuterte, beschlichen mich ernstliche Sorgen, die sich nach der Diskussion mit ihm am darauffolgenden Abend bestätigten. Es ist nie einfach, die öffentlichen Ausgaben auf halber Strecke im Finanzjahr zu zügeln, doch vieles sprach dafür, jetzt schon einzugreifen. Je eher man einen Einschnitt unternimmt, desto weniger drastisch muß er ausfallen und desto größer wird die Chance, sich das Vertrauen der Märkte zu erhalten, was ein nützlicher Bonus ist. Die Kehrseite davon war jedoch, daß die Ankündigung weiterer Ausgabenkürzungen wenige Wochen nach Beginn der neuen Legislaturperiode äußerst unpopulär und politisch unangenehm sein würde. Die Öffentlichkeit würde den Eindruck erhalten, daß wir sie bei der Wahl getäuscht hatten, und die davon betroffenen Minister würden sich verschaukelt fühlen. Nigel hatte dafür vollstes Verständnis, und es zeugte für seinen Mut, daß er dennoch unverzügliches Handeln empfahl.

Er machte drei Vorschläge. Der erste lautete, mehr Geld für die Regierung durch den Verkauf einer zusätzlichen Tranche unserer BP-Aktien zu beschaffen. Damit ließ sich zwar die Finanzierung des öffentlichen Kreditbedarfs erleichtern, doch die wirklich notwendigen Ausgabenkürzungen waren damit nicht zu umgehen. Es war nicht möglich, mitten im Jahr bei dem vom Kreditrahmen nicht begrenzten Programm einzugreifen, weshalb wir eben unsere Ausgaben begrenzen mußten. Doch sollte die Geldeinsparung für alle diese Ausgaben oder nur für einige gelten? Nigel vertrat zunächst die Ansicht, daß sie nur für den Bereich der nicht mit Gehältern verbundenen Ausgaben der Regierung gelten sollte, weil Löhne äußerst schwer erfolgreich zu drücken waren. Meine Berater und ich stellten das in Frage, und nachdem Nigel und ich am folgenden Samstag in Chequers die Angelegenheit ausführlich besprochen hatten, einigten wir uns auf ein Paket, das die Lohnkosten in die Einsparung mit einbezog. Alan Walters teilte Nigels Ansicht, daß unverzüglich gehandelt werden müsse, und drängte auf eine dreiprozentige Herabsetzung der Ausgabengrenzen, was über Nigels ursprünglichen Vorschlag hinausging. Tatsächlich einigten wir uns auf eine einprozentige Verringerung bei den Gehaltslisten und eine zweiprozentige Verringerung der anderen Ausgabengrenzen.

Nigel Lawson hatte einen weiteren genialen Vorschlag, der zu einem früheren Zeitpunkt schon einmal von Leon Brittan unterbreitet worden war: die Einführung einer »Endjahresflexibilität«. Laut Vereinbarung mit dem Schatzamt durften Behörden, die das ihnen zugeteilte Budget im Finanzjahr nicht ganz ausgeschöpft hatten, die restlichen Gelder nicht ins folgende Jahr mit übernehmen; diese Gelder gingen ihnen also verloren. Wenn Behörden daher vor Ende des Finanzjahrs merkten, daß sie zuwenig ausgaben, unternahmen sie alles, um das ihnen zugeteilte Budget aufzubrauchen. Demzufolge erhöhten sich die öffentlichen Ausgaben. Die »Endjahresflexibilität« sollte diesen Effekt verringern, indem sie den Behörden erlaubte, einen Teilbetrag des zuwenig ausgegebenen Geldes ins nächste Jahr mit zu übernehmen. Zusammengenommen würden die vorgeschlagenen Maßnahmen – der Verkauf von Anteilen, die Kürzung der öffentlichen Ausgaben und die Neuregelung bei der Kontrolle der öffentlichen Auslagen – unserer Einschätzung nach zu einer Verringerung der diesjährigen öffentlichen Ausgaben um mehr als eine Milliarde Pfund führen.

Nigel und ich rechneten mit Schwierigkeiten im Kabinett. Es wäre hilfreich gewesen, wenn wir die Minister hätten vorab informieren können, doch wir wußten, wenn schriftliches Material in Umlauf kam, würden die Vorschläge wahrscheinlich durchsickern. Schließlich weihten wir einige Minister sowie die Staatssekretäre ihrer Ressorts in unsere Pläne ein. Doch als das Kabinett am Donnerstag, dem 7. Juli, zur Diskussion der Vorschläge zusammentrat, war trotz unserer Vorkehrungen alles schon breit gedruckt auf den Titelseiten der Morgenzeitungen zu lesen gewesen. Dadurch gestaltete sich die Sitzung nicht gerade leichter. Doch das Kabinett fügte sich den Notwendigkeiten, und Nigel konnte am gleichen Nachmittag die Entscheidungen dem Unterhaus verkünden. Wir betonten, daß dies keine Kürzung geplanter öffentlicher Ausgaben wäre, sondern eher ein notwendiges Sparpaket, um unser Limit nicht zu überschreiten. Es war wohl eine Illusion zu glauben, daß diese Unterscheidung in der breiten Öffentlichkeit verstanden werden würde.

Diplomatie: Staatsbesuche in den Niederlanden, Westdeutschland, Kanada und den Vereinigten Staaten

Den Großteil des Augusts verbrachte ich auf Urlaub in der Schweiz, um mich von einer unerfreulichen und schmerzhaften Augenoperation zu erholen, der ich mich Anfang des Monats hatte unterziehen müssen. Am Freitag, dem 29. Juli, hatte ich die

Abschiedsparade im RAF College in Cranwell abgenommen. Als die Parade und das Schaufliegen vorbei waren, drehte ich mich um und stieg die Stufen zum College hinauf, wo wir zu Mittag essen würden. Urplötzlich geschah etwas mit meinem rechten Auge: schwarze Flecken trieben durch mein Blickfeld. Auch durch Reiben gingen sie nicht weg. Als ich wieder in Chequers war, badete ich das Auge. Aber es wurde nicht besser.

Am Sonntag rief ich meinen Arzt an. Ich fuhr zu seinem Haus unweit von Chequers, und er untersuchte das Auge – nachdem er meine Beschreibung des Vorfalls gehört hatte, hatte er bereits einen Augenspezialisten hinzugezogen. Dieser meinte, ich hätte vermutlich eine angerissene und abgelöste Retina, und empfahl mir eine Laserbehandlung und anschließend zwei Tage Bettruhe, bis wir sicher sein konnten, ob die Behandlung gewirkt hatte. Lange stillzuliegen fiel mir schwer, doch ich füllte einen Teil der Zeit einigermaßen unterhaltsam aus, indem ich mir Romane vom Tonband anhörte. Am Mittwoch fuhr ich in seine Praxis, wo mir die Diagnose mitgeteilt werden sollte. Ich hatte zur Sicherheit einen Koffer mit dem Nötigsten mitgebracht, glaubte jedoch nicht ernstlich, daß ich ihn auch brauchen würde. Aber es sah nicht gut aus. Der Arzt untersuchte mich erneut und sagte, es sei keine Verbesserung erkennbar; der Zustand meines Auges sei eher schlechter geworden. Vorsichtshalber hatte er bereits einen Operationstermin für einen späteren Zeitpunkt des Tages reserviert, und so fuhr ich direkt ins Krankenhaus, wo der Eingriff erfolgreich durchgeführt wurde.

Als ich von meinem Urlaub in der Schweiz nach England zurückkehrte, fühlte ich mich vollkommen erholt, was nur gut war, da im September einige wichtige Auslandsbesuche anstanden.

Der erste führte mich in die Niederlande und in die Bundesrepublik. Die zwei Themen, die meine Gespräche in beiden Ländern beherrschten, waren die Stationierung von Cruise-Missiles und Pershing-Raketen und die bevorstehende Sitzung des Europäischen Rates in Athen im Dezember. Am Montag, dem 19. September, traf ich in Holland ein, wo mich Ministerpräsident Ruud Lubbers empfing. Ich mochte Herrn Lubbers, diesen jungen, pragmatischen Geschäftsmann, der nun seine Talente wirkungsvoll in der holländischen Politik zur Geltung brachte. Obwohl er genau wie die Staatschefs anderer kleiner Länder in der EG ein überzeugter Föderalist war, fanden wir uns im täglichen EG-Geschäft oft auf derselben Seite wieder. Für dieses Mal war es nur ein kurzer Arbeitsbesuch ohne offizielle Ansprachen. Beim Mittagessen erörterte ich die allgemeine politische Lage mit Herrn Lubbers und seinem Außenminister, Hans van den Broek – auch ein Holländer, dessen Gesellschaft und Konversation ich angenehm fand, selbst wenn ich anderer Meinung war als er. Die holländische Regierung, bestehend aus einer Koalition, befand sich in ihrer üblichen, etwas schwächlichen Verfassung, denn sie mußte sich mit Haushaltsproblemen sowie der im Hintergrund schwelenden Frage auseinandersetzen, ob Kernwaffen nicht einen allgemein destabilisierenden Einfluß ausübten.

Die Plenumssitzung dieser Begegnung am Nachmittag stand ganz im Zeichen der EG. Bei grundlegenden praktischen Fragen herrschte zwischen uns ein hohes Maß an Übereinstimmung. Doch die Holländer drängten bereits im Vorfeld von Athen auf einen Kompromiß, während ich nicht den Eindruck erwecken wollte, daß wir von unserer Haltung abrücken würden. Wir schienen mit unserer Kampagne für strenge Richtlinien bei der künftigen Gemeinsamen Agrarpolitik nicht weiter zu kommen. Außerdem befürchtete ich, die Gemeinschaft könnte sich weiter auf einen protektionistischen Kurs zubewegen. Im Hinblick auf die künftige Finanzierung der Gemeinschaft kam für mich eine Erhöhung der »Eigenmittel« der Gemeinschaft in Athen nicht in Frage, solange nicht andere wichtige Bedingungen, die wir festgelegt hatten, erfüllt wurden. Außerdem versuchte ich auch, die Holländer auf einen Punkt aufmerksam zu machen, der vielen immer noch nicht ganz klar geworden ist: Wenn die Gemeinschaft erwartete, daß die Deutschen weiterhin einen unbegrenzten Anteil der Kosten trugen, würde dies in der Zukunft politische Schwierigkeiten nach sich ziehen. Wer zahlte, wollte schließlich auch den Ton angeben.

Von den Niederlanden flog ich in die Bundesrepublik, wo ich britischen Truppen einen Besuch abstattete. Am Nachmittag des 21. September, einem Mittwoch, traf ich in Bonn zu einer Unterredung mit Kanzler Kohl und einem anschließendem Abendessen ein. Wir besprachen unsere Einstellung zum Athener Gipfel. Ich sagte ihm, daß es bedauerlich wäre, wenn der Reformeifer, den er in Stuttgart entwickelt hatte, nun verlorenginge. Deshalb war ich erleichtert, als Dr. Kohl versicherte, die Klärung der Gemeinsamen Agrarpolitik und die Finanzierung der Gemeinschaft müßten Vorrang vor neuen politischen Entscheidungen haben. Er sagte mir auch, daß die EG »für Deutschland von grundlegender politischer Bedeutung« sei, aber es sei »nicht gut, die Gemeinschaft als Dach über Deutschland zu haben, wenn es durchregnet« – eine interessante Metapher, dachte ich. Jeder, der mit der EG zu tun hat, sollte einen Blick für Metaphern haben. Wir in Großbritannien neigten dazu, deren Bedeutung zu unterschätzen (mochte es nun um »Dächer« oder um »Züge« gehen) und uns auf die praktischen Seiten zu konzentrieren – etwa die Ausbesserung des löchrigen Daches, um mit Kanzler Kohl zu sprechen. Doch wir mußten die bittere Erfahrung machen, daß man uns wegen der Zustimmung zu anscheinend bedeutungslosen allgemeinen Feststellungen oder vagen Absichtserklärungen später anlastete, wir hätten uns auf politische Strukturen eingelassen, die unseren Interessen zuwiderliefen. Doch da greife ich ein wenig vor.

Ich gewann aber allmählich den Eindruck – der sich im Laufe der Jahre noch verstärkte –, daß in der westlichen Diplomatie ein Ungleichgewicht herrschte. Die Regierungschefs der EG und ihre Minister trafen sich regelmäßig, um über Probleme der Gemeinschaft zu beraten; doch zugleich wurden auch weiterreichende internationale Fragen erörtert. Im Gegensatz dazu gab es nicht genügend Kontakt und Einverständnis zwischen den europäischen Ländern und unseren NATO-Verbündeten auf der anderen Seite des Atlantik – den Vereinigten Staaten und Kanada. Ich hoffte, mein Besuch in Kanada und den Vereinigten Staaten Ende September würde das etwas zurechtrücken können.

Meinen Besuch in Kanada hatte die Regierung des Landes angeregt. Die sensible Frage der »Einbürgerung« der kanadischen Verfassung durch das Parlament in Westminster war nun vom Tisch.[1] Mein Besuch bot die Gelegenheit, die hohe Bedeutung unserer Handels- und Kapitalverbindungen zu betonen und, was noch wichtiger war, die Kanadier davon zu überzeugen, eine größere und tatkräftigere Rolle im westlichen Bündnis einzunehmen, als

dies unter ihrem gegenwärtigen Premierminister Pierre Trudeau
der Fall war. Es war allgemein bekannt, daß Pierre Trudeau und
seine liberale Regierung – die manchmal mehr an Dritte-Welt-
Politik als an großen Ost-West-Fragen interessiert zu sein schienen
– äußerst unbeliebt waren. Doch ich würde auch mit dem konservativen Premierminister der Provinzen Ontario und Alberta
zusammentreffen sowie auch mit Brian Mulroney, dem neuen
Führer der Konservativen auf Bundesebene, der gerade ins kanadische Parlament gewählt worden war und bereits als Nachfolger
Pierre Trudeaus nach der nächsten Wahl gehandelt wurde.

Ich landete am Sonntagabend, dem 25. September, in Ottawa,
und aß im »High Commission«, einem der großartigen historischen Gebäude in Ottawa, zu Abend. Zwei Absätze der Rede, die
ich am folgenden Tag vor dem kanadischen Unterhaus halten sollte, waren in Französisch verfaßt. So stand bei meiner Ankunft
extra ein Französischlehrer für mich bereit, damit ich Fehler in der
Aussprache und einen internationalen Fauxpas vermied.

Am darauffolgenden Vormittag führte ich Gespräche mit Pierre
Trudeau und seinem Kabinett. Wie ich erwartet hatte, lieferten die
Ost-West-Fragen den meisten Konfliktstoff. Mr. Trudeau vertrat
die Ansicht, daß Technokraten den Politikern die Kontrolle über
die Abrüstungsverhandlungen abgenommen hätten und diese deshalb zu nichts führten. Dem stimmte ich nicht zu. Schließlich mußten die Abrüstungsgespräche auf einer technischen Ebene geführt
werden, und falls bei den technischen Fragen ein Fehler unterlief,
standen wir unweigerlich vor Schwierigkeiten. Jedenfalls begründete Mr. Trudeau seinen Standpunkt mit dem Argument, daß der
Abschuß des südkoreanischen Verkehrsflugzeugs durch die
Sowjets am 1. September – mit kanadischen Opfern – auch die
Gefahren aufzeigte, die aufträten, wenn Politiker nicht das Kommando hatten. Er ging davon aus, daß das Flugzeug auf Befehl
eines örtlichen Militärkommandeurs ohne Rücksprache mit Moskau abgeschossen worden war. Ich erwiderte ihm, dies zeige doch
eigentlich nur, daß die sowjetische Kommandostruktur und die
Einsatzbestimmungen fehlerhaft seien, weil diese hätten ausschließen müssen, daß ein Flugzeug ohne Befehl der politischen
Führung abgeschossen werden konnte. Aber Linksliberale wie er
schienen nicht begreifen zu können, daß solche Akte der Brutalität

wie der Abschuß dieses Zivilflugzeugs keineswegs untypisch für das kommunistische System an sich waren. Später am gleichen Vormittag hatte ich eine vertrauliche Zusammenkunft mit Mr. Trudeau. Wir sprachen über internationale Fragen – Hongkong, China, Belize –, aber das Interessanteste für mich war sein Eindruck von Michail Gorbatschow, über den ich gehört hatte, ohne ihm bisher persönlich begegnet zu sein. Gorbatschow hatte Kanada bereits zu einem früheren Zeitpunkt in diesem Jahr besucht, und zwar unter dem Vorwand, er wolle Kanadas landwirtschaftliche Errungenschaften kennenlernen, in Wahrheit jedoch mit der Absicht, langfristige Sicherheitsfragen zu besprechen. Pierre Trudeau mußte feststellen, daß Gorbatschow in der Frage der INF-Verhandlungen auf der traditionellen Linie beharrte, doch ohne die feindselige »Scheuklappenmentalität«, die für andere führende sowjetische Politiker typisch war. Gorbatschow war offensichtlich bereit gewesen, zu argumentieren und zumindest verbale Zugeständnisse zu machen. Damals ahnte ich noch nicht, welch wichtige Rolle Michail Gorbatschow spielen würde. Das Gespräch bestärkte mich nur in der Ansicht, daß wir den neuen sowjetischen Staatschef Juri Andropow zu einem Besuch im Westen überreden müßten. Wie sonst sollten wir zu einer angemessenen Einschätzung der sowjetischen Staatsführung kommen, wenn wir keinen persönlichen Kontakt mit ihr hatten? Und wichtiger noch, wie sollten wir sie dazu bringen, über den Tellerrand ihrer eigenen Propaganda hinauszublicken, wenn wir ihnen nie zeigten, wie der Westen wirklich war?

Nach dem Mittagessen hatte ich meine erste Begegnung mit Brian Mulroney. Mr. Mulroney machte gerade die irreführendste Erfahrung überhaupt durch: seine politischen Flitterwochen. Er war reizend und charismatisch, aber ihm fehlte jede wirkliche politische Erfahrung. Es sprach für ihn, daß er dies völlig einsah, und auf seinen Wunsch hin verbrachte ich die meiste Zeit damit, von meinen eigenen Erfahrungen sowohl in der Opposition als auch in der Regierung zu berichten. Brian Mulroney und ich sollten gute Freunde werden, obwohl wir sehr unterschiedliche politische Charaktere waren und noch einige ernste Meinungsverschiedenheiten erleben sollten. Als Vorsitzender der Progressiven Konservativen fühlte er sich nach meinem Geschmack zu sehr dem

Adjektiv und zu wenig dem Substantiv im Namen seiner Partei verpflichtet.

Die Rede, die ich an jenem Nachmittag vor den kanadischen Parlamentariern hielt, kam sehr gut an. Sie enthielt eine entschiedenere Verteidigung von Werten und Grundsätzen, als sie von ihrer eigenen Regierung zu hören gewohnt waren, und wurde immer wieder von Applaus unterbrochen. Abgesehen von wenigen Ausnahmen bedachten mich die Abgeordneten mit einer stehenden Ovation, an der sich auch Mitglieder des Diplomatischen Corps beteiligten. Dabei ergab sich eine interessante Vignette zum Meinungsbild hinter dem Eisernen Vorhang: Der sowjetische Botschafter sowie sein tschechoslowakischer und sein bulgarischer Amtskollege verharrten wie angewurzelt auf ihren Sitzen, während der Ungar und der Pole begeistert in den Applaus einstimmten.

An jenem Abend gab Mr. Trudeau in Toronto für mich ein Bankett. Ein Problem, mit dem ich während dieses Besuchs immer wieder konfrontiert wurde, trat bei dieser Gelegenheit erstmals in Erscheinung. Vor dem Bankett mußte ich durch ein Spalier schreiten, das aus einer großen Menge von Anhängern der Regierungspartei gebildet wurde, und die Gäste des Banketts selbst schienen gleichfalls Parteigänger der Liberalen zu sein, doch sie waren sehr herzlich. Mr. Trudeaus Rede war zwar höflich und freundlich, aber sie hob die politischen Unterschiede zwischen uns hervor. Während er sprach, machte ich mir Notizen und benutzte sie als Grundlage für meine aus dem Stegreif formulierte Erwiderung, die zu einer offenen Verteidigung des freien Unternehmertums geriet. Das brachte mir Hochrufe von ganz hinten aus dem Saal ein. Wie einer meiner Begleiter bemerkte, blieb jedoch unklar, ob sie von Konservativen kamen, die die Zusammenkunft unterwandert hatten, oder von Liberalen, die bekehrt worden waren.

Von Kanada flog ich weiter nach Washington zu einer Begegnung mit Präsident Reagan. Die innenpolitische Stellung des Präsidenten war stark. Trotz der Schwierigkeiten, die das US-Haushaltsdefizit verursachte, befand sich die amerikanische Wirtschaft in bemerkenswert guter Verfassung. Sie wuchs schneller, und die Inflationsrate war merklich geringer als zu Beginn seiner Amtszeit, was allenthalben Beachtung fand. Reagan selbst pflegte zu sagen: »Wie kommt es, daß man das jetzt, da es funktioniert, nicht mehr Reaganomics nennt?« Der Präsident hatte auch den Ost-West-Beziehungen seinen Stempel aufgedrückt. Die Sowjets befanden sich in den internationalen Beziehungen nun eindeutig in der Defensive. Nun war es an ihnen, auf die bevorstehende Stationierung der atomaren Mittelstreckenwaffen zu reagieren. Außerdem saßen sie wegen des Abschusses der koreanischen Maschine auf der Anklagebank. In Mittelamerika schien die Regierung El Salvadors, die von den Vereinigten Staaten gegen eine kommunistische Revolte unterstützt worden war, an Boden zu gewinnen. Lediglich im Nahen Osten schien die Politik der amerikanischen Regierung weniger erfolgreich: Die arabisch-israelischen Friedensgespräche würden wohl kaum so rasch wieder aufgenommen werden, und es wuchs die Gefahr, daß die USA und ihre Verbündeten unwiderruflich in die politischen Wirren im Libanon hineingezogen wurden. Präsident Reagan hatte noch nicht bekanntgegeben, ob er für eine zweite Amtszeit kandidieren würde, doch ich vermutete und hoffte, er würde sich dazu entschließen. Und es sah ganz so aus, als könne er wieder gewinnen.

Unsere Gespräche während des Vormittags und beim Mittagessen befaßten sich mit einer breiten Themenpalette. Der Präsident äußerte sich optimistisch über die Ereignisse in Mittelamerika. Wie er berichtete, war El Salvador schon lange nicht mehr in die Schlagzeilen gekommen – weil die Regierung dort auf dem Vormarsch war und so die amerikanischen Medien nicht mehr allabendlich den Standpunkt der Guerilleros verbreiten konnten. Ich erkundigte mich, ob die USA die Waffenlieferungen an Argentinien wiederaufnehmen wollten, wobei ich gleichzeitig einfließen ließ, daß eine solche Entscheidung in Großbritannien schlicht auf Unverständnis stoßen würde. Der Präsident erwiderte, dies sei ihm bewußt, doch man würde ihn stark unter Druck setzen, die Waffenlieferungen wiederaufzunehmen, sobald es in Buenos Aires wieder eine Zivilregierung gebe.

Ich nahm die Gelegenheit wahr, um unsere – bislang von den Amerikanern stets unterstützte – ablehnende Haltung zur Einbeziehung des eigenständigen britischen und französischen atomaren Abschreckungspotentials in die Abrüstungsgespräche zwi-

schen den Vereinigten Staaten und der Sowjetunion zu erläutern.
Das Beharren der UdSSR auf die Einbeziehung unserer Abschrek-
kungswaffen war schlicht ein Manöver, um die Aufmerksamkeit
von dem amerikanischen Vorschlag einschneidender Reduzierungen strategischer Kernwaffen abzulenken. Aus britischer Sicht bildete unser Abschreckungspotential ein nicht verringerbares Minimum, da es lediglich 2,5 Prozent des sowjetischen strategischen
Arsenals ausmachte. Ich wiederholte, was ich vor dem Außenpolitischen Ausschuß des Senats am gleichen Morgen gesagt hatte:
Die Einbeziehung des britischen Abschreckungspotentials würde
logischerweise zur Folge haben, daß die Vereinigten Staaten kein
atomares Gleichgewicht mit der Sowjetunion erreichen konnten.
Wollten die Vereinigten Staaten dies wirklich hinnehmen? Wenn
zum Beispiel die Franzosen sich entschieden, ihre Kernwaffen aufzustocken, wären die Vereinigten Staaten wirklich bereit, ihr eigenes Potential entsprechend zu verringern? Der Präsident schien
meine Argumentation verstanden zu haben, was mir Rückhalt
gab. Ich für meinen Teil konnte ihn wegen des Zeitplans für die
Stationierung von Cruise-Missiles und Pershing-II-Raketen in
Europa beruhigen. Denn die Vertagung der entscheidenden
Debatte des deutschen Bundestages zu diesem Thema hatte ihn in
Sorge versetzt. Er zweifelte nicht an der Entschlossenheit von
Kanzler Kohl, war sich aber bei einigen Personen in dessen Umfeld
nicht so sicher. Und er war überzeugt, daß die sowjetische Strategie ganz darauf ausgerichtet war, die Stationierung zu verhindern.
Ich meinte, er solle keinen Zweifel daran hegen, daß Großbritannien die atomaren Mittelstreckenwaffen wie geplant stationieren
werde, und ich war der festen Ansicht, daß die Bundesrepublik
sich genauso verhalten würde.

Unsere Unterredung wandte sich auch der Strategie zu, die wir
generell während der nächsten Jahre gegenüber der Sowjetunion
verfolgen sollten. Ich hatte mir zu diesem Thema bereits ausführlich Gedanken gemacht und auf einem Seminar in Chequers mit
Experten darüber debattiert.[2] Ich begann mit den Worten, daß wir
eine äußerst gründliche Einschätzung des sowjetischen Systems
und der sowjetischen Führung treffen müßten – es waren ja genügend Materialien zu beiden Punkten vorhanden –, damit wir hier
eine von Realismus geprägte Beziehung aufbauen könnten. Was

auch immer wir von ihnen hielten, wir mußten zusammen auf demselben Planeten leben. Ich beglückwünschte den Präsidenten zu seiner Rede vor der UNO-Vollversammlung nach dem Abschuß des koreanischen Verkehrsflugzeugs und begrüßte seine Entscheidung, die Rüstungskontrollverhandlungen in Genf trotz dieser Greueltat fortzusetzen. Der Präsident stimmte mir zu, daß jetzt nicht die Zeit sei, uns völlig von der Sowjetunion abzuwenden. Wenn es der UdSSR nicht gelingen würde, die Stationierung der NATO-Mittelstreckenraketen zu verhindern, würde sie möglicherweise bereit sein, ernsthaft zu verhandeln. Gleich mir hatte auch er sich darüber Gedanken gemacht, wie wir uns in diesem Fall gegenüber den Sowjets verhalten sollten.

Präsident Reagan sprach zwei Punkte an, die wir bei unserer Beurteilung berücksichtigen mußten. Erstens waren die Russen mit paranoidem Eifer auf die Wahrung ihrer Sicherheit bedacht. Fühlten sie sich wirklich vom Westen bedroht oder wollten sie lediglich in der Offensive bleiben? Der zweite Punkt bezog sich auf die Kontrolle der Sowjetmacht selbst. Reagan war stets davon ausgegangen, daß in der Sowjetunion das Militär vom Politbüro kontrolliert wurde. Aber wies die Tatsache, daß die ersten offiziellen Kommentare zum Abschuß des koreanischen Verkehrsflugzeugs von seiten des Militärs gekommen waren, nicht darauf hin, daß mittlerweile die Generäle gegenüber dem Politbüro den Ton angaben? Bei Verhandlungen mit den Sowjets durften wir nie außer acht lassen, daß es nur einen Grund gab, weshalb sie in Genf mit uns an einem Tisch saßen: den Ausbau des amerikanischen Verteidigungspotentials. Dem Gebot der Vernunft würden sie sich nie beugen. Wie dem auch sein mochte, wenn sie sahen, daß die Vereinigten Staaten fest entschlossen waren, ihr Verteidigungspotential soweit als nötig auszubauen, würde sich die Haltung der Sowjets möglicherweise ändern, weil sie wußten, daß sie nicht mehr mithalten konnten. Präsident Reagan glaubte, daß die Russen mittlerweile die oberste Grenze ihrer Rüstungsausgaben fast erreicht hätten; ihre wirtschaftlichen Schwierigkeiten ließen ihnen keinen Spielraum mehr, den Militärhaushalt beträchtlich zu erhöhen. Demgegenüber besäßen die Vereinigten Staaten die Fähigkeit, ihre militärische Produktion zu verdoppeln. Wir müßten die Sowjets also unbedingt davon überzeugen, daß sie allein durch Verhandlungen das Gleichgewicht wahren könnten, weil sie nicht in der Lage wären, sich den Rüstungswettlauf sehr viel länger zu leisten. Der Präsident erinnerte sich an eine Karikatur, in der Breschnew einem russischen General sagt: »Mir hat der Rüstungswettlauf besser gefallen, als wir noch die einzigen Teilnehmer waren.«

Jetzt, da das sowjetische System in etwa der Weise, wie er vorhergesehen hatte, zerfallen ist, wirken seine Worte prophetisch. Womöglich bildeten Präsident Reagan und ich ein so ideales Gespann, weil wir trotz einer gemeinsamen Einschätzung des Weltgeschehens sehr unterschiedliche Charaktere waren. Er hatte das strategische Gesamtbild genau vor Augen, überließ aber die taktischen Details anderen. Ich war mir bewußt, daß wir unsere Beziehungen zu den Kommunisten von Tag zu Tag neu überdenken mußten, damit wir nie die Kontrolle über die Ereignisse verloren. Deshalb kam ich während der Unterredung mit dem Präsidenten immer wieder auf die Notwendigkeit zu sprechen, uns genau zu überlegen, wie wir mit den Sowjets umgehen sollten, wenn sie sich der Realität stellten und mit einer vernünftigeren Einstellung an den Verhandlungstisch zurückkehrten.

An jenem Abend hielt ich eine Rede bei einem Bankett der Winston Churchill Foundation of the United States, in der ich meine Ansicht zu diesen Fragen darlegte.

Wir müssen mit der Sowjetunion im Gespräch bleiben, aber wir dürfen sie nicht so betrachten, wie wir sie gern hätten, sondern wie sie tatsächlich ist. Wir leben auf demselben Planeten und müssen ihn uns teilen. Deshalb sind wir bereit, sobald die Umstände es gestatten, mit der sowjetischen Führung zu reden. Doch wir dürfen nicht den Fehler begehen, unsere eigenen Moralvorstellungen auf die sowjetischen Machthaber zu projizieren. Sie teilen unsere Bestrebungen nicht; sie lassen sich nicht von unserer Ethik leiten; sie haben sich stets von den Regeln ausgenommen, denen andere Staaten verpflichtet sind.

Ich hatte auch eine leicht abweichende Botschaft, die ich jenen, welche nicht voll und ganz mit Präsident Reagans und meiner Analyse übereinstimmten, mitteilen wollte.

Bedarf es noch der Erwähnung, daß die Sowjetunion nichts von uns zu fürchten braucht? Während einiger Jahre nach dem Krieg hatten die Vereinigten Staaten das Monopol bei Kernwaffen, aber damit war niemand bedroht. Demokratien sind von Natur aus friedliebend. Es gibt so viel, was unsere Menschen mit ihrem Leben anfangen wollen, so viele andere Verwendungsmöglichkeiten für unsere Ressourcen als die Rüstung. Gewaltanwendung oder Gewaltandrohung zur Verbreitung unserer Überzeugungen sind nicht Teil unserer Philosophie.

Die Rede fand weite Verbreitung und wurde in den Vereinigten Staaten grundsätzlich gut aufgenommen. Doch ich sollte durch Amerikas Antwort auf die politische Krise einer kleinen Insel in der Karibik bald schlagartig zu spüren bekommen, daß zumindest ein Teil der Botschaft nicht verstanden worden war.

Probleme in den transatlantischen Beziehungen: Libanon und Grenada

Unerwarteterweise wurden die englisch-amerikanischen Beziehungen im Herbst 1983 auf eine harte Probe gestellt, und zwar aufgrund unserer unterschiedlichen Haltungen zu den Krisen im Libanon und auf Grenada.

Die Ereignisse fanden vor dem Hintergrund großer strategischer Entscheidungen für den Westen statt. Für November 1983 hatten wir die Stationierung der Mittelstreckenraketen in Großbritannien und Westdeutschland vereinbart, und ich mußte sicherstellen, daß nichts dazwischenkam. Gelingen konnte das nur, wenn der Beweis erbracht wurde, daß die Vereinigten Staaten tatsächlich ein vertrauenswürdiger Bündnispartner waren, auf den man sich verlassen konnte.

Ich hatte aber auch größere Ziele im Auge. Ich mußte sicherstellen, daß ungeachtet der kurzzeitigen Schwierigkeiten mit den Vereinigten Staaten die langfristigen Beziehung zwischen unseren beiden Ländern nicht Schaden nahmen, da von ihnen bekanntermaßen die Sicherheit Großbritanniens und die Interessen des freien

Westens abhingen. Ebenso entschieden trat ich dafür ein, daß das internationale Recht respektiert wurde und daß zwischenstaatliche Beziehungen nicht zu einem Spiel der *Realpolitik* [im Original deutsch, A.d.Ü.] degenerierten, das zwischen miteinander wettstreitenden Machtblöcken ausgetragen wurde. Großbritannien hatte im Falkland-Krieg für die Verteidigung des internationalen Rechts gekämpft – ebenso wie für die Verteidigung seiner Bürger. Dies ist nicht der Ort, die ganze Tragödie des Libanon zu beschreiben. Dieser früher blühende, demokratische Staat wurde schon seit Anfang der siebziger Jahre vom Bürgerkrieg erschüttert und mußte als Schlachtfeld für die widerstreitenden Machtinteressen der Syrer, Palästinenser, islamischen Fundamentalisten, Israelis und örtlicher Milizenführer herhalten.

Kurz vor Ende des Falkland-Kriegs hatte Israel eine großangelegte Invasion im Libanon unternommen, die im August 1982 die Stationierung einer vorwiegend amerikanischen multinationalen Eingreiftruppe in Beirut nach sich zog. Diese Eingreiftruppe wurde bald darauf wieder zurückgezogen, kehrte aber im September erneut zurück, nachdem die Massaker in den palästinensischen Flüchtlingslagern am Stadtrand Beiruts die ganze Welt erschüttert hatten. Zu diesem Zeitpunkt bestand sie aus amerikanischen, französischen und italienischen Truppen. Die libanesische Regierung bat auch Großbritannien um die Entsendung von Truppen. Ich zögerte und erklärte, unsere Kapazitäten seien erschöpft, was auch der Wahrheit entsprach. Darauf schickte die libanesische Regierung einen Sonderbeauftragten, der mir erklärte, Großbritannien hätte eine einzigartige Position inne, und es wäre unbedingt erforderlich, daß sich die Briten an dieser Eingreiftruppe beteiligten. Also willigte ich mit Billigung von Michael Heseltine und Geoffrey Howe ein, daß etwa 100 unserer derzeit bei der UNO auf Zypern stationierten Soldaten sich der multinationalen Eingreiftruppe anschließen sollten. In der Praxis unterschied sich das britische Kontingent gegenüber den anderen dadurch, daß es keine festen Stellungen bezog. Der Auftrag der multinationalen Eingreiftruppe lautete, der libanesischen Regierung und den libanesischen Streitkräften beizustehen, um ihre Kontrolle über das Gebiet von Beirut wiederherzustellen und so die Sicherheit der dortigen Bevölkerung zu gewährleisten.

Mir ist nie ganz wohl, wenn ein Einsatz britischer Truppen ohne klare Zielvorgaben erfolgt. Zumindest auf dem Papier war allerdings klar, daß die multinationale Eingreiftruppe ursprünglich ein befristetes Mandat hatte. Doch später im September wurden wir von den Amerikanern und Italienern heftig unter Druck gesetzt, unseren Einsatz zu verstärken und das Mandat zu verlängern. Den Beteiligten waren Zweifel gekommen, ob die derzeitige Truppenstärke zur Wiederherstellung der Kontrolle der libanesischen Regierung und ihrer Armee ausreichte. Falls sie nicht ausreichte, war dies freilich ebenso ein Argument für den Rückzug der Eingreiftruppe wie für deren Verstärkung. Ich berief für Freitag, den 9. September, eine Sitzung in Chequers ein, um diese Fragen mit Ministern wie Beratern zu erörtern. Ich war bestürzt über Berichte, laut denen die USA anscheinend entschlossen waren, gegenüber Syrien einen wesentlich härteren Kurs zu verfolgen, als geraten schien. Obwohl Syrien sicherlich Fortschritten zur Beilegung des Konflikts im Weg stand, war sein Beitrag zu einer Lösung der libanesischen Krise unbedingt erforderlich.

Die militärische und politische Lage im Libanon verschlechterte sich zusehends. In den Schuf-Bergen südlich von Beirut waren die Truppen der drusischen Minderheit, seit jeher den Briten freundlich gesonnen, in einen Konflikt mit der libanesischen Armee verwickelt, bei dem anscheinend keine Seite gewinnen konnte: Alles deutete auf ein militärisches Patt hin. Die Drusen wurden von ihren syrischen Hintermännern gedrängt, bei ihren Zielen über die Absichten hinauszugehen, die sie ursprünglich verfolgt haben mochten. Auf jeden Fall gab es für sie keinen Anlaß zu einem Konflikt mit den Briten, weshalb sie sich bemühten, den Beschuß unserer Stellung zu vermeiden. Während eines kleinen Essens in der Downing Street erfuhr ich, daß eine drusische Granate in der Nähe unserer Truppen eingeschlagen war. Michael Heseltine war anwesend, und so bat ich ihn, mit dem Drusenführer Walid Dschumblad zu telefonieren, damit er den Granatenbeschuß unterband – was auch geschah. Unsere Truppe war klein, exponiert und isoliert, und ich machte mir immer mehr Sorgen über die zukünftige Entwicklung.

Die libanesische Regierung und der christliche Präsident Amin Gemayel konnten sich ihrerseits nicht von dem Makel befreien, der

ihnen aus den Zeiten der alten Falange-Bewegung anhaftete, und
waren deshalb nicht in der Lage, im Libanon breiteren Rückhalt in
der Bevölkerung zu gewinnen. So mußten sie sich zunehmend auf
die Amerikaner stützen. Drei Viertel des Libanon waren nun von
den Syrern oder den Israelis besetzt, und die Aussichten auf Frieden
und Stabilität für den verbleibenden Teil schienen trübe.
Dann steuerte am Sonntag, dem 23. Oktober, ein selbstmörde-
rischer Attentäter einen mit Sprengstoff beladenen Lastwagen ins
Erdgeschoß des Hauptquartiers der US-Marine. Das Gebäude
wurde völlig zerstört. Eine zweite Explosion jagte kurz darauf das
Hauptquartier der französischen Fallschirmjäger in die Luft. Insgesamt wurden 242 amerikanische und 58 französische Soldaten
getötet – das waren zusammengenommen mehr Opfer, als Großbritannien im Falkland-Krieg zu beklagen gehabt hatte. Zu den
Anschlägen bekannten sich zwei militante schiitische Muslim-
Gruppen. Ich war zunächst schockiert über das Blutvergießen und
entsetzt über die Fanatiker, die dafür verantwortlich waren. Aber
ich war mir auch im klaren, wie sich dieses Ereignis auf die Situation und die Moral der Eingreiftruppe auswirken würde. Einerseits durfte man den Terroristen nicht die Genugtuung geben, daß
es ihnen gelungen sei, die internationale Truppe zu vertreiben.
Andererseits warf das Geschehen ein Schlaglicht auf die enormen
Gefahren, die mit unserer weiteren Präsenz verbunden waren, und
so erhob sich die Frage, ob wir recht daran taten, weiterhin das
Leben unserer Soldaten für einen immer unklarer werdenden
Zweck aufs Spiel zu setzen.
An diesem Punkt wurde meine Aufmerksamkeit unvermittelt
auf Ereignisse am anderen Ende der Welt gelenkt. Die Demüti-
gung, die die Vereinigten Staaten durch die Bombenanschläge in
Beirut erlitten hatten, beeinflußte zweifellos ihre Reaktion auf die
Vorgänge, die sich auf der Insel Grenada in der östlichen Karibik
abspielten.
Am Mittwoch, dem 19. Oktober 1983, war die Regierung von
Grenada durch einen Staatsstreich prosowjetischer Militärs
gestürzt worden. Die neuen Machthaber waren gewiß tückisch
und unberechenbar. Mit Ausnahme von General Austin, dem Führer der Putschisten, waren die Beteiligten alle um die zwanzig Jahre alt, und einige von ihnen waren ausgewiesene Gewalttäter und

Folterer. Maurice Bishop, der gestürzte Premierminister, und fünf seiner engsten Gefolgsleute wurden erschossen. In den meisten anderen karibischen Ländern erhob sich ein Sturm der Entrüstung über die Geschehnisse. Jamaika und Barbados forderten eine militärische Intervention, an der sich auch die Amerikaner und wir beteiligen sollten. Mein erster Gedanke war, daß es äußerst unklug sein würde, wenn die Amerikaner, geschweige denn wir, auf diesen Vorschlag eingingen. Ich befürchtete, daß dadurch die Ausländer auf Grenada einem hohen Risiko ausgesetzt würden. Auf der Insel befanden sich etwa 200 britische Zivilisten und erheblich mehr Amerikaner. Die Organisation der karibischen Staaten, CARICOM, war nicht bereit, einer militärischen Intervention auf Grenada zuzustimmen. Die Organisation der ostkaribischen Staaten, OECS, faßte jedoch den einstimmigen Beschluß, eine Streitmacht zusammenzustellen, und bat andere Regierungen um ihre Hilfe bei der Wiederherstellung von Frieden und Sicherheit auf der Insel. Und so hing alles von der Reaktion der Amerikaner ab.

Es war leicht einzusehen, warum die Vereinigten Staaten versucht sein konnten, einzuschreiten und gegen die Meuchelmörder vorzugehen, die auf Grenada die Macht übernommen hatten. Doch wie ich den Amerikanern danach immer wieder vorhielt – wenngleich offenkundig ohne große Wirkung –, war Grenada im Oktober 1983 nicht über Nacht von einem demokratischen Inselparadies in einen sowjetischen Vasallenstaat umgewandelt worden. Der Marxist Maurice Bishop war bereits im März 1979 durch einen früheren Putsch an die Macht gelangt. Er hatte die Verfassung außer Kraft gesetzt und viele seiner Gegner ins Gefängnis gesteckt. Zudem galt er als persönlicher Freund von Fidel Castro. Die Beziehungen zwischen den USA und Bishops Regierung waren jahrelang sehr gespannt gewesen. Bishop war sicherlich eher ein Pragmatiker und hatte Ende Mai 1983 sogar den Vereinigten Staaten einen Besuch abgestattet. Es scheint, daß der Zusammenstoß mit seinen Kollegen im marxistischen »New Jewel Movement«, der letztlich zu seinem Sturz führte, durch eine Auseinandersetzung über die Haltung der grenadischen Regierung zum privaten Unternehmertum herbeigeführt worden war.

Meiner Ansicht nach verleitete die neue »Hemisphären«-Strate-

gie, die Präsident Reagans Regierung verfolgte, in Verbindung mit
der Erfahrung, neben dem sowjetischen Satelliten Kuba zu leben,
die Vereinigten Staaten zu einer Überschätzung der Bedrohung,
die von einem marxistischen Grenada ausging. Unser Geheimdienst war der Ansicht, daß die Sowjets nur ein peripheres Interesse an der Insel hätten. Hingegen hatte die kubanische Regierung
gewiß ihre Hände im Spiel. Zur Erweiterung des bestehenden
Flughafens war eine neue Landebahn gebaut werden. Sie sollte im
März 1984 eröffnet werden, obwohl dort erst etwa ab Januar
1985 Flugzeuge würden landen können. Die Amerikaner unterstellten dem Projekt einen militärischen Zweck. Es hatte in der Tat
den Anschein, daß die Kubaner, die die Arbeitskräfte für das Vorhaben stellten – sowie eine unbekannte Anzahl militärischen Personals –, die Erweiterung unter demselben Gesichtspunkt sahen.
Für sie mochte sich daraus eine Erleichterung bei dem Transport
der Tausenden von Soldaten von und nach Angola beziehungsweise Äthiopien ergeben. Überdies mochten sie sich damit bessere
Bedingungen erhoffen, um in ihrer unmittelbaren Umgebung zu
intervenieren. Doch wir blieben bei unserer Ansicht, daß die
Regierung von Grenada, so wie sie behauptete, hauptsächlich
kommerzielle Zwecke verfolgte, da sie – zweifellos übertriebenen
– Hoffnungen in ihre derzeit unbedeutende Tourismusindustrie
setzte. Eigentlich existierte also schon in der Ausgangssituation
vor dem Sturz von Maurice Bishop auf Grenada ein undemokrati-
sches und unangenehmes Regime mit engen und freundschaftlichen Beziehungen zu Kuba. Unter diesem Blickwinkel brachte der
Putsch vom 19. Oktober 1983, so moralisch verwerflich er war,
nur eine graduelle, aber keine wesentliche Veränderung.

Am Samstag, dem 22. Oktober – dem Tag vor den empörenden
Bombenanschlägen in Beirut –, erhielt ich einen Bericht mit den
Schlußfolgerungen des Nationalen Sicherheitsrates der Vereinigten Staaten zu den Ereignissen auf Grenada. Mir wurde berichtet,
daß man sich zu einem sehr vorsichtigen Vorgehen entschlossen
hatte. Eine amerikanische Trägerkampfgruppe, basierend auf dem
Flugzeugträger »USS Independence«, die sich auf dem Weg ins
Mittelmeer befunden hatte, war nach Süden in die Karibik umdiri-
giert worden; sie befand sich nun östlich der Südspitze von Florida
und genau nördlich von Puerto Rico. Eine amphibische Landeein-

heit mit 1900 Marinesoldaten und zwei Landungsschiffen lag 200 Meilen weiter östlich. Die »Independence« sollte die Region am folgenden Tag erreichen, würde aber ein gutes Stück westlich von Dominica und nördlich von Grenada bleiben. Die Landeeinheit würde am darauffolgenden Tag in diesem Gebiet eintreffen. Die Präsenz dieser Streitkräfte würde den Amerikanern die Option geben, zu reagieren, wenn die Situation es erforderte. Es wurde jedoch betont, daß noch keine Entscheidung getroffen worden war, dort weitere Kräfte zusammenzuziehen. An die Amerikaner war von seiten der Regierungschefs der östlichen Karibik die dringende Bitte ergangen, bei der Wiederherstellung von Frieden und Sicherheit auf Grenada zu helfen. Jamaika und Barbados hatten sich diesem Ersuchen angeschlossen. Falls die Amerikaner eine Evakuierung von US-Bürgern in die Wege leiten würden, waren sie bereit, die britischen Bürger in die Aktion mit einzubeziehen. Sie versicherten auch, daß sie uns konsultieren würden, falls weitere Schritte beschlossen werden sollten.

An jenem Abend besprach ich von Chequers aus alles ausführlich am Telefon mit Richard Luce, der nun wieder als Staatsminister ins Außenministerium zurückgekehrt war (Geoffrey Howe befand sich in Athen), sowie Willie Whitelaw und Michael Heseltine. Ich billigte den Befehl an die »HMS Antrim«, sich von Kolumbien aus in die Region um Grenada zu begeben, wo sie jedoch außer Sichtweite der Insel bleiben sollte. Der Öffentlichkeit gegenüber sollte klargestellt werden, daß dies eine Vorsichtsmaßnahme war, um nötigenfalls bei der Evakuierung von britischen Bürgern aus Grenada zu helfen. Der Stellvertretende Hochkommissar in Bridgetown (Jamaika) berichtete nach einem eintägigen Besuch auf Grenada, die britischen Bürger wären in Sicherheit, und das neue Regime in Grenada sei willens, Maßnahmen für ihre Ausreise zuzulassen, falls sie dies wünschten. Sir Paul Scoon, der Generalgouverneur (der Repräsentant der Königin auf der Insel), sei wohlauf und einigermaßen zuversichtlich. Er ersuchte uns nicht um eine militärische Intervention, weder direkt noch indirekt.

Dann änderte sich schlagartig die ganze Lage. Was genau in Washington vor sich gegangen ist, weiß ich bis heute nicht, doch es fällt mir schwer zu glauben, daß die Empörung über den Anschlag in Beirut dabei keine Rolle gespielt hat. Ich bin mir sicher, daß nicht aus wohlerwogenen Gründen, sondern viel eher aus Wut und Enttäuschung heraus gehandelt worden ist – doch das machte mir die Verteidigung der Aktion nicht leichter, zumindest nicht vor einem britischen Unterhaus, in dem die antiamerikanische Stimmung sowohl von rechts wie auch von links zunahm. Erschwerend kam hinzu, daß Grenada auch ein Mitglied des Commonwealth und die Königin das Staatsoberhaupt der Insel war.

Am Montag, dem 24. Oktober, erhielt ich um 19.15 Uhr eine Botschaft von Präsident Reagan, während ich in der Downing Street einen Empfang gab. Der Präsident schrieb, er würde die Bitte der OECS um militärisches Eingreifen ernsthaft in Erwägung ziehen, und bat mich um eine Stellungnahme. Ich war strikt gegen eine Intervention und ordnete an, daß sofort eine Antwort nach den Leitlinien aufgesetzt wurde, die ich vorgab. Anschließend mußte ich zu einem Abschiedsbankett aufbrechen, das Prinzessin Alexandra und ihr Mann Angus Ogilvy zu Ehren des scheidenden amerikanischen Botschafters J. J. Louis jr. gaben. Ich erkundigte mich bei dem Diplomaten: »Wissen Sie, was mit Grenada vorgeht? Irgend etwas braut sich da zusammen.« Er wußte von gar nichts.

Während des Banketts erhielt ich einen Anruf, ich solle auf der Stelle in die Downing Street zurückkehren. Um 23.30 Uhr war ich dort. Inzwischen war eine zweite Botschaft des Präsidenten eingetroffen. Darin unterrichtete er mich von seinem Entschluß, der Bitte um eine Militäraktion nachzukommen. Ich berief sofort eine Sitzung mit Geoffrey Howe, Michael Heseltine und Vertretern des Militärs ein. Gemeinsam verfaßten wir meine Erwiderung auf die beiden Botschaften des Präsidenten, die eine halbe Stunde nach Mitternacht abgeschickt wurde. Wir konnten uns ohne Schwierigkeiten auf eine gemeinsame Linie einigen. Meine Botschaft schloß mit den Worten:

Diese Aktion wird als Einmischung eines westlichen Landes in die inneren Angelegenheiten einer kleinen, unabhängigen Nation angesehen werden, ungeachtet der Unbeliebtheit des dortigen Regimes. Ich bitte Sie, dies vor dem Hintergrund unserer Ost-West-Beziehungen sowie der Tatsache, daß wir in den nächsten Tagen unserem Parlament und unserem Volk die Aufstellung von Cruise-Missiles in diesem Land ankündigen werden, in Betracht zu ziehen. Ich muß Sie bitten, diese Gesichtspunkte sehr sorgfältig zu erwägen. Ich kann nicht verhehlen, daß ich von Ihrer letzten Mitteilung zutiefst beunruhigt bin. Sie haben mich um meinen Rat ersucht. Ich bin Ihrer Bitte nachgekommen und hoffe, daß Sie ihn auch noch zu diesem späten Zeitpunkt berücksichtigen werden, bevor es kein Zurück mehr gibt.

Ich ließ meiner Botschaft 20 Minuten später einen Anruf bei Präsident Reagan über den heißen Draht folgen. Ich sagte ihm, ich wolle mich am Telefon nicht ausführlich äußern, aber er möge doch sehr sorgfältig über meine soeben abgesandte Erwiderung nachdenken. Er versprach es mir, sagte aber: »Wir sind bereits am Punkt null.«

Am nächsten Morgen um 7.45 Uhr traf eine weitere Botschaft ein, in der der Präsident mitteilte, er habe die von mir geäußerten Bedenken sehr sorgfältig erwogen, glaube aber, daß andere Faktoren mehr ins Gewicht fielen. Tatsächlich begann die militärische Operation der USA zur Invasion auf Grenada am frühen Morgen. Nach heftigen Gefechten wurden die Anführer des Regimes gefangengenommen.

Damals war ich bestürzt und niedergeschlagen über das, was geschehen war. Im besten Fall würde die britische Regierung als hilf- und machtlos erscheinen, im schlechtesten standen wir als Betrüger da. Erst am Nachmittag zuvor hatte Geoffrey Howe dem Unterhaus mitgeteilt, ihm sei von einer geplanten Intervention der Amerikaner auf Grenada nichts bekannt. Nun würden er und ich zu erklären haben, wie es geschehen konnte, daß ein Mitglied des Commonwealth von unserem engsten Verbündeten angegriffen worden war. Darüber hinaus würden wir – ungeachtet unserer privaten Empfindungen – das Ansehen der Vereinigten Staaten angesichts weitgehender Verurteilung verteidigen müssen.

Die internationale Reaktion auf die amerikanische Intervention war allgemein sehr ablehnend. Natürlich gab das der Sowjetunion einen Propagandaschub. In den ersten sowjetischen Fernsehnachrichten war offenbar noch vermutet worden, Grenada sei eine Provinz in Südspanien. Doch bald feuerte die sowjetische Propagandamaschinerie aus allen Rohren. Die Kubaner, so wurde behauptet, hätten eine heldenhafte Rolle beim Widerstand gegen die Invasion gespielt. Als ich im folgenden Monat zum Gipfel der Regierungschefs des Commonwealth nach Neu-Delhi reiste, war Grenada immer noch der umstrittenste Diskussionspunkt. Präsident Mugabe behauptete, daß die amerikanische Aktion auf Grenada einen Präzedenzfall für Südafrikas Umgang mit seinen Nachbarn liefern würde. Zudem führte meine eigene öffentliche Kritik an der amerikanischen Aktion und meine Weigerung, einer Beteiligung Großbritanniens zuzustimmen, zeitweilig zu schlechten Beziehungen mit einigen unserer langjährigen Freunde in der Karibik. Es war eine unselige Zeit.

Zu Hause – und vor allem auch im Unterhaus – sahen wir uns großem Druck ausgesetzt, die Vereinbarung zur Stationierung der Cruise-Missiles neu zu verhandeln. Wenn die Amerikaner uns schon wegen Grenada nicht konsultiert hatten, so wurde argumentiert, warum sollten sie es dann im Hinblick auf den Einsatz der Cruise-Missiles tun? Im gleichen Tenor schrieb David Owen, der neue Vorsitzende der SDP, im »Daily Mail« vom 28. Oktober: »Die britische Öffentlichkeit wird die Weigerung der Premierministerin, auf einer Zweischlüsselbedienung bei den Regelungen zum Einsatz jeder einzelnen der Cruise-Missiles zu bestehen, welche in Großbritannien vor Jahresende stationiert werden, einfach nicht mehr länger hinnehmen.«

Als mich Präsident Reagan am Mittwoch, dem 26. Oktober, abends anrief, während im Unterhaus gerade eine Dringlichkeitsdebatte zur amerikanischen Aktion stattfand, war ich demnach nicht in der sonnigsten Laune. Der Präsident begann das Gespräch in seiner entwaffnenden Art mit den Worten, wenn er in London wäre und mich rasch mal besuchen wollte, würde er zur Vorsicht erst einmal den Hut zur Tür hereinwerfen. Er sei sehr unglücklich über die peinliche Lage, in die er uns gebracht habe, und wolle mir nun erklären, wie sich alles zugetragen habe. Man habe unbedingt vermeiden wollen, daß etwas von den Absichten der Amerikaner durchsickerte, und eben dies sei die Wurzel allen Übels gewesen. Man habe ihn um 3 Uhr morgens geweckt, nachdem ein dringender Hilferuf der OECS eingegangen sei. In Washington sei ein Stab gebildet worden, um die Sache zu prüfen, und bereits zu diesem Zeitpunkt habe man befürchtet, daß etwas nach außen dringen könne. Als er die Botschaft mit meinen Bedenken erhalten habe, sei die Stunde null bereits verstrichen gewesen; zu diesem Zeitpunkt seien die amerikanischen Streitkräfte bereits in Marsch gesetzt worden. Die Militäraktion sei geglückt, und nun ginge es darum, die Demokratie wiederherzustellen.

Es gab nicht viel, was ich dem entgegnen konnte, und so hielt ich mich weitgehend zurück, obwohl mich der Anruf freute. In der Kabinettssitzung am Donnerstag wurde lange über die Ereignisse diskutiert. Ich sagte meinen Kollegen, unser Rat an die USA, auf eine Intervention zu verzichten, sei meines Erachtens angebracht gewesen. Die USA dagegen hätten in einer Frage, die ihre nationalen Interessen direkt berührte, eine abweichende Haltung eingenommen. Großbritanniens Freundschaft mit den Vereinigten Staaten dürfe keinesfalls aufs Spiel gesetzt werden.

Ebenso wie die Ereignisse im Libanon die amerikanische Aktion auf Grenada beeinflußt hatten, wirkten sich meine Erfahrungen bei der Grenada-Krise auf meine Einstellung zum Libanon aus. Ich befürchtete, daß sich auch dort mit sehr schädlichen Folgen die mangelnde Abstimmung mit anderen Nationen und unberechenbare Reaktionen der Amerikaner wiederholen könnten.

Naturgemäß ging ich davon aus, daß die Vereinigten Staaten nach der terroristischen Greueltat gegen ihre Streitkräfte zurückschlagen wollten. Doch jegliche militärische Aktion dort sollte meines Erachtens rechtlich abgesichert, angemessen und effektiv sein. Am 4. November sandte ich Präsident Reagan eine Botschaft, in der ich George Shultz' Zusicherung gegenüber Geoffrey Howe, laut der es keine überstürzte Vergeltungsaktion der Amerikaner geben würde, begrüßte. Weiterhin drängte ich darauf, daß im Libanon eine Regierung auf breiterer Basis gebildet werden solle. Der amerikanische Präsident antwortete mir am 7. November und betonte, daß jede Aktion nur zum Zweck der Selbstverteidigung und nicht aus dem Bedürfnis nach Vergeltung erfolgen würde. Er fügte aber hinzu, daß diejenigen, die solche Scheußlichkeiten verübten, daran gehindert werden müßten, noch einmal zuzuschlagen. Eine Woche darauf teilte er mir in einer weiteren Botschaft mit, daß er eine entschlossene, aber sorgfältig begrenzte Militäraktion bevorzugen würde, aber noch keine endgültige Entscheidung getroffen habe. Den USA lägen Berichte über weitere Pläne für terroristische Akte gegen die multinationale Eingreiftruppe vor, und diese gelte es zu verhindern. Er fügte hinzu, da strikte Geheimhaltung erforderlich sei, wüßten nur Mitglieder der US-Regierung von seinen gegenwärtigen Überlegungen.

Ich antwortete dem Präsidenten umgehend. Darin teilte ich ihm mit, ich begriffe sehr wohl, daß man ihn von allen Seiten zum Handeln drängte, aber ich wolle ihm meine ehrliche Meinung zu der Entscheidung sagen, die nur er treffen könne. Jede Aktion müsse sich meiner Ansicht nach eindeutig auf legitime Selbstverteidigung beschränken. Es sei notwendig, auf jeden Fall Opfer unter der Zivilbevölkerung zu vermeiden und möglichst wenig Angriffsflächen für feindliche Propaganda zu bieten. Auf das Überraschungsmoment sei wohl kaum zu bauen, denn seit Tagen schon sei eine Reihe möglicher Angriffsziele in den Medien erörtert worden. Ich begrüßte es, daß er weder vorhatte, Israel in die Auseinandersetzung hineinzuziehen noch Syrien oder den Iran ins Visier zu nehmen, da eine Aktion gegen jedes dieser beiden Länder große Gefahren in sich geborgen hätte. Es stand zu hoffen, daß meine Botschaft klar genug war: Ich glaubte nicht daran, daß eine Vergeltungsaktion ratsam sei. Schließlich führte Frankreich Luftangriffe durch – auf Drängen Amerikas, wie mir Präsident Mitterrand später mitteilte. Und als Antwort auf Attacken gegen ihre Luftwaffe griffen die Vereinigten Staaten im Dezember syrische Stellungen im Zentrallibanon an.

Diese Vergeltungsschläge im Libanon zeigten keine Wirkung. Die Lage dort verschlechterte sich zusehends. Inzwischen ging es nicht mehr darum, ob man sich zurückziehen sollte, sondern nur noch, wie. Im Februar 1984 verlor die libanesische Armee die Kontrolle über West-Beirut, und die libanesische Regierung scheiterte. Damit war der Zeitpunkt für den Rückzug eindeutig gekommen. Eine entsprechende, verbindliche Entscheidung wurde gemeinsam von den Vereinigten Staaten und anderen Mitgliedern der multinationalen Eingreiftruppe getroffen. Gleichzeitig wurden auch detaillierte Pläne für diese heikle Operation entworfen. Die endgültige Entscheidung, zu welchem Zeitpunkt unsere Truppen sich zurückziehen sollten, überließ ich dem britischen Bodenkommandanten.

Er entschied, daß der Rückzug bei Nacht erfolgen solle. Doch dann erfuhr ich plötzlich, daß Präsident Reagan an diesem Abend eine Fernsehansprache halten wollte, um das amerikanische Volk von den geplanten Schritten und den Gründen dafür in Kenntnis zu setzen. Deswegen wurde es notwendig, unsere Männer anzuweisen, sich für den sofortigen Abzug bereitzuhalten. Dann erhielt ich in letzter Minute, während ich zu einer Audienz bei der Königin im Buckingham Palast weilte, eine Nachricht, daß Präsident Reagan seine Entscheidung überdenken wolle und nicht vor die Öffentlichkeit treten werde. Wie sich dann jedoch nicht gerade zu meiner Verwunderung herausstellte, war die Entscheidung über diese Verschiebung prompt durchgesickert, und der Präsident mußte seine Fernsehansprache dennoch halten. So konnten wir eindeutig nicht weitermachen, da wir damit die Sicherheit der britischen Truppen aufs Spiel setzten. Deshalb weigerte ich mich, den Befehl zum Rückzug unserer Männer auf die vor der Küste liegenden britischen Marineboote zu widerrufen. Und so wurde er ganz mit der üblichen Professionalität der britischen Armee durchgeführt. Auch die anderen multinationalen Streitkräfte wurden binnen kurzem auf Schiffe zurückbeordert und somit den Gefahren entzogen, denen sie an Land ausgesetzt gewesen wären. Zur Rettung des Libanon konnte nun nichts mehr getan werden. Die neugebildete libanesische Regierung geriet zunehmend unter die Kontrolle Syriens, dessen feindselige Haltung gegenüber dem Westen nun wieder verstärkt zutage trat. Im März kehrten die Einheiten der multinationalen Eingreiftruppe in ihre Heimatländer zurück.

Die amerikanische Intervention im Libanon war trotz bester Absichten eindeutig ein Fehlschlag. Mir schien, daß uns diese Ereignisse einige Lehren vermittelten. Erstens ist es unklug, in einer solchen Lage zu intervenieren, es sei denn, man hat sich gemeinsam auf ein eindeutiges Ziel geeinigt und ist bereit und imstande, die Mittel einzusetzen, um es zu erreichen. Zweitens hat es keinen Zweck, sich auf Vergeltungsaktionen einzulassen, da sie nichts grundsätzlich verändern. Drittens muß man vermeiden, sich mit einer größeren Regionalmacht wie Syrien anzulegen, außer man ist bereit, sich voll und ganz den entsprechenden Konsequenzen zu stellen.

Im Gegensatz dazu war die amerikanische Intervention auf Gre-

nada tatsächlich ein Erfolg. Die Demokratie wurde wiederhergestellt, und zwar nicht nur zum Wohl der Inselbewohner selbst, sondern auch zum Nutzen ihrer Nachbarn, die einer sicheren, blühenden Zukunft entgegenblicken konnten. Niemand würde den marxistischen Meuchelmördern, die von den Amerikanern entmachtet worden waren, eine Träne nachweinen. Doch selbst Regierungen, die aus den lautersten Beweggründen heraus handeln, tun gut
daran, sich an die Formen des Rechts zu halten. Gerade Demokratien müssen auf diese Weise ihre Überlegenheit gegenüber totalitären Regierungen, die kein Recht kennen, beweisen. Zugegebenermaßen ist in solchen Dingen die Rechtslage keineswegs eindeutig,
wie sich mir bei einem Seminar bestätigte, das ich nach der Grena-
da-Affäre abhielt, um die Rechtsgrundlage für eine militärische
Intervention in einem anderen Land zu erörtern. Zu meiner Überraschung mußte ich dabei sogar feststellen, daß die Juristen im
Seminar eher dazu neigten, auf der Basis der *Realpolitik* [im Original deutsch, A.d.Ü.] zu argumentieren, während die Politiker sich
stärker mit dem Aspekt der Legitimität befaßten. Meine eigene
gefühlsmäßige Haltung war – und ist – es stets gewesen, einen
Militärschlag stets auf das Recht zur Selbstverteidigung zu gründen. Und letztlich besitzt kein Außenstehender die Befugnis, dieses
Recht in Zweifel zu ziehen.

Die Sitzung des Europäischen Rates in Athen

In meinen Gedanken war ich immer noch mit Grenada beschäftigt, als ich am Dienstag, dem 8. November, zu einem meiner regelmäßigen englisch-deutschen Gipfelgespräche mit Kanzler Kohl
nach Bonn reiste. Wie ich war auch Kanzler Kohl besorgt über die
Wirkung der amerikanischen Aktion auf die öffentliche Meinung
in Europa während dieser letzten Wochen vor der Stationierung
von Cruise-Missiles und Pershing-Raketen. Die westdeutsche
Regierung hatte die Grenada-Operation zunächst heftig kritisiert,
dann aber gemäßigtere Töne angeschlagen. Helmut Kohl zeigte in
dieser kritischen Zeit nicht nur gehörigen Mut, sondern auch politischen Scharfblick im Umgang mit der öffentlichen Meinung in
der BRD, wofür ich ihn bewunderte.

Der Hauptzweck meines Besuchs war es jedoch, um deutsche Unterstützung für die politische Linie zu werben, die ich in wenigen Wochen auf der Sitzung des Europäischen Rates in Athen verfolgen wollte. So war Athen also der zentrale Diskussionspunkt bei unseren Beratungen, zu denen sich später Geoffrey Howe und der deutsche Außenminister Hans-Dietrich Genscher hinzugesellten. Ich eröffnete das Gespräch mit dem, wie ich hoffte, angenehmen Vorschlag, der nächste Präsident der Europäischen Kommission solle aus Deutschland kommen, falls die deutsche Regierung einen Kandidaten für dieses Amt zu benennen wünsche. Wie ich eigentlich schon erwartet hatte, wollte sie das offenbar nicht. Kanzler Kohl sagte, er stimme mit mir darin überein, daß die Kommission zu groß sei und dazu neige, unnötige Arbeit zu schaffen. Dann noch etwas Diplomatie: Ich erklärte, unser Ziel sei, auf das unter der deutschen Präsidentschaft geschaffene ausgezeichnete Fundament zu bauen. Danach kamen wir zur Sache. Ich betonte die Notwendigkeit strenger Ausgabenkontrolle bei der Gemeinsamen Agrarpolitik, sofern noch etwas von den »Eigenmitteln« der Gemeinschaft für andere Verwendungszwecke übrigbleiben sollte – etwa für die Entwicklung der Elektronik-Industrie, wie die Deutschen es verlangten. Ich warnte auch davor, durch einen wachsenden Protektionismus ein weiteres Feld für Unstimmigkeiten mit den Vereinigten Staaten zu schaffen. Die Deutschen waren äußerst interessiert an der Höhe der künftigen Grenzausgleichszahlungen, da diese sich negativ auf die Einkünfte der deutschen Bauern und die Stahlindustrie auswirkten. Im Bereich der Stahlindustrie fühlten die Deutschen sich übervorteilt, da die Italiener Subventionen einsetzten, um deutsche Hersteller zu unterbieten. Ich hoffte, daß nach Beendigung dieser Unterredung jede Seite begriffen haben würde, in welchen Fragen wir fest bleiben würden und in welchen wir uns kompromißbereit zeigen würden. Insbesondere hoffte ich, daß die Deutschen erkannten, wie ernst es mir mit meiner Absicht war, in Athen meine Zielvorgaben zur Finanzierungsfrage durchzusetzen.

Wie vor Ministerratssitzungen der EG üblich, hielt ich eine Reihe von Vorbereitungstreffen mit Ministern und Beamten ab. Diese sollten die Gewähr bieten, daß ich vollständig unterrichtet war, und gaben mir außerdem Gelegenheit, mit den Kollegen unsere genaue Zielvorstellung zu jedem Punkt herauszuarbeiten. Es

genügte nicht, zu entscheiden, was für uns das Beste war. Ich mußte auch herausfinden, welche die geringsten Übel waren und diese
Sachverhalte vollständig in den Griff bekommen. Denn das Ideal
erwies sich allzuoft als unerreichbar.

Bei den Sitzungen zur Vorbereitung auf Athen, in denen wir uns
mit der Haushaltsfrage befaßten, vertraten sowohl Nigel Lawson
als auch ich die Meinung, daß wir mit allem Nachdruck auf das
erforderliche Maßnahmepaket dringen und klarstellen mußten,
daß wir andernfalls einer Erhöhung der »Eigenmittel« der
Gemeinschaft auf keinen Fall zustimmen würden. Es mußte eine
zufriedenstellende Bemessungsgrundlage für die Last, die Großbritannien tragen sollte, gefunden werden. Das Ergebnis müßte
mit unserer Zahlungsfähigkeit vereinbar sein. Auf welches System
man sich auch immer am Ende einigen würde, es mußte eine Zeitlang verläßlich funktionieren, ohne die Position Großbritanniens
zu beeinträchtigen. Damit dem Faktor des relativen Wohlstands
Rechnung getragen würde, wollten wir darauf drängen, daß ein
Mitgliedsstaat, dessen Pro-Kopf-Bruttoinlandsprodukt 90 Prozent oder weniger des Durchschnitts der EG-Länder ausmachte,
keine Nettobeiträge zahlen sollte, während Staaten, deren BIP
über jener Schwelle lag, progressiv steigende Beiträge in Relation
zu ihrem Wohlstand leisten sollten. Dieser Plan wurde das »Sicherheitsnetz« oder »Schwellen«-System genannt.

Ich wollte sicherstellen, daß ich in Athen Gelegenheit erhielt, die
Haushaltsfrage möglichst früh anzusprechen, denn ich wußte,
daß die Gespräche lang und anstrengend werden würden. Also
schlug ich in einem Schreiben an den Ratspräsidenten, den griechischen Regierungschef Andreas Papandreou, vor, wir sollten gleich
zu Beginn der Sitzungen über den unausgeglichenen Haushalt und
die damit zusammenhängenden Fragen debattieren. Mein Brief
überschnitt sich jedoch mit einem Schreiben von ihm, in dem es
hieß, er wolle zuerst das Thema der Landwirtschaft behandelt
wissen. Das war kein guter Anfang.

Doch als ich nach Athen abflog, schien Anlaß zu vorsichtigem
Optimismus zu bestehen. Offenbar hatten die Deutschen unsere
Haltung verstanden. Zudem gab es ermunternde Signale aus
Frankreich. Dieser Gipfel sollte etwas länger als sonst dauern, und
ich hoffte, man würde die Zeit produktiv nutzen.

Die Regierungschefs der Gemeinschaft versammelten sich in der großartigen Zappeion-Halle, einem klassischen griechischen Gebäude, das den Bedürfnissen eines modernen Konferenzzentrums angepaßt worden war. Bei der ersten Ratssitzung an jenem Nachmittag saß ich Präsident Mitterrand und Kanzler Kohl gegenüber. Mir fiel auf, daß sich auf meinem Platz Stöße von dick mit Anmerkungen übersäten Unterlagen zu verschiedenen komplexen landwirtschaftlichen und finanziellen Fragen stapelten, wohingegen sich vor meinem französischen und deutschen Kollegen keine solche Last türmte. Dies erweckte zweifellos den Eindruck angemessener olympischer Erhabenheit, ließ aber auch darauf schließen, daß sie sich nicht in die Niederungen der Details begeben hatten. Und so war es dann auch. Während der ganzen Sitzung schien Kanzler Kohl entweder nicht willens oder nicht in der Lage, Wesentliches zum Thema beizutragen. Schlimmer noch lag der Fall bei Präsident Mitterrand: Er war offensichtlich nicht nur schlecht auf die anstehenden Fragen vorbereitet, sondern sonderbarerweise – wie ich in der Tat glaube – fehlinformiert über die Position seiner eigenen Regierung, wie sie zuvor von französischen Ministern und Beamten dargelegt worden war.

Die griechische Präsidentschaft war auch keine große Hilfe. Andreas Papandreou erwies sich als bemerkenswert effektiv bei seinen Bemühungen, EG-Subventionen für Griechenland herauszuschlagen, doch in seinen Aktivitäten als Präsident des Europäischen Rates war von diesen Qualitäten weniger zu spüren. Wie schon in seinem früheren Schreiben an mich beharrte er darauf, erst eine Einigung über die Landwirtschaft zu erzielen, bevor wir zur Frage der Finanzen und des britischen Haushaltsbeitrags übergingen. Es wäre eindeutig sinnvoller gewesen, den EG-Ländern zunächst die reale Finanzlage vor Augen zu führen und dann die landwirtschaftlichen Fragen zu behandeln, von denen so viele Finanzprobleme herrührten und bei denen verschiedene Länder so gegensätzliche Interessen vertraten. Außerdem schien uns offenbar nie eine zu Tränen rührende Tirade des irischen Premierministers Dr. Garret Fitz-Gerald über die mißliche Lage Irlands erspart zu bleiben, in der er darauf bestand, daß sein Land soweit wie möglich von den Einschränkungen der Landwirtschaftsausgaben ausgenommen werden müsse. Ich machte deutlich, daß jede Vorzugsbehandlung der

Republik auch für Nordirland gelten müßte. Den ersten Tag konnte ich mehr oder weniger abschreiben.

Ich war deshalb schon gedrückter Stimmung, als ich an jenem Abend in die Residenz des britischen Botschafters zurückkehrte, um mit meinen Beamten darüber zu reden, wie wir uns am folgenden Tag, einem Montag, verhalten sollten. Doch erst an diesem Montag wurde offensichtlich, daß der Gipfel in der Tat zum Scheitern verurteilt war. Als die Sitzung begann, machte Präsident Mitterrand zu meinem Erstaunen deutlich, daß sich Frankreichs Position zum Haushalt vollständig geändert hatte. Frankreich war nicht länger bereit, unsere Forderung nach einer langfristigen Regelung zur Frage des britischen Haushaltsbeitrags zu unterstützen. In mehreren Beiträgen betonte ich, daß ich einer Erhöhung der »Eigenmittel« der Gemeinschaft nicht zustimmen würde, sofern nicht die Ausgaben für die Gemeinsame Agrarpolitik beschränkt und ihr Anteil am Gesamthaushalt verringert würden. Außerdem müßten die Beiträge der Mitgliedsstaaten gerecht und ihrer Zahlungsfähigkeit entsprechend festgelegt werden. Die Auseinandersetzung ging weiter, aber ich bekam eindeutig keinen Fuß auf den Boden.

Am Dienstag hatte ich ein Arbeitsfrühstück mit Präsident Mitterrand. Unsere Ansichten lagen so weit auseinander, daß es keinen Zweck hatte, Fragen der Gemeinschaft überhaupt anzuschneiden, und so erörterten wir statt dessen die Lage im Libanon. Was den Schaden betraf, den sein Meinungsumschwung angerichtet hatte, legte der französische Präsident rührende Ahnungslosigkeit an den Tag. Scherzhaft meinte er, wenn wir der Öffentlichkeit nicht zeigten, daß die Gespräche zwischen Großbritannien und Frankreich weitergingen, würde die Presse schon bald von einer Wiederkehr des Hundertjährigen Krieges reden. Also erklärte ich ihm auf – wie ich hoffte – nicht kriegerische Art, daß mich seine Haltung vom Vortag vollkommen überrascht habe, da ich doch mit den Haushaltsvorschlägen des französischen Finanzministers, eines gewissen Monsieur Jacques Delors, auf einer Linie läge. Der Präsident fragte mich, was ich genau meinte, und ich erklärte es ihm. Dennoch erhielt ich keine zufriedenstellende oder klare Auskunft.

Was Deutschland betraf, stimmten wir jedoch – zumindest unter vier Augen – völlig überein. Ich wies darauf hin, daß die

Deutschen zwar gegenwärtig eine Bereitschaft zur Großzügigkeit an den Tag legten, weil sie andere politische Vergünstigungen von der Gemeinschaft erhielten, doch könne irgendwann einmal eine neue Generation von Deutschen nachrücken, die sich weigern würde, einen so hohen Beitrag zu zahlen. Dies würde die Gefahr eines Wiederauflebens des deutschen Neutralismus heraufbeschwören – die Versuchung dazu bestand bereits, wie Präsident Mitterrand zu Recht sagte.

Das Treffen hatte in freundschaftlicher Atmosphäre stattgefunden, und so versuchte ich auch nach dem Ende der Ministerratssitzung diese Stimmung einigermaßen aufrechtzuerhalten, indem ich es bei Presseinterviews vermied, mit den Franzosen zu hart ins Gericht zu gehen. Schließlich sollte Mitterrand demnächst die Präsidentschaft des Europäischen Rates übernehmen, und so würde ihm der Vorsitz bei jenen entscheidenden Sitzungen zufallen, wenn sich abzeichnen würde, daß der Gemeinschaft endgültig das Geld ausging. Allerdings kam mir der Gedanke, daß er womöglich eine Einigung hinausgezögert hatte, um unter seiner eigenen Präsidentschaft die Lorbeeren dafür einzuheimsen.

Zum Abschluß des Athener Gipfels wurde kein Kommuniqué verabschiedet; wir hatten in den Plenarsitzungen keine Zeit gehabt, globale internationale Fragen zu diskutieren und uns auf eine gemeinsame Linie zu einigen. Der Ministerrat wurde allgemein – und zutreffend – als Fiasko eingeschätzt. Doch meine Enttäuschung wurde durch die Gewißheit gemildert, daß die Zeit für mich arbeitete.

13

Mr. Scargills Aufstand

Hintergrund und Verlauf des einjährigen
Bergarbeiterstreiks 1984/85

Vorspiel

Bei den Parlamentswahlen von 1983 mußte der demokratische
Sozialismus im Großbritannien die verheerendste Niederlage seiner Geschichte hinnehmen. Die Linke war mit einem Programm
gescheitert, in dem sie so offen wie nie zuvor in diesem Land ihre
sozialistischen Ziele propagiert hatte. Nach dieser Niederlage
konnte sie nicht mehr glaubhaft behaupten, ihre Ziele – umfassende Verstaatlichung, massive Steigerung der öffentlichen Ausgaben, Stärkung der gewerkschaftlichen Macht und einseitige nukleare Abrüstung – fänden in der Bevölkerung großen Zuspruch.
Doch es gab auch den undemokratischen Sozialismus, und dieser
mußte ebenfalls besiegt werden. An den wahren Absichten der
extremen Linken hatte ich nie gezweifelt: Das waren Revolutionäre, die um jeden Preis und mit allen Mitteln in Großbritannien
ein marxistisches System errichten wollten. Viele dieser Leute
unternahmen nicht die geringste Anstrengung, ihre Absichten zu
verheimlichen. Ihnen bedeuteten die demokratischen Institutionen nichts anderes als lästige Hindernisse auf ihrem langen
Marsch zu einem marxistischen Utopia. Während des Wahlkampfs waren ihnen noch die Hände gebunden, weil sie auch um
gemäßigtere Wähler werben mußten. Aber nach ihrer Niederlage
konnte sie nichts mehr davon abhalten, den Kampf nach ihren
eigenen Prinzipien zu führen.

Die Macht der extremen Linken stützte sich auf drei Institutionen: die Labour Party, die Kommunalverwaltungen und die

Gewerkschaften. Von diesen drei Bastionen aus sagten sie unserem neuerlich bestätigten Mandat den Kampf an. Und es überraschte nicht, daß ausgerechnet die von dem marxistischen Vorsitzenden Arthur Scargill geführte Gewerkschaft der Bergarbeiter (National Union of Mineworkers – NUM) als Stoßtrupp für den Angriff der Linken fungierte. Ihre Absicht war klar. Seit den Wahlen von 1983 war noch kein Monat verstrichen, als Mr. Scargill in aller Offenheit verkündete, er werde »es nicht hinnehmen, daß wir die nächsten vier Jahre diese Regierung ertragen sollen«. Und dieser Angriff sollte sich nicht allein gegen die Regierung richten, sondern gegen jeden und alles, was den Linken im Weg stand, einschließlich der Kumpel und ihrer Familien, der Polizei, der Gerichte, der Rechtsordnung und sogar des Parlaments.

Nach den Erfahrungen der konservativen Regierung in den Jahren 1970 bis 1974 gab es für mich keinen Zweifel, daß wir eines Tages erneut einen Bergarbeiterstreik erleben würden. Nach Mr. Scargills Wahl zum Chef der NUM im Jahre 1981 wußte ich es mit Sicherheit. Ich hatte nicht das geringste Verlangen nach einem solchen Streik, für den es keinen stichhaltigen ökonomischen Grund gab. Die Kohlebehörde (National Coal Board – NGB), die Regierung und die große Mehrheit der Bergarbeiter wünschten sich eine florierende, erfolgreiche und wettbewerbsfähige Kohleindustrie. Doch durch seine Geschichte und den Mythos, der sich um ihn rankte, schien der Kohlebergbau in Großbritannien einen Sonderstatus erlangt zu haben. Er war zu einem Industriezweig geworden, in dem die Regeln der Vernunft keine Anwendung mehr fanden. Die industrielle Revolution Großbritanniens basierte zu einem großen Teil auf der leichten Verfügbarkeit von Kohle. In der Blütezeit des Bergbaus kurz vor dem Ersten Weltkrieg waren in über 3000 Minen mehr als eine Million Arbeiter beschäftigt gewesen. Die Produktion lag damals bei 292 Millionen Tonnen. Danach setzte ein kontinuierlicher Rückgang ein, und es kam zu erbitterten Auseinandersetzungen zwischen den Bergarbeitern und den Zecheneignern. Der Konflikt in der Kohleindustrie führte 1926 zu dem einzigen Generalstreik, der je in Großbritannien stattfand. (Dieser leitete die späteren Entwicklungen ein, nämlich die Spaltung der Bergarbeitergewerkschaft während des jahrelangen Kohlestreiks, der auf den Generalstreik folgte: in Notting-

hamshire wurde eine zweite Gewerkschaft gegründet.) Die verschiedenen Regierungen in der Zeit zwischen den Kriegen standen
vor der immer schwieriger werdenden Aufgabe, die Kohleindustrie zu rationalisieren und regulierend einzugreifen. Die Bergwer-
ke wurden schließlich 1946 von der Labour-Regierung verstaatlicht. Zu dieser Zeit war die Produktion auf 187 Millionen Tonnen
gesunken; in 960 Zechen arbeiteten noch etwas mehr als 700 000
Kumpel.

Die Regierung begann nun, Zielvorgaben für die Produktion
und die Investitionen der Kohleindustrie festzulegen; dies geschah
in einer Reihe von Dokumenten, von denen der »Kohleplan« von
1950 das erste war. Allerdings wurden darin regelmäßig sowohl
die Nachfrage nach Kohle als auch die Möglichkeiten der Produktivitätssteigerung gründlich überschätzt. Die einzigen Zielvorgaben, die eingehalten wurden, betrafen die Investitionen. Obwohl
die Industrie ständig mit öffentlichen Geldern unterstützt wurde,
blieben zwei Probleme unlösbar: die Überkapazität und der
Widerstand der Gewerkschaft gegen die Stillegung unwirtschaftlicher Zechen. Während die Kohleindustrie allmählich verfiel, verließen sich die Kumpel immer mehr darauf, daß die mächtigen
Gewerkschaften ihre Arbeitsplätze retten würden.

In den siebziger Jahren zeigten sich am Kohlebergbau in aller
Deutlichkeit die Fehler des britischen Systems. Im Februar 1972
erzwang ein massives Aufgebot an Streikposten, angeführt von
Arthur Scargill, durch seine erdrückende zahlenmäßige Überlegenheit die Schließung des Saltley Coke Depot in Birmingham.
Hierbei wurde auf erschreckende Weise deutlich, wie machtlos die
Polizei angesichts eines solchen Aufruhrs war. Die infolge des
Bergarbeiterstreiks vorgezogenen Parlamentswahlen und der dar-
auffolgende Sturz der Regierung von Ted Heath gaben der Legende Nahrung, die National Union of Miners habe die Macht, Regierungen einzusetzen oder zu stürzen: Zumindest glaubte sie, jegliche Politik, die ihren Interessen im Weg stand, verhindern zu können, indem sie die Kraftwerke von den notwendigen Kohlelieferungen abschnitt.

Ich habe bereits beschrieben, wie wir im Februar 1981 die
Gefahr eines Bergarbeiterstreiks heraufziehen sahen und auf welche Weise wir ihn abwendeten.[1] Von da an war es nur noch eine

Frage der Zeit. Aber waren wir auch entsprechend vorbereitet, um siegreich aus der Auseinandersetzung hervorzugehen, wenn die unvermeidliche Kampfansage erfolgen würde? Als Mr. Scargill Ende 1981 den Vorsitz der Gewerkschaft übernahm, war eine Entscheidung gefallen. Die furchteinflößende Macht der NUM lag nunmehr in den Händen von Leuten, deren Ziele ganz offensichtlich politischer Natur waren.

Nigel Lawson, der im September 1981 das Energieministerium übernommen hatte, erhielt die Aufgabe, die Kohlevorräte stetig und unauffällig aufzustocken, damit das Land in der Lage wäre, einen Streik durchzustehen.. In den folgenden Monaten war oft vom »Durchhalten« die Rede. Möglichst lange durchhalten konnten wir aber nur dann, wenn die Kohlevorräte in den Kraftwerken auf Halde lagen und nicht auf den Zechen, wo die Streikposten der Bergarbeiter den Abtransport hätten verhindern können. Ob die Kraftwerke in Betrieb bleiben könnten, hing allerdings nicht allein von den Kohlevorräten ab. Einige Anlagen der Zentralen Elektrizitätsbehörde (Central Electricity Generating Board – CEGB) wurden mit Öl befeuert. Normalerweise waren sie nur zu Zeiten des Spitzenverbrauchs in Betrieb, aber wenn nötig konnten sie auch kontinuierlich zugeschaltet werden, um den »Grundbedarf« zu decken – den mehr oder weniger konstanten Bedarf an Strom. »Ölbefeuerung« war zwar kostspielig, würde es aber der Gesellschaft beträchtlich erleichtern, einen Streik zu überstehen. Ein zusätzlicher Vorteil bestand darin, daß die Öllieferungen an die Kraftwerke weitgehend gesichert waren. Die Kernkraftwerke, die etwa 14 Prozent des Bedarfs deckten, lagen in der Mehrzahl von den Kohlegruben weit entfernt, und natürlich war auch ihre Versorgung mit Brennstoff abgesichert. In den folgen Jahren sollten zusätzliche gasgekühlte Reaktoren in Betrieb genommen werden, wodurch wir unsere Abhängigkeit von aus Kohle gewonnener Energie weiterhin verringern konnten. Außerdem bauten wir an einer Verbindung über den Ärmelkanal zum Festland, die uns ermöglichen würde, aus Frankreich Strom zu beziehen. Eine Verbindung zwischen dem englischen und dem schottischen Stromnetz bestand bereits.

Außerdem versuchten wir mit allen Mitteln, die Industrie dazu zu bewegen, größere Vorräte anzulegen.

Im Herbst 1983 kündigte sich die Gefahr an. Mittlerweile hieß unser Energieminister Peter Walker, der dieses Amt nach den Parlamentswahlen im Juni übernommen hatte. Während der ersten Regierungsperiode hatte er bereits als Minister für Landwirtschaft sein Talent als zäher Verhandlungspartner bewiesen. Und er beherrschte die Kunst, seinen Standpunkt in den Medien gekonnt darzustellen. Ich wußte, daß gerade diese Fähigkeit wichtig war, wenn wir bei einem Bergarbeiterstreik, den uns die Militanten eines Tages aufzwingen würden, die Unterstützung der Öffentlichkeit gewinnen wollten. Peter unterrichtete die Herausgeber der Zeitungen regelmäßig per Telefon oder persönlich über unsere Ansichten. Das entsprach zwar nicht ganz meinem Stil, aber mir war klar, daß es bei einem Streik durchaus zweckmäßig war. Leider kam Peter Walker niemals sonderlich gut mit Ian MacGregor zurecht, und daraus ergaben sich manchmal Spannungen.

Ian MacGregor wurde am 1. September Vorsitzender der Kohlebehörde NCB. Zuvor hatte er bei der Umstrukturierung der British Steel Corporation nach dem verheerenden dreimonatigen Stahlstreik von 1980 als Vorsitzender ausgezeichnete Arbeit geleistet. Wenn jemand die britische Kohleindustrie, die zu einer Art Sozialamt geworden war, in einen erfolgreichen Wirtschaftszweig umwandeln konnte, dann MacGregor, denn er besaß die dafür nötige Erfahrung und Entschlossenheit. Anders als den militanten Führern der Bergarbeiter war Ian MacGregor aufrichtig daran gelegen, eine florierende Kohleindustrie zu schaffen, die aus den Investitionen, der Technologie und den Arbeitskräften bestmöglichen Nutzen zog. Der Charakterzug, der ihn vielleicht am meisten auszeichnete, war jedoch sein Mut. Innerhalb des NCB war er allerdings oft von Leuten umgeben, deren Laufbahn geprägt worden war durch eine Atmosphäre von Beschwichtigungspolitik und Kollaborationsbereitschaft gegenüber der Gewerkschaft und die sich nun größtenteils dem neuen Wind widersetzten, der seit MacGregors Amtsübernahme in der Behörde wehte. Bald wurde gemunkelt, es mangle ihm an Gerissenheit. Gewiß, er konnte mit Finanzproblemen fertig werden und hart verhandeln. Doch ihm fehlte es an Erfahrung im Umgang mit Gewerkschaftsführern, die den Verhandlungsprozeß nur nutzen wollten, um politisch Punkte zu sammeln. Immer wieder wurden er und seine Kollegen von

Arthur Scargill und den anderen Führern der NUM ausmanö-
vriert. Während des Streiks dann verfolgten Peter Walker und ich
mit anhaltender Besorgnis jede Phase des Ringens um die öffentliche Meinung. Der Führung der NUM waren alle Mittel recht, um
die Wahrheit zu verdrehen und die Öffentlichkeit und die Gewerkschaftsmitglieder mit falschen Informationen auf ihre Seite zu
ziehen.

Am Freitag, dem 21. Oktober 1983, beschloß die Delegiertenkonferenz der NUM, aus Protest gegen die von der Kohlebehörde
angebotene Lohnerhöhung von 5,2 Prozent und gegen die beabsichtige Schließung von Zechen keine Überstunden mehr zu bewilligen. Angesichts der großen Vorräte an Kohle war die Verweige-
rung von Überstunden jedoch wenig wirkungsvoll. Wahrscheinlich hatte diese Entscheidung einen tieferliegenden Beweggrund:
Man wollte innerhalb der Bergarbeiterschaft die Spannung verschärfen und sie so besser auf den Streik einstimmen, welchen die
Führung der NUM ausrufen würde, wenn sie den günstigsten
Zeitpunkt für gekommen hielt. Wir wußten, daß eher die Zechenstillegungen als der Streit um Lohnerhöhungen einen Streik auslö-
sen würden. Dennoch gab es zwingende wirtschaftliche Gründe
für die Schließungen. Selbst die Labour Party hatte dies erkannt:
Zwischen 1974 und 1979 waren unter der Labour-Regierung 32
Zechen stillgelegt worden. Mr. Scargill hingegen behauptete, es
gäbe keine ökonomischen Gründe für solche Schließungen. Er
beharrte darauf, daß keine Zeche geschlossen werden dürfe,
solange sie nicht restlos ausgebeutet sei. Im Grunde genommen
bestritt er, daß es überhaupt »unwirtschaftliche Zechen« gäbe.
Seiner Ansicht nach benötigte eine Zeche, die Verluste machte –
und das waren viele –, lediglich weitere Investitionen. Bei einer
Anhörung vor einem parlamentarischen Sonderausschuß stellte
man ihm die Frage, ob er sich Verluste in einer Größenordnung
vorstellen könne, die selbst ihm nicht mehr akzeptabel erschienen.
Seine denkwürdige Antwort lautete: »Für mich gibt es keine Ver-
lustgrenzen.«

Im Herbst und Winter 1983/84 gab Ian MacGregor seine Pläne
bekannt. Zu dieser Zeit lag die Zahl der in der Kohleindustrie
Beschäftigten bei 202 000 Personen. Die Monopol- und Kartellkommission hatte 1983 einen Bericht vorgelegt, aus dem hervor-

ging, daß etwa drei Viertel aller Zechen mit Verlust arbeiteten. Angesichts dieser Situation hatte sich Mr. MacGregor zum Ziel gesetzt, zu erreichen, daß dieser Industriezweig bis 1988 kostendeckend arbeitete. Im September 1983 informierte er die Regierung von seiner Absicht, die Beschäftigtenzahl innerhalb von drei Jahren um 64 000 zu verringern, wodurch die Produktion um 25 Millionen Tonnen sinken würde. Zu keinem Zeitpunkt gab es jedoch eine geheime »Hitliste«, in der aufgeführt war, welche Zechen geschlossen werden sollten. Die Entscheidung über eine mögliche Stillegung sollte von Fall zu Fall anhand der üblichen Zechenprüfungsverfahren getroffen werden. Im Dezember 1983 teilte uns MacGregor mit, er habe beschlossen, das Programm zu beschleunigen, um innerhalb der nächsten beiden Jahre 44 000 Arbeitsplätze abzubauen. Aus diesem Grunde drängte er uns, die bereits bestehende Abfindungsregelung auch auf Bergleute unter fünfzig Jahren auszudehnen. Die Konditionen, auf die wir uns im Januar 1984 verständigten, waren äußerst großzügig: 1000 Pfund als Pauschalbetrag für jedes Arbeitsjahr. Somit würde ein Mann, der während seiner ganzen Erwerbszeit im Bergwerk gearbeitet hatte, über 30 000 Pfund erhalten. Allerdings sollte diese Regelung nur für zwei Jahre gelten. Für das kommende Jahr – 1984/85 – schlug Mr. MacGregor die Freisetzung von 20 000 Kumpels vor. Wir waren überzeugt, daß diese Ziffer erreicht werden könne, ohne daß jemand gegen seinen Willen seinen Arbeitsplatz räumen müsse. Etwa 20 Zechen sollten stillgelegt werden, und die jährliche Fördermenge sollte um vier Millionen Tonnen/Jahr reduziert werden.

Im Verlauf der Diskussionen wurde uns vorgeworfen, es gebe eine »Hitliste« der Zechen. Die Rhetorik der Gewerkschaftsführung entfernte sich immer mehr von den Tatsachen, insbesondere von der ökonomischen Tatsache, daß die Kohleindustrie allein im Jahr 1983/84 vom Steuerzahler mit 1,3 Milliarden Pfund subventioniert wurde. Es klang so, als bereite sich Mr. Scargill darauf vor, seine Truppen in die Schlacht zu führen. Ende Februar erhielten wir einen Vorgeschmack von der Gewalttätigkeit, die den Streik prägen sollte. Ian MacGregor – der damals 70 Jahre alt war – wurde in einer Zeche in Northumberland von demonstrierenden Kumpel niedergeschlagen. Ich war schockiert und drückte ihm schriftlich mein Mitgefühl aus. Aber es sollte noch schlimmer kommen.

Natürlich wußten wir, daß uns jederzeit ein Streit ins Haus stehen konnte, doch wir bezweifelten, daß er vor Ende 1984 ausbrechen würde, jenem Zeitpunkt also, zu dem die Nachfrage nach Kohle durch den Winteranfang ihren Jahreshöchststand erreicht haben würde. Im Frühjahr einen Streik auszurufen, schien die taktisch ungünstigste aller Vorgehensweisen, zu denen sich die NUM entschließen konnte. Aber in diesem Punkt band Mr. Scargill seinen eigenen Mitgliedern einen Bären auf: Im Februar erhob er wilde Forderungen und behauptete, die Elektrizitätsbehörde (CEBG) habe nur für acht Wochen Kohle auf Halde. In Wirklichkeit waren die Vorräte jedoch viel größer – wie man aus staatlichen Veröffentlichungen leicht hätte ersehen können. Es gehörte zur Tradition der Gewerkschaft, ihre Mitglieder über mögliche Streikaktionen abstimmen zu lassen, doch alles deutete darauf hin, daß Mr. Scargill in absehbarer Zukunft für die Ausrufung eines landesweiten Streiks nicht die notwendige Mehrheit (55 Prozent) erhalten würde. Seit Beginn seiner Amtszeit als Vorsitzender der NUM hatten die Mitglieder bereits dreimal einen Streik abgelehnt. Aber zu welchen verzweifelten und selbstzerstörerischen Taktiken er deshalb greifen würde, konnten wir damals nicht voraussehen.

Der Streik beginnt

Am Dienstag, dem 1. März, kündigte die Kohlebehörde NCB die Schließung der Yorkshire-Zeche in Cortonwood an. Das örtliche NCB ging dabei nicht besonders geschickt vor, denn es entstand der Eindruck, als habe man das übliche Zechenprüfungsverfahren umgangen, was aber keineswegs in der Absicht des NCB lag. Doch der NUM-Bezirksvorsitzende von Yorkshire – aus diesem radikalen Bezirk stammte auch Scargill – rief aus Protest gegen die Entscheidung einen Streik aus und stützte sich dabei auf eine örtliche Urabstimmung, die zwei Jahre zuvor stattgefunden hatte.

Cortonwood war zwar der Auslöser für den Streik, aber nicht dessen Ursache. In Wahrheit wurde ein Streik in dem Augenblick unvermeidlich, als die Führung der NUM zu dem Entschluß gekommen war, sich jeder Zechenstillegung aus ökonomischen Gründen zu widersetzen – sofern nicht das NCB bereit gewesen wäre, auf eine wirksame Kontrolle der Kohleindustrie zu verzichten. Auch ohne Cortonwood hätte das Treffen zwischen dem NCB und den Bergarbeitergewerkschaften am 6. März möglicherweise zum Streik geführt. Bei dieser Zusammenkunft legte Ian MacGregor seine Pläne für das kommende Jahr vor und bekräftigte, daß 20 Zechen stillgelegt werden sollten. Die Reaktion der NUM ließ nicht lange auf sich warten. Noch am selben Tag rief die schottische NUM vom 12. März an zum Streik auf. Zwei Tage später, am Dienstag, dem 8. März, beschlossen die versammelten Bezirkschefs der NUM, die Streiks in Yorkshire und Schottland offiziell zu unterstützen.

Laut Artikel 43 der Gewerkschaftssatzung durfte ein landesweiter Streik nur dann ausgerufen werden, wenn bei einer landesweiten Urabstimmung eine Mehrheit von 55 Prozent der Mitglieder dafür votierte. Doch die militante Führung der Gewerkschaft hatte wohl ihre Zweifel, ob sie bei einer nationalen Urabstimmung die Zustimmung erhalten würden. Deshalb suchte sie nach einem Verfahren, mit dem sich dieses Problem umgehen ließ: Nach Artikel 41 der Satzung konnte der Hauptvorstand jene Streiks offiziell unterstützen, die von den jeweiligen Bezirken, in die sich die Gewerkschaft gliederte, ausgerufen wurden. Wenn also jeder einzelne Bezirk sich für einen Streik entschied, hätte das den gleichen Effekt wie ein landesweit ausgerufener Streik – zugleich hätte man eine landesweite Urabstimmung vermieden. Und falls Schwierigkeiten aufträten, konnte man aus streikenden Bezirken gewerkschaftliche Rollkommandos entsenden, um in den übrigen Bezirken die Leute so weit einzuschüchtern, daß sie sich dem Streik anschlossen.

Diese skrupellose Strategie hätte beinahe zum Erfolg geführt. Doch am Ende erlitten ihre Schöpfer damit Schiffbruch.

Der Streik begann am Montag, den 12. März. In den folgenden beiden Wochen überschwemmten die Stoßtrupps der Militanten die Zechen, und für einen Augenblick sah es so aus, als ob Vernunft und Anstand außer Kraft gesetzt worden wären. Zu Beginn des ersten Streiktages waren 83 Zechen in Betrieb, während in 81 nicht gearbeitet wurde. In zehn dieser Zechen, so erfuhr ich, ruhte die Arbeit nicht etwa deshalb, weil die Belegschaft für einen Streik plädiert hatte, sondern weil sie von Streikposten belagert wurden. Bis zum Ende des ersten Tages stieg die Zahl der Zechen, in denen nicht gearbeitet wurde, auf etwa 100. Die Polizei bemühte sich zwar, allen, die an ihren Arbeitsplatz wollten, Zugang zu verschaffen, stand aber auf verlorenem Posten. Trotz der vollen Unterstützung durch das Innenministerium sollte sich die Situation noch verschlimmern. Am Dienstagmorgen traten die Pickets, die fliegenden Streikposten, erneut in Aktion. Zufälligerweise hatte ich für diesen Tag ein Treffen mit Ian MacGregor vereinbart, um mit ihm über den Tunnelbau durch den Ärmelkanal zu sprechen – nicht gerade das Thema, das ihm an diesem Tag auf der Seele lag. Anschließend stieß Peter Walker zu uns, und wir diskutierten die Situation in den Zechen. Mr. MacGregor berichtete mir, er habe vor dem Obersten Zivilgericht eine einstweilige Verfügung erwirkt, die – unter Anwendung des neuen Gewerkschaftsgesetzes – den Einsatz von fliegenden Streikposten untersagte. Seinem Eindruck nach sei jedoch die Polizei nicht in der Lage, Verstöße zu ahnden und die Streikposten an der Aussperrung der Arbeitswilligen zu hindern. Im Bezirk Lancashire sei eine geplante Urabstimmung unter Androhung von Gewalt abgesetzt worden. In den Bezirken Nottinghamshire und Derbyshire sollte am Donnerstag abgestimmt werden, aber es sei zu befürchten, daß dies ebenfalls verhindert würde oder daß die eingeschüchterten Kumpel zu Hause blieben. Ich war bestürzt über diese Nachrichten. Jetzt wiederholte sich das, was 1972 in Saltley geschehen war. Dem Gesetz der Straße mußte Einhalt geboten werden. Ich sagte, es sei nicht genug, jene zu unterstützen, die arbeiten wollten – auch die Einschüchterung müsse ein Ende haben.

Unmittelbar nach diesem Treffen bat ich Leon Brittan um ein Gespräch. Wie es der Zufall wollte, stand bei meinem nächsten Termin an diesem Tag das Thema »Streiks in lebenswichtigen Bereichen«, dessen Behandlung wir in unserem Wahlprogramm versprochen hatten, auf der Tagesordnung. Leon und die anderen zuständigen Minister waren bereits auf dem Weg zu dieser Unterredung. Bei der Zusammenkunft wiederholte ich, wir hätten dafür zu sorgen, daß sich auch die Pickets an die Gesetze hielten. Leon teilte mein Unbehagen angesichts der Ereignisse. Seiner Meinung nach verfügte die Polizei über die nötigen Mittel, um mit dem Problem fertig zu

werden – einschließlich der Machtinstrumente, um die Streikposten dorthin zurückzuschicken, von wo sie gekommen waren, und
sie zu zerstreuen, falls sie sich in massiver Zahl sammeln sollten.
Er erklärte, daß er seine Ansicht öffentlich kundgetan habe und sie
auch wiederholen werde. Aber natürlich seien ihm durch die Verfassung enge Grenzen gesetzt, wenn er in seiner Funktion als
Innenminister der Polizei Dienstanweisungen erteile. Wir kamen
überein, daß Michael Havers dem Parlament die Rechtslage erläutern sollte. Ich war entschlossen, die Haltung der Regierung laut
und deutlich klarzumachen: Wir würden vor dem Mob nicht kapi-
tulieren und das Recht, zur Arbeit zu gehen, verteidigen.

Der Einsatz von massiven Aufgeboten an mobilen Streikposten
ging weiter. Am Mittwochmorgen arbeiteten nur mehr 29 Zechen
normal. Die Polizei zog mittlerweile Beamte aus dem ganzen Land
zusammen, um die Bergleute zu schützen, die arbeiten wollten:
3000 Polizisten aus 17 Landesdistrikten waren im Einsatz. In dieser Phase der Auseinandersetzung lag das Zentrum der Gewalt in
Nottinghamshire, wo die gewerkschaftlichen Rollkommandos
aus Yorkshire auf einen schnellen Sieg drängten. Trotzdem ließen
sich die Arbeiter aus Nottinghamshire nicht von der Urabstimmung abhalten. Am Freitag wurde das Ergebnis veröffentlicht: 73
Prozent hatten gegen einen Streik votiert. Die Urabstimmungen
der folgenden Tage in den Midlands und in den Bezirken North
West und North East bewiesen ebenfalls, daß eine große Mehrheit
gegen einen Streik eingestellt war. Von insgesamt 70 000 Bergleuten, die sich an den Abstimmungen beteiligt hatten, sprachen sich
über 50 000 gegen die Niederlegung der Arbeit aus.

So zeichnete sich – bereits zu diesem frühen Zeitpunkt – einer
der Wendepunkte des Streiks ab. Durch den wirkungsvollen Einsatz der Polizeikräfte und den moralischen Druck der Abstim-
mungsergebnisse konnten wir den Trend zur Arbeitsniederlegung
in den Zechen umkehren. Die erste, entscheidende Schlacht war
gewonnen. Am Montagmorgen wurden mir die neuesten Nachrichten telefonisch nach Brüssel übermittelt, wo ich an einem Treffen des Europarats teilnahm. Während am Freitag noch lediglich
elf Zechen gearbeitet hatten, waren es jetzt bereits wieder 44. In
den Bezirken, die für die Wiederaufnahme der Arbeit gestimmt
hatten, war die große Mehrzahl der Zechen wieder in Betrieb. Die

Militanten wußten, daß das Ergebnis ganz anders ausgefallen wäre, hätte die Polizei nicht mutig und tüchtig eingegriffen. Deshalb setzten sie und ihre Sprachrohre in der Labour Party eine Verleumdungskampagne gegen die Polizei in Gang. Am gleichen Tag, als das Führungsgremium der NUM zusammentrat, teilte ich meinem Kabinett mit, daß ich einen Ministerausschuß unter meiner Leitung einberufen würde, der den Streikverlauf überwachen und die Entscheidungen über weitere Maßnahmen treffen sollte. Natürlich gehörte Willie Whitelaw zu diesem Gremium; er fungierte auch als mein Stellvertreter, wenn ich nicht persönlich anwesend sein konnte – was aber nur selten der Fall war. Wichtig waren auch Energieminister Peter Walker und Leon Brittan, der Innenminister, sowie Schatzkanzler Nigel Lawson, der unmittelbar von den Vorgängen betroffen war, da der Streik erhebliche Auswirkungen auf das Wirtschaftsleben hatte. Zudem konnte Nigel seine Erfahrung als früherer Energieminster einbringen. Auch Norman Tebbit (Wirtschaft), Tom King (Arbeit) und Nick Ridley (Verkehr) waren wertvolle Mitglieder des Ausschusses. Wir verfolgten drei Ziele: Erstens wollten wir die Auswirkungen des Streiks auf die Industrie auf ein Minimum reduzieren; zweitens mußten wir verhindern, daß sich der Streik durch Solidaritätsaktionen noch weiter ausbreitete, und drittens die Versorgung mit Kohle per LKW und Bahn sicherstellen. Als Staatsminister für Schottland war George Younger sowohl für den dortigen Bergbau als auch für die Polizei zuständig. Die genannten Personen oder deren Stellvertreter nahmen regelmäßig an den Treffen unseres Ministerausschusses teil. Wenn rechtliche Frage behandelt wurden, gesellte sich auch Michael Havers, der Erste Kronanwalt, hinzu. Die Gruppe traf sich ungefähr einmal in der Woche oder auch häufiger, wenn die Lage es erforderte. In der Praxis erwies sich die große Zahl der Teilnehmer als hinderlich, und deshalb fällten Peter Walker und ich einige Entscheidungen bei Zusammenkünften in kleinerem Kreis, die ad hoc einberufen wurden, um rasch auf neu eingetretene Entwicklungen zu reagieren.

Mit der Arbeit dieses Ausschusses wurde aber auch die Frage aufgeworfen, welche Rolle der Regierung bei dem Streik zufiel. Ich legte wiederholt dar, für die Aufgabe, mit dem Streik fertig zu werden, seien in erster Linie die Leitungen des NCB und der übri-

gen vom Streik betroffenen verstaatlichten Industriezweige
(CEBG, British Steel Corporation und British Rail) verantwortlich. Der Handlungsspielraum dieser Unternehmen war allerdings
durch finanzielle und sonstige Beschränkungen eingeengt, die
ihnen von der Regierung und per Statut auferlegt worden waren.
Und nun stand so viel auf dem Spiel, daß keine verantwortungsbewußte Regierung sich auf den Standpunkt zurückziehen konnte,
sie habe mit der Sache nichts zu tun. Der Streik gefährdete das
wirtschaftliche Überleben des Landes. Ohne die Entscheidungsfreiheit der Verantwortlichen einschränken zu wollen, mußte ich
durch klare Signale zu verstehen geben, welche Schritte finanziell
und politisch noch akzeptabel seien. Die Opposition war sich ganz
offensichtlich unschlüssig darüber, ob wir zu stark oder zuwenig
intervenierten. Ihre Unsicherheit und der erfolgreiche Ausgang des
Streiks läßt meines Erachtens darauf schließen, daß wir genau die
richtige Balance getroffen haben.

Ein sehr sensibles Thema während des Streiks war das Verhältnis der Regierung zur Polizei und zu den Gerichten. In Großbritannien gibt es keine staatlichen Polizeikräfte. Die Polizei ist statt
dessen in 52 regionale Distrikte unterteilt. An ihrer Spitze steht
jeweils ein Chief Constable, der die Einsätze leitet. Die Befehlsge-
walt ist zwischen dem Innenminister, den örtlichen Polizeibehör-
den (die sich aus örtlichen Ratsmitgliedern und Richtern zusam-
mensetzen) und den Chief Constables aufgeteilt. Während des
Bergarbeiterstreiks stand dieses dreigliedrige System der polizeilichen Gewalt natürlich unter erheblicher Belastung: denn die Verstöße gegen die rechtliche Ordnung durch Gewaltakte, die während des Streiks in großem Umfang stattfanden, mußten selbstverständlich rasch und wirksam auf landesweiter Ebene geahndet
werden. Zu diesem Zweck wurde die 1972 eingerichtete Nationale Nachrichtenzentrale NRC von Scotland Yard eingeschaltet,
damit die Polizei ihre Erkenntnisse zentral sammeln und die wech-
selseitige Unterstützung zwischen den Distrikten koordinieren
konnte, wie dies in den Regelungen zur »gegenseitigen Hilfe« des
Polizeigesetzes von 1964 festgeschrieben ist. Das dreigliedrige
System überstand die Belastung wesentlich besser, als man angesichts der hysterischen Vorwürfe der Labour Party vermutet hätte.
Einige Probleme bereitete die Finanzierung der dadurch entstan-

denen Sonderausgaben für die Polizei, doch auch hier konnte eine
Lösung gefunden werden: Stück für Stück übernahm die Staatskasse einen wachsenden Anteil dieser Kosten.

Der Gewalt der Straße kann nur dann Einhalt geboten werden,
wenn die Polizei von der Regierung voll und ganz moralisch wie
praktisch unterstützt wird. Deshalb machten wir deutlich, daß die
Politiker die Polizei nicht im Stich lassen würden. Nach den Erfahrungen von 1983, als es in den Städten zu Krawallen kam, hatten
wir die Polizei mit der notwendigen Ausrüstung ausgestattet und
sie entsprechend schulen lassen. Erst kurz zuvor, als Streikposten
der Graphiker-Gewerkschaft (National Graphic Association =
NGA) im November 1983 versucht hatten, den Zeitungsverlag
von Eddi Shaw in Warrington lahmzulegen, hatte die Polizei
bewiesen, daß sie mit gewalttätigen Ausschreitungen, die sich als
Streikaktionen tarnten, wirkungsvoll zurechtkam. Die Polizei hatte durch ihren Einsatz klargemacht, daß sie einer zahlenmäßigen
Übermacht nicht erlaubten würde, Menschen daran zu hindern,
an die Arbeit zu gehen, wenn sie dies wollten. Außerdem hatte die
Polizei, um Ruhe und Ordnung aufrechtzuerhalten, zum erstenmal mobile Streikposten an ihren Ursprungsort zurückbefördert,
bevor sie an ihrem Ziel angelangt waren.

Eine weitere Voraussetzung für wirkungsvolles polizeiliches
Eingreifen ist eine eindeutige Rechtslage. Zu Beginn des Streiks
bezog Michael Havers – als Antwort auf eine Anfrage des Unterhauses – hierzu in schriftlicher Form unmißverständlich Stellung.
Er legte dar, in welchem Rahmen die Polizei befugt war, bei massiven Aktionen seitens fliegender Streikposten einzuschreiten. Insbesondere verwies er auf das bereits erwähnte Recht, Rollkommandos auf ihrem Weg zur Streikpostenkette zurückzuschicken,
falls einsichtige Gründe für die Annahme bestanden, daß ein Ausbruch von Gewalt zu erwarten sei. Diese im Gewohnheitsrecht
begründeten Befugnisse sind wesentlich älter als unsere neuen
Gewerkschaftsgesetze und fallen eher in den Bereich des Straf- als
des Zivilrechts. In der zweiten Streikwoche erhob der NUM-
Bezirk Kent Klage gegen diese Regelungen – ohne Erfolg. Für das
Ergebnis des Arbeitskampfes war es von entscheidender Bedeutung, daß die Streikposten daran gehindert wurden, die Arbeitswilligen durch massives Auftreten einzuschüchtern.

Das Verhältnis zwischen der Regierung und den Gerichten war ein noch heikleres Thema. Daß die Öffentlichkeit diesen Komplex aufmerksam beobachtet, hat durchaus seine Berechtigung. Die Unabhängigkeit der Rechtsprechung ist in der Verfassung verankert, obgleich die Beaufsichtigung der Gerichte zum ureigenen Verantwortungsbereich der Regierung gehört. Als sich die gewalttätigen Aktionen häuften, erfüllte es uns mit Sorge, daß nur wenige der Beschuldigten vor Gericht gestellt und verurteilt wurden. Für die Wahrung der Rechtsordnung ist es von entscheidender Bedeutung, daß kriminelle Handlungen – die während des Streiks so offen begangen wurden wie noch nie – rasch bestraft werden, damit die Bürger merken, daß das Recht funktioniert. Doch jetzt entstand ein Überhang von nicht bearbeiteten Fällen. Der Grund hierfür war einerseits die Verzögerungstaktik der Angeklagten und ihrer Verteidiger, andererseits aber auch Obstruktion seitens mancher Richter, und zwar in jenen Regionen, in denen Sympathie für die Sache der Bergleute vorherrschte. Schon durch die bloße Zahl der Fälle war unser Rechtssystem überfordert. Erst als wir zusätzliche Verhandlungsräume und Berufsrichter bereitstellten, konnte der Überhang allmählich abgebaut werden. Berufsrichter können wesentlich mehr Fälle behandeln als Laienrichter, aber der Lordkanzler durfte nur auf ein Hilfsersuchen hin tätig werden und hatte keine Befugnis, unaufgefordert Richter zu berufen. Hinzu kam das Problem, daß Polizeibeamten kaum Zeit bleibt, detaillierte Beweismittel zu sammeln, wenn sie mitten im Geschoßhagel stehen und sich gegen Angriffe schützen müssen. Die Anklagen waren also nur schwer zu erhärten. Am Ende blieben allzu viele Gewalttäter unbestraft.

In der letzten Märzwoche war die Situation weitgehend klar. Es erschien unwahrscheinlich, daß der Streik bald enden würde. Mr. Scargill und seine Kollegen hatten die Mehrzahl der Zechen fest im Griff, und dieser Zustand ließ sich nicht so ohne weiteres verändern. Doch bei unseren Planungen in den beiden zurückliegenden Jahren waren wir davon ausgegangen, daß während eines Streiks überhaupt keine Kohle mehr gefördert würde; jetzt aber wurde in einen wesentlichen Teil der Kohleindustrie immer noch gearbeitet. Wenn es uns gelang, diese Kohle zu den Kraftwerken zu schaffen, waren unsere Aussichten, die Oberhand zu behalten, noch besser. Diese Überlegung hatte einen entscheidenden Einfluß auf unsere Strategie. Wir mußten so vorgehen, daß die Gewerkschaften, die mit der Förderung und dem Transport von Kohle zu tun hatten, sich zu keinem Zeitpunkt geschlossen gegen uns stellen würden. Also galt es sorgfältig abzuwägen, wann und wo wir rechtliche Schritte anwendeten und wann und wo das NCB seine Zivilklagen vorläufig ruhen ließ – was nicht hieß, daß es sie zurückzog.

Obgleich Mr. Scargill sehr darauf bedacht gewesen war, vor Streikbeginn eine Urabstimmung zu vermeiden, war uns klar, daß er sich diese Möglichkeit offenließ. Tatsächlich senkte schon bald eine außerordentliche Delegiertenkonferenz der NUM die für einen Streik erforderliche Mehrheit von 55 auf 50 Prozent der Stimmen. Zu Streikbeginn hatten wir noch die Hoffnung gehegt, die Gemäßigten in der NUM-Führung könnten eine Urabstimmung erzwingen. Und weil es nun den Anschein hatte, daß der Widerstand gegen den Streik vor allem von jenen Bergleuten ausging, die erbost waren, weil sie nicht hatten abstimmen dürfen, war es wichtiger denn je, die Mehrheit der Kumpel von unserem Standpunkt zu überzeugen. Würde sich bei einer Urabstimmung mitten im Streik angesichts der aufgepeitschten Emotionen eine Mehrheit für oder gegen Mr. Scargill ergeben? Das konnte ich nicht abschätzen.

Die Führung der NUM wollte auf alle Fälle verhindern, daß Kohle per Schiene, Straße oder Schiff transportiert wurde. Zwar traten während des Arbeitskampfes zeitweilig in den Docks Probleme auf, und auch beim Schienentransport kam es zu Verzögerungen, aber die Fernfahrer ließen sich weder von den Hafenarbeitern noch sonst jemandem einschüchtern. In einem Maße, wie wir es nicht vorausgesehen hatten, übernahmen nach und nach Straßentransportunternehmen die Aufgabe, die Kohle zu den Kraftwerken und zu den anderen industriellen Hauptabnehmern zu befördern. Die Stahlarbeiter hatten selbst einen langen und verheerenden Streik hinter sich und wollten jetzt nicht tatenlos hinnehmen, wie in ihrem Industriezweig Betriebe in den Ruin getrieben und Arbeitsplätze vernichtet wurden – und dies einzig und allein aus Solidarität mit der NUM, einer Gewerkschaft also, die zuvor herzlich wenig Solidarität ihnen gegenüber gezeigt hatte. Entscheidend aber war die Reaktion der Arbeiter in den Kraftwerken. Wenn sie ebenfalls gestreikt oder aus Solidarität mit den Bergarbeitern die Umstellung auf maximale Ölbefeuerung verhindert hätten, wären wir in große Schwierigkeiten geraten. Doch sie vertraten schlicht und einfach die Einstellung, daß dies nicht ihr Streik war und sie die Aufgabe hatten, die Menschen in Großbritannien mit Strom und Energie zu versorgen. Ebensowenig waren ihre Gewerkschaftsführer gewillt, sich durch Einschüchterungsversuche von den Chefs anderer Gewerkschaften zu Dingen bewegen zu lassen, die sie für grundsätzlich falsch hielten.

Alles drehte sich um die Maximierung unseres Durchhaltevermögens. Die wöchentlichen Lageberichte des Energieministeriums, die mir unterbreitet wurden, studierte ich sehr sorgfältig. Zu Beginn des Streiks verbrauchten die Kraftwerke ungefähr 1,7 Millionen Tonnen Kohle pro Woche; weil manche Lieferungen am Zielort ankamen, verringerten sich die Vorräte aber nicht in gleichem Maße. Das CEGB schätzte, daß man etwa sechs Monate würde durchhalten können, vorausgesetzt, die Ölbefeuerung würde bis zum Maximum gesteigert – das heißt, die Ölkraftwerke arbeiteten mit voller Kapazität –, was bisher noch nicht der Fall war. Wir mußten genau bedenken, wann wir diese Maßnahme einleiten sollten, da die Führung der NUM sie sicher als Provokation bezeichnen würde. Da sich die Möglichkeit abzeichnete, daß die Gemäßigten innerhalb der NUM eine Abstimmung erzwingen könnten, hielten wir zunächst still. Aber am Montag, dem 26. März, beschloß ich, den Stier bei den Hörnern zu pakken.

Die Vorräte der Industrie waren natürlich viel geringer als die der Kraftwerke; besonders verwundbar war die Zementproduktion, eine sehr wichtige Branche. Doch am dringlichsten waren die Probleme der British Steel Corporation. Falls nicht innerhalb der nächsten vierzehn Tage Koks- und Kohlelieferungen eintreffen und entladen werden sollten, würden sie ihre Stahlwerke in Redcar und Scunthorpe schließen müssen. Die Vorräte von Port Talbot, Ravenscraig und Llanwern reichten lediglich für drei bis fünf Wochen. So war es kein Wunder, daß die Besorgnis der BSC angesichts der sich täglich verändernden Lage immer mehr wuchs.

In diesem Zustand der Ungewißheit endete der erste Monat

des Streiks. Die Absichten des Mr. Scargill waren womöglich das einzige, worüber völlig Klarheit bestand. Im *Morning Star* vom 28. März schrieb er: »die NUM befindet sich in einer sozialen und industriellen Schlacht um England... wir brauchen dringend eine rasche und umfassende Mobilisierung der Gewerkschafts- und Labourbewegung.« Nach wie vor unklar war allerdings, ob er dieses Ziel auch erreichen würde.

Die Pattsituation dauerte auch während des Monats April an. Noch immer bestand die Möglichkeit, daß eine Urabstimmung über einen landesweiten Streik durchgeführt würde, deren Ergebnis niemand voraussagen könnte. Trotz der anhaltend schweren Behinderungen durch Streikposten zeigten sich, insbesondere in Lancashire, erste Anzeichen für eine allmähliche Rückkehr an die Arbeit – aber eben nur Anzeichen. Die Chefs der Eisenbahnergewerkschaften und die Seeleute sagten derweilen den Bergarbeitern ihre Unterstützung im Arbeitskampf zu. Während des Streiks gab es eine Menge solcher Bekundungen, doch Mitglieder der betreffenden Gewerkschaften waren darüber nur wenig begeistert. Außerdem wurden die ersten Gerichtsverfahren gegen die NUM eröffnet: Zwei Koks-Transportunternehmen verklagten den NUM-Bezirk South Wales wegen der Abriegelung der Port-Talbot-Stahlwerke durch Streikposten.

Schon zu Beginn des Arbeitskampfes hatten wir befürchtet, daß es der Kohlebehörde NCB nicht gelingen würde, ihren eigenen Standpunkt sowohl gegenüber Mitarbeitern als auch in der Öffentlichkeit überzeugend darzustellen. Diese Aufgabe konnte die Regierung dem NCB allerdings nicht abnehmen. Gleichwohl drängten wir (wie man später sehen wird) darauf, daß die Kohlebehörde ihre Öffentlichkeitsarbeit verbesserte. Doch was die Einhaltung von Recht und Gesetz anging, waren wir zur Stellungnahme verpflichtet, und wir äußerten uns zu diesem Thema auch entsprechend deutlich. Als ich am Montag, dem 9. April, von Sir Robin Day in der Fernsehsendung *Panorama* interviewt wurde, stellte ich mich entschieden hinter das Verhalten der Polizei im Arbeitskampf:

...die Polizei hält Recht und Ordnung aufrecht. Aber sie stützt nicht die Regierung. Das ist kein Kampf zwischen den

Bergarbeitern und der Regierung. Das ist ein Kampf zwischen den Bergarbeitern selbst... es ist Aufgabe der Polizei, für die Einhaltung der Gesetze zu sorgen... sie... machen das großartig.

Einige Tage später stand die Polizei an einer anderen Front. Am 17. April, während eines Einsatzes bei einer friedlichen Demonstration, wurde die Wachtmeisterin Yvonne Fletcher getötet. Die Schüsse kamen aus einer Maschinenpistole, die von der libyschen Botschaft am St. James Square aus abgefeuert worden war. Das ganze Land war bestürzt. Dies hinderte Mr. Scargill jedoch nicht, Kontakt zu Vertretern der libyschen Regierung zu suchen. Ein Beauftragter der NUM traf sich sogar mit Oberst Gaddafi persönlich, um ihn um finanzielle Unterstützung für die Fortführung des Streiks zu bitten. Es war, als würden zwei dunkle Mächte einen widernatürlichen Pakt eingehen.

Eine endlose Schinderei

Im Mai kam es zu kurzen, aber aufschlußreichen Gesprächen zwischen der Kohlebehörde NCB und der NUM-Führung – den ersten seit Streikbeginn. Die Gespräche fanden am Mittwoch, dem 23. Mai, statt; am nächsten Tag wurde mir ein vollständiger Bericht darüber vorgelegt. Mr. Scargill ließ nicht zu, daß ein anderer als er selbst für die NUM sprach; die beiden anderen Mitglieder seines Führungsgremiums hatten die Anweisung erhalten, kein Wort zu sagen. Das NCB hatte zwei Gesprächsvorlagen erarbeitet. Die eine betraf die Marktchancen der Kohleindustrie, die andere den bergbaulichen Zustand der Zechen; denn bei einigen bestand Gefahr, daß sie wegen des Streiks überhaupt nicht mehr in Betrieb genommen werden konnten. Die Vertreter der NUM lehnten es ab, sich zu diesen Gesprächsvorlagen zu äußern oder Fragen zu stellen. Statt dessen präsentierte Mr. Scargill eine vorbereitete Erklärung. Er betonte, es werde keine Diskussion über Zechenschließungen geben, es sei denn, die Zechen seien ausgebeutet – auf keinen Fall jedoch werde man über Schließungen aus ökonomischen Gründen verhandeln. Daraufhin meinte Ian MacGregor, daß es vor diesem

Hintergrund keinen Zweck mehr habe, die Konferenz fortzusetzen. Er schlug aber vor, daß jeweils zwei hochrangige Vertreter des NCB und der NUM die Gespräche fortführen sollten. Doch Mr. Scargill betonte noch einmal, Vorbedingung jeglicher Gespräche sei, daß die Schließungspläne zurückgezogen würden. Damit war das Treffen beendet. Doch dann stellte die NUM eine Falle. Die Gewerkschaftsvertreter baten nämlich um die Erlaubnis, noch ein wenig in dem Tagungsraum bleiben zu dürfen, um sich zu besprechen. Ian MacGregor sah darin eine völlig harmlose Bitte, willigte ein und verließ mit den Vertretern des NCB das Sitzungszimmer. Gegenüber der Presse stellte die NUM jedoch diesen Vorfall so dar, als seien die Vertreter der Kohlebehörde »ausgezogen«. Viele Leute sahen darin den Beweis, daß Ian MacGregor nicht zu Gesprächen bereit sei. Dies war ein klassisches Beispiel dafür, welche Gefahren Verhandlungen mit Leuten wie Mr. Scargill mit sich bringen.

Mit jeder Woche wurde der Streik erbitterter geführt. Es war offensichtlich, daß bei vielen Bergleuten die einstige Streikbegeisterung schwand und sie Mr. Scargills Beteuerungen, die Kraftwerke könnten nur begrenzte Zeit durchhalten, mittlerweile nicht mehr so recht Glauben schenkten. Die NUM-Führung reagierte darauf, indem sie das Streikgeld für Pickets erhöhte – an Streikende, die nicht Posten standen, zahlte sie überhaupt nichts – und außerdem Leute, die nicht im Bergbau arbeiteten, als Pickets rekrutierte. Insgesamt eskalierte die Gewalttätigkeit. Die Gewerkschaft setzte ganz offensichtlich auf einen Überraschungseffekt, der darin bestand, daß sie praktisch ohne Vorankündigung auf einer bestimmten Zeche ein großes Aufgebot an Streikposten zusammenzog. Die möglicherweise schockierendsten Gewaltszenen spielten sich vor der Kokerei Orgreave ab, als man die Kokstransporte zu den Scunthorpe-Stahlwerken stoppen wollte. Am Dienstag, dem 29. Mai, waren über 5000 Streikposten in gewalttätige Auseinandersetzungen mit der Polizei verwickelt. Die Polizei wurde mit allen Arten von Wurfgeschossen attackiert, darunter auch Ziegelsteine und Dart-Pfeile, und 69 Beamte wurden verletzt. Zum Glück haben sie wenigstens eine richtige Schutzausrüstung, dachte ich, als ich wie Millionen anderer Fernsehzuschauer die schrecklichen Szenen auf dem Bildschirm verfolgte. Tags darauf sagte ich in einer Rede in Banbury:

Sie haben... gestern abend im Fernsehen die Szenen gesehen. Ich muß Ihnen sagen, daß wir hier den Versuch erleben, die Herrschaft von Recht und Gesetz durch die Herrschaft des Mobs zu ersetzen – und dies darf nicht gelingen. Es gibt Menschen, die anderen, welche sich ihnen widersetzen, mittels Gewalt und Einschüchterung ihren Willen aufzwingen wollen. Doch sie werden aus zwei Gründen scheitern. Erstens wegen unserer hervorragenden Polizeikräfte, die dazu ausgebildet sind, ihre Pflichten mutig und unparteiisch zu erfüllen. Und zweitens, weil die überwältigende Mehrheit der Menschen in diesem Land rechtschaffen, anständig und gesetzestreu ist, die Aufrechterhaltung von Recht und Gesetz wünscht und sich nicht einschüchtern läßt. Ich spreche allen, die den Mut hatten, durch die Front der Streikposten hindurch an ihre Arbeit zu gehen, meine Hochachtung aus... die rechtliche Ordnung muß sich gegen das Gesetz der Straße durchsetzen.

Während der nächsten drei Wochen gab es weitere gewaltsame Zusammenstöße in Orgreave, doch den Streikposten gelang es kein einziges Mal, die Transportfahrzeuge aufzuhalten. Die Schlachten in Orgreave hatten weitreichende Auswirkungen und trugen in großem Maße dazu bei, daß die Öffentlichkeit gegen die Bergarbeiter eingenommen wurde.

Etwa zur gleichen Zeit erhielten wir die ersten klaren Beweise, daß Bewohner von Bergarbeitersiedlungen massiv eingeschüchtert worden waren. Dieses Problem wurde immer schlimmer, je länger der Streik fortdauerte. Jetzt betraf es nicht nur die Bergleute, die weiterhin zur Arbeit gingen – auch ihre Frauen und Kinder waren in Gefahr. Die Bösartigkeit, die hier zum Ausdruck kam, stellte ein heilsames Gegengift dar, wenn man an die eher romantischen Berichte über den Gemeinschaftsgeist der Bergarbeiter denkt. Es liegt in der Natur der Sache, daß die Polizei nur wenig gegen Einschüchterungsversuche unternehmen konnte. Trotzdem wurden eigens für diese Aufgabe Polizisten in Uniform und Zivilstreifen bereitgestellt.

Die verstaatlichte Industrie wurde in der Öffentlichkeit ziemlich heftig kritisiert, weil sie nicht zu den Rechtsmitteln gegriffen hatte, die unser neues Gewerkschaftsgesetz bereitstellte. Als die Gewalttaten nicht aufhörten und insbesondere die Lage der British Steel Corporation immer schwieriger wurde, diskutierten wir in unserer Ministerrunde mehrfach, ob wir nicht anregen sollten, daß gegen die NUM und andere Gewerkschaften, die ihr Unterstützung leisteten, zivilrechtliche Schritte eingeleitet wurden. Falls wir auf diese Zivilklagen gegen die Gewerkschaften und ihre Fonds verzichteten, würden wir schließlich den gesamten Verantwortungsdruck auf das Strafrecht und auf die Polizei wälzen, die für dessen Einhaltung sorgen mußte. Zudem würden rechtliche Maßnahmen gegen die Gewerkschaftsfonds – sofern sie erfolgreich waren – die Fähigkeit der Gewerkschaften einschränken, eine große Anzahl von Streikposten zu entlohnen und ungesetzliche Aktionen durchzuführen. Es wurden Stimmen laut, die unverhohlen meinten, daß unsere Reform des Gewerkschaftsgesetzes völlig unglaubwürdig werde, wenn die betroffenen verstaatlichten Industrien jetzt keine Rechtsmittel ergreifen würden. Ebenso wie meine Berater teilte ich instinktiv diese Ansicht.

Peter Walker wandte jedoch ein, daß Zivilprozesse uns die Unterstützung der nichtstreikenden Bergarbeiter und der gemäßigten Gewerkschafter kosten konnten. Die Vorsitzenden der British Steel Corporation, der Kohlebehörde, der British Rail und des Central Electricity Generating Board stimmten Walker zu, zumindest was die gegenwärtige Lage anging: Bei einem Treffen Ende Juni kamen sie überein, daß es für rechtliche Schritte unter den gegebenen Umständen noch zu früh sei. Auch die Polizeiführung ging nicht davon aus, daß Zivilklagen ihre Aufgabe an der Streikfront erleichtern würden. Natürlich konnten andere Personen – Geschäftsleute oder arbeitswillige Bergarbeiter – nicht davon abgehalten werden, die neuen Gesetze in Anspruch zu nehmen. Dennoch konnte nicht oft genug betont werden, daß die Pickets und ihre Rädelsführer während dieser Auseinandersetzung viel öfter gegen Strafgesetze unseres Landes verstießen als gegen »Thatchers Gesetze«.

Peter Walker setzte sich mit seinem Argument durch, und das NCB blieb auf Siegeskurs. In gewissem Sinne sollte das Ergebnis also seine Taktik rechtfertigen. Aber hätte man nicht durch Zivilklagen und durch Beschlagnahmung der Gewerkschaftskasse das gleiche Ergebnis früher erzielen können? Nun, derartige Fragen sind müßig. Rückblickend muß ich jedoch sagen, wir hätten vernünftigerweise gegenüber den verstaatlichten Industrien darauf bestehen sollen, daß sie schon zu einem früheren Zeitpunkt Schritte gegen die NUM einleiteten. Daß nichtstreikende Bergleute aus eigener Initiative Klage erhoben, war das beste, was passieren konnte – auch wenn wir uns darauf nicht hätten verlassen dürfen –, denn diese Klagen setzten Mr. Scargill enorm unter Druck und schränkten die weitere Streikfähigkeit der NUM empfindlich ein. Seit damals hat es sich allerdings durchgesetzt, bei Konflikten zwischen den Tarifparteien auf »Thatchers Gesetze« zurückzugreifen, wodurch die Zahl der Streiks und Arbeitskämpfe erheblich gesenkt werden konnte.

Währenddessen verfolgten wir sehr genau, wie viele Zechen wieder in Betrieb gingen und wie viele Bergleute an die Arbeit zurückkehrten. Im Juli und August, das heißt in den großen Ferien, schlossen viele Zechen, und wir hofften, daß die Arbeit nach der Urlaubszeit in großem Umfang wiederaufgenommen werden würde. Doch andere äußerten die Befürchtung, daß Zechen, die jetzt noch in Betrieb waren, nach den Ferien dank erneuter Aktivitäten der Pickets geschlossen bleiben würden. Bei der Einschätzung der weiteren Entwicklung mußte man natürlich auch berücksichtigen, wieviel ein Streik die Bergleute und ihre Familien kostet. Aber vielleicht war die Psychologie noch wichtiger. Wenn die Leute nach den Ferien in großer Zahl an die Arbeit zurückkehrten, würde dies vielleicht Sogwirkung entwickeln. Mr. Scargill hingegen würde seine Truppen mit der Behauptung bei Laune zu halten versuchen, das Herannahen des Herbstes werde die Regierung aller Wahrscheinlichkeit nach zum Einlenken zwingen, um Stromsperren im Winter zu vermeiden.

Es war natürlich sehr wichtig, daß das NCB alles in seiner Macht Stehende unternahm, um jene auf ihre Seite zu ziehen, die den Streik lieber abgebrochen hätten und wieder an die Arbeit gehen wollten. Auf meine Empfehlung hin beriet sich Ian MacGregor mit Tim Bell, der mir in der Vergangenheit bei der Öffentlichkeitsarbeit so gute Dienste geleistet hatte. Denn es gab wirklich Bedeutsames und Positives zu vermelden: Nach den vorliegenden

Plänen konnten die Zechen mit neuen hohen Investitionen rechnen, auch wenn die Gelder jetzt noch auf Eis lagen. Und wenn die Arbeit wiederaufgenommen würde, sollten die Bergleute in den Genuß von Lohnerhöhungen kommen. Aber es gab auch die negative Seite: Einige Zechen waren wegen des Streiks in einem solch miserablen Zustand, daß sie nicht wieder in Betrieb genommen werden konnten. Außerdem diskutierten wir weiterhin die Möglichkeit, während des Streiks mit der Schließung von wirtschaftlich unrentablen Zechen fortzufahren. Aber unter dem Strich erschien uns das Risiko, damit gemäßigte Bergarbeiter vor den Kopf zu stoßen, zu groß. Wir erwogen auch, die außergewöhnlich großzügige Abfindungsregelung, die wir angeboten hatten, auf eine noch größere Gruppe von Bergleuten auszuweiten. Doch hinsichtlich der Abfindung gab es zwei Probleme. Erstens: Selbst wenn eine große Zahl an Bergleuten dieses Angebot wahrnehmen würde, gab es keine Garantie, daß es gerade die Arbeiter jener Zechen waren, welche wir schließen mußten. Und Einsparungen konnte es nur geben, wenn unwirtschaftliche Zechen stillgelegt wurden. Zweitens bestand das Risiko, daß vor allem die gemäßigten Bergleute, die der Gewalt und Einschüchterung überdrüssig waren, auf die Abfindungsregelung zurückgreifen würden, wodurch in bestimmten Regionen oder sogar landesweit die Hardliner die Oberhand gewinnen konnten. Es wäre also ein Spiel mit dem Feuer gewesen.

Der Juli erwies sich als einer der schwierigsten Monate des Streiks. Am Montag, dem 9. Juli, rief die Transport & General Workers' Union aus heiterem Himmel einen landesweiten Streik der Docker aus, den sie mit einem angeblichen Verstoß gegen das Nationale Dockarbeiterprogramm (National Dock Labour Scheme – NDLS) begründete. Das NDLS war unter der Regierung Attlee geschlossen worden, um die Gelegenheitsarbeit auf den Docks zu unterbinden. Laut Statut galt es in den meisten britischen Häfen; es hatte dort zur Einrichtung von *closed shops* geführt und räumte der Gewerkschaft außergewöhnliche Machtbefugnisse ein. Der Anlaß für den Streik war, daß die BSC Vertragsarbeiter engagiert hatte, um Eisenerz aus den Lagern des Docks in Immingham auf LKWs zu verladen und zu den Stahlwerken in Scunthorpe zu transportieren. Die BSC hatte sich vorher vergewissert, daß dabei weder gegen das Dockerprogramm noch gegen örtliche Arbeitsregelungen verstoßen wurde. Den absurden Vorschriften des Abkommens gemäß standen die gewerkschaftlich organisierten Hafenarbeiter untätig herum und sahen dabei zu, wie die Arbeit von den Vertragsarbeitern erledigt wurde. Somit war dem »üblichen Verfahren« Genüge getan. Wir hofften, daß das National Dock Labour Board, in dem auch Vertreter der Gewerkschaft saßen, hier rasch eingreifen würde. Doch die Führung der TGWU war darauf eingeschworen, Mr. Scargill zu unterstützen, und begrüßte offen die Gelegenheit, einen Streik auszurufen.

Wir hatten bereits 1982 eine umfassende Studie über die Auswirkungen eines landesweiten Dockarbeiterstreiks erstellen lassen. Demnach stand zu vermuten, daß ein solcher Streik – der wahrscheinlich nur jene Häfen ernsthaft in Mitleidenschaft ziehen würde, für welche das NDLS galt – lediglich geringen direkten Einfluß auf das Ergebnis des Kohlestreiks haben würde. Unsere Kohleimporte aus dem Ausland waren nicht für die Kraftwerke bestimmt, denn wir wollten die Unterstützung der nichtstreikenden Bergleute nicht aufs Spiel setzen. Doch ein Dockerstreik hätte schwerwiegende Folgen für die BSC gehabt, weil dadurch die für sie bestimmten Lieferungen von Kohle und Eisenerz aus Übersee unterbrochen wurden. Es sah ganz danach aus, als verfolge die linksgerichtete TGWU-Führung mit ihrem Streik das Hauptziel, die Bergarbeiter zu unterstützen, indem sie die großen Stahlwerke unter Druck setzte. Insbesondere richtete sich ihr Vorgehen gegen eine bislang erfolgreiche Strategie der BSC, auf Lieferungen per LKW auszuweichen, um nicht durch gewerkschaftliche Solidaritätsaktionen der Eisenbahner in Engpässe zu geraten. Generell hätte ein Dockerstreik gravierende Folgen für den Handelsverkehr – insbesondere für den Import von Nahrungsmitteln – gehabt, wenngleich etwa ein Drittel der Stückgutfracht auf Roll-on-roll-off-Schiffen (auch »RO-RO« genannt) ins Land kam. Der größte Teil hiervon wurde in Häfen, die nicht unter das Dockerprogramm fielen, abgewickelt, etwa in Dover und Felixstowe. Alles hing von der Höhe der Streikbeteiligung ab und davon, ob der Streik auf die Häfen, für die das Dockerprogramm galt, begrenzt werden konnte.

Unsere regelmäßig tagende Ministerrunde mußte sich nun mit zwei Streiks beschäftigen. Am Tag nach Streikbeginn teilte ich unserem Ausschuß mit, wir dürften während der nächsten 48 Stunden keine Gelegenheit ungenutzt lassen, um die öffentliche Meinung zu mobilisieren. Wir müßten die Hafenfirmen drängen, entschieden vorzugehen. Es gelte, alle zur Verfügung stehenden Mittel zu ergreifen, um in den Wirtschaftszweigen, die vermutlich am meisten Schaden leiden würden, den Widerstand der Arbeiter gegen den Streik zu stärken – und natürlich auch den Widerstand der Öffentlichkeit. Es müsse in unseren Darstellungen deutlich werden, daß der Grund für den Streik nur vorgeschoben sei und daß jene, die zu diesem Mittel griffen, schon von jeher außerordentliche Privilegien genossen hatten. Besonders sollte hervorgehoben werden, daß von den 13 000 Arbeitsplätzen, für die das NDLS galt, schätzungsweise 4000 überflüssig seien. Natürlich sei jetzt, während des Kohlestreiks, nicht der richtige Zeitpunkt, um das NDLS abzuschaffen, aber wir müßten das gegenwärtige Ziel – nämlich die Beendigung des Arbeitskampfes – ansteuern, ohne etwaige Veränderungen für die Zukunft auszuschließen. Wir mobilisierten die Zivile Kriseneinheit (Civil Contingencies Unit), vermieden es aber, den Notstand auszurufen, denn das hätte möglicherweise den Einsatz von Truppen bedeutet. Jegliche Anzeichen einer Überreaktion hätte den Bergleuten und anderen militanten Gewerkschaftern neuen Auftrieb gegeben. Wir mußten alles daran setzen, den Dockerstreik so schnell wie möglich zu beenden, um den Arbeitskampf in der Kohleindustrie so lange wie nötig durchstehen zu können.

Zunächst schien es, als würden wir mit dem Dockerstreik große Probleme haben. Am Montag, dem 16. Juli, traf ich mich zum Lunch mit den Mitgliedern des Reedereiverbandes (General Council of British Shipping), bei denen sich eine defätistische Stimmung breitmachte. Dieses Phänomen sollte ich noch häufiger erleben: Zwar empfahlen mir die Unternehmer stets, hart durchzugreifen, doch nur dann, wenn es nicht ihre eigene Branche betraf. Die Reeder meinten, der Streik habe größere Ausmaße angenommen als alles, was sie bisher auf den Docks erlebt hätten.

Ich hatte für den Abend des gleichen Tages ad hoc eine Ministerrunde einberufen. Wir analysierten die allgemeine Lage und erwogen unseren Handlungsspielraum. Sollte der Streik auf Häfen übergreifen, für die das Dockerprogramm nicht galt, würde die TGWU sehr wahrscheinlich mit Zivilklagen rechnen müssen. Dies wiederum würde die Kohlebehörde ermutigen, ihre auf Eis gelegte Klage gegen die NUM endlich einzureichen. Eine Eskalation des Arbeitskampfes schien sich anzubahnen.

Da ich wußte, wie wichtig die Öffentlichkeitsarbeit war, schlug ich vor, unter der Leitung von Tom King, dem damaligen Arbeitsminister, eine Gruppe von Junior-Ministern zu beauftragen, die Verlautbarungen der Regierung während der Krise zu koordinieren. Peter Walker war darüber nicht sonderlich erfreut, denn er ließ sich nicht gern in die Karten schauen. Obwohl er seine Arbeit vorzüglich beherrschte, bestand das Risiko, daß ein Teil der Regierungsmannschaft in Mutlosigkeit verfiel oder nicht ausreichend über unsere geplanten Schritte informiert wurde. Am Ende hatten wir einen großen Erfolg zu verzeichnen: Endlich einmal war es uns gelungen, daß alle Mitglieder der Regierung vor der Öffentlichkeit über Tage hinweg am gleichen Strang zogen.

Letztlich sollte sich zeigen, daß der Dockerstreik ein weitaus geringfügigeres Problem war, als wir befürchtet hatten. Was die Gewerkschaftsbosse auch immer damit bezwecken mochten – die gewöhnlichen Hafenarbeiter waren einfach nicht bereit, eine Aktion zu unterstützen, die ihre Arbeitsplätze gefährdete. Selbst die Docker in den NDLS-Häfen waren alles andere als begeistert, weil sie fürchteten, ein Streik könne die Abschaffung des Programms beschleunigen. Entscheidend war jedoch die Haltung der LKW-Fahrer, die ein noch viel größeres Interesse daran hatten, die Waren an ihre Zielorte zu bringen, und die sich nicht so leicht schikanieren oder einschüchtern ließen. Am 20. Juli blieb der TGWU keine andere Möglichkeit mehr, als den Streik abzublasen. Er hatte nur zehn Tage gedauert.

Das Ende des Dockerstreiks war nur eine von mehreren wichtigen Entwicklungen in dieser Zeit. Nach dem ergebnislos verlaufenen Treffen zwischen der Kohlebehörde und der Bergarbeitergewerkschaft am 23. Mai waren die Gespräche Anfang Juli wieder aufgenommen worden. Wir hofften auf ein baldiges Ende dieser Gespräche – und daß es dem NCB diesmal gelingen würde, aufzudecken, wie unvernünftig Mr. Scargills Haltung war. Dann würden die streikenden Kumpel vielleicht erkennen, daß sie keine

Chance hatten, den Arbeitskampf zu gewinnen, und möglicherweise wieder an die Arbeit zurückkehren.

Die Gespräche zogen sich jedoch in die Länge, und es gab Anzeichen, daß das NCB zu Kompromissen bereit war. Hinzu kam das
Problem, daß jede neue Verhandlungsrunde die Motivation für
eine Wiederaufnahme der Arbeit schwinden ließ. Denn kaum
jemand würde wieder an die Arbeit gehen, wenn eine Einigung in
Sicht schien. Noch größer war jedoch unsere Sorge, die Gespräche
könnten mit einer völlig verwässerten Regelung zur Frage der
Schließung unrentabler Zechen enden. Man einigte sich nämlich
auf die gemeinsame Formel, wonach keine Zeche geschlossen
werden sollte, solange sie noch »nutzbringend entwickelt« werden könne. Das NCB wollte sich außerdem verpflichten, fünf
namentlich bezeichnete Zechen in Betrieb zu halten, deren Stillegung laut NUM schon beschlossene Sache gewesen war. Wir
waren äußerst beunruhigt, denn in den einzelnen Formulierungen
der Vorschläge verbargen sich viele Zweideutigkeiten; viel schlimmer aber war, daß ein Abkommen auf der Grundlage dieser Vorschläge Mr. Scargill die Möglichkeit gegeben hätte, den Sieg für
sich zu reklamieren.

Doch am 18. Juli, zwei Tage vor dem Ende des Dockerstreiks,
waren die Verhandlungen gescheitert. Ich muß zugeben, daß ich
darüber sehr erleichtert war.

Eine Woche später erleben wir eine meiner Meinung nach entscheidende Phase des Streiks; doch das wußten damals nur sehr
wenige Menschen. Am Mittwoch, dem 25. Juli, traf ich mich unter
äußerst strengen Sicherheitsvorkehrungen mit Peter Walker und
Sir Walter Marshall, dem Vorsitzenden des CEGB, um über die
Frage zu diskutieren, wie lange die Kraftwerke durchhalten konnten. Am gleichen Tag hatte Norman Tebbit in einem Schreiben an
mich seiner Befürchtung Ausdruck verliehen, daß im Kohlestreik
die Zeit gegen uns arbeite. Er hatte sich über das Durchhaltevermögen der Kraftwerke informiert; seinen Schätzungen zufolge
würden deren Vorräte etwa Mitte Januar erschöpft sein. Falls dies
zutreffe, meinte er, müßten wir so bald wie möglich Maßnahmen
treffen, um im Kampf gegen den Streik noch im Herbst den Sieg zu
erringen, da wir es uns nicht leisten könnten, bis an die Grenze der
Durchhaltekapazitäten zu gehen.

Ich verstand Normans Besorgnis sehr gut. Weil ich sein instink-
tives Mißtrauen gegen die vorgelegten Zahlen teilte – und auch
weil ich Peter Walker seinen gelassenen Optimismus nicht ganz
abnehmen konnte –, hatte ich Peter Walker und Walter Marshall
zu mir gebeten. Was ich bei dieser Unterredung erfuhr, war sehr
ermutigend. Walter Marshall bestätigte, daß Peter Walkers Schilderung der Lage zutreffe. Falls die Kohlelieferungen aus Nottinghamshire und anderen Regionen, in denen noch gefördert wurde,
in der gegenwärtigen Menge aufrechterhalten wurde, würden die
Kraftwerke mit Sicherheit bis Juni 1985 durchhalten. Das CEGB
war sogar überzeugt, daß sie die Kraftwerke bis November 1985
in Betrieb halten konnten. Er zeigte mir anhand einer Graphik,
daß die Energieerzeugung durch Kohle, Kernkraft und Öl zusammengenommen ziemlich genau den (niedrigeren) Bedarf im Sommer deckte. Und falls wir sogar bis Frühjahr 1986 durchhalten
konnten – was zum Beispiel dann möglich war, wenn noch mehr
Bergarbeiter die Arbeit wiederaufnehmen würden –, konnten wir
bis in den folgenden Winter hinein weitermachen.

Alle diese Vorausberechnungen waren jedoch weitgehend
davon abhängig, wie es mit den Kohlelieferungen aus den Zechen
von Nottinghamshire weitergehen würde. Walter Marshall betonte, wie wichtig es sei, daß deren Förderleistung beibehalten werden könne. Schon geringe Steigerungen bei der Liefermenge dieser
Zechen erhöhten das Durchhaltevermögen entscheidend; und
schon kleine Verringerungen schwächten es entsprechend. Es sei
von entscheidender Bedeutung, daß der Transport aus den Zechen
von Nottinghamshire zu den Kraftwerken gewährleistet bliebe.
Zwar finde ein großer Teil des Transports per LKW statt, doch
könne dieser den Lieferweg über Schiene nicht ersetzen. Gewaltige
Mengen an Kohle mußten transportiert werden, vor allem da die
Lagerflächen auf den noch arbeitenden Zechen verhältnismäßig
klein waren – gewöhnlich war der Nachschub nach dem »Karus-
sell«-Prinzip organisiert, das heißt, täglich pendelten Güterzüge
zwischen den Zechen und den Kraftwerken hin und her. Deshalb
war es von lebenswichtiger Bedeutung, daß wir die Eisenbahner
an der Arbeit hielten, wenn nötig sogar um den Preis von Zugeständnissen bei den Lohnverhandlungen.

Walter Marshall meinte, es wäre ein Fehler, für die Kraftwerke

Kohle zu importieren, denn damit würden wir sogar die Bergleute von Nottinghamshire gegen uns aufbringen. Besser sei es, wenn lediglich die Industrie mit Importen versorgt werde und das CEGB sich nicht in diesen Konflikt verwickeln ließe. Für die langfristige Perspektive legte er ein Programm vor, wie die Durchhaltefähigkeit von den in den laufenden Plänen vorgesehen sechs Monaten auf zwölf Monate gesteigert werden konnte. Wir mußten schließlich immer mit der Möglichkeit rechnen, daß nach Ende des gegenwärtigen Streiks ein zweiter begann.

Walter Marshalls sanguinisches Temperament, seine Umsicht bei Detailfragen und sein entschiedener Wille, Stromsperren zu verhindern, gaben mir wieder neuen Mut. In den folgenden Tagen führte ich Einzelgespräche mit Norman Tebbit und mehreren anderen seiner Kollegen, um ihnen die Neuigkeiten mitzuteilen. So konnten wir alle mit größerer Zuversicht als zuvor in die Ferien reisen.

Nachdem die Labour Party unüberlegterweise einen Mißtrauensantrag gestellt hatte, hielt ich am Dienstag, dem 31. Juli, im Unterhaus eine Rede. Die Debatte drehte sich zwar nicht nur um den Kohlestreik, aber natürlich beschäftigte er jeden. Und zwangsläufig war die Öffentlichkeit vor allem an Debatten über dieses Thema interessiert. Ich nahm kein Blatt vor den Mund:

Die Labour Party unterstützt jeden Streik, ganz gleich unter welchem Vorwand er geführt wird und welchen Schaden er anrichtet. Aber mehr noch – die Labour Party unterstützt die streikenden Bergleute in ihren Aktionen gegen die arbeitenden Bergleute, und das raubt ihrem Anspruch, die wahren Interessen der Arbeiterschaft in diesem Land zu vertreten, jede Glaubwürdigkeit.

Und dann nahm ich mir Neil Kinnock vor:

Der Oppositionsführer hüllte sich zum Thema Urabstimmung in Schweigen, bis die NUM ihre Satzung änderte, um die für einen Streik erforderliche Mehrheit herunterzuschrauben. Dann aber teilte er dem Parlament mit, daß eine landesweite Urabstimmung innerhalb der NUM eine Selbst-

verständlichkeit sei und bald erfolgen werde. Das war am
12. April – und es sollte seine letzte öffentliche Stellungnahme
zum Thema Urabstimmung bleiben. Doch am 14. Juli erschien
er auf einer Versammlung der NUM und sagte: »Es gibt keine
andere Wahl, als zu kämpfen: alle anderen Wege sind ver-
sperrt.« Und was ist aus der Urabstimmung geworden?

Ich erhielt keine Antwort.

Im Oktober 1983 hatte Kinnock als Nachfolger von Michael
Foot den Vorsitz der Labour Party übernommen; er saß mir – auf
der anderen Seite des Rednerpults im Unterhaus – sieben Jahre lang
gegenüber. Wie Michael Foot war Neil Kinnock ein begnadeter
Redner; doch im Gegensatz zu Mr. Foot fehlte es ihm an parlamen-
tarischem Gespür. Seine Auftritte im Unterhaus zeichneten sich
durch Langatmigkeit aus sowie durch seine Unfähigkeit, mit Fakten und sachlichen Argumenten umzugehen. Doch vor allem mangelte es ihm an intellektueller Klarheit, was auf ein tieferliegendes
Defizit hindeutete. Mr. Kinnock war ganz und gar ein Produkt der
modernen Labour Party – linksgerichtet, den Gewerkschaften
nahestehend, ein gewiefter Parteiführer und politischer Taktierer
und dabei restlos überzeugt, daß die vergangenen Niederlagen der
Labour Party aus der ungenügenden Öffentlichkeitsarbeit, nicht
aber aus politischen Fehlern herrührten. Mit seinen Verlautbarungen – seien es Reden, Wahlprogramme oder politische Dokumente
– versuchte er eher die sozialistische Einstellung seiner Partei und
ihres Vorsitzenden zu kaschieren, als andere zum Sozialismus zu
bekehren. So griff er zwar die Trotzkisten und andere linke Unruhestifter heftig und gelegentlich durchaus beherzt an, aber nicht
wegen ihrem brutalen Vorgehen und ihren extrem revolutionären
Zielen, sondern weil sie seinen Plänen und den Absichten der Labour Party im Wege standen. Oppositionsführer zu sein ist – wie ich
mich noch gut erinnern konnte – keine einfache Aufgabe. Doch in
der Opposition der Labour Party vorzustehen, muß ein Alptraum
sein. Trotzdem fiel es mir schwer, Mitgefühl für Mr. Kinnock aufzubringen. Denn er betrieb ein meiner Ansicht nach durch und durch
schändliches Geschäft, indem er die wahren Anschauungen seiner
Partei und ihres Vorsitzenden bemäntelte. Doch das Unterhaus und
die Wähler durchschauten ihn. Als Oppositionsführer kam er völlig

ins Schwimmen, und als Premierminister wäre er wohl kläglich untergegangen.

Anfang August gab es Grund zu der Hoffnung, daß wir das Schlimmste überstanden hatten. Arthur Scargill und die Militanten waren in zunehmendem Maße isoliert und entmutigt. Der Dockerstreik war zusammengebrochen. Die Haltung der Regierung und der Kohlebehörde wurden jetzt gemeinhin in einem viel besseren Licht gesehen. Die Labour Party war gespalten. Zwar ging die Wiederaufnahme der Arbeit nur schleppend voran – im Juli hatten etwa 500 Bergleute den Streik abgebrochen –, doch in den arbeitenden Zechen gab es keine Anzeichen für Resignation. Am Dienstag, dem 7. August, schließlich reichten zwei Bergarbeiter aus Yorkshire vor dem Obersten Zivilgericht Klage gegen den NUM-Bezirk Yorkshire ein, weil der Streik ohne vorhergehende Urabstimmung ausgerufen worden war. Dieser Prozeß sollte entscheidende Bedeutung gewinnen, denn er führte schließlich dazu, daß das gesamte Vermögen der NUM eingezogen wurde.

Ein Zeichen für die Frustration der Militanten war die zunehmende Gewalt gegen arbeitswillige Bergleute und ihre Familien. In Nottinghamshire schien die Lage unter Kontrolle zu sein, doch in Derbyshire standen die Dinge weitaus schlechter, da der Bezirk stärker gespalten war. Hinzu kam die geographische Nähe zu den Kohleminen von Yorkshire, von denen die fliegenden Streikposten hauptsächlich kamen. Ian MacGregor hielt mit mir und dem Innenministerium ständig Kontakt. Er befürchtete, daß das einschüchternde Vorgehen der Streikposten, das an sich schon schlimm genug war, die Wiederaufnahme der Arbeit verzögern und schließlich auch noch die nichtstreikenden Bergleute von der Arbeit abhalten könne. Die Polizei glaubte, die NUM habe inzwischen ihre Taktik geändert. Da der massive Einsatz von Pickets gescheitert war, sei sie wahrscheinlich zum Guerilla-Krieg übergegangen und schüchtere jetzt gezielt einzelne Personen und Unternehmen ein. Die Polizei verstärkte deshalb ihre Maßnahmen zum Schutz der Bergleute in Derbyshire: Man richtete gebührenfreie Telefonverbindungen zu den Polizeirevieren ein, stellte Kommandos zum Schutz vor Einschüchterung auf und ließ uniformierte Polizeistreifen durch die Bergarbeitersiedlungen patrouillieren.

Mittlerweile drohte ein weiterer Dockerstreik. In Hunterston, dem Tiefwasserhafen in Schottland, von wo aus das BSC-Werk Ravenscraig versorgt wurde, hatte sich die Lage zugespitzt. Das Frachtschiff *Ostia,* das zur Zeit noch in Belfast Lough lag, sollte eine wichtige Kohlelieferung für die Koksöfen des BSC-Werks Ravenscraig nach Hunterston bringen. Die BSC teilte uns mit, daß Ravenscraig stufenweise heruntergefahren werden müsse, falls diese Lieferung nicht bald einträfe. Beim Abschalten von Hochöfen entstehen zwangsläufig irreversible Schäden, und höchstwahrscheinlich würde das gesamte Werk für immer schließen müssen, wenn die Lieferung ausbliebe. Wie schon beim vorausgegangenen Dockerstreik waren unsinnige restriktive Praktiken der Anlaß für die Streikdrohung. Wenn Frachten, die für die BSC bestimmt waren, entladen wurden, waren für die Arbeit auf dem Schiff Docker zuständig, welche der TGWU angehörten, und für die Arbeit an Land Mitglieder der Stahlarbeitergewerkschaft ISTC. Dabei konnten 90 Prozent der Fracht ganz ohne Schauerleute entladen werden. Die BSC wollte jetzt eigene Mitarbeiter für das Entladen der Kohle einsetzen, doch die TGWU hätte dann wahrscheinlich behauptet, daß dies gegen das Dockerprogramm verstoße – mit dem Ziel, einen neuen Dockerstreik zu provozieren. Die BSC ließ uns wissen, falls die Fracht nicht entladen werden könne, werde sie vor Gericht gehen.

Das war eine sehr heikle Frage, und Norman Tebbit hielt engen Kontakt mit der BSC. Wir baten das National Dock Labour Board um eine Entscheidung, aber dort ließ man sich Zeit damit und drückte sich schließlich gänzlich um einen Beschluß zu dieser Streitfrage. Am 17. August begann die BSC, Ravenscraig abzuschalten; das Unternehmen teilte uns mit, daß am 28./29. August die Produktion eingestellt und die Hochöfen auf ein Minimum heruntergefahren werden müßten, falls bis zum 23./24. August keine Kohle einträfe. Blieben dann die Lieferungen immer noch aus, müsse gänzlich abgeschaltet werden.

Schließlich, nachdem man die Entscheidung so lange wie möglich hinausgeschoben hatte, begannen Mitarbeiter der BSC am Dienstag, dem 23. August, die Fracht der *Ostia* zu löschen. Obwohl die BSC in Übereinstimmung mit dem örtlichen Hafenabkommen von 1984 handelte, traten die TGWU-Docker sofort in den Ausstand, und die Gewerkschaft rief einen zweiten landesweiten Dockerstreik aus.

Doch in Schottland wandte sich die öffentliche Meinung entschieden gegen jede Aktion, welche die Zukunft von Ravenscraig gefährdete. Deshalb bezweifelten wir, daß die Gewerkschaft ihre Mitglieder in ganz Schottland für einen Streik mobilisieren konnte, geschweige denn im gesamten Vereinigten Königreich. Und wir behielten recht. Dieser Streik bereitete uns weit weniger Probleme als der vorangegangene. Zwar wurde er zunächst von den gewerkschaftlich organisierten Dockern massiv unterstützt, doch blieb die Mehrzahl der Häfen offen. Schließlich blies die Gewerkschaft den Ausstand am 18. September wieder ab.

Während meines Urlaubs in der Schweiz und in Österreich, wo ich vom 9. bis zum 27. August weilte, verfolgte ich die Entwicklung in der Ostia-Frage per Telex. Während meiner Abwesenheit führte Peter Walker für mich die politischen Geschäfte. Doch ein Premierminister kann niemals richtig Urlaub machen. In meiner Begleitung befanden sich der Botschafter vor Ort (einer meiner früheren Persönlichen Referenten), fünf Sekretärinnen aus dem Garden Room, die rund um die Uhr im Einsatz waren, ein Techniker, der für die Verbindung mit der Downing Street sorgte, und der übliche Troß von Sicherheitsbeamten. Per Diplomatenpost erhielt ich Dokumente zur Unterschrift. Das Telex ratterte unaufhörlich. Und Willie Whitelaw bat mich per Telefon um zumindest eine wichtige Entscheidung. Clarissa Eden sagte einmal, sie habe zeitweise das Gefühl gehabt, daß die Wasser des Suezkanals durch ihr Speisezimmer in Downing Street Nr. 10 flossen. Zuweilen glaubte ich am Ende eines Tages, ich müßte nur aus dem Fenster blicken, dann würde ich Bergleute aus Yorkshire durch die Schweizer Alpen marschieren sehen. Und weder die wunderbare Szenerie der Berglandschaft noch meine Lieblingslektüre – Thriller von Frederick Forsyth und John Le Caré – verschafften mir Ablenkung.

Bei meiner Rückkehr fand ich die Lage im großen und ganzen unverändert vor – mit einer (wie sich herausstellen sollte) verhängnisvollen Ausnahme. Noch immer herrschte ein Klima der Gewalt und Einschüchterung. Bis jetzt hatte es im Verlauf des Arbeitskampfes 5897 Festnahmen und 1039 Verurteilungen gegeben; das härteste Urteil lautete auf neun Monate Gefängnis. Anfang September würden zum erstenmal Berufsrichter den Vorsitz bei Prozessen in Rotherham und Doncaster führen. Auch andernorts standen Berufsrichter zur Verfügung. Stan Orme, der energiepolitische Sprecher der Labour Party, versuchte im Kohlestreik zu vermitteln, was aber wohl eher dazu dienen sollte, die peinliche Lage seiner eigenen Partei zu vertuschen als die Beendigung des Arbeitskampfes auch nur um einen Schritt zu beschleunigen. Auch Robert Maxwell versuchte sich einzuschalten. Anfang September erklärte er, er halte sich als Vermittler bereit, aber die Sache verlief wegen gegenseitiger Beschuldigungen im Sande, noch bevor es überhaupt zu einem Treffen der beiden Seiten gekommen war. Und die NUM gab der Regierung die Schuld daran.

Der Niederlage knapp entronnen

Die schwerwiegendsten Folgen sollte jedoch ein Rundschreiben nach sich ziehen, das die Kohlebehörde am 15. August an Mitglieder der Gewerkschaft der Sicherheitsleute und Steiger (National Association of Colliery Overmen, Deputies and Shotfirers – NACODS) verschickt hatte. Laut Gesetz durfte Kohle nur dann gefördert werden, wenn entsprechend qualifiziertes Sicherheitspersonal zur Verfügung stand – und die Mehrzahl dieser Leute gehörten der NACODS an. Im April hatte die NACODS zwar eine Urabstimmung durchgeführt, aber die nach der Gewerkschaftssatzung erforderliche Zweidrittelmehrheit wurde nicht erreicht. Bis Mitte August hatte die Kohlebehörde gegenüber der NACODS eine flexible Strategie verfolgt: In manchen Regionen durften die Mitglieder den bestreikten Zechen, in denen nicht gearbeitet wurde, fernbleiben, in anderen wurden sie als Streikbrecher eingesetzt. Laut dem Schreiben des NCB sollte letzteres nun für alle NACODS-Mitglieder gelten; würden sie der Aufforderung nicht nachkommen, drohte ihnen die Einstellung der Lohnzahlungen.

Das Rundschreiben der Kohlebehörde war Wasser auf die Mühlen jener Leitungsmitglieder der NACODS – und insbesondere des Vorsitzenden –, die starke Sympathien für die NUM hegten. Damit hatten sie endlich etwas in der Hand, um ihre Mitglieder zum Streik zu bewegen. Die Gründe für das Vorgehen des NCB waren durchaus einsichtig, doch sie beging damit einen gravierenden Fehler. Schlimmer noch, sie hatte nicht erkannt, daß sich unter den NACODS-Mitgliedern ein Stimmungsumschwung zugunsten eines Streiks vollzogen hatte, der nun beinahe eine Katastrophe heraufbeschwor.

September und Oktober waren schon zuvor als die schwierigsten Monate eingeschätzt worden. Die Bergarbeiter hofften dann bereits auf den Winter, wenn der Strombedarf am höchsten war und mit ziemlicher Sicherheit Stromsperren verhängt werden mußten. Bei der Konferenz des gewerkschaftlichen Dachverbandes Anfang September verpflichtete sich die Mehrheit der Einzelgewerkschaften – gegen den starken Widerstand der Elektrizitäts- und Energiegewerkschaft – zur Unterstützung der Bergarbeiter, obwohl die meisten von ihnen nicht die Absicht hatten, dieses Versprechen auch einzulösen. Als der Chef der Elektrizitätsgewerkschaft Eric Hammond dies in einer eindringlichen Rede freimütig zur Sprache brachte, wurde er wegen seiner Befürchtungen heftig ausgebuht. Auch Neil Kinnock sprach auf dem Gewerkschaftstag. In seiner Rede kam er einer offenen Verurteilung der Gewalt an der Streikfront so nahe wie nie zuvor. Er kündigte jedoch keine Maßnahmen an, jene aus seiner Partei auszuschließen, die die Gewalttätigkeiten unterstützten. Mr. Scargill wiederum bekräftigte noch einmal seine Ansicht, es gebe überhaupt keine unwirtschaftlichen Zechen, sondern nur Zechen, die keine ausreichenden Investitionen erhielten.

Die Verhandlungen zwischen der Kohlebehörde und der NUM wurden am 9. September wiederaufgenommen. Weil hauptsächlich um Formulierungen gestritten wurde, konnte die Öffentlichkeit kaum erkennen, wo genau die Differenzen zwischen den beiden Kontrahenten eigentlich lagen. Ich befürchtete, Ian MacGregor und das NCB-Verhandlungsteam könnten unabsichtlich einige der grundlegenden Positionen aufgeben, um deretwillen der Streik geführt wurde. Bei den Gesprächen im Juli hatte MacGregor den Grundsatz der Schließung »unwirtschaftlicher« Zechen zugunsten des dubiosen Konzepts der Schließung nicht »nutzbringend entwickelter« Zechen aufgegeben. Zum Glück war Mr. Scargill nicht bereit, diese zweideutige Formulierung zu übernehmen.

Peter Walker stimmte mit mir überein, daß Ian MacGregor die
Skrupellosigkeit und Verschlagenheit seiner Verhandlungspartner
von der NUM-Führung nicht völlig durchschaute. Er war
Geschäftsmann, kein Politiker; er hielt sich an die Regeln der Vernunft und wollte ein Ergebnis erzielen. Ich vermute, Mr. MacGregor hoffte darauf, das NCB nach seinen Vorstellungen umstruktu-
rieren zu können, sobald die Bergleute die Arbeit wiederaufgenommen hatten – ganz gleich, wie der genaue Wortlaut des
Abkommens auch aussehen mochte. Wir übrigen aber wußten aus
langer Erfahrung, daß Arthur Scargill jede unklare Formulierung
zu seinen Gunsten auslegen würde, so daß wir bald wieder dort
stünden, wo wir angefangen hatten. Für die Zukunft der Industrie
und die Zukunft des ganzen Landes war es von entscheidender
Bedeutung, daß die Forderung der NUM, die unrentablen Zechen
nicht zu schließen, mit unmißverständlicher Deutlichkeit abge-
schmettert und die Ausrufung eines Streiks zu politischen Zwek-
ken ein für allemal diskreditiert wurde.

Im September traf ich auch erstmals persönlich mit Mitgliedern
der »Miners' Wives Back to Work Campaign« (Kampagne der
Bergarbeiterfrauen, die für die Wiederaufnahme der Arbeit eintraten) zusammen, deren Vertreterinnen mich in der Downing Street
aufsuchten. Der Mut dieser Frauen, deren Familien Ziel von
Angriffen und Einschüchterung waren, rührte mich. Ich erfuhr
eine ganze Menge von ihnen, und ihre Berichte bestätigten einige
meiner Vermutungen, wie die Kohlebehörde auf den Streik reagierte. Sie erzählten mir nämlich, daß die Mehrheit der Bergleute
das Lohnerhöhungsangebot und die Investitionspläne des NCB in
ihrer Bedeutung noch immer nicht richtig begriffen hatten. Es
mußte also mehr unternommen werden, um den streikenden
Kumpeln – die zum Großteil ihre Informationen ausschließlich
von der NUM bezogen – die Haltung der Kohlebehörde zu verdeutlichen. Die Frauen bestätigten auch, es sei äußerst schwierig,
ihre Männer wieder zur Rückkehr an die Arbeit zu bewegen,
solange zwischen dem NCB und der Bergarbeitergewerkschaft
Gespräche in Gang seien oder in Aussicht stünden. Sie schilderten
mir, daß kleine Geschäfte in den Kohlerevieren genötigt würden,
Nahrungsmittel und andere Waren ausschließlich an streikende
Bergleute zu verkaufen, nicht aber an Arbeitswillige. Doch das

Schockierendste, was die Frauen berichteten, war, daß die örtliche Leitung der Kohlebehörden zwar in manchen Regionen mutig die Bergleute zur Rückkehr an die Arbeit aufrief, sich aber in einer bestimmten Region aktiv auf die Seite der NUM stellte, um genau dies zu verhindern. In diesem Industriezweig, der unter der Fuchtel der Gewerkschaft stand, war eben schier alles möglich.

Natürlich war diesen Frauen am meisten daran gelegen, daß die Kohlebehörde alles in ihrer Macht Stehende unternahm, um jene Bergleute zu schützen, welche als erste wieder an die Arbeit zurückgekehrt waren. Ihrer Meinung nach sollten sie vom NCB, falls nötig, auf Zechen versetzt werden, wo es weniger Militante gab, und bei den Abfindungsregelungen bevorzugt berücksichtigt werden. Ich versicherte ihnen, daß wir sie nicht im Stich lassen würden, und ich glaube, wir haben Wort gehalten. Das ganze Land stand in ihrer Schuld.

Die Frau eines arbeitenden Bergmanns, Mrs. McGibbon aus Kent, sprach auf dem Parteitag der Konservativen Partei und beschrieb die qualvollen Erfahrungen ihrer Familie. Die Streikenden schreckten bei ihren schmutzigen Taktiken vor nichts zurück. Selbst die kleinen Kinder dieser Frau waren nicht verschont geblieben: Man hatte ihnen gedroht, ihre Eltern zu töten. Kurze Zeit nach der Rede von Mrs. McGibbon veröffentlichte der *Morning Star* ihre Adresse. Eine Woche später wurde ihr Haus angegriffen.

Am 11. September wurde das National Working Miners' Committee (Komitee der nichtstreikenden Bergleute) gegründet. Dies war ein wichtiger Markstein in der Bewegung der arbeitswilligen Bergleute. David Hart, ein Freund, der den nichtstreikenden Bergleuten sehr half, berichtete mir inoffiziell in allen Einzelheiten, was an der Basis vor sich ging. Und ich brannte darauf, alles zu erfahren.

Am Mittwoch, dem 26. September, fuhr ich nach York. Ich besuchte das Münster, in das erst kurz zuvor der Blitz eingeschlagen hatte und das durch das anschließende Feuer schwer beschädigt worden war – die Strafe Gottes für die eigenwilligen theologischen Auffassungen führender anglikanischer Geistlicher, meinten manche Leute. Außerdem sprach ich mit der Polizei von Yorkshire und Leuten im Ort über den Schaden, den der Streik der

Gemeinde zufügte. Beim Lunch mit aktiven Mitgliedern der Konservativen Partei, von denen einige aus Barnsley stammten, verfestigte sich der Eindruck, den wir während des gesamten Streiks gewonnen hatten: Die öffentliche Selbstdarstellung der Kohlebehörde war wirklich katastrophal. Die Berichte über Einschüchterungen waren mir inzwischen schon allzu vertraut. Keiner in der Runde bezweifelte, daß Mr. Scargill die eigenen Anhänger durch seine Halsstarrigkeit in die wirtschaftliche Not trieb. Mir wurde berichtet, daß Bergleute auf den Feldern Rüben ausgruben, um sich und ihre Familien zu ernähren.

Ein positives Ereignis bei meinem Besuch war das Treffen mit Michael Eaton, dem Direktor des NCB-Bezirks North Yorkshire. Er hatte die neue Zeche in Selby aufgebaut. In York hörte ich das gleiche, was mir schon zuvor meine Berater mitgeteilt hatten, nämlich daß Eaton hervorragende Arbeit leistete. Er spricht einen wunderbar sanften Yorkshire-Akzent und versteht es sehr gut, Dinge anschaulich zu machen. Daher schlug ich vor, ihn zu einem der nationalen Sprecher des NCB zu ernennen, um die Öffentlichkeitsarbeit der Kohlebehörde zu verbessern. Mr. Eaton machte seine Sache gut, doch leider hatte er aufgrund von Eifersüchteleien und wegen des Widerstands aus Reihen der Kohlebehörde einen schweren Stand bei der NCB.

Inzwischen wurden die Drohungen der NACODS lauter. Die Führung der NACODS zeigte sich jetzt entschlossen, einen Streik durchzuführen, und kündigte für den 28. September eine Abstimmung darüber an. Zunächst hatte es den Anschein gehabt, als sei ein Abkommen über die strittigen Fragen in greifbare Nähe gerückt, aber kaum war der Gewerkschaftsvorsitzende aus seinem Urlaub zurückgekehrt, verwarf er alle Vorschläge. Anfangs war man beim NCB zuversichtlich, daß die NACODS-Mitglieder gegen einen Streik votieren würden; aber bedenklicherweise wurden die Einschätzungen von Tag zu Tag pessimistischer. Am Sonntag, dem 23. September, traf ich in Chequers mit Ian MacGregor und Peter Walker zusammen, und wir diskutierten darüber, was geschehen würde, falls die für einen Streik erforderliche Zweidrittelmehrheit zustandekam. Möglicherweise würde die Gewerkschaft das Ergebnis nur als Druckmittel gegen die NCB-Leitung benutzen, damit diese ihre Drohung zurückzog. Aber natürlich konnten sie auch einen Streik ausrufen. Wir gingen davon aus, daß in diesem Fall die NACODS-Mitglieder in Gebieten, wo die Zechen in Betrieb waren, die Arbeit fortsetzen würden. Dagegen war es wenig wahrscheinlich, daß dies auch in Grenzregionen wie Derbyshire der Fall sein würde. Und natürlich würde ein Streik der NACODS erschwerend auf die Bemühungen einwirken, die Bergleute in den militanteren Gebieten zur Rückkehr an die Arbeit zu bewegen. Doch die NACODS-Leute waren nicht die einzigen Angestellten des NCB mit der nötigen Qualifikation im Sicherheitsbereich. Viele Mitglieder der British Association of Colliery Managers (BACM) erfüllten diese Anforderungen ebenfalls. Allerdings würde es nicht leicht sein, sie dazu zu bringen, daß sie in die Schächte hinunterfuhren und dort, angefeindet von der NACODS, deren Aufgaben übernahmen. Und ebenso wie die Mitglieder der NUM, die die erforderlichen Prüfungen abgelegt hatten und jetzt auf die Beförderung in den Sicherheitsbereich warteten, würden sie nur begrenzt verwendbar sein.

Am Dienstag, dem 25. September, teilte Peter Walker der Ministerrunde mit, alle Anzeichen deuteten darauf hin, daß die NACODS für einen Streik stimmen werde. Er sollte recht behalten. Am Freitag wurde das Ergebnis der Urabstimmung veröffentlicht; 82,5 Prozent hatten sich für einen Arbeitskampf ausgesprochen.

Das war eine sehr schlechte Nachricht. Während des Kohlestreiks traten immer wieder unvorhersehbare Ereignisse positiver oder negativer Art ein – einmal erhielten wir unverhofft Rückenwind, ein andres Mal entwickelten sich die Dinge ebenso plötzlich zu unseren Ungunsten –, und ich konnte mir nie sicher sein, was am Ende herauskommen würde.

Mit Ausnahme der ersten Tage des Streiks im März waren wir nie so beunruhigt gewesen wie jetzt. In Whitehall wurden Befürchtungen laut, daß nun Mr. Scargill die Oberhand gewinnen werde. Wir wußten nicht, welche Auswirkungen der Solidarisierungsbeschluß des Gewerkschaftsdachverbandes TUC für die NUM haben würde. Der Herbst stand vor der Tür, und vielleicht würden die Militanten jetzt wieder Oberwasser gewinnen. Und schließlich gab es da auch noch den angedrohten NACODS-Streik.

Uns wurde zu verstehen gegeben, daß die meisten Mitglieder der

DOWNING STREET NO. 10

NACODS nur für einen Streik gestimmt hatten, um ihrer Leitung für die Verhandlungen den Rücken zu stärken. Das Votum bedeute aber nicht, daß ein Streik unvermeidlich sei. Nach der Abstimmung hatte die NACODS-Führung angekündigt, sie wolle neun Tage warten, bevor die Streikaktionen begännen – was dieser Einschätzung Glaubwürdigkeit verlieh. Doch für die meisten Vertreter der NACODS-Leitung war der ursprüngliche Konflikt – die Frage, ob die Sicherheitsleute die Linien der Streikposten passieren sollten – von zweitrangiger Bedeutung; eigentlich wollten sie nur der NUM helfen, den Bergarbeiterstreik zu ihren Bedingungen beenden zu können. Unsere beste Chance, einen Streik der NACODS zu verhindern – oder seine Folgen so gering wie möglich zu halten, sollte er denn unvermeidbar sein –, sahen wir darin, einen Keil zwischen die Gewerkschaftsführer und die einfachen Mitglieder zu treiben. Deshalb war es überaus wichtig, daß das NCB sich in den Kernpunkten so kompromißbreit wie möglich zeigte.

Am Montag, dem 1. Oktober, begannen die Verhandlungen zwischen dem NCB und der NACODS. Nachdem das NCB sein Rundschreiben vom 15. August für null und nichtig erklärt hatte, wurden in der Lohnfrage und in dem Punkt, der das Passieren der Streikposten betraf, eine Übereinkunft erzielt. Tags darauf diskutierte man über die Kriterien für Zechenstillegungen und die Frage, ob bei Uneinigkeit eine Schiedsstelle anzurufen sei. Das war der heikelste Punkt. Das NCB konnte einem dritten Gremium unmöglich das Recht übertragen, in letzter Instanz darüber zu entscheiden, welche Zechen geschlossen werden sollten, mochte das System der Konsultationen dazu auch noch so ausgefeilt sein. Es war nicht ratsam, auf diesem Punkt, der ja allgemein auf Verständnis stieß, allzusehr herumzureiten.

Während der ganzen Zeit mußten wir uns gegen feindselige Kommentare und Druck von außen wehren. Der Labour-Parteitag sprach der NUM rückhaltlos seine Unterstützung aus und verurteilte das Vorgehen der Polizei. Am schlimmsten war aber wahrscheinlich die Rede von Neil Kinnock, in der er, unter dem Druck des linken Flügels und der Gewerkschaften, die etwas härtere Haltung revidierte, welche er auf der Konferenz des gewerkschaftlichen Dachverbandes eingenommen hatte. So flüchtete er sich in eine pauschale Verurteilung von Gewalt, ohne zu unterscheiden, ob diese zum Ziel hatte, das Gesetz zu brechen oder es zu schützen. Er brachte es sogar fertig, Gewalt und Einschüchterung auf eine Stufe mit den sozialen Übeln zu stellen, unter denen Großbritannien angeblich zu leiden habe: »... die Gewalt, entstanden aus der Verzweiflung... aus Langzeitarbeitslosigkeit... Vereinsamung, Verfall und Häßlichkeit.« Kein Wunder, daß die Labour Party in Nottinghamshire so viele Anhänger verlor, denn im Unterschied zu den Parteiführern wußten die dortigen Bergleute und ihre Familien, wie die Gewalt wirklich aussah.

Wie immer fand der Parteitag der Konservativen kurz nach dem der Labour Party statt. In Brighton verbrachte ich die meiste Zeit damit, die Verhandlungen zwischen der NUM und der Kohlebehörde beim Schlichtungsausschuß (Advisory, Conciliation and Arbitration Service – ACAS) zu verfolgen. Eine Delegation der NACODS war ebenfalls zugegen, wenngleich sie nicht direkt an den Verhandlungen teilnahm. Es war klar, daß die NACODS versuchte, für die NUM bessere Bedingungen herauszuschlagen, um Mr. Scargill die Möglichkeit zu geben, den Sieg für sich zu reklamieren. Mit diesem Ziel im Hinterkopf ergingen sich die anwesenden Führer der NACODS in Drohgebärden und behaupteten, ihre Mitglieder ließen sich nicht mehr lange vom Streik abhalten und ähnliches. In dieser Phase waren taktische Manöver von größter Bedeutung. Die Kohlebehörde schlug in einem Papier vor, daß ein unabhängiges Gremium zur Begutachtung von Zechenschließungen eingerichtet werden solle und verpflichtete sich, dessen Empfehlungen angemessen zu berücksichtigen. Allerdings behielt sich das NCB logischerweise das Recht vor, Managemententscheidungen zu treffen. Der Schlichtungsausschuß unterbreitete eine veränderte Version dieses Vorschlags, die das NCB sogleich akzeptierte und die NUM ohne Umschweife zurückwies. Wir wußten immer noch nicht, wie die NACODS reagieren würde. Aber das NCB hatte zumindest einen wichtigen taktischen Verhandlungsvorteil erzielt.

Die Verhandlungen dauerten während unseres gesamten Parteitages an, auf dem Leon Brittan und Peter Walker unseren Standpunkt auf eindrucksvolle Weise verteidigten. Doch am meisten beschäftigte uns der Bombenanschlag der IRA auf das Grand

Hotel. Fünf unsrer Freunde verloren dabei ihr Leben, und um ein Haar wären auch ich, Mitglieder des Kabinetts und viele weitere Personen getötet worden.[2]

Unter den Beileidsbekundungen, die bei mir eintrafen, befand sich auch ein Telegramm von Frau Gandhi. Wir kannten einander gut, und ich bewunderte sie. Drei Wochen später fiel sie einem brutalen Mordanschlag von zwei Männern ihrer eigenen Leibwache zum Opfer.

Das Blatt wendet sich

Gegen Ende Oktober änderte sich die Situation wieder einmal grundlegend. Innerhalb von nur einer Woche ereigneten sich drei Dinge, die uns in unserer Zuversicht bestärkten und die Mr. Scargill wie Hammerschläge empfunden haben dürfte. Erstens faßte die NACODS-Leitung am Dienstag, dem 24. Oktober, den Beschluß, doch nicht zu streiken. Wie es zu dieser Entscheidung kam, ist unklar. Aller Wahrscheinlichkeit nach hatten die Gemäßigten in der Führung die Hardliner davon überzeugt, daß ihre Mitglieder nicht Handlanger für Mr. Scargill spielen wollten.

Zweitens: Die Zivilprozesse begannen allmählich Wirkung zu zeigen. Ich erwähnte bereits, daß zwei Bergleute aus Yorkshire gegen die NUM geklagt hatten. Das Oberste Zivilgericht hatte den beiden Kumpel recht gegeben und entschieden, daß der Arbeitskampf in Yorkshire nicht als »offizieller Streik« deklariert werden durfte. Die NUM hatte dieses Urteil ignoriert, woraufhin dem erstaunten Mr. Scargill ausgerechnet während des Parteitages der Labour Party eine gerichtliche Vorladung zugestellt worden war. Am 10. Oktober schließlich wurden er und die Gewerkschaft wegen Mißachtung des Gerichts zu einer Geldstrafe von 1000 bzw. 200 000 Pfund verurteilt. Die Strafe von Mr. Scargill wurde von anonymer Seite bezahlt, doch die NUM weigerte sich, woraufhin das Oberste Zivilgericht anordnete, sämtliche Vermögenswerte der Gewerkschaft zu beschlagnahmen. Es stellte sich zwar heraus, daß die NUM bereits auf einen solchen Fall vorbereitet war, doch die Gewerkschaft stand nun unter erheblichem finanziellen Druck, was ihren Handlungsspielraum stark einschränkte.

Am Sonntag, dem 28. Oktober, schließlich – drei Tage nach der Beschlagnahme des Gewerkschaftsvermögens – enthüllte die *Sunday Times,* daß ein offizieller Vertreter der NUM nach Libyen gefahren war, um Oberst Gadaffi persönlich um Unterstützung zu bitten. Das waren wirklich verblüffende Neuigkeiten, und selbst Mr. Scargills Freunde waren bestürzt. Anfang Oktober war Mr. Scargill – unter dem Decknamen »Mr. Smith« – nach Paris gereist. Begleitet von seinem Kollegen Mr. Roger Windsor, war er mit Vertretern der französischen kommunistischen Gewerkschaft CGT zusammengetroffen. An diesem Treffen nahm auch ein Libyer teil, der, wie Mr. Scargill später behauptete, ein Abgesandter der libyschen Gewerkschaft gewesen sei – ein seltenes Exemplar, da Oberst Gadaffi bei seiner Machtübernahme 1969 sämtliche Gewerkschaften abgeschafft hatte. Wahrscheinlich ist, daß die NUM von Oberst Gadaffi eine Spende erhielt; in welcher Höhe, ist unsicher. Es gibt Vermutungen, daß es sich um 150 000 Pfund gehandelt habe. Mr. Windsors Reise nach Libyen fand nach dem Treffen in Paris statt.

Eine weitere Summe stammte höchstwahrscheinlich aus einer ähnlich zweifelhaften Quelle: von den nichtexistenten Gewerkschaften in Afghanistan, das die Sowjets besetzt hielten. Und im September waren Berichte an die Öffentlichkeit gedrungen, die besagten, die NUM erhalte Unterstützung von sowjetischen Bergarbeitern – von Menschen also, die ihre britischen Kollegen beneidet hätten um ihre Freiheiten, ihr Einkommen und ihre Arbeitsbedingungen. Im November lagen weitere Bestätigungen dafür vor. Es war völlig klar, daß diese Initiativen von der sowjetischen Regierung unterstützt wurden. Andernfalls hätten die sowjetischen Bergleute keinen Zugang zu konvertierbaren Währungen gehabt. Wir gaben dem sowjetischen Botschafter in deutlichen Worten unser Mißfallen zu verstehen, und als Michael Gorbatschow im Dezember zum ersten Mal Großbritannien besuchte, setzte ich diesen Punkt auch auf die Themenliste. Gorbatschow behauptete, davon nichts gewußt zu haben.[3]

All diese Vorfälle schadeten der Sache der NUM sehr, nicht zuletzt auch bei den Mitgliedern der anderen Gewerkschaften. Die britische Bevölkerung hegt zwar große Sympathie für jemanden, der um seinen Arbeitsplatz kämpft, hat aber wenig Verständnis für

jemanden, der bei fremden Mächten um Unterstützung nach-
sucht, welche das Ziel verfolgen, die Freiheit unseres Landes zu
zerstören.

Im November verlor die Führung der NUM weiter an Boden.
Die Kohlebehörde ergriff die Gelegenheit, um auf breiter Front für
die Rückkehr zur Arbeit zu werben. Es wurde angekündigt, daß
alle Bergarbeiter, die ab Montag, den 19. November, wieder an
ihrem Arbeitsplatz erschienen, einen beträchtlichen Weihnachtsbonus erhalten sollten. Das NCB unterrichtete alle streikenden
Kumpel in persönlichen Briefen von diesem Angebot. Das zeitigte
– wohl auch dank der zunehmenden Desillusionierung über Mr.
Scargill – deutliche Wirkung. In der ersten Woche nach dem Angebot kehrten 2203 Bergleute an die Arbeit zurück, sechsmal mehr
als in der vorhergegangenen Woche. Den größten Erfolg hatte die
Aktion in North Derbyshire. Aus strategischen Gründen verzichteten wir darauf, uns diese Entwicklung als politischen Verdienst
anzurechnen, weil sich das vielleicht kontraproduktiv ausgewirkt
hätte. Ich wies meine Minister an, die Zahlen für sich selbst sprechen zu lassen. Wir sollten nur weiterhin betonen, wieviel auf dem
Spiel stand. Mir lag sehr daran, die Öffentlichkeit wissen zu lassen, daß trotz aller Anstrengungen von Mr. Scargill die Entwicklung nun in die richtige Richtung lief.

In meiner Rede auf dem Bankett des Lord Mayor, das am
12. November stattfand, sagte ich:

Die Regierung wird nicht nachgeben. Die Kohlebehörde
kann nicht noch weitergehen. Tag für Tag distanzieren sich
immer mehr vernünftig denkende Männer und Frauen von
diesem Streik. Die Bergarbeiter verteidigen ihr Recht, an
ihren Arbeitsplatz gehen zu dürfen. Die Mitglieder der anderen Gewerkschaften erkennen jetzt das wahre Wesen und die
Absichten derjenigen, die diesen Streik führen.
Es ist ein tragischer Streik gewesen, aber es wird etwas Gutes
aus ihm hervorgehen. Der Mut und die Hilfsbereitschaft der
nichtstreikenden Bergarbeiter und ihrer Familien werden
unvergeßlich bleiben. Ihr Beispiel wird überall die Sache der
gemäßigten und vernünftigen Gewerkschaftsbewegung fördern. Wenn der Streik zu Ende geht, wird es ihr Sieg sein.

Ich blieb weiterhin mit Vertretern der nichtstreikenden Bergleute in Kontakt. Mir war sehr daran gelegen, mich mit ihnen zu treffen, doch es gab zwei Gruppen, zwischen denen Rivalität herrschte: Wenn ich nur mit einer der beiden zusammengetroffen wäre, hätte das bei der anderen Unmut hervorgerufen; hätte ich mich jedoch mit beiden gleichzeitig getroffen, wäre dies undiplomatisch gewesen. Ich folgte also in dieser Sache dem Rat von Peter Walker, wies aber mein Private Office an, nach Beendigung des Streiks Vertreter aller nichtstreikenden Bergleute und deren Frauen in meinen Amtssitz einzuladen – was auch geschah. (Ende März des folgenden Jahres traf ich auch mit einigen Bergleuten bei einem privaten Empfang zusammen, den Woodrow Wyatt gab.)

Wie vermutlich viele andere Menschen auch, machte ich mir während des Streiks oft große Sorgen um den Erhalt unserer Demokratie. Im Juli hatte ich zu einem Klausurtreffen des Komitees von 1922 geladen; unser Thema war der »Feind im Inneren«. Meine Rede hatte ziemlich viele feindselige Kommentare nach sich gezogen. Die Kritiker hatten versucht, meine Aussagen zu verdrehen, indem sie mir unterstellten, ich hätte mit dem »Feind im Inneren« die Bergarbeiter insgesamt gemeint, während ich mich dabei in Wahrheit nur auf die Minderheit der militanten Marxisten bezogen hatte. Auch bei meinem Vortrag im Carlton Club, der traditionellen Heimstätte des Konservativismus, sprach ich am Montagabend, dem 26. November, zu diesem Thema. Ich war die zweite Rednerin, vor mir hatte Harold Macmillan gesprochen. Er hatte erst kurz zuvor in seiner typisch eleganten Art bei seiner Antrittsrede im Oberhaus unser Verhalten während des Bergarbeiterstreiks kritisiert. Natürlich hatte ich bei meinen Überlegungen zum demokratiefeindlichen Extremismus nicht nur die NUM-Führung im Augen, sondern auch die Terroristen, die erst einige Wochen zuvor im Grand Hotel von Brighton ihre Mordlust bewiesen hatten. Ich bezog mich darauf:

> Es hat sich die modische Ansicht entwickelt – sie paßt bestimmten Interessengruppen gut ins Kalkül –, daß das Urteil der Mehrheit nicht akzeptiert werden müsse. Die Minderheit habe das Recht, drauf loszuschlagen, sogar Gewalt anzuwenden, um das Urteil umzukehren. Die Marxisten hat-

ten natürlich immer eine Ausrede parat, wenn sie überstimmt wurden: ihre Gegner hätten das »falsche Bewußtsein«, somit zähle deren Ansicht nicht. Aber damit begehen die Marxisten, wie üblich, nur einen intellektuellen Schwindel, der besonders jenen Gruppen gut ins Konzept paßt, die nur ihre Eigeninteressen verfolgen.

... Jetzt, nach dem Sieg der Demokratie, ist es nicht besonders heldenhaft, die Gesetze des Landes zu verhöhnen, als stünden wir inmitten eines Sumpfes, wo die Zivilisation erst noch errungen werden muß. Das Konzept des »Fair play« – die britische Art, »die Spielregeln zu akzeptieren« – darf nicht dazu führen, einer Minderheit zu erlauben, daß sie die tolerante Mehrheit tyrannisiert. Doch gerade mit diesen Gefahren sind wir heute in Großbritannien konfrontiert. An dem einen Ende des Spektrums stehen die Terroristengruppen innerhalb unseres Landes und die terroristischen Staaten, die sie finanzieren und mit Waffen versorgen. Am anderen Ende steht die extreme Linke, die innerhalb unseres Systems operiert und auf konspirative Weise die Macht der Gewerkschaften und den Apparat der Gemeindeverwaltungen benutzt, um die Gesetze zu verletzen, sich über sie hinwegzusetzen und sie zu untergraben.

Der Trend zur Rückkehr an die Arbeit hielt an, aber auch die Gewalttätigkeiten gingen weiter. Außerhalb der Zechen hatte die Polizei kaum eine Möglichkeit, gegen Gewalt und Einschüchterungen vorzugehen; man benötigte dafür auch kein großes Aufgebot an Streikenden. Folgerichtig konzentrierten sich die militanten Bergarbeiter jetzt auf diese Taktik. Es gab zahlreiche Zwischenfälle. Einer, der mich besonders erschütterte, geschah am Freitag, den 23. November. An diesem Tag wurde Michael Fletcher, ein nichtstreikender Bergarbeiter aus Pontefract in Yorkshire, von einer Bande Bergleuten in seinem eigenen Haus angegriffen und verprügelt. Nicht weniger als neunzehn Männer wurden wegen dieses Verbrechens verhaftet. Eine Woche danach fand eines der schrecklichsten Ereignisse des gesamten Streiks statt. Von einer Autobahnbrücke wurde ein Betonpfosten von einem Meter Länge auf ein Taxi geworfen, das einen Bergmann aus

South Wales zur Arbeit brachte. Der Fahrer, David Wilkie, fand dabei den Tod. Ich fragte mich, ob diese Leute denn tatsächlich vor keiner Schandtat zurückschreckten.

Nachdem am 19. November der Stichtag für den Erhalt des Weihnachtsbonus abgelaufen war, ebbte der Trend zur Rückkehr an die Arbeit ein wenig ab. Eine der Frauen der nichtstreikenden Bergleute schrieb mir in einem Brief, daß es dafür noch zwei weitere Gründe gebe. Erstens seien manche streikende Arbeiter zwar bereit, an die Arbeit zurückzukehren, wollten dies aber erst nach Weihnachten tun, um zu verhindern, daß ihre Familien während der Feiertage Einschüchterungen ausgesetzt seien. Und zweitens habe man gehört, daß die NUM und das NCB die Fortsetzung ihrer Verhandlungen planten, und Gespräche hätten immer eine negative Auswirkung auf die Wiederaufnahme der Arbeit.

Doch weitere Verhandlungen ließen sich kaum vermeiden, wenngleich Mr. Scargills Unnachgiebigkeit vermutlich dafür sorgen würde, daß sie wieder ergebnislos endeten. Führende Personen im gewerkschaftlichen Dachverband hatten Robert Maxwell als Vermittler hinzugebeten: Ihnen war daran gelegen, ein Ende des Streiks herbeizuführen, das Mr. Scargill und den Militanten erlauben würde, ihr Gesicht zu wahren. Dabei mußte man natürlich, um die Militanten zu bändigen, gerade dafür sorgen, daß sie ihr Gesicht verloren, daß ihre Niederlage offensichtlich wurde und daß ihre eigenen Leute nichts mehr von ihnen wissen wollten. Ich hege den Verdacht, daß einige Gewerkschaftsführer das begriffen hatten. Schließlich hatten sie auch allen Grund dazu. Anders als die führenden Köpfe der Labour Party hatte Norman Willis, der Generalsekretär des TUC, immer eine durch und durch ehrenhafte Linie verfolgt. Anfang des Monats hatte er auf einer Versammlung der NUM in South Wales gesprochen. Als er die Gewalttätigkeit der Pickets verurteilte, versuchte man ihn niederzuschreien, und entsetzt sah ich wie Millionen anderer Zuschauer im Fernsehen, wie von der Decke, genau über seinem Kopf, eine Schlinge heruntergelassen wurde.

David Basnett, der Generalsekretär der Gewerkschaft der öffentlich Bediensteten (GMWU), und Ray Buckton, der Generalsekretär der Eisenbahnergewerkschaft (ASLEF), trafen zu einer vertraulichen Unterredung mit Peter Walker zusammen. Sie unterrichteten ihn von ihrem Wunsch, den gewerkschaftlichen Dach-

verband TUC einzuschalten. Ich überlegte, wie wir darauf reagieren sollten. Einerseits hatte ich nicht das mindeste Interesse, dem
TUC die Tür zur Downing Street Nr. 10 aufzuhalten und ihm, wie
früher, die Möglichkeit zu geben, die Fäden zu ziehen. Andererseits hätte eine schroffe Absage die Gemäßigten innerhalb der
Gewerkschaften gegen uns eingenommen.

Am Abend des 5. Dezembers, einem Mittwoch, führten Peter
Walker und Tom King ein längeres Gespräch mit den Chefs der sieben größten Gewerkschaften. Es wurde deutlich, daß keiner der
sieben auch nur die leiseste Idee hatte, wie man den Streik beenden
könne. Am Dienstagmorgen, dem 13. Dezember, diskutierte ich in
der Downing Street mit Peter Walker und unseren Beratern, wie
wir mit dem Vorstoß des TUC umgehen sollten. Anscheinend
wollte der Dachverband der NUM und der Kohlebehörde den
Vorschlag unterbreiten, die Arbeit wiederaufzunehmen und
danach mit Gesprächen über einen neuen Kohleplan zu beginnen,
wobei die Verhandlungen auf etwa acht bis zwölf Wochen
begrenzt sein sollten. Der TUC wollte wissen, ob wir diesen Vorschlag unterstützen würden. Peter Walker sah darin einige Vorteile, ich aber war mir mehr der Probleme bewußt. Es gebe drei
Grundsätze, sagte ich, die wir einhalten müßten. Erstens, irgendwelche Gespräche über die Zukunft der Industrie dürften erst
stattfinden, *nachdem* die Arbeit wiederaufgenommen sei. Zweitens dürften wir in keine Abmachungen einwilligen, die die Position der nichtstreikenden Bergleute untergraben würden. Und
drittens schließlich dürften wir der NUM nicht die Möglichkeit
geben, zu behaupten, wir hätten unser geplantes Programm der
Zechenschließungen aufgegeben, oder auch nur, wir hätten es für
die Dauer der Verhandlungen eingefroren. Vielmehr müsse deutlich herausgestellt werden, daß es dem NCB freistehe, das bestehende Zechenprüfungsverfahren durchzuführen – modifiziert
gemäß der Klauseln des Abkommens mit der NACODS. Ich war
jedoch damit einverstanden, daß Peter Walker am Freitagmorgen
mit der Leitung des gewerkschaftlichen Dachverbandes zusammentraf. Er sollte dem TUC mitteilen, die Regierung unterstütze
seine Bemühungen um eine Beendigung des Ausstandes, sofern
diese zur Wiederaufnahme der Arbeit mit anschließenden Gesprächen über die Zukunft der Industrie führen würden. Das Zechen-

prüfungsverfahren, in der entsprechend dem NACODS-Abkommen modifizierten Form, werde aber seine Gültigkeit behalten.

Am folgenden Tag trafen Peter Walker und Tom King mit der
TUC-Delegation zusammen. Das Treffen verlief ergebnislos. Der
TUC war von Mr. Scargill nicht ermächtigt worden, Verhandlungen zu führen, und die TUC-Leute erklärten, daß vor Weihnachten
keine Initiative zur Beendigung des Streiks mehr möglich sei.

Am Jahresende lag unser Hauptziel darin, weitere Streikende
zur Wiederaufnahme der Arbeit am 7. Januar, dem ersten nicht
arbeitsfreien Montag im neuen Jahr, zu bewegen. Zwar war das
Bonusangebot des NCB abgelaufen, aber es gab dennoch einen
starken finanziellen Anreiz für die Streikenden, in naher Zukunft
an die Arbeit zurückzukehren: Wenn sie vor Ende des Steuerjahres
am 31. März wieder arbeiteten, müßten sie nämlich nur wenig
oder gar keine Einkommenssteuer für ihren Lohn abführen. Wir
verfolgten das strategische Ziel, mehr als 50 Prozent der NUM-
Mitglieder wieder an die Arbeit zu bringen. Falls uns dies gelang,
kam es praktisch und publicitymäßig einer landesweiten Urabstimmung für das Ende des Streiks gleich. Zu diesem Zweck mußten allerdings weitere 15 000 Männer an die Arbeit zurückkehren,
weshalb das NCB eifrig an einer neuen Briefaktion und Presse-
kampagne arbeitete.

Außerdem war es wichtig, den Bergleuten und der breiten Öffentlichkeit mitzuteilen, daß es in diesem Winter keine Stromsperren
geben werde – trotz der immer verzweifelter und unglaubwürdiger
klingenden Prognosen von Mr. Scargill. Wir hielten die Veröffentlichung dieser Mitteilung so lange zurück, bis wir uns völlig sicher
waren. Am 29. Dezember schließlich konnte Peter Walker bekanntgeben, laut Aussage des Vorsitzenden des CEGB seien nach dem bislang gewährleisteten Stand der Kohleförderung während des gesamten Jahres 1985 keine Stromabschaltungen notwendig.

Der Streik bröckelt allmählich ab

Nun stellte sich die Frage, wie sich dies alles auf die Wiederaufnahme der Arbeit im Januar auswirken würde. Die Zahl derer, die zur
Arbeit zurückkehrten, wurde in manchen Regionen durch das

schlechte Wetter beeinträchtigt, das auch den Transport der Kohle erschwerte. (Ich hatte schon befürchtet, der Winter würde hart werden, aber zum Glück war das Wetter im allgemeinen recht mild.) Im Laufe des Januars stieg die Zahl der Arbeitswilligen wieder an. Mitte des Monats befanden sich fast 75 000 NUM-Mitglieder nicht mehr im Streik, und jede Woche nahmen etwa 2500 die Arbeit wieder auf. Damit war das Ende in Sicht.

Bei der Rückkehr zur Arbeit schien sich ein bestimmtes Muster abzuzeichnen: Die arbeitswilligen Bergleute bildeten in bestreikten Zechen eine Art »Brückenkopf«. 50 oder mehr Männer, die sich entschlossen hatten, an die Arbeit zurückzukehren, fuhren gemeinsam wieder ein, zumeist an einem Donnerstag oder Freitag, wenn sie am wenigsten Aufsehen erregten. Danach entwickelten sich die Dinge rasch weiter. Der Produktionszuwachs war zwar geringer als die Rate der Arbeitswilligen, aber die Entwicklung lief eindeutig in die richtige Richtung.

Das einzige, was diesen Fortschritt bremsen konnte, waren weitere Verhandlungen – wie es dann auch geschah. Die Meldung, es werde wieder Gespräche zwischen der Kohlebehörde und der NUM geben, welche am Montag, dem 21. Januar, beginnen sollten, hatte zur Folge, daß die Zahl der Streikabbrecher auf etwas weniger als die Hälfte der vorangegangenen Woche sank.

Die Aufmerksamkeit der Öffentlichkeit richtete sich zunehmend auf die Versuche der Zwangsverwalter, das Vermögen der NUM, das diese ins Ausland verschoben hatte, ausfindig zu machen und einzuziehen. Anfang Dezember hatte eine weitere Klage von nichtstreikenden Bergleuten dazu geführt, daß die Treuhänder der NUM durch einen gerichtlich bestellten Zwangsverwalter ersetzt wurden. Das war natürlich grundsätzlich eine Angelegenheit der Gerichte. Doch selbst bei voller Ausschöpfung der gesetzlichen Möglichkeiten war es schwierig, die Vermögenswerte aufzuspüren. Die Zwangsverwalter würden mit ihren Aktivitäten eventuell nicht einmal ihre eigenen Kosten decken können. Deshalb gab Michael Havers am Dienstag, dem 11. Dezember, vor dem Unterhaus bekannt, daß die Staatskasse für diese Kosten aufkommen werde. Wir konnten schließlich nicht untätig zusehen, wie die Absichten des Gerichts zunichte gemacht wurden. Außerdem versuchten wir, die Zusammenarbeit mit den Regierungen von Irland und Luxemburg so eng wie möglich zu gestalten – in diese beiden Länder hatte die NUM nämlich ihre Gelder transferiert. Ende Januar konnten an die fünf Millionen Pfund aufgespürt werden.

Je hoffnungsloser Mr. Scargills Lage wurde, um so mehr geriet die Politik der Labour Party ins Lächerliche. Erneut stellte sie im Unterhaus einen Mißtrauensantrag. In meiner Entgegnung forderte ich wie auch schon bei früheren Gelegenheiten Mr. Kinnock auf, uns – wenn auch verspätet – endlich mitzuteilen, wo er denn stehe:

> Während des Streiks hatte der Ehrenwerte Abgeordnete die Wahl, entweder der Führung der NUM mutig entgegenzutreten oder sich in Schweigen zu hüllen. Er schwieg. Als die Führung der NUM ohne Urabstimmung, also unter Bruch der Gewerkschaftssatzung, einen Streik ausrief, hüllte sich der Ehrenwerte Abgeordnete weiterhin in Schweigen. Als fliegende Streikposten gewaltsam versuchten, entgegen dem demokratisch geäußerten Wunsch der ansässigen Bergleute Zechen in Nottinghamshire und anderswo lahmzulegen, schwieg der Ehrenwerte Abgeordnete. Als die NUM versuchte, in Orgreave dem Mob an die Macht zu verhelfen, schwieg der Ehrenwerte Abgeordnete. Erst als der Generalsekretär des TUC den Mut hatte, der Führung der NUM zu sagen, ihre Taktiken seien untragbar, schlüpfte der Ehrenwerte Abgeordnete in die Rolle des Nachbeters... Ich fordere den Führer der Opposition hiermit auf: Wird er der NUM nahelegen, dieses Abkommen zu akzeptieren oder nicht? [Abgeordnete: »Antworten Sie!«] Er wird nicht antworten, weil er es nicht wagt zu antworten.

Blieb die Frage, wie und wann der Ausstand enden würde. Anfang Februar sank die Zahl der Streikabbrecher wieder, weil es Aussichten auf weitere Gespräche gab. Der gewerkschaftliche Dachverband versuchte nach wie vor, als Vermittler zwischen der Kohlebehörde und der NUM zu wirken. Richtigerweise hatte das NCB diesmal beschlossen, den Verhandlungsverlauf schriftlich festzuhalten, um der NUM-Führung keine Möglichkeit mehr zu geben, die Inhal-

te zum eigenen taktischen Vorteil zu verdrehen. Mr. Scargill wiederum bekräftigte gegenüber der Öffentlichkeit, er werde keiner
aus wirtschaftlichen Gründen geplanten Zechenstillegung zustimmen. Es konnte nicht überraschen, daß die nichtstreikenden Bergleute und ihre Familien über die Weiterführung der Verhandlungen
besorgt und verwirrt waren. Am Montag, dem 4. Februar, schrieb
ich zur Beruhigung an die Frau eines nichtstreikenden Bergman-
nes:

> ... Ich verstehe Ihre Befürchtung sehr gut, die Führung der
> NUM könnte sich aus der Verantwortung für das Elend, das
> sie verursacht hat, stehlen – aber ich glaube, daß die Kohlebe-
> hörde fest auf ihrem Standpunkt beharrt und beharren wird.
> Meinerseits habe ich klargestellt, daß das zentrale Thema
> nicht ausgespart werden darf und ein Verrat an den arbeiten-
> den Bergleuten, denen wir so viel verdanken, nicht in Frage
> kommt ...

Zu diesem Zeitpunkt konnte die Führung der NUM wohl kaum
mehr bezweifeln, daß die Zeit seit der Auseinandersetzung mit der
NACODS im letzten Herbst gegen sie arbeitete. Um die NUM zu
unterstützen, begann die NACODS-Führung nun Druck auf die
Kohlebehörde auszuüben: Sie forderte, das NCB solle in erneute
Verhandlungen einwilligen. Doch die Kohlebehörde hatte aus
ihren früheren Fehlern gelernt und bot der NACODS keinen Vorwand für eine erneute Androhung von Streikaktionen.

Der TUC-Führung war auch weiterhin daran gelegen, Mr. Scargill und den Militanten eine demütigende Niederlage zu ersparen.
Doch der Chef der NUM machte keinerlei Anstalten, von seiner
Haltung abzurücken. Er hatte bereits öffentlich erklärt, er würde
es vorziehen, die Arbeit wiederaufzunehmen, ohne in die Vorschläge des NCB einzuwilligen. Das NCB wiederum hatte dem
TUC mitgeteilt, angesichts der Bedingungen, an denen die NUM
festhalte, gebe es keine Verhandlungsbasis. Ich mußte einräumen,
daß die TUC-Führung und insbesondere der Generalsekretär –
wenn auch zweifellos aus unterschiedlichen Motiven – in gutem
Glauben gehandelt hatten. Mittlerweile hatten sie sicherlich
erkannt, daß es keine Möglichkeit gab, mit Mr. Scargill zu einer

Einigung zu gelangen. Deshalb willigte ich ein, eine Delegation des TUC zu empfangen, als dieser darum nachsuchte.

Am Morgen des 19. Februar, einem Dienstag, traf ich mit Norman Willis und anderen Gewerkschaftsführern in der Downing Street zusammen. Auf Regierungsseite waren außer mir Willie Whitelaw, Peter Walker und Tom King anwesend. Das Treffen verlief in freundlicher Atmosphäre. Norman Willis tat sein Bestes, um mir den Verhandlungsstandpunkt der NUM darzulegen. In meiner Erwiderung betonte ich, daß ich die Bemühungen des gewerkschaftlichen Dachverbandes anerkenne. Auch ich würde es begrüßen, wenn der Streik so bald wie möglich zu Ende ginge. Doch dies setze eine klare Entscheidung zu der zentralen Streitfrage voraus. Niemand könne Interesse daran haben, den Streik mit einer unklaren Aussage zu beenden, denn ein Disput über die Auslegung und böswillige Unterstellungen könnten zu einer weiteren Auseinandersetzung führen. Allerdings konnte ich Mr. Willis' Ansicht, es gäbe deutliche Zeichen für einen Wandel in der Haltung der NUM-Führung, nicht teilen. Ich versicherte ihm, daß das NACODS-Abkommen respektiert werde und daß ich keine Schwierigkeiten sähe, es in die Praxis umzusetzen. Eine wirksame Beendigung des Streiks setze voraus, daß Zechenschließungen von beiden Seiten akzeptiert würden und das Recht des NCB anerkannt werde, entsprechende Schritte zu planen und in letzter Instanz darüber zu entscheiden. Außerdem müsse der Kohlebehörde zugestanden werden, bei solchen Entscheidungen die wirtschaftliche Leistung der Zechen in Betracht zu ziehen.

Das Ende des Streiks

Den Bergleuten wie der Öffentlichkeit war nunmehr klar, daß der gewerkschaftliche Dachverband weder willens noch in der Lage war, die laufende Entwicklung aufzuhalten. Eine große Zahl von Bergleuten ging wieder an die Arbeit, und die Rate der Streikabbrecher nahm ständig zu. Am Mittwoch, dem 27. Februar, war die magische Zahl erreicht: Mehr als die Hälfte der NUM-Mitglieder befand sich jetzt nicht mehr im Ausstand. Am Sonntag, dem 3. März, stimmte eine Delegiertenkonferenz der NUM entgegen

Mr. Scargills Empfehlung für eine Rückkehr an die Arbeit, und in
den folgenden Tagen wurde selbst in den militantesten Regionen
die Arbeit wiederaufgenommen. An diesem Sonntag gab ich vor
meinem Amtssitz ein Interview. Ich wurde gefragt, wer – wenn
überhaupt – gewonnen habe. Meine Antwort lautete:

> Wenn überhaupt jemand gewonnen hat, dann die Bergleute,
> die an ihrem Arbeitsplatz blieben, die Dockarbeiter, die bei
> ihrer Arbeit blieben, die Arbeiter in den Kraftwerken, die bei
> ihrer Arbeit blieben, die LKW-Fahrer, die bei ihrer Arbeit
> blieben, die Eisenbahner, die bei ihrer Arbeit blieben, die
> Manager, die bei ihrer Arbeit blieben. Mit anderen Worten,
> all jene Leute, die dafür sorgten, daß die Räder in Großbri-
> tannien sich weiterdrehten und die trotz des Streiks im letzten
> Jahr Produktionsziffern in Rekordhöhe erreicht haben. Es
> sind die arbeitenden Menschen in Großbritannien, die dafür
> sorgten, daß unser Land nicht zusammenbrach.

Und so endete der Streik. Er hatte fast genau ein Jahr gedauert.
Doch selbst jetzt waren wir uns noch nicht sicher, ob die Militanten nicht einen neuen Vorwand suchen würden, um im folgenden
Winter abermals zum Streik aufzurufen. Deshalb sorgten wir
dafür, daß die Kohle- und Erdölvorräte aufgefüllt wurden, und
wir beobachteten die Entwicklungen in der Kohleindustrie weiterhin sehr genau. Besonders beunruhigten mich die Gefahren, denen
die nichtstreikenden Bergleute und ihre Familien jetzt, da die Bergarbeitersiedlungen nicht mehr im Rampenlicht standen, ausgesetzt waren. Im Mai traf ich mich mit Ian MacGregor, um ihm zu
verdeutlichen, wie wichtig es sei, daß diese Bergleute die nötige
Entschädigung und Unterstützung erhielten.

Als Arbeitskampf war der Kohlestreik vollkommen überflüssig
gewesen. Die Haltung der NUM während des Streiks – daß
unwirtschaftliche Zechen nicht stillgelegt werden dürfen – war
schlichtweg unvernünftig. In meiner gesamten Amtszeit als Premierministerin erhob keine andere Gruppe eine vergleichbare Forderung, geschweige denn, daß sie deswegen einen Streik vom
Zaun brach. Nur in einem totalitären Staat mit Kommandowirt-
schaft – mit verstaatlichter Industrie, staatlich gelenktem Arbeits-

markt und Importschranken – könnte eine Kohleindustrie zeitweilig funktionieren, ohne auf finanzielle Realitäten und die
Gesetze des Wettbewerbs Rücksicht zu nehmen. Doch für Leute
wie Mr. Scargill mögen dies erstrebenswerte Ziele sein. Die indis-
kutable Linie, die die NUM in der Frage der Zechenschließungen
verfolgte, zeigt – sofern dies nicht bereits durch ihre öffentlichen
Verlautbarungen deutlich geworden war –, worum es bei dem
Streik eigentlich ging.

Der Streik machte deutlich, daß auch die britische Kohleindustrie von den ökonomischen Kräften abhängig war, die anderswo
– sowohl im öffentlichen wie auch im privaten Sektor – wirkten.
Trotz unserer hohen Investitionen konnte die britische Kohle auf
dem Weltmarkt nicht konkurrieren, und Folge davon war, daß die
britische Kohleproduktion weitaus stärker gesunken ist, als wir
noch während des Streiks geglaubt hatten.[4]

Doch beim Kohlestreik ging es um viel mehr als nur um unwirtschaftliche Zechen. Er war ein politischer Streik. Und deshalb ist
sein Ausgang weit über die ökonomische Ebene hinaus von Bedeutung. Zwischen 1972 und 1985 herrschte die allgemeine Überzeugung, daß Großbritannien nur regiert werden könne, wenn die
Gewerkschaften sich ruhig verhielten: Keine Regierung würde
einem großen Streik, insbesondere einem Streik der Bergarbeitergewerkschaft, standhalten, geschweige denn ihn bezwingen.
Selbst nachdem wir die Gewerkschaftsgesetze reformiert und kleinere Arbeitskämpfe wie den Stahlstreik überstanden hatten,
waren nicht nur viele Linke weiterhin überzeugt, daß die Bergarbeiter immer noch das endgültige Veto hätten und es eines Tages
auch einlegen würden. Dieser Tag war gekommen und vergangen.
Durch unsere Entschlossenheit, einen Streik durchzustehen, ermutigten wir die einfachen Gewerkschaftsmitglieder, sich den Militanten zu widersetzen. Der gescheiterte Streik bewies, daß die
faschistische Linke nicht in der Lage ist, Großbritannien unregierbar zu machen. Die Marxisten wollten sich über die Gesetze des
Staates hinwegsetzen, um sich über die Gesetze der Ökonomie
hinwegzusetzen. Durch ihr Scheitern wurde deutlich, daß eine
freie Wirtschaft nicht ohne eine freie Gesellschaft existieren kann
und umgekehrt. Der Streik war eine Lektion, die niemand vergessen sollte.

14

Schatten der Gewalt

Die Herausforderung durch den IRA-Terrorismus, 1979–1990

Die Bombe von Brighton

Wie üblich bereitete mir auch 1984 gegen Ende der Woche unseres Parteitags in Brighton meine Rede große Sorgen. Es ist unmöglich, eine gute Parteitagsrede im voraus zu schreiben; man muß die Stimmung des Kongresses ausloten, um den richtigen Ton zu treffen. Am Donnerstagnachmittag und -abend arbeitete ich soviel wie möglich mit meinen Redenschreibern an meinem Text, sah kurz beim Ball der Conservative Agents vorbei und kehrte kurz nach 23 Uhr wieder in meine Suite im Grand Hotel zurück.

Etwa um 2.40 Uhr war die Rede zumindest meiner Ansicht nach fertig. Während dann die Redenschreiber, zu denen sich eine Zeitlang auch Norman Tebbit gesellt hatte, zu Bett gingen, tippte mein geduldiger Mitarbeiterstab die, wie ich mir (ziemlich) sicher war, letzten Korrekturen zu meiner Rede ein und erstellte das Band für den Teleprompter. In der Zwischenzeit erledigte ich einige Amtsgeschäfte.

Um 2.50 Uhr bat mich Robin Butler, einen Blick auf ein letztes offizielles Dokument zu werfen; es ging um die Gartenschau in Liverpool. Ich teilte Robin meine Ansicht darüber mit, und dann räumte er die Unterlagen zusammen. Genau vier Minuten später ließ ein lautes Donnern den Raum erbeben. Nach einigen Sekunden Stille folgte ein zweites, etwas andersartiges Geräusch, das – wie sich später herausstellte – von herunterfallenden Ziegeln stammte. Ich wußte sofort, daß es sich um eine Bombe handelte – vielleicht auch zwei Bomben, eine größere und dann eine kleinere –, doch zu

diesem Zeitpunkt war mir nicht klar, daß sie im Hotel selbst deto-
niert war. Überall auf dem Teppich lagen Scherben von der zersplit-
terten Fensterscheibe meines Wohnzimmers. Ich überlegte, ob die
Bombe vielleicht in einem vor dem Hotel abgestellten Auto hochge-
gangen sei. (Daß die Bombe direkt über uns explodiert war, wurde
mir erst bewußt, als Penny, die Ehefrau von John Gummer, etwas
später im Nachthemd herunterkam.) Schwerere Schäden waren im
angrenzenden Badezimmer entstanden, aber selbst wenn ich mich
dort aufgehalten hätte, wäre ich mit ein paar Schnittwunden
davongekommen. Die Leute, die mich hatten töten wollen, hatten
die Bombe an der falschen Stelle deponiert.

Abgesehen von den Glasscherben und der schrillen Sirene, die
durch die Explosion ausgelöst worden war, wirkte alles sonderbar
normal, aber dieser Eindruck war trügerisch. Gott sei Dank waren
die Lichter nicht erloschen: wie wichtig dieser Umstand war, ging
mir lange nicht mehr aus dem Sinn, und viele Monate noch lag
immer eine Taschenlampe neben meinem Bett, wenn ich eine
Nacht außer Haus verbrachte. Denis steckte den Kopf zur Tür herein, und als er sah, daß mir nichts passiert war, ging er ins Schlaf-
zimmer zurück und kleidete sich an. Aus einem uns beiden unbe-
greiflichen Grund nahm er ein zweites Paar Schuhe mit, das bald
darauf Charles Price, dem amerikanischen Botschafter, gute Dienste leistete – dieser hatte in der Hektik beim Verlassen des Hotels
seine Schuhe verloren. Während Crawfie meinen Kosmetikkoffer,
Blusen und zwei Kostüme – eines für den folgenden Tag – zusam-
mensuchte, erschien Robin Butler und holte die Regierungsakten.
Ich ging über den Flur zum Sekretariat, um nach meinen Mitarbeitern zu sehen. Eines der Mädchen hatte einen ziemlich starken
elektrischen Schlag vom Fotokopierer bekommen, doch abgesehen davon war alles in Ordnung. Sie sorgten sich fast ebensosehr
um meine nur halb getippte Rede wie um ihr eigenes Wohlergehen.
»Alles in Ordnung«, beruhigten sie mich, »wir haben die Rede.«
Ein Exemplar davon verwahrte ich gleich in meiner Aktenta-
sche.

In der Zwischenzeit tauchten immer mehr Leute im Sekretariat
auf – die Gummers, die Howes, David Wolfson, Michael Alison
und andere; sie sahen etwas mitgenommen und besorgt aus, wirkten aber gefaßt. Zu diesem Zeitpunkt hatte niemand von uns eine

genaue Vorstellung davon, wie groß der Schaden tatsächlich war, ganz zu schweigen von der Anzahl der Verletzten. Während wir uns unterhielten, hatten meine Detektive in aller Eile herauszufinden versucht, ob noch Gefahr für uns bestand. Denn es besteht immer das Risiko, daß nach einer Explosion eine zweite Bombe hochgeht, und zwar zeitlich so versetzt, daß sie alle, die nach der ersten Detonation flüchten, tötet. Außerdem mußten die Detektive einen Ausgang finden, der frei war und den wir gefahrlos benutzen konnten.

Um 3.10 Uhr brachen wir in Gruppen auf. Der erste uns empfohlene Fluchtweg war unpassierbar, und auf Anweisung eines Feuerwehrmanns mußten wir kehrtmachen. Also gingen wir zurück ins Büro und warteten dort. Später teilte man uns mit, daß wir das Hotel nun gefahrlos über die Haupttreppe verlassen konnten. Als ich dann den Schutt im Foyer sah, erhielt ich einen ersten Eindruck von der Schwere der Detonation. Ich hoffte, daß der Portier unverletzt geblieben sei. Die Luft war erfüllt von Zementstaub; er drang mir in Mund und Kleider, als ich mir über zurückgelassene Besitztümer und geborstene Möbel einen Weg zum rückwärtigen Hoteleingang bahnte. Immer noch kam mir nicht in den Sinn, daß jemand umgekommen sein könnte.

Zehn Minuten später brachte ein Polizeiauto Denis, Crawfie und mich zum Polizeirevier Brighton, wo man uns im Büro des Chief Constable Tee servierte. Bald darauf trafen Freunde und Kollegen ein, um nach mir zu sehen. Unter anderem kamen Willie Whitelaw und die Howes, die ihren kleinen Hund »Budget« dabeihatten. Doch vor allem mußte ich mich mit Innenminister Leon Brittan und unserem Parteivorsitzendem John Gummer besprechen. Keiner von uns wußte, ob der Parteitag fortgesetzt werden konnte; vielleicht war ja auch der Konferenzsaal zerstört worden? Aber ich hatte mich bereits fest entschlossen, meine Rede zu halten, sofern es nur irgend möglich war. Den Ratschlag, in die Downing Street zurückzukehren, lehnte ich entschieden ab. Schließlich einigte man sich darauf, daß ich die restliche Nacht in der Polizeischule von Lewes verbringen sollte. Ich schlüpfte aus meinem Abendkleid in ein Kostüm, und als ich in Begleitung von Denis und Crawfie das Revier verließ, gab ich vor der Presse eine kurze Erklärung ab. Dann ging es in rasendem Tempo nach Lewes.

Während der Fahrt fiel kein Wort; in Gedanken waren wir alle im Grand Hotel. Zufall oder nicht, jedenfalls war die Polizeischule leer. Ich bekam ein kleines Wohnzimmer mit einem Fernsehgerät und ein Zimmer mit zwei Betten und eigenem Bad. Denis und die Detektive teilten sich andere Zimmer am Flur, und Crawfie schlief bei mir. Wir saßen auf den Betten und spekulierten darüber, was wohl passiert sein mochte. Mittlerweile war ich überzeugt, daß es Verletzte gegeben haben mußte. Aber wir konnten nichts in Erfahrung bringen.

Ich hatte nur mehr ein Bedürfnis: Crawfie und ich knieten vor den Betten nieder und beteten schweigend eine Weile.

Da ich keine Nachtwäsche mitgenommen hatte, legte ich mich angezogen hin und schlief unruhig etwa eineinhalb Stunden. Um 6.30 Uhr wurde ich von den Nachrichten im Frühstücksfernsehen geweckt. Es war schlimm, weitaus schlimmer, als ich befürchtet hatte. Ich sah Bilder, wie Norman Tebbit aus dem Schutt gezogen wurde. Dann wurde der Tod von Roberta Wakeham und dem Abgeordneten Anthony Berry gemeldet. Ich wußte, daß ich es mir nicht leisten konnte, mich von meinen Gefühlen überwältigen zu lassen. Denn ich mußte für den Tag, der vor mir lag, geistig und körperlich gewappnet sein. Deshalb versuchte ich wegzublicken, als die grauenvollen Bilder erschienen. Doch das half auch nichts. Ich mußte ganz einfach alles erfahren – und jede neue Nachricht schien entsetzlicher als die vorausgegangene.

Ich badete kurz, zog mich um, nahm ein leichtes Frühstück zu mir und trank reichlich schwarzen Kaffee. Schon bald war klar, daß der Parteitag fortgesetzt werden konnte. Ich sagte dem verantwortlichen Polizeibeamten, daß ich rechtzeitig zur Eröffnung des Parteitags in Brighton sein müsse.

Wir fuhren nach Brighton zurück. Es war ein strahlender Herbsttag; der Himmel war blau und das Meer völlig ruhig. Dann sah ich zum erstenmal die zerstörte Fassade des Grand Hotel, von der ein ganzer Teil eingestürzt war.

Wir fuhren weiter zum Konferenzzentrum, wo um 9.20 Uhr das Plenum eröffnet wurde. Um Punkt 9.30 Uhr betraten ich und die Vertreter der National Union[1] das Podium. (Viele von ihnen hatten ihre Kleidung im Hotel zurücklassen müssen, aber Alistair McAlpine hatte das Warenhaus Marks and Spencers in Brighton

gebeten, früher als üblich zu öffnen, deshalb waren sie adrett gekleidet.) Der Saal war nur etwa halb voll, denn es dauerte lange, bis die
Mengen die strengen Sicherheitskontrollen passiert hatten. Aber der
Applaus war überwältigend. Wir alle waren froh, noch am Leben zu
sein, bekümmert über die Tragödie und entschlossen, den Terroristen zu zeigen, daß wir uns nicht in die Knie zwingen ließen.

Wie ein glücklicher Zufall es wollte, drehte sich die erste Debatte
um Nordirland. Dieser Diskussion wohnte ich noch bei, doch dann
verließ ich die Konferenz, um an meiner Rede zu arbeiten, die völlig
umgeschrieben werden mußte. Mein Parlamentsreferent Michael
Alison und ich zogen uns in ein Büro des Konferenzzentrums
zurück und strichen die meisten Abschnitte, die die Parteien betrafen. Dies war nicht der Augenblick, um Attacken gegen Labour zu
reiten; es galt vielmehr, Einigkeit bei der Verteidigung der Demokratie zu demonstrieren. Ganze Absätze mußten neu geschrieben
werden, doch es gab auch unzweideutige Passagen über Gesetz und
Ordnung, die wir beibehalten konnten. Als Ronnie Millar und ich
anschließend die Rede noch einmal durchgingen, glättete er einige
Stellen. Meine Mitarbeiter bemühten sich zwar, uns sowenig wie
möglich zu stören, doch ich erhielt ständig neue Nachrichten, und
immer wieder schauten Kollegen und Freunde herein. Ich wußte,
daß John Wakeham noch unter den Trümmern begraben lag und
einige Personen vermißt wurden. Ständig trafen Blumen ein, die wir
später an die Verletzten im Krankenhaus weiterleiteten.

Wie schon in den Jahren zuvor las ich die Rede vom Blatt und
nicht vom Teleprompter ab und improvisierte außerdem an vielen
Stellen. Doch ich wußte: Weitaus wichtiger als die Worte, die ich
sagte, war die Tatsache, daß ich als Premierministerin die Rede halten konnte. Ich ging nicht näher auf das Vorgefallene ein, versuchte
aber, unser aller Gefühle zum Ausdruck zu bringen.

Das Bombenattentat... war nicht nur der Versuch, unseren
Parteitag zu sprengen und zu beenden. Er war ein Versuch,
die demokratisch gewählte Regierung Ihrer Majestät in die
Knie zu zwingen. Das empfinden wir alle als ungeheure Freveltat. Und die Tatsache, daß wir uns hier jetzt zusammengefunden haben, entsetzt, doch gefaßt und entschlossen, zeigt
nicht nur, daß dieser Anschlag gescheitert ist, sondern daß

alle Versuche, die Demokratie durch Terrorakte zu zerstören, zum Scheitern verurteilt sind.

Nach meiner Rede eilte ich sofort ins Royal Sussex County Hospital, um die Verletzten zu besuchen. Vier Menschen waren bereits gestorben. Muriel McLean hing an der Infusion; sie starb später. John Wakeham war immer noch bewußtlos und kam erst nach einigen Tagen wieder zu sich. Er wurde mehrfach an den Beinen operiert, die auf entsetzliche Weise zerschmettert worden waren. Zufällig kannten wir den behandelnden Facharzt: es war Tony Trafford, ein früherer Abgeordneter der Konservativen. In stundenlangen Telefonaten bemühte ich mich, von Experten die beste Behandlungsmethode für zerschmetterte Beine in Erfahrung zu bringen. Schließlich stellte sich heraus, daß am Krankenhaus ein Arzt aus El Salvador arbeitete, der das nötige Spezialwissen besaß. Mit vereinten Kräften gelang es den Ärzten, Johns Beine zu retten. Während ich im Krankenhaus war, kam Norman Tebbit wieder zu Bewußtsein, und wir redeten kurz miteinander. Da er so lange unter den Trümmern gelegen hatte, war sein Gesicht stark geschwollen; ich hätte ihn kaum erkannt. Ich sprach auch mit Margaret Tebbit, die auf der Intensivstation lag. Sie sagte mir, sie habe vom Hals abwärts kein Gefühl mehr im Körper. Als frühere Krankenschwester wußte sie genau, was das bedeutete.

Als ich die Klinik verließ, war ich überwältigt von dem Mut und dem Leiden der Verletzten. Am Nachmittag wurde ich mit einer Motorradeskorte so schnell wie nie zuvor nach Chequers zurückgebracht. Und während der Nacht in dem Haus, das mir zum Heim geworden war, wanderten meine Gedanken ständig zu all jenen, die nicht in das ihre zurückkehren konnten.

Das irische Problem

Die Ereignisse von Brighton schockierten die ganze Welt. Doch die Bevölkerung von Nordirland und die Sicherheitskräfte sind tagein, tagaus mit der unbarmherzigen Realität des Terrorismus konfrontiert. Es gibt keinerlei Entschuldigung für die Schreckensherrschaft der IRA. Wenn deren Gewalt »unbesonnen« wäre, wie man gemeinhin und fälschlicherweise sagt, dann könnte sie leichter als Ausdruck einer zerrütteten Psyche gesehen werden; doch das ist bei Terrorismus beileibe nicht der Fall, auch wenn es stimmen mag, daß die Gewalt auf viele Psychopathen eine Faszination ausübt. Terrorismus ist der kalkulierte Einsatz und die Androhung von Gewalt zu dem Zweck, politische Ziele durchzusetzen. Im Fall der IRA lautet dieses Ziel, die Mehrheit der nordirischen Bevölkerung, die ihren Wunsch nach dem Verbleib im Vereinigten Königreich zum Ausdruck gebracht hat, in einen einzigen irischen Staat zu zwingen. Als Mittel zum politischen Zweck verübt die IRA Verbrechen vielfältiger Art, unter anderem Raubüberfälle, Schutzgelderpressung und Betrug.

Terroristen gibt es ebenso in den protestantischen wie in den katholischen Gemeinden, und nur allzu viele Menschen unterstützen deren Aktionen oder billigen sie zumindest stillschweigend. Es birgt ein großes persönliches Risiko, sich offen gegen die Terroristen auszusprechen. Deshalb muß die Sicherheitspolitik, die notwendig ist, um terroristische Aktionen zu verhindern und die Verantwortlichen zur Rechenschaft zu ziehen, eingebunden sein in eine umfassendere politische Strategie zur Lösung des seit langem schwelenden Nordirland-Konflikts. Manche Leute ziehen daraus den Schluß, daß man den Terroristen Zugeständnisse machen müsse, und dazu gehört insbesondere eine Lockerung der Union zwischen Ulster und Großbritannien. Doch diese Meinung habe ich nie geteilt. In der Nordirland-Frage war ich immer bestrebt, Demokratie und Gesetz aufrechtzuerhalten; meine politischen Entscheidungen folgten daher stets der Prämisse, das zu tun, was jeweils der Erhöhung der Sicherheit dienlich war.

Der Kern des Terrorismus-Problems ist die IRA. Ihre Gegenspieler auf der protestantischen Seite würden vermutlich von selbst verschwinden, wenn die IRA ausgeschaltet wäre. Und dafür müßten folgende drei Voraussetzungen erfüllt werden: Erstens müßte sich die nationalistische Minderheit,[2] die der IRA Unterstützung und Unterschlupf gewährt, von ihr abwenden. Das setzt voraus, daß die Minderheit den konstitutionellen Rahmen des Staats, in dem sie lebt, billigt oder zumindest akzeptiert. Zweitens müßte der IRA die internationale Unterstützung entzogen werden, mag sie nun von wohlmeinenden, aber naiven Iro-Amerikanern kommen oder von revolutionären arabischen Regimen wie dem Gadaffis. Das wiederum setzt voraus, daß die Außenpolitik dafür Sorge trägt, die falsch unterrichteten Menschen über die Tatsachen aufzuklären und Waffenlieferungen an die Rebellen zu unterbinden. Drittens, und dieser Punkt hängt mit den beiden vorhergehenden zusammen, müßten die Beziehungen zwischen Großbritannien und der Republik Irland mit Fingerspitzengefühl gehandhabt werden. Zwar erhält die IRA besonders viel Unterstützung aus Gegenden wie West-Belfast in Nordirland, doch ihre Mitglieder gehen oft in den Süden, um dort Ausbildung, Geld und Waffen zu erhalten und einer Gefangennahme zu entgehen, wenn sie auf dem Territorium des Vereinigten Königreichs Verbrechen begangen haben. Bei der Sicherheitsfrage kommt der Grenze, die sehr lang und schwer zu kontrollieren ist, eine große Bedeutung zu. Vieles hängt von der Bereitschaft und der Fähigkeit der politischen Führung Irlands ab, effektiv mit unserem Geheimdienst, unseren Sicherheitskräften und Gerichten zusammenzuarbeiten. Aus diesem Grund versuchte ich während meiner gesamten Amtszeit, Fragen der Sicherheit mit politischen Zielsetzungen zu verknüpfen.

Meinem Wesen nach bin ich zutiefst unionistisch gesinnt. Deshalb ist es in gewisser Weise paradox, daß mein Verhältnis zu den unionistischen Politikern meistens eher gespannt war. Als Airey Neave und ich in der Opposition saßen, empfanden wir große Sympathie für die Unionisten. Ich wußte, daß diese Menschen viele meiner Ansichten, die durch meine streng methodistische Erziehung geprägt sind, teilten. Ihre Wärme kam von Herzen, auch wenn sie sie selten öffentlich zur Schau stellten. Sie waren echte, leidenschaftliche, wenn auch oft engstirnige Patrioten. Zu oft hatte man ihnen einfach nicht genügend Beachtung geschenkt. Bei meinen Besuchen in Nordirland, die häufig nach entsetzlichen Tragödien stattfanden, erfüllte es mich mit tiefer Bewunderung, wie die kleinen protestantischen Gemeinden auf dem Land nach einem furchtbaren Verlust zusammenrückten und sich gegenseitig halfen. Im Grunde sollte jeder Konservative auch ein Unionist sein. Unsere Partei hat sich ihre gesamte Geschichte hindurch für die Verteidigung der Union eingesetzt. Kurz vor dem Ersten Weltkrieg hätten die Konservativen für dieses Ziel beinahe Bürgerunruhen entfesselt. Deswegen konnte ich nie verstehen, warum füh-

rende Unionisten offenbar allen Ernstes die Ansicht vertraten, bei
meinen Verhandlungen mit der Republik Irland und insbesondere
beim Anglo-Irischen Abkommen – auf das ich in Kürze näher eingehen werde – zöge ich in Erwägung, sie an die Republik zu verkaufen.

Aber welcher britischer Politiker könnte Nordirland je richtig
verstehen? Selbst Engländer, die leidenschaftlich für Ulster eintreten, begreifen den ganzen Sachverhalt vermutlich in geringerem
Maße, als sie glauben. Auf jeden Fall stellte ich immer wieder fest,
daß sogar scheinbar harmlose Wörter und Begriffe in der politisch
geladenen Szene von Ulster eine besondere Bedeutung annehmen
– angeblich spiegelt sich bereits in der Bezeichnung »Ulster« eine
»pro-protestantische« Tendenz wider. Vor allem in meinen ersten
Amtsjahren habe ich viel über die Geschichte Irlands – des Nordens wie des Südens – gelesen, und dabei fiel mir auf, daß sich in
ihr Wirklichkeit und Mythen vom 17. Jahrhundert bis zu den
zwanziger Jahren dieses Jahrhunderts auf eine Weise vermischen,
wie man es sonst nur vom Balkan kennt. Unter der Oberfläche
brodelt ein politisches Mißtrauen, das leicht in Haß und Rachsucht umschlagen kann. Und wer dieses Feld betritt, muß behutsam vorgehen.

Ich war stets der Ansicht, daß größerer Sicherheit unbedingte
Priorität zukam. Wenn dies hieß, daß man dem Süden begrenzte
politische Zugeständnisse einräumen mußte, war ich gezwungen,
solche Schritte in Erwägung zu ziehen, sowenig mir diese Art von
Gefeilsche zusagt. Doch für dieses Entgegenkommen erwartete
ich Ergebnisse – also größere Sicherheit. In Nordirland selbst hätte
ich mich am liebsten für eine Herrschaft der protestantischen
Mehrheit eingesetzt – eine dezentralisierte Regierung, etwa wie
das britische Parlament selbst, doch unter der Oberhoheit Westminsters –, allerdings mit weitgehenden Garantien für die Rechte
der katholischen Minderheit sowie aller anderen Bevölkerungsgruppen. Das ist in groben Umrissen der Ansatz, den Airey und ich
bei unserem Entwurf des Wahlprogramms von 1979 vor Augen
hatten. Doch schon bald wurde mir klar, daß dieses Modell nicht
funktionieren würde, zumindest nicht zum gegenwärtigen Zeitpunkt. Die nationalistische Minderheit wollte nicht glauben, daß
ihre Rechte bei einer Herrschaft der Mehrheit – ob nun in Form

einer beratenden Körperschaft in Belfast oder einer mit größeren
Befugnissen ausgestatteten Regionalregierung – gewährleistet
wären. Sie bestanden auf einer Machtbeteiligung – beide Seiten
sollten auf die eine oder andere Weise in der Exekutive vertreten
sein –, verlangten aber gleichzeitig, daß die irische Republik im
Norden ein Mitspracherecht haben solle. Beide Vorschläge waren
für die Unionisten unannehmbar.

Ich hatte das alte Stormont-System[3] immer sehr geschätzt. In
meiner Zeit als Ministerin für Erziehung und Wissenschaft hatten
mich die Erfolge des nordirischen Bildungssystems beeindruckt.
Dort war das herkömmliche Oberschulsystem beibehalten worden [A.d.Ü.: In Großbritannien wurden praktisch alle Oberschu-
len durch Gesamtschulen ersetzt], und deshalb waren dort durchwegs die besten schulischen Leistungen erbracht worden. Doch
eine Herrschaft der Mehrheit hätte bedeutet, daß die Macht dauerhaft in die Hände der Protestanten überging. Andererseits konnte man nicht abstreiten, daß die langen Jahre der unionistischen
Herrschaft nicht völlig grundlos mit einer Diskriminierung der
Katholiken gleichgesetzt wurden. Zwar wurden diese Ungerechtigkeiten meiner Ansicht nach zu sehr hochgespielt, doch Ende der
sechziger Jahre erwuchs aus dem Widerstand der Katholiken eine
Bürgerrechtsbewegung, die die IRA für ihre Zwecke zu nutzen
wußte. Anfang 1972 hatten die Unruhen ein solches Ausmaß
erreicht, daß der Stormont aufgelöst und die Provinz direkt von
London aus regiert wurde. Gleichzeitig garantierte die britische
Regierung, daß Nordirland so lange Teil des Vereinigten Königreiches bleiben würde, wie die Mehrheit der Bevölkerung dies
wünschte. Und dies ist ein unverrückbarer Grundsatz der Regierungspolitik – der Konservativen wie der Labour Party – geblieben.

Die politische Realität in Nordirland machte also eine Rückkehr zur Herrschaft der Mehrheit unmöglich. Viele Unionisten
weigerten sich, diese Tatsache anzuerkennen, doch als Enoch
Powell (ein Unionist) 1974 in das Unterhaus gewählt wurde,
gelang es ihm, einige seiner Gesinnungsfreunde für einen völlig
anderen Ansatz zu gewinnen, nämlich die »Integration«. Letztlich
bedeutete dies, jede Unterscheidung zwischen der Regierung
Nordirlands und des restlichen Königreichs aufzuheben. Dadurch

würden eine Rückkehr zur Devolution, das heißt einer dezentrali-
sierten Regionalregierung in Nordirland (sei es eine Herrschaft
der protestantischen Mehrheit oder auch ein System der Teilung
der Macht mit den Katholiken) sowie jegliche Einflußnahme der
Republik Irland ausgeschlossen. Enoch war der Ansicht, daß der
unklare konstitutionelle Status Ulsters Wasser auf die Mühlen der
Terroristen sei. Seiner Meinung nach würde dieser Ungewißheit
durch völlige Integration, flankiert von einer rigorosen Sicherheitspolitik, ein Ende bereitet werden. Es gab zwei Gründe,
warum ich seine Auffassung nicht teilte: Zum einen glaubte ich
wie gesagt nicht, daß der Sicherheitsaspekt isoliert von umfassenderen politischen Fragen betrachtet werden kann; und zum anderen würden eine Devolution und eine Versammlung für Nordirland die Union meiner Ansicht nach nicht schwächen, sondern
ganz im Gegenteil stärken. Wie bereits der Stormont, würde eine
Regionalregierung einen Gegenpart zu Dublin darstellen, ohne die
Oberhoheit des Parlaments in Westminster anzutasten.

Erste Versuche einer Dezentralisierung

Mit diesen Ansichten zu Nordirland trat ich mein Amt als Premierministerin an. Die Vorfälle in der zweiten Hälfte des Jahres
1979 hatten mich in meiner Meinung noch bestärkt, daß sowohl
auf politischer als auch auf sicherheitsrelevanter Ebene Anstrengungen unternommen werden mußten.[4] Im Oktober sprachen wir
in der Regierung über die Notwendigkeit, eine Initiative einzuleiten mit dem Ziel, politische Funktionen auf Nordirland zu übertragen. Obwohl ich mir nicht allzuviel davon versprach, genehmigte ich die Veröffentlichung eines Diskussionspapiers, in dem
die einzelnen Möglichkeiten dargelegt wurden. Wir setzten eine
Konferenz mit den großen politischen Parteien Nordirlands an,
um abzuklären, ob wir in dieser Frage eine Übereinstimmung
erzielen konnten.

Die Konferenz begann am Montag, dem 7. Januar 1980, in Bel-
fast. Seit den entsetzlichen Vorfällen Ende der sechziger und
Anfang der siebziger Jahre waren die unionistischen Vertreter
Nordirlands in sich gespalten, so daß die Probleme in Ulster

zusätzlich durch Rivalitäten zwischen den Fraktionen erschwert wurden. Die größte unionistische Gruppe, die Official Unionist Party (OUP), weigerte sich, zu der Konferenz zu erscheinen. Die Democratic Unionist Party (DUP) von Dr. Paisley, die nationalistische Social Democratic and Labour Party (SDLP) und die Alliance Party nahmen zwar teil, doch wie zu erwarten gewesen war, konnte man sich nicht auf eine gemeinsame Basis verständigen.

Im März vertagten wir die Konferenz und erwogen, eigene detaillierte Vorschläge in Form eines Weißbuches für das Unterhaus vorzutragen. Im Juni diskutierten Regierungsmitglieder eine erste, von dem für Nordirland zuständigen Minister Humphrey Atkins erstellte Fassung, an der ich verschiedene Änderungen vornehmen ließ, um den Empfindlichkeiten der Unionisten Rechnung zu tragen. Zwar war meine Skepsis, was den Erfolg der Initiative betraf, in der Zwischenzeit nicht geringer geworden, doch meiner Ansicht nach lohnte sich ein Versuch, und ich stimmte einer Veröffentlichung des Weißbuchs Anfang Juli zu. Darin wurden mehrere Bereiche – allerdings nicht der Komplex Sicherheit – genannt, die man einer von einer Körperschaft in der Provinz Ulster gewählten Exekutive übertragen könnte. Für die Wahl dieser Exekutive gab es zwei Möglichkeiten, wobei eine die Herrschaft der unionistischen Mehrheit begünstigte, die andere eine Machtbeteiligung beider Seiten. Den ganzen Sommer und Herbst hindurch fanden Diskussionen mit den nordirischen Parteien statt, doch im November wurde klar, daß sie sich untereinander nicht so weit einigen konnten, um die Körperschaft ins Leben zu rufen.

In der Zwischenzeit hatte der erste der beiden Hungerstreiks von republikanischen Häftlingen in der Strafvollzugsanstalt Maze begonnen. Ich entschied, daß es für die Dauer des Hungerstreiks keine größere politische Initiative geben sollte. Wir durften nicht den Eindruck erwecken, als würden wir uns den Forderungen der Terroristen beugen.

Aus dem gleichen Grund war ich während dieser Zeit vorsichtig mit medienwirksamen Kontakten zu der irischen Regierung. Mitte Dezember 1979 war Charles Haughey zum Vorsitzenden der Fianna Fail Party und gleichzeitig zum Premierminister der Republik Irland gewählt worden. Mr. Haughey hatte stets als Vertreter des entschiedenen »pro-republikanischen« Lagers innerhalb der seriösen irischen Politik gegolten. Man konnte darüber streiten, wieweit diese »Seriosität« ging: Bei einem aufsehenerregenden Prozeß wegen Waffenexporten für die IRA nach Nordirland war er im Mai 1970 freigesprochen worden. [A.d.Ü.: Doch die Gerüchte über seine Verwicklung in diese Affäre verstummten nicht, wodurch sein politisches Ansehen stark in Mitleidenschaft gezogen wurde. Er kämpfte jahrelang um die Wiederherstellung seines Rufs.] Gerade aus diesem Grunde aber war es gut möglich, daß er sich, was die Sache der Republikaner betraf, eher in Zurückhaltung üben würde. Ich kam gut mit ihm zurecht; er war realistischer und weniger redselig als Garret FitzGerald, der Vorsitzende der Fine Gael. Charles Haughey war ein zäher Verhandlungspartner, kompetent und politisch gewitzt; er machte sich wenig Illusionen und brachte den Briten gewiß wenig Sympathie entgegen. Im Mai hatte er mich in der Downing Street aufgesucht, und bei dieser Gelegenheit hatten wir in allgemeinen, freundlichen Worten die Situation in Nordirland erörtert. Immer wieder hatte er den – für mich wenig überzeugenden – Vergleich gezogen zwischen der Lösung, die ich für das Problem in Rhodesien gefunden hatte, und dem Ansatz, den man für die Bereinigung der nordirischen Frage suchen müsse. Ich bin mir nicht sicher, ob das nur irische Galanterie oder ein kalkuliertes Kompliment war. Außerdem überreichte er mir als freundliche Geste eine wunderschöne silberne Teekanne im georgianischen Stil. (Ihr Wert überstieg das bei offiziellen Geschenken festgesetzte Limit, weshalb ich sie am Ende meiner Amtszeit in der Downing Street zurücklassen mußte.) Als ich bei der Sitzung des Europäischen Rates in Luxemburg am 1. Dezember 1980 das nächste Mal mit Mr. Haughey sprach, stand für ihn der Hungerstreik im Vordergrund.

Die Hungerstreiks

Um den Hintergrund zu den Hungerstreiks zu versehen, muß man sich den »Sonderstatus« der verurteilten terroristischen Gefangenen in Nordirland ins Gedächtnis rufen, der 1972 als Zugeständnis an die IRA eingeführt worden war.[4] Dies stellte sich bald als großer Fehler heraus, und 1976 wurde der Status wieder abgeschafft. Verbrecher, die nach diesem Zeitpunkt wegen Terroranschlägen verurteilt wurden, erhielten die gleiche Behandlung und die gleichen Rechte in bezug auf Kleidung und Kontakte wie die übrigen Häftlinge. Doch rückwirkend wurde der Sonderstatus nicht aufgehoben, und deshalb gab es nach wie vor einige Häftlinge mit »Sonderstatus«, die in einem anderen Teil des Gefängnisses untergebracht und anders behandelt wurden als die anderen Terroristen. In den sogenannten H-Blocks der Vollzugsanstalt Maze, in denen die Terroristen einsaßen, hatte es laufend Proteste gegeben; dazu gehörte auch der »Dreckprotest«, bei dem die Zellen mit Kot beschmiert und Einrichtung zertrümmert wurde. Am 10. Oktober verkündeten einige Häftlinge, sie würden am Montag, dem 27. Oktober, in Hungerstreik treten, wenn nicht fünf Bedingungen erfüllt würden. Die wichtigsten dieser Bedingungen lauteten, daß sie ihre eigenen Kleider tragen, nach Belieben mit anderen »politischen« Häftlingen Kontakt aufnehmen und von der Gefängnisarbeit befreit würden.

Daraufhin fanden mehrere Gespräche auf Ministerebene statt, um herauszufinden, durch welche Zugeständnisse der Hungerstreik abgewendet werden könne. Instinktiv wehrte ich mich dagegen, einem solchen Druck nachzugeben, und eine Veränderung der Gefängnisvorschriften nach Beginn des Hungerstreiks war völlig ausgeschlossen. Es stand auch nie zur Diskussion, den terroristischen Häftlingen einen politischen Status zuzuerkennen. Der Chief Constable der Militärpolizei Nordirlands (RUC – Royal Ulster Constabulary) war der Ansicht, ein Einlenken vor Streikbeginn könne verhindern, daß es tatsächlich zu den im Zusammenhang mit dem Hungerstreik angedrohten Unruhen kam. Unserer Ansicht nach konnten die Zugeständnisse den Hungerstreik zwar nicht abwenden, aber wir wollten die Schlacht um die öffentliche Meinung gewinnen. Deshalb gestatteten wir allen Gefangenen – nicht nur den wegen Terrorakten Verurteilten –, »zivile« Kleidung (allerdings nicht ihre eigene) zu tragen, sofern sie sich entsprechend den Gefängnisvorschriften verhielten. Wie ich vorhergesehen hatte, verhinderten diese Zugeständnisse den Hungerstreik nicht.

Unbeteiligten dürfte diese Angelegenheit trivial erschienen sein,

doch sowohl die IRA als auch die britische Regierung waren sich
bewußt, daß es hier keineswegs um Nebensächlichkeiten ging. Die
IRA und die Häftlinge waren entschlossen, die Vollzugsanstalt
unter ihre Kontrolle zu bringen, und ihre wohldurchdachte Strategie bestand darin, die Gefängnisvorschriften allmählich auszu-
höhlen. Sinn und Zweck der geforderten Privilegien war nicht, die
Haftbedingungen zu verbessern, sondern die Macht der Gefäng-
nisverwaltung zu mindern. Zudem wollten sie – wie es ihnen ihrer
Ansicht nach bereits 1972 gelungen war – erreichen, daß ihre Verbrechen als »politische Akte« eingestuft wurden, wodurch die Kriminellen einen Anschein von Ehrenhaftigkeit, sogar Würde
erlangt hätten. Dies durften wir nicht zulassen. Vor allem hielt ich
an dem Prinzip fest, daß wir für die Dauer des Hungerstreiks keinerlei Zugeständnisse machen würden. Skrupellos und berechnend führte die IRA neben ihren Gewaltaktionen auch einen psychologischen Krieg, und man mußte ihnen auf beiden Ebenen Einhalt gebieten.

Je länger der Hungerstreik dauerte und je größer das Risiko
wurde, daß einer oder mehrere der Häftlinge starben, desto mehr
gerieten wir unter Druck. Als ich beim Treffen des Europäischen
Rats in Luxemburg am 1. Dezember 1980 mit Mr. Haughey
sprach, drängte er mich, eine Lösung zu finden, bei der die Streikenden ihr Gesicht wahren und den Hungerstreik abbrechen
konnten; allerdings war ihm sehr wohl bewußt, daß die Anerkennung eines politischen Status nicht zur Debatte stand. Ich erwiderte, die Regierung könne nicht ständig neue Angebote unterbreiten; alle Möglichkeiten zu Zugeständnissen seien erschöpft.
Außerdem glaubte ich nicht – weder damals noch später –, daß die
Beteiligten den Streik gegen den Willen der IRA-Führung abbrechen konnten, selbst wenn sie dies gewollt hätten. Ich war bereit,
unsere bisherigen Erklärungen zu wiederholen, aber es würde
keine weiteren Zugeständnisse geben, die unter Druck zustande
kamen.

Genau eine Woche später fand in Dublin das zweite britisch-irische Gipfeltreffen statt. Diese Konferenz brachte mehr Schaden
als Nutzen, denn entgegen meiner Gewohnheit hatte ich mich
nicht eingehend genug an der Formulierung des Kommuniqués
beteiligt. Deshalb übersah ich die Aussage, daß Mr. Haughey und

ich uns bei unserem nächsten Gespräch in London »besonders intensiv mit allen Aspekten der Beziehungen zwischen unseren beiden Ländern« befassen würden. Auf der folgenden Pressekonferenz sprach Mr. Haughey dann von einem Durchbruch in der Verfassungsfrage. Davon konnte natürlich keine Rede sein, doch nun war der Schaden geschehen, und die Unionisten reagierten wie der Stier auf das rote Tuch.

Die katholische Kirche war ein weiterer Faktor, der in Zusammenhang mit dem Hungerstreik berücksichtigt werden mußte. Am 24. November erklärte ich dem Papst bei einem Besuch in Rom persönlich die Lage. Wie er bereits im Vorjahr bei seinem Besuch in der Republik Irland deutlich gemacht hatte, brachte er für die Terroristen ebensowenig Verständnis auf wie ich. Nachdem der Vatikan Druck auf die irisch-katholische Priesterschaft ausgeübt hatte, gab sie eine Erklärung ab, in der sie die Häftlinge zu einem Abbruch des Hungerstreiks aufforderte, aber auch die britische Regierung drängte, »Flexibilität« zu zeigen. Die Verhandlungen über Zugeständnisse und Kompromisse wurden mit zunehmender Intensität fortgesetzt, bis sich immer deutlicher abzeichnete, daß einer oder mehrere Häftlinge sterben würden. Es war unmöglich vorherzusagen, wann der erste Todesfall eintreten würde. Am Donnerstag, dem 18. Dezember, verlor einer der Gefangenen das Bewußtsein, und daraufhin wurde der Hungerstreik abrupt abgebrochen. Später behauptete die IRA, sie hätten ihn aufgrund Zugeständnisse unsererseits beendet, doch das entspricht absolut nicht der Wahrheit. Mit dieser Aussage versuchte die IRA lediglich, ihre Niederlage zu beschönigen, uns in Verruf zu bringen und den Boden für weitere Protestaktionen zu bereiten, wenn wir die angeblichen Zugeständnisse nicht einhielten.

Ich hatte gehofft, daß damit die Hungerstreik-Taktik und auch alle anderen Gefängnisproteste ein Ende finden würden, doch das war nicht der Fall. Im Januar 1981 versuchten wir, einen Schlußstrich unter den »Dreckprotest« zu ziehen, und verlegten die Gefangenen in saubere Zellen. Doch innerhalb weniger Tage begannen sie erneut, die Wände zu beschmieren. Im Februar erfuhren wir, daß ein neuer Hungerstreik bevorstand. Den Anfang machte Bobby Sands, der IRA-Anführer in der Vollzugsanstalt Maze, am 1. März 1981; und nach und nach schlossen sich ihm andere Häftlinge an. Gleichzeitig wurde der »Dreckprotest« beendet, offenbar, um alle Aufmerksamkeit auf den Hungerstreik zu lenken.

Damit begann eine schwierige Zeit. Politisch war die IRA auf dem Vormarsch: Bei einer Nachwahl, die durch den Tod eines unabhängigen republikanischen Abgeordneten notwendig geworden war, wurde Sands in Abwesenheit zum Abgeordneten von Fermanagh and South Tyrone gewählt. Die SDLP verlor immer mehr politisches Terrain an die Republikaner. Die war ein Zeichen für die zunehmende Polarisierung in beiden Lagern – eines der Ziele, das die IRA verfolgte –, aber auch für die allgemeine Schwäche der SDLP-Abgeordneten. Es wurde behauptet, die IRA erwäge, ihre Terrorakte zu beenden und durch die Wahlurne an die Macht zu gelangen. Ich persönlich war nie dieser Meinung, doch die Tatsache, daß selbst einige meiner Berater dieser Ansicht glauben schenkten, beweist den zeitweiligen Erfolg der IRA-Propaganda.

In diesen Wochen trat der damalige Oppositionsführer Michael Foot mit der Bitte an mich heran, den Hungerstreikenden Zugeständnisse einzuräumen. Ich war erstaunt, daß dieser durch und durch ehrenwerte Mann eine solche Position vertreten konnte und hielt mit meinem Befremden nicht hinter den Berg. Ich erinnerte ihn daran, daß die Bedingungen in der Strafvollzugsanstalt Maze so gut wie kaum anderswo waren und weit über dem allgemeinen Standard der überfüllten britischen Gefängnisse lagen. Wir hatten dort sogar Verbesserungen vorgenommen, die weit über dem lagen, was die Europäische Menschenrechtskommission im Jahr zuvor empfohlen hatte. Ich warf Michael Foot vor, er habe kein Rückgrat. Ziel der inhaftierten Terroristen sei es, als »politische Häftlinge« anerkannt zu werden, und das durften sie nicht erreichen.

Bobby Sands starb am Dienstag, den 5. Mai. Dieses Datum war für mich persönlich von einiger Bedeutung, obwohl ich das damals noch nicht wußte. Von diesem Tag an stand ich an erster Stelle auf der Mordliste der IRA.

Bobby Sands Tod führte zu Aufständen und Gewalttaten, insbesondere in Londonderry und Belfast, und die Sicherheitskräfte gerieten immer mehr unter Druck. Man mag den Mut von Sands und den anderen Hungerstreikenden bewundern, doch für ihre mörderische Sache kann man kein Verständnis aufbringen. Wir hatten alles in unserer Macht Stehende getan, um sie zur Beendigung des Hungerstreiks zu bewegen.

Auch die katholische Kirche hatte sich bemüht. Mir war klargeworden, daß die Kirche im Unterschied zu mir Einfluß auf die Hungerstreikenden ausüben konnte. Deswegen tat ich mein Möglichstes, eine katholische Organisation (die ICJP – Irish Commission for Justice and Peace) einzuschalten in der Hoffnung, die Streikenden würden auf sie hören. Doch zum Dank für unsere Mühe wurde uns von der ICJP öffentlich vorgeworfen, wir hätten Vereinbarungen, die wir angeblich in unseren Gesprächen mit ihnen getroffen hätten, nicht eingehalten. Auch Garret FitzGerald, der Anfang Juli 1981 Mr. Haughey als Taoiseach (Premierminister) ablöste, wiederholte diese falsche Behauptung. Ich schrieb ihm, es sei irrig zu glauben, das Problem des Hungerstreiks ließe sich leicht lösen, sofern unsere Seite nur ein wenig mehr Flexibilität zeigen würde. Ziel des Gefangenenprotests sei es lediglich zu erreichen, daß die Häftlinge und nicht die Gefängnisleitung die Regeln in der Vollzugsanstalt diktierten.

Am Donnerstagabend, dem 2. Juli, sprach ich mit dem katholischen Primas von ganz Irland, Kardinal O'Fiaich, in der Downing Street. Ich hatte die – vergebliche – Hoffnung, er würde seinen Einfluß auf kluge Art nutzen. Kardinal O'Fiaich war kein schlechter Mensch, aber ein romantischer Republikaner, dessen nationalistische Gesinnung offensichtlich die Oberhand gewonnen hatte über seine christliche Pflicht, sich klar und deutlich gegen Terrorismus und Mord auszusprechen. Er glaubte nicht, daß die Hungerstreikenden Befehlen der IRA folgten, doch das überzeugte mich nicht. Er spielte die Forderung der Häftlinge nach einem »Sonderstatus« herunter, und der Grund dafür wurde mir bald klar. Er erklärte, Nordirland sei von Anfang an ein Betrug gewesen. Die Hungerstreikenden seien zutiefst davon überzeugt, daß sie für ein Vereinigtes Irland kämpften. Er fragte mich, wann die britische Regierung endlich anerkennen würde, daß die Existenz Nordirlands Unfrieden stifte. Die einzige Lösung bestünde darin, alle Iren der Herrschaft von Iren zu unterstellen, sei es nun in einem föderalen oder in einem zentralistischen Staat. Meine Antwort lautete, daß sich die britische Regierung politisch niemals für diese Lösung einsetzen würde, weil sie für die Mehrheit der nordirischen Bevölkerung unannehmbar sei. Die Grenze sei eine gegebene Tatsache. Alle, die ein vereinigtes Irland anstrebten, müßten erkennen, daß ein Ziel sich nicht gewaltsam durchsetzen ließe, wenn alle Überredungskunst gescheitert sei. Wir hielten mit unseren gegensätzlichen Meinungen nicht hinter den Berg, aber die Zusammenkunft war sehr lehrreich.

Im Bemühen, die Krise zu beenden, hatte ich mich gegen das Mittel der Zwangsernährung entschieden, denn ich konnte diese entwürdigende und gefährliche Praxis nicht billigen. Jeden Tag wurden den Hungerstreikenden drei Mahlzeiten angeboten; sie wurden ständig ärztlich betreut, und natürlich nahmen sie Wasser zu sich. Als sie das Bewußtsein verloren, hatten ihre nächsten Verwandten die Möglichkeit, den Ärzten Anweisung zu geben, sie intravenös zu ernähren. Ich hoffte, daß die Familien von diesem Recht Gebrauch machen und dadurch den Streik beenden würden. Nachdem schließlich zehn Häftlinge gestorben waren, kündigten einige Familien an, sie würden Schritte unternehmen, um den Tod ihrer Angehörigen zu verhindern, und am 3. Oktober erklärte die IRA den Streik für beendet. Daraufhin genehmigte ich weitere Zugeständnisse, was die Frage der Kleidung, den Kontakt mit anderen Insassen und Verlust des teilweisen Straferlasses betraf. Dennoch war das Ergebnis des Streiks eine vernichtende Niederlage für die IRA.

Allerdings hatte sich die IRA während der Streiks neu gruppiert und ihren Einfluß in der nationalistischen Bevölkerung verstärkt. Jetzt setzten sie auf Gewalt im größeren Stil, insbesondere in Großbritannien. Der schlimmste Vorfall war die Explosion einer IRA-Bombe am Montag, dem 10. Oktober, vor den Chelsea Barracks. Ein Bus mit Irish Guardsmen flog in die Luft, wobei ein Fußgänger getötet und zahlreiche Soldaten verletzt wurden. Die Bombe war mit 15 Zentimeter langen Nägeln gefüllt, um möglichst viel Schaden und schwere Verletzungen zu verursachen. Ich suchte rasch den Ort der Explosion auf und war ebenso entsetzt wie gebannt, als ich einen Nagel aus der Wand des Busses zog. Es wäre falsch, Menschen, die zu solchen Handlungen fähig sind, als Tiere zu bezeichnen: Kein Tier würde etwas Derartiges tun. Dann statte ich den in drei Londoner Krankenhäuser eingelieferten Verwundeten Besuche ab. Nach diesem Anschlag war ich mehr denn je davon überzeugt, daß die Terroristen isoliert, ihrer Unterstützung beraubt und bezwungen werden mußten.

Verhandlungen mit der Republik Irland

Nachdem Garret FitzGerald seine anfängliche Neigung aufgegeben hatte, die irische Öffentlichkeit gegen die britische Regierung einzunehmen, kamen wir gut miteinander aus – zu gut, könnte man angesichts der unionistischen Reaktion meinen, als wir nach einem Gipfel im November 1981 beschlossen, den etwas hochtrabend als »Anglo-Irish Inter-Governmental Council« bezeichneten interministeriellen Rat einzurichten. Letztlich wurden damit nämlich nur die bereits bestehenden Kontakte auf Ministerial- und Beamtenebene unter neuem Namen fortgesetzt. Garret FitzGerald sah sich gerne als kosmopolitischen Intellektuellen, der für die Mythen des irischen Republikanismus wenig übrig hatte, und er hätte die Verfassung und den Staat Irland gerne säkularisiert – auch, aber nicht nur, um den Norden in ein vereinigtes Irland einzubinden. Wie viele moderne Liberale überschätzte er leider seine Überzeugungskraft gegenüber seinen Kollegen und Landsleuten. Er war ebenso gesprächig, wie Charles Haughey zurückhaltend war, und hinter seiner weltgewandten Fassade reagierte er noch überempfindlicher auf vermeintliche Kränkungen als Mr. Haughey und neigte noch mehr als dieser dazu, die Bedeutung letztlich unwichtiger Themen hochzuspielen.

Es läßt sich schwer abschätzen, wie Garret FitzGerald auf die neuen Vorschläge reagiert hätte, die wir im Frühjahr 1982 unterbreiteten, um die Macht allmählich auf eine Northern Ireland Assembly (nordirische Versammlung) zu übertragen. Aufgrund der sehr wechselhaften irischen Politik war nämlich nun wieder Charles Haughey Taoiseach, und die Beziehungen zwischen Großbritannien und Irland kühlten stark ab. Der irische Premierminister lehnte unsere Vorschläge zur Devolution rundweg als »undurchführbar und falsch« ab, und in dieser Meinung wurde er von der SDLP bestärkt. Doch was mich am meisten verärgerte, war die völlig unkooperative Haltung, die die irische Regierung während des Falklandkriegs an den Tag legte.[5]

Kurz vor dem Ende des zweiten Hungerstreiks trat Jim Prior die Nachfolge von Humphrey Atkins als Staatsminister für Nordirland an; er betrachtete die Vorschläge in unserem Unterhausbericht mit weitaus mehr Optimismus als ich. Mein Referent Ian Gow lehnte die Initiative völlig ab, und ich teilte einige seiner Bedenken. Bevor der Unterhausbericht veröffentlicht wurde, ließ ich den Text umfassend überarbeiten und ein Kapitel über die Beziehungen mit der Republik Irland entfernen, in der Hoffnung, dadurch die Einwände der Unionisten zu entkräften. Zwar stimmte Ian Paisleys DUP den Vorschlägen zu, doch viele Befürworter der Integration in der Official Unionist Party standen ihnen sehr kritisch gegenüber. Als der Gesetzesentwurf im Mai dem Parlament vorgelegt wurde, stimmten zwanzig konservative Abgeordnete dagegen, und drei neue Mitglieder der Regierung traten zurück.

Wenn es das Ziel des Unterhausberichtes gewesen war, die Gemäßigten innerhalb des nationalistischen Bevölkerungsteils zu stärken, dann war der Versuch gescheitert. Bei den Oktober-Wahlen zur Northern Ireland Assembly errang Sinn Fein zehn Prozent und damit mehr als die Hälfte der Stimmen, die für die SDLP abgegeben wurden. Natürlich war dies vorwiegend auf die Vorgehensweisen und die negative Einstellung der SDLP selbst zurückzuführen, und dieses Verhalten setzten die Abgeordneten dieser Partei fort, als sie sich bei der Eröffnung der Assembly im folgenden Monat weigerten, ihre Plätze einzunehmen. Der Wahlkampf selbst wurde von einem starken Anstieg der religiös begründeten Morde begleitet.

Auch in Großbritannien war die IRA nach wie vor aktiv. Am Morgen des 20. Juli 1982 leitete ich gerade eine Sitzung des Wirtschafts-Komitees des Kabinetts, als ich hörte (und fühlte), daß in nicht allzu weiter Entfernung eine Bombe detonierte. Ich ließ sofort Erkundigungen einholen, setzte die Besprechung aber fort. Als ich im Lauf des Vormittags aus dem Fenster sah, fiel mir auf, daß die Horse Guards nicht zur Parade erschienen waren. Schließlich erfuhren wir, was passiert war, und die Nachricht war noch schlimmer als befürchtet. Zwei Bomben waren kurz nacheinander im Hyde Park und im Regent's Park explodiert, wobei der Anschlag im ersten Fall der Household Cavalry galt, im zweiten

der Kapelle der Royal Green Jackets. Bei dem verheerenden Blut-
bad gab es acht Tote und 53 Verletzte. Am nächsten Tag besuchte
ich die Opfer im Krankenhaus und erfuhr aus erster Hand von den
Ereignissen.

Als im Dezember 1982 wieder Garret FitzGerald das Amt des
Taoiseach antrat, bot sich uns die Gelegenheit, die bilateralen
Beziehungen zu verbessern und die Republik zu drängen, in punc-
to Sicherheit mehr zu unternehmen. Doch ich hatte Bedenken,
Irland den Gang der Dinge bestimmen zu lassen: Dr. FitzGerald
brachte ebensowenig Verständnis für die Empfindlichkeiten der
Unionisten auf wie Mr. Haughey, während ich bereits aus Erfahrung wußte, welche übertriebene Bedeutung sowohl die Nationalisten als auch die Unionisten selbst belanglosen Zusicherungen
über eine anglo-irische Zusammenarbeit beimaßen.

Anläßlich der Stuttgarter Tagung des Europäischen Rats im Juni
1983 sprach ich auch mit Dr. FitzGerald. Ich war ebenso besorgt
wie er darüber, daß Sinn Fein Anhänger auf Kosten der SDLP
gewann. Sowenig zugkräftig die SDLP-Politiker auch sein mochten – zumindest seit dem Austritt des mutigen Gerry Fitt –, stellten
sie doch die Hauptvertreter der Minderheit und eine Alternative
zur IRA dar. Deswegen mußten sie hofiert werden. Aber Dr. Fitz-
Gerald hatte keine Vorschläge zur Hand, wie man die SDLP dazu
bewegen könne, an der Northern Ireland Assembly teilzunehmen,
und ohne ihre Beteiligung war das ganze Unterfangen sinnlos. Er
drängte mich, in offizielle Gespräche über die künftige Zusammenarbeit einzuwilligen.

Meiner Ansicht nach gab es wenig Grundlage für solche Verhandlungen, doch ich ging auf den Vorschlag ein. Die Hauptbetei-
ligten bei diesen Beratungen waren Robert Armstrong und sein irischer Amtskollege Dermot Nally. Im Verlauf des Sommers und
Herbstes 1983 trat Irland mit einer Reihe informeller Angebote an
uns heran, die einander widersprachen oder unklar waren. Ganz
offensichtlich herrschte Uneinigkeit in Dr. FitzGeralds Regierung.
Die Iren unterbreiteten uns mehrmals und in unterschiedlicher
Form das Angebot, Artikel 2 und 3 der irischen Verfassung abzuän-
dern, in denen die Republik die Oberhoheit über Nordirland beansprucht. Unsere Skepsis, ob sie dieses Versprechen tatsächlich erfüllen konnten, wurde immer größer, denn dies hätte ein Referendum

und eine Spaltung der irischen Regierung bedeutet. Zudem hegten wir berechtigte Zweifel über Behauptungen, die SDLP würde sich in Zukunft kooperativer verhalten. Was die Frage der Sicherheit betraf, stellten die Iren eine bessere Zusammenarbeit in Aussicht, sprachen sich aber auch für eine direkte Beteiligung der irischen Polizei (der Garda) und möglicherweise der irischen Armee in Nordirland aus sowie für eine Mitwirkung des Südens an den Gerichten in Ulster. Dann wieder traten sie nachdrücklich für einen weiteren Versuch zur Devolution ein und schienen überraschenderweise dazu bereit, eine erneute Herrschaft der protestantischen Mehrheit als Möglichkeit in Erwägung zu ziehen.

Die meisten dieser Ideen waren undurchführbar, denn auf die eine oder andere Art setzten sie eine gemeinsame Oberhoheit Großbritanniens und Irlands über Nordirland voraus. Außerdem verabscheute ich diese Art von Tauschgeschäften im Zusammenhang mit Fragen der Sicherheit. Meines Erachtens war es von Grund auf falsch, die Zusammenarbeit bei der Verfolgung von Kriminellen und der Verhinderung von Morden zu verweigern, um damit einen politischen Vorteil herauszuschlagen. Doch die irische Seite hatte eine andere Einstellung zu diesem Thema.

Mit meiner Zustimmung wurden die Gespräche zwischen den beiden Seiten fortgesetzt, auch vor dem Hintergrund, daß es politisch gefährlich sein konnte, den Anschein zu erwecken, man stünde neuen Vorschlägen negativ gegenüber. Das bedeutete wiederum, daß ich dem sogenannten »New Ireland Forum« der Republik in gewisser Weise Rechnung tragen mußte. Dieses Forum war ursprünglich ins Leben gerufen worden, um die SDLP bei den Parlamentswahlen von 1983 zu unterstützen, doch mittlerweile benutzte Garret FitzGerald es als Sondierungsgruppe für »Gedanken« über die Zukunft Nordirlands. Doch da die unionistischen Parteien die Teilnahme an dem Forum verweigerten, stand von vornherein fest, daß es am Ende auf ein vereinigtes Irland hinauslaufen würde. Da ich fürchtete, daß diese Versammlung nord- und südirischer Nationalisten internationale Anerkennung für Bestrebungen zur Auflösung der Union gewinnen könnte, betrachtete ich sie mit größtem Argwohn.

Der Hintergrund des anglo-irischen Abkommens (1983–1985)

Am Morgen des 7. November 1983, einem Montag, traf ich in Chequers mit Garret FitzGerald zu unserem zweiten bilateralen Gipfel zusammen. Die Ergebnisse dieses Gesprächs waren relativ bescheiden. Die Iren hatten Schwierigkeiten zu begreifen, daß eine gemeinsame Oberhoheit über Ulster absolut nicht zur Diskussion stand. Nachdem die irische Delegation abgereist war, besprach ich mich mit meinen Ministern und Regierungsbeamten. Meines Erachtens war es jetzt notwendig, daß wir eigene Vorschläge einbrachten, und ich beauftragte Robert Armstrong, ein Papier mit den diesbezüglichen Möglichkeiten zu entwerfen. Dabei legte ich großen Wert auf Geheimhaltung, denn wenn etwas durchgesickert wäre, hätte das die Erfolgsaussichten einer neuen Initiative von vornherein zunichte gemacht. Bei diesem Gespräch wurde unserer Ansicht nach der Keim für das spätere anglo-irische Abkommen gelegt.

Am Sonntag, dem 20. November, fielen in der Versammlungshalle der Pfingstbewegung in Darkley in der Grafschaft Armagh mehrere Gläubige dem entsetzlichen Anschlag der Irish National Liberation Army (INLA) [A.d.Ü.: eine paramilitärische republikanische Organisation in der Republik Irland] zum Opfer. Diese Morde verdeutlichten erneut, wie nötig die Unterstützung der Iren in Sicherheitsfragen war. Trotz aller schönen Worte des Taoiseach über die Notwendigkeit, den Terrorismus zu bezwingen, weigerte sich der irische Justizminister, gemeinsam mit Jim Prior über eine Zusammenarbeit in Sicherheitsfragen zu sprechen. Und auch der Kommissar der Garda lehnte es ab, sich mit dem Chief Constable der RUC an einen Tisch zu setzen.

Dann ereignete sich ein erneuter Anschlag der IRA in England. Nach dem Mittagessen am Samstag, dem 17. Dezember, fuhr ich von Chequers nach London zu einem Weihnachtskonzert in der Royal Festival Hall. Dort erhielt ich die Nachricht, daß direkt vor dem Kaufhaus Harrods eine Autobombe explodiert war. Ich verließ das Konzert bei der ersten sich bietenden Gelegenheit und suchte den Tatort auf. Als ich dort eintraf, waren die meisten Toten und Verwundeten bereits abtransportiert worden, doch ich werde

nie den Anblick des verkohlten Leichnams eines jungen Mädchens
vergessen, das am Boden vor dem Schaufenster lag, gegen das es
geschleudert worden war. Selbst nach den Maßstäben der IRA
war dies ein besonders brutaler Anschlag. Fünf Menschen kamen
ums Leben, darunter zwei Polizisten. Einer der Toten war ein Amerikaner, und diese Tatsache allein hätte den amerikanischen Sympathisanten der IRA die Augen über den wahren Charakter des irischen Terrorismus öffnen müssen.

Zweck der Bombe vor Harrods war, nicht nur die Regierung,
sondern die gesamte britische Bevölkerung einzuschüchtern. Die
IRA hatte das vornehmste Kaufhaus des Landes zur Zielscheibe
gewählt, und das zu einer Zeit, während sich in den Straßen Londons die Menschen drängten und in festlicher Stimmung ihren
Weihnachtseinkäufen nachgingen. Instinktiv hatte man das
Bedürfnis zu zeigen, daß man sich durch einen solchen Anschlag
nicht einschüchtern lassen würde. Denis war einer derjenigen, die
am folgenden Montag zu Harrods einkaufen gingen, um eben diese Entschlossenheit zu demonstrieren.

Zwei Tage nach dem Bombenattentat erfuhren wir, daß das irische Kabinett am folgenden Tag darüber beraten würde, ob Sinn
Fein südlich der Grenze verboten werden sollte. Sofort berief ich
eine Ministerrunde ein, um über unsere Reaktion zu beraten. Ein
Verbot der Partei durch die Iren würde natürlich einen ähnlichen
Beschluß unsererseits nach sich ziehen. Doch vorläufig kamen wir
zu dem Ergebnis, daß ein Verbot Sinn Feins keine direkte Auswirkung auf die Bekämpfung des irischen Terrorismus in Großbritannien haben und vermutlich zu Aufruhr und Gewalttätigkeiten in
Nordirland führen würde. Doch das irische Kabinett gab dieses
Vorhaben von selbst auf.

Am Heiligen Abend stattete ich Nordirland einen Besuch ab,
wobei ich mit Angehörigen der Sicherheitskräfte zusammentraf,
aber auch die Begegnung mit der Bevölkerung suchte. In der
Hauptstraße von Bangor, einem Badeort in der Grafschaft Down,
wurde ich von jubelnden Menschen fast erdrückt. Ich vergrößerte
meine rasch anwachsende Sammlung von Tyrone-Kristall, während Denis eine weitere Krawatte erwarb.

Zu Jahresende schienen die Aussichten für ein Abkommen in
der einen oder anderen Form relativ vielversprechend, doch die

Nagelprobe lag für mich in der Frage der Sicherheit. Allerdings waren die Voraussetzungen gar nicht so schlecht; die irische Regierung gab eine beachtliche Summe für Sicherheitsmaßnahmen aus – pro Kopf mehr als das Vereinigte Königreich. Außerdem war die Zusammenarbeit zwischen Dublin und London gut. Das eigentliche Problem lag in der grenzüberschreitenden Kooperation von Garda und RUC. Trotz unserer Hilfsbemühungen waren Ausbildung und Informationsauswertung der Garda nicht zufriedenstellend. Verstärkt wurden diese Schwierigkeiten durch persönliches Mißtrauen zwischen Angehörigen der Garda und der RUC. Unsere Absicht war, für diese Probleme Lösungen zu finden; einige davon setzten voraus, daß die Iren mehr Streitkräfte an der Grenze stationierten, während andere mehr eine Frage des politischen Willens waren. Die besten Aussichten in beiden Bereichen schien ein anglo-irisches Abkommen zu bieten, das das Interesse der Republik in den Angelegenheiten Nordirlands öffentlich anerkennen würde, ohne daß uns dadurch die Entscheidungsbefugnis genommen wurde. An diese Aufgabe machte ich mich nun.

Im Januar und Februar 1984 führte ich Gespräche, um die Lösungsmöglichkeiten zu erörtern. Die Iren machten sich für eine gemeinsame Polizei und sogar paritätisch besetzte Gerichte stark (bei denen irische und britische Richter auf einer Bank säßen), doch beide Vorschläge erweckten bei mir große Bedenken, und diese Zweifel verstärkten sich noch im Lauf der Zeit. Dr. FitzGerald favorisierte den Plan, die Garda solle nationalistische Gebiete wie den Westen Belfasts kontrollieren, doch das erschien in höchstem Maße unpraktikabel: Zum einen würde das bei den Unionisten Entsetzen hervorrufen, und zum anderen würden die Garda-Polizisten vermutlich sofort von der IRA erschossen. Was die gemeinsamen britisch-irischen Gerichte betraf, so hätten diese die Praxis der bislang in der Provinz Ulster geübten Rechtsprechung völlig in Frage gestellt. Mehrheitsentscheidungen von einem gemeinsamen Gericht hätten sich bei Terroristenprozessen als katastrophal erwiesen. Die gleichen Gegenargumente galten auch für den Vorschlag von »Dreiergerichten« in Ulster; dies war eine weitere von der irischen Seite favorisierte Option.

Wir kamen zu dem Schluß, unsere eigenen Vorschläge Anfang März zu unterbreiten. Robert Armstrong fuhr nach Dublin, um

unsere Ideen persönlich vorzutragen – Dokumente wurden erst zu
einem wesentlich späteren Zeitpunkt ausgetauscht. Unser Haupt-
gedanke war, eine gemeinsame Sicherheitskommission (Joint
Security Commission) zur Ausarbeitung von Vorschlägen ins
Leben zu rufen, zu denen möglicherweise gemeinsame polizeiliche
Überwachungsmaßnahmen in einer bestimmten Zone zu beiden
Seiten der Grenze gehörten; dabei war für uns das Element der
Gegenseitigkeit von großer Wichtigkeit. Außerdem waren wir
bereit, weitere Maßnahmen hinsichtlich des Strafrechts und einer
Regionalverwaltung in Nordirland in Erwägung zu ziehen.

Die Iren reagierten sofort und lehnten den Gedanken einer
Sicherheitszone rundweg ab, sprachen sich aber für weitere Verhandlungen aus. Im Mai legten sie einen Gegenvorschlag vor, der
nach wie vor auf dem Prinzip einer »gemeinsamen Oberhoheit«
beruhte, wobei sie unsere grundlegenden Einwände durch die Formulierung »gemeinsame Autorität« zu entkräften versuchten. Zu
keinem Zeitpunkt war ich bereit, in diesem Punkt nachzugeben,
aber Ende Mai beauftragte ich Robert Armstrong, ein Modell zu
entwickeln, das der irischen Republik eine Beraterfunktion in
Nordirland einräumte. Zudem gab ich eine Studie in Auftrag, die
sich mit einem völlig neuen Ansatz zur Lösung des Problems auseinandersetzen sollte: der Verlegung der bestehenden Grenze zwischen Nordirland und der Republik, die bislang entlang den Grenzen der alten irischen Grafschaften verlief. Mein Gedanke dabei
war, daß es politisch und sicherheitsmäßig vorteilhaft sein konnte,
die Ungereimtheiten zu beseitigen, falls unsere Gespräche mit den
Iren fruchtlos verliefen.

Im Lauf des Sommers zeichnete sich eine bedeutsame Entwicklung ab: Zum erstenmal zogen die Iren ausdrücklich in Erwägung,
Artikel 2 und 3 ihrer Verfassung zu ändern und die Einheit Irlands
nicht mehr als Anspruch, sondern nur noch als Bestreben zu
begreifen. Ich begrüßte diesen Vorstoß, denn meines Erachtens
konnte er dazu dienen, die Unionisten zu beschwichtigen. Doch es
war klar, daß die Iren im Gegenzug dafür viele Zugeständnisse
erwarten würden, und ich bezweifelte nach wie vor, daß ein Referendum zu dieser Frage das gewünschte Ergebnis zeitigen würde.
Insgesamt wurden mein Pessimismus und mein Argwohn durch
ihren Vorschlag eher noch verstärkt. Außerdem versuchten sie, zu

schnell zu viel zu erreichen. Die irische Seite bemühte sich nach wie vor um »gemeinsame Autorität« (und darauf waren später auch die Widersprüche zwischen ihrer und unserer Interpretation der Vereinbarungen des anglo-irischen Abkommens zurückzuführen). Diese Bedenken erläuterte ich Dr. FitzGerald in aller Deutlichkeit, als er mich am 3. September in der Downing Street aufsuchte.

Im September 1984 trat Jim Prior als Staatsminister für Nordirland zurück, um Vorsitzender der GEC zu werden. Als seinen Nachfolger berief ich Douglas Hurd in das Kabinett. Kurz darauf erweiterte ich den Kreis der Personen, die auf unserer Seite an den Gesprächen teilnahmen, um auch höhergestellte Beamte des Northern Ireland Office (NIO) einzubeziehen. Anfang Oktober hielten wir eine Sitzung mit Ministern und Beamten ab, bei der das zu erwartende Ausmaß der unionistischen Einwände zur Sprache kam; insbesondere wurde darauf hingewiesen, daß eine Änderung der Artikel 2 und 3 die Unionisten möglicherweise wenig beeindrucken würde. Man erklärte mir, ein »Streben nach Einheit« werde ihnen kaum weniger mißfallen als ein unverblümter Anspruch.

Zu dieer Zeit ereignete sich der Bombenanschlag der IRA auf das Grand Hotel in Brighton. Ich wollte nicht den Anschein erwecken, als würde ich mich an den Verhandlungstisch bomben lassen, und der Vorfall bestärkte mich nur in dem Gefühl, daß wir langsam vorgehen mußten. Außerdem befürchtete ich, dies könne der erste einer ganzen Reihe von Anschlägen sein, welche die Atmosphäre so sehr vergiften würde, daß an ein Übereinkommen nicht mehr zu denken wäre.

Ende Oktober und Anfang November bemühten wir uns um eine bessere Verhandlungsposition. Bei einem Besuch in Dublin erklärten Douglas Hurd und Robert Andrew (der Ständige Sekretär des NIO) den Iren, unserer Ansicht nach sei ein so ehrgeiziges Paket, welches eine Änderung der Artikel 2 und 3 beinhalte, zum Scheitern verurteilt. Ich hatte den Eindruck, daß es relativ bald zu einem Abbruch der Gespräche kommen könne.

Am Mittwoch, dem 14. November 1984, beraumte ich eine Sitzung von Ministern und Regierungsbeamten an, um die Lage zu erörtern. In der darauffolgenden Woche sollte ich zu einem der

regelmäßigen bilateralen Gipfel mit Garret FitzGerald zusammentreffen. Was mich erschreckte, war, daß es den irischen Vorschlägen nach wie vor an Realismus mangelte. Ich beschloß, bei dem
Gipfel meine Bereitschaft zu Fortschritten in der Zusammenarbeit
zu signalisieren, andererseits aber auch unmißverständlich klarzumachen, daß es keine »gemeinsame Autorität« geben könne.

Dies waren meine Anliegen, als ich am 18. und 19. November
mit Dr. FitzGerald in Chequers zusammentraf. Ich wollte ihm eine
Joint Security Commission vorschlagen (wobei die Entscheidung
über Sicherheitsfragen im nordirischen Einsatz in unserer Hand
bleiben würde), aber Dr. FitzGerald sprach nach wie vor von der
Notwendigkeit, daß die Minderheit »von Polizisten aus dem eigenen Bevölkerungsteil geschützt« werden müsse. Er beharrte noch
immer auf einer Teilung der Macht in der Northern Ireland Assembly als Voraussetzung für eine Teilnahme der SDLP, was angesichts
der Einstellung der Unionisten fast ebenso unrealistisch war wie
der Einsatz von republikanischen Polizeibeamten in Nordirland.
Wie erwartet, vertraten wir gegensätzliche Meinungen zu der Frage des irischen Wunsches nach »gemeinsamer Autorität«. Doch
ich stimmte einer Fortsetzung der Gespräche auf offizieller Ebene
zu.

Bei der anschließenden Pressekonferenz wurde ich auf die
Resultate des New Ireland Forum angesprochen, das einige
Monate zuvor einen Bericht veröffentlicht hatte, in welchem drei
»Optionen« für die zukünftige Regierung Irlands aufgezeigt wur-
den: Vereinigung, Konföderation und gemeinsame Autorität. Ich
ging diese Optionen durch und sagte, keine einzige käme in Frage.
Es schien sinnlos, sie als annehmbare Ansätze darzustellen, wenn
das Gegenteil der Fall war. Sofort ergoß sich ein Schwall irischer
Empörung über die Downing Street. In einer »persönlichen« Rede
vor seiner Partei attackierte mich Dr. FitzGerald und bezeichnete
meine Ausführungen – wie mir berichtet wurde – als »grundlose
Beleidigung«. Der irische Justizminister warnte unseren Botschafter, aufgrund der gegenwärtigen tiefen Krise in unseren Beziehungen werde die Sympathie der irischen Öffentlichkeit für die IRA
zunehmen und die Handlungsfähigkeit der irischen Regierung bei
der Bekämpfung des Terrorismus geschwächt.

Daher überraschte es mich, als der Taoiseach mich um eine ver-

trauliche Unterredung bat, als ich mich Anfang Dezember anläßlich des Treffens des Europäischen Rats in Dublin Castle aufhielt.
Wir führten ein kurzes Gespräch, in dem er mir eindringlich zu
verstehen gab, daß nach achthundert Jahren des Mißverständnisses äußerstes Feingefühl geboten sei. Am Ende dieser Zusammenkunft hatte ich das Gefühl, einen Einblick in jedes einzelne dieser
achthundert Jahre gewonnen zu haben.

Trotzdem wurden die Verhandlungen mit der irischen Seite
1985 während des ganzen ersten Halbjahrs fortgesetzt. Im Januar
willigten die Iren ein, auf der Grundlage der britischen Vorschläge
ein Abkommen auszuarbeiten, bei dem der Gedanke der Beraterfunktion die Forderung nach gemeinsamer Autorität ersetzte.
Doch immer häufiger sickerten von irischer Seite Gerüchte über
gemeinsame Gerichte und gemeinsames Vorgehen der Polizei
durch, was lediglich den Argwohn der Unionisten verstärkte.

Bei den Gesprächen über eine gemeinsame britisch-irische Körperschaft als Rahmen für die Beraterfunktion kam es laufend zu
Mißverständnissen und Meinungsverschiedenheiten. Auch wenn
eine Änderung von Artikel 2 und 3 nun offensichtlich nicht mehr
zur Debatte stand, forderten wir die Republik zu einer eindeutigen
Erklärung auf, mit der sie den Grundsatz anerkannte, daß eine
Vereinigung nur mit Zustimmung der nordirischen Mehrheit
zustande kommen könne. Wir hofften, eine solche Erklärung würde die Unionisten – soweit dies überhaupt möglich war –
beschwichtigen. Die Iren verlangten, daß die geplante gemeinsame Körperschaft weitaus mehr Einfluß in wirtschaftlichen und
sozialen Belangen haben müsse, als unsere Seite zu gewähren
bereit war. Auch die erhoffte Klarheit bei den Verbesserungen im
Sicherheitsbereich konnte nicht erzielt werden. Immer wieder
mußte ich die Verpflichtungen unserer Seite in unseren eigenen
Entwürfen, die mir vorgelegt wurden, herunterschrauben, ganz zu
schweigen von den Auflagen, die die irische Seite in das Abkommen aufgenommen sehen wollte. Wir mußten uns eine Rückzugs-
möglichkeit offenhalten für den Fall, daß die Vereinbarungen
nicht griffen. Anfang Juni bestand ich darauf, daß eine Möglichkeit zur Nachbesserung in das anglo-irische Abkommen eingebaut werden müsse und widersetzte mich weiterhin der Forderung
der Iren nach gemeinsamen Gerichten sowie den Wünschen der

SDLP nach radikalen Änderungen im Ulster Defence Regiment (UDR) und in der RUC.

Als ich beim Mailänder Treffen des Europäischen Rats am Morgen des 29. Juni 1985 mit Dr. FitzGerald zusammenkam, erklärte er sich im Namen der irischen Regierung bereit, eine öffentliche Erklärung abzugeben, die zum einen besagte, daß es ohne die Zustimmung der Bevölkerungsmehrheit in Ulster keine Veränderung im Status Nordirlands geben könne, und die zum anderen die Tatsache anerkannte, daß es diese Zustimmung nicht gab. Dr. FitzGerald willigte ein, zur Verbesserung der Sicherheit eine irische Sondereinheit im Bereich südlich der Grenze zu stationieren, und erklärte sich überdies bereit, die Europäische Konvention zur Terrorismusbekämpfung (ECST) zu unterzeichnen. Doch nach wie vor beharrte er auf gemeinsamen Gerichten sowie auf Veränderungen innerhalb der RUC und des UDR, was er eher als »vertrauensbildende Maßnahmen« denn als Teil des Abkommens selbst verstehen wollte. Außerdem schlug er eine umfassende Revision der Haftstrafen von Terroristen vor für den Fall, daß die Gewalt ein Ende fände. Inwieweit er diese Versprechen tatsächlich würde erfüllen können, war eine andere Frage, doch wie ich ihm mitteilte, waren seine Forderungen noch immer unrealistisch. Ich konnte die Möglichkeit gemeinsamer Gerichte lediglich in Erwägung ziehen, würde ihre Einrichtung aber niemals im voraus zusichern. Eine Revision der Haftstrafen war für mich völlig indiskutabel, und er beharrte auch nicht auf diesem Punkt. Ich warnte ihn, daß es zu einer heftigen Reaktion der Unionisten führen und die ganze Lage gefährden werde, sollte er gleichzeitig mit dem anglo-irischen Abkommen Maßnahmen zu polizeilicher Zusammenarbeit ankündigen.

Bei dieser Bemerkung geriet Dr. FitzGerald in Zorn. Falls es nicht gelinge, die Minderheit in Nordirland gegen die IRA einzunehmen, so erklärte er, werde Sinn Fein im Norden die Oberhand gewinnen und einen Bürgerkrieg entfesseln, der sich auf die Republik ausdehnen werde – wobei Oberst Gadaffi zur Unterstützung dieses Ziels Unsummen bereitstellen würde. Doch damit trieb er einen vernünftigen Einwand ins Absurde. Ich antwortete ihm, mir sei natürlich ebensosehr wie ihm daran gelegen, daß Irland nicht feindlichen und tyrannischen Mächten ausgeliefert werde, doch könne dies keineswegs Maßnahmen rechtfertigen, die unnötige Schwierigkeiten hervorrufen und von den Unionisten lediglich als Provokation empfunden würden.

Am Ende unseres Gesprächs hatte ich jedoch den Eindruck, als seien wir in Hinblick auf ein Abkommen ein gutes Stück vorangekommen, auch wenn noch einige Punkte offen waren. Da ich zudem wußte, daß bei den offiziellen Gesprächen Fortschritte erzielt worden waren, hielt ich einen erfolgreichen Abschluß nun durchaus für möglich. Dr. FitzGerald und ich sprachen sogar über Ort und Zeit der feierlichen Unterzeichnung des Abkommens.

Das anglo-irische Abkommen – und die Reaktionen (1985–1987)

Um 14.00 Uhr am Freitag, dem 15. November 1985, unterzeichneten Garret FitzGerald und ich das anglo-irische Abkommen auf Hillsborough Castle in Nordirland. Für beide Seiten waren die Vereinbarungen keineswegs völlig zufriedenstellend. In Artikel 1 des Abkommens wurde erklärt, daß jede Statusänderung Nordirlands nur mit Zustimmung der Mehrheit der nordirischen Bevölkerung möglich sei, und anerkannt, daß die Mehrheit im Augenblick keine Statusänderung wünsche. Ich glaubte, dieses umfassende Zugeständnis der Republik werde die Unionisten davon überzeugen, daß die Existenz der Union selbst nicht in Frage gestellt wurde. Ich hoffte, daß die Vertreter der Protestanten angesichts meiner allseits bekannten Einstellung zum irischen Terrorismus Vertrauen in meine Absichten haben würden. In diesem Punkt irrte ich mich. Andererseits verrechneten sich aber auch die Unionisten. Die Taktiken, mit denen sie gegen das Abkommen protestierten – Generalstreik, Einschüchterung, Liebäugeln mit zivilem Ungehorsam –, verschärften die angespannte Sicherheitslage und verringerten ihr Ansehen beim Rest der Bevölkerung des Vereinigten Königreichs.

Das Abkommen räumte der Regierung Irlands das Recht ein, Meinungen und Vorschläge zu zahlreichen Angelegenheiten in Nordirland vorzutragen, einschließlich des Sicherheitsbereichs. Andererseits wurde auch klargestellt, daß es keine teilweise Aufhebung der Oberhoheit des Vereinigten Königreichs geben würde. Die Entscheidungsbefugnis lag bei uns, nicht bei den Iren. Unsere einzige Verpflichtung bestand darin, die Möglichkeit gemeinsamer Gerichte in Erwägung zu ziehen. Falls es für Nordirland eine Devolution geben würde – und durch das Abkommen waren wir verpflichtet, auf dieses Ziel hinzuarbeiten –, dann würden jene der nordirischen Regierung übertragenen politischen Entscheidungsbereiche der Anglo-Irish Inter-Governmental Conference aus der Hand genommen werden. (Bei der auf die Unterzeichnung folgende Pressekonferenz bewies Garret FitzGerald Mut und erkannte diese Implikation des Abkommens öffentlich an.) Das Abkommen selbst sollte nach einer Frist von drei Jahren überarbeitet werden oder früher, sofern eine der beiden Regierungen dies verlangte. Zudem erklärte der Taoiseach, seine Regierung beabsichtige die ECST baldmöglichst zu unterzeichnen.

Von wirklichem Interesse war nun die Frage, ob das Abkommen tatsächlich zu mehr Sicherheit führen würde. Natürlich würde der starke Widerstand der Unionisten ein Hindernis darstellen. Andererseits war die internationale Reaktion – insbesondere der Vereinigten Staaten, was für uns besonders wichtig war – sehr positiv. Vor allem jedoch hofften wir nun auf größere Kooperation von seiten der irischen Regierung sowie der Sicherheitskräfte und Gerichte Irlands. Wenn sich die Zusammenarbeit wirklich verbesserte, dann konnten wir das Abkommen als Erfolg verbuchen. Das würde jedoch erst die Zeit erweisen.

Allerdings gab es eine Person, die nicht bereit war, die Ergebnisse des Abkommens abzuwarten. Ich bemühte mich, Ian Gow vom Rücktritt abzuhalten, doch er bestand darauf, sein Amt als Schatzkanzler zur Verfügung zu stellen. Das war ein persönlicher Schlag für mich, aber erfreulicherweise litt die Freundschaft zwischen uns und unseren Familien kaum darunter. Ian war einer der sehr wenigen Menschen, die meine Regierung aus Prinzipientreue verließen. Dafür achtete ich ihn in dem gleichen Maße, in dem ich seine Haltung kritisierte.

Gegen Jahresende war ich sehr beunruhigt über die Reaktion der Unionisten, deren Heftigkeit alle Vorhersagen übertraf. Einer ihrer gewählten politischen Führer, Ian Paisley, agierte bei der Massenbewegung gegen das Abkommen an vorderster Front.

Weitaus besorgniserregender war jedoch die Tatsache, daß hinter ihm und anderen Anführern wesentlich unnachgiebigere und bedrohlichere Gestalten standen, die die Grenze zwischen zivilem Ungehorsam und Gewalt nur allzu leicht überschreiten konnten. Bei einer Zusammenkunft mit Dr. FitzGerald am Morgen des 3. Oktober in Luxemburg wies ich darauf hin, wie wichtig es sei, daß wir möglichst bald praktische Ergebnisse des Abkommens vorweisen konnten, insbesondere was die Zusammenarbeit in Fragen der Sicherheit, den Beitritt Irlands zur ECST und eine kooperative Haltung der SDLP zur Devolution betraf. Doch ich hatte den Eindruck, daß er weder damals noch später begriff, wie wichtig es war, die unionistische Mehrheit zu einer Unterstützung oder zumindest einer stillschweigenden Duldung unserer Maßnahmen zu bewegen.

Kurz vor der Unterzeichnung des Abkommens war Tom King Staatsminister für Nordirland geworden. Anfangs stand Tom dem Abkommen mit großer Skepsis gegenüber – wenige Wochen nach seinem Amtsantritt hatte er gar in einem Schreiben an mich seiner Überzeugung Ausdruck verliehen, das Abkommen begünstige vor allem die irische Seite. Später jedoch änderte er seine Meinung und zeigte sich dann optimistischer. Wir waren beide der Ansicht, daß die politisch vorrangige Aufgabe nun darin bestand, die Unterstützung zumindest einiger unionistischer Führer und jener breiteren unionistischen Bevölkerungskreise zu gewinnen, die meiner Meinung nach mehr Verständnis für unsre Ziele aufbrachten. Ich war davon überzeugt, daß die Menschen, denen ich bei meinen Besuchen in Nordirland begegnete, keine Zweifel daran hegten, wie sehr mir ihre Sicherheit und Freiheit am Herzen lag. In dieser Ansicht fühlte ich mich bestätigt, als ich am Mittwoch, dem 5. Februar 1986, Angehörige des protestantischen Bevölkerungsteils aus der nordirischen Geschäftswelt zum Lunch in der Downing Street empfing. Ihrer Meinung nach hielten viele Menschen in Nordirland Arbeitslosigkeit, Wohnungsnot und Schulwesen für die dringlichsten Probleme – also genau die gleichen Themen, die auch in Großbritannien im Vordergrund standen. Zudem verstärkte sich mein Eindruck, die Schwierigkeiten in der nordirischen Politik rührten nicht zuletzt daher, daß immer weniger Persönlichkeiten von Format das Bedürfnis verspürten, sie mitzugestalten.

Am Morgen des 25. Februar, einem Dienstag, empfing ich Jim Molyneaux und Ian Paisley in der Downing Street. Ich sagte ihnen, daß sie meiner Meinung nach die Vorteile des Abkommens unterschätzten, nämlich die Bestätigung des Status von Nordirland innerhalb des Vereinigten Königreichs sowie die Aussicht auf bessere Zusammenarbeit bei den Sicherheitsmaßnahmen im Grenzbereich. Ich äußerte Verständnis für ihre Verbitterung darüber, daß sie während der Verhandlungen über das Abkommen nicht konsultiert worden seien, und forderte sie auf, ein Modell zu entwickeln, das ihnen in Zukunft eine Beraterfunktion einräumte, wobei sich diese nicht lediglich auf die in der Anglo-Irish Inter-Governmental Conference abgesprochenen Bereiche beschränken würde. So könne etwa die Sicherheitsfrage ebenfalls mitaufgenommen werden. Außerdem bekundete ich unsere prinzipielle Bereitschaft zu einer Konferenz am runden Tisch mit den nordirischen Parteien, auf der man ohne jede Vorbedingung die Möglichkeiten einer Devolutin erörtern könne. Und drittens seien wir dazu bereit, uns mit den unionistischen Parteien über die Zukunft der bestehenden Northern Ireland Assembly und die Vorgehensweise Westminsters bei nordirischen Angelegenheiten zu beraten. Ich machte deutlich, daß ich nicht einmal einer zeitweiligen Aussetzung des anglo-irischen Abkommens zustimmen würde, aber bei der Umsetzung des Abkommens werde man »behutsam« vorgehen. Meine Gesprächspartner schienen diese Überlegungen zu akzeptieren. Anschließend warnten ich vor dem Schaden, den der für den 3. März in Nordirland angekündigte Generalstreik verursachen würde. Ian Paisley erwiderte, er und Jim Molyneaux wüßten nichts von derartigen Plänen, und sie würden eine Entscheidung erst fällen, wenn sie die Ergebnisse unserer Unterredung ausgewertet hätten. Ich betrachtete unsere Begegnung als einen Erfolg. Doch nachdem die beiden am folgenden Tag ihre Anhänger in Nordirland konsultiert hatten, sprachen sie sich für den Streik aus.

Die SDLP zeigte ebenfalls wenig Kooperationsbereitschaft. Am Nachmittag des 27. Februar empfing ich John Hume (den Vorsitzenden der SDLP) in meinem Büro im Unterhaus. Ich drängte darauf, daß die SDLP die Sicherheitskräfte öffentlich stärker unterstützten solle, stieß aber mit diesem Anliegen auf taube Ohren. John

SCHATTEN DER GEWALT 573

Hume schien mehr daran interessiert, auf Kosten der Unionisten Stimmen zu gewinnen. Einige Tage später bat ich Garret FitzGerald in einem Brief, sein möglichstes zu tun, um die SDLP zu einer vernünftigeren und staatsmännischeren Haltung zu bewegen.

Doch mittlerweile gossen Dr. FitzGerald und seine Kollegen in Dublin selbst Öl in die Flammen, indem sie in öffentlichen Ansprachen die Machtbefugnisse, die die Iren durch das Abkommen angeblich gewonnen hätten, hochspielten. Natürlich bewirkten sie damit genau das Gegenteil dessen, was sie beabsichtigten. Und obwohl wir den Iren detaillierte Kritikpunkte und Vorschläge unterbreiteten, konnten wir sie nicht dazu bewegen, die notwendigen Verbesserungen bei ihren Sicherheitsmaßnahmen durchzuführen. Auch die juristischen Institutionen Irlands erwiesen sich als wenig kooperativ. So schickten sie den Antrag zur Auslieferung von Evelyn Glenholmes sowie den Haftbefehl, der wegen des Verdachts terroristischer Aktivitäten gegen ihn erlassen worden war, an uns zurück, unter anderem mit der Begründung, es fehle ein Satzzeichen.

Garret FitzGeralds Regierung stand unter wachsendem Druck. Unseren Vorhaltungen zum Trotz hielt er seine Zusage, den Beitritt Irlands zur ECST im Parlament durchzusetzen, nicht ein. Seine Partei bildete nun eine Minderheitsregierung und sah sich zur Übernahme der Forderung gedrängt, wir müßten erst glaubhafte Beweise vorlegen, bevor Auslieferungen an das Vereinigte Königreich genehmigt werden könnten. Dies hätte die Schwierigkeiten bei Auslieferungsanträgen nur noch verstärkt und frühere Schwierigkeiten, die durch eine richterliche Entscheidung in Irland behoben worden waren, wieder aufleben lassen. Dr. FitzGerald ließ uns wissen, daß er dem Druck standhalten werde, doch schon bald stellte sich heraus, daß er dafür eine Gegenleistung von uns erwartete. Nach seinem Wunsch sollten wir bei Verfahren gegen Terroristen in Nordirland Gerichte mit drei Richtern einsetzen. Im Anschluß an eine Zusammenkunft mit dem Taoiseach in Dublin erstellte Tom King ein Papier, das diesen Vorschlag unterstützte; auch bei Geoffrey Howe und Douglas Hurd fand der Gedanke Anklang. Doch die Anwälte waren entsetzt, und ich teilte ihre Meinung. Meines Erachtens sprach nichts für ein Gericht mit drei Richtern, und zudem wollte es mir nicht einleuchten, warum wir

Zugeständnisse machen sollten, damit die irische Regierung ihre Verpflichtung erfüllte. Anfang Oktober 1986 wurde der Vorschlag bei einer Ministerrunde zurückgewiesen.

Schließlich gelang es Dr. FitzGerald, das Gesetz im Parlament durchzubringen – allerdings unter der Bedingung, daß es erst in Kraft treten würde, wenn das irische Parlament ein Jahr später eine weitere Entschließung verabschiedet habe. Das bedeutete nur, daß die Schwierigkeiten in die Zukunft verlegt wurden. Bald darauf, im Januar 1987, stürzte seine Koalitionsregierung, und nach den folgenden Parlamentswahlen übernahm Charles Haughey wieder das Amt des Taoiseach. Das verhieß weitere Schwierigkeiten. Mr. Haughey und seine Partei hatten sich gegen das Abkommen ausgesprochen, obwohl er nun offiziell erklärte, er sei bereit, seinen Teil zur Umsetzung des Abkommens beizutragen. Allerdings wußte ich, daß er sich mit den Vereinbarungen weit weniger identifizierte als sein Vorgänger, und vermutete, daß er mehr als dieser dazu breit war, den pro- republikanischen Bestrebungen im Süden das Wort zu reden.

Zudem hatte sich die Sicherheitslage in der Provinz verschlechtert. Ein Bericht George Youngers über die Stärke der IRA nördlich und südlich der Grenze überzeugte mich davon, daß man eine neue Offensive gegen sie starten müsse. Die Zahl der Gewalttaten, insbesondere gegen Angehörige der Sicherheitskräfte, stieg weiter an, und die Zusammenarbeit diesseits und jenseits der Grenze war nach wie vor ineffektiv. Als der französische Zoll im Oktober die *Eksund* mit einer Ladung libyscher Waffen an Bord abfing, erhielten wir die Bestätigung unserer geheimdienstlichen Informationen über das Ausmaß der Waffenlieferungen an die IRA.

Anschläge der IRA und zusätzliche Sicherheitsmaßnahmen (1987–1990)

Auf dem Empfang, der im Anschluß an den Gottesdienst zum Gedenktag des Waffenstillstands am Ehrenmal für die Gefallenen der beiden Weltkriege in London stattfand, erhielt ich die Nachricht, daß in Enniskillen in der Grafschaft Fermanagh eine Bombe explodiert war. Sie war nur wenige Meter vom Kriegerdenkmal der Stadt in einem alten Schulhaus deponiert worden und hatte einen Teil des Gebäudes, in dem sich eine Menschenmenge zu einem Gottesdienst versammelt hatte, zum Einsturz gebracht. Es gab elf Tote und über sechzig Verletzte. Eine Vorwarnung war nicht erfolgt.

Am nächsten Tag (Montag, den 9. November) empfing ich eine Delegation, der Jim Molyneaux, der Abgeordnete Ken Maginnis und Einwohner von Enniskillen angehörten. Sie sprachen sich für eine drastische Verbesserung der Sicherheitsmaßnahmen aus und forderten zu diesem Zweck eine Aufhebung des fünfzigprozentigen Straferlasses, der verurteilten inhaftierten Terroristen zustand,[6] ein Verbot von Sinn Fein, eine Verschärfung der Grenzkontrollen, die Abschaffung des »Rechts auf Aussageverweigerung« (der Bestimmung, daß die Weigerung, Fragen zu beantworten, vor Gericht nicht als Schuldgeständnis interpretiert werden darf) und eine Wiedereinführung der Internierung.[7] Auch ich war von der Notwendigkeit einer erneuten Überprüfung der Sicherheitsmaßnahmen überzeugt und hatte bereits entsprechende Schritte eingeleitet. Ob dabei brauchbare Vorschläge erarbeitet wurden, blieb abzuwarten.

Um der Bevölkerung meine persönliche Anteilnahme zu demonstrieren, flog ich am Sonntag, dem 22. November, nach Nordirland, um an einem Gedenkgottesdienst zum Tag des Waffenstillstands in der St. Martin's Cathedral in Enniskillen teilzunehmen. Es war ein kalter, nasser Tag. Nach dem Gottesdienst sprach ich kurz mit den Hinterbliebenen, unter anderem mit Mr. Gordon Wilson, dessen Tochter Marie bei der Explosion ums Leben gekommen war. Er hatte den Mördern öffentlich vergeben, und dies mit Worten, die alle, welche sie vernahmen, bewegen oder vielleicht auch beschämen mußten.

Von nun an treten bei meiner Politik gegenüber Nordirland und der Republik immer stärker die erforderlichen Schritte zur praktischen Verbesserung der Sicherheitslage (die nach jeder neuen Tragödie überprüft wurde) in den Vordergrund. Im Laufe der Zeit zeigte sich, daß die umfassenden Fortschritte ausblieben, die ich mir durch größere Unterstützung von seiten der nationalistischen Minderheit in Nordirland oder der irischen Regierung und Bevölkerung bei der Bekämpfung des Terrorismus erhofft hatte. Nur auf

internationaler Ebene hatte das Abkommen zu merklichen
Erleichterungen bei der Handhabung des Nordirland-Problems
geführt. Widerstrebend kam ich zu dem Schluß, daß man dem Terrorismus mit wirkungsvolleren Anti-Terror-Maßnahmen die Stirn
bieten müsse und wir im Kampf gegen den Terrorismus mehr oder
weniger allein standen, da die Iren es bei politischen Gesten
beließen.

Dennoch drängte ich Irland weiterhin zu gangbaren Vereinbarungen für die Auslieferung von Terroristen, die im Verdacht standen, auf dem Territorium des Vereinigten Königreichs Straftaten
begangen zu haben. Wie vorherzusehen gewesen war, zeigte die
Regierung Haughey wenig Bereitschaft, das Auslieferungsgesetz
zu bestätigen, das Dr. FitzGerald am Ende seiner Amtszeit
beschlossen hatte, ohne dafür eine Gegenleistung zu erwarten.
Zunächst wurde an uns die bekannte Bitte um Gerichte mit drei
Richtern herangetragen. Bald darauf forderten die Iren, unser
Erster Kronanwalt solle seinem irischen Kollegen eine Erklärung
zukommen lassen, in dem er sich verpflichtete, nur auf der Grundlage ausreichender Beweise Anklage zu erheben. Diese Erklärung
sollte von den irischen Gerichten überprüft werden. Dies stellte
eine unannehmbare Forderung dar, die wir zurückwiesen. Als Folge davon wurden in Irland neue Gesetze beschlossen, die Auslieferungen für längere Zeit völlig unmöglich machten.

In der Zwischenzeit waren wir bei der Überprüfung der Sicherheitsmaßnahmen zu einer Reihe von Schlußfolgerungen gelangt.
Ein wesentliches Ergebnis war die Empfehlung einer erneuten Stationierung der Armee, deren Aufgabe es sein sollte, gegen Terroristen gerichtete Operationen zu unterstützen und in Grenzregionen
zu patrouillieren. Aus Gründen der Höflichkeit informierte ich im
Januar 1988 Mr. Haughey schriftlich über unseren Entschluß.
Doch bald stellte sich heraus, daß eine weitaus umfassendere Revision der Sicherheitsmaßnahmen notwendig war und daß wir dabei
keinerlei Unterstützung von irischer Seite erwarten durften.

Am Sonntag, dem 6. März, wurden in Gibraltar drei irische Terroristen von unseren Sicherheitskräften erschossen. Es bestand
nicht der mindeste Zweifel an der Identität oder den Absichten der
Terroristen. Entgegen späteren Berichten hatten sich die spanischen Stellen äußerst kooperativ gezeigt. Das Begräbnis der Terro-

risten fand auf dem Friedhof Milltown in Belfast statt. Angesichts der mehrere tausend Teilnehmer hätte man den Eindruck gewinnen können, daß diese Leute Märtyrer und keine potentiellen Mörder gewesen sein mußten. Die Spirale der Gewalt eskalierte immer weiter. Ein Bewaffneter eröffnete das Feuer auf die Trauergäste, wobei drei Menschen ums Leben kamen und 68 verletzt wurden. Ich nahm an dem Begräbnis von zwei dieser Trauergäste teil, und dieses Ereignis blieb mir als das entsetzlichste Erlebnis in Nordirland während meiner Amtszeit in Erinnerung.

Niemand, der im Fernsehen die Filmsequenz sah, in der die beiden jungen, vom aufgebrachten republikanischen Mob umzingelten Soldaten aus dem Auto gezerrt, ausgezogen und gelyncht wurden, kann die Ansicht vertreten, daß Vernunft oder guter Wille jemals Gewalt ersetzen können, wenn es um den Terrorismus der IRA geht. Ich stand neben den Angehörigen unserer ermordeten Soldaten, als die Leichen nach Northolt zurückgebracht wurden; und ich werde nie die Bemerkung von Gerry Adams, dem Führer von Sinn Fein vergessen, der äußerte, daß ich noch viele andere Leichen auf diese Weise in Empfang nehmen würde. Ich konnte kaum glauben, daß die BBC sich anfänglich weigerte, der RUC die Filmsequenz auszuhändigen, die zur Verhaftung dieser Verbrecher hätte beitragen können. Später kam die Fernsehanstalt schließlich doch dieser Aufforderung nach. Ich wußte, daß die wichtigste Aufgabe für uns darin bestand, jedes uns zur Verfügung stehende Mittel auszuschöpfen, um die IRA zu bezwingen. Am selben Tag, als sich diese Tragödie ereignete, sagte ich zu Tom King, wir müßten ein Papier mit allen denkbaren Optionen erstellen. Kein einziges Mittel durfte ausgeschlossen werden.

Am Nachmittag des 22. März fand eine erste Unterredung statt. Die Möglichkeit, Trauerfeiern unter Polizeischutz zu stellen, wurde bereits geprüft. Ich sagte, die Sicherheitskräfte müßten alle notwendigen Schritte unternehmen, einschließlich flächendeckender Hausdurchsuchungen in nationalistischen Gegenden, um die Personen zu verhaften, die für den Mord an den Angehörigen der britischen Armee verantwortlich waren. Auch müßte man Maßnahmen diskutieren, um die Bedingungen für eine Aburteilung angeklagter Terroristen durch nordirische Gerichte zu verbessern — etwa DNA-Fingerabdrücke und Aufhebung des »Rechts auf Aussageverweigerung« sowie Vorkehrungen zur Beschlagnahmung der Gelder von Gruppen, die Gewalt ausübten oder unterstützten. Die Zusammenarbeit in Sicherheitsfragen beiderseits der Grenze sowie die Sicherheit an der Grenze selbst mußten verbessert werden. Zudem mußten wir die Anordnungen, in welchen Fällen die Sicherheitskräfte ihre Waffen zum Einsatz bringen konnten (die »gelbe Karte«), überdenken, weil sie möglicherweise zu restriktiv waren. Außerdem stellte ich fest, daß nun weitergehende Maßnahmen ins Auge gefaßt werden müßten. Auch über ein Verbot der Sinn Fein müsse nachgedacht werden. Wir müßten die Einführung selektiver Internierung erwägen, die sich als weitaus wirksamer erweisen würde, wenn sie gleichzeitig auch in der Republik durchgeführt würde. Ich fragte, ob vielleicht die Einführung von Personalausweisen in Nordirland zu einer besseren Überwachung der Bewegungen Verdächtiger beitragen könne. Sollten wir die Zahl der in Nordirland stationierten Soldaten erhöhen? Sollte die gegenwärtige Doktrin der sogenannten Vorherrschaft der Polizei revidiert werden, so daß die Kontrolle in Sicherheitsfragen auf die Armee überging? Konnten wir noch weitere Schritte unternehmen, um die Terroristen des »Lebenselixiers der Publicity« zu berauben – ein Ausdruck, der vom Obersten Rabbi stammte und den ich mit seiner Genehmigung verwendete, ohne seinen Urheber namentlich zu erwähnen. Im Laufe der Zeit mußten wir viele dieser Möglichkeiten aus dem einen oder anderen Grund über Bord werfen, doch ich hatte das Gefühl, es war meine Pflicht gegenüber den beiden Soldaten und ihren Familien, keine Maßnahme ungeprüft zu lassen, die möglicherweise das Leben anderer junger Menschen retten konnte.

Das ganze Frühjahr hindurch setzten wir unsere umfassende Revision der Sicherheitsfragen fort. Mr. Haughey erleichterte uns keineswegs die Aufgabe, in Nordirland Vertrauen und Stabilität wiederherzustellen, als er im April eine Rede in den USA hielt, die zu Erstaunen Anlaß gab. Darin führte er all seine Einwände gegen die britische Politik an und warf dabei die Entscheidung des Ersten Kronanwalts, nach dem »Stalker-Sampson-Report« über die RUC keine gerichtlichen Schritte einzuleiten,[8] in einen Topf mit der Entscheidung des Berufungsgerichts, den Berufungsantrag der sogenannten Birmingham Six[9] abzulehnen (als ob die britische

Regierung britischen Gerichten vorzuschreiben hätte, wie sie Rechtsprechung üben sollten). Im gleichen Atemzug erwähnte er dann noch den Tod der Terroristen in Gibraltar und andere Dinge. Andererseits ging er mit keiner Silbe auf die Gewalttaten der IRA und die Notwendigkeit einer grenzüberschreitenden Zusammenarbeit ein und deutete auch mit keinem einzigen Wort an, daß er sich dem anglo-irischen Abkommen verpflichtet fühle. Er wollte lediglich auf billige Art und Weise den amerikanischen Iren das Wort reden. Am 27. April sandte ich Mr. Haughey eine Protestnote, in der ich kein Blatt vor den Mund nahm. Ich machte ihm Vorhaltungen nicht nur wegen seiner Äußerungen in den USA, sondern auch wegen seiner mangelnden Bereitschaft zu Zusammenarbeit bei grenzüberschreitenden Sicherheitsmaßnahmen. Ich ließ mich auch nicht durch eine unbedachte Rede Geoffrey Howes beirren, in der er versicherte, er unterschätze nicht »den Schmerz, den die Iren in den vergangenen Monaten empfunden haben«; vielmehr teilte ich Mr. Haughey mit, daß normale Beziehungen mit Dublin erst dann wieder möglich seien, wenn ich eine Antwort auf meinen Brief erhalten hätte. Am 15. Juni traf schließlich ein kurzes, neutrales Antwortschreiben ein. Doch ich hatte den Eindruck, als hätten meine scharfen Zeilen durchaus Wirkung gezeitigt, denn vor meiner Zusammenkunft mit Mr. Haughey am Ende der Sitzung des Europäischen Rats in Hannover am 28. Juni erhielt ich ein langes Schreiben von ihm. Darin versicherte er mir mit markigen Worten, wie sehr er Terrorismus verabscheue, wiederholte, daß er zum anglo-irischen Abkommen stünde, und bot mir seine persönliche Unterstützung für die Zusammenarbeit in Sicherheitsfragen an. Doch aus dem Brief ging zudem hervor, gegen welche Widerstände wir antreten mußten, denn Mr. Haughey machte deutlich, daß der Gedanke eines vereinigten Irland sein Handeln bestimmte und daß er das anglo-irische Abkommen als Vorstufe zu diesem Ziel sah. Dieser Gedanke war für uns völlig indiskutabel.

Auf der Sitzung des Europäischen Rats in Hannover sprach ich das Thema der Zusammenarbeit in Sicherheitsfragen an, denn dieser Bereich war für mich weitaus wichtiger als alle persönlichen Differenzen. Ich sagte, Mr. Haughey hätte eingeräumt, daß ihm bei diesem Thema die öffentliche Meinung in Irland Schwierigkei-

ten bereite, doch hätte ich ebenfalls Schwierigkeiten, nämlich mit
Bomben, Gewehren, Explosionen, Menschen, die zu Tode geprü-
gelt wurden, und mit blankem Haß. Mittlerweile hatte ich den Tod
weiterer junger Angehöriger der Sicherheitskräfte miterleben
müssen. Wir wüßten, daß die Terroristen die Grenze überquerten,
um in der Republik ihre Operationen zu planen und Waffen zu
lagern, doch wir erhielten keine zufriedenstellenden geheimdienstlichen Informationen über ihre Bewegungen. Sobald sie die
Grenze zur Republik überschritten hätten, seien sie »verschwunden«. Praktisch alle anderen europäischen Länder arbeiteten im
geheimdienstlichen Bereich besser mit uns zusammen als die
Republik Irland. Falls die Schwierigkeiten eine Frage mangelnder
Ressourcen sei, dann seien wir dazu bereit, bei der Ausrüstung und
der Ausbildung zu helfen. Sollte es politisch schwer durchsetzbar
sein, unsere Unterstützung anzunehmen, so gäbe es andere Länder, die diese Arbeit leisten könnten. Dilettantismus sei hier jedenfalls fehl am Platz.

Mr. Haughey verteidigte die Leistungen der irischen Regierung
und der Sicherheitskräfte. Doch er konnte mich damit nicht überzeugen. Manchmal, so fuhr ich fort, fragte ich mich, ob Mr. Haughey bekannt sei, daß es in Irland die größte Konzentration von Terroristen auf der ganzen Welt mit Ausnahme des Libanon gäbe. Für
die Terroristen sei die Grenze so gut wie offen. Mir sei zwar
bewußt, daß die Republik nur über begrenzte Mittel verfüge, doch
glaubte ich nicht, daß diese mit größtmöglichem Nutzen eingesetzt würden. Ich erklärte, die bisherigen Ergebnisse des anglo-irischen Abkommens seien enttäuschend, ebenso wie die Haltung
der SDLP. Und was Mr. Haugheys kürzlich vertretene Ansicht
beträfe, alles würde Friede, Freude, Eierkuchen sein, wenn es nur
ein vereinigtes Irland gäbe, so würde diese Lösung in Wirklichkeit
den schlimmsten Bürgerkrieg aller Zeiten nach sich ziehen. Auf
jeden Fall zögen die meisten Nationalisten im Norden es vor, in
Ulster zu leben, weil es ihnen dort besser ging als in der Republik;
und sogar Iren aus der Republik strömten in großen Zahlen in das
Vereinigte Königreich und stellten eine schwere Belastung für das
Sozialwesen dar.

Obwohl bei dieser Aussprache von beiden Seiten sehr direkte
Wort fielen, trennten wir uns überraschenderweise, wie mir

schien, ohne ein Gefühl von Feindseligkeit oder Erbitterung. Mr. Haughey kannte nun meinen Standpunkt. Wie sich herausstellte, hatte er sich zumindest einiges von dem, was ich über die mangelnde Kooperation der Iren in Sicherheitsfragen gesagt hatte, zu Herzen genommen. Und ich meinerseits hatte den Eindruck, daß ich ihn nun besser als zuvor verstand – vielleicht sogar noch besser als Garret FitzGerald.

Ab den ersten Augusttagen häuften sich die Gewalttaten der IRA. Den Anfang bildete eine Bombe, die in einer Fernmeldezentrale des Heeres in Mill Hill im Norden Londons hochging. Dabei kam ein Soldat ums Leben. Dies war der erste Bombenanschlag in Großbritannien seit 1984. Ich hielt mich gerade zu einem Besuch im australischen Alice Springs auf, als ich von diesem Anschlag erfuhr, und Sympathisanten der irischen Republikaner taten auf den Straßen und in den Medien ihr Möglichstes, um meine Reise zu stören. Ein besonders unerfreulicher Zwischenfall ereignete sich, als die australische Polizei, die wenig Erfahrung im Umgang mit derartigen Situationen hat, in Melbourne protestierende Demonstranten und jubelnde Menschen zusammen in eine überfüllte Einkaufsstraße drängten. Doch ich nahm jede Gelegenheit wahr, um meiner Verachtung für die IRA Ausdruck zu verleihen. In einem Fernsehinterview erklärte ich, »sie müßten aus der zivilisierten Welt weggefegt werden.«.

Die Bombenkampagne ging weiter. Während meines Urlaubs in Cornwall wurde ich am frühen Morgen des 20. August, einem Samstag, mit der Nachricht geweckt, daß in Ballygawley in der Grafschaft Tyrone ein Anschlag auf einen Bus mit britischen Soldaten verübt worden war, welche nach einem vierzehntägigen Urlaub von Belfast zurückfuhren. Dabei waren sieben Männer getötet und 28 verletzt worden. Ich beschloß, sofort nach London zurückzukehren, und flog um 9.20 Uhr mit dem Hubschrauber zu den Wellington Barracks. Archie Hamilton (mein früherer PPS, mittlerweile Minister der Streitkräfte) erschien sofort in der Downing Street, um mich über die Einzelheiten zu informieren. Er sagte, der Bus sei zum Zeitpunkt der Explosion nicht auf der vorgesehenen Route gefahren, sondern auf einer parallel verlaufenden Straße in etwa 4,5 Kilometer Entfernung. Eine sehr große Bombe war deponiert und per Kabel gezündet worden, als der Bus vor-

überfuhr. Ich bezweifelte, ob dies eine sichere Vorgehensweise
beim Transport unserer Truppen in Nordirland sei, räumte aber
ein, daß es möglicherweise keine »sichere Vorgehensweise«
gebe.

Der Abgeordnete Ken Maginnis, in dessen Wahlkreis sich auch
diese Tragödie ereignet hatte, suchte mich zum Mittagessen auf.
Am selben Abend hatte ich ein langes Gespräch mit Tom King,
Archie Hamilton und den Befehlshabern der Sicherheitskräfte in
der Provinz.

Zwar war der Bus auf einer verbotenen Route gefahren, doch
schien dies keine Bedeutung für das Ereignis selbst gehabt zu
haben. Seit 1986 stand der IRA der Sprengstoff Semtex zur Verfügung, der in der Tschechoslowakei hergestellt und vermutlich über
Libyen geliefert worden war. Semtex ist von extrem hoher Sprengkraft und dabei leicht und relativ sicher zu handhaben. Damit hatten die Terroristen einen neuen technischen Vorteil an der Hand.
Deshalb war es möglich gewesen, die Bombe sehr rasch zu deponieren, und somit hätte die Explosion auf beiden Routen stattfinden können. Außerdem war es offensichtlich, daß die IRA die
Serie ihrer Anschläge von langer Hand geplant hatte. Die RUC
berichtete, daß die Terroristen gut vorbereitet waren und es ihnen
gelungen war, vom Süden große Mengen Waffen und Sprengstoff
einzuschleusen. Dann besprachen wir die Zusammenarbeit mit
dem irischen Geheimdienst, die Kooperation mit der Republik in
Sicherheitsfragen, die Notwendigkeit, die Verfügbarkeit von Dün-
gemitteln zu kontrollieren (da diese als Ausgangsstoff zur Bom-
benherstellung verwendet werden konnten), unsere Haltung zur
Verurteilung und Straferlaß und andere Dinge. Ich verlangte weitere Vorschläge zu all diesen Fragen sowie eine wirkungsvolle
Umsetzung aller Sicherheitsmaßnahmen, die ich nach dem Mord
an unseren Soldaten in West-Belfast angesprochen hatte.

Gegen Ende des Monats hielt ich mehrere Zusammenkünfte ab,
um unsere weitere Vorgehensweise detailliert zu erörtern. Am
Abend des 6. September, einem Dienstag, fand unter meinem Vorsitz ein Gespräch mit den zuständigen Ministern und Beamten
statt, bei dem ich feststellte, daß die erwartete Offensive der IRA
nun eingetreten sei. Wir hatten eine Reihe möglicher Schritte
erwogen, würden aber kein Paket von Maßnahmen verkünden.

Einige würden ohnehin bekannt werden, sobald sie durchgeführt oder dem Parlament vorgelegt wurden, doch in anderen Bereichen wollte ich die Terroristen im unklaren lassen. Aus diesem Grund war es auch nicht möglich, die irische Regierung über unsere Absichten zu informieren, aber wir würden sie kurz vor Beginn einzelner Aktionen darüber in Kenntnis setzen.

Dann besprachen wir die Möglichkeiten im einzelnen. Einige Maßnahmen – etwa das Verbot von Sinn Fein, die Aufhebung doppelter Staatsangehörigkeit[10] oder die Verhängung von Mindeststrafen für terroristische Verbrechen – schienen im Laufe der Diskussion immer weniger erfolgversprechend. Doch andere bedurften weiterer Ausarbeitung, insbesondere die Kürzung des fünfzigprozentigen Straferlasses für alle nordirischen Häftlinge; die Bestimmung, daß Häftlinge, die wegen bestimmter terroristischer Verbrechen verurteilt worden waren, mit einer neuen Strafe gleichzeitig die nicht abgeleistete Dauer einer früher erlassenen Strafe absaßen; Maßnahmen zum Umgang mit Finanzquellen des Terrorismus und Verbesserung bei der geheimdienstlichen Zusammenarbeit.

Bei einem zweiten Treffen auf Ministerebene, das am 29. September stattfand, setzte ich die Debatte über unsere Optionen fort, wobei ich diesmal vorwiegend auf die Rolle der Armee einging. Die Zahl der unnötigen Aufgaben, mit welchen Soldaten in Nordirland betraut waren, mußte reduziert werden, damit die Truppen sich auf jene Bereiche konzentrieren konnten, in denen sie am dringendsten gebraucht wurden.

Eine Maßnahme, die wir im Oktober öffentlich ankündigten, war das Verbot, Aussagen von Sinn Fein und anderen Unterstützern des nordirischen Terrorismus in Funk und Fernsehen zu übertragen. Daraufhin wurde gegen uns sofort der Vorwurf erhoben, wir übten Zensur, doch ich hege keinen Zweifel, daß diese Maßnahme nicht nur gerechtfertigt war, sondern auch funktionierte; und es gibt Gründe für die Annahme, daß auch die Terroristen dieser Meinung sind. Des weiteren wurden eine Kürzung des Straferlasses in Nordirland und eine Änderung des »Rechts auf Aussageverweigerung« vor nordirischen Gerichten eingeführt sowie Maßnahmen, die uns einen Zugriff auf Finanzquellen des Terrorismus ermöglichten.

Immer mehr waren wir bei unseren Bemühungen, Frieden und Ordnung in Nordirland herzustellen, auf uns selbst gestellt. Aufgrund der professionellen und umsichtigen Vorgehensweise unserer Streitkräfte reichten diese Mittel aus, um die IRA in die Schranken zu verweisen, nicht aber, um sie zu bezwingen. Auch weiterhin ereigneten sich schreckliche Tragödien. Doch weder gelang es den Terroristen, auch nur Teile der Provinz unregierbar zu machen, noch schafften sie es, das Selbstbewußtsein der protestantischen Mehrheit in Ulster oder die Entschlossenheit der Regierung, an der Union festzuhalten, zu schwächen. Tatsache blieb jedoch, daß das anglo-irische Abkommen unsere Arbeit nur sehr geringfügig erleichterte. Die Unionisten wandten sich nach wie vor gegen das Abkommen, wenn auch weniger erbittert, nachdem sich ihre schlimmsten Befürchtungen als ungerechtfertigt erwiesen hatten. Eine Aufkündigung des Abkommens wurde nie ernsthaft in Erwägung gezogen, denn ein solcher Schritt hätte nicht nur unser Verhältnis zu der Republik belastet, sondern sich auch – und das war noch wesentlicher – negativ auf die Haltung der Weltöffentlichkeit ausgewirkt.

Dennoch war ich von den Resultaten des Abkommens enttäuscht. Der Fall Patrick Ryan zeigte deutlich, wie wenig Unterstützung wir von den Iren erwarten durften. Ryan, ein nicht praktizierender katholischer Priester, war dem Sicherheitsdienst schon länger als Terrorist bekannt; eine Zeitlang hatte er bei den Verbindungen zwischen der Provisional IRA und Libyen eine wichtige Rolle gespielt. Ihm wurden außerordentlich schwerwiegende Vergehen zur Last gelegt, zum Beispiel die Verwicklung in ein Mordkomplott und Verstöße gegen die Sprengstoffgesetze. Im Juni 1988 hatten wir die Belgier gebeten, ihn unter Überwachung zu stellen. Diese wiederum drängten uns, seine Auslieferung zu beantragen, eine Aufforderung, der wir in enger Zusammenarbeit mit den belgischen Behörden auch Folge leisteten. Das belgische Gericht, das sich mit dem Auslieferungsantrag befaßte, gab gegenüber dem Justizminister eine Empfehlung ab, von der wir wußten, daß sie positiv war – und derartigen Empfehlungen hatte die belgische Regierung bislang stets entsprochen. Der Justizminister setzte das belgische Kabinett von dem Sachverhalt in Kenntnis, doch dieses ignorierte die Empfehlung des Gerichts und beschloß, Ryan nach

Irland auszufliegen; wir wurden vor vollendete Tatsachen gestellt. Vermutlich lag dieser politischen Entscheidung die Befürchtung zugrunde, daß eine Kooperation Belgiens mit uns terroristische Vergeltungsmaßnahmen nach sich ziehen könne.

Daraufhin beantragten wir die Auslieferung Ryans von Irland, doch diese wurde verweigert. Anfangs schien dies formale Gründe zu haben, doch später meinte der irische Oberstaatsanwalt, ein fairer Prozeß gegen Ryan sei vor einem britischen Geschworenengericht nicht gewährleistet gewesen. Ich sandte Mr. Haughey eine heftige Protestnote. Bereits beim Treffen des Europäischen Rats in Rhodos am 2. und 3. Dezember hatte ich persönlich diese Angelegenheit gegenüber ihm und dem belgischen Ministerpräsidenten Martens angesprochen und ihnen beiden mitgeteilt, wie entsetzt ich sei. Vor allem über Martens war ich sehr verärgert. Ich erinnerte ihn an unsere große Kooperationsbereitschaft hinsichtlich der Briten, die in Zusammenhang mit den Ausschreitungen im belgischen Heysel-Stadion angeklagt worden waren.[11] Martens' Erklärungen überzeugten mich nicht. Seine Regierung hatte sich mit ihrer Entscheidung eindeutig über die Empfehlung des Gerichts hinweggesetzt. Ich kündigte an, daß ich der Presse meine Ansicht mitteilen würde, und das tat ich dann auch. Wie sich später, nämlich zur Zeit des Golfkriegs, zeigen sollte, bedurfte es jedoch mehr als eines solchen Nadelstichs, damit die belgische Regierung unter Martens Rückgrat bewies. Und Patrick Ryan ist immer noch auf freiem Fuß.

Bei der Kabinettsumbildung im Juli 1989 hatte ich Peter Brooke das Staatsministerium für Nordirland übertragen. Angesichts seiner familiären Verbindungen mit der Provinz und seines großen Interesses an den Entwicklungen in Ulster schien er wie geschaffen für dieses Amt. Und aufgrund seiner unerschütterlichen guten Laune schien sich niemand besser als er dafür zu eignen, die politischen Parteien Nordirlands an einen Tisch zu bringen. Bald nach seiner Ernennung erteilte ich ihm die Genehmigung, ebendies zu tun. Diese Gespräche dauerten noch an, als ich von meinem Amt zurücktrat.

Mittlerweile gingen die Bemühungen zur Aufrechterhaltung der Sicherheit weiter, und auch die Mordanschläge der IRA nahmen kein Ende. Am Freitag, dem 22. September, wurden bei einer Explosion in der Royal Marines School of Music in Deal zehn

Mitglieder einer Musikkapelle getötet. Im folgenden Sommer setzte die IRA ihre Anschlagsserie in Großbritannien fort. Im Juni 1990 explodierten Bomben vor dem früheren Wohnsitz von Alistair McAlpine und im Carlton Club der Konservativen Partei. Und im folgenden Monat erlebte ich erneut den persönlichen Schmerz, den ich empfunden hatte, als ich von Aireys Tod hörte und als ich an jenem Freitagmorgen 1984 in Brighton von den Opfern des Bombenanschlags im Grand Hotel erfuhr.

Als unerschütterlicher Gegner der IRA stand Ian Gow weit oben auf ihrer Todesliste. Zwar hatte Ian kein Regierungsamt inne, doch stellte er aufgrund seines kompromißlosen Eintretens für die Union eine Gefahr für sie dar. Selbst äußerster Terror kann nicht zum Erfolg führen, solange es einige integre und tapfere Männer und Frauen gibt, die Terrorismus öffentlich als Mord und jeden Kompromiß als Verrat bezeichnen. Tragischerweise war Ian kein Mensch, der Vorkehrungen zu seinem eigenen Schutz ernst nahm. Und so konnte die Bombe der IRA ihn am Morgen des 30. Juli töten, als er seinen Wagen in der Auffahrt anließ. Als ich davon erfuhr, mußte ich daran denken, daß meine Tochter Carol am vorausgegangenen Wochenende mit Ian in seinem Auto zu seinem Haus gefahren war, um den Hund der Gows spazierenzuführen; sie hätte ebenfalls getötet werden können. Am frühen Nachmittag fuhr ich nach Eastbourne, um Jane Gow aufzusuchen, und wir sprachen eine Stunde lang miteinander. Abends nahm ich an einem Gottesdienst in der katholischen Kirche teil, in der Ian und Jane immer den Gottesdienst besucht hatten. Es war bewegend, die vielen Menschen zu sehen, die nach der Arbeit in die Kirche kamen und um Ian trauerten. Immer wenn Jane mich in Chequers besuchte, spielte sie Klavier; sie ist eine begabte Pianistin. Einmal, als sie über den Verlust von Ian sprach, meinte sie: »Die Leute sagen, daß es im Lauf der Zeit leichter wird, aber das stimmt nicht.« Das ist wohl immer der Fall, gleichgültig, auf welche Art ein Mensch stirbt, aber aus irgendeinem Grund hinterläßt der gewaltsame Tod eines Freundes oder Angehörigen tiefere Wunden.

Die IRA wird ihre Gewalttaten erst dann einstellen, wenn sie davon überzeugt ist, daß es keine Möglichkeit gibt, die Nordiren gegen den Wunsch der Mehrheit zum Anschluß an die Republik zu zwingen. Aus diesem Grunde darf unsere Politik nie den Eindruck erwecken, als ob wir versuchten, die Unionisten entweder gegen ihren Willen oder ohne ihr Wissen in ein vereinigtes Irland einzubinden. Zudem reicht es nicht aus, einzelne terroristische Akte zu verurteilen, dann aber die notwendigen Maßnahmen zur Beseitigung des Terrorismus zu kritisieren. Das gilt für amerikanische Iren, die Noraid [A.d.Ü.: eine amerikanische Organisation zur Unterstützung der nordirischen Republikaner] Gelder zukommen lassen, mit denen Morde an britischen Bürgern finanziert werden; für irische Politiker, die die Zusammenarbeit bei der Verbesserung der Sicherheit an der Grenze behindern; und für die Labour Party, die dem Gesetz zur Terrorismusbekämpfung, das bereits zahlreiche Menschenleben gerettet hat, ihre Unterstützung verweigert.

Sicher hatten Ian Gow und ich Meinungsverschiedenheiten, insbesondere über das anglo-irische Abkommen. Doch für das Recht jener, deren Loyalität dem Vereinigten Königreich gilt, die Bürger dieses Staats bleiben und seinen Schutz genießen wollen, ist kein Preis zu hoch – und davon bin ich ebenso überzeugt wie Ian.

Bei Entscheidungen über Nordirland haben die verschiedenen britischen Kabinette es stets vermieden, eine Sicherheitspolitik zu betreiben, die zu einer Entfremdung zwischen der irischen Regierung und der irischen nationalistischen Bevölkerung in Ulster führen könnte. Mit diesem Verhalten hofften sie, die Unterstützung Dublins gegen die IRA zu gewinnen. In dieser Tradition stand auch das anglo-irische Abkommen. Doch die Ergebnisse dieser Strategie erwiesen sich für mich als enttäuschend. Unsere Zugeständnisse förderten die Entfremdung zwischen uns und den Unionisten, ohne daß wir ein Maß an Zusammenarbeit in Sicherheitsfragen erreichten, das wir mit Recht erwarten durften. Angesichts dieser Erfahrung ist es nun sicherlich an der Zeit, einen anderen Ansatz zu erwägen.

15

Vom Regen in die Traufe

Politische Schwierigkeiten in der Mitte der Amtszeit,
1985/86

Eine politische Misere

Ungeachtet der Vorteile, die sich langfristig aus der erfolgreichen Beilegung des Bergarbeiterstreiks ergeben mochten, mußten wir uns seit dem Frühjahr 1985 zunehmend mit politischen Schwierigkeiten auseinandersetzen. Dinge, die an sich nicht von besonderem Gewicht und für die breite Öffentlichkeit nur von begrenztem Interesse waren, gewannen in der hyperaktiven und inzestuösen Welt von Westminster plötzlich eine übergeordnete Bedeutung. Dies ist keineswegs ein typisch britisches Phänomen: Auch meine amerikanischen Freunde berichten mir häufig, daß zwischen den Prioritäten der Menschen innerhalb der »Machtzentrale« und den Außenstehenden eine große Kluft besteht. Ein demokratischer Politiker sollte sich dieser Diskrepanz immer bewußt sein sowie der Tatsache, daß der zweiten Gruppe stets der Vorrang gebührt.

Nach den Meinungsumfragen des Frühjahrs lag die Labour Party inzwischen in der Gunst der Wähler vorn. Im Mai verloren wir bei den Kommunalwahlen in einigen Bezirken die Mehrheit, zumeist an die SDP/Liberal Alliance. Francis Pym nutzte die Gunst der Stunde, um eine Gruppe konservativer Parlamentsabgeordneter um sich zu scharen, die meiner Politik kritisch gegenüberstanden. Offiziell wurde diese Runde »Centre Forward« (»Mittelstürmer«) genannt. Da sie jedoch keine überzeugende politische Alternative anzubieten hatte, qualifizierte ein Leitartikel der *Times* sie kurze Zeit später als »Centre Backward« ab. Viele Mitglieder stritten daraufhin eiligst jede Verbindung zu Francis ab, und nach dem anfänglichen Presserummel geriet die Gruppierung schnell in Vergessenheit. Dies änderte jedoch nichts an der Tatsache, daß sich in der Regierungspartei Unzufriedenheit breitmachte, wie auch die Zeitungsartikel täglich aufs neue bewiesen. Diese Stimmung durfte ich nicht ignorieren.

Im Juli kam es zu größeren Meinungsverschiedenheiten. Wie so oft herrschte in diesem Monat eine gereizte Atmosphäre, da die Abgeordneten es kaum noch erwarten konnten, zu ihren Wahlkreisen, oder, wie in einigen Fällen, zu ihren Villen in der Toscana aufzubrechen. Am Donnerstag, dem 4. Juli, schnitt unsere Partei bei Nachwahlen in Brecon und Radnor außergewöhnlich schlecht ab. Bei einem wahren Erdrutsch nahmen die Liberaldemokraten den Konservativen nahezu 16 Prozent der Stimmen ab, und unser Kandidat landete auf dem dritten Platz. Nicht ganz zu Recht bezeichnete man dieses Ergebnis als die schlimmste Niederlage der Torys seit 1962. Ergebnisse von Nachwahlen sollten grundsätzlich ernst genommen werden, obwohl sie für das Verhalten der Wähler bei Parlamentswahlen nur begrenzte Aussagekraft besitzen. Die Menschen wissen ganz genau, daß sie im letzteren Fall nicht einfach nur ihren Protest äußern, sondern tatsächlich ihre Regierung wählen. Doch in der Presse mehrte sich die Kritik an der Regierung und an meiner Person, und da sie mit deutlicher Panik zum Ausdruck gebracht wurde, bestätigte dies nur das gegenwärtige Tief der Regierungspartei.

Zwei Wochen später schließlich führte die Ankündigung, daß wir den Empfehlungen des Top Salary Review Board Folge leisten würden, zu einem Aufstand der Regierungsfraktion. Der Auslöser war eine beträchtliche Gehaltserhöhung für die leitenden Angestellten im öffentlichen Dienst. Ich ging dabei von der Überzeugung aus, daß wir unsere fähigen Mitarbeiter nur dann in Schlüsselpositionen der Regierung halten konnten, wenn ihre Gehälter in etwa einem Vergleich mit den entsprechenden Positionen in der freien Wirtschaft standhielten. Außerdem würde dieser Schritt den Steuerzahler nur einen Bruchteil der Summe kosten, die sich selbst aus einer bescheidenen Lohnerhöhung für eine breite Gruppe von öffentlich Bediensteten ergab. Ich war fest entschlossen, dieses Ungleichgewicht mit einem Schlag zu bereinigen. Als die Labour Party Protest anmeldete, wies ich darauf hin, daß James Callaghan im Jahre 1979 ähnlich gehandelt hatte. Dessen ungeachtet hatten wir diese Maßnahmen nicht ganz richtig gehandhabt. Aus Angst vor frühzeitigem Durchsickern waren auch jene nicht eingeweiht worden, die der Öffentlichkeit die Hintergründe unseres Schritts erläutern mußten. Selbst Bernhard Ingham wurde im dunkeln darüber gelassen, was ich später, als er mich darüber informierte, zugegebenermaßen absurd fand. Zwar behandelten wir die Empfehlungen des Top Salary Review Board zukünftig mit mehr Fingerspitzengefühl um – doch in diesem Fall war der Schaden bereits geschehen.

Gewöhnlich erwächst eine politische Krise aus einer schlechten oder sich zunehmend verschlechternden Wirtschaftslage. Doch dies war in der damaligen Situation nicht der Fall. Gewiß, die Inflationsrate war von dem niedrigen Wert, den sie nach den Wahlen erreicht hatte, wieder angestiegen, und die Arbeitslosenquote, die ja immer hinterherhinkt, blieb hartnäckig auf ihrem hohen Stand. Andererseits erlebte die Wirtschaft einen raschen Aufschwung. Mir wurde klar, daß die Wurzel des Übels in unserer Selbstdarstellung und damit auf der personellen Ebene lag. Natürlich neigen alle – und insbesondere konservative – Regierungen dazu, nicht die Politik selbst, sondern die schlechte Präsentation der Politik für ihre Probleme verantwortlich zu machen. Doch 1985 ließ sich nicht mehr abstreiten, daß einige Minister ihrer Aufgabe nicht gewachsen waren und unsere Politik den Wählern nicht vermitteln konnten. Es gab nur einen einzigen Weg, um das Image der Regierung zu verbessern, und der lief über ihre Mitglieder. Eine Regierungsumbildung war nötig geworden.

Die Kabinettsumbildung von 1985

Ende Mai sprach ich bei einem Abendessen in meiner Wohnung in der Downing Street mit Willie Whitelaw und John Wakeham zum erstenmal über meinen Plan, die Regierung umzubilden. Willie und John waren nicht nur clever, sondern beteiligten sich auch gern am Klatsch, der den Prozeß der Meinungsbildung im Parlament prägt. Beide hatten ihre persönlichen Vorlieben und Abneigungen. Zwar würde ich diese Vorschläge bei meinen Erwägungen außer acht lassen, doch trotzdem hörte ich mir ihre Ratschläge aufmerksam an. Sie drängten mich, die Umbildung schon im Juli durchzuführen, was mir im Grunde nicht zusagte. Ich haßte es, Minister zu entlassen. Immer wieder stellte ich mir vor, was der plötzliche Verlust von Gehalt, Dienstwagen und Prestige für sie und ihre Familien bedeuteten mochte.[1] Ich hätte mich wohler gefühlt, wenn sie während der langen Sommerpause im Amt geblieben wären und erst bei ihrer Rückkehr im September die schlechte Nachricht erfahren hätten. Dies hätte jedoch bedeutet, daß es in der Presse über diesen Zeitraum hinweg ständig Spekulationen darüber gegeben hätte, wer bleiben und wer gehen würde. So willigte ich schließlich ein, die Kabinettsumbildung Ende Juli vorzunehmen, allerdings auch keinen Tag eher.

Bei einer Regierungsumbildung muß ungeheuer viel bedacht werden, und sie gelingt auch nie zur völligen Zufriedenheit. Zunächst müssen Entscheidungen über die wichtigsten Staatsministerien getroffen werden, und von dort ausgehend kann man sich dann den anderen Ämtern zuwenden. Leider ist es nicht immer möglich, die besten Posten an die treuesten Anhänger zu vergeben. Im Kabinett sollten zu einem gewissen Grad die verschiedenen, zu einem bestimmten Zeitpunkt vorherrschenden Strömungen der Regierungspartei vertreten sein, und manchmal ist es sogar ratsam, einzelne Personen ins Kabinett aufzunehmen, weil sie außerhalb desselben weit mehr Schaden anrichten würden. Dies war beispielsweise bei Peter Walker und in mancher Hinsicht auch bei Kenneth Clarke der Fall, die sich sehr für ihren Standpunkt einsetzen. Doch es gab auch noch ein anderes Problem: Ich hatte den Eindruck gewonnen, daß die Parteilinken unsere Politik generell besser präsentieren konnten, während die Rechten ihren Aufgaben besser gewachsen schienen – wenngleich Norman Tebbit und Cecil Parkinson beide Fähigkeiten vereinten.

Da ich sichergehen wollte, daß die Regierungspolitik bis zu den nächsten Parlamentswahlen gut präsentiert wurde, mußten die drei wichtigsten Posten – das Amt des Schatzkanzlers sowie das Außen- und das Innenministerium – neu besetzt werden. Nigel Lawson sollte sich als äußerst fähiger Schatzkanzler erweisen, der eine effektive Steuerreform durchführte. Geoffrey Howe erschien mir für das Außenministerium geeignet; zu diesem Zeitpunkt hatte ich noch nicht erkannt, wie weit unsere Ansichten auseinandergingen. Daß Leon Brittan auf einen anderen Posten wechseln mußte, war offensichtlich. So ungerecht das war – ihm fehlte es an der Fähigkeit, seine Politik überzeugend in der Öffentlichkeit zu vertreten. Ich wußte, daß dies ein harter Schlag für ihn sein würde, doch es ließ sich nicht ändern.

Ich bat Leon Brittan, am Sonntag, dem 1. September, nachmittags nach Chequers zu kommen, nachdem Willie, Johl und ich dort die letzten Feinheiten durchgesprochen hatten. Willie verfügt über eine ausgezeichnete Menschenkenntnis. Und so sagte er voraus, daß Leon, sobald ich ihn aufgeklärt hätte, als erstes fragen würde, ob er seinen Platz in der Rangordnung im Kabinett behalten würde. Zu meiner Überraschung war dies tatsächlich seine erste Frage, und da ich vorgewarnt war, konnte ich ihn beruhigen. Außerdem konnte ich Leon mit ehrlicher Überzeugung versichern, daß seine Fähigkeiten beim Wirtschaftsministerium voll zum Zuge kommen würden – insbesondere in Anbetracht der geplanten Umstrukturierung der Finanzdienstleistungen, die neue Rahmenbedingungen für die City notwendig machten.

An seiner Stelle sollte Douglas Hurd das Innenministerium übernehmen, da er dieser Aufgabe besser gewachsen schien, große Anerkennung bei der Polizei genoß und, obwohl man ihn nicht gerade als geborenes Medientalent bezeichnen würde, ein glaubwürdiger und vertrauenerweckender Vertreter der Regierungspartei war. Im Verlauf seiner Tätigkeit als Staatsminister für Nordirland hatte er an Klugheit und Härte gewonnen. Außerdem kannte er sich im Innenministerium bereits aus, da er früher als Leons Stellvertreter fungiert hatte. Im großen und ganzen erwies sich diese Personalentscheidung als richtig.

Doch es blieb die Frage, ob das Wirtschaftsministerium auch wirklich das richtige Ressort für Leon Brittan war. Zwar lag die Hauptursache für die Probleme, mit denen er sich später auseinandersetzen mußte, in einem anderen Bereich, doch allein schon die Einstellung, mit der Leon sein neues Amt antrat, barg Gefahren in sich. Offensichtlich war er aus der Bahn geworfen – seine Freunde beschrieben ihn später als demoralisiert – und fest entschlossen, politische Akzente zu setzen. Aus diesem Grund reagierte er übersensibel, als seine Position im Zusammenhang mit der Westland-Affäre in Frage gestellt wurde. Und dies wiederum führte zu seinen Fehleinschätzungen in der Auseinandersetzung mit einem so rücksichtslosen und gefährlichen Rivalen wie Michael Heseltine. Es sollte sich zeigen, daß das Wirtschaftsministerium für diesen grundanständigen, aber nicht gerade gewitzten Politiker weitaus mehr Fallstricke barg als das Innenministerium. Zum damaligen Zeitpunkt jedoch schien ihn der neue Posten aus der Schußlinie zu rücken, während ich sichergestellt hatte, daß sein brillanter Verstand und sein ungeheurer Arbeitseifer auf bestmögliche Weise zum Einsatz kamen. Aber selbst wenn Leon die Westland-Krise überstanden hätte, wäre er später bei Auseinandersetzung um die Privatisierung von British Leyland in Schwierigkeiten geraten.

Welchen Posten Leon erhalten würde, sollte also bei der Regierungsumbildung von entscheidender Bedeutung sein. Alles hätte sich vielleicht anders entwickelt, wenn ich Cecil Parkinson wieder ins Kabinett zurückgeholt hätte, was ich sorgfältig erwog. Ich vermißte seine trockenen Kommentare und sein Talent im Umgang mit der Presse. Doch meine Berater vertraten recht unterschiedliche Ansichten darüber, ob dieser Schritt ratsam wäre, und schließlich kam ich widerstrebend zu dem Ergebnis, daß die Zeit dafür noch nicht reif war.

Drei Personen würden aus dem Kabinett ausscheiden. Nigel Lawson war mit Peter Rees als Staatssekretär beinahe ebenso unzufrieden wie einst Geoffrey Howe mit John Biffen. Peter war ein fähiger Steuerrechtler und ein liebenswerter Mitarbeiter, mit dem ich immer gut auskam. Doch ich billigte meinem Schatzkanzler auch das Recht zu, seine eigenen Untergebenen zu wählen. Und so ersetzte ich Peter Rees auf Nigel Lawsons Bitte hin durch John MacGregor. Wie John schon als Schatzamtexperte des Schattenkabinetts bewiesen hatte, verfügte er über großes Geschick in Finanzdingen. Wenngleich ich ihn für einen überzeugten Anhänger Ted Heaths hielt, war ich doch von seinem Scharfsinn und seinem Fleiß beeindruckt. Ich hatte den Eindruck, er könne diese schwierige Aufgabe bewältigen – und das tat er dann auch.

Grey Gowrie – als Führer des Oberhauses erst seit einem Jahr Mitglied des Kabinetts – faßte zu meinem großen Bedauern den Beschluß, wieder in die freie Wirtschaft zu gehen, da der Posten eines adligen Kabinettsmitglieds, das keine Abgeordnetendiäten bezog, finanziell für seinen Geschmack zuwenig abwarf. Er war ein kluger, äußerst gebildeter und überaus kultivierter Mann. Ich hatte ihm das Amt des Erziehungsministers angeboten und eigentlich geplant, Keith Joseph, der mittlerweile an Rücktritt dachte, als Minister ohne Geschäftsbereich einzusetzen. Doch es sollte nicht sein. Keith erklärte sich bereit, noch eine Weile im Erziehungsministerium zu verbleiben.

Das Ausscheiden von Patrick Jenkin bedauerte ich aus ganz anderen Gründen. Patrick war der gewissenhafteste, loyalste, freundlichste und selbstloseste Mann, den ich kannte. Doch ich konnte es nicht hinnehmen, daß die Unterstützung für unsere Politik ständig abnahm, weil er nicht dazu in der Lage war, eine Aufgabe, die sich dem Ministerium für Umweltfragen und Lokalverwaltung stellte, in der Öffentlichkeit angemessen zu präsentieren. Die Frage der Kommunalabgabe von Hausbesitzern und Unternehmern bereitete mir immer größere Sorge, denn die Lösung dieses Problems würde weitaus schwieriger durchzusetzen sein als die Abschaffung des Greater London Council. Aus diesem Grunde ernannte ich Kenneth Baker zu Patricks Nachfolger – eine Entscheidung, die sich als richtig erwies. Ken nahm den Linken den Wind aus den Segeln, konnte unsere Politik außerordentlich gut darstellen und wurde zum geistigen Vater der Gemeindesteuer.

David Young war im vergangenen Jahr als Minister ohne Geschäftsbereich ins Kabinett berufen worden und sollte nun den Platz von Tom King einnehmen, der in das Staatsministerium für Nordirland wechselte. Unterschiedlichere Charaktere als David und Tom kann man sich kaum vorstellen. Anfangs hatte ich von Tom King ein falsches Bild – ein Erbe aus der Zeit der Opposition. Ich hatte ihn als einen Mann mit Sinn fürs Detail eingeschätzt, der Michael Heseltines Hang zur Großzügigkeit ausgleichen würde, nachdem dieser 1979 das Staatsministerium für Umweltschutz und Lokalverwaltung übernommen hatte. Dann machte ich jedoch die unangenehme Entdeckung, daß Detailarbeit keineswegs zu Tom Kings Stärken gehörte. Dies zeigte sich besonders deutlich an der Tatsache, daß wir uns in immer unverständlichere Konzepte für die Zuschüsse zur Kommunalabgabe verstrickten. Im Arbeitsministerium – insbesondere beim Thema der Streikkasse der Gewerkschaften, wo er einem halbherzigen Kompromiß zustimmte – zeigte er sich nicht von seiner besten Seite. Norman Tebbit, sein Vorgänger, war von seinen Leistungen nicht sonderlich angetan, und mir erging es ähnlich. Als Staatsminister für Nordirland zeigte Tom King dann allerdings sein anderes Gesicht, und zwar das eines durchsetzungsfähigen Pragmatikers, der selbst die schärfsten Widersacher auf seine Seite ziehen konnte – zumindest so weit, wie das in bezug auf Nordirland möglich war. Da die Verhandlungen über das anglo-irische Abkommen gerade in die letzte Phase getreten waren, war es nicht eben ein günstiger Zeitpunkt, das Amt des Staatsministers für Nordirland anzutreten, aber Tom King übernahm den Posten bereitwillig und erwies sich als recht erfolgreich.

David Young hat nie behauptet, etwas von Politik zu verstehen – doch er wußte, wie man die Dinge ins Rollen brachte. Er gestaltete die Arbeit der Manpower Services Commission (MSC), des halbstaatlichen Arbeitsamtes, von Grund auf um, und das von ihm im Arbeitsministerium entwickelte System zur Beschaffung von Arbeitsplätzen trug wesentlich dazu bei, daß wir die Parlamentswahlen des Jahres 1987 gewannen. In der Frage, wie die Wirtschaft angekurbelt und Arbeitsplätze geschaffen werden konnten, vertrat er die gleiche Ansicht wie Keith Joseph und ich – nämlich nicht durch den Staat, sondern durch das freie Unternehmertum. Er begriff den Zusammenhang zwischen Lohnnebenkosten und Arbeitsplätzen. Überdies besaß er ein Geschick, für den Arbeitsmarkt zweckdienliche Projekte zu entwickeln – und diese Fähigkeit besitzen nur sehr wenige, aber stets erfolgreiche Unternehmer. Sein Projekt »Action for Jobs« war das wirksamste Wirtschaftsprogramm meiner Amtszeit. Angesichts der oft negativen Erfahrungen in früheren Zeiten – ich dachte etwa an die Rolle von John Davies in der Regierung Ted Heath – nahm ich normalerweise keine Außenseiter direkt ins Kabinett auf. Doch bei David Young machte ich eine Ausnahme – eine Entscheidung, die sich wirklich bezahlt machte.

Um die Selbstdarstellung der Regierung zu verbessern, waren Veränderungen in der Parteizentrale der Konservativen unabdingbar. Zu Recht klagt die Parteizentrale, sie diene als Sündenbock für alles, was schiefgeht. Die Regierung macht ihr Vorwürfe, wenn die Partei in Lethargie versinkt oder Widerspruch anmeldet. Von der Partei wiederum wird sie angegriffen, wenn ihr die Regierung zu wenig überzeugend agiert. Andererseits bestand kein Zweifel, daß die Parteizentrale mit wechselhaftem Erfolg arbeitete, und zum damaligen Zeitpunkt gab diese Arbeit Anlaß zur Sorge. John Glummer verfügte weder über das politische Durchsetzungsvermögen noch über die nötige Glaubwürdigkeit, um die Truppen zu sammeln. Ich hatte ihn als eine Art Nachtwächter in sein Amt berufen, doch offensichtlich war er mittlerweile über dieser Aufgabe eingeschlafen. Wir brauchten einen Geschäftsführer mit Autorität, dessen Wort etwas galt und der über Führungsqualitäten verfügte. In vielerlei Hinsicht schien Norman Tebbit für diesen Posten geeignet. Er ist einer der mutigsten Männer, die ich je kennengelernt habe und tritt unerschütterlich für seine Prinzipien ein – und diese Prinzipien sind von einer Art, daß sie selbst der Tory mit den unklarsten Vorstellungen vertreten kann.

Es gab allerdings auch Argumente, die gegen Normans Ernennung sprachen. Er hatte sich von dem Bombenanschlag auf das Grand Hotel in Brighton noch nicht ganz erholt und würde sich in einer für uns schwierigen politischen Zeit einer schmerzhaften Operation unterziehen müssen. Verwaltungsarbeit war nicht unbedingt seine Stärke. Später hatte ich mit ihm einige heftige Auseinandersetzungen. Zudem gab es Stimmen, die meinten, wir stünden uns politisch zu nahe und für ein, wie John Biffen es albern formuliert hatte, »ausgewogeneres Team« plädierten. Für mich klang das allerdings eher nach einem sicheren Weg, um ein Klima der Inaktivität zu erzeugen.

Ich hegte keinen Zweifel, daß Norman der richtige Mann für diesen Posten war, und damit sollte ich recht behalten. Obwohl er sich nie darum bemüht hatte, wußte ich, daß er sich dieses Amt wünschte. Ich hielt ihn sogar für meinen möglichen Nachfolger, falls wir die Wahlen gewannen, obwohl man sich als Geschäftsführer im Grunde nur die Finger verbrennen kann. Vor allem aber wußte ich, daß die einfachen Mitglieder der Partei für Norman durch dick und dünn gehen würden. Sie bewunderten ihn wegen der Tapferkeit, mit der er sein Leiden ertrug, ohne jemals darüber zu klagen. Außerdem verhehlte er nie, daß er, ungeachtet aller politischen Entwicklungen, seiner Familie und Margaret Tebbit

immer den ersten Platz einräumen würde. Norman war nicht nur
ein Beispiel für alle, er war ein Vorbild. Und so ernannte ich ihn
zum Geschäftsführer der Partei; als Kanzler des Herzogtums Lancaster würde er auch weiterhin Mitglied des Kabinetts bleiben.
Zumindest für den Augenblick war die Moral in der Partei wiederhergestellt.

Norman brauchte einen Stellvertreter, der die Parteibüros im
ganzen Lande besucht, wozu er selbst wegen seines Gesundheits-
zustands nicht in der Lage war. Dafür kam nur jemand in Frage,
der schon über ein gewisses Profil verfügte, und so fiel die Wahl auf
Jeffrey Archer. Er war ein außerordentlich extrovertierter Mensch
und verfügt über eine schier unerschöpfliche Energie. Überdies
war – und ist – er der beliebteste Unterhauspräsident, den wir je
hatten. Leider stellte sich heraus, daß sein politisches Urteilsvermögen nicht immer seiner enormen Energie und seinem Talent bei
der Spendenwerbung die Waage hielt: Unbedachte Bemerkungen
brachten ihn und die Partei gelegentlich in schwere Bedrängnis,
wobei es ihm allerdings immer gelang, sich noch einmal herauszu-
winden.

Außerdem nahm ich eine ganze Anzahl von Veränderungen in
den Reihen der Junior-Minister vor. Zwei spätere Kabinettsminister wurden neu in die Regierung berufen – Michael Howard kam
ins Wirtschaftsministerium, und John Major wechselte vom Büro
der Whips ins Ministerium für Gesundheit und Soziales. In seinem
ersten Jahr als Parlamentsabgeordneter wäre niemand auf die Idee
gekommen, John Major für einen Parteirechten zu halten. Als er in
seiner Funktion als Whip einmal zum jährlichen Empfang für
Whips in die Downing Street kam, gerieten wir in eine lebhafte
Diskussion über die Notwendigkeit von Steuersenkungen. Er
meinte, er gäbe keinerlei Belege dafür, daß die Leute lieber weniger
Steuern zahlten und dafür eine Verschlechterung der sozialen Einrichtungen in Kauf nähmen. Ich erteilte ihm und seinen Ansichten
eine Abfuhr. Wie ich später erfuhr, meinten daher einige Zeugen
unseres Disputs, er habe sich damit alle Aufstiegschancen verdor-
ben. Doch ich liebe angeregte Debatten, und als das Büro der
Whips ihn als Junior-Minister vorschlug, gab ich ihm den Posten,
den ich selbst ganz zu Anfang meiner Laufbahn bekleidet hatte.
Zu seinen Aufgabenfeldern gehörte auch der komplexe Bereich

der Renten und der Sozialversicherung. Sollte ihn dennoch die reale Situation der Sozialfürsorge und die Problematik der Abhängigkeitshaltung nicht einsichtig werden, so würde er es wohl niemals begreifen.

Meinem Gefühl nach hatte dieser Umbau der Partei und der Regierung Auftrieb verschafft. Ich war überzeugt, daß wir jetzt über eine stärkere Regierung verfügten, die sowohl gute Politik machen als sie auch gut vertreten würde, die jede Krise meistern und bis zur nächsten Wahl gute Dienste leisten würde. Aber es sollte wohl nicht sein.

Die Westland-Affäre

Selbst heute noch herrschen unterschiedliche Ansichten über die wahren Hintergründe der »Westland-Affäre«. Michael Heseltine behauptete, letztlich sei es dabei um Großbritanniens Zukunft als Staat mit hochentwickelter Technologie gegangen – oder, wie er bei anderen Gelegenheiten erklärte, um die Rolle des Staates innerhalb der Industrie und Großbritanniens Beziehungen zu Europa und den Vereinigten Staaten; beziehungsweise um die Regeln des Anstandes in einer konstitutionellen Regierung. Natürlich sind dies interessante Diskussionsthemen, doch letztlich hatte »Westland« mit all dem nichts zu tun. Allein Michael Heseltines Persönlichkeit – und nicht meine oder die eines anderen Kabinettsmitglieds – bietet eine gewisse Erklärung für das, was geschah. Michael ist einer der fähigsten Politiker überhaupt; doch seine Fähigkeiten sind unterschiedlich ausgebildet – dies in einer meinem Eindruck nach ziemlich extremen Form. Allerdings wird niemand, der ihn im Fernsehen oder am Rednerpult erlebt hat, abstreiten, daß sie vorhanden sind.

In gewissen Punkten mögen Michael und ich uns ähneln, doch in anderen überhaupt nicht. Wir sind beide ehrgeizig und zielstrebig und wollen Dinge effizient in die Tat umsetzen. Aber während mir bestimmte politische Grundsätze Orientierungshilfe und innere Kraft geben, hält Michael derartige Prinzipien für unnötig. Ihm genügt sein unerschütterliches Selbstvertrauen. Kurz vor Weihnachten 1985, als die Westland-Affäre immer mehr außer Kontrol-

le geriet, schickte er mir einen handschriftlichen Brief und erklärte
darin, er sei der festen Ansicht, ich würde »die Entschiedenheit seiner Überzeugungen in dieser Angelegenheit richtig einschätzen
können«. Damit hatte er nur allzu recht.

Einfach war meine Beziehung zu Michael Heseltine nie gewesen. Als ich 1975 zur Parteivorsitzenden gewählt wurde, wollte ich
ihn gern von seinem Posten als Industriesprecher des Schattenkabinetts ablösen, wo seine interventionistischen Bestrebungen fehl
am Platze waren. Er war bereit, in der Opposition die Funktion
des Schattenministers für Umwelt und Lokalverwaltung zu übernehmen, allerdings nur unter der Bedingung, daß er diese Position
nicht auch in der Regierung bekleiden würde. Zusammen mit
Hugh Rossi – einem ausgezeichneten Experten auf dem Gebiet des
Wohnungswesens – konnte Michael unser politisches Konzept
zum Verkauf der Sozialwohnungen recht erfolgreich darstellen.
Nach unserem Wahlsieg bot ich ihm das Energieministerium an –
in jenen Tagen ein wichtiges Amt, da die Ölpreise seit dem Sturz
des Schahs drastisch gestiegen waren. Doch er meinte, wenn das
alles sei, würde er das Umweltministerium vorziehen. Ich fügte
mich seinem Wunsche. Leider erwies sich Michael Heseltine – in
Zusammenarbeit mit Tom King – als nicht sonderlich erfolgreich
bei den Anstrengungen, die Ausgaben der Kommunen zu reduzieren. Er konnte keine überzeugende Alternative für die Kommunalabgabe vorlegen, die eigentlich die Wurzel des Übels war, da viele
Wähler die Abgaben nicht entrichten mußten. Doch Michael war
weitaus weniger an den Finanzen der Kommunen interessiert als
an seiner Rolle als »Minister for Merseyside«. In dieser Funktion
machte er großen Eindruck, was uns zweifellos politische Vorteile
brachte. Daß seine Anstrengungen größtenteils nur vorübergehende Erfolge zeitigten, will ich ihm nicht vorwerfen: Liverpool hat
bessere Männer in die Knie gezwungen als Michael Heseltine.
Abgesehen vom Verkauf der Sozialwohnungen und Merseyside
widmete sich Michael mit großem Eifer der Einführung neuer
Managementsysteme in der Regierung. Dieser löbliche Vorsatz
fand meine volle Unterstützung, und um ihn zu ermutigen, organisierte ich sogar ein Seminar mit anderen Ministern, auf dem diese
Projekte diskutiert wurden. Doch Michael wollte offensichtlich
noch höher hinaus, und als mir John Nott erklärte, er würde für

die nächste Amtsperiode nicht mehr zur Verfügung stehen, entschloß ich mich, Michael seine Chance zu geben, und übertrug
ihm das Verteidigungsministerium. Hier zeigten sich sowohl seine
Stärken als auch seine Schwächen. Er vertrat mit großer Überzeugungskraft unsere Haltung in der Frage der Nuklearwaffen und
fügte der Bewegung für nukleare Abrüstung (Campaign for Nuclear Disarmament) und der Labourlinken eine Reihe von Niederlagen zu. Außerdem strukturierte er das Verteidigungsministerium
um, indem er dessen traditionell föderale Strukturen auflöste. Mit
meiner Unterstützung und gegen den Widerstand des Ministeriums beauftragte er Peter Levene mit der Aufgabe, dafür zu sorgen,
daß bei der Beschaffung von Verteidigungsmitteln nach rein wirtschaftlichen Gesichtspunkten entschieden wurde.

Dies alles waren deutliche Fortschritte. Doch Michaels Sinn für
die Rangfolge der Prioritäten war zu sehr von seinen persönlichen
Zielen und politischen Zwangsvorstellungen geprägt. Denn während er sein ganzes Augenmerk auf eine kleine Hubschrauberfir-
ma im Westen des Landes mit einem Umsatz von etwas über 300
Millionen Pfund richtete, entgingen ihm Dinge von weitaus größerer Bedeutung. Hier ist insbesondere das Projekt des luftgestützten
Nimrod-Frühwarnsystems zu nennen, wo während Michael
Heseltines Amtszeit als Verteidigungsminister schwerwiegende
Probleme auftraten, weshalb George Younger es im Dezember
1986 sterben lassen mußte, nachdem man bereits 660 Millionen
dafür aufgewendet hatte. Es scheint undenkbar, daß Leon Brittan,
der später von Michael Heseltine so viel einstecken mußte, einer
solchen Entwicklung nicht Einhalt geboten hätte. Die Nimrod-
Affäre erwies sich als einzigartige – und einzigartig teure – Lektion, wie Rüstungsbeschaffung nicht ablaufen durfte. Ein Minister muß wissen, daß er die richtigen Entscheidungen nur dann
treffen kann, wenn er sich auch um die Einzelheiten kümmert.
Doch dazu war Michael Heseltine nicht bereit.

Mögen Michael Heseltines psychologische Beweggründe auch
noch so komplex sein, das Problem bei Westland lag klar auf der
Hand. Es ging um die Frage, ob Entscheidungen über die Zukunft
eines Privatunternehmens, das im wesentlichen, aber nicht ausschließlich, von Staatsaufträgen abhängig ist, von seinen Direktoren und Anteilseignern oder aber von der Regierung getroffen

werden. Insofern war mit Westland tatsächlich eine grundsätzliche Frage angeschnitten. Wenn eine Regierung ihre Machtstellung als Auftraggeber ausnutzt, wenn sie angesichts einer bestimmten finanziellen Entscheidung eines Unternehmens willkürlich die Bedingungen ändert und wenn sie sich anschließend konkret für eine bestimmte geschäftliche Option ausspricht, dann mißbraucht sie ihre Macht. All meine Studien, Überlegungen und Erfahrungen haben mir gezeigt: Sobald es ein Staat mit der wirtschaftlichen Freiheit nicht mehr allzu genau nimmt, besteht die Gefahr, daß er als nächstes auch die politischen Freiheiten beschneidet.

Gemessen am Standard internationaler Luftfahrtunternehmen war die Hubschrauberfabrik Westland nur eine kleine Firma, jedoch gleichzeitig auch Großbritanniens einziger Hersteller von Helikoptern. Im Gegensatz zum Großteil der britischen Luftfahrtunternehmen war es von der Labour-Regierung nicht verstaatlicht worden und erwirtschaftete bis Anfang der Achtziger angemessene Gewinne. Dann geriet es in wirtschaftliche Schwierigkeiten. Zu Beginn des Jahres 1985 unterbreitete Mr. Alan Bristow ein Angebot für die Übernahme der Firma. Angesichts dieser Entwicklung informierte Michael Heseltine mich und andere Mitglieder des Kabinettsausschusses für Außen- und Verteidigungspolitik (Overseas and Defence Commitee) über die Haltung des Verteidigungsministeriums in dieser Frage. Westland erhoffte sich Aufträge von der indischen Regierung, welche zum Teil aus unserem Entwicklungshilfefonds (Overseas Aid Budget) finanziert werden sollten. Außerdem aber rechnete die Firma auch mit größeren neuen Aufträgen des Verteidigungsministeriums. Michael ließ keinen Zweifel daran aufkommen, daß sie darauf vergeblich warteten. In diesem Stadium erwähnte er kein einziges Mal, daß Westland für Großbritannien von strategischer Bedeutung sei. Statt dessen betonte er, er sei nicht bereit, dem Unternehmen mit Aufträgen unter die Arme zu greifen, für die das Verteidigungsministerium keine Verwendung habe. Selbst beim besten Willen könne man sich nur schwer vorstellen, wie eine einzelne hochspezialisierte britische Helikopterfirma längerfristig auf dem Weltmarkt konkurrenzfähig bleiben solle.

Mitte Juni erfuhren wir von Mr. Bristows Drohung, sein Angebot zurückzuziehen, falls die Regierung nicht für weitere Aufträge des Verteidigungsministeriums garantieren würde. Wir erklärten uns einverstanden, auf die Rückzahlung der Soforthilfe von über 40 Millionen, die das Verteidigungsministerium für Westlands neueste Hubschrauber geleistet hatte, zu verzichten. In der Folge hielt ich eine Reihe von Treffen mit Michael Heseltine, Norman Tebbit, Nigel Lawson und anderen ab. Auf der Sitzung am Mittwoch, dem 19. Juni, schlug Michael ein Modell vor, das vorsah, dem Unternehmen eine Finanzhilfe von 30 Millionen zur Verfügung zu stellen. Gleichzeitig erklärte er, im Interesse unseres Verteidigungskonzepts müsse nicht die Existenz der Firma Westland in ihrer jetzigen Form sichergestellt werden, sondern allein die Wartung der bereits gebauten Hubschrauber und die Fortführung des EH101-Projekts (auf das ich später noch zu sprechen komme). Trotzdem waren wir uns einig, daß ein Konkurs von Westland möglichst vermieden werden mußte. Ein solcher drohte, falls Bristow sein Angebot zurückzog, weil ihm vom Verteidigungsministerium und aus dem Ausland keine Aufträge zugesichert wurden. Wir kamen zu dem Ergebnis, dem Unternehmen inmitten der Übernahmeverhandlungen nicht mit einer Finanzhilfe unter die Arme zu greifen (was in jedem Fall einen Verstoß gegen das Unternehmensrecht bedeutet hätte). Statt dessen sollte Norman Tebbit die Bank von England veranlassen, die wichtigsten Gläubiger zusammenzurufen, damit ein Konkurs abgewendet, eine neue Geschäftsleitung eingesetzt und ein Sanierungskonzept entwickelt werden konnten.

Als Ergebnis zog Mr. Bristow sein Angebot zurück. Kurze Zeit später wurde Sir John Cuckney Vorstandsvorsitzender der Firma und setzte sich mit seinen außerordentlichen Fähigkeiten für den Fortbestand von Westland ein. Etwa zu diesem Zeitpunkt wurde auch zum erstenmal ein mögliches Angebot der Amerikaner für Westland erwähnt, gegen das sich sowohl die neue Geschäftsleitung als auch Norman Tebbit und Michael Heseltine aussprachen. Ich hingegen machte schon zu diesem Zeitpunkt deutlich, daß ein weiteres Angebot aus Amerika trotz aller Bedenken gegen eine amerikanische Übernahme auf seine Vorteile hin überprüft werden müsse.

Die Situation von Westland war eines der ersten Probleme, mit denen sich Leon Brittan auseinandersetzen mußte, als er im September das Wirtschaftsministerium übernahm. Am Freitag, dem 4. Oktober, schickte er mir einen detaillierten Lagebericht. Die Angelegenheit drängte, denn es hatte den Anschein, als müsse Westland Konkurs anmelden, falls nicht bis Ende November eine Lösung gefunden wurde. Leon schlug mir vor, den anvisierten Hubschrauberauftrag aus Indien bei Rajiv Gandhis Staatsbesuch in Großbritannien im Oktober anzusprechen. Im Interesse der wirtschaftlichen Gesundung der Firma wurde die Regierung gebeten, Aufträge für die Lieferung von Hubschraubern zu erteilen. Außerdem mußten wir entscheiden, was mit der Soforthilfe geschehen sollte, die bereits geleistet worden war und wohl kaum zurückerstattet werden konnte. Der umstrittenste Punkt im Paket, das Sir John Cuckney vorlegte, war jedoch die Aufnahme eines neuen großen Minderheitenaktionärs, durch den das Kapital des Unternehmens aufgestockt werden sollte. Keine britische Firma war bereit, eine derartige Kapitaleinlage zu leisten. Am ehesten in Frage kam dafür Sikorsky, eine große amerikanische Gesellschaft. Westland hatte bereits mit europäischen Helikopterfirmen Verbindung aufgenommen, doch es schien unwahrscheinlich, daß wir in der uns zur Verfügung stehenden Zeit eine »europäische Lösung« finden würden.

Aus dem Protokoll einer Unterredung zwischen Leon Brittan und Michael Heseltine am Donnerstag, dem 17. Oktober, erfuhr ich zum erstenmal von Michaels Befürchtung, Sikorsky würde Westland zu »einer einfachen Stahlschmiede« umfunktionieren. Zwar wollte er nicht so weit gehen, daß er sich bedingungslos gegen eine Übernahme von 29,9 Prozent durch Sikorsky stellte; doch er hielt es für angeraten, nichts unversucht zu lassen, um einen akzeptablen europäischen Anteilhalter zu finden. Noch verhängnisvoller war seine Ansicht, daß nicht Sir John Cuckney die Verhandlungen mit den europäischen Unternehmen führen solle, da diese bei derartigen Geschäften ihre Leitlinien von den jeweiligen Regierungen erhielten. Deshalb sprach Michael sich dafür aus, daß die Kontaktaufnahme mit möglichen Interessenten auf politischer Ebene, also durch das Verteidigungsministerium, erfolgen müsse.

Mittlerweile zeichnete sich ab, daß der Verwaltungsrat von Westland Sikorskys Angebot den Vorrang gab. Michael Heseltines Vorstellungen gingen jedoch in eine völlig andere Richtung. Unter anderen Umständen hätten wir alle eine europäische Lösung vorgezogen. 1978 waren die europäischen Regierungen übereingekommen, ihren Bedarf nach Möglichkeit mit in Europa hergestellten Hubschraubern zu decken. Dies hieß zwar keineswegs, daß wir keine Hubschrauber aus außereuropäischen Ländern kaufen durften, doch es verpflichtete uns eindeutig in Richtung Europa.

Noch immer ist mir nicht klar, wie später der Eindruck entstehen konnte, der Verwaltungsrat von Westland, Leon Brittan und ich seien gegen eine europäische Lösung eingestellt gewesen. Tatsächlich hat die Regierung nach allen Kräften versucht, Michael Heseltine und seiner Option zum Erfolg zu verhelfen. Doch in dem Aufruhr, der folgte, wurde uns vorgeworfen, wir hätten mit unbeschreiblicher List und Tücke und grenzenlosen Manipulationen Sikorkys Minderheitsbeteiligung sicherstellen wollen.

Gegen Ende November traten die gegensätzlichen Ansichten zwischen dem Verwaltungsrat von Westland und Michael Heseltine deutlich zutage. Die Firma Sikorsky unterbreitete ein Angebot, mit dem sie einen wesentlichen Anteil an Westland erwerben würde, und der Verwaltungsrat von Westland war geneigt, das Angebot anzunehmen. Auf eigene Faust rief Michael Heseltine daraufhin ein Treffen der Verteidigungsminister aus Frankreich, Italien, Deutschland und Großbritannien ein. Er forderte die Verabschiedung einer Erklärung, in dem sich die betreffenden Regierungen verpflichteten, ausschließlich in Europa konstruierte und gebaute Hubschrauber zu erwerben. Dieser Vorstoß war nicht nur eine radikale Abwendung von der Regierungspolitik, die darauf abzielte, daß wir unter Ausnutzung des Wettbewerbsprinzips für unser Geld auch das bestmögliche Produkt erhielten, er brachte vielmehr auch Westland in eine nahezu ausweglose Position. Es bestand die Gefahr, daß Westland – wenn es das Geschäft mit Sikorsky abschloß – die Bedingungen der europäischen Verteidigungsminister nicht mehr erfüllte und damit von allen weiteren Aufträgen der vier Regierungen, inklusive der britischen, ausgeschlossen blieb. Meiner und Leon Brittans Ansicht nach durfte die Regierung einer wie auch immer gearteten Lösung von Westlands Problemen nicht im Wege stehen; und es war Sache des Unternehmens, welchen Weg es einschlug. Doch mit einem Federstrich

machte Michael Heseltine die von der Firma bevorzugte Option
zur Sicherung ihrer Zukunft zunichte. Wenn Westland die Möglichkeit zur freien Entscheidung gelassen werden sollte, mußte das
Abkommen der Verteidigungsminister per Regierungsbeschluß
außer Kraft gesetzt werden. Aber ein solcher Beschluß richtete sich
natürlich auch gegen Michael Heseltine.

Mir wurde klar, daß uns möglicherweise keine andere Wahl
blieb. Auch wenn dies eigentlich Westlands ureigene Angelegenheit war, so schien uns die europäische Option bei genauer
Betrachtung immer weniger realistisch. Die drei betreffenden
europäischen Firmen – Aerospatiale (Frankreich), MBB (Deutschland) und Agusta (Italien) – waren, wie Michael sicherlich wußte,
abhängig von der Einflußnahme ihrer jeweiligen Regierungen.
Aerospatiale und Agusta befanden sich in staatlichem Besitz, und
MBB wurde mit beträchtlichen Zuschüssen von der deutschen
Bundesregierung unterstützt. Alle drei europäischen Konzerne litten unter Auftragsmangel, und es war gut möglich, daß in Aussicht gestellte europäische Aufträge an Westland nur Versprechungen bleiben würden. Mit der Firma Sikorsky hingegen hatte Westland bereits seit mehreren Jahrzehnten zusammengearbeitet und
in Lizenz eine Anzahl von Modellen gefertigt. Im Grunde genommen waren nicht nur die bei Westland, sondern auch die von
Agusta gefertigten Hubschrauber-Modelle amerikanischen
Ursprungs. Michael Heseltine vertrat jedoch den Standpunkt,
selbst als Minderheitenaktionär bei Westland könne Sikorsky seine Position ausnutzen und das Verteidigungsministerium unter
Druck setzen, die in Amerika entworfenen Blackwell-Helikopter
zu ordern. Schon jetzt ging das Gerücht um, die Armee würde
einen derartigen Schritt des Verteidigungsministeriums lieber
sehen, als weiterhin auf das europäische Äquivalent zu warten,
das sich zu diesem Zeitpunkt noch im Planungsstadium befand.
Meine eigene Ansicht in dieser Frage war bedeutungslos, doch wie
jeder, der die Fakten kannte, konnte ich gut verstehen, warum
Westland die amerikanische Lösung bevorzugte und warum sie
und Sikorsky nun so verärgert über Michael Heseltines Schachzü-
ge waren.

Hinzu kam, daß die »amerikanische Lösung« mittlerweile nicht
mehr rein amerikanisch war. Inzwischen hatte sich Fiat Sikorskys

Angebot angeschlossen. Heseltine, der seine Felle davonschwimmen sah, verkündete nun plötzlich, British Aerospace sei bereit, sich in das europäische Konsortium einzugliedern. Auf diese Weise bekäme das Geschäft einen weniger »ausländischen« Charakter. Es gab verschiedene Versionen darüber, wie es zu dieser Entwicklung gekommen war; doch ich hatte meine eigene Auffassung von dieser Sache.

Am 5. und 6. Dezember führte ich zwei Unterredungen mit Michael Heseltine, Leon Brittan, Willie Whitelaw, Geoffrey Howe, Norman Tebbit, bei denen es um Westlands Zukunft ging. (British Aerospace erschien zwischen der ersten und zweiten Sitzung auf der Bildfläche.) Beim zweiten Treffen überraschte uns Michael Heseltine mit einer Argumentationslinie, die sich von jener, welche er seit April verfolgt hatte, deutlich unterschied. Jetzt ging es plötzlich um die Frage, ob wir zulassen durften, daß ein bedeutender britischer Waffenlieferant unserer Armee unter ausländische Kontrolle geriet. In Wirklichkeit jedoch standen wir vor der Entscheidung, ob die Regierung die Empfehlung der europäischen Verteidigungsminister zurückweisen sollte. Dieser Entschluß würde Westland die Möglichkeit geben, sich nach rein kommerziellen Gesichtspunkten entweder für Sikorsky oder für das europäische Konsortiums zu entscheiden. Am Ende des zweiten Treffens war den meisten Anwesenden klar, daß Leon Brittans Argumenten größeres Gewicht zukam: Die Entscheidung der Verteidigungsminister sollte verworfen werden. Doch da Geoffrey Howe, Norman Tebbit und natürlich Michael Heseltine schärfsten Protest einlegten, ordnete ich an, die Entscheidung an einen offiziellen Kabinettsausschuß zu übertragen. Das entsprechend vergrößerte E(A) würde am Montag, dem 9. Dezember, zusammentreffen.[2]

Im Verlauf des Wochenendes überstürzten sich die Ereignisse, und die Wellen schlugen hoch. Michael Heseltine verweigerte seine Zustimmung zu einer gemeinsam vom Verteidigungs- und Wirtschaftsministerium verfaßten Erklärung zu Westland und bestand auf einer Umformulierung, durch die die möglichen Risiken im Falle einer Übernahme von Sikorsky hervorgehoben wurden. Leon Brittan war wütend, ließ aber trotzdem zu, daß diese neue Fassung dem E(A) vorgelegt wurde. Dies war ein Fehler.

Michael Heseltine sagte, am Wochenende habe der französische Verteidigungsminister sich telefonisch gemeldet und Westland einen unspezifizierten Subkontrakt für die Mitarbeit am »Super-Puma«-Hubschrauber in Aussicht gestellt, vorausgesetzt, die Firma würde nicht an Sikorsky verkauft. Am Montag beschäftigten sich die Morgenzeitungen ausgiebig mit dem Streit zwischen Michael und Leon.

Michael Heseltines stichhaltigster Einwand lautete, die Haltung der Europäer zu einem Abschluß mit Sikorsky würde die künftige Zusammenarbeit zwischen Westland und den europäischen Waffenherstellern gefährden. Sicherlich waren einige der gemeinsamen Projekte recht bedeutend. Westlands Kooperationsvertrag mit Agusta für die Entwicklung eines großen Hubschraubers mit der Bezeichnung EH101 sollte Westlands wichtigstes wirtschaftliches Standbein für die kommenden Jahre werden. Hingegen befand sich die Entwicklung des Truppentransporters NH90 noch im frühesten Stadium. Insgesamt waren Heseltines Befürchtungen übertrieben. Das NH90-Projekt wurde im April 1987 eingestellt, doch die Entwicklung des EH101 lief mit Erfolg weiter. Für keine dieser Entscheidungen hatte die Frage, in wessen Besitz sich Westland befand, irgendeine Relevanz besessen.

Michaels raffiniertester Schachzug war der Vorschlag, bei zwei Projekten für europäische Kampfhubschrauber – ein britisch-italienisches und ein französisch-deutsches Modell – gemäß der Empfehlung der europäischen Verteidigungsminister Rationalisierungen vorzunehmen. Die sich dadurch ergebenden Einsparungen – die für das Vereinigte Königreich im Lauf der kommenden fünf Jahre bis zu 25 Millionen Pfund ausmachen könnten – sollten dann für zusätzliche Aufträge des Verteidigungsministeriums an Westland genutzt werden, durch welche die Firma wieder volle Auftragsbücher hätte. Die Frage, ob es tatsächlich zu den besagten Einsparungen von 25 Millionen Pfund kommen würde und ob dies der beste Verwendungszweck der Summe wäre, wurde dabei gar nicht erst aufgeworfen. Um sicherzustellen, daß die Weichen für die Zukunft dieser bescheidenen Helikopterfirma nach den Vorstellungen Michael Heseltines gestellt wurden, war dieser offensichtlich bereit, mit dem Verteidigungshaushalt und Abkommen mit anderen Regierungen je nach Belieben umzuspringen.

Sein ohnehin gering entwickelter Sinn für die Verhältnismäßigkeit der Mittel hatte ihn nun völlig verlassen.

Sir John Cuckney, der zu der Sitzung des E(A) am 9. Dezember eingeladen worden war, brachte die Anwesenden auf den Boden der Tatsachen zurück. Westland brauchte eine grundlegende Umstrukturierung und eine erweiterte Produktpalette, und nach Ansicht des Verwaltungsrats konnte dies am ehesten von Sikorsky sichergestellt werden. Je länger die Entscheidung hinausgezögert würde, um so weiter würde der Preis der Westland-Aktien an der Börse fallen. Westlands Jahresbericht wurde zum 11. Dezember erwartet, und wenn man seine Veröffentlichung sehr viel länger hinauszögerte, würde das nicht gerade die Marktchancen des Unternehmens steigern.

Auf dieser Sitzung sprach sich eine Mehrheit dafür aus, die Empfehlung der europäischen Verteigungsminister abzulehnen. Anstatt nun aber die Diskussion über Westland in diesem Sinne zu beenden, gestattete ich Michael Heseltine und Leon Brittan, in aller Eile die Alternativen auszuloten und, sofern möglich, ein für den Verwaltungsrat von Westland akzeptables europäisches Paket zusammenzustellen. Falls dies nicht gelänge und ein Vorschlag, dem der Verwaltungsrat zustimmte, nicht bis zum Freitag, dem 13. Dezember, 16 Uhr, vorläge, würden wir die Empfehlung der Verteidigungsminister ablehnen.

Doch der Verwaltungsrat von Westland sprach sich nun einmal gegen das europäische Angebot und für die Fiat-Sikorsky-Gruppe aus. Michael Heseltine aber hatte mittlerweile eine neue Zwangs-vorstellung – oder auch Taktik – entwickelt. Bei dem Treffen des E(A) war deutlich geworden, daß der Terminkalender der Mini-ster eine weitere Sitzung vor Ablauf des Ultimatums am Freitag zulassen würde. Allerdings wurde keine weitere Sitzung anbe-raumt, und es bestand auch kein Bedarf dafür. Welchen Sinn hätte eine solche Unterredung gehabt? Westlands Verwaltungsrat hatte entschieden; und dies war einzig und allein seine Angelegenheit und die der Aktionäre. Doch Michael Heseltine war unzufrieden. Mit dem Argument, unter einer Kabinettsregierung sei es eine ver-fassungsmäßige Notwendigkeit, drängte er John Wakeham, sich bei mir dafür einzusetzen, daß ich ein weiteres Treffen einberief. Zufälligerweise hatten unsere Beamten bereits herumtelefoniert, um herauszufinden, wer für eine mögliche Zusammenkunft verfügbar war. Doch dies war keineswegs eine offizielle Einladung, denn wir hatten schließlich keine weitere Sitzung vereinbart. Dieser Umstand schien jedoch kaum von Bedeutung für Michael, denn von diesem Punkt an gewann er die Überzeugung, er sei Opfer einer Verschwörung, an der immer mehr Menschen beteiligt waren – inzwischen offensichtlich auch schon unsere Beamten des Kabinettsamts.

Die nächste überraschende Wendung sollte nicht lange auf sich warten lassen. Ohne Vorwarnung sprach Michael das Thema Westland am Donnerstag, dem 12. Dezember, im Kabinett an. Das führte zu einer kurzen, hitzigen Debatte, die ich jedoch mit der Begründung abbrach, wir könnten dieses Thema nicht ohne Unterlagen erörtern. Außerdem stand es nicht auf der Tagesordnung. Was im einzelnen gesagt wurde, hat niemand festgehalten. Allerdings hätte eine Zusammenfassung der Diskussion im Protokoll auftauchen müssen. Da dies durch ein Versehen unterblieben war, beschwerte sich Michael beim Kabinettssekretär. In seinen Augen verdichtete sich das Komplett immer mehr.

Michael setzte seine Kampagne vor und während der Weihnachtszeit fort. Er warb für seine Ansichten bei den Abgeordneten der Fraktion, bei der Presse, bei Bankiers und bei der Industrie. Erstaunlicherweise erklärte plötzlich auch Jim Prior, der Präsident der GEC (General Electric), seine Firma sei interessiert, sich dem europäischen Konsortium anzuschließen. Das Konsortium selbst unterbreitete ein weiteres konkretes Angebot. Jede neue Entwicklung diente Michael zur Untermauerung seiner Forderung, die Politik der Regierung müsse revidiert werden. Die Auseinandersetzung fand nun über die Presse statt. Die Affäre geriet zusehends zur Farce und warf damit auch ein schlechtes Licht auf die Regierung. Schließlich kam sogar noch die völlig aus der Luft gegriffene »libysche Gefahr« hinzu. Michael Heseltine vertrat den Standpunkt, angesichts der langjährigen Beteiligung der libyschen Regierung an Fiat werfe Sikorskys Angebot schwerwiegende Sicherheitsfragen auf. Dabei würden Fiats Anteile bei Westland lediglich 14,9 Prozent ausmachen, und Libyen besaß ganze 14 Prozent von Fiat. Schließlich hatten auch die Amerikaner, die sowohl in Sicherheitsfragen als auch in bezug auf Libyen weitaus sensibler als wir reagierten, gegen eine Zusammenarbeit zwischen Fiat und Sikorsky nichts einzuwenden.

Michael Heseltines Forderung, wir sollten jetzt endlich das europäische Angebot befürworten, lehnte ich ab. Doch der Streit zwischen Michael und Leon wurde auch während der Weihnachtstage in aller Öffentlichkeit fortgesetzt.

Der Verwaltungsrat von Westland war noch immer sehr besorgt, ob die Firma auch zukünftig auf britische und europäische Regierungsaufträge hoffen durfte. In meiner Antwort an Sir John Cuckney schrieb ich: »Solange Westlands Firmentätigkeit in Großbritannien stattfindet, wird die Regierung das Unternehmen selbstverständlich als britisches und somit europäisches ansehen und es dabei unterstützen, britische Interessen in Europa zu vertreten.« Michael Heseltine hätte es lieber gesehen, wenn mein Antwortschreiben eine Reihe weniger beruhigender Aussagen enthalten hätte, doch ich hatte seinem Wunsch nicht entsprochen. Um so größer war mein Erstaunen, als ich zu Beginn des neuen Jahres erfuhr, daß die Lloyds Merchants Bank ihm einen Brief geschickt hatte, der ihm ermöglichte, in einem öffentlichen Schreiben detailliert aufzuführen, was – nach Michael Heseltines Ansicht – passieren würde, wenn Westland sich für Sikorsky entschied und das europäische Angebot verwarf. Als Reaktion auf dieses Schreiben sandte ihm der Zweite Kronanwalt einen Brief, in dem er von »erheblichen Unkorrektheiten« sprach. Daß der Inhalt dieses Briefs an die Presse durchsickerte, führte zu einer weiteren Verschärfung der Westland-Krise und schließlich zu Leon Brittans Rücktritt. Doch das lag damals noch in der Zukunft.

Mittlerweile hatte ich begriffen, daß Michael Heseltine alle Hebel in Bewegung setzen würde, um seine Vorstellungen für Westland zu verwirklichen, wenn man ihn nicht in die Schranken verwies. Er mißachtete die kollektive Verantwortlichkeit des Kabinetts und stellte öffentlich meine Autorität als Premierministerin in Frage. Dem mußte ein Ende gesetzt werden.

Also wurde Westland bei der Kabinettssitzung von Donnerstag, dem 9. Januar, auf die Tagesordnung gesetzt. Zu Beginn rekapitulierte ich noch einmal die von der Regierung getroffenen Entscheidungen. Dann ging ich auf die vernichtenden Pressekommentare ein, die Anfang des Jahres erschienen waren. Falls diese Situation anhielte, erklärte ich, würde die Regierung jede Glaubwürdigkeit verlieren. Noch nie zuvor hätte ich auf derart eindeutige Weise erlebt, wie sehr der Zusammenhalt und das Ansehen der Regierung in Mitleidenschaft gezogen wurden, wenn das Prinzip der kollektiven Verantwortlichkeit mißachtet wurde. Anschließend legten Leon Brittan und Michael Heseltine ihre jeweiligen Standpunkte dar. Nach einer kurzen Diskussion faßte ich die Debatte zusammen, wobei ich zunächst darauf hinwies, daß sich das Unternehmen und seine Bankiers auf einer demnächst stattfindenden Aktionärsversammlung endgültig zwischen den beiden Konsortien entscheiden müsse. Sowohl vom rechtlichen als auch vom politischen Standpunkt sei es unabdingbar, daß sie zu einem Ergebnis kommen konnten, ohne daß sich Minister oder von ihnen beauftragte Personen direkt oder indirekt in die Entscheidungsfindung einmischten. Dies müsse von allen akzeptiert und respektiert werden. Jegliche direkte oder indirekte Einflußnahme habe zu unterbleiben. Um zu vermeiden, daß es in dieser heiklen Phase der geschäftlichen Verhandlungen und Entscheidungen zu Mißverständnissen käme, sollten etwaige Stellungnahmen auf Anfragen der Presse ministerienübergreifend vom Kabinettsamt geprüft werden. Damit solle sichergestellt werden, daß alle Aussagen in völliger Übereinstimmung mit der offiziellen Regierungslinie standen.

Alle waren damit einverstanden – bis auf Michael Heseltine, der erklärte, er könne unmöglich jede Verlautbarung dem Kabinettsamt zur Zustimmung unterbreiten. Er habe zwar für die nächste Zeit keine neue Presseerklärung geplant, doch ihm müsse die Möglichkeit gelassen werden, bereits gemachte Aussagen zu bestätigen und Sachfragen zur Rüstungsbeschaffung ohne Verzögerung zu beantworten. Ich vermute, daß alle Anwesenden diesen Trick durchschauten. Niemand unterstützte ihn; er war völlig isoliert. Ich wiederholte die einzelnen Punkte meines Resümees und fügte hinzu, wir sollten in Erwägung ziehen, ob wir nicht unter Aufsicht des Kabinettsamts ein von allen Ministerien abgesegnetes Antwortpapier erstellen lassen sollten, an dem wir uns bei Presseanfragen orientieren konnten. Noch einmal betonte ich, wie wichtig es sei, daß jeder sich in dieser und in allen anderen Fragen an kollektive Kabinettsbeschlüsse hielte. Daraufhin explodierte

Michael Heseltine. Er behauptete, im Zusammenhang mit West-land habe es zu keinem Zeitpunkt kollektive Verantwortlichkeit gegeben, und erklärte, im Kabinett würden alle Regeln des Anstands außer acht gelassen. Die Entscheidung, die ich in meinem Resümee ausgesprochen hätte, könne er nicht akzeptieren und deshalb müsse er aus der Regierung ausscheiden. Er sammelte seine Unterlagen zusammen und verließ ein Kabinett, das sich einmütig gegen ihn gestellt hatte. Später erfuhr ich, daß andere Teilnehmer der Sitzung über diesen Vorgang entsetzt waren. Ich konnte diese Empfindungen nicht teilen. Michael hatte seine Entscheidung getroffen, und damit war der Fall erledigt. Ich wußte auch schon, wen ich als seinen Nachfolger ins Verteidigungsministerium berufen würde: George Younger war genau der richtige Mann für diese Aufgabe, die er, wie ich wußte, gerne übernehmen würde.

Ich unterbrach die Sitzung für kurze Zeit und ging hinüber ins Private Office. Nigel Wicks, mein Persönlicher Referent, rief George Younger heraus. Ich bot ihm das Verteidigungsministerium an, und er willigte ein. Daraufhin beauftragte ich mein Büro, Malcom Griffin telefonisch George Youngers bisheriges Ressort – das Staatsministerium für Schottland – anzubieten, worauf dieser bereitwillig einging. Wir setzten uns mit der Königin in Verbindung und baten sie, die Ernennungen zu bestätigen. Dann kehrte ich ins Kabinett zurück, wo wir unsere Beratungen fortsetzten. Zu Ende der Sitzung konnte ich George Youngers Ernennung bekanntgeben. Zumindest im Kabinett war damit wieder Ruhe eingekehrt.

Über die Heftigkeit des Sturms, der nun losbrechen würde, machte ich mir keine Illusionen. Doch für mich blieb es trotzdem ein Sturm im Wasserglas, eine Krise, die von einem Egomanen wegen einer relativ unbedeutenden Angelegenheit heraufbeschworen worden war. Ob Michael Heseltine bereits vor dieser Kabinettssitzung den Entschluß zum Rücktritt gefaßt hatte, weiß ich nicht. Doch die Tatsache, daß er an diesem Nachmittag eine 22minütige Erklärung abgeben konnte, in der er sich ausführlich über meine angeblichen Vergehen erging, ließ darauf schließen, daß er zumindest gut vorbereitet war. Auch wenn zwischen mir und anderen Kabinettsmitgliedern Meinungsverschiedenheiten bestehen mochten, so hatten sie doch selbst erlebt, wie sehr Michael sich ins Unrecht gesetzt hatte.

Wie es sich traf, fiel vor allem Leon Britten die Aufgabe zu, auf Michael Heseltines Ausführungen zu antworten. Vor der Parlamentssitzung am Montag, dem 13. Januar, traf ich mich morgens mit Willie Whitelaw, Leon Brittan, George Younger, dem Chief Whip und anderen, um unser Vorgehen abzusprechen. Wir kamen zu dem Ergebnis, daß nicht ich, sondern Leon Brittan am Nachmittag vor dem Unterhaus eine Erklärung zu Westland abgeben sollte. Diese Debatte nahm einen verheerenden Verlauf. Michael Heseltine trieb Leon mit der Frage in die Enge, ob wir Briefe von British Aerospace erhalten hätten, in denen auf ein Treffen zwischen Leon Brittan und Sir Raymond Lygo, dem Präsidenten von British Aerospace, Bezug genommen wurde. Der Verfasser deutete an (zu Unrecht, wie sich später herausstellte), Leon habe in diesem Gespräch behauptet, die Zusammenarbeit zwischen British Aerospace und dem europäischen Konsortium laufe den nationalen Interessen zuwider, und er habe deshalb dem Konzern empfohlen, sich zurückzuziehen.

Das fragliche Schreiben, das tatsächlich in der Downing Street eingetroffen war und das ich eben erst zu Gesicht bekommen hatte, bevor ich mich an diesem Nachmittag ins Unterhaus begab, um Leons Erklärung anzuhören, trug die Aufschrift: »privat und streng vertraulich«. Leon fühlte sich verpflichtet, diese Vertraulichkeit zu wahren, doch zu diesem Zweck gebrauchte er eine Formulierung, die als Irreführung des Parlaments ausgelegt werden konnte. Er mußte später am Abend erneut vor das Unterhaus treten und sich entschuldigen. An sich war dies eine Angelegenheit von geringfügiger Bedeutung, doch Michael Heseltine, der seltsamerweise über das vertrauliche Schreiben genauestens informiert war, hatte die Atmosphäre dermaßen mit Zweifel und Mißtrauen vergiftet, daß die ganze Angelegenheit Leons Ansehen großen Schaden zufügte. Ich verteidigte Leons Verhalten mit der Begründung, es sei seine Pflicht gewesen, die Vertraulichkeit des Schreibens zu wahren. Der Brief selbst, der anschließend mit der Erlaubnis seines Verfassers Sir Austin Pearce veröffentlicht wurde, trug nur noch zur weiteren Verwirrung bei, denn am folgenden Tag nahm Sir Raymond Lygo seine Anschuldigungen offiziell mit der Begründung zurück, sie hätten auf einem Mißverständnis beruht.

All dies erleichterte mir nicht gerade die Aufgabe, am Mittwoch, dem 15. Januar, Oppositionsführer Neil Kinnocks Anfrage zu Westland zu beantworten.

In meiner Rede beschränkte ich mich strikt auf eine Rekapitulation der Tatsachen und zeigte auf, daß wir bei unseren Entscheidungen zu Westland auf korrekte und verantwortungsbewußte Weise vorgegangen seien. Während ich all die Ministertreffen einschließlich der Kabinettsausschüsse und Kabinettsrunden aufzählte, in denen wir uns mit Westland beschäftigt hatten, beschlich mich sogar gar das Gefühl, ich hätte die Zeit der Minister nicht mit dieser relativ unbedeutenden Angelegenheit verschwenden dürfen. Obwohl ich alle Fakten vorlegte, wurde meine Rede nicht gut aufgenommen. Die Presse hatte wohl ein schärferes Auftreten erwartet.

Michael Heseltine kritisierte in seiner Rede, das Kabinett habe im Fall Westland das Prinzip der kollektiven Verantwortlichkeit mißachtet. Dabei ließ er völlig außer acht, daß er schließlich selbst eine Kabinettssitzung zu diesem Thema verlassen hatte, weil er sich als einziger nicht an einen Kabinettsbeschluß halten wollte.

In einer Rede, von der ich hoffte, sie würde sein Ansehen vor dem Unterhaus wieder herstellen, rekapitulierte Leon die Ereignisse im Namen der Regierung. Seine Worte verklangen nicht ganz ungehört. Die Presse setzte ihm allerdings immer noch zu, und auch ich wurde scharf angegriffen. Dennoch schien es, als hätten wir das Schlimmste überstanden. Leider war dies ein Irrtum.

Am Donnerstag, dem 23. Januar, mußte ich eine heikle Erklärung vor dem Unterhaus abgeben. Dabei ging es um die Ergebnisse der Untersuchung, die sich mit der Frage beschäftigte, wie der Inhalt des Briefes des Zweiten Kronanwalts vom 6. Januar hatte durchsickern können. Die Spannung im Parlament war groß, und die wildesten Vermutungen wurden laut. Der Untersuchungsausschuß war zu dem Ergebnis gelangt, daß unsere Mitarbeiter nach bestem Wissen und Gewissen gehandelt hatten. Sie waren davon ausgegangen, mit Billigung ihres Vorgesetzten Leon Brittan und dem Einverständnis meines Büros in der Downing Street zu handeln, als sie den Inhalt von Patrick Mayhews Brief bekanntgaben. Leon Brittan und seine Mitarbeiter setzten voraus, sie hätten die Zustimmung der Downing Street zu diesem Schritt erhalten. In

Wahrheit war ich nie in dieser Frage konsultiert worden. Gewiß hätte es mir – wie auch Leon Brittan – eine gewisse Befriedigung bereitet, wenn ich erfahren hätte, daß Patrick Mayhew in Michael Heseltines offenem Schreiben wesentliche Unkorrektheiten hatte feststellen können, die natürlich auch nach einer schnellstmöglichen Richtigstellung vor der Öffentlichkeit verlangten. An jenem Nachmittag sollte Sir John Cuckney eine Pressekonferenz abhalten, in der er die Empfehlung des Verwaltungsrats von Westland an die Aktionäre bekanntgab. Doch ich hätte es vorgezogen, wenn diesem Schritt nicht ausgerechnet eine Affäre um den durchgesickerten Brief eines Justizbeamten vorausgegangen wäre.

In meiner Erklärung mußte ich sowohl meine Integrität unter Beweis stellen, als auch die Professionalität unserer Mitarbeiter verteidigen, die nicht für sich selbst sprechen konnten – und mich außerdem, soweit es ging, für meinen umstrittenen Wirtschaftsminister einsetzen. Ich zweifelte nicht daran, daß letztlich alles gut ausgehen würde, wenn nur die Wahrheit bekannt war und auch allgemein akzeptiert wurde. Doch es ist nie einfach, all jene zu überzeugen, die genau zu wissen glauben, wie eine Regierung zu arbeiten hat, dabei aber übersehen, daß es zu Mißverständnissen und Fehleinschätzungen kommen kann – insbesondere wenn die Minister und ihre Mitarbeiter wie bei Michael Heseltines Winkelzügen Tag für Tag unter einem fast unerträglichen Druck stehen.

Leider waren Leons Tage gezählt. Sein Schicksal wurde nicht durch mich besiegelt, sondern von einer Versammlung des Komitees von 1922. Am Freitag, dem 24. Januar, suchte Leon Brittan mich nachmittags auf und kündigte mir seinen Rücktritt an. Ich versuchte, ihn umzustimmen, denn es ärgert mich, wenn der bessere Mann den kürzeren zieht. Sein Ausscheiden aus dem Kabinett bedeutete den Verlust eines unserer besten Köpfe, doch zugleich bedeutete es auch das vorzeitige Ende einer, unter anderen Umständen, hoffnungsvollen Karriere in der britischen Politik. Ich hoffte, er würde zu gegebener Zeit wieder in die Regierung zurückkehren. Doch inzwischen mußte ich auch ernsthaft über meine eigene Situation nachdenken. Ich hatte zwei Minister verloren und hegte keinen Zweifel, daß es in meiner Partei und in der Regierung Kritiker gab, die den Moment meiner Schwäche gerne genutzt hätten, um auch mich loszuwerden.

Doch ich hatte auch Freunde, die mir jetzt loyal zur Seite standen. Unter ihnen war kein Geringerer als Präsident Reagan, der mich am Samstagabend in der Downing Street anrief. Er sagte, er sei wütend, daß jemand es wage, meine Integrität anzuzweifeln. Er wollte mir mitteilen, daß ich »hier draußen in den Kolonien« einen Freund hätte, und forderte mich auf, »bis zum Letzten zu kämpfen«. Ich war dankbar für seinen Anruf und erklärte ihm, daß ich tatsächlich eine schwere Zeit hätte, jedoch entschlossen sei, mich meinen Widersachern zu stellen und dem Sturm zu trotzen.

Ich wußte, daß mir die schwierigste Prüfung am kommenden Montag bevorstehen würde, wenn ich vor dem Unterhaus noch einmal auf eine Anfrage Neil Kinnocks in einer Dringlichkeitssitzung zu Westland antworten mußte. Den ganzen Sonntag verbrachte ich mit meinen Beratern und meinen Redenschreibern. Ich ging alle Unterlagen durch, die sich seit Beginn der Westland-Affäre zu diesem Thema angesammelt hatten, und führte mir noch einmal vor Augen, wer wann was gesagt und getan hatte. Dieser Aufwand sollte sich lohnen.

Neil Kinnock eröffnete die Debatte am Montag mit einer weitschweifigen, schlecht durchdachten Rede, die zweifellos ihm mehr schadete als mir. Als ich mich erhob, um meine Rede zu halten, war mir klar, daß alle Abgeordneten nur auf meinen Auftritt warteten. Noch einmal rekapitulierte ich den ganzen Hergang der Affäre um den vorzeitig bekanntgewordenen Brief. Der Lärmpegel war ziemlich hoch, und es gab zahlreiche Zwischenrufe. Doch der Adrenalinspiegel stieg, und ich gab mein Bestes. Wenn man die Rede heute liest, wirkt sie nicht besonders aufregend. Doch zweifellos schlug die Stimmung spürbar um. Ich vermute, die konservativen Abgeordneten waren endlich zu der Erkenntnis gelangt, welcher Schaden der Partei zugefügt worden war. In ihren Wahlkreisen hätten sie an diesem Wochenende wahrscheinlich festgestellt, daß die Leute sich ungläubig fragten, warum um eine derartig unbedeutende Angelegenheit solch ein Wirbel veranstaltet wurde, daß selbst die Regierung ins Wanken geriet. Zum Zeitpunkt meiner Rede wünschten die Torys Führungskraft, Offenheit und eine Spur von Demut, und all dies versuchte ich zu vermitteln. Selbst Michael Heseltine hielt es für zweckmäßig, seine Loyalität zu beteuern.

Einige Einzelheiten im Zusammenhang mit Westland erregten auch weiterhin die Eingeweihten, doch handelte es sich dabei nur um eine kleine und immer mehr schrumpfende Gruppe. Westlands Aktionäre nahmen Sikorskys Angebot an, und obwohl das Unternehmen eine ziemlich schwere Zeit durchmachte, zeigten sich niemals jene düsteren Folgen für Westland und die britische Industrie, die Michael Heseltine so beredt beschworen hatte.

Manche vertraten die Ansicht, ich hätte Michael Heseltine schon Wochen vor seinem Rücktritt entlassen sollen. Und sicherlich ist der Vorwurf nicht unberechtigt, ich hätte ihm zu viel und nicht etwa zu wenig Freiraum eingeräumt. Leon Brittan drängte mich bereits am 18. Dezember, bei einer Unterredung in der Downing Street, den Verteidigungsminister zu entlassen. Damals wandte er sich mit aller Entschiedenheit gegen alle, die sich aus taktischen Gründen für Michaels Verbleib im Amt aussprachen. Doch zwei Dinge darf man hierbei nicht übersehen. Erstens war die Sachlage zu Beginn nicht so eindeutig, wie sie sich uns im nachhinein darstellte. Wie ich später vor dem Unterhaus erklärte, wurden Beschlüsse zur Rüstungsbeschaffung vom gesamten Kabinett und nicht vom Verteidigungsminister allein getroffen. Dennoch war Michael Heseltines Wunsch, in den Entscheidungsprozeß über Westlands Zukunft einzugreifen, durchaus legitim. Problematisch wurde er erst, als der Minister sich über die Grenzen hinwegsetzte, die ihm sein Amt auferlegte und nicht nur einem privaten Unternehmen seine eigenen Vorstellungen überstülpen wollte, sondern dabei auch noch die kollektive Verantwortlichkeit der Regierung mißachtete. Zweitens war Michael damals ein beliebter und einflußreicher Konservativer. Niemand kann sich über längere Zeit als Premierminister halten, wenn er nicht mit klarem Blick politische Realitäten und Risiken erkennt. Mir schien es, als könnte ich den Sturm am besten überstehen, wenn ich lediglich auf die jeweiligen Ereignisse reagierte, mich an die zentralen Themen hielt und keine Krise heraufbeschwor. Im nachhinein glaube ich, daß sich diese Taktik ausgezahlt hat. Zwar war Michael Heseltines Name in aller Munde, doch letzten Endes hat er sich mit seiner aufbrausenden Art selbst am meisten geschadet: Hätte er seinen Posten nicht freiwillig geräumt, so hätte er in der Regierungsfraktion noch weitaus mehr Unruhe stiften können.

Die schädlichste Auswirkung der Westland-Affäre war allerdings die Tatsache, daß damit Öl in die Flammen des Anti-Amerikanismus gegossen wurde. Und dieses Feuer, einmal entfacht, ließ sich nur schwer wieder löschen.

Das Argument Michael Heseltines und seiner Anhänger, das amerikanische Unternehmen sei eine »Bedrohung« für unsere Hubschrauber-Industrie, traf offenbar auf einen wunden Punkt. Die Linke unterstellte den Amerikanern ohnehin schon immer die schlimmsten Motive, denn in ihren Augen waren die Vereinten Staaten die rücksichtsloseste, mächtigste und selbstherrlichste Macht des kapitalistischen Systems. Einige Torys auf der äußersten Rechten − Enoch Powell, mit dem ich in so vielen anderen Dingen übereinstimmte, war dafür das beste Beispiel − begegneten Amerika aus einer engstirnigen nationalistischen Sichtweise heraus mit Argwohn. Andere Torys wiederum konnten den Amerikanern ihr Vorgehen während der Suez-Krise nicht verzeihen. Die fanatischeren unter den Euro-Föderalisten wiederum hatten andere Gründe für ihren Anti-Amerikanismus: Ihrer Meinung nach lenkten uns die engen kulturellen und emotionalen Bindungen zwischen Großbritannien und den Vereinigten Staaten von unseren Verpflichtungen gegenüber Europa ab. Diesen Standpunkt vertraten vor allem die politischen Eliten. Mehr Sorgen machte mir allerdings die populäre Variante der breiten Masse. Das britische Volk wußte im großen und ganzen die wahren Verdienste Präsident Reagans nicht zu würdigen. An Popularität konnte es der amerikanische Präsident mit Michail Gorbatschow, dem neuen Stern am Himmel der Sowjetunion, nicht aufnehmen − einem Mann, der über ein ganz außergewöhnliches Talent verfügte, die öffentliche Meinung des Westens zu beeinflussen, und für den als Kommunisten in den linken Medien bei allem, was er tat, stets der Grundsatz »Im Zweifel für den Angeklagten« galt. Es herrschte der Eindruck, die Sowjets seien das Vorbild der reinen Vernunft, während die Vereinigten Staaten als Ausbund der Rücksichtslosigkeit galten. Diese Büchse der Pandora hatte Michael Heseltine mit der Westland-Affäre geöffnet, und andere sollten daraus ihren Nutzen ziehen.

British Leyland

Gleich nach der Westland-Affäre standen wir vor dem Problem der Privatisierung von British Leyland[3]. Paul Channon, der im Wirtschaftsministerium das Amt des Handelsministers innegehabt und den ich zum Nachfolger von Leon Brittan ernannt hatte, sah sich innerhalb weniger Tage mit einer neuen Krise konfrontiert. Anders als bei Westland ging es hier um viele tausend Arbeitsplätze und um eine Frage, die einer beträchtlichen Anzahl konservativer Parlamentsabgeordneter, einschließlich einiger Minister, große Kopfschmerzen bereitete.

Was das Thema British Leyland betraf, war ich mit Norman Tebbit nicht immer einer Meinung gewesen. Ich hatte den Eindruck, daß sich an der schlechten Situation des Unternehmens nichts änderte, und wollte die Zügel anziehen. Natürlich hatte es einige Verbesserungen gegeben. Die Produktivität war angestiegen, wir verloren weniger Tage durch Streiks, und die Verluste waren zurückgegangen. Doch noch immer krankte die Gesellschaft am schlechten Management. Vor allem aber wurden nach wie vor dieselben Ausreden bemüht, um das Versagen zu rechtfertigen. Nächstes Jahr oder spätestens übernächstes würde man aus den roten Zahlen herauskommen und schwarze schreiben, vorausgesetzt der Steuerzahler sorgte umgehend für weitere Investitionen. Wenn wir nicht den Wünschen der Geschäftsleitung von British Leyland entsprächen, wäre die einzige Alternative der totale Zusammenbruch – und den konnten wir uns, wie die Manager zu Recht annahmen, nicht leisten. Prognosen wurden regelmäßig nach unten korrigiert – und dann doch nicht eingehalten. Der Marktanteil des Unternehmens schwankte zwischen 17 und 19 Prozent – und das, nachdem man aufgrund der Entwicklung der neuen Modelle mit 25 Prozent gerechnet hatte. Und so überraschte es auch nicht, daß die Bilanz des Jahres 1984 weitaus schlechter ausfiel als vorausgesagt. Mit den sogenannten »Varley-Marshall«-Bürgschaften mußte die Regierung für British Leylands beträchtliche und immer noch anwachsende Kredite geradestehen.

Ich wollte British Leylands Investitionsprogramm einschränken und hatte auch schon einen Weg gefunden, um dieses Ziel zu erreichen. Anstatt eigene neue Motoren zu entwickeln, sollte das

Unternehmen die Motoren für den Austin Rover von Honda kaufen – British Leyland wollte ohnehin die bereits bestehende Zusammenarbeit mit dieser Firma ausdehnen. Doch trotz mehrerer Anläufe im Frühjahr und Sommer 1985 kam ich mit meinen Bemühungen nicht sehr weit. Zudem hatte ich den Eindruck, daß das Wirtschaftsministerium sich nicht ernsthaft für meine Pläne einsetzte, und ich wußte, daß British Leyland ihnen extrem ablehnend gegenüberstand. In solch einer Situation bleiben einem Premierminister kaum noch Optionen – selbst wenn er so gut beraten ist, wie ich es in dieser Angelegenheit von meinem Beraterstab und unpolitischen Experten war.[4]

Was British Leyland brauchte, waren ein neues Management und ein neuer Präsident, größere Disziplin im Ausgabenbereich und vor allem einen erneuten Anlauf in Richtung Privatisierung. Vom Oktober 1985 an richtete Leon Brittan seine Aufmerksamkeit auf alle diese Aspekte, doch schon bald stand die Privatisierung im Mittelpunkt seiner Bemühungen. Jaguar war bereits erfolgreich verkauft worden. Die Firma Unipart, die für den Vertrieb der Ersatzteile von British Leyland zuständig war, sollte eigentlich ebenfalls privatisiert werden, doch in dieser Frage zögerte British Leyland die Verhandlungen hinaus. Vor allem aber führten wir vertrauliche Gespräche mit General Motors, die Interesse an der Übernahme von Land Rover, einschließlich Range Rover, Freight Rover (Kleintransporter) und Leyland Trucks (Schwertransporter), geäußert hatten. Da sich die Verhandlungen ebenfalls in die Länge zogen, war ich froh, als mir Leon am 25. November schriftlich seine Vorschläge unterbreitete, wie wir das Geschäft vorantreiben konnten.

Abgesehen vom Preis (der natürlich auch ins Gewicht fiel) gab es drei heikle Bereiche, die zu beachten waren:

• Erstens mußten wir berücksichtigen, welche Konsequenzen sich aus der Zusammenlegung von General Motors (Bedford) und British Leyland (Leyland) – zweifellos eines der Hauptargumente, das General Motors zu ihrem Angebot bewogen hatte – für den Arbeitsmarkt in der Lkw-Branche ergeben würden. Wir rechneten mit einem Abbau von bis zu 3000 Stellen. Doch in einem Industriesektor mit hoher Überkapazität steht man nicht vor der Frage: Erhalten wir Arbeitsplätze oder verlieren wir sie? Die Alternative lautet vielmehr, ob man den Verlust von einigen Arbeitsplätzen hinnimmt oder dem Zusammenbruch eines oder gar beider Lkw-Hersteller riskiert.

- Zweitens ging es um die verbliebenen Unternehmenszweige von British Leyland, wie die Serienproduktion der Tochterfirma Austin Rover, die General Motors nicht übernehmen wollte und der es dann überlassen bleiben würde, die angehäuften Schulden abzutragen.

- Der dritte Punkt – und dies war das brisanteste Thema – betraf die zukünftige Kontrolle über Land Rover. Falls wir auf General Motors' Übernahmeangebot eingingen, mußten wir zur Beruhigung der Öffentlichkeit sicherstellen, daß dieser Autotyp in gewisser Hinsicht auch weiterhin »britisch« blieb. Zu diesem Zeitpunkt war eine Zusicherung von General Motors im Gespräch, daß »Land-Rover-Produkte in Großbritannien produziert werden und als Produkte eines vorwiegend britischen Herstellers gelten sollen«.

Plötzlich kamen wir jedoch in den Luxus eines weiteren Angebots. Bevor wir mit den Verhandlungen mit General Motors – Codenamen »Salton« – in ein konkretes Stadium getreten waren, wurde uns ein noch interessanteres Angebot mit dem Codenamen »Maverick« unterbreitet. Ende November stattete der Präsident von Ford of Europe Leon Brittan einen Besuch ab und teilte ihm mit, Ford erwäge ein Angebot für Austin Rover und Unipart. Seinem Unternehmen war durchaus bewußt, wieviel politisches Fingerspitzengefühl für eine derartige Transaktion vonnöten war. Wahrscheinlich hatten sie auch eine Vorstellung von dem Widerstand, den British Leyland derartigen Plänen entgegensetzen würde, denn die Firma hätte gewiß viel lieber ihre angenehme Beziehung zu Honda fortgesetzt. Aus diesem Grunde wollte Ford zunächst das Einverständnis der Regierung einholen. Bei einem Treffen am Nachmittag des 4. Dezember besprachen Leon Brittan, Nigel Lawson und ich unsere nächsten Schritte. Wir machten uns keine Illusionen über die politischen Schwierigkeiten, die uns ins Haus standen. Obwohl Ford versichert hatte, sie würden die wichtigsten Tochterfirmen von Ford und British Leyland in Großbritannien belassen, mußten wir mit dem Widerstand von Parlamentsabgeordneten rechnen, die in den betroffenen Gebieten einen Stellenabbau befürchteten. Bei Ford war die Produktivitätsrate niedriger als bei British Leyland, ihre neuesten Modelle verkauften sich schlecht, und sie beobachteten voller Sorge das Vordringen der Japaner auf dem europäischen Markt. Die Zusammenarbeit mit Honda, die für British Leyland in letzter Zeit so wichtig geworden war, konnte sich künftig problematisch gestalten. Außerdem würde möglicherweise Kritik gegen die Einschränkung des Wettbewerbs in der Autoproduktion laut werden. Doch trotz alledem lohnte es sich, Fords Angebot weiter zu diskutieren. Sobald die Verhandlungen mit Ford beziehungsweise General Motors zu einem erfolgreichen Ende geführt worden waren, würden manche bestimmt behaupten, wir hätten Großbritanniens Tradition als Autohersteller mit einem Schlag ausgelöscht. Doch andere würden die Privatisierung begrüßen, weil sie den öffentlichen Haushalt entlastete und der Autoindustrie in Großbritannien eine solide Zukunft sicherte. Aus diesem Grunde setzten wir die Verhandlungen mit Ford fort.

Ob wir mit unserem ehrgeizigen Privatisierungsprogramm in einem günstigeren politischen Klima Erfolg gehabt hätten, muß dahingestellt bleiben. Doch es hätte zu keinem schlechteren Zeitpunkt in Angriff genommen werden können. Zu Paul Channons – und meinem – Entsetzen berichteten Ende Februar die Wochenendzeitungen in allen Einzelheiten von unseren Plänen. Mit ziemlicher Sicherheit waren es Mitarbeiter von British Leyland gewesen, die die Pläne hatten durchsickern lassen, als wir aufgrund der Westland-Affäre äußerst verwundbar waren. Paul Channon mußte unsere Kontakte in einer kurzfristig angesetzten Erklärung am Montag, dem 3. Februar, vor dem Unterhaus bestätigen. Alle Hoffnungen auf vertrauliche Verhandlungen waren damit zunichte. Die Debatte wurde von Irrationalität geprägt.

Obwohl Paul Channon nun vor einer nahezu unlösbaren Aufgabe stand, ging er sie mit großem Mut und viel Geschick an. Eine Art pseudo-patriotischer Hysterie bemächtigte sich der Politik und der Medien. Ted Heath warf uns vor, wir würden alle Anstrengungen der Arbeiter und des Managements von British Leyland mit einem einzigen Satz zunichte machen: »Jetzt werdet ihr an die

Amerikaner verkauft.« Nicht einmal das Kabinett war dagegen immun. Norman Fowler, in dessen Wahlkreis sich Betriebe von British Leyland befanden, ließ verlauten, er würde das Geschäft zu verhindern versuchen. Wenn ein Mann wie Norman Fowler glaubt, er könne sich Rebellion leisten, dann weiß man, daß die Dinge schlecht stehen.

Auf einer äußerst schwierigen Kabinettssitzung am Donnerstag, dem 6. Februar, wurde klar, daß wir einen Abschluß mit Ford unter keinen Umständen durchsetzen konnten. Jetzt galt es nur noch, den Schaden so gering wie möglich zu halten und die Verhandlungen mit General Motors voranzutreiben. Paul Channon erklärte am gleichen Abend vor dem Unterhaus, um die Ungewißheit zu beenden, würden wir den Verkauf von Austin Rover an Ford nicht weiter in Erwägung ziehen. Es war demütigend und ungerecht, wenn man bedachte, wie viele Arbeitsplätze Großbritannien Ford verdankte. Doch in der Politik muß man wissen, wann die Grenzen des Machbaren erreicht sind. Damit hatten wir zwar den akuten Druck gemildert, doch nun war die Frage, ob wir noch immer zu einem erfolgreichen Abschluß mit General Motors kommen konnten.

Nach Pauls Erklärung sprach ich mit ihm und wies darauf hin, daß diese Verhandlungen und der Verkauf von Unipart so rasch wie möglich abgeschlossen werden müßten. Nun, da unsere Pläne bekanntgeworden waren, wurden uns plötzlich zahlreiche alternative Angebote unterbreitet. Nur wenige kamen ernstlich in Betracht, und alle waren sie in diesem letzten Stadium eher peinlich als hilfreich. Politisch am vernünftigsten schien der Vorschlag für ein Management Buyout von Land Rover. Nach unserer und British Leylands Ansicht blieb General Motors mit Abstand der aussichtsreichste Kandidat, weil dieser Konzern nicht nur an einigen, sondern allen Unternehmenszweigen interessiert war, weil er über eine solide Finanzbasis verfügte und weil er British Leyland Zugang zu seinem Verteilernetz ermöglichen würde. Am Mittwoch, dem 19. Februar, rief ich eine kleine Ministerrunde zusammen – die John Biffen ein »ausgewogenes Team« genannt hätte –, um die zunehmend schwierige und vielschichtige Angelegenheit durchzusprechen. Die wichtigsten Teilnehmer waren Willie Whitelaw, Nigel Lawson, Norman Tebbit, Peter Walker, John Biffen,

Norman Fowler und natürlich Paul Channon. Paul Channon sollte weiterhin die konkreten Verhandlungen mit General Motors führen. Diese zogen sich bis weit in den März hinein. Manchmal schien es, als würde uns General Motors tatsächlich eine ausreichende Garantie in der Frage der Kontrolle über Land Rover geben. Zuvor hatten wir unsere Bedingungen beträchtlich hochschrauben müssen und bestanden nun darauf, daß General Motors nicht mehr als 49 Prozent Stimmrecht erhielt und die gesamte Geschäftsführung von dem (britischen) Vorstand kontrolliert werden würde. Letztlich war General Motors nicht bereit, diese Forderungen zu akzeptieren, und das kann ich ihnen nicht einmal übelnehmen. Da der amerikanische Konzern nach dem Scheitern der Verhandlungen über Land Rover auch das Interesse an Leyland Trucks und Freight Rover verloren hatte, wurden die Gespräche abgebrochen. Als Paul Channon dies am Dienstag, dem 25. Mai, vor dem Unterhaus verkündete, stand ein konservativer Abgeordneter nach dem anderen auf und erklärte, wir hätten uns eine großartige Chance entgehen lassen und das Geschäft mit General Motors auf alle Fälle zum Abschluß bringen müssen. Ich machte mir nicht die Mühe, mein Befremden zu verbergen. Später hielt ich einigen vor, sie hätten besser den Mund aufgemacht, als die Frage noch aktuell war.

Diese leidige Episode schadete nicht nur der Regierung, sondern auch dem ganzen Land. Immer wieder hatte ich auf die Vorzüge hingewiesen, die Großbritannien aus amerikanischen Investitionen erwuchsen. Die Vorstellung, daß Ford als ausländisches Unternehmen zwangsläufig schlecht sein mußte, war einfach absurd. Fords europäische Zentrale befand sich in Großbritannien, und das gleiche galt für ihr größtes Forschungs- und Entwicklungszentrum auf dem alten Kontinent. Alle Lkws und ein Großteil ihrer Traktoren für den europäischen Markt wurden in Großbritannien hergestellt. Der Wert von Fords Exporten aus Großbritannien lag um 40 Prozent über dem von British Leyland. Wäre Großbritannien etwa besser dran gewesen, wenn British Leyland Ford übernommen hätte? Diese Vorstellung ist lachhaft. Aber es ging nicht allein um Ford. Mehr als die Hälfte der Investitionen ausländischer Unternehmen in Großbritannien kam aus den Vereinigten Staaten. Aus diesem Grunde konnte sich Großbritannien einen derartig selbstzerstörerischen Anti-Amerikanismus gar nicht leisten. Dennoch schwelte dieser weiter und sollte kurze Zeit später seinen Höhepunkt erreichen – allerdings ging es dabei nicht um den Bereich der Wirtschaft, sondern um die Außen- und Verteidigungspolitik, also ein Gebiet, wo sich die Leidenschaften ohnehin viel leichter entzünden.

Der Luftangriff der USA auf Libyen

Am Freitag, dem 27. Dezember 1985, befand ich mich in Chequers, als man mir mitteilte, in den Wartehallen der Flughäfen von Rom und Wien hätten Terroristen auf Passagiere das Feuer eröffnet und 17 Menschen getötet. Bald schon stellte sich heraus, daß die Attentäter zu der palästinensischen Abu-Nidal-Gruppe gehörten. Augenscheinlich waren sie im Libanon ausgebildet worden, doch bald gab es auch eindeutige Hinweise auf eine Verbindung zu Libyen. Die libysche Regierung erlegte sich bei ihren Lobeshymnen auf die Anschläge keinerlei Schranken auf und feierte sie als »heldenhafte Taten«. Schon seit langem tauschten wir mit den Amerikanern geheimdienstliche Erkenntnisse aus, die das Ausmaß der libyschen Unterstützung für terroristische Gruppen deutlich machten. Es ging also nicht um die Frage, ob Oberst Gadaffi einen terroristischen Staat regierte, sondern vielmehr darum, was wir dagegen unternehmen konnten. Seit der Ermordung der Polizeibeamtin Yvonne Fletcher im Jahre 1984 hatte Großbritannien gegenüber Libyen eine weitaus härtere Haltung eingenommen als andere europäische Staaten. Doch nach Ansicht der Vereinigten Staaten hätten wir und der Rest Europas darüber hinaus wirtschaftliche Sanktionen gegen Libyen verhängen sollen. Dies betraf vor allem das libysche Öl, von dem 75 Prozent nach Europa geliefert wurden.

Am Dienstag, dem 7. Januar, verhängten die USA, ohne sich lange mit Konsultationen aufzuhalten, unilaterale Sanktionen gegen Libyen und erwarteten, daß wir nachzogen. Dazu aber war ich nicht bereit. Öffentlich erklärte ich, ich könnte mir nicht vorstellen, daß Wirtschaftssanktionen gegen Libyen den gewünschten Erfolg nach sich ziehen würden. Das US-Außenministerium zeigte

sich verstimmt darüber und deutete sogar an, von allen Verbündeten verhalte sich Großbritannien am wenigsten kooperativ. Dieser
Vorwurf war völlig ungerechtfertigt, wie sich an unserer schärfe-
ren Gangart gegen Waffenlieferungen, Kreditvergabe und Einwanderung sowie an der Schließung des libyschen »Volksbüros«
unschwer erkennen ließ. Womöglich schätzten die Vereinigten
Staaten Großbritannien deshalb als besonders schwierigen Partner ein, weil ich – ganz uneuropäisch – den Mund aufmachte,
wenn mir etwas nicht paßte. Als ich Mitte Januar unser Vorgehen
gegenüber Libyen mit Präsident Mitterrand erörterte, hatte dieser
sich weitaus kämpferischer gegeben als ich. Zweifellos waren die
Amerikaner zu dem gleichen Eindruck gelangt.

Von Ende Januar bis März verschärften sich die Spannungen
zwischen den Vereinigten Staaten und Libyen kontinuierlich, denn
die US-Kriegsmarine führte in der Großen Syrte Manöver durch.
Im Widerspruch zum internationalen Recht und zu der Ansicht
der Weltöffentlichkeit erhob Libyen Anspruch auf diese Gewässer.
Am Montag, dem 24. März, wurden amerikanische Militärflug-
zeuge vom libyschen Festland aus mit Raketen beschossen. Die
USA antworteten mit einem Gegenschlag auf libysche Raketen-
stellungen und versenkten ein libysches Schnellpatrouillenboot.

Unsere Reaktion auf diese Vorgänge wollte gründlich überlegt
sein. In Libyen lebten nämlich nur 1000 amerikanische Staatsbürger, aber 5000 britische Staatsangehörige. Außerdem mußte ich
die Möglichkeit eines libyschen Gegenschlags auf unseren Stützpunkt auf Zypern einkalkulieren. Trotz dieser Bedenken erklärte
ich gegenüber dem Kabinett, den Vereinigten Staaten müsse das
Recht vorbehalten bleiben, sich in internationalen Gewässern und
im internationalen Luftraum frei zu bewegen und sich im Sinne
der UNO-Charta zu verteidigen.

Mittlerweile setzte sich bei den Amerikanern wohl die Erkenntnis durch, wer ihre wahren Freunde waren. Die Franzosen, so
erfuhr ich, hatten Vorbehalte gegenüber jeglicher Konfrontation
mit Oberst Gadaffi geäußert. Sie vertraten die Ansicht, ein Militärschlag der USA würde die Araber auf die Seite Libyens rufen; aus
diesem Grunde müsse eine »Provokation« vermieden werden.

In den frühen Morgenstunden des 5. April explodierte in einer
Diskothek in Westberlin, die von US-Soldaten frequentiert wurde,

eine Bombe. Dabei gab es zwei Tote – darunter ein amerikanischer Soldat – und mehr als 200 Verletzte, zu denen 60 Amerikaner zählten. Die geheimdienstlichen Erkenntnisse der Vereinigten Staaten, bestätigt durch unsere Informationen, deuteten auf eine Beteiligung Libyens hin. Für die Amerikaner war dies der Tropfen, der das Faß zum Überlaufen brachte.

Am Dienstag, dem 8. April, erhielt ich kurz vor 23 Uhr eine Botschaft von Präsident Reagan. Darin bat er um unsere Unterstützung für einen Militärschlag gegen Libyen, bei dem die in Großbritannien stationierten amerikanischen F111-Bomber und deren Geleitflugzeuge zum Einsatz kommen sollten. Meine Antwort erwarte er bis zum Mittag des folgenden Tages. In diesem Stadium gab es keinerlei Hinweise auf die politischen Absichten und konkreten Angriffsziele der USA. Sogleich bestellte ich Geoffrey Howe und George Younger zu mir, um mich mit ihnen zu beraten. Um ein Uhr nachts übermittelte ich eine vorläufige Antwort an Präsident Reagan, mit der ich in erster Linie erreichen wollte, daß er sein Vorhaben noch einmal genauer durchdachte. Ich betonte zwar, daß ich den USA grundsätzlich immer zu helfen bereit sei, machte aber gleichzeitig keinen Hehl aus meiner tiefen Besorgnis und bat um genauere Informationen über die Angriffsziele in Libyen. Denn ich befürchtete, daß die USA durch diesen Schritt eine Spirale von Gewalt und Gegengewalt in Bewegung setzen würden. Wenn dieser Schlag nicht zufriedenstellend vor der Öffentlichkeit gerechtfertigt werden konnte, würde er Oberst Gadaffis Ansehen möglicherweise nur nützen. Außerdem fragte ich mich besorgt, welche Konsequenzen dieser Schritt für die britischen Geiseln in Libyen nach sich ziehen würde – und wie sich später herausstellte, waren meine Befürchtungen nicht unberechtigt.

Im Rückblick erscheint mir meine vorläufige Antwort als zu negativ. Mit Sicherheit faßten sie die Amerikaner so auf. Doch immerhin hatte dies den positiven Effekt, daß die USA ihre Absichten und deren spätere Rechtfertigung genauer durchdachten – und diesen Dienst kann man von einem Freund wohl erwarten. Doch mich bewegten noch zwei weitere Überlegungen. Zum einen hatte ich den Eindruck gewonnen, daß sich in den Vereinigten Staaten eine Tendenz zu überstürztem Handeln durchgesetzt hatte – so wie man dort die Europäer zweifellos als zu lethargisch einschätzte. Zum anderen war mir schon zu diesem Zeitpunkt klar, daß ich, wenn ich den Vereinigten Staaten gestattete, den Luftangriff auf Libyen von ihren Militärstützpunkten in Großbritannien aus zu fliegen, einen hohen politischen Preis zahlen würde. Die Regierung erholte sich gerade von dem Ansehensverlust, den sie durch Westland und British Leyland erlitten hatte. Da wir aber noch immer angeschlagen waren, mußte ich meine Entscheidung gründlich abwägen.

Geoffrey Howe, George Younger, mehrere Regierungsbeamte und ich trafen am folgenden Morgen um 7.45 Uhr in der Downing Street zusammen. Inzwischen war eine weitere Botschaft aus dem Weißen Haus eingetroffen, in der es hieß, man benötige unsere offizielle Entscheidung zu der ursprünglichen Anfrage nun nicht mehr bis zum Mittag. Wir nutzten die gewonnene Zeit, um Listen von möglichen Angriffszielen in Libyen erstellen zu lassen, die so eng wie möglich gefaßt waren. Mehr von Hoffnung als von Zuversicht geleitet, listeten wir außerdem die nichtmilitärischen Aktionen auf, die die USA möglicherweise einleiten konnten. Am frühen Nachmittag berief ich eine weitere Sitzung ein, doch ohne Präsident Reagans Antwort auf meine Botschaft konnten wir nicht viel ausrichten. Und so wartete ich mit einiger Sorge den ganzen Nachmittag und Abend.

Nach Mitternacht traf Präsident Reagans Antwort über den heißen Draht ein. Überzeugend, detailliert und nicht ohne kritische Töne setzte er sich mit den Fragen auseinander, die ich aufgeworfen hatte. Er verwahrte sich gegen den Vorwurf, die von ihm geplante Aktion würde eine Spirale der Gewalt in Bewegung setzen; wie die früheren Anschläge von Gadaffis Terroristen bewiesen, habe der Zyklus der Gewalt schon vor langer Zeit begonnen. Er wies mich noch einmal auf unsere Geheimdienstmeldungen hin, die besagten, daß Terrorakte von Libyen aus gesteuert würden. Diese Entwicklung sei dadurch begünstigt worden, daß der Westen nicht entschlossen genug reagiert hätte. Und damit sei seiner Meinung nach auch die rechtliche Absicherung für eine solche Aktion gegeben. Präsident Reagan betonte, der Angriff gelte Gadaffis oberstem Hauptquartier und den in der Nähe befindlichen Sicherheitstruppen und richte sich keinesfalls gegen die libysche Bevölkerung oder gar Truppenkonzentrationen der regulären

Streitkräfte. Der Angriff sei auf einige wenige Ziele beschränkt. Besonders beeindruckt war ich von der realistischen Einschätzung der zu erwartenden Resultate. Präsident Reagan schrieb:

Ich gebe mich nicht der Illusion hin, daß die Bedrohung durch den Terrorismus mit diesen Aktionen ein für allemal beseitigt wird. Doch wir werden damit zeigen, daß eine Regierung für die offizielle Unterstützung terroristischer Übergriffe – wie Libyen sie wiederholt verübt hat – auch einen Preis zahlen muß. Der Verlust der Unterstützung durch diesen Staat wird es terroristischen Organisationen zwangsläufig erschweren, ihre verbrecherischen Anschläge durchzuführen. Gleichzeitig müssen wir auf diplomatischer, politischer und wirtschaftlicher Ebene alle erforderlichen Schritte einleiten, um die grundlegenden Ursachen eines solchen Terrorismus zu beseitigen.

Ich las die Botschaft des Präsidenten mehrere Male durch. Es bestand kein Zweifel, daß er zum Handeln entschlossen war.

Je gründlicher ich die Situation überdachte, desto mehr erschien mir Amerikas Haltung gegenüber Libyen gerechtfertigt. Mit dem Phänomen eines terroristischen Staates, der seine Gewalt gegen Feinde auf der ganzen Erdkugel richtete und sich dabei oft aller erdenklichen Handlanger bediente, hatten sich frühere Generationen nicht auseinandersetzen müssen. Aus diesem Grunde standen wir jetzt vor der Aufgabe, ganz neue Methoden zu entwickeln, um die Bedrohung der Weltordnung und des Friedens abzuwehren. An Gadaffis Schuld bestand kein Zweifel. Und es sollte auch kein Zweifel aufkommen, wo Großbritannien stand, wenn sich das mächtigste Land der freien Welt entschlossen hatte, gegen ihn vorzugehen. Welchen Preis ich auch immer dafür bezahlen würde, er stand in keinem Verhältnis zu dem Schaden, der Großbritannien erwuchs, wenn wir die amerikanische Aktion nicht unterstützten. Wenn die Vereinigten Staaten von ihrem engsten Verbündeten im Stich gelassen würde, mußten ihr Volk und ihre Regierung bitterlich enttäuscht sein – und das zu Recht. Von diesem Zeitpunkt an richteten sich meine Anstrengungen nicht mehr darauf, die Amerikaner zurückzuhalten – nun ging es darum, ihnen

Großbritanniens volle Unterstützung zukommen zu lassen. Dies betraf sowohl die Benutzung ihrer Stützpunkte als auch die Rechtfertigung ihrer Aktion, die, wie ich sehr wohl wußte, in Großbritannien und im restlichen Europa einen Sturm der Entrüstung hervorrufen würde. Allerdings bedeutete das keineswegs, daß ich jedweden Vorstoß der Amerikaner befürworten würde. Es blieb unabdingbar, daß sich der Luftangriff auf klar definierte Ziele richtete und die gesamte Aktion mit dem Zweck der Selbstverteidigung begründet werden konnte.

Am folgenden Tag mußte ich zunächst einmal meinen Kollegen erklären, was wir zu tun hatten. Geoffrey Howe war gegen die Aktion der Amerikaner, doch sobald die Entscheidung getroffen war, daß wir die USA unterstützen würden, trat er in der Öffentlichkeit unerschütterlich für unsere Linie ein. George Younger unterstützte sie von Anfang an.

Am Nachmittag übermittelte ich Präsident Reagan eine weitere Botschaft. Darin versicherte ich ihm »unsere uneingeschränkte Unterstützung für eine Aktion gegen spezifizierte libysche Ziele, die nachweislich mit der Organisation und Unterstützung terroristischer Aktivitäten im Zusammenhang stehen«. Solange diese Kriterien erfüllt würden, beinhalte unsere Unterstützung auch die Erlaubnis zur Benutzung der US-Luftwaffenstützpunkte im Vereinigten Königreich. Doch ich stellte einige der geplanten Angriffsziele in Frage und gab zu bedenken, daß die Vereinigten Staaten mit einer weitreichenderen Aktion auch jene in Schwierigkeiten bringen würden, die ihnen bereitwillig jede nur mögliche Unterstützung zukommen ließen.

Da es in Washington nahezu unmöglich ist, ein Geheimnis zu bewahren, überschlugen sich dort mittlerweile die Gerüchte, darüber, daß die USA einen Militärschlag gegen Libyen vorbereiteten. Dies machte es natürlich nicht gerade einfacher für uns, über unsere eigene Haltung diskretes Stillschweigen zu bewahren. Am Freitag sah es kurzfristig so aus, als wollten die USA ihre in Großbritannien stationierten F111-Bomber nicht einsetzen – was unsere Lage natürlich beträchtlich erleichtert hätte. Doch im Laufe des Abends stellte sich heraus, daß man uns beim Wort nehmen würde. Noch später erhielt ich eine Botschaft von Präsident Reagan, in der er sich für unsere Bereitschaft zur Zusammenarbeit bedankte.

Er versicherte mir, daß alle Ziele in eine von drei Kategorien fielen: Die Angriffe richteten sich gegen Ziele, die direkt mit terroristischen Aktivitäten in Zusammenhang standen; gegen Ziele, die indirekt darin verwickelt waren, da sie mit Befehlsgebung, Kontrolle und Logistik zu tun hatten; sowie gegen Stör- und Radaranlagen, da diese eine Gefahr für die anfliegenden amerikanischen Flugzeuge dargestellt hätten.

Am Samstagmorgen suchte mich General Vernon Walters auf, um mir Einzelheiten der amerikanischen Pläne zu unterbreiten. Zu Beginn setzte ich ihn in Kenntnis von meinem Entsetzen darüber, daß die wesentlichen Punkte meiner Unterhandlungen mit Präsident Reagan nun in der amerikanischen Presse veröffentlicht worden seien. Natürlich bedeutete dies, daß der Propagandaschlacht nur noch größere Bedeutung zukam. Deshalb war ich höchst erfreut über General Walters' Angebot, mir vorab die Erklärung vorzulegen, mit der Präsident Reagan den Angriff auf Libyen bekanntgeben und begründen würde. Anschließend diskutierten wir die Frage, wie viele von unseren geheimdienstlichen Erkenntnissen wir heranziehen durften, um die Aktion in der Öffentlichkeit zu rechtfertigen. Mir widerstrebte es noch mehr als den Amerikanern, Geheimdienstinformationen zu veröffentlichen. Doch in der jetzigen Situation gab es keine andere Möglichkeit, wenn wir die breite Masse davon überzeugen wollten, daß unsere Anschuldigungen gegen Oberst Gadaffi gerechtfertigt waren. Zwar gehe ich nicht davon aus, daß diese Enthüllungen Menschenleben in Gefahr brachten, doch sicherlich hatten sie zur Folge, daß eine ganze Anzahl von unseren Quellen »versiegten«. Weiterhin sprach ich mit General Walters über Präsident Reagans letzte Aufstellung der möglichen Angriffsziele, die ich relativ beruhigend fand. Ich nehme an, daß General Walters zu diesem Zeitpunkt bereits genau wußte, gegen welche Ziele sich der Angriff der Amerikaner richten würde. In diesem Fall war es sehr klug von ihm, sie nicht zu nennen. Ich konnte nur hoffen, daß er im weiteren Verlauf seiner Reise nach Paris, Rom, Bonn und Madrid, wo er zur Begründung der amerikanischen Aktion geheimdienstliches Material unterbreiten und um europäische Unterstützung bitten sollte, noch zurückhaltender sein würde.

Nun, da Amerika die Europäer um konkreten Beistand bat –

der allerdings seinen politischen Preis kosten würde –, zeigten sich diese in einem wenig günstigen Licht . Kanzler Kohl erklärte den Amerikanern anscheinend, sie dürften von ihren europäischen Bündnispartnern keine uneingeschränkte Unterstützung erwarten. Alles hinge vom Erfolg der Aktion ab. Die Franzosen, die sich kürzlich – zumindest im kleinen Kreis – noch in Säbelrasseln geübt hatten, verweigerten den F111-Bombern die Genehmigung für die Benutzung des französischen Luftraums. Die Spanier gestatteten den Amerikanern zwar, ihr Land zu überfliegen, allerdings nur, wenn dies unbemerkt bliebe. Da diese Bedingung unerfüllbar war, blieb den Bombern nur der Weg über die Straße von Gibraltar.

Die Luft schwirrte mittlerweile von Gerüchten. Wir durften unsere Verhandlungen mit den Amerikanern weder leugnen noch bestätigen. Die Labour Party und die Liberalen erhoben die Forderung, wir sollten den Amerikanern die Benutzung ihrer Luftwaffenstützpunkte im Vereinigten Königreich verweigern. Aus diesem Grunde mußte ich dafür sorgen, daß wenigstens die Regierungsmitglieder des Kabinetts meine Entscheidung mittrugen. Am Montag, dem 14. April, informierte ich nachmittags den Kabinettsausschuß für Außen- und Verteidigungspolitik (Overseas and Defence Comittee) von den Ereignissen der letzten Tage und betonte dabei, daß die Aktion der USA durch Artikel 51 der UNO-Charta abgedeckt sei. Abschließend wies ich darauf hin, daß wir den Amerikanern nun ebenso beistehen müßten, wie sie uns im Falklandkrieg beigestanden hätten.

An diesem Nachmittag wurde mir telefonisch aus Washington mitgeteilt, daß amerikanische Flugzeuge demnächst von den US-Stützpunkten in Großbritannien starten würden. Diese Nachricht erreichte mich, kurz bevor ich zu einem Empfang beim *Economist* aufbrach. Dort sollte entweder der große viktorianische Verfassungsrechtler Walter Bagehot oder aber – je nach Betrachtungsweise – sein damaliger Herausgeber, Norman St. John Stevas, geehrt werden. Als ich das Verlagsgebäude in der Nähe von St. James betrat, meinte der Herausgeber der Zeitschrift, Andrew Knight, besorgt, ich sähe blaß aus. Da ich ohnehin keinen rosigen Teint habe, nehme ich an, daß ich wie ein Gespenst gewirkt haben muß. Aber ich frage mich, wie Andrew Knight ausgesehen hätte, wenn er gerade erfahren hätte, daß amerikanische F111-Bomber heimlich auf Umwegen nach Tripolis unterwegs waren. Trotzdem zollte ich Bagehot meinen Tribut, küßte Norman und kehrte in die Downing Street zurück.

Spät am Abend teilte mir Präsident Reagan mit, die amerikanische Luftwaffe werde in Kürze fünf namentlich genannte Ziele in Libyen angreifen, die mit dem Terrorismus in Verbindung stünden. Der Präsident versicherte mir, bei dem Text seiner fürs Fernsehen aufgezeichneten Rede an das amerikanische Volk habe man unseren Rat beherzigt und sei ausführlich auf den Aspekt der Selbstverteidigung eingegangen, damit die rechtliche Absicherung der Aktion einsichtig würde. Meine eigene Erklärung vor dem Unterhaus für den folgenden Tag war bereits in Arbeit.

Der amerikanische Angriff wurde, wie wir vermutete hatten, im wesentlichen von sechzehn, im Vereinigten Königreich stationierten F111-Bombern durchgeführt, wenngleich auch eine Reihe anderer Flugzeuge beteiligt war. Er dauerte insgesamt 40 Minuten. Die Libyer feuerten Raketen und Geschütze ab, doch es gelang den USA, ihren Radarschutzgürtel zu zerstören. Obwohl leider Zivilisten ums Leben kamen und eine Maschine verloren ging, war der Angriff zweifellos ein Erfolg. Die Fernsehberichte konzentrierten sich allerdings kaum auf die strategische Bedeutung der angegriffenen Ziele, sondern brachten statt dessen Bilder von weinenden Frauen und Kindern.

Ebenso wie in anderen Ländern war die erste Reaktion der britischen Öffentlichkeit schlimmer, als ich befürchtet hatte. In das Mitgefühl für die libysche Zivilbevölkerung mischte sich Angst vor einem terroristischen Vergeltungsschlag Libyens. Sowohl in der Parteizentrale der Konservativen als auch in der Telefonzentrale der Downing Street gingen zahllose Protestanrufe ein. Man machte sich Sorgen über das Schicksal der britischen Staatsbürger in Libyen und äußerte Befürchtungen, sie könnten als Geiseln genommen werden. Die Opposition, konservative Abgeordnete und konservative Zeitungen übten heftige Kritik an meiner Person und erklärten einhellig, ich hätte den Amerikanern nicht gestatten dürfen, ihre Stützpunkte zu benutzen. Man beschrieb mich als jemand, der vor den Amerikanern katzbuckelte, doch für ihre Opfer kein Mitleid übrig hätte. Ich informierte die Kabinettsmitglieder – wie ich nach und nach erfuhr, waren einige der Meinung, sie hätten vorher eingeweiht werden müssen – in allen Einzelheiten über die Vorgänge. Später am Nachmittag gab ich dann vor dem größtenteils skeptisch bis feindselig eingestellten Unterhaus meine Erklärung ab. Anschließend erhielt ich einen Anruf von Präsident Reagan, in dem er mir vom Verlauf der Aktion berichtete und mir Kraft für die Auseinandersetzung mit meinen, wie er wußte, zahlreichen Kritikern wünschte. Er betonte, als er bei seiner Fernsehansprache am Abend zuvor die Zusammenarbeit mit seinen europäischen Bündnispartnern erwähnt habe, habe er nur ein Land im Sinn gehabt – das Vereinigte Königreich.

Am Dienstag sollte ich vor dem Unterhaus in einer Dringlichkeitsdebatte zu dem Luftangriff auf Libyen eine Rede halten. Die Vorbereitung dieser Rede stellte uns vor große technische und intellektuelle Schwierigkeiten, denn ich mußte dabei vieles von unseren geheimdienstlichen Erkenntnissen zu Libyens terroristischen Aktivitäten offenlegen, um das Argument der Selbstverteidigung zu untermauern. Jedes Wort mußte von den betreffenden Geheimdiensten überprüft werden, um sicherzustellen, daß es richtig war und dadurch keine Quellen gefährdet wurden. Grundtenor der Debatte waren anti-amerikanische Vorurteile. Neil Kinnock beging dabei allerdings den Fehler, Präsident Reagan einmal zu oft Worte in den Mund zu legen, die dieser bei seiner Fernsehansprache keineswegs geäußert hatte. Da ich dies schon einige Stunden zuvor mitanhören mußte, hatte ich den gesamten Text der Rede des Präsidenten an Cranley Onslow, den Vorsitzenden des Komitees von 1922, weitergegeben. Mr. Kinnock sagte:

> ... laut Aussage von Präsident Reagan habe der Bombenangriff auf Tripolis und Benghasi zum Ziel gehabt, »Gadaffis Herrschaft der Gewalt ein Ende zu setzen«. Ich kann mir nicht vorstellen, daß jemand ernstlich glaubt, dieses Ziel sei jetzt oder in Zukunft durch Bombardierung zu erreichen.

Hier unterbrach ihn Cranley Onslow mit dem Hinweis, Präsident Reagan habe genau das Gegenteil gesagt:

> Ich gebe mich nicht der Illusion hin, die heutige Aktion könnte Gadaffis Regime ein Ende setzen, doch diese Mission, ein

Akt der Gewalt, kann die anständigen Männer und Frauen
einer Welt, in der sie in Frieden und Sicherheit leben können,
einen Schritt näherbringen.

Danach herrschte Schweigen.

Meine Rede wirkte beruhigend auf die Partei, und die Debatte
wurde ein Erfolg. Trotzdem herrschte selbst unter unseren Anhängern immer noch ein großes Maß an Unverständnis. Am Freitag fuhr
ich in Cranley Onslows Wahlkreis. Ich hatte den Eindruck, daß mich
die Leute dort mit sonderbaren Blicken musterten, so als ob ich etwas
Schreckliches getan hätte – was angesichts der unsachlichen und einseitigen Medienberichterstattung durchaus verständlich war. Als ich
den Parteimitgliedern bei einem Empfang jedoch erklärte, unser
Handeln hätte zum Ziel gehabt, Menschen vor terroristischen
Anschlägen zu bewahren, begriffen sie unsere Beweggründe. Dennoch: Der Vorwurf der Gefühllosigkeit ging mir sehr nahe und
schmerzte mich. Alles in allem aber bedeutete der Angriff auf Libyen
ein Wendepunkt, aus dem uns drei direkte Vorteile erwuchsen.

Erstens erwies sich die Aktion als weitaus wirksamerer Schlag
gegen den von Libyen geförderten Terrorismus, als ich mir ausge-
malt hatte. Wir alle vergessen viel zu schnell, daß die Herrschaft
von Tyrannen auf Angst und Gewalt beruht und daß man sie nur
mit eben diesen Mitteln in Schach halten kann. Daß britische Geiseln in Libyen aus Rache ermordet wurden, bedauerte ich tief.
Doch der oft beschworene libysche Vergeltungsschlag sollte und
konnte nie stattfinden. Zwar war Gadaffi nicht in die Knie
gezwungen, doch er war zumindest gedemütigt worden. In den
folgenden Jahren war ein bemerkenswerter Rückgang der von
Libyen unterstützten Terrorakte zu verzeichnen.

Zweitens schlug uns aus den Vereinigten Staaten eine Woge der
Dankbarkeit entgegen, von der unser Land noch heute profitiert.
Das Wall Street Journal bezeichnete mich schmeichelhaft als
»prächtig«. Einzelne Senatoren drückten mir schriftlich ihren
Dank aus. Während in Großbritannien ganz andere Empfindungen vorherrschten, wurde die Telefonzentrale unserer Botschaft in
Washington von Anrufern blockiert, die uns zu unserem Vorgehen
beglückwünschten. Die amerikanische Regierung gab uns deutlich zu verstehen, das Großbritanniens Stimme bei zukünftigen

Abrüstungsgesprächen besonderes Gewicht erhalten solle. Zudem wollte sich die US-Regierung mit größerem Nachdruck dafür einsetzen, daß der für uns so bedeutsame Vertrag über die Auslieferung von IRA-Terroristen nicht durch den Widerstand der Opposition vereitelt wurde. Die Tatsache, daß Amerika in dieser Zeit der Prüfung sowenig Beistand gefunden hatte, stärkte die »special relationship«, die besondere Beziehung zwischen unseren Ländern. Angesichts unserer kulturellen und historischen Gemeinsamkeiten wird sie zwar immer einen besonderen Stellenwert behalten, doch zur Amtszeit von Präsident Reagan war sie besonders eng.

Der dritte Vorteil war erstaunlicherweise innenpolitischer Natur – auch wenn er nicht sogleich zum Tragen kam. So unpopulär unser Schritt auch war, so konnte doch niemand anzweifeln, daß er Stärke und Entschlossenheit bewies. Ich hatte meinen Kurs festgelegt und war ihm treu geblieben. Mochten einzelne Minister und verärgerte Abgeordnete auch murren – besser, sie murrten über eine Führung, die ihnen nicht paßte, als über eine Führung, die Schwäche zeigte. Ich hatte den Verfechtern des Anti-Amerikanismus, die die Beziehung zu unserem mächtigsten und engsten Verbündeten zu vergiften drohten, eine Machtprobe aufgezwungen. Diese hatte ich nicht nur politisch überlebt, sondern war sogar mit gewachsener Autorität und größerem Einfluß in der internationalen Politik aus ihr hervorgegangen. Und das konnten auch meine Kritiker nicht abstreiten. Es gehört zu den Paradoxien des politischen Lebens, daß die Regierung innerhalb eines Jahres ausgerechnet durch den Anti-Amerikanismus gestärkt worden war. Die Labour Party befleißigte sich dümmlicherweise nach wie vor des Rufes nach einer anti-amerikanischen Verteidigungspolitik – was unmißverständliche Worte von Cap Weinberger und Richard Perle nach sich zog. Als das britische Volk zu hören bekam: »Wenn ihr wollt, daß wir gehen, dann gehen wir eben«, kehrte es auf den Boden der Tatsachen zurück. Der Anti-Amerikanismus der Labour Party, der das Jahr zuvor noch so in Mode gewesen war, wurde ihr immer mehr zum Ballast, und als die Wahlen kamen, trug er dazu bei, daß Labour mit Pauken und Trompeten unterging.

Während der Frühling des Jahres 1986 in den Sommer überging, begann sich das politische Klima langsam, aber sichtlich, zu verbessern.

16

Gute Geschäftspartner

Die Ost-West-Beziehungen von
1983 bis 1987

Zur Neueinschätzung der Sowjetunion

Im Lauf des Jahres 1983 mußten die Sowjets bemerkt haben, daß sie mit ihren Manipulations- und Einschüchterungsversuchen nicht mehr lange Erfolg haben würden. Die europäischen Regierungen waren nicht bereit, den sowjetischen Vorschlag einer »kernwaffenfreien Zone« für Europa zu akzeptieren, der ohnehin nur eine Falle war. Die Vorbereitungen zur Aufstellung von Cruise Missiles und Pershing-Raketen gingen weiter. Im März kündigte Präsident Reagan Pläne der US-Regierung für eine strategische Verteidigungsinitiative, das SDI-Programm, an, deren technologische und finanzielle Implikationen für die UdSSR verheerend waren. Anfang September schossen die Sowjets eine südkoreanische Verkehrsmaschine ab und töteten dabei 269 Passagiere. Dieser Vorfall verdeutlichte nicht nur die Unmenschlichkeit, sondern vor allem auch die Unfähigkeit des Sowjetregimes, das sich nicht einmal zu einer Entschuldigung durchringen konnte. Das ohnehin nur auf einer Mischung aus westlichem Wunschdenken und sowjetischer Desinformierung beruhende dumme Gerede über den kosmopolitischen, aufgeschlossenen und kultivierten sowjetischen Staatschef Andropow, der die Welt sicherer machen würde, verstummte endlich. Zum vielleicht ersten Mal seit dem Zweiten Weltkrieg begann man – sogar in liberalen Kreisen des Westens –, die Sowjetunion als ein krankes System zu bezeichnen, das mit dem Rücken zur Wand stand.

Die Ost-West-Beziehungen erreichten einen neuen Tiefstand.

Wir waren in eine gefährliche Phase eingetreten; darüber waren
Ronald Reagan und ich uns sehr wohl im klaren. Wir wußten, die
Strategie, einerseits im militärischen Bereich den Sowjets ebenbür-
tig zu bleiben und sie andererseits auf dem Schlachtfeld der Ideen
zu schlagen, mußte fortgesetzt werden und würde schließlich von
Erfolg gekrönt sein. Doch in der Zwischenzeit hatten wir noch den
Kalten Krieg zu gewinnen, ohne dabei unnötige Risiken einzuge-
hen.

Der Kalte Krieg war nie wirklich beendet worden, zumindest
nicht von seiten der Sowjets; es hatte lediglich mehr oder weniger
starke Phasen der Abkühlung in den politischen Beziehungen
gegeben. Zuweilen, etwa in Korea oder Vietnam, war er alles
andere als kalt gewesen. Aber im Grunde, und das verlor ich nie
aus den Augen, ging es immer um den Konflikt zweier politischer
Systeme. In diesem Sinne war die Analyse der kommunistischen
Ideologien richtig: Die beiden Systeme waren letztlich nicht zu
vereinbaren – obwohl die Tatsache, daß beide im Besitz von Atomwaffen waren, sie zwang, Vorkehrungen zu treffen und Kompromisse einzugehen, um eine Koexistenz zu ermöglichen. Wir im
Westen konnten in dieser Situation nichts anders tun, als so viel
wie möglich über das gegnerische System und die unter ihm lebenden Menschen zu erfahren und so viele Kontakte mit ihnen zu
knüpfen, wie es unsere Sicherheitsinteressen erlaubten. Es lohnt
sich in einem kalten wie auch einem heißen Krieg gleichermaßen,
den Gegner zu kennen – nicht zuletzt deshalb, weil man in der
Zukunft einmal Gelegenheit bekommen könnte, ihn zum Freund
zu gewinnen.

Aus diesen Erwägungen heraus beschloß ich, am Donnerstag,
dem 8. September 1983, in Chequers eine Expertenrunde zur
Sowjetunion einzuberufen. Die Schwierigkeiten, die sich schon in
unserem offenen, demokratischen Gesellschaftssystem bei dem
Versuch ergeben, andere Denkweisen zu verstehen, veranschaulichen, weshalb geschlossene, totalitäre Systeme so schwerfällig
und uneffektiv sind. Aus unseren Tagen in der Opposition war ich
gewöhnt an thematisch breitgefächerte Seminare, die ich immer
als anregend und lehrreich empfunden hatte. Auf der vorgeschlagenen Teilnehmerliste aber fand ich nicht die Namen der besten
Köpfe zum Thema Sowjetunion, sondern eine Auswahl der besten

Köpfe des Außenministeriums, und das war nicht ganz dasselbe. Ich lehnte die Liste der vorgeschlagenen Teilnehmer mit folgendem Kommentar ab:

> So habe ich mir das NICHT vorgestellt. Ich habe kein Interesse daran, mit jedem Junior-Minister oder jedem Beamten des Außenministeriums zusammenzutreffen, der sich schon einmal mit dem Thema befaßt hat. Das Außenministerium muß vorher eine kompetente Auswahl treffen. Außerdem möchte ich hier ein paar Leute sehen, die sich intensiv mit Rußland befaßt haben – das heißt, mit der russischen Mentalität – und die eigene Erfahrungen vom Leben dort einbringen können. Mehr als die Hälfte der Leute auf dieser Liste wissen darüber noch weniger als ich.

Und damit hieß es: noch einmal zurück in die Planungsphase.

Im Verlauf des Seminars stellte ich dann fest, daß wir die richtigen Leute und erstklassiges Material hatten. Letzteres berücksichtigte fast alle Faktoren, denen wir in den künftigen Jahren bei der Auseinandersetzung mit den Sowjets und ihrem System Rechnung zu tragen hatten. Wir diskutierten das sowjetische Wirtschaftssystem, seine technologisch bedingte Trägheit und die Konsequenzen daraus, die Auswirkungen religiöser Probleme, die sowjetische Militärdoktrin und die Verteidigungsausgaben der Sowjets sowie Kosten und Nutzen der sowjetischen Kontrolle über Osteuropa. Ein Punkt, dem wir – im nachhinein betrachtet – zuwenig Aufmerksamkeit widmeten, war das ungelöste Nationalitätenproblem, das letztlich zum Zerfall der Sowjetunion führen sollte. Die für mich vielleicht aufschlußreichste Studie beschrieb und analysierte die Machtstruktur des Sowjetstaates und trug zur Veranschaulichung dessen bei, was ich während der Oppositionsjahre von Robert Conquest gelernt hatte.

Natürlich war der Zweck dieses Seminars nicht ausschließlich ein akademischer: Es sollte mir die notwendigen Kenntnisse vermitteln, um in den kommenden Jahren die Politik gegenüber der Sowjetunion und dem Ostblock zu gestalten. Bei den Sowjetologen selbst herrschten bis zum letzten Tag des Bestehens der Sowjetunion zwei gegensätzliche Auffassungen vor.

Sehr grob vereinfacht lassen sich diese beiden Lager etwa folgendermaßen darstellen: Auf der einen Seite gab es jene, die die Unterschiede zwischen dem Westen und sowjetischen Systemen herun-
terspielten; sie stützten sich im allgemeinen auf politische und
Systemanalysen. Dies waren auch die Leute, die jeden Abend auf
unseren Fernsehschirmen erschienen und die Sowjetunion mit den
Begriffen der freiheitlichen Demokratien analysierten – die ewigen
Optimisten, die auch am Ende des längsten Tunnels noch auf Licht
hofften und darauf vertrauten, daß demnächst irgendwie, irgendwo innerhalb des totalitären Sowjetsystems doch noch Rationali-
tät und Kompromißbereitschaft ausbrechen würden. Robert Conquest sagte einmal, das Problem mit der Systemanalyse sei, daß ein
Pferd und ein Tiger, wenn man sie anhand dieser Methode betrachte, einander doch ziemlich ähnlich seien; ein großer Fehler sei es
allerdings, den Tiger deshalb wie das Pferd zu behandeln. – Auf der
anderen Seite standen jene – und es waren hauptsächlich Historti-
ker –, die die Meinung vertraten, freiheitliche Demokratien würden sich von totalitären Systemen nicht nur graduell, sondern
ihrem Wesen nach unterscheiden; ein für die ersteren geeigneter
Analyseansatz sei für die letzteren demnach unbrauchbar. Diese
Gruppe vertrat die Ansicht, daß totalitäre Gesellschaften eine
andere Art von Führungspersönlichkeiten hervorbringen als
demokratische und daß es einem einzelnen Individuum so gut wie
unmöglich ist, ein totalitäres System zu verändern.

Ich selbst neigte wesentlich mehr den Einschätzungen der zweiten Gruppe zu, doch mit einem sehr wichtigen Unterschied. Ich
habe immer daran geglaubt, daß sich unsere westliche Gesellschaft am Ende durchsetzen würde, wenn wir nur unsere Vorteile
nicht wegwarfen, und zwar weil sie auf der einzigartigen, nahezu
grenzenlosen Kreativität und Vitalität des Individuums basiert.
Ein System wie das sowjetische, welches das Individuum zu zerstören suchte, konnte letztlich niemals auf der ganzen Linie erfolgreich sein, wie das Beispiel der Solschenizyns, Sacharows, Bukow-
skis, Ratuschinskajas und Tausender anderer Dissidenten und
Systemverweigerer ja gezeigt hat. Dies implizierte auch, daß
irgendwann eine fähige Persönlichkeit sogar das System heraus-
fordern konnte, in dem sie an die Macht gekommen war. Und aus
diesem Grunde war ich – anders als viele, die meinen Standpunkt

gegenüber der Sowjetunion ansonsten teilten – davon überzeugt, daß wir in der neuen sowjetischen Führungselite den vielversprechendsten Mann suchen und dann tatkräftig unterstützen sollten – allerdings in Erkenntnis der Grenzen eines derartigen Unterfangens. Deshalb hatten all jene unrecht, die später dachten, ich sei von meiner ursprünglichen Haltung zur Sowjetunion abgewichen, weil Gorbatschow mir den Kopf verdreht habe. Ich fand ihn, weil ich nach einer Persönlichkeit wie ihm gesucht hatte. Ich hatte darauf vertraut, daß es einen solchen Menschen gab, sogar in dieser totalitären Gesellschaft, denn ich glaubte daran, daß sich das Individuelle nie ganz auslöschen läßt – weder im Kreml noch im Gulag.

Zwar verschlechterten sich die Ost-West-Beziehungen zur Zeit meines Seminars in Chequers gerade – sie erreichten einen Tiefstand, als die Sowjets wegen der Stationierung der Pershings und Cruise Missiles die Abrüstungsgespräche in Genf verließen –, doch schienen sich in der Führung der Sowjetunion baldige und bedeutsame Veränderungen anzukündigen. Andropow war zwar kein Liberaler, aber er wollte zweifellos die Wirtschaft seines Landes beleben, die ja tatsächlich in einem weit schlimmeren Zustand war, als wir alle damals vermuteten. Um dies zu ereichen, beabsichtigte er, die Bürokratie zu verringern und die Wirtschaftlichkeit zu steigern. Obwohl er die oberste Führungsriege, die er bei seinem Amtsantritt übernommen hatte, nicht sofort auswechseln konnte, gab ihm das hohe Durchschnittsalter der Mitglieder des Politbüros Gelegenheit, freiwerdende Posten mit Leuten seiner Wahl zu besetzen. Zu diesem Zeitpunkt gab es allerdings bereits Mutmaßungen, auch mit Andropows eigener Gesundheit stehe es nicht zum besten. Wenn er aber noch ein paar Jahre im Amt bleiben konnte, würde die Staatsführung sehr wahrscheinlich in die Hände einer neuen Generation übergehen. Die aussichtsreichsten Kandidaten schienen Grigori Romanow und Michail Gorbatschow zu sein. Ich forderte sämtliche uns verfügbare Informationen über die beiden an. Viel war es nicht, und das meiste davon war vage und anekdotenhaft. Aber sosehr mir die Vorstellung, Romanow wieder im Kreml zu sehen, auch zusagte – das hätte wahrscheinlich andere, unangenehme Konsequenzen gehabt. Als Erster Sekretär der Kommunistischen Partei in Leningrad hatte er sich nicht nur durch seine effiziente Arbeit einen Namen geschaffen, er war auch bekannt als ein marxistischer Hardliner, der – wie viele seinesgleichen – noch dazu durch einen extravaganten Lebensstil auffiel. Als ich dann noch las, daß anläßlich der Hochzeit seiner Tochter die unbezahlbaren Kristallgläser aus der Eremitage zerschlagen worden waren, schwand meine Sympathie für ihn endgültig dahin.

Die wenigen Einzelheiten über Gorbatschow dagegen gaben Anlaß zu bescheidenem Optimismus. Die Mitglieder des Politbüros, lauter ältere Soldaten und Bürokraten, konnte man ja nicht gerade als Intellektuelle bezeichnen, und verglichen mit ihnen war Gorbatschow eindeutig der gebildetste. Er hatte sich nicht zuletzt wegen seiner Aufgeschlossenheit einen Namen gemacht, aber dieses weltoffene Auftreten konnte natürlich auch lediglich eine Frage des Stils sein. Sein politischer Aufstieg hatte ihn stetig bis zur Parteispitze geführt, zunächst unter Chruschtschow, dann unter Breschnew und nun unter Andropow, dessen besondere Protektion er genoß – doch das mochte vielleicht eher auf Konformität als auf politische Fähigkeiten hindeuten. Doch gegen Ende des Monats hörte ich von Pierre Trudeau aus Kanada Wohlwollendes über ihn, und als sein Name in Berichten über die Sowjetunion erwähnt wurde, begann ich, ihm besondere Aufmerksamkeit zu widmen.

Besuch in Ungarn

Augenblicklich waren die Beziehungen zur Sowjetunion jedoch so schlecht, daß ein direkter Kontakt fast unmöglich war. Nur über Osteuropa, glaubte ich, konnten wir weiterkommen. Vor den Wahlen im März hatte mich der stellvertretende ungarische Ministerpräsident Marjai besucht und dabei eine Einladung seiner Regierung zu einem Besuch in Ungarn bekräftigt. Seine Bemerkungen zum »ökonomischen Experiment« in seinem Lande waren faszinierend gewesen. Einmal betonte er, wie wichtig Profite und Gewinnanreize seien, und erklärte, es könne nicht die Aufgabe der Regierung sein, Gelder zu verteilen, da die Regierung gar kein Geld habe. Ich erwiderte ihm, diese Betrachtungen könnten gut und gern auch aus einer meiner Reden stammen.

Für meinen ersten Besuch eines Warschauer-Pakt-Staates in meiner Amtszeit als Premierministerin wählte ich Ungarn. Dabei spielten verschiedene Gründe eine Rolle. Die Ungarn hatten die Wirtschaftsreformen am weitesten in Richtung Kapitalismus vorangetrieben, wenngleich sie es stets vermieden, diesen Begriff zu verwenden. Es war ein gewisses Maß an Liberalisierung eingetreten; offener Dissens wurde jedoch noch immer bestraft. Die Strategie von János Kádár, der zwar nominell nur Generalsekretär der Kommunistischen Partei Ungarns war, tatsächlich aber die unangefochtene Führungsposition innehatte, wurde durch den vielsagenden – wenn auch wenig originellen – Satz »Wer nicht gegen uns ist, ist für uns« charakterisiert. Kádár nutzte die wirtschaftlichen Beziehungen mit dem Westen dazu, um seinem Volk zu einem akzeptablen Lebensstandard zu verhelfen, betonte dabei aber ständig Ungarns Loyalität gegenüber dem Warschauer Pakt, dem Sozialismus und der Sowjetunion – was angesichts der Tatsache, daß etwa 60 000 sowjetische Soldaten seit 1948 »vorübergehend« in Ungarn stationiert waren, unvermeidlich schien. Damals schienen ihm viele Ungarn eine gewisse Achtung, wenn nicht sogar Zuneigung entgegenzubringen, weil man es als sein Verdienst betrachtete, daß sich die Ereignisse von 1956 nicht wiederholten und dennoch ein langsamer, aber stetiger Reformprozeß möglich war. Kádár hatte zwar selbst in der Vergangenheit Mißhandlungen durch seine Parteigenossen über sich ergehen lassen müssen, doch wie die ganze Generation kommunistischer Führer, der er angehörte, war auch er keineswegs ein Unschuldslamm gewesen: Er hatte die Mißhandlung und Verurteilung von Kardinal Mindszenty ebenso mitzuverantworten wie die Exekution seines Freundes, des Außenministers Rajk, und den Verrat des Aufstands von 1956. Seine Verantwortung für die Hinrichtung des reformkommunistischen Parteichefs Imre Nagy stritt er in einem persönlichen Gespräch jedoch ab; er behauptete sogar, von den Sowjets die Zusicherung erhalten zu haben, daß Nagy am Leben bleiben werde. Jedenfalls war Kádár schon sehr lange im Amt und kannte die Sowjets besser als jeder andere osteuropäische Politiker. Vor allem mit Andropow, der 1956 sowjetischer Botschafter in Budapest gewesen war, verband ihn eine lange und, wie wir glaubten, anhaltende Bekanntschaft. Deshalb hoffte ich, er würde dem sowjetischen Staatschef meine Anliegen übermitteln.

Am Abend des 2. Februar 1984, einem Donnerstag, um 22 Uhr
stieg ich in Budapest aus dem Flugzeug. Der ungarische Ministerpräsident Lázár empfing mich, und zusammen schritten wir bei
Flutlicht im tiefen Schnee die Ehrengarde ab. Meine erste offizielle
Begegnung am nächsten Morgen war ein vertrauliches Gespräch
mit dem Ministerpräsidenten, einem zurückhaltenden Funktionär, der seine Treue zum Kommunismus klar zum Ausdruck
brachte. Lázárs Ausführungen machten allerdings auch den
Grund für diese Loyalität deutlich. In warnendem Ton gab er mir
zu verstehen, das Schlimmste, was ich tun könne, sei, Ungarns Verbleib im sozialistischen Lager auch nur im geringsten anzuzweifeln. Was Vizepräsident George Bush nach seinem erfolgreichen
Besuch des Landes zu diesem Thema in Wien habe verlauten lassen, habe in Ungarn große Besorgnis ausgelöst. Die formelle Zugehörigkeit zum Sowjetsystem war also der Preis für die begrenzten
Reformen, die man hatte durchführen können. Ich versicherte
Lázár sofort, daß ich für dieses Problem vollstes Verständnis hätte,
und war darauf bedacht, diese Worte stets zu beherzigen.

Später am selben Vormittag traf ich mit János Kádár zusammen. Er sollte nurmehr vier Jahre im Amt bleiben, wirkte aber
immer noch rüstig und tatkräftig. Sein breites Gesicht und sein
gesundes, kräftiges Aussehen verliehen ihm eine natürliche Autorität und ließen einen gesunden Menschenverstand vermuten. Er
verließ sich nicht auf unzählige Ratgeber wie so viele andere kommunistische Staatsmänner; bei unserem Gespräch waren lediglich
die Dolmetscher anwesend.

In erster Linie wollte ich deutlich machen, daß sich der Westen,
vor allem Präsident Reagan persönlich, ernsthaft um Abrüstung
bemühte. Wir wollten unsere eigene Sicherheit aufrechterhalten,
jedoch mit einem verringerten Arsenal an Waffen – speziell atomaren Systemen. Dann teilte ich Kádár mit, mein guter Freund Präsident Reagan habe die Reaktion der Sowjets auf einen seiner Versuche, ein besseres Verhältnis zwischen den beiden Großmächten zu
erreichen, als persönliche Kränkung empfunden. Ich erzählte, wie
Ronald Reagan mir einmal bei einem Spaziergang im Garten der
US-Botschaft in Paris über einen von ihm persönlich und hand-
schriftlich verfaßten Brief an den sowjetischen Staatschef
Breschnew berichtete, in dem er Amerikas Wunsch nach Frieden

bekräftigt hatte. Er hatte ungeduldig auf eine Antwort gewartet, doch als diese endlich eintraf, war es lediglich der übliche kurze, abweisende, maschinengeschriebene Standardbrief. Seither, so fügte ich hinzu, habe Präsident Reagan in der Tat die militärische Stärke der Vereinigten Staaten erhöht, doch wünsche er nach wie vor eine Verbesserung der Beziehungen zwischen NATO und Warschauer Pakt.

Im folgenden versuchte ich, von Kádár ein klareres Bild der Verhältnisse in der UdSSR zu bekommen. Er berichtete mir Persönliches über die von ihm bekannten sowjetischen Spitzenpolitiker. »Die Russen sind auch nur Menschen«, meinte er. Chruschtschow sei sehr impulsiv gewesen; ein richtiger alter Bolschewik, der einem eher einen Hieb in den Magen versetzte, als guten Morgen zu wünschen – wie er, Kádár, einmal zu ihm gesagt habe. Breschnew beschrieb er als einen emotionalen Menschen; Andropow dagegen sei wieder ganz anders – hart und berechnend, dabei aber ein guter Zuhörer. Er sei tatsächlich krank, geistig jedoch voll auf der Höhe und ein unermüdlicher Arbeiter. Sein Zustand bessere sich zusehends, und die Ungarn hielten ihm die Daumen. Die sowjetische Führungsriege, fuhr Kádár fort, sei dabei, an politischem Format zu gewinnen und sich personell zu verjüngen; die neuen führenden Politiker wünschten Frieden und seien zu entsprechenden Verhandlungen bereit. Man konnte diese Beschreibung der Verhältnisse im Kreml natürlich kaum für bare Münze nehmen, wenn man das langjährige Verhältnis zwischen Kádár und Andropow in Betracht zog. Und angesichts der Tatsache, daß Andropow sechs Tage später starb, mußten Kádárs Bemerkungen über dessen Gesundheit entweder als blinder Optimismus oder einfach als diplomatische Lüge gewertet werden. Dennoch waren seine Ausführungen nicht uninteressant.

Interessant war auch meine erste Erfahrung mit dem Lebensalltag in einem kommunistischen Land. Am Samstag morgen besuchte ich die große Markthalle in Budapest, sprach mit Standinhabern und ihren Kunden und kaufte Honig, Piment und andere Gewürze. Obwohl es bitterkalt war, versammelten sich riesige Mengen freundlicher Menschen um mich. Das Warenangebot übertraf meine Erwartungen; doch was mir vor allem in Erinnerung blieb, war die Wärme, ja beinahe Herzlichkeit, mit der die

Menschen mir begegneten. Das ließ sich weniger auf mein Amt als Repräsentantin einer westlichen Regierung zurückführen, sondern vor allem auf meinen Ruf als eine starke antikommunistische Persönlichkeit des politischen Lebens – und mein Ansehen in dieser Hinsicht war weltweit durch den Falkland-Krieg zwei Jahre zuvor und durch die Attacken der Sowjets auf meine Person als »Eiserne Lady« noch gewachsen. Ich erwiderte die Freundlichkeit der Menschen aus ganzem Herzen. Bei meiner Rückkehr nach London las ich dann in der Presse, ich hätte entdeckt, daß »Kommunisten auch Menschen seien«. Was ich in der Tat festgestellt beziehungsweise bestätigt bekommen hatte, war, daß die Menschen in kommunistischen Ländern mitnichten Kommunisten sind, sondern sich vielmehr nach Freiheit sehnen.

Auffallend war auch der Stolz der Menschen auf das alte Ungarn – das nun zur Basis des neuen, postkommunistischen Ungarn geworden ist. In Szentendre besuchte ich ein Museum und eine Kunstgalerie mit einer wertvollen Porzellansammlung. Ich wurde geführt vom Museumsdirektor, einem vornehmen, älteren Herrn in einem gutsitzenden, aber abgetragenen Anzug und fein säuberlich geputzten, jedoch alten und zerknautschten Schuhen. Es war ihm anzumerken, daß er schon bessere Zeiten erlebt hatte, und tatsächlich stellte sich heraus, daß er adelig war und sein ganzes Vermögen verloren hatte. Als die kommunistische Revolution über Ungarn hereingebrochen war, war er nicht ins Exil gegangen, sondern im Land geblieben, um sein außergewöhnlich großes Wissen über die ungarische Kultur und Geschichte an die jüngere Generation weiterzugeben und vor der Vergessenheit zu bewahren. Was dieser Mann mir aus Ungarns Vergangenheit erzählte, bestätigte einen Eindruck, den ich bereits zuvor in meinen Gesprächen mit János Kádár gewonnen hatte: daß die Ungarn – und sogar ihre kommunistischen Führer – sich mit ihrem Land und seiner Kultur stark verbunden fühlen.

Überraschend, um nicht zu sagen enttäuschend, war es allerdings für mich, feststellen zu müssen, wie weit sogar Ungarn von einer freien Wirtschaft entfernt war. Es gab einige kleine Privatunternehmen, denen es jedoch nicht gestattet war, über eine bestimmte Größe hinaus zu expandieren. Der Schwerpunkt der ungarischen Wirtschaftsreformen lag nicht auf der Vermehrung des privaten Besitzes an Land oder Investitionsgütern, sondern auf der privaten oder kooperativen Nutzung staatseigener Betriebe und Einrichtungen. In Szentendre besichtigte ich ein Wohnungsbauprojekt, an dem die britische Firma Wimpey beteiligt ist. Dort sagte man mir, die Wohnungen würden zwar an Privatleute verkauft, doch könnten die Käufer sie nicht frei weiter-, sondern nur wieder an den Staat zurückverkaufen. Man muß sagen, das ist mehr oder weniger auch die politische Linie der Labour Party zum Verkauf von Sozialwohnungen in Großbritannien.

Ich übermittelte Präsident Reagan einen Bericht mit den Eindrücken meines Besuches:

> Das wirtschaftliche Experiment [in Ungarn] ist sehr stark eingeschränkt: von der Einheitspartei, der kontrollierten Presse, dem Scheinparlament, dem Staatseigentum an allem außer Kleinbetrieben und vor allem von der engen Bindung zu Moskau. Kádár und Lázár ließen keinen Zweifel daran, daß sich diesbezüglich auch nichts verändern läßt ... Meine Überzeugung wächst, daß wir bessere Chancen haben, in den konkreten Abrüstungsverhandlungen Erfolge zu erzielen, wenn wir zunächst eine breitere Verständnisgrundlage zwischen Ost und West erreichen. Ich erliege jedoch nicht der Illusion, daß dies leicht sein wird. Es wird ein sehr schwieriger, allmählicher und langwieriger Prozeß sein, bei dem wir ständig auf der Hut bleiben müssen. Ich bin jedoch davon überzeugt, daß wir um diese Anstrengung nicht herumkommen.

Rückwirkend erwies sich mein Besuch in Ungarn als ein erster Schritt in Richtung auf die später festgelegte diplomatische Linie Großbritanniens gegenüber den unterdrückten Staaten Osteuropas. Zunächst war es von Bedeutung, die wirtschaftliche Zusammenarbeit mit den derzeitigen Regimes zu verstärken und so die Abhängigkeit vom geschlossenen Wirtschaftssystem des COMECON zu verringern. Später legten wir mehr Gewicht auf Fragen der Menschenrechte. Und am Ende, als die Macht der Sowjetunion in Osteuropa zu zerbröckeln begann, machten wir innenpolitische Reformen zur Bedingung für Unterstützung aus dem Westen. Mein Besuch in Ungarn, mit dem diese erfolgreiche diplo-

matische Strategie begann, war somit bedeutungsvoller, als ich es
mir damals hätte vorstellen können.

Moskau: Andropows Beisetzung

Nur wenige Tage nach meiner Rückkehr aus Ungarn verstarb der
sowjetische Präsident Andropow. Seine Beisetzung wollte ich
gleich dazu nutzen, den Mann kennenzulernen, der zu unserer
Überraschung sein Nachfolger wurde: Konstantin Tschernenko.
Wir hatten geglaubt, Tschernenko sei zu alt, zu krank und zu eng
mit Breschnew verbunden gewesen, um die Führungsrolle zu übernehmen – und wie sich herausstellen sollte, waren wir scharfsich-
tiger als seine Kollegen im Politbüro. Aber wenigstens würden die
westlichen Kommentatoren diesen alternden Opportunisten wohl
kaum als den Vorboten einer plötzlichen Umwandlung des totali-
taristischen Regimes in ein freiheitlich-demokratisches System
porträtieren.

Am Montag, dem 13. Februar, um 21.30 Uhr landete ich mit meiner Delegation auf dem Moskauer Flughafen. Es herrschte eine
schneidende Kälte, und ich wünschte mir nichts sehnlicher als einen
dicken russischen Pelzmantel. Die Nacht verbrachte ich in unserer
Botschaft, einem wunderschönen Gebäude gegenüber dem Kreml
auf dem anderen Ufer der Moskwa. Es war gegen Ende des letzten
Jahrhunderts für einen ukrainischen Zuckermagnaten erbaut worden. Später, als wir es aufgeben sollten, weil der Pachtvertrag aus-
lief, kam ich mit Präsident Gorbatschow überein, daß wir es behalten konnten, wenn die Sowjets dafür auch ihr Botschaftsgebäude in
London nach Auslaufen des entsprechenden Pachtvertrages behalten durften. (Einer der wenigen Punkte, in denen ich mit dem
Außenministerium übereinstimmte, war die Vorstellung, daß die
britischen Botschaften architektonisch imposant und mit guten
Möbeln und Gemälden ausgestattet sein sollten.)

Die Beisetzung fand bei herrlichem Sonnenschein statt, aber es
war eher noch kälter als am Abend meiner Ankunft. Für die anwesenden Staatsgäste gab es keine Sitzgelegenheiten; wir mußten
stundenlang in einer eigens abgesperrten Einfriedung ausharren.

Etwas später traf ich zu einer kurzen privaten Unterredumg mit dem neuen Parteichef zusammen, bei der er hastig und mit mehreren Versprechern einen vorbereiteten Text verlas. Auch Außenminister Gromyko war anwesend. Es war eine äußerst förmliche Angelegenheit, bei der es lediglich um die sattsam bekannten Argumente zu Abrüstungsfragen ging.

Wegen des stundenlangen Stehens war ich froh, daß Robin Butler mir zu pelzgefütterten Stiefeln statt hochhackiger Schuhe geraten hatte, die ich ansonsten bevorzuge. Sie waren sehr teuer gewesen, doch als ich Tschernenko kennenlernte, kam mir der Gedanke, daß ich sie wahrscheinlich bald wieder gebrauchten konnte.

Besuch der Gorbatschows in Großbritannien

Nun mußte ich mir für die Strategie, die – unter akzeptablen Voraussetzungen – zu engeren Beziehungen mit der Sowjetunion führen sollte, den nächsten Schritt überlegen. Eindeutig mußten mehr persönliche Kontakte zu den sowjetischen Spitzenpolitikern geknüpft werden. Geoffrey Howe schlug vor, Präsident Tschernenko zu einem Besuch in Großbritannien einzuladen, doch ich wandte ein, dafür sei es noch zu früh. Zuerst hatten wir uns mehr Klarheit darüber zu verschaffen, welchen politischen Kurs der neue sowjetische Parteichef einschlagen würde. Ich war jedoch sehr dafür, andere Spitzenpolitiker der UdSSR einzuladen, und so ging ein entsprechendes Schreiben unter anderem an Michail Gorbatschow. Es stellte sich rasch heraus, daß dieser sehr gerne und sehr bald kommen wollte. Es würde sein erster Besuch in einem europäischen kapitalistischen Land sein. In der Zwischenzeit hatten wir über ihn und seine Frau Raissa mehr in Erfahrung gebracht. Im Gegensatz zu den Gattinnen anderer führender sowjetischer Politiker trat sie häufig in der Öffentlichkeit auf und war eine sehr eloquente, hochgebildete und attraktive Frau. Ich beschloß, das Ehepaar Gorbatschow nach Chequers einzuladen – dort herrscht die richtige stilvolle und entspannte Atmosphäre für ergiebige Gespräche. Von Anfang an glaubte ich, daß dieses Treffen unter Umständen sehr bedeutsam sein könne, und deshalb veranstaltete ich zuvor ein weiteres Seminar mit Sowjetexperten, um herauszuarbeiten, welche Ziele ich verfolgen und wie ich sie angehen würde.

Am Sonntag, dem 16. Dezember, trafen die Gorbatschows gegen Mittag aus London kommend in Chequers ein. Beim Umtrunk im Großen Saal erzählte mir Michail Gorbatschow, wie interessant er es gefunden habe, während der Fahrt die Felder zu betrachten, und wir tauschten unsere Meinungen über die unterschiedlichen landwirtschaftlichen Systeme unserer Länder aus. Er war einige Jahre lang für die sowjetische Landwirtschaft zuständig gewesen und hatte offenbar einige bescheidene Fortschritte bei der Reformierung der kollektiven Betriebe erzielt; bis zu dreißig Prozent der Ernten gingen jedoch aufgrund von Mängeln bei der Verteilung verloren.

Für Raissa Gorbatschowa war dies der erste Besuch in Westeuropa. Sie sprach kaum englisch – und ihr Gatte, soweit ich es beurteilen konnte, überhaupt nicht. Aber sie war in westlichem Chic gekleidet: ein maßgeschneidertes graues Kostüm mit Nadelstreifen, ganz nach meinem Geschmack. Außerdem hatte sie ein Philosophiestudium absolviert und dieses Fach gelehrt. Unseren Beratern zufolge war sie eine überzeugte und kompromißlose Marxistin; ihr offenkundiges Interesse an Hobbes' Leviathan, den sie in der Bibliothek aus dem Regal nahm, hätte möglicherweise dafür sprechen können. Aber später, nach dem Ausscheiden aus meinem Amt, erfuhr ich, daß ihr Großvater einer jener Millionen von Kulaken gewesen war, die während der Zwangskollektivierung der Landwirtschaft unter Stalin umgekommen waren. Ihre Familie hatte also keinerlei Grund, sich, was den Kommunismus betraf, irgendwelchen Illusionen hinzugeben.

Wir gingen zu Tisch – ich wurde begleitet von Willie Whitelaw, Geoffrey Howe, Michael Heseltine, Michael Jopling, Malcolm Rifkind, Paul Channon und einigen Beratern; das Ehepaar Gorbatschow von dem sowjetischen Botschafter Samjatin und dem ruhigen, aber beeindruckenden Alexander Jakowlew, der später, während der Ära Gorbatschow, als Berater des Präsidenten eine wichtige Rolle bei den Reformen spielen sollte. Es dauerte nicht lange, bis das Tischgespräch sich von allgemeinen Floskeln – für die weder Gorbatschow noch ich Interesse zeigten – abwandte und in einen lebhaften Gedankenaustausch mündete. Diese Diskussion ist in gewissem Sinne nie zu einem Ende gekommen; bei jeder neuen Begegnung greifen wir sie wieder auf, und da es dabei um wirkliche Kernfragen der Politik geht, finde ich sie immer wieder anregend.

Gorbatschow sprach über die Wirtschaftsprogramme des Sowjetsystems, die Umstellung von großen Industrieanlagen auf kleinere Projekte und Unternehmen, die ehrgeizigen Bewässerungsprojekte und die Versuche der Wirtschaftsplaner, zur Vermeidung von Arbeitslosigkeit industrielle Kapazitäten an das verfügbare Potential an Arbeitskraft anzupassen. Ich fragte, ob dies alles nicht leichter zu erreichen sei, wenn man die Reformen auf der Basis freien Unternehmertums und mit der Hilfe von Leistungsanreizen und individueller Entscheidungsfreiheit auf lokaler Ebene in Angriff nähme, anstatt alles zentralistisch zu dirigieren. Gorbatschow bestritt entrüstet, daß in der UdSSR alles zentral gesteuert sei. Ich unternahm einen neuen Versuch. Bei uns im Westen, erklärte ich, würde jeder – auch die Ärmsten – letztlich mehr erhalten als in einem System, das nur auf Umverteilung beruhe. In der Tat bemühten wir uns in Großbritannien zu jener Zeit gerade, die Steuern zu senken, um damit die Konjunktur anzukurbeln und die internationale Wettbewebsfähigkeit zu erhöhen. Ich fügte hinzu, daß ich nicht die Macht besitzen wolle, jedem Menschen sagen zu müssen, wo er zu arbeiten und was er oder sie dafür zu bekommen habe.

Aber Gorbatschow beharrte darauf, daß das Sowjetsystem überlegen sei. Es würde nicht nur die höheren Wachstumsraten produzieren; wenn ich in die UdSSR komme, könne ich auch sehen, wie die Menschen dort lebten – »voll Freude«. Wenn es so sei, konterte ich, warum erlaubten die sowjetischen Behörden den Leuten dann nicht, das Land so einfach zu verlassen, wie es in Großbritannien möglich sei?

Im einzelnen kritisierte ich die Beschränkungen der Emigration von Juden nach Israel. Gorbatschow behauptete, 80 Prozent der Menschen, die den Wunsch bekundet hätten, die Sowjetunion zu verlassen, hätten dies auch tun können. Ich entgegnete, daß ich diesbezüglich anders unterrichtet sei. Doch er wiederholte das für mich ebenso unglaubwürdige Standardargument der Sowjets: Jene, die keine Erlaubnis zur Ausreise erhielten, hätten in Berufen gearbeitet, welche die nationale Sicherheit berührten. Ich erkannte, daß es zwecklos sein würde, in diesem Punkt momentan weiter zu insistieren, doch ich behielt ihn im Gedächtnis. Es mußte den Sowjets klar sein, daß sie bei jeder sich bietenden Gelegenheit auf die Behandlung ihrer Dissidenten angesprochen würden.

Damit verließen wir das Eßzimmer und begaben uns in den Salon zum Kaffee. Alle meine Begleiter mit Ausnahme von Geoffrey Howe, meinem Privatsekretär Charles Powell und dem Dolmetscher verabschiedeten sich, und Denis zeigte Raissa Gorbatschowa das Haus.

Hätte ich zu diesem Zeitpunkt unserer Bekanntschaft nur dem Inhalt von Gorbatschows Ausführungen – die im wesentlichen der bekannten marxistischen Standardlinie entsprachen – Beachtung geschenkt, so wäre ich notwendigerweise zu dem Schluß gekommen, daß er aus demselben Holz geschnitzt war wie die anderen kommunistischen Politiker auch. Doch sein Charakter hatte mit dem des durchschnittlichen sowjetischen Apparatschiks nichts gemein. Dieser Mann lächelte, unterstrich seine Rede mit Gesten, modulierte die Stimme, argumentierte konsequent und war ein geistreicher Diskussionspartner. Dazu war er selbstbewußt, und wenngleich er seine Ausführungen mit respektvollen Verweisen auf Tschernenko spickte, von dem er übrigens ein nicht sehr aufschlußreiches Schreiben an mich mitgebracht hatte, zögerte er nicht, sich auf kontroverse Diskussionen über hohe Politik einzulassen. Das zeigte sich in nachfolgenden Gesprächen noch deutlicher. Gorbatschow las nie von vorbereiteten Aufzeichnungen ab; statt dessen schlug er hin und wieder in einem kleinen Notizbuch nach. Nur bei der Aussprache nichtrussischer Namen suchte er bei seinen Kollegen Rat. Seine politische Linie widersprach nicht meinen Erwartungen, doch sein persönlicher Stil überraschte mich. Im Verlauf des Tages begriff ich, daß sein Wesen weit mehr in diesem Stil als in der marxistischen Rhetorik zum Ausdruck kam. Er begann mir sympathisch zu werden.

Das vordringlichste Thema, das ich gelegentlich dieses Besuches ansprechen mußte, war die Rüstungskontrolle. Der Zeitpunkt dazu war sehr bedeutungsvoll. Der amerikanische Außenminister Shultz und sein sowjetischer Amtskollege Gromyko wollten Anfang des kommenden Jahres in Genf zusammentreffen, um die zum Stillstand gekommenen Abrüstungsgespräche wieder in

Gang zu bringen. Um für solche Unterredungen eine entspannte Atmosphäre zu schaffen, schien es mir seit meinen Gesprächen in Ungarn in erster Linie vonnöten, klarzustellen, daß unsere gegensätzlichen Systeme nebeneinander existieren mußten, und zwar mit weniger Feindschaft und weniger Waffen. Und das tat ich auch jetzt.

Ich fügte hinzu, wir als Angehörige der vielleicht letzten Generation, die den Zweiten Weltkrieg miterlebt habe, hätten dafür Sorge zu tragen, daß ein derartiger Krieg nie wieder ausbräche. Auf dieser Basis begannen unsere eingehenderen Gespräche, und zwei Dinge wurden sehr schnell klar. Erstens zeigte sich, wie gut Gorbatschow über den Westen Bescheid wußte. Er hatte meine Reden sorgfältig gelesen und kommentierte sie. Ferner zitierte er Lord Palmerstons Ausspruch, Großbritannien habe keine dauerhaften Freunde oder Feinde, sondern nur dauerhafte Interessen. Auch hatte er aufmerksam die amerikanischen Presseberichte über nach außen gedrungene interne Diskussionen im Nationalen Sicherheitsrat der USA verfolgt, denen zufolge die Vereinigten Staaten daran interessiert waren, die Wirtschaft der Sowjetunion nicht aus der Stagnation kommen zu lassen.

Einmal legte er etwas theatralisch eine ganzseitige Graphik der *New York Times* vor, in der die Sprengkraft der Waffen beider Supermächte mit jener im Zweiten Weltkrieg verglichen wurde. Auch in der damals gängigen Argumentation, ein »nuklearer Winter« sei die unumgängliche Folge eines atomaren Schlagabtauschs, war er sehr bewandert. Doch dies alles ließ mich ziemlich kalt. Ich entgegnete, es würde mich mehr interessieren, wie man Feuer, Tod und Zerstörung, die solch einem künstlichen Winter vorausgingen, verhindern könne. Außerdem sei der Zweck nuklearer Waffen die Vermeidung eines Krieges, nicht ihr Einsatz in einem solchen. Sie hätten uns zudem mehr Schutz vor einem Krieg gewährt als alle anderen Waffen davor. Dies aber könne – und müsse – künftig mit weniger Rüstung erreicht werden. Dagegen wandte Gorbatschow ein, wenn beide Seiten weiterhin Waffen anhäuften, könne dies zu Unfällen oder anderen unabsehbaren Folgen führen; und bei der heutigen modernen Waffengeneration würden Entscheidungen innerhalb weniger Minuten getroffen. Dazu zitierte er ein unbekannteres russisches Sprichwort, das in etwa

besagt: »Einmal im Jahr kann sogar ein ungeladenes Gewehr los-
gehen.«

Ein weiteres Thema war der Argwohn der Sowjets gegen die
Absichten der Regierung Reagan im allgemeinen und deren Pläne
für die strategische Verteidigungsinitiative SDI im besonderen.
Mehr als einmal betonte ich die Vertrauenswürdigkeit Präsident
Reagans und daß er auf keinen Fall einen Krieg wolle. Und wie
schon in Ungarn sprach ich auch jetzt über Reagans Wunsch
nach Frieden, der das Motiv für seinen Brief an Breschnew gewesen sei. Mit diesem Schreiben habe er eine amerikanische Tradition fortgesetzt. Die Vereinigten Staaten hätten nie den Wunsch
nach der Beherrschung der Welt gehegt. Als sie gleich nach dem
letzten Weltkrieg das Monopol an Atomwaffen innehatten, hätten sie es nicht ein einziges Mal dazu benutzt, andere Nationen
zu bedrohen. Vielmehr hätten sie ihre Macht stets sehr sparsam
eingesetzt und anderen Ländern gegenüber außergewöhnliche
Großmut gezeigt. Ich machte deutlich, daß ich zwar vehement
für die Fortsetzung des SDI-Projekts eintreten würde, aber Präsident Reagans Ansicht, dies sei das Mittel, um die Welt von Atomwaffen zu befreien, nicht teilen könne. Das hielte ich für einen
unerreichbaren Traum – man könne schließlich die Erfindung
solcher Waffen nicht rückgängig machen. Aber ich erinnerte
Gorbatschow auch daran, daß die Sowjetunion als erstes Land
Systeme gegen Satelliten (ASAT) entwickelt hatte. Es sei einfach
nicht machbar, die Erforschung weltraumgestützter Waffensysteme zu stoppen. Die kritische Phase sei erreicht, wenn die Ergebnisse dieser Forschung in die Serienproduktion solcher Waffen
einflössen.

Im Verlauf der Diskussion wurde immer deutlicher, daß die
Sowjets über das SDI-Programm in der Tat sehr besorgt waren und
es um beinahe jeden Preis stoppen wollten. Ich wußte, daß ich in
dieser Debatte mehr oder weniger als Strohmann für Präsident
Reagan fungierte. Auch war mir bewußt, daß ich es mit einem
gewieften Gegner zu tun hatte, der jegliche Differenzen zwischen
mir und den Amerikanern skrupellos ausnutzen würde. Deshalb
erklärte ich schlicht und einfach – und wiederholte dies am Ende
der Unterredung – Gorbatschow müsse begreifen, daß es keine
Möglichkeit gebe, einen Keil zwischen uns und die Amerikaner zu

treiben: Wir würden zuverlässige Verbündete der USA bleiben. Meine Offenheit in diesem Punkt war vor allem deshalb so wichtig, weil ich mich, was den meiner Ansicht nach unrealistischen Traum Reagans von einer atomwaffenfreien Welt anbelangte, ebenso freimütig geäußert hatte.

Ursprünglich wollten wir die Unterredung um 16.30 Uhr beenden, da Gorbatschow am frühen Abend zu einem Empfang in der sowjetischen Botschaft erwartet wurde. Er brachte jedoch den Wunsch zum Ausdruck, die Diskussion fortzusetzen. Als er sich dann schließlich verabschiedete, war es bereits 17.50 Uhr. Zum Abschluß machte er mich noch mit einer weiteren Perle russischer Volksweisheit bekannt: »Ohne Gäste können Bergbewohner ebensowenig leben wie ohne frische Luft, aber sie ersticken, wenn die Gäste länger bleiben als notwendig.« Als er in den Wagen stieg, hoffte ich, mit dem nächsten Staatschef der Sowjetunion gesprochen zu haben. Denn, so erklärte ich später der Presse, das war ein Mann, mit dem ich verhandeln konnte.

SDI

Präsident Reagans Strategische Verteidigungsinitiative SDI, die die Sowjets und auch Gorbatschow sosehr beunruhigte, sollte sich beim Sieg des Westens im Kalten Krieg als zentraler Faktor erweisen. Wenngleich ich die Ansicht des Präsidenten, SDI sei ein bedeutender Schritt in Richtung auf eine kernwaffenfreie Welt, in keiner Weise teilte – dergleichen hielt ich weder für erreichbar noch für wünschenswert –, hatte ich doch keinerlei Zweifel, daß es richtig war, dieses Programm zügig voranzutreiben. Rückblickend erscheint mir Ronald Reagans Entscheidung für SDI als die bedeutsamste seiner gesamten Präsidentschaft.

Ich behielt mir die minuziöseste persönliche Kontrolle über jegliche britische Entscheidung bezüglich SDI und unserer Reaktionen darauf vor. Ein falsches Argument oder auch nur ein falscher Zungenschlag hätte unseren Beziehungen zu den Vereinigten Staaten irreparablen Schaden zufügen können. Auch interessierten mich die technischen Entwicklungen und ihre strategischen Auswirkungen brennend. Dies war eines der Gebiete, in denen nur eine genaue Kenntnis der zugrundeliegenden wissenschaftlichen Konzeptionen richtige politische Entscheidungen ermöglichte. Auf die trägen Generalisten im Außenministerium – und erst recht auf die Wirrköpfe im Ministerrang, die ihnen vorstanden – war hier kein Verlaß. Ich dagegen war hier voll und ganz in meinem Element.

Schon als Oppositionsführerin hatte ich mich eingehend von Rüstungsexperten über die technischen Möglichkeiten von SDI und sogar über die Fortschritte der Sowjets im Bereich der Laser- und Antisatellitentechnologie unterrichten lassen. Damals hatte ich befürchtet, der Ostblock könne uns bereits voraus sein. Ich sammelte und las Artikel aus der Zeitschrift »Aviation Weekly« und der wissenschaftlichen Presse. Daher wurde mir, als ich die ersten Berichte über die neue Denkweise der Regierung Reagan in diesem Bereich las, sehr schnell klar, daß auch wir den Rat der besten Experten einholen mußten, um die möglicherweise revolutionären Konsequenzen von SDI richtig einschätzen zu können. Weder das Außen- noch das Verteidigungsministerium nahmen dieses Programm ernst genug. Wieder und wieder mußte ich versprochene Studien anfordern, und wenn sie dann endlich kamen, zeigte sich, daß darin stets die technischen Möglichkeiten unterschätzt wurden, welche einerseits die Forschung, andererseits die Entschlossenheit der US-Regierung, SDI voranzutreiben, eröffneten. Tatsächlich stieß ich immer nur dann auf echten Enthusiasmus, wenn sich Möglichkeiten zu bieten schienen, an lukrative Forschungsaufträge für britische Firmen heranzukommen – die aber das Verteidigungsministerium dann weit überschätzte.

Bei der Formulierung unserer Haltung gegenüber SDI waren für mich vier unterschiedliche Punkte von Bedeutung. Der erste war der wissenschaftliche Aspekt an sich. Die Amerikaner verfolgten mit SDI das Ziel, eine neue und wesentlich effektivere »vielschichtige« Verteidigung gegen Fernlenkwaffen (Ballistic Missile Defense – BMD) zu entwickeln, die sowohl auf boden- als auch weltraumgestützten Waffen basieren sollte. Dieses Verteidigungskonzept beruhte auf der Möglichkeit, sich nähernde Fernlenkwaffen in jeder Phase des Anflugs angreifen zu können, sei es unmittelbar nach dem Start – dem günstigsten Zeitpunkt, wenn der Flugkörper noch alle Sprengköpfe trug – oder erst beim Wiedereintritt in die Erdatmosphäre, relativ kurz vor seinem Ziel. Fortschritte in der Wissenschaft eröffneten dieser Art der Verteidigung neue und weitaus effektivere Möglichkeiten, als sie die bestehenden antiballistischen Raketen (ABM) boten. Die bedeutendsten Entwicklungen, die hier möglich schienen, bestanden im Einsatz von Waffen mit kinetischer Energie (das waren keine Kernwaffen, jedoch konnten sie, wenn sie mit hoher Geschwindigkeit gegen solche abgeschossen wurden, diese zerstören) und von Laserwaffen. Eine noch größere Herausforderung als die Entwicklung dieser verschiedenen Bestandteile von SDI war die eines enorm leistungsfähigen und hochentwickelten Computersystems, mit dem das ganze Projekt gesteuert und koordiniert werden sollte. Ein derartiges Unterfangen würde nicht nur riesige Geldsummen erfordern, bei dem Wettlauf auf diesem Gebiet würden auch die innovativen Fähigkeiten des westlichen und des kommunistischen Systems auf die härteste Probe gestellt werden.

Der zweite Punkt, der in Betracht gezogen werden mußte, waren die internationalen Vereinbarungen, die die Stationierung von Waffen im Weltraum und von ABM-Systemen begrenzten. In einer 1974 beschlossenen Ergänzung zum ABM-Vertrag von 1972 wurde den USA und der Sowjetunion die Aufstellung eines statischen ABM-Systems mit höchstens 100 Abschußrampen zur Verteidigung entweder eines Feldes von ICBM-Silos (Aufstellungsfeld für Interkontinentalraketen) oder der jeweiligen Hauptstadt gestattet. Die genaueren Konsequenzen dieses Vertrages für die Erforschung, Erprobung, Entwicklung und Aufstellung neuer ABM-Systeme waren Gegenstand hitziger juristischer Debatten. Diese waren von den Sowjets mit einer »weiten Auslegung« des Vertrages begonnen worden, welche sie in der Folge einengten, wann immer es ihnen paßte. In der US-Regierung setzten sich viele für eine »Weiter-als-weit«-Auslegung ein, die so gut wie keine wirkungsvollen Beschränkungen für die Entwicklung und Aufstellung von SDI-Systemen bedeutet hätte. Das britische Außen- und das Verteidigungsministerium befürworteten dagegen eine möglichst eng gehaltene Interpretation des Vertrages, die das ganze SDI-Programm nach meiner und der Auffassung der Amerikaner von vornherein zum Scheitern verurteilt hätte. Ich versuchte immer wieder, von dieser Art und Weise der Interpretation abzukommen, und erklärte im privaten Kreise wie in der Öffentlichkeit, daß die Feststellung, ob ein System einsatzfähig sei, erst nach erfolgreich abgeschlossener Erprobung getroffen werden könne. Dieses scheinbar technische Argument war in Wirklichkeit nur eine Frage des gesunden Menschenverstands, doch es führte zu Meinungsverschiedenheiten zwischen den USA und der UdSSR und gewann dadurch erheblich an Bedeutung.

Der dritte zu berücksichtigende Punkt war die relative Stärke beider Seiten auf dem Gebiet der Raketenabwehr. Nur die Sowjets besaßen ein einsatzbereites ABM-System (genannt GALOSH) rund um Moskau, das sie gerade verbesserten. Die Amerikaner hatten nie ein vergleichbares System besessen. In den Vereinigten Staaten schätzte man, daß die Sowjetunion Summen in der Größenordnung von einer Milliarde US-Dollar pro Jahr für ihr Forschungsprogramm zur Raketenabwehr bereitstellte. Auch auf dem Gebiet der Antisatellitenwaffen waren die Sowjets führend. Aus diesem Grunde sprach vieles dafür, daß sie bereits einen nicht mehr akzeptablen Vorsprung in diesem gesamten Bereich errungen hatten.

Der vierte Punkt betraf die Abschreckungswirkung des SDI-Programms. Ursprünglich war ich mit dem Grundgedanken des ABM-Vertrags einverstanden gewesen. Er besagte, je ausgereifter und wirkungsvoller die Verteidigung gegen Atomraketen sei, desto größer werde auch der Druck für den Gegner, unter Aufbringung riesiger Summen Fortschritte in der Technologie atomarer Waffen zu erzielen. Ich befürwortete immer die etwas modifiziertere Version einer Doktrin, die unter der Bezeichnung MAD – »mutually assured destruction« (beiderseits sichergestellte Zerstörung) bekannt war. Die Gefahr einer »nicht akzeptablen Zerstörung« (wie ich es nannte) nach einem nuklearen Schlagabtausch war so groß, daß Atomwaffen nicht nur gegen einen atomaren, sondern auch gegen einen konventionellen Krieg eine wirkungsvolle Abschreckung darstellten. Ich mußte nun erwägen, ob SDI diese Strategie nicht unterminierte.

Einerseits würde das natürlich der Fall sein. Wenn eine Seite davon überzeugt war, daß sie einen absolut wirksamen Schutz gegen Atomwaffen besaß, dann war sie theoretisch eher bereit, solche Waffen selbst einzusetzen. Ich wußte – und die Erfahrungen der Nachkriegszeit hatten dies zweifelsfrei bestätigt –, daß die Vereinigten Staaten niemals einen Erstschlag gegen die Sowjetunion führen würden, unabhängig davon, ob sie sich sicher vor einem Verteidigungsschlag wähnten oder nicht. Die Sowjets dagegen bekundeten, daß sie dieses Zutrauen nicht besäßen.

Aber bald begriff ich, daß SDI die nukleare Abschreckung nicht schwächen, sondern stärken würde. Im Gegensatz zu Präsident Reagan und einigen Mitgliedern seiner Regierung glaubte ich niemals, SDI könne einen vollständigen Schutz gegenüber Atomraketen bieten. Aber durch dieses Programm würde sichergestellt werden können, daß eine ausreichende Anzahl von US-Raketen einen sowjetischen Erstschlag unbeschadet überstand. Theoretisch konnten die USA also dann ihre Atomwaffen gegen die Sowjetunion abfeuern. Daraus folgte, daß die Sowjets mit größter Wahrscheinlichkeit nicht der Versuchung erliegen würden, als erstes Atomwaffen einzusetzen.

Entscheidend war für mich jenes Argument, aus dem heraus ich auch Präsident Reagans Vision einer kernwaffenfreien Welt verwarf: Die Forschung für SDI ließ sich ebensowenig bremsen wie die Entwicklungen im Bereich der Offensivwaffen. Wir mußten einfach die ersten sein, die SDI besaßen. Man kann der Technik nicht Einhalt gebieten: vor allem nicht, indem man ihre Fortschritte ignoriert. Ebenso wie die Aufstellung nuklearer Waffen muß auch der Einsatz von SDI gewissenhaft kontrolliert und in Verhandlungen erörtert werden. Doch die Forschung, die Tests notwendigerweise nach sich zieht, muß weitergehen.

Besuch in Camp David

SDI war das Thema Nummer eins, als ich am Samstag, dem 22. Dezember 1984, in Camp David eintraf, um Präsident Reagan und einige Mitglieder seiner Regierung über meine Gespräche mit Gorbatschow zu unterrichten. Bei dieser Gelegenheit hörte ich den Präsidenten zum erstenmal über SDI sprechen. Er tat dies mit Leidenschaft und größtem Idealismus. Reagan betonte, SDI sei ein ausschließlich defensives System, und er habe nicht die Absicht, damit für die Vereinigten Staaten einen einseitigen Vorteil zu erzielen. Vielmehr sei er bereit, es im Falle der erfolgreichen Etablierung zu internationalisieren, damit es allen Ländern zur Verfügung stehe; und dies habe er dem sowjetischen Außenminister Gromyko mitgeteilt. Auch bekräftigte er sein Ziel, auf lange Sicht atomare Waffen vollständig abzuschaffen.

Diese Bemerkungen machten mich nervös. Ich war entsetzt bei dem Gedanken, die USA könnten einen schwererkämpften Vorsprung in der Technologie einfach wegwerfen, indem sie SDI allen Ländern zugänglich machten. (Die Sowjets glaubten zum Glück nie daran.) Ich brachte meine Bedenken jedoch nicht direkt zur Sprache, sondern konzentrierte mich auf die Punkte, in denen ich mit dem Präsidenten übereinstimmte. So merkte ich an, daß es sehr wichtig sei, die Forschung weiterzuverfolgen; wenn sie allerdings ein Stadium erreiche, das eine Entscheidung notwendig mache, ob Weltraumwaffen produziert und installiert werden sollten, dann entstünde eine vollständig neue Sachlage. Die Stationierung sei mit dem ABM-Vertrag von 1972 und dem Weltraumvertrag von 1967 nicht vereinbar. Beide Verträge müßten neu verhandelt werden. Weiterhin äußerte ich meine Bedenken wegen der möglichen zwischenzeitlichen Auswirkungen von SDI auf die Politik der Abschreckung. Ich erklärte, die Etablierung eines Raketenabwehrsystems würde mich beunruhigen, da sie destabilisierend wirke und einen Gegner zum Präventivschlag verleiten könne, solange noch an der Aufstellung gearbeitet werde. Allerdings, räumte ich ein, sei ich über die technischen Aspekte vielleicht nicht vollständig informiert und wolle dazu gerne mehr hören. Mein Anliegen war jedoch nicht nur, mehr über die Absichten der Amerikaner zu erfahren, sondern auch zu sondieren, inwieweit sie die Konsequenzen der von ihnen geplanten Maßnahmen durchdacht hatten.

Im nun folgenden Teil des Gesprächs, bei dem die absehbare Entwicklung und weniger die große Vision im Mittelpunkt stand, erfuhr ich einiges, was mich beruhigte. Präsident Reagan gab nicht vor, daß man bereits wüßte, zu welchen Ergebnissen die Forschungen führen würden. Er betonte jedoch, zu seinen früheren Argumenten für SDI sei nun noch eines hinzugekommen: der ökonomische Druck, der damit auf die Sowjetunion ausgeübt werde. Die sowjetische Regierung könne ihrem Volk nur ein gewisses Maß an materieller Enthaltsamkeit abverlangen. Wie sooft, hatte er instinktiv den Kern des ganzen Problems erfaßt. Welche Auswirkungen würde SDI auf die Sowjetunion haben? Wie Reagan es vorhergesehen hatte, schreckten die Sowjets vor der Herausforderung, die das Programm darstellte, tatsächlich zurück und gaben ihr Ziel der militärischen Überlegenheit endlich auf, das allein ihnen das Selbstvertrauen gegeben hatte, den Forderungen nach gesellschaftlichen Reformen zu widerstehen. Doch dies alles lag noch in der Zukunft.

Als nächstes strebte ich eine gemeinsame Basis zum SDI-Programm an, auf die Präsident Reagan und ich uns trotz unserer unterschiedlichen Ansichten stützen konnten. Ich hatte mir dazu während der letzten Tage Gedanken gemacht, vor allem auf dem langen Rückflug von Peking nach der Unterzeichnung der gemeinsamen Erklärung über Hongkong. Nun notierte ich mir im Gespräch mit Bud McFarlane vom Nationalen Sicherheitsrat vier Punkte, die mir von entscheidender Bedeutung zu sein schienen. Meine Mitarbeiter ergänzten die Einzelheiten. Ich einigte mich mit dem Präsidenten auf einen Text, der unsere gemeinsame Politik darlegte.

Der wichtigste Abschnitt meiner Erklärung lautete folgendermaßen:

Ich übermittelte dem Präsidenten meine feste Überzeugung, daß die SDI-Forschung fortgesetzt werden müsse. Sie steht natürlich im Einklang mit den bestehenden Verträgen zwischen den USA und der UdSSR, und natürlich wissen wir auch, daß die Russen bereits ihr Forschungsprogramm entwickelt haben und, nach Ansicht der Vereinigten Staaten, über das Stadium der Forschung bereits hinausgegangen sind. Wir stimmen in vier Punkten überein: (1) Es ist nicht das Ziel der USA und des Westens, [militärische] Überlegenheit zu erringen, sondern unter Berücksichtigung der Entwicklungen in der Sowjetunion das Gleichgewicht der Kräfte zu erhalten; (2) über die Aufstellung von Waffen im Zusammenhang mit SDI muß angesichts bestehender vertraglicher Verpflichtungen verhandelt werden; (3) das vordringliche Ziel ist nicht eine Unterhöhlung, sondern eine Steigerung der

Abschreckung; (4) in den Ost-West-Verhandlungen soll Sicherheit mit weniger offensiven Waffensystemen auf beiden Seiten angestrebt werden. Dies soll das Ziel der wiederaufgenommenen Verhandlungen zur Rüstungskontrolle zwischen den USA und der Sowjetunion sein, die ich sehr begrüße.

Später erfuhr ich, daß George Shultz der Meinung war, die Amerikaner hätten mir bei der Formulierung zu viele Zugeständnisse eingeräumt; tatsächlich aber gab dieser Text ihnen und uns eine klare Linie der Verteidigung vor und trug überdies zur Beruhigung der europäischen NATO-Mitglieder bei. An diesem Tag wurde ganze Arbeit geleistet.

Besuch in Washington: Februar 1985

Im Februar 1985 reiste ich zu einem weiteren Besuch nach Washington. Die Rüstungsgespräche zwischen Amerikanern und Sowjets waren jetzt wieder im Gang, doch SDI blieb ein Streitpunkt. Am Mittwoch, dem 20. des Monats sollte ich vormittags eine Rede vor beiden Häusern des Kongresses halten. Als Geschenk brachte ich aus London eine Bronzestatue von Winston Churchill mit, der vor vielen Jahren ebenfalls mit einer solchen Einladung geehrt worden war. Auch gab ich mir bei der Ausarbeitung dieser Rede besondere Mühe. Ich wollte sie mit der Hilfe eines Teleprompters halten, denn ich wußte, daß der Kongreß bereits makellose Reden des »Großen Kommunikators« erlebt hatte und ich mich daher auf eine kritische Zuhörerschaft einstellen mußte. Deshalb entschloß ich mich kurzerhand, den Vortrag des Textes zu üben, bis Satzmelodie und Akzentuierung fehlerfrei waren. (Der Teleprompter erfordert eine völlig andere Technik als das Sprechen nach Manuskript.) Ich lieh mir Präsident Reagans Teleprompter aus und ließ ihn in die britische Botschaft schaffen. Harvey Thomas, der mich begleitete, stellte ihn auf, und ich machte mich trotz des Jetlags sofort an die Arbeit. Ich übte bis vier Uhr morgens, und dann begann ich, ohne mich schlafen zu legen, gleich den neuen Arbeitstag wie gewohnt mit schwarzem Kaffee und Vitamin-C-Tabletten. Anschließend gab ich bis 6.45 Uhr Fernseh-Interviews, danach ließ ich den Friseur kommen, und um 10.30 Uhr war ich fertig zur Abfahrt ins Kapitol. Meine Rede befaßte sich mit vielen internationalen Problemen, aber ich nutzte sie auch, um mich vehement für das SDI-Programm auszusprechen. Die Reaktion darauf war überaus positiv.

Als Ausgleich für meine tatkräftige öffentliche Unterstützung des Präsidenten erlaubte ich mir im vertraulichen Gespräch mit ihm und den Mitgliedern seiner Regierung um so größere Offenheit. Das erwies sich beim Abendessen mit dem Präsidenten als etwas peinlich, denn ich hatte dazu Geoffrey Howe und Michael Heseltine mitgenommen, die bei den Gesprächen eine ziemlich gespreizte, nicht gerade förderliche Atmosphäre verbreiteten. (Bei späteren Gelegenheiten ließ ich die beiden zu Hause.) Ich nahm aber trotzdem kein Blatt vor den Mund und teilte Präsident Reagan mit, es sei wichtig, zuviel Gerede über SDI zu vermeiden. Wir müßten darauf achtgeben, daß die Leute nicht den Eindruck erhielten, Nuklearwaffen seien schlecht, unmoralisch und könnten durch die Entwicklung von Defensivsystemen bald überflüssig werden. Damit könne die Unterstützung für Atomwaffen in Großbritannien leicht untergraben werden. Ich glaube, dieses Argument leuchtete ihm ein. Er seinerseits betonte, SDI sei kein Verhandlungsgegenstand. Die Vereinigten Staaten würden nicht nach Genf gehen und eine Einstellung der SDI-Forschung anbieten als Gegenleistung dafür, daß die Russen dafür ihre Kernwaffen reduzierten. Und zu diesem Wort sollte er auch stehen.

Reykjavik

Im darauffolgenden Monat – März 1985 – starb der sowjetische Staatschef Tschernenko, dem mit erstaunlich geringer Verzögerung Michail Gorbatschow im Amt nachfolgte. Wieder einmal war ich zu einer Beerdigung in Moskau, und es war eher noch kälter als bei der Beisetzung Juri Andropows. Gorbatschow mußte eine große Anzahl ausländischer Staatsgäste empfangen. Dennoch hatte ich Gelegenheit, fast eine Stunde lang mit ihm im Katharinensaal des Kreml zu sprechen. Die Stimmung war förmlicher als damals in Chequers, wozu auch die ruhige, sardonische Art von

Außenminister Gromyko beitrug. Ich konnte jedoch die Implikationen der politischen Linie darlegen, auf die ich mich im Dezember in Camp David mit Präsident Reagan geeinigt hatte. Dabei wurde deutlich, daß SDI für die Sowjets mittlerweile zum wichtigsten Punkt unter den Fragen der Rüstungskontrolle geworden war.

Wie erwartet, führte Michail Gorbatschow in der Sowjetregierung einen neuen Stil ein. Er sprach offen über den schrecklichen Zustand der sowjetischen Wirtschaft, wenngleich er zu diesem Zeitpunkt noch nicht radikalen Reformen das Wort redete, sondern Andropows Linie einer Steigerung der Effektivität vertrat. Ein Beispiel dafür waren seine drakonischen Maßnahmen gegen den Alkoholmißbrauch. Es zeigten sich im Verlauf dieses Jahres jedoch keine Anzeichen einer Verbesserung der Zustände in der Sowjetunion. Brian Cartledge, unser hervorragender neuer Botschafter in Moskau, beschrieb die Lage in seinem ersten Bericht vielmehr so: »Marmelade aufs Brot erst morgen, und bis dahin auch keinen Wodka.«

In der Folge einer von mir angeordneten Ausweisung sowjetischer Diplomaten, die Spionage betrieben hatten, kühlten sich die britisch–sowjetischen Beziehungen merklich ab. Das Überlaufen von Oleg Gordjewski, einem ehemaligen hohen KGB-Offizier, machte uns deutlich, daß die Sowjets wußten, wie gut wir über ihre Aktivitäten informiert waren. Ich sprach einige Male mit Gordjewski und lernte sein Urteil über die Ereignisse in der Sowjetunion sehr zu schätzen. Auch versuchte ich – leider ohne Erfolg –, die Sowjets zu bewegen, seine Familie in den Westen nachkommen zu lassen. (Nach dem fehlgeschlagenen Putsch im August 1991 konnte sie dann doch noch ausreisen.)

Im November trafen Präsident Reagan und Gorbatschow zum ersten Mal zusammen. Die Begegnung in Genf erbrachte keine wesentlichen Ergebnisse – die Sowjets beharrten auf einer Verknüpfung der Reduzierung strategischer Atomwaffen und einer Beendigung der SDI-Forschung –, doch zwischen den beiden Staatsoberhäuptern entwickelte sich eine gute persönliche Beziehung (zwischen ihren Gattinnen leider nicht). Zuvor waren Befürchtungen laut geworden, Präsident Reagan könnte sich von seinem scharfsinnigen jüngeren Gegenpart übertölpeln lassen.

Dies trat natürlich nicht ein – was mich auch keineswegs überraschte. Schließlich hat Ronald Reagan schon in frühen Jahren als Vorsitzender der *Screen Actors Guild* bei Verhandlungen mit starrköpfigen Gewerkschaftsfunktionären eine Menge Erfahrungen gesammelt – und niemand war starrköpfiger als Gorbatschow.

Im Verlauf des Jahres 1986 zeigte Präsident Gorbatschow große Raffinesse im Umgang mit der öffentlichen Meinung im Westen, indem er wiederholt verlockende, aber unannehmbare Vorschläge zur Rüstungskontrolle unterbreitete. Relativ wenig ließen die Sowjets dagegen zur Verknüpfung von SDI mit Reduzierungen von Kernwaffen verlauten. Sie hatten jedoch auch keinen Grund, anzunehmen, die Amerikaner würden sich zur Einstellung der SDI-Forschung bereitfinden. Gegen Ende des Jahres kam man überein, daß Präsident Reagan und Gorbatschow sich in Reykjavik zur Erörterung bedeutsamer Vorschläge treffen sollten.

Rückblickend läßt sich erkennen, daß dieses Gipfeltreffen vom 11./12. Oktober eine ganz andere Bedeutung hatte, als die meisten Kommentatoren damals annahmen. Man hatte den Amerikanern eine Falle gestellt. Während des Gipfels machten die Sowjets immer größere Zugeständnisse: Zum ersten Mal erklärten sie sich damit einverstanden, das britische und französische Abschreckungspotential aus den Verhandlungen über die Mittelstreckenraketen herauszunehmen, und stimmten zu, daß nach einem Abbau strategischer Atomwaffen beide Seiten die gleiche Anzahl von Waffen besitzen sollten – anders als bei einem prozentualen Abbau, bei dem die Sowjets einen Vorsprung beibehalten hätten. Auch im Hinblick auf die Zahl der Mittelstreckenraketen waren sie zu Zugeständnissen bereit. Gegen Ende des Gipfeltreffens schlug Präsident Reagan ein Abkommen vor, demzufolge das ganze Arsenal an strategischen Atomwaffen – Bomber, Langstrecken- und ballistische Raketen – innerhalb von fünf Jahren halbiert und die schlagkräftigsten dieser Waffen, die strategischen Marschflugkörper, innerhalb von zehn Jahren ganz abgeschafft werden sollten. Gorbatschow zeigte sich sogar noch ehrgeiziger: Er befürwortete die Abschaffung aller strategischer Atomwaffen nach zehn Jahren.

Doch plötzlich wurde die Falle offensichtlich. Präsident Reagan schlug vor, daß für die besagte Periode von zehn Jahren beide Seiten übereinkommen sollten, nicht vom ABM-Vertrag zurückzutreten, wenngleich Entwicklung und Tests innerhalb des vertraglichen Rahmens gestattet sein sollten. Gorbatschow erwiderte, alles hinge davon ab, ob SDI ins Labor verbannt würde – eine erheblich stärkere Einschränkung, die aller Wahrscheinlichkeit nach die Aussicht auf ein effektives SDI-Programm zunichte gemacht hätte. Der amerikanische Präsident wies diesen Vorschlag zurück, und damit war der Gipfel gescheitert.

Dieser Fehlschlag wurde in der Regel dargestellt als Folge der Kompromißunfähigkeit eines alternden amerikanischen Präsidenten, der von einem nicht realisierbaren Traum besessen war. Tatsächlich aber war Präsident Reagans Weigerung, das SDI-Programm für die scheinbar so nahe Erfüllung seines Traums einer Welt ohne Kernwaffen aufzugeben, für den Sieg über den Kommunismus von entscheidender Bedeutung. Er zwang die Sowjets, Farbe zu bekennen. Vielleicht hatten sie bei Abbruch der Gespräche einen propagandistischen Sieg zu verzeichnen. Doch sie hatten das Spiel verloren, und daß wußten sie zweifellos[1]. Denn zu diesem Zeitpunkt mußte ihnen auch klar geworden sein, daß sie mit den Vereinigten Staaten auf dem Gebiet der Militärtechnik nicht konkurrieren konnten, und viele ihrer Zugeständnisse in Reykjavik konnten sie nicht mehr rückgängig machen.

Als ich hörte, wie weit die Amerikaner zu gehen bereit gewesen waren, bekam ich ein Gefühl, als würde mir der Boden unter den Füßen weggezogen. Ich unterstützte zwar den Gedanken einer fünfzigprozentigen Reduzierung der strategischen Marschflugkörper innerhalb von fünf Jahren, doch der Vorschlag von Präsident Reagan, sie nach zehn Jahren ganz abzuschaffen, war etwas anderes. Das ganze System nuklearer Abschreckung, das vierzig Jahre lang den Frieden gesichert hatte, wäre um ein Haar beseitigt worden. Wäre der Vorschlag des Präsidenten akzeptiert worden, so hätte dies auch das Ende für unsere Trident-Raketen bedeutet, und damit hätten wir ein neues Waffensystem anschaffen oder den Gedanken eines eigenen Abschreckungspotentials aufgeben müssen. Meine große Erleichterung darüber, daß die Doppelzüngigkeit der Sowjets am Ende zu einer Rücknahme dieser Vorschläge geführt hatte, hielt sich die Waage mit der Befürchtung, sie könnten bei nächster Gelegenheit wieder auf den Tisch kommen. Ich hatte mich schon immer gegen die ursprüngliche »Nullösung« bei Mittelstreckenraketen ausgesprochen, da ich die Meinung vertrat, diese Waffen könnten Westeuropas ungenügende Vorbereitung auf einen plötzlichen, massiven Angriff des Warschauer Pakts ausgleichen. Doch in der Hoffnung, die Sowjets würden diese Regelung ohnehin nicht akzeptieren, hatte ich mich damit einverstanden erklärt. Eine Ausweitung dieses Ansatzes auf alle strategischen Raketen hätte jedoch zu einer erdrückenden Überlegenheit der Sowjetunion auf dem Gebiet konventioneller und chemischer Waffen sowie der Kurzstreckenwaffen geführt. Zudem wäre die Glaubwürdigkeit der Abschreckungspolitik unterminiert worden: Gespräche über die Abschaffung strategischer Marschflugkörper (oder gar sämtlicher nuklearer Waffen) in der Zukunft weckten Zweifel daran, ob die Vereinigten Staaten bereit waren, Nuklearwaffen in der Gegenwart einzusetzen. Irgendwie mußte ich die Amerikaner wieder auf den bewährten Weg einer Politik der atomaren Abschreckung zurückbringen. Also arrangierte ich einen Besuch bei Präsident Reagan in Washington.

Camp David:
Weitere Gespräche zur nuklearen Strategie

Nie war mir deutlicher bewußt, wieviel von meiner Beziehung mit dem Präsidenten abhing, als bei den Vorbereitungen zu diesem Besuch. Ich hatte das Gefühl, wir standen entweder vor einem bemerkenswerten Erfolg oder vor einer möglichen Katastrophe. Die Militärs unterrichteten mich genauestens über die Auswirkungen einer Verteidigungsstrategie ohne ballistische Waffen. Einige Mitglieder der US-Regierung argumentierten, Flugzeuge, Cruise Missiles und atomare Artillerie – bei diesen Waffengattungen ging man von einer Überlegenheit des Westens aus – könnten den Verlust ballistischer Flugkörper wettmachen. Tatsächlich aber würde die NATO-Strategie der »Flexible Response« – die ja von einem ganzen Spektrum möglicher militärischer Reaktionen auf einen sowjetischen Angriff ausging und auch die Option eines Einsatzes atomarer Waffen einschloß – nicht mehr zu halten sein. Bei den sogenannten »Luftstrahlsystemen« (Cruise-Missiles und

Bomben) könne man nicht mit Sicherheit davon ausgehen, daß sie das sowjetische Verteidigungssystem durchbrechen würden; überdies waren sie bei einem Erstschlag des Gegners wesentlich mehr gefährdet. Dadurch wurde ihr Abschreckungswert erheblich vermindert und Europa in gefährlicher Weise entblößt sein.

Nicht weniger bedeutsam waren die politischen Erwägungen. Eine glaubwürdige britische Abschreckung konnte mit Cruise-Missiles doppelt so teuer werden wie mit Trident-Raketen. Würden wir in einer Atmosphäre, in der ständig von einer atomwaffenfreien Welt gesprochen wurde, je die öffentliche Unterstützung für ein solches Programm gewinnen können? Je mehr ich mich mit diesen möglichen Konsequenzen beschäftigte, desto schlimmer schienen sie mir.

Percy Cradock, mein Sonderberater für Sicherheitsfragen, Charles Powell und ich erarbeiteten und prüften Argumente, die ich im Gespräch mit Präsident Reagan einsetzen wollte. Sie mußten folgerichtig, überzeugend und klar sein und durften nicht zu technisch wirken.

Am Nachmittag des 14. November, einem Freitag, traf ich in Washington ein. In Gesprächen mit George Shultz und Caspar Weinberger übte ich meine Argumentationsweise noch einmal ein. Am nächsten Morgen traf ich mich mit George Bush zum Frühstück und fuhr dann nach Camp David. Dort empfing mich Präsident Reagan.

Zu meiner großen Erleichterung begriff der Präsident sehr rasch, weshalb mich die Ereignisse von Reykjavik so tief beunruhigten. Er stimmte dem Entwurf einer Erklärung zu, den wir nach der Unterredung mit George Shultz am Vortag fertiggestellt hatten. Bei meiner Pressekonferenz machte ich die Öffentlichkeit mit dieser Erklärung bekannt, die manchmal als britisch-amerikanische Übereinkunft von Camp David bezeichnet wird und unsere gemeinsame politische Linie zur Rüstungskontrolle nach dem Gipfel von Reykjavik festlegte. Sie lautet folgendermaßen:

Wir kamen überein, daß folgende Punkte Vorrang besitzen sollten: ein Abkommen über Mittelstreckenraketen mit Einschränkungen bei Systemen kürzerer Reichweite; eine Reduzierung der strategischen Offensivwaffen der USA und der

Sowjetunion um 50 Prozent innerhalb eines Zeitraums von fünf Jahren sowie ein Verbot chemischer Waffen. In allen drei Punkten halten wir wirksame Möglichkeiten der Verifizierung für wesentlich. Ferner einigten wir uns über die Notwendigkeit der Fortsetzung des SDI-Forschungsprogramms, die durch den ABM-Vertrag gedeckt ist. Wir bekräftigten, daß die NATO-Strategie der Vorwärtsverteidigung und der »Flexible Response« auch weiterhin einer wirksamen atomaren und auf verschiedenen Waffensystemen basierenden Abschreckung bedarf. Gleichzeitig würden Reduzierungen im Bereich der Kernwaffen dazu führen, daß der Beseitigung des Ungleichgewichts bei konventionellen Waffen erhöhte Bedeutung zukäme. Angesichts der Notwendigkeit eines stabilen globalen Gleichgewichts kann über atomare Waffen nicht gesondert verhandelt werden. Ferner kamen wir überein, daß diese Fragen auch künftig Gegenstand enger Konsultationen innerhalb des westlichen Bündnisses bleiben sollen. Der Präsident bekräftigte die Absicht der Vereinigten Staaten, die Modernisierung ihres Strategieprogramms einschließlich der Trident-Raketen fortzusetzen. Er bekräftigte weiterhin seine volle Unterstützung der Modernisierung von Großbritanniens nuklearem Abschreckungspotential einschließlich der Trident-Raketen.

Ich hatte allen Grund, zufrieden zu sein.

Vorbereitungen zum Moskau-Besuch

Man kann sich unschwer vorstellen, welche Wirkung die Übereinkunft von Camp David in Moskau gehabt haben dürfte. Sie bedeutete das Ende der sowjetischen Hoffnungen, man könne SDI und Präsident Reagans Traum einer atomwaffenfreien Welt dazu benutzen, die Strategie der Denuklearisierung Europas – die uns militärisch erpreßbar gemacht und den transatlantischen Zusammenhalt in der NATO geschwächt hätte – voranzutreiben. Ferner wurde damit deutlich, daß ich bei grundsätzlichen Fragen der westlichen Bündnispolitik auf den Präsidenten Einfluß hatte.

Gorbatschow hatte also nicht weniger Grund, mit mir zu sprechen, als ich mit ihm. Hinzu kam, daß die Sowjets oft lieber mit sehr konservativen westlichen Regierungen verhandelten, denn sie betrachteten diese als harte Gesprächspartner, die aber zu ihrem Wort standen. Zieht man schließlich noch meine in Chequers begründete gute persönliche Beziehung zu Gorbatschow mit in Betracht, so er scheint es nicht überraschend, daß ich bald eine Einladung nach Moskau erhielt.

Ich bereitete mich sehr gründlich vor. Am Freitag, dem 27. Februar 1987, hielt ich in Chequers ein ganztägiges Seminar zum Thema Sowjetunion ab. Die bereits erwähnten gegensätzlichen Tendenzen bei den Sowjetologen wurden hier wieder deutlich erkennbar. Während die Optimisten das Ausmaß und den Einfluß von Gorbatschows Reformen hervorhoben, verwiesen die Skeptiker auf seine orthodox-kommunistischen Ziele sowie auf die begrenzte Wirkung seiner bescheidenen Reformmaßnahmen. Alles in allem lagen die besseren Argumente wohl auf seiten der Skeptiker. Ihrer Ansicht nach waren grundsätzliche Veränderungen nicht zu erwarten, sondern lediglich beschränkte Maßnahmen, welche die Macht und den Führungsanspruch der Kommunistischen Partei in keiner Weise tangierten. Wenngleich Gorbatschow möglicherweise gerne die Früchte des Leistungssystems genießen würde, könne er doch nicht riskieren, es einzuführen. Die Reform werde sich nur innerhalb der Grenzen des sozialistischen Systems bewegen. Rückblickend läßt sich erkennen, daß diese Analyse fehlerhaft war, und zwar aufgrund einer Vermengung von Gorbatschows Intentionen – die zu jedem Zeitpunkt von seinen kommunistischen Anschauungen und den jeweiligen Umständen geprägt waren – und den Auswirkungen seiner Reformen, welche Kräfte freisetzten, die schließlich Staat und System der Sowjetunion hinwegfegen sollten.

Das Seminar war nur ein Aspekt meiner Vorbereitungen; darüber hinaus studierte ich auch Gorbatschows meist lange und schwerverdauliche Reden. Obwohl seine Analysen sprachlich meiner Ausdrucksweise in keinster Weise glichen, merkte ich doch, daß sie etwas Neues enthielten. Die weitaus bedeutendste unter seinen Reden war jene, die er Ende Januar 1987 vor dem Zentralkomitee der Kommunistischen Partei gehalten hatte. Darin betonte er zum ersten Mal die Notwendigkeit der Demokratisierung der Partei und – auf lokaler Ebene – des ganzen Sowjetsystems. Bei den bevorstehenden Kommunalwahlen sollten in einigen großen Wahlkreisen mehr Kandidaten zugelassen werden, als Sitze zur Verfügung standen. Dies war der Beginn – wenngleich nur ein erster Schritt – eines Prozesses, in dessen Verlauf der demokratische Zentralismus durch wahre Demokratie in der Sowjetunion ersetzt werden sollte.

Die sowjetische Politik arbeitete mit Losungen, die man weder für bare Münze nehmen noch anhand westlicher Maßstäbe interpretieren konnte. Trotzdem mußten sie ernst genommen werden. Unter Gorbatschow veränderten sich diese Schlagworte eindeutig. Die »Perestroika« (Umgestaltung) trat an die Stelle der früheren »Uskorenje« (Beschleunigung), was darauf schließen ließ, daß die sowjetische Wirtschaft nach Meinung Gorbatschows nicht wie bisher nur mehr Zentralismus, mehr Disziplin und mehr Appelle zu höherer Effektivität benötigte, sondern echten und radikalen Wandel. Analog dazu lag auch dem neuen Begriff »Glasnost« (Offenheit) die Einsicht zugrunde, ohne ein Aufdecken der tatsächlichen Verhältnisse und zumindest von Teilen der Wahrheit über das, was im Land geschah, könne sich nie etwas zum Positiven wenden.

Zwei Jahre nach Gorbatschows Amtsantritt als Staatschef waren die politischen Neuerungen deutlicher erkennbar als wirtschaftliche Fortschritte. Nur wenig deutete darauf hin, daß die sowjetische Wirtschaft besser funktionierte; jedoch wurde viel diskutiert über die Notwendigkeit von mehr politischer Freiheit und Demokratie. Gorbatschow hatte große Anstrengungen unternommen, um einige der führenden Dissidenten, allen voran Professor Sacharow, für eine Unterstützung seines Kurses zu gewinnen. Die Wahrheit über die Verbrechen der Stalin-Ära – jener Lenins allerdings noch nicht – wurde allmählich publik. Die Sowjets begannen, im Bereich der Menschenrechte mehr Sensibilität zu zeigen und gestatteten zunehmend mehr, wenn auch noch längst nicht allen, sowjetischen Juden die Ausreise. Was immer Gorbatschows Ziele letztendlich sein mochten, ich hatte keinen Zweifel, daß er der Sowjetunion ihren Charakter des »Völkergefängnisses« nehmen wollte und deshalb Unterstützung von unserer Seite verdiente.

Solche Unterstützung war in der Tat vonnöten. Zwar war das politische Klima freier und Gorbatschow mittlerweile zum Liebling einiger Intellektueller geworden, doch konnte der sowjetische Durchschnittsbürger noch keine Verbesserung seiner materiellen Lage erkennen. Und wenngleich viele Mitglieder des Politbüros und des Zentralkomitees abgelöst worden waren, bedeutete dies nicht unbedingt, daß die Nachrücker Gorbatschow unterstützten. Besorgnis über die Haltung von Armee und KGB kam auf. All das brachte den sowjetischen Staatschef gehörig in die Klemme – und auch für uns drohte die Entwicklung zum Dilemma zu werden.

Vor allem mußte der Westen dafür sorgen, daß Gorbatschows Reformen zu erkennbaren Verbesserungen in bezug auf unsere eigene Sicherheit führten. Waren die Sowjets bereit, ihr militärisches Bedrohungspotential zu vermindern? Waren sie gewillt, sich aus Afghanistan zurückzuziehen? Würden sie ihre Politik der internationalen Subversion beenden? In all diesen Punkten mußten wir Druck ausüben, dabei aber auf der Hut sein, damit Gorbatschows Reformprogramm nicht diskreditiert oder gar von ihm selbst oder einem Nachfolger durch einen harten Kurs ersetzt wurde.

Im März empfing ich in der Downing Street und in Chequers viele Besucher, die mich vor meiner Abreise mit weiteren Informationen versorgten. Der Oberrabbiner kam, um mit mir über das Elend der Systemverweigerer in der Sowjetunion zu sprechen. Peter Walker teilte mir seine Eindrücke von einer kürzlich unternommenen Reise durch die UdSSR mit. Mit dem sowjetischen Botschafter diskutierte ich Einzelheiten meiner Reise. General Abrahamson, der Leiter des SDI-Programms im Pentagon, kam nach Chequers, um mich über den aktuellen Stand der Forschung und die strategischen Fragen zu unterrichten. Oleg Gordjewski und der Menschenrechtler Juri Orlow stellten mir ihre Analysen der Verhältnisse in der Sowjetunion zur Verfügung.

Ich hatte nicht vor, als Vertreterin des Westens oder gar als Vermittlerin zwischen der UdSSR und den Vereinigten Staaten nach Moskau zu reisen. Dennoch war es von Bedeutung, vor der Abreise andere führende westliche Politiker über meine Absichten zu informieren und ihre Sicht der Dinge zu erfahren. Präsident Reagans Standpunkt war mir bekannt, und ich wußte auch, daß er mir vertraute. Ich begnügte mich deshalb damit, ihm ein ausführliches

Schreiben zu senden. Meines Erachtens stand nur eine politische Frage zur Debatte. Ich hatte den Amerikanern einen Vorschlag zum SDI-Programm gemacht, der zwar erwogen, aber bisher noch nicht akzeptiert worden war: Die USA sollten den Sowjets verbindliche Informationen über Inhalte und Zeitplan der SDI-Forschung geben, ein Gedanke, der unter dem Stichwort »Vorhersehbarkeit« bekannt wurde. Zur Begründung erklärte ich, daß es unnötig sei, die Sowjets zu diesem Zeitpunkt zu beunruhigen, da es noch eine Reihe von Jahren dauern würde, bis eine Entscheidung über die Stationierung von SDI gefällt werde.

Sodann arrangierte ich eine Begegnung mit Präsident Mitterrand und Bundeskanzler Kohl am 23. März. Dem französischen Präsidenten, mag er auch Sozialist sein, steht eine Reihe herrlicher Schlösser zur Verfügung. Auch mit den besten Köchen seiner Republik scheint er gute Verbindungen zu pflegen, wie unser Essen im Château de Benouville in der Normandie einmal mehr unter Beweis stellte. Natürlich mußte jedes Gericht ein traditionell normannisches Flair haben, mit Saucen aus Cidre oder Calvados und diesem wunderbaren Camembert, gegen den die gesundheitsbewußten Bürokraten der Europäischen Gemeinschaft vergeblich ankämpfen sollten. Präsident Mitterrands Haltung gegenüber den Sowjets entsprach im wesentlichen meiner eigenen. Wie ich, so glaubte auch er, Gorbatschow strebe eine umfassende Veränderung des Sowjetsystems an. Eine seiner scharfsichtigsten Bemerkungen war, der sowjetische Staatschef vertrete die Meinung, »wenn man die Form verändert, dann ändert sich in der Folge auch die Substanz«. Aber er wußte auch, daß die Sowjets Härte respektieren würden, und meinte, wir müßten ihrem Bemühen, Europa atomwaffenfrei zu machen, entgegentreten. Dem stimmte ich aus vollem Herzen zu.

Auch bei der Begegnung mit Bundeskanzler Kohl herrschte Einmütigkeit. Die Teilung Deutschlands, die jüngste Vergangenheit und die Tatsache, daß viele Deutsche als Minderheiten im Sowjetblock leben, verhalfen diesem sehr deutschen Staatsmann zu einem klaren Blick auf die Verhältnisse der UdSSR. Darüber hinaus war, wie er mir erklärte, die Bundesrepublik jahrelang das Hauptziel der sowjetischen Propaganda gewesen. Kohl äußerte Zweifel hinsichtlich Gorbatschows politischen Überlebenschancen, da dieser eine sehr riskante politische Linie verfolge. Auch sollten wir nicht davon ausgehen, daß seine Reformen – die nach Kanzler Kohls Meinung die Absicht verfolgten, das kommunistische System zu modernisieren, nicht aber ein demokratisches zu etablieren – problemlos durchführbar seien. Helmut Kohl hat immer ein starkes Gespür für Geschichte bewiesen, und er erinnerte mich daran, daß die Reformen russischer Staatsführer schon seit den Zeiten Peters des Großen nie ohne große Opfer vonstatten gegangen waren.

Meine letzte öffentliche Stellungnahme zur Sowjetunion vor der Abreise war die Rede, die ich am Samstag, dem 21. März, in Torquay vor dem Conservative Central Council hielt. Es wäre mir ein leichtes gewesen, meine Kritik am Sowjetregime zu modifizieren, doch das war nicht meine Absicht. Zu oft hatten westliche Politiker in der Vergangenheit die Wahrheit ihrem Bemühen um problemlose Beziehungen mit Gewaltherrschern anderer Nationen untergeordnet. Ich sagte also:

> In seinen Reden räumt Gorbatschow klar und deutlich ein, daß das kommunistische System nicht funktioniert. Die Sowjetunion ist nicht nur unfähig, den Westen einzuholen; sie fällt sogar noch ständig weiter zurück. Jetzt hören wir von ihren Führern neue Worte – Worte wie »Offenheit« und »Demokratisierung«, die wir kennen. Aber haben diese Worte für sie dieselbe Bedeutung wie für uns? Einige von jenen, die für ihre politischen oder religiösen Überzeugungen im Gefängnis saßen, wurden freigelassen. Das begrüßen wir. Viele andere jedoch sind immer noch inhaftiert oder dürfen nicht auswandern. Wir wollen sie in Freiheit sehen, oder wiedervereinigt mit ihren Familien im Ausland, falls sie dies wünschen ... Wenn ich nächste Woche nach Moskau fahre, um mit Gorbatschow zu verhandeln, wird mein Ziel ein Frieden sein, der nicht auf Illusionen oder Kapitulation beruht, sondern auf Realismus und Stärke ... Frieden braucht Vertrauen und Wohlwollen zwischen Staaten und Völkern. Frieden bedeutet, daß dem Morden in Kambodscha und dem Gemetzel in Afghanistan ein Ende gesetzt werden muß. Frieden heißt, daß die Verpflichtungen eingehalten werden müs-

sen, die die Sowjetunion aus freiem Willen 1975 mit der Schlußakte von Helsinki einging, in der neben grundlegenden Menschenrechten auch die Freizügigkeit für Menschen und Gedanken eingeräumt wurde ... Wir werden nicht nach Worten, Absichten oder Versprechungen urteilen, sondern aufgrund von Taten und Ergebnissen.

Besuch in der Sowjetunion: März/April 1987

Am frühen Nachmittag des 28. März, einem Samstag, hob meine Maschine in Heathrow ab mit Kurs auf Moskau. Für solche Flüge benutzte ich immer eine spezielle VC 10. Ein Dutzend dieser Flugzeuge war in Brize Norton stationiert, und zwei oder drei davon waren für Staatsbesuche im Ausland umgerüstet worden. Die VC 10 war nicht sehr modern und ziemlich laut. Aber sie bot zwei besondere, äußerst angenehme Vorteile. Zum einen war sie geräumig und mit Arbeitstischen für mich und meine Begleitmannschaft sowie einer separaten Kabine ausgestattet, in die ich mich zum Schlafen oder Arbeiten zurückziehen konnte. Im rückwärtigen Teil gab es sogar Platz für ein Presseteam. Der zweite Vorteil war die Bordmannschaft der Royal Air Force, die uns mit hervorragendem Essen und freundlichem Service bedachte.

Nach meiner Landung fand eine offizielle Begrüßungszeremonie statt, die damit begann, daß mir am Moskauer Flughafen ein großes Bouquet roter Rosen überreicht wurde, welche einen höchst fotogenen farblichen Kontrast zu meinem schlichten schwarzen Mantel und dem Hut aus schwarzem Fuchs bildeten. Dann fuhren wir auf der für hohe Politiker und ihre Gäste abgesperrten Straße zum Kreml. Dort mußte ich den Georgssaal mit seinen glitzernden Kristalleuchtern der ganzen Länge nach durchschreiten, um am anderen Ende vom Ehepaar Gorbatschow empfangen zu werden. Wir tauschten höfliche Komplimente aus. Ich kann nicht verleugnen, den Prunk solcher Auftritte genossen zu haben, aber manchmal rief ich mir doch ins Gedächtnis zurück, daß derlei traditionelle Rituale oft mit der Absicht verbunden sind, Regime mit einem Schein der Rechtmäßigkeit zu bemänteln, die sich weder historisch noch demokratisch legitimieren können.

Am Sonntag morgen wurde ich zu dem russisch-orthodoxen Kloster in Sagorsk gefahren, das etwa 80 Kilometer von Moskau entfernt liegt. Ich wußte, daß dies eine bedeutsame Zeit für die orthodoxen Christen in Rußland war, denn sie sollten im nächsten Jahr das tausendjährige Bestehen ihrer Kirche feiern. Die sowjetischen Behörden hatten die Wiedereröffnung einiger Kirchen gestattet, und die Anzahl der Studenten in den Priesterseminaren war leicht erhöht worden. Auch die Verbreitung religiöser Literatur war etwas erleichtert worden. Doch wie die Ära Chruschtschow gezeigt hatte – in der trotz mancher Liberalisierungen in anderen Bereichen die religiöse Diskriminierung einen Höhepunkt erreichte – gab es keine Garantie dafür, daß die Unterdrückung der Christen jetzt beseitigt werden würde, nur weil Glasnost und Perestroika fortgeführt wurden. Ich betrachtete es deshalb als meine Pflicht, hier Solidarität zu demonstrieren.

Eine große Menschenmenge wartete bei meiner Ankunft vor dem Kloster. Entgegen dem Wunsch des kommunistischen Ministers für religiöse Angelegenheiten (sic), der mich begleitete, bestand ich darauf, aus dem Wagen zu steigen, um zu diesen Menschen zu sprechen. Danach führte man uns in das Kloster. Ich hatte noch nie einer orthodoxen Liturgie beigewohnt und war fasziniert von der die Sinne überwältigenden Vielfalt der Gesänge, den Weihrauchwolken, den prächtigen Meßgewändern. Das war etwas völlig anderes als die Sonntagsmesse in der methodistischen Kirche von Grantham. Auch die Andacht der Gläubigen bewegte mich tief – der Ausdruck »Kirchengemeinde« wäre hier wohl unpassend, denn viele beteten offenbar ganz für sich, andere wiederum kamen und gingen, um nur an einzelnen Abschnitten des schier endlos währenden Gottesdienstes teilzunehmen. Ich blieb etwa 40 Minuten, dann zündete ich eine der langen Kerzen an und stellte sie zu den vielen anderen in einen mit Sand ausgestreuten Kasten. Dabei ging mir der Gedanke durch den Kopf, daß es wohl mehr als begrenzter Reformen des kommunistischen Systems bedürfe, um die Kraft dieser Wiedergeburt des Christentums einzudämmen.

Das beste, was sich von den Oberhäuptern der russisch-orthodoxen Kirche sagen läßt, ist, daß sie wahrscheinlich keine andere Wahl hatten, als möglichst eng mit den Kommunisten zusammenzuarbeiten; das schlimmste, daß sie selbst aktive KGB-Mitglieder waren. Die Rede, die der Stellvertreter des Patriarchen beim Mittagessen hielt, hätte man als vorbildliches Agitprop bezeichnen können. In ihr ging es im wesentlichen um die Notwendigkeit, alle Kernwaffen abzuschaffen. Daher ließ ich meinen für diesen Anlaß vorbereiteten Text in der Tasche und sprach statt dessen von der Notwendigkeit, politische Gefangene freizulassen. Auf dem Rückweg nach Moskau fragte ich den Religionsminister, ob immer noch Menschen wegen ihrer religiösen Überzeugungen inhaftiert seien. Er erwiderte: »Sofern sie nicht wegen etwas anderem einsitzen, nein.« Etwa wegen des Besitzes einer Bibel, dachte ich.

Auf meinen Vorschlag hin war für den Nachmittag ein Spaziergang in der Öffentlichkeit für mich arrangiert worden. Westlichen Politikern fällt so etwas immer sehr leicht, doch die Sowjets versuchen dergleichen – vielleicht aus gutem Grund – zu vermeiden. (Gorbatschow verhielt sich in diesem wie auch in anderen Punkten allerdings wie ein westlicher Politiker.) Ich spazierte also bei schneidend kaltem Wind durch Matsch und Schnee im riesigen Wohngebiet einer öden Moskauer Vorstadtgegend umher, und allmählich kamen immer mehr Menschen, um mich zu sehen. Bald war ich von einer großen Menge umringt, und alle lächelten, riefen mir zu und wollten mir die Hand geben. Wie in Ungarn wurde ich als Antikommunist begeistert empfangen von jenen, die das kommunistische System noch besser kannten als ich.

Am Abend sah ich mit den Gorbatschows eine Vorstellung von »Schwanensee« im Bolschoi-Theater. Wie alle guten Russen waren auch sie begeisterte Ballettbesucher. Auch ich liebe das Ballett – fast sosehr wie die Oper. In der Pause gaben die Gorbatschows ein kleines Essen für mich in einem Séparée. Die Atmosphäre war sehr entspannt, und aus irgendeinem Grund kamen wir in unserem Gespräch von »Schwanensee« auf das Brotbacken in der Sowjetunion. Gorbatschow bemerkte, daß das Brot in der Sowjetunion nicht zuletzt dank der Hilfe von ICI [Imperial Chemical Industries, ein britischer Konzern; A. d. Ü.] heute viel schmackhafter sei. Aber man könne es einfach nicht allen Leuten recht machen. Als die Qualität schlechter gewesen sei, habe man immer Salz zum Brot essen müssen. heute sei das aufgrund der gestiegenen Qualität nicht mehr nötig, doch würden die Leute

immer noch Salz zum Brot essen. Er habe den zuständigen Minister nun angewiesen, im Fernsehen zu erklären, daß das neue Brot
zwar ungewohnt schmecke, aber von besserer Qualität sei. Ironischerweise hatte kurz zuvor der bekannte Dissident Wladimir
Bukowski eine ganz ähnliche Geschichte erzählt: Jedes Mal, wenn
in sowjetischen Medien verbreitet wurde, Wissenschaftler hätten
festgestellt, daß ein bestimmtes Lebensmittel – etwa Wurst – der
Gesundheit abträglich sei, hätten die Russen einander sofort
berichtet: »Wurst wird knapp.« Das sind die unvorhersehbaren
Konsequenzen des Kollektivismus.

Es wurde ein hervorragender Wein aus Georgien gereicht.
Gorbatschow ermunterte mich zu einem weiteren Glas mit der Ver-
sicherung, manchen Georgiern verhelfe dieser gute Tropfen dazu,
100 Jahre als zu werden. Er war sich der Unbeliebtheit seiner Maßnahmen gegen den Alkoholkonsum sehr wohl bewußt. Gewiß hatten sie bereits zu einem Rückgang der Todesfälle am Arbeitsplatz
und im Straßenverkehr geführt, doch es war ein mühsamer Kampf.
Der Generalsekretär hatte gelesen, daß man im Westen glaubte, die
Perestroika sei zum Scheitern verurteilt, weil er dem Volk den Alkohol und den Parteifunktionären die Privilegien entzogen habe. Wir
blieben ziemlich lange beim Essen, so daß das Publikum eine ganze
Weile im halbdunklen Zuschauerraum warten mußte, bis wir endlich in unsere Loge zurückkehrten. Am Ende der Vorstellung war
Gorbatschow immer noch sehr gut gelaunt und meinte, er freue sich
sehr auf unsere morgige Begegnung.

Am Montag morgen wurde mir eine Gruppe von Leuten vorgeführt, die man nur unhöflich aber wahrheitsgemäß als typische
sowjetische Marionetten bezeichnen konnte. Diese systemkonfor-
men Künstler, Akademiker und Wissenschaftler kamen wieder
mit denselben Themen daher, die tags zuvor schon der Stellvertreter des Patriarchen in seiner Rede hervorgehoben hatte. Offenbar
wußten sie, daß ich zum Mittagessen mit Dr. Sacharow und anderen Dissidenten zusammenkommen würde und wollten mir vorher noch einmal die Verdienste des Kommunismus vor Augen halten. Danach machte ich mich auf den Weg zum Kreml, um mit Präsident Gorbatschow zu konferieren.

Ich saß ihm an einem Tisch gegenüber, den eine große Vase mit
Blumen zierte. Von meiner Begleitung waren lediglich ein Mitar-

beiter und der Dolmetscher bei der Unterredung anwesend. Bald wurde klar, daß Gorbatschow mich wegen meiner Rede vor dem Central Council ins Gebet nehmen wollte. Er berichtete, bei dieser Lektüre hätten die sowjetischen Spitzenpolitiker das Gefühl gehabt, der Wind der vierziger und fünfziger Jahre wehe ihnen wieder ins Gesicht. Sie habe sehr an die Truman-Doktrin und Winston Churchills Rede über den »Eisernen Vorhang« erinnert, die dieser in Fulton, Missouri gehalten hatte. Man habe sogar erwogen, mich wieder auszuladen. Ich entschuldigte mich jedoch nicht, sondern äußerte, es gebe noch einen Punkt, den ich vor dem Central Council nicht erwähnt hätte, jetzt aber deutlich machen wolle: Es sei mir nicht bekannt, daß die Sowjetunion die Breschnew-Doktrin widerrufen oder das Ziel der Weltherrschaft des Kommunismus aufgegeben habe. Wir im Westen seien zum ideologischen Wettstreit gerüstet; denn dies sei in der Tat die richtige Art zu kämpfen. Doch wir seien überall mit sowjetischer Subversion konfrontiert: im Südjemen, in Äthiopien, Moçambique, Angola und Nicaragua. Vietnam sei bei der Eroberung Kambodschas von der Sowjetunion unterstützt worden; Afghanistan sei von sowjetischen Truppen besetzt. Daraus könnten wir nur den Schluß ziehen, daß das Ziel der Errichtung einer kommunistischen Weltherrschaft nach wie vor verfolgt werde, und dies sei für den Westen von entscheidender Bedeutung. Wir würden sehr wohl anerkennen, daß Präsident Gorbatschow interne Reformen für die Sowjetunion durchsetzen wolle, doch hegten wir Zweifel, daß dies auch außenpolitisch zu Veränderungen führen werde.

Im weiteren Verlauf machte ich deutlich, daß ich Gorbatschows Reden nicht weniger sorgfältig studiert hatte, als er offenbar die meinigen. Ich sagte, daß die Rede, die er im Januar vor dem Zentralkomitee gehalten habe, mich fasziniert hätte. Allerdings wolle ich wissen, ob die von ihm veranlaßten innenpolitischen Veränderungen auch zu einer neuen Außenpolitik der Sowjetunion führen würden. Dann fügte ich noch hinzu, daß ich nicht erwartet hätte, in diesem frühen Stadium unserer Auseinandersetzung bereits so intensiv zu diskutieren. Darüber lachte Gorbatschow schallend und erwiderte, für »Beschleunigung« sei er stets zu haben, und er freue sich, daß wir so offen miteinander reden könnten.

Wir kamen nicht nur auf regionale Konfliktherde zu sprechen

(wobei ich die Sowjetunion mit nicht weniger Kritik bedachte als
Gorbatschow den Westen), sondern auch auf den Kern dessen,
was den Westen und das kommunistische System voneinander
unterscheidet. Diesen Kern beschrieb ich folgendermaßen: Während es in der einen Gesellschaftsform Gewaltenteilung gebe,
gründe sich die andere auf die Zentralisierung der Macht und auf
Zwangsherrschaft.

Gorbatschow stand dem Konservatismus ebenso kritisch
gegenüber wie ich dem Kommunismus, allerdings war er um einiges schlechter unterrichtet. Seiner Ansicht nach war die Konservative Partei die Partei der »Besitzenden«, und unser System, das er
als »bürgerliche Demokratie« bezeichnete, sei darauf angelegt zu
verschleiern, wer wirklich an den Hebeln der Macht sitze. Dem
hielt ich entgegen, ich würde versuchen, eine Gesellschaft von
»Besitzenden« zu schaffen und nicht nur eine Klasse.

Das nächste Thema war die Rüstungskontrolle. Wie schon bei
unserer Zusammenkunft in Chequers zeigte sich Gorbatschow sehr
gut informiert über alles, was im Westen zur Sowjetunion veröffentlicht wurde. Er wußte, daß die Notwendigkeit einer Reduzierung des
Militärhaushalts zur Finanzierung der sowjetischen Wirtschaft bei
uns ebenso öffentlich diskutiert wurde wie die Tatsache, daß
Rüstungsabkommen für die Sowjets lebenswichtig seien. Gorbatschow zeigte sich in diesem Punkt sehr empfindlich; er fürchtete eine
Demütigung durch den Westen. Vor allem kreidete er mir an, daß ich
die in Reykjavik diskutierten Schritte zur Eliminierung der Kernwaffen vereitelt hatte. Auch die britisch-amerikanische Übereinkunft
von Camp David war ihm demnach bekannt. Ich argumentierte einmal mehr für die Beibehaltung der atomaren Abschreckung. In diesem Zusammenhang bemerkte ich, daß ich das Ziel der Sowjetunion, nämlich ein kernwaffenfreies Europa, sehr gut verstehen könne, da sie dann ja den Vorteil einer Überlegenheit an konventionellen
und chemischen Waffen hätte. Ich begrüßte es jedoch, daß Gorbatschow nicht mehr an der bisher geforderten Verknüpfung eines
Abkommens über Mittelstreckenraketen mit anderen Punkten im
Bereich der Rüstungskontrolle, wie zum Beispiel SDI, festhielt.

An diesem Punkt beendeten wir die Unterredung – die dank der
Lebhaftigkeit unseres Gedankenaustausches ohnehin den vorher
festgelegten Zeitrahmen weit überschritten hatte –, und ich begab

mich zu einem Mittagessen mit dem Ehepaar Sacharow und anderen ehemaligen Dissidenten, die sich nun für Gorbatschows Reformen einsetzten. Was ich hier über die bisherigen Veränderungen zu hören bekam, beeindruckte mich. Doch ich wandte ein, dies sei noch nicht genug, um Gorbatschow jetzt schon zu unterstützen; dazu solle man besser noch fünf bis zehn Jahre warten, bis wirklich harte Zeiten kämen. Die Kosten der Reform, fügte ich hinzu, würden lange vor ihren Früchten spürbar werden.

Nach diesem Essen fuhr ich in den Kreml zurück, um meine Gespräche mit Gorbatschow fortzusetzen. Der Katharinensaal, in dem wir vormittags zusammengetroffen waren, wurde nun für die anschließende Plenarsitzung hergerichtet; deshalb gingen wir in den »Roten Saal«. Der Generalsekretär meinte, dieser kleine Umzug würde meinen Ansichten guttun. Die Sitzung am Nachmittag war informativer und weniger stark von Differenzen geprägt als die vorausgegangene. Gorbatschow erläuterte mir seine Wirtschaftsreformen und die damit verbundenen Probleme. Dabei kamen wir auf das Thema Technologie zu sprechen. Gorbatschow erklärte, er sei fest davon überzeugt, daß die Sowjetunion Computer entwicklen könne, die denen der USA in nichts nachstünden. Ich blieb jedoch skeptisch. Dann sprachen wir noch einmal über SDI. Gorbatschow versicherte, die Sowjets könnten in diesem Bereich mithalten – wie, verriet er jedoch nicht. Ich versuchte, ihn für meinen Vorschlag der größeren »Vorhersehbarkeit« bezüglich der Fortschritte des amerikanischen SDI-Programms zu erwärmen, allerdings ohne Erfolg.

Dann sprach ich mit Nachdruck über die Situation der Menschenrechte, insbesondere über die Behandlung der sowjetischen Juden. Auch auf die Afghanistan-Frage ging ich ein, wobei ich den Eindruck gewann, daß Gorbatschow hier nach einem Ausweg suchte. Schließlich erwähnte ich noch die Punkte, auf die wir uns nach meiner Meinung für eine öffentliche Erklärung einigen konnten. Gorbatschow stimmte mit mir überein, daß unsere Gespräche zu einer Verbesserung der Beziehungen und zu mehr Vertrauen beigetragen hätten. Es war jedoch sehr spät geworden; schon versammelten sich die ersten Gäste für das offizielle Bankett, bei dem ich sprechen sollte. Also gab ich kurzentschlossen der Diplomatie den Vorrang vor der Mode, verwarf meinen Plan, zum Umziehen in die Botschaft zurückzufahren, und nahm in einem kurzen Wollkleid an dem Bankett teil. Ich fühlte mich dabei wie das westliche Gegenstück zu Ninotschka.

Der Dienstag begann mit einem ziemlich langweiligen Treffen mit Ministerpräsident Ryschkow – einem angenehmen und kompetenten Menschen, der leider, was seine kommunistische Schulung anbelangte, nie über seinen Schatten springen konnte – und anderen sowjetischen Ministern. Ich hatte gehofft, hierbei mehr über die Wirtschaftsreformen zu erfahren, aber wir blieben wieder einmal bei der Rüstungskontrolle und dann bei Problemen des bilateralen Handels stecken.

Weit aufregender und interessanter für alle Beteiligten war das Interview, das ich drei Journalisten des sowjetischen Fernsehens gab. Ich erfuhr später, daß es auf die öffentliche Meinung in der Sowjetunion enormen Einfluß ausübte. Die meisten Fragen bezogen sich auf die Kernwaffen. Ich verteidigte die Strategie des Westens und die Beibehaltung der nuklearen Abschreckung. Ferner machte ich deutlich, daß die Sowjetunion mehr Kernwaffen besaß als jedes andere Land und bei der Aufstellung von Kurz- und Mittelstreckenwaffen ebenfalls führend war. Ich erwähnte auch die riesige sowjetische Übermacht bei konventionellen und chemischen Waffen und erläuterte, daß die Sowjetunion den USA im Bereich der antiballistischen Raketenabwehr voraus sei. Von diesen Fakten erfuhr der russische Durchschnittsbürger erstmalig durch mein Interview. Es wurde unzensiert ausgestrahlt, was ich als Beweis dafür erachtete, daß mein Vertrauen in Gorbatschows grundsätzliche Integrität gerechtfertigt war.

Am Abend gaben die Gorbatschows für mich ein Essen in einer alten Villa, die vor langer Zeit in ein Gästehaus zur Unterbringung ausländischer Besucher umgebaut worden war. Die Atmosphäre dort erinnerte – was möglicherweise auch beabsichtigt war – stärker an unsere Begegnung in Chequers als alle anderen Zusammenkünfte bei meinem Besuch in der Sowjetunion. In den Räumen, die uns Staatschef Gorbatschow zeigte, hatten schon Churchill, Eden, Stalin und Molotow geraucht, getrunken und debattiert. Es war eine kleine Gesellschaft; mit den Gorbatschows waren nur die Ryschkows gekommen, die sich jedoch im Gespräch sehr zurückhielten. Ein loderndes Kaminfeuer – wieder wie in Chequers –

erleuchtete das Zimmer, in das wir uns später zu Kaffee und Wodka zurückzogen, um die Welt ins Lot zu bringen. Hier erlebte ich nun zwei interessante Beispiele dafür, wie alte marxistische Gewißheiten in Frage gestellt wurden. Zunächst kam es auf meinen Anstoß hin zu einer lebhaften Diskussion zwischen Raissa und Michail Gorbatschow über die Definition des Begriffs »Arbeiterklasse«, der in der sowjetischen Propaganda so häufig erwähnt wurde. Die genaue sowjetische Definition interessierte mich, denn sie ist sehr bedeutsam in einem System, in dem das alte polnische Sprichwort gilt: »Wir geben vor zu arbeiten, und sie geben vor, uns zu bezahlen.« Raissa Gorbatschowa argumentierte, jeder Mensch, der arbeite, sei ein Arbeiter, unabhängig von der Art seiner Beschäftigung. Dagegen wandte ihr Gatte anfangs ein, nur wer körperliche Arbeit verrichte, sei ein Arbeiter. Im Verlauf der Debatte änderte er jedoch seine Meinung und sagte, dies sei im wesentlichen ein historisches oder »wissenschaftliches« (sprich marxistisches) Unterscheidungskriterium, das der Komplexität der heutigen sozialen Verhältnisse nicht mehr gerecht werde. Den zweiten Hinweis auf einen Bruch mit alten sozialistischen Gewißheiten lieferte der Generalsekretär, als er mir von Plänen erzählte, das Einkommen der Bevölkerung anzuheben und im Gegenzug die Menschen einen Teil der Kosten für Leistungen der öffentlichen Hand – etwa im Gesundheits- oder Bildungswesen – tragen zu lassen. Leider hielt er sich dabei mit Details auffallend zurück. Es ist nicht weiter überraschend, daß aus derlei Plänen nichts wurde.

Für den nächsten Morgen hatte ich einige Dissidenten zum Frühstück in die britische Botschaft eingeladen. Sie berichteten mir auf ergreifende Weise von heldenhaftem Widerstand gegen zumeist geringfügige, aber kontinuierlich wirksame Formen der Diskriminierung. Unterhalb der Ebene direkter Verbote wurde ihnen bei der Ausübung ihres Glaubens und in ihrem kulturellen Wirken jedes erdenkliche Hindernis in den Weg gelegt. Auch am Arbeitsplatz wurden sie diskriminiert – sofern sie überhaupt Arbeit fanden. Am einfachsten sei es noch, sich durch die Erteilung von Privatunterricht seinen Lebensunterhalt zu verdienen, erzählten sie. Tatsächlich waren diese Leute hoch gebildet, und ihre Fähigkeiten hätten dem Sowjetstaat sicher nutzen können. Einer ihrer Sprecher, Josif Begun, schenkte mir einen winzigen Davids-

stern aus Horn, den er während eines Gefängnissaufenthalts
geschnitzt hatte. Ich habe ihn heute noch.

Später am Vormittag flog ich nach Tiflis in Georgien. Ich wollte
noch eine andere Sowjetrepublik besuchen und wußte, daß Georgien einen großen kulturellen und geographischen Kontrast zu
Rußland bieten würde. Diese Annahme erwies sich als absolut
richtig. Nach allem, was ich zu sehen bekam – und auch nach dem
hervorragenden exotischen Essen und den georgischen Weinen zu
urteilen –, wurde mir klar, daß diese Region überaus geeignet für
eine touristische Erschließung sein würde, wenn man die richtigen
politischen und wirtschaftlichen Voraussetzungen dafür schuf.
Aber wie im Kriminalroman, so blieb das vielleicht wichtigste
Indiz auch bei diesem – zugegeben kurzen – Besuch völlig unauffällig. Denn obwohl mir verdeutlicht wurde, daß die Traditionen
dort noch sehr lebendig sind, und obwohl ich wußte, wie eigen-
ständig Georgien in kultureller Hinsicht war – es wurde erst zu
Anfang des neunzehnten Jahrhunderts von Rußland unterworfen –, bemerkte ich bei meinem Besuch noch nicht das geringste
Anzeichen von nationalistischen Bestrebungen und dem Ruf nach
Unabhängigkeit, die sich bald bemerkbar machen sollten.

Am Abend flog ich von Tiflis nach London zurück. Dies war der
faszinierendste und bedeutsamste Auslandsbesuch meiner bisherigen Amtszeit gewesen. In den vier Tagen, die ich in der Sowjetunion verbrachte, hatte ich spüren können, daß es im kommunistischen System gärte. De Tocquevilles Gedanke, daß »nach aller
Erfahrung der gefährlichste Moment für eine schlechte Regierung
der ist, wenn sie Reformen einleitet«, kam mir in den Sinn. Das
freundliche Entgegenkommen, auf das ich überall gestoßen war –
sowohl von seiten der Menschen auf der Straße als auch in langen
Verhandlungen mit den Repräsentanten des Staates – legte nahe,
daß unter der Oberfläche fundamentale Veränderungen stattfanden. Das System westlicher Freiheit, das Ronald Reagan und ich
im Ostblock personifizierten (ironischerweise gerade aufgrund
der kommunistischen Propaganda), war zunehmend im Kommen; das sowjetische System dagegen zeigte mehr und mehr Risse.
Ich ahnte, daß ein großer Umbruch bevorstand; aber nie hätte ich
geglaubt, wie schnell er kommen würde.

17

Bringen wir die Welt wieder in Ordnung

Diplomatie und Besuche im Fernen Osten,
Nahen Osten und Afrika von
1984 bis 1990

Während meiner Zeit in der Opposition hatte ich stets meine Zweifel an dem Wert medienwirksamer diplomatischer Schritte, und bis zu einem gewissen Ausmaß ist die auch so geblieben. Im Bereich der Innenpolitik fußt meine Philosophie auf einem tiefen Mißtrauen gegenüber der Fähigkeit von Politikern, die wirtschaftlichen und gesellschaftlichen Grundlagen zu verändern. Bestenfalls können sie einen Rahmen schaffen, in dem die besonderen Begabungen und Fähigkeiten der Bevölkerung mobilisiert und nicht unterdrückt werden. Ähnlich werden in der Außenpolitik die machtpolitischen Verhältnisse nicht durch Begegnungen und Vereinbarungen zwischen Regierungschefs verändert. Ein Land mit stagnierender Wirtschaft, instabiler gesellschaftlicher Grundlage oder ineffektivem Verwaltungsapparat kann seine Probleme nicht mit ehrgeizigen diplomatischen Initiativen kompensieren – zumindest nicht auf Dauer. Doch überzeugten mich meine Erfahrungen als Premierministerin, daß eine kompetente, auf Stärke beruhende Außenpolitik die Macht eines Landes durchaus vergrößern kann und bei der Bewältigung heikler Probleme in der Welt Fortschritte ermöglicht. Im Lauf der Jahre wandte ich mich daher verstärkt der internationalen Diplomatie zu.

Dennoch ist eine klare Vorstellung darüber, was Staatskunst vermag und wo sie ihre Grenzen findet, unabdingbar. Die beiden – einander entgegengesetzten – Versuchungen in der Politik sind Dünkel und falsche Bescheidenheit. Es ist nur zu einfach, sich in wohlklingenden Verlautbarungen und ehrgeizigen globalen Plänen zu ergehen. Weit schwieriger ist es aber, seine Vorhaben stets

mit dem praktisch Machbaren in Einklang zu bringen. Unter
Umständen kann der Versuch, ein langwieriges Problem ein für
allemal zu »lösen«, dieses nur verschlimmern. Manchmal wiederum kann eine Verzögerung, so kurz sie auch sein mag, schon eine
verpaßte Gelegenheit bedeuten. Politiker müssen die Kunst
beherrschen, zwischen diesen beiden Risiken zu unterscheiden
und dabei das Ziel nicht aus den Augen zu verlieren; ferner dürfen
sie niemals davon ausgehen, der Weg zum Ziel sei frei; und schließlich müssen sie, wenn es soweit ist, mit allen zur Verfügung stehenden Mitteln zur Tat schreiten.

Bei alledem sind stets die zwischenmenschlichen Beziehungen
der einzelnen Persönlichkeiten, welche die Staatsgeschäfte ihrer
Länder führen, zu berücksichtigen. Gegenüber manchen Regierungschefs verspürte ich Sympathie und Respekt, nicht nur für den
Politiker, sondern auch für den Menschen – gegenüber manchem
anderen dagegen eine ebenso herzliche Abneigung oder gar Argwohn, ungeachtet seiner Hautfarbe und seiner religiösen oder politischen Anschauung. Zwar dürfen persönliche Beziehungen niemals an die Stelle nüchterner Wahrung der nationalen Interessen
treten, doch sollte kein Staatsmann ihre Bedeutung unterschätzen.
Meine Auslandsbesuche gaben mir die Möglichkeit, andere Regierungschefs in ihrem eigenen Land zu treffen. Sie verschafften mir
Einblick in das Leben und die Gefühlswelt jener Menschen, mit
denen ich sonst in der nüchternen Atmosphäre großer internationaler Konferenzen zu tun hatte. Und ebenso boten sie den anderen eine
Gelegenheit, mich kennenzulernen. Politische »Langlebigkeit«
kann sich in der Innenpolitik, wo die Medien stets nach neuen
Gesichtern verlangen, nachteilig auswirken und zu Schwierigkeiten führen. Doch in der Außenpolitik bedeutet es einen großen, stetig wachsenden Vorteil, wenn man bei Politikern wie beim einfachen Volk rund um die Welt bekannt ist.

Diese Überlegungen prägten sowohl meine Verhandlungen wie
auch meine Staatsbesuche im Fernen Osten, im Nahen Osten und
in Afrika. In diesen drei Regionen – im letzteren Falle ging es um
einen ganzen Kontinent – wurde der Konflikt zwischen Ost und
West mit machtpolitischen und militärischen Mitteln ausgetragen,
doch wirkte er sich jeweils in spezifischen regionalen Problemen
aus.

Im Fernen Osten waren die alles beherrschenden Dauerthemen die zukünftige Rolle und Entwicklung einer politischen wie militärischen Supermacht – der Volksrepublik China – und einer wirtschaftlichen Supermacht – Japans. Hier mußte für Großbritannien allerdings die Zukunft Hongkongs im Vordergrund stehen.

Im Nahen Osten war es der iranisch-irakische Krieg, der einerseits zwar den islamischen Fundamentalismus unterhöhlte, andererseits aber einen ungeheuren Blutzoll forderte und größten wirtschaftlichen Schaden anzurichten drohte. Doch war ich stets der Meinung, daß der arabisch-israelische Konflikt langfristig eine noch größere Rolle spielen werde. Denn dieser Konflikt verhinderte immer wieder – zumindest bis zum Ausbruch des Golfkrieges – die Bildung eines stabilen Blocks mehr oder minder selbstbewußter, pro-westlicher arabischer Staaten, die nicht mehr ständig im Auge behalten mußten, wie ihre Kritiker das Elend der heimatlosen Palästinenser einschätzten.

In Afrika schließlich – wo Großbritannien wie im Nahen Osten nicht nur ein beliebiger Teilnehmer am großen Spiel ist, sondern ein Staat mit historischen Banden und eindeutigem, wenn auch nicht immer positivem Image –, war es die Zukunft Südafrikas, welche alle Diskussionen beherrschte. Aus Gründen, auf die ich noch zu sprechen kommen werde, hatte niemand eine bessere Chance (oder eine undankbarere Aufgabe) als ich bei der Lösung eines Problems, das die Beziehungen des Westens zu Schwarzafrika vergiftete, die am weitesten entwickelte Wirtschaftsmacht dieses Kontinents isolierte und – nebenbei bemerkt – zur Rechtfertigung von mehr Heuchelei und Übertreibungen gedient hatte, als mir je bei irgendeinem anderen Thema zu Ohren gekommen waren.

Der Ferne Osten

Hongkong

Mein Besuch in China im September 1982 und meine Gespräche mit Zhao Ziyang und Deng Xiaoping wirkten sich in dreifacher Weise positiv aus[1]. Zum ersten war in Hongkong das Vertrauen in die Zukunft wiederhergestellt. Zum zweiten hatte ich danach eine sehr konkrete Vorstellung davon, was die Chinesen akzeptieren würden und was nicht. Drittens hatten wir im Hinblick auf die Zukunft Hongkongs eine Sprachregelung gefunden, mit der sowohl wir als auch die Chinesen leben konnten und die die Grundlage für unsere weiteren Verhandlungen bildete. Es bestand allerdings die ernsthafte Gefahr, alle drei Errungenschaften könnten nicht von Dauer sein. Die Zuversicht in der Kronkolonie war erschüttert, und es war in keiner Weise geklärt, wie die Chinesen bei ihren Zusicherungen zu größerem Entgegenkommen zu bewegen waren. Zudem – und das fand ich höchst besorgniserregend – zögerten sie, die Verhandlungen fortzuführen, die ich bei meiner Abreise aus Peking ins Auge gefaßt hatte. Monatelang geschah überhaupt nichts. Ich bat den langjährigen China-Experten Henry Kissinger um Rat, doch seine Antwort lautete: »Keine Sorge – das ist einfach ihre Art.« Ich aber war weiterhin beunruhigt, und meine Besorgnis wuchs, je mehr die Zeit verstrich.

Am Morgen des 18. Januar 1983, einem Freitag, berief ich eine Konferenz ein, um unsere Position zu überprüfen. Wir hatten erfahren, daß die Chinesen beabsichtigten, im Juni eine einseitige Erklärung über ihre Vorstellungen zur Zukunft Hongkongs zu veröffentlichen. Dies galt es zu verhindern – darin waren wir uns alle einig. Ich selbst hatte unsere Ziele gründlich überdacht. Daher schlug ich mangels eines Fortschrittes bei den bilateralen Verhandlungen vor, nun die Entwicklung demokratischer Strukturen in Hongkong voranzutreiben, als stünde die Unabhängigkeit oder Selbstverwaltung unmittelbar bevor. So waren wir auch in Singapur verfahren. Das bedeutete den Aufbau einer verstärkt durch Chinesen geführten Regierung und Verwaltung in Hongkong, wobei deren chinesische Mitglieder zunehmend eigene Entscheidungen zu treffen hätten und Großbritannien damit eine immer untergeordnetere Rolle zufiele. Auch Volksabstimmungen konnten wir meiner Meinung nach als feste Einrichtung in Erwägung ziehen. Seitdem hat sich bei den Wahlen zur gesetzgebenden Versammlung ein starkes Streben nach Demokratie unter den Hongkong-Chinesen gezeigt, auf das die Regierung reagieren mußte. Damals jedoch schien niemand von meinen Vorschlägen sonderlich begeistert, und letztlich mußte ich mich wider Willen damit abfinden, daß es sich im Moment nicht lohnte, diese Gedanken weiterzuverfolgen, da die Chinesen sie ohnehin nicht akzeptieren würden. Doch widerstrebte es mir, die Dinge auf dem gegenwärtigen Stand zu belassen. Daher schrieb ich einen persönlichen Brief an Zhao Ziyang, mit dem ich den toten Punkt überwand und die britisch-chinesischen Gespräche wieder in Gang brachte. In meinem Schreiben ging ich einen Schritt weiter als bei den Gesprächen in Peking. Dort hatte ich zu Deng gesagt, falls geeignete Vereinbarungen getroffen werden könnten, um die Stabilität und Prosperität Hongkongs zu wahren, sei ich eventuell bereit, im britischen Parlament Empfehlungen zur Hoheitsfrage auszusprechen. Nun wählte ich eine geringfügig stärkere Formulierung:

> Unter der Voraussetzung, daß zwischen der britischen und der chinesischen Regierung eine einvernehmliche Regelung zur Verwaltung erzielt werden kann, die den Wohlstand und die Stabilität Hongkongs auch in Zukunft garantiert und die sowohl für das britische Parlament und die Bevölkerung Hongkongs als auch für die chinesische Regierung akzeptabel ist, *wäre ich bereit, dem Parlament zu empfehlen*, daß die Hoheitsgewalt über das gesamte Territorium von Hongkong an China zurückgehen soll. [Hervorhebung durch die Autorin].

Geoffrey Howe und das Außenministerium wollten noch weitergehen: Vehement verfochten sie den Standpunkt, ich solle bereits zu einem frühen Zeitpunkt der Verhandlungen einräumen, daß an eine Fortführung der britischen Verwaltung nicht gedacht sei. Ich sah jedoch keinen Grund, derartiges Entgegenkommen zu zeigen. Aus jedem einzelnen unserer Trümpfe wollte ich in den Verhandlungen maximalen Nutzen ziehen. Wie wenig Trumpfkarten tatsächlich im Spiel waren, wurde nur allzu rasch deutlich.

Im Verlauf des Sommers fanden drei Gesprächsrunden statt, bei denen keinerlei Fortschritte erzielt wurden. Bei einer Lagebesprechung am Montag, dem 5. September, wurde klar, daß die Verhandlungen bei ihrer Wiederaufnahme am 22. September scheitern würden, wenn wir neben den Hoheitsrechten den Chinesen nicht auch die Verwaltung zugestehen würden. Ein vorrangiges Problem dabei war, daß der zeitliche Ablauf der Gespräche öffent-

lich bekannt und es darüber hinaus Usus geworden war, beim
Abschluß einer Konferenzrunde den Termin für die nächste
bekanntzugeben. Sollten die Chinesen beschließen, den Fortgang
der Gespräche zu verzögern oder die Verhandlungen gänzlich
abzubrechen, so würde dies sofort bekannt werden, was dem Vertrauen in Hongkong erheblichen Schaden zufügen würde.

Und genau das passierte nach den Gesprächen vom 22. und
23. September. Verstärkte chinesische Propagandamaßnahmen
und die Besorgnis darüber, daß im offiziellen Kommuniqué jegliches beruhigende Element fehlte, führte in Hongkong zu einer
massiven Kapitalflucht. Gleichzeitig setzte ein extremer Kursver-
fall des Hongkong-Dollar an den Devisenmärkten ein.

Am frühen Morgen des 25. September, einem Sonntag, erhielt
ich einen Anruf von Alan Walters [Wirtschaftsexperte und persönlicher Berater von M. Thatcher; A. d. Ü.], der sich damals gerade
in Washington aufhielt. Er hatte weder Nigel Lawson noch den
Direktor der Bank von England erreichen können. Alan war überzeugt, die einzige Möglichkeit zur Verhütung eines vollständigen
Kollapses der Währung mit allen daraus resultierenden schwerwiegenden Folgen sei, das System der Währungskommission wiederherzustellen, also den Hongkong-Dollar zu stützen, um ihn in
einem Pariwert zum US-Dollar zu halten. (Die Reserven der Regierung von Hongkong waren ausreichend, um dies zu ermöglichen.)
Obwohl mich Alans Argumente weitgehend überzeugten und ich
den dringenden Handlungsbedarf erkannte, hatte ich noch einige
Bedenken – hauptsächlich, ob dadurch nicht unsere Devisenreserven gefährdet würden. Dennoch informierte ich das Schatzamt
über die nach meiner Einschätzung bedrohliche Lage, die sofortiges Eingreifen erforderte. Dort setzte man sich mit Nigel und dem
Direktor der Bank von England in Verbindung. Am darauffolgenden Dienstag traf ich mit den beiden und Alan in der Washingtoner
Botschaft zusammen. Trotz Nigels zunächst zögernder Haltung
und der Vorbehalte des Direktors der Bank von England kamen
wir schließlich überein, daß die Wiedereinsetzung der Währungskommission die einzige Lösung sei. Wie üblich verbreitete sich diese Nachricht rasch auf den Finanzmärkten, und damit war das
Vertrauen in den Hongkong-Dollar wiederhergestellt und die Krise überwunden. Dies wurde am 16. Oktober 1983 besiegelt, als

wir den Hongkong-Dollar zu einem festen Kurs von 7,8 Hong-kong-Dollar pro US-Dollar fixierten. Die Finanzpresse bezeichnete dies als »ungetrübten Erfolg«, und die Zeit hat gezeigt, daß es tatsächlich einer war.

Doch es war nun auch notwendig, für die Wiederaufnahme der britisch-chinesischen Verhandlungen zu sorgen. Am 14. Oktober übermittelte ich eine weitere Botschift an Zhao Ziyang, in der ich unsere Bereitschaft ausdrückte, die chinesischen Vorstellungen zur Zukunft Hongkongs zu sondieren, und die Möglichkeit einer entsprechenden Übereinkunft in Aussicht stellte. In der Zwischenzeit war ich schweren Herzens zu dem Schluß gekommen, daß wir den Chinesen nicht nur die Hoheitsrechte, sondern auch die Verwaltung überlassen mußten. Am 19. Oktober wurden die Verhandlungen in diesem Sinne wiederaufgenommen.

In der Hoffnung, dadurch einen gewissen Fortschritt zu erzielen, hatte ich in meinem Schreiben jene Aspekte der chinesischen Verhandlungsposition hervorgehoben, die unter Umständen zu einer größtmöglichen Autonomie und möglichst geringen Veränderungen in der Lebensweise der Bevölkerung Hongkongs führen konnten. Im November gab ich die Anweisung, den Chinesen ein Arbeitspapier zur Rechtsordnung, zum Haushalt und zu den außenwirtschaftlichen Beziehungen Hongkongs zu übermitteln. Daraufhin aber verhärtete sich ihre Position: Sie machten deutlich, daß sie nicht gewillt waren, überhaupt ein Abkommen mit uns zu unterzeichnen; statt dessen wollten sie selbst ihre »politischen Ziele« für Hongkong erklären. Inzwischen hatte ich alle Hoffnungen aufgegeben, Hongkong in ein selbstverwaltetes Territorium umwandeln zu können. Das vorrangige Ziel mußte sein, das Scheitern der Verhandlungen zu verhindern. Daher ermächtigte ich unseren Botschafter in Peking, den Inhalt meines Briefes vom 14. Oktober noch deutlicher herauszustreichen: daß Großbritannien für die Zeit ab 1997 auf die Hoheitsrechte wie auch auf jegliche sonstige Verantwortlichkeit für die Angelegenheiten Hongkongs verzichtete. Doch ich war deprimiert.

Zu jener Zeit erzielt ich zusätzlichen Rat von einem Mann, dessen Erfahrungen mit China, wie ich wußte, ihresgleichen suchten. Bei der Gipfelkonferenz des Commonwealth in Neu-Delhi sprach ich mit Lee Kuan Yew, dem Premierminister von Singapur, über unsere Probleme im Umgang mit den Chinesen. Leider wurde unsere Unterhaltung mehrfach gestört, weswegen mir Lee seinen Rat letztlich per Telefon erteilte. Dieser lautete, einen hochrangigen Minister oder Bevollmächtigten zu entsenden, um unsere Verhandlungsvorschläge den Chinesen auf höchstmöglicher Ebene zu unterbreiten. Nach Lees Meinung war es von entscheidender Bedeutung, daß wir mit der richtigen Haltung auftraten – weder herausfordernd noch unterwürfig, sondern ruhig und freundlich. Wir sollten die Tatsache klar herausstellen, daß Hongkong ohne den guten Willen Chinas nicht überleben konnte. Dies war genau der Punkt, auf den Deng Xiaoping mich im September 1982 hingewiesen hatte. Damals konnte ich ihn allerdings überzeugen, daß er mit Konsequenzen auf internationaler Ebene zu rechnen habe, wenn er bei der Übernahme Hongkongs dessen Prosperität und Verwaltungssystem nicht berücksichtigte. Doch nun mußte ich mich damit abfinden, daß sich die Chinesen von der Sorge um ihr Ansehen auf internationalem Parkett nicht einschränken lassen würden. Lees Ratschlag bestätigte mich in der Richtigkeit des Kurses, für den ich mich im vorausgegangenen Monat entschieden hatte. Es blieb jedoch die Frage, auf welchen Grundlagen die chinesische Verwaltung aufbauen würde. Nunmehr mußten wir uns auf die Fragen der Autonomie und der Erhaltung der bestehenden Rechts-, Wirtschafts- und Gesellschaftsordnung über 1997 hinaus konzentrieren.

Welche Zugeständnisse wir auch immer machen mußten, ich war entschlossen, daß die Vertreter der Bevölkerung Hongkongs – die sogenannten Inoffiziellen Mitglieder des Hongkonger Exekutivausschusses (EXCO) – in jeder entscheidenden Verhandlungsphase konsultiert werden sollten. Geoffrey Howe und ich empfingen sie am Vormittag des 16. Januar 1984, einem Montag, in der Downing Street. Ich war wie üblich beeindruckt von ihrer vernünftigen und realistischen Haltung zu den höchst unangenehmen Entscheidungen, die wir zu treffen hatten. Grundsätzlich waren wir alle hinsichtlich unserer Ziele einer Meinung: Wir wollten ein Höchstmaß an Autonomie für Hongkong auf der Grundlage der bestmöglichen chinesischen Garantien erreichen. Nach diesem Treffen begann ich mir intensiv Gedanken darüber zu machen, wie wir jenen Bürgern der Kronkolonie am besten die Einwanderung nach Großbritannien ermöglichen konnten, die sich und ihre Familien in Gefahr bringen würden, weil sie bis 1997 in sensiblen Bereichen Hongkongs tätig sein würden. Bei Diskussionen mit Ministern und hohen Beamten über dieses Thema im Juli vertrat ich die Ansicht, wir sollten uns hier eher großzügig zeigen. Niemand sollte behaupten müssen, die britische Regierung habe Loyalität mit Illoyalität vergolten.

Der heikelste Diskussionspunkt bei unseren Verhandlungen mit den Chinesen war die Frage des Sitzes der »Gemeinsamen Verbindungsgruppe« (Joint Liaison Group), die nach der geplanten Paraphierung des britisch-chinesischen Abkommens zur Abwicklung der Übergabe ins Leben gerufen werden sollte. Ich hatte die Befürchtung, während der Übergabephase könne diese Kommission den Eindruck eines zweiten Machtzentrums neben dem Gouverneur oder – schlimmer noch – einer Art britisch-chinesischen »Kondominiums« erwecken, was das Vertrauen zerstört hätte. Dennoch bestand ich darauf, daß dieses Organ über 1997 hinaus noch drei weitere Jahre arbeiten solle, um nach der Übergabe der Verwaltung an die Chinesen für die Erhaltung von Vertrauen und Zuversicht zu sorgen. In diesem Sinne schrieb ich einen Brief an Zhao Ziyang.

Geoffrey Howe hatte Peking im April besucht und kehrte nun im Juli in Begleitung von Sir Percy Cradock dorthin zurück. Nach geduldigen Verhandlungen erzielte er schließlich eine Einigung hinsichtlich der Gemeinsamen Verbindungsgruppe, die ab 1988 in Hongkong tätig werden sollte. Es war kein Triumph, aber das konnte es angesichts der Tatsache, daß wir es mit einer unnachgiebigen und überlegenen Macht zu tun hatten, auch gar nicht sein.

Das Vertragswerk bot drei große Vorzüge. Erstens legte es die Grundzüge eines bindenden internationalen Abkommens fest. Zweitens traf es klare Aussagen zum zukünftigen Schicksal Hongkongs, um der dortigen Bevölkerung Vertrauen einzuflösen. Drittens enthielt es eine Vorbehaltsklausel, daß der Wortlaut der vorgesehenen britisch-chinesischen Vereinbarung in dem vom chinesischen Volkskongreß zu verabschiedenden Grundgesetz (»Basic Law«) verankert werden müsse, das ab 1997 die Verfassung von Hongkong würde.

Geoffrey war während des eigentlichen Verhandlungsprozesses

immer hervorragend, wenngleich wir häufiger Differenzen darüber hatten, was sich bei den Verhandlungen erreichen ließe. In
diesem Fall jedoch hatte er durchweg beeindruckende Sachkenntnis bewiesen. Darüber hinaus gelang es ihm bei seiner Begegnung
mit Deng, den Chinesen die Vertrauenswürdigkeit unserer Absichten glaubhaft zu machen und dadurch für mich den Weg zu ebnen:
Einer erneuten Reise nach Peking, wo ich das Gemeinsame
Abkommen unterzeichnen würde, stand nun nichts mehr im
Wege. Bei seiner Rückkehr beglückwünschte ich Geoffrey im
Kabinett – und jedes meiner Worte war ernst gemeint.

Mein Staatsbesuch in China anläßlich der Unterzeichnung des
Gemeinsamen Abkommens über Hongkong fand in einer weit
gelösteren Atmosphäre statt als mein Besuch zwei Jahre zuvor. Die
schwierigen Verhandlungen waren bereits abgeschlossen. Wir hatten, mit einigen Vorbehalten, die Unterstützung der Inoffiziellen
Mitglieder des EXCO für das Abkommen gewonnen. Ich hatte
Präsident Reagan seinen Inhalt erläutert und damit auch die amerikanische Unterstützung gesichert. Hauptzweck meiner Gespräche in Peking mußte daher sein, das Vertrauen der Chinesen in
unsere guten Absichten hinsichtlich der Abwicklung der Übergabe
bis 1997 zu festigen und auf jede nur erdenkliche Weise an ihr
Pflichtgefühl zu appellieren, das Abkommen tatsächlich einzuhalten.

Am Abend des 18. Dezember, einem Dienstag, traf ich in Peking
ein. Die offizielle Begrüßungszeremonie war für den folgenden
Tag um neun Uhr anberaumt, wobei ich eine Parade der Ehrengarde auf dem Platz des Himmlischen Friedens abnahm. Hier fand
weniger als fünf Jahre später das Massaker unter den Demonstranten statt, durch das an den sorgfältig ausgehandelten Verträgen, die ich zu jener Zeit dort abschloß, plötzlich wieder Zweifel
aufkamen.

Den Rest des Vormittags führte ich ein etwa zweieinhalbstündi-
ges Gespräch mit Premier Zhao Ziyang. Es herrschte eine freundliche und entspannte Atmosphäre, doch war mir bewußt, daß die
Chinesen im Hinblick auf die Übergangsphase ebenso besorgt
waren wie ich. Auch sie wollten die Stabilität und den Wohlstand
erhalten, doch hatten sie ihre eigenen Vorstellungen, wie dies zu
bewerkstelligen sei. Ich betonte, daß alles von dem Entwurf des

Grundgesetzes abhinge. Dieses müsse den Erfordernissen des kapitalistischen Gesellschaftssystems entsprechen und zugleich mit der Rechtsordnung Hongkongs übereinstimmen. Auch unterstrich ich, wie wichtig es sei, daß China seine Bereitschaft signalisiert habe, die Wünsche der Bevölkerung Hongkongs zu erkunden. Dann berührte ich ein Thema, das, wie ich wußte, noch heikler war. Und zwar sagte ich, den Chinesen seien sicher unsere Vorschläge zur staatsrechtlichen Entwicklung Hongkongs bekannt. Diese dienten in erster Linie der Absicht, Demokratie und Autonomie allmählich zu stärken; doch achtete ich sorgsam darauf, diese Worte zu vermeiden. Zhao erwiderte, die chinesische Regierung sei nicht gewillt, sich in der Übergangsphase zur Frage der staatsrechtlichen Entwicklung zu äußern. Im Prinzip befürwortete auch China die Einbeziehung von mehr Bürgern Hongkongs in die Verwaltung der Stadt, doch durfte sich dieser Prozeß nicht nachteilig auf die Stabilität und den Wohlstsand wie auch auf die reibungslose Übergabe der Macht 1997 auswirken. Dabei ließ ich es bewenden, denn es schien mir nicht ratsam, bei diesem Gespräch weiterzugehen.

Am Nachmittag sprach ich mit dem Generalsekretär der Kommunistischen Partei Chinas, Hua Yaobang, von dem mir berichtet worden war, er habe weit mehr Einfluß, als mancher außenstehende Beobachter vermute. Ich hatte den kleinen Mann bei seinem Besuch in London kennengelernt. In den Augen vieler – für sein eigenes Wohl vielleicht zu vieler, wie sich herausstellen sollte – galt er als Deng Xiaopings Wunschkandidat für die Nachfolge im Amt und war als Reformpolitiker bekannt. In London hatte ich ihm recht offen zu verstehen gegeben, daß viele von uns hofften, durch Menschen seines Schlages, die die Kulturrevolution überlebt hatten, käme neuer Wind in die chinesische Politik. Daraufhin hatte er mir mit Tränen in den Augen von den Leiden berichtet, die er persönlich in jener Zeit durchgemacht hatte. Es wäre schön zu glauben, daß er zumindest einige meiner Sorgen wegen der Zukunft von Hongkong verstehen konnte – aber vielleicht ist die menschliche Natur nicht ganz so einfach strukturiert.

Dann folgte meine entscheidende Begegnung mit Deng Xiaoping. Dengs guter Wille war augenblicklich die wichtigste Garantie für die Zukunft Hongkongs. Ich sagte ihm, der »Geniestreich«

bei den Verhandlungen habe in seinem Konzept »Ein Land, zwei Systeme« bestanden. Mit geziemender Bescheidenheit wies er jedoch das Verdienst daran der marxistischen historischen Dialektik zu, oder um das wohl angemessene Schlagwort zu gebrauchen, dem Suchen der Wahrheit in den Fakten. Augenscheinlich war das Konzept »Ein Land, zwei Systeme« ursprünglich einer der chinesischen Vorschläge bei den Verhandlungen mit Taiwan im Jahre 1980 gewesen. (Tatsächlich erwies es sich jedoch für Hongkong als wesentlich geeigneter: Die Haltung Taiwans lautete nämlich eindeutig »Ein Land, ein System – unseres«, und angesichts seines wirtschaftlichen Erfolges und seiner Hinwendung zur Demokratie kann ich das gut verstehen.)

Die Chinesen hatten in dem Abkommen eine 50jährige Übergangsperiode ab 1997 vorgesehen. Das interessierte mich, und ich fragte, warum man sich ausgerechnet für 50 Jahre entschieden habe. Deng antwortete, China hoffe, nach Ablauf dieser Zeit den Entwicklungsstand fortschrittlicher Nationen erreicht zu haben. Wenn China sich wirtschaftlich entwickeln wolle, müsse es sich während dieser gesamten Periode weltoffen zeigen. Die Erhaltung von Hongkongs Stabilität und Prosperität stehe im Einklang mit dem Interesse Chinas an der Modernisierung seiner Volkswirtschaft. Dies bedeute jedoch nicht, daß das Land in 50 Jahren kapitalistisch sein werde. Ganz im Gegenteil, er meinte, die eine Milliarde Chinesen auf dem Festland werde weiterhin dem Sozialismus anhängen. Wenn Taiwan und Hongkong den Kapitalismus praktizierten, werde dies der sozialistischen Orientierung der Volksmehrheit nichts anhaben. Tatsächlich werde die kapitalistische Praxis in einigen kleinen Gebieten dem Sozialismus nützen. (Inzwischen hat sich herausgestellt, daß der chinesische Sozialismus in dem besteht, was die chinesische Regierung tut – und das läuft auf eine ziemlich weitgehende Umarmung des kapitalistischen Systems hinaus. Zumindest in der Wirtschaftspolitik hat Deng in der Tat die Wahrheit in den Fakten gesucht.)

Seine Analyse empfand ich als grundsätzlich beruhigend, wenn auch nicht überzeugend. Beruhigend war sie insofern, als sie darauf schließen ließ, daß die Chinesen in ihrem eigenen Interesse danach streben würden, Hongkongs florierende Wirtschaft zu erhalten. Nicht überzeugend war sie aus ganz anderen Gründen.

Der Glaube Chinas, man könne die Vorteile eines freien Wirtschaftssystems nutzen, ohne ein liberales politisches System einzuführen, scheint mir auf lange Sicht ein Fehler zu sein. Allerdings haben in manchen Ländern Kultur und Mentalität großen Einfluß auf die Funktionsweise des wirtschaftlichen und politischen Systems. Das scharfe Durchgreifen nach dem Massaker auf dem Platz des Himmlischen Friedens im Juni 1989 überzeugte viele Beobachter im Ausland, daß sich in China wirtschaftliche und politische Freiheit nicht gegenseitig bedingen. Natürlich erörterten wir nach jenen schrecklichen Ereignissen notwendige Schritte zur Sicherung der Zukunft Hongkongs. Ich wurde in meiner Überzeugung bestärkt, daß wir für all jene sorgen müssen, auf deren Arbeit sich die britische Verwaltung und der Wohlstand Hongkongs noch bis 1997 stützen. Und ich war stets der Meinung gewesen, Großbritannien könne wirtschaftlich davon profitieren, wenn begabte, mit unternehmerischen Fähigkeiten ausgestattete Bürger Hongkongs in unser Land kämen.

Daher verabschiedeten wir 1990 ein Gesetz, daß 50 000 Personen aus Schlüsselpositionen der Kronkolonie sowie ihren Angehörigen die britische Staatsangehörigkeit gewährt. Allerdings war das wesentliche Ziel dieses Plans, ihnen ausreichende Sicherheit zu bieten und sie so zu überzeugen, in Hongkong auf ihrem Posten zu bleiben, wo sie unentbehrlich sind. Auch wurden wir unter starken Druck gesetzt, den Demokratisierungsprozeß in Hongkong nun rasch voranzutreiben. Schließlich gab es auch überzeugende moralische Argumente, dies zu tun. Doch mein Instinkt warnte mich, dies sei der falsche Zeitpunkt. Die chinesische Führung wurde zunehmend nervös. Ein solcher Schritt konnte in dieser Phase eine heftige Abwehrreaktion bewirken, die womöglich das Hongkong-Abkommen unterminiert hätte. Wir mußten auf ruhigere Zeiten warten, ehe wir Schritte in Richtung einer Demokratisierung im Rahmen des Abkommens erwägen konnten.

Auch wenn das Hongkong-Abkommen zustande gekommen war, weil China erkannt hatte, daß es von der Ausweitung des Prinzips »Ein Land, zwei Systeme« auf Hongkong profitieren konnte, so würden auf lange Sicht doch weitere Vereinbarungen nötig sein. Irgendwann wird der zunehmende Schwung des wirtschaftlichen Wandels in China selbst zu politischen Verände-

rungen führen. Die Handels- und Kommunikationskanäle offenzuhalten und gleichzeitig auf die Einhaltung der Menschenrechte
in China zu drängen, ist die beste Gewähr dafür, daß diese große
Militärmacht, die eben ansetzt, eine große Wirtschaftsmacht zu
werden, auch ein zuverlässiges und berechenbares Mitglied der
internationalen Gemeinschaft wird.

Japan

Japan ist nicht nur eine große Wirtschaftsmacht und eine der führenden demokratischen Nationen des Fernen Ostens; es ist auch
für Hongkong von überragender Bedeutung. Das Selbstvertrauen
Hongkongs ist stark abhängig vom Vertrauen der dortigen japanischen Investoren in die Kronkolonie, die diese auch als Tor nach
China betrachten. Die Japaner waren aus historischen Gründen
lange Zeit zurückhaltend mit Äußerungen über China, doch pflegten sie enge Beziehungen zu diesem Land und hatten erheblichen
Einblick in die dortigen Prozesse. Deshalb nutzte ich jede sich bie-
tende Gelegenheit, um japanische Politiker über ihre in Peking
gewonnenen Eindrücke zu befragen.

Das wichtigste Thema der (oft schwierigen) Verhandlungen mit
den Japanern in meiner Amtszeit als Premierministerin waren
Handelsfragen. Wir drängten sie, ihre Märkte für unsere Produkte
zu öffnen, ihr Finanz- und Handelssystem zu liberalisieren und auf
eine Reduzierung der riesigen, destabilisierenden Überschüsse
ihrer Handelsbilanz mit dem Westen hinzuarbeiten.

Die Kritik an den Japanern war größtenteils ungerecht. Sie
waren für alle anderen der Sündenbock. Man hätte ihnen nicht
vorhalten sollen, daß sie vorsichtig waren und mehr sparten – und
damit zu Hause oder im Ausland mehr investieren konnten beziehungsweise sogar das Defizit des US-Haushalts mitfinanzierten.
Ebensowenig haben sie Kritik dafür verdient, daß sie hervorragende Autos, billigere Videorecorder und bessere Kameras bauen, die
von westlichen Konsumenten gern gekauft werden. Doch beides
wurde ihnen vorgehalten.

Weit wichtiger war es, sicherzustellen, daß Japans Märkte für
unsere Produkte ebenso offen waren wie umgekehrt. Dabei gab es
jedoch neben den GATT-Regelungen noch zwei große Hindernisse. Erstens hatte das japanische Verteilersystem zu viele Beschäf-

tigte, es war ineffizient und lückenhaft; überdies war der Umgang mit dem Verwaltungssystem kompliziert. Das zweite Problem bestand in einem kulturellen Unterschied: Japanische Verbraucher kaufen von vornherein lieber im eigenen Land produzierte Güter; die Regierung kann nicht viel tun, um dieses Verhalten zu verändern. Bedeutsamer in diesem Zusammenhang war, daß die Japaner Hilfeleistungen zu besseren Bedingungen anboten, als es uns möglich war, und sich dadurch Auslandsaufträge sichern konnten.

Ebenso wurden die Japaner regelmäßig von westlichen Regierungen an den Pranger gestellt, weil sie bei der Sicherung des Weltfriedens keine aktivere Rolle einnahmen, während wir – und viel mehr noch ihre unmittelbaren südostasiatischen Nachbarn – gleichzeitig keineswegs wollten, daß Japan eine Remilitarisierung durchführte und zu einer Groß- oder auch nur einer Regionalmacht wurde. Wie sich im Golfkrieg gezeigt hat, ist Japan in zunehmendem Maße bereit, an andere Staaten, vor allem die USA, Zahlungen und somit einen Beitrag zur Aufrechterhaltung von Ordnung und internationaler Sicherheit zu leisten. Die Tatsache, daß auf dem Gebiet der Sicherheit und der Wirtschaft die Kritik des Westens an diesem Land oft unangebracht ist, bedeutet jedoch nicht, daß wir beim Handeln und Verhandeln nicht zäh und realistisch sein sollten. Man muß den Japanern allerdings auch aufrichtigen (und verdienten) Respekt zollen und ihre Eigenart zu verstehen versuchen.

Im Herbst 1982, als ich nach China und Hongkong reiste, kam ich auch zum zweiten Mal nach Japan. Bei dieser Gelegenheit äußerte ich meinen Gastgebern – Politikern wie Geschäftsleuten – gegenüber Bedenken wegen der Probleme, mit denen sich britische Firmen konfrontiert sahen, wenn sie japanische Märkte erschließen wollten. Die Japaner hatten uns diesbezüglich Unterstützung versprochen, doch sie ließ auf sich warten. Es gab bei diesem Besuch aber auch Positiveres zu verzeichnen. So sprach ich mit Mitgliedern des japanischen Unternehmerverbandes Keidanren und stellte überrascht fest, daß viele der führenden japanischen Industriellen, die ich traf, Ingenieure waren, also Leute, die über die Herstellungsprozesse in ihren Unternehmen sehr gut Bescheid wußten und dementsprechend innovativ tätig werden konnten.

Das ist natürlich etwas ganz anderes als in Großbritannien, wo das »Management« allzuoft lediglich für Verwaltung und Buchführung qualifiziert ist. Ich betrachtete diese Tatsache als einen Schlüssel zum technologischen Erfolg Japans.

Bei diesem Aufenthalt lernte ich auch den Präsidenten von Nissan kennen, dessen Konzern damals gerade erwog, das Montagewerk in Sunderland zu bauen. Ich erhielt zwar diesbezüglich keine feste Zusicherung von ihm, doch führten wir eine nutzbringende Unterredung. Der Stand der Verhandlungen über Sunderland war zu diesem Zeitpunkt nur einem kleinen Personenkreis bekannt; im Januar 1984 wurde dann eine Einigung erzielt. Meiner Überzeugung nach war dieses Projekt für uns ebenso vorteilhaft wie für die Japaner. Sie brachten Investitionen nach Großbritannien, unterhöhlten gegen sie gerichtete protektionistische Maßnahmen, sicherten sich auf Jahre hinaus Gewinne – und sorgten bei uns, im Empfängerland, für Einkommen und Arbeitsplätze.

Ich besuchte auch das Wissenschaftszentrum Tsukuba. Das war faszinierend, gleichzeitig aber hielt ich die Entscheidung, Wissenschaftler an einem bestimmten Ort abseits der großen Industriezentren zu konzentrieren, für fragwürdig. Interessanterweise teilten eine Reihe von Japanern diesen Standpunkt. Das ist um so bedeutsamer, als Japans Forschung häufig technisch orientiert ist, während Großbritannien mehr auf die Grundlagenforschung setzt. (Die meisten industriellen Fortschritte Japans fußten auf der Anwendung wohlbegründeter wissenschaftlicher Prinzipien.)

Eines der umstrittensten Themen zu jener Zeit war der Export japanischer Werkzeugmaschinen in den Westen. In Tsukuba sah ich, wie weit die Japaner auf diesem Gebiet waren. Man fotografierte, wie ich einem Roboter die Hand schüttelte, und zu meinem Erstaunen fühlte sich diese sogar angenehm weich an, und die Finger waren wunderbar gelenkig. Das machte mir deutlich, daß die Japaner nicht nur in der Elektronik sehr weit waren; auch technologisch waren sie weiter fortgeschritten als wir.

Die Gespräche über die Handelsbeziehungen liefen weiter. Unter Ministerpräsident Nakasone begann Japan, auch in internationalen Angelegenheiten eine aktive Rolle zu spielen. Als Nakasone im Juni 1984 Großbritannien besuchte, hatte ich das Gefühl, mit einem japanischen Spitzenpolitiker zu sprechen, der

westliche Werte verstand und ihnen gegenüber aufgeschlossen war
– und der überdies seinen Willen unter Beweis gestellt hatte, wirt-
schaftspolitisch die richtigen Schritte zu unternehmen. Bei unseren Gesprächen am 11. Juni 1984 konnten wir deshalb neben bilateralen britisch-japanischen Streitfragen im Bereich des Handels
auch internationale Fragen erörtern. So berichtete er mir etwa von
seinen Verhandlungen mit den Chinesen, während ich ihn über
den Stand der Gespräche zu Hongkong unterrichtete. Damals
zeichnete sich im Kalten Krieg gerade das Ende der Frostperiode
ab, nach welcher Gorbatschow an die Macht kommen sollte. Der
japanische Ministerpräsident hatte eine scharfsinnige Vorstellung
von der Rolle, die sein Land in diesem Zusammenhang spielen
könne. Er meinte, die Sowjets würden erst dann aus ihrem Winter-
schlaf erwachen, wenn sie es wollten, und der Westen solle gedul-
dig abwarten. Allerdings habe er nicht aufgehört, den Sowjets die
Notwendigkeit eines Dialogs vor Augen zu halten. Er ginge davon
aus, daß die Sowjets zur Erschließung Sibiriens japanisches Kapital und Know-how benötigten, und dies würde sich auf lange Sicht
als ein mächtiges Instrument erweisen. Allerdings ist dieser korrekte und phantasievolle Ansatz, der enorme Gewinne einbringen
könnte, bisher noch gar nicht zum Tragen gekommen, und zwar
hauptsächlich wegen des Streits zwischen Japan und dem heutigen
Rußland über die Kurilen. Auch auf japanische Investitionen in
Großbritannien kamen wir zu sprechen. Nakasone meinte, die
Hälfte aller Niederlassungen der Unternehmen Japans auf dem
Gebiet der Europäischen Gemeinschaft befände sich im Vereinigten Königreich. »Das reicht nicht«, entgegnete ich, »ich hätte gern
noch einmal zwei Dutzend.« Bei seiner Abreise hatte er keine
Zweifel mehr darüber, daß Großbritannien japanische Investitio-
nen begrüßen würde.

Der Anlaß meines nächsten Besuchs in Tokio war der Weltwirtschaftsgipfel im Mai 1986. Die wichtigsten zu erörternden Fragen
dort waren nicht wirtschaftlicher, sondern politischer Natur: Aufgrund des kurz zuvor erfolgten amerikanischen Luftangriffs auf
Libyen wurde der internationale Terrorismus zum wichtigsten
Tagesordnungspunkt. Aber auch die beängstigenden Konsequenzen der Katastrophe von Tschernobyl wurden diskutiert. Was den
Terrorismus betrag, war ich entschlossen, den Amerikanern mit

meinem Beitrag zum Abschlußcommuniqué nach Kräften Schützenhilfe zu leisten, und freute mich, als Präsident Reagan mir am
Vortag des Gifpeltreffens, dem 4. Mai, versicherte, er sei mit meinen Vorschlägen einverstanden.

Dem amerikanischen Präsidenten war wie mir sehr daran gelegen, daß dieser Gipfel für die Japaner erfolgreich verlaufen würde.
Auch er befürwortete die Linie von Premier Nakasone und war
hinsichtlich der zugesagten Veränderungen in der japanischen
Wirtschaftspolitik eher noch optimistischer als ich. Völlig einig
waren wir uns darüber, daß Nakasone außenpolitisch ein gutes
Gespür besaß und daß es wichtig war, seine Position nicht zu
gefährden.

Gemessen an den großen Bemühungen, Japan zur Öffnung seiner Märkte zu bewegen, konnten wir aber letztlich nicht allzu viele Erfolge verbuchen. Unter anderem war auch die diskriminie-
rend hohe Prohibitivsteuer für Whisky, den viertgrößten britischen Exportartikel nach Japan, geblieben. Da Whisky mein
bevorzugter »Schlaftrunk« ist, spürte ich einen geradezu missio-
narischen Eifer in mir, die Japaner mehr auf den Geschmack zu
bringen. Der ehemalige Präsident der Bank von Japan, Maekawa,
legte einen Vorschlag zur Reformierung des japanischen Finanz-
und Handelssystems vor, der zu einer Reduzierung der riesigen
Handelsbilanzüberschüsse des Landes geführt hätte. Er erwies
sich jedoch als zu wenig konkret.

1986 stieg der japanische Außenhandelsüberschuß wieder drastisch an. Doch die Japaner ließen den Yen steigen, was bei den
Unternehmern des Landes gar keinen Anklang fand. Aber genau
dieser Umstand würde in der Zukunft wahrscheinlich zum wichtigsten Faktor im Bemühen um mehr Ausgeglichenheit der internationalen Handelsbeziehungen werden. Die zweite gute Nachricht war, daß sich mittlerweile 40 japanische Unternehmen im
Vereinigten Königreich etabliert hatten, die über 10 000 Arbeitsplätze bereitstellten; außerdem sollte das Nissan-Werk im Sommer
mit 3 000 Beschäftigten die volle Produktion aufnehmen. Auf dem
kulturellen Sektor gestalteten sich unsere Beziehungen ebenfalls
gut. Die Japaner hatten begonnen, Lehraufträge an britischen
Universitäten zu übernehmen. Ferner hatte der älteste Sohn des
japanischen Kronprinzen soeben einen zweijährigen Studienauf-

enthalt in Oxford beendet, und nun war es für den Prinzen und die Prinzessin von Wales an der Zeit für einen Besuch in Japan.

Kurz nach dem Abschluß des Gipfeltreffens hatte ich ein Gespräch mit Ministerpräsident Nakasone. Ich gratulierte ihm zu der gelungenen Organisation – sie war weit besser gewesen als beim vorausgegangenen Tokioter Gipfel –, und nach der unvermeidlichen Diskussion über schottischen Whisky teilte ich ihm mit, ich wolle gerne sicherstellen, daß bei den Beziehungen zwischen unseren Ländern in der Zukunft nicht mehr das Handelsbilanzungleichgewicht im Vordergrund stünde. Im Augenblick war dies noch nicht möglich; und wenngleich der Verkauf einiger Flugzeuge an Japan ein Schritt in die richtige Richtung war, gab es doch keinen Zweifel daran, daß wir über Handelsfragen hinaus zu den Problemen größerer internationaler Tragweite vorstoßen mußten, wenn Japan weltpolitisch eine ihm angemessene Rolle einnehmen wollte.

Die japanische Politik ist einzigartig. Führungskräfte werden in Verhandlungen zwischen Faktionen »ermittelt«. Entscheidungen werden eher durch einen allmählich sich entwickelnden Konsens erreicht als auf dem Weg der Debatte. Obwohl es Ministerpräsident Nakasone zu verdanken war, daß Japan zu einem der Hauptakteure auf der internationalen politischen Bühne avancierte – die Tradition wollte es, daß nun der Kandidat einer anderen Faktion der regierenden Liberaldemokratischen Partei (LDP) ihm im Amt nachrückte, und dagegen war er machtlos.

Es war sein Nachfolger Takeshita, der als Führer der stärksten Gruppe innerhalb der LDP die wichtigsten Entscheidungen zur Durchführung struktureller Veränderungen in der japanischen Wirtschaft traf. Takeshita war es auch, der den – aus unserer ganz privaten Sicht der Dinge – bedeutendsten Wandel, nämlich das Ende der Diskriminierung schottischen Whiskys, herbeiführte und überdies die japanische Börse für zwei der bekanntesten britischen Makler zugänglich machte. Bei einem Besuch Takeshitas in London hatte ich ihm mitgeteilt, daß er der vierte japanische Ministerpräsident sei, demgegenüber ich das Thema Börse erwähne. Daraufhin versprach er, etwas zu unternehmen, bat jedoch um Geduld. Und er hielt Wort; ich brauchte keinen weiteren Ministerpräsidenten mehr darauf anzusprechen. Im Mai 1989 trat Takeshita allerdings zurück – teils wegen öffentlichen Unmuts über eine kleine Verbrauchssteuer, die er eingeführt hatte, zum anderen aufgrund eines politischen Skandals. Sein Nachfolger Uno trat nach nur wenigen Monaten im Amt ebenfalls zurück. Als ich im September 1989 zu meinem letzten Besuch als Premierministerin in Japan eintraf, war soeben der relativ junge und unbekannte Toshiki Kaifu neuer Ministerpräsident geworden.

Toshiki Kaifu sollte bei einem Konvent der Internationalen Demokratischen Union (IDU) – einer Organisation konservativer Parteien, die Ronald Reagan und ich gegründet hatten – als Gastgeber fungieren. Es ließ sich nicht vermeiden, daß die IDU auch einige Parteien rechts von der Mitte des politischen Spektrums umfaßte; doch gegenüber ihrer Schwesterorganisation, der Europäischen Demokratischen Union (EDU), hatte sie den Vorteil, daß sie nicht von Christdemokraten dominiert war und zudem die Republikanische Partei der Vereinigten Staaten zu ihren Mitgliedern zählte. (Star der diesjährigen Konferenz war zweifellos der Führer der schwedischen Konservativen – mittlerweile Ministerpräsident –, der eine Rede mit derart »thatcheristischen« Anklängen hielt, daß ich beim Applaudieren fast das Gefühl hatte, mir selbst eine stehende Ovation zu geben.)

Kaifu hatte guten Grund, der Konferenz Erfolg zu wünschen. Er hatte in seiner Partei keine starke Position und brauchte etwas, um sich wenigstens auf dem internationalen Parkett zu profilieren und damit verlorene LDP-Wähler für die bevorstehenden Wahlen zurückzugewinnen. Ich versuchte, ihm zu helfen, so gut ich konnte, denn er war integer, sehr prowestlich eingestellt und nicht so zurückhaltend und introvertiert wie manche andere japanischen Politiker, die ich kennengelernt habe. Ich hatte noch nicht Gelegenheit gehabt, mich intensiv mit ihm auseinanderzusetzen, obwohl er mich schon einige Male mit verschiedenen Gruppen in der Downing Street besucht hatte. Man hatte mir allerdings gesagt, seine bevorzugten Aussprüche lauteten: »Politik beginnt mit Aufrichtigkeit« und »Beharrlichkeit führt zum Erfolg«. Das schien mir eine Philosophie zu sein, mit der ich mich einverstanden erklären konnte.

Am Nachmittag des 20. September, einem Mittwoch, führte ich ein langes Gespräch mit Premierminister Kaifu. Zu diesem Zeitpunkt waren einige der schwierigsten Streitpunkte zwischen unseren Ländern fast schon beigelegt. Japans Exportüberschüsse waren etwas gesunken, wenngleich die Tatsache, daß der Yen gegen den Dollar abgewertet worden war, künftige Probleme mit den Amerikanern in Aussicht stellte. Das Investitionsvolumen Japans in Großbritannien war größer als je zuvor; in der Tat zog es mehr japanische Investoren zu uns als in jedes andere EG-Land. Zudem hatte sich Japan zu einem der am raschesten expandierenden britischen Märkte entwickelt. In meinen Diskussionen mit dem japanischen Ministerpräsidenten kam ich natürlich auch wieder auf das gute alte Thema des schottischen Whiskys zu sprechen – hatten doch die erfinderischen Japaner wirklich »Whisky-Imitationen« kreiert, um kürzlich eingeführte neue Steuern zu umgehen.

Doch konnten wir uns auch wesentlich ausführlicher über internationale Probleme und zum Teil sogar innenpolitische Themen Japans unterhalten. Kaifu war zweimal Bildungsminister gewesen, und damit hatten wir viel gemeinsam. Er sprach sehr beredt über soziale Entwicklungen, vor allem den Verfall familiärer Strukturen und die Notwendigkeit, sich mit dem demographischen Problem einer rapide alternden Gesellschaft auseinanderzusetzen. Solche Fragen beschäftigten in zunehmendem Maße auch mich. Ich hatte allerdings den Eindruck, daß der sehr hoch entwikkelte japanische Gemeinschaftssinn sowie das Vermögen der Japaner, materiellen Fortschritt mit einem Festhalten an traditionellen Werten zu verbinden, die Menschen besser befähigt, sich solchen Herausforderungen zu stellen, als es in unserer Kultur der Fall ist. Auch die Tatsache, daß Japan die wenigsten Gewaltverbrechen in der gesamten entwickelten Welt aufweist, habe ich immer in diesem Licht gesehen.

Nach unserem Gespräch gab ich zusammen mit dem Ministerpräsidenten ein Fernsehinterview zu globalen Umweltfragen, einem Gebiet, auf dem die Japaner seit kurzem eine bedeutende Rolle spielten. Ich hoffte, es würde sich positiv auf Kaifus Beliebtheit auswirken, und das geschah wirklich, wie ich später erfuhr. Doch bald nach den üblichen zwei Jahren sollte auch er das Schicksal seiner Vorgänger teilen, deren internationale Leistungen ihren schwachen Stand innerhalb der Partei nicht ausgleichen konnten.

Als ich aus dem Amt schied, waren Japan und der Westen so weit, daß sie sich über die Frage nach Japans Zukunft einigen konnten. Die Bedeutung dieser Entwicklung ist erst mit dem Ende des Kalten Krieges wirklich offenkundig geworden. Japan kann viel zur Schaffung von Wohlstand und Stabilität in Rußland beitragen, indem es das Kapital und die Technologie zur Erschließung Sibiriens bereitstellt, und gleichzeitig hat es sehr enge Verbindungen mit China. Auch seine Haltung gegenüber den anderen in jüngster Zeit industrialisierten und wirtschaftlich rapide expandierenden Ländern Südostasiens ist von großer Bedeutung im Hinblick auf die Frage, ob sich diese Staaten für freien Handel oder für Protektionismus entscheiden. Vor allem aber sind die Beziehungen zwischen den Vereinigten Staaten und Japan nicht nur für die Sicherheit der Region, sondern auch global gesehen sehr wichtig, denn Japan hat die Ressourcen, und Amerika hat die Technologie – und es genießt das Vertrauen –, um jede Form einer »neuen Weltordnung« zu unterstützen.

Der Nahe Osten

Ägypten und Jordanien

Nur geringfügige Fortschritte wurden während meiner Amtszeit als Premierministerin im arabisch-israelischen Konflikt erzielt. Es ist jedoch bedeutsam, sich darüber klar zu werden, wie eine »Lösung« dieses Problems überhaupt aussehen könnte. Die Chancen für einen totalen Sinneswandel bei den Beteiligten sind minimal, und auch Einflüsse auf die Region von außen werden nie ganz einzudämmen sein. Sicherlich könnte es nach dem Ende der Manipulationen des Sowjetkommunismus leichter werden, in einzelnen Konfliktpunkten zu einer Verständigung mit gemäßigten arabischen Führern zu gelangen; auch können die Vereinigten Staaten nun ihre Unterstützung bestimmter israelischer Interessen genauer eingrenzen. Letztlich aber müssen und werden die USA immer für die Sicherheit Israels einstehen. Ebenso recht und billig ist es allerdings auch, den Palästinensern ihr Land und ihre Würde wiederzugeben; und was moralisch recht ist, wird sich meiner Erfahrung nach irgendwann auch als politisch vorteilhaft erweisen. Eine zumindest teilweise Beseitigung der Mißstände, unter denen die Palästinenser zu leiden haben, ist eine notwendige, wenn nicht sogar hinreichende Voraussetzung, um das Übel des Terrorismus im Nahen Osten mit der Wurzel auszurotten. Und es ist längst klar, daß dies nur geschehen kann, wenn Israel einem Tausch von »Land gegen Frieden« zustimmt, bei dem es den Palästinensern im Gegenzug für glaubwürdige Maßnahmen im Hinblick auf die Sicherheit des Staates Israel viele, wenn nicht alle, besetzten Gebiete zurückgibt. Die während des Golfkriegs auf das Land abgefeuerten SCUD-Raketen (mit denen zum Glück keine militä- rischen Erfolge erzielt werden konnten) haben gezeigt, daß Israel seine Sicherheit nicht allein durch eine Ausdehnung der Grenzen gewährleisten kann, und es ist durchaus möglich, daß diese Rake- ten letztlich für einen derartigen Kompromiß den Weg ebnen wer- den. Darauf muß man zumindest hoffen: Denn während meiner Amtszeit als Premierministerin scheiterten alle Initiativen am Ende daran, daß keine der beiden Seiten eine wirkliche Notwen- digkeit sah, ihre Haltung zu ändern. Dies konnte allerdings auch nicht bedeuten, daß wir untätig zusehen konnten, wie die Ereig- nisse ihren Lauf nahmen. Initiativen boten wenigstens Hoffnung; bei einer Stagnation im Nahost-Friedensprozeß waren dagegen immer nur Katastrophen zu erwarten.

Im September 1985 besuchte ich die beiden gemäßigten arabi- schen Staaten, die im Nahost-Konflikt eine Schlüsselrolle einneh- men, nämlich Ägypten und Jordanien. Der ägyptische Präsident Mubarak verfolgte die Politik seines ermordeten Vorgängers Anwar Sadat weiter, allerdings mit größerer Behutsamkeit. König Hussein von Jordanien hatte einen Vorschlag für eine internatio- nale Friedenskonferenz unterbreitet, zu deren Auftakt der ameri- kanische Botschafter Murphy mit einer Delegation von Vertretern Jordaniens und der Palästinenser zusammentreffen sollte. Ägyp- ten hoffte auf einen Erfolg dieser jordanischen Initiative. Doch der schwierige Punkt dabei war, welche Vertreter der Palästinenser die Vereinigten Staaten akzeptieren würden, denn die Amerikaner weigerten sich, mit der PLO direkt zu verhandeln. Nach Ansicht von Präsident Mubarak zeigten die USA nicht genügend Entge- genkommen. Ich teilte diese Meinung zu einem gewissen Grad, bekräftigte aber auch, Großbritannien wie die USA könnten

grundsätzlich keinen Gesprächen mit jenen zustimmen, die Terrorakte verübten. Präsident Mubarak und ich verstanden uns sehr
gut. Er war eine große Persönlichkeit und ein überzeugender, frei-
mütiger Gesprächspartner – ein Mann, der durchaus eine der zentralen Figuren bei einer Einigung werden könnte.

Meine meistbeachtete öffentliche Geste in Ägypten stand im
Dienst britischer Geschäftstätigkeit und war eine sehr unromanti-
sche, nämlich die Einweihung des von britischen Firmen realisier-
ten Abwasserprojekts von Kairo – sprich: des Abwasserkanals.
Doch vor meiner Weiterreise unternahm ich noch die obligatorische Tour nach Karnak und Luxor. Am Abend jenes Tages, es war
Mittwoch, der 18. September, traf ich in Amman ein.

Ich kannte König Hussein bereits und schätzte ihn; er hatte
mich schon einige Male in der Downing Street besucht. Durch das
Verhalten der Amerikaner war er noch mehr verstimmt als Präsident Mubarak; denn er glaubte, nachdem sie ihn zunächst zu einer
Friedensinitiative ermutigt hätten, würden sie sich nun dem Druck
der amerikanischen Juden beugen und einen Rückzieher machen.
Ich konnte König Hussein gut verstehen. Er hatte mit seiner Initiative ein großes Risiko auf sich genommen, und ich fand, daß er
mehr Unterstützung dafür verdiente. Als er mir mitteilte, zwei führende Vertreter der PLO seien bereit, sich vom Terrorismus loszu-
sagen und die Resolution 242 des UN-Sicherheitsrates zu akzeptieren, versicherte ich ihm deshalb, wenn sie dies täten, würde ich
sie in London empfangen. Dies gab ich auch bei meiner Pressekonferenz bekannt. Als die beiden später nach London kamen, stellte
sich heraus, daß nurmehr einer der beiden meine Bedingungen
akzeptierte. Der andere sah sich dazu nicht in der Lage: Er fürchtete um sein Leben. Daher konnte ich beide nicht empfangen. Ich
freue mich, sagen zu können, daß König Hussein meine Entscheidung unterstützte. Der Vorfall zeigte jedoch – falls das überhaupt
notwendig war –, wie unsicher dieses Terrain war.

Vor der Abreise aus Jordanien wurde ich zur Besichtigung eines
palästinensischen Flüchtlingslagers eingeladen. Denis meinte, es
würde ihm jedesmal das Herz zerreißen, wenn er solche Lager
besuchte. Dieses war nicht anders als die anderen: sauber, gut eingerichtet, ordentlich – und äußerst trostlos. Es wurde von der PLO
verwaltet, die natürlich ein begründetes Interesse daran hatte, sol-

che Lager zu einer ständigen Rekrutierungsbasis für ihren revolutionären Kampf zu machen. Die begabtesten und gebildetsten Palästinenser hielt es dort nicht lange; sie zogen es vor, in die über die ganze arabische Welt verstreute palästinensische Diaspora zu gehen. Ich sprach mit einer halbblinden, alten Frau, die im Schatten eines Baumes vor ihrer Hütte lag. Es hieß, sie sei an die 100 Jahre alt, doch sie hatte nur einen Wunsch – die Wiederherstellung der Rechte der Palästinenser.

Israel

Ich war schon mehrere Male als Oppositionspolitikern beziehungsweise als Mitglied der früheren konservativen Regierung in Israel gewesen, und jeder Besuch des »Heiligen Landes« der drei großen Religionen hatte bei mir einen unauslöschlichen Eindruck hinterlassen. Wer in Jerusalem war, versteht sofort, weshalb General Allenby die Stadt, nachdem er sie den Türken entrissen hatte, zum Zeichen der Ehrerbietung zu Fuß betrat, anstatt einzureiten.

Ich hege für das jüdische Volk große Bewunderung, und unter meinen Mitarbeitern, einschließlich des Kabinetts, hat es immer Juden gegeben – eigentlich wollte ich immer kluge und tatkräftige Leute in meinem Kabinett, und das waren nun einmal häufig Juden. Auch mein alter Wahlkreis hat einen großen jüdischen Bevölkerungsanteil. In den 33 Jahren, in denen Finchley mein Wahlkreis war, kam nie auch nur ein einziger verarmter und verzweifelter Jude in meine politische »Sprechstunde«, denn ihre Gemeinde kümmerte sich vorbildlich um jeden einzelnen.

Ich halte sehr viel von den sogenannten »jüdisch-christlichen Werten«; in der Tat fußt meine ganze politische Philosophie auf ihnen. Trotzdem war ich immer darauf bedacht, den jüdischen und den christlichen Glauben nicht einfach gleichzusetzen. Als Christin glaube ich, daß das Alte Testament – die Geschichte des Gesetzes – ohne das Neue – die Geschichte der Gnade – nicht wirklich verstanden werden kann. Aber ich habe mir auch schon oft gewünscht, christliche Verantwortungsträger würden sich an den Lehren des großen früheren Oberrabbiners von Großbritannien, Immanuel Jakobovits, ein Beispiel nehmen. Oft denke ich mir auch, die Christen könnten von der jüdischen Tradition der Selbsthilfe und der Verantwortlichkeit für das eigene Handeln etwas lernen. Und nicht zuletzt ist der politische und wirtschaftliche Aufbau des Staates Israel eine der großen, heroischen Taten unserer Zeit – schließlich wurde dort die Wüste wirklich »zum Erblühen gebracht«. Ich wünschte mir allerdings auch, daß die Juden sich nicht nur für die Menschenrechte der russischen Systemverweigerer einsetzen, sondern in gleichem Maße auch dem Elend land- und staatenloser Palästinenser Beachtung schenken würden.

Als ich im Mai 1986 in ihrem Land eintraf, wußten die Israelis sehr wohl, daß ich keine verborgene Feindschaft gegen sie hegte und für ihre Ängste Verständnis aufbrachte, andererseits aber auch keine Befürworterin eines kompromißlosen zionistischen Kurses war. Ich meinerseits wußte, daß mein Eintreten gegen den Terrorismus ihnen Respekt einflößte. Erst vor wenigen Wochen war ich eine der wenigen gewesen, die den amerikanischen Angriff auf Libyen verteidigt hatten. Außerdem war ihnen bekannt, daß wir gegenüber Syrien einen harten Kurs verfolgten, seit Nezar Hindawi – dessen Verbindungen zur syrischen Botschaft und Regierung in Damaskus offensichtlich waren – versucht hatte, in Heathrow eine Bombe in ein El Al-Flugzeug einzuschmuggeln. Wenn also jemand in der Lage war, einige unbequeme Tatsachen auszusprechen, ohne allzu große Mißverständnisse befürchten zu müssen, dann war ich es.

Ich freute mich, Ministerpräsident Shimon Peres wiederzusehen. Er war ein kultivierter, intelligenter und vernünftiger Mann, und wir waren uns schon viele Male begegnet. Es war sehr bedauerlich, daß er sein Amt kurze Zeit später aufgrund einer Vereinbarung mit dem Likud-Block an den Hardliner Yitzak Shamir abgeben mußte. Wegen der Ereignisse der jüngsten Geschichte fragten wir uns beide, wie die Menschen wohl reagieren würden, wenn sie den Union Jack und den Davidstern Seite an Seite erblickten. Doch jegliche Sorge war unnötig. Bei meiner Ankunft in Tel Aviv wurde ich von einer jubelnden Menschenmenge empfangen. Danach fuhr ich nach Jerusalem, wo ich im King David Hotel – mit dem ich so viele Assoziationen verbinde – wohnte[2]. Vor dem Hotel hatten sich noch mehr Menschen versammelt als bei meiner Ankunft in Tel Aviv. Ich bestand darauf, den Wagen zu verlassen, um sie zu begrüßen, was die Sicherheitskräfte in helle Aufregung versetzte. Aber es lohnte sich: Die Leute waren begeistert.

Am nächsten Morgen traf ich mich zum Frühstück mit Teddy Kollek, dem Bürgermeister von Jerusalem. Ich kannte ihn gut: Er verstand es, große Menschlichkeit mit beachtlicher verwaltungstechnischer Effektivität und – was noch wertvoller ist – Loyalität zu seinem Volk mit einem einfühlsamen Verständnis für die Probleme der Araber zu verbinden. Der ganze Tag – man schrieb Sonntag, den 25. Mai – war Anlässen gewidmet, die auf eindringliche Weise Geschichte und Identität Israels veranschaulichten. Natürlich besuchte ich die Holocaust-Gedenkstätte Yad Vachem, und wie bei jeder Erfahrung dieser Art war ich danach wie gelähmt vor Entsetzen darüber, daß Menschen so schlecht sein können.

Anschließend traf ich mit Yitzhak Shamir zusammen. Es war unvorstellbar, wie sehr sich dieser Mann von Shimon Peres unterschied. Er war sehr hart und gewiß ein Mann von festen Grundsätzen, in dessen Leben die Vergangenheit tiefe Wunden hinterlassen hatte. Zwar kamen keine feindseligen Gefühle zwischen uns auf, aber ebensowenig konnten wir uns auch nur im mindesten über mögliche zukünftige Schritte verständigen. Für ihn war eine Politik nach dem Motto »Land gegen Frieden« indiskutabel; die Errichtung jüdischer Siedlungen auf der West Bank würde unbeirrt weiter vorangetrieben werden.

Meiner Ansicht nach bestand die entscheidende Aufgabe darin, die Position der gemäßigten Palästinenserführer zu stärken – am besten wohl in Übereinkunft mit Jordanien –, so daß sie sich im Laufe der Zeit gegen die Extremisten in der PLO durchsetzen würden. Dies konnte jedoch nur geschehen, wenn Israel seinen Teil dazu beitrug; und die elenden Bedingungen, unter denen die Araber auf der West Bank und im Gazastreifen leben mußten, verschlimmerten die Lage nur noch. Außerdem war ich der Meinung, auf der West Bank sollten kommunale Wahlen stattfinden. Doch zu dieser Zeit war einer der härtesten Gegner solcher Zugeständnisse der damalige Verteidigungsminister Rabin, mit dem ich am Montag morgen beim Frühstück sprach. Er hielt mir einen 40minütigen Vortrag über seine Ansichten und gönnte sich dabei kaum einen Bissen Toast.

So einfach ließ ich mich jedoch nicht abspeisen. Ich wiederholte meine Vorschläge bezüglich kommunaler Wahlen in einer Rede vor Mitgliedern der Knesset – des israelischen Parlaments –, deren Vorsitz an diesem Nachmittag der beredte und geachtete Abba Eban innehatte.

Abends kam ich zum Essen mit einer Gruppe sorgfältig ausgewählter, gemäßigter Palästinenser zusammen. Es waren hauptsächlich Geschäftsleute und Akademiker, und mit ebensolchen Leuten sollte die israelische Regierung meiner Meinung nach ins Gespräch kommen. Sie überschütteten uns mit Klagen, vor allem über die Behandlung ihres Volks auf der West Bank und in Gaza – dort schienen wegen der rigiden Sicherheitsmaßnahmen und aufgrund wirtschaftlicher Vorteile für jüdische Geschäftsleute die schlimmsten Zustände zu herrschen. Ich sicherte zu, diese Angelegenheiten bei meiner Begegnung mit Shimon Peres am nächsten Tag anzusprechen – was ich dann auch tat –, betonte aber andererseits die Notwendigkeit einer Absage an den Terrorismus. Meine Gesprächspartner stimmten zwar darin überein, daß nur die PLO die Palästinenser repräsentieren könne, doch in Diskussionen mit kleinen Gruppen erkannte ich, daß dies nicht etwa mit einer besonderen Beliebtheit dieser Organisation gleichzusetzen war.

Ich hatte bei diesem Besuch zwei ausführliche Unterredungen mit Shimon Peres. Er war überzeugt von der Notwendigkeit, die ins Stocken geratene Friedensinitiative König Husseins in Gang zu halten, nicht zuletzt, um Jordanien selbst nicht zu gefährden. Aber offensichtlich stand er dem Vorschlag einer internationalen Friedenskonferenz sehr skeptisch gegenüber. Trotz all seiner Einsicht in die Unumgänglichkeit eines Kompromisses gab es auch bei dieser Begegnung keinen Ansatzpunkt für größeren Optimismus. Und als Shamir ihm dann im Amt des Ministerpräsidenten nachfolgte, sollten sogar die wenigen Hoffnungsschimmer bald verschwinden.

Doch so schwierig die diplomatischen Angelegenheiten auch sein mochten, so unzweifelhaft war die Herzlichkeit meines Empfangs in Israel, die im weiteren Verlauf meines Besuches sogar noch zunahm. Am Dienstag besuchte ich auf dem Rückweg zum Flughafen Ramat Gan, ein Vorort von Tel Aviv und Partnerstadt von Finchley. Ich hatte erwartet, den Bürgermeister und einige andere offizielle Vertreter, vielleicht auch ein paar alte Bekannte, zu treffen. Statt dessen erwarteten mich 25 000 Menschen. Zum Schrekken meiner Sicherheitsbeamten tauchte ich in eine riesige Menge jubelnder Bürger ein, um mich bis zu einem Podest durchzudrängen, wo ich eine – natürlich nicht vorbereitete – Rede hielt; doch frei zu sprechen ist ohnehin immer das Beste. Später, während des Golfkrieges, schlugen irakische SCUD-Raketen in Ramat Gan ein. Die Bewohner von Finchley sammelten daraufhin Spenden, um die beschädigten Häuser wieder instand zu setzen. Genauso habe ich mir die Idee der Städtepartnerschaft immer vorgestellt.

Afrika

Das Problem Südafrika

Ich teilte die Ansicht des Außenministeriums zu Afrika ebensowenig wie seine Einschätzungen zum Nahen Osten. Galt Israel ihm als der Paria des Nahen Ostens, mit dem sich näher einzulassen nicht ratsam sei, so gedachte es diese Rolle in Afrika der Republik Südafrika zu. Die grundlegende, wenn auch selten offen geäußerte Annahme schien zu sein, daß die nationalen Interessen Großbritanniens letztlich ein Zusammengehen mit den radikalen schwarzafrikanischen Mitgliederstaaten des Commonwealth erforderten. Eine nüchterne Analyse legte allerdings ein ganz anderes Vorgehen nahe.

Es stand außer Zweifel, daß in Südafrika grundlegende Veränderungen stattfinden mußten; die Frage war nur, wie diese herbeigeführt werden konnten. Der schlechteste Weg zu einer Lösung schien mir eine weitere Isolierung des Landes zu sein. Tatsächlich war die Isolierung bereits zu weit getrieben worden und trug zu einer unflexiblen Belagerungsmentalität bei den regierenden Afrikaanern bei. Es war absurd zu glauben, sie würden nun plötzlich oder ohne hinreichende Vorsichtsmaßnahmen auf die Macht verzichten. Das Resultat wäre die Anarchie in Südafrika gewesen, unter der die schwarze Bevölkerung am meisten gelitten hätte.

Auch konnten die Schwarzen nicht als eine homogene Gruppe betrachtet werden. Stammesloyalitäten waren unter ihnen von großer Bedeutung. So sind beispielsweise die Zulus ein stolzes, selbstbewußtes Volk mit einem stark ausgeprägten Identitätsgefühl. Jedes neue politische System für Südafrika, gleich welcher Art, mußte solche Unterschiede berücksichtigen. Nicht zuletzt wegen dieser komplexen Sachverhalte vertrat ich die Meinung, daß Außenstehende sich mit konkreten Lösungsvorschlägen zurückhalten sollten. Was mir vorschwebte, war eine allmähliche Reform – mehr Demokratie, gesicherte Menschenrechte und eine florierende Marktwirtschaft, die genügend Wohlstand erzeugen konnte, um die Lebensbedingungen der schwarzen Bevölkerung zu verbessern. Ich wünschte mir ein Südafrika, das wieder voll und ganz in die internationale Staatengemeinschaft integriert sein würde. Und zur Entrüstung der Linken habe ich dies stets für ein großes, erstrebenswertes Ziel gehalten, dessen man sich nicht zu schämen brauchte.

Hinzu kam, daß Großbritannien vitale Handelsinteressen auf diesem Kontinent hatte und sich diese mehr oder weniger zu gleichen Teilen auf Schwarz- wie auf Südafrika erstreckten. Von allen afrikanischen Ländern besitzt Südarika mit Abstand die reichsten und mannigfaltigsten Bodenschätze. Kein Land der Erde verfügt über mehr Gold, Platin, Edelsteine, Chrom, Vanadium, Mangan und andere wichtige Rohstoffe. Zudem war der einzige nennenswerte Rivale Südafrikas bei einer ganzen Reihe dieser Bodenschätze die Sowjetunion. Aus diesem Grunde wäre eine Politik, die zum Zusammenbruch des Landes geführt hätte, strategisch unsinnig gewesen, selbst wenn sie moralisch zu vertreten gewesen wäre.

Der Reichtum Südafrikas gründet sich nicht nur auf die immensen Bodenschätze, sondern auch auf seine hervorragend funktionierende freie Marktwirtschaft. Andere afrikanische Länder, die ebenfalls über viele Bodenschätze verfügen, sind immer noch arm, weil sie sozialistische, zentralistische Wirtschaftsstrukturen besitzen. Folglich haben die Schwarzen Südafrikas ein höheres Einkommen und sind im allgemeinen besser ausgebildet als die Bewohner anderer afrikanischer Staaten: Die Südafrikaner errichteten deshalb Grenzzäune, um unerwünschte Immigranten außer Landes zu halten – anders als die Berliner Mauer, welche die Menschen daran hinderte, sich den Segnungen des Sozialismus zu entziehen. Diese unbequemen Fakten haben die Kritiker Südafrikas nie erwähnt. Die Tatsache, daß ich sie zur Kenntnis nahm, war jedoch in keiner Weise mit einem Eintreten für die Apartheid gleichzusetzen. Die Hautfarbe eines Menschen sollte nicht über seine politischen Rechte entscheiden.

Anläßlich des 40. Jahrestages der Landung der Alliierten in der Normandie wollte Präsident P. W. Botha nach Europa kommen; ich sandte ihm deshalb eine Einladung, mich in Chequers zu besuchen. Er hatte ein volles Besuchsprogramm, das durch ein Abkommen mit Präsident Machel von Moçambique möglich geworden war, welches in vielen europäischen Staaten als ein vielversprechender Schritt betrachtet wurde. Dennoch wurden Vorwürfe laut, ich sei gegenüber der Politik der Apartheid nicht hart genug. Am Mittwoch, dem 30. Mai, erschien Bischof Trevor Huddleston, ein altgedienter Apartheid-Gegner, in der Downing Street und brachte seinen Protest gegen meine Einladung an Botha zum Ausdruck. Er argumentierte, man dürfe dem südafrikanischen Präsidenten nicht zubilligen, daß er für Frieden eintrete, und Südafrika solle erst dann wieder in die internationale Staatengemeinschaft aufgenommen werden, wenn dort innenpolitische Reformen durchgeführt würden. Meiner Ansicht nach war diese Argumentation falsch. Es war vielmehr die Isolation Südafrikas, die einer Reform im Wege stand. Vor seiner Europareise hatte Präsident Botha während der letzten Jahre lediglich Taiwan besucht.

Vielleicht, weil so viele Gegner der Apartheid Sozialisten waren, haben sie nie wirklich begriffen, daß es wohl in erster Linie der Kapitalismus war, der in Südafrika ebenso wie in den ehemals kommunistischen Ländern die Reform und die politische Liberalisierung vorangetrieben hat. Südafrika hätte sein wirtschaftliches Potential nicht ausschöpfen können, wenn nicht schwarze Arbeiter in die Städte gebracht und dort ausgebildet worden wären. Der Kapitalismus hat in diesem Land bereits eine schwarze Mittelklasse geschaffen, die schließlich auch einen Anteil an der Macht einfordern würde.

Präsident Botha kam am Morgen des 2. Juni, einem Samstag, nach Chequers. Ich hatte eine etwa 40minütige vertrauliche Unterredung mit ihm. Beim anschließenden Mittagessen gesellten sich sein Außenminister R. F. (»Pik«) Botha, ferner Geoffrey Howe, Malcolm Rifkind und einige Regierungsbeamte zu uns. Der Präsident klagte, Südafrika bekäme nie ein Wort der Anerkennung für die Verbesserung der Lebensbedingungen der Schwarzen zu hören. Das war zwar nicht ganz unrichtig, doch mußte ich ihm auch mitteilen, wie entsetzt wir über die gewaltsame Vertreibung schwarzer Bewohner aus nur für Weiße ausgewiesenen Gebieten waren. Dann brachte ich das

Gespräch auf den inhaftierten Nelson Mandela, dessen Freilassung wir nachhaltig forderten und ohne dessen Mitwirkung meines Erachtens keine dauerhafte Lösung der Probleme des Landes möglich sein würden. Zum wichtigsten Diskussionspunkt wurde jedoch Namibia, wo Südafrika im Vorjahr wieder die direkte Regierungsgewalt übernommen hatte. Es war klar, daß die Südafrikaner zu ihren Nachbarn bessere Beziehungen mit mehr Sicherheit anstrebten und hofften, dies mit wirtschaftlicher Unterstützung zu erreichen. Allerdings sollte sich das aus den obengenannten Gründen als eine vergebliche Hoffnung herausstellen, weil nämlich die sozialen und politischen Strukturen des Landes das wirtschaftliche Wachstum mittlerweile hemmten.

Ich fand Präsident Botha, mit dem ich bereits früher zusammengetroffen war, nicht sehr sympathisch, aber um der Gerechtigkeit willen muß man sagen, daß er mir sorgfältig zuhörte. Er erklärte sich bereit, konkreten Sachverhalten, die ich erwähnte, persönlich nachzugehen, und wenn er etwas versprach, stand er zu seinem Wort. Das wichtigste Resultat dieses Treffens war jedoch, daß ich ihm künftig vertrauliche Botschaften zu heiklen Angelegenheiten übermitteln konnte, was für ihn wahrscheinlich den einzigen hilfreichen Kontakt mit westlichen Regierungen darstellte. Dem Kabinett teilte ich später mit, daß es nur vorteilhaft sein könne, Botha so weit wie möglich über unsere Ansichten in Kenntnis zu setzen. Die Argumente, die für einen Dialog mit der Sowjetunion sprachen, waren für derartige Kontakte mit Südafrika mindestens ebenso gültig.

1985 war für Südafrika ein Jahr sich zuspitzender Krisen. Überall brachen Unruhen aus; der Ausnahmezustand wurde ausgerufen. Ausländische Banken verweigerten dem Land Kredite, und die Regierung stellte die Rückzahlung von Auslandsschulden für vier Monate ein. Mein alter Freund Fritz Leutwiler, der frühere Präsident der Schweizer Nationalbank, wurde für Verhandlungen zwischen den Banken und der Regierung von Südafrika als Vermittler bestellt. Wir hielten Kontakt, und deshalb wußte ich über die Situation Bescheid. Der internationale Druck auf Südafrika verschärfte sich weiter. Präsident Reagan, der ebenso wie ich ein Gegner wirtschaftlicher Pressionen war, verhängte trotzdem einige Sanktionen, um dem Druck des amerikanischen Kongresses zuvorzukommen. Für mich war abzusehen, daß die für Oktober angesetzte Commonwealth-Konferenz in Nassau auf den Bahamas schwierig werden würde.

Im September berief ich deshalb eine Expertenrunde nach Chequers ein, um unser taktisches Vorgehen bezüglich Südafrikas abzuklären. Neben Geoffrey Howe, Malcolm Rifkind, Paul Channon und Ian Stewart (vom Finanzministerium) nahmen eine Reihe von Geschäftsleuten, einige Akademiker und ein oder zwei interessierte und gutinformierte Parlamentsmitglieder daran teil. Keiner der Beteiligten war mit unserer Ausgangsposition besonders glücklich: Einerseits war der Reformprozeß in Südafrika zum Stillstand gekommen – die Verfassungsreform hatte sich als wirkungslos erwiesen, da sie nicht einmal die gemäßigten Schwarzen der Mittelklasse berücksichtigte. Andererseits war die Europäische Gemeinschaft im Begriff, Sanktionen zu verhängen. Wir hatten schon am Anfang des Monats Vorbehalte gegen die von der EG beschlossenen Maßnahmen geäußert, doch bei näherer Betrachtung stimmten diese größtenteils mit unserer gängigen Praxis überein, und so erklärte ich mich damit einverstanden, sie vor der Commonwealth-Konferenz fallenzulassen. Bei diesem Treffen kam auch der Gedanke auf, eine »Kontaktgruppe« aus »wichtigen Persönlichkeiten« nach Südafrika zu schicken, die versuchen sollte, Verhandlungen zwischen der Regierung und Vertretern der schwarzen Bevölkerung in Gang zu bringen.

In der Vorbereitungsphase für die Commonwealth-Konferenz tat ich alles in meiner Macht Stehende, um die Verhängung von Sanktionen über Südafrika zu verzögern. In einem Schreiben an die Regierungschefs der Commonwealth-Staaten forderte ich, wir sollten statt dessen versuchen, zwischen der Regierung Südafrikas und Vertretern der schwarzen Bevölkerung Verhandlungen in Gang zu bringen. Doch es war bereits klar, daß wir mit großen Auftritten von jenen rechnen mußten, die sich auf der internationalen Bühne in Szene setzen wollten.

Die Commonwealth-Konferenz in Nassau

Am ersten Abend der Konferenz in Nassau traf ich mich mit Brian Mulroney. Er drängte mich, mit dem Vorschlag eines Maßnahmenpakets, das den kleinsten gemeinsamen Nenner der Commonwealth-Nationen repräsentieren sollte, die Initiative zu ergreifen.

Diese Vorschläge sollten ein verbindliches Minimum darstellen, wobei es den einzelnen Regierungen überlassen bliebe, auch weitergehende Schritte zu unternehmen. Ich erwiderte ihm, die Erfahrung habe mich gelehrt, einen Gedanken nie zu früh zur Diskussion zu stellen, und schloß mit der Bemerkung: »Ich habe, was mein Entgegenkommen in der europäischen Sanktionspolitik anbelangt, den allerletzten Schritt getan. Ich bin nicht begeistert von der Vorstellung, im Commonwealth isoliert dazustehen, aber was sein muß, muß sein.« Dieselbe Position vertrat ich auch gegenüber Robert Mugabe, Kenneth Kaunda und Bob Hawke.

Bob Hawke eröffnete die Debatte über Südafrika mit dem offenkundigen Versuch, einen Kompromiß zu finden. Nach ihm sprach Kenneth Kaunda, der sich vehement für Sanktionen einsetzte. In meiner Antwort versuchte ich, den Ansichten beider gerecht zu werden. Ich begann mit einer ausführlichen Darstellung der sozialen und wirtschaftlichen Veränderungen in Südafrika und führte aus, wie viele schwarze Südafrikaner eine Berufsausbildung hatten, einen Wagen besaßen oder Geschäftsleute waren. Natürlich sei es noch ein weiter Weg, fuhr ich fort, doch wir hätten es nicht mit einer statischen Situation zu tun. An den Reaktionen der am Tisch Versammelten sah ich, daß meine Worte nicht ohne Wirkung blieben. Doch als vorsichtiger Mensch war ich auch auf einen möglichen Rückschlag vorbereitet. Nach meiner Begegnung mit Brian Mulroney hatten meine Beamten ein Papier mit Alternativen für weitere Maßnahmen ausgearbeitet, das ich am Wochenende nach Lyford Cay mitnehmen wollte. Dort, bei der »Klausur« der Regierungschefs, wurden nämlich erst Nägel mit Köpfen gemacht.

Lyford Cay ist ein herrlicher Ort mit einer großen Vergangenheit. Für die verschiedenen Delegationen waren Privathäuser zur Verfügung gestellt worden, und der Club im Zentrum fungierte als Konferenzzentrum. Freundlicherweise hatte der Premierminister der Bahamas dafür gesorgt, daß mir und meinen Mitarbeitern das Haus zugeteilt wurde, in dem Harold Macmillan und John F. Kennedy 1962 das Polaris-Abkommen unterzeichnet hatten. Am Samstag vormittag entwarf eine eigens dafür zusammengestellte Vorbereitungsgruppe von Regierungschefs ein vorläufiges Kommuniqué zum Thema Südafrika; ich widmete mich in der Zwischenzeit anderen Aufgaben. Um 14.00 Uhr erschienen Brian Mulroney und Rajiv Gandhi, um mir die Ergebnisse ihrer Arbeit vorzulegen. Ich war jedoch damit nicht zufrieden und erklärte ihnen geschlagene zwei Stunden lang, weshalb ihre Vorschläge für mich unannehmbar seien. Im Text, so schlug ich vor, sollte klargestellt werden, daß die Beendigung aller Gewalttätigkeiten die Bedingung für eine Fortsetzung des Dialogs mit Südafrika sei. Doch die beiden Politiker meinten, an dieser Formulierung würden sich uferlose Kontroversen entzünden.

Nach dem Abendessen wurde ich gebeten, an einer größeren Gesprächsrunde teilzunehmen, bei der man mit Nachdruck versuchte, meine Zustimmung zu der von den Anwesenden vertretenen Linie zu gewinnen. Vor allem Bob Hawke griff mich massiv an, doch ich wehrte mich vehement. Der Streit zog sich über mehr als drei Stunden hin, und die Atmosphäre wurde zusehends unerfreulicher. Zum Glück lasse ich mich nie durch Zermürbung kleinkriegen.

Über Nacht ließ ich von Regierungsbeamten einen alternativen Text ausarbeiten, der am nächsten Morgen in der Plenarsitzung um 10.30 Uhr vorgelegt werden sollte. Vor dem Beginn kam Sonny Ramphal bedrückt zu mir und bat, ich möge doch einlenken und guten Willen zeigen. Bei Sitzungsbeginn war vom guten Willen der anderen jedoch nicht viel zu spüren – der britische Textvorschlag wurde nicht einmal einer Erörterung gewürdigt. Statt dessen meinte man mir eine Lektion über politische Moral erteilen zu müssen, da mir Arbeitsplätze in Großbritannien wichtiger seien als das Leben schwarzer Menschen und weil ich die Menschenrechte mißachten würde. Mit jedem Redner wurden die Anschuldigungen verletzender und persönlicher, bis ich es einfach nicht mehr aushielt und anfing, meinen afrikanischen Kritikern zu ihrer großen Bestürzung ein paar unbequeme Tatsachen vorzuhalten. So merkte ich an, sie würden eifrig mit Südafrika Handel treiben, während sie mir gleichzeitig Vorwürfe machten, weil ich mich gegen Sanktionen ausspräche. Ich stellte die Frage in den Raum, wann sie beabsichtigten, ähnliche Betroffenheit auch über Mißstände in der Sowjetunion zu zeigen, mit der viele von ihnen natürlich nicht nur auf dem Gebiet des Handels, sondern auch im Bereich der Politik enge Beziehungen pflegten. Ich fragte, wann ich wohl erleben würde, daß sie den Terrorismus verurteilten. Ich erinnerte sie an die nicht gerade beeindruckende Lage der Menschenrechte in ihren eigenen Ländern. Und als der Vertreter Ugandas mir Rassendiskriminierung vorwarf, machte ich ihn auf die Asiaten aufmerksam, die sein Land aufgrund ihrer Rasse ausgewiesen hatte und von denen viele nun in meinem Wahlkreis im Norden Londons lebten, wo sie vorbildliche Bürger seien und wo es ihnen sehr gut gehe. Kein einziger Redner unterstützte meine Position. Präsident Jayewardene von Sri Lanka sorgte noch für Aufregung, als er bekannte, er habe sowieso nie vorgehabt, die Handelsbeziehungen zu Südafrika abzubrechen, denn damit würde er nur die Teepflanzer seines Landes arbeitslos machen; und einige Regierungschefs kleinerer Staaten versicherten mir in privaten Gesprächen, daß sie meiner Meinung seien.

In der Mittagspause traf ich eine taktische Entscheidung darüber, in welche der vorgelegten Alternativen ich einwilligen würde. Ich entschied mich für einseitige Maßnahmen gegen den Ankauf von Krügerrands und die Einstellung der offiziellen Unterstützung zur Förderung des Handels mit Südafrika. Dazu wollte ich mich allerdings nur bereit erklären, falls in dem zu verabschiedenden Kommuniqué klar und deutlich ein Ende der Gewalt gefordert wurde. Um 15.30 Uhr begab ich mich dann in die Bibliothek zu der Vorbereitungsgruppe, die mit der Ausarbeitung des Kommuniqués betraut war.

Als ich den Raum betrat, hefteten sich alle Blicke starr auf mich. Es war ungeheuerlich, wie der Rudelinstinkt von Politikern eine Gruppe sonst höflicher, in einigen Fällen sogar charmanter Menschen in eine brutale Meute verwandeln konnte. Ich war noch nie so behandelt worden und war auch nicht gewillt, ein solches Verhalten hinzunehmen. Deshalb erklärte ich eingangs, nie zuvor in meinem Leben sei ich so beleidigt worden wie am Vormittag, und dies sei eine absolut unannehmbare Art und Weise des Umgangstons bei internationalen Konferenzen. Sofort erhob sich ein allgemeines Gemurmel; Überraschung und Bedauern wurden laut, verbunden mit der wiederholten Feststellung, es sei nicht »persönlich« gemeint gewesen. Ich erwiderte, das sei es sehr wohl gewesen, und ich würde diese Art des Umgangs nicht dulden. Daraufhin wurde die Stimmung gedämpfter. Man fragte, worauf ich mich einlassen würde. Ich gab die Bedingungen bekannt, unter denen ich bereit war, meine Einwilligung zu geben, und erklärte, so weit würde ich gehen – falls meine Vorschläge jedoch nicht akzeptiert würden, dann sähe ich mich gezwungen, mich zurückzuziehen. In diesem Fall werde das Vereinigte Königreich eine eigene Erklärung veröffentlichen. Die vormaligen Mitglieder der Vorbereitungsgruppe steckten nun die Köpfe zusammen. Zehn Minuten später war alles vorüber – weil ich einem »Kompromiß« zugestimmt hätte, wurde ich plötzlich als Politikerin behandelt. Man einigte sich auf einen gemeinsamen Text, der bei einer Plenarsitzung am Abend ohne Zusatz angenommen wurde.

Obwohl ich wirklich verletzt und entsetzt war über die Behandlung, die ich hatte erdulden müssen, konnte ich mit dem Ausgang der Konferenz ganz zufrieden sein. Besonders erfreut war ich darüber, daß die Konferenzteilnehmer einen Gedanken billigten, der einige von uns schon länger beschäftigt hatte, nämlich die Entsendung einer Gruppe von »wichtigen Persönlichkeiten« nach Südafrika, die für eine der nächsten Konferenzen Bericht erstatten sollte. Dadurch würden wir Zeit gewinnen – sowohl, um Südafrika zu weiteren Reformen zu drängen, als auch, um die Schlacht auf der diplomatischen Ebene zu führen. Ich versuchte, Geoffrey Howe als »wichtige Persönlichkeit« zu gewinnen, doch er lehnte ab. Wahrscheinlich schätzte er die Erfolgschancen dieser Mission als gering ein, und damit sollte er recht behalten. Möglicherweise war ich auch etwas taktlos. Denn als er einwandte, er sei Außenminister und könne nicht beide Aufgaben erledigen, entgegnete ich, solange er weg sei, könne ich sein Amt schon mit übernehmen. Nachdem ich unsere Südafrika-Politik nun fest im Griff hatte und alle wichtigen Entscheidungen direkt von der Downing Street aus traf, war das vielleicht etwas zu grob. Ein Pluspunkt bei der Auswahl der »wichtigen Persönlichkeiten« war, daß ein namhafter Vertreter Schwarzafrikas, nämlich der nigerianische General Obasanjo, als ihr Sprecher fungieren und selbst die Realität in Südafrika kennenlernen würde. Leider stand diesem Pluspunkt aber ein fast noch gravierenderer Negativposten gegenüber: die Probleme mit Malcolm Fraser, der sich nach seiner Wahlniederlage gegen Bob Hawke nun auf internationaler Ebene profilieren wollte und deshalb bestrebt war, sich als besonders »wichtige Persönlichkeit« in Szene zu setzen.

Auf der Pressekonferenz nach dem Ende des Gipfels beschrieb ich die Zugeständnisse, die ich in der Frage der Sanktionen gemacht hatte, als »winzig«, was die Linke erboste und das Außenministerium zweifellos verärgerte. Aber ich glaubte eben nicht an die Wirkung der Sanktionen, und deshalb war ich auch nicht bereit, sie zu rechtfertigen. Ich konnte aus Nassau mit der Gewißheit abreisen, daß meine Politik nach wie vor unangetastet war, wenngleich meine persönlichen Beziehungen mit einigen Staatschefs des Commonwealth etwas gelitten hatten – doch das war immerhin nicht ausschließlich mein Fehler gewesen. Außerdem konnte ich mir sagen, daß Tausende von Schwarzafrikanern nun aufgrund der Schlacht, die ich geschlagen hatte, ihre Arbeitsplätze behalten konnten.

Weitere Auseinandersetzungen über Sanktionen in der EG und im Commonwealth

Ich machte mir keine Illusionen darüber, daß mir in Nassau mehr gelungen wäre, als die Forderung nach Sanktionen gegen Südafrika für kurze Zeit aufzuschieben. Es blieb abzuwarten, welche Ergebnisse der Aufenthalt der Gruppe »wichtiger Persönlichkeiten« im Lande erbringen würde. Dieser geriet jedoch zu einem völligen Debakel. Entweder um die Initiative lahmzulegen oder aber aus irgendwelchen unerfindlichen anderen Gründen startete die südafrikanische Armee Überfälle auf Stützpunkte des ANC in Botswana, Sambia und Simbabwe, woraufhin die Gruppe ihren Besuch abbrach.

Dieser Umstand bereitete mir große Schwierigkeiten bei der Konferenz des Europäischen Rats in Den Haag im Juni 1986 – und nachdem Maßnahmen der EG-Länder, anders als solche des Commonwealth, einen ernstzunehmenden Einfluß auf die südafrikanische Wirtschaft ausüben konnten, war dieses Forum, was die Frage der Sanktionen betraf, mindestens ebenso bedeutsam wie die Commonwealth-Konferenz. Da die Niederlande die ursprüngliche Heimat der Buren waren, hatten die Holländer wegen der Probleme in Südafrika selbst mit einem massiven Schuldkomplex zu kämpfen, und das machte ihre Vertreter nicht gerade zu idealen Vorsitzenden. Doch die Debatte wurde von Bundeskanzler Kohl eröffnet, der zumindest zum damaligen Zeitpunkt ebenso vehement gegen Sanktionen eintrat wie ich. Ich unterstützte seinen Standpunkt wie auch der portugiesische Ministerpräsident, der nach mir sprach. Wir einigten uns schließlich darauf, für einen späteren Zeitpunkt dieses Jahres ein Verbot neuer Investitionen in Südafrika sowie Sanktionen beim Import von Kohle, Eisen, Stahl und bei dem Ankauf von Krügerrands zu erwägen. Im Hinblick auf die Tatsache, daß der EG-Vorsitz in Kürze an Großbritannien ging, wurde auch beschlossen, daß Geoffrey Howe als eine Art »wichtige Persönlichkeit« allein nach Südafrika reisen und auf Reformen sowie die Freilassung Nelson Mandelas dringen sollte.

Geoffrey übernahm diese Mission äußerst ungern. Sein Widerstreben erwies sich auch als voll gerechtfertigt, denn Präsident Kaunda beleidigte ihn nur, und Präsident Botha erteilte ihm eine Abfuhr. Später erfuhr ich, daß er glaubte, ich wolle ihm einen unerfüllbaren Auftrag zuschieben, und darüber war er sehr verärgert. Ich kann dazu nur sagen, dies war nicht meine Absicht; vielmehr bewunderte ich Geoffreys Talent für geheime Diplomatie aufrichtig. Wenn irgend jemand einen Durchbruch hätte erzielen können, dann wäre er es gewesen.

Nach Geoffreys Rückkehr war es nicht mehr möglich, die Sonderkonferenz über Südafrika zu verschieben, nach der die Befürworter von Sanktionen schon seit einiger Zeit verlangten. Im August sollten also in London die Staatschefs von sieben Commonwealth-Staaten zusammentreffen. Das schlimmste war, daß wir seit der Commonwealth-Konferenz von Nassau aufgrund von Präsident P. W. Bothas Halsstarrigkeit nichts vorzuweisen hatten, was auf einen Fortschritt der Reformen hingedeutet hätte. Nelson Mandela war immer noch inhaftiert, der ANC und vergleichbare Organisationen nach wie vor verboten. Der amerikanische Kongreß übte zunehmenden Druck aus, um harte Sanktionen durchzusetzen. Zu einem späteren Zeitpunkt dieses Jahres setzte er sogar Präsident Reagans Veto gegen neue Sanktionen außer Kraft und erzwang damit eine Änderung der US-Außenpolitik. Es war also unumgänglich, wenigstens mit einem bescheidenen Katalog von Maßnahmen aufzuwarten, und dennoch blieb fraglich, ob dies den Marsch auf harte Wirtschaftssanktionen würde aufhalten können. Ich machte mir für jeden Fall eine kleine Liste zurecht, und als kleine diplomatische Waffe besonderer Art legte ich mir noch eine zweite an, auf der Commonwealth-Staaten aufgeführt waren, die ohne Urteil Menschen inhaftierten und sich auch sonst wenig liberal verhielten.

Für Opposition und Medien war Südafrika mittlerweile weitgehend zu einer Zwangsvorstellung geworden. Es wurde davon gesprochen, daß das Commonwealth auseinanderbrechen könne, falls Großbritannien seine Haltung in der Frage der Sanktionen nicht ändere. Ich vertrat jedoch immer die Auffassung – und die Zuschriften, die ich erhielt, bestätigten dies –, daß die dort verlautbarten Ansichten und Prioritäten nicht im geringsten die Meinung der Öffentlichkeit widerspiegelten. Das machte die ganze Angelegenheit allerdings auch nicht angenehmer. Am Vorabend der Konferenz reisten Denis und ich nach Edinburgh, wo die Commonwealth-Spiele stattfinden sollten. Wir besuchten die Teilnehmer – das heißt diejenigen, deren Länder die Spiele nicht boykottierten – in ihrem »Dorf« und wurden mit Buhrufen und herber Kritik empfangen. Ich widersprach nicht, als Denis bemerkte, dies sei »einer der widerwärtigsten Besuche«, die wir je gemacht hatten. Es war eine Erleichterung, abends mit meinem guten Freund Laurens van der Post zu essen, der vernünftige Ansichten zu Südafrika vertritt und bei den Verhandlungen über die Unabhängigkeit Simbabwes sehr hilfreich war.

Mit der Eröffnung der Sonderkonferenz in London hieß es dann wieder »zurück zur Unvernunft«. Meine Gespräche mit verschiedenen Staatschefs vor dem offiziellen Beginn verdrossen mich sehr. Brian Mulroney drängte mich, dafür zu sorgen, daß Großbritannien »mit gutem Beispiel vorangeht«, und schien schon im vorhinein unbedingte Verhandlungsbereitschaft von mir zu erwarten. Doch das hatte ich nicht im Sinn – ich hatte oft genug erlebt, wie derlei »Zugeständnisse« schnell weggesteckt und dann vergessen wurden. Kenneth Kaunda gab sich äußerst selbstgerecht und unkooperativ, als ich ihn kurz in seinem Hotel besuchte. Er meinte, wenn keine Sanktionen ausgesprochen würden, werde Südafrika in Flammen aufgehen. Ich beendete diese Begegnung mit den Worten, es sei wohl besser, wenn wir unsere Diskussion verschieben würden. Später teilte ich Rajiv Gandhi mit, daß ich bereit sei, mich bei der Konferenz »ein wenig« zu bewegen. Er schien um einiges zugänglicher als in Nassau; auch sonst ließ er in vertraulichen Gesprächen eher mit sich reden.

Die offiziellen Debatten dagegen verliefen um keinen Deut angenehmer als in Lyford Cay, aber wenigstens waren sie kürzer. Meine Weigerung, Sanktionen zuzustimmen, wurde von den Herren Kaunda, Mugabe, Mulroney und Hawke scharf kritisiert. Ich fand keinerlei Unterstützung. Ihre Forderungen gingen weit über jene des Vorjahres hinaus. In Nassau hatten sie eine Einstellung des Luftverkehrs, einen Investitionsstopp, den Boykott landwirtschaftlicher Importe aus Südafrika, ein Verbot des Tourismus und andere Maßnahmen verlangt. Nun wollten sie nicht nur diese Sanktionen weiter vorantreiben, sondern dazu noch ein ganzes Bündel zusätzlicher Maßnahmen beschließen: ein Verbot neuer Bankkredite, den Boykott von Uran-, Kohle-, Eisen- und Stahlimporten aus Südafrika und die Rücknahme konsularischer Einrichtungen. Wer einem solchen Paket zugestimmt hätte, hätte den Lebensstandard der schwarzen Bevölkerung des Landes den Kritikern Südafrikas und den Interessen der Industrien ihrer Länder geopfert. Statt dessen ließ ich einen speziellen Paragraphen in das Kommuniqué einarbeiten, der unsere Haltung verdeutlichte und unsere Bereitwilligkeit zum Ausdruck brachte, einem Importverbot für Kohle, Eisen und Stahl aus Südafrika zuzustimmen, falls die Europäische Gemeinschaft einen entsprechenden Beschluß faßte. Auch ein freiwilliges, mit sofortiger Wirkung eintretendes Verbot von neuen Investitionen und Tourismuswerbung wurde eingefügt. Schließlich entschieden wir in der EG uns gegen einen Boykott südafrikanischer Kohle, gegen den vor allem die Deutschen sehr opponierten; die anderen Sanktionen hingegen, die in Den Haag vorgeschlagen wurden, traten im September 1986 in Kraft.

Das Bemerkenswerteste an diesen Diskussionen war vielleicht der Umstand, daß niemand sich darum kümmerte, was in Südafrika vor sich ging. Die Regierung von P. W. Botha verhielt sich einfallslos und unflexibel, der Ausnahmezustand dauerte an. Unser hervorragender neuer Botschafter Robin Renwick und andere, die mit den wirklichen Entwicklungen im Lande vertraut waren, informierten mich jedoch über grundlegende Veränderungen, die vor sich gingen. Schwarze Gewerkschaften waren legalisiert; das Verbot von Mischehen war aufgehoben worden; die allgemeine Politik der gewaltsamen Vertreibung Schwarzer hatte, von Ausnahmen abgesehen, ebenso ein Ende gefunden wie die ausschließliche Vergabe bestimmter Jobs nur an Weiße und die sehr unbeliebten Paßgesetze. Noch bedeutsamer war, daß die Apartheid am Arbeitsplatz, in Hotels, Büros und in den Stadtzentren praktisch der Vergangenheit angehörte. Die Aufhebung des Gesetzes zur Rassentrennung (Separate Amenities Act) war vorgeschlagen worden, und die Chancen dafür standen gut. All dies zeigte, daß die »Apartheid«, von der die Linke weiterhin redete, vielleicht noch nicht tot war, aber doch zumindest in den letzten Zügen lag. Doch dafür wurde Südafrika keine Anerkennung zuteil, sondern nur gedankenlose Feindseligkeit.

Ich war weniger denn je gewillt, Maßnahmen zuzustimmen, die die südafrikanische Wirtschaft schwächen und damit den Reformprozeß verlangsamen würden. Deshalb war ich, als die Commonwealth-Gipfelkonferenz des Jahres 1987 in Vancouver näherrückte, nach wie vor nicht kompromißbereit. In mancher Hinsicht hatte ich dieses Mal einen leichteren Stand als in Nassau oder London. Wahrscheinlich würde sich die Konferenz in erster Linie mit Ereignissen auf den Fidschi-Inseln und in Sri Lanka zu befassen haben. Meine Haltung zu Sanktionen war darüber hinaus gut bekannt, und zudem hatte der Widerstand gegen meine Position zu Hause nachgelassen: Bei der Londoner Konferenz hatte ich mit meiner Argumentation zur Frage der Sanktionen deutlich an Boden gewonnen. Trotzdem würde es nicht gerade leicht werden. Ich hatte den Eindruck, als wollten die Kanadier, unsere Gastgeber, afrikanischer sein als die Afrikaner – nicht zuletzt, weil man in Ländern wie Simbabwe wußte, daß sie sich eine Durchführung von Sanktionen in vollem Umfang gar nicht leisten konnten und hofften, wir würden das für sie erledigen. Brian Mulroney machte sich für ein Komitee der Commonwealth-Außenminister stark, das die Ereignisse in Südafrika beobachten sollte. Das betrachtete ich nicht nur als Zeitverschwendung, sondern als einen Schuß nach hinten, was ich ihn am Vorabend der Konferenz auch wissen ließ. Ich bemerkte, ein solches Komitee sei nur dazu gut, die Eitelkeit der Staatschefs des Commonwealth zu befriedigen, und ich würde diesen Vorschlag in aller Öffentlichkeit scharf kritisieren. Auch mit Präsident Kaunda führte ich ein Vorgespräch. Er stand unter Druck, da er die Wirtschaft seines Landes so weit ordnen mußte, daß sie den Anforderungen des Internationalen Währungsfonds entsprach. Unsere Standpunkte zu Südafrika hatten sich nicht angenähert. Ich äußerte mein Bedauern darüber, daß ich, abgesehen von meiner Teilnahme an der Commonwealth-Konferenz 1979 in Lusaka, noch nie in Afrika gewesen war. Darauf antwortete er, in Afrika hätte ich ohnehin nichts verloren, was mich sehr erboste. Ich hielt ihm entgegen, er selbst habe mich immerhin bei der Konferenz in Lusaka beauftragt, Rhodesien als Simbabwe in die vollständige Unabhängigkeit zu führen, und das hätte ich auch getan. Doch seine kurzangebundene Bemerkung festigte in mir die Absicht, bald einige schwarzafrikanische Länder zu besuchen

In meiner Rede vor dem Plenum wies ich darauf hin, wie schädlich sich Sanktionen und ein Investitionsstop auf jene auswirken würden, denen wir doch eigentlich helfen wollten. Als Beispiel führte ich eine australische Firma an, die erst vor kurzem eine Fischfabrik in der Nähe von Kapstadt geschlossen hatte, wodurch 120 schwarze Arbeitskräfte ihre Stelle verloren hätten. Ich fügte hinzu, ein generelles Exportverbot für Obst und Gemüse würde Südafrikas schwarze Bevölkerung 100 000 bis 200 000 Arbeitsplätze kosten – und keiner der Betroffenen habe eine Sozialversicherung, von der er leben könne. Etwas provokativer war meine nächste Bemerkung, ich könne gut verstehen, weshalb die Nachbarländer Südafrikas keine vollständigen Sanktionen verhängt hätten. Schließlich würden 80 Prozent des Außenhandels von Simbabwe über Südafrika abgewickelt. Eine Million Saisonarbeiter verdiene dort ihren Lebensunterhalt, und das Bruttosozialprodukt von Lesotho bestehe zu mehr als der Hälfte aus den Geldsendungen dieser Menschen. Aus diesen Gründen sei ich mehr denn je davon überzeugt, daß Sanktionen das Problem nicht lösen könnten. Aber solche Argumente stießen bei jenen, die ohnehin nicht umlenken wollten, natürlich auf taube Ohren.

Wie üblich, wurden die wichtigen Entscheidungen auf die – dieses Mal gnädigerweise kurze – »Klausur« in Lake Okanagan Resort in den Bergen verschoben. Die Diskussionen und Mahlzeiten fanden in einem Hotel statt, untergebracht wurden die Teilnehmer in kleinen Ferienhäusern in der unmittelbaren Nachbarschaft. Es war bitterkalt in Lake Okanagan, was den Afrikanern natürlich mehr zu schaffen machte als mir. Sie erschienen in Dekken eingewickelt im Hotel. Rajiv Gandhi war offensichtlich der Meinung, Bewegung sei das beste Mittel gegen Kälte; er kam immer im Jogging-Anzug zu den Sitzungen.

Die Atmosphäre bei unseren Diskussionen war auch nicht gerade herzerwärmend. Ich war nicht gewillt, einem Entwurf für ein Kommuniqué zuzustimmen, den sie befürworteten. Bei einem Essen, das Rajiv Gandhi in Vancouver gab, mußte ich mir 45 Minuten lang die Beine in den Bauch stehen, bis die anderen Regierungschefs endlich auftauchten. Sie hatten eine Pressekonferenz zum Thema Südafrika gegeben, von der ich nicht verständigt worden war – geschweige denn, daß man mich dazu eingeladen hätte.

Aber wir hatten getan, was wir konnten. Als Antwort auf die scheinheilige Kritik unserer kanadischen Gastgeber hatte ich Zahlen bekanntgegeben, welche belegten, daß die Importe Kanadas aus Südafrika gestiegen waren. Außerdem war dies ein zweckdienlicher Kommentar zur Frage der Aufrichtigkeit der Regierungschefs des Commonwealth. Nicht nur der kanadische Premierminister Mulroney, sondern offenbar auch alle anderen Anwesenden schienen zutiefst entrüstet darüber, daß jemand ihrer Rhetorik Fakten entgegensetze. Mein Verdacht, daß die Linie der führenden Politiker nicht den Ansichten des Mannes auf der Straße entsprach, wurde erhärtet, als mir eine Menschenmenge in Vancouver einen begeisterten Empfang bereitete: »Bleib am Ball, Mädel, bleib am Ball, Mädel!« rief ein Mann immer wieder. Und dazu war ich entschlossen.

Besuche in Schwarzafrika

Was immer Kenneth Kaunda denken mochte, ich war nunmehr entschlossen, Schwarzafrika einen Besuch abzustatten. Es erschien mir absurd, daß die öffentliche Diskussion über Südafrika mir dabei im Weg stehen sollte. Aus vertraulichen Gesprächen mit afrikanischen Staatsmännern wußte ich nur zu gut, daß viele von ihnen engere Beziehungen zu Großbritannien wünschten, und im allgemeinen schätzten sie auch eine Politik der Stärke. In der afrikanischen Politik kommt man ohne Hartnäckigkeit ohnehin nicht sehr weit. Auch beabsichtigte ich, meinen Besuch

für ein Vorhaben zu nutzen, das während meiner restlichen Amtszeit als Premierministerin sogar noch an Bedeutung gewinnen sollte: Ich wollte die Botschaft verbreiten, daß Reprivatisierung, eine
straffe Finanzpolitik und freie Marktwirtschaft sich zur Steigerung des Wohlstsands in unterentwickelten Ländern ebenso eignen wie im wohlhabenden Westen. Für meine erste politische Safa-
ri in Afrika wählte ich Kenia und Nigeria, und zwar aus guten
Gründen.

Unter den bedeutenden Staaten Schwarzafrikas orientierte sich
Kenia am stärksten am Westen und der freien Marktwirtschaft.
Nigeria dagegen ist der volkreichste Staat des Kontinents – jeder
vierte Afrikaner ist Nigerianer –, und es wäre ein Land mit unge-
heuren Möglichkeiten, wenn es ihm gelänge, Ordnung in seine
Staatsfinanzen und seine Verwaltung zu bringen. Sowohl der kenia-
nische Präsident Moi als auch General Babangida von Nigeria
waren pro-britisch eingestellt, wenngleich die Nigerianer in dieser
Hinsicht zur Unbeständigkeit neigten und sich in der Südafrika-
Frage sogar äußerst feindselig verhielten. In beiden Ländern war
Großbritannien der größte ausländische Investor, und im Falle
Kenias leistete es auch den größten Anteil der Entwicklungshilfe.

Ich traf am Abend des 4. Januar 1988 in Nairobi ein und wurde
von Präsident Moi empfangen. Er wirkte ernst und würdevoll,
und seine Art erinnerte ein wenig an einen Stammeshäuptling. Wir
verstanden uns sehr gut. Über Südafrika waren wir zwar uneins,
doch er vertrat eine gemäßigte Linie, und auf den Common-
wealth-Konferenzen war er stets einer der Vernünftigsten.

Denis und ich sowie unsere Begleiter waren im Gästehaus der
Regierung untergebracht, das allerdings einige Wünsche offen
ließ. Als Denis ein Bad nehmen wollte, gab es kein Wasser; es muß-
te in Mülleimern aus dem Keller hochgebracht und dann auf dem
Gasherd in der Küche erhitzt werden. Und kaum hatten wir heißes
Wasser, da gingen die Lichter aus.

Aber wenn wir auch Probleme mit Licht und Wasser hatten, bei
dem Empfang, der uns zuteil wurde, gab es keine. Präsident Moi,
der es über alles liebte, Nairobi zu verlassen und aufs Land hinaus-
zufahren, begleitete mich auf einer faszinierenden Rundreise.
Kenia hat im Gegensatz zu anderen afrikanischen Ländern nie die
Bedeutung der Landwirtschaft aus den Augen verloren, und man

unternahm große Anstrengungen, um Verbesserungen auf diesem Sektor zu erzielen. Ich besuchte ein landwirtschaftliches Ausbildungszentrum der Massai, wo ich die Rinder begutachtete, wanderte durch eine Teeplantage und lernte einen polygam lebenden Zuckerfarmer mit 23 wohlgeratenen Kindern kennen. Schließlich zeigte man mir noch eine sogenannte »Geflügelzucht von Frauen« (»Women's Poultry Project«). Der Besuch dieser Einrichtung, eines landwirtschaftlichen Musterkleinbetriebs, war von der britischen Behörde für Entwicklungshilfe, der British Overseas Development Agency (ODA), vorgeschlagen worden. Doch als die kenianische Regierung erfuhr, daß ich dorthin fahren würde, ließ sie das ganze Anwesen überholen und für die Hühner geradezu luxuriöse Ställe errichten, was natürlich den Sinn dieses Besuches praktisch zunichte machte. Aber wo ich auch hinkam, überall wurde mir ein herzlicher Empfang bereitet. Die Verbitterung der fünfziger Jahre war endgültig vergessen. Dies war ein ermutigender Auftakt.

Anschließend flog ich zu einem Kurzbesuch nach Nigeria. Am Morgen des 7. Januar, einem Donnerstag, kam ich in Lagos an und führte gleich darauf Gespräche mit General Babangida. Der General war ein tatkräftiger, intelligenter Mann, der die Wirtschaft Nigerias voranzubringen suchte und eine Wiedereinführung der Demokratie anstrebte. Daß wir Nigeria bei seinen Verhandlungen mit dem IWF geholfen hatten, kam uns jetzt zugute. General Babangida schien offen für meine Vorschläge, die Inflation und das Handelsdefizit des Landes zu drosseln und Garantien für ausländische Investoren zu gewährleisten. Auch über die Gefahren der sowjetischen und kubanischen Einmischung in Afrika waren wir einer Meinung.

Am nächsten Tag flog ich in den äußersten Norden des Landes, um als Gast des Emirs von Kano einem Durbar beizuwohnen. Die Landung wurde durch den feinen Saharastaub erschwert, der in der Luft schwebte. Denis saß im Cockpit des Flugzeugs; er erzählte mir später, man habe bei der Landung nur ungefähr 30 Sekunden lang Sicht gehabt. Diese wirkliche Gefahr wurde jedoch von der britischen Presse zugunsten einer herbeigeredeten völlig unterschlagen. Auf dem Weg zur Loge des Emirs, von der aus ich die Parade der Reiter zu Pferd und Kamel beobachten sollte, verlor ich meine Mitreisenden aus den Augen. Sie wurden von einer begeisterten Menge bedrängt, und einige ängstliche Sicherheitsbeamte, die sich über die Identität meiner Begleiter nicht ganz im klaren waren, setzten ihnen ziemlich zu. Bernard Ingham erhielt mit einem Gewehrkolben einen derben Stoß in den Magen. Später rief mein Persönlicher Referent Nigel Wicks besorgt an und fragte, ob wir alles gut überstanden hätten. Tatsächlich hatte ich das ganze Tohuwabohu gar nicht bemerkt und mich sehr gut amüsiert; nur mußte ich die ganze Zeit, während die völlig in Staubwolken eingehüllten Reiter auf den Emir, Denis und mich zuhielten, meinen schicken Hut in den Nationalfarben Nigerias festhalten. Am Ende machte man mir auch noch ein Pferd zum Geschenk; aber ich fand, daß das Tier sicher hier mit seinen Kameraden glücklicher sein würde als in einem Stall in England, und bat meine Gastgeber, es für mich zu behalten.

Der Erfolg dieses Besuches überzeugte mich davon, im darauffolgenden Jahr einen noch ehrgeizigeren Ausflug nach Afrika ins Auge zu fassen, der nun vorbereitet werden sollte. Ich wollte als erstes Marokko besuchen – das eigentlich zur arabischen Welt gehört –, und danach Simbabwe, Malawi, möglicherweise Namibia und noch einmal Nigeria.

König Hassan von Marokko, dessen Rolle in der Nahostpolitik ständig unterschätzt wird, erfreute sich bereits meiner größten Wertschätzung. Ich hatte ihn zwei Jahre zuvor kennengelernt, als er zu einem Staatsbesuch in London gewesen war. Damals hatten wir uns hauptsächlich über den arabisch-israelischen Konflikt und die militärische Zusammenarbeit zwischen Großbritannien und Marokko unterhalten. Der König ist nicht nur ein hochgebildeter Mann – er spricht ein halbes Dutzend Sprachen und kann in jeder aus dem Stegreif eine Rede halten –, er hat auch eiserne Nerven. Als er mir von seinen Maßnahmen zum Schutz gegen weitere Mordanschläge erzählte, begriff ich, daß er ebenso wie ich wußte, was es hieß, ein mögliches Opfer terroristischer Attentate zu sein.

Auf dem Weiterflug nach Simbabwe machte ich noch eine Zwischenlandung in Lagos. General Babangida empfing mich zu einem kurzen Essen am Flughafen. Ich freute mich, von ihm zu hören, daß Nigeria sein wirtschaftliches Reformprogramm nicht nur vorantrieb, sondern sogar noch radikaler gestaltete. Mit unserer Hilfe hatte das Land die Unterstützung des IWF und seiner wichtigsten Kreditgeber erhalten sowie eine Umschuldung im öffentlichen Sektor erreicht. Ein künstliches Staatsgebilde wie Nigeria zu regieren, das in einen moslemischen Norden und einen christlich-heidnischen Süden geteilt ist –, das stellt keine leichte Aufgabe dar, schon gar nicht unter schwierigen wirtschaftlichen Bedingungen.

Abends gegen zehn Uhr traf ich in Harare ein, wo ich von Robert Mugabe und einem in gleißendes Licht getauchten lärmenden Stammesschauspiel empfangen wurde. Es waren fast zehn Jahre vergangen, seit ich die Lancaster House Conference zusammengerufen hatte, die zu Mugabes friedlicher Machtübernahme in Simbabwe führte. Seither hatte Großbritannien mehr als 200 Millionen Pfund für Entwicklungshilfe und militärische Ausbildung zur Verfügung gestellt, und es war auch der größte Investor im Land. Neben Südafrika hatte Simbabwe immer noch eines der gesündesten Wirtschaftssysteme in Afrika. Allerdings forderten Mugabes doktrinärer Sozialismus, sein Argwohn gegenüber ausländischen Investitionen und sein Widerstand gegen die Vorschriften des IWF und der Weltbank ihren Tribut. Ich hatte wenig Grund zu erwarten, daß ich ihn in der Frage der Sanktionen gegen Südafrika von meinem Standpunkt überzeugen konnte, doch hoffte ich, ihm zumindest die Notwendigkeit für einen Wandel seiner Wirtschaftspolitik nahelegen zu können. Dies versuchte ich bei unserem Gespräch am nächsten Morgen, indem ich meine eigene Wirtschaftspolitik im Vereinigten Königreich beschrieb, wo wir den Staat als Wirtschaftsfaktor zurückdrängten und das freie Unternehmertum förderten: Das, erklärte ich, sei der Grund, weshalb unsere Wirtschaft wachse und uns in den Stand versetze, Entwicklungshilfe für Simbabwe zu leisten. Außerdem wies ich auf eine kürzlich erstellte Studie der Weltbank hin, welche belegte, daß jene afrikanischen Länder, die sich an vom IWF vorgeschlagene Programme hielten, in der ökonomischen Entwicklung die größeren Fortschritte erzielten. Präsident Mugabe erkannte daraufhin zumindest prinzipiell die Notwendigkeit eines gesetzlichen Rahmens für Investitionen an, um ausländischen Investoren Sicherheiten zu bieten. Ich war jedoch nicht überzeugt, ob meine anderen

Empfehlungen Anklang fanden. Allerdings sprachen wir auch viel über die Situation in den Nachbarstaaten Simbabwes, vor allem in Moçambique. Über dieses Land sollte ich in Kürze noch mehr erfahren.

Am späten Vormittag flog ich mit Präsident Mugabe nach Nyanga in ein Ausbildungslager an der Grenze zwischen Moçambique und Simbabwe. Dort empfing mich Präsident Chissano. Zu dritt aßen wir zu Mittag in einem auf einer Klippe aufgebauten Zelt, von dem aus man ein tiefes Tal überblicken konnte. Danach beobachtete ich, wie britische Soldaten Moçambiquaner zum Einsatz gegen die Renamo-Guerilleros ausbildeten. Ich mußte daran denken, wie unmöglich dies noch 1979 gewesen wäre, als ich versuchte, in Rhodesien wieder Frieden und Gesetzlichkeit herzustellen. Vermutlich wäre es jenen unter meinen linken Kritikern, die meinen Widerstand gegen Sanktionen für eine Art rassistischen Impuls hielten, noch unwahrscheinlicher vorgekommen.

Am nächsten Abend – man schrieb Donnerstag, den 30. März – flog ich von Harare nach Blantyre in Malawi. Das war eine kurze Strecke, und deshalb flog meine VC 10 tiefer als gewöhnlich – zu tief für eine angenehme Reise, denn einmal wurden wir von Renamo-Rebellen beschossen. Zum Glück konnten sie keinen Treffer landen. Bei der Ankunft empfing mich Präsident Banda, und auch hier begrüßte mich ein von Stammesangehörigen in Szene gesetztes, farbenfrohes Schauspiel, das mir unvergeßlich blieb. Präsident Banda war ein außergewöhnlicher Mann. Er war vermutlich schon über 90 Jahre alt, aber immer noch geistig hellwach und humorvoll. Fast im Alleingang hatte er den Aufbau in Malawi gestaltet, einem armen Land, das aber eine stabile Finanzlage und eine klug entwickelte Landwirtschaft vorweisen konnte. Ich wurde im Sanjika-Palast, seiner offiziellen Residenz, untergebracht, wo er dunkle, formelle Kleidung und einen schwarzen Hut zu tragen pflegte, den er stets lüftete, wenn wir uns im Flur begegneten. Sein Regime hatte leider auch eine andere, weniger angenehme Seite. Regierungsgegner landeten sehr schnell im Gefängnis, und wenn Unternehmer – wie einige der Asiaten meines Londoner Wahlkreises – versuchten, ihr Geld außer Landes zu schaffen, wurde ihr gesamter Besitz konfisziert.

Früh am nächsten Morgen flog ich mit einem Hubschrauber

zum Flüchtlingslager Mankhokwe an der Grenze zu Moçambique. Den größten Teil der Strecke überflogen wir Berge, die gegen
Ende des Flugs in eine Ebene ausliefen. Dort war ein riesiges Lager
für über 600 000 Menschen errichtet worden, die vor dem Bürgerkrieg in Moçambique geflohen waren. Was sie mir über die Greueltaten und die Schreckensherrschaft der Renamo in ihren Dör-
fern berichteten, war entsetzlich. Ich sprach mit einigen Menschen, die erst vor kurzem hierher gekommen waren: Sie hatten
tagelang nichts gegessen und waren nur nachts vorwärtsgekom-
men. In ihren Augen stand die totale Erschöpfung zu lesen. Nach
diesem Erlebnis konnte ich die Renamo nicht mehr als eine Truppe
antikommunistischer Freiheitskämpfer betrachten, wie manche
rechtslastigen Amerikaner es taten; das waren Terroristen.

An diesem Abend gab Präsident Banda ein Staatsbankett für
mich, an das ich noch lange denken werde, nicht nur weil es über
fünf Stunden dauerte. Jedes Gericht, das aufgetragen wurde,
reichte man zuerst dem Präsidenten, bevor es den Gästen angeboten wurde. Besondere Aufmerksamkeit schenkte ich einem riesigen Hähnchen aus Schokolade – ich kann Schokolade einfach
nicht widerstehen. Während des ganzen Essens sangen und tanz-
ten Zulus für uns. Dann erhob sich Dr. Banda, um zu sprechen.
Eine Stunde später war er mit dem Bericht über sein Leben und seine Erfahrungen gerade bei 1945 angelangt; einige der Gäste waren
tatsächlich eingeschlafen. Seine Tischdame erinnerte ihn nun
etwas unsanft daran, wie lange er schon redete, woraufhin er die
nächsten 43 Jahre innerhalb von fünf Minuten abhandelte. In
Anbetracht der bereits genügend strapazierten Gäste faßte ich
mich dann entsprechend kurz.

Nur wenige wußten, daß ich von Blantyre nach Windhuk in Namibia fliegen wollte; die uns begleitenden Pressevertreter wurden davon
erst während des Fluges unterrichtet. Der Plan der UNO, Namibia
(das frühere Südwestafrika) in die Unabhängigkeit zu entlassen, war
in den späten siebziger Jahren gefaßt worden; aber er konnte erst
jetzt, nachdem sich die Regierung Südafrikas zu Zugeständnissen
bereit erklärt hatte, in die Tat umgesetzt werden. Die Resolution 632
des UN-Sicherheitsrates vom 16. Februar 1989 sollte am Samstag,
dem 1. April, in Kraft treten – dem Tag, an dem ich in Windhuk eintraf. Für die zweite Jahreshälfte waren Wahlen vorgesehen.

Bei meiner Ankunft wurde ich von den drei wichtigsten Personen des Landes empfangen – dem UNO-Repräsentanten Ahtisaari, General Prem Chand, dem Kommandeur der UNO-Truppen, und dem südafrikanischen Generaladministrator Pienaar. Anschließend waren Denis und ich im Basislager des kleinen britischen Truppenkontingents zum Mittagessen eingeladen. Am Nachmittag besichtigten wir die Rossing-Uranmine, deren Unterkünfte und soziale Einrichtungen für die Beschäftigten mich sehr beeindruckten, und danach kehrten wir zurück nach Windhuk. Es lag mittlerweile auf der Hand, daß die Lösung der UNO für das Namibia-Problem höchst gefährdet war. In krasser Mißachtung früher gegebener Garantien sickerten Hunderte von schwerbewaffneten SWAPO-Kämpfern über die angolanische Grenze in das Land ein. Die Beteuerungen des SWAPO-Führes Sam Nujoma, es könne sich bei den Eindringlingen nur um verkleidete Südafrikaner handeln, denn seine Organisation halte sich strikt an den vereinbarten Waffenstillstand, überzeugte mich nicht im mindesten.

Gleichzeitig war ich jedoch überzeugt, daß die einseitige Reaktion Südafrikas darauf, nämlich der Einsatz eigener Truppen gegen die SWAPO, mehr schadete als nützte – vor allem Südafrika selbst. Am Flughafen in Windhuk traf ich mit dem südafrikanischen Außenminister Pik Botha zusammen. Ich sagte ihm, die SWAPO habe sich ins Unrecht begeben, und deshalb müsse Südafrika nun erst recht absolut korrekt reagieren. »Setzen Sie sich nie ins Unrecht«, belehrte ich ihn, »vor allem, wenn Ihre Gegner es gerade getan haben.« Ich fügte hinzu, er müsse sich mit dem UNO-Vertreter und General Prem ins Einvernehmen setzen und ihre Zustimmung einholen, bevor er Truppen in Marsch setzte. Den UNO-Repräsentanten Ahtisaari rief ich selbst an, um ihn über die Situation zu unterrichten.

Die UNO gestattete Südafrika tatsächlich, seine Truppen einzusetzen; doch nun war es ein legaler Vorgang. Eine volle Konfrontation wurde vermieden; die SWAPO-Truppen wurden aufgefordert, sich an Sammelpunkten zu melden, von denen aus sie durch Einheiten der UNO über die Grenze eskortiert wurden; ein neuer Waffenstillstand trat in Kraft – und dieser hielt. Im Herbst des Jahres gewann die SWAPO die Wahlen für die Verfassungsgebende

Versammlung Namibias; Sam Nujoma wurde zum Präsidenten gewählt. Als ich im September 1990 bei den Vereinten Nationen war, dankte er mir für mein damaliges Eingreifen. Eigentlich hielt ich nicht viel von der SWAPO. Aber ich glaube, ein friedlicher Wandel in Südafrika war nur möglich durch eine Lösung des Namibia-Problems: Ich war die rechte Person am rechten Ort zur rechten Zeit.

Allerdings hatten meine Aktivitäten in Schwarzafrika weder großen Einfluß auf die Meinung der Commonwealth-Mitglieder, noch schienen sie viel in Südafrika zu bewirken.

Rhetorik und Realität in Südafrika 1989/90

Ich war immer der Ansicht gewesen, daß es keine grundlegenden Reformen geben würde, solange P. W. Botha Präsident war. Doch im Januar 1989 erlitt er einen Schlaganfall. Im Februar übernahm F. W. de Klerk den Vorsitz der National Party, und im August wurde er Bothas Nachfolger im Amt des Präsidenten. Es war sicherlich richtig, dem neuen südafrikanischen Staatschef Gelegenheit zu geben, sich im Amt zu etablieren, ohne daß sich das Ausland sofort in ungeschickter Weise in die Angelegenheiten seines Landes einmischte.

Die Commonwealth-Konferenz 1989 sollte im Oktober des Jahres auf Einladung Dr. Mahathirs in Kuala Lumpur stattfinden. Ich fuhr dorthin mit dem neuen Außenminister John Major und dem noch festeren Entschluß, mich auf keine weiteren Sanktionen mehr einzulassen. Zudem versuchte ich, das Interesse der Konferenzteilnehmer auf die großen Veränderungen zu lenken, die nun in der Welt vor sich gingen. Dazu führte ich eine Sitzung zur »weltpolitischen Lage« ein, bei der ich vor allem auf den Umbruch in der Sowjetunion und seine internationalen Auswirkungen aufmerksam machte. Ich wies darauf hin, daß nun die Aussicht bestehe, regionale Konflikte – nicht nur in Afrika – zu lösen, die bisher durch die weltweite Subversionstätigkeit des Kommunismus verschärft worden seien. Weiter führte ich aus, daß wir uns nun mit Eifer für die Demokratie und ein noch viel freieres Wirtschaftssystem einsetzen müßten. Insgeheim hegte ich die Hoffnung, diese Botschaft würde bei den vielen anwesenden Vertretern unfreier, kollektivistisch ausgerichteter Commonwealth-Länder auch wirklich ankommen.

Doch bei der Debatte über Südafrika brach die ganze alte Gehässigkeit wieder hervor. Bob Hawke und Kenneth Kaunda plädierten mit Nachdruck für Sanktionen. Ich wandte mich dagegen und verlas einen Brief, den ich kürzlich von einer britischen Firma erhalten hatte. Das Unternehmen hatte in Südafrika Ananaskonserven produziert, doch war ihm der Zugang zu den Märkten in den USA und in Kanada aufgrund von Sanktionen verwehrt worden, weshalb eine Schließung unvermeidlich wurde. 1 100 schwarze und 40 weiße Südafrikaner waren dadurch arbeitslos geworden. Nur so, erklärte ich, würden Sanktionen »funktionieren«. Dann nannte ich Zahlen, welche belegten, daß der Anteil Großbritanniens an südafrikanischen Importen und Exporten während der letzten acht Jahre stärker gefallen war als jener der anderen Commonwealth-Staaten, wobei dieser ehemalige britische Anteil hauptsächlich von Japan und Deutschland übernommen wurde. Ferner wies ich darauf hin, daß Großbritannien viel Unterstützung für schwarze Südafrikaner leistete, und zwar für Ausbildungs- und Wohnungsprojekte sowie die Entwicklung ländlicher Gebiete. Hinzu kämen noch Hilfsmaßnahmen für Flüchtlinge aus Moçambique und für Südafrikas Anrainerstaaten. Wir unterstützen auch die »Operation Hunger«, die Millionen armer Südafrikaner mit Essen versorgt. Im Gegensatz dazu, meinte ich, sei es offenbar das Ziel vieler anderer Teilnehmer der Konferenz, die Zahl der Hungernden noch zu erhöhen.

Mittlerweile hatte ich mich an die bösartigen Attacken auf meine Person gewöhnt, die meine Commonwealth-Kollegen sosehr liebten. Für John Major allerdings war das eine völlig neue Erfahrung; er fand dieses Verhalten schockierend. Ich ließ ihn zur Ausarbeitung des Kommuniqué-Entwurfs in der Runde der anderen Außenminister zurück, während ich mich mit den anderen Regierungschefs »in Klausur« nach Langkawi begab. Dort erhielt ich einen Text zugefaxt, von dem die Außenminister offenbar glaubten, er sei für alle akzeptabel. Für mich war er allerdings nur annehmbar mit einer zusätzlichen, unzweideutigen Erklärung, in der ich unseren Standpunkt darlegte. Ich ließ eine solche ausarbeiten und zu John Major nach Kuala Lumpur zurückschicken. Im Gegensatz zu dem, was die Presse – die nach »Meinungsverschiedenheiten« fast ebenso gierte wie nach Berichten über Großbri-

tanniens »Isolation« im Commonwealth – in der Folge behauptete, war John mit der Veröffentlichung einer eigenen britischen
Erklärung völlig einverstanden; er fügte lediglich einige Passagen
hinzu, die ich wiederum guthieß. Ich vermute, zu diesem Zeitpunkt hatte auch er schon genug von der Commonwealth-Diplo-
matie. Doch die Tatsache, daß wir ein eigenes Dokument veröffentlichten, löste bei den anderen Regierungschefs des Commonwealth Empörung aus. Bei der Sitzung, auf welcher Dr. Mahathir
von der Tagung in Langkawi Bericht erstattete, protestierte Bob
Hawke gegen das Verhalten Großbritanniens; Brian Mulroney
pflichtete ihm bei. Diese Aktion war mit Sicherheit geplant – die
beiden waren schon zusammen zur Sitzung erschienen, und bevor
Bob Hawke sprach, gaben sie sich gegenseitig Zeichen. Ich erwiderte, daß ich niemandem eine Erklärung schuldig sei. Außerdem
fände ich es erstaunlich, daß irgend jemand Einwände dagegen
äußern würde, wenn ein Land eine eigene Haltung vertrete. Hawke und Mulroney hätten ihre Ansichten in Reden und auf Pressekonferenzen kundgetan, und Großbritannien habe dasselbe Recht
auf Redefreiheit wie sie. Damit war die Diskussion beendet.

1990 begannen sich in Südafrika die Veränderungen abzuzeichnen, auf die ich gehofft und für die ich gearbeitet hatte. Es gab
Hinweise, daß Nelson Mandela nach jahrelangem Druck auf Pretoria, nicht zuletzt von meiner Seite, nunmehr bald frei sein würde.
Ich teilte unserem dortigen Botschafter Robin Renwick mit, daß
ich es begrüßen würde, Präsident de Klerk in Chequers zu empfangen, wenn dieser im Frühjahr nach Europa reiste. Dann wies ich
das Außenministerium – dem das überhaupt nicht behagte – an,
auf die Freilassung Mandelas sofort durch eine Aufhebung oder
Milderung der von uns getroffenen Maßnahmen gegenüber Südafrika zu reagieren – und zwar zunächst der relativ unerheblichen
Maßnahmen, bei denen es keiner Rücksprache mit der Europäischen Gemeinschaft bedurfte.

Am 2. Februar des Jahres kündigte Präsident de Klerk die unmittelbar bevorstehende Freilassung Mandelas und anderer schwarzer
Führer an, ferner die Aufhebung des ANC-Verbotes und weiterer
politischer Organisationen der schwarzen Bevölkerung. Außerdem versprach er, den Ausnahmezustand baldmöglichst zu beenden. Daraufhin wies ich umgehend das Außenministerium an, nach

der Erfüllung dieser Versprechen sofort das »freiwillige« Investitionsverbot zu beenden und die anderen EG-Länder zum gleichen Schritt zu ermutigen. Ich bat Douglas Hurd – der mittlerweile Außenminister geworden war –, seinen Kollegen auf der bevorstehenden Konferenz der EG-Außenminister vorzuschlagen, die Restriktionen für den Ankauf von Krügerrand sowie für den Import von Eisen und Stahl aus Südafrika zu beenden. Außerdem beschloß ich, mich bei den anderen Regierungschefs für eine faktische Anerkennung der Geschehnisse in Südafrika einzusetzen.

Im April informierte mich der südafrikanische Minister für Verfassungsfragen, Dr. Gerrit Viljoen, über die Kontakte zwischen seiner Regierung und dem jetzt wieder von Nelson Mandela geführten ANC. Ich war enttäuscht darüber, daß Mandela ständig die ewig alten Phrasen wiederholte; sie mochten wohl für eine Organisation passen, der die Anerkennung verweigert wurde, nicht aber für eine, die eine führende oder zumindest dominante Rolle innerhalb der Regierung anstrebte. Die südafrikanische Regierung war mit der Ausarbeitung einer Verfassung beschäftigt, und sie bewegte sich dabei in Richtung auf ein Zweikammernsystem – ein Unterhaus, das in freien, öffentlichen Wahlen direkt gewählt werden sollte, und ein Oberhaus, in dem die Minderheiten besonders repräsentiert sein sollten. Dies sollte die für Südafrika so charakteristische große ethnische Vielfalt überbrücken helfen, wenngleich auf lange Sicht wohl nur eine Art von kantonalem System dies effektiv zu leisten vermag.

Als Präsident de Klerk im Mai zu seiner Europareise aufbrach, hatten bereits ernsthafte Gespräche mit dem ANC begonnen. Es freute mich, daß die südafrikanische Regierung auch Häuptling Buthelezi gebührenden Respekt einräumte. Dieser hatte sich als unbeugsamer Gegner eines gewaltsamen Umsturzes in Südafrika erwiesen, während der ANC für eine Revolution nach marxistischem Vorbild eingetreten war, wie sie von einigen seiner Mitglieder nach wie vor befürwortet wird.

Gespräch mit Präsident de Klerk und Nelson Mandela
Am Samstag, dem 19. Mai, trafen Präsident de Klerk und Pik Botha mit ihren Gattinnen zu Gesprächen in Chequers ein. Fast hatte ich den Eindruck, als habe de Klerk seit unserem letzten

Zusammentreffen vor einem Jahr an Größe zugenommen. Parallelen zu Präsident Gorbatschow kamen mir in den Sinn – wenngleich wahrscheinlich keiner der beiden Herren diesen Vergleich als angenehm empfunden hätte: Beide hatten in einem System der Ungerechtigkeit und Unterdrückung die Macht erlangt, und beide besaßen die visionäre Kraft und Klugheit, eine Veränderung dieses Systems einzuleiten. Meine Gespräche mit Präsident de Klerk konzentrierten sich auf seine Pläne, den ANC zur Anerkennung eines politischen und wirtschaftlichen Systems zu bewegen, das Südafrikas Zukunft als liberaler Staat mit freier Marktwirtschaft sichern sollte. Schon damals war die Gewalt zwischen Schwarzen, die noch erheblich zunehmen sollte, das größte Hindernis für jeglichen Fortschritt. Doch was die Aussichten für ein Übereinkommen mit dem ANC im Hinblick auf eine neue Verfassung anbelangte, war de Klerk optimistisch.

Wir sprachen darüber, was mit den Sanktionen geschehen solle. Er erklärte dazu, daß er nicht für jede Maßnahme, die er treffe, gleich eine Belohnung erwarte wie ein bettelndes Hündchen. Was er anstrebe, sei eine möglichst weitgehende internationale Anerkennung und Unterstützung seiner Arbeit, die zu einer grundlegend anderen Einstellung zu Südafrika führen solle. Das hielt ich für sehr vernünftig. Präsident de Klerk lud mich auch nach Südafrika ein. Ich erwiderte, daß ich seiner Einladung zwar sehr gerne Folge leisten würde, doch wolle ich ihm zum gegenwärtigen Zeitpunkt keine unnötigen Schwierigkeiten bereiten. Ich wußte, nichts konnte seine Verhandlungen mit Regierungen, deren Einschätzungen zu Südafrika sich als falsch herausgestellt hatten, mehr beeinträchtigen, als wenn ich jetzt seinem Land einen Besuch abstattete und damit praktisch verkündete, daß ich recht behalten hatte. (Ich bedaure in der Tat, daß ich Südafrika nie als Premierministerin besuchen und seine Einladung erst akzeptieren konnte, als ich bereits nicht mehr im Amt war.)

Am Mittwoch, dem 4. Juli, sprach ich in der Downing Street mit dem zweiten wichtigen Vertreter der südafrikanischen Politik, Nelson Mandela. Ich war bereits im Frühjahr kurz mit ihm zusammengetroffen, als er in Wembley an einem Konzert zu seinen Ehren teilnahm und dabei von der Medienlinken gefeiert wurde. Doch erst bei dieser zweiten Begegnung lernte ich ihn wirklich kennen.

Die Linke entrüstete sich darüber, daß er überhaupt gewillt war, mit mir zu sprechen. Aber anders als diese wußte er sehr genau, welche Art von politischem Druck letztlich zu seiner Freilassung geführt hatte. Nelson Mandela war ein äußerst höflicher, vornehmer Mann; doch was nach seinen langen Jahren des Leidens noch bemerkenswerter erschien – er war überhaupt nicht verbittert. Ich fand ihn sehr sympathisch, aber leider waren seine Ansichten völlig überholt; er schien in einer Art sozialistischem Anachronismus befangen zu sein, denn zumindest, was sein ökonomisches Denken anbelangte, hatte sich bei ihm wohl seit den 40er Jahren nichts mehr bewegt. Angesichts seiner jahrelangen Haft war dies vielleicht nicht verwunderlich, doch in den ersten Monaten nach seiner Freilassung wirkte es sich sehr nachteilig aus, da er seine ausgedienten Platitüden ständig wiederholte, was wiederum die übertriebene Erwartungshaltung seiner Anhänger festigte.

Ich konzentrierte mich bei unserem Gespräch auf vier Punkte. Als erstes drängte ich ihn, den »bewaffneten Kampf« einzustellen. Welche Rechtfertigung es dafür auch immer gegeben haben mochte, sie existierte nun nicht mehr. Zweitens sprach ich mich für die Argumente der südafrikanischen Regierung gegen eine Verfassunggebende Versammlung aus. Nach meinem Dafürhalten sollten sich die Regierung, der ANC, die Inkatha (Häuptling Buthelezis Organisation) und andere Gruppierungen jetzt auf eine Verfassung einigen, um das Vertrauen der weißen Bevölkerung nicht zu erschüttern und Recht und Ordnung aufrechtzuerhalten. Drittens versuchte ich, ihm deutlich zu machen, welchen Schaden sein Beharren auf Verstaatlichungen für ausländische Investitionen sowie für die Wirtschaft des Landes im allgemeinen bedeuten würde. Und schließlich teilte ich ihm noch mit, daß er meines Erachtens persönlich mit Häuptling Buthelezi sprechen sollte, wogegen er sich jedoch verwahrte. Dies sei, so erklärte ich, die einzige Möglichkeit, die gewaltsamen Ausschreitungen zwischen ANC und Inkatha zu beenden. Unsere Beziehung litt durch meine schonungslose Offenheit in keiner Weise. Trotz seiner sozialistischen Einstellung war ich der Überzeugung, daß Südafrika über einen Mann vom Format Nelson Mandelas froh sein konnte. Ich hegte die Hoffnung, er werde sich im ANC noch mehr durchsetzen – auf Kosten einiger seiner Genossen.

Kurz bevor ich aus dem Amt schied, besuchte mich Präsident de Klerk noch einmal in Chequers – am Sonntag, dem 14. Oktober. Seit ich im Juni mit Nelson Mandela gesprochen hatte, waren einige Fortschritte erzielt worden. Der ANC hatte in eine Einstellung des »bewaffneten Kampfes« eingewilligt, und beide Seiten hatten sich grundsätzlich auf Vereinbarungen über die Rückkehr südafrikanischer Exilanten und die Freilassung der noch inhaftierten politischen Gefangenen verständigt. Die noch verbliebenen Überreste des alten Apartheid-Systems wurden abgebaut. Die Landgesetze (Land Acts) sollten außer Kraft gesetzt werden, und das Meldegesetz (Population Registration Act) – der letzte legislative Stützpfeiler der Apartheid – sollte verschwinden, sobald eine neue Verfassung in Kraft trat. Nur im staatlichen Bildungswesen blieb die Rassentrennung bestehen, doch Fortschritte in dieser – für die weiße Bevölkerung – sehr heiklen Angelegenheit begannen sich auch hier abzuzeichnen. Allerdings hatte die Gewalt zwischen Schwarzen erheblich zugenommen, was die Atmosphäre bei den Verhandlungen sehr belastete.

Die Südafrikaner gingen in ihrem Bemühen um eine Aufhebung der verbliebenen Sanktionen sehr vorsichtig ans Werk. Der bedeutendste Beitrag hätte dabei vom ANC kommen können, doch in dessen Reihen weigerte man sich strikt einzusehen, daß Gründe für Sanktionen – soweit es solche je gegeben hatte – nicht mehr existierten. In der Europäischen Gemeinschaft lag die Schlüsselrolle für eine formelle Änderung der Politik jetzt bei Deutschland, doch aus innenpolitischen Gründen war Bundeskanzler Kohl noch nicht gewillt zu handeln. Ähnliche Motive veranlaßten auch die Amerikaner, abzuwarten. Aber Präsident de Klerk teilte mir mit, daß die meisten wirtschaftlichen Sanktionen in der Praxis zunehmend umgangen würden. Was Südafrika nun brauche, seien Kredite und Investitionen aus dem Ausland. (Tatsächlich wurden im Verlauf der nächsten Jahre immer mehr Sanktionen aufgehoben, und die internationale Staatengemeinschaft begann, Finanzhilfen für Südafrika bereitzustellen, um die durch Sanktionen verursachten Schäden wiedergutzumachen.)

Präsident de Klerk war enttäuscht darüber, daß die nächste informelle Gesprächsrunde mit dem ANC zur Frage der Verfassung, auf die er sehr gedrängt hatte, immer noch auf sich warten ließ. Je länger sich dieser Prozeß hinzog, desto mehr Gelegenheit hatten Hardliner beider Seiten, die Verhandlungen zu sabotieren. Das wichtigste Prinzip für de Klerk war eine Gewaltenteilung in der Exekutive. Niemand sollte im neuen Südafrika so viel Macht besitzen, wie er selbst derzeit innehatte. De Klerk meinte, der Bundesrat der Schweiz sei in mancherlei Hinsicht ein Modell für Südafrika. Dem konnte ich im großen und ganzen nur zustimmen. Nicht, daß ich hybride Verfassungen oder föderative Systeme sehr anziehend fände – doch in Staaten, in denen Bindungen gegenüber untergeordneten Gruppen mindestens ebensogroß sind wie gegenüber den übergreifenden staatlichen Institutionen, stellen sie vielleicht nicht den schlechtesten Ansatz dar. Es bleibt abzuwarten, ob auch die Führung des ANC gewillt ist, dies zu erkennen. Doch trotz den aus der Gewalt erwachsenden Gefahren und den Unzulänglichkeiten der verschiedenen politischen Gruppierungen ist Südafrika nach wie vor die stärkste Wirtschaftsmacht des Kontinents. Seine Bevölkerung verfügt über den höchsten Ausbildungsgrad. Es wäre eine Tragödie, wenn es diese Vorteile nicht nützen könnte zum Aufbau einer einzigartigen, die Rechte seiner Minderheiten respektierenden Demokratie auf der Grundlage einer freien Wirtschaft.

18

Spiel ohne Grenzen

Zwei unterschiedliche Visionen von Europa

Im Gegensatz zu Historikern und natürlich auch Verfassern von Memoiren, die die Konsequenzen politischer Entscheidungen nachträglich beurteilen können, wissen amtierende Politiker oft leider nicht, welche Folgen ihre Schritte haben. Im Rückblick würde ich sagen, daß während meiner zweiten Amtsperiode als Premierministerin die Europäische Gemeinschaft langsam, aber kontinuierlich ihren Charakter als Gemeinschaft freien Handels, weitgefaßter Vorschriften und unabhängig zusammenarbeitender souveräner Staaten einbüßte und sich immer mehr in Richtung Dirigismus und Zentralismus entwickelte. Ich kann nur betonen, daß dieser Wandel während jener Zeit noch nicht so deutlich sichtbar war. Denn gerade damals gelang es mir, eine dauerhafte finanzielle Lösung für die unausgeglichene Zahlungsbilanz des britischen Haushaltsbeitrags an die EG zu finden, innerhalb der Gemeinschaft eine größere Ausgabendisziplin durchzusetzen und Maßnahmen anzuregen, welche zu einem echten Gemeinsamen Markt führen sollten, der frei war von verstecktem Protektionismus. Von Anfang an war mir klar, daß es zwei konkurrierende Visionen eines vereinten Europas gab; doch damals hatte ich den Eindruck, daß unsere Vorstellung eines »Europe des Patries« (ein Europa unabhängiger, souveräner Staaten) mit einer freien Wirtschaft die vorherrschende war.

Heute schätze ich diese Periode in mancher Hinsicht anders ein. Die versteckten föderalistischen und bürokratischen Kräfte gewannen immer mehr die Oberhand, da eine Koalition aus sozialistischen und christdemokratischen Regierungen in Frankreich,

Spanien, Italien und Deutschland das Tempo der Integration verschärfte und die mit Sondervollmachten ausgestattete EG-Kommission den Regierungen ihre Vorstellungen für das weitere Procedere aufoktroyierte.

Erst in den letzten Tagen meiner Amtszeit und unter meinem Nachfolger sollte das wahre Ausmaß dieser Herausforderung deutlich werden.

Zur damaligen Zeit jedoch glaubte ich fest daran, daß Großbritannien eine starke und positive Rolle in der Gemeinschaft spielen würde, sobald erst einmal die Frage unseres Haushaltsbeitrags geklärt worden war und wir einen soliden Finanzrahmen geschaffen hatten. Ich selbst betrachtete mich, was Europa anging, eigentlich als Idealistin, auch wenn sich meine Ideale in mancher Hinsicht von denen unterschieden, die andere europäische Staatschefs mit unterschiedlicher Aufrichtigkeit beschworen. Bei einem Empfang für Mitglieder der konservativen Fraktion im Europaparlament am 8. März erklärte ich:

... ich möchte die Risse nicht zukleistern. Ich möchte erreichen, daß es keine Risse mehr gibt. Deshalb möchte ich ein neues Fundament errichten.

... ich möchte [die gegenwärtigen Probleme] lösen, so daß wir damit beginnen können, eine Gemeinschaft der Zukunft zu gestalten. Eine Gemeinschaft, die nach freierem Handel strebt, die die Grenzen innerhalb Europas und der übrigen Welt niederreißt, damit Waren, Kapital und Dienstleistungen frei ausgetauscht werden können; eine Gemeinschaft, die den Industrien von morgen einen Platz bietet; die sich tatkräftig daranmacht, die Probleme der Welt zu lösen, und nicht vor ihnen zurückschreckt; die politische Brücken über die Kluft der Spaltung in Europa schlägt und eine hoffnungsvollere Beziehung zwischen Ost und West herstellt; und die – mit dem Vorbild der in ihr herrschenden Stabilität und Demokratie – die demokratischen Kräfte auf der ganzen Welt stärkt.

Das ist meine Vision. Sie war auch die Grundlage für unseren Wahlkampf bei den Wahlen zum Europaparlament im Sommer dieses Jahres, bei denen wir außerordentlich gut abschnitten: Wir gewannen 45 der 81 Wahlkreise des Vereinigten Königreichs.

Die Reform der EG-Finanzen: Der britische Haushaltsbeitrag

Doch bevor diese weiter gesteckten Ziele in Angriff genommen werden konnten, mußte ich erst einmal das Verständnis und die Unterstützung der Regierungschefs der Gemeinschaft für unsere Position gewinnen. Eine Chance, die ich mir nicht entgehen lassen durfte, schien sich mit der Präsidentschaft der Franzosen in der ersten Hälfte des Jahres 1984 zu bieten. Durch die Sitzung des Europäischen Rates in Athen im Dezember 1983 – das einzige, was als Ergebnis festgehalten werden konnte, waren Unstimmigkeiten – war weithin der Eindruck entstanden, daß die Verhandlungen der Gemeinschaft auf das Niveau einer Farce abgesunken waren.[1] Präsident Mitterrand jedoch war, wie ich wußte, ein Mann, der gern diplomatische Erfolge für sich verbuchte, und deshalb hielt ich es für möglich, daß er zu diesem Zweck – zumindest in geringem Maße – nationale Interessen seines Landes zu opfern bereit war. Ich hatte mit ihm bereits im Januar (in Paris) und Anfang März (in Chequers) gesprochen. Außerdem hatten Geoffrey Howe und ich im Januar in Rom mit der italienischen Regierung Haushaltsfragen und andere Probleme erörtert. Im darauffolgenden Monat war Kanzler Kohl zu Gesprächen in die Downing Street 10 gekommen. All diese Unterredungen waren an sich zwar erfreulich, hatten aber keine konkreten Ergebnisse gezeitigt. Auch auf den beiden Treffen des Rats der Außenminister im Februar und März konnten keine Fortschritte erzielt werden. Dennoch hegte ich den berechtigten Optimismus, daß wir auf der Sitzung des Europäischen Rats in Brüssel am Montag und Dienstag, dem 19. und 20. März, eine dauerhafte und befriedigende Lösung für den britischen Haushaltsbeitrag finden würden.

Als ich in Brüssel eintraf, lagen bereits drei »Lösungsvorschläge« für die Haushaltsfragen vor – einer stammte von Gaston Thorn, dem Präsidenten der EG-Kommission, einer von den Deutschen und einer von dem französischen Präsidenten. Keiner dieser

Entwürfe entsprach unseren Vorstellungen, doch alle gründeten
sie sich auf das Prinzip, das unserem in Athen unterbreiteten Vorschlag einer »Höchstgrenze« zugrunde lag – daß der Wohlstand
eines Landes bei der Berechnung seines Beitrags berücksichtigt
werden müsse. Wir kamen jetzt endlich zur Sache. Zu meiner
Genugtuung hatte Präsident Mitterrand außerdem – im Gegensatz zu seinem griechischen Vorgänger – eine sinnvolle Tagesordnung festgelegt, die gleich zu Beginn die Erörterung der Ausgabendisziplin und des unausgeglichenen Haushalts vorsah. Nach der
Eingangsdiskussion zogen sich unsere Beamten zurück, um am
Text zum Haushalt zu arbeiten. Währenddessen beschäftigten wir
uns mit der Frage, wie die »Eigenmittel« der EG erhöht werden
konnten. Die anschließende Diskussion bewegte sich in vertrauten
Bahnen. Der Präsident der EG-Kommission verlangte eine Anhebung des gegenwärtig geltenden Mehrwertsteuerplafonds nicht
nur auf 1,4 Prozent, sondern sogar auf mindestens 1,6 Prozent.
Garret FitzGerald [der Regierungschef der Republik Irland;
A. d. Ü.] forderte einen Mindestsatz von 1,8 Prozent. Präsident
Mitterrand sprach sich für 1,6 Prozent aus. Helmut Kohl und ich
lehnten alle diese Vorschläge ab: Mehr als 1,4 Prozent würden wir
nicht gutheißen, und das auch erst, nachdem die offenen Fragen
zum Haushalt und zu den Agrarausgaben zufriedenstellend
geklärt worden waren.

Um 11.00 Uhr am nächsten Morgen sollte die Tagung fortgesetzt werden. Zuvor trafen sich Präsident Mitterrand und Kanzler
Kohl zu einem Arbeitsfrühstück – eine Einrichtung, die bei Treffen
des Europäischen Rats allmählich zur Tradition wurde. Allgemein
und wohl auch zu Recht wurde angenommen, daß bei dieser Gelegenheit die deutsch-französischen Absprachen getroffen wurden,
welche das Ergebnis so vieler Europagipfel nicht nur beeinflußten,
sondern in einigen Fällen auch grundlegend prägten. Nach seinem
Treffen mit Helmut Kohl sprach ich mit Präsident Mitterrand und
gewann den Eindruck, daß wir einem erfolgreichen Abschluß
zustrebten.

Als sich die Staats- und Regierungschefs am späten Vormittag
versammelten, ergoß sich zunächst ein Schwall euro-idealistischer
Phrasen über die Anwesenden. Kanzler Kohl und Präsident Mitterrand ergingen sich in poetischen Sentenzen über die Abschaf-

fung der Grenzkontrollen, der sie anscheinend eine hohe symboli-
sche Bedeutung beimaßen. Dann betonte Präsident Mitterrand,
daß beim Wettlauf im All Europa gegenüber den USA nicht ins
Hintertreffen geraten dürfe. Noch überschwenglicher zeigte sich
der italienische Außenminister, als er von der Rolle Europas als
Schutzmacht gegen eine »Militarisierung des Weltraums« sprach.
Ich hingegen fand es weitaus vernünftiger, daß wir uns auf die Klärung des EG-Haushalts konzentrierten, und so machten wir uns
endlich an die Arbeit.

Doch nun verflüchtigte sich die hochgemute Stimmung rasch.
Der irische Premierminister versuchte, eine Ausnahmeregelung
bei den Maßnahmen zur Reduzierung der Milchproduktion zu
erhalten, die von uns übrigen angestrebt wurden. Sie wurde ihm
verwehrt. Daraufhin berief er sich auf den »Luxemburger Kompromiß« und verließ die Sitzung. Um 16.00 Uhr wurde eine längere Tagungspause angesetzt, damit wir die neue Fassung des Entwurfs unserer Abschlußerklärung studieren konnten. Als wir
erneut zusammenkamen, griffen wir die Haushaltsfragen wieder
auf. Die Italiener und die Griechen wandten sich gegen ein dauer-
haftes Abkommen zur Senkung des britischen Netto-Haushalts-
beitrags, und zu allem Übel schien sich Präsident Mitterrand ihrer
Meinung anzuschließen. Ich schaltete mich in die Diskussion ein
und betonte, ich würde seit fünf Jahren für diese Sache kämpfen
und jetzt eine faire und dauerhafte Lösung erwarten. An diesem
Punkt (ob dies spontan geschah oder nach vorheriger Absprache
mit Präsident Mitterrand, weiß ich nicht) bot Kanzler Kohl Großbritannien eine Rückerstattung von 1000 Millionen ECU für
einen Zeitraum von fünf Jahren an – also wesentlich weniger, als
ich forderte, und noch dazu für eine begrenzte Frist. Nahezu
unvermittelt stimmten ihm Frankreich und die übrigen zu, und ich
sah mich plötzlich »isoliert«. Das Angebot lehnte ich ab. Nun ging
gar nichts mehr. Und so wurde bei dieser Sitzung des Europäischen
Rats keine gemeinsame Abschlußerklärung verabschiedet. Auf
einer Sitzung des Rates der Außenminister, die unmittelbar nach
dem Abbruch des Gipfels der Staats- und Regierungschefs stattfand, streuten Frankreich und Italien zusätzlich Salz in die Wunde,
indem sie verhinderten, daß wir unsere Rückerstattung für das
Jahr 1983 ausgezahlt bekamen.

Mit einem derart negativen Ergebnis hatte ich nicht gerechnet. Ganz unerwartet stand ich plötzlich vor der Frage, ob wir die Zahlung unseres Beitrags aussetzen sollten. Dies war sowohl rechtlich wie auch politisch ein Problem. Schon früher hatte man uns erklärt, daß wir in diesem Fall – also wenn wir unsere Beitragszahlungen aussetzten – vor dem Europäischen Gerichtshof mit großer Wahrscheinlichkeit nicht recht bekämen. In der gegenwärtigen Situation wurde unsere Position allerdings dadurch gestärkt, daß die Gemeinschaft jene Rückerstattungen ausgesetzt hatte, die uns nach früher getroffenen Abkommen zustanden. Vielleicht hätten wir bei einer juristischen Auseinandersetzung in jedem Fall den kürzeren gezogen. Doch vom politischen Standpunkt aus schien ein solcher Schritt durchaus vielversprechend – um uns auf diese Weise einen günstigen Kompromiß zu sichern. Dazu hätte allerdings die gesamte Regierungsfraktion geschlossen hinter uns stehen müssen. Leider gab es unter den Parlamentsabgeordneten der Torys jedoch einen harten Kern von Europa-Begeisterten, der sich bei jeder Streitfrage zwischen der EG und Großbritannien automatisch auf die Seite der Gemeinschaft schlug. Obwohl es sich nur um eine Minderheit handelte, beraubten sie uns des Vorteils, der in einmütigen Entscheidungen liegt. Doch wir hatten noch andere Trümpfe in der Hand.

Wie schon bei früheren Anlässen entschied ich mich, unsere Haushaltsbeiträge zurückzuhalten. Zu der grundlegenden Frage, ob es richtig gewesen war, das Angebot der EG auszuschlagen, gab es jedoch kaum abweichende Ansichten. Ein Brief eines meiner Parlamentskollegen begann mit den Worten:

Ein Hoch und herzlichen Glückwunsch zu Ihrer tapferen und absolut richtigen Haltung auf dem EG-Gipfel heute abend.

Neben den Erkenntnissen, die ich bei meinen Gesprächen mit einzelnen europäischen Regierungschefs in der Vorbereitungsphase zu wichtigen Gipfeltreffen gewann, konnte ich mich stets auf aktuelle Berichte unserer Botschaften und meiner Berater stützen, aus denen ich Rückschlüsse über die Absichten der betreffenden Regierung sowie über die Haltung von Öffentlichkeit und Presse in diesen Ländern ziehen konnte. Auf dem kommenden Gipfel würden Frankreich – das noch immer die Präsidentschaft innehatte – und Deutschland die beiden maßgeblichen Verhandlungspartner sein. Deshalb versuchte ich, Kanzler Kohl und Präsident Mitterrand dafür zu gewinnen, daß wir noch vor Beginn des Europawahlkampfs die Haushaltsfragen klärten. In dieser Hinsicht war ich sicherlich ein »besserer« Europäer als diese beiden: Denn die Öffentlichkeit in Großbritannien neigte insgesamt zu einer unnachgiebigen Haltung. Doch ich vermute, daß zumindest der französische Präsident eine Absprache mit Großbritannien bis nach den Wahlen hinauszögern wollte. Und so waren meine Versuche zum Scheitern verurteilt.

In den Tagen vor dem Gipfeltreffen gewannen wir den Eindruck, daß sich Präsident Mitterrand noch nicht endgültig zwischen zwei möglichen Strategien entschieden hatte – einer Lösung, die von den (präsidierenden) Franzosen als diplomatischer Triumph gefeiert werden konnte oder einem Fehlschlag, an dem dann einzig und allein das »perfide Albion« schuld war. Welches persönliche politische Kalkül auch immer dahinterstecken mochte – auch der französische Präsident forderte mittlerweile öffentlich eine »Wiederbelebung« der Gemeinschaft, ein Ruf, der sicherlich Musik in Helmut Kohls Ohren war. Deshalb war ich einverstanden, daß unsere eigenen Vorschläge für den bevorstehenden Gipfel zur Zukunft der Gemeinschaft reichlich mit europafreundlichen Phrasen ausgeschmückt wurden.

Die Absicht der präsidierenden Franzosen blieb weiterhin unklar. Ob sie selbst keine eindeutige Linie fanden oder uns nach bester gallischer Manier in Verwirrung stürzen wollten, konnten wir noch nicht herausfinden. Jedenfalls war eine ganze Anzahl von offenkundig unkoordinierten französischen Vorschlägen zur Klärung der Haushaltsfragen im Umlauf. Welche davon – wenn überhaupt eine – vom Präsidenten begünstigt wurde, war nicht zu erkennen. Am Vorabend des Gipfels brach Präsident Mitterrand mit betont zur Schau gestellter Nonchalance, die wohl Teil seiner psychologischen Kriegsführung war, nach Moskau auf.

Und welche Haltung vertraten die Deutschen? Es gab gewissen Grund zu Optimismus, denn offenbar war Kanzler Kohl sehr an einem erfolgreichen Abschluß des Gipfels interessiert. In Brüssel, wo man ihm die Schuld am Scheitern der Haushaltsverhandlungen gegeben hatte, war ihm vor Augen geführt worden, welch unangenehme Konsequenzen schlecht durchdachte Vorstöße nach sich zogen. Wir gingen davon aus, er würde die präsidierenden Franzosen unterstützen und möglicherweise einem Vorschlag zustimmen, der für Großbritannien vorteilhafter war als jener in Brüssel. Dabei kam uns zugute, daß er auf die Zustimmung der Gemeinschaft zu der aus politischen Gründen notwendig gewordenen Subventionierung der deutschen Agrarwirtschaft angewiesen war – und für Helmut Kohl stand die Innenpolitik stets an erster Stelle. Als das Land mit den mit Abstand höchsten Nettozahlungen an die EG wollten die Deutschen – ebenso wie wir – eine Obergrenze ihrer Beiträge festsetzen und sicherstellen, daß sie letzten Endes nicht allein für die Rückerstattung an Großbritannien aufkommen mußten. Doch sie blieben erstaunlich unkonkret in ihren Aussagen, wie sie das durchsetzen wollten.

Die Sitzung des Europäischen Rats von Fontainebleau

Am Montag und Dienstag, dem 25. und 26. Juni, fand eine Sitzung des Europäischen Rats in Schloß Fontainebleau vor den Toren von Paris statt. Auf dem kurzen Flug in der »Andover« von Northolt nach Orly rekapitulierte ich noch einmal unsere Strategie. Geoffrey Howe und ich schätzten die Lage ähnlich ein. Wir wollten auf diesem Gipfel in jedem Falle zu einem Abkommen gelangen, doch dieses mußte auch unseren Vorstellungen entsprechen. Dazu hatten wir gute Gründe. Die Ratspräsidentschaft würde von Frankreich auf Irland übergehen, was für uns keineswegs eine Verbesserung bedeutete – ganz im Gegenteil. Aus Gründen, die ich schon genannt habe, war der Umgang mit den Franzosen nämlich weitaus schwieriger, wenn sie nicht selbst die Präsidentschaft innehatten. Außerdem gab es keinerlei Abkommen über den Haushaltsausgleich, weder für das laufende Jahr noch für die Zukunft, und unsere Rückerstattung für 1983 von 750 Millionen ECU wurde nach wie vor zurückgehalten. Mittlerweile war ich bereit, nötigenfalls einer anderen Lösung als der von mir angestrebten zuzustimmen – vorausgesetzt, der Ausgleich wurde hoch genug bemessen und das Abkommen hatte dauerhaften Charakter.

Zur Mittagszeit traf ich in Schloß Fontainebleau ein, wo ich von Präsident Mitterrand und einer Ehrengarde empfangen wurde. Die Franzosen wissen, wie man solche Treffen stilgerecht gestaltet. Während die Regierungschefs in Versailles den Prunk des französischen »Grand Siècle« kennengelernt hatten, verkörperte Fontainebleau – erbaut unter Franz I. – die Blütezeit der französischen Renaissance. Das Mittagsmenü wurde in der Säulenhalle serviert, und dann begaben wir uns zur ersten Sitzung in den Ballsaal, der durch die Dolmetscherkabinen reichlich entstellt wirkte. Ohne Vorwarnung bat mich Präsident Mitterrand, die Tagung mit einem zusammenfassenden Bericht über die Ergebnisse des Weltwirtschaftsgipfels zu eröffnen, der kurz zuvor in London stattgefunden hatte. Dann vergingen zwei Stunden damit, daß die anderen ihre Ansichten dazu vortrugen. Ich wurde allmählich unruhig. War das eine Verzögerungstaktik? Endlich kamen wir zum Thema Haushalt. Wieder eröffnete ich die Diskussion; diesmal mit der Erklärung, weshalb ich sämtliche bisherigen Lösungsvorschläge für unbefriedigend hielt und weiterhin für unsere Vorstellungen eintrat. Nun folgte abermals eine Diskussion. Dann übertrug Präsident Mitterrand die Angelegenheit an die Außenminister, welche im weiteren Verlauf des Abends darüber beraten sollten. Darauf hatte ich gehofft; nicht zuletzt weil ich davon ausging, sie würden sich für das bereits in Brüssel vorgelegte – und von mir befürwortete – Konzept aussprechen. Der Europäische Rat wandte sich derweilen wieder allgemeinen Themen zu, insbesondere Präsident Mitterrands farbigem Bericht über seinen kürzlichen Moskau-Besuch.

Am Abend fuhren wir durch den Wald zurück zu unserem Hotel in Barbizon. Dieses kleine Dorf übt große Anziehungskraft auf Künstler und Feinschmecker aus. Jeder, der schon einmal in der dort ansässigen Hotellerie du Bas-Breau gespeist hat, weiß warum: Das Mahl war einfach köstlich![2] Während des Dinners überlegte ich, was uns die Außenminister wohl vorlegen würden. Als wir zum Kaffee kamen, ließen sich die Außenminister gerade auf der Terrasse nieder; und so vermuteten wir, sie hätten ihre Gespräche zum Abschluß gebracht. Weit gefehlt. Offensichtlich hatte der französische Außenminister Monsieur Cheysson seine Amtskollegen während des Dinners mit Anekdoten von seinem Moskau-Besuch unterhalten. Präsident Mitterrand gab sich keine Mühe, sein Mißfallen zu verhehlen, worauf sich die Außenminister eiligst zurückzogen, um sich mit den Haushaltsfragen zu beschäftigen. Wir, die Regierungschefs, sprachen eine Weile über die Zukunft der EG. Anschließend ging es um die Anzahl der EG-Kommissare nach der Erweiterung der Gemeinschaft durch den Beitritt Spaniens und Portugals. Ich war die einzige, die dafür eintrat, daß die Zahl der EG-Kommissare auf einen pro Land beschränkt und ihre Gesamtzahl von siebzehn auf zwölf vermindert wurde. Ich fragte Monsieur Thorn, mit dem ich oft übereinstimmte (denn er hatte nicht solch überzogene Ambitionen und bürokratische Neigungen wie sein Nachfolger), ob es für siebzehn Kommissare auch wirklich genug Arbeit gab. Er verneinte. Doch meine Kollegen aus Frankreich, Deutschland und Italien waren nicht bereit, die Anzahl ihrer Repräsentanten von zwei auf einen zu verringern. Und so blieb die Kommission in voller Besetzung bestehen – nun, Müßiggang ist aller Laster Anfang.

Etwa gegen 23.30 Uhr erschien Monsieur Cheysson, um uns mitzuteilen, die Außenminister hätten »die strittigen Punkte geklärt«. Offensichtlich hatten die Franzosen mittlerweile die Außenminister davon überzeugt, daß eine Prozentlösung der einfachen Rückerstattung unserer Nettobeiträge vorzuziehen sei. Im Gegensatz zu dem von uns verfochtenen »Höchstgrenzensytem« gäbe es bei der Prozentlösung keine Verbindung zwischen den Nettozahlungen und dem relativen Wohlstand. Insgeheim hatten wir schon vermutet, daß es darauf hinauslaufen würde.

Aber Prozente von was? Wir konnten uns einigen, den Prozentsatz von der Summe zu veranschlagen, die durch die Differenz zwischen unseren Mitgliedsbeiträgen zur EG und unseren Bezügen aus der Gemeinschaft entstand. Die Franzosen schlugen jedoch vor, bei der Berechnung unserer Beiträge nur jene Beiträge zu berücksichtigen, die Großbritannien unter der Mehrwertsteuer leistete. Bei dieser Kalkulation wären die beträchtlichen Summen unter den Tisch gefallen, die Großbritannien über Zollgebühren und Abschöpfungen beisteuerte. Unsere früheren Vorschläge hatten sich allesamt auf diesen höheren Betrag bezogen, doch letztlich mußten wir dann eine Kalkulation akzeptieren, bei der lediglich unsere Mehrwertsteuerzahlungen angerechnet wurden.

Und auf wieviel Prozent würde sich unser Haushaltsausgleich belaufen? Wenn wir von unserer Vorstellung der Festsetzung einer Höchstgrenze Abstand nahmen – und damit auf jegliche Verknüpfung zwischen Nettozahlungen und relativem Wohlstand verzichteten –, müßte er recht hoch ausfallen. Mir schwebte eine Zahl von deutlich über 70 Prozent vor. Bis jetzt sah es jedoch so aus, als ob man uns höchstens zwischen 50 und 60 Prozent zugestehen würde, mit einer auf zwei Jahre begrenzten Sonderzahlung zur Beruhigung, durch die sich der Ausgleich in den ersten beiden Jahren auf 1 Milliarde ECU pro Jahr belaufen würde. Wie Geoffrey Howe, der sich bei den Verhandlungen bis dahin so bewundernswert standhaft gezeigt hatte, dieser Entscheidung der Außenminister hatte zustimmen können, wollte mir nicht einleuchten. Ich war verzweifelt. Den Regierungschefs erklärte ich, Großbritannien sei von Anfang an ungerecht behandelt worden, und ich sei nicht bereit, mich mit einer zeitlich begrenzten Lösung zufriedenzugeben. Wenn sie uns kein besseres Angebot unterbreiten würden, stünde der Gipfel von Fontainebleau vor dem Scheitern.

Dann setzte ich mich mit Geoffrey Howe und unseren Mitarbeitern zusammen, um unser weiteres Vorgehen abzusprechen. Unsere Beamten – die, wie ich wußte, über die nötige Intelligenz, Erfahrung und Entschlossenheit verfügten, um einen Ausweg aus dem Dilemma zu finden – gingen daraufhin mit den Mitarbeitern der übrigen Staatschefs bis in die frühen Morgenstunden in Klausur. Dank dem Ergebnis ihrer Bemühungen begann der folgende Tag weitaus besser, als der letzte geendet hatte.

Möglicherweise wurde der Weg für eine Einigung auch während des Arbeitsfrühstücks von Präsident Mitterrand und Kanzler Kohl geebnet. Präsident Mitterrand eröffnete die offizielle Sitzung mit dem Appell, alles zu versuchen, um eine Einigung über den Haushalt zu erzielen. Falls uns dies nicht bis zur Mittagszeit gelänge, sollten wir uns besser anderen Fragen zuwenden. Ich erklärte meine Bereitschaft, über eine Prozentlösung zu sprechen, beharrte jedoch auf einem Betrag über 70 Prozent. Vernünftigerweise hob Präsident Mitterrand die Sitzung schon sehr bald auf, um uns die Möglichkeit zu bilateralen Verhandlungen zu geben.

Aber wie unnachgiebig sollte ich auf dieser Ziffer beharren? Wie schon erwähnt, gab es gute Gründe, noch auf dieser Tagung des Europäischen Rats eine Lösung zu erzielen. Und da die Gemeinschaft gegen den Mehrwertsteuerplafond von 1 Prozent anrannte (bei dessen Anhebung wir, wie sie wußten, ein Veto einlegen konnten), hatten auch andere EG-Mitglieder gute Gründe, sich verhandlungsbereit zu zeigen. Ich traf mich sowohl mit Präsident Mitterrand als auch mit Kanzler Kohl zu vertraulichen Unterredungen. Der französische Präsident war in diesem Stadium nicht bereit, über 60 Prozent hinauszugehen; Kanzler Kohl bot mir immerhin 65 Prozent. Ich überdachte das Angebot gründlich und kam zu dem Ergebnis, daß eine Ausgleichszahlung von zwei Dritteln durchaus im Bereich des Möglichen lag. Aber die vollen 66 Prozent wollte ich auf jeden Fall durchsetzen. Dies gelang mir allerdings erst, als die offizielle Sitzung wiederaufgenommen wurde. Ich wies darauf hin, wie absurd es sei, wenn man uns ein Prozent verweigern würde. Der französische Präsident lächelte und meinte: »Natürlich, Madame Premierministerin, es sei Ihnen gewährt.« Und so wurde das Abkommen beschlossen.

Oder zumindest fast. Bei der Formulierung des Textes wurde der Versuch gemacht, die Kosten der EG-Erweiterung von den Ausgleichszahlungen auszuklammern. Erst nach hartnäckigem Widerstand konnte ich dies verhindern. Schließlich kamen die Premiers noch überein, daß unsere Rückerstattung für das Jahr 1983 ausgezahlt werden sollte.

Auf der Stelle kam Helmut Kohl auf Sondersubventionen für die deutsche Agrarwirtschaft zu sprechen. Er wies darauf hin, daß Deutschland die Einigung über das Haushaltsabkommen erleichtert habe, da es einen Großteil des Kapitals zur Verfügung stelle. Nun glaubte er das Recht zu haben, Subventionen für seine Landwirte zu fordern – auch wenn dies im Widerspruch zur Gemeinsamen Agrarpolitik stand. Die Niederländer, die sich in diesem Falle veranlaßt sehen würden, ihre Landwirte im gleichen Ausmaß zu subventionieren, waren damit zwar nicht einverstanden, doch sie hatten weder den Mut noch die Kraft, sich den Deutschen zu widersetzen. Und so bekam Kanzler Kohl seinen Willen.

Nach einer weiteren Auseinandersetzung, die hauptsächlich von mir und Garret FitzGerald bestritten wurde und sich an der

Frage entzündete, wie wir mit dem bereits überzogenen EG-Haushalt des Jahres 1984 verfahren sollten, beendete Präsident Mitterrand die Tagung des Europäischen Rates. Das anschließende Dinner genossen wir wohlgelaunt, denn schließlich hatten wir in der Haushaltsfrage den toten Punkt überwunden und einen Durchbruch erzielt.

Bei meiner Pressekonferenz und der späteren Erklärung vor dem Unterhaus zum Ergebnis der Sitzung des Europäischen Rats von Fontainebleau wurde kritisiert, ich hätte mehr erreichen müssen. Dabei war es ein entscheidender Fortschritt, daß wir eine Lösung gefunden hatten, die so lange Gültigkeit behalten würde, wie die Erhöhung der »Eigenmittel« auf den neuen Plafond von 1,4 Prozent der Mehrwertsteuereinnahmen galt. Gewiß war dies nicht eine Regelung, die »auf ewige Zeiten« Bestand hatte, doch zumindest blieb es uns dadurch erspart, daß wir – bis die neue Mehrwertsteuerhöchstgrenze aufgehoben wurde – jedes Jahr aufs neue unseren Haushaltsausgleich aushandeln mußten. Und selbst in diesem Falle waren wir in einer ebenso starken Position wie in Fontainebleau, denn wir konnten jederzeit so lange gegen eine Erhöhung der »Eigenmittel« unser Veto einlegen, wie Großbritanniens Haushaltsbeitrag nicht zufriedenstellend ausgeglichen wurde. Zudem gab uns die Beilegung des Streits die Möglichkeit, uns verstärkt und auf einer breiteren Ebene der Erweiterung und den von mir geforderten Schritten zur Verwirklichung des Binnenmarkts zu widmen. Bei jeder Unterhandlung ist irgendwann der günstigste Zeitpunkt für einen Abschluß erreicht: In Fontainebleau hatten wir ihn genutzt.

Die Erweiterung der EG

Allgemein hatte man erwartet, einer zügigen Aufnahme Spaniens und Portugals stünde nichts mehr im Wege, sobald die Deutschen und wir zugestimmt hatten, die »Eigenmittel« der Gemeinschaft zu erhöhen. Aber dann benötigten wir doch noch die beiden Sitzungen des Europäischen Rats in Dublin und Madrid, um alle Einzelheiten zu klären. Der EG-Gipfel in Dublin unter der Präsidentschaft der Iren fand am Montag und Dienstag, dem 3. und 4. Dezember, statt. Bei derlei Anlässen wurde mir gewöhnlich eine Sonderrolle zuteil, denn als bevorzugtes Ziel politischer Attentate der IRA kam ich in den Genuß besonders strenger Sicherheitsvorkehrungen. Die irische Regierung und die Armee des Landes scheuten dabei keine Mühe, und dafür sprach ich ihnen jedesmal ausdrücklich meinen Dank aus. Doch deshalb durfte ich meinen Aufenthaltsort Dublin Castle kaum verlassen, und nur, wenn es unbedingt nötig war, wurde ich mit dem Hubschrauber aus- und eingeflogen.

Dieses Mal war ausnahmsweise nicht Großbritannien, sondern Griechenland der Schwarze Peter – und das mit einigem Recht. Die beiden Themen, die im Zusammenhang mit dem EG-Beitritt Spaniens und Portugals noch einer Klärung bedurften, waren Wein und Fisch, Produkte, welche in der Wirtschaft der beiden iberischen Länder eine wichtige Rolle spielten. Die Verhandlungen schienen sich schon einem zufriedenstellenden Abschluß anzunähern, als Ministerpräsident Papandreou, der linksgerichtete griechische Regierungschef, uns plötzlich klassisches Theater vorführte. Der privat so charmante und umgängliche Mann war wie ausgewechselt, als es darum ging, für Griechenland mehr Geld herauszuschlagen. Er drohte, die Aufnahme der beiden Länder durch sein Veto zu verhinden, falls er für die kommenden sechs Jahre nicht stattliche Ausgleichszahlungen zugesichert bekäme. Diese Forderung resultierte aus den schon länger andauernden Diskussionen über die sogenannten »Integrierten Mittelmeerprogramme«, deren Hauptnutznießer Griechenland sein würde. Anscheinend war Griechenland durch kommissionsinterne Gespräche, in denen mit hohen Beträgen jongliert wurde, erst so richtig auf den Geschmack gekommen. Papandreous Erklärung brachte die Anwesenden in Harnisch. Ärgerlich war nicht nur, daß Griechenland uns auf diese schändliche Art und Weise erpreßte. Viel mehr noch empörte uns, daß Griechenland, dessen wiederhergestellte Demokratie wir mit der Aufnahme in die Europäische Gemeinschaft gestärkt hatten, jetzt den früheren Dikaturen Spanien und Portugal nicht das gleiche Recht zugestehen wollte.

Der Zufall fügte es, daß ich im darauffolgenden März, als ich beim Begräbnis von Tschernenko in Moskau weilte, mit dem spanischen Ministerpräsidenten Señor Felipe Gonzalez sprach. Señor

Gonzalez, den ich trotz seines sozialistischen Parteibuchs sehr sympathisch fand, war ungehalten über die von der Gemeinschaft formulierten Aufnahmebedingungen für sein Land. Ich konnte ihn gut verstehen. Gegenüber Präsident Mitterrand hatte ich schon früher betont, wie sehr mir daran gelegen war, die Aufnahme Spaniens und Portugals zügig durchzuführen. Kurzfristige egoistische Erwägungen durften nicht verhindern, daß die Demokratie in Europa gestärkt wurde. In Moskau riet ich Señor Gonzalez jedoch, nicht weiter auf besseren Bedingungen zu insistieren, da er sie meiner Meinung nach ohnehin nicht durchsetzen könne. Wenn sein Land erst einmal aufgenommen sei, habe er eine günstigere Ausgangsposition. Aus welchen Gründen auch immer beherzigte er meinen Rat, und auf der ansonsten ereignislosen Ministerratssitzung, die in Brüssel im folgenden Monat unter der Präsidentschaft Italiens stattfand, konnten die Verhandlungen über den EG-Beitrtt von Portugal und Spanien abgeschlossen werden. Für Großbritannien hatte die Aufnahme Spaniens noch einen zusätzlichen Vorteil: Spanien mußte schrittweise seine diskriminierenden Schutzzölle gegen britische Autoimporte abbauen, die unserer Automobilindustrie schon seit langem ein Dorn im Auge waren.

Doch um das »Schweigegeld« für Griechenland kamen wir nicht herum. Ich war die einzige, die in Brüssel gegen die Rechnung protestierte, die uns unter dem Titel »Integrierte Mittelmeerprogramme« aufgetischt wurde. Seltsamerweise sträubten sich die Deutschen, für ihre eigenen finanziellen Interessen einzutreten, und wiesen alle Versuche zurück, mit uns auf Berater- und Ministerebene zusammenzuarbeiten. Selbst Frankreich und Italien wurden dadurch zu Nettozahlern. Griechenland konnte einen Goldregen erwarten.

In Brüssel regte ich eine Initiative zum Abbau von Verordnungen an, die die Entwicklung der Gemeinschaft zu einer Zone freien Handels und freien Unternehmertums fördern sollte. Meine Vorschläge entsprachen unserer eigenen Wirtschaftspolitik – ich habe nie verstanden, daß viele britische Konservative zu Hause zwar den freien Markt guthießen, zugleich aber jeglichen Dirigismus akzeptierten, sobald er unter der europäischen Flagge daherkam. In meiner Rede vor dem Europäischen Rat zog ich die Dinge ein wenig ins Lächerliche, um zu verdeutlichen, mit welcher

Geschwindigkeit in Brüssel neue Direktiven erlassen wurden. Ich erklärte, im Römischen Vertrag sei die wirtschaftliche Freizügigkeit garantiert, und wir dürften nicht zulassen, daß dieser Vertrag zu einer Charta von abertausend kleinen Verordnungen umgemodelt würde. Wir müßten die Bürokratie aus der Wirtschaft verbannen und darauf achten, daß der Arbeitsmarkt richtig funktionierte, damit neue Arbeitsplätze entstehen konnten. Manche EG-Vorschriften seien bis zu vierzigmal abgeändert worden, und wir sollten uns einmal vor Augen halten, was das für die kleinen Gewerbebetriebe bedeutete. Mit dem Hinweis auf einen Stapel von Direktiven zur Mehrwertsteuer und zum Unternehmensrecht, der vor mir lag, zählte ich auf, daß im Jahre 1984 59 neue Verordnungen erlassen wurden. Drei davon zitierte ich besonders gern: den Entwurf einer Direktive zum Düngen mit Gülle in der Landwirtschaft, eine ebensolche zum Handel mit Hackfleisch und den Entwurf einer Direktive, die die EG-Grundverordnung zum Markt für Gänsefleisch ergänzte.

Zwar waren viele bereit, meine Initiative zu unterstützen, doch natürlich lag es in den Händen der EG-Kommission – der Quelle allen Übels –, sie weiterzuverfolgen. Um die Arbeitsweise der Kommission zu ändern, wäre mehr als diese – von bescheidenem Erfolg gekrönte – Eingabe vonnöten gewesen. Statt dessen sollten wir diese Institution bald mit weiteren Machtbefugnissen ausstatten.

Auf dem Ministerratstreffen in Brüssel wurde Jacques Delors zum neuen Präsidenten der EG-Kommission ernannt. Zu jener Zeit wußte ich von ihm lediglich, daß er als außerordentlich intelligent und tatkräftig galt. Man rechnete ihm hoch an, daß er als französischer Finanzminister der ursprünglich linkslastigen sozialistischen Politik der Regierung Mitterrand Zügel angelegt und die Finanzen seines Landes auf eine solidere Basis gestellt hatte. Der französische Sozialist ist ein erstaunliches Wesen. Gewöhnlich ist er hochgebildet und außerordentlich selbstbewußt. Zudem denkt er aus Überzeugung dirigistisch, wie es der Tradition und der politischen Kultur seines Landes entspricht. Darin unterschied sich Monsieur Delors nicht von anderen.

Ich ernannte Lord Cockfield zum neuen britischen Europakommissar. Im britischen Kabinett hatte ich kein geeignetes Ressort für ihn gefunden, und ich glaubte, daß er in Brüssel sinnvolle Arbeit leisten konnte. So war es denn auch. Ich werde nie vergessen, welch großartigen Beitrag er zum Programm des Binnenmarkts leistete. Er war der geborene Technokrat mit großem Sachverstand und einem ausgeprägten Talent, Problemlösungen zu entwickeln. Leider neigte er aber dazu, übergeordnete politische Fragen zu vernachlässigen, wie die konstitutionelle Souveränität, das Nationalgefühl und das Verlangen nach Freiheit. Er war nicht nur Meister seines Fachs, sondern auch sein Gefangener. Aus diesem Grunde ließ er sich allzuleicht von fremden Vorstellungen vereinnahmen: Anstatt gegen hemmende Bestimmungen anzukämpfen, setzte er sich – unter dem Vorwand, den Binnenmarkt harmonisieren zu wollen – für immer neue Verordnungen ein. So kam es, daß mein alter Freund und ich schon nach kurzer Zeit im Streit lagen.

Rückblickend kann man sagen, daß es sich bei den Sitzungen des Europäischen Rats in Dublin und in Brüssel um ein – wenn auch sehr lebendiges – Zwischenspiel gehandelt hatte, eine Atempause in den Auseinandersetzungen um die beiden Themen, die die Europapolitik in jenen Jahren bestimmten: der Haushalt und der Binnenmarkt. Der Binnenmarkt, bei dessen Verwirklichung Großbritannien die treibende Kraft war, sollte den Römischen Vertrag mit Inhalt füllen und seinen liberalen, auf Freihandel bedachten, deregulativen Charakter betonen. Mir kam es darauf an, schon jetzt das Fundament für eine neue Entwicklung innerhalb der Gemeinschaft zu legen.

Der Forderung der anderen Länder, der EG-Kommission, des Europaparlaments und einflußreicher Personen in den Medien nach einer engeren Zusammenarbeit innerhalb Europas und nach Integration wurde mittlerweile mit solchem Nachdruck geäußert, daß man sich ihr kaum noch erwehren konnte. Doch wie sollte diese Integration aussehen? Ich wollte sicherstellen, daß wir uns nicht Hals über Kopf in einen europäischen Föderalismus stürzten. Die Gemeinschaft sollte sich darauf konzentrieren, einen echten Gemeinsamen Markt zu schaffen, wie er im Römischen Vertrag vorgezeichnet war, eine Organisation für Freihandel und nicht für Protektionismus. Um dies zu erreichen, mußte ich das Bündnis mit anderen Regierungen suchen, Kompromisse eingehen und mich einer Sprache bedienen, die mir persönlich nicht behagte. Zudem mußte ich dafür sorgen, daß an Großbritanniens Engagement für Europa kein Zweifel aufkam, auch wenn ich mich immer wieder gegen die Mehrheit stellte, sobald es um Themen ging, die für Großbritannien von vorrangiger Bedeutung waren. Eine Aufgabe wie diese war noch niemals einfach.

Die Sitzung des Europäischen Rats in Mailand

Ein erster bedeutender Schritt in diese Richtung sollte eine Diskussionsvorlage sein, welche Geoffrey Howe und ich für die Sitzung des Europäischen Rats, die am Freitag und Samstag, dem 28. und 29. Juni, in Mailand unter der Präsidentschaft Italiens stattfand, erstellt hatten. Dieses Papier, das in Ton und Ausrichtung bewußt europafreundlich gehalten war, behandelte vier Themenkomplexe: die Vollendung des Gemeinsamen Markts, die Intensivierung unserer politischen Zusammenarbeit, die Verbesserung der Beschlußfassung und die effektivere Ausschöpfung der Hochtechnologie. Am wichtigsten waren die Ausführungen zur »politischen Zusammenarbeit«, was auf Englisch gemeinhin Außenpolitik bedeutet. Dabei ging es mir um stärkere Kooperation der Mitgliedsstaaten, ohne das Recht der einzelnen Länder anzutasten, ihren eigenen Weg zu gehen.

In jenen Tagen sprachen eine ganze Reihe von guten Gründen für diesen Vorstoß. Der Falklandkrieg hatte mir vor Augen geführt, welchen Vorteil es bedeuten würde, wenn die Gemeinschaft einem einzelnen Mitglied in einer schwierigen Lage beistand. Zwar hatte sich Präsident Mitterrand als treuer Verbündeter erwiesen, doch einige der übrigen EG-Länder hatten gezögert und sich zum Teil sogar unverhüllt feindselig gezeigt. Wichtiger war mir allerdings ein gemeinsamer Ansatz in unseren Beziehungen zum Ostblock. Außenpolitische Kooperation auf EG-Ebene würde den Westen stärken, solange das Schwergewicht unverändert auf guten Beziehungen zu den Vereinigten Staaten lag. Allerdings verfolgte ich nicht das Ziel, dem Römischen Vertrag ein neues Vertragswerk überzustülpen. Sowohl eine engere politische Zusammenarbeit als auch Fortschritte in Richtung auf den Binnenmarkt ließen sich meiner Meinung nach ohne neue Verträge verwirklichen. Denn mein Instinkt warnte mich vor den föderalistischen Hirngespinsten, die zum Vorschein gekommen wären, wenn wir diese Büchse der Pandora geöffnet hätten.

Mir war daran gelegen, daß unsere Initiative bereits vor dem Gipfel in Mailand Zustimmung fand. Als Helmut Kohl mich am Samstag, dem 18. Mai, nachmittags in Chequers besuchte, legte ich ihm deshalb unser Papier zur politischen Zusammenarbeit vor und sagte ihm, daß es als Diskussionsgrundlage für Mailand gedacht sei. Angestrebt sei eine Regelung unabhängig vom Römischen Vertrag, nämlich Kooperation auf der Grundlage eines Abkommens zwischen den Regierungen. Kanzler Kohl schien über unsere Initiative erfreut, und wenig später schickte ich eine weitere Ausfertigung nach Paris. Zu meinem Erstaunen erfuhr ich kurz vor der Abreise nach Mailand, daß Frankreich und Deutschland einen eigenen Entwurf erstellt hatten, dessen Text mit dem unseren nahezu völlig identisch war. Das hat man davon, wenn man sich zu Vorab-Konsultationen trifft.

Wenn man bedenkt, daß beinahe alle Mitglieder mit ungefähr den gleichen Vorstellungen nach Mailand fuhren, was es schon eine Glanzleistung, daß sich bereits nach den Vorgesprächen Mißstimmung ausbreitete. Die Präsidentschaft des italienischen Ministerpräsidenten Bettino Craxi änderte auch nichts an dieser Sachlage. Signor Craxi, ein Sozialist, und sein christdemokratischer Außenminister Signor Andreotti waren politisch zwar Gegner, doch sie traten gemeinsam dafür ein, eine Regierungskonferenz einzuberufen. Eine solche Konferenz konnte mit einfacher Mehrheit beschlossen werden. Sie wurde immer dann erforderlich, wenn der Römische Vertrag abgeändert werden sollte, was allerdings nur durch einstimmige Beschlüsse möglich war. Mir erschien eine Regierungskonferenz überflüssig (was ich auch offen aussprach) und gefährlich (was ich für mich behielt). Die Pläne der Deutschen und der Franzosen waren unklar – abgesehen von ihrem Wunsch nach einem gesonderten Vertragswerk über politische Zusammenarbeit. Sicherlich wünschten sie weitere Schritte zur europäischen »Integration«, und von daher würden sie wohl auch der Einberufung einer Regierungskonferenz zustimmen, sofern sie ihnen durchsetzbar erschien – und aus Gründen, die ich noch erläutern werde, war dies damals der Fall. Möglich ist aber auch, daß noch vor Beginn der Ministerratssitzung eine geheime Absprache getroffen wurde. Als ich mich am Freitagmorgen zu einer bilateralen Unterredung mit Signor Craxi traf, hätte er sich nicht entgegenkommender zeigen können. Zwar wurde die Einberufung einer Regierungskonferenz als Möglichkeit erwähnt, doch ich stellte klar, daß die grundsätzlichen Entscheidungen meiner Meinung nach größtenteils auf unserer jetzigen Ministerratsitzung getroffen werden konnten – also ohne die Verzögerung, die sich zwangsläufig ergab, wenn eine offizielle Regierungskonferenz einberufen wurde. Als ich mich verabschiedete, wunderte ich mich noch, auf wie wenig Widerstand ich gestoßen war.

Wir sollten uns noch einmal die Vorgeschichte der Forderung nach einer Regierungskonferenz vor Augen halten. Ein Jahr zuvor (in Fontainebleau) waren wir – in einem jener Beschlüsse, die zunächst unwesentlich erscheinen, doch im Verlauf der Entwicklung eine ganz neue Bedeutung gewinnen – übereingekommen, ad hoc einen Ausschuß unter der Leitung des irischen Senators James Dooge einzusetzen, der Vorschläge zur Verbesserung der europäischen Zusammenarbeit ausarbeiten sollte. Einige der Vorschläge dieses Ausschusses waren recht vernünftig, wie die Ausführungen zur wirksamen politischen Zusammenarbeit und zum Binnenmarkt zeigen; gegen andere erhob ich Einwände – zum Beispiel gegen den Vorschlag zur »Gestaltung eines Europas der sozialen Stabilität«, in dem Gedanken der späteren Sozialcharta vorweggenommen wurden –, und wieder andere waren einfach albern, wie die Förderung der »gemeinsamen kulturellen Werte«. Vor allem aber schlug der Dooge-Ausschuß vor, eine Regierungskonferenz einzuberufen, die mit Blick auf die Entwicklung zu einer »Europäischen Union« die angeregten Vertragsergänzungen ratifizieren sollte. Und dieser Vorschlag wurde nun in Mailand zwangsläufig wieder aufgegriffen. Die übrigen Mitgliedsstaaten sahen in dieser Regierungskonferenz offensichtlich eine willkommene Gelegenheit, die eigenen Vorstellungen zur Entwicklung Europas zu präsentieren. Deshalb hatten wir einen schweren Stand, falls wir dagegenstimmten.

Der Präsident des Europäischen Rats, Signor Craxi höchstpersönlich, schlug dann auf der Sitzung die Einberufung einer Regierungskonferenz vor. Schnell waren die Fronten klar. Ich wies dar-

auf hin, daß die Gemeinschaft ihre Fähigkeit, nach den herrschenden Verfahren Entscheidungen zu treffen, ausreichend unter
Beweis gestellt habe. Jetzt, auf der Ministerratstagung in Mailand,
sollten wir uns über Maßnahmen verständigen, die im Inneren zur
Verwirklichung des Gemeinsamen Marktes und im Äußeren zur
Politischen Zusammenarbeit notwendig waren. Um dies zu erreichen – so räumte ich ein –, sei es sicherlich notwendig, die Verfahren der Beschlußfassung zu verbessern. Deshalb schlug ich vor, wir
sollten uns an Ort und Stelle darauf einigen, die im Römischen
Vertrag festgelegten Mehrheitsentscheidungen öfter anzuwenden,
wobei jedes Mitglied, das eine Abstimmung verlangte, seinen
Grund dafür öffentlich bekanntgeben müsse. Außerdem beantragte ich die Beschränkung der EG-Kommission auf zwölf Mitglieder. Anschließend ließ ich ein Papier verteilen, in dem ich einige bescheidene Änderungen vorschlug, die dem Europaparlament
ein effektiveres Arbeiten erlauben würden. Ich regte an, die Ministerratstagung in Luxemburg im kommenden Dezember solle
selbst in Form einer Regierungskonferenz abgehalten werden,
falls dies notwendig sei, um die in der Zwischenzeit ausgearbeiteten Abkommen zu ratifizieren und Beschlüsse zu fassen. Für eine
zusätzliche Regierungskonferenz, die sich mit Vertragsänderun-
gen beschäftigte, bestünde zum gegenwärtigen Zeitpunkt keine
Notwendigkeit.

Doch es war nutzlos. Ich war nach Mailand gekommen, um
über eine engere Zusammenarbeit zu verhandeln, doch ich wurde
von der Mehrheit und dem alles andere als objektiven Präsidenten
einfach ausgebootet. Allerdings stand ich nicht allein: Auch Griechenland und Dänemark hatten sich gegen eine Regierungskonferenz ausgesprochen. Geoffrey Howe hingegen wollte ihr zustimmen. Seine Kompromißbereitschaft war einesteils wohl Ausdruck
seines Charakters, anderenteils entsprach sie der *déformation
professionelle*, die die Mitarbeiter des Außenministeriums oft
erleiden. Vielleicht lag sie aber auch darin begründet, daß dem
Außenministerium durch die Mitgliedschaft Großbritanniens in
der EG in allen politischen Fragen, die mit der Gemeinschaft
zusammenhingen, Mitspracherecht gewährt wurde. Je stärker die
zentralistische Ausrichtung in der EG wurde, desto mehr Einfluß
gewann das Außenministerium in Whitehall. Wahrscheinlich hat-

te Geoffrey im Laufe der Zeit geradezu zwangsläufig eine positivere Haltung zum Föderalismus entwickelt als ich.

Zu meinem Ärger und zu meinem Erstaunen rief Präsident Craxi
plötzlich zur Abstimmung auf, und die Mehrheit der Mitglieder
sprach sich für die Einberufung einer Regierungskonferenz aus.
Somit hatte ich – nicht nur auf dem Gipfel, sondern auch mit all den
Vorbereitungen, die ihm vorausgegangen waren – einfach nur meine Zeit verschwendet. Nach meiner Rückkehr würde ich vor das
Unterhaus treten und erklären müssen, weshalb alle Hoffnungen,
die wir mit Mailand verknüpft hatten, zunichte gemacht worden
waren. Und ich hatte nicht einmal Zeit gehabt, in die Oper zu gehen.

Die Beschäftigung mit dem Binnenmarkt

Trotz meines Ärgers über diese Vorgänge wurde mir klar, daß wir
das Beste daraus machen mußten. So erklärte ich, daß wir an der
Regierungskonferenz teilnehmen würden, denn in der einzig verbleibenden Alternative – der sogenannten Politik des »leeren
Stuhls«, die früher einmal von Frankreich praktiziert worden
war – sah ich keinen Sinn. Um zu rechtfertigen, daß ein Land den
Gesprächen der Gemeinschaft fernbleibt, müssen schon grundsätzliche Dinge auf dem Spiel stehen. Doch das war hier nicht der
Fall: Mit den Zielen der politischen Zusammenarbeit und des Binnenmarkts stimmten wir voll und ganz überein; nur das Verfahren
– also beispielsweise die Regierungskonferenz –, um dies zu erreichen, fand nicht unsere Zustimmung. Außerdem vertrat ich die
Ansicht, daß es grundsätzlich besser war, wenn wir Meinungsverschiedenheiten in einem frühen Stadium, also entweder auf den
Sitzungen des Europäischen Rats oder einer Regierungskonferenz, austrugen, als bis zum letzten Moment zu warten – das heißt
bis zu dem Zeitpunkt, wenn die Vorschläge als Ergänzungen des
Römischen Vertrags auf dem Tisch lagen. Allerdings gründete sich
meine Einstellung auf die Erwartung, daß die Gespräche zwischen
den Regierungschefs und mit der EG-Kommission in fairer und
von gutem Willen getragener Atmosphäre stattfanden. In den
kommenden Monaten mußte ich mich oft fragen, ob ich hier nicht
im Irrtum war.

Es folgte eine schier endlose Reihe von Konsultationen und Texten zur Vorbereitung der Tagung des Europäischen Rats in Luxemburg im Dezember. Aus den Protokollen einiger dieser Gespräche
konnte ich ersehen, wie sehr sich die Vorstellungen der einzelnen
Teilnehmer unterschieden. Monsieur Delors drängte auf die Verwirklichung der, wie er es nannte, »beiden großen Träume« Europas – einer Region ohne Grenzen und einer Währungsunion. Jedes
Land, das wie Großbritannien abweichende oder weniger ehrgeizige Vorstellungen verfolgte, machte sich in seinen Augen des Ver-
rats schuldig. Wie ich erfuhr, hat er im Laufe der Zeit praktisch
jedes Mitgliedsland außer Italien, Belgien und die Niederlande auf
diese Weise abqualifiziert.

Der zweite Preis für überzogene Vorstellungen gebührte Italien.
Für die Herren Craxi und Andreotti war die Machterweiterung
des Europaparlaments inzwischen zur Kernfrage ihrer föderalistischen Bestrebungen geworden. Sie wollten dem Europaparlament
die »gleiche Entscheidungsgewalt« wie dem Europäischen Rat
einräumen. Damit wären die Staats- und Regierungschefs der
ständigen Einmischung dieser unerfahrenen und teilweise unverantwortlich handelnden Institution ausgesetzt gewesen, was nur
zu einer Lähmung der Gemeinschaft geführt hätte.

Die kleinsten Mitgliedsländer drängten auf den kürzesten – und
für sie billigsten – Weg zu einer europäischen Wirtschafts- und
Währungsunion und hätten wohl jeden Schritt in diese Richtung
akzeptiert, der nicht die Deutschen und die Franzosen vor den
Kopf stieß. Dies war die Quintessenz des Briefes, den mir Monsieur Jacques Santer, der Ministerpräsident des kleinen Luxemburg und Gastgeber der kommenden Sitzung des Europäischen
Rats, geschickt hatte. Santer wies darauf hin, wir dürften »unser
großes Ziel einer Wirtschafts- und Währungsunion nicht aus den
Augen verlieren«, und fügte hinzu: »Ein ehrgeiziger und entschlossener Ansatz wird uns zweifellos ermutigende Resultate
bringen und Ausgangspunkt für die ökonomischen und psychologischen Veränderungen sein, die notwendig werden, wenn Europa
seine neue Rolle übernehmen will.« Wir in der britischen Delegation neigten dazu, solche Sätze als verworrene, unklare Wunsch-
träume abzutun, die keine Chance auf Verwirklichung hatten.
Daß wir ihnen einen Mangel an Realitätssinn zuschrieben, war

völlig berechtigt; hingegen unterschätzten wir die Entschlossenheit mancher europäischer Politiker, diese Gedanken auch in die Tat umzusetzen.

Wesentlicher schien uns zu jener Zeit, daß die Vorstellungen der Franzosen und Deutschen weiter gingen als je zuvor. Inzwischen war die deutsch-französische Achse wieder genauso stark wie zu den Zeiten von Präsident Giscard und Kanzler Schmidt. Im Gegensatz zu diesen Politikern hatten Präsident Mitterrand und Kanzler Kohl persönlich jedoch wenig gemeinsam. Kanzler Kohl umgibt die unverwechselbare Aura eines deutschen Provinzpolitikers, die sich politisch durchaus zu seinem Vorteil auswirkte. Erst in jüngster Zeit – genaugenommen seit der deutschen Wiedervereinigung – hat er in der Außenpolitik eine eigene deutsche Linie entwickelt. Fast die ganzen achtziger Jahre hindurch schien er jedoch bereit, die deutschen Interessen der französischen Führung unterzuordnen, um seine Nachbarn zu beruhigen. Zudem ist er als Christdemokrat mehr der sozialen als der wirtschaftlichen Rechten zuzuordnen und teilt aus diesem Grunde weitaus stärker die Weltsicht des sozialistischen französischen Präsidenten als jeder britische Konservative. Präsident Mitterrand wiederum ist ein kultivierter Kosmopolit, der der Innenpolitik keinen großen Geschmack abgewinnen kann. Wie so viele Franzosen seiner Generation fürchtet er eine deutsche Dominanz. Doch unabhängig von allen Bemerkungen, die er mir gegenüber unter vier Augen fallen ließ, blieben seine politische Haltung und Aktionen immer darauf ausgerichtet, die Deutschen in die Europäische Gemeinschaft einzubinden, wo die Franzosen die Möglichkeit hatten, auf sie Einfluß zu nehmen. Und so war mir klar, daß auch die Franzosen auf der kommenden Sitzung des Europäischen Rats mit Nachdruck auf die Verwirklichung der »Europäischen Union« dringen würden, da diese Bezeichnung es beiden Nationen ermöglichte, unter Wahrung des Anstands ihre eigenen nationalen Interessen zu verfolgen.

Ich hatte vor allem ein großes Ziel: die Verwirklichung des »Gemeinsamen Binnenmarkts«. Im Warenverkehr waren EG-intern die Zölle bereits im Juli 1968 abgeschafft worden. Zeitgleich war die Zollunion gegründet worden, der Großbritannien 1977 ohne Vorbehalte beitrat. Geblieben waren lediglich die soge-

nannten »nicht-tarifären« Handelshemmnisse. Diese zeigten sich
in einer Vielzahl verschiedener mehr oder weniger deutlicher Formen. Unterschiedliche nationale Maßstäbe in diversen Bereichen
von der Sicherheit bis zur Gesundheit, Vorschriften, die ausländische Produkte benachteiligten, unterschiedliche Verfahren bei der
Vergabe öffentlicher Aufträge, Verzögerungen und übertriebene
Abfertigungsprozeduren an den Grenzen – all dies und vieles mehr
behinderte die Verwirklichung eines echten Gemeinsamen Marktes. Die britische Wirtschaft würde von der Öffnung ausländischer
Märkte wohl mit am meisten profitieren. So waren wir beispielsweise mehr oder weniger erfolgreich vom wichtigen deutschen
Markt für Versicherungen und Finanzdienstleistungen ausgeschlossen, wo unsere Firmen – wie wohl auch die Deutschen ahn-
ten – glänzende Arbeit leisten würden. Hinzu kam das bedeutende
Gebiet des Transportwesens, wo wir von den Fortschritten, die
uns vorschwebten, noch weit entfernt waren. Der Preis, den wir
für einen Binnenmarkt mit all seinen ökonomischen Vorteilen hätten zahlen müssen, war jedoch eine größere Anzahl von Mehrheitsbeschlüssen innerhalb der Gemeinschaft. Dieser Notwendigkeit mußten wir uns beugen, denn andernfalls würden bestimmte
Länder dem innenpolitischen Druck nachgeben und die Öffnung
ihrer Märkte verweigern. Außerdem mußte die EG-Kommission
mit größeren Vollmachten ausgestattet werden. Bedingung war
allerdings, daß sie diese zur Verwirklichung und zum Schutz des
Binnenmarkts gebrauchte und nicht etwa zur Durchsetzung anderer Ziele.

Mir war klar, daß ich eine gezielte Verzögerungstaktik anwenden mußte, um Versuche abzuwehren, Großbritannien die Kontrolle über Bereiche von vitalem nationalem Interesse zu nehmen.
Mehrheitsbeschlüsse wie zum Beispiel über die indirekten Steuern, die die EG-Kommission gern »harmonisiert« hätte, würde ich
nicht zulassen. Ein Wettbewerb zwischen verschiedenen Steuersy-
stemen ist weitaus gesünder als die Aufoktroyierung eines einzigen. Er zwingt die Regierungen, die öffentlichen Ausgaben und die
Steuersätze niedrig zu halten und die Belastung durch hemmende
Vorschriften einzuschränken; denn wenn sie das nicht tut, suchen
sich Unternehmen und Steuerzahler andere Standorte. Wie auch
immer, die Freiheit, die Steuern selbst festzulegen, gehört zu den

Grundrechten eines souveränen Staates. Außerdem war ich nicht willens, die Kontrolle über die Einwanderung (aus Drittländern) sowie die Bekämpfung des Terrorismus, der Kriminalität und des Drogenhandels aufzugeben. Auch wollte ich mir die Sicherung der Gesundheit von Mensch, Tier und Pflanzen sowie den Schutz vor Überträgern gefährlicher Krankheiten nicht aus der Hand nehmen lassen – also alles Maßnahmen, die wirkungsvolle Grenzkontrollen erforderten. Meiner Ansicht nach sprach schon ein rein praktisches Argument für diese Haltung: Wegen unserer Insellage benötigten wir nicht die weitaus rigideren Ausweiskontrollen und polizeilichen Überwachungsmaßnahmen, wie sie auf dem europäischen Festland üblich sind; hingegen bot sich an, daß wir die notwendigen Kontrollen in unseren Häfen und Flugplätzen durchführten und nicht erst im Inland. Außerdem war auch dies wieder eine grundlegende Frage der nationalen Souveränität, in der eine Regierung Volk und Parlament Rede und Antwort stehen muß. Zu einer moderaten Erweiterung der Befugnisse der Europäischen Versammlung – also jener Institution, die in Kürze und nicht ganz korrekt als Parlament bezeichnet werden sollte – war ich durchaus bereit, aber der Ministerrat, gebildet aus Vertretern der einzelnen Regierungen, die wiederum den nationalen Parlamenten Rechenschaft schuldig waren, mußte unbedingt die höchste Instanz bleiben. Und schließlich würde ich mich jeder Vertragsänderung widersetzen, die es der EG-Kommission und dem Europäischen Rat – durch Mehrheitsbeschluß – ermöglichen sollte, der britischen Wirtschaft zusätzliche Lasten aufzubürden.

Zu Beginn der Sitzung des Europäischen Rats in Luxemburg ging ich noch davon aus, daß wir mit Unterstützung der Deutschen jeden Hinweis auf das Europäische Währungssystem und die Wirtschafts- und Währungsunion in der Ergänzung zum Römischen Vertrag verhindern könnten. Doch dann stellte sich heraus, daß die Deutschen – nicht anders als heute – hin- und hergerissen waren zwischen dem Bestreben, ihre Währungspolitik im Interesse der Inflationsbekämpfung unter eigener Kontrolle zu halten, und dem Wunsch, sich andererseits als gute Europäer zu präsentieren, indem sie auf die Einrichtung der Wirtschafts- und Währungsunion drängten.

Als ich mit Schatzkanzler Nigel Lawson über diese Probleme

sprach, waren wir einer Meinung. Einige Tage vor Beginn der Sitzung des Europäischen Rats schickte er mir eine bewundernswert
klare Zusammenfassung seiner Ansichten und beschwor mich,
nicht nachzugeben. Er wies noch einmal auf die von Kanzler Kohl
kürzlich mir gegenüber getroffene Aussage hin, die Deutschen sei-
en ebenso wie wir grundsätzlich gegen eine Erweiterung der
finanzpolitischen Klauseln des Römischen Vertrags. Für den Fall,
daß sich ihre Haltung änderte, müsse ich mir allerdings schon jetzt
die passenden Worte zurechtlegen. Dabei solle ich alles vermeiden,
was als Signal für eine Bereitschaft Großbritanniens, dem Wechselkursmechanismus beizutreten, ausgelegt werden könne.
Zudem solle ich betonen, daß die Wechselkurspolitik der Verantwortlichkeit der einzelnen Staaten unterliege. Wir müßten die
Erweiterung der Kompetenzen der EG so gering wie möglich halten und eine vertragliche Verankerung der Wirtschafts- und Währungsunion vermeiden. Nachdem er sich die Möglichkeiten noch
einmal vor Augen geführt habe, fühle er sich verpflichtet zu sagen,
langfristig gesehen täten wir besser daran, uns auf das ganze Spiel
nicht einzulassen. Dieser Meinung war ich auch.

Die Tagung des Europäischen Rats in Luxemburg

Am Montag, dem 2. Dezember, traf ich um 10.00 Uhr morgens in
Luxemburg ein. Wenig später begann die erste Sitzung des Europäischen Rats. Die Regierungschefs gingen den vom Präsidenten und
der EG-Kommission gemeinsam angefertigten Vertragsentwurf
durch – die Vorlage zur späteren Einheitlichen Europäischen Akte.
Zunächst drehte sich die Diskussion mehrere Stunden lang um einen
einzigen Punkt. Die Fähigkeit der Anwesenden, in großer Ausführ-
lichkeit und mit ständigen Wiederholungen auf uninteressante
Detailfragen einzugehen, erstaunte mich immer wieder. Es wäre
weitaus besser gewesen, wenn wir uns über die Grundlinie verständigt und die Einzelfragen an andere delegiert hätten, die uns dann die
Ergebnisse hätten liefern können. Noch besser wäre allerdings gewesen, es hätte – so wie es mein ursprünglicher Wunsch gewesen war –
gar keine Regierungskonferenz und neuen Vertragsentwurf gegeben
und wir hätten uns auf einzelne praktische Punkte beschränkt.

Außerdem ärgerte mich die Kehrtwendung der Deutschen. Sie erklärten, mittlerweile seien sie damit einverstanden, Währungsfragen in den Vertrag aufzunehmen. Allerdings gelang es mir in einem Gespräch mit Helmut Kohl am Rande der Konferenz, die angestrebten Ziele einzuschränken und eine – zumindest meiner Meinung nach – vage Formulierung durchzusetzen, die lediglich den Status quo beschrieb. Der Begriff »Wirtschafts- und Währungsunion« sollte demnach durch den ungeheuer aussagekräftigen Zusatz »Zusammenarbeit in der Wirtschafts- und Währungspolitik« ergänzt werden. Ersteres war leider seit 1972 offizielles Ziel der EG; der Zusatz jedoch würde, wie ich hoffte, die Grenzen signalisieren, die durch die Akte gesetzt wurden. Jacques Delors hingegen ließ sich durch diese Formulierung in seinem Streben nach einer Währungsunion nur vorübergehend aufhalten.

Wahrscheinlich verspürten selbst die Staats- und Regierungschefs mit dem unstillbarsten Bedürfnis nach Euro-Jargon nach Abschluß des erten Tages ein wenig Langeweile. Doch die Diskussionen des zweiten Tages waren zwar lang und intensiv, aber weitaus fruchtbarer. Erst gegen Mitternacht konnte ich meine abschließende Pressekonferenz geben. Mit den Ergebnissen dieser Ministerratssitzung war ich recht zufrieden. Wir hatten den Kurs zur Vollendung des Binnenmarktes bis zum Jahre 1992 festgelegt. Dabei hatte ich nur relativ wenige Kompromisse im Bereich der Formulierungen eingehen, keine wichtigen Interessen Großbritanniens opfern und lediglich einmal Vorbehalt hinsichtlich eines sozialpolitischen Absatzes im Vertrag einlegen müssen.[3] Italien hingegen, das sich am stärksten für eine Regierungskonferenz eingesetzt hatte, hatte nicht nur die meisten Vorbehalte eingelegt, sondern auch darauf bestanden, daß der Vertrag vom Europaparlament gebilligt wurde.

Die wohl größte Befriedigung bereitete mir eine »Grundsatzerklärung« folgenden Inhalts, die in das offizielle Protokoll des Gipfels aufgenommen wurde:

... nichts in diesen Bestimmungen schränkt das Recht der Mitgliedsstaaten ein, die von ihnen als notwendig erachteten Maßnahmen zum Zweck der Kontrolle der Einwanderung

aus Drittländern und zum Schutz vor Terrorismus, Kriminalität, Drogenhandel und illegalem Handel von Kunstgegen-
ständen und Antiquitäten zu ergreifen.

Auf diese Einfügung hatte ich bestanden. Zur Begründung hatte
ich darauf hingewiesen, daß Terroristen und Verbrecher andernfalls die Verordnungen der Akte zu ihrem Vorteil ausnutzen und
damit zu einer Gefahr für die Öffentlichkeit werden konnten.
Ohne diesen Abschnitt hätte ich der Einheitlichen Europäischen
Akte nicht zugestimmt. Allerdings waren weder die EG-Kommission, der Ministerrat noch der Europäische Gerichtshof auf lange
Sicht bereit, sich an diese Erklärung zu halten – genausowenig, wie
sie bereit waren, den eingeschränkten Anwendungsbereich von
Mehrheitsbeschlüssen anzuerkennen, wie er im Vertrag selbst festgelegt war. Doch das lag damals noch in der Zukunft.

Die ersten Auswirkungen der sogenannten Einheitlichen Europäischen Akte waren für Großbritannien positiv. Ich hatte den
Eindruck, daß wir die Gemeinschaft endlich wieder auf den richtigen Kurs gebracht hatten, indem wir uns auf ihre Bedeutung als
riesiger Markt konzentrierten und all die Vorteile, die sie unserer
Wirtschaft bot. Das Problem war nur – und ich muß all jenen
Torys danken, die mich schon damals vor dieser Entwicklung
warnten –, daß die Kommission angesichts ihrer erweiterten
Befugnisse Machthunger zu entwickeln begann.

Schon in jenen Tagen wurde die Bedeutung der Luxemburger
Beschlüsse von einzelnen Politikern recht unterschiedlich bewertet. Jacques Delors sprach von einem »Zugeständnis an den Fortschritt«. Er bedauerte zwar, daß sein Vorschlag, das Europaparlament mit zusätzlichen Machtbefugnissen auszustatten, nicht
angenommen worden war, begrüßte jedoch die Aussagen zur
Währungspolitik, da er den ECU als »Teil des europäischen
Traums« ansah. Auch die von jeher föderalistisch eingestellten
Niederländer waren enttäuscht. Doch die meisten von ihnen hatten noch nicht alle Hoffnung aufgegeben. In einer niederländischen Zeitung erschien ein Kommentar, in dem es hieß: »Das Ideal
der europäischen Einheit muß warten, bis ein neuer Amtsinhaber
in der Downing Street residiert.« Die Deutschen waren da schon
realistischer und erkannten, daß sie ihrem Ziel einer Europäischen

Union einen Schritt näher gekommen waren. In wohlwollender Einschätzung des Ergebnisses erklärte Kanzler Kohl vor dem Bundestag, der Europäische Rat habe in der politischen und institutionellen Weiterentwicklung einen entscheidenden Schritt nach vorn getan.

Ich vertrat zu jener Zeit eine andere Ansicht. In einer Fragestunde des Unterhauses zu den Ergebnissen von Luxemburg erklärte ich:

> Ich habe schon oft meinem Wunsch Ausdruck verliehen, sie würden weniger von einer Europäischen und Politischen Union sprechen. In unserem Land werden diese Begriffe falsch interpretiert. Hierzulande legen manche Leute ihnen eine weitaus höhere Bedeutung bei als anderswo in Europa.

Rückblickend erkenne ich, daß diese Einschätzung falsch war. Dennoch halte ich es nach wie vor für richtig, daß ich die Einheitliche Europäische Akte unterzeichnet habe – denn schließlich wollten wir in Europa den Binnenmarkt verwirklichen.

Mit nur wenigen Ausnahmen rangierte die Europapolitik während der restlichen Zeit dieser Amtsperiode für mich an zweiter Stelle. Die wichtigsten Entscheidungen waren getroffen, und selbst das Bedürfnis der EG-Kommission nach neuen »Initiativen« war vorübergehend gestillt, da sie sich nun mit der Aufgabe befassen mußte, das Programm des Binnenmarkts auszuarbeiten und in die Tat umzusetzen. Nach wie vor gab die Gemeinschaft das Geld mit vollen Händen aus, hatte jedoch noch nicht die Grenzen des neuen Mehrwertsteuerplafonds erreicht, den sie sich gesetzt hatte. Außerdem stand die Erweiterung bevor. Es gab also alle Hände voll zu tun.

Die Sitzung des Europäischen Rats in London

Großbritannien übernahm die Präsidentschaft, und die nächste Sitzung des Europäischen Rats fand am 5. und 6. Dezember 1986 in London statt. Tagungsort war das Queen-Elizabeth-II.-Kongreßzentrum. Die hohen Baukosten und die unfreundliche Archi-

tektur dieses Gebäudes ließen sich eigentlich nur durch die Häß-
lichkeit der Baulücke, die dort ursprünglich existiert hatte – ein
Bedarfsparkplatz –, rechtfertigen. Ich widmete mich mit großer
Sorgfalt den Vorbereitungen zu unserem Gipfel und kümmerte
mich nicht nur um die diplomatischen Belange, sondern trug auch
Sorge dafür, daß für das leibliche Wohl unserer Gäste gesorgt war.
Beispielsweise hatte ich schon früher die Drehstühle am großen
Konferenztisch im »QE II« durch leichte Holzstühle ersetzen lassen: Ich war der Meinung, ein Redner müsse die Möglichkeit
haben, seinem Gegenüber ins Auge zu sehen, ohne daß dieser sich
dem Kontakt entzog, indem er sich zur Seite drehte. Zu diesem
Anlaß sorgte ich außerdem dafür, daß der stahlgraue Anstrich der
Wände mit beigefarbenen Vorhängen verhüllt und mit Gemälden
verschönert wurde. In Sichtweite von Präsident Mitterrand ließ
ich Bilder des Malers Henry Moore – eine Leihgabe der Moore
Foundation – anbringen, die er, wie ich wußte, ebenso schätzte
wie ich.

Das wichtigste Ergebnis der britischen Präsidentschaft war
zweifellos die Anregung beziehungsweise die Annahme einer bisher noch nie dagewesenen Anzahl von Maßnahmen zur Vollendung des Binnenmarkts. Dies war genau die Art von solidem Fortschritt, den die EG brauchte – im Gegensatz zu all den effekt-
hascherischen Initiativen, aus denen nichts herauskam, sofern sie
nicht sogar böses Blut erzeugten.

Doch die Sitzung des Europäischen Rats in London konnte nur
bescheidene Erfolge bringen. Bereits auf dem Weg zum Dinner
hatte Helmut Kohl meinem persönlichen Referenten Charles
Powell unter vier Augen erklärt, auf keinen Fall könne Deutschland vor den kommenden Bundestagswahlen grundlegende Entscheidungen zur Agrarpolitik treffen – der umstrittensten Frage
jener Tage. So zeitigte dieser Gipfel weder im Hinblick auf die
Landwirtschaft noch auf den Haushalt bemerkenswerte Ergebnisse. Dennoch war er in einer Hinsicht bemerkenswert: durch das
Auftreten von Monsieur Delors als neuem Typus des Präsidenten
der EG-Kommission – einem Star auf dem Spielfeld. Einen Vorgeschmack davon bekam ich beim Abendessen, als er zu meinem
Erstaunen und meinem unverhüllten Ärger die Diskussionsrunde
vor dem Dinner zu einer langen Ansprache nutzte. Dabei erging er

sich in allen Einzelheiten über die prekäre Haushaltssituation der Gemeinschaft, die aus der Gemeinsamen Agrarpolitik resultierte, und legte eine Anzahl detaillierter Vorschläge vor. Ich entgegnete, dies alles hätte man uns früher sagen sollen; und daß die Töpfe der EG leer seien, wisse schließlich jeder. Ich war damit einverstanden, daß Monsieur Delors seinen Vorschlag in die Tat umsetzen und in die europäischen Hauptstädte reisen wollte, um eine Lösung zu suchen. Doch ein solcher Vorgang durfte sich nicht wiederholen. Ich konnte mir nicht vorstellen, daß ein hoher britischer Staatsbeamter eine Ministerrunde je auf diese Weise brüskiert hätte. Dieser Auftritt illustrierte, was ich an der EG-Kommission kritisierte: daß sie aus einer neuen Generation unberechenbarer Politiker bestand.

Als Präsidentin der Gemeinschaft mußte ich eine Pressekonferenz geben, auf der ich die Ergebnisse dieser Ministerratstagung erläuterte. Neben mir saß Monsieur Delors. Dieses Mal überraschte er mich damit, daß er jeden Kommentar verweigerte, selbst wenn ich ihn bat, eine meiner Antworten zu ergänzen. Auch wiederholtes Drängen hatte keinen Erfolg. »Ich hatte keine Ahnung, daß Sie ein so schweigsamer Mensch sind«, meinte ich anschließend.

Doch schon bald darauf brach Jacques Delors sein Schweigen. Drei Tage später, am Dienstag, dem 9. Dezember, faßte ich vor dem Europaparlament in Straßburg die Ergebnisse der britischen Präsidentschaft zusammen. Meine Rede hätte nicht europafreundlicher formuliert sein können. Doch als ich mich wieder setzte, trat Monsieur Delors – ein Delors, der wie ausgewechselt wirkte – ans Rednerpult. Was er von sich gab, war eine Euro-Demagogie, eine Rede, die darauf abzielte, die Vorurteile seiner Zuhörer zu bestätigen, die Leistungen der britischen Präsidentschaft herabzuwürdigen und mehr Geld bewilligt zu bekommen. Dies konnte ich nicht auf mir sitzen lassen. Als er geendet hatte, stand ich auf und bat um das Recht einer Entgegnung – was es in diesem »Parlament« offenbar bislang noch nie gegeben hatte. Wie bei einem Resumée vor dem Unterhaus ging ich auf die angesprochenen Punkte ein. Dabei konnte ich Monsieur Delors nicht den Vorwurf ersparen, daß er von alledem nichts erwähnt hatte, als sich ihm bei unserer gemeinsamen Pressekonferenz die Möglichkeit dazu bot. Zum anschließenden Mittagessen erschien Monsieur Delors verspätet. Nachdem er neben mir Platz genommen hatte, erklärte ich ihm, selbst angesichts heftigsten Widerstands sei ich immer wieder für ihn und seine Sache eingetreten, wenn das Unterhaus sich geweigert habe, zusätzliche Gelder zu bewilligen. Über eines sollte er sich nun im klaren sein: Das würde ich nie wieder tun!

In den zwei Jahren des europapolitischen Gerangels vor der Verabschiedung der Einheitlichen Europäischen Akte wurde ich Zeuge eines tiefgreifenden Wandels in der Praxis dieser Politik – und damit auch in der Form, die Europa annehmen würde. Ein neuer deutsch-französischer Block mit ganz eigenen Absichten bestimmte die Richtung, die die Gemeinschaft einschlug. Die EG-Kommission, die ohnehin schon immer nach zentraler Macht gestrebt hatte, wurde mittlerweile von einem durchsetzungsfähigen, begabten Euro-Föderalisten angeführt, dessen persönliche Philosophie mit dem Zentralismus in Einklang stand. Und unser Außenministerium bewegte sich kaum merklich auf einen Kompromiß mit seinen neuen europäischen Freunden zu. Natürlich blieben uns immer noch das Vetorecht, rechtliche Sicherheitsklauseln und offizielle Ausnahmeregelungen. Zukünftig sollte man jedoch derartige Maßnahmen immer mehr umgehen, sofern sie nicht sogar völlig außer Kraft gesetzt wurden.

19

Hattrick

Vorbereitungen und Verlauf des Wahlkampfes im Jahre 1987

Im Rückblick erscheint jeder Wahlsieg als eine Selbstverständlichkeit, doch im vorhinein kann man sich nie in Sicherheit wiegen. Die Wunden, die Westland, British Leyland und die Reaktion auf den US-amerikanischen Angriff auf Libyen der Regierung und der Konservativen Partei geschlagen hatten, brauchten einige Zeit, um zu heilen. Der Wirtschaftsaufschwung würde rechtzeitig die Gemüter beruhigen, denn dann würde sich klar zeigen, daß unsere Politik Wachstum plus niedrige Inflationsraten, höheren Lebensstandard und – seit dem Sommer 1986 – stetig sinkende Arbeitslosenzahlen bescherte. Doch in der Zwischenzeit hatte die Labour Party Machthunger entwickelt, gab sich gemäßigter und lag in den Meinungsumfragen vorne. Es war daher wichtig, die Partei kraft meiner Autorität und meiner Vision des Konservativismus zu einen. Doch das war nicht leicht.

Stil und Ton

Der Vorwurf, ich könne nicht zuhören, war vielleicht die schwerste Anschuldigung, die während der Westlandaffäre gegen mich vorgebracht wurde. Wie die meisten Behauptungen, die haftenbleiben, enthielt sie ein Körnchen Wahrheit. Wenn ich erst einmal einem Gedankengang folge, bin ich nicht leicht zu bremsen. Das hat seine Vorteile, denn ich kann mich auf einen kniffligen Punkt konzentrieren, ganz gleich was im Hintergrund vor sich geht; diese Technik ist zum Beispiel in der Fragestunde der Premierministerin besonders hilfreich. Aber das bedeutet natürlich auch, daß ich dazu neige, Leute niederzureden und nicht auf unverständliche oder zaghaft vorgetragene Einwände einzugehen. Menschen, die mich und meine Arbeitsweise nicht kennen, schließen daraus, daß ich das Gesagte nicht zur Kenntnis genommen hätte. Wer mich besser kennt, kann jedoch bestätigen, daß dies meist nicht zutrifft. Häufig überdenke ich anschließend meine Ansichten und berücksichtige dabei, was ich gehört habe. Manche meiner Anhänger halten mir sogar vor, daß ich Leuten, die anderer Meinung sind, zuviel Gehör schenke.

Andererseits kann die Behauptung, ich würde nicht zuhören, besonders wenn sie aus dem Munde von ehemaligen Ministern kommt, ganz einfach heißen, daß ich nicht mit ihrer Meinung übereinstimme. Man könnte vielleicht sagen, daß ich »den Vorsitz von der ersten Reihe aus führe«. Meist stelle ich meine Ansicht ganz zu Anfang dar und warte dann ab, ob Argumente vorgebracht werden, die mich widerlegen, und in diesem Fall fällt es mir nicht schwer, meine Linie zu ändern. Dies hat natürlich nicht viel mit herkömmlicher, konventioneller Gesprächsleitung zu tun. Meiner Erfahrung nach sind Männer am Konferenztisch vor allem darauf erpicht, sich selbst reden zu hören, und nichts ist ihnen mehr zuwider als eine Entscheidung zu treffen, ohne daß alle Gelegenheit hatten, ihr vorbereitetes Statement vorzulesen. Mein Führungsstil hat gewiß einige Kollegen verblüfft, die ihr eigenes Positionspapier bei weitem nicht so gut kannten wie ich. Aber ich habe mir diese Technik angeeignet, weil ich überzeugt bin, daß die Debatte der beste Weg zur Wahrheit ist – und nicht etwa, weil ich Auseinandersetzungen unterdrücken will. Ich würde sogar noch weitergehen: Für den Erfolg einer demokratischen Regierung ist nichts wichtiger als die Bereitschaft, freimütig und energisch zu debattieren – sofern das auch die Bereitschaft einschließt, gemeinsam die Verantwortung für eine einmal getroffene Entscheidung zu übernehmen.

Also leitete ich eine Reihe von Schritten ein, um deutlich zu machen, daß es in der Regierung nicht nur ein breites Meinungsspektrum gab, sondern daß sie auch für verschiedene Ansichten aufgeschlossen war. In erster Linie wollte ich dem Eindruck entgegenwirken, daß die Regierung die Sorgen der Menschen nicht zur

Kenntnis nehme. Dies war durchaus möglich, ohne den Thatcherismus zu verwässern, weil – ganz gleich was Kommentatoren behaupten mochten – die Hoffnungen und Wünsche der großen Mehrheit im Einklang mit meinen Überzeugungen standen. Und dies wußte ich, eben weil ich den Menschen zuhörte. Aber ich erlag nie dem Trugschluß, die Leitartikel des »Guardian« für die Stimme des Volkes zu halten.

Meine Rede vor dem Parteitag der schottischen Konservativen in Perth am 16. Mai 1986 nahm ich zum Anlaß, um zu betonen, daß wir die Sorgen der Menschen bisher tatsächlich zur Kenntnis genommen hatten. Und in einigen Fällen hatten wir auch schon damit begonnen, Abhilfe zu schaffen. Bei den Schotten hatte helle Aufregung über die Neufestsetzung der *Rates* geherrscht, die für manche Leute eine drastische Erhöhung der Abgabe brachte, während andere unerklärlicherweise weniger bezahlen mußten. Auf dem schottischen Parteitag 1986 rief ich den Delegierten in Erinnerung:

Als ich vor einem Jahr Ihren Parteitag besuchte, haben Sie Ihrer großen Besorgnis wegen der *Rates* Ausdruck gegeben. Wir haben zugehört. Wir haben verstanden. Wir haben etwas unternommen. Und aufgrund dieser Dringlichkeit werden die *Rates* in Schottland noch früher abgeschafft als in England und Wales.

Außerdem versprach ich, im Bildungsbereich, wo große Unzufriedenheit herrschte, und im Gesundheitswesen, wo sie noch größer war, ebenso radikal, aber gleichzeitig sorgsam vorzugehen:

Es gibt tatsächlich Anlaß zur Sorge. Wie lange müssen Ihre älteren Angehörigen auf die Hüftoperation warten, die soviel Schmerzen lindern würde? Kann die werdende Mutter damit rechnen, während der gesamten Schwangerschaft vom selben medizinischen Team betreut zu werden? ... Ich kenne Ihre Sorgen, und wir sind entschlossen, etwas zu unternehmen ...

Was an dieser Rede wichtig war und was auch zur Kenntnis genommen wurde, war der Ton. Natürlich reicht es nie aus, nur zuzuhören: Man muß auch Antworten parat haben. Aber damals war es an der Zeit, Sensibilität zu zeigen, und die Rede kam gut an.

Eine Kabinettsumbildung

Ein weiterer Schritt, der Regierung und Partei zu einem Neuanfang verhelfen sollte, war die Kabinettsumbildung, die noch im selben Monat stattfand. Keith Joseph hatte sich entschlossen, das Kabinett zu verlassen. Der Abschied von meinem ältesten politischen Weggefährten und Mentor stimmte mich traurig. Er war nicht zu ersetzen; die politische Arbeit würde ohne ihn nicht mehr dieselbe sein. Aber Keith' Rücktritt bot auch die Möglichkeit, wichtige Neubesetzungen vorzunehmen. Ich brauchte nun Minister, die sich bei den Medienschlachten genauso bewähren würden wie in Whitehall.

Alle Analysen von Meinungsumfragen bewiesen, daß unsere Stärke die Wirtschaftspolitik war, während wir bei den sogenannten »sozialen Themen« schlecht abschnitten. Das war nichts Neues. So ungerecht dieses Urteil schien – und diese Ungerechtigkeit war mir persönlich zuwider, weil meiner Erfahrung nach niemand eher bereit ist, Zeit und Geld zu investieren, ohne mit Dank zu rechnen, als der typische Konservative –, konnte man doch nichts anderes erwarten. Im Gesundheitswesen war es meiner Meinung nach die beste Lösung, die Tatsachen so darzustellen, wie sie waren; dies hinterließ aber offenbar keinen tieferen Eindruck. Im Bildungswesen brachte man den Konservativen jedoch Vertrauen entgegen, denn obwohl die Leute annahmen, wir würden weniger für das Schulwesen ausgeben als die Labour Party, erkannten sie doch, daß wir sowohl am Bildungsniveau als auch der Vermittlung von Werten, an Wahlfreiheit der Eltern und einem gesunden Preis-Leistungs-Verhältnis interessiert waren. Und die Leute wußten auch, daß die »verrückt gewordene Linke« der Labour Party insgeheim die »sexuelle Befreiung« anstrebte und sozialwissenschaftliche Theorien in die Tat umsetzen wollte. Ken Baker hatte bei der Propagandaschlacht gegen die Linken in den kommunalen Behörden leichtes Spiel gehabt, und er hatte gemeinsam mit William Waldegrave, und angeregt durch die Ratschläge von Lord

Rothschild, die von mir schon lange gewünschte Alternative zu den *Rates* ausgearbeitet. Ich hatte das Gefühl, daß Ken mit seinem herausragenden Kommunikationstalent jetzt im Erziehungsministerium gebraucht wurde.

John Moore zog als Verkehrsminister ins Kabinett ein. Im Schatzamt hatte er bei der Ausarbeitung des Privatisierungsprogramms hervorragende Arbeit geleistet, und Nigel Lawson schätzte ihn sehr. In John setzte ich große Hoffnungen. Er dachte wie ich. Er war gewissenhaft und charmant, hatte ein gewinnendes Wesen, und in gewisser Weise zeigte er dieselben Stärken wie Cecil Parkinson – das heißt, er gehörte dem rechten Flügel an, trat aber nicht hart oder aggressiv auf. Im Fernsehen kam er sehr gut an, und im folgenden Wahlkampf gelang es ihm, gleichzeitig konsequent und auf freundliche Weise vernünftig zu argumentieren. Ich hatte keinerlei Zweifel, daß sich John Moore als Gewinn für die Regierung und als treuer Anhänger meiner Politik erweisen würde, und so war es auch.

Nick Ridley übernahm das ausufernde Ministerium für Umweltfragen und Lokalverwaltung. Was die Öffentlichkeitsarbeit betraf, konnte er zwar Ken und John nicht das Wasser reichen, aber ich wußte, daß niemand besser geeignet war, die richtigen Antworten für die komplizierten Fragen zu finden, vor denen wir standen. Die Wohnungspolitik war ein Bereich, der einen scharfen Verstand forderte. Der Verkauf der gemeindeeigenen Sozialwohnungen hatte wirklich zur Revolutionierung der Eigentumsverhältnisse geführt. Doch die riesigen, seelenlosen Hochhäuser mit den billigen Mieten waren nach wie vor Ghettos, in denen Not, schlechte Ausbildung und Arbeitslosigkeit das Bild prägten. Auch der private Wohnungsmarkt war, trotz einer gewissen Liberalisierung durch zeitlich begrenzte Mietverträge, weiterhin geschrumpft, was die Mobilität der Arbeitskräfte beeinträchtigte. Die Beihilfen und die Finanzierung des Wohnungsbaus bildeten ein Dickicht, in dem die besten Pläne unterzugehen drohten. Die Gemeindesteuer mußte genau überdacht und in England und Wales eingeführt werden. Und auch die strittige Frage der Umweltverschmutzung verlangte nach Lösungen.[1]

Nicks Arbeit im Umweltministerium war sehr erfolgreich, auch wenn er bei der Bevölkerung immer unbeliebt blieb; der Öffentlichkeit galt er als kettenrauchender, unordentlicher, vornehm tuender Herr. Im Gegensatz dazu brachten ihm alle, die mit ihm zusammenarbeiteten, und nicht zuletzt seine Beamten, durchwegs Respekt und große Zuneigung entgegen. Nick besaß jene Tugenden, die scheinbar nur im verborgenen blühen; er war absolut aufrichtig, er beurteilte Menschen nach ihren Verdiensten und Argumente nach ihrer Stichhaltigkeit, zur Arglist war er nicht fähig, und er erbot sich stets, undankbare und unpopuläre Aufgaben zu übernehmen.

Am Abend des 24. Juli hielt ich vor dem Komitee von 1922 die traditionelle Rede zum Ende der Legislaturperiode. Dies war stets ein wichtiges Ereignis, doch bei dieser Gelegenheit ganz besonders. Meine Aufgabe war es, zu gewährleisten, daß die Fraktion die quälenden Diskussionen um Westland, British Leyland und Libyen hinter sich ließ, um im Herbst mit neuer Kraft wieder anzutreten und die Einigkeit und das Selbstvertrauen zu demonstrieren, die erforderlich waren, um sich in Auseinandersetzungen zu behaupten und schließlich auch die Parlamentswahlen zu gewinnen. Abgeordneten, die regelmäßig Kontakt zu ihren Wählern haben, braucht niemand zu erzählen, es sei alles in Ordnung, wenn das nicht stimmt. Das einzige, was man damit erreicht, ist, daß sie das Vertrauen in einen verlieren. Also sagte ich ihnen in meiner Rede klar und deutlich, daß sie zwar im vergangenen Jahr viele Schwierigkeiten hätten ertragen müssen, diese Schwierigkeiten jedoch nichts mit unserem grundsätzlichen Herangehen zu tun hätten, welches sich bewährt habe. Die Schwierigkeiten rührten vielmehr daher, daß wir einerseits die wertvolle Tugend der Einigkeit mißachtet hätten, und andererseits, wie beim Thema Libyen, wirklich schwierige, wenn auch durchaus richtige Schritte hätten unternehmen müssen. Der lautstarke und herzliche Beifall, den ich erntete, freute mich, nicht nur weil mir Beifall besser gefällt als Buhrufe, sondern weil eine so herzliche Reaktion auf eine so energische Rede erkennen ließ, daß die Partei wieder Mut faßte.

Der Sommer des Jahres 1986 war noch in anderer Hinsicht bedeutsam. In der Parteizentrale der Torys hatte Norman Tebbit, der Geschäftsführer der Partei, ziemlich harte Zeiten erlebt. Wie Norman zu sagen pflegte, mußte er als »Blitzableiter« für mich herhalten. Ein Teil der Kritik an Norman gelangte auch in die Presse, und eines Tages regte sich bei ihm der Verdacht, ich oder mein Mitarbeiterstab seien dafür verantwortlich. Mit einem Bündel entsprechender Zeitungsausschnitte bewaffnet erschien er in der Downing Street und fragte, woher diese Gerüchte stammten. Ich las die Ausschnitte und war wirklich überrascht – in meinem Pressespiegel waren diese bösartigen Angriffe nicht berücksichtigt worden – und versicherte Norman, daß sie gewiß nicht von mir oder meinen Mitarbeitern stammten und schon gar nicht meine Meinung wiedergaben. Solche Reibereien entstehen, wenn man sich nur selten sieht, so daß Spannungen sich nicht entladen und Mißverständnisse nicht geklärt werden können. Und der Regierungsapparat läßt im Terminplan selten genug Zeit für parteipolitische Angelegenheiten. Daß sich die Beziehungen erfreulicherweise verbesserten, ist meinem Politischen Referenten Stephen Sherbourne zu verdanken, der soviel von Politik versteht wie ein Kabinettsminister und auf dessen Scharfsinn ich mich stets verlassen konnte; er sorgte dafür, daß Norman und ich uns jede Woche zu regelmäßigen Besprechungen sahen.

Die Strategiegruppe und die politischen Arbeitskreise

Der nächste Schritt, den ich unternahm, war die Einbeziehung meiner Senior Minister aus dem Kabinett in die Strategiedebatte für die nächste Wahl. Im Juni schickten mir William Whitelaw und John Wakeham, der Chief Whip, ein Memorandum mit der Aufforderung, eine Gruppe von Ministern zusammenzustellen, die offiziell die Bezeichnung »Strategiegruppe« tragen sollte und, zweifellos zur Freude ihrer männlichen Mitglieder, in der Presse bald als »A-Team« bekannt wurde. Dieser Gruppe fiel die Aufgabe zu, den bevorstehenden Wahlkampf zu planen und politische Inhalte, Präsentation und taktische Fragen zu erörtern. Ich war damit einverstanden, daß neben William und John auch Geoffrey Howe, Nigel Lawson, Douglas Hurd und Norman Tebbit daran teilnehmen sollten. Den Vorschlag, Peter Walker einzubeziehen, lehnte ich ab. Wenngleich ich Nick Ridley gerne gebeten hätte, als ständiges Mitglied mitzuarbeiten, entschied ich schließlich, daß nur der stellvertretende Premierminister, die Chefs der drei großen Ministerien, der Geschäftsführer der Partei und der Chief Whip der Gruppe angehören sollten. Schlicht gesagt, waren dies die Leute, die auf keinen Fall fehlen durften. Wären weitere Minister hinzugebeten worden, hätte dies die üblichen politischen Eifersüchteleien und Verleumdungen nach sich gezogen. Deshalb wurden andere Minister nur eingeladen, wenn Fragen aus ihrem Ressort erörtert werden sollten. Da es sich um eine politische Arbeitsgruppe handelte, die mit Regierungsgeschäften wenig zu tun hatte, sollten Stephen Sherbourne und Robin Harris, der Leiter des Conservative Research Department, assistieren. Als Leiter meines Beraterstabs nahm auch Brian Griffith regelmäßig teil. Die Gruppe traf sich regelmäßig am Montag vormittag.

Zunächst befaßten wir uns immer mit den wichtigsten Ereignissen der bevorstehenden Woche und planten unsere diesbezüglichen Schritte. Als die Wahlen näherrückten, lieferte Norman Tebbit zumeist einen kurzen Bericht über den Stand der Vorbereitungen innerhalb der Partei. Aber im Mittelpunkt stand in der Regel das Arbeitspapier eines Kabinettsministers – entweder eines ständigen Mitglieds der Gruppe oder eines anderen Kollegen – über die zukünftigen Pläne für die Arbeit seines Ressorts. Mehrere Minister, die heute als radikal gelten, erschienen bei unseren Treffen mit Vorschlägen, die einen, wie ich privat zu sagen pflegte, nicht gerade das vom Stuhl rissen; und sie gingen wieder mit dem deutlichen Gefühl, daß ganz erheblich mehr von ihnen gefordert wurde.

Etwa um dieselbe Zeit, als ich die Strategiegruppe gründete, setzte ich elf parteipolitische Arbeitskreise ein. Zum Vorsitzenden der einzelnen Gruppen ernannte ich den Kabinettsminister, in dessen Verantwortungsbereich das fragliche Themengebiet fiel. Neben den naheliegenden Themenbereichen – Wirtschaft, Arbeitsmarkt, Außen- und Verteidigungspolitik, Landwirtschaft, Nationaler Gesundheitsdienst – gab es eigene Arbeitskreise für Familie (unter Nicholas Edwards, Minister für Wales) und Jugend (unter John Moore – dem Kabinettsmitglied, das noch am ehesten als Vertreter der jungen Generation durchgehen konnte). Immerhin wurden damals, anders als 1983, die Gruppen unverzüglich gegründet, und es gelang ihnen größtenteils auch, ihre Berichte pünktlich vorzulegen. Zwar saßen auch einfache Abgeordnete und unabhängige Experten in den Arbeitsgruppen, doch da die Minister die Arbeitskreise zu Belangen ihres eigenen Ressorts leiteten, entsprachen die Vorschläge der Gruppen natürlich in vieler Hinsicht den politischen Initiativen der entsprechenden Ministerien. Wie im Jahre 1983 bestand ihre Bedeutung vor allem darin, daß sich Partei und Kabinett in den Wahlkampf eingebunden fühlten. In diesem Sinne waren die Arbeitskreise ein Gegenstück zu der Strategiegruppe, die im Hinblick auf Kabinett und Regierung denselben Zweck erfüllte.

Inhaltlich waren die Berichte im großen und ganzen nicht besonders aufregend. Bemerkenswert scheint jedoch, daß Nigel Lawsons Arbeitskreis, dessen Ergebnisse die unverwechselbare Handschrift des Vorsitzenden trugen, den baldigen Beitritt zum Wechselkursmechanismus im Europäischen Währungssystem forderte (womöglich noch vor der Wahl, was zu katastrophalen Folgen hätte führen können); hingegen wurde die Notwendigkeit, die öffentliche Kreditaufnahme zu begrenzen, außer acht gelassen, und Lawsons eigene Erfindung, die mittelfristige Finanzplanung, die ich für den Dreh- und Angelpunkt unserer gesamten wirtschaftspolitischen Strategie hielt, wurde nicht einmal erwähnt. Dies fand zwar keinen Eingang ins Wahlprogramm, floß aber in die Diskussion über unsere politische Linie ein.

Der Parteitag der Konservativen 1986

Niemand unter uns zweifelte an der Bedeutung des Parteitags von 1986 in Bournemouth. Höchstwahrscheinlich würde dies unser letzter Parteitag vor den Parlamentswahlen sein. Der Labour-Parteitag, der eine Woche früher stattgefunden hatte, zeichnete sich durch eine hochprofessionelle Öffentlichkeitsarbeit aus, die zweifellos ihre Wirkung tat, obwohl die Inhalte dabei dem schönen Schein untergeordnet wurden. Der Schachzug, die rote Fahne als Parteisymbol durch eine rote Rose zu ersetzen, war zwar dreist, zeugte aber von der scharfsinnigen Erkenntnis, daß die Wähler für alles mögliche, aber gewiß nicht für den Sozialismus stimmen würden. Dennoch ließ sich die Labour-Führung durch ihr über-

steigertes Selbstvertrauen dazu verleiten, unnötige Risiken einzugehen – insbesondere durch eine neutralistische, antiamerikanische Verteidigungspolitik, gegen die wir im Wahlkampf vehement
zu Felde zogen.

Norman Tebbit und ich widerstanden der Versuchung, die
Labour-Maßnahmen zu imitieren. Eine der wichtigsten Spielregeln im Wahlkampf ist, die eigenen Stärken auszuspielen: Nur
wenn diese nicht ausreichen, kann man überlegen, ob man andere
Leute nachahmen soll. Also galt es, unsere eigenen Leistungen herauszustreichen, und zwar nicht nur, indem wir Zahlen herunter-
spulten, sondern indem wir sie als Grundlage für weitere Fortschritte darstellten – oder, wie der von Norman ausgewählte Slogan für den Parteitag lautete, für »Unseren nächsten Schritt nach
vorne«. Als Norman mir seine Pläne schilderte, war ich beeindruckt. Im Spätsommer und Frühherbst setzte Norman den Ministern zu, ihre Leistungen und die innerhalb einer konkreten Zeitspanne erreichbaren Ziele in griffigen Statements zu formulieren.
Das gesamte Material wurde dem Schatzamt vorgelegt, um sicher-
zugehen, daß die Vorschläge nicht etwa zusätzliche Staatsausgaben nach sich zogen. Als wir in Bournemouth eintrafen, war das
Material fertig ausgearbeitet, und so konnten wir auf dem Parteitag einen praktischen politischen Vorschlag nach dem anderen
präsentieren, so daß der Vergleich mit dem vorhergegangenen
pompösen Labour-Parteitag in der Presse nur günstig ausfallen
konnte. Gleichzeitig mehrten sich glücklicherweise die Zeichen
für den wirtschaftlichen Aufschwung, der sich nicht zuletzt in sinkenden Arbeitslosenzahlen spiegelte. Dadurch stieg die Moral,
und die Meinungsumfragen fielen erfreulicher für uns aus. Und
damit waren, im Rückblick betrachtet, vermutlich die Weichen für
unseren nächsten Wahlsieg gestellt.

Meine Rede für Bournemouth arbeitete ich noch sorgfältiger
aus als Ansprachen zu anderen Anlässen. Gerade durch den Beifall, mit dem meine früheren Parteitagsreden aufgenommen worden waren, wurde die Sache noch schwieriger. Es galt, zusammenzufassen, ohne nur zu wiederholen; und vor allem mußte ich ein
Leitmotiv liefern, das unsere Leute in den kommenden Monaten
beflügeln würde.

Meine Rede sollte in diesem Jahr eine Vorschau auf die Argumente liefern, mit denen wir den Wahlkampf bestreiten würden, und die verschiedenen Reformvorhaben unseres »nächsten Schritts nach vorne« zu einer thematischen Einheit verknüpfen. Der Faktor, der letztendlich die größte Bedeutung für unseren Sieg haben würde – nämlich der wachsende Wohlstand, der durch unsere Wirtschaftspolitik erreicht worden war –, bildete auf dem Parteitag und in meiner Rede eher den allgemeinen Hintergrund als ein eigenständiges Thema. Unser zweites Wahlkampfthema kündigte sich in meinem scharfen Angriff auf die Verteidigungspolitik der Labour Party an.

Der Labour-Parteitag hatte für eine nichtnukleare Verteidigungspoltik votiert und unter anderem die Schließung der amerikanischen Atomwaffenstützpunkte in Großbritannien gefordert. Kinnock hatte auch klargestellt, daß er die Vereinigten Staaten unter gar keinen Umständen auffordern würde, Nuklearwaffen zur Verteidigung Großbritanniens einzusetzen. Damit war er weiter gegangen, als die Labour Party es je zuvor getan hatte, denn damit konnten die Sowjets ab dem ersten Tag der Amtsübernahme einer Labour-Regierung davon ausgehen, daß Großbritannien nicht mehr unter dem »atomaren Schutzschirm« Amerikas und der NATO stehe. Dazu erklärte ich:

Die Verteidigungspolitik der Labour Party – obwohl Verteidigung kaum das richtige Wort dafür sein dürfte – bedeutet einen absoluten Bruch mit der Verteidigungspolitik aller Regierungen unseres Landes seit dem Zweiten Weltkrieg. Zweifelsfrei ist dies eine äußerst schwerwiegende Entscheidung. Kein Land kann ein loyales Mitglied der NATO sein und gleichzeitig ihrer grundlegenden Strategie abschwören. Unter einer Labour-Regierung wäre Großbritannien ein neutralistisches Land. Das wäre der größte Gewinn für die Sowjetunion seit vierzig Jahren. Und dies hätte sie erreicht, ohne einen einzigen Schuß abzugeben.

Aber das zentrale positive Thema meiner Rede, das auch in den Mittelpunkt unseres Wahlprogramms rücken sollte, stand unter dem Motto »Macht dem Volke«. Hier verwies ich darauf, daß durch die Privatisierung eine wachsende Zahl von Menschen ein

DOWNING STREET NO. 10

Eigenheim oder Aktien ihr eigen nennen konnten; wichtig waren in diesem Zusammenhang auch die im Wahlprogramm versprochenen Reformen im Wohnungswesen und im Bildungsbereich, die dem Normalbürger mehr Wahlfreiheit garantieren sollten. Ich sagte:

> Die große politische Reform des vergangenen Jahrhunderts bestand darin, immer mehr Menschen das Wahlrecht zu gewähren. Die große Tory-Reform unseres Jahrhunderts besteht darin, es immer mehr Menschen zu ermöglichen, Eigentum zu erwerben. Volkskapitalismus ist nichts anderes als ein Kreuzzug, der sich für die Bürgerrechte der breiten Schichten im Wirtschaftsleben einsetzt. Wir Konservativen geben dem Volk die Macht zurück.

Eine Rede ist jedoch nicht nur ein politisches, sondern auch ein theatralisches Ereignis. Kurz vor 14.30 Uhr betrat ich am Freitag, dem 10. Oktober, das Podium und wurde wie üblich von stürmischem Beifall begrüßt, der sich noch verstärkte, als die Leute sahen, daß ich eine Rose am Revers trug. Als erstes sagte ich:

> ... ich möchte eines klarstellen: Die Rose, die ich trage, ist die Rose von England.

Wahlvorbereitungen und Parteiprogramm

Als das Parlament wieder zusammentrat, befand sich die Partei in einer ganz anderen Verfassung als noch vor wenigen Monaten. David Young hatte dafür gesorgt, daß wir ein überschaubares Programm an legislativen Maßnahmen vor uns hatten, so daß kein wichtiges Gesetz liegenbleiben würde, falls wir den Wahltermin schon auf den nächsten Frühsommer festlegen sollten. Unsere Position in den Meinungsumfragen hatte sich deutlich verbessert. Die Strategiegruppe und die politischen Arbeitskreise tagten regelmäßig. Norman hielt mich über die Arbeit in der Parteizentrale zur Vorbereitung der Wahl auf dem laufenden. Bereits am 2. Juli hatte er mir in einem Arbeitspapier mögliche Wahltermine vorgeschlagen.

Die Sammlung von Unterlagen, die die Pläne der Partei für den Wahlkampf enthält, heißt traditionell das »Kriegsbuch«. Am 23. Dezember schickte mir Norman den ersten Entwurf als »Weihnachtsgeschenk«. Ich war nicht traurig darüber, daß das Jahr 1986 nun zu Ende ging, doch als ich mir unsere neuen politischen Ziele und den Kampf, der 1987 zu ihrer Durchsetzung anstand, vor Augen führte, verspürte ich wieder Enthusiasmus.

Am 8. Januar traf ich mit Norman und anderen zusammen, um die Wahlkampfunterlagen, die er mir geschickt hatte, zu diskutieren. Wir kamen im Haus von Alistair McAlpine zusammen, um den Nachstellungen der Presse zu entgehen, die bereits Spekulationen zum Wahltermin anstellte. Mir war klar, daß der Wahlkampf noch nicht im Detail vorbereitet war, doch die Vorschläge gefielen mir im großen und ganzen. Eine Sorge plagte mich jedoch ständig, und das war die Werbung. Vor ein paar Monaten hatte ich mich erkundigt, ob Tim Bell, der bei früheren Wahlen für mich gearbeitet hatte, wieder zur Verfügung stünde. Ich glaubte, daß er als Berater für die Saatchis arbeitete. Doch offenbar ging ihr Zerwürfnis tiefer, als ich vermutet hatte, und mein Vorschlag wurde nie aufgegriffen. Ich hätte vielleicht darauf bestanden, wenn dies nicht erhebliche Probleme mit Norman und der Parteizentrale zur Folge gehabt hätte. Jedenfalls sah ich Tim weiterhin im privaten Kreis. Damals im Januar hegte ich jedoch immer noch die Hoffnung, daß die Saatchis den politischen Verstand und die Kreativität an den Tag legen würden, die sie bei unseren früheren Aufträgen bewiesen hatten.

Mir war klar, daß ich die Hauptverantwortung für das Wahlprogramm trug. Ich bat Brian Griffiths und Robin Harris, die Vorschläge, die von den Ministern und den Arbeitskreisen gekommen waren, in einem kurzen Thesenpapier zusammenzutragen, das wir am 1. Februar in Chequers diskutierten. An der Besprechung nahmen Nigel Lawson, Norman Tebbit und Nick Ridley teil – jeder auf seine Art waren sie die besten drei Köpfe im Kabinett. In diesem Stadium ging es vor allem darum, die verschiedenen Vorschläge zu ordnen und manches auszuschließen: Meiner Ansicht nach sollte ein gutes Wahlprogramm eine begrenzte Zahl eindrucksvoller, radikaler Maßnahmen enthalten statt einer verwirrenden Ansammlung unbedeutender Kleinziele. Bei dieser Besprechung nahmen die Programmpunkte allmählich Gestalt an.

Wir waren uns einig, bei der Einkommensteuer einen Eingangs-satz von 25 Prozent anzustreben. Für die Herabsetzung des Spit-zensteuersatzes nannten wir zwar keine konkrete Zahl, hatten aber einen Spitzensatz von 50 Prozent im Auge. Nicht ins Pro-gramm aufnehmen wollte ich das Versprechen, übertragbare Steu-erfreibeträge für Eheleute einzuführen; hätte man diese Maßnah-me, so wie sie im Grünbuch ausgearbeitet worden war, realisiert, wäre sie sehr teuer gekommen. Außerdem forderte ich weitere Berichte über staatliche Unternehmen an, die privatisiert werden konnten; diese sollten im Wahlprogramm selbst namentlich erwähnt werden.

Wir waren uns einig, daß das Bildungswesen einer der zentralen Bereiche war, für die das Programm neue Vorschläge liefern sollte. Dank der guten Vorarbeit von Brian Griffiths hatte ich bereits eine klare Vorstellung davon, welche Punkte dies sein würden. Es muß-te ein Kerncurriculum erstellt werden, damit gewährleistet war, daß alle Kinder in den wichtigsten Fächern unterrichtet würden. Des weiteren war es erforderlich, abgestufte Prüfungen oder Bewertungssysteme einzuführen, um die Leistungen aller Kinder miteinander vergleichen zu können. Und schließlich sollten alle Schulen größere finanzielle Autonomie erhalten. Unentbehrlich war auch ein neues Pro-Kopf-Finanzierungssystem sowie die freie Schulwahl[2], was dazu führen würde, daß erfolgreiche und beliebte Schulen finanziell belohnt würden und ihre Aktivitäten erweitern konnten. Die Kompetenzen der Direktoren sollten erweitert wer-den. Das umstrittenste Ziel war jedoch, daß die Schulen das Recht erhalten sollten, sich um den damals so genannten »Direct-Grant«-Status zu bewerben; das heißt, sie sollten als »unabhängi-ge Staatsschulen« aus der Kontrolle der kommunalen Schulbehör-den »aussteigen« können. Der Ausdruck »unabhängige Staats-schule« war dem Erziehungsministerium verhaßt, und es versuch-te, ihn zugunsten des bürokratischen Begriffs »Subventionierte Schulen« aus meinen Reden zu tilgen.

Auch der Wohnungspolitik war ein Bereich, in dem wir radikale Vorschläge in Betracht zogen: Nick Ridley hatte bereits Papiere ausgearbeitet, die noch eingehend diskutiert werden mußten. Aber seine wichtigsten Ideen wurden alle ins Programm aufge-nommen: Mietergruppen sollten das Recht erhalten, Kooperati-

ven zu bilden, und einzelnen Mietern sollte die Möglichkeit eingeräumt weren, das Eigentumsrecht an ihrem Haus (oder ihrer Wohnung) einer Wohnungsbaugesellschaft oder einer anderen anerkannten Institution zu übertragen, mit anderen Worten: die Vermieter zu tauschen. Nach dem Modell der höchst erfolgreichen
Urban Development Corporations sollten Wohnungsgenossen-
schaften nach dem Beispiel der sehr erfolgreich arbeitenden Stadt-
viertel-Sanierungsgesellschaften gegründet werden, die baufällige
Anwesen übernehmen, sie renovieren und anschließend in verschiedene Miet- und Besitzformen überführen würden. Außerdem
wollten wir die Wohnungsbaukassen der Kommunalbehörden
reformieren, um zu verhindern, daß Wohnungsbaugelder, die
eigentlich für Reparaturen und Renovierungen bestimmt waren,
dazu verwendet wurden, den Haushalt der Kommunen aufzubes-
sern.

Wegen des Staatlichen Gesundheitsdienstes (National Health
Service [NHS]) gerieten wir zunehmend unter politischen Druck,
und bei unserer Besprechung diskutierten wir auch, wie wir darauf reagieren sollten. Die Leistungsbilanz des Staatlichen Gesundheitsdienstes war zwar insgesamt gut, doch es stand außer Frage,
daß die Wünsche der Patienten nicht ausreichend berücksichtigt
wurden, die Arbeit oft ineffizient ablief und manche Bereiche und
Krankenhäuser aus unerklärlichen Gründen weniger leisteten als
andere, weniger Patienten behandelten und so weiter. Norman
Fowler hatte auf dem Parteitag von 1986 eine Reihe von Zielen
formuliert, die durch die Bereitstellung zusätzlicher öffentlicher
Mittel finanziell abgesichert werden sollten, um zu ermöglichen,
eine Anzahl bestimmter Arten von Operationen häufiger durchzuführen. Diese Ankündigung war gut angekommen. Ich zögerte,
den Gesundheitsdienst auf die Liste der Themen zu setzen, für die
wir grundlegende Reformen vorschlugen – nicht zuletzt deshalb,
weil hier bisher wenig oder nichts getan worden war. Der NHS
galt in weiten Kreisen als Prüfstein unseres Eintretens für den
Wohlfahrtsstaat, und es war sicher nicht ungefährlich, auf diesem
Gebiet unverhofft mit neuen Ideen aufzuwarten. Die Reform, die
mir vorschwebte, lief darauf hinaus, die Wartelisten zu verkürzen,
indem gewährleistet wurde, daß das Geld an die Patienten gebunden war, statt sich im bürokratischen Labyrinth des Gesundheits-

dienstes zu verlieren. Aber hier waren noch so viele Fragen offen, daß ich schließlich beschloß, keine wesentlichen neuen Vorschläge für den Gesundheitsbereich ins Programm aufzunehmen.

Im Anschluß an die Besprechung schrieb ich an die Minister und bat sie, neue Vorschläge einzubringen, die in der nächsten Sitzungsperiode vom Parlament abgesegnet werden mußten, damit sie umgesetzt werden konnten. Sobald die Vorschläge vorlagen, konnten die Gesetzesvorlagen für die neue Sitzungsperiode entworfen werden. Um aus diesen Vorlagen ein zusammenhängendes Gesetz zu zimmern, setzte ich einen kleinen Programmausschuß ein, der mir direkt unterstellt war. John MacGregor, Chief Secretary im Schatzamt, übernahm den Vorsitz; weitere Teilnehmer waren Brian Griffiths, Stephen Sherbourne, Robin Harris und John O'Sullivan, ein ehemaliger Mitherausgeber der »Times«, der als Sonderberater zu meinem Mitarbeiterstab zählte und der den Entwurf des Programms verfaßte.

Das Programm war darauf angelegt, ein ernstzunehmendes politisches Problem zu lösen. Als Partei, die seit acht Jahren an der Regierung war, durften wir keinesfalls den Eindruck erwecken, verbraucht zu sein und an Ideenmangel zu leiden. Deshalb mußten wir eine Reihe klarer, gut durchdachter neuer Reformen vorschlagen. Gleichzeitig mußten wir uns gegen den spöttischen Vorwurf absichern, warum wir denn diese Ideen nicht schon früher eingebracht hätten, wenn sie so gut seien. Deshalb präsentierten wir unsere Reformen als dritte Etappe eines laufenden Thatcherismus-Programms. In unserer ersten Amtszeit hatten wir für Wirtschaftsaufschwung gesorgt und das Gewerkschaftsgesetz reformiert. In unserer zweiten Amtsperiode brachten wir breiten Kreisen noch nie dagewesenen Wohlstand und Kapitalvermögen. Und falls wir zum drittenmal die Regierung stellen sollten, würden wir dem Normalbürger bei den öffentlichen Dienstleistungen die Wahlfreiheit und den hohen Standard zusichern, den die Reichen bereits genossen. Und als wir das Wahlprogramm schließlich präsentierten, behauptete niemand mehr, der Regierung ginge die Puste aus.

Das Programm war das beste, das die Konservative Partei je hervorgebracht hatte, und zwar nicht nur, weil es weitreichende Vorschläge zur Reform des Bildungswesens, des Wohnungsbaus, der Finanzierung der Kommunen, der Gewerkschaften enthielt und für mehr Privatisierung und niedrigere Steuern eintrat, sondern weil dem Programm eine Vision zugrunde lag, um die die politischen Maßnahmen klar und logisch angeordnet waren. So wurden beispielsweise die Vorschläge zum Bildungswesen, zum Wohnungsbau und zu den Gewerkschaften (die Forderung, häufiger geheim abzustimmen, und das Recht einzelner Gewerkschaftsmitglieder, die Teilnahme an einem Streik zu verweigern) gleich am Anfang des Dokuments vorgestellt, um deutlich zu machen, daß wir ein großangelegtes Programm zur Gesellschaftsreform in Angriff nahmen, das darauf abzielte, dem Volk mehr Macht zu geben. Und diejenigen, denen wir zu mehr Selbstbestimmung verhelfen wollten, waren nicht nur (und nicht einmal hauptsächlich) Menschen, die sich ein Eigenheim und Privatschulen für ihre Kinder leisten konnten oder die große Investitionen tätigten, sondern gerade jene, die auf solche Privilegien verzichten mußten.

Das Programm spiegelte meine innersten Überzeugungen wider. Ich meine, daß konservative Politik denjenigen Befreiung und Selbstbestimmung bringen muß, die der Sozialismus in die Falle lockt, demoralisiert und schließlich verächtlich ignoriert. Und genau das fürchten die Sozialisten am meisten; aber auch einige paternalistische Torys verspüren bei diesem Gedanken Unbehagen.

Am 21. April berief ich in Chequers eine Besprechung ein, an der William Whitelaw, Norman Tebbit, David Young, Peter Morrison (Normans Stellvertreter in der Parteizentrale) sowie die Schreiber und Berater teilnahmen und auf der wir den gesamten Text durchsahen. Dann begann das Umschreiben und Überarbeiten. Brian und John hielten mich über die Arbeit auf dem laufenden. Stephen Sherbourne, der auf die ihm eigene taktvolle Weise unbarmherzig sein kann, sorgte dafür, daß alle die zunehmend engen Termine einhielten. Der wichtigste zusätzliche Vorschlag – der einen erheblichen Gewinn darstellte – kam von David Young. Er bestand darin, eine Leistungsbilanz der Regierung zusammenzustellen, die unter dem Titel »Unsere ersten acht Jahre« als eigenständige Veröffentlichung erscheinen und in einem Umschlag zusammen mit dem Programm verteilt werden sollte. David besaß nicht nur die nötige Begabung, sondern auch die nötige Energie für eine solche Arbeit; ich übertrug ihm praktisch die Verantwortung für die optische Gestaltung des Programms und bezog ihn sogar so weit wie möglich in die sonstigen Wahlkampfvorbereitungen ein.

Da zum Hintergrund und Verlauf des Wahlkampfs von 1987 viele irreführende Kommentare abgegeben wurden, lohnt es sich, von Anfang ein einiges klarzustellen. Manchen Darstellungen zufolge stand ein Krieg zwischen den rivalisierenden Werbeagenturen der Torys im Mittelpunkt des Wahlkampfs; aus anderen Quellen ist zu vernehmen, daß sich die Hauptakteure – und insbesondere ich selbst – so gestört verhielten, daß man sich die Frage hätte stellen müssen, warum wir nicht alle von den Männern im weißen Kittel in eines unserer neuen NHS-Krankenhäuser verbracht wurden, statt wiedergewählt zu werden. Der Wahlkampf war nicht besonders gelungen, aber dafür von Erfolg gekrönt, und nur das zählt. Es gab Meinungsverschiedenheiten – aber die guten alten Streitereien, bei denen die meisten von uns sofort bereuen, was sie gesagt haben, und die ganze Sache ohne Groll vergessen und begraben, gehören nun einmal zu jedem Wahlkampf. (Soweit ich es beurteilen kann, wurde der Labour-Wahlkampf, der nach allgemeinem Dafürhalten so glatt und harmonisch verlief, nicht durch Streitereien getrübt.) Wie sich herausstellte, haben Talent und Charakter der Hauptakteure im Wahlkampf der Konservativen zu unserem Sieg beigetragen. Vielleicht war die kreative Anspannung manchmal weniger kreativ als angespannt.

Abgesehen vom Wahlprogramm und den praktischen Vorbereitungen für den Wahlkampf gab es noch ein weiteres Problem, das uns in den ersten Monaten des Jahres 1987 beschäftigte, und zwar die Frage, wie wir uns gegenüber dem Bündnis zwischen der SDP und den Liberalen verhalten sollten. Die Alliance wurde inzwischen von dem zunächst attraktiven, aber später ziemlich lächerlichen Duo der beiden Davids, nämlich David Steel und David Owen, geführt: Sie versuchte sich als glaubwürdige, radikale dritte Kraft zu präsentieren, und falls ihr das gelang, so würde sie uns die (in dem wahlanalytischen Jargon, der sich so schwer vermeiden ließ) sogenannten »weichen« Tory-Anhänger abspenstig machen. In der Konservativen Partei fand eine lautstarke Debatte darüber statt, wie wir mit der Alliance umgehen sollten. Manche Parteimitglieder, die dem linken Flügel zuzurechnen waren und die zweifellos nicht nur insgeheim mit der Kritik sympathisierten, die die Alliance an meiner Politik übte, plä-

dierten dafür, unsere Gegner nicht ernst zu nehmen – oder sie einfach
zu ignorieren. Weder Norman Tebbit noch ich konnten dieser Sicht
beipflichten. Ungeachtet ihrer Posen waren die SDP-Mitglieder
nichts anderes als runderneuerte Sozialisten, die, solange sie im Amt
waren, die Verstaatlichungspolitik und den Machtzuwachs der
Gewerkschaften mitgetragen hatten; weitergedacht hatten sie erst,
als die Zahlung ihrer Ministergehälter im Jahre 1979 eingestellt wurde. Die Liberalen ihrerseits hatten in der politischen Landschaft
Großbritanniens stets die geringsten Skrupel gezeigt und sich auf
höchst zweifelhafte Taktiken spezialisiert – beliebt waren zum Beispiel gefälschte Meinungsumfragen, die am Vorabend von Nachwahlen den Eindruck erwecken sollten, daß die Liberalen plötzlich
Auftrieb bekämen. Eine andere Taktik, die sich auch die SDP schnell
aneignete, bestand darin, vor einer Gruppe eine bestimmte politische
Linie zu vertreten und im Gespräch mit der nächsten Gruppe eine
ganz andere Meinung zu äußern. Die Analyse, die Norman in der
Parteizentrale vornehmen ließ, zeigte recht deutlich, daß es Zerwürf-
nisse und Widersprüche gab, die wir ausnützen sollten – und zwar so
weit wie möglich, bevor der eigentliche Wahlkampf begann, denn
danach drohten solche Angelegenheiten unterzugehen.

Also kamen Norman und ich überein, daß wir den Central
Council der Konservativen in Torquay am Samstag, dem 21. März
1987, beide die Gelegenheit dazu nutzen würden, um das Bündnis
zu attackieren. Ich bezeichnete die SDP als »die Labour Party im
Exil«, dann erinnerte ich daran, daß die SDP-Führer in der letzten
Labour-Regierung Spitzenpositionen eingenommen hatten, und
zuletzt brachte ich ein Zitat aus einem alten Music-Hall-Song:

Vermutlich hoffen sie darauf, daß sie bei der nächsten Wahl
um eine Zugabe gebeten werden – die beiden Davids mit dem
Evergreen: »Verratet meiner Mutter bloß nicht, daß ich in
einer Pantomime ein halbes Pferd spiele.«

Während das Wahlprogramm vorbereitet wurde, besprach ich mit
Norman Tebbit, wie der Wahlkampf in seiner hoffentlich endgülti-
gen Form aussehen sollte und welche Rolle ich darin spielen würde.
Bei unserer Besprechung am 16. April erörterten wir Themen für
Pressekonferenzen, Anzeigen und Rundfunkwerbung für die Partei.

Inzwischen tendierte ich dazu, die Wahlen früh – und zwar im Juni – anzuberaumen. Dann würden wir die vier Jahre hinter uns haben, die eine Regierung meiner Meinung nach ableisten sollte. Ich hatte im Gespür, daß die Bevölkerung hinter uns stand und daß die Reklametricks der Labour Party allmählich ein bißchen müde wirkten.

Wie es sooft geschieht, drängte sich schließlich das passende Datum geradezu auf – Donnerstag, der 11. Juni. Bis dahin würden die Ergebnisse der Kommunalwahlen vorliegen, die wir, wie im Jahre 1983, den Rechengenies in der Parteizentrale vorlegen würden, um eine brauchbare Leitlinie für die Parlamentswahlen zu erstellen.

Das Ergebnis sollte durch private Umfragen ergänzt werden, die Norman in Auftrag gegeben hatte: Dies war insbesondere für Schottland und London nötig, wo in diesem Jahr keine Kommunalwahlen abgehalten wurden. In einzelnen, besonders wichtigen Wahlkreisen sollten ebenfalls Meinungsumfragen stattfinden, obwohl die Stichprobenerhebung in Wahlkreisen so problematisch ist, daß ihr niemand großes Gewicht beimißt. Die Ergebnisse wurden mit am Sonntag in Chequers vorgelegt, wo auch meine Ministerkollegen ihre Meinung dazu äußerten. Inzwischen wußte ich, daß das Wahlprogramm fast fertig war, da ich es am Samstag mit meinen Schreibern durchgearbeitet hatte.

Es gab noch eine letzte Meinungsverschiedenheit. Nigel wollte das Versprechen, die Inflation in der nächsten Legislaturperiode auf Null zu drücken, ins Wahlprogramm aufnehmen. Dies hielt ich für gefährlich. Leider bewiesen die Ereignisse, daß meine Vorsicht angebracht war.

Wie immer überschlief ich die Entscheidung über die Festlegung des Wahltermins eine Nacht; und dann, am Montag, dem 11. Mai, vereinbarte ich für 12.25 Uhr eine Audienz bei der Königin, um sie zu ersuchen, das Parlament für die Wahl am 11. Juni aufzulösen.

Kleidung

In meinem Fall ging es bei den Wahlvorbereitungen nicht nur um Politik. Ich mußte mich auch angemessen kleiden. Bei Aquascutum hatte ich bereits Kostüme, Jacken und Röcke in Auftrag gegeben – »Arbeitskleidung« für den Wahlkampf.

Wie die meisten Frauen interessierte ich mich lebhaft für Kleider, aber gerade in der Politik war es auch besonders wichtig, zu jedem Anlaß passend angezogen zu sein. In der Opposition hatte ich meine Garderobe bei verschiedenen Herstellern gekauft. Und wenn ich irgendwelche Zweifel daran gehabt hatte, wie wichtig es ist, diese Angelegenheiten sorgfältig zu regeln, wurden sie durch die Lieferung einer Ausstattung zerstreut, die ich zur Parlamentseröffnung 1979 bestellt hatte. Es war ein schönes, saphirblaues Seidenkleid mit passendem Hut. Zur Anprobe hatte ich keine Zeit, und als ich es anzog und mir nur noch ein paar Minuten blieben, stellte ich entsetzt fest, daß es mir weder paßte noch stand; und nun mußte ich mich in aller Eile umkleiden. Das war mir eine Lehre, nicht nach einer Abbildung zu kaufen, die nur auf dem Papier unerwünschte Rundungen verbirgt, welche aber der Kundin bei der Anprobe leider nicht entgehen.

Seit ich mein Amt in der Downing Street übernommen hatte, half mir Crawfie bei der Auswahl meiner Garderobe. Gemeinsam besprachen wir Stil, Farbe und Stoff. Alles mußte bei vielen verschiedenen Anlässen seinen Zweck erfüllen, also schienen maßgeschneiderte Kostüme das richtige. (Sie haben außerdem den Vorteil, daß die Taille nicht zu sehr betont wird.) Die aufregendsten Stücke waren vielleicht die Kostüme, die ich mir – in Schwarz oder Dunkelblau – für das Bankett des Lord Mayor in London anfertigen ließ. Bei Auslandsbesuchen war es natürlich besonders wichtig, angemessen gekleidet zu sein. Bei der Entscheidung darüber, was ich tragen würde, achteten wir immer auf die Farben der jeweiligen Nationalflagge. Die gravierendste Veränderung war jedoch der neue Stil, auf den ich mich verlegte, als ich im Frühling 1987 die Sowjetunion besuchte; bei diesem Anlaß trug ich einen schwarzen Mantel mit Schulterpolstern, den Crawfie im Schaufenster von Aquascutum gesehen hatte, und einen wunderbaren Fuchspelzhut. (Seither kaufte ich meine Kostüme hauptsächlich bei Aquascutum.)

Durch die seit November 1989 erlaubten Fernsehübertragungen aus dem Unterhaus stellten sich neue Probleme. Streifen und Karomuster sehen zwar in natura attraktiv und fröhlich aus, können auf dem Bildschirm jedoch irritierend wirken. Eines Tages, als ich nicht mehr die Zeit hatte, mich vor einer Rede im Unterhaus umzuziehen, trat ich dort in einem schwarz-weiß-karierten Seidenkleid auf. Anschließend bekam ich von einem Parlamentskollegen zu hören: »Was Sie gesagt haben, war in Ordnung, aber Sie haben schrecklich ausgesehen.« Diese Lektion kam an. Die Fernsehzuschauer achteten auch darauf, ob ich zu verschiedenen Anlässen dasselbe Kostüm trug, und erwähnten dies sogar in Zuschriften. Von da an notierte sich Crawfie, was ich bei der allwöchentlichen Fragestunde der Premierministerin im Unterhaus trug. Aus diesen Aufzeichnungen wurde ein Tagebuch, und jede Kombination erhielt einen Namen, der gewöhnlich an den ersten Anlaß erinnerte, zu dem ich die Stücke getragen hatte. Die Notizen lasen sich wie ein Reisetagebuch: Pariser Oper, Washington-Pink, Reagan-Marineblau, Toronto-Türkis, Tokio-Blau, Kreml-Silber, Peking-Schwarz und last not least English Garden. Aber nun konzentrierte ich mich auf die bevorstehenden Wahlen: Es war an der Zeit, mein marineblau-weiß-kariertes Kostüm herauszulegen, das als »Wahlkampf '87« in unser Tagebuch einging.

Der Wahlkampf

Wie ich bereits betont habe, läßt die Konservative Partei den Wahlkampf bewußt langsam anlaufen. Langsam anlaufen lassen ist jedoch eine Sache, gar nicht anfangen eine andere. Im Laufe der Zeit gewann ich den Eindruck, daß die Politiker der Oppositionsparteien sich am meisten abstrampelten – obwohl sie auch einmal über die eigenen Füße fielen, nämlich als Denis Healey bei einem Besuch in der sowjetischen Hauptstadt der Labour Party auf dem internationalen Parkett Referenzen zu verschaffen versuchte und der erstaunten Welt mitteilte, Moskau bete »für einen Labour-Sieg«.

Am Freitag sprach ich auf dem Parteitag der schottischen Konservativen in Perth. Aber natürlich war unser Programm zu diesem Zeitpunkt noch nicht veröffentlicht, und so kam es mir in erster Linie darauf an, vor den Absichten der Labour Party zu warnen, die ihre wahre Natur und ihre Ziele verhehlen würde: Ich erklärte den Zuhörern, daß sie mit einem »Eisbergprogramm« der Labour Party rechnen mußten, wobei »ein Zehntel ihres Sozialismus sichtbar ist und neun Zehntel unter der Oberfläche liegen«.

Am Dienstag, dem 19. Mai, leitete ich die erste Pressekonferenz, auf der wir unser Programm der Öffentlichkeit vorstellten. Die Alliance hatte ihres bereits herausgebracht – ohne daß es allzuviel Beachtung gefunden hätte – und das Programm der Labour Party, bei dem die Auslassungen interessanter waren als die Inhalte, sollte am selben Tag erscheinen. Die Präsentation unseres Programms lief nicht ganz wunschgemäß ab. Der Pressekonferenzraum in der Parteizentrale war überfüllt, es war zu heiß und zu laut. Die Minister – die alle erschienen waren, um die Stärke unseres »Teams« zu demonstrieren – wurden auch noch hineingepfercht, so daß die Fernsehaufnahmen von der Konferenz wirklich grauenhaft aussahen. Nick Ridley stellte unsere Wohnungspolitik vor, und ich hoffte, daß die Journalisten der Versuchung erliegen würden, die politischen Ziele des Programms im einzelnen nachzulesen. Daß unsere Kandidaten sich eingehend damit befassen sollten, stand für mich jedenfalls fest, und in meiner Rede auf ihrer Konferenz in Central Hall, Westminster, am nächsten Vormittag nahm ich es mit ihnen durch.

Aber ich nutzte diese Rede noch zu einem anderen Zweck. Unser Schwachpunkt war die Sozialpolitik, insbesondere das Gesundheitswesen, und so gab ich mir alle Mühe, gegenüber den Kandidaten – und mit ihnen den Wählern – klarzustellen, daß sich die Regierung zum Prinzip eines Nationalen Gesundheitsdiensts bekenne, der nur »in unseren Händen sicher« sei. In unserem Programm war der Abschnitt zum Gesundheitswesen auffallend vorsichtig formuliert. Danach konzentrierte ich mich im Wahlkampf vor allem darauf, unsere Stärken in der Wirtschafts- und Verteidigungspolitik hervorzuheben. Dadurch war nicht zu verhindern, daß das Gesundheitswesen gegen Ende des Wahlkampfes wieder in den Mittelpunkt rückte; aber zumindest waren wir gegen Angriffe der Labour Party gewappnet und hatten unser Bestes getan, um die Befürchtungen der Wähler zu zerstreuen.

D –21 bis D –14

Am Donnerstag war ich zum ersten Mal in unserem Wahlkampf-Bus unterwegs. Es handelte sich um eine neue, hochmoderne Ausführung des Fahrzeugs, das ich 1983 benutzt hatte. Der Bus war mit allen erdenklichen neuen High-Tech-Geräten ausgestattet – einem Computer, verschiedenen Funktelefonen, einem Faxgerät, einem Fotokopierer; auch ein Techniker, der sich um all diese Geräte kümmerte, war mit von der Partie. Der blaulackierte »Kampf-Bus« trug die Aufschrift »Moving Forward with Maggie« (»Vorwärts mit Maggie«). Mein erster Fototermin mit diesem Gefährt fand in den Docklands, dem Hafenviertel, statt, einem Beispiel für unser konservatives Thema »Erneuerung«. Zum Mittagessen kehrte ich dann aus dem Hafenviertel in die Downing Street zurück. In der Zwischenzeit mußte auch der Kampf-Bus eine Erneuerung durchmachen, da er unterwegs mit einem BMW kollidiert war. Aber die Ausbeulungen im Blech wurden über Nacht beseitigt, und am nächsten Morgen war der Wagen wieder wie neu.

Meine Wahlveranstaltung in Finchley fand immer an einem Donnerstag statt, damit sich die vielen jüdischen Einwohner am Freitag in Ruhe auf den Sabbath vorbereiten konnten. An jenem Donnerstagabend konzentrierte ich mich in meiner Rede auf die Verteidigungspolitik und griff dabei nicht nur die Labour Party an, sondern auch die Alliance, was letztere sehr erboste.

Unsere erste reguläre Wahlkampf-Pressekonferenz fand am Freitag, dem 22. Mai, statt. Offiziell stand das Thema Verteidigung auf der Tagesordnung, und George Younger hielt das Einführungsstatement. Völlig unerwartet hatte sich uns eine großartige Möglichkeit geboten, die Alliance-Parteien, die in den Augen einiger Tory-Strategen, aber nicht in meinen, die eigentliche Gefahr für uns darstellten, schachmatt zu setzen. Besser gesagt, die beiden Davids setzten sich selbst schachmatt. Der einschlägige Abschnitt in unserem Wahlprogramm besagte, daß für die gemeinsame Verteidigungspolitik dieser Parteien, die auf eine einseitige, schrittweise nukleare Abrüstung hinauslief, das gleiche galt wie für das Programm der Labour Party; sie würde schließlich dazu führen, daß aus Großbritannien ein »eingeschüchtertes Land« würde, das, »mit den Kommunisten sympathisierte« und der Erpressung durch die Sowjetunion ausgeliefert wäre. Damit sollte jedoch keineswegs mangelnder Patriotismus unterstellt werden; es ging uns lediglich darum, aufzuzeigen, wozu Schwäche unausweichlich führen würde. David Owen entging jedoch dieser feine Unterschied, und er war enorm beleidigt. Wir konnten unser Glück kaum fassen, als er mehrere Tage lang die Aufmerksamkeit der Öffentlichkeit auf unsere Trumpfkarte, die Verteidigung, lenkte, und damit seinen Schwachpunkt, seine Verbindung mit den sandalentragenden Anhängern der einseitigen Abrüstung in der Liberalen Partei in den Vordergrund rückte. Von dieser falschen Einschätzung der Lage erholten sich die Alliance-Parteien nicht mehr.

Aber wir hatten auch unsere Schwierigkeiten. Die Journalisten unterzogen mich einem Kreuzverhör zum Bildungswesen; bei diesem Thema herrschten angeblich Widersprüche zwischen meinen und Ken Bakers Vorstellungen zum Konzept der subventionierten Schulen, die freiwillig aus der Kontrolle der Kommunalen Schulbehörden »ausgestiegen« waren. Tatsächlich wollten wir keineswegs anregen, daß die neuen Schulen analog zu einer Privatschule Gebühren erheben sollten; sie würden auch weiterhin im öffentlichen Sektor verbleiben. Überdies ist die Genehmigung des Erziehungsministers immer erforderlich, wenn sich eine Gesamtschule in ein Gymnasium umwandeln will – mag die Bildungseinrichtung nun (wie wir es nannten) subventioniert sein oder nicht.

Im Laufe der nächsten Tage mußte dies alles von Ken Baker immer wieder klargestellt werden. Es stimmte mich traurig, daß wir immer wieder diese Versicherungen abgeben mußten. Ich bin felsenfest überzeugt, daß im britischen Erziehungswesen seit dem Krieg vor allem ein Fehler begangen wurde: daß man, wie ich es damals nannte, »den Mittelweg unterdrückte«. Direkt vom Staat subventionierte Schulen und Gymnasien haben Menschen wie mir ermöglicht, mit denen gleichzuziehen, die aus wohlhabenden Verhältnissen kamen. Mein Ziel war es, mit Hilfe subventionierter Schulen – in Verbindung mit den anderen Veränderungen, die wir anstrebten, und vielleicht ergänzt durch einen »Ausbildungsgutschein«, der im öffentlichen und privaten Sektor gleichermaßen galt – wieder auf diesen »Mittelweg« zu gelangen. Außerdem wollte ich nicht nur eine Rückkehr zur Auswahl der Besten – und gewiß nicht mit elf wie bei dem alten Elf-plus-Examen –, sondern eine Entwicklung hin zur Spezialisierung und zum Wettbewerb zwischen den Schulen, so daß einige Schulen in der Musik Hervorragendes leisten würden, andere im Bereich der Technik, Wissenschaft oder Kunst. So würden besonders begabte Kinder die Chance bekommen, ihre Begabungen zu entwickeln, ganz gleich aus welchen Verhältnissen sie stammen.

Und wenn eine derartige Spezialisierung stattfinden soll, muß man der Schule, die auf irgendeinem Gebiet Spitzenleistungen erbringt, gestatten, ihr Zulassungsverfahren selbst zu regeln. Der Wettbewerb zwischen den Schulen und den einzelnen Schülern wird sich auch dann effektiver gestalten, wenn die Möglichkeit besteht, die vom Staat gewährten Zuschüsse aufzustocken. Ich hoffe, daß wir uns weiter in diese Richtung bewegen werden. Dies ist der richtige Weg, falls die konservative Vision für das Bildungswesen Wirklichkeit werden soll. Aber unter den damaligen Bedingungen war dies offensichtlich noch nicht möglich.

Manche Kritiker meinten, dieser frühe Streit rühre daher, daß unsere Reformen noch nicht voll durchdacht gewesen seien. Für einige Einzelpunkte trifft das sicherlich zu, doch die wesentlichen Grundlinien waren klar. In Wirklichkeit rührte die Kontroverse daher, daß ich, wie soft, als Regierungschefin öffentlich Stellung bezog, um die Auseinandersetzung voranzutreiben und zurückhaltende Kollegen zu bewegen, weiter zu gehen, als sie es normalerweise tun würden. Im Wahlkampf war diese Strategie sicherlich höchst riskant. Aber ohne solche Taktiken wäre der Thatcherismus bloße Theorie geblieben.

Am Ende der ersten Woche hatten wir es dennoch geschafft, uns als die einzige Partei zu präsentieren, die mit neuen, unverbrauchten Ideen aufwartete. Aber ich hatte das Gefühl, daß unser Programm uns nicht den Auftrieb gegeben hatte, der zu erwarten gewesen wäre, und allmählich stellten sich Zweifel ein, ob unser Vorgehen richtig gewesen war.

Meine Wahlkampftour führte mich an diesem Tag in den Nordwesten. Vor Anhängern aus dem Wahlkreis Bury North, die sich in Scharen eingefunden hatten, hielt ich auf freiem Felde eine Rede. Es war ein lebendiger, altmodischer Wahlkampftag, der mir viel Freude bereitete.

Am Sonntag gab ich Interviews und arbeitete an Reden. Anders als 1983 waren meine Reden in diesem Wahlkampf auf den jeweiligen Anlaß zugeschnitten und nicht aus vorher vorbereitetem Material zusammengestellt. Unter dem wachsamen Auge von Stephen Sherbourne verfaßten John O'Sullivan und Ronnie Millar die Reden. In der Regel sah ich den Entwurf am Vorabend durch, nahm die nötigen Änderungen vor und arbeitete am folgenden Tag die Einzelheiten aus, bis ich schließlich die Rede hielt. Auf diese Weise entstanden erfrischende, interessante Reden, die vermutlich besser waren als im Wahlkampf '83; aber es wurde auch schwieriger, das Thema der Rede mit anderen aktuellen Themen aus der Pressekonferenz am Vormittag, meiner Wahlkampftour, den Reden der Minister oder äußeren Ereignissen zu verbinden.

Auf der Pressekonferenz am Montag stand die Wirtschaft im Mittelpunkt, und Nigel Lawson übernahm die Einführung. Für Nigel lief der Wahlkampf gut. Er stellte nicht nur stets unter Beweis, daß er sein Fachgebiet voll und ganz beherrschte, sondern veranschaulichte auch, welche Folgen die Labour-Vorschläge zur Steuerpolitik und Sozialversicherung – insbesondere die von ihnen geplante Abschaffung der Steuerfreibeträge für verheiratete Männer und der Obergrenze für die Sozialversicherungsbeiträge der Angestellten – für Menschen mit relativ geringem Einkommen haben würden. Diese brachte die Labour-Politiker in der letzten Wahlkampfwoche völlig aus dem Konzept, und sie bewiesen, daß sie ihre eigene Politik nicht durchschauten. Nigel hatte schon vorher bekanntgegeben, daß das Labour-Programm nach unseren Berechnungen Ausgaben vorsah, die etwa 35 Milliarden Pfund über den Haushaltsplänen der Regierung lagen. Und später sagte ich in einer Rede: »Nigel schätzt die Pläne der Labour Party als Gute-Nacht-Lektüre: Er hat eine Schwäche für gute Krimis.«

Doch in dieser Phase sorgte die Verteidigungspolitik für Schlagzeilen, und zwar teilweise deswegen, weil wir unsere Angriffe zunächst bewußt auf diesen Bereich konzentriert hatten, hauptsächlich aber wegen Neil Kinnocks bemerkenswertem Fauxpas in einem Fernsehinterview: Danach bestand Labours Antwort auf einen feindlichen Angriff in einem Guerillakrieg, der von den Bergen aus geführt werden sollte. Voll Schadenfreude stürzten wir uns auf diese Bemerkung, und sie inspirierte auch zu der einzigen gelungenen Anzeige unseres Wahlkampfs, welche als Sinnbild der »Labour-Verteidigungspolitik« einen britischen Soldaten zeigte, der – sich ergebend – die Arme hochhielt. Nach Wahlkampfauftritten in Wales sagte ich am Dienstag abend vor einer Massenveranstaltung in Cardiff:

Die nichtnukleare Verteidigungspolitik der Labour Party ist in Wahrheit eine Politik der Niederlage, der Kapitulation, der Besatzung und schließlich eines langwierigen Guerillakrieges ... Ich begreife nicht, wie Leute, die die Regierungsmacht anstreben, die Verteidigung unseres Landes derart auf die leichte Schulter nehmen können.

Die Rede kam sehr gut an. Harvey Thomas hatte dafür gesorgt, daß wir mit unseren Versammlungen den Sprung ins zwanzigste Jahrhundert taten. Trockeneis qualmte über den ersten sechs Reihen und hüllte die Reporter in dichten Nebel; Laserstrahlen zuckten wie verrückt über die Köpfe der Zuschauer hinweg; unsere Wahlkampfmelodie, die Andrew Lloyd Webber eigens für diesen Anlaß komponiert hatte, gellte durch den Raum; ein Video, das mich bei Auslandsbesuchen zeigte, wurde vorgeführt; und dann betrat ich die Szene, um meine Rede zu halten – wobei mich das Gefühl beschlich, das alles nicht mehr überbieten zu können.

Die Pressekonferenz am Mittwoch war für den Wahlkampf besonders wichtig, weil wir das Bildungswesen in den Mittelpunkt stellten. Ken Baker und ich traten gemeinsam auf, um die Zweifel zu zerstreuen, die durch das vorherige Durcheinander entstanden waren, und um bei dem Thema, das meiner Ansicht nach eine zentrale Stellung in unserem Programm einnahm, die Initiative wiederzuerlangen. Es lief gut.

Doch meine Rundreisen, darin waren sich alle einig, liefen weniger gut. Neil Kinnock erschien jetzt häufiger im Fernsehen und konnte sich vorteilhafter in Szene setzen. Er wurde – so wie ich es mir zu Anfang des Wahlkampfes erbeten hatte – vor jubelnden Menschenmengen gezeigt oder bei Handlungen, die Bezug auf das Thema des Tages nahmen. Die Medien waren – vermutlich weit mehr als die Öffentlichkeit – in den Bann des brillanten Wahlkampffilms geraten, der Neil und Glenys zeigte, wie sie in der strahlenden Sommersonne zu den Klängen patriotischer Musik Hand in Hand spazierengehen; das Ganze sah aus wie ein Werbespot für den Vorruhestand. Dies hat die Medien wahrscheinlich angeregt, Kinnocks Rundreisen in positivem Licht zu zeigen. Und was tat ich am Mittwoch? Ich besuchte ein Ausbildungszentrum für Blindenhunde. Die Symbolik und tiefere Bedeutung dieses

Besuchs blieb nicht nur den Medien, sondern auch mir verborgen – die Hunde gefielen mir zwar sehr gut, aber sie waren nicht stimmberechtigt. Meinem Gefühl nach kam ich zuwenig mit richtigen Menschen zusammen; statt dessen besuchte ich zu viele Fabriken und Firmen. Das lag teilweise daran, daß unserem Reiseprogramm durch strenge Sicherheitsvorkehrungen enge Grenzen gezogen waren. Doch die Strategie war von Grund auf falsch, weil bei den Rundreisen Fototermine im Mittelpunkt standen – und die Fotos bekam niemand zu Gesicht.

Da fing ich an, selbst ein wenig zu improvisieren. Auf dem Heimweg aus dem Westen ließ ich an diesem Nachmittag den Bus vor dem Laden eines Bauernhofs halten, wo es Speck, Chutney und Sahne in Hülle und Fülle zu kaufen gab. Die Pressebusse hinter uns hielten ebenfalls, und wir strömten alle in den Laden. Ich kaufte Sahne, und alle schienen meinem Beispiel zu folgen. Das war mein persönlicher Beitrag zur Förderung der bäuerlichen Landwirtschaft; vielleicht bekamen wir auf diese Weise endlich ein paar vernünftige Filmmeter zusammen.

D –14 bis D –7

Nach einer Woche Wahlkampf und ungeachtet unserer eigenen Schwierigkeiten war die politische Situation immer noch günstig. In den Meinungsumfragen lagen wir weiterhin vorn. Den Umfragen zufolge blieb die Partei während des Wahlkampfes im großen und ganzen auf demselben Stand in der Wählergunst, wenngleich einige irreführende Umfragen Beunruhigung auslösten. Die Unterstützung der Wähler für die Alliance ließ stark nach; ihr Wahlkampf litt unter Spaltungserscheinungen und jenem grundlegenden Mangel an Übereinstimmung, der jenen zum Verhängnis wird, welche sich scheuen, in der Politik nach festen Prinzipien zu handeln. Neil Kinnock hielt sich von den wichtigsten Londoner Journalisten fern; statt dessen leitete Bryan Gould die meisten Pressekonferenzen. In der zweiten Woche verkehrte sich jedoch die Wirkung dieser Taktik ins Gegenteil: Die Journalisten aus der Fleet Street wurden allmählich immer unmutiger und kritikfreudiger: Sie hatten Tag für Tag die Möglichkeit, mich ins Kreuzverhör zu nehmen, und waren nun darauf erpicht, sich auch den Oppositionsführer vorzunehmen. In diesem Bestreben wurden sie von Norman Tebbit begeistert unterstützt, der durch Talent und Charakter dazu prädestiniert schien, über Neil Kinnock herzufallen, und das auch während des Wahlkampfs in mehreren Reden sehr erfolgreich tat.

Bei der Pressekonferenz am Donnerstag stand der Nationale Gesundheitsdienst auf der Tagesordnung. Norman Fowler hatte sich eine großartige Form der Präsentation für die neueröffneten britischen Krankenhäuser ausgedacht; sie waren auf einer Karte mit Lämpchen markiert, die auf Knopfdruck aufleuchteten. Weil seine Vorführung in der Öffentlichkeit so gut ankam wie der Werbefilm mit den Kinnocks, ließ ich sie wiederholen. Leider war die Übertragung im Fernsehen, wie so vieles in diesem Wahlkampf, nicht besonders eindrucksvoll. Die Pressekonferenz ging glatt über die Bühne. Aber was mir wie üblich Sorge bereitete, war meine Rede, die ich am selben Abend in Solihull halten sollte.

Wir hatten bis 3.30 Uhr morgens an dem Entwurf gearbeitet, aber ich war immer noch nicht zufrieden damit. Im Lauf des Tages zog ich mich immer wieder zurück, um daran zu feilen – das heißt, wenn ich nicht gerade mit Kandidaten sprach, mit Redakteuren vor Ort zusammentraf, Jaguars in der Fabrik bewunderte oder die Haus-und-Garten-Ausstellung in Birmingham besuchte. Im Haus von Joan Seccombe angekommen – sie ist eine der engagiertesten ehrenamtlichen Helferinnen in der Partei –, ließ ich die anderen ihre Gastfreundschaft genießen und schloß mich mit meinen Redenschreibern ein, um buchstäblich bis zur letzten Minute verbissen an dem Text zu arbeiten. Aus irgendeinem geheimnisvollen Grund werden gerade die Reden, die einen bei der Vorbereitung zur Verzweiflung treiben, besonders gut; und diese Rede war tatsächlich gelungen. Eine bissige Passage löste beim Publikum dröhnenden Beifall aus:

Nie zuvor hat die Labour Party diesem Land eine derart leichtsinnige Verteidigungspolitik angetragen. Sie hat von Besatzung gesprochen – eine Verteidigungspolitik der weißen Fahne. Während meiner Regierungszeit hat die weiße Fahne nur einmal Eingang in unser Vokabular gefunden. Das war in jener Nacht, als der Falklandkrieg zu Ende war und ich ins Unterhaus ging, um zu berichten: »Weiße Fahnen wehen über Port Stanley.«

Aber damit war mein Angriff auf die Labour Party noch nicht beendet. Nun nahm ich die »verrückten Linken« mit ihrer sozialistischen Politik in der Kommunalverwaltung und ihrer Propaganda zu den *Rates* aufs Korn. Damit erntete ich einen Applaus, der selbst mich überraschte. Es wurde deutlich, daß die Öffentlichkeit tatsächlich den Extremismus fürchtete, der sich hinter dem gemäßigten Image der Labour Party verbarg. Bei jeder Rede schickte ich mich mit frischer Kraft an, traditionelle Labour-Anhänger für unsere Sache zu gewinnen. Und das wurde für sie zu einem gravierenden Problem.

Auf der Pressekonferenz am Freitag morgen erläuterte Nick Ridley unsere Wohnungsbaupolitik. Dann trat ich meine tägliche Wahlkampftour an. An diesem Tag war uns etwas mehr Erfolg beschieden. Ich hatte gute Fototermine, bekam Gelegenheit, mit wirklichen Menschen zusammenzutreffen und wurde sogar mit Zwischenrufen eines Labour-Stadtrats bedacht, als ich auf einem Sportgelände eine durch Lautsprecher übertragene Rede hielt. Im Fernsehen wurde ich gezeigt, wie ich angeblich gerade die Nachricht erhielt, daß ein in Teheran gekidnappter britischer Diplomat freigelassen worden war: Tatsächlich wußte ich dies bereits und hatte lediglich einen Sekretär aus der Parteizentrale am Telefon. Die beste Aufnahme des Wahlkampfs entstand in Tiptree, dem Wahlkreis von John Wakeham. Mit drei Traktoren im Gefolge, auf deren Anhängern sich schwitzende Reporter und Fotografen drängten, fuhr man mich auf ein Feld mit schwarzen Johannisbeeren hinaus, wo Aufnahmen von mir gemacht wurden, während ich mit einem Fernglas auf ein Vogelschutzgebiet hinausblickte. Es wurde ein surrealistisches Bild von Splendid Isolation.

Am Montag, dem 1. Juni – zehn Tage vor der Wahl –, leitete David Young die Pressekonferenz; er erklärte, daß die Arbeitslosenzahlen nur dann weiter sinken würden, wenn sich die Wähler für die Konservativen entschieden. Anhand von beeindruckenden Graphiken erläuterte er die wesentlichen Elemente des »Labour-Pakets zur Arbeitsplatzvernichtung«, wie er es nannte, zeigte auf,

daß infolge der von Labour geplanten Rüstungskürzungen, Sanktionen gegen Südafrika und der Stärkung der Gewerkschaften
Tausende von Arbeitsplätzen verlorengehen würden. Ich war froh,
daß wir nun endlich unsere Trumpfkarte, den wirtschaftlichen
Aufschwung, ausspielen konnten.

Am folgenden Tag leitete ich unsere Pressekonferenz, die sich
wieder mit Wirtschaftsthemen befaßte, und flog dann nach
Schottland. Inzwischen hatte die Labour Party beschlossen, die
Politik ganz aus dem Spiel zu lassen und sich statt dessen auf persönliche Angriffe gegen mich zu konzentrieren. Neil Kinnock legte
dabei nicht besonders viel Feingefühl an den Tag. Er bezeichnete
mich als »Möchte-gern-Kaiserin« und das Kabinett als »Speichel-
lecker und Fußabtreter«. Ich war entschlossen, dafür zu sorgen,
daß ihre Taktik auf sie selbst zurückfiel. Am selben Abend sprach
ich vor einer Massenversammlung in Edinburgh

...diese Woche greift [die Labour Party] auf persönliche
Beschimpfungen zurück. Das ist ein sehr gutes Zeichen. Persönliche Beschimpfungen können Politik nicht ersetzen. Sie
signalisieren Panik. Auf jeden Fall will ich Ihnen versichern,
daß sie mich nicht im geringsten berühren. Wie der große
Amerikaner Harry Truman so treffend bemerkte: »Wenn
du die Hitze nicht verträgst, dann geh aus der Küche.« Nun,
Herr Oppositionsführer, ich denke, daß ich nach acht Jahren über dem heißen Ofen mit aller gebührender Bescheidenheit sagen kann, daß die Hitze völlig erträglich ist.

Ungeachtet des schlechten Wetters war es ein angenehmer, altmodischer Wahlkampftag gewesen. Auch Denis hatte seinen Spaß.
Wir besuchten eine Brauerei, die Scottish & Newcastle Brewery in
Edinburgh, und Denis leerte in meinem Namen die obligatorische
Halbe; die Zurückhaltung, die er dabei zeigte, war nicht ganz aufrichtig. Am nächsten Morgen flog ich nach Newcastle weiter und
besuchte das Gateshead-Metro-Einkaufszentrum; die Menschen
liefen zusammen, als sie mich dort sahen; ich begab mich in verschiedene Geschäfte und hatte endlich das Gefühl, echten Kontakt
zu den Wählern zu bekommen.

Meine Zufriedenheit war jedoch dahin, als ich plötzlich heftige

Zahnschmerzen bekam. Ich war zwar vor Beginn des Wahlkampfes beim Zahnarzt gewesen, und damals schien alles in Ordnung zu sein. Doch der Schmerz wurde im Laufe des Nachmittags immer schlimmer, und nach meiner Rückkehr nach London suchte ich noch am gleichen Abend den Zahnarzt auf. Anscheinend hatte sich unter einem Zahn ein Abszeß gebildet, der später behandelt werden mußte. Im Augenblick blieb mir jedoch nichts anderes übrig, als mit Schmerzmitteln zu leben. Wieder in London eingetroffen, mußte ich mir noch über andere unangenehme Dinge den Kopf zerbrechen. Nachmittags erfuhr ich, daß die Gallup-Umfrage am nächsten Tag zum ersten Mal eine deutliche Verschiebung zugunsten der Labour Party zeigen würde, womit unser Vorsprung auf vier Prozent schrumpfte.

Die letzten sieben Tage (D –7 bis D-Day)

In dieser Nacht fand ich wegen meiner Zahnschmerzen keinen Schlaf. Gegen 4 Uhr morgens gab mir Crawfie einige Schmerztabletten. Sie halfen gegen den Zahnschmerz, und ich konnte etwas schlafen. Doch ich fühlte mich wie gerädert – und wie ich später erfuhr, sah ich auch so aus, als ich am folgenden Morgen zuallererst in die Parteizentrale fuhr. In die politische Legendenbildung ist dieser Tag als »wackliger« oder »schwarzer Donnerstag« eingegangen. Da wir nicht auf wackligen Beinen standen, die Neuigkeiten jedoch nichts Gutes verhießen, bevorzuge ich jedoch die letztere Bezeichnung.

Die Themen des Tages waren die Renten und die soziale Sicherheit. Ich hatte der Parteizentrale ausdrücklich erklärt, daß auch das Gesundheitswesen einbezogen werden sollte; doch das war unterblieben, und ich war darüber verärgert. Bei der Vorbesprechung für die Pressekonferenz meldeten sich meine Zahnschmerzen wieder, und ich fiel unfairerweise über Norman Fowlers Entwurf einer Pressemitteilung her, bis David Wolfson, einer der wenigen, denen ich so etwas durchgehen lasse, mir sagte, ich solle »den Mund halten« und den Text erst einmal durchlesen, bevor ich noch mehr Änderungen vornehmen würde. Das tat ich auch und gab meine Zustimmung. Anschließend erfuhr ich das Neueste über die Meinungsumfragen. Die schlimmste Nachricht war, daß für den kommenden Tag eine weitere Meinungsumfrage von Marplan angekündigt war, die nun Anlaß zu wilden Spekulationen gab. Sie würde zeigen, ob das Gallup-Ergebnis ein irreführender Ausrutscher war oder ob es tatsächlich mit uns bergab ging.

Am Vorabend hatte ich gegenüber David Young geklagt, daß mir der Wahlkampf zuwenig akzentuiert erscheine, vor allem würden unsere Stärken, insbesondere der erzielte Wirtschaftsaufschwung, nicht genügend ins Licht gerückt. Am folgenden Tag hatten Norman Tebbit und ich einen heftigen Streit, der die Atmosphäre reinigte. Wir kamen überein, daß einige unserer jüngeren Minister, wie John Moore und Kenneth Clarke, mehr in den Vordergrund treten sollten. Aber wir hatten uns immer noch nicht geeinigt, wie die Werbung in der kommenden Woche aussehen sollte.

Die Pressekonferenz an diesem Tag war nach allgemeinem Dafürhalten eine einzige Katastrophe, und mir wurde die Schuld dafür zugeschoben. Als das Thema private Krankenversicherung aufkam, weigerte ich mich, mich dafür zu entschuldigen, daß ich eine private Krankenversicherung abgeschlossen hatte, um kleinere Operationen schnell durchführen zu lassen, ohne die Wartelisten des Staatlichen Gesundheitsdienstes zu verlängern, und diese aus eigener Tasche bezahlte. Was ich sagte, wurde mir sofort als Beweis von Unsensibilität, Gefühllosigkeit und Gleichgültigkeit ausgelegt. Mir war klar, daß die Pressekonferenz vom Gesichtspunkt der PR aus ein Fehlschlag war. Aber ich war nicht gewillt, einen Rückzieher zu machen, so sehr meine Mitstreiter auch hoffen mochten, daß ich in den Interviews, in denen das Thema zwangsläufig aufgegriffen wurde, Zurückhaltung üben würde. Doch mein Instinkt trog mich nicht, während sich die Meinung der Experten als falsch erwies. Die Presse suchte nun nach Beispielen von Labour-Politikern, die mit ihren Familien privat versichert waren – und wurde fündig. Als der Wahlkampf vorbei war, hatte ich diese Schlacht gewonnen – und es war die Sache wert.

Nach der Pressekonferenz legte ich meine Ideen für eine großangelegte Werbekampagne dar, welche ich zuvor unter vier Augen mit Tim Bell erörtert hatte, der von der Parteizentrale und den Saatchis von der Wahlkampfarbeit ausgeschlossen worden war.

Dabei ging es mir darum, unsere Leistungen in den Vordergrund zu stellen, was den kreativen, unpolitischen Geistern in der Werbebranche wahrscheinlich langweilig vorkam, aber – wie sich auch bei den Wahlen 1992 erwies – für die Entscheidung der Wähler letztlich ausschlaggebend ist. Die Saatchis sollten Entwürfe vorbereiten, die ich prüfen wollte; mittlerweile arbeiteten Tim Bell und David Young an anderen Vorschlägen, die meiner Meinung nach besser waren. Ich besuchte unterdessen den Vergnügungspark Alton Towers in Cheshire, obwohl ich nicht in der richtigen Stimmung dafür war, denn ich machte mir immer noch wegen der Werbung Sorgen. Mehr noch beunruhigte mich allerdings die mysteriöse Meinungsumfrage, deren Ergebnis wir erwarteten. In den Medien gab es Spekulationen, daß unser Vorsprung auf ein Prozent schrumpfen würde. Bei meinem Besuch in Alton Towers hörte ich, wie ein BBC-Nachrichtensprecher bemerkte: »Das war's dann wohl: Mit ihr geht's bergab.«

Als ich wieder in der Downing Street eintraf, hatte ich nur wenig Zeit, mich um die Werbung zu kümmern. Das Material, das Tim Bell vorbereitet hatte, gefiel mir. Norman Tebbit, der in derartigen Situationen stets Größe beweist, gab offen und ehrlich zu, daß die neuen Werbeideen besser waren. Ich beauftragte ihn und David Young, sich der Sache anzunehmen, und begab mich zur Vorbesprechung für mein Interview mit Jonathan Dimbleby. Meinen Mitarbeitern in der Downing Street mache ich nur aus einem Grund heute noch Vorwürfe, und zwar weil sie mir die Umfrageergebnisse nicht mitteilten, bevor ich auf Sendung ging. Diese zeigten nämlich, daß wir wieder einen guten Vorsprung hatten und die frühere Umfrage nicht ernst zu nehmen war. Vielleicht war dies aber auch nicht so verkehrt, denn das Interview war hart, und ich ging zum Gegenangriff über. Zumindest ein Gutes hatte diese irreführende Meinungsumfrage, auch wenn es uns sehr teuer zu stehen kam: Sie veranlaßte mich, bei der Zeitungswerbung auf meinen Vorschlägen zu bestehen, durch die sich unsere Position festigen sollte.

Am Freitag sollte ich in Chester sprechen. Erst als ich an diesem Morgen im Zug nach Gatwick saß, fand ich Zeit, mich auf den Entwurf meiner Rede zu konzentrieren. Es war vorgesehen, daß ich »Requisiten« verwenden sollte, um dafür zu sorgen, daß

812 DOWNING STREET NO. 10

bestimmte Passagen in die Fernsehnachrichten kamen: zum Beispiel einen großen Schlüssel, um den Zuwachs an Eigenheimen zu
illustrieren. Ich bat Stephen Sherbourne und John Whittingdale
sofort, von diesen Höhenflügen der Phantasie wieder auf den
Boden der Tatsachen zurückzukommen. Wie so oft bei Reden
wirkte die Panik produktiv. Der überarbeitete Text war hervorragend. Auch das Publikum war zufrieden.

Übers Wochenende gab ich mehrere wichtige Interviews. In der
Sendung »Today« am Samstag morgen war wie immer Feindseligkeit spürbar. Gut gefiel mir dagegen »Face the People« auf Channel 4 am späteren Vormittag, wo mir Wähler aus Wahlkreisen mit
knappen Mehrheitsverhältnissen Fragen zu unserer Politik stellten. Solche Sendungen gefallen mir; denn anders als bei gewöhnlichen Interviews sind die Fragen aus dem Leben gegriffen und
gehen in die Tiefe. Am Sonntag wurde ich von David Frost interviewt. Die Fragen waren hart, aber fair, und konzentrierten sich
wieder einmal auf das Thema private Krankenversicherung. Wir
alle hatten das Gefühl, daß es recht gut gelaufen war.

An diesem Tag fand auch unser letztes »Familientreffen« in
Wembley statt, auf dem uns, wie 1983, Fernsehberühmtheiten,
Schauspieler, Komiker und Musiker mit ihrem Auftritt unterstützten. Ronnie Millar hatte eine Bearbeitung des Titelsongs von
»Dad's Army« geschrieben: »Who do you think you are kidding,
Mr. Kinnock?« (Wen wollen Sie verschaukeln, Mr. Kinnock?), in
den das Publikum einstimmte wie bei einer Theatervorführung.
Das lief sehr gut, und als ich mit meiner Rede an der Reihe war,
griff ich das Thema auf und prophezeite, daß Millionen traditioneller Labour-Wähler, entsetzt über den Linksruck und den Neutralismus ihrer Partei, sich bald »Mum's Army« anschließen würden. Ich war selbst überrascht, daß diese Veranstaltung in den
Mittelpunkt der Abendnachrichten rückte. Wenigstens wurde diese wichtige Botschaft an die Öffentlichkeit weitergegeben.

Am Montag leitete ich zunächst unsere Pressekonferenz und
reiste dann zum Weltwirtschaftsgipfel nach Venedig ab. Vor
Beginn des Wahlkampfs hatte ich beschlossen, wenn nur irgend
möglich am G7-Treffen teilzunehmen, genauso wie ich 1983 nach
Williamsburg gereist war. Meine Rolle als »internationaler Staatsmann« stand diesmal stärker im Mittelpunkt des Wahlkampfs; es

sprachen also noch gewichtigere politische Argumente für diese Reise. Auf jeden Fall ließ ich mir nie eine Gelegenheit entgehen, mit Präsident Reagan zu sprechen: Beim Dinner am selben Abend erörterten wir die Frage der Rüstungskontrolle, und bei einem vertraulichen Gespräch am folgenden Morgen vor der ersten offiziellen Sitzung diskutierten wir Wirtschaftsfragen. Bei der Rüstungskontrolle gab es einen strittigen Punkt, zu dem ich deutlich Stellung nehmen wollte. Kanzler Kohl drängte darauf, die Verhandlungen mit den Sowjets über den Abbau atomarer Kurzstreckenraketen weiterzuführen. Ich war jedoch nicht willens, die britischen Streitkräfte in Deutschland ohne atomaren Schutz zurückzulassen, und diese Position vertrat ich bei dem Essen mit Nachdruck. Ein Kommuniqué, das weitere Abrüstungsschritte in Aussicht stellte, würde ich zumindest so lange nicht unterzeichnen, bis nicht ein Abkommen zur Beseitigung chemischer Waffen und zur Aufhebung des Ungleichgewichts bei den konventionellen Streitkräften vorlag. In diesem Punkt wurde ich von Präsident Reagan voll und ganz unterstützt.

Am Dienstagnachmittag kehrte ich um 14.30 Uhr nach Großbritannien zurück. In Gatwick erwarteten mich bereits Stephen Sherbourne und seine Redenschreiber mit einem Entwurf für die Rede, die ich am selben Abend in Harrogate halten sollte. Zu meiner Erleichterung und zur Verblüffung meiner Mitarbeiter gefiel mir der Entwurf. Er war im wesentlichen eine Zusammenfassung der drei Hauptthemen des Wahlkampfs: durch konservative Politik geschaffener Wohlstand; extremistische Positionen der Labour Party, besonders in der Verteidigungspolitik und die neuen Reformen im Bildungs- und Wohnungswesen, die dem Volk mehr Macht einräumen würden. Auf dem Weg zum Saal in Harrogate teilte man mir die Ergebnisse der besonders umfangreichen – und daher besonders aufschlußreichen – Gallup-2000-Umfrage mit. Demnach hatten wir einen Vorsprung von sieben Prozentpunkten. »Das reicht nicht«, erwiderte ich. Aber die Nachricht war doch erfreulich. Es hatte den Anschein, als wäre unser Stimmenanteil in den Meinungsumfragen während des gesamten Wahlkampfs praktisch unverändert geblieben.

Aber ich atmete noch nicht auf. Am Mittwoch morgen stand ich in der Sendung *Election Call* den Fragen der Wähler telefonisch

DOWNING STREET NO. 10

Rede und Antwort. Den Großteil des Nachmittags verbrachte ich auf Wahlkampfveranstaltungen in Portsmouth und Southampton.

Am Donnerstag morgen gab ich zunächst selbst meine Stimme ab und blieb dann bis zum frühen Nachmittag in meinem Wahlkreis in Finchley. Kurz bevor die Wahllokale schlossen, kehrte ich in die Downing Street zurück.

Norman Tebbit kam herüber, wir nahmen einen Drink in meinem Arbeitszimmer und unterhielten uns lange, nicht nur über den Wahlkampf und das voraussichtliche Wahlergebnis, sondern auch über Normans eigene Pläne. Er hatte mir bereits mitgeteilt, daß er beabsichtigte, nach der Wahl aus der Regierung auszuscheiden, weil er mehr Zeit mit Margaret verbringen wollte. Ich hatte nicht viele Argumente parat, um ihn vom Gegenteil zu überzeugen, da seine Motive ebenso persönlich wie bewundernswert waren. Aber seine Entscheidung bedauerte ich dennoch zutiefst. Ich hatte zu wenige gleichgesinnte Anhänger in der Regierung, und keiner von ihnen konnte sich an Stärke und Scharfsinn mit Norman messen.

Dann aß ich in meiner Wohnung zu Abend und verfolgte die Kommentare und Voraussagen über den Wahlausgang im Fernsehen. Bevor ich um 22.30 Uhr nach Finchley aufbrach, hörte ich noch, wie Vincent Hanna auf BBC ein Patt im Parlament vorhersagte. ITV sprach von einer Mehrheit von 40 Sitzen für die Konservativen. Da die Alliance-Parteien eine eindeutige Niederlage erlitten hatten, rechnete ich damit, daß wir eine Mehrheit bekommen würden, fraglich schien lediglich, wie groß sie ausfallen würde. Mein eigenes Ergebnis würde erst später feststehen; doch die ersten Ergebnisse wurden bereits kurz nach elf durchgegeben. Die Konservativen behaupteten sich in Torbay mit einer unerwartet großen Mehrheit. Dann setzten wir uns in Hyndburn durch, dem zweitunsichersten Wahlkreis, dann in Cheltenham, wo die Liberalen sich Hoffnungen gemacht hatten, und dann in Basildon. Gegen 2.15 Uhr stand unser Sieg fest. Meine eigene Mehrheit war um 400 Stimmen geschrumpft, allerdings erzielte ich einen etwas höheren Prozentanteil der Stimmen (53,9 %).

Ich fuhr in die Stadt zurück und kam um 2.45 Uhr in der Parteizentrale an, um unseren Sieg zu feiern und jenen zu danken, die dazu beigetragen hatten. Dann kehrte ich in die Downing Street zurück, wo meine persönlichen Mitarbeiter auf mich warteten. Ich war ihnen dankbar, weil sie, ungeachtet der Mängel des landesweiten Wahlkampfs, Hervorragendes geleistet hatten. Ich erinnere mich, wie Denis zu Stephen Sherbourne sagte, als wir allen nacheinander die Hand schüttelten: »Sie haben alles gegeben, damit wir die Wahlen gewinnen. Ohne Sie hätten wir es nicht geschafft.« Meine nächste Bemerkung fand Stephen wahrscheinlich weniger erfreulich. Ich bat ihn nämlich, mit mir ins Arbeitszimmer zu kommen, damit wir uns mit der Bildung des nächsten Kabinetts befassen konnten. Ein neuer Tag hatte begonnen.

20

Auf dem Weg der Besserung

*Reformen im Erziehungs- und Bildungswesen
sowie im Staatlichen Gesundheitsdienst;
die Lage in Schottland*

Die neue Regierung

Nach unserem Wahlsieg im Jahr 1987 mußte ich mich vor allem
anderen um die Zusammenstellung meines Ministerstabes zur
Umsetzung unserer im Wahlprogramm dargelegten Reformen
kümmern. Es wurde eine kleine Kabinettsumbildung: Fünf Kabinettsminister schieden aus der Regierung aus, zwei davon auf eigenen Wunsch. Die allgemeine Ausrichtung des neuen Kabinetts
machte deutlich, daß »Konsolidierung« nach der Wahl ebensowenig meinem Geschmack entsprach wie davor. John Biffen, der diesen nicht eben zündenden Ausdruck aufgebracht hatte, verließ das
Kabinett. Das war in mancher Hinsicht ein Verlust, da er mit meinen Ansichten zu Europa übereinstimmte und darüber hinaus
über einen gesunden Instinkt in Wirtschaftsangelegenheiten verfügte. Aber leider hatte er begonnen, der kollektiven Verantwortung die des Kommentators vorzuziehen. Norman Tebbit verlor
ich aus bereits genannten Gründen. Cecil Parkinson jedoch, der
ähnlich radikale Auffassungen wie ich vertrat, kehrte wieder als
Energieminister in das Kabinett zurück. Im Erziehungsressort ließ
ich alles beim alten: Ken Bakers Geschick für Präsentation würde
seinen Mangel an Detailgenauigkeit ausgleichen. Auch im Ministerium für Umweltfragen und Lokalverwaltung gab es keinen
Wechsel: Nick Ridley war zweifellos der richtige Mann, die Reformen im Wohnungswesen durchzuführen, die er befürwortete. In
den beiden Bereichen Erziehungs- und Wohnungswesen beabsichtigten wir, die weitreichendsten Reformen vorzunehmen.

Nur wenig später entschied ich, daß auch im staatlichen Gesundheitsdienst Reformmaßnahmen notwendig seien. In John Moore, den ich zum Gesundheits- und Sozialminister ernannte, hatte ich einen weiteren Befürworter drastischer Maßnahmen zur Seite, darauf erpicht, dieses verknöcherte System zu reformieren. Und so hatte die neue Regierung schon bald einen gesellschaftlichen Reformprozeß in Angriff genommen, der weit über den ursprünglich gesteckten Rahmen hinausreichte.

Schritte zur Reform des Erziehungswesens

Der Ausgangspunkt für die Reformen im Bereich des Erziehungswesens, wie wir sie in Umrissen in unserem Wahlprogramm dargestellt hatten, war die von mir voll geteilte Unzufriedenheit mit Großbritanniens Ausbildungs- und Erziehungsstandard. Zwar gab es mehr Lehrer pro Schüler und einen realen Zuwachs an Aufwendungen für Erziehung und Ausbildung pro Kind, doch die Erhöhung der Staatsausgaben hatte im großen und ganzen nicht zu einem höheren Bildungsniveau geführt. Das klassische Beispiel dafür war die von den Linken dominierte Erziehungsbehörde in Inner London (ILEA), die höhere Aufwendungen pro Schüler aufwies als jede andere Erziehungsbehörde, wo aber mit die schlechtesten Prüfungsergebnisse erzielt wurden. Welche Bedingungen und Qualitätsmerkmale tatsächlich eine gute Schule ausmachten, war Anlaß heftiger Debatten. Ich war schon immer eine Befürworterin relativ kleiner Schulen gewesen, im Gegensatz zu den riesigen, gesichtslosen Gesamtschulen. Außerdem glaubte ich, daß zu viele Lehrer weniger kompetent und mehr von Ideologien geleitet waren als ihre Vorgänger. Ich mißtraute den neuen, absolut »kindbezogenen« Unterrichtsmethoden, der Betonung schöpferischer Fähigkeiten anstelle faktenbezogenen Wissens und den modernen Tendenzen, die klaren Grenzen der einzelnen Fächer zu verwischen und sie in größere, weniger klar definierbare Einheiten wie »Geisteswissenschaften« einzugliedern. Und ich weiß von Eltern, Arbeitgebern und Schülern selbst, daß zu viele Menschen die Schule ohne Grundkenntnisse im Lesen, Schreiben und Rechnen verlassen. Doch es war keine leichte Aufgabe, die Zustände in den Schulen zum Besseren zu verändern.

Theoretisch hätte die Möglichkeit bestanden, weitere Schritte zur Zentralisierung des Erziehungswesens anzuregen. Ich war bereits zu dem Schluß gekommen, daß eine gewisse Übereinstimmung im Lehrplan herrschen müsse, zumindest in den Kernfächern. Der Staat konnte nicht einfach ignorieren, was die Kinder lernten, denn schließlich waren wir ihnen gegenüber als den zukünftigen Bürgern des Staates verpflichtet. Darüber hinaus ist es für Kinder, die von einer Schule in eine andere und damit in ein neues Umfeld wechseln, sehr entmutigend, sich in annähernd allen Bereichen gänzlich anderen Verfahrensweisen als den bisher gewohnten gegenüberzusehen. Neben dem nationalen Lehrplan sollte ein landesweit anerkanntes und verbindliches System zur Verfügung stehen, mittels dessen die verschiedenen Phasen der Schullaufbahn eines Kindes überwacht werden; das Eltern, Lehrern, den örtlichen Behörden und der Regierung einen Einblick gewährt, was richtig und was falsch läuft; und das, falls es Probleme gibt, Möglichkeiten bereitstellt, um Abhilfe zu schaffen. In der Tatsache, daß das Fach Religion seit 1944 das einzige obligatorische Fach im nationalen Lehrplan war, zeigte sich ein gesundes Mißtrauen gegenüber der Gefahr, daß der Staat die zentrale Kontrolle über den Lehrplan zu Propagandazwecken mißbrauchen könne. Doch dies war zum jetzigen Zeitpunkt unwahrscheinlich, denn die Propaganda kam von seiten linksgerichteter örtlicher Behörden, Lehrer und Interessengruppen und nicht von uns. Hingegen war ich nicht der Meinung, daß der Staat jede Einzelheit dessen, was in den Schulen geschah, reglementieren sollte. Einige Leute wandten ein, daß das zentralisierte System in Frankreich funktioniere; doch unabhängig vom Wahrheitsgehalt dieser Aussage kam es für Großbritannien nicht in Frage. Bei uns wurden sogar die eng begrenzten Ziele, die ich für den nationalen Lehrplan genannt hatte, sofort von all jenen, die sich auf die althergebrachten Rechte im Erziehungswesen beriefen, als Gelegenheit betrachtet, ihre eigenen Vorstellungen durchzusetzen.

Die andere Möglichkeit bestand darin, noch weiter in Richtung Dezentralisation zu gehen, indem man den Eltern die Macht und das Recht gab, die Schule für ihre Kinder selbst zu wählen. Keith Joseph und ich fanden die Idee eines Ausbildungsgutscheins (education voucher) schon immer anziehend. Mit Hilfe dieses Schecks wird den Eltern eine bestimmte Geldsumme – gegebenenfalls abhängig von einem Bedürftigkeitsnachweis – überlassen. Damit können sie sich im öffentlichen und privaten Erziehungsbereich nach der für ihre Kinder geeigneten Schule umsehen. Die Gegenargumente hierzu waren mehr politischer als praktischer Natur. Mit der Ausgabe von Gutscheinen im Zusammenhang mit einem Bedürftigkeitsnachweis ließen sich sogar die sogenannten »leeren« Kosten verringern – jene Kosten nämlich, die dem Staat entstanden, wenn er Eltern, die ihr Kind ohnedies auf eine Privatschule geschickt hätten, mit finanzieller Unterstützung unter die Arme griff.

Keith Joseph war jedoch der Meinung, daß wir dieses offensichtliche Konzept der Ausbildungsgutscheine nicht einbringen konnten, und ich stimmte zu.[1] Schließlich waren wir aber mittels unserer Erziehungsreformen in der Lage, unsere Ziele – die freie Schulwahl durch die Eltern und ein vielfältigeres Angebot im Erziehungsbereich – auf andere Weise zu realisieren. Mit Hilfe des Gebührenhilfsprogramms und unserer Parents' Charter aus dem Jahr 1980, in der die Rechte der Eltern auf freie Schulwahl formuliert waren, bewegten wir uns auf dieses Ziel zu, ohne den Begriff des »Gutscheins« zu verwenden.

Weitere Fortschritte erzielten wir mit dem Erziehungsreformgesetz (Education Reform Act) von 1988. Wir führten die offene Schulwahl ein, gemäß der staatliche Schulen bis zum Erreichen ihrer Kapazitätsgrenze Schüler aufnehmen durften (die Richtwerte dafür lagen bei den Schülerzahlen des Jahres 1979). Dadurch wurde die Auswahl an Schulen erheblich erweitert, und es wurde verhindert, daß örtliche Behörden angesehenen Schulen willkürliche Grenzen setzen konnten, um die volle Auslastung weniger erfolgreicher Schulen zu gewährleisten. Ein wesentliches Element dieser Reformen bildete die Finanzierung »pro Kopf«: dies bedeutete, daß das vom Staat gewährte Geld dem Kind dort zur Verfügung stand, wo es die Schule besuchte. Eltern konnten somit im Sinne ihrer Kinder entscheiden, und die Schulen konnten ihre Mittel tatsächlich erhöhen, indem sie die Schülerzahl anhoben. Unter diesen Umständen mußten die schlechteren Schulen entweder ihr Niveau verbessern oder schließen. Tatsächlich hatten wir uns bei der Überlegung eines »Ausbildungsgutscheins auf dem staatlichen

Sektor« sehr weit vorgewagt. Ich wollte noch weiter gehen und entschied, daß wir ein realistisches Gutscheinkonzept ausarbeiten mußten. Dies deutete ich in meiner letzten Parteitagsrede an, hatte aber keine Zeit mehr, den Gedanken weiter zu verfolgen.

Subventionierte Schulen

Um die freie Wahl der Schule für die Eltern zu realisieren, war aber noch ein Schritt vonnöten: Den einzelnen Schulen mußten mehr Befugnisse und größere Verantwortung eingeräumt werden – ein Gedanke, der sich weitgehend mit meiner gefühlsmäßigen Präferenz für kleinere, in den Gemeinden verwurzelten Schulen deckte, welche auf eigene Bemühungen und Energien bauten, sofern das im staatlichen Bereich möglich war. Es war jedoch Brian Griffiths, der das äußerst erfolgreiche Modell der »subventionierten Schulen« (Grant Maintained Schools) entwarf. Diese Schulen sollten unabhängig von der Kontrolle der kommunalen Erziehungsbehörden (Local Education Authority, LEA) arbeiten und direkt vom Ministerium für Erziehung und Wissenschaft finanziert werden.[2] Mit dem breiten Spektrum aus subventionierten Schulen, City Technology Colleges (technische Fachschulen), Konfessionsschulen und Privatschulen (bekannt als »public schools« – sehr zur Verwirrung amerikanischer Besucher in Großbritannien) würden die Eltern eine weit größere Auswahl haben. Aber allein schon die Tatsache, daß all die wichtigen Entscheidungen in nächster Nähe zu Eltern und Lehrern getroffen werden konnten und nicht von einer abgehobenen unsensiblen Bürokratie, würde eine bessere Erziehung gewährleisten. Dies sollte für alle Schulen gelten, weswegen wir die »Initiative lokale Verwaltung der Schulen« (Local Management of Schools Initiative) einbrachten, um den Schulen eine bessere Kontrolle über ihre eigenen Mittel zu ermöglichen. Mit der Einführung der subventionierten Schulen wurde dieser Gedanke dann einen Riesenschritt vorangebracht.

Der Vorstand einer subventionierten Schule war zur Verwaltung des Schulbudgets ermächtigt (wobei die Schule das Geld direkt ohne Abzüge über die lokale Erziehungsbehörde erhielt).

Die Mitglieder des Vorstandes stellten das Lehrpersonal einschließlich des Schulleiters ein, stimmten mit dem Erziehungsminister die Richtlinien für die Zulassungen ab, entschieden entsprechend den Kernanforderungen über den Lehrplan und verwalteten die Prüfungsguthaben. Die Schulen, die am ehesten »aussteigen«, das heißt sich der kommunalen Verwaltung entziehen und den Status subventionierter Schulen einnehmen würden, waren jene, die sich durch eine besondere Eigenart auszeichneten, eine besondere Spezialisierung anstrebten oder aber sich aus den Klauen einer linksgerichteten Kommunalbehörde befreien wollten, welche die Absicht verfolgte, ihnen ihre eigenen ideologischen Prioritäten aufzuzwingen.

Die Verfechter des althergebrachten Systems leisteten erbitterten Widerstand, um einen Erfolg der subventionierten Schulen zu verhindern. Das Erziehungsministerium, das nur widerstrebend eine Reform billigte, in der die Erweiterung der zentralen Kontrollbefugnisse nicht vorgesehen war, hätte die Schulpraxis am liebsten mit Prüfungen und Kontrollen aller Art belegt. Die kommunalen Behörden versuchten hin und wieder auf vehemente Weise, das »Aussteigen« einzelner Schulen zu verhindern. Und völlig unerwartet reihten sich auch die Kirchen in die Opposition ein. Angesichts so großer Feindseligkeit ließ ich die Stiftung für subventionierte Schulen (Grant Maintained Schools Trust) einrichten, die das Modell dieser Schulen publik machen und Interessierten mit Rat zur Seite stehen sollten. Tatsächlich erfreute sich diese Schulart wachsender Beliebtheit, nicht zuletzt bei den Schulleitern, denen es nun im Einvernehmen mit den Mitgliedern des Vorstandes möglich war, ihre eigenen Prioritäten zu setzen.

Der nationale Lehrplan

Die durch unsere Politik verwirklichten Schritte zur Dezentralisierung – freie Schulwahl, Finanzierung pro Kopf, technische Fachschulen, lokale Schulverwaltung und vor allem die subventionierten Schulen – erwiesen sich als außerordentlich erfolgreich. Im Gegensatz dazu kamen wir bei der Erstellung des nationalen Lehrplans – dem wichtigsten Instrument zur Zentralisierung – schon bald in Schwierigkeiten. Ich hätte mir niemals vorstellen können, daß wir uns in einem solchen bürokratischen Dschungel und einem derartigen Dickicht von Verordnungen wiederfinden würden. Ich wollte erreichen, daß sich das Ministerium auf die Erarbeitung eines Grundlehrplans für die Fächer Englisch, Mathematik und Naturwissenschaften konzentrierte, mit einfachen Prüfungen als Nachweis des Wissensstandes der Schüler. Ich war immer der Ansicht, daß ein kleines Gremium von guten Lehrern ohne große Schwierigkeiten in der Lage sein sollte, seine Erfahrungen zusammenzufassen und eine Auflistung der zu behandelnden Themen und Quellen vorzunehmen. Darüber hinaus sollte dem einzelnen Lehrer noch genügend Spielraum gelassen werden, um sich auf die besonderen Aspekte eines Themas konzentrieren zu können, das großes Interesse oder sogar Begeisterung hervorgerufen hatte. Ich hatte nicht die Absicht, gute Lehrer in eine Zwangsjacke zu stecken. Was Prüfungen betraf, hatte ich schon immer die Meinung vertreten, daß eine Momentaufnahme der Leistungen eines Kindes, einer Klasse oder einer Schule an einem speziellen Tag keinen echten Nachweis darstellte. Sie vermittelten aber einen objektiven Eindruck des gegenwärtigen Standes der Dinge. Ich hielt es für falsch, die Augen davor zu verschließen, daß einige Kinder mehr als andere wissen. Selbstverständlich haben nicht alle Kinder die gleichen Fähigkeiten, und schon gar nicht in jedem Fach. Aber der Zweck von Prüfungen liegt nicht in der Beurteilung von Lernbemühungen, sondern in der Beurteilung von Wissen und der Fähigkeit, dieses anzuwenden. Leider erwies sich meine Einstellung als ziemlich konträr zu der Einstellung jener Personen, die Ken Baker mit dem Entwurf eines nationalen Lehrplans und der Abfassung der zugehörigen Prüfungen betraut hatte.

Es gab ein grundlegendes Dilemma: Wie Ken in unseren Besprechungen betonte, war es notwendig, so viele Lehrer wie möglich sowie auch das Schulaufsichtsamt (Her Majesty's Inspectorate) an den Reformen zu beteiligen. Schließlich waren es ja Lehrer und nicht Politiker, die diese Reformen später umsetzen sollten. Andererseits konnte es auch passieren, daß sich die Bedingungen der im Erziehungsbereich Verantwortlichen zur Annahme des nationalen

Lehrplans und der Prüfungsvorschriften als nicht akzeptabel her-
ausstellten. Sie erwarteten, daß der neue nationale Lehrplan die im
Verlauf der letzten 20 Jahre eingetretenen Veränderungen in den
Unterrichtsinhalten und -methoden sanktionieren und ihre allgemeine Anwendung erlauben würde. Gleichermaßen sollte ihrer
Meinung nach der Charakter der Prüfungen eher »diagnostisch«
als »summativ« sein – dies ist nur ein kleines Beispiel, das stellvertretend für eine Lawine an Fachausdrücken steht –, und deren
Ergebnisse sollten von den Lehrern selbst und weniger von objektiven Außenstehenden bewertet werden. Die Ausarbeitungen des
Erziehungsministeriums, die ich Mitte Juli zur Einsicht bekam,
enthielten Vorschläge für einen nationalen Lehrplan mit zehn
Fächern, die 80–90 Prozent der gesamten Schulzeit ausfüllen würden. Darin wurden unterschiedliche Lernziele mit dem Hinweis
gefordert, daß Bewertungen nicht mit der Klassifizierung »bestanden« oder »nicht bestanden« vorzunehmen seien, sondern eine
differenzierte Bewertung schulintern erfolgen sollte. Außerdem
sollten zwei neue Organe eingerichtet werden: die Kommission
zur Überwachung und Umsetzung des nationalen Lehrplans
(National Curriculum Council) und die Kommission zur Überwachung und Durchführung von Prüfungen und Bewertungen
(Schools Examination and Assessment Council). Mit diesem Konzept war die ursprüngliche Einfachheit des Modells aufgegeben
worden, und der Einfluß des Schulaufsichtsamtes und der Lehrer-
gewerkschaften war offenkundig.

All dies war schon schlimm genug. Aber darüber hinaus erhielt
ich im September einen weiteren Vorschlag von Ken Baker. Darin
forderte er die umfassende Überwachung des nationalen Lehrplans durch 800 zusätzlich einzustellende Inspektoren der kommunalen Erziehungsbehörden, die selbst wieder vom Schulaufsichtsamt überwacht und kontrolliert werden sollten, was zweifellos eine Erweiterung des Schulaufsichtsamtes erforderte. Ich
notierte dazu: »Es ist absolut lächerlich, die Ergebnisse werden
sich in den Tests und Prüfungen niederschlagen.« Dem Erziehungsministerium gegenüber wies ich deutlich darauf hin, daß
sich die Lehrer durch diese Vorschläge vor den Kopf gestoßen fühlen mußten, daß so Eigeninitiative innerhalb der Schulen zurückgedrängt und die Erziehung in einem unannehmbaren Umfang

zentralisiert würde. Der von mir geleitete Kabinettsunterausschuß
zur Überwachung der Erziehungsreform entschied, daß die Kern-
und Basisfächer zusammen höchstens 70 Prozent des Lehrplans
einnehmen sollten. Angesichts Ken Bakers Hartnäckigkeit gab ich
meine Zustimmung, diese Zahl nicht zu veröffentlichen – aller
Wahrscheinlichkeit nach hätte sie bei den Erziehungsbürokraten
Anstoß erregt. Diese waren mittlerweile wohl eifrig mit der Planung beschäftigt, auf welche Weise jede einzelne Unterrichtsstun-
de richtig genützt werden sollte.

Das nächste Problem ergab sich aus dem Bericht der im Juni
1987 eingerichteten Kommission für das Prüfungswesen (Task
Group on Assessment and Testing), die uns bei den praktischen
Überlegungen zu der Leistungsbeurteilung einschließlich der Prüfungen innerhalb des nationalen Lehrplans mit Rat zur Seite stehen sollte. Ken Baker begrüßte den Bericht enthusiastisch. Ich
weiß nicht, ob er ihn genau durchgearbeitet hat, wenn ja, dann
spricht das für seine Ausdauer. Ich für meinen Teil konnte ihn nicht
lesen, bevor ich seiner Veröffentlichung zustimmen sollte. Denn
ich fand dieses gewichtige und mit Fachausdrücken gespickte
Dokument in meinem Nachtbriefkasten liegend vor, mit dem Hinweis, der Veröffentlichungstermin sei am nächsten Tag. Der
Umstand, daß der Bericht dann von der Labour Party, der Lehrer-
gewerkschaft und dem Times Educational Supplement willkommen geheißen wurde, war für mich Beweis genug, daß sein Ansatz
höchst fragwürdig sein mußte. In dem Bericht wurde ein ausgefeil-
tes, komplexes Bewertungssystem vorgeschlagen, offensichtlich
stark beeinflußt von der Lehrerschaft und ohne Berücksichtigung
der daraus entstehenden Kosten. Es wurde empfohlen, Prüfungen
als Diagnose zu betrachten und die Leistungsbewertung schwer-
punktmäßig von der Lehrerschaft selbst durchführen zu lassen.
Außerdem war der Bericht in einem undurchdringlichen Pädago-
genkauderwelsch verfaßt. Ich äußerte meine Vorbehalte gegenüber Ken Baker, aber mittlerweile war der Bericht natürlich veröffentlicht und bereits Thema der Beratungen.

Im Juli 1988 erhielt ich die Unterlagen des nationalen Lehrplans
für das Fach Mathematik. Es war ein kleiner Berg – eine komplizierte Ansammlung von »Leistungsstufen«, »Lernzielen«, »Profil-
komponenten« basierend auf »Aufgaben«, die von den Kindern

zu lösen waren – all das half den Lehrern gewiß nicht weiter. In meinem Kommentar unterstrich ich die Notwendigkeit nach mehr Klarheit, Einfachheit und einen stärkeren Praxisbezug.

Im Oktober las ich dann den ersten Bericht der Arbeitsgruppe des nationalen Lehrplans für das Fach Englisch. Auch diesen Bericht fand ich enttäuschend (wie – übrigens aus den gleichen Gründen – auch den bereits früher veröffentlichten Bericht des Kingman Committee über den Englischunterricht). Obwohl darin dem Standardenglisch sein Platz eingeräumt wird, fand die herkömmliche Methode des Übens der Grammatik und des Auswendiglernens, was ich beides als Gedächtnistraining für absolut notwendig halte, keine Fürsprache. Ich empfand all dies als sehr unbefriedigend, und die Tatsache, daß diese Empfehlungen von vielen Kritikern kontrovers diskutiert wurde, zeigte nur, wie sehr die Situation im Schulwesen im argen lag. Im übrigen zog die Arbeitsgruppe für das Fach Englisch die Konsequenzen aus der Kritik an der Erstfassung ihres Berichts, indem sie nun zumindest etwas mehr Gewicht auf Grammatik und Rechtschreibung legte.

Den vielleicht härtesten Kampf im Zusammenhang mit dem nationalen Lehrplan führte ich in bezug auf das Fach Geschichte. Obwohl selbst keine Historikerin, hatte ich doch eine klare Vorstellung dessen, was Geschichte sei – und hegte den naiven Glauben, diese Vorstellung sei unumstritten. Geschichte ist eine Darstellung dessen, was in der Vergangenheit passiert ist. Geschichte lernen erfordert daher die Kenntnis von Begebenheiten. Es ist unmöglich, die Ereignisse ohne ausreichendes Faktenwissen und ohne die Fähigkeit zur chronologischen Einordnung in einen Sinnzusammenhang zu bringen – das aber bedeutet, daß man Jahreszahlen auswendig lernen muß. Kein noch so großes Einfühlungsvermögen für historische Charaktere oder Situationen kann das anfänglich mühsame, letztendlich aber nutzbringende Auswendiglernen dessen, was tatsächlich geschah, ersetzen. Ich war daher sehr beunruhigt, als ich im Dezember 1988 Ken Bakers schriftliche Vorschläge zum Geschichtsunterricht erhielt, zusammen mit der Auflistung der an dem Lehrplanentwurf beteiligten Mitglieder des Arbeitskreises zum Fach Geschichte. Die Überlegungen darin waren mir nicht exakt genug. Außerdem wurde mir zu großes Gewicht auf fachübergreifendes Lernen gelegt: Meiner Ansicht nach muß Geschichte als separates Fach unterrichtet werden. Darüber hinaus war ich gar nicht glücklich über die in der von Ken Baker vorgelegten Liste aufgeführten Namen. Unter den anfänglich genannten Personen befand sich kein Historiker von Rang. Dagegen war der Autor der endgültigen Fassung der »New History« als Teilnehmer aufgeführt. Dieses Werk, das den Akzent auf »Begriffe« statt auf Chronologie, auf »Einfühlung« statt auf Fakten legte, bildete die Wurzel allen Übels. Ken Baker verstand, was ich meinte, und nahm einige Änderungen vor. Aber das war nur der Beginn der Auseinandersetzungen.

Im Juli 1989 legte die Arbeitsgruppe Geschichte ihren Zwischenbericht vor. Ich war entsetzt. Der Schwerpunkt wurde darin auf Deutungen und Untersuchungen gelegt anstatt auf Inhalt und Wissen. Ferner wurde die britische Geschichte recht stiefmütterlich behandelt. Auch fand Geschichte als Studium des chronologischen Ablaufs keine ausreichende Würdigung. Ken Baker war mit dem Bericht im großen und ganzen zwar einverstanden, wollte den Vorsitzenden der Arbeitsgruppe aber gleichzeitig dazu drängen, die Kenntnis von Fakten als Lernziele deutlicher hervorzuheben und den Bereich der britischen Geschichte zu erweitern. Beides war jedoch meiner Ansicht nach bei weitem zuwenig. Ich hielt das Dokument für völlig ungenügend und ließ Ken wissen, daß wesentliche Änderungen vorgenommen werden mußten, daß kleinere Anpassungen also bei weitem nicht ausreichten. Insbesondere forderte ich einen klar gegliederten chronologischen Rahmen für den gesamten Lehrplan zum Fach Geschichte. Der Prüfstein war aber natürlich der abschließende Bericht.

Als uns dieser im März 1990 vorlag, hatte mittlerweile John MacGregor das Ministerium für Erziehung und Wissenschaft übernommen. Ich erwartete, daß er bei der Umsetzung unserer Vorschläge zur Erziehungsreform erfolgreicher als Ken Baker wäre. Gleichzeitig aber war ich mir bewußt, daß ihm Kens besonderes Talent fehlte, unsere Gedanken in der Öffentlichkeit zu präsentieren. Bei Vorlage des Berichts nahm John MacGregor ihn aber wesentlich wohlwollender auf, als ich erwartet hatte. Die britische Geschichte war nun in der überarbeiteten Fassung stärker berücksichtigt worden. Die darin vorgegebenen Lernziele schlossen jedoch nicht ausdrücklich die Kenntnis historischer Fakten ein, was ich seltsam fand. Demgegenüber wurden bestimmte Bereiche – wie beispielsweise die Geschichte Großbritanniens im 20. Jahrhundert – zu einseitig auf soziale, religiöse und kulturelle Inhalte sowie Themen aus dem Bereich der schönen Künste reduziert und politische Ereignisse vernachlässigt. Dieser Lehrplan für Geschichte würde den Lehrern einen zu starren Rahmen auferlegen. Bei einer Unterredung mit John am Nachmittag des 19. März, einem Montag, machte ich diese Einwände geltend. Er verteidigte die im Bericht genannten Vorschläge. Ich beharrte jedoch auf meiner Meinung, daß es nicht richtig sei, die darin enthaltene Vorgehensweise für verbindlich zu erklären. Der Bericht sollte zur Beratung weitergeleitet werden, ohne daß jedoch eine Weisung dazu erteilt wurde.

Mittlerweile war ich verzweifelt, wie sehr sich die Vorschläge zum nationalen Lehrplan von ihrem ursprünglichen Zweck entfernt hatten. Anfang April äußerte ich meine Vorbehalte in einem Interview mit dem »Sunday Telegraph«. Ich verteidigte darin zwar die Grundsätze des nationalen Lehrplans, kritisierte aber die detaillierten Vorgaben für die Nebenfächer, die nun zum schwächsten Punkt des Ganzen geworden seien. Meine Ausführungen wurden vom Ministerium mit Bestürzung aufgenommen.

Die Vorschläge zum nationalen Lehrplan und den damit verbundenen Prüfungen hätten keineswegs zwangsläufig so ausfallen müssen. Ken Baker hatte sich bei seinen Ernennungen und anfänglichen Entscheidungen zu stark von dem Ministerium für Erziehung und Wissenschaft, dem Schulaufsichtsamt sowie progressiven Erziehungstheoretikern beeinflussen lassen. Als dann die bürokratische Maschinerie an Eigendynamik gewann, wurde es schwierig, sie aufzuhalten. John MacGregor war meinem ständigen Druck ausgesetzt, und er tat, was er konnte. Er nahm Änderungen am Lehrplan für das Fach Geschichte vor, durch die der britischen Geschichte mehr Gewicht eingeräumt wurde, und er reduzierte einige der unnötigen Störfaktoren. Er verteidigte mit Nachdruck seine Auffassung, daß die Naturwissenschaften gesondert nach Fachgebieten und nicht nur als ein integriertes Fach unterrichtet werden sollten. Er legte fest, daß für den GCSE-Abschluß [*General Certificate of Secondary Education. Abschluß der Sekundarstufe; entspricht in etwa dem Realschulabschluß*

A. d. Ü.] mindestens 30 Prozent der Prüfung im Fach Englisch schriftlich durchgeführt werden mußte. Das ganze System unterschied sich aber trotzdem sehr von meinen ursprünglichen Vorstellungen. Als ich aus dem Amt schied, war ich überzeugt, daß ein neuer Vorstoß nötig sein würde, um den nationalen Lehrplan und die Prüfungsverfahren zu vereinfachen.

Ein neuer Anlauf zur Erziehungsreform

Die Erziehungspolitik war eines der Themen, mit dem sich mein Beraterstab und ich im Hinblick auf unser nächstes Wahlprogramm intensiv beschäftigten. Wir arbeiteten radikale Vorschläge aus, mit der Absicht, einige davon vorzeitig bekanntzugeben. Dies sollte gegebenenfalls auf der für März 1991 angesetzten Sitzung des Central Council (Zentraler Parteirat der Konservativen Partei) geschehen. Als ich aus dem Amt schied, arbeiteten Brian Griffiths und ich gerade an den folgenden drei Hauptpunkten:

Erstens hielten wir es für notwendig, das »Aussteigen« von Schulen aus der Kontrolle der kommunalen Erziehungsbehörden voranzutreiben. Ich ermächtigte John MacGregor, auf unserem Parteitag im Oktober 1990 bekanntzugeben, daß wir beabsichtigten, unser Programm der subventionierten Schulen auch auf kleinere Grundschulen (primary schools) auszudehnen. Aber ich trug mich mit noch radikaleren Gedanken. Brian Griffiths hatte mir einen Entwurf vorgelegt, der die Überlegungen enthielt, dieses Schulmodell auf wesentlich mehr Schulen auszudehnen und Schulen, die die volle Eigenverantwortung noch nicht übernehmen konnten, unter die Verwaltung von besonderen Stiftungen zu stellen, welche zu diesem Zweck eingerichtet werden sollten. Dadurch wäre den Erziehungsbehörden ein Großteil ihrer Macht entzogen und lediglich die Überwachungs- und Beratungsfunktion gelassen worden – und langfristig gesehen vielleicht nicht einmal diese. Dies wäre eine Möglichkeit gewesen, den Einfluß des Staates auf das Erziehungswesen weiter zu vermindern und die negativsten Aspekte der Erziehungspolitik der Nachkriegszeit zu beseitigen.

Zweitens bestand die Notwendigkeit, die Ausbildung der Lehrer grundlegend zu verbessern. Ganz gegen meine Angewohnheit hatte ich Ken Baker am 9. November 1988 ein persönliches Memo übermittelt, in dem ich alle meine Befürchtungen darlegte. Ich erklärte, daß wir auf diesem Gebiet wesentlich weitreichendere Schritte unternehmen müßten, und bat ihn um entsprechende Vorschläge. Dies geschah vor dem Hintergrund, daß Keith Joseph 1984 einen Ausschuß zur staatlichen Anerkennung der Lehrerausbildung (Council for the Accreditation of Teacher Education) eingerichtet hatte, der für die Anerkennung von Kursen zur Lehrerausbildung verantwortlich war. Trotz dieses Gremiums hatte sich die Situation im Bereich der Lehrerausbildung seitdem kaum gebessert. Die Vermittlung von faktischem Wissen über die von den Lehrern zu unterrichtenden Fächern hatte nach wie vor wenig Gewicht, und es mangelte an praxisnaher Ausbildung der Lehrer in den Klassen. Demgegenüber wurden die soziologischen und psychologischen Aspekte zu sehr betont. So war ich beispielsweise fassungslos, als ich von den Inhalten eines von CATE ordnungsgemäß genehmigten B.Ed-Kurses am Polytechnikum von Brighton [*Seit Herbst 1992 Brighton University. B.Ed. = Bachelor of Education. Vierjähriger bzw. zweijähriger Kurs, der zum Bakkalaureat der Erziehung führt A. d. Ü.*] erfuhr, über den mir ein besorgter Anhänger der Konservativen Informationen zukommen ließ. Dieser Kurs mit dem Titel »Zusammenhänge im Lernvorgang« sollte Lehrern zur Lösung solch herausfordernder Fragen verhelfen wie z. B. »In welchem Ausmaß tragen Schulen zur Verstärkung geschlechtsspezifischen Verhaltens bei?« Und weiter hieß es da: »Studenten wird anschließend eine Diskussion zwischen Protagonisten (sic!) von Erziehung und Vertretern einer antirassistischen Erziehung vorgestellt.« Meiner Meinung nach sprach mehr für die »Erziehungsprotagonisten«.

Es galt, die Monopolstellung der Institutionen zur Lehrerausbildung zu durchbrechen. Ken Baker entwarf hierzu zwei Programme: zum einen die Ausbildung zum »lizenzierten Lehrer« (licensed teacher) für Personen, die das Lehramt als Zweitberuf anstrebten; zum anderen die Ausbildung zum Referendar (articled teacher), die im wesentlichen als »praktisches Training« in den Schulen stattfand und für jüngere Graduierte gedacht war. Es gab jedoch keinerlei Anzeichen dafür, daß mit Hilfe dieser neuen Ausbildungsmöglichkeiten genügend Lehrer rekrutiert werden konnten, die zur Änderung des Ethos und zur Anhebung des Niveaus dieses Berufsstandes in bedeutender Weise hätten beitragen können. Daher beauftragte ich Brian Griffiths mit der Ausarbeitung von Plänen, wie die Zahl der Lehramtsanwärter erhöht werden konnte: Als Gegengewicht zu den herkömmlichen Lehrerbildungseinrichtungen wollten wir erreichen, daß mindestens die Hälfte der neuen Lehrer diese oder ähnliche Ausbildungswege durchliefen.

Das dritte zu lösende Problem betraf die Universitäten. Durch finanziellen Druck war es gelungen, die Wirtschaftlichkeit innerhalb der Verwaltung zu erhöhen und längst überfällige Rationalisierungsmaßnahmen vorzunehmen. Die Universitäten waren im Begriff, engere Verbindungen zur Wirtschaft zu entwickeln, und orientierten sich an unternehmerischen Maßstäben. Auch wurden Kredite für Studenten zur Aufstockung der Studienbeihilfen eingeführt, um zu erreichen, daß sie bei der Wahl ihrer Kurse kritischer vorgingen. Ein Wegfall der Unterstützung durch Universitätsbeihilfen und die Einführung von Studiengebühren sollte ebenfalls zu einem kritischeren Standpunkt gegenüber dem Angebot beitragen. Einschränkungen im Hinblick auf die Sicherheit des Arbeitsplatzes, derer sich das Universitätspersonal bisher erfreute, ermutigte die Professoren, stärker ihr Augenmerk darauf zu richten, daß der Unterricht den Anforderungen genügte. Alle diese Maßnahmen stießen auf starken politischen Widerstand innerhalb der Universitäten, was zum Teil vorhersehbar war. Aber zweifellos gab es auch andere kritische Stimmen, die sich ernstlich um die Autonomie der Universitäten und ihrer akademischen Qualität und Zielsetzung sorgten.

Ich mußte einräumen, daß diese Kritiker über gewichtigere Argumente verfügten, als mir lieb war. Es machte mich nachdenklich, daß viele angesehene Akademiker der Meinung waren, Thatcherismus im Bereich des Erziehungswesens käme einer philisterhaften Unterwerfung der humanistischen Bildung unter die unmittelbaren Anforderungen einer Berufsausbildung gleich. So wollte ich meine Politik nicht verstanden wissen.[3] Aus diesem Grunde hatte Brian Griffiths kurz vor meinem Rücktritt auf meine Anregung hin mit der Ausarbeitung eines Programms begonnen, das den führenden Universitäten weitaus größere Unabhängigkeit einräumen sollte. Der Grundgedanke lag darin, ihnen zu gestatten, aus den Finanzierungsregelungen des Schatzamtes »auszusteigen«, Kapital aufzunehmen, damit zu arbeiten und ihr Guthaben als Stiftung zu verwalten. Dies würde zu einer drastischen Dezentralisierung des gesamten Systems führen.

Reform des Staatlichen Gesundheitsdienstes

Das Erziehungswesen hatte bei unseren Reformen des Jahres 1987 übergeordnete Priorität gehabt. Die Reform des Gesundheitswesens hingegen wollte ich erst zu einem späteren Zeitpunkt in Angriff nehmen. Meiner Ansicht nach war mit dem Staatlichen Gesundheitsdienst (National Health Service, NHS) eine Versorgung gegeben, auf die wir im Prinzip stolz sein konnten. Der Leistungsstand, insbesondere bei akuten Erkrankungen, war ausnehmend hoch trotz relativ bescheidener Kosten pro Einheit, besonders wenn man sie mit den Kosten mancher auf Versicherungen basierender Modelle verglich. Andererseits gab es auch große und allem Anschein nach ungerechtfertigte Leistungsunterschiede in dem einen oder anderen Bereich. Daher war ich, was die Durchführung grundlegender Änderungen betraf, wesentlich vorsichtiger als im Erziehungs- und Bildungsbereich. Obwohl ich neben dem Staatlichen Gesundheitsdienst die Versorgung auf privater Ebene fördern wollte, betrachtete ich das bestehende System mit seinen Grundlagen als Fixpunkt in unserer politischen Arbeit. Während ich mich nicht verpflichtet fühlte, die Leistungen unserer Schulen gegenüber kritischen Äußerungen zu verteidigen, ließ ich in meine Reden und Interviews immer wieder Zahlen einfließen, die darüber Auskunft gaben, wie viele zusätzliche Ärzte, Zahnärzte und Hebammen eingestellt, Patienten behandelt, Operationen durchgeführt und neue Krankenhäuser errichtet worden waren. Ich war davon überzeugt, daß wir uns mit diesen Ergebnissen sehen lassen konnten.

Einige der politischen Schwierigkeiten, denen wir uns bei der Diskussion um den Staatlichen Gesundheitsdient gegenübersahen, rührten daher, daß extreme Fälle sowohl von der Opposition als auch von der Presse ausgeschlachtet worden waren. Aber natürlich steckte mehr dahinter. Solange die Gesundheitsfürsorge – im weitesten Sinn – bei Erkrankung kostenfrei angeboten wurde, würde auch die Nachfrage grenzenlos sein. Die Zahl älterer Menschen, also die Bevölkerungsgruppe, die den Gesundheitsdienst am häufigsten in Anspruch nahm, stieg ständig an und verschärfte den Druck. Der medizinische Fortschritt eröffnete neue und oftmals teure Behandlungsformen, die entsprechende Nachfrage zur Folge hatte.

Auf signifikante Weise mangelte es dem Staatlichen Gesundheitsdienst an den geeigneten wirtschaftspolitischen Signalen, um diesen Schwierigkeiten zu begegnen. So engagiert das Personal auch war, kostenbewußt war es keinesfalls. Dabei gab es eigentlich keinen Grund, weshalb Ärzte, Krankenschwestern oder Patienten in solch einem monolithischen System staatlicher Versorgung gefangen sein sollten. Während Schwerkranke sich darauf verlassen konnten, medizinisch erstklassig versorgt zu werden, herrschte in anderen Bereichen zuwenig Sensibilität, um den Wünschen und Gewohnheiten der Patienten gerecht zu werden.

Wären wir gefordert gewesen, den Gesundheitsdienst neu zu konzipieren, hätten wir der Versorgung auf privater Ebene mehr Platz eingeräumt und dabei Allgemeinärzte wie Krankenhäuser mit einbezogen. Auch hätte intensiver überlegt werden müssen, auf welche Weise sich das System finanzieren ließ, ohne daß man lediglich auf Steuergelder zurückgriff. Aber wir hatten es ja schließlich mit einem durchorganisierten System zu tun. Der Staatliche Gesundheitsdienst war eine gewaltige Organisation, der ebensoviel Wohlwollen wie Ärger entgegengebracht wurde und deren Notdienste sogar all jene beruhigte, die hofften, sie niemals in Anspruch nehmen zu müssen. Ebenso wurde ihre Grundstruktur von den meisten Menschen als solide angesehen. Welche Reformen auch immer durchgeführt würden – sie durften das Vertrauen der Allgemeinheit nicht unterminieren.

Im Sommer und Herbst 1986 führte ich mit Norman Fowler, dem damaligen Minister für Gesundheit und soziale Sicherheit, mehrere ausführliche Gespräche über die Zukunft des Staatlichen Gesundheitsdienstes. Es war eine Zeit, in der das Interesse an der Wirtschaftlichkeit der Gesundheitsversorgung wieder zunahm.

Professor Alain Enthoven hatte Überlegungen geäußert, einen internen Markt innerhalb des Gesundheitsdienstes zu schaffen, in dem marktwirtschaftliche Prinzipien zur Anwendung kommen sollten, ohne daß man eine freie Marktwirtschaft im umfassenden Sinne einführte. Einige Planungsgremien waren damit beschäftigt, diesen Gedanken weiterzuentwickeln, und so gab es eine Menge zu erörtern. Norman legte einen Bericht vor, den ich Ende Januar 1987 mit ihm und anderen diskutierte. Das Ziel der Reform, das von uns sogar noch heute als zentral betrachtet wird, bestand darin, auf eine neue Methode der Zuteilung der Mittel hinzuarbeiten, so daß Krankenhäuser mit einem größeren Patientenaufkommen entsprechend höhere Einnahmen erhalten würden. Ferner mußte die Beziehung zwischen der Nachfrage nach Gesundheitsvorsorge, deren Kosten und ihrem Bezahlungsmodus enger und verständlicher werden. Wir erörterten, ob der Gesundheitsdienst durch ein »Stempelmarken«-System anstelle von Steuergeldern finanziert werden könne – aber diese Diskussionen waren alle sehr theoretisch. Meinem Gefühl nach waren wir noch weit davon entfernt, substantielle Vorschläge für unser Wahlprogramm formulieren zu können, und ich war mir nicht einmal sicher, ob dies überhaupt bis zum Beginn der nächsten Legislaturperiode möglich wäre. Auch die Einsetzung einer Royal Commission wurde von mir durchaus wohlwollend in Erwägung gezogen, wenngleich dies kein Instrument war, auf das ich gewöhnlich zurückgegriffen hätte. Es war jedoch eines, dessen sich die frühere Labourregierung bei Überlegungen zum Staatlichen Gesundheitsdienst bedient hatte.

Norman Fowler eignete sich wesentlich besser dazu, den Gesundheitsdienst in der Öffentlichkeit zu verteidigen, als ihn zu reformieren. Sein Nachfolger John Moore war dagegen sehr stark an einer grundsätzlichen Überprüfung interessiert. Juli 1987 führten John und ich ein erstes allgemeines Gespräch über dieses Thema. Zu diesem Zeitpunkt war mir immer noch daran gelegen, daß er sich bei seinen Überlegungen darauf konzentrierte, in welcher Form ein ausgewogeneres Preis-Leistungs-Verhältnis innerhalb des Gesundheitssystems zu erreichen wäre. Im Verlauf des Jahres wurde mir indes klar, daß auch eine gründliche und langfristige Überprüfung unumgänglich sei. Im Winter 1987/88 begann die

Presse, täglich Horrorgeschichten über den Staatlichen Gesundheitsdienst zu veröffentlichen. Ich bat das Gesundheitsministerium um Informationen, in welche Kanäle die von der Regierung zusätzlich zur Verfügung gestellten Gelder tatsächlich gelangt waren. Als Antwort erhielt ich jedoch einen Bericht über all die zusätzlichen Schwierigkeiten, mit denen der Gesundheitsdienst zu ringen hatte – also nicht ganz dasselbe. Ich war der Meinung, das Gesundheitsministerium müsse sich die Mühe machen, schnell auf die Kritik an unseren Vorschlägen und den Leistungen des Staatlichen Gesundheitsdienstes zu reagieren.

Schließlich hatten wir die Realausgaben für den Gesundheitsdienst innerhalb von weniger als zehn Jahren um 40 Prozent erhöht. Doch die Forderungen, ihn finanziell besser auszustatten, erwiesen sich keineswegs als überzeugend. Viele der Bezirksgesundheitsbehörden (District Health Authorities, DHA's)[4], welche die Krankenhäuser unterhielten, wirtschafteten während der ersten sechs Monate des Jahres über ihre Verhältnisse und wurden dadurch später gezwungen, ihre Ausgaben einzuschränken. Dies hatte zur Folge, daß Stationen geschlossen und Operationen auf einen späteren Termin gelegt werden mußten. Dafür machte man dann uns verantwortlich und berichtete über die vielen traurigen Fälle, in denen Operationen hinausgeschoben worden waren – ein Umstand, den man in dem etwas rauhen Medizinerjargon auch als »Winken mit dem Leichentuch« bezeichnete. Es schien, als wäre aus dem Staatlichen Gesundheitsdienst ein finanzielles Faß ohne Boden geworden. Wenn mehr Geld zur Verfügung gestellt werden mußte, so war ich entschlossen, daran Bedingungen zu knüpfen, und diese Bedingungen ließen sich am besten durch eine gründliche Überprüfung des gesamten Systems festlegen.

Für eine Überprüfung zu diesem Zeitpunkt sprach auch ein weiteres gewichtiges Argument: Es schien, als hätte die Öffentlichkeit erkannt, daß die Probleme des Gesundheitsdienstes nicht allein auf Geldmangel zurückzuführen waren, sondern tiefer lagen. Viele unserer Kritiker aus der Presse räumten dies ein. Wenn wir rasch handelten, konnten wir den ersten Schritt tun, die Reformen einbringen und von den segensreichen Auswirkungen noch vor der nächsten Wahl profitieren.

Es gab jedoch einen Rückschlag, bevor noch über die Überprüfung entschieden worden war. Im November erkrankte John Moore an einer schweren Lungenentzündung und brach während eines Treffens in der Downing Street beinahe zusammen. Mit der für ihn typischen Galanterie bestand er darauf, sobald wie möglich die Arbeit wiederaufzunehmen – meiner Meinung nach viel zu früh. Er kurierte seine Krankheit nicht richtig aus und verfügte somit nicht über die erforderliche Energie, den komplexen und schwierigen Reformprozeß durchzuführen. Aus diesem Grunde kam es im Unterhaus zu Auftritten, die unter seinem Niveau lagen. Wirklich tragisch daran war, daß seine Reformideen im Prinzip genau den Erfordernissen entsprachen, und ihm gebührt eigentlich viel größere Anerkennung für die endgültige Form des Reformpakets, als ihm je zuteil geworden ist.

Ende Januar 1988 traf ich die endgültige Entscheidung, die Reform des Gesundheitsdienstes durchzuführen. Zu diesem Zweck sollte unter meinem Vorsitz ein Ausschuß auf Ministerebene eingerichtet werden. Von Beginn an ließ ich keinen Zweifel aufkommen, daß die medizinische Versorgung weiterhin allen, die sie benötigen, schnell und problemlos zur Verfügung stehen mußte, ungeachtet des jeweiligen Einkommens und im Krankheitsfall kostenfrei. Mit der Überprüfung sollte die Reform der Verwaltungsstruktur des Gesundheitsdienstes angestrebt werden, damit sich aus den besten Intentionen die bestmögliche Anwendung in der Praxis entwickeln konnte. Mit dieser Zielsetzung legte ich vier Grundsätze fest, die in der gesamten Arbeit des Gesundheitsdienstes zum Tragen kommen sollten. Erstens mußte allen Bevölkerungsschichten ungeachtet des Einkommens eine qualitativ hochwertige ärztliche Versorgung zur Verfügung stehen. Zweitens mußten die vereinbarten Maßnahmen so geartet sein, daß all jene, die die Dienste auf privatem oder staatlichem Sektor in Anspruch nahmen, größtmögliche Auswahl hatten. Drittens durften die Änderungen nicht dazu dienen, daß verbesserte Gesundheitsvorsorge lediglich zu höheren Einkommen für die im Gesundheitsdienst Beschäftigten führten. Viertens mußte die Verantwortung für medizinische und finanzielle Entscheidungen auf jener Ebene liegen, wo man den engsten Kontakt zu dem Patienten hatte.

Die von mir eingesetzte Ministerrunde traf sich im Februar zum ersten Mal. John Moore und Tony Newton vertraten das Gesundheitsministerium, Nigel Lawson und John Major das Schatzamt. Sie arbeiteten parallel zu Staatsbeamten und Beratern. Zwölf Hintergrundberichte wurden in Auftrag gegeben, die Gutachterverträge, Finanzberichte, Leistungsüberprüfungen, Anwartschaftszeiten und den Umfang der höheren finanziellen Belastung umfaßten. Die Vertreter des Finanzministeriums waren besonders daran interessiert, innerhalb des Staatlichen Gesundheitsdienstes auf allen Ebenen vermehrte und weitreichende Änderungen vorzunehmen. Dies hätte jedoch alle anderen Reformvorschläge in Mißkredit und die Überprüfung zum Scheitern gebracht. Mit Nachdruck legte ich mein Veto ein, denn ansonsten hätte die Gefahr bestanden, daß wir von zu vielen Informationen zu sekundären Angelegenheiten überhäuft wurden und uns nicht auf die Grundlagen der Reform konzentrieren konnten. Dementsprechend bat ich John Moore, für die nächste Zusammenkunft einen Bericht zu erstellen, der sich mit langfristigen Problemlösungen für den Staatlichen Gesundheitsdienst beschäftigte. Der Bericht ging mir fristgerecht Mitte März zu und enthielt eine Darstellung verschiedener Marschrichtungen, die wir einschlagen konnten.

Insgesamt enthielten diese Prüfungsvorschläge alle nur denkbaren intelligenten Reformideen. Wenn ich mich recht erinnere, waren es achtzehn. Wirklich ernsthaft in Erwägung ziehen ließen sich am Ende jedoch nur zwei weitreichende Ansätze in John Moores Bericht. Zum einen konnten wir das Finanzierungsmodell des Staatlichen Gesundheitsdienstes reformieren, indem wir das auf Steuereinnahmen basierende System durch ein Versicherungsmodell ersetzten oder aber – was eine nicht ganz so drastische Maßnahme war – Personen, die sich lieber privat versichern wollten, Steueranreize anboten. Hier gab es mehrere Modelle. Zum anderen konnten wir uns auf eine Strukturreform des Staatlichen Gesundheitsdienstes konzentrieren und das bestehende Finanzierungssystem mehr oder weniger unverändert belassen. Wir konnten aber auch versuchen, beide Änderungsmodelle miteinander zu verbinden.

Zu Beginn der Überprüfung hatte ich mich bereits entschieden, den Schwerpunkt auf die Strukturveränderung des Staatlichen Gesundheitsdienstes zu legen, anstatt die Art der Finanzierung anzutasten. Im Laufe des Sommers entschieden wir, uns bei unseren Überlegungen zur Finanzierung auf die Frage zu konzentrieren, ob ältere Menschen, die privat krankenversichert waren, Steuererleichterungen erhalten sollten. Außerdem sollte über Anreize zur Entwicklung von Krankenversicherungsmodellen durch Versicherungsgesellschaften nachgedacht werden.[5]

Auf der anderen Seite der Gleichung, der Strukturreform des Staatlichen Gesundheitsdienstes, erschienen zwei Möglichkeiten am reizvollsten: Die erste war die Einrichtung örtlicher Gesundheitsfonds (Local Health Funds), bei denen es sich im wesentlichen um eine Variante der amerikanischen Idee der Gesundheitserhaltungsorganisationen (Health Maintenance Organisations) handelte. Dem einzelnen würde es selbst überlassen sein, für welchen Fonds er dabei zeichnen wollte. Diese Fonds würden ihren Mitgliedern umfassende Gesundheitsversorgungsprogramme anbieten, die entweder von den örtlichen Gesundheitsfonds selbst bereitgestellt würden oder von anderen lokalen Gesundheitsfonds beziehungsweise freien Anbietern erworben werden konnten. Der Vorteil dieses Systems – dies galt gleichermaßen für die Gesundheitserhaltungsorganisationen der Vereinigten Staaten – würde darin liegen, daß die Leistungsanreize bereits integriert waren, wodurch die Kosten niedrig gehalten werden konnten, anstatt – wie bei anderen Krankenversicherungsmodellen – sprunghaft in die Höhe zu schnellen. Nicht ganz so klar war, ob es gegenüber einer Strukturreform der Bezirksgesundheitsbehörden nennenswerte Vorteile geben würde, wenn es sich bei den Fonds um staatliche Einrichtungen handelte.

Daher war ich sehr beeindruckt von einem Vorschlag in Johns Bericht, Krankenhäuser des Staatlichen Gesundheitsdienstes in Selbstverwaltung und unabhängig von der Kontrolle der Bezirksgesundheitsbehörden arbeiten zu lassen. Dieser Vorschlag war eine Spur ehrgeiziger als der, den wir schließlich übernahmen: Alle Krankenhäuser, abgesehen vielleicht von einigen Ausnahmen, sollten sich einzeln oder in Gruppen über Wohlfahrtsinstitutionen, durch Privatisierung oder mittels Ankauf der Krankenhausverwaltung durch eine andere Gesellschaft oder aber durch Vermietung an Betriebsgesellschaften, die aus dem eigenen Personal gebildet würden, aus dem bestehenden System vertraglich lösen.

Damit ließ sich die übermäßig rigide Kontrolle der Krankenhaus-
leistungen durch die zentrale Verwaltung lockern und die Gesundheitsversorgung vielfältiger gestalten. Am wichtigsten war jedoch
die dadurch geschaffene klare Abgrenzung zwischen »Käufern«
und »Anbietern«. Die Bezirksgesundheitsbehörden wären nicht
länger in die Bereitstellung von Gesundheitsversorgungsdiensten
involviert, würden zu Käufern werden und mit den leistungsfähig-
sten Krankenhäusern Verträge schließen, um die Versorgung der
Patienten ihres jeweiligen Bezirks sicherzustellen.

Diese Abgrenzung zwischen Käufern und Anbietern wurde
getroffen, um die negativen Merkmale des Systems zu beseitigen:
den Mangel an Anreizen zur Leistungsverbesserung sowie an verständlichen Informationen. Die Unausgegorenheit dieses Systems
wird offensichtlich, wenn man sich vor Augen führt, daß zu dieser
Zeit so gut wie keine Informationen über die Kosten innerhalb des
Staatlichen Gesundheitsdienstes zur Verfügung standen. Wir hatten bereits begonnen, diesen Mißstand zu beheben. Als ich aber
bei einer unserer Sitzungen zur Überprüfung das Gesundheitsministerium fragte, mit welcher Zeitspanne zu rechnen sei, bis der
Informationsfluß zügig in Gang käme, und man mir antwortete:
»Sechs Jahre«, explodierte ich unwillkürlich: »Himmel noch mal!
Innerhalb von sechs Jahren haben wir den Zweiten Weltkrieg
gewonnen!«

Innerhalb des Staatlichen Gesundheitsdienstes wurden die
Geldmittel nach komplizierten Schlüsseln und auf der Grundlage
theoretischer Bedarfsanalysen von den regionalen Gesundheitsbehörden über die Bezirksgesundheitsbehörden auf die Krankenhäuser aufgeteilt. Ein Krankenhaus, das mehr Patienten behandelte als ein anderes, erhielt nicht dementsprechend mehr Geld zugeteilt – was zumeist dazu führte, daß der Etat überzogen und Leistungen eingeschränkt wurden. Der Finanzierungsmechanismus
zur Entschädigung von Distriktbehörden, die Patienten anderer
Bezirke behandelten, funktionierte dahingehend, daß die Entschädigung erst nach Ablauf einiger Jahre erfolgte – ein hoffnungslos
realitätsfernes System. Wenn nun die Bezirksgesundheitsbehörden
als »Käufer« auftraten, konnten die erforderlichen Mittel dort
bereitgestellt werden, wo der Patient sie benötigte. Für den Patienten eines bestimmten Bezirks, der sich in einem anderen behandeln

ließ, konnten die Kosten umgehend beglichen werden. Krankenhäuser, die eine größere Anzahl an Patienten versorgten, würden dadurch ein höheres Einkommen erwirtschaften und somit in der Lage sein, ihre Leistungen zu verbessern, anstatt sie einschränken zu müssen. Der daraus resultierende Wettbewerb zwischen den Krankenhäusern – sowohl denen des Staatlichen Gesundheitsdienstes wie denen des öffentlichen und privaten Bereichs – würde die Leistungsfähigkeit erhöhen und den Patienten zugute kommen.

Um mir selbst ein klareres Bild über die Situation zu verschaffen, führte ich zwei Seminare in Chequers durch – im März eines für Ärzte und ein weiteres im April für Personen aus dem Verwaltungsbereich. Im Mai begann dann unsere nächste Diskussionsrunde mit Referaten von John Moore und Nigel Lawson.

Nigel bezog einen kritischen Standpunkt gegenüber John Moores Ideen. Mittlerweile befürchtete man im Schatzamt, daß eine Öffnung der Struktur des Staatlichen Gesundheitsdienstes merkbar höhere Staatsausgaben zur Folge haben würde. Obwohl das Schatzamt früher offensichtliches Interesse an der Idee eines sogenannten »internen Marktes« gezeigt hatte, übersandte Nigel mir Ende Mai ein Schriftstück, in dem er unseren gesamten Ansatz in Frage stellte. John Major schloß sich dieser Attacke umgehend an und schlug vor, ein System einzuführen, bei dem die bestehende Methode der Geldzuteilung an Gesundheitsbehörden beibehalten, die jährliche Zuwachsrate jedoch nicht ausbezahlt werden sollte (das sogenannte »top-slicing«). Dieser Betrag sollte gesondert unter den Krankenhäusern aufgeteilt werden, die die von der zentralen Institution gesetzten Ziele erreicht hatten. Man behauptete, dieser Vorschlag sei zweckdienlicher und brächte uns unserem Ziel näher, die Mittel dort zur Verfügung zu stellen, wo der Patient sie benötigte. Aber selbstverständlich stimmte dies ganz und gar nicht, denn in Relation zum Krankenhausetat wäre der gezahlte Betrag im Verhältnis zur Leistung recht gering gewesen. Wenn sich etwas vergrößerte, dann die zentrale Kontrolle über den Krankenhausbetrieb. Überdies erlaubte dieser Ansatz zumindest kurzfristig keine Unterscheidung zwischen Käufer und Anbieter und beinhaltete von daher keine wirkliche Vorkehrung, dem Patienten das Geld dort zur Verfügung zu stellen, wo er es benötigte. Kurz gesagt, es war ein für das Schatzamt typischer Vorstoß, um sich seine zentrale Kontrolle zu sichern – wobei man dies dann als Bemühung um die Einführung erweiterter Wahlmöglichkeit für den Verbraucher bemäntelte.

Trotz dieser Herausforderungen verteidigte John Moore seinen Ansatz nicht sonderlich energisch, und auch ich begann zu zweifeln, ob seine Vorschläge tatsächlich gründlich durchdacht gewesen waren. Wir hatten eine besonders schwierige Begegnung am Mittwoch, dem 25. Mai, die mit der Entscheidung endete, an der Idee des »top-slicing« weiterzuarbeiten. In der Zwischenzeit hatte sich das Schatzamt nicht ohne weiteres durchzusetzen vermocht. Ich bat um einen Bericht über mögliche Steueranreize auf dem privaten Sektor – ein Gedanke, dem Nigel sich entschieden widersetzte.

Nigels Abneigung gegenüber Steuererleichterungen für eine private Krankenversicherung hatte im wesentlichen zwei Gründe: Zum einen war er – wie bereits erwähnt – ein überzeugter finanzieller Purist. Steuererleichterungen führten seiner Meinung nach zu einer Verzerrung des Systems, weshalb sie abgebaut und letztendlich abgeschafft werden sollten. Zum zweiten argumentierte er, daß Steuererleichterungen im Bereich der privaten Krankenversicherungen vielfach allein denen zugute kämen, die sich diese ohnehin leisten könnten, und somit das Ziel einer Nettoerhöhung in der privaten Krankenvorsorge verfehlten. In den Fällen, in denen Steuererleichterungen einen Anreiz darstellten, würde sich die Nachfrage nach Versorgung erhöhen; wenn jedoch entsprechende Bemühungen um ein verbessertes Angebot ausblieben, würden sie lediglich zu einer Erhöhung der Kosten führen. Keiner dieser Einwände war von der Hand zu weisen, wenngleich die Argumentation des Schatzamtes die logische Schlußfolgerung nahelegte, daß wir das Anwachsen des privaten Sektors, das bereits längst im Gang war, hätten aufhalten sollen. Wie auch immer, beide Einwände gingen am Wesentlichen vorbei: Falls es uns nicht gelang, einen Zuwachs in der privaten Gesundheitsvorsorge zu erreichen, der sich in den letzten Jahren nur recht langsam entwickelt hatte, müßte jegliche zusätzliche Nachfrage durch den Staatlichen Gesundheitsdienst erfüllt werden. Langfristig konnten wir uns diesem Druck nicht widersetzen, und die öffentlichen Ausgaben mußten weit höher steigen, als dies unter anderen Umständen der

Fall gewesen wäre. Ich forderte nicht eine globale Steuererleichterung im privaten Gesundheitsbereich, obwohl dies im Grunde gerechtfertigt gewesen wäre, ich setzte mich vielmehr für eine gezielte Maßnahme ein. Wenn es uns gelang, daß Menschen über sechzig Jahre, die den Gesundheitsdienst am stärksten in Anspruch nahmen, ihre vor der Pensionierung abgeschlossene Krankenversicherung beibehielten, konnte die Nachfrage dieses begrenzten Personenkreises nach Leistungen des Staatlichen Gesundheitsdienstes wesentlich verringert werden.

Natürlich vernachlässigten wir auch die »Versorgungsseite« nicht. Unser ganzes Vorgehen bei unserer Überprüfung war darauf ausgelegt, Hindernisse in der Versorgung zu beseitigen. Darüber hinaus wurde erwogen, die Anzahl der Beraterposten erheblich zu vergrößern, was wiederum Auswirkungen auf den privaten Sektor sowie den Staatlichen Gesundheitsdienst gehabt hätte. Wir beschäftigten uns mit weiteren Überlegungen, wie wir restriktive Praktiken und andere untaugliche Mittel in den Griff bekommen konnten, und erwogen, das System der Gewährung von Leistungsprämien mehr auf die während der Berufsausübung erworbenen Verdienste als auf Ruhestandsvergünstigungen auszurichten. Und wir planten die allgemeine Einführung einer medizinischen Prüfung.[6]

Nigel widersetzte sich sogar diesen begrenzten Steuererleichterungen, aber ich konnte sie trotzdem in der ersten Julihälfte mit John Moores Hilfe durchsetzen. In anderen Bereichen war ich weniger zufrieden. Das Gesundheitsministerium wurde aufgrund seiner anfänglichen Vorschläge vom Schatzamt äußerst heftig kritisiert. Daraufhin versuchte es, bereits im Vorfeld die Unterstützung des Schatzamtes für seine Vorschläge zu gewinnen – also noch bevor diese für die Überprüfung eingereicht worden waren. Auf diese Weise erhielt das Schatzamt ein wirksames Vetorecht. Mit Zustimmung des Schatzamtes schlug das Gesundheitsministerium nun ein eher schrittweises Vorgehen vor. Unser Ziel war nach wie vor, dem Patienten die finanziellen Mittel dort bereitzustellen, wo er sie benötigte, und die Selbstverwaltung der Krankenhäuser zu ermöglichen. Diese Vorhaben wurden nun jedoch auf unbestimmte Zeit verschoben, und das Modell des »top-slicing« rückte zumindest für kurze Zeit in den Mittelpunkt des

Interesses. (Diese Idee zog sich, wenn auch immer schwächer, durch den gesamten Prozeß der Überprüfung. Aber sie verfehlte ihre Absicht, uns von unseren ursprünglichen Zielen abzulenken, und war in der Praxis nie von großer Bedeutung.)

Im Prinzip hatte ich nichts dagegen, die Selbstverwaltung der Krankenhäuser schrittweise einzuführen. Durch unsere Erziehungsreform verfügten wir bereits über ein Modell: Demnach konnten Krankenhäuser aus der Kontrolle der Bezirksgesundheitsbehörden ausscheiden, jedoch weiterhin in den Staatlichen Gesundheitsdienst eingegliedert bleiben. Dies entsprach dem Modell der subventionierten Schulen, die aus der Kontrolle der örtlichen Behörden ausschieden, aber nach wie vor staatlichen Status behielten. Ich hegte jedoch Argwohn gegen eine Unterscheidung zwischen kurzfristigen und langfristigen Änderungen und war generell beunruhigt über den langsamen Fortgang unserer Überprüfung. Ich hatte das Gefühl, daß wir nach und nach unsere ursprüngliche Richtung aus den Augen verloren.

Richtig nervös wurde ich, als mein Beraterstab, der von Beginn an für die drei Grundpfeiler unserer Reform – Unterscheidung zwischen Käufer und Anbieter, Bereitstellung der Geldmittel für Patienten, dort wo sie benötigt wurden, und unabhängige Krankenhaus-Trusts – eingetreten war, mich mit zwei beunruhigenden Kritikpunkten konfrontierte: Zum einen bestand die Gefahr, daß die Realisierung unserer Vorschläge durch eine vom Schatzamt ins Auge gefaßte kurzfristige Ausgabenkontrolle unmöglich gemacht wurde. Zum anderen würden zwar unsere Reformen, so bedeutend sie waren, die Wahlmöglichkeiten für die Ärzte erheblich verbessern, die Patienten würden davon jedoch nicht profitieren und weiterhin abhängig von einer monopolistischen Bezirksgesundheitsbehörde sein. Eine Variante des bereits existierenden Modells, dem Allgemeinarzt einen eigenen Etat zur Verfügung zu stellen, schien das geeignete Mittel, diesem Problem zu begegnen. Die Überlegungen meines Beraterstabs gingen dahin, es dem Allgemeinarzt ebenso wie dem Krankenhaus freizustellen, aus der Kontrolle der Bezirksgesundheitsbehörden auszuscheiden und bezüglich der Versorgung seiner Patienten eigene Vereinbarungen mit den entsprechenden Krankenhäusern zu treffen. Der Patient hätte somit die Wahl zwischen der Behandlung durch einen selbständigen Arzt und einem Arzt, der der Bezirksgesundheitsbehörde unterstellt war. Mir schien diese Idee anfänglich zu radikal, gleichzeitig beunruhigte es mich auch zu sehen, wie wir uns allmählich unter dem Druck des Schatzamtes von durchgreifenden Reformen fortbewegten, anstatt sie zielstrebig anzusteuern.

Ende Juli 1988 traf ich die heikle Entscheidung, John Moore ein anderes Aufgabengebiet zu übertragen. Ich ergriff die Gelegenheit und teilte das schwerfällige Ministerium für Gesundheit und soziale Sicherheit in zwei separate Ministerien. John übertrug ich die Leitung des neuen Ministeriums für soziale Sicherheit, Ken Clarke erhielt das Gesundheitsressort. Es steht außer Frage, daß John einen wesentlichen Beitrag zu unserer Reform geleistet hatte. Die Idee der patientennahen Geldzuteilung, die Unterscheidung zwischen Käufer und Anbieter sowie das Konzept der Krankenhausverwaltung – all dies wurde während seiner Amtszeit als Minister erarbeitet. Ferner hatte er sich massiv für Steuererleichterungen eingesetzt, was Ken Clarke gewiß nicht getan hätte. Wie Ken Clarke während seiner kurzen Amtszeit als Erziehungsminister gezeigt hatte (in der er mein Eintreten für das Modell der Erziehungsgutscheine öffentlich kritisierte), war er ein überzeugter Verfechter staatlicher Versorgung. Aber wie sehr sich unsere weltanschaulichen Ansichten auch unterschieden, so erwies sich doch Kens Ernennung als nutzbringend. Er war ein äußerst fähiger Gesundheitsminister, zäh im Umgang mit Vertretern althergebrachter Vorstellungen sowie mit den Gewerkschaften und in seinen regierungspolitischen Darlegungen direkt und überzeugend.

Ken Clarke griff erneut den Gedanken auf, für den sich schon der Beraterstab eingesetzt hatte: die Einrichtung eigener Etats für Allgemeinärzte. Laut Kens Überlegungen sollten sie den Ärzten dazu dienen, den Krankenhäusern spezielle Dienstleistungen in akuten Fällen »abzukaufen«: beispielsweise Operationen in nicht lebensbedrohlichen Fällen wie Hüft- oder Staroperationen. Es handelte sich dabei um Leistungen, auf die der Patient zumindest theoretisch Einfluß nehmen konnte, was Zeitpunkt, Ort und medizinische Beratung betraf, und wobei der Arzt in Kenntnis des öffentlichen und privaten Gesundheitsbereichs Entscheidungshilfe leisten konnte. Dieses Verfahren war in mancher Hinsicht von

Vorteil: Patienten konnten sich leichter mit dem Angebot an Leistungen vertraut machen, und die Ärzte konnten sensibler auf die Wünsche und Bedürfnisse ihrer Patienten eingehen. Auch würden die Ärzte nicht in ihrer traditionellen Freiheit beschnitten, ihre Patienten an Krankenhäuser und Berater ihrer Wahl zu überweisen. Darüber hinaus verbesserten sich die Chancen für Krankenhäuser, die sich der Kontrolle der Behörden entzogen hatten und in Selbstverwaltung arbeiteten. Andernfalls wäre es denkbar gewesen, daß die Bezirksgesundheitsbehörden als möglicherweise einzige Käufer ihre eigenen, aus dem System ausgescherten Krankenhäuser benachteiligten.

Wenn man die Allgemeinärzte mit einem eigenen Budget ausstattete, schuf man damit zugleich auch eine Möglichkeit, ihre Ausgaben in vernünftigem Maß zu begrenzen – vorausgesetzt, wir fanden Mittel und Wege, die Anzahl der Ärzte des Staatlichen Gesundheitsdienstes und deren Arzneimittelausgaben einzuschränken, ohne dadurch die Vorsorge bei Notfällen zu gefährden. Doch das Schatzamt widersetzte sich der Einführung der eigenen Budgets, denn es vermutete, daß dies zur Entwicklung einer starken Lobby führen konnte, welche sich für zusätzliche Ausgaben im Gesundheitsbereich stark machen würde. Hingegen sprach es sich für einen direkteren Weg der Ausgabenbeschränkung bei Allgemeinärzten aus. Es bezweifelte auch, daß Ärzte in der Lage wären, ihre Angelegenheiten wirklich kompetent zu regeln, und daß alle Praxisbetriebe finanziell so gut abgesichert seien, um mit nichtkalkulierbaren Bedürfnissen der Patienten fertig zu werden. Falls derartige Probleme auftraten, würde zweifellos der Patient darunter zu leiden haben.

Ich selbst war anfänglich vorsichtig und bat um genauere Einzelheiten. Je intensiver wir uns jedoch mit dem Konzept befaßten, daß Ärzte zugunsten der Versorgung ihrer Patienten Preis- und Leistungsvergleiche anstellen sollten, desto mehr sagte uns die Idee zu. Schließlich beschlossen wir, das Konzept des »Aussteigens« aus der behördlichen Kontrolle weiterzuverfolgen, beschränkten diese Möglichkeit jedoch auf größere Praxisbetriebe. Die durch die Budgets gedeckten Leistungen sollten aber über Kens ursprünglichen Vorschlag hinaus auf ambulant zu versorgende Patienten ausgedehnt werden. Des weiteren sollten »ausge-

stiegene« Praxen ein zusätzliches Budget zur Deckung der Rezept-
unkosten erhalten.

Im Herbst 1988 war mir schließlich ganz klargeworden, daß in
der Selbstverwaltung der Krankenhäuser und der Gewährung von
Budgets für Allgemeinärzte, in der Unterscheidung zwischen Käufer und Anbieter und in der patientennahen Geldmittelzuteilung
die Grundlage für eine zukünftige Umstrukturierung des Staatlichen Gesundheitsdienstes lag. Diese Maßnahmen waren die
sicherste Gewähr für eine bessere und kosteneffektivere Versorgung.

Viel war bisher in bezug auf die Selbstverwaltung von Krankenhäusern erreicht worden. Ähnlich wie bei der Erziehungsreform
lag unser Ziel darin, allen Krankenhäusern einen unabhängigen
Status innerhalb des Staatlichen Gesundheitsdienstes einzuräumen. Ich forderte ein möglichst einfaches Verfahren zur Umwandlung in selbständige Krankenhäuser, die ich als »Trust«-Kranken-
häuser zu bezeichnen pflegte. Sie sollten auch über Eigenkapital
verfügen, doch stimmte ich mit dem Finanzministerium darin
überein, daß es feste Kreditgrenzen geben sollte. Es schien mir
auch wichtig, das Modell rasch einzuführen, um bei der nächsten
Wahl bereits eine beträchtliche Anzahl dieser Krankenhäuser vorweisen zu können. Im Dezember waren wir soweit, erste Erläuterungen zu dem Entwurf des Weißbuchs zu geben, welches einen
Überblick über unsere Vorschläge enthielt. Im Januar 1988 diskutierten wir Modelle für eine geeignete Verwaltungsstruktur des
Staatlichen Gesundheitsdienstes. Am Ende des Monats, nach der
vierundzwanzigsten von mir geleiteten Ministerkonferenz, wurde
das Weißbuch schließlich veröffentlicht.

Vom dem Zeitpunkt an mußten die Maßnahmen im Bereich der
Gesundheitsfürsorge von ihrer Finanzierung (einschließlich der
patientennahen Zuteilung der Mittel) getrennt behandelt werden.
Das alte, umständliche und verzerrende Finanzierungssystem des
Ausschusses für die Verteilung von Geldmitteln (Resource Alloca-
tion Working Party – RAWP) sollte abgeschafft und durch ein neues ersetzt werden. Das neue System sollte sich an der Bevölkerungsstruktur orientieren, gewichtet nach Alter und Gesundheit
und unter besonderer Berücksichtigung von London mit seinen
eigenen Problemen. Krankenhäusern würde es freigestellt sein,

aus der Kontrolle der Bezirksgesundheitsbehörden »auszusteigen« und Trusts in Selbstverwaltung zu bilden, die sich durch Steuereinnahmen finanzierten. Sie konnten die Bezahlung und Arbeitsbedingungen ihres Personals selbst bestimmen und ihre Dienstleistungen im privaten und staatlichen Gesundheitsbereich anbieten. Allgemeinärzte mit großen Praxisbetrieben würden die Möglichkeit haben, ihre eigenen Budgets zu verwalten. Der Kompetenzbereich der unabhängigen Buchprüfungskommission würde dadurch auch auf den Staatlichen Gesundheitsdienst ausgedehnt werden. Personen über 60 Jahre sollten für ihre privaten Krankenversicherungsbeiträge Steuererleichterungen erhalten und kommunale Krankenhausbehörden mit erheblich erweiterten Vollmachten ausgestattet werden.

Die Vorschläge, die im Weißbuch zur Umstrukturierung des Staatlichen Gesundheitsdienstes formuliert wurden, orientierten sich in ihrer Aussage im wesentlichen an den Vorteilen des privaten Gesundheitsbereichs, doch unter Vermeidung von Privatisierungsmaßnahmen und größerer zusätzlicher finanzieller Belastung. Auch entsprachen sie voll und ganz jenen Grundprinzipien, die ich vor Weihnachten 1987 als wichtig für ein zufriedenstellendes Ergebnis festgelegt hatte. Allerdings kam von der British Medical Association, den Gewerkschaften der im Gesundheitsbereich Beschäftigten und der Opposition ein Aufschrei, der sich auf eine im Eigeninteresse willkürlich verzerrte Darstellung unserer Pläne stützte. Angesichts dieser irreführenden Kampagne gegen uns erwies sich Ken Clarke als der bestmögliche Fürsprecher, den wir uns vorstellen konnten. Da er nicht dem rechten Parteiflügel zuzurechnen war, schien es unwahrscheinlich, daß er sich des marktwirtschaftlichen Vokabulars bedienen würde, das die Öffentlichkeit alarmiert und den Gewerkschaften in die Hände gespielt hätte. Er verfügte aber über genügend Energie und Enthusiasmus, um im Fernsehen Abend für Abend unser Anliegen zu diskutieren, zu erklären und zu verteidigen.

Weniger überzeugt war ich jedoch davon, ob Ken Clarke und das Gesundheitsministerium die Umsetzung unserer Programmpunkte im einzelnen wirklich durchdacht hatten und ob sie die Übergangsschwierigkeiten, welche bei einem Wechsel von einem Finanzierungs- und Organisationssystem zu einem anderen auftauchen konnten, richtig einschätzten. Zudem bezweifelten David Wolfson und andere, daß die Bezirksgesundheitsbehörden und Krankenhäuser über die erforderliche Informationstechnologie, die entsprechenden Buchführungssysteme und allgemeine Verwaltungserfahrung verfügten, um mit all diesen Veränderungen fertig zu werden. Die Tatsache, daß keine genauen Angaben über die Anzahl von Patienten, die sich zwischen den Bezirken bewegten, sowie deren Behandlungskosten vorhanden waren, hätte sich verheerend auf die einzelnen Budgets auswirken können. Ich ließ dazu Berichte erstellen und bat das Gesundheitsministerium im Juni 1990 um genaue Informationen, die jedoch nicht sehr beruhigend klangen. Zusätzlich zu all den Problemen, die die Einführung der Gemeindesteuer verursacht hatte, konnten wir es uns nicht leisten, eine Polarisierung in London zu provozieren, die in eine eventuelle Schließung von Krankenhausstationen gemündet hätte, weil der Dienstleistungsbetrieb in dem neuen, auf Wettbewerb eingestellten Umfeld nicht mehr funktionierte. Schließlich entschied ich mich gegen eine Verlangsamung des Reformprozesses und wies eindringlich darauf hin, den Vorgängen in London größte Aufmerksamkeit zu schenken.

Die in dem Weißbuch genannten Reformen werden in all ihren Abstufungen zu grundlegenden Veränderungen innerhalb des gesamten Staatlichen Gesundheitsdienstes führen. Die Veränderungen werden Patienten, Steuerzahlern und allen in diesem Bereich Beschäftigten zugute kommen. Als ich aus dem Amt schied, begannen sich soeben die ersten Ergebnisse abzuzeichnen. Fünfundsiebzig Krankenhäuser befanden sich im Umwandlungsprozeß. Darüber hinaus war auch das politische Klima im Begriff, sich zu ändern. Die Schärfe, mit der die British Medical Association unsere Reformbestrebungen angriff, fand bei den gemäßigten Ärzten wenig Beifall. Die Labour Party befand sich nun in der Defensive und hatte ihrerseits begonnen, über die Notwendigkeit von Reformen zu reden, die sich von den unseren natürlich grundlegend unterscheiden müßten. Ich war entschlossen, auf dem bereits Erreichten aufzubauen, und forderte meinen Beraterstab auf, an weiteren Vorschlägen zu arbeiten. Wir erwogen weitere Anreize zugunsten der privaten Krankenversicherung mittels Steuererleichterungen sowie strukturelle Reformen des Staatlichen Gesundheitsdienstes zur Verkleinerung des bürokratischen Apparats. Auch dachten wir über den vertraglichen Ausschluß sekundärer Dienstleistungen des Gesundheitsdienstes nach und beabsichtigten die Einführung einer Maßnahme, nach der jeder, der länger als eine bestimmte Zeit auf eine Operation warten mußte, die Genehmigung der Bezirksgesundheitsbehörde erhielt, sich anderswo innerhalb des Gesundheitsdienstes oder im privaten Krankenversicherungsbereich behandeln zu lassen. Die Gesundheitsdebatte entwickelte sich weiter, und es waren die Konservativen, die den Sieg davontrugen – zum erstenmal in meinem Leben.

Eine Abfuhr für den Thatcherismus: Schottland

Das verbindende Anliegen meiner politischen Bemühungen im Erziehungs- und Bildungsbereich sowie im Gesundheitswesen war die Erweiterung der Wahlmöglichkeiten, die Beseitigung von Machtmonopolen und die Ermutigung zur Eigenverantwortung. Dies waren die Grundsätze meiner Philosophie und nicht allein eines Verwaltungsprogramms. Obwohl Entwicklungsprobleme nicht ausblieben und uns auf dem Weg viele Fehler unterliefen, war dieser Ansatz erfolgreich, darüber hinaus fand er auch Zustimmung in der Bevölkerung. Wäre dem nicht so gewesen, hätte die Konservative Partei unter meiner Führung gewiß nicht in drei Wahlkämpfen den Sieg errungen, sondern wäre gescheitert. Es gab jedoch auch regionale Ausnahmen, wie sich am auffälligsten am Beispiel Schottlands zeigte. Dort fand keine schottische Thatcher-Revolution statt.

Das mag seltsam klingen, denn das Schottland des achtzehnten Jahrhunderts war die Wiege der schottischen Aufklärung, die Adam Smith als wichtigsten Vertreter marktwirtschaftlicher Theorien vor Hayek und Friedman hervorgebracht hatte. Es war ein Land mit ausgeprägtem Wissenschaftsgeist, Erfinderreichtum und Unternehmergespür – Eigenschaften, auf die ich immer wieder in meinen Reden vor der Bevölkerung Schottlands hinwies. Als die Krise der schottischen Schwerindustrie ihren Höhepunkt erreicht hatte, hielt der Sozialismus Einzug. Er war als Heilmittel gedacht, doch unter seiner Herrschaft entwickelten sich neue soziale und wirtschaftliche Gebrechen und nicht zuletzt militante Gewerkschaftsbewegungen. Erst in den achtziger Jahren begann sich die Situation merklich zu verbessern, und da Großbritannien mittlerweile ein neues Ansehen genoß, ließen sich ausländische Unternehmen, vielfach aus dem Bereich der Hochtechnologie, in Schottland nieder. So wurde Edinburgh zu einem blühenden Finanzzentrum. Privatunternehmen hatten bereits eine erfolgreiche Ölindustrie aufgebaut. Dennoch kam es in nicht konkurrenzfähigen Betrieben weiterhin zu massivem Stellenabbau, und die Arbeitslosenrate lag nach wie vor weit über der Englands.

Parallel zu diesen lang anhaltenden wirtschaftlichen Schwierigkeiten ging auch die glückliche Ära des schottischen Konservatismus ihrem Ende entgegen. Während die Torys im Jahre 1955 50 Prozent der Wählerstimmen auf sich vereinigen konnten, waren es 1987 nur noch 24 Prozent. In diesen Verlusten spiegelt sich sowohl die kurzfristige als auch langfristige Wirtschaftslage wider. Die Zahl der Arbeitslosen sank erst wieder unmittelbar vor den Wahlen im Jahr 1987. Doch zu diesem Zeitpunkt war das Vertrauen in die Wirtschaft immer noch zu gering, um den schottischen Torys zu einem Comeback zu verhelfen.

Nördlich der Grenze Englands gab es zu dieser Zeit nur zehn konservative Unterhausabgeordnete und damit ernste Schwierigkeiten, genügend Abgeordnete zur Bildung eines Select Committee (Sonderausschuß) im Unterhaus für die Überwachung des Scottish Office, dem Staatssekretariat für schottische Angelegenheiten, zu rekrutieren. Da die verschiedenen Einzelministerien des Scottish Office nicht besetzt werden konnten, mußte es seine Arbeit in der Legislaturperiode 1987 völlig einstellen. Es erhob sich nun die Frage, ob das Absinken der Arbeitslosigkeit und der konjunkturelle Aufwärtstrend zu einem Comeback der Konservativen Partei in Schottland führen konnte. Ich selbst hatte nie daran geglaubt und sollte auch recht behalten. Wenn es also nicht allein an der Wirtschaftslage lag, was mochten die sonstigen Gründe für unsere Unpopularität sein? Ein möglicher, vielleicht sogar zutreffender Erklärungsversuch wies auf einen Wandel in der Haltung der Bevölkerung gegenüber sozialen und religiösen Fragen hin. Die traditionellen »Glaswegian Orange Foundations«, die den unionistischen Gedanken aktiv unterstützten und in früheren Zeiten eine so bedeutende Rolle gespielt hatten, hatten ihren Einfluß unwiderruflich verloren. Überdies hatten sich die Konservativen Schottlands in der Vergangenheit auf eine von Ehrerbietung, Traditionsbewußtsein und Paternalismus geprägte Mentalität stützen können, doch auch damit war es mittlerweile vorbei, worüber man sich jedoch nicht sonderlich grämen mußte. Dies alles aber gab keinerlei Aufschluß darüber, weshalb Schottland nach acht Jahren konservativer Regierung derartige Unterschiede zu England aufwies.

Wenn auch die Wirtschaftslage in Schottland weitaus besser war als allgemein zugegeben, ließen sich die tatsächlichen Gegebenheiten an jenen Statistiken ablesen, welche verrieten, daß 50 Prozent der schottischen Bevölkerung in hochsubventionierten Gebäuden des öffentlichen Wohnungsbaus lebten. In England hingegen waren es 25 Prozent. Das bedeutete, daß die Abhängigkeitshaltung unter der schottischen Bevölkerung stark ausgeprägt war. Und die Abhängigkeitshaltung dient dem Sozialismus als Nährboden. In Schottland bildeten die Linken nach wie vor ein starkes Establishment, und störende Eindringlinge handelten auf eigene Gefahr. Die Labour Party und die Gewerkschaften saßen fest im Sattel und übten ihren Einfluß auf jeder Ebene aus: von den Kommunalbehörden über die QUANGOs [*Bei den quasi-autonomous nongovernment organizations handelt es sich um 1975–79 von der Regierung finanzierte Organe, die Aktivitäten von öffentlichem Interesse überwachten und förderten; A. d. Ü.*] bis in das Scottish Office. In der Praxis waren es nicht die Rechten, sondern die Linken, die nach wie vor paternalistisch Unterstützung gewährten und diese als Druckmittel einsetzten. Als Sprachrohr für ihre Argumente bedienten sie sich sowohl der katholischen als auch der protestantischen Kirche, durch die sie wiederum ein Echo in den Medien fanden. Wir hingegen erhielten so gut wie keine Unterstützung von der schottischen Presse, und die elektronischen Medien waren uns gegenüber im großen und ganzen feindlich eingestellt.

In zunehmendem Maße verschärft wurde unser Problem durch die Reaktion der Minister im Scottish Office. Sie fühlten sich angesichts der massiven Feindseligkeiten von links isoliert und wehrlos und präsentierten sich daher regelmäßig als Fürsprecher Schottlands gegen meine Person und die Knauserigkeit von Whitehall. Eine derartige Haltung war verlockend und wirkte sich unmittelbar erfreulich, langfristig jedoch schädlich aus. Auch verstärkte diese Taktik die unterschwellige Antipathie der Schotten gegenüber der Konservativen Partei und der Union mit England als solcher. Der Stolz des Scottish Office – dessen stark ausgeprägte bürokratische Züge sich hemmend auf jene Reformen auswirkten, die in England so erfolgreich gewesen waren – lag darin, daß die Ausgaben der öffentlichen Hand pro Kopf in Schottland weitaus höher lagen als in England. Anders als die Opposition schien man im Scottish Office aber nicht zu begreifen, daß immer mehr öffentliche Ausgaben vonnöten waren, wenn man schon in ihnen eine »gute Sache« sah. Und damit gab man den grundlegenden Argumenten der Sozialisten recht. In Wahrheit jedoch waren Schottlands Probleme durch die Erhöhung der öffentlichen Ausgaben in einer von Abhängigkeitshaltung geprägten Gesellschaft nicht gemindert, sondern verschärft worden.

Hier gab es nur eine Lösung: Wenn wir einen kleinen Staat mit niedriger Besteuerung, mäßiger Intervention und größerer Wahlmöglichkeit als wünschenswertes Ziel sahen, mußten wir uns ohne Entschuldigung voll dafür einsetzen. Darüber hinaus mußten nördlich und südlich der Grenzen die gleichen Anreize zur Umsetzung dieses Vorhabens angeboten werden.

George Younger, der trotz seiner Anständigkeit und seines gesunden Menschenverstandes ein typischer Vertreter der paternalistischen Schule schottischer Konservativer war, schied 1986 aus dem Scottish Office aus und wurde Verteidigungsminister. Als bester Kandidat für seine Nachfolge erschien mir Malcolm Rifkind, doch ich übertrug ihm dieses Amt mit gemischten Gefühlen. Zu Zeiten, als wir die Opposition bildeten, hatte er sich vehement für eine »Devolution« Schottlands [*dezentralisierende Maßnahmen einzelner Regionen im Rahmen ihrer Autonomiebestrebungen; A. d. Ü.*] eingesetzt. Gewiß war er einer unserer brillantesten und überzeugendsten Redner. Es gab keinerlei Zweifel hinsichtlich seines Intellekts und seiner raschen Auffassungsgabe. Unglücklicherweise war er aber ebenso empfindlich und nervös wie eloquent. Sein Urteilsvermögen war oft durch Launenhaftig-

keit getrübt und sein Auftreten unberechenbar. Im Widerspruch
zu seinen öffentlichen Bekundungen setzte er jedoch die radikalen
thatcheristischen Ansätze nicht praktisch um. Dabei hatte er sie
öffentlich mit allem Nachdruck vertreten. Nach den Parlamentswahlen von 1987 hielt Malcolm in allen Regionen Schottlands
Reden, in denen er die Abhängigkeitshaltung scharf angriff und
das freie Unternehmertum anpries. Als sich jedoch die politischen
Schwierigkeiten häuften, schlug er andere Töne an.

Der entschiedenste Verfechter des Thatcherismus im Scottish
Office war Michael Forsyth, den ich 1987 zum Parlamentarischen
Staatssekretär (Parliamentary Under-Secretary) ernannte und
dem ich gleichzeitig die Verantwortung für das Erziehungs- und
Gesundheitswesen von Schottland übertrug. Michael, Brian Griffiths und ich waren es, die sich für das Fortbestehen der Paisley
Grammar School einsetzten – einer Schule mit hohem akademischen Anspruch und Traditionsbewußtsein, die der sozialistische
Council von Strathclyde zu schließen beabsichtigte. Ich war tief
bewegt von den zahlreichen Sympathiebekundungen seitens des
Lehrkörpers und der Eltern und betrachtete diese Angelegenheit
als einen Testfall. Es durfte absolut keine Zweifel darüber geben,
daß wir nicht tatenlos zuschauen würden, wie das Establishment
der schottischen Linken sich über die Interessen der Bevölkerung
hinwegsetzte, deren Verteidigung unsere Pflicht war. Am Freitag,
den 22. Januar 1988, sandte ich Malcolm Rifkind eine persönliche
Notiz, in der ich meiner unnachgiebigen Haltung Ausdruck verlieh. Meine Intervention zog die Einführung folgender Regelung
nach sich: Falls eine schottische Schulbehörde einer Schule, deren
Schülerzahl 80 Prozent ihrer Kapazität betrug, die Schließung
oder Verlegung oder eine Veränderung des Einzugsgebiets forderte, mußte dieser Vorschlag dem Staatsminister für Schottland zur
Prüfung vorgelegt werden.

Auch mußte ich ganz klar Stellung beziehen in der Frage, ob es
schottischen Schulen – wie den Schulen in England – erlaubt sein
dürfe, aus der Kontrolle örtlicher Schulbehörden »auszusteigen«.
Bevor wir das realisieren konnten, mußte die Kontrollfunktion
den Erziehungsbehörden aus der Hand genommen und Schulvor-
ständen, in denen Eltern eine wichtige Rolle zukam, übertragen
werden. Sobald in den Schulen rechtskräftig Schulvorstände ein-

gerichtet worden waren, würde ihrem Wunsch, den Status einer subventionierten Schule einzunehmen, nichts mehr im Wege stehen. Malcolm widersetzte sich jedoch dieser Überlegung. Nachdem mich meine parlamentarischen Geschäftsführer darauf hingewiesen hatten, daß uns in dieser Legislaturperiode nicht mehr viel Zeit zur Verfügung stand, fand ich mich widerstrebend damit ab, daß dieser Teil der Schulreform nicht in den ersten Gesetzentwurf zur Reform des Erziehungswesens aufgenommen wurde. Ich forderte jedoch nachdrücklich, diese Überlegungen in der kommenden Legislaturperiode im Gesetzentwurf zum Erziehungswesen in Schottland zu berücksichtigen. Malcolm behauptete, für ein Ausscheren der Schulen aus der Kontrolle der kommunalen Erziehungsbehörden bestünde in Schottland nicht genügend Bedarf. Dem mußte ich allerdings angesichts der bei mir eingegangenen Briefe und der von Brian Griffiths angestellten Untersuchungen widersprechen. Ich beharrte auf meiner Ansicht und setzte mich durch. Im Gesetz von 1989 wurde die Einführung des subventionierten Schulmodells in Schottland bekanntgegeben.

Trotz Malcolm Rifkinds Obstruktionspolitik waren Michael Forsyth und ich nicht die einzigen, die glaubten, Maßnahmen zur Reduzierung staatlicher Eingriffe in Schottland seien notwendig und möglich. So entwickelte beispielsweise die Wohnungsbaugesellschaft »Scottish Homes« attraktive und einfallsreiche Wohnungsbaumodelle, um damit Mietern kommunaler Wohnungen größere Auswahl bieten zu können und heruntergekommene Häuser zu renovieren. Sie verkauften und vermieteten Wohnraum. Tatsächlich entwickelte diese Gesellschaft weitaus größeren Einfallsreichtum als das Ministerium für Umweltfragen und Lokalverwaltung mit seinem Estate Action Programme (Wohnraumsanierungsprogramm) in England. Was den Einfluß der Regierung im Bereich der Industrie betraf, so gründete Bill Hughes, der Vorsitzende der Confederation of British Industry in Schottland, den ich später zum stellvertretenden Geschäftsführer der Konservativen Partei Schottlands ernannte, das Unternehmen »Scottish Enterprise«. Diese Gesellschaft versuchte private Firmen dafür zu gewinnen, die Aufgaben der alten, eher interventionistischen Scottish Development Agency (SDA) [*Eine Behörde zur Ankurbelung der schottischen Wirtschaft;* A. d. Ü.] und anderer Behörden zu übernehmen.

Ich gelangte jedoch immer mehr zu der Überzeugung, daß ich jemanden an meiner Seite brauchte, der mein Engagement für einen grundlegenden Wandel in Schottland unterstützte und sich an vorderster Front für die Bestrebungen der Partei einsetzte. Nur so konnten auf diesem Gebiet Fortschritte erzielt werden. Ich wollte Malcolm Rifkind keineswegs abschieben, denn er hatte sich im Guten wie im Bösen als wesentliche politische Kraft etabliert. Der Geschäftsführer der schottischen Konservativen Partei, Sir James (jetzt Lord) Goold, dessen Loyalität und Verläßlichkeit ich außerordentlich zu schätzen wußte, hatte mir mitgeteilt, er werde von seinem Amt zurücktreten, sobald ich einen geeigneten Nachfolger gefunden hätte. Wir waren uns beide einig, daß wir ihn nun in Michael Forsyth gefunden hatten.

Malcolm wandte sich jedoch entschieden dagegen. Im Januar 1989 erörterte ich die Angelegenheit mit ihm. Er verließ mich, um über die von ihm bevorzugten Kandidaten für das Amt nachzudenken. Seine Entscheidung fiel auf Professor Ross Harper, der in Kürze als Präsident der Vereinigung schottischer Konservativer und Unionisten (Scottish Conservative and Unionist Association) gewählt werden sollte. (Unter den ehrenamtlichen Parteiposten in Schottland ist dies der angesehenste.) Malcolm erklärte wiederholt, Michael Forsyth sei in seinem Ministeramt im Scottish Office unabkömmlich. Diese Begründung überzeugte mich jedoch nicht, weshalb ich auf Michaels Ernennung zum Geschäftsführer beharrte. Wie etliche vor ihm konnte gewiß auch er parallel dazu seinen ministeriellen Aufgaben gerecht werden. So setzte ich mich im Juli über Malcolm Rifkinds Einwände hinweg und ernannte Michael zum Vorsitzenden und Bill Hughes zu seinem Stellvertreter.

Michael war der einzige konservative Politiker, den die Labour Party fürchtete. Daher war er ständig den Attacken linksgerichteter Medien ausgesetzt. In Wirklichkeit war es jedoch die Opposition innerhalb der eigenen Reihen, die zu seinem Sturz führte. Die persönlichen Reibereien zwischen ihm und Malcolm wurden zunehmend ernster. Michaels Gegner initiierten eine Verleumdungskampagne, und die schottische Presse war voll von Spekulationen über Spaltung und Fraktionierung.

Malcolm Rifkind griff nun ebenfalls mit Macht auf die destruktive Taktik zurück, seine schottische Männlichkeit zur Schau zu stellen, indem er als Verteidiger Schottlands gegenüber dem Thatcherismus auftrat. Im März 1990, unmittelbar vor Einführung der Gemeindesteuer (Community Charge) in England und Wales, legte John Major seinen ersten Haushaltsentwurf vor. Darin wurde das im Rahmen der Gemeindesteuer zugestandene Sparguthaben von 8 000 Pfund pro Person auf 16 000 Pfund angehoben, ohne daß der Betreffende dabei den Anspruch auf Beihilfe zur Gemeindesteuer verlor. Dieser von mir befürwortete Schritt setzte das Argument außer Kraft, umsichtige Menschen, die sich für unvorhersehbare Notfälle oder ähnliche Umstände ein finanzielles Polster schufen, würden unverhältnismäßig benachteiligt und unter Druck gesetzt werden. Als dies noch vor der Erörterung des Haushalts im Kabinett bekanntgegeben wurde, erhob Malcolm Rifkind keinerlei Einwände. Auch stellte er keine besonderen Forderungen im Hinblick auf Schottland. In Schottland führte diese Entscheidung jedoch zu einem Aufschrei. Dort lag die Einführung der Gemeindesteuer bereits ein Jahr zurück, und Kritiker forderten dementsprechend eine Rückdatierung der neuen Beihilfeklausel. Der derart unter Druck geratene Malcolm unterstützte nun nicht länger John Majors Entscheidung. Statt dessen verwickelte er John und mich in Diskussionen – deren Inhalt prompt an die Presse weitergegeben wurde –, in denen er sich ebenfalls für die rückwirkende Gültigkeit der Beihilfeklausel in Schottland einsetzte. Äußerst widerstrebend stimmte ich schließlich einer Sonderzahlung für die Betroffenen in Schottland zu, die aus dem Budget des Scottish Office erfolgen sollte. Nachdem Malcolm auf diese Weise Johns sorgfältig ausgearbeiteten Haushalt ins Gerede gebracht hatte, fuhr Malcolm nach Schottland und ließ sich öffentlich als »Sieger« feiern. Man behauptete, er habe diese Änderungen durch eine Rücktrittsdrohung erzwungen. Ferner äußerte er gegenüber der Presse, ich hätte mich seinem besseren Urteilsvermögen gebeugt. Dieses kindische Verhalten schadete der konservativen Sache in Schottland erheblich und führte zu einer Flut von Protestbriefen schottischer Torys.

Im Mai brach er eine öffentliche Auseinandersetzung mit der British Steel Corporation (BSC) über die Zukunft des Ravenscraig-Stahlwerks vom Zaum – obwohl diesbezügliche Entschei-

dungen aus wirtschaftlichen Gesichtspunkten eigentliche Sache
der BSC waren. Wie man mir berichtete, ging Malcolm so weit,
daß er konservative schottische Abgeordnete aufforderte, in dieser
Angelegenheit für eine Labour Early Day Motion (Dringlichkeits-
antrag) im Unterhaus zu stimmen. Außerdem hatte Malcolm auf
dem schottischen Parteitag eine Woche zuvor kryptische Bemerkungen gemacht, die darauf schließen ließen, daß er das Thema
»Devolution« erneut in Schottland auf die Tagesordnung setzen
wollte. Sein Naturell war offensichtlich wieder durchgebro-
chen.

Der auf mich ausgeübte Druck, Michael Forsyth endlich zu
entlassen, wuchs im Sommer 1990 beträchtlich. Aufgrund seiner
anhaltenden Probleme mit Malcolm Rifkind und der nicht nach-
lassenden Kampagne gegen seine Person und seine Anhänger
wurde er selbst zusehends mutloser. Im August wurde mein Büro
mit Briefen von Freunden und Gegnern Michaels überflutet,
offensichtlich angeheizt von den jeweiligen Fraktionen in der
Partei. Mittlerweile gab es keine Zweifel mehr darüber, daß
seine Gegner die eingeschworenen schottischen Torys wie Willie
Whitelaw, George Younger und altgediente Repräsentanten des
ehrenamtlichen Parteiestablishments hinter sich gebracht hatten.
Ich hatte währenddessen meine eigenen Probleme. Es war ein
mutiger Versuch gewesen, die Konservative Partei Schottlands in
die zweite Hälfte des 20. Jahrhunderts zu bringen und Leuten,
die daran gewöhnt waren, Niederlagen zu erleiden oder – noch
schlimmer – Siege mit den Argumenten ihrer Gegner davonzutragen, Führung und Perspektive anzubieten. Im Oktober 1990
beförderte ich Michael Forsyth zum Minister von Schottland mit
einem erweiterten Aufgabengebiet. Das Amt des Geschäftsführers der Partei übernahm (Lord) Russell Sanderson, der seinerseits seinen Ministerposten im Scottish Office zur Verfügung
stellte. Seine Ernennung wurde als Zeichen gedeutet, daß die
Bemühungen, den Thatcherismus auf Schottland auszudehnen,
beendet seien. Das gemeinsame Bestreben der Linken und des
traditionellen Parteiestablishments, dem Thatcherismus in
Schottland eine Abfuhr zu erteilen, war nur das Vorspiel für die
Bildung der nämlichen Allianz, dank deren Wirken ich wenige
Wochen später aus meinem Amt als Parteivorsitzende der Kon-

servativen gedrängt wurde. Das ahnte ich allerdings zu dieser Zeit noch nicht.

Die Bilanz meiner Politik in Schottland ist sehr einseitig: In wirtschaftlicher Hinsicht war sie positiv, in politischer negativ. Nach einem Jahrzehnt Thatcherismus hatte sich Schottlands wirtschaftliche Lage zum Besseren entwickelt. Viele Menschen verließen ihre Arbeitsplätze in wirtschaftlich absteigenden Industriezweigen wie der Stahlindustrie und dem Schiffbau und fanden Beschäftigung in den zukunftsorientierten Branchen wie der Elektroindustrie oder dem Finanzsektor. Annähernd alle Wirtschaftsstatistiken über Produktivität, Investitionstätigkeit und die Lage freier Berufsgruppen verzeichneten einen deutlichen Aufschwung. Dementsprechend erreichte der Lebensstandard zwischen 1981 und 1989 einen Zuwachs von 30 Prozent – der damit höher lag als in den meisten Regionen Englands.

Die Beseitigung der politischen Abhängigkeitshaltung und die Förderung des Erwerbs von Eigentum ließen sich hingegen nicht so schnell bewerkstelligen. Im Jahr 1979 war lediglich ein Drittel der schottischen Bevölkerung Besitzer von Eigenheimen. Zu der Zeit meines Rücktritts hatte sich deren Anzahl auf über 50 Prozent erhöht, was sich zum Teil auf unser Vorkaufsrecht-Programm zurückführen ließ. Aber wir arbeiteten nach wie vor daran, Mietern kommunaler Wohnungen über unser Unterstützungsprogramm der Umwandlung von »Mieten zu Hypotheken« zu Eigenheimen zu verhelfen – ein Programm, das wir als erstes in Schottland ausprobiert hatten.

So wertvoll diese Initiativen für das gesellschaftliche Gefüge waren, so wenig politische Wirkung ging von ihnen aus. Die Wahl im Jahr 1992 zeigte, daß der Stimmenverlust für die Torys lediglich zu einem Stillstand gekommen war; doch der Trend war nicht umgekehrt worden. Ein Teil dieser geringen Popularität liegt gewiß in der nationalen Frage begründet: Offensichtlich betrachtete man die Torys als Partei Englands und meine Person als Inbegriff des Englischen schlechthin.

Was letzteres betrifft, konnte und kann ich nichts dagegen tun. Ich bin, was ich bin, und beabsichtige nicht, mich in Schottenrock-Camouflage zu hüllen. Es ist auch kaum anzunehmen, daß mich die Mehrheit der Schotten oder irgendein englischer Politiker dann sympathischer fände. Die Partei der Torys ist selbstverständlich keine englische Partei, sondern eine Partei der gesamten Union. Wenn sie dann und wann von einigen Schotten als so englisch empfunden wird, dann wohl deshalb, weil die Union zwangsläufig von England regiert wird – die englische Bevölkerung ist nun einmal größer als die schottische. Die Schotten als Volk einer historisch bedeutenden Nation mit stolzer Vergangenheit werden derartige Äußerungen gewiß übelnehmen. Als ein Volk haben sie zweifellos das Recht auf nationale Selbstbestimmung, und dieses Recht haben sie bisher genutzt, um der Union beizutreten und in ihr zu verbleiben. Sollten sie sich für ihre Unabhängigkeit entscheiden, wird ihnen keine Partei und kein Politiker im Weg stehen, wenngleich wir diesen Schritt sehr bedauern würden. Wir können jedoch weder den Schotten noch den Engländern erlauben, daß sie ihren Verbleib in der Union an eigene Bedingungen knüpfen, ohne Rücksicht auf die Meinung der anderen zu nehmen. Auch wenn der Rest des Vereinigten Königreichs eine dezentralisierte Regierung nicht gutheißt, können die Schotten durchaus versuchen, uns von allen Vorteilen dieses Modells zu überzeugen – vielleicht sogar mit Erfolg. Aber Nationalität innerhalb der Union kann nicht einseitig »Devolution« als Recht für sich fordern.

Es ist verständlich, daß viele Schotten sehr verärgert über diese harten Wahrheiten sein werden. Aber sie haben nicht das geringste damit zu tun, daß ich Engländerin bin. Vielen Engländern werden meine Äußerungen ebensowenig gefallen.

21
Mehr ein Lebensstil als ein Programm

*Familienpolitik, Kultur, Rundfunk,
Forschung und Umwelt*

Individuum und Gemeinschaft

Der plötzliche Wohlstand der Jahre 1986–1989 – der zum größten Teil auf solider Grundlage basierte, teilweise aber auch nicht von Dauer sein konnte – zeitigte eine paradoxe Wirkung. Da der Linken zumindest vorübergehend die Möglichkeit genommen war, die Regierung zu geißeln und die freie Marktwirtschaft zu verdammen, weil sie die Schaffung neuer Arbeitsplätze und die Anhebung des Lebensstandards nicht gewährleisten könnten, wandten die Kritiker sich nichtökonomischen Themen zu. Die Theorie, der Staat müsse als Antriebskraft des wirtschaftlichen Wachstums dienen, war in Mißkredit geraten – um so mehr, als das Versagen des Kommunismus immer offensichtlicher wurde. Aber mußte man für den kapitalistischen Wohlstand nicht vielleicht einen zu hohen Preis zahlen? Hatte er nicht einen ungeheuren und widerwärtigen Materialismus, verstopfte Straßen und Umweltverschmutzung zur Folge? Führten die Eigenschaften, die man benötigte, um es in Thatchers Großbritannien zu etwas zu bringen, nicht etwa dazu, daß die Schwachen an den Rand gedrängt wurden, die Obdachlosenzahlen stiegen und die Vereinzelung in der Gesellschaft zunahm. Kurz gesagt, stand nicht vielleicht die »Lebensqualität« auf dem Spiel?

Ich fand all diese Vorwürfe unangebracht und scheinheilig. Wenn der Sozialismus zu wirtschaftlichem Wohlstand geführt hätte, wären ebendiese Kritiker jubelnd durch die Straßen gezogen. Doch der Sozialismus hatte versagt. Und es waren die ärmeren und schwächeren Mitglieder der Gesellschaft, die unter seinem Versagen am meisten zu leiden gehabt hatten. Doch schlimmer noch war die Tatsache, daß der Sozialismus trotz der edelmütigen Aussagen, in die seine Theorie verpackt war, die niedrigsten Instinkte der menschlichen Natur geweckt hatte. Er hatte buchstäblich ganze Gemeinden und Familien demoralisiert, indem er Abhängigkeit an Stelle von Unabhängigkeit setzte und die traditionellen Werte fortwährend mit Hohn und Spott überzog. Doch nun bestand der zynische Zeitvertreib der Linken plötzlich darin, so zu reden, als wären sie alte Torys und kämpften für die Bewahrung des Anstands inmitten der sozialen Auflösung.

Doch wir durften ihre Vorwürfe nicht ignorieren. Einige Konservative zeigten die Neigung, angesichts der Argumente der Linken Zugeständnisse zu machen – so wie sie es auch bei deren wirtschaftlichen Argumenten getan hatten, bevor ich den Parteivorsitz übernahm. Sie begründeten diese Haltung mit der Behauptung, in der Praxis wären wir selbst beinahe Sozialisten. Dabei handelte es sich um Leute, die glaubten, sobald Kritik geäußert würde, müsse sich der Staat verstärkt einschalten und außerdem weitere Geldmittel zur Verfügung stellen. Dies entsprach jedoch keineswegs meiner Ansicht. Natürlich mußte der Staat unter bestimmten Umständen eingreifen – beispielsweise, um Kinder vor den Mißhandlungen durch ihre Eltern zu schützen. Der Staat mußte dem Recht zur Geltung verhelfen und dafür sorgen, daß Kriminelle bestraft wurden. Und dies war ein Bereich, der mir zusehends Sorgen bereitete, denn trotz einer drastischen Aufstockung bei den Polizeibeamten und den Gefängnisplätzen ging die Gewalt auf den Straßen nicht zurück, sondern stieg stetig weiter an. Doch die Ursache unserer gegenwärtigen sozialen Probleme – sofern sie nicht der ewigen, unerschöpflichen, jahrtausendealten menschlichen Schlechtigkeit zuzuschreiben waren – lag darin, daß der Staat sich zu stark eingemischt hatte. Dieser Tatsache mußte eine konservative Sozialpolitik Rechnung tragen. Die Gesellschaft besteht aus Individuen und Gemeinschaften. Wenn das Individuum entmutigt wird und die Gemeinschaft ihre Orientierung verliert, weil der Staat ihnen Entscheidungen abnimmt, die eigentlich von dem einzelnen, den Familien oder der Nachbarschaft getroffen werden sollten, dann wachsen die Probleme einer Gesellschaft, anstatt abzunehmen.

Diese Ansicht brachte ich in einem Interview mit einer Frauenzeitschrift zum Ausdruck, das damals einen Sturm der Entrüstung hervorrief. Ich erklärte, »so etwas wie eine Gesellschaft« gäbe es nicht. Der Rest meiner Bemerkung wurde fortgelassen. Im Anschluß daran hatte ich nämlich folgendes gesagt:

Es gibt einzelne Männer und Frauen, und es gibt die Familie. Und keine Regierung kann etwas ausrichten, es sei denn durch die Menschen. Zunächst müssen sich die Leute um sich selbst kümmern. Es ist unsere Pflicht, uns zuerst um uns selbst zu kümmern und dann um unseren Nachbarn.

Damit meinte ich – und dies kam klar und eindeutig zum Ausdruck, obwohl diese Bemerkung in der Folge bis zur Unkenntlichkeit verstümmelt wurde –, daß die Gesellschaft nichts Abstraktes ist, losgelöst von den Männern und Frauen, aus denen sie sich zusammensetzt. Vielmehr handelt es sich um ein lebendiges Gebilde aus Individuen, Familien, Nachbarschaften und ehrenamtlichen Organisationen. Von der in diesem Sinne verstandenen Gesellschaft erwartete ich Großes, denn ich ging davon aus, daß mit zunehmendem Wohlstand einzelne Persönlichkeiten und ehrenamtliche Gruppen mehr Verantwortung für ihre Nachbarn in Not übernehmen würden. Ich wandte mich gegen die irrige Gleichsetzung von Gesellschaft und Staat, die zur Folge hatte, daß man stets in erster Linie Hilfe von seiten des Staates erwartete. Wenn Leute mir gegenüber klagten, die »Gesellschaft« dürfe einen bestimmten Mißstand nicht zulassen, entgegnete ich gewöhnlich: »Und was tun Sie dagegen?« Der Begriff Gesellschaft war für mich keine Ausrede, sondern beinhaltete eine Verpflichtung.

Von daher war ich Individualistin, denn ich glaubte, daß das Individuum letztlich selbst für seine Handlungen verantwortlich ist und sich dementsprechend verhalten muß. Dennoch verwahrte ich mich stets gegen den Vorwurf, daß zwischen dieser Art von Individualismus und der gesellschaftlichen Verantwortung ein Widerspruch bestünde. Unterstützt wurde ich in meiner Meinung von konservativen Denkern in den Vereinigten Staaten, die sich mit dem Anwachsen der »Unterschicht« und der Entwicklung der Abhängigkeitshaltung auseinandergesetzt haben. Wenn unverantwortliches Handeln nicht irgendeine Art von Strafe nach sich zieht, wird die Unverantwortlichkeit für eine große Anzahl von Menschen zur Norm. Darüber hinaus geben sie diese Haltung womöglich an ihre Kinder weiter, wodurch diese in eine völlig falsche Richtung gelenkt werden. Ich empfand großen Respekt für die viktorianische Zeit – nicht zuletzt wegen ihres Gemeinsinns, von dem die Zunahme an ehrenamtlichen und karitativen Einrichtungen die großartigen Bauwerke und ihr Beitrag zum Städtebau noch heute beredtes Zeugnis ablegen. Noch nie habe ich mich gescheut, die »viktorianischen Werte« – oder, wie ich mich gewöhnlich ausdrückte, die »viktorianischen Tugenden« – zu preisen; vor allem, weil sie keineswegs nur in der viktorianischen Zeit zu finden waren. Und die Viktorianer prägten auch Begriffe für jenen Sachverhalt, den wir heute wiederentdecken – sie unterschieden zwischen »verdienter« und »unverdienter« Armut. Helfen muß man in beiden Fällen, doch diese Hilfe muß eine völlig unterschiedliche Gestalt annehmen, wenn die Abhängigkeitshaltung nicht durch die öffentliche Hand gefördert werden soll. Der Fehler unseres Wohlfahrtsstaats beruhte in der – möglicherweise bis zu einem gewissen Grad unvermeidbaren – Mißachtung dieses Unterschieds, so daß wir denjenigen, die ernstlich in Schwierigkeiten geraten waren und eine gewisse Unterstützung brauchten, bis sie diese selbst überwinden konnten, die gleiche Art von »Hilfe« zuteil werden ließen wie jenen, die einfach keine Bereitschaft und keine Lust verspürten, zu arbeiten und ihre Situation zu verbessern. Hilfe darf nicht zum Ergebnis haben, daß die Leute ein Leben auf Sparflamme führen, sondern sie muß ihre Selbstdisziplin und damit auch ihre Selbstachtung wiederherstellen.

Beeindruckt war ich auch von den Schritten des amerikanischen Theologen und Sozialwissenschaftlers Michael Novak, der meine Gedanken über Individuum und Gesellschaft in neuer und bestechender Form zusammenfaßte. Er hob hervor, daß die von ihm als »demokratischer Kapitalismus« bezeichnete Gesellschaftsform nicht nur ein ökonomisches, sondern auch ein moralisch-soziales System sei, das eine ganze Bandbreite von Werten fördere und auf Zusammenarbeit basiere – im Gegensatz zu dem Leitspruch: »Ich boxe mich allein durch.« Er vermittelte mir wichtige Erkenntnisse, die mir, neben unseren Ansichten über die Abhängigkeitshaltung, die intellektuelle Orientierung für meinen Ansatz in jenen wichtigen Fragen boten, die im politischen Fachjargon gemeinhin als »Lebensqualität« bezeichnet wurden.

Die Familie

Durch den Umstand, daß die Kritik an der durch meine Politik angestrebten wirtschaftlichen und gesellschaftlichen Realität undurchdacht und unausgegoren war, ließ ich mich natürlich nicht von den tatsächlich vorhandenen sozialen Problemen ablenken, die zum Teil immer gravierender wurden. Den Anstieg der Kriminalitätsrate habe ich bereits erwähnt. Das Innenministerium und liberale Denker zogen diese Tatsache allerdings in Zweifel. Sicherlich ließ sich die Entschuldigung anführen, daß sich in der gesamten westlichen Welt ähnliche Tendenzen zeigten und daß die Kriminalität in amerikanischen Großstädten weitaus schlimmer war als bei uns. Natürlich hatte auch das Argument seine Berechtigung, in der Zunahme der gemeldeten Verbrechen drücke sich die gestiegene Bereitschaft aus, Verbrechen überhaupt zu melden, von denen die Polizei früher – wie im Fall von Vergewaltigungen – oft keine Kenntnis erhalten hatte. Doch von Argumenten, die darauf abzielten, das Verbrechen zu beschönigen, habe ich mich nie sonderlich beeindrucken lassen. Ich teilte die Ansicht der breiten Öffentlichkeit, nach der jene, die Straftaten begangen hatten, festgenommen und bestraft werden mußten. Dabei hatte es durchaus seine Richtigkeit, daß nicht alle Straftäter zwangsläufig ins Gefängnis gesteckt wurden, sondern auch auf eine andere Art bestraft werden konnten, doch Gewaltverbrecher mußten exemplarisch bestraft werden. Unter diesem Vorzeichen stand auch eine Maßnahme, deren Einführung mir große Genugtuung bereitete: eine Bestimmung im Criminal Justice Act, die es dem Kronanwalt ermöglichte, gegen übermäßig milde Urteile des Strafgerichtshofs Revision einzulegen.

Die Tatsache, daß die Kriminalitätsrate in Zeiten des Wohlstands ebenso anstieg wie während einer Rezession, strafte jene Theorie Lügen, laut der kriminelles Verhalten durch Armut bedingt – oder sogar gerechtfertigt – sei. Vielleicht war ja sogar das Gegenteil richtig: Größerer Wohlstand bedeutete mehr Möglichkeiten zum Diebstahl. Jedenfalls durften wir den Anstieg der Gewaltverbrechen nicht auf wirtschaftliche Faktoren zurückführen – ebensowenig wie die beängstigende Zunahme der Jugendkriminalität. Die tieferen Ursachen dieser Phänomene lagen in der Gesellschaft.

In den letzten zwei oder drei Jahren meiner Amtszeit gewann ich immer mehr die Überzeugung, daß wir die Wurzeln der Kriminalität und vieler anderer Übel nur ausmerzen konnten, wenn wir uns darauf konzentrierten, die traditionelle Familie zu stärken – obwohl einem Politiker in diesem Bereich entscheidende Grenzen gesetzt sind. Die Statistiken sprachen für sich. Eines von vier Kindern wurde unehelich geboren. Nicht weniger als eines von fünf Kindern unter fünfzehn mußte die Ehescheidung der Eltern miterleben. Natürlich soll dies nicht heißen, daß der Zerfall der Familie und das Aufwachsen bei einem alleinerziehenden Elternteil zwangsläufig zu Jugendkriminalität führen. Großeltern, Freunde und die Nachbarschaft können alleinerziehenden Müttern in gewissen Fällen unter die Arme greifen, so daß sie ihre Situation sehr gut bewältigen. Doch sowohl die Statistiken als auch persönliche Erfahrungsberichte weisen darauf hin, daß der Zerfall von Familien als Ursache für eine ganze Reihe von sozialen Problemen gelten kann, von denen Schwierigkeiten mit der Polizei nur eines unter vielen ist. Ein Junge wird viel leichter in soziale Konflikte aller Art verstrickt, wenn die Autorität des Vaters fehlt. Alleinerziehende leben viel öfter in relativer Armut und schlechteren Wohnbedingungen. Kinder werden durch die Scheidung ihrer Eltern meistens stärker traumatisiert, als die Eltern wahrhaben wollen. Instabile Familienverhältnisse führen häufig dazu, daß die Kinder unter Lernschwierigkeiten leiden. Es besteht ein größeres Risiko, daß diese Kinder mißbraucht werden von Männern, die nicht ihre leiblichen Väter sind. Häufiger als andere reißen sie aus und landen in den Großstädten, wo sie sich mit anderen jungen Heimatlosen zusammenschließen und dann den Versuchungen durch alle möglichen Übel erliegen.

Der wichtigste – und auch der schwerste – Teil unserer Aufgabe bestand darin, die positiven Anreize für unverantwortliches Handeln abzuschaffen. Junge Mädchen fühlten sich oft versucht, schwanger zu werden, weil sie dadurch in den Genuß einer Sozialwohnung und staatlicher Unterstützung kamen. Daher suchten meine Berater und ich nach einer Möglichkeit, diesen jungen Leuten weniger attraktive Unterkünfte zur Verfügung zu stellen, die aber dafür größere Sicherheit und Betreuung boten. Ich kenne einige ausgezeichnete Heime dieser Art, die von den Kirchen getragen werden. Gleichermaßen mußten wir jenen jungen Leuten Hilfe bieten, die von zu Hause ausgerissen waren und jetzt auf den Straßen nächtigten. Doch ich wandte mich entschieden gegen die Ansicht, ihre mißliche Lage sei durch Armut verursacht worden – vielmehr war diese eher das Ergebnis. Meiner Meinung nach konnten ihnen die ehrenamtlichen Organisationen nicht nur Heimplätze (von denen es oft mehr gab als benötigt wurden), sondern vor allem Hilfestellung und Unterstützung bieten, wie es dem Staat niemals möglich sein würde.

So tasteten wir uns langsam auf dem Weg zu einer neuen Ethik des Wohlfahrtsstaates vor. Im gleichen Maße, wie es den Menschen erschwert werden sollte, in Abhängigkeit vom Staat zu geraten, wollten wir sie zur Selbstverantwortlichkeit ermutigen. Außerdem wollten wir die Rolle von ehrenamtlichen Körperschaften einschließlich kirchlicher und karitativer Organisationen wie der Heilsarmee stärken und – was gewiß am umstrittensten war – Anreize zu anständigem und selbstverantwortlichem Handeln einführen. So konnten wir möglicherweise erreichen, daß sich das Problem in Hinblick auf die nächste Generation nicht verschärfte – wie es in den letzten zwanzig Jahren geschehen war –, sondern verringerte. Doch unsere Versuche, die Wohlfahrtspolitik entsprechend dieser Überlegungen zu verändern, stießen auf eine Reihe massiver Einwände. Einige davon waren rein praktischer Natur und mußten von daher in unsere Erwägungen miteinbezogen werden. Andere hingegen gründeten sich auf die Auffassung, es komme dem Staat nicht zu, seine Wohlfahrtsmaßnahmen an moralische Kategorien zu knüpfen. Wenn ich diese Punkte ansprach, entdeckte ich manchmal zu meiner Erheiterung auf den Gesichtern unserer Staatsbeamten einen Ausdruck von Mißbilligung, den sie vergeblich hinter der Maske dienstlicher Höflichkeit zu verbergen suchten.

Trotz aller Schwierigkeiten hatten meine Berater und ich zum Zeitpunkt meines Ausscheidens aus dem Amt ein Maßnahmenpaket zusammengestellt, das die traditionelle Familie, deren Zerfall die häufigste Quelle so großen Elends war, stärken sollte. Dabei gaben wir uns jedoch nicht im geringsten der Illusion hin, daß diese Maßnahmen mehr als periphere Auswirkungen haben würden. Doch in gewissem Sinne sollten sie auch gar nicht mehr bewirken. Denn während die stabile Familienstruktur eine Grundlage für soziale Ordnung und wirtschaftlichen Fortschritt darstellt, ist die Unabhängigkeit der Familie ein wirksamer Prüfstein dafür, ob ein Staat die Grenzen seiner Kompetenzen überschreitet. Es gibt Grenzen, die die »Familienpolitik« nicht überschreiten darf.

Aus diesem Grunde setzte ich mich auch so stark für ehrenamtliche Körperschaften ein, die für die richtigen Werte und Ziele eintraten – wie etwa Mrs. Margaret Harrisons Organisation »Homestart«, deren sechstausend ehrenamtliche Mitarbeiter selbst Kinder hatten und Familien eine Anlaufstelle, praktischen Rat und Unterstützung boten. Wann immer möglich, sollte konkrete Hilfe nicht von Sozialarbeitern, sondern von anderen Menschen kommen. Natürlich spielen professionelle Berater in wirklich schweren Fällen eine wichtige Rolle – beispielsweise, wenn es darum geht, sich Zugang zu einer Wohnung zu verschaffen, um eine Tragödie zu verhindern. Allerdings haben einige Sozialarbeiter in den letzten Jahren ihr Aufgabenfeld zu weit gefaßt und ihre Rolle übertrieben, so daß sie ohne hinreichenden Grund die Stelle von Eltern übernahmen.

Außerdem erschreckte es mich, daß manche Männer ein Kind zeugten und sich dann absetzten. Sie überließen es der alleinerziehenden Mutter – und dem Steuerzahler –, die Folgen ihres verantwortungslosen Handelns zu tragen, und verurteilten das Kind zu einem schlechteren Lebensstandard. Ich fand es skandalös, daß nur eines von drei Kindern mit Anspruch auf Unterhaltszahlungen tatsächlich in den Genuß regelmäßiger Zuwendungen kam. Deshalb bestand ich – gegen den massiven Widerstand unseres Sozialministers Tony Newton und dem Lordkanzleramt – auf der Einrichtung einer neuen Jugendbehörde (Child Support Agency). Außerdem setzte ich durch, daß der Unterhalt nicht allein nach den Kosten für das Aufziehen eines Kindes bemessen wurde, sondern daß dabei das Recht des Kindes, am steigenden Lebensstandard seiner Eltern teilzuhaben, Berücksichtigung fand. Auf dieser Basis wurde 1991 das Kinderhilfegesetz (Child Support Act) erlassen.

Was Scheidungen selbst betraf, weigerte ich mich, den Empfehlungen der Law Commission zu folgen, nach denen eine Scheidung nur mehr ein einfacher Vorgang sein sollte, in dem die Frage nach der »Schuld« nicht mehr gestellt wurde. In einigen Fällen – etwa wenn Gewalt im Spiel war – hielt ich eine Scheidung nicht nur für statthaft, sondern sogar für unvermeidlich. Doch ich war der Meinung, daß es noch weitaus mehr Scheidungen als bisher geben würde, wenn man einen Ehepartner, der den anderen verlassen hatte, von aller Schuld freisprach.

Auf welche Weise wir Familien mit Kindern innerhalb der Steuer- und Sozialgesetzgebung unterstützen wollten, war eine heikle Frage, auf die meine Berater und ich in der Zeit unmittelbar vor meinem Ausscheiden aus dem Amt viel Mühe aufwendeten. Damals widersetzte ich mich der lautstark vertretenen Forderung, Steuererleichterungen oder andere Vergünstigungen für Tagesmütter, Kindergärten und ähnliche Institutionen einzuführen. Dies hätte mit Sicherheit zur Folge gehabt, daß noch weniger Mütter als bisher zu Hause bei ihren Kindern geblieben wären. Zwar hielt ich es – aus eigener Erfahrung – für möglich, Kinder großzuziehen und trotzdem zur Arbeit zu gehen, solange man sich seine Zeit gut einteilte und ein wenig Hilfe bekam. Doch den Müttern gegenüber, die freiwillig zu Hause blieben, um die Kinder nur mit dem Einkommen des Mannes aufzuziehen, fand ich es ungerecht, wenn wir Familien Steuererleichterungen gewährten, denen durch die Arbeitstätigkeit der Mütter zwei Einkommen zur Verfügung standen.[1] Es schien mir stets rätselhaft, daß die Feministinnen – die sosehr darauf bedacht waren, sich nicht von Männern bevormunden zu lassen, gegen eine Bevormundung durch den Staat hingegen nichts einzuwenden hatten – dieses Argument nicht einsehen wollten.

Generell standen wir vor dem Problem, welche Stellung Kinder innerhalb der Steuer- und Sozialgesetzgebung einnehmen sollten. Auf der einen Seite gab es die Anhänger des »Laissez-faire«, die meinten, Kindern kämen innerhalb dieses Systems ebensowenig in Betracht wie Konsumgüter. Auf der anderen Seite standen die Befürworter einer durch und durch kinderfreundlichen Politik, durch die ein Anstieg der Geburtenrate erreicht werden sollte. Ich hielt beides für falsch. Doch ich befürwortete das bewährte System, daß bei der Veranschlagung der Steuern eines Arbeitnehmers die Verpflichtungen seiner Familie gegenüber in Rechnung gestellt werden sollten. Ausgangspunkt bei diesen Überlegungen war die Frage, was mit dem Kindergeld geschehen solle. Diese Leistung kam – steuerfrei – vielen Familien zugute, die es von ihrem Einkommen her eigentlich gar nicht benötigten, und verschlang darüber hinaus ungeheure Summen. Doch das Kindergeld war, wie ich gegenüber dem Schatzamt verschiedentlich betonte, als Ersatz für den (mittlerweile abgeschafften) Kinderfreibetrag eingeführt worden, und von daher war es nur gerecht, wenn eine derartige Vergünstigung beibehalten wurde. Als Kompromiß beschlossen wir schließlich im Herbst 1990, das Kindergeld für das erste Kind, nicht jedoch für alle weiteren zu erhöhen. Damit hatten wir allerdings noch nicht geklärt, wie die Vergünstigungen für Kinder zukünftig beschaffen sein sollten. Ich wäre gern zu einem System mit Kinderfreibeträgen zurückgekehrt, welches ich gerechter und übersichtlicher fand und das zudem außerordentlich beliebt war. Doch noch zur Zeit meines Ausscheidens leisteten die Fiskalpuristen aus dem Schatzamt erbittert Widerstand gegen meine Vorstellungen.

Die Familienpolitik kann lediglich einen Rahmen schaffen, der die Ehepartner ermutigt, zusammenzubleiben und gut für ihre Kinder zu sorgen. Was alles andere betrifft, so haben die Medien, die Schule und vor allem die Kirchen weitaus mehr Einfluß als jede Regierung. Doch von der Familienstruktur einer Nation hängt so vieles ab, daß nur der kurzsichtigste Befürworter des »Laissez-faire« die Auffassung vertreten kann, der Staat dürfe sich in diesen Bereich nicht einmischen. Ich meinerseits vertrat die Ansicht, daß unser Staat im Laufe der Jahre so viele Fehler begangen hatte, daß wir uns die Gelegenheit, einige davon zu korrigieren, nicht entgehen lassen durften.

Kultur

Auf vielleicht keinem Gebiet des öffentlichen Lebens war die Frage nach den Zuständigkeiten des Staates so heiß umstritten wie im Bereich der Kultur. Die Befürworter großzügiger Subventionen betonten gern, daß der Staat heutzutage lediglich die Rolle der großzügigen Kunstmäzene der Vergangenheit übernommen habe, daß der Zugang zu Kunstschätzen nicht allein Wohlhabenden vorbehalten sein dürfe und – auf einer pragmatischeren Ebene – daß die Kunst in jedem anderen Land subventioniert werde und wir dies deshalb auch tun müßten. Dem konnte man entgegenhalten – und dies war insbesondere die Einstellung von Nick Ridley, dem einzigen Kabinettsmitglied, das wirklich malen konnte –, kein Künstler dürfe den Anspruch erheben, mit seinen Werken seinen Lebensunterhalt zu verdienen, und wie bei jedem anderen Betätigungsfeld auch müsse letztlich der freie Markt entscheiden. Ich konnte keiner dieser beiden Ansichten uneingeschränkt zustimmen. Zwar glaubte ich nicht, der Staat solle Mäzenatentum betreiben. Künstlerisches Talent – und erst recht künstlerisches Genie – läßt sich nicht planen, sondern manifestiert sich auf unvorhersehbare und außergewöhnlich individuelle Weise. Sobald es vom Staat organisiert, subventioniert, in Besitz genommen und festgelegt wird, verkümmert es. Darüber hinaus ist der »Staat« auf diesem Gebiet oft identisch mit den Eigeninteressen der Kunstlobby. Meiner Ansicht nach sollte der private Sektor mehr Geld aufbringen und die Verwaltungen von kulturellen Institutionen zu mehr Geschäftstüchtigkeit anhalten. Ich wollte erreichen, daß die Kultur durch private Spenden und nicht durch Steuergelder finanziert wurde. Andererseits war ich mir genau bewußt, daß das internationale Ansehen eines Staates durch seine Kunstsammlungen, Bibliotheken, seine Opernhäuser und Orchester sowie seine Architektur und Bauwerke wächst. Dabei geht es nicht und sicherlich nicht vorrangig um die Einnahmen durch den Tourismus: Die öffentliche Darstellung der Kultur einer Nation ist ein Beweis für ihre Qualitäten, ebenso wie das Bruttosozialprodukt ein Beweis für ihre Leistungsfähigkeit ist. Demzufolge war mir daran gelegen, daß Großbritannien nicht nur auf wirtschaftlichem, sondern auch auf kulturellem Gebiet den Vergleich mit den Vereinigten Staaten und Europa nicht zu scheuen brauchte. Dazu bestand allerdings auch kein Anlaß. London ist eines der bedeutenden Kulturzentren dieser Welt. Im West End befindet sich die faszinierendste freie Theaterszene der Welt. Von allen Metropolen bietet London das vielleicht breiteste Spektrum an Museen, das von der intimen, aber erlesenen Wallace-Sammlung bis zu den Herrlichkeiten des

Britischen Museums reicht. Und auch die darstellende Kunst, sei
es nun Theater, Konzert oder Oper, ist in stupender Vielfalt vertreten.

Doch wie immer gab es noch mehr zu tun – vorausgesetzt, man
konnte es sich leisten. Ich bedaure es nicht, daß sich die Ausgaben
der öffentlichen Hand im Bereich der Künste in meiner Amtszeit
real erhöht haben – wenngleich die unisono ertönenden Klagen
über »Kürzungen« dies nicht vermuten lassen würden. Zudem
wurde eine größere Stabilität gewährleistet: Im Jahre 1988 wurde
der Haushalt des Arts Council für eine Periode von drei Jahren im
voraus bewilligt. Wann immer möglich, wurden Regierungsgelder
eingesetzt, um private Sponsoren für den Ausbau bestehender
Museen und Galerien zu gewinnen. Im März 1990 kündigten wir
beispielsweise die Einrichtung eines neuen Fonds für die Erweiterung von Museen und Galerien an (Museums and Galleries
Improvement Fund) – eine Initiative in Zusammenarbeit mit der
Wolfson Foundation. Die Etats einer Reihe anderer kultureller
Institutionen beinhalteten die Bedingung, daß private Geldgeber
zu Stiftungen ermutigt wurden. Den größten Erfolg versprachen
wir uns dabei von den neuen, im Oktober 1990 eingeführten Steuererleichterungen für Einzelpersonen und Gesellschaften bei ein-
maligen Schenkungen an wohltätige Einrichtungen.

Zu meiner größten Enttäuschung war es mir nicht möglich, die
hervorragende Sammlung Thyssen für Großbritannien zu sichern.
Im Februar 1988 erhielt ich einen Brief von meinem alten Freund
Sir Peter Smithers aus der Schweiz, in dem er mir mitteilte, sein
Nachbar Baron »Heinie« Thyssen-Bornemisza würde seine
Sammlung alter und neuer Meister gern für immer in Großbritan-
nien wissen. Fünfzig Bilder aus der Sammlung Thyssen wurden
gerade in der Royal Academy ausgestellt, und wie viele andere
Kunstliebhaber hatte auch ich sie gesehen – sie waren wirklich einzigartig. Ich bat um eine Auflistung der vollständigen Sammlung
und erfuhr, daß sie neben Gemälden von Carpaccio, Caravaggio,
Cézanne, Degas und van Gogh Meisterwerke wie van Eycks »Verkündigung«, Drers »Christus unter den Schriftgelehrten« und
Holbeins »Heinrich VIII.« enthielt. Ich war entschlossen, nichts
unversucht zu lassen, um sie nach Großbritannien zu holen. 1984
hatte ich mir bei einem Portugalbesuch die Gulbenkian-Samm-

lung angesehen, die Großbritannien in den dreißiger Jahren angeboten worden war. Damals hatten wir uns diese Möglichkeit leider entgehen lassen.

Allerdings wäre diese Transaktion sehr teuer geworden. Wir gingen davon aus, daß wir dem Baron eine Summe von mindestens 200
Millionen Pfund würden zahlen müssen: Doch dafür hätten wir
eine Sammlung erhalten, deren Wert von Sotheby's auf
1,2 Millarden geschätzt wurde. Die Summe hätte durch Gelder aus
öffentlicher und privater Hand aufgebracht werden müssen, die für
das Gebäude zur Ausstellung der Sammlung aufgewendet werden
sollte. Ein Teil der britischen Kunstlobby hätte sicherlich mit einem
Aufschrei reagiert, da sie es verständlicherweise lieber gesehen hätten, daß solche Summen für sie und die von ihnen bevorzugten Projekte verwendet wurden. Doch das wäre die Sache wert gewesen.

Nick Ridley und ich übernahmen die Verhandlungen. Das Kabinett bewilligte die Bereitstellung der Gelder. Alle rechtlichen Probleme des internationalen Transfers wurden aus dem Weg geräumt.
Bereits nach Ablauf von sechs Wochen konnte Kabinettssekretär
Robin Butler Baron Thyssen in der Schweiz persönlich unser Angebot unterbreiten. Doch nun standen wir leider vor dem – wie sich
erwies, unlösbaren – Problem, daß sich nicht eindeutig bestimmen
ließ, bei wem letztlich die Kompetenz für eine Entscheidung über
den Verbleib dieser Sammlung lag. Das gleiche galt für ein Abkommen mit der spanischen Regierung, der die Sammlung für einige
Jahre als Leihgabe überlassen werden sollte. Letztendlich wurde die
Sammlung an Spanien ausgeliehen. Doch ich bedauerte nicht, daß
ich den Versuch unternommen hatte, sie für Großbritannien zu
gewinnen. Denn sie war nicht nur ein bedeutender Kunstschatz,
sondern auch eine gute Investition – in jeder Hinsicht.

Rundfunk

Ebenso wie die Welt der Künste hatte auch die Welt der Medien
eine ausgeprägte Vorstellung von ihrer Bedeutung für das öffentliche Leben. Doch während die Kunstlobby die Regierung bedrängte, mehr zu unternehmen, forderten die Mitarbeiter der Rundfunkanstalten, wir sollten uns weniger einmischen. Der Rundfunk

gehört – wie auch der Lehrer-, Mediziner- und Juristenberuf – zu
den Bereichen, in denen eine einflußreiche Lobby die Vertretung
ihrer Sonderinteressen mit der Berufung auf höhere Werte bemän-
telt. Jeder, der wie ich, das Prinzip der Gebühren für die BBC –
deren Nichtentrichtung mit rechtlichen Konsequenzen verbunden
waren – in Frage stellte, mußte sich bestenfalls des Philistertums
und schlimmstenfalls der Unterminierung der »gesetzlich garantierten Unabhängigkeit« des Senders bezichtigen lassen. Sobald
man die Entscheidung der Fernsehanstalt kritisierte, Material zu
zeigen, das die Moral der Zuschauer verletzte oder Terroristen
und Kriminellen in die Hände spielte, mußte man mit dem Vorwurf rechnen, man übe Zensur aus. Der Versuch, das mächtige
Duopol zu brechen, das BBC und ITV [Independent Television, ein
unabhängiger Fernsehsender; A.d.Ü.] errichtet hatten – das
restriktive Praktiken begünstigte, eine Kostenexplosion verursachte und Talenten den Zugang verwehrte –, wurde als Angriff
auf die »Qualität des Fernsehens« verunglimpft. Gewiß befand
sich ein Teil des britischen Radio- und Fernsehprogramms auf
einem sehr hohen Niveau, insbesondere die Fernseh- und Hörspie-
le sowie die Nachrichtensendungen. Im internationalen Vergleich
standen sie einzigartig da. Doch ich konnte nicht akzeptieren, daß
eine kleine Gruppe von berufsmäßigen Programmachern von
vornherein wußte, was richtig war, und von Kritik und Konkurrenz verschont bleiben sollte. Leider fanden die Mitarbeiter der
Funk- und Fernsehanstalten im Innenministerium oft genug willi-
ge Fürsprecher. Die Ironie, die darin lag, daß zur Verteidigung der
moralischen Neutralität bei Berichten zu Terrorismus und Ord-
nungsmacht sowie bei Sendungen, die vielen zu ordinär und
anstößig waren, eine Reithsche Rhetorik herangezogen wurde,
fiel vielen gar nicht ins Auge.

Der Grundsatz, den die Oligopolisten der beiden Sender ihrem
Selbstverständnis nach verteidigten, hieß »Rundfunk im Dienst der
Öffentlichkeit«. Bei näherer Betrachtung jedoch hatte dieser
Grundsatz nur wenig Substanz. Was mit »Rundfunk im Dienst der
Öffentlichkeit« gemeint war, ließ sich nur äußerst schwer definie-
ren. Eines der Prinzipien lautete angeblich, daß Zuhörer und
Zuschauer aus allen Teilen des Landes, die die gleichen Gebühren
zahlten, auch die Möglichkeit erhalten mußten, alle öffentlich-

rechtlichen Kanäle empfangen zu können – was dann als »Universalität« bezeichnet wurde. Wichtiger war allerdings der Gedanke, daß innerhalb eines breiten Spektrums an qualitativ hochwertigen Sendungen ein angemessenes Gleichgewicht zwischen Information, Bildung und Unterhaltung bestehen müsse. In letzter Zeit war die Verpflichtung der Öffentlichkeit gegenüber ausgeweitet worden, so daß nun auch »Minderheitenprogramme« gesendet wurden. Die BBC und die IBA (Independent Broadcasting Authority) – die für die privaten Fernsehsender verantwortlich war – sorgten dafür, daß die Verpflichtung gegenüber der Öffentlichkeit erfüllt wurde, indem sie Einfluß auf die Programmgestaltung nahmen.

Soviel zu dieser reichlich nebulösen und inzwischen wohl überholten Maxime. In der Praxis sah dies alles nämlich ganz anders aus. BBC 1 und ITV zeigten Sendungen, die sich immer weniger von denen kommerzieller Anbieter unterschieden – Seifenopern, Sportübertragungen, Spielshows und reine Fernsehspiele. In Analogie zu Bentham behauptete der öffentliche Rundfunk, er würde uns Poesie darbieten, während er nur Abzählreime lieferte. Vielleicht war es ja ganz nett. Aber brauchte unsere Kultur dies wirklich?

Darüber hinaus wurde das Duopol vom technischen Fortschritt unterminiert. Früher hatte die geringe Bandbreite des Frequenzspektrums nur die Einrichtung relativ weniger Kanäle ermöglicht. Doch dies hatte sich geändert. Es schien, als könnten auch die höheren Frequenzen des Spektrums von Sendern genutzt werden. Außerdem wurde die Palette durch das Kabel- und Satellitenfernsehen erweitert. Und die technischen Möglichkeiten für Fernsehen im Abonnement – sei es für ganze Kanäle oder einzelne Programme – hatten sich vergrößert. Uns tat sich eine völlig neue Welt auf.

Ich war der Meinung, daß wir diese technischen Möglichkeiten nutzen sollten, um den Empfängern eine größere Auswahl zu ermöglichen. Dies war bereits in so unterschiedlichen Ländern wie den Vereinigten Staaten und Luxemburg verwirklicht. Warum also nicht auch in Großbritannien? Doch diese erweiterte potentielle Nachfrage nach Programmen sollte nicht von dem bereits existierenden Duopol befriedigt werden. Ich wollte für die privaten Sender – die ohnehin größtenteils infolge unserer 1982 getroffenen Entscheidung, die Fernsehanstalt Channel 4 einzurichten, entstanden waren – breitestmöglichen Wettbewerb und größtmöglichen Freiraum sicherstellen. Außerdem war ich überzeugt, daß die Qualität – sowohl in der Produktion als auch in Fragen des Geschmacks – bei größeren Wahlmöglichkeiten für die Zuschauer und breiterem Spielraum für die Produzenten mindestens ebenso hoch wie unter dem bestehenden Duopol sein würde, wenn nicht sogar höher. Um dabei auf Nummer Sicher zu gehen, wollte ich eine Kommission unabhängiger Gutachter einrichten, die für die Wahrung der Qualität sorgte, indem sie die Anstalten öffentlicher Kritik, Klagen und Auseinandersetzungen aussetzte.

Mit dem Peacock Committee on Broadcasting (Peacock-Ausschuß für Rundfunk und Fernsehen), den Leon Brittan in seiner Funktion als Innenminister im März 1985 ins Leben rief und der im darauffolgenden Jahr Bericht erstattete, ergab sich eine günstige Gelegenheit, diese Fragen noch einmal zu überdenken. Ich suchte nach einer Alternative zum Finanzierungsmodell der BBC über Teilnehmergebühren. Eine Möglichkeit bestand in Werbeeinnahmen, doch Peacock wies diesen Vorschlag zurück. Willie Whitelaw meldete ebenfalls Widerstand an und drohte sogar mit Rücktritt, falls dieses Konzept eingeführt wurde. Meines Erachtens erfüllte eine Koppelung der Gebühren an die Teuerungsrate den gleichen Zweck – nämlich bei der BBC Kostenbewußtsein und Geschäftsgeist zu wecken. Im Oktober 1986 kam der ministerielle Rundfunkausschuß (Ministerial Committee on Broadcasting) unter meinem Vorsitz zu dem Ergebnis, daß die Gebühr für die BBC bis zum April 1988 bei 58 Pfund bleiben und anschließend bis 1991 an die Teuerungsrate gekoppelt werden sollte. Damit waren meine Vorbehalte gegenüber der Finanzierung der Sendeanstalten durch Gebühren jedoch keineswegs ausgeräumt. Daher wollten wir untersuchen lassen, ob die Gebühren durch ein Abonnement ersetzt werden könnten.

Mindestens ebenso bedeutsam für die Zukunft war die Zerschlagung des Duopols von BBC und ITV bei der Produktion der von ihnen gezeigten Sendungen. In meinem Ministerausschuß wurde beschlossen, daß die Regierung eine Zielvorgabe festlegen solle, nach der 25 Prozent der von BBC und ITV ausgestrahlten Sendungen von unabhängigen Produktionsfirmen stammen müßten. Doch hierzu gab es sehr unterschiedliche Ansichten: Während Nigel Lawson und David Young davon ausgingen, daß BBC und

ITV jede Möglichkeit des Widerstands gegen diese Vorgabe nutzen würden, meinten Douglas Hurd und Willie Whitelaw, wir könnten die Sender ohne gesetzliche Maßnahmen von der Notwendigkeit dieser Maßnahme überzeugen. Douglas sollte die Gespräche mit den Rundfunkanstalten aufnehmen und uns dann Bericht erstatten. Letztlich mußten wir dann doch auf eine gesetzliche Regelung zurückgreifen, um die Zielvorgabe durchzusetzen.

Gegen den Widerstand des Innenministeriums bestand ich darauf, daß wir uns in unserem Wahlprogramm für die Parlamentswahlen von 1987 die Verpflichtung auferlegten, »Vorschläge für konsequentere und wirksamere Vorkehrungen einzubringen, die der Sorge (der Öffentlichkeit über) die Darstellung von Sex und Gewalt im Fernsehen Rechnung tragen«. Zu diesem Zwecke wurde der Rundfunkrat für Qualitätsfragen (Broadcasting Standards Council) mit seinem tüchtigen Vorsitzenden William Rees-Mogg geschaffen, der mit dem Rundfunkgesetz (Broadcasting Act) von 1989 eine rechtliche Handhabe erhielt.

Nach den Wahlen hatten wir mehr Zeit, uns mit der längerfristigen Zukunft des Rundfunks zu beschäftigen. Abgesehen von den breiteren Möglichkeiten dank des technologischen Fortschritts und der fortgesetzten Diskussion um die Frage, wie wir die Zielvorgabe von 25 Prozent für unabhängige Produktionsfirmen durchsetzen konnten, ging es dabei vor allem um das Schicksal von Channel 4 – den ich, trotz Douglas Hurds Widerstand, am liebsten ganz und gar privatisiert hätte – und das noch bedeutsamere Problem, wie das bestehende System der Erteilung der ITV-Lizenzen geändert werden konnte. Der Peacock-Ausschuß empfahl uns, das System »transparenter« zu gestalten, was ganz in meinem Sinne war. Demnach sollte das IBA in dem Fall, daß es die Lizenz einem anderen Partner als dem Höchstbietenden erteilte, eine umfassende öffentliche Erklärung über seine Gründe abgeben. Diese Lösung wäre nicht nur transparent und einfach, sie würde auch eine Erhöhung der Einnahmen des Schatzamts zur Folge haben. Doch schon bald blieben wir im Morast der Auseinandersetzung über »Qualität« stecken.

Im September 1987 leitete ich ein Seminar über die zukünftige Entwicklung, zu dem die wichtigsten Persönlichkeiten von Rundfunk und Fernsehen eingeladen wurden. In der Diskussion über die technischen Möglichkeiten, die Stärkung des Wettbewerbs und die Verbreiterung des Angebots herrschte größere Übereinstimmung, als ich erwartet hatte. Doch einige der Anwesenden äußerten ihr Mißfallen über unsere Entscheidung, den Broadcasting Standards Council einzurichten und die Ausnahmeregelung aufzuheben, durch die Rundfunk und Fernsehen von den Maßgaben des Obscene Publications Act (Gesetz über die Verbreitung obszönen Materials) befreit worden waren. Ich beharrte jedoch auf meiner Überzeugung und wies die Anwesenden darauf hin, daß das Fernsehen eine Sonderrolle einnehme, weil es schließlich im Wohnzimmer der Familien empfangen würde. Das Niveau des Fernsehens habe einen Einfluß auf die ganze Gesellschaft. Von daher sei dies auch eine Frage des öffentlichen Interesses, in die sich die Regierung durchaus einschalten müsse.

Im Jahre 1988 beschäftigten wir uns in zahlreichen Diskussionen mit dem Inhalt des geplanten Weißbuchs zum Rundfunk (das schließlich im November veröffentlicht wurde). Ich drängte darauf, in diesem Dokument anzukündigen, daß das System der Gebühren für die BBC stufenweise abgeschafft werden solle. Doch Douglas stellte sich dagegen, und es bildete sich eine einflußreiche Lobby für die Interessen der BBC. Letzten Endes ließ ich meine Forderung in dieser Sache und in der Frage der Privatisierung von Channel 4 fallen. Hingegen konnte ich sicherstellen, daß Channel 3 unter der neuen Unabhängigen Fernsehkommission ITC (Independent Television Commission) von weitaus weniger Bestimmungen gegängelt wurde als unter der IBA.

Mit diesen Veränderungen der Rahmenbedingungen des Systems waren für uns allerdings die Grenzen des Machbaren erreicht: Wie immer hing letzten Endes alles von den Menschen ab, die in ihm arbeiteten. Die Ernennung von Duke Hussey zum Vorstandsvorsitzenden der BBC und später von John Birt zum stellvertretenden Generaldirektor stellten eine Verbesserung in jeder Hinsicht dar. Als ich im September 1988 mit Duke Hussey und seinem Stellvertreter Joel Barnett zusammentraf, erklärte ich ihnen, daß ihr neuer Ansatz meine uneingeschränkte Unterstützung fand. Doch ich verhehlte nicht meinen Ärger über die auch weiterhin ambivalente Haltung der BBC bei der Berichterstattung über Terrorismus und Gewalt. Ich wies sie darauf hin, daß die BBC verpflichtet sei, die bedeutenden Einrichtungen unseres Landes und die in ihm herrschende Freiheit zu unterstützen, von denen wir schließlich alle profitierten.

Auch weiterhin trat die Rundfunklobby mit aller Entschlossenheit gegen die im Weißbuch zum Rundfunk enthaltenen Vorschläge ein, die ITV-Lizenzen an den Meistbietenden abzugeben. Ich persönlich gab einer Lösung den Vorzug, bei der jeder Bewerber eine Qualitätsprüfung hätte bestehen müssen, bevor er sein finanzielles Angebot unterbreiten konnte. Anschließend wäre die ITC dann verpflichtet gewesen, dem Meistbietenden den Zuschlag zu geben. Andernfalls wäre den Arrivierten weiterhin die Möglichkeit geblieben, willkürlich Entscheidungen zu treffen, bei denen Vetternwirtschaft, Ungerechtigkeit und der Bewahrung des Status quo Tür und Tor geöffnet wären. Doch die Mitarbeiter des Innenministeriums waren der Meinung, wir müßten Zugeständnisse machen – zunächst im Juni 1989 bei den Beratungen über die Empfehlungen des Weißbuchs und dann wieder im Frühjahr 1990 bei der Plenumsdiskussion über den Gesetzentwurf zum Rundfunkgesetz. Andernfalls hätten wir im Parlament mit großen Schwierigkeiten zu rechnen. Unglücklicherweise ging dadurch die Transparenz verloren, die ich angestrebt hatte, und das Ergebnis war ein Kompromiß, den ich mehr als unbefriedigend fand, zumal die ITC im folgenden Jahr die Lizenzen auf die »althergebrachte« Weise vergab. Dennoch konnte durch das neue Vergabesystem der Lizenzen an den Meistbietenden sowie durch die Zielvorgabe von 25 Prozent an unabhängige Produktionsfirmen, die Entstehung neuer Satellitensender und den erfolgreichen Angriff auf die restriktiven Praktiken der Gewerkschaft die monopolistische Klammer des Rundfunk-Establishments etwas gelockert werden. Durchbrochen wurde sie allerdings nicht.

Forschung und Umwelt

In den Jahren 1988 und 1989 entwickelte sich ein großes Interesse der Öffentlichkeit an Umweltfragen. Doch unter dem Deckmantel des Umweltschutzes kamen oft Themen zur Sprache, die mit diesem Bereich oft nur herzlich wenig zu tun hatten. Auf der untersten, aber keineswegs unwichtigsten Ebene rangierte die Sorge um den Zustand der direkten Umgebung, die ich durchaus teilte. Jedes Mal, wenn ich aus einer blitzsauberen ausländischen Metropole zurückkehrte, wußten meine Mitarbeiter und der jeweilige Minister für Umweltfragen und Lokalverwaltung, daß ihnen eine gesalzene Predigt über den Müll in den Straßen bestimmter Londoner Stadtteile bevorstand. Doch dies war im wesentlichen und auch notwendigerweise eine Angelegenheit der Lokalverwaltungen, wenngleich die Privatisierung schlechtgeführter städtischer Reinigungsbetriebe oft Abhilfe schuf.

Weiteren Anlaß zur Sorge gab die Städteplanung – oder besser gesagt, deren angebliches Fehlen – sowie die zu stark betriebene Erschließung ländlicher Gebiete. In dieser Frage gab es jedoch nur eine Alternative, wie Nick Ridley immer wieder betonte, obwohl er dadurch Popularität einbüßte: Wenn wir unseren Bürgern ermöglichen wollten, daß sie sich Häuser leisten konnten, mußte auch ausreichend Bauland zur Verfügung stehen. Engere Vorschriften bei der Planung bedeuteten geringere Erschließung und damit weniger Eigenheime.

Eine weitverbreitete – und nur zu sehr geringem Teil berechtigte – Sorge der Öffentlichkeit galt der Qualität des Trinkwassers sowie der Flüsse und Seen in Großbritannien. Dieser Bereich war ein dankbares Betätigungsfeld für die EG-Kommission, die ihre »Kompetenzen« auch auf dieses Gebiet auszuweiten suchte. Dabei hatten wir bereits ein äußerst kostspieliges, aber auch höchst erfolgreiches Programm zur Verbesserung der Wasserqualität unserer Flüsse eingeleitet, dessen Ergebnisse sich bereits abzeichneten, wie an dem neuerdings wieder reichhaltigen, gesunden Fischbestand in Themse, Tyne, Wear und Tees zu erkennen war.

Ich achtete immer auf eine klare Trennung dieser »Umweltfragen« von dem davon unabhängigen Thema der Verschmutzung der Erdatmosphäre. Für mich war der einzig angemessene Ausgangspunkt für eine politische Lösung dieses Problems die wissenschaftliche Forschung. Wenn man nicht in jene Art von »grünem Sozialismus« abgleiten wollte, für den die Linke so lautstark eintrat, mußte man sich auf eine solide wissenschaftliche Grundlage stützen können – und natürlich auch oft eine klare Kalkulation

MEHR EIN LEBENSSTIL ALS EIN PROGRAMM

der Kosten für die öffentliche Hand und des entsprechend verringerten Wirtschaftswachstums vorliegen haben. Doch je genauer ich mir die Entwicklung der wissenschaftlichen Forschung in Großbritannien ansah, desto unzufriedener wurde ich.

In diesem Bereich gab es zwei Probleme. Erstens floß ein zu großer Anteil der von der Regierung bewilligten Forschungsgelder in den Verteidigungshaushalt. Zweitens – und dies ging in eine ähnliche Richtung – lag der Schwerpunkt bei der Forschung zu stark auf der Entwicklung von Produkten für den Markt und nicht bei der Grundlagenforschung. Die Regierung investierte in Forschungsprojekte, die von der Industrie finanziert werden konnten und mußten. Dies hatte zur Folge, daß Universitäten und wissenschaftliche Institute tendenziell benachteiligt wurden. Meiner Überzeugung nach war dies nicht richtig. Aufgrund meiner wissenschaftlichen Ausbildung wußte ich, daß die größten wirtschaftlichen Erfolge, die auf wissenschaftlicher Forschung basierten, immer von neuen Erkenntnissen in der Grundlagenforschung und nicht von der Suche nach spezifischen Produkten herstammten. Transistoren beispielsweise waren nicht etwa von der Unterhaltungsindustrie im Verlauf der Suche nach neuen Wegen zur Vermarktung der Pop-Musik entwickelt worden, sondern im Zuge der Beschäftigung von Physikern mit Wellenmechanik und Festkörperphysik. Im Sommer 1987 leitete ich einen neuen Ansatz zur Vergabe von öffentlichen Forschungsgeldern in die Wege. Als Vorsitzende des Wirtschaftsausschusses (Economic Committee) des Kabinetts richtete ich das E(ST) als neuen Unterausschuß ein. Dieses ersetzte das E(RD), das von Industrieminister Paul Channon geleitet worden war. Außerdem rief ich einen Kabinettsausschuß mit Beamten und Experten – das ACOST – ins Leben. E(ST) und ACOST überprüften die Zuschüsse des Ministeriums für Forschungsprojekte, wobei sie zwischen Grundlagenforschung und Entwicklungen für technische Neuerungen unterschieden und dabei ersterem größere Bedeutung beimaßen. Am liebsten wollte ich die fähigsten und besten Wissenschaftler auswählen und unterstützen, anstatt die Arbeit in bestimmten Einzelbereichen zu finanzieren. Jene, denen wissenschaftliches Arbeiten nicht vertraut ist, übersehen leicht, daß sich in der Wissenschaft – wie auch in der Kunst – herausragende Leistungen nicht vorhersagen und planen lassen: Sie sind das Ergebnis der einzigartigen Kreativität eines unabhängigen Geistes.

Von jeher werden die Anforderungen an eine globale Umweltpolitik wie auch ihre Grenzen von wissenschaftlichen Erkenntnissen und den Resultaten der Forschung bestimmt. Die Entdeckung des riesigen Lochs in der Ozonschicht, die das Leben der Erde vor ultravioletten Strahlen schützt, ging beispielsweise auf Beobachtungen der britischen Antarktisstation zurück. Auch die Erkenntnis, daß Fluorchlorkohlenwasserstoff (FCKW) für den Abbau von Ozon verantwortlich ist, war das Ergebnis wissenschaftlicher Forschung. Angesichts dieser Beweise beschlossen die Regierungen, die Verwendung von FCKW zum Beispiel in Kühlschränken, Spraydosen und bei Klimaanlagen zunächst einzuschränken und dann schrittweise einzustellen. Von der ersten internationalen Konferenz zu diesen Fragen, die 1987 in Montreal stattfand und auf der das erwähnte Abkommen geschlossen wurde, bis zu den letzten Tagen meiner Amtszeit, als ich auf der zweiten Weltklimakonferenz in Genf eine Rede hielt, galt dieser Frage sowie den damit verbundenen zahlreichen wissenschaftlichen Erkenntnissen und Analysen mein größtes persönliches Interesse.

Doch auch die zweite große Gefahr für die Erdatmosphäre, nämlich der »Treibhauseffekt«, erforderte den Einsatz stringenter wissenschaftlicher Prinzipien. Allerdings war der Zusammenhang zwischen der industriellen Emission von Kohlendioxyd – dem wichtigsten, aber keineswegs einzigen »Treibhausgas« – und der Klimaveränderung weitaus weniger eindeutig erwiesen als die Beziehung zwischen Fluorchlorkohlenwasserstoff und dem Abbau der Ozonschicht. Kernkraftwerke produzieren kein Kohlendioxyd – und auch keines der Gase, die für den sauren Regen verantwortlich sind. Deswegen waren sie eine weitaus sauberere Energiequelle als Kohlekraftwerke. Diese Schlußfolgerung konnte die Umweltlobby aber keineswegs zum Umdenken im Hinblick auf Kernkraftwerke bewegen; lieber nutzten sie die Sorge um die Erwärmung der Erdatmosphäre aus, um weiterhin den Kapitalismus, das wirtschaftliche Wachstum und die Industrie anzugreifen. Durch eine Rede vor der Royal Society im September 1988, in der ich vor »einem umfassenden Experiment mit dem System unserer Erde« warnte, war ich zu einer Autorität in Umweltfragen gewor-

MEHR EIN LEBENSSTIL ALS EIN PROGRAMM

den. Diese Autorität wollte ich nun dafür einsetzen, daß die Diskussion zu diesen Themen von Sachlichkeit anstatt von Hysterie geprägt wurde.

Auf den Text dieser Rede hatte ich sehr viele Gedanken und viel Mühe verwandt. Der Vorschlag, ich solle eine Grundsatzrede zu diesem Thema halten, stammte ursprünglich vom scheidenden UNO-Botschafter Sir Crispin Tickell, und meines Erachtens stellte die Royal Society das beste Forum dafür dar. Zusammen mit George Guise, dem für Wissenschaftsfragen zuständigen Mitglied meines Beraterstabs, verbrachte ich zwei Wochenenden mit der Arbeit am Entwurf des Textes. Mit dieser Rede erschloß ich politisches Neuland. Enttäuschend allerdings war die Tatsache, daß entgegen meinen Erwartungen kein Fernsehteam erschien, um von diesem Ereignis zu berichten – ein deutlicher Beleg, wie wenig sich die Medien für dieses Thema interessieren. Ich hatte damit gerechnet, daß die Scheinwerfer des Fernsehteams mir die Möglichkeit geben würden, meine Rede in der dunklen Fishmongers Hall abzulesen. Doch wie sich herausstellte, mußte ich mich mit Kerzenhaltern begnügen. Meine Rede selbst, besonders eine bestimmte Passage, löste lebhafte Diskussionen und Auseinandersetzungen aus. Ich sagte:

Über Generationen hinweg sind wir davon ausgegangen, daß die menschliche Schaffenskraft das grundlegende Gleichgewicht des Ökosystems Erde unangetastet läßt. Doch es ist möglich, daß wir durch all die gewaltigen Veränderungen (Bevölkerungswachstum, Landwirtschaft, Einsatz fossiler Brennstoffe) in einer derart kurzen Zeitspanne in ein umfassendes Experiment mit dem System unseres Planeten selbst eingetreten sind ... Für das Studium des Ökosystems der Erde und der Atmosphäre können wir uns nicht ins Labor zurückziehen und kontrollierte Experimente durchführen. Statt dessen müssen wir uns auf die Beobachtung natürlicher Prozesse beschränken. Es ist notwendig, daß bestimmte Forschungsbereiche definiert werden, die sich mit den Zusammenhängen von Ursache und Wirkung beschäftigen. Wir brauchen konkrete Einzelheiten über die absehbaren Auswirkungen dieser Veränderungen in einem bestimmten Zeitrahmen. Und wir müssen uns mit den längerfristigen Konsequenzen für die Politik auseinandersetzen – mit der Energiegewinnung, mit Brennstoffeinsparungen, mit der Wiederaufforstung... Wir müssen darauf achten, daß sich alle unsere Maßnahmen auf solide wissenschaftliche Erkenntnisse über die Zusammenhänge von Ursache und Wirkung stützen.

Das Verhältnis zwischen wissenschaftlicher Forschung und Umweltpolitik ist nicht nur rein technischer Natur. Vielmehr beschreibt es den zentralen Punkt, in dem sich mein Ansatz von dem der Sozialisten unterscheidet. Für mich lag die Lösung der Probleme, die das individuelle und kollektive Wohlergehen bedrohen, allein in wirtschaftlichem Wachstum, wissenschaftlicher Herangehensweise und einer öffentlich geführten Debatte, wie sie in einer freien Gesellschaft gegeben sind. Für die Sozialisten hingegen bedeutete jede neue Entdeckung ein »Problem«, dessen »Lösung« einzig darin bestehen konnte, daß der Staat die menschlichen Aktivitäten unterdrückte. Darüber hinaus gewährten sie staatlich festgesetzten Produktionszielen stets den Vorrang. Die zerstörten Landstriche, die sterbenden Wälder, die vergifteten Flüsse und die kranken Kinder der früher kommunistischen Staaten sind ein tragischer Beweis dafür, welches System das bessere ist – sei es für die Menschen oder für die Umwelt.

22

Kleine örtliche Gewitter

Die Gemeindesteuer tritt an die Stelle des Rate-Systems

Die Einführung der Gemeindesteuer als Ersatz für die *Rates* stellte sich als die umstrittenste Maßnahme des Reformpakets heraus, zu dem wir uns in unserem Wahlprogramm von 1987 verpflichtet hatten. Und während die Reformen im Bereich des Bildungs- und Wohnungswesens sowie in den Gewerkschaftsgesetzen greifen konnten, sollte die Gemeindesteuer wieder abgeschafft werden – und zwar von einer Regierung, die vorwiegend aus jenen besteht, welche ebendiese Steuer ausgearbeitet und eingeführt hatten.

Das Thema der Gemeindesteuer vereinte all meine Widersacher, ob nun innerhalb der Konservativen Partei oder in der radikalen Linken. Hätte ich mich nicht an anderen Fronten mit Problemen auseinandersetzen müssen – und hätten vor allem das Kabinett und die Partei nicht die Nerven verloren –, so hätte ich den Sturm überstehen können. Denn die Gemeindesteuer begann nach mehrfacher Überarbeitung einiger Punkte genau in dem Augenblick zu greifen, als sie wieder aufgegeben wurde. Nach einiger Zeit hätte sie als eine der gründlichsten und nützlichsten Reformen gegolten, die jemals in der Geschichte der Kommunalverwaltung durchgeführt wurden. Vor allem bot die Gemeindesteuer die letzte Chance, eine verantwortliche und effiziente Demokratie auf regionaler Ebene in Großbritannien einzuführen. Mit ihrer Abschaffung wird immer mehr Macht auf die Regierung übergehen, werden die Höhe der öffentlichen Ausgaben und der Besteuerung dementsprechend eskalieren, und noch weniger fähige Köpfe werden Gemeinderäte werden.

Die Probleme des alten Systems

Die radikale Reformierung der kommunalen Finanzhaushalte wurde erst nach eingehenden Überlegungen in Angriff genommen. Auch mir war das traditionelle Unbehagen der Torys, bestehende Finanzierungs- und Verwaltungssysteme umzukrempeln, nicht fremd. Wenn es die Möglichkeit gegeben hätte, das bisherige System beizubehalten, wäre ich durchaus dazu bereit gewesen. Doch es herrschte fast einhellige Meinung darüber, daß diese Möglichkeit nicht bestünde. Am besten war Michael Heseltine diese Tatsache bekannt – der sich später als heftigster Gegner der Gemeindesteuer innerhalb der Konservativen Partei entpuppte. Als Minister für Umweltfragen und Lokalverwaltung hatte Michael sich Anfang der achtziger Jahre bemüht, das alte System effizienter zu gestalten, indem er immer kompliziertere Maßnahmen einführte. Er stattete sich mit einer ganzen Reihe neuer Vollmachten aus, um uns die Möglichkeit einzuräumen, die Ausgaben der Kommunen zu kontrollieren. Denn das grundlegende Problem der *Rates* bestand darin, daß wir keine Kontrolle über die Kommunalfinanzen hatten, obwohl sie einen Großteil der gesamten öffentlichen Ausgaben darstellten. So führte er die zur freien Verfügung gewährten Zuschüsse (das »block grant system«) und die zuschußbezogene Ausgabenveranlagung (»grant related expenditure assessments« – GREA) ein, ferner Zielvorgaben, die Möglichkeit zur Einbehaltung von Zuschüssen und Begrenzungen der kommunalen Kapitalaufwendungen, und er rief die Audit Commission ins Leben. Gleichzeitig begann er mit der Kürzung von staatlichen Zuschüssen. All diese Maßnahmen dienten dem Zweck, die Kommunalausgaben zu verringern und den *Rates*-Pflichtigen vor Augen zu führen, welche Konsequenzen es hätte, einen verschwenderischen Gemeinderat wiederzuwählen.[1]

Das System wurde derart kompliziert, daß kaum jemand es verstehen konnte, und erinnerte schließlich an die Schleswig-Holstein-Frage des letzten Jahrhunderts: Der damalige britische Premierminister Palmerston scherzte einmal, außer ihm hätten nur zwei Leute das Problem je wirklich begriffen – der eine von ihnen sei gestorben, der zweite sei verrückt geworden, und er selbst habe alles vergessen. Zudem war das System extrem unbeliebt und unübersichtlich in der Anwendung, und es benachteiligte Kommunen, die traditionell niedrige Ausgaben hatten; vielfach lagen die für sie veranlagten Zielvorgaben unter ihrer GREA. Am schlimmsten aber war, daß das System einfach nicht funktionierte. Sosehr die Minister auch kritisierten, klagten und drohten, die realen Kommunalausgaben stiegen jahrein, jahraus unaufhaltsam an.

Deshalb brachte Michael 1981 neue Vorschläge ein: Die Ausgaben einer Kommune durfte ihre GREA bis zu einer gewissen Summe überschreiten, doch die darüber hinausgehenden zusätzlichen Gelder mußte die Kommune von den *Rates*-pflichtigen Einwohnern erheben. Doch bevor die Gemeinde diese zusätzlichen Ausgaben vornehmen konnte, mußte sie nach Anweisung der Regierung eine kommunales Referendum abhalten. Dieser Vorschlag hatte einiges für sich, denn durch ihn wuchs zumindest teilweise die Verantwortlichkeit der Gemeinden, und wie ich im folgenden erläutern werde, war die mangelnde Rechenschaftspflicht der Kommunen die Wurzel allen Übels. Dennoch – oder vielleicht gerade deswegen – reagierten die Kommunen und die Tory-Fraktion, die sich so leicht von ihnen beeinflussen ließ, mit wütenden Protesten auf diesen Plan. Der Vorschlag mußte zurückgezogen werden.

Somit blieb Michael Heseltines Nachfolgern im Ministerium für Umweltschutz und Lokalverwaltung – Tom King und später Patrick Jenkin – keine andere Wahl, als immer komplexere staatliche Kontrollen einzuführen, während die Kommunen immer mehr Gelder ausgaben. 1984 räumten wir uns die Möglichkeit ein, eine Obergrenze für die *Rates* einzelner Gemeindeverwaltungen festzusetzen, und behielten uns das Recht vor, dies bei allen Kommunen zu tun. Dieses Verfahren – das sogenannte »Rate Capping« – war eine unserer wirkungsvollsten Waffen. Es waren relativ wenige Kommunen, deren Ausgaben die erlaubte Höhe stark überstiegen, und somit konnten wir vieles bewirken, indem wir weniger als zwanzig Kommunen eine Obergrenze bei der Festsetzung der *Rates* auferlegten. Dadurch war es uns möglich, Unternehmen und Familien, die in verschwenderischen Labour-Gemeinden auf die Beine zu kommen versuchten – insbesondere Familien, deren Einkommen knapp über der Grenze der Sozialhilfe lag und die deswegen keine staatlichen Zuschüsse zu den steigenden *Rates* erhielten –, einen gewissen Schutz zu bieten. Doch das Verfahren des »Rate Capping« war extrem kompliziert; es stellte eine erhebliche Mehrbelastung für das Ministerium für Umweltschutz und Lokalverwaltung dar und konnte gerichtlich angefochten werden. Außerdem konnte man mit dieser Maßnahme das Problem nicht an der Wurzel packen.

Mir waren die *Rates* von jeher zuwider. Jede Grundsteuer ist letztlich eine Besteuerung der Sanierungsarbeiten, die jemand an seinem eigenen Heim durchführt. Das ist ausgesprochen ungerecht und entspricht nicht dem Geist der Konservativen. In meinem Wahlkreis und in Briefen von Menschen aus ganz Großbritannien hörte ich zahllose Klagen von Alleinstehenden – etwa Witwen –, die die kommunalen Dienstleistungen wesentlich weniger in Anspruch nahmen als etwa die benachbarte Großfamilie, in der viele Mitglieder einer bezahlten Arbeit nachgingen. Dennoch mußten diese Alleinstehenden – unabhängig von ihrem Einkommen – ebenso hohe *Rates* bezahlen wie die Familie nebenan. Bei den Wahlen im Oktober 1974, als wir uns zu einer Abschaffung der *Rates* verpflichteten, war ich Schattenministerin für Umweltschutz und Lokalverwaltung gewesen. Ted Heath hatte in letzter Minute darauf bestanden, dieses Wahlversprechen in unser Programm aufzunehmen, während ich persönlich große Zweifel an diesem Vorsatz hegte, weil wir keine detaillierten Konzepte hatten, wie wir die *Rates* ersetzen sollten. Andererseits hatte ich miterlebt, wieviel Ärger und Kummer die Neufestsetzung der *Rates* 1973 bereitet hatte, und war davon überzeugt, daß das bestehende verrufene System durch etwas Neues ersetzt werden mußte.[2] Als ich Premierministerin wurde, verzichtete ich auf jede weitere Neufestsetzung der *Rates*. (In Schottland gab es ein anderes System, und laut Gesetz mußte alle fünf Jahre eine Neufestsetzung durchgeführt werden, obwohl Verschiebungen möglich waren. 1983 zögerten wir die Neufestsetzung um zwei Jahre hinaus.) Doch die Kehrseite dieser Entscheidung war, daß die Wahrscheinlichkeit eines Aufruhrs im Falle einer Neufestsetzung der *Rates* in England mit jedem Jahr wuchs. Und wir konnten diese unbeliebte Maßnahme nicht ewig hinauszögern.

Die Regelung, daß die Grund- und Vermögenssteuer die Haupteinnahmequelle der Kommunen darstellt, wurde vor Jahrhunderten eingeführt. Vielleicht waren diese Abgaben sinnvoll, als der

Großteil der kommunalen Gelder für die Erhaltung der öffentlichen Infrastruktur ausgegeben wurde – zum Beispiel für Straßen, Wasserversorgung und Kanalisation –, doch im Verlauf unseres Jahrhunderts stellten die Kommunen ihren Bürgern immer mehr Dienstleistungen zur Verfügung, etwa im Bildungsbereich, durch Bibliotheken und Sozialfürsorge.

Zudem erhielten immer mehr Menschen das Recht, sich an den Kommunalwahlen zu beteiligen. Früher beschränkte sich das Wahlrecht auf Grundbesitzer, während heute fast der gleiche Bevölkerungsanteil an Kommunal- wie Parlamentswahlen teilnehmen darf. Auch das alte Firmenwahlrecht wurde abgeschafft. Das einzige triftige Argument für die *Rates* – von Hauseigentümern und Unternehmen – war die Tatsache, daß sie relativ leicht einzutreiben waren: Menschen können von der Bildfläche verschwinden, Häuser und Fabriken hingegen nicht. [Man darf in diesem Zusammenhang nicht vergessen, daß in Großbritannien keine Meldepflicht besteht; A. d. Ü.] Für die große Zahl der Kommunalwähler, die die *Rates* nicht entrichten mußten, war diese Art der Besteuerung natürlich schmerzlos. Doch aus ebendiesem Grund beinhaltete das alte System Mängel und letztlich sogar Gefahren. Von den 35 Millionen Wahlberechtigten bei Kommunalwahlen in England mußten 17 Millionen keine *Rates* entrichten, und von den verbleibenden 18 Millionen bezahlten drei Millionen die Steuer nicht in voller Höhe, und weitere drei Millionen waren völlig davon befreit. Zwar kamen einige der nicht Zahlungspflichtigen für einen Teil der Summe auf, die der Haushaltsvorstand zu entrichten hatte (etwa Ehefrauen und Kinder, die einer bezahlten Tätigkeit nachgingen, aber zu Hause lebten), doch hatten viele Menschen keinen Grund, sich wegen der überhöhten Ausgaben ihrer Kommune Gedanken zu machen, weil andere die Kosten trugen. Schlimmer noch war, daß den Menschen die nötige Information fehlte, um ihre Gemeindeverwaltung zur Rechenschaft zu ziehen: Das Finanzierungssystem der Kommunalhaushalte hatte zur Folge, daß die Art, wie die einzelnen Kommunen ihre Aufgaben bewältigten, völlig undurchsichtig war. Somit überrascht es nicht, daß zahlreiche Gemeinderäte sich die Freiheit herausnahmen, politische Maßnahmen durchzuführen, die im Rahmen einer streng demokratischen Ordnung nicht möglich gewesen wären.

Der Grund für die ständig überhöhten Ausgaben lag eben in dieser mangelnden Verpflichtung zur Rechenschaftslegung. Zwar verringerte die Staatsregierung allmählich den Anteil, den das Finanzministerium zu den Kommunalhaushalten beisteuerte, doch das führte meist eher zu höheren *Rates* als zu einer Verminderung der öffentlichen Ausgaben. Dies war für die Wirtschaft insgesamt sehr unbefriedigend, aber auf kleine Unternehmen vor Ort und letztlich auch auf die Gemeinden wirkte sich dieses System katastrophal aus. Als wir im Sommer 1985 ernsthaft die Alternativen zum System der *Rates* erörterten, stammten rund 60 Prozent der *Rates*, die die Kommunen in England von Zahlungspflichtigen eintrieben, von Unternehmen. In einigen Gegenden lag dieser Prozentsatz jedoch wesentlich höher – in dem von Labour regierten Londoner Stadtteil Camden etwa bei 75 Prozent. Somit konnten sozialistische Gemeinderäte die örtlichen Unternehmen schröpfen – und deren einzige Waffe bestand darin, die Regierung zu drängen, bei der betreffenden Kommune eine Obergrenze der *Rates* festzusetzen, oder mit ihrer Firma in einen anderen Wahlkreis umzusiedeln. Man könnte meinen, daß die verheerenden Auswirkungen, die diese verschwenderische Geldpolitik auf den Arbeitsmarkt hatte, Labour-Gemeinden von solchen Vorgehensweisen abgehalten hätte; doch ich vergaß nie, daß das unausgesprochene Ziel des Sozialismus – ob nun kommunal oder landesweit – letztendlich darin bestand, Abhängigkeiten zu vergrößern. Armut war nicht nur die Brutstätte des Sozialismus: sie war auch dessen absichtlich herbeigeführte Folge.

Die allgemeine Unzufriedenheit über die *Rates* kam in den Anträgen, welche die Wahlkreise anläßlich unseres Parteitags 1984 unterbreiteten, deutlich zum Ausdruck. Konservative, die in Gemeindeverwaltungen arbeiteten, beschwerten sich über das System staatlicher Kontrollen – insbesondere bei Investitionsaufwendungen –, und dem Ministerium für Umweltschutz und Lokalverwaltung bereitete es Sorge, daß aufgrund dieser Kontrollen zahlreiche Unregelmäßigkeiten und politische Schwierigkeiten entstanden und das System deshalb nicht auf längere Sicht beibehalten werden konnte. Zudem war noch nicht klar, wie effektiv die Festsetzung einer *Rates*-Obergrenze letztlich sein würde. Aus diesem Grund bat mich Patrick Jenkin im September 1984 darum, beim Parteitag eine grundlegende Revision bei der Finanzierung der Kommunalhaushalte verkünden zu dürfen. Der Parteivorsitzende John Gummer leistete ihm große Schützenhilfe bei diesem Vorhaben, doch ich mahnte zur Vorsicht. Es bestand die Gefahr, daß wir Hoffnungen weckten, die wir nicht erfüllen konnten. Schließlich waren unter Michael Heseltine und Tom King bereits zweimal Veränderungen vorgenommen worden, die nur äußerst bescheidene Ergebnisse gezeitigt hatten. Im Gegensatz zum Oktober 1974 war es jetzt unerläßlich, daß wir eine funktionsfähige Alternative zum gegenwärtigen System anbieten konnten. Ich ermächtigte Patrick Jenkin lediglich zu sagen, daß wir Untersuchungen über die gravierendsten Ungerechtigkeiten und Mängel des bestehenden Systems durchführen würden. Weder würden wir öffentlich eine Revision der *Rates* verkünden noch andeuten, daß wir sie eventuell sogar völlig abschaffen wollten.

Im Oktober hielt ich in Chequers eine Klausurtagung ab, bei der die Feinheiten des *Rates*-Zuschußsystems (Rate Support Grant) erläutert wurden. Am Ende war ich mehr denn je von der Absurdität des bestehenden Systems überzeugt. Später erörterte ich die geplanten Untersuchungen mit dem Junior Minister für Lokalverwaltung, William Waldegrave, und schlug vor, Lord Rothschild mit einzubeziehen. Zu Ted Heath' Zeiten war er Vorstand der CPRS gewesen, und ich brachte ihm großen Respekt entgegen, nachdem ich während meiner Zeit als Bildungsministerin im Bereich der Wissenschaftspolitik mit ihm zusammengearbeitet hatte. Auch William hatte bei CPRS mit Lord Rothschild zusammengearbeitet und stimmte dem Plan erfreut zu. Ein Großteil der später erarbeiteten radikalen Vorschläge stammte von Victor Rothschild.

Als die Studien schließlich abgeschlossen waren, hatte die katastrophale *Rates*-Neufestsetzung in Schottland überdeutlich gemacht, daß eine Veränderung des Abgabensystems unabdingbar war. Gesetzlich waren wir dazu verpflichtet, die schottischen *Rates* alle fünf Jahre neu festzulegen. Hätten George Younger und Michael Ancram im Scottish Office uns allerdings rechtzeitig auf die Konsequenzen dieser Neufestsetzung aufmerksam gemacht, hätten wir sie per Verfügung gestoppt oder die Auswirkungen gelindert, indem wir den Verteilungsschlüssel für die staatlichen Zuschüsse verändert hätten. Der Vorsitzende der schottischen

Konservativen, Jim Goold, suchte mich Mitte Februar 1985 auf und informierte mich über das Ausmaß der Empörung in Schottland, nachdem der neue Einheitswert [der die Höhe der *Rates* bestimmt; A. d. Ü.] bekanntgegeben worden war. Durch die Neufestsetzung war ein Großteil der Kostenlast von der Industrie auf die privaten Hausbesitzer verlagert worden, und dazu kam – angesichts der hohen Ausgaben der schottischen Kommunen – ein dramatischer Anstieg der *Rates*. Als ich am Abend des 28. Februar, einem Donnerstag, schließlich eine Ministerrunde versammelte, war es im Grunde schon zu spät, um eine Lösung für das Problem zu finden. Schottische Minister, Geschäftsleute und Tory-Anhänger riefen einstimmig nach einer sofortigen Abschaffung des *Rates*-Systems.

Diese Auswüchse führten uns überdeutlich vor Augen, was bei einer Neufestsetzung der *Rates* in England und Wales passieren würde. Hier waren wir gesetzlich nicht dazu verpflichtet, die *Rates* zu einem bestimmten Zeitpunkt neu festzulegen, doch andererseits mußte man auch bedenken, daß es hier ohne eine Neufestsetzung zu einer immer größeren Verzerrung kommen würde. Wie schon gesagt, war es reichlich fragwürdig, den Mietwert als Ausgangspunkt für die Festlegung der *Rates* zu verwenden. Natürlich hätte man eine Neufestsetzung aufgrund des Kapitalwerts durchführen können, doch dieser konnte ebenso fallen wie steigen. Aus diesem Grund wäre ein System, das auf Kapitalwerten beruhte, extrem heikel und unbeliebt und außerdem eine sehr unsichere Basis für die Finanzen der Kommunen gewesen. Allerdings befürworteten Nigel Lawson und – je nach der Person, die man befragte – gelegentlich auch die Labour Party diesen Ansatz. Doch ich war völlig dagegen, weil dieses System nach wie vor eine Steuer auf den Wert des Hauses eines Menschen und auf die Sanierungsarbeiten, die er daran vornahm, bedeutete.

Ursprünge der Gemeindesteuer

Aus diesem Grund war ich neuen Ideen sehr aufgeschlossen, als bei einer Expertenrunde in Chequers Ende März 1985 Ken Baker, damals verantwortlicher Fachminister für Kommunen im Ressort für Umwelt und Kommunalverwaltung, sein Junior Minister William Waldegrave und Lord Rothschild ihre Vorschläge unterbreiteten. Bei diesem Gespräch in Chequers wurde auch der Gedanke der Gemeindesteuer geboren. Meine Gesprächspartner überzeugten mich davon, daß wir die *Rates* für private Hauseigentümer abschaffen und durch eine Gemeindesteuer ersetzen sollten, die pauschal von allen erwachsenen Einwohnern zu entrichten wäre. Personen mit niedrigem Einkommen würden Ermäßigungen erhalten, die allerdings stets weniger als 100 Prozent betragen sollten, damit auch wirklich jeder einen Beitrag leisten und die Konsequenzen tragen mußte, wenn er einen verschwenderischen Gemeinderat wählte. Genau dieses Prinzip der Rechenschaftspflicht bildete den Ausgangspunkt der ganzen Reform.

Der zweite Hauptgedanke dieses Modells bestand darin, die *Rates* für Unternehmen landesweit nach einem festen Einheitswert zu erheben und die Einkünfte auf einer Pro-Kopf-Basis auf alle Gemeinden umzuverteilen. Eine Reform der *Rates* für Unternehmen würde es auch ermöglichen, eines der problematischsten Elemente des alten Systems zu beseitigen, nämlich den Finanzausgleich (resource equalisation). Ein Problem des *Rates*-Systems bestand nämlich darin, daß die Besteuerungsgrundlage von Kommune zu Kommune stark schwankte, da Wert und Umfang von Besitz selbst variierten – insbesondere im Industrie- und Gewerbebereich. Durch den sogenannten »Finanzausgleich« verteilte der Staat seine Einkünfte auf die Kommunen. Als Folge davon bestanden landesweit enorme Unterschiede in der Höhe der *Rates* für Liegenschaften mit vergleichbaren Leistungsmerkmalen, in der Regel zum Nachteil des Südens, wo der Wert von Besitz meist wesentlich höher geschätzt wurde. Dabei war sehr viel Geld im Spiel, doch wie in vielen anderen Bereichen der Kommunalhaushalte hatte der durchschnittliche Wähler keine Ahnung von diesen Dingen. Durch dieses System fiel es den Wählern noch schwerer zu beurteilen, ob ihre Kommune ihnen für das entrichtete Geld adäquate Dienstleistungen bot. Doch mit der Abschaffung der *Rates* für Hauseigentümer und durch die Verteilung der landesweiten *Rates* für Unternehmen auf einer Pro-Kopf-Basis würde die Besteuerungsgrundlage zwischen den Kommunen nicht mehr variieren. Damit erübrigte sich auch die Notwendigkeit eines

Finanzausgleichs. Natürlich mußten einige Kommunen größere Ausgaben bestreiten als andere, doch dies würde durch höhere staatliche Zuschüsse ausgeglichen werden. Zum ersten Mal würde es landesweit jeder Gemeindeverwaltung möglich sein, bei gleicher Besteuerung die gleichen Dienstleistungen anzubieten. Dieses System würde den Vergleich einzelner Kommunen miteinander wesentlich vereinfachen.

In der sich anschließenden Diskussion wurden viele bohrende Fragen gestellt, doch der Vorschlag des Ministeriums und insbesondere seine Überlegung, die Rechenschaftspflicht der Gemeinden zu vergrößern, fand allgemeine Unterstützung. Die einzige Alternative bestand in größerer Zentralisierung, etwa indem die Staatsregierung bestimmte Funktionen der Kommunen – wie den Bildungsbereich oder die Bezahlung der Lehrer – übernahm und eine noch strengere Kontrolle der Ausgaben durchgeführt wurde. Dies wollten wir nach Möglichkeit vermeiden.

Auch die beiden anderen Lösungsmöglichkeiten, die eingehend in Erwägung gezogen worden waren, stießen auf wenig Gegenliebe. Dabei handelte es sich um eine örtliche Einkommenssteuer (LIT) oder eine örtliche Umsatzsteuer. Erstere hätte unsere Bemühungen, die Einkommenssteuer auf nationaler Ebene zu verringern, untergraben und zudem den Labour-Kommunen die Möglichkeit gegeben, noch mehr fähige und tatkräftige Leute aus ihren Gemeinden zu vertreiben. Eine Umsatzsteuer andererseits hätte in einem Land, das so klein wie Großbritannien ist, absurde Folgen gehabt: Die Preise hätten von Kommune zu Kommune variiert, wobei verschwenderische Gemeinden die Käufer in angrenzende sparsame Gemeinden getrieben hätten. Zudem hätte dies eine massive Umverteilung der Steuereinkünfte von einer Gemeinde zur anderen zur Folge gehabt, um einen Ausgleich für die unterschiedliche Menge von Geschäften zu schaffen. Und schließlich hätten beide Steuerformen einen extrem hohen bürokratischen Aufwand bedeutet.

Von den Vorschlägen, die meine Gesprächspartner vom Ministerium nun unterbreiteten, lehnte ich nur einen ab, nämlich die Kommunen durch ein einstufiges Verwaltungssystem zu ersetzen. Zwar sprach mich dieser Gedanke damals und auch später aufgrund der Tatsache an, daß die Einkünfte von der Gemeindesteuer dadurch transparenter geworden wären, doch wir konnten nicht alle Schritte auf einmal unternehmen.

Nach der Expertenrunde in Chequers arbeiteten William Waldegrave und die Regierungsbeamten im Ministerium für Umweltschutz und Lokalverwaltung die Vorschläge im Detail aus. Nigel Lawson hatte bereits auf der Sitzung in Chequers durch seinen Staatssekretär Peter Rees seine Bedenken zum Ausdruck bringen lassen, doch erst später wurde das ganze Ausmaß seines Widerstandes klar. Ende Mai sollten die Vorschläge des Ministeriums einem Kabinettsausschuß vorgelegt werden. Einige Tage vor dieser Unterredung ließ Nigel uns ein Kabinettmemo zukommen, in dem er die Gemeindesteuer von Grund auf hinterfragte und darauf drängte, neue Alternativen zu erwägen.

In einem wesentlichen Punkt behielt er mit diesem Schreiben recht: Er sah voraus, daß die Kommunen die Einführung der neuen Steuer als Begründung für eine Erhöhung ihrer Ausgaben anführen würden, denn sie wußten, daß sie ihre Wähler vermutlich davon überzeugen konnten, die Regierung sei schuld an den höheren Steuern. Auch mir bereitete dieser Aspekt Sorge, und ein wesentliches Element der damaligen Vorstellungen des Ministeriums, das mir höchst zweifelhaft schien, war ihr Glaube, daß wir aufgrund der gesteigerten Rechenschaftspflicht auf das »Capping«, die Festsetzung einer Obergrenze, völlig verzichten konnten. In einer idealen Welt wäre dies vielleicht der Fall gewesen, doch die Welt, die durch den jahrelang praktizierten Sozialismus in unseren Großstädten entstanden war, stellte sich keineswegs als ideal dar. Ich war entschlossen, die Möglichkeit eines »Capping« beizubehalten, und noch vor Abschluß unseres Reformprojekts drängte ich auf weitaus umfassendere Vollmachten zur Festsetzung einer Gemeindesteuer-Obergrenze, als wir sie jemals für die *Rates* erwogen hatten.

Bei der Sitzung des Kabinettsausschusses bat ich Nigel Lawson, alternative Vorschläge auszuarbeiten. Doch dabei war Eile geboten: Sollten wir dieses Projekt wirklich in Angriff nehmen, dann wollte ich spätestens im Herbst 1985 ein Grünbuch veröffentlichen mit dem Ziel, die notwendigen Gesetze im Regierungsjahr 1986/87 zu erlassen; das heißt, die Zeit war knapp. Doch als Nigels Vorschläge für eine »Modifizierte Grundsteuer« im August

1985 vorgelegt wurden, fanden sie außerhalb des Finanzministeriums keine Unterstützung. Sein Konzept wies die meisten Schwächen des bestehenden Systems sowie einige neue auf.

Im September 1985 beförderte ich Ken Baker vom Fachminister für Lokalverwaltung zum Minister für Umwelt und Kommunalverwaltung, und in dieser Position oblag ihm die Aufgabe, die Vorschläge weiter auszuarbeiten und dann vorzulegen. Den ganzen Herbst und Winter mühten wir uns im Kabinettsausschuß damit ab. Untersuchungen des Ministeriums machten deutlich, daß es zahlreiche Verlierer geben würde – insbesondere, aber nicht ausschließlich, in den verschwenderisch wirtschaftenden innerstädtischen Londoner Boroughs –, wenn die Umstellung von den *Rates* zur Gemeindesteuer übergangslos vonstatten ginge. Wie gravierend die Verluste im einzelnen ausfallen würden, hing weitgehend von der Höhe der Steuer selbst ab: Zu diesem Zeitpunkt (1985/86) wurde uns gesagt, die durchschnittliche Gemeindesteuer würde unter 200 Pfund liegen. Doch mir war sehr wohl bewußt, daß selbst angesichts dieser Summe große Schwierigkeiten beim Übergang auftreten würden, und dafür mußten wir Lösungen finden.

Durch die Abschaffung des Finanzausgleichs und die Umverteilung der *Rates* für Unternehmen würde es zwischen einzelnen Kommunen große Unterschiede bei der regionalen Steuerbelastung der Privathaushalte geben. Gebiete mit hohen Einheitswerten und niedrigen Ausgaben würden eher gewinnen, während jene mit niedrigen Einheitswerten und hohen Ausgaben eher zu den Verlierern zählen würden. In London traten besondere Probleme auf. Die innerstädtischen Londoner Bezirke hatten extrem großzügige Zuschüsse erhalten; eine Reihe von Londoner Kommunen gaben hohe Summen aus; die Inner London Education Authority (ILEA) [die für die staatlichen Schulen in den innerstädtischen Londoner Boroughs zuständige Behörde; A. d. Ü.] stellte, bis wir sie abschafften, einen großen Kostenfaktor dar; und überdies bedeutete die Tatsache, daß die *Rates* für Unternehmen, die sozialistische Kommunen bislang mehr oder minder willkürlich hatten erhöhen können, nun nach oben begrenzt und umverteilt wurden. Das bedeutete, daß den Privathaushalten größere Kosten entstehen würden. Um diese Unterschiede zwischen den Kommunen auszugleichen, wurde ein sogenanntes »Sicherheitsnetz« eingeführt, das den Übergang ebnen sollte. Geplant war, daß sich dieses Sicherheitsnetz finanziell selbst trug: Es dämpfte die Verluste einer Kommune und zögerte die Gewinne einer anderen hinaus. Dies war bei den Gewinnern zwar eine unbeliebte Maßnahme, doch unvermeidlich, wenn nicht das Finanzministerium selbst den Ausgleich vornahm. Außerdem konnte das Sicherheitsnetz nicht das politisch brisanteste Problem entschärfen, nämlich die nun unterschiedlich verteilte Belastung für Einzelpersonen und Haushalte.

Die Schwierigkeit, die erhöhte Belastung von Einzelpersonen zu begrenzen, ließ die Frage aufkommen, ob die Gemeindesteuer möglicherweise stufenweise eingeführt werden sollte und – falls wir uns für dieses Vorgehen entschieden – wie dies vonstatten gehen sollte. Ken Baker – stets ein bedachtsamer und vorsichtiger Mensch – wollte eine sehr lange Übergangsphase, in der die alten *Rates* und die neue Gemeindesteuer parallel laufen würden (diese Variante wurde allgemein als »zweigleisiges Verfahren« bekannt). In einer frühen Version des Grünbuchs, das wir im Januar 1986 veröffentlichten, wollte er es sogar offenlassen, ob die *Rates* überhaupt je ganz abgeschafft würden. An diesem Punkt schritt ich ein: Es mußte deutlich werden, daß die Gemeindesteuer die *Rates* völlig ersetzen würde, und zwar in nicht allzu ferner Zukunft. Schließlich verkündete Ken Baker am 28. Januar 1986 vor dem Unterhaus, daß die Gemeindesteuer anfangs niedrig angesetzt und die *Rates* entsprechend reduziert würden. Doch von Anfang an sollten überhöhte Kommunalausgaben ausschließlich auf die Gemeindesteuer umgelegt werden, damit ein offensichtlicher Zusammenhang zwischen höheren Ausgaben und höherer Gemeindesteuer bestand. In den folgenden Jahren würden die *Rates* immer mehr sinken, und folglich würde die Gemeindesteuer steigen. Das bedeutete, daß die *Rates* in einigen Kommunen innerhalb von drei Jahren und landesweit im Zeitraum von zehn Jahren abgeschafft würden. Aus dem Grünbuch ging auch unmißverständlich hervor, daß wir am System des »Capping« festhielten. Auf Drängen von Ministern des Scottish Office, die uns ständig und mit Nachdruck daran erinnerten, wie verhaßt die *Rates* in Schottland waren, willigten wir ein, die Gemeindesteuer in Schottland früher als in England und Wales einzuführen.

Das »zweigleisige Verfahren« wird aufgegeben

Im Mai 1986 versetzte ich Ken Baker ins Bildungsministerium und berief an seiner Stelle Nick Ridley zum Minister für Umweltschutz und Lokalverwaltung. Nick ging die Fragen, die im Zusammenhang mit der Einführung des neuen Systems auftraten, mit einer Mischung aus gedanklicher Zielstrebigkeit, politischem Mut und Phantasie an. Seiner Meinung nach sollten die Kommunalverwaltungen ein Dienstleistungsangebot ermöglichen, es jedoch nur wenn unbedingt nötig selbst zur Verfügung stellen. Die Hauptaufgabe der modernen Kommunalverwaltungen sollte eher darin bestehen, regulierend einzugreifen – und auch das nicht im Übermaß –, anstatt als Eigentümer von Vermögenswerten mit Betrieben der Privatwirtschaft zu konkurrieren. Die Gemeindesteuer war eine Möglichkeit, dies zu gewährleisten. Denn indem der Bevölkerung durch die Steuer die wahren Kosten der Kommunalverwaltung vor Augen geführt wurde, würde sie die Gemeinden zu größerer Effizienz und Sparsamkeit anhalten. Überdies sollten Dienstleistungen der Kommunen verstärkt an die Privatwirtschaft vergeben werden, was eine größere Konkurrenz sicherstellte. Im Kommunalverwaltungsgesetz, das Nick 1988 verabschiedete, war vorgesehen, daß die Müllabfuhr, Straßen- und Gebäudereinigung, Pflege der öffentlichen Parkanlagen, Fahrzeugwartung und -reparatur sowie Catering-Dienstleistungen (einschließlich Schulmahlzeiten) ausgeschrieben werden sollten.

Entsprechend dieser rigorosen Vorgehensweise hielt Nick es für unlogisch, am »Capping« festzuhalten, außer möglicherweise während der Übergangsphase. Doch meiner Ansicht nach brauchten wir diese Schutzmaßnahme. Außerdem wollte er die Gemeindesteuer weitaus rascher einführen, als Ken Baker es geplant hatte; er vertrat die Auffassung, daß wir die Kommunen desto schneller wieder auf die richtige Bahn bringen konnten, je früher sie wirklich rechenschaftspflichtig waren. Nick hatte sich stets gegen das »zweigleisige Verfahren« ausgesprochen, und letztlich überzeugte er uns davon, diese Möglichkeit aufzugeben – wenn auch, wie ich ausführen werde, nicht ohne Unterstützung von seiten der Partei. Mehrere überzeugende politische Gründe sprachen gegen das »zweigleisige Verfahren«. Die Tatsache, daß es anstatt einer nun zwei Kommunalsteuern gegeben hätte – wenn auch lediglich für kurze Zeit –, wäre Wasser auf die Mühlen unserer Widersacher gewesen; das »zweigleisige Verfahren« wäre kostenintensiv und schwierig durchzuführen gewesen und hätte die Rechenschaftspflicht der Kommunen, die den Kernpunkt unserer Reformen bildete, hinausgezögert.

Im Winter 1986/1987 erließ das Parlament die notwendigen Gesetze, um die Gemeindesteuer in Schottland ab April 1989 einzuführen. Im Februar 1987 stimmten wir Malcolm Rifkinds Vorschlag zu, auf das »zweigleisige Verfahren« in Schottland zu verzichten; das Sicherheitsnetz allerdings wurde beibehalten. Mit diesem Programm zog die Konservative Partei 1987 in den schottischen Wahlkampf. Die Gemeindesteuer war dabei ein wichtiges Thema. Unser Abschneiden bei den Wahlen war enttäuschend, aber Malcolm Rifkind teilte mir anschließend schriftlich mit, die Gemeindesteuer hätte keinen Einfluß auf das Ergebnis gehabt und das Problem der *Rates* zumindest entschärft. In England und Wales war die Gemeindesteuer während des Wahlkampfs kaum ein Thema.

Doch sobald sich das neugewählte Parlament in London zu seiner ersten Sitzung versammelte, wurde klar, daß viele unserer Abgeordneten kalte Füße bekommen hatten. Am 1. Juli legten die Whips eine Schätzung vor, nach der zwar über 150 unserer Abgeordneten die Gemeindesteuer befürworteten; aber es gab fast 100 »Zweifler« und 24 ausgesprochene Gegner der Maßnahme. Es bestand die Gefahr, daß viele der »Zweifler« im Verlauf der Sommerpause zu Gegnern der Gemeindesteuer werden würden. Nick reagierte mit der für ihn typisch kämpferischen Haltung: Er schlug vor, völlig auf das »zweigleisige Verfahren« zu verzichten, das Sicherheitsnetz stark zu beschneiden und das Londoner Problem in Angriff zu nehmen, indem wir die Kosten der ILEA (Inner London Education Authority) direkt verringerten. Doch damit stieß er auf heftigen Widerstand bei einigen Kollegen, insbesondere Nigel Lawson, und schließlich einigten wir uns auf einen Kompromiß: Das zweigleisige Verfahren sollte vier Jahre lang beibehalten werden, und in dieser Zeit würde das »volle« Sicherheitsnetz langsam abgebaut werden.[3]

Doch schon bald zeigte sich, daß diese Entscheidungen nicht die erhoffte Wirkung hatten. Beim Parteitag im Oktober wurde das »zweigleisige Verfahren« von einem Redner nach dem anderen kritisiert, und auch die einfachen Abgeordneten sprachen sich lautstark dagegen aus. Dieser Widerstand gab uns zu denken. Am 17. November wurde das Thema bei einem Ministertreffen eingehend erörtert, und wir beschlossen, das »zweigleisige Verfahren« fallenzulassen – außer im Falle einiger weniger Kommunen, die mit einer Ausnahme alle in den innerstädtischen Londoner Bezirken lagen. Zudem verzichteten wir auf das volle Sicherheitsnetz und setzten einen Höchstbeitrag von 75 Pfund pro Person in den Gemeinden an, die Gewinne machen würden, so daß ihr Zugewinn rascher zum Tragen käme. (Im Juni 1988 gaben wir dann das »zweigleisige Verfahren« völlig auf. Zu der Zeit hatten wir bereits die Abschaffung der ILEA beschlossen, und durch diese Maßnahme würde sich die voraussichtliche Höhe der Gemeindesteuer in London längerfristig beträchtlich verringern. Außerdem bestanden begründete Zweifel an der Fähigkeit der Kommunen, die in den Genuß des »zweigleisigen Verfahrens« gekommen wären, diese Maßnahme verwaltungstechnisch tatsächlich auch durchzuführen.)

In diesem Zusammenhang möchte ich darauf aufmerksam machen, daß die von uns vorgenommenen Änderungen bei der Finanzierung der Kommunalhaushalte der allgemeinen Haltung innerhalb der Konservativen Partei entsprachen und trotz aller Debatten zu den Übergangsmaßnahmen auch weiterhin diese Meinung widerspiegelten. Sowohl die englische als auch die schottische Partei hatten grundlegende Veränderungen im *Rates*-System gefordert. Und es war die schottische Partei, die auf der vorzeitigen Einführung der Gemeindesteuer in Schottland bestanden hatte. Wenn die Schotten sich später als Versuchskaninchen für ein umfassendes Experiment in der Kommunalfinanzierung sahen, dann waren sie die stimmgewaltigsten und einflußreichsten Versuchskaninchen der Welt.

Im April 1988 mußten wir einen Zusatzantrag abwehren, den der Abgeordnete Michael Mates einbrachte, ein Parteigänger Michael Heseltines. Er verlangte eine Staffelung (banding) der Gemeindesteuer, das heißt, bei der Festsetzung der Steuer wäre die Höhe des Einkommens berücksichtigt worden. Dies hätte nicht nur den ganzen Sinn der Einheitssteuer zunichte gemacht, sondern auch zu gefährlich hohen Grenzsteuersätzen am Ende jeder Steuerstufe geführt. Es gab nur einen vernünftigen Weg, den weniger Wohlhabenden zu helfen, und der bestand darin, diesen Menschen eine Ermäßigung der Gemeindesteuer zu gewähren. Nick Ridley konnte viele der Widersacher auf seine Seite ziehen, indem er in diesem Bereich Verbesserungen ankündigte und die Ermäßigungen weitaus großzügiger veranlagte, als dies jemals bei den *Rates* der Fall gewesen war. Doch den größten Druck übten einige Abgeordnete unserer Fraktion aus, denen daran gelegen war, daß die Einwohner ihrer Wahlkreise rascher in den Genuß der Vorzüge des neuen Systems kamen.

Im Juli 1988 erhielt das Gesetz königliche Billigung; am 1. April 1990 sollte das neue System in England und Wales eingeführt werden.

Die vielen Diskussionen über das zweigleisige Verfahren, das Sicherheitsnetz und die Übergangsbeihilfen, die wir in der Zwischenzeit führten, betrafen alle einen grundlegenden Aspekt. Das neue System zur Finanzierung der Kommunalhaushalte würde »transparent« sein – das heißt, es war klar und verständlich und würde jedem Bürger die finanzielle Realität seiner Gemeinde vor Augen führen. Dies war meiner Ansicht nach einer der größten Vorteile der neuen Regelungen. Wie ich in meinen Reden, in denen ich die Gemeindesteuer erklärte, immer wieder zu sagen pflegte, konnte sich von nun an jeder selbst ausrechnen, wie es um die Finanzen seiner Kommune stand. Den unterschiedlichen Bedürfnissen bestimmter Regionen würden durch die staatlichen Zuschüsse Rechnung getragen werden. Daraufhin würde ein Standardsatz für die Gemeindesteuer festgesetzt und bekanntgegeben werden. Wollte eine Kommune mehr als den üblichen Standard notwendiger Dienstleistungen anbieten, dann würde die Gemeindesteuer höher ausfallen. Diese Folge würde weder durch unübersichtliche Maßnahmen verschleiert, noch würden Unternehmen ausgeblutet werden. Somit besaß jeder Wähler die Information und den Anreiz, von seiner Kommunalverwaltung Effizienz und niedrige Ausgaben zu verlangen.

Doch es gab auch eine Kehrseite. Da der Gesamtbeitrag von Unternehmen lediglich in Höhe der Teuerungsrate steigen würde,

würde jede Erhöhung der Kommunalausgaben, die über das von der Regierung genehmigte Niveau hinausging, den einzelnen Gemeindesteuerpflichtigen belasten. Durch jede einprozentige Erhöhung der Ausgaben würde die Gemeindesteuer um vier Prozent heraufgesetzt, denn durch die Steuer wurde rund ein Viertel der Kommunalausgaben gedeckt. Ein derart hoher Verschuldungsgrad bedeutete, daß die Höhe der Gemeindesteuer für einzelne Bürger dramatisch ansteigen konnte, wenn Kommunen die Einführung des neuen Systems dazu verwendeten, um ihre Ausgaben zu erhöhen, und die Schuld dafür dann der Regierung in London anlasteten. In vielen schlecht verwalteten (meist von Labour regierten) Kommunen waren Familien entsetzt darüber, wie hoch die Gemeindesteuer angesetzt war, und machten dafür die Regierung verantwortlich. In diesen Fällen war die Unbeliebtheit der Gemeindesteuer in gewisser Hinsicht ein Beweis dafür, daß sie vermutlich ihren Zweck erfüllen würde, doch der Widerstand gegen sie geriet zusehends außer Kontrolle.

Rückblickend mag es ein Fehler gewesen sein, auf das »zweigleisige Verfahren« von *Rates* und Gemeindesteuer zu verzichten. Möglicherweise nahmen wir auch zu große Rücksicht auf die Bedürfnisse der Unternehmer – und waren allzu bereit, die große Umverteilung von Geldern aus dem Süden in den Norden hinzunehmen, was nach der Ersetzung des alten Systems der *Rates* für Unternehmen aufgrund der neuen, landesweit festgesetzten Gewerbesteuer notwendig wurde. Vielleicht hätte man von den Unternehmen erwarten können, zumindest einen gewissen Beitrag zu den überhöhten Ausgaben ihrer Kommunen zu leisten. Auch wäre es vorteilhaft gewesen, zwei weitere Maßnahmen zu ergreifen. Zum einen: So aufwendig und überflüssig es erschienen wäre, hätte es doch einiges für sich gehabt, vor der Einführung der Gemeindesteuer in England eine Neufestsetzung der alten *Rates* vorzunehmen. Dies hätte den Menschen vor Augen geführt, wie kostspielig eine Beibehaltung der *Rates* gewesen wäre und wie ungerecht dieses System war. Vielleicht hätten die Gewinner des neuen Systems die Vorteile mehr zu schätzen gewußt und wären die Verlierer in ihrer Kritik weniger heftig gewesen, wenn sie die Alternative zum neuen System gesehen hätten. Zum anderen bin ich davon überzeugt, daß wir vor Einführung des neuen Systems gesetzliche Vorkehrungen hätten treffen müssen, um die Kommunalausgaben noch umfassender beschneiden zu können. Natürlich besteht scheinbar ein Widerspruch darin, ein neues Finanzierungssystem der Kommunalhaushalte einzuführen, um die kommunale Rechenschaftspflicht zu steigern und dann der Staatsregierung mehr Machtbefugnisse einzuräumen. Doch dies ist nur ein scheinbarer, kein wirklicher Widerspruch. Man konnte nicht erwarten, daß die Vorteile des neuen Systems sofort zum Tragen kommen würden. Wir hätten uns deutlicher vor Augen führen müssen, auf welch perfide Art und Weise linke Kommunen ihre Macht mißbrauchen und alles daransetzen würden, um die Schuld an ihrer verschwenderischen Ausgabenpolitik uns und der Gemeindesteuer anzulasten.

In unseren Erwägungen war das Beispiel Schottlands weniger hilfreich als erwartet. Im ersten Jahr nach Einführung des neuen Systems steigerten die dortigen Kommunen ihre Ausgaben, so daß sich ihr Budget 1989/1990 um 14 Prozent erhöhte. Doch Malcolm Rifkind, der neue Staatsminister für Schottland, sprach sich vehement gegen die Festsetzung einer Steuerobergrenze bei diesen Gemeinden aus. Da nur wenig Zeit blieb und auch rechtliche Empfehlungen dagegen sprachen, stimmte ich ihm widerstrebend zu. Im zweiten Jahr nach der Einführung des neuen Systems in Schottland zeigte sich allerdings, daß die verstärkte Rechenschaftspflicht die Kommunen allmählich doch zu größerer Sparsamkeit veranlaßte. Das heißt, die Beweislage war widersprüchlich.

Vorbereitungen für die Einführung der Gemeindesteuer

Es war wesentlich, die Gemeindesteuer im ersten Jahr in England (1990/91) nicht so hoch anzusetzen, daß sie das ganze System in Verruf gebracht hätte. Insbesondere mußten gut verwaltete Kommunen ihren Einwohnern verkünden können, daß die Höhe der Gemeindesteuer auf oder unter dem Niveau lag, das wir zur Erreichung des Standardlevels von Dienstleistungen (bekannt als Community Charge for Standard Spending – CCSS) für notwendig erachteten. Doch dies war leichter gesagt als getan.

Im Mai 1989 begannen Gespräche zwischen Nick Ridley, Nigel Lawson und John Major (als Staatssekretär) über die Höhe der Zuschüsse an die Kommunen für das Jahr 1990/91. Die Angaben des Ministeriums für Umweltschutz und Lokalverwaltung und des Schatzamts wichen stark voneinander ab, und jede Seite führte triftige Argumente auf. Nick Ridley sagte, daß nur Zuschüsse in der von ihm veranschlagten Höhe zu einer Gemeindesteuer von unter 300 Pfund pro Jahr führen würden (bezeichnenderweise lag sie damit weitaus höher, als wir im Jahr zuvor bei der Verabschiedung des Gesetzes zur Gemeindesteuer vorgesehen hatten). Das Schatzamt hingegen vertrat die Ansicht – und dieser Meinung schloß ich mich an –, daß die Zuschüsse 1989/90 sehr großzügig ausgefallen waren, und zwar bewußt, um den Übergang zur Gemeindesteuer zu ebnen. Doch dies hatte lediglich zu erheblichen Steigerungen der Kommunalausgaben geführt, nämlich um neun Prozent. Dabei waren die *Rates* in diesem Zeitraum relativ niedrig gewesen, weil die Kommunen zur Deckung ihrer Ausgaben Reserven aufbrachten; aber das bedeutete nur ein Hinauszögern der Erhöhungen. Die einzige Lehre, die wir nach Meinung des Schatzamts daraus ziehen konnten, war, daß höhere Zuschüsse vom Schatzamt nicht zwangsläufig zu niedrigeren *Rates* (oder einer niedrigeren Gemeindesteuer) führten. Am 25. Mai faßte ich die Diskussion in einer Ministerrunde zusammen, wobei ich sowohl die von Nick Ridley als auch die von John Major bevorzugte Lösung ablehnte und mich statt dessen für einen Mittelweg entschied. Dadurch konnte die Gemeindesteuer in einer meines Erachtens annehmbaren Höhe festgesetzt werden, ohne daß wir damit den hohen Anstieg der Kommunalausgaben von 1989/90 billigten. Doch ich bestand darauf, daß mir Aufschlüsselungen der zu erwartenden Gemeindesteuer von jeder Kommune vorgelegt würden.

Wir konnten damals nicht wissen, daß diese Entscheidungen zum Scheitern der Gemeindesteuer beitrugen. Zu dieser Zeit ging das Schatzamt von einer Inflationsrate (dem Deflationierungsfaktor des Bruttoinlandsprodukts) von nur vier Prozent aus. Doch in Wirklichkeit schnellten die Inflationsrate und – wichtiger noch – die Lohnabschlüsse in die Höhe. Hinzu kamen die ziemlich knapp bemessenen staatlichen Zuschüsse sowie die Entschlossenheit vieler Kommunen, ihre Ausgaben aus politischen Gründen zu erhöhen. Dies alles hatte zur Folge, daß die Gemeindesteuer 1990/91 wesentlich höher liegen würde, als wir vorhergesehen hatten. Hätten wir bessere Möglichkeiten zur Kontrolle der Kommunalausgaben gehabt, dann hätten wir sicherstellen können, daß das zusätzliche Geld von der Regierung dazu verwendet worden wäre, die Höhe der Gemeindesteuer zu verringern, anstatt die Ausgaben zu erhöhen.

Etwas später berief ich Chris Patten zum Minister für Umweltschutz und Lokalverwaltung. Mittlerweile war in der Tory-Fraktion große Unruhe aufgekommen. Im Juli hatten die Abgeordneten Nick Ridleys letzte große Rede vor seinem Ausscheiden, in der er die Höhe der Staatszuschüsse bekanntgab, wenig wohlwollend aufgenommen. Viele von ihnen verstanden das neue System im Grunde nicht, und die von ihnen verlangten Veränderungen widersprachen sich oft gegenseitig. Zumindest konnte Nick eine ihrer dringlichsten Forderungen erfüllen, indem er ein Paket in Höhe von 100 Millionen Pfund ankündigte, um den Übergang in Gemeinden mit niedrigem Einheitswert zu erleichtern, welche unter dem neuen System mit großen Erhöhungen rechnen mußten. Allerdings bestand kein Zweifel daran, daß die Fraktion weitere Zugeständnisse sehen wollte, und im Verlauf des Herbstes wuchs die Besorgnis in der konservativen Fraktion. Von den Whips erhielt ich regelmäßig deprimierende Berichte.

Anfang September begann Chris Patten mit meiner Genehmigung, das System der Gemeindesteuer zu überarbeiten. Einige Tage zuvor, als ich gerade zum traditionellen Herbstbesuch des Premierministers nach Balmoral aufbrach, hatte mir Ken Baker (mittlerweile Geschäftsführer der Partei) streng vertrauliche Untersuchungen zukommen lassen, durchgeführt von der Parteizentrale in zehn Wahlkreisen, in denen die Konservativen nur eine knappe Mehrheit besaßen. Diese Studien bestätigten allesamt, daß wir vor einem Problem gewaltigen Ausmaßes standen. Ausgehend von einer siebenprozentigen Erhöhung der Kommunalausgaben im folgenden Jahr, würden 73 Prozent aller Haushalte und 82 Prozent aller Einzelpersonen durch die Einführung der Steuer im Jahr 1990 mehr bezahlen müssen, als sie im Vorjahr für die *Rates* entrichtet hatten. Wenn die Ausgaben um elf Prozent stiegen, würden sich diese Zahlen auf 79 bzw. 89 Prozent erhöhen.

Zwar berücksichtigten diese Angaben nicht die umfassenden Ermäßigungen, die bestimmten Bevölkerungskreisen gewährt wurden, aber dennoch waren sie äußerst beunruhigend.

Doch da das »zweigleisige Verfahren« aufgegeben worden war, konnten wir die Einbußen von Einzelpersonen oder Haushalten – im Gegensatz zu Verlusten von Kommunen, die durch das mittlerweile unbeliebte Sicherheitsnetz ausgeglichen werden sollten – nur noch durch ein völlig neues System begrenzen. Aus diesem Grund arbeiteten Chris Patten und das Schatzamt Vorschläge für »Übergangsbeihilfen« aus.

Chris gab einem umfassenden Programm von Übergangsbeihilfen den Vorzug, das die Mehrausgaben pro Haushalt auf zwei Pfund pro Woche begrenzte, das heißt, zwei Pfund pro Woche ausgehend von der Summe, die die Kommunen unserer Meinung nach ausgeben durften (dem CCSS). Aber natürlich würden viele Gemeinden sich nicht an diese Empfehlungen halten. Und selbst in dieser begrenzten Form konnte das Programm die Staatskasse bis zu 1,5 Milliarden Pfund kosten. Auch Ken Baker – der bei öffentlichen Ausgaben nie Zurückhaltung zeigte – forderte ein sehr kostspieliges Paket. Das Finanzministerium sprach sich für ein weitaus bescheideneres Hilfsprogramm aus, das auf die am härtesten betroffenen Steuerzahler zugeschnitten sein sollte. All dies spielte sich vor dem Hintergrund einer schwierigen Verhandlungsrunde über Kommunalhaushalte und einer sich zuspitzenden wirtschaftlichen Lage mit steigender Inflation ab. Ich sagte Chris Patten, daß Übergangsbeihilfen in der von ihm anvisierten Höhe nicht in Frage kämen, drängte aber auch das Finanzministerium, sich entgegenkommend und kooperativ zu verhalten. Ende September berief ich eine Sitzung ein, damit die beiden Seiten zu einer Übereinkunft fänden. Tatsächlich gelang es mir, sie zu einer Annäherung ihrer Standpunkte zu bewegen. Ich schloß die Sitzung mit den Worten, es sei wesentlich, daß das Hilfspaket großzügig genug ausfiele, um echte Kritik zu entschärfen. Andererseits aber müßten wir auch klarstellen, daß dies wirklich unser letztes Wort sei und daß die Regierung keinerlei weiterer Gelder für 1990/91 zur Verfügung stellen werde.

Die Diskussionen zogen sich bis zum Vorabend des Parteitags hin. Dort verkündete David Hunt, Minister für Kommunalverwaltung, ein Programm, dessen Kosten sich über einen Zeitraum von drei Jahren hinweg auf 1,2 Milliarden Pfund belaufen würden. Unter diesem System würden frühere *Rates*-Pflichtige (und *Rates*-pflichtige Ehepaare) nicht mehr als drei Pfund pro Woche mehr an Gemeindesteuer zahlen, als sie 1989/90 an *Rates* entrichtet hatten. Voraussetzung war allerdings, daß die Ausgaben ihrer Gemeindeverwaltung nicht die von der Regierung veranschlagte Summe überstiegen. Rentner und Behinderte hatten Anspruch auf die gleichen Zuwendungen, selbst wenn sie früher keine *Rates* bezahlt hatten (und natürlich würden zudem viele von ihnen in den Genuß einer Ermäßigung kommen). Gleichzeitig erklärte David Hunt, daß das Sicherheitsnetz in England und Wales nach dem ersten Jahr von den Steuerzahlern finanziert würde, so daß alle Gewinne ab dem 1. April 1991 voll zum Tragen kämen.

Aber trotz all dieser Maßnahmen wuchs der Druck, den die Fraktion auf uns ausübte. Es bestanden sogar Zweifel, ob wir die entscheidende Unterhaus-Abstimmung im Januar 1990 gewinnen konnten, durch die die Zahlung der Zuschüsse zu den Kommunaleinnahmen (Revenue Support Grant) 1990/91 abgesegnet werden sollte. Bei einer Zusammenkunft erörterten wir, ob wir weitere Zugeständnisse machen sollten. Doch selbst wenn wir uns dazu bereit gefunden hätten, wäre dies nicht leicht gewesen, denn die Forderungen unserer Gegner ließen sich auf keinen gemeinsamen Nenner bringen. Letztlich kam ich zu dem Schluß, daß wir nicht nachgeben durften, und dank der Anstrengungen der Whips und einer brillanten Rede von Chris Patten – der sich in Debatten schon immer bewährt hat – setzten wir uns bei der Abstimmung ohne Schwierigkeiten durch. Doch ich gab mich keinerlei Illusionen hin: Der Sieg im Unterhaus würde nicht genügen, um die Öffentlichkeit zu überzeugen, in der sich mittlerweile heftiger Protest gegen die Gemeindesteuer regte.

Die Krise spitzt sich zu

Mittlerweile häuften sich die schlechten Nachrichten über die vermutliche Höhe der Gemeindesteuer. Im Januar 1990 war die durchschnittliche Höhe der Gemeindesteuer nach Schätzungen des Ministeriums für Umweltschutz und Lokalverwaltung auf 340

Pfund gestiegen, was gegenüber unseren ursprünglichen Schätzungen fast eine Verdoppelung bedeutete. Das war schlimm genug. Doch nun, im Februar, stellte sich heraus, daß sie möglicherweise um weitere 20 Pfund steigen würde, da die Kommunen ihre Ausgaben aller Wahrscheinlichkeit nach um rund 15 bis 16 Prozent erhöhen würden.

Es war ein weiterer Schlag, als das Retail Price Index Advisory Committee (RPIAC) [A. d. Ü.: dieser Ausschuß erstellt den Warenkorb und errechnet damit die Teuerungsrate] in seiner Weisheit beschloß, die Gemeindesteuer in den Warenkorb aufzunehmen und sie damit wie die *Rates* und nicht wie andere direkte Steuern zu behandeln. Dabei wurden aber die umfangreichen Beihilfen für einzelne Steuerzahler nicht berücksichtigt. Durch diese verwaltungstechnische Irreführung stieg die Teuerungsrate noch einmal erheblich an, und das fügte uns noch weiteren politischen Schaden zu.

Das politische Stimmungsbarometer sackte dramatisch ab. Mein Instinkt sagte mir, daß wir diesen Kurs nicht beibehalten konnten. Am Donnerstag, den 22. März, erlebten wir eine böse Niederlage bei den Nachwahlen in Mid-Staffordshire und verloren einen Sitz, den wir zuvor mit einer Mehrheit von über 19 000 Stimmen innegehabt hatten. Die Presse veröffentlichte seitenweise erbitterte Kritik von Gegnern der Gemeindesteuer, die Anhänger der Konservativen Partei waren. Ich war zutiefst beunruhigt. Was mich am meisten schmerzte, war die Tatsache, daß eben jene Menschen, die von mir Schutz vor der Ausbeutung durch den sozialistischen Staat erhofft hatten, nun am schwersten betroffen waren – Menschen, deren Einkommen zu hoch war, als daß sie Anspruch auf Beihilfe zur Gemeindesteuer gehabt hätten, die jedoch andererseits nicht als wohlhabend gelten konnten und sich ihr eigenes Heim mühsam erarbeitet und erspart hatten. Unser neues Konzept für Übergangsbeihilfen bot ihnen keinen Schutz vor verschwenderischen Kommunen. Es war offensichtlich, daß wir zusätzliche Maßnahmen ergreifen mußten.

Bei einer Diskussion, die ich beim Abendessen am Samstag, den 24. März, mit Ken Baker, Tim Bell und Gordon Reece in Chequers führte, konkretisierten sich meine Erwägungen. Die Botschaft meiner Gesprächspartner war klar: Es war unabdingbar, die Höhe der Gemeindesteuer zu senken. Dies nicht zu tun, würde gravierende politische Folgen nach sich ziehen. Diese Meinung stimmte völlig mit meiner Analyse überein.

Das Prinzip, daß jeder Bürger einen finanziellen Beitrag zu den Kosten der Kommunalverwaltungen leisten sollte – und dies war nur mit der Gemeindesteuer möglich –, fand allgemeine Unterstützung. Wenn Menschen die Steuer als ungerecht bezeichneten, griffen sie eigentlich nicht die abgedroschene – und falsche – Phrase von Herzog und Müllmann auf, die beide das gleiche bezahlten. Dies war nicht möglich, es sei denn, der Herzog war extrem arm oder der Müllmann sehr wohlhabend – schließlich wurde etwa die Hälfte der Kommunalausgaben aus dem Steuersäckel beglichen, und bei dieser Besteuerung wurde der »Zahlungsfähigkeit« durchaus Rechnung getragen. Das Problem bestand vielmehr darin, daß die Gemeindesteuer mittlerweile so hoch angesetzt war, daß sie so plötzlich und unerwartet zum Tragen kam und daß sie häufig unsere eigenen Anhänger traf. Das war der Punkt, den die Verfasser der zahlreichen Beschwerdebriefe im Grunde beklagten. Doch was konnten wir jetzt noch tun?

Meines Erachtens war es nun wichtig sicherzustellen, daß die Regierung eingriff, um die Opfer vor dem zu schützen, was letztlich ein willkürlicher Machtmißbrauch unverantwortlicher Kommunalverwaltungen war. Die Argumente von Rechenschaftspflicht und die Aussicht auf langfristige Verbesserungen mußten vorläufig zurückgestellt werden.

Bevor ich mich also am Sonntag morgen mit meinen Beratern an die Ausarbeitung meiner Rede vor der Parteizentrale machte, rief ich Schatzkanzler John Major an. Ich sagte ihm, ich hätte die Vorschläge zur Festlegung einer Obergrenze für die Gemeindesteuer 1990/91 studiert und hätte mehrere grundsätzliche Einwände. Der erste war politisch motiviert. Bei unseren Überlegungen zum System der Gemeindesteuer waren wir davon ausgegangen, daß Kommunen, die weiterhin übertrieben hohe Ausgaben hatten, auch für die dadurch entstehende hohe Gemeindesteuer verantwortlich gemacht werden sollten. Doch dies war nun nicht der Fall. Die Öffentlichkeit schob uns die Schuld dafür in die Schuhe, ebenso wie für die hohen Ausgaben einiger konservativer Kommunen. Zum zweiten trafen die hohen Steuern die mittleren Einkommens-

gruppen – jene, die man als die »verantwortungsbewußte Mitte«
bezeichnen könnte. Einzelpersonen und Haushalte mit geringem
Einkommen erhielten Ermäßigungen und waren somit entlastet;
wir mußten sogar wesentlich mehr Geld als erwartet für Beihilfen
zur Gemeindesteuer aufbringen, weil die Steuerbelastung selbst so
hoch war. Diese Situation sollte sich noch weiter verschärfen; da
die hohe Gemeindesteuer die Teuerungsrate in die Höhe trieb,
würde diese Entwicklung im folgenden Herbst zu einer unerwartet massiven Erhöhung aller Sozialbeihilfen führen. Und noch
bewirkte das neue System keine gesteigerte Rechenschaftspflicht;
meines Erachtens würde dies auch im zweiten Jahr nicht der Fall
sein. Wenn wir, wie gegenwärtig geplant, eine Obergrenze für die
Gemeindesteuer festsetzten, konnten wir den Steuerzahlern 1990/
91 einen gewissen Schutz bieten, und diesen Weg mußten wir auch
einschlagen. Doch selbst im besten Fall würde dies nur zu einer
geringfügigen Senkung der durchschnittlichen Steuer führen. Aus
diesem Grund mußten wir für 1991/92 radikalere Maßnahmen ins
Auge fassen.

Allem Anschein nach bestand die beste Möglichkeit darin, eine
direkte staatliche Kontrolle über die Höhe der Kommunalausgaben zu ermöglichen. So könnten wir etwa verfügen, daß die Ausgaben einer jeden Kommune nicht mehr als einen gewissen Prozentsatz oberhalb des Standard Spending Assessment (SSA) lag –
das heißt dem Niveau, auf dem die Ausgaben jeder Kommune liegen mußten, um einen bestimmten, landesweit einheitlichen Standard an Dienstleistungen zu gewährleisten. Doch gleichzeitig
mußten damit die staatlichen Zuschüsse an die Kommunen erheblich steigen, wobei möglicherweise ein größerer Teil der Gesamtsumme als spezifische Zuschüsse für einen bestimmten Aufgabenbereich deklariert wurde. Ich sah keinen Grund, der gegen diesen
zweigleisigen Ansatz sprach, um die gesamten öffentlichen Ausgaben der Kommunen zu verringern. Zudem würden wir uns überlegen müssen, ob die Gemeindesteuer weiterhin die einzige Finan-
zierungsquelle für Ausgaben oberhalb der zulässigen Höhe sein
sollte, denn zu diesem Zeitpunkt gingen alle zusätzlichen Ausgaben zu Lasten der Gemeindesteuer. Als Alternative schien es sich
anzubieten, einen Teil der zusätzlichen Ausgaben durch eine Erhöhung der Unternehmenssteuer zu decken. All dies deutete auf die

Notwendigkeit einer umfassenden internen Überarbeitung hin, die sehr rasch durchgeführt werden mußte. Es würde erforderlich sein, öffentlich bekanntzugeben, daß eine Überarbeitung des Systems in Planung war; allerdings mußte man die Form dieser Erklärung sorgsam erwägen.

John Major widersprach nicht meiner Ansicht, daß eine radikale Überarbeitung notwendig war. Ebenso stimmte er zu, daß die von uns geplanten Veränderungen eine Kontrolle der kommunalen Gesamtausgaben ermöglichen mußten. Ich beendete das Gespräch mit den Worten, daß ich den führenden Mitarbeitern des Ministeriums für Umweltfragen und Lokalverwaltung sehr bald mitteilen würde, was ich von ihnen erwartete.

Diesen Ansatz verfolgte ich in der einen oder anderen Form während der folgenden Monate – bis, wie ich noch erläutern werde, unerwarteter juristischer Rat mich dazu veranlaßte, meine Ansichten über die beste Vorgehensweise zu ändern. Doch selbst dann blieb ich bei meiner Ansicht, die ich mir mittlerweile über die zukünftige Finanzierung der Kommunalhaushalte gebildet hatte. Ich glaubte nach wie vor an die heilsame Wirkung der kommunalen Rechenschaftspflicht, die sich aus der Einführung der Gemeindesteuer ergab. Dieser Umstand würde dazu beitragen, daß sparsame – zumeist konservative – Gemeinderäte gewählt wurden – was keineswegs Zufall sein würde. Doch ich hatte auch gesehen – und diese Lektion würde ich nicht vergessen –, wie pervers, inkompetent und häufig geradezu bösartig viele Gemeinderäte vorgingen. Hochgeistige Gespräche über Demokratie auf kommunaler Ebene durften nicht die niedrige politische Gesinnung der Menschen verschleiern, mit denen wir es zu tun hatten. Das bedeutete, daß die Regierung über entsprechende Vollmachten verfügen mußte, um den einzelnen Bürger vor diesen gefährlichen Behörden zu schützen – und daß sie bereit sein mußte, diese Vollmachten auch einzusetzen.

Doch der massivste öffentliche Widerstand gegen die Gemeindesteuer kam nicht von der angesehenen unteren Mittelklasse mit konservativer Gesinnung, für die ich so viel Mitgefühl empfand, sondern von den Linken. Seit 1988 verkündete eine Reihe von Labour-Abgeordneten, insbesondere in Schottland, ihre Absicht, das Gesetz zu brechen und die Zahlung der Gemeindesteuer zu verweigern; und die äußerste Linke agitierte auch in England mit Erfolg. Zwar fanden sie wenig Sympathie bei der gesetzestreuen Mehrheit der Labour-Anhänger, aber es gab genügend Leute, die bereitwillig die Führung bei der Organisierung gewaltsamen Widerstands übernahmen. Am Samstag, den 31. März – dem Tag vor der Einführung der Gemeindesteuer in England und Wales –, uferte eine Demonstration gegen diese Steuer am Trafalgar Square zu Krawallen aus. Es gab handfeste Beweise dafür, daß eine Gruppe von Randalierern andere bewußt zu diesen Gewalttätigkeiten aufgestachelt hatten. Teile von Baugerüsten auf dem Trafalgar Square wurden als Wurfgeschosse eingesetzt; Brände wurden gelegt und Autos zerstört. Fast 400 Polizisten wurden verletzt, 339 Personen verhaftet. Glücklicherweise gab es keine Toten. Ich war entsetzt über soviel Niedertracht.

Zum allerersten Mal hatte eine Regierung erklärt, daß jeder, der einigermaßen dazu in der Lage war, zumindest einen gewissen Beitrag zur Instandhaltung der öffentlichen Einrichtungen und zur Aufrechterhaltung aller Dienstleistungen, von denen er profitierte, leisten sollte. Ein großer Teil der Bevölkerung – eine »Unterklasse«, wenn man es so nennen möchte – war dazu verpflichtet worden, sich der Gesellschaft gegenüber verantwortungsbewußt zu verhalten und nicht nur wie Abhängige, sondern wie Bürger zu handeln. Die gewalttätigen Ausschreitungen am 31. März am Trafalgar Square waren die Antwort dieser Menschen und der Linken auf diese Bemühungen. Und die Tatsache, daß die Steuer schließlich abgeschafft wurde, stellte einen der größten Siege dar, den diese Leute jemals gegenüber einer konservativen Regierung errungen haben.

Doch aufgrund der festgesetzten Höhe der Steuern protestierten nun auch jene gesetzestreuen und anständigen Menschen, auf die wir angewiesen waren, um den Mob zu bezwingen. Das war fatal. Die Krawalle brachten meine Entschlossenheit nicht ins Wanken; die Gemeindesteuer würde durchgesetzt und die am Aufstand beteiligten Kriminellen würden zur Rechenschaft gezogen werden. Allerdings bestärkten die Ereignisse dieses Tages mich in meinem Entschluß, Maßnahmen zu ergreifen, um die Steuerbelastung für die »verantwortungsbewußte Mitte« – wie ich diese Menschen John Major gegenüber bezeichnet hatte – zu verringern.

Ohne daß ich es wußte, zogen die gewalttätigen Demonstranten Whitehall entlang, während ich vor der Parteizentrale in Cheltenham eine Ansprache hielt.

Die Rede begann mit einem ersten von mehreren zunehmend riskanten Scherzen über die politische Gefährdung meiner Führungsposition. Als Aufhänger diente mir der Ruf Cheltenhams als traditionelles Rentnerparadies für jene, die unser früheres Empire regiert hatten. Ich begann mit den Worten:

Es bereitet mir große Freude, wieder in Cheltenham zu sein. Um mögliche Mißverständnisse aus dem Weg zu räumen und auf die Gefahr hin, einige galante Obristen zu enttäuschen, muß ich eines klarstellen: Ich bin nicht nach Cheltenham gekommen, um mich hier zur Ruhe zu setzen.

Und kurze Zeit später kam ich auf den Kernpunkt des Themas zu sprechen, das der Partei so große Sorgen bereitete.

Die Gemeindesteuer ist für zahlreiche Menschen viel zu hoch. Ich teile ihre Empörung darüber. Doch eines muß klar sein: Nicht die Art, wie das Geld erhoben wird, ist daran schuld, sondern die unerhörten Summen, die die Kommunen ausgeben. Darin liegt das eigentliche Problem. Kein noch so ausgetüfteltes System kann mit niedrigen Steuern hohe Ausgaben finanzieren.

Dann verkündete ich eine Reihe begrenzter Sonderbeihilfen. Selbst um dieses bescheidene Paket von Maßnahmen bekanntgeben zu können, mußte ich den halbherzigen Entwurf des Finanzministeriums zerreißen und selbst einen neuen verfassen. Angesichts der späten Stunde, des wenig überzeugenden Entwurfs und der Tatsache, daß keine Kollegen anwesend waren, war es mir allerdings nicht möglich gewesen, gewichtige Zusicherungen von der Größenordnung in meine Rede aufzunehmen, wie ich es gewünscht hätte. Deshalb mußte ich mich damit zufriedengeben, auf meine Vorstellungen über weitere Vollmachten zur Festsetzung einer Obergrenze hinzuweisen, durch die ich das Problem der verschwenderischen Kommunen in den Griff bekommen wollte.

Daher lautete der Kern meiner Botschaft, daß der einzige Weg zu niedrigen Gemeindesteuern nur darin bestehen konnte, bei den anstehenden Kommunalwahlen für die Konservativen zu stimmen. Ich führte die Höhe der Steuer in einigen Gemeinden an, um diesen Punkt zu verdeutlichen.

Das Privileg, in der Labour-Kommune Warrington zu leben und nicht im benachbarten konservativen Trafford, kostet 96 Pfund mehr; es kostet 108 Pfund mehr, im Labour-Liverpool und nicht im angrenzenden Tory-Wirral zu wohnen; und erschreckende 339 Pfund mehr, im Labour-Stadtteil Camden und nicht im benachbarten Tory-Stadtteil Westminster zu wohnen.

Doch ich machte auch auf die für uns notwendigen Konsequenzen aufmerksam und verlagerte dabei meine politische Argumentation bewußt auf die umfassenderen Fragen der politischen Unterschiede zwischen dem Ansatz der Konservativen von jenem der Sozialisten – und auf die Werte, für die ich persönlich eintrat.

Unsere Auseinandersetzung mit der Labour Party betraf nie ausschließlich ökonomische Fragen. Sie betrifft den Lebensstil, den wir für Großbritannien jetzt und in der Zukunft für richtig erachten. Sie betrifft die Wertvorstellungen, nach denen wir leben. Der Sozialismus basiert auf dem Glauben an den Staat. Er betrachtet die Durchschnittsmenschen als Rohmaterial für seine gesellschaftlichen Veränderungen. Wir hingegen glauben an die Menschen – die Millionen von Menschen, die Geld ausgeben, das sie selbst verdienen, und nicht das Geld, das andere verdienen. Die für ihre junge Familie oder ihre alten Eltern Opfer bringen. Die ihren Nachbarn helfen und auf ihre Wohngegend achten. Jene Art von Menschen, mit denen ich aufwuchs. Dies sind die Menschen, um deren Schutz willen ich Vorsitzende dieser Partei wurde. Die Menschen, die uns ihr Vertrauen schenkten. Ihnen sage ich: Natürlich verstehe ich Ihre Sorgen. Diese Sorgen sind Bestandteil auch meines Lebens, und ich teile die Erwartungen, die Sie hegen. Sie erwarten nicht das Unmögliche, aber Sie wollen die Chance haben, für sich und Ihre Kinder etwas zu leisten.

Die Rede fand großen Anklang. Doch für die Menschen, von denen ich gesprochen hatte, und auch für mich waren die Sorgen damit nicht vorüber.

Eine Obergrenze festsetzen – ja oder nein?

Nun mußte ich sicherstellen, daß meine Kollegen sich ebenso tatkräftig wie ich der Aufgabe widmeten, unsere Bürger vor den Problemen zu schützen, die im Haushaltsjahr 1990/91 auftraten. Was die Steuern in jenem Jahr betraf, so konnten wir wenig unternehmen. Laut Auskunft der Anwälte würden die Gerichte die Festsetzung einer Obergrenze in dem Umfang, wie er mir vorschwebte, höchstwahrscheinlich nicht zulassen. Daher konnte Chris Patten nur bei zwanzig Kommunen eine Obergrenze festsetzen. Das war eine herbe Enttäuschung. Doch eine Niederlage vor Gericht hätte möglicherweise das ganze System aus den Angeln gehoben, etwa wenn die Richter befunden hätten, daß nicht nur die Entscheidung im Hinblick auf eine einzelne Kommune unhaltbar war, sondern daß das ganze System der Standard Spending Assessments (SSAs) ungerecht war; und dieses System war eine der Grundlagen der Gemeindesteuer.

All dies bestärkte mich nur in dem Entschluß, neue Wege zu suchen, damit die Kommunalausgaben – und somit die Gemeindesteuer – im folgenden Jahr nicht erhöht wurden. Ich teilte dem Schatzamt und dem Ministerium für Umweltschutz und Lokalverwaltung meine Pläne für weitreichende direkte Kontrollen der Kommunalausgaben sowie für den umfassenderen Einsatz zweckspezifischer Zuschüsse mit. Ich hatte mich auch für die Einführung einstufiger Verwaltungsbehörden entschieden – auch wenn die Abschaffung der County Councils [der ländlichen Kommunen; A. d. Ü.] konservative Landräte auf die Barrikaden treiben würde. Denn dieser Schritt hätte zur Folge gehabt, daß den Kommunalwählern deutlich vor Augen geführt wurde, wer die Schuld an den hohen Ausgaben und hohen Gemeindesteuern trug.

Chris Patten sprach sich heftig dagegen aus, Kommunen überhaupt eine Obergrenze für die Gemeindesteuer vorzuschreiben. Er erklärte, daß damit nicht nur das Prinzip kommunaler Rechenschaftspflicht untergraben würde, sondern daß ein solches System seiner Meinung nach nicht bis zum Jahr 1991/92 geplant und durchgeführt werden konnte. Doch ich bestand darauf, daß das Ministerium für Umweltschutz und Lokalverwaltung entsprechende Entwürfe ausarbeiten sollte. Ich wollte Kürzungen bei den Ausgaben einiger Gemeinden sehen.

Die Ergebnisse der Kommunalwahlen am Donnerstag, dem 3. Mai 1990, wiesen eindeutig darauf hin, daß die Konservativen sehr gut abschneiden konnten in Wahlkreisen, wo konservative Stadt- und Landräte und Kandidaten mit Hilfe der Gemeindesteuer die Unterschiede zwischen sich und der Labour Party aufzeigten und sich dann dafür einsetzten, konservative Stimmen zu gewinnen, anstatt sich in Schuldzuweisungen an die Regierung zu ergehen. (Einige unserer Stadträte sprachen sich sogar gegen ein vermehrtes Festsetzen von Obergrenzen 1990/91 aus, weil das ihrer Meinung nach verschwenderische Labour-Stadträte davor bewahren würde, von den Wählern den Gnadenschuß zu erhalten.) Die Erfolge der Konservativen in [den Londoner Stadtteilen] Wandsworth und Westminster waren das Ergebnis einer solchen Strategie. Je niedriger die Gemeindesteuer in einer von Torys regierten Kommune war, desto besser schnitten wir ab. In Labour-Kommunen war das Gegenteil der Fall. In dieser Hinsicht bewirkte die Gemeindesteuer bereits Veränderungen in der Kommunalverwaltung. Es bestand die Möglichkeit, daß der Kommunalwahlkampf selbst in einem Jahr, in dem die Konservative Partei landesweit kein großes Ansehen hatte, nun mit spezifisch kommunalen Themen geführt und die Wahl gewonnen werden konnte und daß der Ausgang von Kommunalwahlen nicht mehr vom jeweiligen landesweiten Trend bestimmt wurde – ein Sachverhalt, der gewissenhafte Stadt- und Landräte jeder Partei stets demoralisiert hatte.

Doch diese Erfolge verringerten keineswegs die Dringlichkeit, die Gemeindesteuer im folgenden Jahr landesweit auf einem niedrigen Niveau zu halten. Den ganzen Mai hindurch bis Anfang Juni wurden Arbeitspapiere erstellt und Diskussionsrunden zwischen Ministern und Regierungsbeamten abgehalten. Chris Patten und ich waren nach wie vor geteilter Meinung über die Frage einer generellen Befugnis für die Regierung, eine Obergrenze der

Gemeindesteuer festzusetzen. Er verlangte eine beträchtliche Anhebung der staatlichen Zuschüsse. Diese müsse so hoch ausfallen, daß wir glaubwürdig vertreten könnten, verantwortungsbewußte Kommunen seien in der Lage, die Steuer für 1991/92 auf dem gleichen Niveau wie für 1990/91 zu halten. Ich setzte Chris ein wenig unter Druck, indem ich ihm jede Äußerung über die Höhe der staatlichen Zuschüsse im folgenden Jahr verbot, bis wir eine Entscheidung über Ausgabenkontrollen getroffen haben würden. John Major war geteilter Meinung. Einerseits war er in seiner Position als Schatzkanzler an wirksamer Kontrolle der öffentlichen Ausgaben interessiert. Andererseits machte er sich – vielleicht als ehemaliger Whip – Sorgen, wie wir die neue Gesetzgebung, die für größere Vollmachten zur Festsetzung einer Obergrenze notwendig war, in der Partei durchsetzen sollten. Dies war ein berechtigter Einwand, denn eine Reihe Abgeordneter aus unserer Fraktion befand sich fast schon in einem Zustand der Panik. Es ließ sich schwer vorhersagen, wie sie auf eine Gesetzesvorlage reagieren würden, die ihnen – auf dem Umweg von Zusätzen – die Möglichkeit bot, entscheidende Aspekte der Gemeindesteuer zu kippen, welche sich ihrer Ansicht nach negativ auf ihre Wahlchancen auswirken konnten. Wie diese Diskussion innerhalb der Regierung ausgegangen wäre, weiß ich nicht.

Doch plötzlich veränderte sich die Grundlage unserer Diskussion, und zwar aufgrund neuer juristischer Empfehlungen. Bei einem Gespräch am 17. Mai hatten die Anwälte erklärt, daß selbst neue Gesetze über eine Obergrenze durch richterliche Entscheidungen außer Kraft gesetzt werden konnten. Dies erschien mir höchst seltsam, bedeutete es doch letztlich, daß die Gerichte dem Parlament nicht die Möglichkeit gewährten, seiner Pflicht zum Schutz der Bürger vor überhöhter Besteuerung nachzukommen. Außerdem wurde damit unsere Fähigkeit in Frage gestellt, die öffentlichen Ausgaben zu kontrollieren und die Wirtschaft zu steuern. Daraufhin bat ich dringend um Empfehlungen, wie diese Schwierigkeiten überwunden werden konnten.

So kann man sich leicht meine Überraschung – und meine anfängliche Skepsis – vorstellen, als ich am 13. Juni nachts beim Durcharbeiten meiner Ablage auf eine Notiz meines Referenten stieß, in der er mich über ein Telefongespräch mit Regierungsanwälten am frühen Abend informierte. Mittlerweile vertraten sie die Ansicht, daß die gegenwärtige Gesetzeslage – ganz zu schweigen von weiteren Gesetzen – uns möglicherweise mehr Rechte einräumte, als sie anfangs befunden hatten.[4] Sie teilten uns mit, daß wir das Recht hätten, bei einer großen Anzahl von Kommunen eine Obergrenze festzusetzen, solange wir in einem frühen Stadium des Haushaltsjahres deutlich machten, was wir als eine übertriebene Anhebung der Ausgaben ansahen – und dies konnten wir tun, ohne uns auf die schwierige Prozedur neuer gesetzlicher Maßnahmen einzulassen. Diese rechtliche Empfehlung wurde einige Tage später durch einen Sieg der Regierung in einem Prozeß gegen eine Reihe von Kommunen bestätigt, welche gegen die Obergrenze Einspruch erhoben hatten.

Am Abend des 26. Juni, einem Dienstag, berief ich eine Ministerrunde ein, um den aktuellen Stand der Dinge zu erörtern. Die Anwälte bekräftigten ihre Ansicht, daß neue Gesetze uns kaum mehr Sicherheit in Hinblick auf die Festsetzung von Obergrenzen geben würden als die bereits bestehenden. Es widerstrebte mir, den Gedanken einer generellen Befugnis der Regierung zur Festsetzung einer Obergrenze aufzugeben. Ich hätte dies gerne mit regionalen Referenden verbunden, so daß eine Kommune, die über die staatlich festgesetzten Ausgaben hinausgehen wollte, zuerst die Zustimmung der Wähler einholen mußte. Dies wäre eine große Hilfe gewesen, um den Vorwurf zu entkräften, daß die neuen Ausgabenkontrollen die Demokratie auf kommunaler Ebene aushöhlten. Doch angesichts der neuen juristischen Empfehlungen sah ich ein, daß es am günstigsten war, wenn wir den Kommunen im Haushaltsjahr 1991/92 unter den bestehenden Gesetzen eine Obergrenze auferlegten, sofern nicht eine neuerliche gerichtliche Entscheidung die Situation veränderte. Allerdings war es unabdingbar, die bestehenden Möglichkeiten voll auszuschöpfen, um den Abschreckungseffekt so groß wie möglich zu gestalten; und deshalb mußte Chris Patten im Juli – lange bevor die Kommunen den neuen Haushalt festsetzten – bekanntgeben, wie er die Befugnisse der Regierung zu nutzen gedachte. Der zweite Aspekt, den wir diskutieren mußten, war die Frage, welche finanziellen Mittel zusätzlich benötigt wurden, um die Belastung der einzelnen Steuerzahler zu begrenzen. Chris Patten wurde ermächtigt, vor dem

Unterhaus bestimmte Erweiterungen der Übergangsbeihilfe und andere Veränderungen anzukündigen.

Der betreffende Kabinettsausschuß tagte in der folgenden Woche unter meinem Vorsitz, um die Überarbeitung der Gemeindesteuer abzuschließen und die Regelungen für 1991/92 im einzelnen zu beschließen: die Summe, die wir den Kommunen in Form von Zuschüssen und Gewerbesteuer zukommen lassen würden, sowie jene, die sie unserer Ansicht nach ausgeben durften. Chris Patten und John MacGregor (der Staatssekretär) hatten sich bereits auf ein Paket geeinigt. Dies sollten wir billigen, und zudem mußte meines Erachtens dafür gesorgt werden, daß die zusätzlichen Zuschüsse zur Gemeindesteuer nicht als Anzeichen dafür interpretiert wurden, wir hätten die Kontrolle über die öffentlichen Ausgaben gelockert – ganz im Gegenteil. Wir kamen überein, daß die Kommunen 39 Milliarden Pfund ausgeben durften – 19 Prozent mehr als die von uns errechnete und sieben Prozent mehr als die tatsächlich ausgegebene Summe des Vorjahres. Dies würde bei »Ausgaben in Standardhöhe« zu einer Gemeindesteuer von 379 Pfund führen. Die tatsächliche Höhe der Gemeindesteuer in den einzelnen Kommunen hing natürlich davon ab, ob diese mehr oder weniger als die empfohlene Summe ausgaben. Wenn wir rigoros Obergrenzen festsetzten, sollte es möglich sein, die durchschnittliche Gemeindesteuer unterhalb der 400-Pfund-Grenze zu halten. Doch selbst dann betrug sie noch mehr als das Doppelte der geschätzten Höhe, die den Ministern angekündigt worden war. Ich betonte, daß die zusätzliche Summe – fast drei Milliarden Pfund –, die zur Reduzierung der Gemeindesteuer bereitgestellt werde, zu Lasten anderer Bereiche gehen müsse. Wir hatten uns dafür entschieden, der Gemeindesteuer oberste Priorität einzuräumen, und alle Minister mußten nun die Konsequenzen tragen. Sonst würden wir die Kontrolle über die öffentlichen Ausgaben verlieren. Kurz darauf verkündete Chris Patten diese Maßnahmen vor dem Unterhaus, und Ende Oktober wurden einige weitere Einzelheiten und kleinere Veränderungen bekanntgegeben.

Das Finanzierungssystem der Gemeinden, das ich meinem Nachfolger hinterließ, blieb weiterhin unbeliebt. Während des Kampfes um den Parteivorsitz im November 1990 kündigte Michael Heseltine mit großen Worten an, er werde die Gemeindesteuer überarbeiten, und dies veranlaßte John Major und Douglas Hurd dazu, ebenfalls Veränderungen zu versprechen. Ende März 1991 verkündete Michael Heseltine, wiederum in der Funktion des Ministers für Umweltschutz und Lokalverwaltung, das endgültige Resultat: Die Regierung hatte beschlossen, die Gemeindesteuer aufzugeben und zu einer Grundsteuer zurückzukehren, ergänzt durch eine kräftige Anhebung der Mehrwertsteuer von 15 auf 17 Prozent.

Nur wenige Episoden meiner Amtszeit gaben mehr zur Legendenbildung Anlaß als die Gemeindesteuer. Meist wird sie als doktrinäres System dargestellt, das eine autoritäre Premierministerin widerwilligen Ministern aufzwang und von der Öffentlichkeit als nicht praktikabel abgelehnt wurde. Gewiß wurden bei der Einführung der Steuer Fehler gemacht, doch diese Art der Darstellung beruht auf reiner Erfindung. Wie Nigel Lawson großzügigerweise einräumte, wurden nur wenige Gesetzesvorlagen von Ministern und Beamten der jeweiligen Kabinettsausschüsse derart gründlich und eingehend überprüft wie diese. Die Probleme bei der Gemeindesteuer ergaben sich aus einer Reihe von Faktoren: Die wirtschaftliche Lage verschlechterte sich, und die Inflationsrate stieg; die Schätzungen über die Höhe der Steuer mußten ständig nach oben korrigiert werden; und außerdem hätte jede Form der Finanzierung der Gemeinden – nachdem die *Rates* siebzehn Jahre lang nicht neu festgesetzt worden waren – zahlreiche Verlierer mit sich gebracht und wäre somit entsprechend unbeliebt gewesen. Daraus ziehe ich den Schluß, daß die Regierung bei jeder wie auch immer gearteten Reform gleichzeitig drastische Bestimmungen zur Kürzung der Kommunalausgaben hätten erlassen müssen, damit Kommunen – konservative leider ebenso wie Labour-Gemeinden – das neue System nicht als Gelegenheit betrachteten, um ihre Ausgaben in die Höhe zu treiben und die Schuld dann der Regierung anzulasten.

Die Tatsache bleibt bestehen, daß die Schwächen in unserem System der Kommunalfinanzierung durch die Gemeindesteuer im großen und ganzen behoben wurden, und daß die positiven Auswirkungen sich gerade bemerkbar machten, als die Gemeindesteuer wieder abgeschafft wurde. Im Laufe der Zeit hätten sich die Vorteile immer deutlicher herauskristallisiert, wenn mehr kommunale Dienstleistungen an Privatunternehmen vergeben und die Gemeindeverwaltungen rationalisiert worden wären. Obwohl die Kommunalausgaben durch die Festsetzung einer Obergrenze bei der Gemeindesteuer 1990/91 relativ niedrig gehalten werden konnten, wäre vermutlich eine wesentlich weitreichendere direkte Kontrolle der Kommunalausgaben ebenfalls notwendig gewesen. Diese Möglichkeit hatte ich auch bereits ins Auge gefaßt, bis die Anwälte andere Empfehlungen aussprachen. Es hätte einige Zeit gebraucht, bis die straffen Strukturen des neuen Systems die größten Verschwender auch tatsächlich diszipliniert hätten, doch letztlich wäre dies der Fall gewesen. Die grundlegenden Probleme der Kommunalverwaltungen – schlechte Verwaltung der Dienstleistungen, ein undurchsichtiges Verhältnis zur Regierung, mangelnde kommunale Rechenschaftspflicht – bleiben nicht nur bestehen: sie werden noch gravierender werden.

23

Gefällige Kürzungen

*Steuersenkungen, Steuerreform
und Privatisierung*

Die achtziger Jahre bedeuteten für Großbritannien die Wiedergeburt des freien Unternehmertums. Es war im großen und ganzen ein Jahrzehnt großer Prosperität, in dem die Welt über die ökonomische Leistungsfähigkeit unseres Landes staunte. In den sechziger und siebziger Jahren lag Großbritannien abgeschlagen hinter den übrigen Staaten der Europäischen Gemeinschaft, doch in den achtziger Jahren nahm die Konjunktur nirgendwo – mit Ausnahme Spaniens – einen so raschen Aufschwung wie bei uns. Während sich in den meisten europäischen Ländern während der achtziger Jahre das Wirtschaftswachstum gegenüber dem vorangegangenen Jahrzehnt verlangsamte, beschleunigte es sich zur gleichen Zeit in Großbritannien. Rückblickend wissen wir, daß die britische Volkswirtschaft ab 1986 zu rasch wuchs. Von 1987 an gab es klassische Anzeichen für eine »Überhitzung«; die Ratlosigkeit über die Bedeutung bestimmter Geldmengenindikatoren und Nigel Lawsons Maßnahmen, den Kurs des Pfundes an den der D-Mark zu koppeln, zeigten, daß wir nicht früh genug Maßnahmen ergriffen hatten, um die Geldpolitik stärker zu kontrollieren. Das soll aber nicht heißen, daß die Woge der Prosperität in diesen Jahren allein oder vor allem die Folge eines künstlich erzeugten Konsumbooms gewesen wäre. Sie beruhte auf solideren Grundlagen. Trotz des Leistungsbilanzdefizits, das zu einem echten Problem geworden ist, darf man nicht übersehen – denn dies hat zu einem gewissen Teil zur jetzigen Situation beigetragen –, daß die Industrie während dieser Jahre in die Zukunft investiert hat: In den achtziger Jahren wurde in keiner anderen der großen Industrienationen außer Japan so stark investiert wie in Großbritannien. Die Rentabilität und die Produktivität stiegen. Die Produktivitätssteigerung der britischen Fertigungsindustrie war in den achtziger Jahren größer als in jedem anderen wichtigen Industrieland. Neue Firmen entstanden und expandierten. Neue Arbeitsplätze wurden geschaffen – zwischen März 1983 und März 1990 waren es 3 320 000.

Deshalb müssen wir ebenso aus den positiven wie aus den negativen Entwicklungen dieser Zeit unsere Lehren ziehen. Die in den achtziger Jahren erreichten grundlegenden Fortschritte der britischen Wirtschaft werden Bestand haben, vorausgesetzt, eine unvorsichtige Verwaltung des öffentlichen Finanzwesens und europäische Bestimmungen machen sie nicht rückgängig. Die Schwierigkeiten entwickelten sich allein auf der »Nachfrageseite«, als das Geld- und Kreditvolumen zu rasch expandierte und dadurch die Preise für Vermögenswerte, insbesondere für international nicht gehandelte Güter wie Häuser, explodierten. Dieser Trend konnte natürlich nicht unbegrenzt weitergehen, sondern mußte, wenn er nicht von selbst zu einem Ende kam, gestoppt werden. Andererseits waren die Reformen auf der »Angebotsseite« äußerst erfolgreich. Sie bewirkten eine höhere Effektivität und Flexibilität, wodurch die britische Wirtschaft ihre Stellung auf den Märkten im In- und Ausland verbessern konnte. Ohne diese Reformen hätte es weder einen so raschen konjunkturellen Aufschwung noch die Rentabilitätssteigerungen, die Erhöhung des Lebensstandards und die Zunahme der Arbeitsplätze gegeben: kurz gesagt, das Land wäre jetzt ärmer.

Entscheidend war die Reform der Gewerkschaften. Die wichtigsten Veränderungen fanden zwischen 1982 und 1984 statt; sie wurden bereits recht ausführlich beschrieben. Doch der Prozeß ging weiter bis zu meinem Rücktritt. Das 1988 verabschiedete Beschäftigungsgesetz (Employment Act), das auf Zielsetzungen in unserem Parteiprogramm zurückging, gab dem einzelnen Gewerkschaftsmitglied mehr rechtliche Möglichkeiten, sich gegen Streikaktionen zu wehren, die von seiner Gewerkschaft ohne Urabstimmung ausgerufen werden, und gegen Versuche der Gewerkschaft, ihre Mitglieder zu »disziplinieren«, wenn sie sich weigern, am Streik teilzunehmen. Zudem verlangt das Gesetz, einen

Beauftragten zu berufen, der den einzelnen Gewerkschaftsmitgliedern bei der Wahrnehmung ihrer Rechte helfen soll. Darüber hinaus müssen die Gewerkschaften jetzt auch ihre Geschäftsbücher offenlegen. Das Beschäftigungsgesetz von 1990 machte endlich Schluß mit den *closed shops*, dieser Einrichtung, die in den siebziger Jahren so viele Menschen wie in Leibeigenschaft gehalten hatte. Von nun an war es gesetzwidrig, jemandem aufgrund seiner Mitgliedschaft (oder auch Nicht-Mitgliedschaft) in einer Gewerkschaft die Anstellung zu verweigern. Die Macht der Gewerkschaften zu beschneiden und den Gewerkschaftsmitgliedern mehr Rechte und Verantwortung zu übertragen bedeutete, restriktive Praktiken zu überwinden – und dies war die Voraussetzung für einen wirklich funktionierenden Arbeitsmarkt und für möglichst geringe Lohnstückkosten, die andernfalls weiterhin höher gelegen hätten. Die Abschaffung des Dock Labour Scheme (Dockarbeiterprogramm)[1] – eines Sinnbilds für moderne Maschinenstürmerei – war ein weiterer Schlag gegen restriktive Praktiken.

Die beschriebenen Reformen zeitigten dauerhafte und positive Auswirkungen. Die Führungskräfte konnten jetzt wieder das Management bestimmen, und die Rendite floß wieder in erster Linie in Investitionen. Darüber hinaus bewirkten die Reformen einen Gesinnungswandel der Beschäftigten gegenüber den Firmen, für die sie arbeiteten; immer mehr Beschäftigte erwarben Aktien ihres Unternehmens. So gab es in meinem letzten Amtsjahr so wenig Arbeitsniederlegungen wie seit 1935 nicht mehr: Keine zwei Millionen Arbeitstage gingen durch Streiks verloren, während es in den siebziger Jahren im Durchschnitt jährlich fast 13 Millionen Arbeitstage gewesen waren. Doch es waren immer noch zu viele.

Zusätzlich führten wir Reformen durch, um eine bessere Qualifizierung der Arbeitskräfte zu erreichen, und halfen den Arbeitnehmern, an den neuen Arbeitsplätzen angemessene Ausbildung und Fachkenntnis zu bekommen. In meinem letzten Amtsjahr gab unsere Regierung – nach der Kaufkraft berechnet – etwa zweieinhalbmal soviel für Aus- und Fortbildungsmaßnahmen aus wie die letzte Labour-Regierung. Natürlich besteht immer die Gefahr, daß »Fortbildung« zum Selbstzweck wird, einen eigenen bürokratischen Apparat erzeugt und eine Eigendynamik entwickelt, insbesondere, wenn es sich um öffentliche Gelder in dieser Größenordnung handelt. Deshalb war ich sehr darauf bedacht, möglichst viele Bereiche, denen Verwaltungstätigkeit und Entscheidungsbefugnis bei diesen großen, staatlich finanzierten Programmen oblag, zu dezentralisieren. Von 1988 an wurden Training and Enterprise Councils (TEC) eingerichtet, die für die Durchführung der Programme verantwortlich waren. Sie setzten sich aus Vertretern örtlicher Unternehmen zusammen, die besser als jeder »Experte« wußten, welche Fertigkeiten tatsächlich benötigt wurden.

Eine weitere Neuerung, an der mir sehr viel lag, war die Einführung von Fortbildungsgutscheinen – wobei ich gebeten wurde, sie aus Rücksicht auf das Selbstverständnis der Fortbildungseinrichtungen immer als »Credits« zu bezeichnen. Nach dieser Regelung konnten die Schulabgänger frei wählen, wo sie ihre Gutscheine, die zu einem bestimmten Maß an Fortbildung berechtigten, einlösen wollten – bei einem Arbeitgeber, bei einem örtlichen weiterführenden College oder bei einer anderen anerkannten Ausbildungsstätte. Der psychologische Grundgedanke bei dieser Regelung war der gleiche wie bei allen anderen Gutschein-Systemen: Wenn jemand seine Zukunft selbst in die Hand nehmen darf, wird er mehr Interesse dafür aufbringen, als wenn ihm eine Institution unter zentraler Leitung vorschreibt, was er zu tun hat. Und es gibt absolut keinen Grund, warum Menschen, die in den Genuß staatlicher Beihilfen kommen, keine Wahlmöglichkeiten haben und keine Verantwortung für sich selbst übernehmen sollen. Diese Überlegung stand auch im Mittelpunkt der Reformen, die wir in unserem Wahlprogramm 1987 ankündigten: Die Menschen sollten mehr Rechte zur Eigenverantwortlichkeit bekommen. Dies ist heute, da die Gefahr einer Abhängigkeit vom Sozialstaat allgemein anerkannt ist, vielleicht von noch größerer Bedeutung als damals.

Die Wohnungssituation ist ein wesentlicher Faktor für einen gut funktionierenden Arbeitsmarkt. Wenn die Menschen nicht in Gegenden mit genügend Arbeit ziehen können – »sich aufs Rad schwingen«, um Norman Tebbits unsterblich gewordenen Ausspruch zu zitieren –, wird es immer Regionen geben, in denen ein hoher Grad an Arbeitslosigkeit herrscht. Und je weniger die Leute willens sind, mobil zu bleiben, um so lauter wird der Ruf ertönen, der Staat solle lenkend eingreifen und Firmen per Zwang oder Anreiz dazu bringen, sich in wirtschaftlich ungünstigen Gegenden anzusiedeln, um dort Arbeitsplätze zu schaffen. Mietwohnungen von privater Seite wären ideal, um ein Angebot an billigen, zeitlich oft nur begrenzt genutzten Unterkünften zu schaffen, die Arbeitssuchende wohl am ehesten suchen. Nach Jahrzehnten der Mietpreisbindung wird Privatvermietung allgemein mit Ausbeutung und schlechten Konditionen gleichgesetzt – und das ist praktisch nur in Großbritannien der Fall. Deshalb war es nicht möglich gewesen, radikale Schritte zu ergreifen, um den seit dem Ersten Weltkrieg anhaltenden Rückgang an privat vermietetem Wohnraum zu stoppen.

In unserem Wahlprogramm von 1987 versprachen wir – und setzten dies in unserem Gesetz zum Wohnungswesen (Housing Act) von 1988 dann auch um –, Maßnahmen zu ergreifen, um den privaten Wohnungssektor wieder anzukurbeln. Wir entwickelten zwei Konzepte – die ursprünglich 1980 eingeführt worden waren – weiter, nämlich das kurzfristige Mietverhältnis (kurzzeitige Vermietung zu Marktpreisen, nach der der Vermieter die Wohnung wieder übernehmen kann) und das gesicherte Mietverhältnis (ebenfalls zu Marktpreisen, aber mit gesicherter Mietdauer). Diese Maßnahmen zeigten einen gewissen Erfolg, denn zumindest konnte der Rückgang von privat vermieteten Wohnungen gebremst werden; es wird aber gewaltiger Veränderungen in der Einstellung der Menschen bedürfen, wenn der Markt an privaten Mietwohnungen so wachsen soll, daß er Arbeitskräften wirklich zu größerer Mobilität verhilft.

Auf der anderen Seite ist der soziale Wohnungsbau der größte Hemmschuh für Mobilität. In vielen großen Siedlungen des sozialen Wohnungsbaus leben Menschen zusammen, die zwar keine Arbeit haben, aber sich einer praktisch unkündbaren Wohnung mit subventioniertem Mietpreis erfreuen. Dadurch fehlt ihnen jeder Anreiz, ihre Wohngegend zu verlassen, und dadurch bestärken sich die dort lebenden Menschen gegenseitig in ihrer Passivität und verhindern, daß einer von ihnen Initiative ergreift. So entsteht eine Kultur, in der die Arbeitslosen zufrieden von der staatlichen Hilfe leben und wenig Antrieb entwickeln, umzuziehen und nach Arbeit zu suchen.

Die Tatsache, daß während meiner Amtszeit die Zahl der Wohnungen und Häuser in Privatbesitz stark stieg und sich dadurch der Bestand der in öffentlicher Hand befindlichen Sozialwohnungen verringerte, wirkte sich sehr positiv auf die Wirtschaft aus. Aus engstirnigen finanziellen Gründen wurde versucht, dies abzustreiten. Der am häufigsten geäußerte Vorwurf lautete, weil die Hypothekenzinsen steuerlich absetzbar waren, sei ein zu großer Teil des nationalen Sparvermögens in Ziegelsteine und Mörtel geflossen und somit nicht genügend Geld für die Industrie übriggeblieben. Das halte ich nicht für richtig. Erstens wird dabei die Tatsache übersehen, daß für viele Leute ein durch Hypotheken finanzierter Hauskauf die hauptsächliche vermögensbildende Maßnahme darstellt. Andererseits würden diese Menschen ihr Geld kaum in Aktien anlegen oder eine Firma gründen: Sosehr unsere Gesellschaft auch von unternehmerischem Denken geprägt ist, sind die meisten Leute doch keine geborenen Unternehmer. Ein Haus zu kaufen ist für viele Leute der erste Schritt zu weiteren Investitionen. Zweitens ist die Behauptung, die britische Industrie sei in den vergangenen Jahrzehnten aufgrund mangelnder Investitionen zurückgefallen, bestenfalls die halbe Wahrheit. Tatsache ist, daß viele Investitionen auf falsche Weise getätigt und schlecht plaziert wurden. Was Großbritannien in der Vergangenheit fehlte, waren die richtigen Gelegenheiten, aus den getätigten Investitionen Nutzen zu ziehen – und zwar aufgrund geringer Produktivität, schlechter Beziehungen zwischen Arbeitnehmern und Arbeitgebern, geringer Renditen und schlechten Managements. Allerdings muß es zusätzlich zu dem großen Bestand an Wohnungen in Privatbesitz genügend Mietobjekte von privater Seite geben, was bei uns nicht der Fall ist. Auf diesem Gebiet waren wir nur bedingt erfolgreich, und der private Mietwohnungssektor ist ein Bereich, in dem ich, wäre mir die Zeit geblieben, gerne mehr unternommen hätte.

Ganz anders verhielt es sich bei der Beseitigung einschränkender Bestimmungen im Wirtschaftsbereich. Jedes Jahr wurden unnötige Vorschriften, die die Wirtschaft nur behinderten, gestrichen. David Young, der ab Juni 1987 im Wirtschaftsressort tätig war, hat hierbei besonders tatkräftig mitgewirkt. So verlagerte er auch den Schwerpunkt der Fördermittel, die das Wirtschaftsministerium gewährt, auf die Schaffung von Arbeitsplätzen, kleine Firmen und Innovationen. Es war nicht bloße Spielerei, als dieses Ministerium, das sich bislang vorwiegend als Sponsor der staatseigenen Industrie und der Schwerindustrie betätigt hatte, in »Ministerium für Unternehmen« umgetauft wurde. Eine kontinuierliche Deregulierung ist deshalb so wichtig, weil ansonsten allzu leicht Regulierungen wieder an Boden gewinnen. Die Zwänge des modernen Lebens (oder zumindest der modernen Politik, was nicht immer das gleiche ist) verlangen nach immer mehr Kontrollen – um die Konsumenten, die Investoren, die Umwelt und, in immer stärkerem Maße, mächtige Lobbys in der Europäischen Gemeinschaft zu schützen. Dabei vergessen manche leicht die Wahrheit, daß ein Mehr an hemmenden Bestimmungen höhere Kosten verursacht, was geringere Wettbewerbsfähigkeit und weniger Arbeitsplätze bedeutet und damit weniger Geld vorhanden ist, um die Lebensqualität im Laufe der Jahre zu erhöhen.

In all diesen Bereichen – der Macht der Gewerkschaften, der Aus- und Fortbildung, der Gängelung des Wohnungsmarktes und der Wirtschaft – erzielten wir mehr oder minder große Fortschritte, indem wir die »Angebotsseite« der Wirtschaft stärkten. Doch die wichtigsten und weitreichendsten Veränderungen fanden mit der Steuerreform und der Privatisierung statt. Durch Steuersenkungen wurden für den Handarbeiter wie für den Konzernchef gleichermaßen neue Anreize geschaffen, und die Privatisierung verlagerte das Gewicht von der wenig leistungsfähigen staatlichen auf die leistungsstärkere private Wirtschaft. Das waren die Pfeiler, auf denen unsere Wirtschaftspolitik ruhte.

Steuersenkungen und Steuerreformen

Die von Nigel Lawson durchgeführten Steuerreformen weisen ihn als einen Schatzkanzler von hohem Sachverstand und schöpferischer Vorstellungskraft aus. Wir hatten zwar manche Differenzen – nicht zuletzt über die steuerliche Abzugsfähigkeit von Hypothekenzinsen, die er vermutlich am liebsten gestrichen und deren Schwellenbetrag ich zweifellos gerne höher angesetzt hätte. Aber Nigel hielt im allgemeinen nichts davon, um Rat zu fragen oder

Ratschläge anzunehmen. Sicherlich meinte er, das nicht nötig zu haben. Er praktizierte das genaue Gegenteil des akademischen Stils, den Geoffrey Howe vor ihm gepflegt hatte. Nigels Spezialität bestand darin, mir seine Haushaltsvorschläge vorzulegen, nachdem er sie bereits vollständig ausgearbeitet hatte; dabei durfte nicht einmal ein Privatsekretär anwesend sein, um Notizen zu machen. Am liebsten unterbreitete er mir seine Vorschläge an einem Sonntag Ende Januar, beim Dinner in der Downing Street Nummer 11. Hätte ich mich darauf beschränkt, mich nur bei diesen formellen Anlässen über seine Pläne zu informieren, wäre es für mich schwierig gewesen, wirklich auf sie Einfluß zu nehmen. Jeder hätte sich überfordert gefühlt, beim Kaffee nach dem Essen solch komplexe Themen verdauen zu müssen. In Wahrheit aber weihten mich Informanten aus dem Schatzamt vorab und in aller Heimlichkeit ein – obschon ihnen bewußt war, daß sich diese Heimlichtuerei mir gegenüber, die ich ja immerhin den Titel »First Lord of Treasury« trug, keinesfalls schickte. Meine Informanten beschworen mich, mein Wissen nicht preiszugeben, bevor Nigel mir stolz seine Haushaltspläne verkündete. Zumindest verschaffte mir das eine bessere Ausgangslage, wenn ich seine Vorschläge zu Steueränderungen kritisieren oder Einspruch gegen bestimmte Maßnahmen erheben wollte.

Tatsache bleibt, daß Nigels Haushaltspläne im wesentlichen von ihm selbst stammten. Und wenn er einerseits die Hauptverantwortung für die politischen Fehler trägt, die unseren Erfolg bei der Inflationsbekämpfung zunichte machten, so gebührt ihm andererseits der Löwenanteil an dem Verdienst für die genialen Maßnahmen in seinen Haushaltsentwürfen.

Nigels Haushaltspläne zeichneten sich vor allem durch Klarheit und Intelligenz aus. Während Geoffrey Howe als Schatzkanzler instinktiv ausgewogene Maßnahmenpakete anstrebte, bevorzugte Nigel Lawson Haushaltsentwürfe, die unter einem zentralen Thema standen oder auf einen bestimmten Zweck abzielten. Geoffrey neigte stets zur Vorsicht, selbst wenn er damit nur unspektakuläre Wirkungen erzielte, während Nigel in seinem Bestreben, ein fiskalisches Problem brillant zu lösen, bereit war, bei einer Gewinnsträhne alles aufs Spiel zu setzen. Er war wirklich ein geborener Spieler.

Der Haushalt von 1984 war allerdings Nigels Meisterstück. Er strich den Steuerzuschlag für Einkünfte aus Kapitalvermögen, der die zumeist älteren Sparer ungerechterweise belastet hatte, und schaffte endlich auch den Zuschlag auf die Sozialversicherung ab, den Geoffrey bereits gekürzt hatte. Doch die wichtigste Reform war die stufenweise Rücknahme der Steuererleichterungen für Unternehmen bei gleichzeitiger Senkung der Sätze für die Körperschaftssteuer. Das verbesserte die Plazierung und Qualität von Unternehmensinvestitionen und schuf in großem Umfang neue wirtschaftliche Anreize. 1985 war der Haushalt zwar weniger spektakulär, aber wie 1984 setzte er die Freibeträge der Einkommenssteuer deutlich über der Inflationsrate an. 1986 fällte Nigel eine meines Erachtens völlig richtige politische Entscheidung. Er senkte nämlich den Eingangssatz der Einkommenssteuer um einen Penny, wodurch deutlich signalisiert wurde, daß wir ihn in zukünftigen Haushaltsplänen, bei größerem Spielraum, nicht vergessen würden. Nigel führte auch Personal Equity Plans (PEP) ein, d. h. Programme zur individuellen Vermögensbildung und Alterssicherung, und schuf dadurch Anreiz für den Erwerb von Aktien in breiten Bevölkerungsschichten – eine Art Förderung des Volkskapitalismus. 1987 senkte er den Eingangssatz noch einmal um zwei Pence, sorgte aber dafür, das dies nicht wie ein Wahlgeschenk aussah, indem er die mittelfristige Finanzplanung auf das Ziel festlegte, die öffentliche Kreditaufnahme nicht über ein Prozent des Bruttoinlandsprodukts steigen zu lassen – eine Grundregel fiskalischer Vernunft.

Umstrittener war Nigels Haushalt von 1988. Ich hatte damals meine Zweifel, weil ich – zu Recht – spürte, daß die finanziellen Rahmenbedingungen außer Kontrolle gerieten. Obgleich nicht der Finanz-, sondern der Geldpolitik die entscheidende Rolle bei der Inflationsbekämpfung zufällt, ist es richtig, auch die Entwicklung der Steuern und Kredite sorgfältig im Auge zu behalten. Gewiß beeinflußt die Höhe der staatlichen Kreditaufnahme nicht nur die Höhe der Zinssätze, die entscheidend sind für die Steuerung des Geldmarktes; andererseits muß man auch bedenken, daß eine zu hohe Verschuldung und zu geringe Rücklagenbildung im Privatsektor – wie 1988 und 1989, als die Sparquote bei 5,6 bzw. 6,6 Prozent lag – ausgeglichen werden sollte, indem man einerseits die Steuern erhöhte und andererseits weniger öffentliche Kredite aufnahm oder die Tilgung der öffentlichen Schulden erhöhte.

Zunächst stellte ich den Umfang – nicht die Art – der Steuersenkungen, die Nigel vorgeschlagen hatte, in Frage, teils aus den bereits genannten Gründen und teils, weil ich – wiederum zu Recht – spürte, daß umfangreiche Einkommensteuersenkungen in einem Klima übertrieben großen Vertrauens der Konsumenten und der Wirtschaft psychologische Auswirkungen haben können, die zwar von der fragwürdigen Wirtschaftswissenschaft nicht berechenbar, aber dennoch real sind. Es hätte die Wirtschaft angeheizt, die jetzt schon überhitzt zu sein schien. Es beruhigte mich aber weitgehend, als ich sah, daß im Haushaltsentwurf eine sehr hohe Kredittilgung der öffentlichen Hand vorgesehen war und der zu erwartende Haushaltsüberschuß drei Milliarden Pfund betragen sollte (obwohl diese Zahl durch die Privatisierungsmaßnahmen verzerrt wurde). Darüber hinaus betrug der Haushaltsüberschuß 1988–1989 14 Milliarden Pfund. Ich glaube daher, daß – abgesehen von einer rein technischen, aber folgenschweren Einschränkung – Nigels Haushaltsplan von 1988 ein Erfolg war. Die Kürzungen des Eingangssatzes bei der Einkommensteuer auf 25 Pence und des Spitzensatzes auf 40 Pence schufen sehr große Anreize, insbesondere für die fähigen, international umtriebigen Leute, die für den wirtschaftlichen Erfolg so wichtig sind.

Der rein technische Punkt, der so starke Auswirkungen zeigte, war eine Veränderung im System der steuerlichen Abzugsfähigkeit von Hypothekenzinsen: Die 30 000-Pfund-Grenze galt nun nicht mehr für jeden einzelnen Käufer einer Immobilie, sondern für die Immobilie selbst. Die Begünstigung von Paaren, die ohne Trauschein zusammenlebten, war damit aufgehoben. Diese Änderung wurde bereits im April angekündigt, trat aber erst im August in Kraft. Zeit genug also, um den Immobilienmarkt kräftig anzuheizen, weil die Leute noch schnell die Gesetzeslücke ausnutzen wollten und Hypotheken aufnahmen. Dabei war der Immobilienmarkt zu dieser Zeit schon überhitzt genug. Davon abgesehen waren die neuen Steuerregelungen im Haushalt 1988 insgesamt richtig dimensioniert und zielten in die richtige Richtung. Wäre die sie begleitende Geldpolitik nicht so unkontrolliert gewesen, so hätte alles seine beste Ordnung gehabt.

Doch 1989 erhielt selbst Nigels schier grenzenloses Vertrauen in die konjunkturellen Aussichten einen Dämpfer. Die Geldpolitik war auf einen stark restriktiven Kurs umgeschwenkt, um die Inflation zu bremsen. Aber wie stand es mit der Steuerpolitik? Zweifellos war der Haushaltsüberschuß ebensosehr Ausdruck für das rasante Wirtschaftswachstum, das zu höheren Steuereinnahmen führte, wie für die grundlegende finanzielle Solidität; von daher war es schwierig, dafür einzutreten, diesen hohen Haushaltsüberschuß noch weiter zu erhöhen.

Als ich mich am Sonntag, dem 12. Februar, mit Nigel zu unserer regelmäßigen Unterredung traf, bereitete es mir weniger Schwierigkeiten als sonst, ihn dazu zu bewegen, sich meiner Sichtweise anzuschließen. Ich drängte ihn, seine Kabinettsvorlage zu überarbeiten. Sie sollte weniger selbstzufrieden klingen, und er sollte den Gedanken aufgeben, die Einkommenssteuer erneut um einen Penny zu senken, weil dies meiner Meinung nach psychologisch unklug war. Außerdem sollte er seinen Vorschlag, die Renten zu besteuern, fallenlassen und statt dessen die Einkünfteregelung streichen.[2] Ich betonte auch, daß in der Geldpolitik die Zügel nicht gelockert werden dürfen. Er war mit all diesen Vorschlägen einverstanden: Einen Teil der verfügbaren Erträge verwendete er, um sinnvolle Veränderungen in der Beitragsstruktur der Sozialversicherung für Angestellte durchzuführen.

Doch er entschloß sich, die Verbrauchssteuern nicht entsprechend der Inflationssteigerung zu erhöhen, was zur Folge hatte, daß die Inflationsrate künstlich gesenkt wurde. Dies wiederum veranlaßte ihn zu der Vorhersage, die Inflation werde bis auf etwa acht Prozent steigen, bevor sie in der zweiten Jahreshälfte auf 5,5 und vielleicht sogar auf 4,5 Prozent im zweiten Vierteljahr 1990 zurückgehen werde. Im zweiten Vierteljahr 1990 jedoch lag sie nicht bei 4,5 Prozent, sondern näherte sich der 10-Prozent-Marke an. Wir alle, einschließlich Nigel, hatten nicht erkannt, daß der Inflationsschub, der durch die Ankoppelung des Pfundes an den Kurs der D-Mark ausgelöst wurde, so stark war. Aber 1990 hatte »Mr. 10 Prozent« bereits sein Amt niedergelegt und es anderen überlassen, mit den Folgen fertig zu werden.[3]

John Major unterschied sich als Schatzkanzler in mancher Hinsicht allzusehr von Nigel Lawson. Es kam mir seltsam vor, daß er, der ja ein kompetenter Staatssekretär gewesen war, nicht besser mit den schwierigen Fragen zurechtkam, die sich ihm nach seiner Rückkehr ins Schatzamt stellten. Aber wahrscheinlich hatte Nigel alle wichtigen Entscheidungen selbst getroffen, und John hatte bloß einen kurzen Blick auf sie werfen dürfen. Zur Vorbereitung des Haushalts 1990 beriefen wir eine Expertenrunde ein, an der neben John und mir Richard Ryder, der Staatssekretär für Wirtschaft im Schatzamt, und weitere Regierungsbeamte teilnahmen. (Nigel hätte sich nicht im Traum vorstellen können, zur Haushaltsplanung ein solches Gremium einzuberufen.) Wir kamen nicht sehr weit, was aber nicht Johns Schuld war. Das Problem bestand vielmehr darin, daß wir den Glauben in die Vorhersagen verloren hatten. Ich stimmte mit John nur in einem Punkt nicht überein: Eine neue Kreditsteuer kam nicht in Frage. Dabei hielt ich die Einschätzung für bedenkenswert, daß die Banken und Bausparkassen zu leicht Kredite vergaben und dies dazu führte, daß unzuverlässige oder auch nur unerfahrene Kreditnehmer sich in Schulden stürzten. Aber ich hegte keinen Zweifel, daß ein Versuch, diese Entwicklung durch eine Kreditsteuer zu stoppen, uns der öffentlichen Unterstützung, die einer puritanischen Politik im allgemeinen entgegengebracht wird, berauben würde. Es würde ein hedonistischer Aufschrei erfolgen, weil dann die Videorecorder, die teuren Mahlzeiten in Restaurants, die Sportwagen und der Urlaub im Ausland nicht mehr erschwinglich wären. Eine Kreditsteuer hätte zudem die Teuerungsrate in die Höhe getrieben – wenn auch nur einmal. Innerhalb des engen Spielraums, der unter diesen Umständen zur Verfügung stand, war aber John Majors einziger Haushaltsentwurf relativ erfolgreich. Er enthielt mehrere bemerkenswerte Vorschläge, um die erbärmlich niedrige Sparquote wieder zu heben. Doch zu diesem Zeitpunkt wäre bereits mehr nötig gewesen als ein gesunder Haushaltsplan – mehr sogar, als ein Premierminister und ein Schatzkanzler auf der gleichen politischen Linie leisten konnten –, um die politischen und wirtschaftlichen Folgen abzuwenden, die durch eine Verschärfung der Inflation entstanden.

Daß der erneute Anstieg der Inflation und die nachfolgende Rezession die positiven Folgen der Steuerreformen, die Nigel Lawson durchgeführt hat, überschatteten, bedeutet nicht, daß sie kei-

ne Wirkung mehr hatten. Die Inflation ist ein Zerrspiegel; doch
wenn man sie wieder in den Griff bekommt, wird man sehen, daß
sie nicht die Steigerung der wirtschaftlichen Leistung zunichte
machen kann, die niedrigere und einfachere Steuern bewirken.
Nur eine Sache kann diese Gewinne auf der »Angebotsseite«
unterminieren: wenn die öffentlichen Ausgaben außer Kontrolle
geraten, wodurch die Kreditaufnahme steigt und schließlich Steuererhöhungen nötig werden, die wirtschaftliche Anreize zerstören.
Als ich aus dem Amt schied, waren sowohl die öffentlichen Ausgaben als auch die öffentliche Kreditaufnahme streng unter Kontrolle. Wir rechneten sogar mit einem Haushaltsüberschuß. Und während meiner Amtszeit sanken die öffentlichen Ausgaben – bezogen
auf den Anteil am Bruttoinlandsprodukt – von 44 Prozent im Jahre 1979/80 auf 40,5 Prozent im Jahre 1990/91.

Seither (1993/94) sind sie auf 45,5 Prozent des BIP gestiegen,
und die Kreditaufnahme der öffentlichen Hand (50 Milliarden)
liegt mittlerweile bei acht Prozent des BIP. Diese Zahlen erinnern
fatal an vergangene Zeiten. In der Politik gibt es keine endgültigen
Siege.

Privatisierung

Die Privatisierung war neben der Steuerreform ein weiterer
wesentlicher Faktor, der zur Verbesserung der wirtschaftlichen
Leistung Großbritanniens beitrug. Doch für mich bedeutete sie
weitaus mehr als das: Privatisierung war eine der zentralen Maßnahmen, um die korrumpierenden und zerstörerischen Folgen des
Sozialismus zu beheben. Staatseigentum – das heißt, daß der
Eigentümer eine unpersönliche juristische Körperschaft ist, über
die letztlich Politiker und Beamte die Kontrolle ausüben. Es ist
falsch, Staatseigentum als »Besitz der Allgemeinheit« zu bezeichnen, wie die Labour Party das tut. Durch Privatisierung hingegen
– insbesondere die Art Privatisierung, bei der Aktien an einen
möglichst großen Teil der Bevölkerung ausgegeben werden – wird
die Macht des Staats verringert und die des Volks vergrößert.
Während Verstaatlichung Dreh- und Angelpunkt des kollektivisti-
schen Programms war, mit dem die Labour-Regierungen eine

Umformung der britischen Gesellschaft zu betreiben versuchten, so ist Privatisierung Kernpunkt eines jeden Programms, mit dem der Freiheit zum Sieg verholfen werden soll. So unterschiedliche Ansichten es über die Modalitäten des Verkaufs, den Aspekt des Wettbewerbs oder die Rahmenvorschriften in einzelnen Fällen geben mag – und geben muß –, so darf dieser grundlegende Zweck der Privatisierung nicht übersehen werden. Diese Überlegungen zogen weitreichende praktische Konsequenzen nach sich: Wenn man die Wahl hatte, auf ideale Bedingungen zur Privatisierung zu warten, die möglicherweise erst in vielen Jahren eintreten würden, oder sich für einen Verkauf innerhalb eines politisch festgelegten zeitlichen Rahmens zu entscheiden, so war es vorteilhafter, die zweite Möglichkeit zu ergreifen.

Natürlich stellten auch die unmittelbaren wirtschaftlichen Gesichtspunkte ein überzeugendes Argument für die Privatisierung dar. Der Staat sollte nicht geschäftlich tätig sein. Staatsunternehmen können nicht bankrott gehen – zumindest ist diese Gefahr fast ausgeschlossen –, während Privatunternehmen sehr wohl damit rechnen müssen und deshalb effizienter wirtschaften. Wenn Staatsbetriebe investieren, heißt das, daß aus der Staatskasse Geld bereitzustellen ist, das dann zum Beispiel im Schulwesen oder beim Straßenbau fehlt. Dies bedeutet, daß Investitionsentscheidungen bei Staatsbetrieben nach völlig anderen Kriterien als bei Privatunternehmen gefällt werden. Und allen Bemühungen (nicht zuletzt der konservativen Regierungen) zum Trotz findet sich kein auch nur halbwegs befriedigender Ansatz, auf welcher Grundlage die Zukunft staatseigener Industrien geplant werden könnte. Man kann zwar Produktionsziele festlegen, Warnungen aussprechen, die Leistungen kontrollieren und einen neuen Vorstand berufen – und dies alles wirkt sich durchaus positiv aus. Doch staatseigene Betriebe funktionieren niemals so wie richtige Unternehmen. Schon allein der Umstand, daß letzlich der Staat im Namen der Unternehmen vor dem Parlament Rechenschaft ablegen muß und nicht ein Vorstand gegenüber seinen Aktionären, hat zur Folge, daß Staatsbetriebe niemals wie Privatunternehmen arbeiten können. Es fehlt dafür einfach der Anreiz.

Privatisierung ist kein Allheilmittel. Sie fördert zuerst einmal, wie ich noch zeigen werde, bislang verdeckte Probleme zutage, die dann in Angriff genommen werden können. Die Eingliederung von Monopolbetrieben oder Quasi-Monopolbetrieben in den Privatsektor muß sorgfältig kontrolliert werden, um einen Mißbrauch der Marktmacht, sei es nun zu Lasten der Konkurrenten (sofern es sie gibt) oder zu Lasten der Verbraucher, zu verhindern. Auch hinsichtlich der Wirtschaftslenkung gibt es gute Gründe für die Privatisierung: Sie sorgt für mehr Transparenz und größere Disziplin. Überhaupt gibt es überwältigende Beweise dafür, welche miserablen Leistungen erzielt werden, wenn der Staat ein Unternehmen lenkt oder Dienstleistungen bereitstellt. Die Anhänger der Planwirtschaft müssen erst noch nachweisen, warum ausgerechnet der Staat eine bestimmte wirtschaftliche Leistung erbringen soll, anstatt immer nur zu behaupten, daß die Privatwirtschaft diese Leistung nicht erbringen darf.

Da heute fast jeder Lippenbekenntnisse zur Privatisierung abgibt, fällt es schwer, sich in Erinnerung zu rufen, wie revolutionär – und praktisch unvorstellbar – dieser Gedanke Ende der siebziger Jahre erschien. In unserem Wahlprogramm 1979 wurde das Thema nur vorsichtig angeschnitten; wir versprachen lediglich, »die kürzlich verstaatlichten Luftfahrt- und Schiffsbaukonzerne zu reprivatisieren und den Firmenangehörigen die Möglichkeit zum Erwerb von Aktien zu geben« und Anteile der National Freight Corporation zum Verkauf freizugeben.

Aufgrund der schweren Rezession waren die Erfolgsaussichten einer Privatisierung in den ersten Jahren recht gering, denn das Vertrauen in den Markt hatte einen Tiefpunkt erreicht, und die verstaatlichten Industrien hatten große Verluste gemacht. Dennoch, als 1983 die Parlamentswahlen bevorstanden, arbeiteten British Aerospace und das National Freight Consortium (wie es mittlerweile heißt) als gewinnbringende Privatunternehmen, letzteres nach einem äußerst erfolgreichen Buy-out durch Management und Belegschaft. Auch die Unternehmen Cable and Wireless, Associated British Ports, Britoil (ein 1975 von Labour für Probebohrungen und Förderung von Nordsee-Öl gegründeter Staatsbetrieb), British Rail Hotels und Amersham International (ein Unternehmen, das auf radioaktive Stoffe für industrielle, medizinische und wissenschaftliche Zwecke spezialisiert ist) waren ganz oder teilweise reprivatisiert worden.

Zu der Zeit verhinderten die großen Verluste von British Ship-building und die umfassende Neustrukturierung, die bei British Airways notwendig war, einen Verkauf dieser beiden Konzerne, doch in beiden Fällen trug die geplante Privatisierung maßgeblich dazu bei, daß sich die Firmen größere finanzielle Disziplin auferlegten und sich um besseres Management bemühten. Das Gesetz zur Privatisierung der British Telecom war in der vorausgegangenen Legislaturperiode vom Parlament abgelehnt worden und sollte dem neugewählten Unterhaus abermals vorgelegt werden. Im Wahlprogramm von 1983 wurde die Privatisierung all dieser Betriebe erwogen, ebenso wie die von Rolls-Royce sowie großer Teile von British Steel, British Leyland und der britischen Flughäfen. Auch bei der National Bus Company sollte eine privatwirtschaftliche Beteiligung größeren Umfangs erfolgen. Außerdem wiederholten wir unser Versprechen, Firmenangehörigen den Kauf von Aktien anzubieten. Doch der wichtigste Punkt von allen war wohl, daß wir uns um »größeren Wettbewerb innerhalb der Gas- und Elektrizitätswirtschaft und um [Anreize] für Privatinvestoren für diese Betriebe« bemühen würden. Tatsächlich erfolgte die Privatisierung der Gaswerke im Jahr 1986. Da sich die Privatisierung der Elektrizitätswerke komplizierter gestaltete, mußte dieses Vorhaben auf die nächste Legislaturperiode verschoben werden.[4] Im Wahlprogramm von 1987 rangierten die Elektrizitäts- und die Wasserwerke bei den Privatisierungsplänen an erster Stelle. Im Lauf der Jahre war das Thema Privatisierung also von einem relativ nebensächlichen Aspekt zu einem Hauptelement unserer politischen und wirtschaftlichen Zielsetzungen geworden, und diese Bedeutung behielt sie den Rest meiner Amtszeit bei. Warum?

Einen der Gründe habe ich bereits erwähnt. Durch die Verbesserungen der wirtschaftlichen Gesamtlage stiegen auch die Erfolgsaussichten einer Privatisierung. Mit unserem Privatisierungsprogramm betraten wir ständig Neuland, denn jeder Betrieb stellte uns vor seine eigenen Probleme. Jede Kapitalaufnahme durch Ausschüttung von Aktien und jeder Verkauf einer Firma an ein anderes Unternehmen warfen neue Schwierigkeiten auf. Einer der Nachteile, wenn man bei Reformprozessen Neuland betritt, liegt darin, daß man nur aus dem eigenen Handeln Erfahrungen ziehen kann – wie die Briten als Pioniere der industriellen Revolution sehr wohl wissen. Allmählich ging es nicht mehr ausschließlich darum, Betriebe zu privatisieren, die nur aufgrund sozialistischer Dogmen in öffentlicher Hand waren, sondern um die Privatisierung von öffentlichen Dienstleistungsbetrieben, und dies zu begründen war wesentlich schwieriger.

Besondere Freude bereitete es mir stets mitzuerleben, wie staatliche Unternehmen, die riesige Summen von Steuergeldern verschlungen und als Paradebeispiele für den Niedergang der britischen Industrie gegolten hatten, in erfolgreiche Privatbetriebe umgewandelt wurden. Allein schon die Aussicht der Privatisierung zwang solche Betriebe dazu, wettbewerbsfähig zu werden und rentabel zu arbeiten. Lord King warf das Ruder bei British Airways herum, indem er dem Unternehmen eine mutige Schlankheitskur verordnete, den Dienst am Kunden verbesserte und den Mitarbeitern Gewinnbeteiligungen einräumte. 1987 wurde BA als florierender Betrieb verkauft. 1988 wurde British Steel, ein Unternehmen, in das während der siebziger und frühen achtziger Jahre enorme Subventionen geflossen waren, als gewinnbringender Betrieb privatisiert. Doch am meisten Befriedigung bereitete mir wohl die Privatisierung von British Leyland (heute als Rover Group bekannt), trotz der fast endlosen Auseinandersetzungen über die Höhe der Anteile, die der Käufer – die ehemals staatliche British Aerospace – dafür erhalten hatte.

Mittlerweile hatte Rover in Graham Day einen ausgezeichneten Vorstandsvorsitzenden gefunden. Er unternahm große Anstrengungen, das zu tun, was meiner Überzeugung schon immer hätte getan werden müssen: Er stieß überflüssige Betriebsanlagen ab und sorgte für eine Steigerung der Produktivität. Das bedeutete allerdings nicht, daß die Ziffern in den Büchern dieses Unternehmens mich zufriedenstellten. Rover verschlang ungeheure Mengen Geld – seit unserem Amtsantritt 1979 hatte die Firma insgesamt 2,9 Milliarden Pfund öffentlicher Gelder erhalten –, und die Summe, für die die Regierung gemäß der Varley-Marshall-Bürgschaft geradezustehen hatte, lag bei rund 1,6 Milliarden Pfund. Wegen der früheren antiamerikanischen Hysterie, der Angst, daß unsere britische Autoindustrie von ausländischen Firmen übernommen würde, waren die Aussichten für einen Verkauf eines großen Automobilherstellers wenig vielversprechend, wenngleich Ford ebenso wie Volkswagen weiterhin Interesse signalisierten.[5]

Dies war der Stand der Dinge, als British Aerospace kurz vor Weihnachten 1987 Interesse am Erwerb von Rover andeutete. Daß es sich um ein ernsthaftes Angebot handelte, stellte sich erst allmählich heraus. Der Kauf war in industriepolitischer Hinsicht durchaus sinnvoll, denn die Autoindustrie würde – wenn sie von ihrer Schuldenlast befreit war und beträchtliche Investitionsspritzen erfolgt waren – den Produktionsbereich von British Aerospace ergänzen. Die Luftfahrtindustrie ist auf einige große Aufträge angewiesen, die unweigerlich nur in unregelmäßigen Abständen vergeben werden; der Fahrzeugmarkt dagegen ist beständiger. Und natürlich hatte der Verkauf an British Aerospace den großen politischen Vorteil, daß die Firma in britischer Hand blieb. Nach der Übernahme wurde David Young heftig dafür kritisiert, auf welche Art das Geschäft abgeschlossen worden war, doch in Wirklichkeit bewies er bei einer heiklen Aufgabe großes Geschick. Daß die Vertragsbedingungen neu formuliert werden mußten, demonstrierte lediglich, wie stark die EG-Kommission sich in Fragen staatlicher Unterstützung für die Industrie einmischte, und bedeutete keineswegs, daß der Abschluß nicht in Ordnung war. Letztlich garantieren nur zufriedene Kunden die Zukunft eines Unternehmens und die Sicherheit der dort bereitgestellten Arbeitsplätze, und Rover konnte keine Ausnahme von dieser Regel sein. Doch die Folgen des katastrophalen sozialistischen Experiments, dem die Firma unterworfen gewesen war, waren nun überwunden, und Rover war wieder in privater Hand – wohin das Unternehmen gehörte.

Die Privatisierung öffentlicher Versorgungsbetriebe

British Telecom war der erste Dienstleistungsbetrieb, der privatisiert wurde, und dieser Verkauf förderte mehr als alle anderen Maßnahmen den Aktienbesitz in breiten Bevölkerungsschichten. Rund zwei Millionen Menschen kauften Anteile; etwa die Hälfte von ihnen hatte nie zuvor Aktien besessen. Doch die Beziehung zwischen Privatisierung und Liberalisierung – das heißt der Möglichkeit größeren Wettbewerbs in der Telekommunikation – war äußerst komplex. Erste Schritte zur Liberalisierung hatte Keith

Joseph unternommen, der British Telecom von der Post abkoppel-
te, das Monopol für den Verkauf von Telefonapparaten aufhob
und der Firma Mercury eine Lizenz für den Aufbau eines konkurrierenden Telefonnetzes erteilte. Bei der Privatisierung selbst wurden weitere Liberalisierungsmaßnahmen durchgeführt.

Hätten wir allerdings weiterreichende Veränderungen vornehmen und British Telecom in mehrere Unternehmen aufteilen wollen – was aus Gründen des Wettbewerbs vorteilhaft gewesen
wäre –, so hätten wir die Privatisierung jahrelang hinauszögern
müssen, weil es bei British Telecom praktisch kein modernes Buch-
führungs- und Verwaltungssystem gab. Es war unmöglich, innerhalb kurzer Zeit verläßliche Zahlen vorzulegen, die private Investoren schließlich sehen wollen. Deshalb war ich sehr zufrieden,
als British Telecom im November 1984 schließlich erfolgreich privatisiert wurde, nachdem die Wahlen von 1983 eine Rücknahme
der ursprünglichen Gesetzesvorlage notwendig gemacht hatten.

Gleichzeitig wurde verbindlich festgelegt, daß die Preiserhö-
hungen der British Telecom über eine Reihe von Jahren hinweg
unter der Inflationsrate liegen mußten; die Behörde für Telekommunikation (Office of Telecommunications – OFTEL) kontrollierte die Einhaltung dieser Vorschrift. Dies war eine völlig neue
und, wie sich mit der Zeit herausstellte, sehr folgenreiche Bedingung. Die Formel »Teuerungsrate minus X« wurde nicht nur zum
Vorbild für die Privatisierung weiterer öffentlicher Versorgungsbetriebe in Großbritannien; sie wurde auch von anderen Ländern,
etwa den Vereinigten Staaten, übernommen.

Nach der Privatisierung erhöhte sich das Investitionsvolumen
bei British Telecom um das Doppelte, weil nun die Höhe der Investitionen nicht mehr durch die Regelungen begrenzt wurde, die
das Schatzamt im öffentlichen Bereich einzuhalten hat. Die Vorteile für die Kunden lagen ebenfalls auf der Hand: Die Preise sanken
drastisch, die Wartezeiten für Telefonanschlüsse verkürzten sich,
und die Zahl der öffentlichen Telefonzellen, die tatsächlich funk-
tionierten, stieg. Dies ist ein überzeugender Beweis dafür, daß Versorgungsbetriebe im privaten Sektor besser aufgehoben sind.

Bei der Privatisierung von British Gas, einem Unternehmen, das
sich fast vierzig Jahre in öffentlicher Hand befunden hatte, traten
vielfach die gleichen Probleme auf. Die British Gas Corporation

(BGC) war im wesentlichen für fünf Bereiche zuständig: den Kauf von Gas bei Ölfirmen, die es förderten; die Gasversorgung, einschließlich des Transports und der Verteilung des Gases, also der Weg von den Verladeplätzen an der Küste bis zum Verbraucher; die Exploration und Förderung von Gas, vorwiegend von Ölfeldern unter dem Meer; den Verkauf von Gasgeräten in eigenen Läden; die Installation und Wartung dieser Geräte. Von diesen Aufgaben konnte nur die zweite – die Versorgung des Verbrauchers mit Gas – als natürliches Monopol bezeichnet werden. Doch mehrere Gründe sprachen gegen eine grundlegende Umstrukturierung oder Aufteilung des Unternehmens. Der wichtigste Faktor war – so ironisch das klingt – die geringe Zeit, die zur parlamentarischen Regelung des Verkaufs verblieb. Die Privatisierung war durch den Bergarbeiterstreik 1984/85 unwiderruflich hinausgezögert worden. Sowohl die BGC als auch Energieminister Peter Walker waren entschlossen, das Unternehmen als Ganzes zu privatisieren, und ich brauchte ihre volle Unterstützung, um dieses Vorhaben wie geplant innerhalb unserer zweiten Legislaturperiode durchzusetzen. Angesichts dieser Umstände sprach vieles dafür, bei der Privatisierung der BGC dem Modell von British Telecom zu folgen, anstatt einen grundlegend neuen Ansatz zu suchen.

Deshalb stimmte ich bei einem Gespräch mit Peter Walker, Nigel Lawson und John Moore am 26. März 1985 einem Verkauf von British Gas als Ganzem zu. Das Rahmenwerk für Vorschriften und die Liberalisierung von Gasimporten und -exporten wurde zu einem vieldiskutierten Thema zwischen Peter Walker, der im Gegenzug für eine rasche Privatisierung eine gewisse Monopolstellung hinzunehmen bereit war, und dem Schatzamt sowie dem Wirtschaftsministerium, die großen Wert auf stärkeren Wettbewerb beim Import legten. Wir einigten uns schließlich auf eine Liberalisierung von Gasimporten, doch im großen und ganzen akzeptierte ich Peter Walkers Argumente, um die Privatisierung in der verfügbaren Zeit über die Bühne zu bringen. Ich halte meine Entscheidung nach wie vor für richtig, denn die Privatisierung war ein durchschlagender Erfolg. (Über die Probleme der Monopolstellung von British Gas zerbricht sich nun die Monopol- und Kartellkommission den Kopf.) Viereinhalb Millionen Menschen erwarben BGC-Aktien, darunter fast alle der 130 000 Firmenangehörigen.

Die Privatisierung der Wasserwerke war politisch ein weitaus brisanteres Thema. Dabei wurde viel emotionsgeladener Unsinn laut in dem Tenor: »Seht her, jetzt privatisiert sie sogar den Regen, der vom Himmel fällt.« Meine Antwort darauf lautete stets, daß der Allmächtige sehr wohl den Regen liefere, doch stelle er nicht die notwendigen Rohre, Installationen und Wasserwerke zur Verfügung. Die Gegenargumente der Opposition waren wenig überzeugend, denn etwa ein Viertel der englischen und walisischen Wasserwerke war seit langem in privater Hand. Bedeutsamer war die Tatsache, daß die Wasserbehörden nicht nur das Wasser lieferten, sondern auch die Wasserqualität der Flüsse gewährleisteten, die Wasserverschmutzung kontrollierten und überdies für das Fischereiwesen, den Umweltschutz sowie Erholung und Schiffahrt zuständig waren. Als Nick Ridley – ein Mann vom Land, der ein natürliches Gespür für Umweltfragen besitzt – Umweltminister wurde, erkannte er, was das Problem war: nämlich, daß den Wasserbehörden sowohl die Wasserversorgung als auch die Kontrolle der Wasserqualität oblag. Es war eindeutig verkehrt, daß die Stellen, die etwa für die Aufbereitung und Beseitigung von Abwasser verantwortlich waren, auch die Verantwortung für die Wasserqualität trugen. Im Rahmen des von Nick erlassenen Gesetzes wurde folglich auch eine neue landesweite Flußbehörde (National Rivers Authority) eingerichtet. Die Privatisierung hatte überdies zur Folge, daß die Firmen Gelder für die notwendigen Investitionen zur Verbesserung der Wasserqualität auf dem Kapitalmarkt beschaffen konnten.

Doch die größten technischen und politischen Schwierigkeiten traten bei der Privatisierung der Elektrizitätsversorgungsunternehmen auf, und hier war die Übernahme eines öffentlichen Versorgungsbetriebes durch den Privatsektor auch am stärksten mit einer radikalen Umstrukturierung verbunden. Die Elektrizitätswirtschaft bestand im wesentlichen aus zwei Bereichen. Zum einen gab es das Central Electricity Generating Board (GECB), das die Kraftwerke und das National Grid (das Versorgungsnetz) betrieb. Zum anderen gab es die zwölf Area Boards, die den Strom an die Verbraucher weiterleiteten. (In Schottland gab es zwei Betriebe – das South of Scotland Electricity Board [SSEB] und das North of Scotland Hydro Board.) 1983 hatte sich Nigel Lawson mit seinem Energiegesetz darum bemüht, das System wettbewerbs-fähiger zu gestalten, doch sein Versuch zeitigte keinerlei prakti-sche Ergebnisse. Das heißt, die ganze Industrie funktionierte als Monopol: Das GECB besaß ein landesweites, die Area Boards ein regionales Monopol. Wir standen nun vor der schwierigen Aufga-be, einen möglichst großen Teil der Industrie zu privatisieren und gleichzeitig größtmöglichen Wettbewerb zu ermöglichen.

Kurz vor den Parlamentswahlen 1987 führte ich mit Peter Wal-ker und Nigel Lawson ein erstes Gespräch über die Privatisierung der Elektrizitätswirtschaft. Da ich Peter nicht als Energieminister beibehalten wollte, war es sinnlos, Details zu erörtern, doch wir stimmten überein, daß die Privatisierung ins Wahlprogramm auf-genommen und in der nächsten Legislaturperiode durchgeführt werden sollte.

Als Cecil Parkinson nach den Wahlen Energieminister wurde, stellte er fest, daß die Herangehensweise des Ministeriums stark von Peter Walkers korporativistischen Gedanken geprägt war – und von der Gewißheit, daß Walter Marshall, Vorstandsvorsitzen-der des CEGB, sich leidenschaftlich gegen eine Aufteilung seines Unternehmens aussprechen würde. Der Plan, der am meisten Zustimmung fand, schien vorwiegend darauf abzuzielen, das GECB und das National Grid als ein Unternehmen auf den Markt zu bringen und die zwölf Area Boards als zweites Unternehmen anzubieten. Dadurch wäre das Monopol lediglich in ein Duopol verwandelt worden; aber Cecils Ansatz lief in eine völlig andere Richtung. Als sein Nachfolger John Wakeham später Verände-rungen am ursprünglichen Privatisierungskonzept von Cecil vor-nehmen mußte – insbesondere im Zusammenhang mit den Kern-kraftwerken –, mußte Cecil viel ungerechte und gehässige Kritik einstecken. Doch es war Cecil, der die mutige und richtige Ent-scheidung traf, weder den korporativistischen Ansatz noch Eigen-interessen in Betracht zu ziehen: Er teilte das GECB auf und – wichtiger noch – nahm diesem Betrieb die Kontrolle über das National Grid. Das National Grid sollte in den Besitz der zwölf Versorgungsbetriebe übergehen, die aus den früheren Area Boards gebildet wurden, und nicht mehr dem CEGB unterstehen. Wäh-rend unter dem alten System das Unternehmen, dem die Kontrolle des National Grid oblag – nämlich das CEGB –, praktisch dessen einziger Zulieferer war, würde nun die Kontrolle bei denjenigen liegen, die am meisten von einem starken Wettbewerb im Bereich der Stromgewinnung profitierten. Diese beiden Maßnahmen ermöglichten wirklichen Wettbewerb.

Nachdem Cecil Parkinson sich den Sommer 1987 über mit der Ausarbeitung dieses Modells befaßt hatte, beriefen wir im September in Chequers eine Expertenrunde ein, um die Optionen zu erörtern. In diesem Stadium wurde keine Möglichkeit ausgeschlossen, doch ich bestand darauf, daß alle entsprechenden Gesetze vor Ende der Legislaturperiode erlassen werden mußten. Cecil arbeitete weiterhin an den Plänen, und Mitte Dezember besprach er sie erneut mit mir und anderen Ministern. Keiner der Beteiligten befürwortete Lösungen, bei denen das CEGB das Monopol für Stromerzeugung beibehalten oder weiterhin Inhaber des National Grid bleiben würde. Letztlich lautete die Frage, ob das CEGB in nur zwei oder möglicherweise in vier oder fünf miteinander konkurrierende Stromerzeugungsunternehmen aufgeteilt werden sollte. Problematisch an dieser radikaleren Lösung, für die Nigel Lawson eintrat, war, daß keines der vier oder fünf Unternehmen wirklich groß genug gewesen wäre, um den sehr kostspieligen Ausbau von Kernenergie weiter voranzutreiben. Und diesen Punkt erachtete ich für wesentlich – nicht nur, um die Stromversorgung zu gewährleisten, sondern auch aus Gründen des Umweltschutzes.

Überdies mußte bei diesen Erwägungen Walter Marshall in Betracht gezogen werden. Ich brachte ihm Sympathie und Bewunderung entgegen und fühlte mich ihm zudem sehr verpflichtet, weil er den Betrieb der Kraftwerke während des Bergarbeiterstreiks aufrechterhalten hatte. Er war gegen jede Zersplitterung des CEGB, schien aber eventuell dazu bereit, eine Aufteilung in zwei Betriebe zu akzeptieren, bei der das größere Unternehmen die Kernkraftwerke übernahm. Eine Aufgliederung des CEGB in vier Bereiche hätte ihn zweifellos zum Rücktritt veranlaßt. Natürlich konnte ich nicht zulassen, daß seine Meinung den Ausschlag gab; andererseits wollte ich mich beim schwierigen Übergang zu dem neuen, privatisierten und wettbewerbsorientierten System der Unterstützung Walter Marshalls und seiner Kollegen versichern. Deshalb sprach ich mich bei einer Sitzung Mitte Januar für die von Cecil favorisierte Lösung aus, fügte allerdings hinzu, daß dies keineswegs einen späteren Übergang zu dem wettbewerbsorientierteren Modell ausschloß, dem Nigel Lawson den Vorzug gab.

Ende Januar stimmte ich einer Aufteilung der beiden geplanten Produktionsunternehmen im Verhältnis 70 zu 30 zu, und diesen Plan versuchte ich Walter Marshall schmackhaft zu machen, als er mich eines Februarabends mit Cecil Parkinson zu einem langen Gespräch aufsuchte. Walter, der selten ein Blatt vor den Mund nahm, hielt mit seiner ablehnenden Haltung gegenüber dem von uns favorisierten Ansatz nicht hinter dem Berg. Er wußte, daß ich seine Meinung über die große Bedeutung der Kernenergie teilte. Doch meines Erachtens wurde die Zukunft der Atomenergie durch unser Vorhaben nicht gefährdet. Immer wieder betonte ich, daß jedes von uns geschaffene System – welcher Art es auch sein mochte – echten Wettbewerb ermöglichen mußte. Ich habe häufig festgestellt, daß es sich bezahlt macht, nicht um den heißen Brei herumzureden. Nach weiteren Überlegungen und Gesprächen mit Cecil sagte Walter Marshall, das CEGB würde unsere Entscheidung zwar bedauern, doch sei er dazu bereit, seinen Beitrag zur Funktionstüchtigkeit des von uns beschlossenen Systems zu leisten. Auch Peter Walker stand den Plänen Cecil Parkinsons ablehnend gegenüber; seiner Meinung nach würde es mindestens acht Jahre dauern, bis diese Privatisierung abgeschlossen und die Unternehmen wettbewerbsfähig seien. Doch von diesem Argument zeigte sich niemand überzeugt. Und somit konnte Cecil am Donnerstag, dem 25. Februar, in einer Erklärung vor dem Unterhaus unsere Pläne zur Privatisierung der Stromversorgung darlegen.

Doch damit war dieses Thema noch keineswegs vom Tisch. Wie immer brachte es die geplante Privatisierung mit sich, daß die Finanzlage des Unternehmens genau geprüft wurde, vielleicht zum erstenmal in der Geschichte des CEGB. Das Ergebnis war äußerst unerfreulich. Aus Gründen des Umweltschutzes und um die Wasserversorgung gewährleisten zu können, hielt ich den Ausbau der Kernkraft für unverzichtbar. Häufig werden die Kosten von Kernenergie im Vergleich mit anderen Energiequellen überschätzt. Kohlekraftwerke emittieren Kohlendioxid in die Luft, und bislang gibt es noch keine überzeugende Berechnung, was uns die durch die Erderwärmung verursachten Schäden einmal kosten werden. Dagegen sind die zusätzlichen Kosten, die dem Verbraucher aus der Kernenergie entstehen, durchaus tragbar, wenn auch nicht sonderlich beliebt. Doch im Herbst 1988 legte das Energieministerium Berechnungen vor, nach denen die Summen für die Stillegung der mittlerweile veralteten Kernkraftwerke beträchtlich gestiegen waren; man hatte diese Kosten stets unterschätzt oder die Berechnungen sogar geheimgehalten. Und je exakter die Kalkulation wurde, desto höher wurden die errechneten Beträge. Deshalb schien im Sommer 1989 die Privatisierung des Hauptunternehmens, das die Kernkraftwerke übernehmen sollte, relativ aussichtslos. Aus diesem Grund entschied ich, daß die alten Magnox-Kraftwerke nicht privatisiert, sondern unter staatlicher Kontrolle verbleiben sollten. Dies war eine von Cecil Parkinsons letzten Entscheidungen als Energieminister, und es blieb seinem Nachfolger John Wakeham überlassen, sich mit den übrigen Problemen zu beschäftigen, die sich im Zusammenhang mit den Kernkraftwerken ergaben.

Seit dem vorangegangenen Herbst hatte Alan Walters sich dafür eingesetzt, bei allen Kernkraftwerken auf eine Privatisierung zu verzichten, und wie so oft behielt er recht. Ausschlaggebend war nicht die Frage der Sicherheit, die auch im Privatbereich ohne Schwierigkeiten hätte garantiert werden können, sondern vielmehr die Kostenfrage. Auch bei den Berechnungen zur Stillegung der anderen Kraftwerke schossen, wie schon bei den Magnox-Kraftwerken, die Ziffern in die Höhe. Ich stimmte John Wakehams Empfehlung zu, alle englischen und walisischen Kernkraftwerke in staatlicher Hand zu belassen. Daraufhin entschloß sich Walter Marshall, der den Bereich der Kernenergie natürlich gerne in seinem Unternehmen behalten hätte, zum Rücktritt – eine Entscheidung, die ich bedauerte. Doch die andere Folge war, daß die Privatisierung nun durchgeführt werden konnte. Sie war ein großer Erfolg und für die Verbraucher ebenso vorteilhaft wie für die Aktionäre und die Staatskasse.

Das Ergebnis von Cecil Parkinsons genialer Umstrukturierung dieses Bereichs nach Gesichtspunkten der Wettbewerbsfähigkeit bestand darin, daß Großbritannien nun möglicherweise über das weltweit effizienteste System der Stromversorgung verfügt. Und als Folge der »Transparenz«, die durch die Privatisierung notwendig wurde, errechneten wir als erstes Land der Welt die wahren Kosten der Kernenergie – und mußten daraufhin angemessene finanzielle Vorkehrungen treffen.

Weitere Privatisierungspläne

Ich erwähnte bereits, welche Folgen die Privatisierung der Stromversorgung für die Kohleindustrie haben würde. Natürlich würde eine private Stromindustrie in kommerzieller Hinsicht weitaus höhere Ansprüche an das NCB (National Coal Board) stellen als ein staatlicher Monopolbetrieb. Doch ich war entschlossen, die Kohleindustrie auf jeden Fall wieder in Privatbesitz überzuführen. Im November 1990, kurz vor meinem Rücktritt, sprach ich mit John Wakeham, wenn auch nicht in allen Einzelheiten, über die Möglichkeit einer Privatisierung der Kohleindustrie. Am aussichtsreichsten erschien mir der Verkauf an ein Unternehmen, das am Bergbau interessiert war, gekoppelt mit Sonderbedingungen für den Erwerb von Anteilen durch die Bergarbeiter. Es war ungewiß, wie viele Zechen auf längere Sicht kommerziell tragbar sein würden. Noch immer förderten wir zu teure Kohle aus zu tiefen Flözen, und zwar nur aufgrund der staatlich gestützten Stellung der Kohleindustrie. Stillegungen waren also unvermeidlich.

Doch weder während Cecil Parkinsons noch während Johns Amtszeit als Energieminister waren für mich ausschließlich kommerzielle Gesichtspunkte ausschlaggebend. Der ein Jahr währende Bergarbeiterstreik war mir unauslöschlich in Erinnerung. Ich hatte den Kontakt mit Roy Lynk, dem Vorsitzenden der UDM in Nottinghamshire, aufrechterhalten, und er wußte, daß er sich in dringenden Situationen immer an mich wenden konnte. Außerdem hatte ich sowohl Cecil Parkinson als auch John Wakeham eingeschärft, daß die Interessen der Mitglieder von Roy Lynks Gewerkschaft stets berücksichtigt werden mußten. Zum einen empfand ich ein tiefes Gefühl von Verbundenheit und Verpflichtung gegenüber den Bergarbeitern von Nottinghamshire, die während des Streiks trotz der Gewalttätigkeiten der Militanten an die Arbeit gegangen waren. Zum anderen war ich mir sehr wohl bewußt, daß wir mit einem zweiten Streik rechnen mußten. Wie hätte es wohl ausgesehen, Zechen zu schließen, in denen gemäßigte Bergleute weiterhin zur Arbeit gegangen waren, und rentablere Zechen, in denen aber politisch eher links stehende Bergleute arbeiteten, zu verschonen?

Zudem verwahrte ich mich dagegen, daß das NCB die vereinbarten Vorkehrungen überging und die Frage der Zechenstillegungen nicht dem Independent Colliery Review Body vorlegte, der nach der Beilegung des Bergarbeiterstreiks eingerichtet worden war. Aus bitterer Erfahrung hatte ich gelernt, daß man sich bei Zechenstillegungen nie zu drastischen Schritten hinreißen lassen darf, wenn ein umsichtigeres Vorgehen zu einem dauerhafteren Ergebnis führt. Beim Umgang mit der Kohleindustrie muß man die Mentalität eines Generals mit der eines Steuerberaters vereinen – wobei der General eher behutsam als wagemutig vorgehen muß.

Für ein zweites Privatisierungsprojekt zog ich damals British Rail in Betracht. Die Tochtergesellschaften von BR waren bereits verkauft. Im Oktober 1990 erörterten Cecil Parkinson und ich die Vorgehensweise bei dieser Privatisierung. Cecil wollte die Eisenbahnunternehmen, das heißt Inter-City, Frachtgut und Network South East [das Unternehmen, das Züge im Südosten Englands betreibt, A.d.Ü.] einzeln privatisieren. Mir hingegen gefiel die Idee einer staatlichen Track Authority besser, die alle Gleis- und Signalanlagen sowie die Bahnhöfe übernehmen sollte, ergänzt durch Privatfirmen, die auf dem Dienstleistungssektor miteinander konkurrierten. Doch dies war ein weites Feld, wo vieles noch genau durchdacht und wirtschaftlich eingehend analysiert werden mußte. Deshalb beschlossen Cecil und ich, eine Arbeitsgruppe einzurichten, bei der auch das Schatzamt, das Wirtschafts- und das Verkehrsministerium beteiligt sein sollten. Diese Gruppe würde eine Studie erstellen und mir Bericht erstatten. Weiter konnte ich dieses Projekt nicht vorantreiben.

Ich hätte gerne noch wesentlich mehr unternommen. Doch immerhin wurde Großbritannien unter meiner Amtszeit als Premierministerin zum ersten Land, das den Vormarsch des Sozialismus stoppte. Als ich mein Amt zur Verfügung stellte, hatte sich der Anteil der staatseigenen Betriebe in der Industrie um rund 60 Prozent verringert. Etwa ein Viertel der Bevölkerung besaß Aktien.

Über 600 000 Arbeitsplätze waren vom Staat in den Privatsektor übergegangen. Diese Zahlen kennzeichneten die größte Übertragung von staatlichem Eigentum und staatlicher Macht an Einzelpersonen und ihre Familien, die es je in einem Land außerhalb des früheren Ostblocks gegeben hatte. Großbritannien hat sogar eine weltweite Privatisierungswelle ins Leben gerufen, ein Trend, dem sich so unterschiedliche Länder wie die Tschechoslowakei und Neuseeland anschließen sollten. Weltweit wurden beziehungsweise werden Vermögenswerte in Höhe von rund 400 Milliarden Pfund privatisiert. Und die Privatisierung ist nicht nur einer der erfolgreichsten britischen Exportartikel, sie hat auch unseren Ruf als Nation von Erneuerern und Unternehmern bestätigt. Das ist kein schlechtes Ergebnis für ein Unterfangen, das, wie es ständig hieß, »unmöglich« sei.

24

Von festen und freien Wechselkursen

Währungspolitik, Zinssätze und der Devisenkurs

Eine gute Wirtschaftspolitik hängt hauptsächlich davon ab, daß die Aufgaben zwischen Staat und Bürgern richtig aufgeteilt sind. Der Staat muß für Rahmengesetze, Richtlinien und Steuergesetzgebung sorgen, innerhalb derer sich Unternehmen und Einzelpersonen frei entfalten können. Doch für die Politik müssen ebenso finanzielle Rahmenbedingungen geschaffen werden. Nach langen Kämpfen in meiner ersten Amtszeit zwischen den Jahren 1979 und 1983 gelang es gleichgesinnten Ministern und mir, das Kabinett, die Konservative Partei sowie die Finanz- und Geschäftswelt und sogar die Medien davon zu überzeugen, daß der Staat im Rahmen der Wirtschaftspolitik nur eine eingeschränkte Rolle einnehmen sollte. Darüber hinaus einigte man sich bezüglich der gesetzlichen Rahmenbedingungen für Unternehmen auf das Ziel niedrigerer Steuern, geringerer Kontrollen und weniger staatlicher Einmischung. Bei der Festlegung übergeordneter finanzieller Rahmenbedingungen für die Vermögensbildung der Wirtschaft gab es allerdings weniger Übereinstimmung. Während Nigel Lawson und ich uns einig waren, was die generelle Rolle des Staates betraf, so vertraten wir doch sehr unterschiedliche Auffassungen in der Geld- und Wechselkurspolitik.

Während unserer ersten Amtsperiode war es uns gelungen, die Inflationsrate von zehn Prozent (Tendenz steigend) auf unter vier Prozent (Tendenz fallend) zu senken, indem wir das Geldangebot knapp hielten. Der »Monetarismus« – oder die Überzeugung, die Inflation sei ein monetäres Phänomen, was der Auffassung gleichkommt, daß einem »knappen Güterangebot eine zu große Geldmenge gegenübersteht« – war durch eine Fiskalpolitik unterstützt worden, welche die staatliche Kreditaufnahme einschränkte und, indem sie Geldmittel für private Investitionen freisetzte, die Inflationsrate vermindert. Dieser kombinierte Ansatz fand seinen Ausdruck in der Mittelfristigen Finanzstrategie (MTFS), deren wichtigster geistiger Urheber Nigel Lawson war.[1] Die Durchführung dieser Strategie hing im wesentlichen von der Überwachung monetärer Indikatoren ab. Wie bereits erwähnt, boten diese Indikatoren häufig ein verzerrtes Bild, waren verwirrend und Schwankungen unterworfen. Also benötigten wir noch weitere Indikatoren. Deswegen sollte noch vor dem Ende von Geoffrey Howes Kanzlerschaft der Wert des Pfunds im Verhältnis zu anderen Währungen – der Devisenkurs also – zur Berechnung herangezogen werden.

Es ist äußerst wichtig, den Zusammenhang zwischen Devisenkurs und Geldangebot zu verstehen. Zuerst sollte man betrachten, welche Auswirkungen ein höherer Wechselkurs hat, was bedeutet, daß das Pfund im Verhältnis zu ausländischen Währungen an Wert gewinnt: Da die meisten Ex- und Importpreise in Devisen festgelegt werden, heißt das, daß die Preise dieser Waren in Pfund fallen. Dies bezieht sich jedoch nur auf Güter und Dienstleistungen, die ohne weiteres ein- und ausgeführt werden können, wie beispielsweise Erdöl, Getreide oder Textilien. Allerdings gehören viele Güter und Dienstleistungen, die unser Volkseinkommen ausmachen, nicht dazu: So können wir beispielsweise weder unsere Häuser noch die in unseren Restaurants erbrachten Dienstleistungen exportieren. Deswegen werden die Preise dieser Güter nicht unmittelbar vom Devisenkurs bestimmt, und die indirekten Auswirkungen – über Löhne und Gehälter – sind begrenzt. Was jedoch die Preise für Häuser und andere »nicht-handelsfähige Güter« mehr oder weniger beeinflußt, ist das Geldangebot.

Wächst das Geldangebot zu schnell, steigen die Preise von heimischen nicht-handelsfähigen Gütern entsprechend an, und auch ein starkes Pfund wird diese Entwicklung nicht verhindern können. Doch die Wechselwirkung zwischen einem starken Pfund und einem locker gehandhabten Geldangebot schwächt den Exportsektor und läßt finanzielle Mittel in Häuser, Restaurants und andere Vermögenswert fließen. Demzufolge wird die Handelsbilanz immer größere Defizite aufweisen, welche durch Kreditgeber aus dem Ausland finanziert werden müssen. Diese Art der Wettbewerbsverzerrung darf auf keinen Fall andauern. Entweder muß der Wechselkurs heruntergesetzt oder das Geldmengenwachstum eingeschränkt werden – oder aber beides.

Diese Erkenntnis ist von größter Bedeutung. Entweder entscheidet man sich, den Wechselkurs auf einer bestimmten Mitte stabil zu halten – unabhängig von der Geldpolitik, die dafür nötig ist –, oder man setzt sich ein geldpolitisches Ziel und läßt den Markt den Wechselkurs bestimmen. Deshalb ist es vollkommen unmöglich, den Devisenkurs und die Währungspolitik gleichzeitig zu kontrollieren.

Ein freier Wechselkurs hingegen wird grundlegend von der Geldpolitik beeinflußt. Dies hat einen einfachen Grund. Wird eine große Menge von Pfund in Umlauf gebracht, dann wird der Wert des Pfunds tendenziell fallen – geradeso wie ein Überangebot an Erdbeeren deren Wert mindert. Ein sinkender Pfundkurs kann somit auch ein Indikator für eine zu expansive Geldpolitik sein.

Allerdings kann auch das Gegenteil geschehen. Neben der Geldmenge gibt es noch eine Vielzahl weiterer Faktoren, die den freien Wechselkurs stark beeinflussen. Zu den wichtigsten zählt der internationale Kapitalfluß. Wenn ein Land seine Steuergesetze, Richtlinien und Tarifverträge mit den Gewerkschaften dahingehend verändert, daß die Nettokapitalrentabilität nach Abzug der Steuern weit höher liegt als die anderer Länder, wird es zu einem Nettokapitalzufluß kommen, und die Währungsnachfrage wird beträchtlich ansteigen. Bei einem freien Devisenkurs würde dies eine Aufwertung bedeuten, wäre jedoch kein Anzeichen für eine restriktive Geldpolitik: Tatsächlich kann ein steigender Devisenkurs mit einem beträchtlichen Geldmengenwachstum zusammenhängen, so wie es in Großbritannien in den Jahren 1987 bis Mitte 1988 der Fall war.

Sobald der Wechselkurs zum Selbstzweck wird und nicht mehr lediglich ein Faktor unter vielen im Rahmen der Geldpolitik ist, bedeutet dies, daß die Politik des »Monetarismus« aufgegeben wurde. Es erscheint mir wichtig, diesen Punkt besonders zu betonen, damit man die Auseinandersetzungen der jüngsten Zeit besser versteht: Man kann entweder auf das Geldangebot oder den

Devisenkurs einwirken, nicht jedoch auf beide gleichzeitig. Es handelt sich dabei um eine rein praktische Frage. Die einzig wirksame Methode zur Inflationskontrolle ist, mit Hilfe der Zinssätze die Geldmenge zu steuern. Setzt man hingegen die Zinssätze im Hinblick auf einen bestimmten Wechselkurs fest, navigiert man nach einem völlig anderen, wahrscheinlich sehr unberechenbaren Stern. Wie wir inzwischen zweimal feststellen konnten – einmal, als Nigel während meiner Amtszeit das Pfund außerhalb des Wechselkursmechanismus im Europäischen Währungssystem an die D-Mark ankoppelte und daraufhin die Zinssätze zu niedrig blieben; und zum zweiten Mal unter John Major, als wir an einem unrealistischen Wechselkurs innerhalb des Europäischen Währungssystems festhielten und daraufhin die Zinssätze zu stark anstiegen –, steuert man direkt auf das nächste Riff zu, wenn man sich auf diesen Stern verläßt.

Die Europäische Wirtschafts- und Währungsunion (WWU)

Mit diesen Fragen beschäftigten sich nicht nur die Fachleute: Sie tangierten die Grundlagen der Wirtschaftspolitik, die ihrerseits wiederum das Kernstück einer demokratischen Politik ist. Allerdings wurde in der Auseinandersetzung um die Frage, ob das Pfund dem Wechselkursmechanismus beitreten und ob wir – wobei sich die Gemüter noch mehr erhitzten – die EG-Vorschläge zur Wirtschafts- und Währungsunion akzeptieren sollten, ein weiteres Thema angeschnitten: Es ging um unsere Souveränität. Teils wurde der Beitritt des Pfundes zum Wechselkursmechanismus als Beweis dafür gewertet, daß wir »gute Europäer« waren (eine Formulierung, die tatsächlich in zunehmendem Maße schlechte Europäer bedeutete, da sich die EG dem befreiten Osteuropa gegenüber egoistisch und protektionistisch verhielt). Andererseits interpretierte man diesen Schritt aber so, daß wir auf eine Kontrolle unserer eigenen Geldpolitik verzichteten, um statt dessen den Vorgaben der Deutschen Bundesbank zu folgen. Denn das war eigentlich damit gemeint, wenn es hieß, wir würden mit unserer Politik an Glaubwürdigkeit gewinnen, indem wir – um an dieser Stelle eine weitere Euro-Metapher zu gebrauchen – mit der D-Mark »verankert« wären. Seltsamerweise wurde hier ein treffendes Bild gewählt: Wenn die Flut steigt und man fest verankert ist, hat man, während das Schiff in die Höhe gehoben wird, nur eine einzige Möglichkeit, die Ankerkette zu verlängern – man muß den Bug absenken. In einem Wechselkursmechanismus sind Neubewertungen um so schlechter angesehen, als es keine Ankerkette mehr gibt, die herabgelassen werden könnte. Und das führt geradewegs zu einer Wirtschafts- und Währungsunion. Der Wechselkursmechanismus wurde von der EG-Kommission und anderen als ein Schritt auf dem Weg zur Wirtschafts- und Währungsunion betrachtet – und somit änderte sich auf subtile Weise die eigentlich mit dem Wechselkursmechanismus verfolgte Absicht. Eine Wirtschafts- und Währungsunion jedoch – also der Verlust des Rechts, eine eigene Währung herauszugeben, Zustimmung zu einer europäischen Einheitswährung und einer einheitlichen Zentralbank sowie zu gemeinsamen Zinssätzen – ist das Ende der wirtschaftlichen Unabhängigkeit eines Landes und führt folglich zu einer zunehmenden Bedeutungslosigkeit seiner parlamentarischen Demokratie. Dabei geht die Steuerung der eigenen Wirtschaft von der gewählten Regierung, die dem Parlament und dem Wähler Rede und Antwort stehen muß, an eine anonyme supra-nationale Behörde über. In unserem Widerstand gegen die Wirtschafts- und Währungsunion zogen Nigel Lawson und ich an einem Strang. Die vielleicht heftigste Kritik am Gesamtkonzept war in Nigels Vortrag enthalten, den er im Januar 1989 im Chatham House hielt:

Fest steht, daß die Wirtschafts- und Währungsunion eigentlich mit einer gesamteuropäischen Regierung gleichzusetzen ist – zugegebenermaßen einer förderalistischen – und somit eine Politische Union bedeutet: die Vereinigten Staaten von Europa. Aber dieses Modell steht zum jetzigen Zeitpunkt für uns noch nicht zur Debatte, und das wird es auch in absehbarer Zukunft nicht.

Leider verfolgte Nigel eine Politik, die die Inflation in Großbritannien in die Höhe trieb. Mit großer Wahrscheinlichkeit lagen die

Gründe dafür in seinem brennenden Wunsch, mit dem Pfund in den Wechselkursmechanismus einzutreten. Durch diese Vorgehensweise erschütterte er das Vertrauen in meine Regierung, so daß eine Wirtschafts- und Währungsunion immer näher rückte.

Erste Gespräche über den Wechselkursmechanismus

Um den Verlauf der innerhalb der Regierung stattfindenden Auseinandersetzungen über den Wechselkursmechanismus im Rahmen des Europäischen Währungssystems nachvollziehen zu können, müssen wir uns dem ersten Jahr meiner Amtsperiode zuwenden. Damals bekundeten sowohl das Außen- als auch das Finanzministerium ihr Interesse an diesem Thema. In den Augen des Außenministeriums war es eine Frage der innereuropäischen Beziehungen; das Finanzministerium sah es – völlig gerechtfertigt – als wirtschaftliches Problem. Bereits von Anfang an war ich dazu entschlossen, mich sehr genau mit diesem Thema zu befassen, und berief im Oktober 1979 eine erste Diskussionsrunde ein. Rückblickend betrachtet ist die Verteilung der Meinungen im Kabinett von einiger Bedeutung. Schatzkanzler Geoffrey Howe war zum damaligen Zeitpunkt gegen eine Mitgliedschaft, sicherlich zum Teil deswegen, da die Auswirkungen einer Abschaffung der Devisenkontrollen noch nicht abzuschätzen waren. Obwohl der damalige Präsident der Bank von England mit ihm in diesem Punkt übereinstimmte, konnte er doch mehr Begeisterung für einen solchen Schritt aufbringen. Keith Joseph und John Nott waren strikt dagegen, und ich teilte ihre Auffassung. Aber da wir uns auf die Formel geeinigt hatten, daß wir erst beitreten wollten, »wenn der richtige Zeitpunkt gekommen sei« (oder wie es häufig ausgedrückt wurde, »wenn die Zeit reif sei«), bestand anscheinend keine Notwendigkeit, unsere grundsätzliche Haltung zu ändern. Der »richtige« Zeitpunkt war noch nicht gekommen, und niemand war ernsthaft dieser Ansicht. Geoffrey Howe gab nicht einmal andeutungsweise seine spätere Position zu erkennen. Im Dezember suchte er mich auf und beklagte sich, Peter Carrington habe sich anläßlich einer Rede, die er in Brüssel zu diesem Thema gehalten hatte, zu positiv über den Wechselkursmechanismus geäußert.

Schon zu diesem Zeitpunkt waren die wesentlichen Argumente, die für und wider den Wechselkursmechanismus sprachen, bekannt, obwohl sich damals keiner von uns so intensiv mit diesem Thema befaßte, wie es dann später der Fall sein sollte. Großbritannien hatte schon schlechte Erfahrungen mit der Stützung des Pfunds innerhalb des Europäischen Währungssystems gemacht. Im Jahre 1972 war Ted Heath' Regierung auf geradezu erniedrigende Art und Weise gezwungen worden, die Europäische »Währungsschlange« (den Vorläufer des Wechselkursmechanismus) nach knapp sechs Wochen zu verlassen. Allein deshalb würde jede britische Regierung auf der Hut sein müssen.

Außerdem wurde die Entscheidung von zwei weiteren Faktoren beeinflußt: Erstens ließ es sich aus bereits erwähnten Gründen nicht verheimlichen, daß es immer Konfliktstoff zwischen unserer nationalen Währungspolitik und dem Wechselkursziel geben würde – diese Tatsache ging klar und deutlich aus Unterlagen des Finanzministeriums hervor. Zweitens war uns die Stellung des Pfunds als »Petro-Währung« bewußt – vielleicht sogar überdeutlich bewußt, wie Alan Walters behauptete. Der Wert des Pfunds stand mit der Entdeckung und Förderung riesiger Erdölmengen in der Nordsee in Zusammenhang. Dies führte zu dem scheinbar verrückten Resultat, daß höhere Erdölpreise zwar den Wert des Pfundes hoben, aber gleichzeitig andere westeuropäische Währungen im Wert drückten. Allerdings stellte der verheerende Zustand der britischen Wirtschaft im Jahre 1979 den hauptsächlichen Destabilisierungsfaktor dar. Bevor nicht die Inflation unter Kontrolle gebracht und die öffentlichen Finanzen konsolidiert worden waren, war es aus meiner Sicht unrealistisch, einen Beitritt zum Wechselkursmechanismus in Betracht zu ziehen.

Aber Helmut Schmidt drängte mich schon Anfang der 80er Jahre, dem Wechselkursmechanismus beizutreten, und mir lag sehr viel daran, den Deutschen gegenüber die größtmögliche Kooperationsbereitschaft zu zeigen, da ich ihre Unterstützung bei den Verhandlungen über unsere Beitragsleistungen an die EG brauchte. Also brachte ich die Frage wieder aufs Tapet. Je länger ich mich mit den Unterlagen und den daraus hervorgehenden Fakten beschäftigte, desto skeptischer wurde ich. Das Finanzministerium sprach sich strikt gegen unseren Beitritt aus. Wie seine Vertreter anmerkten, wären im Fall unseres Beitritts im September 1979 massive Interventionen auf den Devisenmärkten – also der Verkauf britischen Pfunds – erforderlich gewesen, um eine Aufwertung unserer Währung zu verhindern. Im März 1980 leitete ich eine Sitzung zu diesem Thema, die ich mit dem Hinweis eröffnete, die nationale Geldpolitik müsse oberste Priorität behalten. Nachdem wir sämtliche Punkte durchdiskutiert hatten, kamen wir zu dem Schluß, in der näheren Zukunft nicht dem Wechselkursmechanismus beizutreten, sondern an unserer Linie festzuhalten. Wir wollten den Beitritt erst dann einleiten, wenn es die Bedingungen erlaubten.

Im Herbst 1981 kam es zu weiteren Diskussionen. Man sollte sich daran erinnern, daß die Zeiten damals sehr schwer waren. Es sah so aus, als ob ein Großteil der durch niedrige Zinssätze als Folge unseres restriktiven 81er Haushalts erzielten Erfolge sich aufgrund des internationalen Drucks verflüchtigen würden. Die Federal Reserve Bank der Vereinigten Staaten versuchte, durch steigende Zinssätze den Inflationsdruck einzudämmen, der sich während der Präsidentschaft Carters aufgebaut hatte: mit der Folge weltweit steigender Zinsen. Ich forderte Geoffrey Howe auf, eine Diskussionsvorlage auszuarbeiten, die sich nochmals mit der Frage beschäftigte, ob wir dem Wechselkursmechanismus beitreten sollten oder nicht. Hochrangige Mitarbeiter im Finanzministerium waren geteilter Meinung. Doch Geoffrey Howe und Leon Brittan (damaliger Staatssekretär) waren dagegen. Nigel Lawsons (zu der Zeit Schatzkanzler) Haltung war nicht ganz eindeutig.

Ich erklärte, nur stichhaltige Argumente könnten mich davon überzeugen, daß unser Beitritt Sinn hätte. Wir könnten nicht beitreten, nur weil die Gegenargumente auf tönernen Füßen ständen. Die überzeugenden Ratschläge von Alan Walters bestärkten mich in meiner abwartenden Haltung. Seiner Ansicht nach war es falsch zu glauben, der Wechselkursmechanismus sei eine stabilisierende Kraft. Er verfügte nicht über die – wenn auch fragwürdigen – Vorteile eines festen Wechselkurssystems, da sich die Paritäten innerhalb eines festgelegten Zielbandes bewegten. Immer dann, wenn der Wechselkurs den oberen oder unteren Interventionspunkt erreicht hatte, würde ein Prozeß ausgelöst, der sprunghafte Wechselkursanpassungen notwendig machte. Im übrigen wären diese Wechselkursanpassungen eher der Gegenstand politischer Roßtäuscher als Ergebnis des Marktes – und der Markt regelt solche Angelegenheiten am besten selbst.

Nachdem es aufgrund anderer dringender Angelegenheiten zu mehreren Verschiebungen in meinem Terminkalender gekommen war, leitete ich schließlich im Januar 1982 wieder eine Sitzung zu diesem Thema. Laut Geoffrey Howe war noch immer nicht der geeignete Zeitpunkt für einen Beitritt gekommen. Ich stimmte ihm darin zu, denn ich war immer noch nicht überzeugt davon, daß ein Beitritt zum Wechselkursmechanismus nachweislich Vorteile bringen würde. Außerdem glaubte ich nicht daran, daß es dadurch in der Praxis zu einer wirkungsvollen Disziplinierung unserer wirtschaftlichen Führung kommen würde. Eher würde der Beitritt unseren Handlungsspielraum einschränken. Sobald sich unsere Zins- und Inflationsrate denen Deutschlands angenähert hätte, stünde einem Beitritt nicht mehr viel im Wege. Im Augenblick aber würden wir nicht von unserem momentanen Standpunkt abrücken.

Auseinandersetzung über den Wechselkursmechanismus im Europäischen Währungssystem im Jahre 1985

Es kam nicht in Frage, daß wir so kurz vor den Parlamentswahlen dem Wechselkursmechanismus beitreten würden. Das war der Stand der Dinge, als ich Nigel Lawson 1983 zum Schatzkanzler machte. Zu diesem Zeitpunkt war der Devisenkurs nur einer unter vielen zu berücksichtigenden Faktoren, nach denen die finanzielle Situation beurteilt wurde. Viel entscheidender waren die Geldmengenaggregate. Die definitorisch weite Fassung der Geldmenge £ M3, die wir ursprünglich in der Mittelfristigen Finanzstrategie (MFTS) festgelegt hatten, war inzwischen stark verschoben. Ein beträchtlicher Anteil dieser Geldmenge bestand in Wirklichkeit aus Sparguthaben, die angelegt worden waren, um Zinsgewinne zu erzielen. Nigels erster Etat (1984) legte unterschiedliche Zielkorridore für das enge und das weiter gefaßte Aggregat (M3) fest. Die Geldmenge M0 war ein beträchtliches Stück langsamer gewachsen, und dies fand in der Gestaltung der zukünftigen Geldpolitik Beachtung. Doch zu diesem Zeitpunkt wurde den Geldmengen M3 und M0 bei politischen Überlegungen formal die gleiche Bedeutung beigemessen. Darüber hinaus berücksichtigte man noch zusätzliche Geldmengenindikatoren, einschließlich des Wechselkurses. Kritiker, die uns bisher vorgeworfen hatten, wir hielten zu starr an einer Politik der statistischen Formeln fest, machten sich nun daran, unseren unfundierten und willkürlichen Pragmatismus anzuprangern. So vernünftig dieser Wandel auch sein mochte, läutete er doch den Anfang eines Prozesses ein, in dessen Verlauf die MFTS an Transparenz verlor. Dies wiederum, so befürchtete ich, veranlaßte Nigel, im Laufe der Jahre immer verzweifelter nach einem alternativen Maßstab zu suchen – in sich zuverlässig und überzeugend für die Märkte –, und im Wechselkurs glaubte er, ihn endlich gefunden zu haben.

Die Ereignisse im Januar 1985 brachten den Wechselkursmechanismus wieder ins Gespräch. Der Kurs des Dollar schnellte nach oben und übte trotz der gesunden britischen Finanzlage heftigen Druck auf das Pfund aus. Ich teilte Nigels Meinung, daß wir unsere Zinssätze stark anheben mußten. Ebenso sollten die Devisenkurse unserer Ansicht nach durch gemeinsame internationale Interventionen stabilisiert werden. Deshalb sandte ich Präsident Reagan eine dahingehende Mitteilung. Dieser politische Schritt wurde von Nigel und den anderen Finanzministern im September im sogenannten »Plaza-Abkommen« formell bestätigt. Im nachhinein glaube ich, daß dies ein Fehler war. Wie Alan Walters zu argumentieren pflegte, wird eine Intervention, wenn sie »neutralisiert« wird, sie also keinen Einfluß auf das Geldangebot und die kurzfristigen Zinssätze hat, nur vorübergehende Wirkung zeigen; fördert sie andererseits das Geldmengenwachstum, führt sie zur Inflation. Das »Plaza-Abkommen« verleitete die Finanzminister – und Nigel vielleicht besonders – zu der falschen Einschätzung, es läge in ihrer Hand, den Märkten unbegrenzt zu trotzen. Das sollte für uns alle noch ernsthafte Folgen haben.

Die Probleme, mit denen das Pfund zu kämpfen hatte, veranlaßten Nigel, das Thema Europäischer Wechselkursmechanismus im Februar mir gegenüber anzusprechen. Um die Inflation unter Kontrolle zu bringen, sei es seiner Meinung unabdingbar, sich einer strikten Ausgabendisziplin zu unterwerfen, die entweder durch Geldmengenziele oder einen festen Devisenkurs gewährleistet

werden könne. Im Grunde genommen war es zweitrangig, welche
der beiden Maßnahmen angewendet wurde. Aber Nigel vertrat
die Ansicht, daß inzwischen neue Gesichtspunkte für den Wechselkursmechanismus sprachen. Erstens sei es immer schwieriger
geworden, den Finanzmärkten zu vermitteln, wie die Politik der
Regierung im Hinblick auf die Devisenkursentwicklung wirklich
aussah: Durch den Wechselkursmechanismus ergäben sich hingegen festere Spielregeln. Außerdem gab es auch noch politische
Überlegungen: Viele Parlamentsabgeordnete der Konservativen
Partei waren für den Beitritt. Falls es zu Auseinandersetzungen
über zusätzliche Ausgaben und Anleihen käme, sei es seiner Auffassung nach sicherlich von Nutzen, wenn wir uns einer Ausgabendisziplin beugen mußten, die von den Abgeordneten akzeptiert
werde. Zudem würde der Beitritt davon ablenken, was das Pfund
gegenüber dem Dollar wert war – und genau dort sahen wir in diesem Augenblick die Schwierigkeiten. Letztlich wurde die Geldmenge £ M3 als monetärer Indikator zunehmend fragwürdiger,
weil ihre Kontrolle mehr und mehr von der »Überfinanzierung«
abhing, die im sogenannten »Schatzwechselberg« mündete.[2] Keiner dieser Punkte – vielleicht mit Ausnahme des letzten, vermochte mich wirklich zu überzeugen. Doch ich war einverstanden, daß
sich eine Expertenrunde aus Mitarbeitern des Finanzministeriums, der Bank von England und des Außenministeriums damit
befaßte.

Alan Walters konnte nicht an dieser Expertenrunde teilnehmen
und teilte mir deshalb seine Überlegungen unabhängig von den
anderen mit. Er kam sofort auf die zentrale Frage zu sprechen.
Würde eine Mitgliedschaft im Wechselkursmechanismus den
Spekulationsdruck auf das Pfund verringern? Wahrscheinlich
würde er dadurch eher schlimmer werden. Wir sollten eine Lehre
aus dem ziehen, was anderen Währungen innerhalb des Wechselkursmechanismus zugestoßen war, beispielsweise dem französischen Franc. Außerdem wären wir angesichts der offenen Kapi-
tal- und Devisenmärkte in Großbritannien und der internationalen Rolle des Pfunds einem stärkerem Druck ausgesetzt als
Frankreich.

Auch Nigel vertrat in meiner Expertenrunde nicht die Auffassung, daß der Beitritt zum Wechselkursmechanismus unter den

gegenwärtigen Umständen richtig sei. Allerdings wiederholte er die allgemeinen Argumente zugunsten des Beitritts, die er mir bereits zu einem früheren Zeitpunkt vorgetragen hatte. Der vielleicht bedeutsamste Beitrag kam von Geoffrey Howe, der sich mittlerweile von der Begeisterung des Außenministeriums für den Wechselkursmechanismus hatte anstecken lassen und nun meinte, wir sollten nach einer günstigen Gelegenheit zum Beitritt suchen – obwohl er zugab, daß die gegenwärtigen Umstände nicht dafür sprachen. Im Verlauf der Diskussion wurde deutlich, daß wir unbedingt Devisenreserven anlegen mußten, wenn wir dem Wechselkursmechanismus beitreten wollten. Ich war einverstanden, daß das Finanzministerium und die Bank von England ein Konzept zur Durchführung ausarbeiteten. Da sich jedoch niemand für einen unmittelbaren Beitritt aussprach und auch keine weiteren Entscheidungen getroffen werden mußten, endete die Sitzung in gegenseitigem Einvernehmen.

Im Sommer 1985 machte ich mir allmählich ernsthafte Sorgen wegen der drohenden Inflation. Ich fühlte mich aus mehreren Gründen sehr unbehaglich: Die Geldmenge £ M3 nahm ziemlich schnell zu, und die Immobilienpreise zogen an, was immer ein schlechtes Zeichen ist. Der »Schatzwechselberg« bedrückte mich ebenfalls – jedoch nicht weil er auf eine mögliche Inflation hindeutete (tatsächlich war die Überfinanzierung, die zum Schatzwechselberg führte, teilweise das Ergebnis der Versuche der Bank von England, die Geldmenge £ M3 zu steuern.) Vielmehr stärkte der Umstand, daß wir, obwohl wir uns bereits 1981 gegen eine Politik der Überfinanzierung entschieden hatten, diese eigenmächtig und in diesem Ausmaß fortsetzten, nicht eben mein Vertrauen in die Umsetzung politischer Beschlüsse.

Selbst heute bin ich mir im unklaren, ob meine damaligen Bedenken gerechtfertigt waren. Einige Fachleute – insbesondere der scharfsinnige Tim Congdon – würden die Ansicht vertreten, der jetzige und spätere Anstieg der Geldmenge £ M3 hätte zu den Inflationsproblemen geführt. Alan Walters hingegen, der glaubte, die Geldmenge M0 sei der beste Indikator, war ebenso wie alle anderen Berater der Meinung, der Rahmen der Geldpolitik sei eng genug gesteckt. Im Grunde genommen sind diese verzwickten Themen immer eine Frage des Ermessens. Ausschlaggebend ist schnelles Handeln, sobald sich deutlich abzeichnet, daß Prozesse außer Kontrolle geraten. Auf keinen Fall bin ich der Meinung, daß die Währungspolitik im Jahre 1985 – oder 1986 – der Hauptgrund für die Probleme war, mit denen wir uns später auseinandersetzen mußten.

Nigel nahm seine Arbeit am Wechselkursmechanismus wieder auf, und ich erklärte mich mit einer weiteren Expertenrunde einverstanden, die Ende September zusammentreten sollte. Das Europäische Währungssystem schien sich zu einer fixen Idee zu entwickeln. Nigel schickte mir sogar ein Arbeitspapier, das ein Szenario zu den Auswirkungen eines Beitritts zum Wechselkursmechanismus vor den Parlamentswahlen entwarf, die wir nach Meinung der Finanzmärkte verlieren konnten. Unter diesen Umständen, so führte er aus, müßten wir bekanntgeben, vorläufig keine weiteren Interventionen für den Wechselkurs vorzunehmen und gleichzeitig zusichern, daß wir nach den Wahlen bei Amtsantritt denselben amtlichen Wechselkurs wie zuvor garantieren würden. Natürlich war dies ein Beispiel dafür, welche Gefahren es in sich birgt, wenn man an festen Paritäten ohne Rücksicht auf äußere Ereignisse festhält.

Mittlerweile war ich mehr denn je von den Nachteilen des Wechselkursmechanismus überzeugt. Ich konnte keinen besonderen Grund erkennen, warum die britische Währungspolitik im wesentlichen von der Deutschen Bundesbank und nicht vom britischen Finanzministerium bestimmt werden sollte – außer wir hatten kein Vertrauen in unsere eigene Fähigkeit, die Inflation unter Kontrolle zu bringen. Darüber hinaus bezweifelte ich, ob die Industrielobby – die uns stark bedrängte, dem Wechselkursmechanismus beizutreten – weiterhin so begeistert sein würde, wenn sie erkannte, daß ihre Produkte nicht mehr wettbewerbsfähig waren. Außerdem bezweifelte ich, daß die Öffentlichkeit mit den eventuell auf uns zukommenden hohen Kosten, die es mit sich brachte, wenn man das Pfund innerhalb des Wechselkursmechanismus verteidigen wollte, einverstanden sein würde. Wahrscheinlich würde sich das sowieso angesichts des bevorstehenden Wahlkampfes als unmöglich erweisen; die Folge wäre eine erzwungene Abwertung des Pfunds.

Beim Rückblick auf die letzten Jahre war offensichtlich, daß das

Pfund den Entwicklungen der anderen europäischen Währungen nicht in stabiler Weise folgte. 1980 stieg das Pfund gegenüber der Europäischen Währungseinheit (ECU) um 20 Prozent. 1981 fiel es um 15 Prozent; 1982 kam es zum gleichen Rückgang. 1983 stieg es um rund zehn Prozent; 1984 war das Pfund zwar etwas stabiler, aber 1985 wurde wiederum ein Anstieg von zehn Prozent verzeichnet. Um solche Schwankungen zu steuern, hätten wir auf große Mengen internationaler Währungsreserven und auf eine sehr rigide Zinspolitik zurückgreifen müssen.

Dieser Tatbestand wurde nicht etwa verschwiegen; diese Fakten standen jedem zur Verfügung. Nichts hält sich jedoch hartnäckiger als ein modischer Konsens, der zudem nicht ohne Einfluß auf die Kabinettsausschüsse bleibt. Bei der Ende September stattfindenden Expertenrunde fand ich keine Unterstützung, und weder Nigel noch Geoffrey ließen sich von meinen Argumenten umstimmen. Es war also zwecklos, die Diskussion fortzusetzen. Deswegen sagte ich, ich sei nicht überzeugt, daß sich die Gewichtung der Argumente zugunsten eines Beitritts verlagert hätte. Aus diesem Grunde beabsichtige ich eine weitere Sitzung einzuberufen, zu der noch andere Kollegen eingeladen werden sollten.

Vor dieser Zusammenkunft ließ ich eine ausführliche Liste von Fragen zu den möglichen Folgen eines Beitritts zum Europäischen Wechselkursmechanismus zusammenstellen. Ich hoffte, daß sie einige der Punkte erhellen würde, die wir unbedingt besprechen mußten. Allerdings wäre es eher nachsichtig als korrekt, wenn man behaupten wollte, daß die vom Finanzministerium ausgearbeiteten Antworten diesen Anforderungen entsprochen hätten. Das von Nigel bei der Sitzung vorgelegte Arbeitspapier hingegen erscheint vom heutigen Standpunkt aus betrachtet erstaunlich prophetisch. Er vertrat die Auffassung, wir müßten die Bürger davon überzeugen, daß die Inflation nachlassen und nicht mehr weiter steigen würde. Er ergänzte, viele befürchteten immer noch, wir könnten der Versuchung erliegen und uns für den Weg des geringsten Widerstands entscheiden, der uns in die Inflation führen würde. Außerdem benötigten wir nach so vielen Jahren, in denen wir unsere Politik nicht verändert hatten, frisches Blut, neue Ideen und Impulse, um unsere Vorgehensweise zu erläutern und sicherzustellen, daß unser Ansatz weiterhin überzeugte. Seine Antwort war selbstverständlich der Beitritt zum Europäischen Wechselkursmechanismus. Da Nigels Koppelung unserer Währung an die D-Mark – also der inoffizielle Einstieg in diesen Mechanismus – später zur Inflation führte und das Vertrauen erschütterte, entbehren seine damaligen Überlegungen heute nicht einer gewissen Ironie.

Leider brachte uns das großangelegte Treffen, das ich am 13. November vormittags angesetzt hatte, nicht weiter als die vorangegangenen Sitzungen. Wir bewegten uns nicht von der Stelle, und am Ende der Sitzung hatten mich die Argumente für einen Beitritt noch immer nicht überzeugt. Dennoch stimmte ich mit den anderen überein, strikt an der bisher verfolgten politischen Linie festzuhalten, nämlich daß Großbritannien dem Wechselkursmechanismus beitreten würde, wenn »der richtige Zeitpunkt« gekommen sei.

Diese Situation war unbefriedigend. Die meisten Argumente, die mich bislang noch nicht zu einem Beitritt hatten bewegen können, waren prinzipieller Natur und orientierten sich nicht an den Umständen, unter denen ein solcher Beitritt erfolgen sollte. Mir war klar, daß in dieser Frage nur eine kleine Minderheit im Kabinett hinter mir stand, obwohl die meisten meiner Kollegen sich wahrscheinlich sowieso nicht besonders dafür interessierten. Geoffrey und Nigel setzten sich leidenschaftlich dafür ein. Für Geoffrey bedeutete die Mitgliedschaft im Wechselkursmechanismus den Beweis unserer Glaubwürdigkeit innerhalb Europas. In Nigels Augen stellte sie Stabilität in einer turbulenten und verworrenen Welt dar, in der Entscheidungen in der Zins- und Währungspolitik getroffen werden mußten. Es bestand kein Zweifel, daß diese Beschlüsse gelegentlich äußerst schwer zu treffen waren.

Zinssätze und Inflation im Jahre 1986

Es ist mir wichtig, an dieser Stelle noch einmal auf unsere damaligen Schwierigkeiten aufmerksam zu machen. Bis zum Jahre 1987, als Nigel den Devisenkurs zur wichtigsten Aufgabe seiner Politik erklärte, gab es zwischen uns keine grundlegenden Meinungsverschiedenheiten, obwohl Nigel offenbar heute der Meinung ist, ich sei zu »nachgiebig« bezüglich der Zinssätze gewesen. Jeder, der sich unsere Beschlüsse zwischen 1979 und 1981 vor Augen hält, wird dies für unglaubwürdig halten. Heute würde man es wohl auch erstaunlich finden, daß das Hauptargument für den Beitritt zum Wechselkursmechanismus – den Nigel so leidenschaftlich vertrat – lautete, er werde zu niedrigeren Zinssätzen führen. Und es gab Anlässe – wie ich nachfolgend noch genauer ausführen werde – bei denen ich dachte, er sei in bezug auf die Zinssätze zu nachgiebig und wolle sie noch schneller anheben.[3] Wir beide waren gleichermaßen gegen eine Inflation. Wenn überhaupt, so hatte ich noch größere Bedenken als er. Sosehr ich seine Finanzreformen auch bewunderte, so mußte ich doch immer wieder feststellen, daß es ihm letztendlich nicht gelang, die Inflationsrate spürbar zu senken.

Trotz allem hatten Nigel und ich zu den bereits angeführten Problemen ziemlich unterschiedliche Ansätze. Ich hatte immer wesentlich empfindlicher als Nigel auf die politischen Konsequenzen einer steigenden Zinsrate reagiert – insbesondere in bezug auf die zeitliche Abstimmung. Ein Premierminister muß darauf achten. Mir war auch vollkommen klar, was schwankende Zinssätze für diejenigen Menschen bedeuteten, auf deren Haus eine Hypothek lag. Obwohl es bei Bausparkassen viel mehr Sparer als Kreditnehmer gibt, können höhere Zinssätze über Nacht die Zukunft und sogar das Leben der Kreditnehmer ruinieren. Meine Wirtschaftspolitik sollte auch eine soziale Politik sein.

Sie sollte zu einer Demokratie der Besitzenden führen. Deshalb durfte ich die Bedürfnisse der Eigenheimbesitzer nicht außer acht lassen. Ganz gleich, wie die Bedingungen auch sind, eine Wirtschaft mit niedrigen Zinssätzen ist gesünder als eine mit hohen.

Hohe Realzinssätze[4] garantieren einen hohen Sparanreiz. Doch sie halten andererseits davon ab, finanzielle Risiken einzugehen und die finanzielle Lage aus eigenem Antrieb zu verbessern. Langfristig gesehen fördern sie aber eher die Stagnation als die Ankurbelung wirtschaftlicher Prozesse. Deshalb übte ich Zurückhaltung und erhöhte die Zinssätze nur, wenn es unbedingt erforderlich war.

Ein weiterer Grund, behutsam vorzugehen, war die Schwierigkeit, die geld- und die fiskalpolitische Situation richtig zu beurteilen. Die Zahlen der Geldmenge M0 unterlagen von Monat zu Monat starken Schwankungen. Die anderen Geldmengenaggregate schwankten noch stärker. Uns standen Daten zur Verfügung, die das wirtschaftliche Wachstum als zu gering auswiesen und uns dadurch zwangen, den voraussichtlichen Kreditbedarf der öffentlichen Hand höher als notwendig anzusetzen. Unter diesen Umständen war es äußerst schwierig abzuschätzen, wann die Zinssätze gesenkt oder erhöht werden sollten. Bei den Zusammenkünften mit Nigel, Vertretern der Bank von England und Beamten des Finanzministeriums, in denen wir unsere nächsten Schritte berieten, unterzog ich für gewöhnlich alle Beteiligten zuerst einem Kreuzverhör, um dann meine eigene Ansicht zu vertreten und mich – wenn ich sicher war, daß alle Gesichtspunkte berücksichtigt worden waren – Nigels Ansicht anzuschließen. Es gab auch Ausnahmen, doch nur sehr wenige.

Die Währungskoppelung des Pfund an die D-Mark in den Jahren 1987/88

Ohne daß es mir zum damaligen Zeitpunkt bewußt wurde, begann Nigel vom März 1987 an, eine neue politische Zielrichtung zu verfolgen, die nicht nur von meiner eigenen abwich, sondern auch von der des Kabinetts und von der Politik, zu der sich die Regierung gegenüber der Öffentlichkeit verpflichtet hatte. Ihr Ausgangspunkt war die ehrgeizige Absicht, eine internationale Devisenkursstabilisierung herbeizuführen. Im Februar einigten sich Nigel und die anderen Finanzminister auf Interventionen, um im Rahmen des sogenannten Louvre-Accord in Paris den Dollar gegenüber der D-Mark und dem Yen zu stabilisieren. Als mir berichtet wurde, welche massiven Interventionen dazu nötig waren, wuchs meine Besorgnis. Und es war nicht abzusehen, ob diese Lösung überhaupt einen dauerhaften Erfolg bringen würde.

Im Juli erörterte Nigel mit mir erneut die Frage, ob wir mit dem Pfund dem Wechselkursmechanismus beitreten sollten. Seiner

Meinung nach war die erste Sitzungsperiode des neuen Parlaments der richtige Zeitpunkt für einen Beitritt. Durch eine Mitgliedschaft würden wir eine größtmögliche Wechselkursstabilität erzielen und dazu beitragen, daß die Wirtschaft ein weniger zögerliches Verhalten an den Tag legte. Sein Vorschlag traf mich nicht unvorbereitet, denn ich hatte das Problem bereits mit Alan Walters und Brian Griffiths – dem Leiter meines politischen Beraterstabs – durchgesprochen, der früher Direktor des Centre for Banking and International Finance an der City University gewesen war. Ich sagte zu Nigel, in den letzten acht Jahren habe sich die Regierung den wohlbegründeten Ruf erworben, eine besonnene und vorsichtige Politik zu betreiben. Dem Wechselkursmechanismus beizutreten, käme einem Eingeständnis unserer mangelnden Ausgabendisziplin gleich und bedeute, daß wir ohne von Deutschland und der D-Mark gesetzte Grenzen nicht wirtschaften können. Die Mitgliedschaft im Wechselkursmechanismus würde unseren Handlungsspiel in bezug auf die Zinssätze einschränken, die – insbesondere wenn wir starkem Druck ausgesetzt wären – weitaus höher liegen würden, als im Falle eines Nichtbeitritts. Ich hatte die Argumente zu den Vorteilen einer von außen auferlegten Disziplin schon früher gehört und mußte an Ted Heath denken, der Anfang der siebziger Jahre behauptet hatte, mit Hilfe der EG-Mitgliedschaft könne man die Gewerkschaften besser unter Kontrolle bekommen. Doch dieser Fall war nicht eingetreten; und der Versuch, die EG-Mitgliedschaft dafür zu nutzen, um die Erwartungen der Unternehmensleitungen und der Arbeitnehmerschaft zu beeinflussen, würde gleichfalls zu einem Fehlschlag führen. Insgesamt würde eine Mitgliedschaft im Wechselkursmechanismus, wenn alles reibungslos verlief, keine positiven Auswirkungen für unsere jetzige Wirtschaftspolitik mit sich bringen, falls jedoch Komplikationen auftraten, würden sie zu einer Verschlechterung der Situation führen. Nigel war völlig anderer Ansicht. Er wollte dieses Thema mit mir noch einmal im Herbst besprechen. Meiner Auffassung nach war dies jedoch viel zu früh: Ich wollte keine weitere Debatte vor Beginn des neuen Jahres.

Vieles deutete darauf hin, daß das Wirtschaftswachstum zu stark ansteigen könne, um von Dauer zu sein. Auf der Basis der Zahlen zur Geldmengenentwicklung ließ sich keine klare Aussage treffen, aber der Kreditbedarf der öffentlichen Hand würde vermutlich niedriger liegen als zum Zeitpunkt der Haushaltsplanung. Im August schlug Nigel eine einprozentige Anhebung der Zinssätze vor. Seine Begründung war, nur so könne man noch vor den nächsten Wahlen die Inflation eindämmen. Ich billigte seinen Vorschlag. Das war der Stand der Dinge, als sich am »Schwarzen Montag« (dem 19. Oktober 1987) der jähe Kurssturz an den internationalen Aktienbörsen ereignete – ausgelöst vom Börsensturz an der Wall Street. Im Rückblick betrachtet war diese Entwicklung lediglich eine Marktbereinigung, die überbewertete Aktien betraf und die durch »computergesteuerte Aktienverkäufe« noch verschärft wurde. Allerdings warf sie auch die Frage auf, ob wir nicht anstelle eines überhitzten Marktes auf eine Rezession zusteuerten, da die Menschen weniger ausgaben und mehr sparten, um den Wertverlust ihrer Aktien auszugleichen.

Als ich vom Zusammenbruch der Aktienbörsen erfuhr, hielt ich mich gerade in den Vereinigten Staaten auf. Ich war von der Commonwealth-Konferenz in Vancouver nach Dallas geflogen, wo ich Mark und dessen Familie besuchen wollte. Zufällig fand an diesem Tag ein Abendessen mit einigen führenden amerikanischen Geschäftsleuten statt, die, im Gegensatz zu manchen schwarzseherischen Presseberichten, die Ereignisse relativierten und die Meinung vertraten, wir stünden keineswegs vor einem Zusammenbruch der Weltwirtschaft. Ich fand es jedoch ratsam, sich doppelt abzusichern, und stimmte Nigels Forderung nach einer zweimaligen Senkung der Zinssätze um je ein halbes Prozent zu, um das Vertrauen der Wirtschaft wiederherzustellen.

Zu diesem Zeitpunkt wußte ich nicht, daß Nigel sich bei der Festsetzung der Zinssätze an einem Devisenkurs orientierte, der das Pfund bei drei D-Mark oder darunter halten sollte. Dabei stellt sich die Frage, wie er diese Politik seit März verfolgen konnte, ohne daß ich dahinterkam. Doch die Tatsache, daß sich das Pfund über einen bestimmten Zeitraum hinweg nach der D-Mark (oder dem Dollar) richtete, bedeutete nicht zwangsläufig, daß die Orientierung an einem bestimmten Wechselkurs die Geldpolitik bestimmte. Es kann verschiedene Ursachen für ein und dasselbe Ergebnis geben. So viele Faktoren spielen bei der Beurteilung von Zinssätzen und Interventionen eine Rolle, daß es für jemanden, der tagtäglich in der Verantwortung steht, nahezu unmöglich ist, jederzeit festzustellen, welcher Faktor ausschlaggebend war. Als die Monate vergingen und man anfing, die Ereignisse rückblickend zu betrachten, wurden natürlich die ersten Fragen laut. Nigel, dem man so leicht nichts vormachen kann, muß gewußt haben, daß dies eines Tages geschehen würde. Vermutlich war es sogar seine Absicht. Wäre alles reibungslos verlaufen, so hätte es als Beweis gelten können, daß wir dem Wechselkursmechanismus ohne negative Folgen bei einem Kurs von einem Pfund zu drei D-Mark beitreten konnten. Nigel wäre in der Lage gewesen, sich gegen meine Ablehnung zum Beitritt durchzusetzen, denn unter diesen Umständen wäre es für mich unmöglich gewesen, darauf zu beharren. Im Grunde war genau dies geschehen, auch wenn er uns nicht direkt gezwungen hatte, in den Wechselkursmechanismus einzutreten. Denn sobald die Finanzmärkte erst einmal davon überzeugt waren, daß eine bestimmte Währungspolitik – in diesem Fall eine Kopplung des Pfunds an die D-Mark bei einer vorgegebenen Parität – finanzielle Stabilität garantierte, hätte sich ein Abweichen von dieser Politik überaus destabilisierend ausgewirkt. Deswegen mußte ich, als ich entdeckte, was da vor sich ging, feststellen, daß wir einen Teil unserer Handlungsfreiheit bereits eingebüßt hatten.

Erstaunlicherweise erfuhr ich erst während eines Interviews mit der »Financial Times« am 20. November 1987 von Nigels Schritt. Die Journalisten wollten wissen, warum wir das Pfund bei einem Kurs von 1:3 an die D-Mark gekoppelt hatten, was ich energisch bestritt. Doch die Tabellen, die sie mir vorlegten, brachten den eindeutigen Beweis. Selbstverständlich hatte das auf allen Ebenen sehr ernsthafte Folgen. Erstens hatte Nigel seine persönliche Wirtschaftspolitik verfolgt, ohne sich mit der Regierung abzustimmen. Wie konnte ich ihm jemals wieder vertrauen? Zweitens konnten unsere massiven Interventionen, die seit Anfang des Finanzjahres auf den internationalen Devisenmärkten einen Umfang von 27 Milliarden Dollar angenommen hatten, inflatorische Folgen haben. Drittens hatte ich zugelassen, daß die Zinssätze möglicherweise zu niedrig festgelegt wurden, nur damit Nigel seine vor uns geheimgehaltene Politik, das Pfund unter drei D-Mark zu halten, fortsetzen konnte.

Ich wollte diese Angelegenheit erst dann mit Nigel besprechen, wenn ich mir ganz sicher war. Deshalb sammelte ich sämtliche Informationen, die mit dem Pfund und dem Ausmaß der Intervention zu tun hatten. Dann nagelte ich ihn fest. Bei unserer Sitzung am 8. Dezember äußerte ich meine Beunruhigung über das Ausmaß der Interventionspolitik, die notwendig war, um das Pfund unter drei D-Mark zu halten. Nigel legte dar, die Interventionen wären aufgrund normaler Marktvorgänge »neutralisiert« worden und würden daher keine inflatorischen Folgen nach sich ziehen. Mit Neutralisierung meinte er meinem Verständnis nach, daß die Bank von England Schatzwechsel und Staatspapiere verkaufte, um sicherzustellen, daß die für die Interventionen aufgewandten Mittel keinen Einfluß auf die Geldmarktzinsen ausübten. Doch der große Kapitalzufluß hatte trotz der Maßnahmen zur Neutralisierung eine gewisse Eigendynamik: Zum einen führte er zum Ansteigen des Geldmengenwachstums und zum anderen drückte er zusätzlich die Marktzinssätze. Angesichts dieser Gegebenheiten konnte Nigel scheinbar mit gutem Grund niedrigere Eckzinsen rechtfertigen, als es die nationalen Einflußfaktoren zuließen. Als Folge davon wurde die Inflation angeheizt.

In den ersten Monaten verschlechterte sich mein Verhältnis zu Nigel zusehends. Zwar bemühte ich mich, zu häufige Eingriffe in die Zinsentwicklung zu unterbinden, hatte dabei jedoch nur geringen Erfolg. Es erschien mir als ein Widerspruch in sich, auf der einen Seite die Zinssätze um einen halben Prozentpunkt anzuheben – so wie wir es im Februar getan hatten – während andererseits das Pfund durch Interventionen niedrig gehalten wurde. Doch gleichzeitig war mir klar, wenn ich jetzt ein Machtwort sprach und ihm Interventionen in diesem Ausmaß untersagte, würde dies unser bereits getrübtes Arbeitsverhältnis nur noch mehr belasten. Er hatte sich selbst in eine Situation manövriert, in der sein Ansehen als Schatzkanzler leiden würde, falls der Wert des Pfundes tatsächlich über drei D-Mark anstieg. Es war ein überzeugender, wenn auch höchst unwillkommener Beweis für den Unsinn, der hinter der Methode steckte, eine bestimmte Wechselkursvorgabe zum Kriterium für politischen und wirtschaftlichen Erfolg zu machen.

Anfang März blieb mir jedoch keine Wahl mehr. Am 2. und

3. März 1988 fanden Interventionen mit einem Volumen von über einer Milliarde Pfund statt. Selbst die Bank von England, die sich traditionell für einen gesteuerten Devisenkurs einsetzte, äußerte größte Bedenken. Auch leitende Beamte im Finanzministerium machten sich Sorgen, wenngleich sie diese natürlich nicht offen äußern konnten.

Ich sprach bei zwei Besprechungen am 4. März ein klares Wort mit Nigel und kritisierte nochmals das Ausmaß der Wechselkursintervention. Nigel seinerseits beharrte darauf, daß die Wirkung der Interventionen neutralisiert würde. Doch auch er war der Ansicht, daß Interventionen beim gegenwärtigen Kurs keinesfalls endlos fortgesetzt werden könnten. Ich bat ihn, den Rat der Bank von England einzuholen und mir im Laufe des Tages zu berichten, ob und wenn ja, zu welchem Zeitpunkt die »Obergrenze« von drei D-Mark aufgehoben werden sollte. Bei unserem zweiten Gespräch willigte er ein, den Kurs über drei D-Mark steigen zu lassen, falls am Montag immer noch eine so starke Nachfrage nach dem Pfund herrschen würde. Er wollte unbedingt noch weitere Interventionen durchführen, um den Anstieg des Devisenkurses zu stoppen, falls dieser sich zu rasch entwickelte. Ich äußerte meine Bedenken und erklärte nachdrücklich, daß ich einer freien Preisbildung für das Pfund am Devisenmarkt ohne jegliche Interventionen den Vorzug geben würde. Doch ich war bereit, einige begrenzte Interventionen hinzunehmen, falls dies notwendig wäre. Infolgedessen stieg der Kurs des Pfunds über drei D-Mark.

Die Opposition und die Medien versuchten sogleich, aus den Differenzen zwischen Nigel und mir Kapital zu schlagen. Ich legte die Ziele und Beweggründe meiner Politik am 10. März bei der Fragestunde der Premierministerin vor dem Unterhaus dar:

Mein Freund, der Ehrenwerte Schatzkanzler, und ich sind uns vollkommen darüber einig, daß es unser vorrangiges Ziel sein muß, die Inflation niedrig zu halten. Der Schatzkanzler hat nie behauptet, daß eine größere Wechselkursstabilität vollkommene Unbeweglichkeit bedeuten würde. Korrekturen sind notwendig, wie wir aus unseren Erfahrungen mit dem Bretton-Woods-System gelernt haben. Ebenso haben die Länder, die dem Wechselkursmechanismus angeschlossen waren, die Erfahrung gemacht, daß von Zeit zu Zeit Auf- bzw. Abwertungen vorgenommen werden müssen. Den Gesetzen des Marktes kann man sich nicht widersetzen.

Diese letzte Bemerkung löste eine Flut von Pressekommentaren aus, gegen die wir auch mit der Wahrheit nicht ankamen. Das Problem war, daß sie im Widerspruch zu Nigels fortgesetzten öffentlichen Stellungnahmen zu stehen schienen, in denen er sich gegen eine weitere Aufwertung des Pfundes aussprach. Von jetzt an würde es immer schwieriger werden, die Finanzmärkte davon zu überzeugen, daß mein Schatzkanzler und ich an einem Strang zogen. Und natürlich war der Eindruck, den sie gewonnen hatten, im Kern richtig.

Es stellt sich die Frage, ob ich Nigel nicht zu diesem oder zu einem späteren Zeitpunkt hätte entlassen sollen. Ein derartiger Schritt wäre völlig gerechtfertigt gewesen. Ohne mein Wissen und meine Zustimmung hatte er seine eigene politische Linie verfolgt, und auch weiterhin ging er von einem Ansatz aus, der mit meinen Überlegungen nicht im Einklang stand. Andererseits wurde ihm allgemein – und mit Recht – zugute gehalten, daß sein Einsatz im Wahlkampf des Jahres 1987 entscheidend zu unserem Erfolg beigetragen hatte. Seinen Aufgaben war er hervorragend gewachsen. Er konnte mit der vollen Unterstützung unserer Fraktion und der konservativen Presse rechnen, die zu der Überzeugung gelangt waren, daß ich im Unrecht sei und nur Engstirnigkeit und Starrsinn der Grund für meine abweichende Haltung sein könnten. Was auch immer geschehen war, wenn Nigel und ich zusammenhielten, konnte es uns mit der Unterstützung des übrigen Kabinetts gelingen, die zu erwartenden Folgen der begangenen Fehler abzuwenden oder wenigstens zu überwinden und die Wirtschaft bis zu den kommenden Parlamentswahlen wieder zurück auf den ursprünglichen Kurs zu bringen.

Doch es sollte nicht sein. Wie auch immer ich Fragen zu Zinssätzen und Devisenkurs im Parlament beantwortete, stets unterstellte man mir entweder, daß ich Nigels Vorschläge nicht billige oder aber daß ich zu demonstrativ – und wenig überzeugend – meine Unterstützung für sie bekundete. In solchen Situationen kann man nur verlieren. Nigel war außerordentlich aufgebracht über meine

Ausführungen bei der Fragestunde der Premierministerin am 12. Mai. Wenngleich ich mich klar und deutlich hinter ihn und seine öffentlichen Erklärungen stellte, hatte ich mich in meinen Ausführungen seiner Auffassung, daß eine weitere Aufwertung des Wechselkurses »nicht tragbar« sei, nicht angeschlossen.

Geoffrey Howe begann nun ebenfalls Unheil anzurichten. Von diesem Zeitpunkt an wurde mir klar, daß Nigel und er – die sich in früheren Jahren aufgrund gegenseitiger Eifersucht nicht gerade freundlich gesonnen waren – unter einer Decke steckten, wobei Geoffrey eher als Nigel von persönlichen Ressentiments mir gegenüber geleitet wurde. Zuvor im März hatte Geoffrey in Zürich eine Rede gehalten, die allgemein zu dem Schluß führte, daß er sich in der Wechselkurs-Frage mit Nigel gegen mich verbündet habe. Am Freitag, den 13. Mai ließ er in seine Rede auf dem Parteitag der schottischen Konservativen in Perth unvermittelt eine Bemerkung einfließen. Wir hatten uns verpflichtet, dem Wechselkursmechanismus beizutreten, »wenn die Zeit reif ist«; und nun erklärte Nigel: »Wir können unserer Beitrittsverpflichtung nicht fortwährend diesen Vorbehalt hinzufügen.« Diese Äußerung wurde von der Presse zum Anlaß genommen, die allgemein bekannte Uneinigkeit zwischen Nigel und mir über den Wechselkursmechanismus noch zu vergrößern. Ich war nicht eben begeistert darüber. Als Geoffrey mich am Vormittag nach seiner Rede unvorsichtigerweise anrief, um eine Unterredung im Laufe des Tages zu vereinbaren, an der der Schatzkanzler und er teilnehmen sollten, um »den halböffentlich geführten Streit« beizulegen, wies ich ihn darauf hin, daß ich Nigel später noch sehen würde. Dann würde ich mit ihm die Situation auf den Finanzmärkten durchsprechen, die durch seine Bemerkungen völlig aus dem Gleichgewicht gebracht worden waren. Ich beabsichtigte keineswegs, mit ihnen beiden gleichzeitig zu sprechen. Dreimal mußte ich ihm sagen – da er sich offensichtlich weigerte, das zu akzeptieren, und auf einer gemeinsamen Unterredung beharrte, damit Nigel und er ihren Willen durchsetzen konnten –, daß es am klügsten sei, wenn er jetzt Ruhe geben würde. In der gegenwärtigen Situation würden wir dem Wechselkursmechanismus nicht beitreten und damit basta.

Den Sonntag verbrachte ich in Chequers und arbeitete an einer

Rede für die Generalversammlung der Kirche von Schottland:
Meine Redenschreiber und ich sorgten für Erheiterung, als man
uns in der dem Anlaß angemessenen Haltung auf den Knien rut-
schend ertappte. Allerdings geschah das, um Tesafilm abzurollen,
nicht etwa um den Heiligen Geist um Eingebung anzuflehen.Als
ich jedoch am selben Tag die Nachrichten verfolgte, wurde mir
wieder deutlich vor Augen geführt, welche schädlichen Folgen die
ständigen Berichte in den Medien hatten, in denen von Meinungsverschiedenheiten und persönlichen Differenzen aufgrund des
Wechselkurses die Rede war.

Am Montag vereinbarte Nigel einen Termin mit mir, da er eine
Formulierung, die ich im Parlament verwenden sollte, in allen Einzelheiten abklären wollte. Vor der Unterredung unterrichtete mich
das Finanzministerium über Nigels Absicht, eine weitere Zinssatzsenkung vorzunehmen. Ich für meinen Teil war mittlerweile entsetzt über das Ausmaß unserer Geldmarktinterventionen, zumal
sie eindeutig nicht zu dem gewünschten Erfolg geführt hatten, das
Pfund auf dem von Nigel gewünschten Niveau zu halten. Trotz all
seiner Zusicherungen befürchtete ich inflationäre Tendenzen.
Zwar wäre es besser gewesen, wenn das Pfund seinen Wechselkurs
an den Märkten selbst gefunden hätte, aber zumindest hatte ich
einen Teilerfolg erzielt – den Anstieg des Pfunds auf DM 3,18. Deshalb war ich damit einverstanden, den Zinssatz zu senken, wie er
es mir sicher vorschlagen würde. Auch war mir bewußt, daß die
Spekulanten an der Börse das Pfund inzwischen als Wette mit
Erfolgsgarantie betrachteten. Wenn sie sich ein wenig die Finger
daran verbrannten, würde sich das nur zu unserem Vorteil auswirken.

Die Zinssatzsenkung um einen halben Prozentpunkt auf
7,5 Prozent am 17. Mai war der Preis für ein erträgliches Verhältnis
zu meinem Schatzkanzler, der der Überzeugung war, daß sein ganzes Ansehen auf dem Spiel stünde, wenn das Pfund die von ihm
inoffiziell festgelegte »Bandbreite« verlassen würde. Hätte ich
mein Einverständnis zur Intervention und zur Zinssatzsenkung
nicht gegeben und wäre das Pfund entsprechend der Marktsitua-
tion nach oben geschnellt, so hätte Nigel ganz ohne Zweifel seinen
Rücktritt eingereicht – und zwar zu einem Zeitpunkt, da die
Mehrheit unserer Regierungsfraktion und die Presse seiner Linie

mehr Sympathien entgegenbrachten als meiner. Heute habe ich den Eindruck, daß ich, indem ich mich dieser politischen Zwangslage beugte, einen zu hohen wirtschaftlichen Preis gezahlt habe. Das Zinsniveau war während des gesamten damaligen Zeitraums zu niedrig. Es hätte um einige Prozentpunkte angehoben werden müssen, wie auch immer sich diese Maßnahmen auf den Wert des Pfundes oder den Blutdruck des Schatzkanzlers ausgewirkt hätten.

Außerdem war ich bereit, die Linie hinsichtlich der Bedeutung des Wechselkurses für die Wirtschaftspolitik, auf die Nigel und ich uns am Montag geeinigt hatten, in allen Einzelheiten im Parlament zu vertreten. Ich war gezwungen, weiter zu gehen als mir lieb war, und sagte:

> ... die Zinssätze wurden in den beiden letzten Monaten dreimal gesenkt. Dies geschah in der bewußten Absicht, den Devisenkurs zu beeinflussen. Es schien unter den gegebenen Umständen richtig zu sein, die beiden uns zur Verfügung stehenden Druckmittel, d. h. Intervention und Zinssatz einzusetzen, und jeder Spekulant, der, ganz gleich zu welchem Zeitpunkt, das Pfund für eine Wette mit Erfolgsgarantie hält, begeht einen großen Fehler.

Wachsende Wirtschaftsprobleme

Ab Juni 1988 stiegen die Zinssätze tatsächlich stetig an. Nigel bestand darauf, die Zinsen jeweils nur um einen halben Prozentpunkt zu erhöhen. Mir wäre eine einschneidendere Maßnahme lieber gewesen, um die Finanzmärkte davon zu überzeugen, wie ernst wir die neuesten Entwicklungen nahmen – das Wirtschaftswachstum verlief zu schnell, und die Geldpolitik wurde zu locker gehandhabt – insbesondere die Daten der Zahlungsbilanz. Nigel beurteilte diese Zahlen wesentlich gelassener als ich. Er war der Meinung, daß der aktuelle Stand des Zahlungsbilanzdefizits, das seit 1987 noch immer anstieg, als Indikator eine größere Rolle spielte als andere Dinge, die eine Eigendynamik gewonnen hatten. Mich allerdings versetzte das Defizit in Unruhe, da es bestätigte, daß wir als Staat über unsere Verhältnisse lebten, und darauf schließen ließ, daß Inflation im Anzug war.

Die Immobilienpreise stiegen drastisch. Die Geldmenge M0 wuchs noch immer zu schnell – sie bewegte sich mittlerweile nicht mehr innerhalb des Zielkorridors. Die Prognosen zur Inflationsrate wurden laufend nach oben hin berichtigt, obwohl sie sich dann trotzdem als zu niedrig angesetzt erwiesen. Beispielsweise wurde im September 1988 im Monatsbericht des Finanzministeriums zur Geldmarktbewertung für März 1989 eine Inflationsrate von 5,4 Prozent prognostiziert. Im Oktoberbericht lag die Prognose bei sieben Prozent. (Tatsächlich waren es letztendlich 7,9 Prozent.) Als das Jahr 1988 zu Ende ging, mußten wir uns trotz einer niedrigen Arbeitslosenquote, eines hohen Wirtschaftswachstums und eines Anstiegs der Einkommen auf große Schwierigkeiten gefaßt machen.

Angesichts dieser Tatsachen ist es um so erstaunlicher, daß Nigel mir im November 1988 eine Aktennotiz zukommen ließ, in der er mir vorschlug, eine von der Regierung unabhängige Bank von England einzurichten. Ich stand dieser Idee ablehnend gegenüber. Schließlich hatten wir im Augenblick alle Hände voll zu tun, um mit den Folgen seines Abweichens von unserer erprobten Strategie, die sich während unserer ersten Amtsperiode gut bewährt hatte, fertig zu werden – und nun sollten wir schon wieder unsere Politik vollkommen auf den Kopf stellen. Im Gegensatz zu Nigel war ich nicht der Meinung, daß unser Kampf gegen die Inflation so glaubwürdiger wirken würde. Statt dessen merkte ich an, »man würde es so verstehen, daß der Schatzkanzler kapituliert, wenn er seine Position in Gefahr sieht«, und fügte hinzu, »dies käme einem Eingeständnis mangelnder Entschlossenheit gleich.« Auch war ich mir nicht sicher, ob wir über Mitarbeiter mit entsprechendem Format verfügten, die eine solche Institution hätten leiten können. Als Nigel sein Arbeitspapier mit mir durchsprechen wollte, teilte ich ihm mit, ich hätte bereits in den späten 70er Jahren mit dem Gedanken gespielt, eine unabhängige Zentralbank ins Leben zu rufen, mich aber letztendlich dagegen entschieden. Meiner Ansicht nach sei eine solche Institution für föderalistische Staaten besser geeignet. Jedenfalls käme es zum jetzigen Zeitpunkt nicht in Frage, eine solche Bank zu gründen. Zuerst einmal müsse die In-

flationsrate deutlich sinken – etwa um zwei Prozent – und sich
zwei bis drei Jahre lang auf diesem Stand halten, ehe man so etwas
auch nur in Erwägung ziehen könne.

Im Grunde genommen glaube ich nicht, daß sich durch die Veränderung bewährter Strukturen tiefliegende politische Probleme
lösen lassen – und die Kontrolle der Inflation ist letztendlich ein
politisches Problem. Man kann sie senken, wenn man den Willen
dazu hat, wie es die Deutschen nach ihren bitteren Erfahrungen
mit der Hyperinflation bewiesen haben. Auch wir hätten damit
erfolgreich sein können, hätten wir eine striktere Währungspolitik
verfolgt – und zwar ohne eine unabhängige Zentralbank. Ich hätte
jedoch mehr in Betracht ziehen müssen, daß Nigels Vorschlag seine wahre Haltung gegenüber den sich allmählich deutlich abzeich-
nenden wirtschaftlichen Schwierigkeiten offenbarte. Er wollte
nicht die Verantwortung dafür übernehmen, sondern sie auf
jemand anderen – oder etwas anderes – abwälzen.

Für mich war das Jahr 1989 zunehmend von politischen Problemen geprägt. Es war Nigels letztes Jahr als Schatzkanzler, und ich
feierte mein zehnjähriges Amtsjubiläum als Premierministerin –
ein Jubiläum, das ich allerdings so zurückhaltend wie möglich
begehen wollte. Aber es war nicht zu vermeiden, daß die Presse die
Gelegenheit nutzte, um nicht besonders schmeichelhafte Kommentare über mich zu veröffentlichen. Ziel dieser Artikel war, im
Leser das Gefühl zu erwecken, daß zehn Jahre meiner Regierung
nun wirklich genug seien. Gleichzeitig waren die Zinsen stark
gestiegen – im Januar lagen sie bei 13 Prozent, im Mai bei 14 Prozent und im Oktober bei 15 Prozent. Die Inflationsrate nahm
ebenfalls stetig zu, und zwangsläufig wurden auch die prognosti-
zierten Zahlen nach oben korrigiert. Die Konjunkturdaten blieben weiterhin schlecht, insbesondere die Zahlen vom Juli ließen
das Vertrauen in die Wirtschaft sinken und schwächten das Pfund.
Alan Walters Ansicht nach war die Geldpolitik momentan zu
straff, mit der Folge, daß über kurz oder lang eine stark rezessive
Wirtschaftsentwicklung einsetzen würde. Als Reaktion auf die
Zinserhöhungen in Deutschland wollte Nigel die Zinssätze ebenfalls anheben, doch Alan riet mir dringend von einer Erhöhung auf
15 Prozent ab. Alan behielt recht. Doch ich folgte Nigels Empfehlung, und so rutschen die Zinsen wieder nach oben. Dies sollte als

Erklärung genügen, um die späteren Anschuldigungen zu entkräften, ich hätte die Stellung des Schatzkanzlers untergraben, indem ich Alan Walters an meiner Seite behielt und Nigel entgegen Alans Rat und meiner Überzeugung deckte, und das nur wenige Tage, bevor Nigel seinen Rücktritt einreichte.

Der Delors-Bericht zur Wirtschafts- und Währungsunion

Abgesehen von der Geldpolitik beschäftigten uns in diesem Zeitraum zwei weitere wesentliche Wirtschaftsthemen: zum einen unsere Haltung zum Wechselkursmechanismus, über den Nigel und ich geteilter Meinung waren; und zum anderen die Frage der Europäischen Wirtschafts- und Währungsunion, in der wir denselben Standpunkt vertraten.

Als Ergebnis des im Juni 1988 in Hannover einberufenen Europäischen Rats war unter Vorsitz von Jacques Delors ein Ausschuß bestehend aus Führungskräften der Zentralbanken der EG – in ihrer Eigenschaft als unabhängige Experten – gebildet worden, um über die Wirtschafts- und Währungsunion Bericht zu erstatten.[5] Nigel und ich hofften, daß Robin Leigh-Pemberton, Präsident der Bank von England, und Karl Otto Pöhl, Präsident der Deutschen Bundesbank, einer Fassung des Berichts entgegenwirken konnten, der der Wirtschafts- und Währungsunion neue Impulse geben würde. Pöhl stand einem Verlust der Währungsautonomie der Bundesbank ausgesprochen feindselig gegenüber, und auch Robin Leigh-Pemberton hatte keine Zweifel an unserer eindeutigen Haltung in dieser Frage – in dieser Phase stand die Mehrheit der konservativen Abgeordneten und Parteimitglieder hinter uns. Unser Ziel war ein Bericht, der sich auf Analysen und Übersichten beschränkte und keine normativen Vorgaben enthielt. Doch wir hofften, daß man Hinweise einfügen würde, die klarstellten, daß die Wirtschafts- und Währungsunion für die Einführung des Binnenmarktes auf keinen Fall zwingend notwendig sei. Außerdem sollte darin in aller Deutlichkeit aufgezählt werden, welche Konsequenzen es nach sich zog, wenn durch die Wirtschafts- und Währungsunion die Macht und die Einflußmöglichkeiten nationaler Institutionen auf eine zentrale Bürokratie übertragen wurden.

An 14. Dezember 1988 abends hatten Nigel und ich eine Unterredung mit dem Präsidenten der Bank von England gehabt und ihm nahegelegt, all diese Argumente in der Diskussion über den zu erwartenden Delors-Bericht anzubringen. Unser nächstes Gespräch mit dem Bankpräsidenten fand am 15. Februar nachmittags statt. Unser bisheriger Eindruck vom Entwurf des Delors-Berichts war nicht besonders positiv, denn er sprach sich für ein Modell aus, das bekanntermaßen von Delors bevorzugt wurde, der offensichtlich seine Vorstellungen durchgesetzt hatte. Nigel und ich baten den Bankpräsidenten, seine eigenen Unterlagen zu verteilen, doch sie erwiesen sich als nicht sehr überzeugend. Am verhängnisvollsten war, daß Pöhls Widerstand gegen Delors' Vorstellungen in dem Bericht einfach unter den Tisch gefallen war.

Auch wenn der Präsident der Bank von England etwas unternommen haben mochte, war es doch vergeblich gewesen. Als der Delors-Bericht schließlich im April 1989 veröffentlicht wurde, bestätigten sich unsere schlimmsten Befürchtungen. Anfangs war die Rede von einem »Drei-Stufen-Plan« gewesen, der uns zumindest die Möglichkeit eingeräumt hätte, das Tempo zu bremsen und uns sogar zu weigern, weiter als bis zur ersten oder zweiten Stufe »mitzugehen«. Doch nun forderte der Bericht, daß sich die Europäische Gemeinschaft schon bei Einstieg in die erste Stufe unwiderruflich dem Ziel einer vollständigen Wirtschafts- und Währungsunion verpflichtete. Weiterhin wurde ein neuer Vertrag zur Voraussetzung gemacht und verlangt, sofort mit der Arbeit daran zu beginnen. Außerdem enthielt der Bericht viele Anmerkungen zur Regional- und Sozialpolitik – ein kostspieliger Delorsscher Sozialismus in europäischen Dimensionen. All diese Vorschläge waren für mich unannehmbar.

Der Hinterhalt vor Madrid

Welche Probleme der Delors-Bericht auch immer aufwarf, in Großbritannien gewann er nur wenige Anhänger. Nigel und Geoffrey aber nahmen ihn zum Anlaß, die Diskussion über den Wechselkursmechanismus wieder zu eröffnen. Auf einer Sitzung am Nachmittag des 3. Mai vertrat Nigel den Standpunkt, wir sollten jetzt dem Wechselkursmechanismus beitreten. Meiner Meinung nach hatte jedoch die Drosselung der Inflation absolute Priorität. Deswegen wäre es unklug gewesen, sich jetzt mit dem Thema eines stabilen Wechselkurses zu befassen. Genau das hatten wir getan, als wir versuchten, das Pfund an die D-Mark zu koppeln, und es hatte uns im Kampf gegen die Inflation sehr geschadet. Außerdem war ich nicht der Auffassung, daß der Delors-Bericht das Gewicht zugunsten des Wechselkursmechanismus verschoben hatte. Wir würden uns ganz im Gegenteil hüten, uns tiefer in ein europäisches System hineinziehen zu lassen, das sich mit an Sicherheit grenzender Gewißheit entsprechend dem Delors-Bericht verändern würde. Ich sah nicht ein, warum wir dem Wechselkursmechanismus beitreten mußten, um Entwicklungen innerhalb der EG Einhalt zu gebieten, die uns nicht zusagten. Besonders die Vorstellung, sich für einen Beitritt ein Ultimatum in einer fernen Zukunft zu setzen, hielt ich für selbstzerstörerisch. Nigel war anderer Ansicht. Doch ich machte ihn nochmals darauf aufmerksam, daß ich eine Mitgliedschaft Großbritanniens im Wechselkursmechanismus zu diesem Zeitpunkt nicht weiter diskutieren wolle.

Dies bedeutete allerdings nicht, daß ich mir keine Gedanken darüber machte. Einige Tage später schickte mir Alan Walters eine Abhandlung mit dem Titel »Wenn die Zeit reif sein wird«. In dieser wurden die Bedingungen erörtert, die erfüllt sein mußten, ehe wir einen Beitritt in Betracht ziehen konnten. Dazu gehörte, daß alle Mitgliedsstaaten jegliche Maßnahmen zur Devisenkontrolle sowie die damit einhergehende Gesetzgebung abschafften. Die nationalen Bankensysteme sowie Finanz- und Kapitalmärkte müßten dereguliert werden und dem Wettbewerb aller EG-Staaten offenstehen. Jede Institution, jedes Unternehmen, jede Personengesellschaft und jeder einzelne mußte die Möglichkeit haben, sich an Bank- und Finanzgeschäften zu beteiligen, nur beschränkt durch ein Minimum an notwendigen Bedingungen.

Das waren kühne Vorschläge, die unserer Haltung sicherlich eine viel positivere Note geben würden. Schritte gegen den Korporativismus in Frankreich, Deutschland und Italien würden das ihre dazu beitragen. Es würde sich noch herausstellen, ob der Wechselkursmechanismus einem Abbau all dieser Kontrollen, die ihm zu einer trügerischen Stabilität verholfen hatten, auf Dauer standhalten konnte. Problematisch an Alans Ansatz war nur, daß er die grundsätzlichen Vorbehalte, die wir beide gegenüber dem System bedingt variabler Wechselkurse, die der Wechselkursmechanismus bedeutete, hatten, nicht aus dem Weg räumte. Doch schließlich wurde mir klar, daß sein genialer Vorschlag wohl meine einzige Möglichkeit war, mich dem Druck, den Nigel, Geoffrey und die Europäische Gemeinschaft auf mich ausübten, doch so früh wie möglich dem Wechselkursmechanismus beizutreten, zu widersetzen.

Leon Brittan – mittlerweile Vizepräsident der EG-Kommission – suchte mich kurze Zeit später auf, um mich von den Vorzügen einer Mitgliedschaft im Wechselkursmechanismus zu überzeugen. Er erläuterte, daß uns diese Mitgliedschaft großes Mitspracherecht in den nächsten Phasen der wirtschaftlichen und währungspolitischen Zusammenarbeit verschaffen würde. Ein Beitritt würde Großbritannien die Möglichkeit eröffnen, Tempo und Marschrichtung zu bestimmen. Offensichtlich hatte ihn eine Bemerkung von Jacques Delors beim Abendessen in dieser Ansicht bestärkt. Sie lautete: »Wenn sie dem Wechselkursmechanismus beitritt, kann sie nur gewinnen.« Ich war jedoch nicht sonderlich beeindruckt vom Tischgespräch des EG-Kommissionspräsidenten. Auch glaubte ich nicht, daß diejenigen, die die im Delors-Bericht aufgezeigte Richtung einschlagen wollten, sich durch eine Mitgliedschaft Großbritanniens im Wechselkursmechanismus am Vormarsch hindern lassen würden. Ich sollte recht behalten.

Mein Verhältnis zu Nigel geriet im Mai wieder in eine kritische Phase, als ich in einem Interview mit dem World Service unvorsichtigerweise beinahe zugegeben hätte, daß der Grund für unsere gestiegene Inflationsrate in der Koppelung an die D-Mark lag. Zwar entsprach das den Tatsachen, aber für uns wäre es weitaus bequemer gewesen zu erklären, wir hätten die Zinssätze in Folge des Zusammenbruchs der internationalen Aktienbörsen am »Schwarzen Montag« gesenkt. Da wir sie über einen zu lange andauernden Zeitraum niedrig gehalten hätten, habe das zu einer stetig ansteigenden Inflation geführt. Nigel, der sich gerade bei einem Gipfeltreffen der EG-Finanzminister in Spanien aufhielt, war sehr verärgert. Ich ließ eine Pressemitteilung veröffentlichen, die wieder die ursprüngliche weniger genaue, aber für beide Seiten akzeptable Erklärung enthielt. Doch gleichzeitig bat ich das Finanzministerium, ein Arbeitspapier vorzubereiten, dem zu entnehmen war, warum die Inflationsrate seiner Ansicht nach gestiegen sei. Bald erfuhr ich zu meinem großen Interesse, daß Nigel den ersten Entwurf, dessen Schwerpunkt in der Ankoppelung an den Wechselkursmechanismus lag, noch einmal hatte überarbeiten lassen, um eine Analyse der Jahre 1985 und 1986 miteinzubeziehen.[6] Daher überraschte mich nicht im geringsten, daß die vom Finanzministerium vorgelegte endgültige Fassung in meinen Augen nicht so präzise und überzeugend war wie andere Arbeitspapiere aus diesem Haus.

Doch es sollte noch schlimmer kommen. Am Mittwoch, dem 14. Juni 1989, also genau 12 Tage vor der Sitzung des Europäischen Rats in Madrid, legten Geoffrey Howe und Nigel Lawson einen Hinterhalt. Rasch erkannte ich, daß Geoffrey die treibende Kraft war. Die beiden schickten mir ein gemeinsames Memorandum. In diesem vertraten sie den Standpunkt, es gebe einen Weg, um einen akzeptablen Kompromiß im Zusammenhang mit den Vorschlägen im Delors-Bericht zu erreichen, die eine Zustimmung zu Stufe eins ohne Verpflichtung zur zweiten und dritten Stufe oder eine Regierungskonferenz vorsahen. Ich müsse nur meine Bereitschaft signalisieren, einen »rechtlich nicht bindenden Hinweis« zu akzeptieren, das Pfund werde bis Ende 1992 dem Wechselkursmechanismus beitreten; selbstverständlich nur, wenn bis dahin bestimmte Bedingungen erfüllt seien. Die einzige Alternative wäre wie gewöhnlich »Isolation« gewesen. Dieses Arbeitspapier war typisch für das Außenministerium, und in seinen besseren Tagen hätte Nigel Lawson so etwas mit Verachtung gestraft oder in der Luft zerrissen.

Seit ich Alans Arbeitspapier über die Beitrittsbedingungen zum Wechselkursmechanismus gelesen hatte, hatte ich lange und intensiv über dieses Thema nachgedacht. Ich war mir nicht sicher, ob es dazu beitragen würde, die anderen EG-Mitgliedsstaaten und die Kommission von ihrem Ziel – der Wirtschafts- und Währungsunion – abzubringen, wenn man diese Bedingungen bereits in diesem Stadium so deutlich formulierte. Auch die angeblichen politischen

Vorteile konnten mich nicht überzeugen. Zudem fragte ich mich beunruhigt, welche Auswirkungen ein konkretes Beitrittsdatum auf die Devisenmärkte haben würde. Am Abend des 20. Juni hatte ich eine Unterredung mit Nigel und Geoffrey, um mit ihnen ihr Memorandum und seinen Inhalt zu erörtern. Gegen Ende des Gesprächs erklärte ich ihnen, ich wolle darüber nachdenken, wie wir in Madrid vorgehen sollten. Ich hegte meine Zweifel, ob wir durch unsere Zusage, dem Wechselkursmechanismus beizutreten, tatsächlich unser gemeinsames Ziel verwirklichen konnten, die von Delors propagierte zweite und dritte Stufe sowie die Regierungskonferenz zu blockieren. Allerdings würde man das erst vor Ort in Madrid beurteilen können. Auf jeden Fall hatte ich immer noch Bedenken, einen genauen Beitrittstermin für das Pfund festzulegen.

Diese Vorgehensweise – gemeinsame Memoranden, das Ausüben von Druck und Intrigen – behagte mir ganz und gar nicht. Aber richtig wütend wurde ich erst über das, was als nächstes geschah. Ich erhielt ein weiteres Memo. Darin äußerten Nigel und Geoffrey, es sei »kontraproduktiv«, die Bedingungen, unter denen wir beitreten würden, lediglich detaillierter auszuführen und sie beispielsweise um Maßnahmen zum Binnenmarkt zu erweitern. Es müsse ein Termin festgesetzt werden. Sie bestanden auf einer weiteren Unterredung noch vor Madrid.

Ich las ihre Aufzeichnungen am Samstagvormittag in Chequers; kurz darauf erreichte mich ein Anruf aus meinem Büro mit der Bitte, einen Besprechungstermin anzuberaumen. Das kam mir äußerst ungelegen, denn am Sonntagnachmittag wurde ich bereits in Madrid erwartet. Aber sie ließen sich nicht abwimmeln. Ich konnte ihnen noch den späten Samstagabend oder den frühen Sonntagmorgen in der Downing Street anbieten.Sie entschieden sich für den Sonntag. Ich wußte, daß Geoffrey Nigel aufgehetzt hatte. Er hatte sich entsetzlich über den Verlauf unseres Europawahlkampfes aufgeregt, in dem wir keine gute Figur gemacht hatten. Außerdem war mir klar, daß er sich Hoffnungen machte, eines Tages Vorsitzender der Konservativen Partei und Premierminister zu werden – ein Wunsch, an den er sich um so leidenschaftlicher klammerte, je weiter er für ihn in die Ferne rückte. Mit gewisser Berechtigung betrachtete er sich als jemand, der viel zu unseren

früheren Erfolgen beigetragen hatte. Dieser ruhige und besonnene, doch zutiefst von Ehrgeiz zerfressene Mann – zu dem sich mein
Verhältnis zusehends verschlechtert hatte, da ich ihn einige Male
aus Ärger über seine grenzenlose Kompromißbereitschaft in
Gegenwart anderer gemaßregelt hatte – wollte mir nun, so gut er
nur konnte, Schwierigkeiten machen. Vermutlich war er der für
einen Politiker trügerischen und gefährlichen Illusion erlegen, sich
für unersetzlich zu halten. Es gibt keine andere Erklärung für seine
Handlungsweise und dafür, daß er auch Nigel dazu anstiftete.

Wie verabredet traf ich mich mit Geoffrey und Nigel am Sonntagmorgen um 8.15 Uhr. Ich empfing sie in meinem Arbeitszimmer, wo sie sich mir gegenüber am Kamin niederließen. Sie hatten
sich gründlich vorbereitet und alles genau miteinander abgesprochen. Geoffrey eröffnete das Gespräch. Er legte mir nahe, auf der
Sitzung des Europäischen Rats in Madrid als erste das Wort zu
ergreifen, um die Bedingungen für eine Mitgliedschaft des Pfunds
darzulegen und den Termin für den Beitritt zum Wechselkursmechanismus bekanntzugeben. Beide bestanden sogar auf einer prä-
zisen Formulierung, die ich mir notierte: »Es ist unsere feste
Absicht, dem Wechselkursmechanismus nicht später als (genaues
Datum folgt) beizutreten.« Nur auf diese Weise sei ich ihrer
Ansicht nach in der Lage zu verhindern, daß der Delors-Plan in die
zweite und dritte Stufe ging. Wenn ich ihre Bedingungen und ihren
Formulierungsvorschlag nicht annehmen wollte, so würden sie
gemeinsam ihren Rücktritt einreichen.

Ob ich das Ausscheiden meines Außen- und Finanzministers
aus der Regierung unter derartigen Umständen und zum gleichen
Zeitpunkt politisch hätte überleben können, weiß ich nicht. In
jenem Augenblick bewegten mich drei Überlegungen. Erstens war
ich nicht bereit, mich durch Erpressung zu einer Politik zwingen zu
lassen, die ich für falsch hielt. Zweitens mußte ich nach Möglichkeit erreichen, daß sie, zumindest im Augenblick, im Amt blieben.
Drittens durfte es nie – unter keinen Umständen – wieder zu solch
einer Situation kommen. Doch diese dritte Überlegung stellte ich
zunächst zurück. Ich teilte ihnen mit, daß ich bereits einen Text mit
den genauen Beitrittsbedingungen des Pfunds zum Wechselkursmechanismus vorbereitet hätte, den ich in meiner Eröffnungsrede
verlesen würde. Doch ich weigerte mich, ihnen ein festes Eintritts-

datum zuzusichern. Hingegen erklärte ich, ich könne nicht glauben, daß der Schatzkanzler und der ehemalige Schatzkanzler eines Landes ernsthaft von mir erwarteten, daß ich mich im voraus auf ein Datum festlegte. Sie könnten sich schließlich selbst ausrechnen, daß die Spekulanten in so einem Fall Morgenluft wittern würden. Ich teilte ihnen mit, daß ich mir weitere Gedanken über meine Erklärung vor dem Europäischen Rat in Madrid machen wollte. Bei ihrem Aufbruch wirkte Geoffrey unerträglich selbstzufrieden. Und so ging diese unangenehme kleine Unterredung zu Ende.

An dieser Stelle möchte ich kurz erläutern, was sonst noch in Madrid geschah. Auf der leicht abgeänderten Grundlage von Alans Vorschlägen unterbreitete ich die sogenannten »Madrider Bedingungen« zum Beitritt des Pfund zum Wechselkursmechanismus. Ich bestätige noch einmal unsere feste Absicht, Mitglied zu werden, sobald die Inflationsrate gesunken und die erste Stufe des Delors-Plans, also der freie Kapitalfluß und Abschaffung aller Devisenkontrollen, zufriedenstellend erfüllt sei. Allerdings legte ich mich weder auf ein Datum fest, noch wurde ich in Madrid diesbezüglich unter Druck gesetzt.

Ich glaube nicht, daß meine »Madrider Bedingungen« das Tempo, geschweige denn die Zielrichtung der Diskussionen um den Delors-Bericht zur Währungsunion entscheidend beeinflußten. Nur ein Mensch mit einer ausgesprochen naiven Weltsicht – wie sie beispielsweise bei britischen Europaanhängern und in weitaus schlimmerem Maße bei den dickköpfigen Europa-Opportunisten auf dem europäischen Kontinent anzutreffen ist – konnte geglaubt haben, daß es dazu kommen würde. Hingegen ermöglichten mir die »Madrider Bedingungen«, die Konservative Partei auf unsere Verhandlungsposition einzuschwören und uns von der abgegriffenen und etwas lächerlichen Formulierung »wenn der richtige Zeitpunkt gekommen ist« zu distanzieren. Das Ergebnis der Gespräche in Madrid wurde in Großbritannien überaus positiv aufgenommen. Leider jedoch in dem Sinne, daß der »richtige« Zeitpunkt niemals kommen würde, da der Wechselkursmechanismus – besonders jetzt, nachdem allgemein bekannt war, daß Delors eine Wirtschafts- und Währungsunion anstrebte – in unserem Sinne nie »richtig« sein konnte. Doch dagegen war ich praktisch machtlos.

Die Kabinettssitzung begann am 29. Juni wie immer um 10.30 Uhr. Normalerweise sitze ich bereits auf meinem Platz mit dem Rücken zur Tür, wenn die Kabinettsminister hereinkommen. Diesmal jedoch stand ich im Gang – und wartete. Aber niemand hatte seinen Rücktritt eingereicht. Es schien so, als sei die Bedingung, unter allen Umständen einen festen Beitrittstermin zum Wechselkursmechanismus bekanntzugeben, niemals ausgesprochen worden. Nigel Lawson brachte sogar noch die Bemerkung zustande, die Sitzung in Madrid sei doch ausgesprochen gut verlaufen. Er hatte wirklich starke Nerven, aber das war schon immer eine von Nigels positiven Charaktereigenschaften.

Zunehmende Spannungen im Verhältnis zu Nigel Lawson

Von diesem Zeitpunkt an kam es zwischen mir und Nigel wegen der unabhängigen Beratung in Wirtschaftsfragen, die ich von Alan Walters erhielt, zu Spannungen. Alan war im Mai 1989 in die Downing Street zurückgekehrt. Auf seine wertvollen Ratschläge hinsichtlich der »Madrider Bedingungen« für einen Beitritt zum Wechselkursmechanismus habe ich bereits hingewiesen. Während das Finanzministerium, aufgeschreckt von den inflationären Auswirkungen von Nigels Ankoppelung des Pfundes an den Wechselkursmechanismus, auf eine Erhöhung der Zinssätze drängte, machte Alan mich auf die Gefahr aufmerksam, daß extrem hohe Zinssätze die Wirtschaft in eine Rezession führen könnten.[7] Er tat genau das, was man von einem Berater des Premierministers erwartete. Und außerdem hatte er den Vorzug, daß er sich nicht irrte.

Während seiner fünfjährigen Abwesenheit von Downing Street war Alan mehrfach aufgefordert worden, seine fachliche Meinung im Rahmen verschiedener Tagungen und Gesprächsrunden zu äußern, und wie immer waren seine Einschätzungen sehr prägnant und scharfsinnig. Gleichzeitig veröffentliche er diverse Berichte, Artikel und Vorträge, in denen er seine Überlegungen zu wirtschaftspolitischen Themen im allgemeinen und zum Wechselkursmechanismus im besonderen darstellte. Die Presse schlachtete diese aus, um auf die Meinungsverschiedenheiten zwischen

Nigel und mir hinzuweisen. Hinzu kam noch, daß Nigel sich darüber im klaren war, das man ihn für das erneute Auftreten der
Inflation verantwortlich machte, weswegen er überempfindlich
reagierte. Diese Gründe sorgten dafür, daß Alans Veröffentlichungen zu einem ernstzunehmenden Problem wurden.

Das Wichtigste daran war jedoch, daß diese Spekulationen der
Presse gar nicht so weit von der Realität entfernt lagen: Nigel und ich
hatten inzwischen tatsächlich nicht mehr die gemeinsame inhaltliche
Basis und das Vertrauensverhältnis, die eigentlich zwischen einem
Schatzkanzler und seiner Premierministerin angebracht sind.

Da Nigel jegliches Schuldgefühl vermissen ließ – eine Regung, die
für ihn auch untypisch gewesen wäre –, war es unumgänglich, daß
die Kommentatoren ihm die Schuld an der immer schlechteren
Wirtschaftslage gaben.

Auf dem Parteitag im Jahre 1989, den Kenneth Baker, der neue
Geschäftsführer der Partei, eher von Optimismus als von Vorsicht
geleitet, unter das Motto »Das richtige Team« gestellt hatte, trat all
das deutlich zutage. Ein Anheben der deutschen Zinssätze hatte uns
dazu veranlaßt, diesem Beispiel zu folgen, und wir mußten kurz vor
dem Parteitag die unpopuläre Entscheidung treffen, unsere Zinsen
auf 15 Prozent zu erhöhen. Die *Daily Mail* fiel gnadenlos über
Schatzkanzler Nigel her, beschimpfte ihn als »Bankrotteur« und
forderte seinen Rücktritt. Nigel, dem es noch nie an Mut gefehlt
hatte, hielt eine energische und erfolgreiche Rede. Doch selbst jetzt
noch mußten wir über unsere jeweilige Wortwahl zum Thema Devisenkurs verhandeln. Es gab wesentliche Unterschiede – wenn nicht
sogar offene Widersprüche – zwischen seiner Formulierung:

Die Konservative Partei ist nie eine Partei der Abwertung
gewesen und wird es auch nie sein

– Nigels Erklärung implizierte, daß es in unserer Macht lag,
den endgültigen Wert des Pfunds an den Devisenbörsen zu bestimmen – und der meinen:

Wie Nigel Lawson gestern klarstellte, darf die Industrie nicht
damit rechnen, daß eine ständig an Wert verlierende Währung ihre Probleme löst.

Ich vertrat also einen völlig unterschiedlichen Standpunkt, der auf einer anderen wirtschaftlichen Analyse basierte.

Wir brachten den Parteitag ohne weitere Zwischenfälle hinter uns. Doch bei der Presse entstand durchweg der Eindruck, daß es für Nigel schwierig sein würde, sich im Amt zu halten, wenn sich die Wirtschaftsprognosen verschlechterten.

Falls er dies vorhatte, konnte er sich, wie immer, meines Beistandes und meiner Unterstützung sicher sein. Auch wenn es in der jetzigen Situation sehr bequem gewesen wäre, so hatte ich doch nicht die Absicht, ihn den Wölfen zum Fraß vorzuwerfen. Vielleicht war es weniger meine Großzügigkeit als mein Eindruck, daß er, nachdem er uns in diese Inflation hineingezogen hatte, nun auch die unpopulären Maßnahmen treffen sollte, um uns wieder aus dieser unangenehmen Situation herauszuholen. Schließlich hätte er einem neuen Schatzkanzler ein höchst unerfreuliches Erbe hinterlassen. Deswegen entschloß ich mich – aus Gründen und aufgrund von Umständen, auf die ich später noch kurz eingehen werde – zu meiner, wie ich glaubte, letzten großen Kabinettsumbildung. Dabei löste ich Geoffrey Howe von seinem Posten als Außenminister ab und berief ihn zum Unterhausführer. Ich hatte beschlossen – ob richtig oder falsch –, Nigel in seinem Amt zu belassen. Doch zu welcher Entscheidung war Nigel selbst gekommen?

Nigel Lawsons Rücktritt

Ich habe schon erwähnt, daß Alan Walters' Äußerungen aus vergangenen Zeiten, die von der Presse oft aus dem Zusammenhang gerissen wurden, für Unruhe sorgten. Da der Zeitpunkt nie genau vorauszusehen war – es hing davon ab, wie schnell die Journalisten fündig wurden und alte Aussagen wieder aufgriffen –, konnten weder meine Mitarbeiter noch Alan etwas dagegen unternehmen. Am 18. Oktober druckte »The Financial Times« einen Artikel ab, in dem es unter anderem hieß, Alan habe den Wechselkursmechanismus als »unausgereifte Idee« bezeichnet. Der Artikel stützte sich auf eine Abhandlung, die im »American Economist« veröffentlicht werden sollte. Allerdings verschwieg die »Financial Times«, daß Alan diese Äußerungen bereits 1988 zu Papier gebracht hatte, also lange bevor er als Wirtschaftsberater in meine Dienste zurückkehrte. In meinen Augen hatte er keinen Grund, sich zu entschuldigen, und ich notierte:

Da Alan Walters diesen Artikel lange vor Madrid verfaßt hat (wo er mich ebenfalls beriet), sehe ich nicht, wo die Schwierigkeiten liegen. Außerdem haben die Berater die Aufgabe zu BERATEN, und es sind die Minister, die die politischen Entscheidungen treffen.

Am 23. Oktober landete ich in meiner VC 10 um halb vier morgens nach der Commonwealth-Konferenz in Kuala Lumpur auf dem Flughafen Heathrow. In der Downing Street angekommen, packte ich meine Koffer aus, besprach mit Amanda Ponsonby (meiner unersetzlichen Assistentin, die den Terminkalender überwachte) den Tagesablauf, aß in meiner Wohnung zu Mittag und traf mich anschließend mit Nigel Lawson zu einem unserer regelmäßig stattfindenden Gespräche unter vier Augen. Die in Interviews ständig wiederkehrende Frage, ob Alan Walters seiner Meinung nach nun endlich entlassen werden sollte, beunruhigte ihn. Doch wir mußten uns noch mit vielen anderen Dingen beschäftigen. Insbesondere mußten wir uns auf die Linie einigen, die Nigel auf dem bevorstehenden Gipfeltreffen der EG-Finanzminister zur Wirtschafts- und Währungsunion vertreten würde. Nigel hatte ein geniales Alternativkonzept ausgearbeitet. Es basierte auf Friedrich Hayeks Theorie der konkurrierenden Währungen, derzufolge die Impulse für eine Währungsunion vom Markt und nicht von der Regierung ausgingen. (Leider fand dieser Vorschlag nicht zuletzt deswegen nur wenig Anklang, da er im Gegensatz zu dem starren und zentralistischen Modell stand, das bei unseren EG-Partnern so beliebt war.) Nach Rücksprache mit Nigel erörterte ich seine Vorschläge zur Wirtschafts- und Währungsunion in einer größeren Runde, der auch der Außenminister John Major und der Wirtschaftsminister Nick Ridley angehörten. Dabei war mir klar, daß dieses Gespräch in erster Linie den taktischen Wert hatte, die Debatte um die Währungsunion innerhalb der EG zu verzögern.

Der folgende Tag, ein Donnerstag, würde uns wahrscheinlich vor einige Probleme stellen. Doch in diesem Stadium waren mir

die Ausmaße noch nicht klar. An diesem Tag fand nicht nur die Fragestunde der Premierministerin statt, sondern ich mußte mich auch
den unvermeidlichen Fragen zu Südafrika stellen und eine Erklärung
zum Ergebnis der CHOGM (Konferenz der Regierungschefs der
Commonwealth-Staaten) in Kuala Lumpur abgeben. Kurz nach
acht Uhr saß ich unter der Trockenhaube, als ich von Crawfie aus
meinem Privatbüro darüber informiert wurde, daß Nigel Lawson
um einen Besprechungstermin um 8.50 Uhr gebeten hatte. Um diese
Uhrzeit begann ich normalerweise mit meiner Vorbesprechung für
die Fragestunde im Parlament. Crawfie meinte, es handle sich um
eine ernste Angelegenheit; möglicherweise wolle Nigel seinen Rücktritt einreichen. Doch ich erwiderte: »Aber nein, meine Liebe, das
haben Sie falsch verstanden. Er wird heute nachmittag zu einer Sitzung nach Deutschland reisen, und ich nehme an, er möchte mich in
diesem Zusammenhang noch einmal vorher sprechen.« Als ich Nigel
unten in meinem Arbeitszimmer empfing, traf mich seine Entscheidung vollkommen unvorbereitet. Er sagte, entweder Alan Walters
müsse gehen oder er werde seinen Hut nehmen. Ich solle seiner Forderung jetzt und an dieser Stelle entsprechen.

Zunächst konnte ich ihn nicht ganz ernst nehmen und erwiderte, er solle nicht albern sein. Schließlich habe er ein bedeutendes
Staatsamt inne. So zu sprechen, sei unter seiner Würde. Alan sei
ein treuer und ergebener Mitarbeiter, der mich offen und ehrlich
beraten habe und es dabei nie an dem nötigen Respekt habe fehlen
lassen. Wenn andere, einschließlich der Medien versucht hätten,
durchaus legitime Meinungsverschiedenheiten zu übertreiben
oder auszuschlachten, so sei das nicht Alans Schuld. Aus diesem
Grunde komme Alans Entlassung für mich überhaupt nicht in
Frage. Die Unterredung endete ergebnislos. Ich bat Nigel, seine
Entscheidung noch einmal zu überdenken und hoffte, daß er sich
diesen Rat zu Herzen nahm. Aber wir hatten nur wenig Zeit für
unser Gespräch, da ich mich auf die Vorbesprechung zur Fragestunde im Parlament konzentrieren und meine Erklärung für die
Sitzung um neun Uhr vorbereiten mußte.

Eine Stunde später nahm Nigel zusammen mit anderen Ministern an einer Sitzung über die Zukunft der Atomwaffenlobby in
Aldermaston teil. Er schien in guter Verfassung zu sein und erhob
im Laufe der Diskussion einige scharfsinnige Einwände. Ich hoffte

und glaubte, daß sich die Wogen noch einmal geglättet hätten. Später trafen wir uns wieder im Kabinett. Ich eröffnete die Kabinettssitzung mit der Bitte, die Geschäfts- und Tagesordnung möglichst zügig abzuhandeln, da zwei Minister zu Sitzungen nach Europa reisen müßten. Einer davon war Nigel.

Deshalb war ich um so überraschter, als ich während meines leichten Mittagessens – Suppe und Obst –, das ich normalerweise an Tagen der Fragestunde im Parlament einnahm, erfuhr, daß Nigel nochmals um eine Rücksprache bat. Ich hatte gedacht, er sei bereits außer Landes. Wir trafen uns in meinem Arbeitszimmer, wo er seine Forderung wiederholte und erklärte, er wolle zurücktreten. Ich hatte dem wenig Neues zu erwidern und konnte mich aus Zeitgründen auch nicht weiter dazu äußern, da ich in Kürze im Unterhaus erwartet wurde. Allerdings betonte ich, daß Alan Walters seinen Posten behalten würde, und hoffte, Nigel würde seinen Schritt noch einmal überdenken. Deshalb bat ich ihn nach der Fragestunde noch einmal zu mir.

Als ich in mein Büro im Unterhaus zurückkehrte, konnte ich gerade noch einen kurzen Blick auf meine Unterlagen werfen, als mich um 15.05 Uhr – also knapp zehn Minuten vor Beginn der Fragestunde im Parlament – mein Privatsekretär Andrew Turnbull davon in Kenntnis setzte, Nigel Lawson habe seinen Rücktritt eingereicht und würde nun auf eine öffentliche Bekanntgabe bis spätestens 15.30 Uhr drängen. Dies war vollkommen unmöglich, denn wir hatten die Königin noch nicht davon unterrichtet. Außerdem war die Nachfolge nicht geklärt, und die Londoner Aktienbörse würde noch geöffnet sein. Zusätzlich würde ich mich gleich eine Stunde lang den Fragen im Parlament stellen und eine Erklärung zur Commonwealth-Konferenz abgeben müssen, wobei ich nicht einmal Gelegenheit hatte, mich zu setzen. Und so wiederholte ich nur, daß ich Nigel zwischen 17.00 und 17.30 Uhr in der Downing Street empfangen würde.

Ich überstand die Fragestunde und die Erklärung nur, weil ich die Krise von Nigels Rücktritt in den letzten Winkel meines Gehirns verbannte. Als ich etwa eine Stunde später das Unterhaus verließ, bat ich John Major, der in seiner Funktion als Außenminister während der Bekanntgabe der Erklärung neben mir gesessen hatte, in mein Büro und sagte zu ihm: »Ich habe ein Problem.«

Am liebsten hätte ich Nick Ridley zum neuen Schatzkanzler ernannt. Doch unter diesen besonders schwierigen Umständen hätte Nicks verächtliche Haltung gegenüber höflichen Umgangsformen das Problem nur noch verschlimmert. Es sah ganz so aus, als wäre der geeignete Kandidat John Major, dem das Finanzministerium noch aus seiner Zeit als Staatssekretär vertraut war. Ich hatte ihn ohnehin schon als meinen Nachfolger im Auge. Doch ich wollte, daß er zuerst mehr Erfahrung sammelte. Er war erst seit einigen Wochen im Außenministerium und hatte deshalb sein Ministerium noch nicht optimal im Griff – im Gegensatz zum Finanzministerium, wo er das Amt des Staatssekretärs kompetent und erfolgreich ausgefüllt hatte. Sicher wäre er lieber Außenminister geblieben, als ins Finanzministerium zurückzukehren, wo er Nigels Scherbenhaufen in Ordnung bringen mußte. Als er nicht eben begeistert auf den vorgeschlagenen Wechsel ins Finanzministerium reagierte, sagte ich ihm, wir alle müßten gelegentlich mit der zweiten Wahl Vorlieb nehmen, was genauso auch für mich gelte. Also nahm er das Amt ohne weiteren Widerspruch an.

Ich eilte zurück in die Downing Street zu meiner Unterredung mit Nigel, der noch immer darauf bestand, seinen Rücktritt sofort öffentlich bekanntzugeben. Wenn ich es mir recht überlegte, konnte es nur eine vernünftige Erklärung für seine ungebührliche Hast geben. Er befürchtete wohl, ich könnte Alan Walters benachrichtigen, der sich in den Vereinigten Staaten aufhielt und über die Ereignisse nicht informiert war, und womöglich würde dieser dann seinen Rücktritt einreichen. Damit hätte Nigel dann keine Entschuldigung für seinen Schritt mehr gehabt. Ich setzte Nigel darüber in Kenntnis, daß John Major seine Nachfolge antreten würde. Da es nichts weiter zu sagen gab, war das Gespräch nur kurz. Ich bedauerte, daß unsere lange und fruchtbare Zusammenarbeit auf diese Weise endete. Anschließend rief ich Alan Walters an, um ihm die Ereignisse zu schildern. Er erwiderte, Nigels Rücktritt habe ihn in eine ausweglose Lage gebracht, und trotz all meiner Bemühungen, ihn vom Gegenteil zu überzeugen, bestand er darauf, ebenfalls seinen Rücktritt einzureichen.

John Major als Schatzkanzler

Nigels Rücktritt war ein großer Schlag für mich, den Geoffrey Howe dazu nutzte, um noch mehr Unruhe zu stiften. So pries er Nigel am darauffolgenden Wochenende in einer Rede, die vor kalkulierter Bösartigkeit nur so strotzte, als unerschrockenen und entschlossenen Finanzminister und forderte den Beitritt zum Wechselkursmechanismus gemäß der in Madrid getroffenen Vereinbarungen. Aber Nigels Rücktritt hatte in einer Hinsicht auch sein Gutes. Obwohl John Major die zupackende Art seines Vorgängers in Wirtschaftsfragen fehlte, war er zumindest kein Schatzkanzler, der sein persönliches Engagement in vergangene politische Fehler investiert hatte. Deshalb fiel es ihm leichter, mit den Konsequenzen umzugehen.

Nun hatten wir vorrangig drei wichtige Aufgaben zu bewältigen. Die erste war, die Inflation unter Kontrolle zu bringen, obwohl wir darauf achten mußten, den Druck rechtzeitig zu dämpfen, damit es nicht zu einer Rezession kam. Zweitens mußten wir uns mit dem heiklen Problem des Beitritts zum Wechselkursmechanismus befassen, das dem Zusammenhalt der Regierung und ihrem Image so sehr geschadet hatte. Und drittens mußten wir vermeiden, daß wir in die Europäische Wirtschafts- und Währungsunion hineingezogen wurden. Was die Inflation betraf, mußten wir weiterhin an unseren hohen Zinssätzen festhalten – und das war eine bittere Pille. Möglicherweise waren die Zinssätze zu lange zu hoch angesetzt gewesen: Seit einem Jahr lagen sie bereits bei 13 Prozent oder darüber und waren im vorigen Monat auf 15 Prozent gestiegen. Da wir die monatlichen Prognosen zur Inflationsrate noch immer nach oben hatten korrigieren müssen, herrschte allgemein Unsicherheit bezüglich der tatsächlichen Situation. Wir hielten es deshalb für richtig, die finanzielle Vorsicht außer acht zu lassen. Zwischen John und mir herrschten diesbezüglich keine größeren Uneinigkeiten. Im Oktober 1990 hatte ich darauf bestanden, die Zinssätze um ein Prozent zu senken, wenn wir dem Wechselkursmechanismus beitreten sollten. Dieses Vorgehen wurde durch den starken Rückgang der Geldmenge gerechtfertigt: Auch die Teuerungsrate wies fallende Tendenz auf, nachdem sie auf beinahe elf Prozent gestiegen war. Nie hätte ich es für möglich gehalten, daß dieser Wert nochmals während meiner Amtszeit als Premierministerin erreicht werden würde.

Mir wurde immer deutlicher bewußt, daß ich es, was die Themen Wechselkursmechanismus und Wirtschafts- und Währungsunion betraf, mit einer völlig anderen Art Kanzler zu tun hatte, als Nigel es gewesen war. John Major hatte ein großes Ziel vor Augen, was vielleicht daran lag, daß er zu Anfang seiner Karriere ein Whip gewesen war. Möglicherweise kann er auch mit der Sorte von Konzepten, die für Nigel und mich Kernstücke der Politik darstellten, nicht besonders viel anfangen: Jedenfalls kam es ihm vor allem darauf an, die Partei zusammenzuhalten, und das war für ihn gleichbedeutend mit einem baldmöglichen Beitritt zum Wechselkursmechanismus, der dazu dienen sollte, den politischen Druck abzubauen. Für ihn hatten politische Fragen Priorität über wirtschaftliche Fragen – eigentlich seltsam für einen Finanzminister –, und das brachte mit sich, daß John sich von dem Geschwätz über die Wirtschafts- und Währungsunion hatte einlullen lassen, das die Ängste der zögerlichen Europabefürworter in der Partei vor einer »isolierten« Stellung Großbritanniens beschwichtigte. Trotz meiner nach wie vor vorhandenen Zweifel und Vorbehalte gegenüber dem Wechselkursmechanismus hatte ich in Madrid mein grundsätzliches Einverständnis gegeben, vorausgesetzt, die dort vereinbarten Bedingungen würden erfüllt. Also würde ich irgendwann Johns Wünschen entsprechen. Was aber die Wirtschafts- und Währungsunion betraf, die für mich nicht nur im Mittelpunkt der Debatte über die Zukunft Europas stand, sondern auch direkte Auswirkungen auf die Zukunft Großbritanniens als demokratischer und souveräner Staat hatte, war ich nicht bereit, dabei Kompromisse einzugehen.

Gespräche über den Wechselkursmechanismus und die Wirtschafts- und Währungsunion im Jahre 1990

Ab dem Frühjahr 1990 führte ich regelmäßige Gespräche mit John Major zum Thema Wechselkursmechanismus. Als ich am 29. März vormittags mit ihm zusammentraf, teilte ich ihm mit, daß die Bedingungen für eine Mitgliedschaft meiner Überzeugung nach bisher noch nicht erfüllt worden seien. Obwohl der Zeitpunkt unseres Beitritts im Hinblick auf die nächsten Wahlen sorgfältig erwogen werden müsse, stehe die Bekanntgabe eines genauen Datums keinesfalls zur Diskussion. Zu meiner Freude teilte John meine Meinung. Im Gegensatz zu Geoffrey und Nigel erkannte er sofort, daß wir uns durch die Festsetzung eines Datums gnadenlos den Märkten ausliefern würden. Allerdings wurde zunehmend deutlicher, daß er noch immer einen baldmöglichen Beitritt Großbritanniens wünschte. Seiner Auffassung nach dürfe man die zu erwartenden positiven Auswirkungen eines Beitritts zum Wechselkursmechanismus auf das politische Klima und somit auf die Stimmung der Märkte nicht vergessen. Innerhalb des Wechselkursmechanismus würde es uns leichter fallen, die Zinsen zu senken und den Devisenkurs stabil zu halten, als wenn wir außen vor blieben. Diese Worte klangen mir zu sehr nach Nigels alter Leier, man solle Steuerungen mittels des Devisenkurses anstatt durch die Geldmenge vornehmen. Leider jedoch waren wir durch diesen Ansatz in die Inflation geschliddert. John hingegen vertrat die Ansicht, daß sich die wirtschaftlichen Aussichten verbessern würden, wenn Partei und Regierung gemeinsam diese Politik verfolgten und wir bei den nächsten Wahlen gute Gewinnchancen hätten. Allerdings wußte ich nur zu gut, daß es ziemlich riskant ist, wirtschaftliche Entscheidungen auf der Basis politischer Ziele zu fällen.

Einige Tage später erörterte ich mit John die Wirtschafts- und Währungsunion und den Delors-Bericht. Er wollte mir schriftlich seine Ansichten über die bestmögliche Vorgehensweise mitteilen. Seiner Meinung nach mußten wir die Strategie verfolgen, den Eintritt in die zweite und dritte Stufe des Delors-Plans und den damit verbundenen Verlust unserer nationalen Souveränität hinausschieben, doch dabei gleichzeitig sicherstellen, daß Großbritannien nicht aus dem Verhandlungsprozeß ausgeschlossen wurde. Mir machte das einen sehr schwammigen Eindruck, und ich fand es äußerst bedenklich, den Standpunkt einzunehmen, Schritte, die über eine Mitgliedschaft im Wechselkursmechanismus hinaus zu einem weiteren wirtschaftlichen und währungspolitischen Zusammenschluß führten, kämen für uns in Betracht. Wenn andere Mitgliedsstaaten diesen Weg einschlagen wollten, war das ihre

Angelegenheit. Großbritannien jedoch würde sich an diesem Prozeß nicht beteiligen. Würden wir diese Absicht deutlich genug zum Ausdruck bringen, bestand die Möglichkeit, daß Deutschland es unter dem Druck der Bundesbank ebenfalls ablehnte, die nächsten Stufen der Währungsunion zu vollziehen. Also bemühte ich mich, John dazu zu bringen, diese Vorgänge in einem größeren Kontext zu betrachten, und sprach auch mit ihm über die Notwendigkeit, freie Handelsbeziehungen zu den Vereinigten Staaten und anderen Ländern aufzubauen. Ich wies ihn darauf hin, daß ein zentralistisch gelenkter Staatenverbund – und ein solcher schien das föderale Europa zu sein – dem nicht im Wege stehen dürfe.

John Major geriet wegen der Mitgliedschaft im Wechselkursmechanismus und der Wirtschafts- und Währungsunion zunehmend in Aufregung. Am 9. April 1990 ließ er mich wissen, er sei von der Absicht der übrigen EG-Finanzminister, nun doch einem Vertrag zur vollen Währungsunion zuzustimmen, vollkommen überrumpelt worden. Er hätte nur wenig Unterstützung für seinen Alternativvorschlag gefunden, den wir als »Vorstoß in kleinen Schritten« zur Wirtschafts- und Währungsunion eingebracht hatten – nämlich die Einführung eines »harten ECU«, der parallel zu bereits bestehenden Währungen im Umlauf sein und von einem Europäischen Währungsfonds kontrolliert und gesteuert werden sollte.[8] Deswegen arbeitete John eine Reihe von Optionen für unser weiteres Vorgehen aus. Die Option, die er empfahl – und die schließlich in Maastricht weiterentwickelt wurde – laute, einen Vertrag zu erstellen, der die Wirtschafts- und Währungsunion und die zur Implementierung der dritten Stufe notwendigen Behörden (einschließlich der Übergangsstadien) genau definierte. Darin enthalten war die Möglichkeit des »Freien Einstiegs« für alle Mitgliedsstaaten. So wurde diesen ermöglicht, das Tempo zu bestimmen, in dem sie der dritten Stufe in ihrer neuen Form – das hieß eine einheitliche Währung – beitreten wollten. Seiner Auffassung nach sollten wir in der Regierungskonferenz auf dieses Ziel hinarbeiten.

Bei einer gemeinsamen Besprechung am 18. April ging John die in seinem Entwurf enthaltenen Argumente nochmals durch, wobei er betonte, alle Mitgliedsstaaten, mit Ausnahme von Großbritannien, seien bereit, das Ziel einer vollständigen Wirtschafts- und Währungsunion nach der Definition von Delors anzustreben.

Ich jedoch teilte weder Johns Analyse noch seine Schlußfolgerung. Statt dessen sagte ich ihm, die Regierung könne keiner Erweiterung der Verträge zustimmen, die Delors' Definition der Währungsunion in allen Punkten einschloß. Es sei besser, an der Ausarbeitung unseres Entwurfs zu feilen, der die Einrichtung eines Europäischen Währungsfonds vorsah, denn auf mehr könne sich die EG im Augenblick nicht einigen. Ich war zutiefst beunruhigt, daß mein Schatzkanzler so rasch die abgegriffenen und abgedroschenen Klischees der Europa-Lobby übernommen hatte. Dennoch hielt ich mich mit meiner Kritik im Moment noch zurück. Schließlich war John noch ein Neuling im Amt. Sicherlich hatte er recht, wenn er nach neuen Lösungen suchte, die uns in Europa Verbündete schaffen und konservative Parlamentsabgeordnete von unserer Umsicht überzeugen würden. Doch für mich stand bereits fest, daß er, ganz im Gegensatz zu mir, mit dem Gedanken spielte, Kompromisse einzugehen. In seiner Denkweise neigte er dazu, mit dem Strom zu schwimmen.

Der Beitritt des Pfunds zum Wechselkursmechanismus

Unsere taktischen Überlegungen zur Währungsunion waren an das Datum des Beitritts zum Wechselkursmechanismus gekoppelt. Das Finanzministerium teilte mir schriftlich den seiner Einschätzung nach optimalen Zeitpunkt für den Einstieg des Pfunds unter Berücksichtigung wirtschaftlicher Gesichtspunkte und politischer Ereignisse mit. Obwohl die anderen Mitgliedstaaten und deren Zentralbanken uns zum Beitritt drängten, mußten wir uns noch einem ordentlichen Aufnahmeverfahren unterziehen. Also ging man davon aus, daß wir unseren Entschluß an einem Freitag bekanntgeben würden, damit am Wochenende die Einzelheiten festgelegt werden konnten, bevor die Finanzmärkte am Montag öffneten. Zuerst würden die Einzelheiten zwischen dem Finanzministerium und Vertretern der Zentralbank im EG-Währungsausschuß erörtert werden müssen. Die Möglichkeit einer Sitzung, bei der alle EG-Finanzminister und Bankpräsidenten anwesend waren, mußte ebenfalls eingeräumt werden, obwohl sich dies in der Praxis als unnötig herausstellte. Abgesehen vom Zeitpunkt waren die Breite des »Zielbandes« (d. h. wie groß der Spielraum zur Ober- bzw. Untergrenze sein würde) und der Kurs, zu dem das Pfund beitreten solle, die beiden wichtigsten Fragen. Selbstverständlich schenkten das Finanzministerium und ich diesen beiden Punkten unsere besondere Aufmerksamkeit. In vorangegangenen rein hypothetischen Diskussionen waren wir von einem engen Zielband (+ oder − 2,25 Prozent) ausgegangen; doch John und ich waren nun davon überzeugt, daß uns ein breiteres Zielband (+ oder − 6 Prozent) größeren Handlungsspielraum bieten würde.

Der Kurs des Pfunds gegenüber der Leitwährung D-Mark wurde von mehreren Faktoren beeinflußt. Erstens mußte der Kurs angesichts der jüngsten Wechselkursbewegungen glaubwürdig sein. Zweitens durfte er nicht so niedrig angesetzt werden, daß er im Kampf gegen die Inflation zum Hemmnis wurde, denn um das Pfund auf einem niedrigen Kurs zu halten, bedurfte es unvernünftig niedriger Zinssätze. Drittens durfte der Kurs keinesfalls so hoch liegen, daß er unnötigen Druck auf die Industrie ausübte, denn hohe Zinssätze verteuern die Kreditaufnahme, und ein hoher Devisenkurs würde die Wettbewerbsfähigkeit unserer Waren mindern.

Die Aufgabe, den »richtigen« Kurs zu fixieren, hätte sogar König Salomons Weisheit auf die Probe gestellt: Allerdings hegte ich so meine Zweifel, ob sich der weise König Salomon überhaupt eine solche Aufgabe aufgebürdet hätte. Das liegt vor allem daran, daß der »richtige« Kurs des Pfunds einzig und allein vom Markt bestimmt wird. Wer trotzdem versucht, ihn zu bestimmen, geht der veralteten vor-kapitalistischen Vorstellung in die Falle, es gebe so etwas wie einen »gerechten Preis«. Wäre es Nigel Lawson gelungen, mich im November zu einem Beitritt des Pfunds zum Wechselkursmechanismus zu überreden, wäre das Pfund DM 3,75 wert gewesen; ein Jahr später lag es bei DM 2,88; im November 1987 stieg es wieder auf DM 2,98 und im November 1988 sogar auf DM 3,16; im November 1989 sank es auf DM 2,87. Zum Zeitpunkt unseres Beitritts lag der zentrale Leitkurs bei DM 2,95 und entsprach damit dem Kurs bei Schließung der Londoner Finanzmärkte an diesem Tag. Selbst bei oberflächlicher Betrachtung wird dadurch deutlich, daß Auf- und Abwertungen und/oder starke Interventionen und kräftige Zinssatzveränderungen notwendig gewesen wären, um das Pfund während dieses Zeitraums innerhalb des Wechselkursmechanismus zu halten. Zudem war es der Beweis, daß Alan Walters voll und ganz recht gehabt hatte – der Wechselkursmechanismus war keine Garantie für Stabilität, sondern eher für die Art von Instabilität, die von sprunghaften Bewegungen im Gegensatz zu schrittweisen Anpassungen an den Markt hervorgerufen wird.

Erst bei meiner Unterredung mit John Major am 13. Juni erklärte ich mich schließlich mit dem Beitritt des Pfunds zum Wechselkursmechanismus einverstanden. Über den Zeitpunkt mußten wir uns allerdings noch einigen, obwohl die von mir gestellten Bedingungen noch nicht erfüllt seien. Ich hatte nicht genügend Verbündete, um meinen Widerstand länger durchzuhalten und den Sieg davonzutragen. Selbst ein noch so entschlossener Regierungschef eines demokratischen Landes kann sich nicht unbegrenzt den Foderungen des Kabinetts, der Regierungspartei, der Industrielobby und der Presse widersetzen – besonders wenn man wie ich solange mit der zutiefst unbefriedigenden Formel »Beitritt, wenn der richtige Zeitpunkt gekommen ist« hatte leben müssen, die seitdem durch die Madrider Bedingungen konkretisiert worden war. Inzwischen empfahlen mir alle meine Berater – allerdings eher aus politischen denn aus wirtschaftlichen Motiven –, dem Wechselkursmechanismus beizutreten. Bis auf Nick Ridley hatte ich im Kabinett nahezu keinen Verbündeten – und er sollte kurz darauf seinen Rücktritt einreichen: Unsere gemeinsamen Kräfte reichten nicht aus, um zu tun, was nötig war, nämlich den Beitritt des Pfunds zum Wechselkursmechanismus jetzt und auch in Zukunft aus prinzipiellen Gründen abzulehnen.

Allerdings machte ich mein Einverständnis zu einem Beitritt von einer entscheidenden Bedingung abhängig. Ich war nicht gewillt, auf Kosten unserer Geldpolitik an einem bestimmten Wechselkurs festzuhalten, und bestand darauf, mit der größten Schwankungsbreite von 6 Prozent nach oben und nach unten einzusteigen. Und ich ließ John Major nicht darüber im unklaren, daß ich auch dann keine massiven Interventionsmaßnahmen einleiten würde, wenn das Pfund unter Druck geraten sollte: Ich würde also weder

Pfundverkäufen noch Zinssatzsenkungen zustimmen, um das Pfund auf einem gefährlich niedrigen Stand zu halten, und auch nicht kostbare Devisenreserven antasten, um den Kurs zu stützen. In meinen Augen war die Möglichkeit, innerhalb des Wechselkursmechanismus den Kurs neu festzusetzen – so wie es andere Länder bereits getan hatten –, wenn es die Umstände erforderten, die maßgebliche Bedingung für einen Beitritt. Damit wird auch die Behauptung vieler Befürworter des Wechselkursmechanismus ad absurdum geführt, die für den späteren Zusammenbruch eine bequeme Erklärung fanden: Der Beitritt sei zwar prinzipiell richtig gewesen, die Kursparität jedoch falsch. Tatsächlich aber kann ein Kurs, der heute noch richtig ist, morgen schon falsch sein und umgekehrt. Bis zum damaligen Zeitpunkt war der Wechselkursmechanismus nie ein starres System gewesen. Ich mußte diese Tatsache meinen europäischen Partnern gegenüber nicht besonders hervorheben, denn unabhängig von den Einzelheiten hatte bisher jedes Land den Kurs neu festsetzen können, wenn es unbedingt wollte. Nun, da Großbritannien dem Wechselkursmechanismus beigetreten war, würden andere Länder schon sehr daran interessiert sein müssen, uns auch darin zu halten, um uns bei Wechselkursanpassungen nur wenige oder gar keine Schwierigkeiten zu machen.

Nach der Veröffentlichung des Delors-Berichts begannen die europäischen Staaten jedoch, den Wechselkursmechanismus als schrittweise Annäherung an eng miteinander verbundene Währungen anzusehen, was letztendlich zu einer einheitlichen Währung führen sollte. Folglich wurden Abwertungen noch kritischer betrachtet als zuvor. Dennoch fanden sie nach wie vor statt und würden auch weiterhin stattfinden, solange wir darauf bestanden. Erst als sich mein Nachfolger dem Ziel der Wirtschafts- und Währungsunion verschrieb, wie sie in den Bestimmungen des Maastrichter Vertrages verankert ist, und deutlich machte, daß das Pfund dem Wechselkursmechanismus auch im Rahmen einer engeren Bandbreite beitreten würde, stieg der Druck, keine weiteren Neubewertungen mehr vorzunehmen, der bald zum alles beherrschenden Dogma wurde. Ich hatte nicht die leisesten Zweifel, daß sich der Wechselkursmechanismus – sollte er sich in der starren Form weiterentwickeln, wie es meiner Kenntnis nach viele europäische Regierungen und die EG-Kommission gern gesehen hätten – als undurchführbar erweisen und zusammenbrechen würde. Nie hätte ich im Traum daran gedacht, daß eine konservative Regierung sich auf den verhängnisvollen Schluß einlassen könnte, die Parität des Pfundes sei der Prüfstein ihrer Wirtschaftspolitik und damit ihrer politischen Glaubwürdigkeit.

Ich widersetzte mich John Majors Wunsch, im Juli dem Wechselkursmechanismus beizutreten. Die Signale des Geldmarktes wiesen noch nicht auf eine tendenziell sinkende Inflation hin, aufgrund derer wir darauf hätten vertrauen können, daß eine Wechselkursparität dauerhaft aufrechtzuerhalten war.

Im Herbst jedoch zeigte sich ein deutlicher Effekt der hohen Zinssätze. Das Geldangebot fiel drastisch, und dementsprechend mußten jetzt die Zinssätze, unabhängig von der Frage eines Beitritts zum Wechselkursmechanismus, ebenfalls gesenkt werden. Aber auch diese Frage blieb offen, da die Madrider Bedingungen noch immer nicht vollständig erfüllt waren. Aber unser Hauptaugenmerk galt der Inflationsrate. Zwar begann die Inflation, die durch den Index der Einzelhandelspreise gemessen wurde, erst gegen Jahresende zu sinken, doch dieser war durch die Hypothekenzinsen und die Miteinbeziehung der Kommunalabgabe stark verzerrt worden. Allerdings wiesen auch andere Indikatoren – wie beispielsweise eine Studie des britischen Industrieverbandes (CBI), die Umsätze der Automobil- und Einzelhändler und vor allem das Geldangebot – darauf hin, daß wir im Begriff waren, die Inflation zu besiegen. Entgegen der Auffassung des Finanzministeriums und der Bank von England bestand ich darauf, daß sie gemeinsam eine Kürzung des Zinssatzes um ein Prozent bekanntgaben. Zwar hatten sie nie bestritten, daß die Geldmengenzahlen und andere Daten diesen Schritt rechtfertigten, aber sie hatten ihn trotzdem aufschieben wollen. Dennoch war ich fest dazu entschlossen, in der Zukunft bei der Festsetzung der Zinssätze stärker auf die monetären Bedingungen als auf den Devisenkurs zu achten. Schließlich gaben wir am Freitag, den 5. Oktober unser Beitrittsgesuch öffentlich bekannt. In meiner Bekanntmachung hob ich besonders die Zinssatzsenkung und die Gründe dafür hervor.

1000

Keine Kompromisse in Sachen Wirtschafts- und Währungsunion

Wie ich bereits erläutert habe, beeinflußte die Haltung Großbritanniens und der übrigen EG-Staaten zur Wirtschafts- und Währungsunion die Durchführung und Entwicklung des Wechselkursmechanismus. Zweifellos aber stand die Wirtschafts- und Währungsunion im Vordergrund. Bei einem Gespräch mit John Major im April hatte ich den Eindruck gewonnen, daß er in dieser Angelegenheit immer kompromißbereiter wurde. Dieser Eindruck bestätigte sich, als er mir kurz darauf im Mai eine weitere Aktennotiz zukommen ließ. Sie enthielt bereits all die vertrauten Formulierungen zu einem »Europa auf zwei Rädern«, wozu ich anmerkte: »Was ist falsch daran, wenn das andere Rad die falsche Richtung einschlägt?« Zudem bestand für ihn die schreckliche Möglichkeit, die übrigen elf Staaten könnten über ein separates Abkommen zur Wirtschafts- und Währungsunion verhandeln, wozu ich anmerkte: »Sollen sie doch. Deutschland und Frankreich müßten dann alle regionalen Subventionen allein tragen – ODER es würde KEINE Subventionen geben, und dann könnten die ärmeren Staaten NICHT zustimmen.« Abgesehen von seiner Tendenz, sich von Platitüden beeindrucken zu lassen – was ich äußerst störend empfand – hatte sich John, der sich viel auf sein taktisches politisches Gespür einbildete, allem Anschein nach keine Gedanken darüber gemacht, welche Konsequenzen es für die übrigen Mitgliedsstaaten haben würde, wenn sie ohne uns weitermachen mußten.

Deswegen versuchte ich bei unserem Gespräch am 31. Mai John zu einer entschlosseneren Haltung zu bewegen und seinen Horizont zu erweitern. Doch er wiederholte, er habe Bedenken, wir könnten uns im Vorfeld der nächsten Parlamentswahlen in einer vollkommen »isolierten« Position befinden. Um dies zu vermeiden, schlug er vor, der Erweiterung der Verträge zuzustimmen, die eine vollständige Währungsunion vorsah. Allerdings sollten wir weiterhin auf einer »Optionsklausel« bestehen, die jedem Mitgliedsstaat die Wahl ließ, ob und wann er beitreten wollte. Ich lehnte seinen Vorschlag ab, denn meiner Ansicht nach war es psychologisch gesehen falsch, uns in Gedanken bereits mit der Wirtschafts- und Währungsunion abzufinden, anstatt das Gesamtkonzept in Frage zu stellen. Wir hatten Argumente, die sowohl die Deutschen als auch die ärmeren Länder überzeugen würden. Schließlich hatte Deutschland zu befürchten, daß Maßnahmen zur Bekämpfung der Inflation dann weniger Erfolg zeigten. Den ärmeren Ländern mußte man hingegen klarmachen, daß sie keine Finanzspritzen erwarten durften, um sie vor den Folgen einer Einheitswährung zu retten, deren Konsequenz das Ende ihrer maroden Wirtschaft sein würde. Meiner Auffassung nach reichte Johns »Optionsklausel« nicht aus, um zu verhindern, daß wir in eine vollständige Wirtschafts- und Währungsunion hineingezogen wurden. Sicherlich würde ebendie Denkweise, die ihn nun behaupten ließ, uns bliebe keine Wahl als das Vertragsziel einer vollständigen Währungsunion zu akzeptieren, früher oder später dazu führen, daß er auch unseren Beitritt zu einer Einheitswährung als unverzichtbar darstellte. Demzufolge kam es einem Beitritt gleich, wenn ich mich jetzt mit der »Optionsklausel« einverstanden erklärte. Und ich war nicht bereit, diese Verpflichtung einzugehen.

Wir mußten die Zeit bis zur Regierungskonferenz im Dezember nutzen, um Überzeugungsarbeit zu leisten, damit die übrigen Staaten der dritten Stufe des Delors-Plans nicht zustimmten, und beabsichtigten zudem, eine weiter gefaßte Zukunftsperspektive zu entwickeln. Nochmals machte ich deutlich, daß ich die Schaffung fester Staatenbünde, die einem internationalen Ansatz im Weg standen, strikt ablehnte. Meiner Meinung nach sollten wir auf den amerikanischen Vorschlägen aufbauen, die Außenminister Jim Baker in einer Rede ausgeführt hatte. Darin hatte er sich dafür ausgesprochen, den politischen Einfluß der NATO zu stärken, indem die Partner im westlichen Bündnis auch Handelsbeziehungen zueinander aufnahmen. Auf diese Weise würde Europa an die Nordamerikanische (Vereinigte Staaten und Kanada) Freihandelszone angebunden. In meinen Augen war das ein Weg, die gefährliche Entwicklung aufzuhalten, daß die Welt in drei protektionistische Handelsblöcke auseinanderbrach – die EG, Japan und die Vereinigten Staaten –, unter denen im Laufe der Zeit ein ernstliches Ungleichgewicht entstehen könnte. Außerdem sollten wir uns meiner Ansicht nach mit einem Ansatz befassen, an dem Alan Walters gearbeitet hatte. Er hatte ein System entwickelt, in dem die Währungen an einen objektiven Maßstab – wie zum Beispiel einen Warenindex – gekoppelt werden. Dieser sollte selbsttätig funktionieren – ohne die bürokratischen Strukturen und den aufdringlichen Föderalismus, den die Entwürfe von Delors beinhalteten. Ein solches System konnte den Dollar und den Yen miteinbeziehen. Ich sagte, wir müßten diese Vorstellungen mutiger auf internationalen Gipfeltreffen vertreten und immer wieder betonen, daß wir die Grenzen der eng gesteckten europäischen Ziele überschreiten wollten und uns damit im Einklang mit den weltweiten politischen Entwicklungen befänden. Mir war klar, daß das alles noch Visionen waren: Doch wenn es überhaupt jemals einen Zeitpunkt für Visionen gegeben hat, dann war er jetzt gekommen. Ich forderte das Finanz- und das Außenministerium auf, diese Überlegungen weiter auszuführen, und sie machten sich nicht sonderlich begeistert an die Arbeit.

Obwohl ich John Major mochte und seine Loyalität schätzte, mußten wir weitere Personen in die Diskussion miteinbeziehen, die in größerem Maße mit großangelegten Entwürfen und Strategieplänen vertraut waren. So zog ich neben Douglas Hurd, der in seiner Funktion als Außenminister notwendigerweise mit der Angelegenheit befaßt war – schließlich stand die Wirtschafts- und Währungsunion inzwischen im Europäischen Rat im Zentrum der Debatte –, noch Nick Ridley hinzu. Ich bat Nick, ein Arbeitspapier zur Wirtschafts- und Währungsunion und ihren Alternativen anzufertigen. Zusammen mit John und Douglas nahm er am 19. Juni vormittags an einer Sitzung vor dem bevorstehenden Treffen des Europäischen Rats in Dublin teil. Nick leistete zwei wichtige Beiträge zum Konzept für ein alternatives Europa, von denen einer eine Abkehr von der Nabelschau, der Starrheit und dem Protektionismus vorsah, mit denen wir uns im Augenblick auseinandersetzen mußten. Erstens machte er darauf aufmerksam, daß das von Delors konzipierte Europamodell mit einer einheitlichen Währung die Aufnahme anderer Länder in die EG verhindern würde. Unser Entwurf eines großen, freien und flexibleren Europas würde den Ländern der post-kommunistischen Welt mehr entgegenkommen. Zweitens merkte Nick an, daß wir uns nicht aus der Ruhe bringen lassen sollten, wenn einige Länder die Wirtschafts- und Währungsunion vorantrieben und uns dabei ausschlossen. Statt dessen sollten wir uns für ein EG-Modell einsetzen, in dem einzelne Länder aus unterschiedlichen Gründen zu verschiedenen Anlässen zusammenarbeiteten.

Es ist an dieser Stelle sicherlich sinnvoll, noch einmal aufzuzeigen, wie sich die Dinge innerhalb der EG entwickelt haben, und die Haltung zu definieren, die wir angesichts der Tendenz zum Föderalismus einnahmen. Die Lehre, die wir aus der wirtschaftlichen Entwicklung zwischen 1987 und 1990 ziehen sollten – inzwischen durch die Umstände, die zu Großbritanniens würdelosem Austritt aus dem Wechselkursmechanismus im Jahre 1992 führten, bestätigt –, läßt sich in einem Satz, den ich im Unterhaus vorgetragen hatte, zusammenfassen, der Nigel so maßlos in Rage versetzt hatte und unsere Meinungsverschiedenheiten auf den Punkt brachte: »Es gibt keine Möglichkeit, sich dem Markt zu widersetzen.« Ich könnte noch hinzufügen: Wenn man es trotzdem versucht, widersetzt sich einem der Markt. Die Überzeugung, daß wirtschaftliche Gesetzmäßigkeiten und die Einschätzung der Märkte von schlauen Menschen außer Kraft gesetzt werden können – und Nigel Lawson gehörte zu den intelligentesten Politikern in Großbritannien – führt jeden, der es versucht, aufs Glatteis. Dieser törichte Gedanke war uns teuer zu stehen gekommen. Doch die Vorstellung, die andere intelligente Menschen hegen – und Jacques Delors war einer der intelligentesten Politiker, denen ich in der europäischen Politik begegnet bin –, ihren eigenen Turm zu Babel auf den wackligen Fundamenten historischer Nationalstaaten, verschiedener Sprachen und unterschiedlicher Wirtschaftssysteme zu errichten, birgt weitaus größere Gefahren in sich. Die Arbeit an diesem einsturzgefährdeten Gebäude schreitet immer weiter voran.

25

Im Eiltempo nach Babylon

Die Beziehungen zur Europäischen Gemeinschaft
von 1987 bis 1990

Ich habe bereits geschildert, wie sich in meiner zweiten Amtszeit als Premierministerin gewisse nachteilige Züge und Tendenzen in der Europäischen Gemeinschaft herauskristallisierten. Einerseits konnten wir beträchtliche Erfolge mit der Absicherung des britischen Haushaltsausgleichs und Schritten in Richtung auf einen wahren Gemeinsamen oder »Binnen«-Markt verbuchen, auf der anderen Seite aber mußten wir zur Kenntnis nehmen, daß eine mit neuen Amtsbefugnissen ausgestattete, machtgierige Kommission am Werk war, daß wirtschaftliche Probleme eher auf bürokratischem als auf marktwirtschaftlichem Wege gelöst wurden und daß die deutsch-französische Achse mit all ihren verdeckten föderalistischen und protektionistischen Vorgaben wiedererstand. In jenen Tagen konnte man die wahren Konsequenzen dieser Entwicklungen noch nicht richtig abschätzen – und das galt auch für mich, wenngleich ich jener unbritischen Mischung aus hochtrabender Rhetorik und Selbstbedienungsmentalität, die in Europa als politischer Führungsstil galt, seit jeher mit Argwohn begegnet war.

Die ersten drei Sitzungen des Europäischen Rats während meiner zweiten Amtszeit verliefen noch nach dem gewohnten Muster, denn die Finanz- und die Agrarpolitik beherrschten die Diskussion. Und ebenso gewohnt war der Ergebnis – ein britischer Sieg nach Punkten. Doch von da an wurde das Klima in der Europäischen Gemeinschaft in meiner Umgebung zunehmend kühler, ja gelegentlich herrschte sogar eine vergiftete Atmosphäre. Die Diskussionen beschäftigten sich nicht länger mit aktuellen und verfahrenstechnischen Problemen, sondern übergreifend mit der weiteren Entwicklung der Gemeinschaft und ihrer Beziehung zur sich so rasch verändernden restlichen Welt. Die deutsch-französische Achse zeichnete sich immer deutlicher ab, und mit der Wiedervereinigung wuchs das Übergewicht der Deutschen, die auch immer dominanter auftraten.

Die deutsch-französischen Föderalismusbestrebungen fanden innerhalb der Gemeinschaft aus unterschiedlichsten Gründen die uneingeschränkte Unterstützung einer ganzen Reihe von Beteiligten: der ärmeren südeuropäischen Staaten, die als Gegenleistung für ihre Verwirklichung erhebliche Ausgleichszahlungen erwarteten; der Unternehmen im Norden, die die eigenen hohen Kosten auf ihre Konkurrenten abzuwälzen hofften; der Sozialisten, weil sich dadurch ein größerer Spielraum für staatliche Interventionen bot; der Christdemokraten, weil ihre Politik von jeher protektionistisch ausgerichtet war; und natürlich der EG-Kommission, die sich selbst als Keimzelle einer übernationalen Regierung ansah. In Anbetracht dieser einflußreichen Kräfte mußte ich mir innerhalb der Gemeinschaft Verbündete suchen, und manchmal fand ich sie auch. Daher war mein strategischer Rückzug angesichts von Mehrheitsverhältnissen, gegen die ich nicht ankam, nach wie vor von gelegentlichen taktischen Siegen durchsetzt.

Letztlich blieb mir jedoch keine andere Wahl, als auf meiner Position – die sich so grundlegend von der Richtung unterschied, welche die meisten anderen Mitgliedsländer einschlagen wollten – zu beharren, die Fahne der nationalen Souveränität, des Freihandels und des freien Unternehmertums hochzuhalten und zu kämpfen. Möglicherweise war ich innerhalb der Europäischen Gemeinschaft »isoliert«, doch aus einer übergeordneten Perspektive betrachtet waren die Föderalisten die eigentlichen Isolationisten. Denn sie klammerten sich an ein halbes Europa, während Europa als Ganzes befreit wurde; sie liebäugelten mit dem Protektionismus, während sich ihnen ein wahrhaft globaler Markt auftat; sie waren besessen von dem Gedanken der Zentralisierung, während der weltweit größte Versuch, ein zentralistisches System zu regieren – die Sowjetunion –, vor dem Zusammenbruch stand. Wenn es je ein Konzept gab, das sich als überholt erwiesen hatte, dann das eines künstlich geschaffenen Mega-Staats. Aus diesem Grunde

war ich nicht nur von der Richtigkeit meiner Vorstellungen für die
weitere Entwicklung Europas überzeugt, sondern – vorausgesetzt,
die von mir geführte Partei und Regierung blieben ihrer Linie treu
– auch zuversichtlich, daß unsere Position durch politische Ereignisse und neue Denkmodelle bestätigt werden würde.

Agrarpolitik und Finanzen

Nach den Parlamentswahlen von 1987 war ich gerade in der richtigen Stimmung, in der EG dafür zu sorgen, daß man sich an die
früher beschworenen Grundsätze hielt. Denn obwohl 1984 auf
der Sitzung des Europäischen Rats in Fontainebleau viel von
finanzieller Solidität die Rede gewesen war, gab es noch immer
keine wirksame Ausgabendisziplin. Auch verbindliche Grenzwer-
te für eine Verringerung der Ausgaben im Bereich der Gemeinsamen Agrarpolitik waren noch immer nicht festgelegt. Immerhin
bewahrte der von mir erstrittene Haushaltsausgleich unsere Nettobeiträge davor, auf ein völlig unannehmbares Niveau anzustei-
gen. Doch mittlerweile wollten ihn einige unserer EG-Partner kürzen oder gar ganz abschaffen. Das große Haushaltsdefizit der
Gemeinschaft hatte schon zu intensiven Überlegungen geführt.
Doch von der Kommission, die eigentlich dafür verantwortlich
war, kam zu Finanzproblemen die immer gleiche Antwort: Die
»Eigenmittel« der EG müßten erhöht werden. Die Kommission
forderte mittlerweile nicht nur 1,6 Prozent unserer Mehrwertsteuereinnahmen – wie wir es in Fontainebleau für das Jahr 1988 vereinbart hatten –, sondern 1,4 Prozent des Bruttosozialprodukts
der Mitgliedsstaaten (was einem Satz von 2,2 Prozent der Mehrwertsteuereinnahmen entsprach). Außerdem lag ein von den Franzosen heftig unterstützter, offen protektionistischer Antrag für
eine Besteuerung von Ölen und Fetten auf dem Tisch. Immerhin
sollten im Gegenzug Maßnahmen zur Reduzierung der Ausgaben
für die Landwirtschaft beschlossen werden, wo noch immer riesige Beträge für Lagerung und Beseitigung der Überschüsse aufgewendet werden mußten. Und auch die Haushaltsdisziplin sollte
verbessert werden. Aber alle diese Vorschläge waren noch nicht
tiefgreifend genug. Darüber hinaus versuchte die Kommission

weiterhin, den von mir in Fontainebleau erwirkten britischen Haushaltsausgleich zu kürzen, indem sie neue Pläne zu dessen Berechnung vorlegte. Zusätzlich wollte Monsieur Delors den Strukturfonds verdoppeln (also die Ausgaben der Gemeinschaft für regional- und sozialpolitische Maßnahmen). Natürlich stieß dieser Antrag bei Irland und den südeuropäischen Staaten auf lebhafte Zustimmung, da sie am meisten davon profitieren würden.

Wer waren meine Verbündeten? So unberechenbar die Deutschen und Franzosen auch waren, wenn es um die Verringerung der Ausgaben in der Agrarpolitik ging – von denen ihre Bauern (die politisch einen bedeutsamen Faktor darstellten) abhängig waren –, so konnte ich doch wenigstens damit rechnen, daß sie sich einer beträchtlichen Erhöhung des Strukturfonds widersetzen würden. Außerdem wußte ich in der Frage der vorgeschlagenen Erhöhung der »Eigenmittel« Monsieur Chirac, den gaullistischen französischen Ministerpräsidenten, auf meiner Seite. Meine wichtigsten Verbündeten jedoch waren – trotz aller Vorbehalte gegenüber unserem Haushaltsausgleich – die Holländer. So sah damals die verfahrenstechnisch und politisch unübersichtliche Konstellation aus, als ich zu der Tagung des Europäischen Rats in Brüssel am Dienstag und Mittwoch, dem 29. und 30. Juni 1987, aufbrach.

Der Tag meiner Ankunft war außerordentlich heiß und schwül. Auf der Fahrt vom Flughafen wurde meine Limousine von den weniger gefährlichen – da außerhalb des Europäischen Rats agierenden – Euro-Fanatikern mit Wasserbomben beworfen. Im Europäischen Rat selbst wurde die Tendenz zu hitzigen Auseinandersetzungen durch die schwache Führung des Ratspräsidenten Monsieur Martens begünstigt. Der belgische Regierungschef ließ zu, daß wir nicht weniger als vier Stunden über die vorgeschlagene Steuer für Öle und Fette diskutierten, obwohl von vornherein klar war, daß die Deutschen, die Holländer und ich sie keinesfalls akzeptieren würden.

Gewöhnlich gehörte ich bei derlei Anlässen zu den am besten vorbereiteten Regierungschefs – einerseits, weil ich grundsätzlich meine Hausaufgaben erledigte, und andererseits, weil mir ein ausgezeichneter Mitarbeiterstab zur Seite stand. Meine wichtigste Stütze war wohl David Williamson, der aus unserem Ministerium für Landwirtschaft ins Kabinettsamt überwechselte und dort in der Europapolitik eine Schlüsselrolle einnahm, bis er schließlich verdienterweise Generalsekretär der EG-Kommission wurde. Die Politik – und insbesondere die Finanzpolitik – der Europäischen Gemeinschaft stellt den Intellekt und die Fähigkeit zum logischen Denken auf eine harte Probe. Abgesehen von der Gruppe um den Ratspräsidenten durften unsere Mitarbeiter an den offiziellen Sitzungen nicht teilnehmen; aus diesem Grunde hielt unser Außenminister den Sitzungsverlauf in Notizen fest, die dann an unsere Mitarbeiter weitergegeben wurden. Anschließend verglich man sie mit den Ergebnissen, die der Ratspräsident notiert hatte.

Bei dieser Tagung (und auch später in Kopenhagen) diskutierten wir einige Fragen von geradezu absurder Komplexität. Sie wären eigentlich ein Betätigungsfeld für die Landwirtschafts-, Finanz- oder Außenminister gewesen. Doch auf dieser Ebene fehlte der Wille zu klaren Entscheidungen, und so mußten sich die Staats- und Regierungschefs mit Fragen auseinandersetzen, die auch einen Top-Manager in Verwirrung gestürzt hätten.

Allgemein wurde diese erste Tagung des Europäischen Rats in Brüssel als »gescheitert« angesehen, und die Schuld daran schob man mir in die Schuhe. Doch diese beiden Einschätzungen enthalten höchstens ein Körnchen Wahrheit. Es wäre einfach zuviel verlangt gewesen, daß eine große Anzahl derartig komplizierter und umstrittener Tagesordnungspunkte schon beim ersten ernsthaften Anlauf erledigt werden würde. Darüber hinaus machten wir in den Fragen der Landwirtschaft und Finanzen beträchtliche Fortschritte. Wir kamen überein, daß die Haushaltsdisziplin »wirksam und bindend« sein und auch für laufende Zahlungen sowie für die finanziellen »Verpflichtungen« gelten müsse (im wesentlichen waren dies die von den Landwirtschaftsministern beschlossenen Ausgaben). Außerdem wollten wir zusätzliche Verordnungen (das heißt EG-Gesetze) beschließen, um zu erreichen, daß die Ausgaben nicht das Haushaltsvolumen überstiegen. Fragwürdig – und für mich nicht akzeptabel – war allerdings, daß die gegenwärtigen Mehrausgaben in den Agrarleitfaden – also das festgesetzte Ausgabenvolumen für die Landwirtschaft – eingebaut werden sollten. Insgesamt war das Paket noch nicht konsequent genug, als daß ich ihm im Gegenzug zu einer Erhöhung der »Eigenmittel«

hätte zustimmen können. Und so verließen die anderen Regierungschefs Brüssel in der Gewißheit, daß ich das Neinsagen noch nicht verlernt hatte.

Zwei der maßgeblichen Europa-Politiker traf ich im September in Berlin, wo ich der IDU-Konferenz beiwohnte. Ministerpräsident Chirac kam zu einem Arbeitsfrühstück in die Britische Botschaft. Nicht umsonst wird er von seinen Landsleuten als »le bulldozer« bezeichnet, und mehr als einmal mußte ich ihm klarmachen, daß sich diese Lady nicht plattwalzen ließ. Er verkörperte das krasse Gegenteil von Präsident Mitterrand, denn er war offen, direkt, energisch, streitlustig, besaß einen sicheren Sinn für Details und fundierte Wirtschaftskenntnisse. Der französische Staatspräsident hingegen verfügte über ein ruhigeres, weltgewandteres Auftreten; er verkörperte den selbstbewußten französischen Intellektuellen, war fasziniert von der Außenpolitik, gelangweilt von Einzelfragen und schien die Wirtschaftspolitik zu verachten. Seltsamerweise mochte ich sie beide leiden.

Jacques Chirac hatte mich in Brüssel eindeutig abschätzig als »Hausfrau« bezeichnet, und während einer hitzigen Debatte auf dem Europäischen Rat in Brüssel im Februar 1988 sollte er sogar zu einem nicht druckreifen Ausdruck greifen. Dennoch kam ich mit ihm besser zurecht als mit Präsident Mitterrand, denn er sagte, was er dachte. Außerdem entsprach sein Auftreten in der Öffentlichkeit seinen privat geäußerten Ansichten. Ich war, wie Monsieur Chirac sehr wohl wußte, keineswegs einverstanden mit den Vereinbarungen, die zur Freilassung der französischen Geiseln im Libanon geführt hatten, denn nach weitverbreiteter Ansicht wurde hierbei das Prinzip verletzt, daß man mit Terroristen nicht verhandeln durfte. (Auf einem Empfang während des Europäischen Rats in Kopenhagen warf mir Monsieur Chirac wütend vor, wir hätten unsere Kritik an den französischen Aktionen bewußt an die Presse durchsickern lassen. Ich konnte ihm aufrichtig versichern, daß wir nichts dergleichen getan hatten.) Fairerweise muß ich zugeben, daß uns die Franzosen unschätzbare Hilfe geleistet hatten, als es darum ging, die Waffenlieferung aus dem Eksund abzufangen.[1] Und natürlich hatten Monsieur Chirac und ich die gleiche politische Grundeinstellung. Bei der Umgestaltung der gaullistischen Partei (RPR – Rassemblement Pour La République) in eine moderne Mitte-rechts-Partei, die für ein freies Unternehmertum eintritt, hat er einen wesentlichen Beitrag geleistet. Dies war nicht nur für Frankreich, sondern auf lange Sicht auch für Europa und das gesamte westliche Bündnis von großer Bedeutung. Und so war ich enttäuscht, aber nicht sonderlich überrascht, als es Präsident Mitterrand gelang, die »cohabitation« zum Vorteil der Linken auszunutzen. Zu diesem Zeitpunkt legte uns weniger der zu erwartende Ausgang der in Frankreich anstehenden Wahlen Steine in den Weg, als vielmehr die Wahlen selbst. Denn es war mir klar, daß weder Jacques Chirac noch Präsident Mitterrand drastische Maßnahmen innerhalb der Landwirtschaft begrüßen würden, wenn sie demnächst auf die Stimmen der französischen Bauern angewiesen waren.

Das gleiche galt für Helmut Kohl, mit dem ich am Nachmittag im Gästehaus der Bundesregierung zusammentraf. Er räumte ein, daß er ebenfalls mit innenpolitischen Problemen zu kämpfen hatte. Bei den letzten beiden Landtagswahlen seien viele seiner früheren Wähler unter den Bauern zu Hause geblieben, weshalb die CDU schlechte Ergebnisse erzielt habe. Er betonte, daß der Kleinbauer eine wichtige Stütze der Stabilität seines Landes sei. Prinzipiell sei er durchaus zu gewissen Opfern bereit, doch es würde noch vier oder fünf Jahre dauern, bis sie »über den Berg« wären. Ich entgegnete, wir könnten keineswegs noch vier oder fünf Jahre abwarten; die Agrarausgaben müßten sofort gedrosselt werden. Durch dieses Gespräch wurden meine Erwartungen für den kommenden Europäischen Rat nicht gerade höhergeschraubt.

Am Donnerstag, dem 4. Dezember, landete meine Maschine bei eisiger Kälte in Kopenhagen. Erwartungsgemäß überboten sich die Zeitungen mit Anspielungen auf die berühmte Seeschlacht von Kopenhagen, bei der der findige Nelson alle Befehlssignale bewußt mißachtet hatte, indem er das Teleskop vor sein blindes Auge hielt, zum Angriff übergegangen war und die feindliche Flotte versenkt hatte. Angesichts der komplexen Materie und Verhandlungen wäre allerdings, wie schon in Brüssel, ein Vergrößerungsglas – oder vielleicht ein Taschenrechner – weitaus angebrachter gewesen. Doch zumindest hatte der liebenswürdige Poul Schlüter, der konservative dänische Regierungschef, die Präsidentschaft inne. Zwar war den Dänen daran gelegen, auch weiter-

hin soviel wie möglich von den Mitteln der Gemeinsamen Agrarpolitik abzuschöpfen, doch zugleich standen sie von allen Mitgliedsstaaten föderalistischen Plänen am kritischsten gegenüber.
Und so begegneten wir uns mit gegenseitiger Sympathie, wenn wir
auch nicht immer gleicher Ansicht waren.

Im Rat der Landwirtschaftsminister und zwischen Beamten und
der Kommission waren die in Brüssel diskutierten Vorschläge weiterentwickelt worden. Doch seit damals waren auch immer mehr
Stimmen laut geworden, die eine Kürzung unseres Haushaltsausgleichs verlangten, denn bedauerlicherweise hatten ihn die Dänen
in ihrem offiziellen Einladungsschreiben zum Treffen des Europäischen Rats wieder in die Diskussion gebracht. Außerdem war
noch immer nicht geklärt, wie die »Eigenmittel« der Gemeinschaft aufgebracht werden sollten. Für mich hing alles von den
Maßnahmen zur Dämpfung der Ausgaben für die Landwirtschaft
ab – vorausgesetzt, unser Haushaltsausgleich blieb unangetastet,
worauf ich bestehen würde. In der Agrarpolitik war die Situation
alles andere als zufriedenstellend. Der vorgeschlagene »Agrarleitfaden« gefiel mir ganz und gar nicht. Schlimmer jedoch fand ich
die Art und Weise, wie der Vorschlag der Kommission, »Stabilisatoren« anzuwenden, in die Tat umgesetzt werden sollte. Grundsätzlich hatten wir zwei Möglichkeiten, um die Agrarsubventionen zu kürzen: Zum einen konnte die Überproduktion durch eine
»Mitverantwortungsabgabe« – wie es im typischen EG-Jargon
hieß – belegt werden. Dies konnte durchaus in Erwägung gezogen
werden, doch es war nicht die beste Methode. Zum anderen konnte man automatisch einsetzende und ansteigende Preisabschläge
verfügen, sobald eine bestimmte Produktionsmenge überschritten
wurde. Ein solcher Mechanismus hätte eine »stabilisierende« Wirkung gehabt. Allerdings mußte noch diskutiert werden, ab welcher »Mindestmenge« der verschiedenen Produkte dieser Mechanismus zu greifen begann – und natürlich mußten für die einzelnen
landwirtschaftlichen Produkte im Einklang mit den Märkten ihrer
Heimatländer unterschiedliche Berechnungsgrundlagen festgelegt werden. Auch die Höhe der Preisabschläge stand noch nicht
fest.

Es gab noch eine weitere Option, die ich zwar nie als wirkliche
Alternative zu diesen beiden Möglichkeiten betrachtet hatte, aber

dennoch von Zeit zu Zeit in Erwägung zog. Sie bestand in der Rückkehr zu nationalen Subventionen, wodurch der gesamte schwerfällige EG-Apparat umgangen würde. Natürlich erforderte dieser Schritt, daß das in der EG entwickelte System gründlich überdacht wurde, und möglich wäre er nur dann gewesen, wenn alle Länder am gleichen Strang zogen. Der Nachteil dieses Modells lag darin, daß unter den einzelnen Ländern sofort ein Subventionswettbewerb einsetzen würde, bei dem unsere Bauern gegenüber den Deutschen und Franzosen wahrscheinlich das Nachsehen gehabt hätten. Dieser Ansatz hätte nur dann einen Sinn gehabt, wenn zuvor das Problem der Landwirtschaft in den GATT-Verhandlungen geklärt worden wäre – und wie schwierig dies sein würde, wurde immer offensichtlicher. Doch mir gefiel der Gedanke sehr gut, daß jedes Land die finanzielle Verantwortung für den Abbau seiner landwirtschaftlichen Überproduktion selbst übernehmen sollte, und ich schlug dies auch vor – wenngleich ohne großen Erfolg. Bei meinem Treffen mit Helmut Kohl kurz vor der Sitzung des Europäischen Rats warf ich die Frage auf, ob es nicht besser wäre, wenn Deutschland seinen Kleinbauern mit nationalen Hilfsprogrammen unter die Arme griff – wenngleich derartige Beihilfen nicht dazu dienen durften, Überproduktion zu unterstützen. Natürlich wußte ich noch sehr wohl, daß er diesen Gedanken bereits auf einem früheren Gipfel erwähnt hatte.[2] Er verstand zwar, was ich meinte, ging jedoch nicht darauf ein. So wurde mir klar, daß wir die Agrarausgaben der Gemeinschaft in der augenblicklichen Situation nur mittels eines EG-weiten Maßnahmenpakets unter Kontrolle halten konnten.

Bei meinen Vorgesprächen mit Kanzler Kohl war deutlich geworden, daß er sich mehr denn je um die Stimmen seiner Bauern sorgte. Er wollte erreichen, daß die EG ein System der »Flächenstillegung« finanzierte, nach dem die Bauern eine Prämie erhalten sollten, wenn sie einen Teil ihres Landes brachliegen ließen – dieser Vorstoß bewies deutlicher als alles andere den Irrwitz der Gemeinsamen Agrarpolitik. Grundsätzlich erklärte ich mich damit einverstanden, allerdings nur unter der Voraussetzung, daß wir gleichzeitig die Stabilisatoren einführten. In der Frage der »Eigenmittel« der Gemeinschaft – die Kanzler Kohl, wie ich wußte (letztlich auf Kosten der deutschen Steuerzahler), drastisch erhöhen wollte, um seine Bauern zufriedenzustellen – nahm ich kein Blatt vor den Mund. Und so wußten wir zumindest, woran wir waren, als die Tagung des Europäischen Rats begann.

Sobald deutlich wurde, daß die Franzosen – hauptsächlich wegen der bevorstehenden Wahlen in ihrem Lande – die deutschen Vorstellungen unterstützen würden, konnten wir auf keine befriedigende Lösung mehr hoffen. Weder ich noch der holländische Ministerpräsident Lubbers würden einem derartigen Konzept zustimmen. Anschließend trug die Kommission zur Vertiefung des Grabens bei, indem sie unerbittlich eine Verdoppelung des Strukturfonds forderte, was zur Folge hatte, daß sich die nordeuropäischen und die südeuropäischen Staaten in die Haare gerieten. Allerdings wurde diese Auseinandersetzung nicht bis aufs Messer geführt; denn statt dessen kamen wir überein, uns zu einer Sondersitzung des Europäischen Rats im kommenden Februar in Brüssel zu treffen.

Trotzdem gab es viele lange Gesichter, als der Europäische Rat von Kopenhagen zu Ende ging. Doch ich war nicht darunter. Denn wie ich bemerkt hatte, setzte sich innerhalb und außerhalb des Rats ganz allmählich die Überzeugung durch, daß die von mir angestrebte Lösung gar nicht so unvernünftig war. Aus diesem Grunde erklärte ich meinen Amtskollegen, sie sollten nicht den Mut verlieren. Mit einem Augenzwinkern – denn die meisten benötigten vermutlich keine Gedächtnisstütze – erinnerte ich sie daran, wie schwierig es am Vorabend des Gipfels von Fontainebleau in Brüssel ausgesehen hatte und wie leicht uns im nächsten Moment die Bewältigung der augenscheinlich unlösbaren Aufgaben gefallen war. Warum sollte das in Brüssel nicht auch wieder geschehen? Präsident Mitterrand bemerkte darauf trocken, er wisse nicht, ob man mit Madame Thatcher leichter umgehen könne, wenn sie Schwierigkeiten machte oder wenn sie fröhlich sei. Also erinnerte er sich offensichtlich noch.

Dabei war ich keineswegs überzeugt, daß wir uns auf dem bevorstehenden Europa-Sondergipfel auch tatsächlich auf ein Abkommen würden einigen können. Ich selbst war zwar zu Kompromissen bereit, doch in der Frage, wann und wie Stabilisatoren greifen sollten, mußte man auch Politikern, die sich ernsthaft für die Dämpfung der Agrarausgaben einsetzten, das Recht auf

Widerspruch zugestehen. Außerdem konnte niemand abschätzen, ob den Messieurs Mitterrand und Chirac sowie Herrn Kohl daran gelegen war, eine Regelung zu finden, die einigen ihrer Bauern schwer im Magen liegen würde.

Mittlerweile war der Wahlkampf in Frankreich in vollem Gang, und angesichts der Rivalität zwischen Staatspräsident und Ministerpräsident erwies sich die »cohabitation« als reine Fiktion. Als sie anläßlich des englisch-französischen Gipfeltreffens am 29. Januar 1988 nach London kamen, mußte ich deshalb alle wichtigen Themen mit Ministerpräsident Chirac und Staatspräsident Mitterrand gesondert besprechen. Hier wurde der Unterschied in ihrem Stil noch einmal offensichtlich. Mitterrand war angeschlagen und litt unter einer schweren Erkältung. Ich konnte nur hoffen, daß er mich nicht ansteckte, denn mit geradezu unfehlbarer Zwangsläufigkeit ziehe ich alle Erkältungsviren in meiner Umgebung an. Zudem war Mitterrand mit den komplizierten EG-Angelegenheiten, über die ich mit ihm sprechen wollte, nicht sonderlich gut vertraut. Nach der Hälfte der Zeit brach er die Unterredung ab, um sich von Jacques Attali, seinem Berater, die Sachverhalte erläutern zu lassen. Als sich das Gespräch der Verteidigungs- und Außenpolitik zuwandte, war er augenscheinlich erleichtert. Und so war ich mir am Ende unserer Unterredung nicht sicher, ob ich recht viel bewirkt hatte, obwohl es wie immer ein angenehmes Gespräch gewesen war.

Das gleiche ließ sich nicht von meiner Unterredung mit Jacques Chirac behaupten, der in blendender Verfassung war. Gleich zu Beginn erklärte er mir offen, angesichts der in drei Monaten in Frankreich stattfindenden Präsidentschaftswahlen bereite ihm der kommende Europagipfel Kopfzerbrechen. Im Grunde könne er sich nur wünschen, daß die Konferenz in Brüssel ein Mißerfolg würde. Dennoch sei er bereit, sich im Interesse der internationalen Politik für einen erfolgreichen Abschluß einzusetzen. Noch bevor ich auf den Gedanken kommen konnte, daß ich nun leichtes Spiel mit ihm haben würde, legte er detailliert seine Vorstellungen dar. Seiner Meinung nach konnten wir entweder in Brüssel eine Lösung finden oder aber abwarten, bis die Gemeinschaft wegen fehlender Mittel in Bedrängnis geriet. Zu diesem Zeitpunkt hätten jedoch die Griechen die Ratspräsidentschaft inne, und dies bein-

halte, wie er wohl zu Recht meinte, einen »Unsicherheitsfaktor«.
Falls sich die Briten weiterhin einem Abkommen zur Landwirtschaft in den Weg stellten, wie ihn der Rest der Gemeinschaft –
damit meinte er Deutschland und Frankreich – wünsche, wären
wir politisch isoliert, und die Aufmerksamkeit würde sich wieder
auf unseren Haushaltsausgleich richten. Ich entgegnete, dies sei
jetzt nicht der Zeitpunkt für diplomatisches Geplänkel. Wenn er
meine, er könne sich mit den Deutschen zusammentun, um »Mrs.
T.« zu isolieren, dann begehe er einen schweren Fehler. Ich hätte
keine Angst davor, wegen unserer Forderung nach Einschränkung
der Überschußproduktion allein dazustehen. Doch Monsieur Chirac wiederholte, wenn es auf dem Europäischen Rat zu einem
Streit kommen würde, dann nicht wegen der Überschußproduktion, sondern wegen des britischen Haushaltsausgleichs. Ich riet
ihm, mir nicht zu drohen, und wies darauf hin, daß ich einer Erhöhung der Eigenmittel der Gemeinschaft nicht zustimmen würde,
wenn nicht bei den Agrarausgaben und unserem Haushaltsausgleich eine zufriedenstellende Lösung gefunden würde. Dennoch
beharrte er während unserer Unterredungen und des Mittagessens
weiter darauf, daß die von den gegenwärtig präsidierenden Deutschen vorgelegten Entwürfe das Äußerste darstellten, was die
Franzosen noch hinzunehmen bereit waren.

Wieviel davon auf gallischer List beruhte, konnte ich nicht feststellen. Nun wurde es wichtiger denn je, eine präzise Einschätzung
der Haltung der Deutschen zu erhalten. Da sie die Präsidentschaft
innehatten, blieb ihnen – wie dies immer der Fall war – weniger
Spielraum für die Wahrung ihrer eigenen Interessen, doch dieser
Nachteil wurde durch den stärkeren Einfluß, den sie hinter den
Kulissen ausüben konnten, mehr als wettgemacht.

Am Dienstag, den 2. Februar, führte ich vormittags ein dreistün-
diges Gespräch mit Helmut Kohl in der Downing Street. Es war
eine sachorientierte und recht erfolgreiche Begegnung. Wir beide
hatten zu den wichtigsten Punkten des Pakets, das in Brüssel diskutiert werden sollte, konkrete Vorschläge vorbereitet. Im Hinblick auf den Agrarleitfaden und die Stabilisatoren vertraten wir
nach wie vor unterschiedliche Standpunkte. Außerdem schien
Helmut Kohl eher bereit als ich, der Forderung der südeuropäischen Staaten und der EG-Kommission nach einer Erhöhung des

Strukturfonds nachzugeben. Doch ich registrierte mit Genugtuung, daß er mich wegen des britischen Haushaltsausgleichs nicht im geringsten unter Druck setzte. Abschließend versuchten wir, die Haltung der Franzosen einzuschätzen. Kanzler Kohl meinte, obwohl die Verhandlungen schwierig werden könnten, würden die Franzosen nun wohl eher einem vernünftigen Ergebnis zustimmen, als die Sache noch weiter hinauszuschieben.

Am Mittwoch, dem 10. Februar, flog ich erst nach Mitternacht – nachdem ich bei einem Dinner der National Union der Konservativen Partei eine Rede gehalten hatte – in die belgische Hauptstadt. Mein erster Termin am nächsten Tag war ein Arbeitsfrühstück mit Ruud Lubbers, bei dem wir unser Vorgehen auf dem Europäischen Rat absprachen. In einer Rede, die ich später an diesem Tage hielt, warnte ich vor der Versuchung, von dem Problem der landwirtschaftlichen Überproduktion die Augen zu verschließen, denn uns sei wohl allen klar, daß hier Lösungen gefunden werden müßten. Schon bald bildeten sich die Fronten, die bereits vorher absehbar gewesen waren. Die Niederländer und wir stellten uns in der Frage des Agrarleitfadens gegen die Franzosen und die Dänen. Der deutsche Ratspräsident unterbreitete Vorschläge für eine neue Obergrenze der Eigenmittel, die von mir, Frankreich und den Niederlanden als zu hoch und von allen anderen als zu niedrig abgelehnt wurden. Monsieur Chirac trat in einer flammenden Rede dafür ein, die für das Inkrafttreten der Stabilisatoren geltende Obergrenze für Getreide zu erhöhen. Außerdem versuchte er, wie bei unserem früheren Gespräch schon angedroht, die Frage des britischen Haushaltsausgleichs an die der Stabilisatoren zu koppeln. Doch rasch wurde deutlich, daß er damit nicht durchkommen würde. Sein gesamter Auftritt hatte eine eigentümliche, leicht theatralische Note, was offensichtlich darauf abzielte, sein Publikum daheim in Frankreich zu beeindrucken. Währenddessen hüllte sich Präsident Mitterrand in Schweigen, das er lediglich beim Abendessen brach, wo er eine langatmige Rede zur zukünftigen Entwicklung der Gemeinschaft hielt. An diesem Tag erzielten wir keine großen Fortschritte.

Am folgenden Morgen legte die Kommission ein Kompromißvorschlag vor. Nachdem dieser von den Deutschen abgelehnt worden war, wurde die Sitzung aufgehoben, um uns die Möglichkeit zu bilateralen Verhandlungen zu geben – allerdings ohne ein Papier, das als Gesprächsgrundlage hätte dienen können. Die Schlüsselfigur war Kanzler Kohl, zum einen in seiner Funktion als Ratspräsident und zum anderen, weil sich ihm die Franzosen kaum in den Weg stellen würden, wenn die Deutschen erst einmal zu einem Abkommen über die Agrarausgaben bereit waren. So begab sich am späten Nachmittag eine Gruppe, bestehend aus Ruud Lubbers, Hans van den Broek, Jacques Delors, Geoffrey Howe und mir, zu Kanzler Kohl, dem Hans-Dietrich Genscher und mehrere Berater zur Seite standen. Helmut Kohls diplomatischer Stil zeichnet sich sogar noch durch größere Direktheit aus als meiner. Er genierte sich nicht, mit der Faust auf den Tisch zu schlagen, und redete während dieser Begegnung durchweg im Feldwebelton. Er betonte, Deutschland und insbesondere die deutschen Bauern würden Opfer bringen. Ich entgegnete, auch den britischen Landwirten würden Opfer nicht erspart bleiben, und schließlich würde man von mir verlangen, einer übertriebenen Erhöhung des Strukturfonds und einem zu hohen Plafond für die Eigenmittel der Gemeinschaft – 1,3 Prozent des Bruttosozialprodukts – zuzustimmen. Die Debatte bewegte sich im Kreis, bis Jacques Delors als Plafond der Eigenmittel 1,2 Prozent vorschlug. Dies wiederum rief heftigen Protest von Kanzler Kohl hervor, der dadurch sein Projekt der Flächenstillegungen bedroht sah. Ich hingegen erklärte, ich sei bereit, über diesen Vorschlag nachzudenken. Mir war nämlich aufgefallen, daß die Holländer mittlerweile nervös wurden und wahrscheinlich nicht gewillt sein würden, gegen das jetzige Angebot Widerspruch einzulegen. Vor allem aber mußte ich mit meinen Mitarbeitern besprechen, wie das Paket einzuschätzen war, und dies konnte nur im vertraulichen Rahmen geschehen. Allerdings bestand ich darauf, daß die Vorschläge schriftlich festgelegt wurden, und wie sich herausstellen sollte, war dies eine meiner besten Ideen.

Anschließend traf ich mich zu einer langen Besprechung mit Geoffrey Howe und meinen Mitarbeitern, bei der wir jeden Punkt einzeln durchsprachen. Dabei gewann ich den Eindruck, daß die Disziplinierungsmaßnahmen für den Ausgabenbereich konsequenter und wirkungsvoller waren, als ich ursprünglich eingeschätzt hatte – eine Tatsache, die andere möglicherweise noch nicht richtig beurteilen. Als der Rat wieder zusammentrat, konnte deshalb auch ich dem nun vorgelegten Papier uneingeschränkt zustimmen.

Doch wer erwartet hatte, jetzt würde alles glattgehen, hatte die Franzosen unterschätzt. Unser bisher erreichtes Einverständnis schloß alle wesentlichen Agrarprodukte ein. Zudem gingen wir dabei von der Voraussetzung aus, daß es auch die Produkte betreffen sollte, für die bereits in Kopenhagen Stabilisatoren beschlossen worden waren. Zum Erstaunen aller aber waren Präsident Mitterrand und Monsieur Chirac damit nicht einverstanden. Es entspann sich eine hitzige, mehr als vierstündige Debatte zu dem Antrag der Franzosen, die Stabilisatoren für »andere Produkte« von dem Ministerrat der Landwirtschaftsminister behandeln zu lassen. Letztlich erreichten wir erst Übereinstimmung, als die Dänen anregten, daß diese Frage zehn Tage später auf dem Außenministerrat geklärt werden solle. Ruud Lubbers und ich knüpften unsere Zustimmung zu dem gesamten Maßnahmenpaket allerdings noch an die Bedingung, daß die Außenminister die Kopenhagener Beschlüsse zu »anderen Produkten« bei ihren Verhandlungen nicht umstießen. Und so mußten sich die Franzosen auf dem Außenministerrat mit diesem Punkt abfinden.

Es war richtig, daß ich diesen Maßnahmen zustimmte, denn schließlich hatte ich meine wichtigsten Ziele erreicht: eine wirkungsvolle und verbindliche Ausgabenbeschränkung, Schritte zur Drosselung der landwirtschaftlichen Überproduktion mit Hilfe automatisch einsetzender Preisabschläge, die Vermeidung einer Steuer für Öle und Fette und die Sicherung von Großbritanniens Haushaltsausgleich, der uns in den vergangenen drei Jahren Einsparungen von etwa 3 Milliarden erbracht hatte. Dafür mußte ich lediglich kleinere Zugeständnisse bei der Schwelle machen, ab der die Stabilisatoren bei den landwirtschaftlichen Produkten zu greifen begannen, und mich in der Frage des Strukturfonds kompromißbereit zeigen. Widerstrebend hatte ich der Neufestlegung des Plafonds von 1,2 Prozent des Bruttosozialprodukts für die Eigenmittel der EG zugestimmt. Dennoch war dieses Ergebnis besser als ein Unentschieden. Von diesem Zeitpunkt an sanken die landwirtschaftlichen Überschüsse drastisch ab, und auch die Maßnahmen zur Ausgabenreduzierung zeigten bald Erfolge. Allerdings änderte dies nichts an der grundsätzlichen Tendenz, die sich in der Gemeinschaft abzeichnete, und an den Fehlern in ihrer Struktur. Die Gemeinsame Agrarpolitik blieb, was sie war: verschwenderisch und kostspielig. Nach wie vor leistete Großbritannien einen finanziellen Beitrag zur EG, den ich zu hoch fand. Und auch an den bürokratischen und zentralistischen Bestrebungen hatte sich nichts geändert. Doch in Anbetracht der Möglichkeiten war das Abkommen von Brüssel im Februar 1988 gar nicht so übel.

Freihandel und Protektionismus

Man kann durchaus sagen, daß von diesem Zeitpunkt an – also seit dem Frühjahr 1988 – die Probleme, die in Europa auf der Tagesordnung standen, immer unerfreulicher wurden. Außerdem traten deutliche Widersprüche zu der Politik zutage, die auf breiterer internationaler Ebene verfolgt wurde. Das soll allerdings nicht heißen, daß meine persönlichen Beziehungen zu den anderen europäischen Staats- und Regierungschefs davon in Mitleidenschaft gezogen wurden – ganz im Gegenteil. Zwar bedauerte ich die – nicht weiter überraschende – Niederlage der Rechten bei den französischen Präsidentschaftswahlen, doch ich schickte Präsident Mitterrand ein Glückwunschtelegramm und besuchte ihn im Juni in Paris. Bei unseren Gesprächen erörterten wir die Weltlage im allgemeinen sowie den anstehenden Weltwirtschaftsgipfel in Toronto und den kommenden Europäischen Rat in Hannover im besonderen.

Präsident Mitterrand war verständlicherweise ausgesprochen guter Laune, nun, da er sich von der aufgezwungenen »cohabitation« mit den Rechten befreit sah. Er unterstützte nachdrücklich ein Konzept, das weitgehend mit einem von Nigel Lawson ausgearbeiteten Papier übereinstimmte und mit dessen Hilfe das Problem der drückenden Schuldenlast der Dritten Welt angegriffen werden konnte. Ich hätte weitaus mehr Sympathie für seine Vorstellungen aufgebracht, hätte Frankreich nicht einen derart rigiden protektionistischen Kurs verfolgt, der den armen Ländern weitaus mehr Schaden zufügte, als durch alle Entwicklungshilfe ausgeglichen werden konnte. Die französische Haltung drückte

sich in dem sogenannten »globalen Konzept« (ein hervorragendes
Beispiel für Euro-Jargon) aus – oder vielmehr versteckte sie sich
dahinter. Damit war gemeint, daß jeder Fortschritt in Fragen, die
von der GATT-Runde behandelt wurden, in groben Zügen parallel vollzogen werden mußte – ein leicht durchschaubares Manöver, durch das vermieden werden sollte, daß man sich auf die
umstrittensten Themen konzentrierte, nämlich Subventionen der
Landwirtschaft und Protektionismus. Außerdem wollte Mitterrand unbedingt einen »Rat der Weisen« einsetzen, der sich mit den
Einzelheiten zur Verwirklichung der Wirtschafts- und Währungsunion befassen sollte; insbesondere hatte er dabei die Einrichtung
einer Europäischen Zentralbank im Auge. Dieses Ansinnen lehnte
ich jedoch rundheraus ab. Ich wies darauf hin, daß die Notwendigkeit einer solchen Institution nicht mit verfahrenstechnischen,
sondern mit politischen Überlegungen begründet wurde und daß
dies keine Spielwiese sei. Präsident Mitterrand meinte lächelnd, es
sei gut zu wissen, daß ich das Neinsagen noch nicht verlernt hätte.
Dennoch gab ich mich nicht der Illusion hin, er hätte von seinem
Projekt Abstand genommen.

Außerdem traf ich mich mit Monsieur Rocard, dem neuen
sozialistischen Ministerpräsidenten. Wir waren uns früher schon
begegnet, doch ich kannte ihn noch nicht sehr gut. Er trat mir mit
entwaffnender Freundlichkeit entgegen, und ich gewann den Eindruck, daß er eine Vorliebe für Großbritannien hegte, die von dem
– aus Kriegszeiten stammenden – besonderen Verhältnis zwischen
unseren beiden Ländern herrührte. Wie viele französische Sozialisten vertrat er einen moderaten, pragmatischen und vernünftigen
Standpunkt, und ich mochte ihn gleich gut leiden. Ich hoffte, er
würde einen mäßigenden Einfluß auf Frankreichs Flirt mit dem
europäischen Föderalismus ausüben.

Am Samstag, dem 18. Juni, brach ich zum Weltwirtschaftsgipfel
nach Toronto auf. Präsident Mitterrand hatte in Paris noch optimistisch die Vermutung geäußert, da dies Präsident Reagans letzter Weltwirtschaftsgipfel sei, könne sich möglicherweise die Tendenz durchsetzen, komplizierte Fragen auszuklammern. Ich hatte
jedoch seine Vermutung angezweifelt und trug mich sogar mit der
festen Absicht, bei dieser Gelegenheit eine Lösung der Probleme
mit der Landwirtschaft und der GATT-Runde anzusteuern. Aus

diesem Grunde hatte ich mich auf den Gipfel gut vorbereitet. Insbesondere hatten wir ein mythologisches Ungeheuer kreiert, inoffiziell bekannt als »Howes Kuh« und korrekt bezeichnet als »Erzeugerbeihilfeäquivalent«. Dabei handelte es sich um die Berechnung der Höhe der Finanzbeihilfe einzelner Länder für ihre Agrarproduktion, sei es nun in Form direkter Subventionen oder etwa anderer Schutzmaßnahmen, geteilt durch die Anzahl der Rinder. Am hungrigsten war die japanische Kuh – daher erstaunte es mich nicht, daß die Japaner, vorsichtig unterstützt von den Amerikanern, unsere statistischen Berechnungen anzweifelten.

Und so war ich mit nützlichen Argumenten und Zahlen ausgerüstet, als mich Brian Mulroney, der bei dem Gipfel den Vorsitz führte, am Sonntagnachmittag bat, die wirtschaftspolitischen Beratungen zu eröffnen. Zunächst verglich ich die Erfolge unserer zweiten Gipfelrunde, die nun zu Ende ging, mit denen der ersten. Seit dem Gipfel von Montbello im Jahre 1981 könnten wir auf ein ständiges Wirtschaftswachstum, eine niedrige Inflationsrate und eine Steigerung der Beschäftigungsrate verweisen, weil wir uns auf eine Korrektur der Grundlagen und nicht auf Krisenmanagement konzentriert hätten. Doch es gäbe noch mehr zu tun. Vor allem müßten wir den Protektionismus bekämpfen. Ich drängte darauf – und wiederholte dies in einem weiteren Redebeitrag am folgenden Tag –, daß wir alle die Ziele beherzigen müßten, die zu Beginn der GATT-Runde von Uruguay im September 1986 formuliert worden waren, und für die kommende »Tagung der Mittelfristigen Überprüfung« der GATT-Runde konkrete Vorschläge ausarbeiten sollten.

Wie die Auseinandersetzung um die Bemessung landwirtschaftlicher Subventionen verdeutlichte, verpflichtete sich jedes Land gern zu den Grundsätzen des Freihandels, die es dann jedoch in der Praxis als außerordentlich schmerzhaft empfand. Aber Großbritannien konnte von der Öffnung des Welthandels nur profitieren. Auch die Vereinigten Staaten traten von jeher für den Abbau der Handelsschranken ein. Großbritanniens Handelspolitik befand sich jedoch mittlerweile in den Händen der Europäischen Gemeinschaft, die sich mehrheitlich aus Staaten mit einer langen Tradition von Kartellen und Korporativismus und einer politisch einflußreichen Bauernschaft zusammensetzte. Wenn es um Entscheidungen in der Handelspolitik ging, wurde Großbritannien in der EG meist überstimmt. Die Vereinigten Staaten hingegen hatten unter dem Druck ihres gewaltigen Handelsdefizits in ihrer Handelspolitik eine Wende hin zum Protektionismus vollzogen, der sich selbst Präsident Reagan – seines Zeichens überzeugter Anhänger des freien Welthandels – nur schwer widersetzen konnte. Japan wiederum übertraf nicht nur mit seiner Subventionstätigkeit und den protektionistischen Maßnahmen zugunsten seiner Landwirtschaft alle anderen Staaten, sondern legte auch Importen und Dienstleistungen aus dem nichtagrarischen Bereich große Hemmnisse in den Weg. Aus diesem Grunde mußte ich meine Hoffnung immer mehr auf die »Cairns-Gruppe« von 14 Ländern (zu denen Kanada, Australien und Argentinien gehörten) und auf die Länder der Dritten Welt richten. Da sie danach fieberten, ihre Agrarprodukte und Textilien zu exportieren, würden sie hoffentlich das wohlhabende westliche Protektionskartell unter Druck setzen. Einem freien Welthandel hatte ich schon immer höhere Bedeutung beigemessen als allen anderen ehrgeizigen und oft kontraproduktiven Strategien der Weltwirtschaftspolitik – wie beispielsweise der Politik des koordinierten Wachstums, die in der Regel Inflation zur Folge hatte. Freihandel gab ärmeren Ländern nicht nur die Möglichkeit, sich mit ausländischen Devisen zu versorgen und ihren Bürgern einen höheren Lebensstandard zu verschaffen. Er war außerdem eine Kraft, die zu Frieden, Freiheit und politischer Dezentralisierung führen konnte: Frieden, weil wirtschaftliche Kontakte in gemeinsamem Interesse das gegenseitige Verständnis vertiefte; Freiheit, weil der Handel zwischen Individuen den Staatsapparat umgeht und die Macht von den Funktionären auf die Verbraucher verlagert; und politische Dezentralisierung, weil die Größe der politischen Einheit nicht von der Größe des Marktes bestimmt wird und umgekehrt.

Nach etwa zweieinhalb Stunden Diskussion zu diesem Thema konnten wir uns in Toronto auf eine durchweg befriedigende Erklärung einigen. Darin wurden die Ziele der GATT-Runde von Uruguay bestätigt und die Bedeutung der »Tagung der Mittelfristigen Überprüfung« unterstrichen. Gleichzeitig vermieden wir die Erwähnung der in meinen Augen unrealistischen Zielsetzung der Vereinigten Staaten, alle Agrarsubventionen bis zum Jahre 2000 abzuschaffen. Nun konnten wir nur noch abwarten, wie sich die GATT-Verhandlungen entwickelten. Hätte ich zu den Optimisten gehört, wäre es mir eine Genugtuung gewesen, daß Monsieur Delors in Toronto zum erstenmal eine meiner Reden gelobt hatte. Aber ich hielt meinen Optimismus im Zaum.

Debatte über die Wirtschafts- und Währungsunion

In Toronto führte ich ein einstündiges Gespräch mit Kanzler Kohl, bei dem wir uns hauptsächlich mit dem bevorstehenden Gipfel in Hannover befaßten. Kohl schien entschlossen, der Ansicht des deutschen Finanzministeriums und der Bundesbank zu folgen und für einen Zentralbankausschuß zu votieren – anstelle eines akademischen Sachverständigengremiums, für das sich die Franzosen und Hans-Dietrich Genscher ausgesprochen hatten. Ich begrüßte das sehr, brachte aber gleichzeitig erneut meine entschiedene Ablehnung gegenüber der Einrichtung einer Europäischen Zentralbank zum Ausdruck. Mittlerweile mußte ich wohl oder übel erkennen, daß die Einrichtung des Ausschusses voll im Gang war und sich nicht mehr aufhalten ließ; trotzdem war ich fest entschlossen, nichts unversucht zu lassen, um absehbaren Schaden auf ein Minimum zu reduzieren. Darüber hinaus mußte ich mich damit abfinden, daß wir zwei weitere Jahre Monsieur Delors als Präsident würden ertragen müssen, da mein Wunschkandidat Ruud Lubbers nicht zu kandidieren beabsichtigte und Monsieur Delors sowohl die Unterstützung der Franzosen als auch der Deutschen besaß. (Zähneknirschend gab ich schließlich nach und unterstützte Jacques Delors' Wiederwahl.)

Der Gipfel in Hannover verlief in entspannter Atmosphäre, wenn auch durchaus kontrovers. Die wichtigsten Beratungen fanden am ersten Abend während des Dinners statt. Jacques Delors eröffnete die Diskussion über die Wirtschafts- und Währungsunion. Kanzler Kohl schlug die Bildung eines Gremiums vor, das aus Bankpräsidenten und einem nicht im Bankwesen tätigen Personenkreis bestehen und von Jacques Delors geleitet werden sollte. Bei der anschließenden Debatte verlangte die Mehrzahl der Regierungschefs, der Bericht zur Wirtschafts- und Währungsunion müsse die Einrichtung einer Europäischen Zentralbank in den Mittelpunkt stellen. Poul Schlüter widersetzte sich diesem Vorschlag. Ich unterstützte seine Haltung und zitierte Passagen aus einem hervorragenden Artikel von Karl-Otto Pöhl, um die Schwierigkeiten im Zusammenhang mit einer derartigen Institution klar darzulegen. Wir setzten schließlich durch, daß dieses strittige Thema unerwähnt blieb. Andererseits konnte ich jedoch nicht verhindern, daß der Ausschuß eingerichtet wurde. Die Gruppe um Jacques Delors wurde verpflichtet, ihre Ergebnisse dem Europäischen Rat im folgenden Jahr, also im Juni 1989, vorzutragen. Mir blieb nur noch die Hoffnung, der Präsident der Bank von England und der skeptische Herr Pöhl könnten kraft ihres Einflusses die Einrichtung dieses Instruments der europäischen Integration erschweren. Aber wie bereits erwähnt, sollte sich diese Hoffnung leider nicht erfüllen.

Während all dieser Debatten hatte ich mit zweierlei Problemen zu kämpfen. Zum einen hatte ich, wie bekannt, wenige Verbündete – allein Dänemark, ein kleines Land mit viel Elan, aber wenig politischem Gewicht, unterstützte mich. Doch auch aus einem anderen Grund waren mir die Hände gebunden. Im Oktober 1972 hatte Großbritannien als »zukünftiges Mitglied« der EG im Anschluß an eine Konferenz der Regierungschefs einem Kommuniqué zugestimmt. Darin wurde erneut »der Beschluß der Mitgliedsstaaten der erweiterten Europäischen Gemeinschaft, unwiderruflich eine Wirtschafts- und Währungsunion anzustreben, gemäß den Vorgaben durch die Einzelvereinbarungen der vom Rat und den Vertretern der Mitgliedsstaaten am 22. März 1971 und 21. März 1972 erlassenen Gesetze« bekräftigt. Dieser Wortlaut mag Ted Heath' Wunschvorstellungen entsprochen haben, doch er deckte sich auf gar keinen Fall mit meinen eigenen. Es war jedoch sinnlos, einen Streit vom Zaun zu brechen, bei dem wir aller Wahrscheinlichkeit nach den kürzeren gezogen hätten. Daher zog ich es vor, keine schlafenden Hunde zu wecken.

Später wachten sie dann natürlich auf. So wurden wir erneut mit diesem Thema konfrontiert, und zwar während der Verhandlungen zur Einheitlichen Europäischen Akte in den Jahren 1985/86. Ich wollte verhindern, daß in diesem Vertragsentwurf ein Hinweis auf die Wirtschafts- und Währungsunion aufgenommen

wurde. Doch von den Deutschen kam keine Unterstützung, und so
wurde der Hinweis eingefügt. Allerdings konnte ich in Artikel 20
der Einheitlichen Europäischen Akte meine Auslegung des
Begriffs »Wirtschafts- und Währungsunion« ganz klar darlegen:
»Zusammenarbeit in der Wirtschafts- und Währungspolitik
(Wirtschafts- und Währungsunion)«. Somit konnte ich bei den
folgenden Tagungen darauf hinweisen, daß mit der Wirtschafts-
und Währungsunion wirtschaftliche und währungspolitische
Zusammenarbeit gemeint war, keineswegs jedoch das Ziel einer
einheitlichen Währung festgeschrieben wurde. Die Mehrdeutigkeit dieser Aussage war bewußt gewählt. Auf den Sitzungen des
Europäischen Rats in Hannover im Juni 1988 und in Madrid im
Jahr 1989 wurde das in der Einheitlichen Europäischen Akte verankerte »Ziel einer schrittweisen Realisierung einer Wirtschafts-
und Währungsunion« Bezug genommen. Im großen und ganzen
war dies in meinem Sinne, denn ich verstand darunter wirklich nur
»Zusammenarbeit«. Doch auch die übrigen Regierungschefs
waren zufrieden, da sie den Satz als Schritt in Richtung Europäische Zentralbank und eine einheitliche Währung interpretierten.
Zwangsläufig mußten diese beiden unterschiedlichen Deutungen
über kurz oder lang kollidieren. Als es dazu kam, sah ich mich
allerdings gezwungen, auf einem Terrain zu kämpfen, das nicht
meiner Wahl entsprach.

Je deutlicher ich erkannte, wie die Gemeinschaft arbeitete, desto
weniger begeisterte mich die Aussicht auf weitere Schritte in Richtung Währungsintegration. Großbritannien brachte seine Vorschläge zu einem »harten ECU« ein. Wir gaben Schatzanweisungen
in der ECU-Währung aus. Und wir hatten noch vor allen anderen
Mitgliedsländern unsere Devisenkontrollen abgebaut – allerdings
nur aus Eigeninteresse und nicht, um unseren europäischen Partnern einen Gefallen zu tun. Dies alles war auf seine Art im Sinne der
Gemeinschaft gedacht, wie ich immer wieder betonte, wenn wir für
unsere ablehnende Haltung bezüglich des Beitritts zum Wechselkursmechanismus der Kritik ausgesetzt waren. Meine Präferenz
galt immer offenen Märkten, freien Wechselkursen und festen, verläßlichen politischen und wirtschaftlichen Beziehungen zur anderen Seite des Atlantiks. Durch die offizielle Verpflichtung gegenüber
der europäischen Wirtschafts- und Währungsunion – oder mehr

noch gegenüber der »immer enger werdenden Union«, wie sie in der Präambel des Römischen Vertrags enthalten ist – konnte ich in meinen Plädoyers für diesen alternativen Ansatz jedoch nicht so deutlich werden, wie ich es mir gewünscht hätte. Jene Vertragsklauseln beeinflußten viele Entscheidungen, die nach unseren ursprünglichen Vorstellungen erst in fernerer Zukunft hätten erwogen werden sollen. Aufgrund dessen verfügten meine Gegner über einen psychologischen Vorteil, und sie ließen niemals eine Gelegenheit verstreichen, sich diesen zunutze zu machen.

Die Rede von Brügge

Jacques Delors gehörte zu meinen erbittertsten Gegnern. Im Sommer 1988 hatte er seine Tarnung als Funktionär praktisch völlig aufgegeben und trat unverhüllt als politischer Fürsprecher des Föderalismus auf. Im Gegensatz zu Großbritannien gab es auf dem Kontinent bei der Einschätzung der Rolle von Staatsbeamten und gewählten Volksvertretern von jeher keine großen Unterschiede. Dies rührte von dem weitverbreiteten Mißtrauen her, das die Wähler in Ländern wie Frankreich und Italien gegenüber ihren Politikern hegten. Das gleiche Mißtrauen begünstigte auch die föderalistische Tour de Force. Wenn man gegenüber dem politischen System seines Landes oder dessen Repräsentanten kein Vertrauen hat, ist man zwangsläufig toleranter gegenüber offenbar intelligenten, fähigen und integren Ausländern wie Monsieur Delors, die einem erklären, wie man seine Geschäfte zu führen hat. Oder, deutlicher ausgedrückt, wäre ich Bürger Italiens, ließe ich mich auch lieber von Brüssel aus regieren. Doch in Großbritannien herrschte eine andere Einstellung, das konnte ich deutlich spüren. Viel mehr noch, ich teilte sie. Und so hielt ich den Zeitpunkt für gekommen, gegen den für mich offensichtlichen Abbau der Demokratie durch Zentralisierung und Bürokratie anzukämpfen und ein alternatives Modell für die Zukunft Europas anzubieten.

Es war auch höchste Zeit. Der Ruf nach einer uneingeschränkten Wirtschafts- und Währungsunion – die meiner Meinung nach unbedingt von einer Politischen Union begleitet sein mußte – wur-

de immer lauter. Im Juli erklärte Jacques Delors vor dem Europa-
parlament, daß »all die zwischen heute und 1995 erforderlichen
Entscheidungen nicht getroffen werden können, wenn nicht auch
die ersten, wie auch immer gearteten Ansätze für eine Europäische
Regierung eingeleitet werden«. Er sagte voraus, bereits in zehn
Jahren würden »80 Prozent unserer Wirtschafts- und vielleicht
auch unserer Steuer- und Sozialgesetze« von der Europäischen
Gemeinschaft festgelegt werden. Im September forderte er in einer
Rede vor dem TUC in Bournemouth Maßnahmen für gemeinsame
Tarifverhandlungen auf europäischer Ebene.

Doch es gab auch noch feinere und von daher weniger deutliche,
aber vielleicht noch bedeutsamere Signale für diese Entwicklung.
Im Sommer autorisierte ich ein von meinen Beratern verfaßtes
Papier, in dem in allen Einzelheiten aufgezeigt wurde, wie die EG-
Kommission die Grenzen ihrer »Kompetenzen« auf neue Bereiche
ausweitete – Kultur, Erziehung, Gesundheits- und Sozialpolitik.
Dazu bediente sie sich jeder erdenklichen Methode. So hatte sie
beispielsweise »Beratungsausschüsse« eingerichtet, deren Mitglieder weder von den EG-Ländern eingesetzt worden noch ihnen
zur Rechenschaft verpflichtet waren, weshalb sie zu ausgesprochen EG-freundlichen Beschlüssen neigten. Diese Ausschüsse
arbeiteten sorgfältig einen schablonenhaften Begriffskatalog aus,
der sich im wesentlichen aus den leeren Worthülsen speiste, welche
immer wieder Eingang in Beschlüsse der Europarats fanden, um
damit dann die unterbreiteten Vorschläge zu rechtfertigen. Sie
bedienten sich bestimmter Haushaltsverfahren, der sogenannten
»actions ponctuelles«, die es ihnen ermöglichten, neue Projekte
ohne jegliche rechtliche Grundlage zu finanzieren. Vor allem aber
bedienten sie sich immer wieder jener Vertragsartikel, für die
lediglich eine qualifizierte Mehrheit nötig war, um Richtlinien einzuführen, die unter Artikeln, welche einstimmige Beschlüsse erforderten, niemals durchgekommen wären.

Oft erwies es sich als ausgesprochen schwierig, der breiten
Öffentlichkeit zu erklären, warum wir bestimmte, von der EG-
Kommission angestrebte Maßnahmen – wie in der Umwelt- und
später in der Gesundheits- und Sozialpolitik – ablehnten. Wenn
die EG-Kommissare Vorschriften erließen, die eigentlich ihren
Kompetenzbereich überschritten, achteten sie peinlichst darauf,

daß es sich dabei um Angelegenheiten handelte, für die sich in den Mitgliedsstaaten bereits eine große Anhängerschaft stark gemacht hatte. Auf diese Weise präsentierten sie sich als der wahre Freund des britischen Arbeiters, Rentners oder Umweltschützers. Demzufolge bedurfte es eines politischen Balanceakts, sich der schleichenden Machterweiterung der EG-Kommission in den Weg zu stellen. Theoretisch hätten wir unser Anliegen vor Gericht durchfechten können, denn es geschah immer wieder, daß die Kommission Erklärungen und Pläne des Europäischen Rats zu ihren Gunsten auslegte. Tatsächlich konnten wir einige Fälle vor den Europäischen Gerichtshof bringen und auch gewinnen. Doch unsere Anwälte wiesen darauf hin, daß der Europäische Gerichtshof bei Fragen der Gemeinschaft und der Kompetenzen der Kommission immer zu einer »dynamischen und expansiven« anstelle einer restriktiven Auslegung der Vertragsartikel neigen würde. Wir hatten demnach keine guten Karten.

Je genauer ich mir all dies vor Augen hielt, desto enttäuschter und wütender wurde ich. Sollten wir wirklich Großbritanniens Demokratie, die Unabhängigkeit seines Parlaments, unser bürgerliches Recht, das Traditionsbewußtsein unserer Landwirte, ja die Fähigkeit, uns selbst zu regieren, einer fernen, von ganz anderen Traditionen geprägten europäischen Bürokratie unterordnen? Von dem vielbeschworenen europäischen »Ideal« hatte ich mittlerweile genug gehört, und ich vermute, vielen anderen ging es ähnlich. Die unter dem Deckmantel dieses Ideals einhergehende Verschwendung, die Korruption und der Machtmißbrauch hatten ein Ausmaß erreicht, das keiner, der einst wie ich den britischen Beitritt zur Europäischen Gemeinschaft befürwortet hatte, hätte voraussehen können. Da Großbritannien die am meisten entwickelte und stabilste Demokratie Europas war, hatten wir angesichts dieser Bestrebungen wohl auch am meisten zu verlieren. Doch auch die Franzosen, die dafür eintraten, daß Frankreich sein Schicksal selbst bestimmte, hätten das Nachsehen. Desgleichen die Deutschen, die ihre eigene Währung beibehalten wollten, die D-Mark, die sie zu der stabilsten in der Welt gemacht hatten. Und genauso dachte ich an die Millionen von Osteuropäern, die unter dem Kommunismus lebten.

Wie konnte eine streng zentralisierte, reglementierte, supranationale Europäische Gemeinschaft deren Bedürfnissen gerecht werden? Eigentlich waren die Tschechen, Polen und Ungarn die wirklichen – und auch die letzten – europäischen Idealisten, denn für sie verkörperte der Begriff Europa die präkommunistische Vergangenheit, in der die liberalen Werte und die nationale Kultur noch hochgehalten wurden, die der Marxismus vergeblich auszulöschen versucht hatte. Dieses größere Europa, das sich bis zum Ural erstreckte und sicher auch das Neue Europa jenseits des Atlantiks umfaßte, war wenigstens eine sinnvolle, historisch und kulturell gewachsene Einheit. Und auf die Wirtschaft bezogen hieß dies, daß wir nur mit einem wahrhaft globalen Ansatz Fortschritte erzielen konnten. Diese Vorstellungen beschäftigten mich, als ich meine später als »Rede von Brügge« bekannt gewordene Ansprache vorbereitete.

Der Saal, in dem ich sprechen sollte, war eigenartig gestaltet. Das Rednerpult befand sich auf der Mitte der Längsseite, so daß sich der Großteil der Zuhörerreihen weit nach rechts und links ausdehnte und nur wenige Reihen mit gegenüber angeordnet waren. Dennoch verstanden alle, worauf ich hinauswollte, und alle – also nicht nur meine Gastgeber vom Europakolleg in Brügge – kamen voll auf ihre Kosten. Das Außenministerium hatte mich schon seit Jahren gedrängt, der Einladung dieser Institution zu folgen und vor diesem Forum unsere Vorstellungen zu Europa zu unterbreiten.

Zu Anfang erfüllte ich den Wunsch unseres Außenministeriums. Ich wies darauf hin, welchen großen Beitrag Großbritannien im Lauf der Jahrhunderte für Europa geleistet hatte und noch immer leistete, etwa mit den 70 000 noch dort stationierten Soldaten. Aber was sollte man eigentlich unter dem Begriff Europa verstehen? Ich erinnerte meine Zuhörer daran, daß die Europäische Gemeinschaft, trotz ihres anderslautenden Anspruchs, nicht der einzige Repräsentant der europäischen Identität sei. »Warschau, Prag und Budapest werden für uns immer europäische Metropolen bleiben.« Westeuropa könne von den bekanntermaßen schrecklichen Erfahrungen seiner Nachbarn im Osten und ihrer entschlossenen und eindeutigen Antwort darauf viel lernen:

... es entbehrt nicht der Ironie, daß einige Mitglieder der Europäischen Gemeinschaft zu einem Zeitpunkt, da diese Länder – die, wie die Sowjetunion, versucht haben, alles zentralistisch zu regeln – gerade begreifen, daß sich Erfolg nur durch Verteilung der Macht und Dezentralisierung der Entscheidungsbefugnisse einstellen kann, in die entgegengesetzte Richtung drängen. Wir Briten haben den Einfluß des Staates nicht deshalb zurückgedrängt, damit er auf europäischer Ebene wieder verstärkt wird – unter einem europäischen Superstaat mit einem neuen Machtzentrum in Brüssel.

Vielmehr gebe es schlüssige Gründe nichtökonomischer Natur, die für den Erhalt der Souveränität und, im Rahmen des Möglichen, der Macht der Nationalstaaten sprächen. Diese Nationen seien nicht nur funktionierende Demokratien, sondern sie repräsentierten auch eigenständige politische Realitäten. Es wäre töricht, sie zugunsten einer größeren, europäischen Nation, welche bislang jedoch nur in der Theorie existiere, zu beseitigen oder zu unterdrücken. Ich erklärte:

Der beste Weg zu einer erfolgreichen Europäischen Gemeinschaft ist bereitwillige und aktive Zusammenarbeit zwischen unabhängigen, souveränen Staaten ... Europa ist stärker, wenn Frankreich Frankreich und Großbritannien Großbritannien bleibt, jedes mit seinen eigenen Gebräuchen, seiner eigenen Tradition und seiner eigenen Identität. Es wäre eine Torheit, zu versuchen, sie in das Raster irgendeiner fiktiven europäischen Identität zu pressen.

Dann stellte ich andere Leitlinien für die Zukunft vor. Probleme müßten von ihrer praktischen Seite her angegangen werden; und im Bereich der Gemeinsamen Agrarpolitik gäbe es noch viele Probleme. Wir bräuchten einen europäischen Binnenmarkt mit einem Minimum an Verordnungen – ein Europa der Unternehmer. Europa dürfe nicht auf Protektionismus setzen, und dies müsse sich auch in unserer Position bei der GATT-Runde ausdrücken. Schließlich wies ich auf die große Bedeutung der NATO hin und warnte vor einer Entwicklung, die (als Ergebnis von deutsch-französischen Initiativen) darauf abzielte, die Westeuropäische Union an ihre Stelle zu setzen.[3]

Ich schloß mit einem optimistischen Ausblick, der alles andere als »anti-europäisch« gemeint war:

> Europa soll eine Familie von Nationen sein, die sich immer besser verstehen, die sich immer mehr schätzen, die immer besser zusammenarbeiten und trotzdem ihre nationale Identität nicht geringer bewerten als die Bemühungen um ein gemeinschaftliches Europa. Lassen Sie uns ein Europa bauen, das seine Rolle in der Welt ausfüllt und sich nicht nach innen, sondern nach außen orientiert, ein Europa, das die Atlantische Gemeinschaft – und somit das Europa auf beiden Seiten des Atlantiks – bewahrt, welche unser edelstes Erbe und unsere größte Quelle der Kraft darstellt.

Selbst ich hatte nicht geglaubt, daß meine Rede von Brügge einen derartigen Aufruhr erzeugen würde. Zum Entsetzen der britischen Europa-Anhänger, die schon gemeint hatten, ein grundsätzliches Nein zum Föderalismus würde nicht mehr ernst genommen werden oder sei zum Verstummen gebracht worden, fanden meine Worte in der breiten Öffentlichkeit meines Landes großen Anklang. Dieser äußerte sich lautstark, als ich im folgenden Monat auf dem Parteitag der Konservativen im gleichen Tenor sprach.

Doch die Reaktion der politischen Kreise Europas – oder zumindest die offizielle Reaktion – war fassungslose Entrüstung. Noch am Abend meiner Rede geriet ich beim Dinner in Brüssel in einen heftigen Streit mit Ministerpräsident Martens, seinem Stellvertreter und dem belgischen Außenminister. Aber wahrscheinlich kann man von einem kleinen Land, das sich als Mitglied eines föderalen Europas mehr Macht verspricht, als es ohne dieses ausüben kann, nichts anderes erwarten.

Von Brüssel flog ich zu einem Staatsbesuch nach Madrid – dem ersten eines britischen Premierministers. Da sich der Sturm noch nicht gelegt hatte, folgte mir ein ganzer Schwarm Presseleute auf den Fersen. Mein Gastgeber Felipe Gonzalez war wie immer die Höflichkeit in Person. Vorsichtig, wenn auch doppeldeutig, erklärte er mir, bei »sorgfältigem Studium« meiner Rede von Brügge »könne man ihr einige nützliche Erkenntnisse abgewinnen«. Der Großteil unserer Gespräche konzentrierte sich jedoch auf die Verteidigungspolitik und Gibraltar. Obwohl sich unsere Beziehungen seit dem 1984 geschlossenen Abkommen von Brüssel über die Öffnung der Grenze zwischen Spanien und Gibraltar wesentlich verbessert hatten, herrschte noch immer Uneinigkeit über die Nutzung des Flughafens. Für Spanien brachte die Europäische Gemeinschaft, wie ich wußte, so viele Vorteile, daß ich einen sozialistischen spanischen Ministerpräsidenten wohl kaum dazu bewegen konnte, die für sein Land außerordentlich lukrativen Vereinbarungen aufs Spiel zu setzen. Doch andererseits war ich überzeugt, daß sich eine dermaßen stolze traditionsreiche Nation wie Spanien auf lange Sicht gegen den schrittweisen Verlust nationaler Selbstbestimmung zur Wehr setzen würde, selbst wenn er durch noch so viele Subventionen aus Deutschland aufgewogen wurde. Doch dieser Zeitpunkt war noch nicht gekommen.

Besuch in Deidesheim

Die Sitzung des Europäischen Rats auf Rhodos Anfang Dezember 1988 brachte für die Gemeinschaft keine aufsehenerregenden Ergebnisse. Die Presse hingegen stürzte sich begeistert auf meine unverhüllten Vorwürfe gegen die Belgier und Iren wegen der schäbigen Rolle, die sie in der Ryan-Affäre gespielt hatten.[4] Völlig untypischerweise war sich die Gemeinschaft im klaren, daß sie sich mit der Arbeit am Delors-Bericht zur Wirtschafts- und Währungsunion für den Augenblick genug aufgehalst hatte. Auch der griechische Ratspräsident war nicht in der Verfassung, neue Initiativen anzuregen. Herr Papandreou war gesundheitlich angeschlagen; zudem schien die politische Zukunft seiner Regierung angesichts einiger Finanzskandale äußerst ungewiß.

Ein fruchtbares Ereignis zeitigte Rhodos allerdings doch. Ich führte eines meiner bilateralen Gespräche mit Bundeskanzler Kohl. Er reagierte weitaus empfindlicher als ich auf die inzwischen regelmäßig in der Presse auftauchenden Spekulationen über unser schlechtes persönliches Verhältnis. Mittlerweile hatte er es sich zur Gewohnheit gemacht, zu Beginn unserer Begegnungen darauf hinzuweisen, wir sollten der Öffentlichkeit das Bild vermitteln, daß wir uns glänzend verstünden. Dabei kamen wir eigentlich auch gar nicht so schlecht miteinander aus – nur vertraten wir in gewissen wirtschaftlichen und sozialen Fragen völlig unterschiedliche Ansichten. Auf Rhodos wiederholte Helmut Kohl nun seine im Juli in Chequers schon einmal ausgesprochene Einladung, ihn im kommenden Frühjahr in seiner Heimat in der Nähe von Ludwigshafen in Rheinland-Pfalz zu besuchen, und ich nahm sie mit größtem Vergnügen an.

Wie immer bei derlei Anlässen wurde ich von Charles Powell begleitet. Charles war von 1984 bis zum Ende meiner Amtszeit mein persönlicher Referent für Außenpolitik. Er arbeitete schnell und unermüdlich; besaß ein außergewöhnliches Gespür für Formulierungen, wodurch seine Memorandi ausnahmslos sowohl die richtige Betonung aufwiesen als auch die wesentlichen Punkte hervorhoben; er blieb immer freundlich und diplomatisch – obwohl er ebenso wie ich erkannt hatte, daß zur Außenpolitik mehr gehört als nur die Kunst der Diplomatie. Er war in jeder Hinsicht ein hervorragender Mitarbeiter.

Und so traf ich am Sonntag, dem 30. April, in dem reizenden Dorf Deidesheim ein, wo ich von einem strahlenden Helmut Kohl begrüßt wurde. Dabei hatte er eigentlich keinen besonderen Grund zum Strahlen, denn er steckte in innenpolitischen Schwierigkeiten. Deutschland wurde von dem eigenartigen Phänomen der »Gorbi-Manie« erschüttert, und angesichts einer von Natur aus neutral eingestellten Öffentlichkeit war selbst der standhafte NATO-Befürworter Kohl beim Thema der Kurzstreckenwaffen ins Schwanken geraten. Ich nahm ihn ins Gebet und zählte alle Argumente auf, die für eine wirksame Abschreckung durch Kurzstreckenwaffen und die Einhaltung zuvor getroffener NATO-Entscheidungen sprachen.[5] Bei unserer Unterredung zu diesem Thema, die sich zwei Stunden hinzog, ging es recht hitzig zu. Kanzler Kohl fühlte sich offensichtlich nicht wohl in seiner Haut, aber so würde es wohl jedem Politiker ergehen, der aufgrund seiner Überzeugung und Einstellung in die eine Richtung tendiert, während er sich durch kurzfristige politische Erwägungen in die andere gedrängt sieht. Doch beide bemühten wir uns, es unseren Diplomaten recht zu machen – und nicht etwa der Presse, die ein britisch-deutsches Gerangel mit Dankbarkeit aufgenommen hätte.

Ansonsten war die Stimmung in Deidesheim auch durchaus erfreulich. Sie war heiter, anheimelnd und ein wenig übertrieben – *gemütlich* (im Original deutsch; A.d.Ü.) ist, glaube ich, das deutsche Wort dafür. Zum Mittagessen gab es Kartoffelsuppe, Saumagen [der dem Bundeskanzler offensichtlich mundete] und Würstchen mit Sauerkraut und Leberknödel.

Anschließend fuhren wir zu dem nahe gelegenen Dom von Speyer, in dessen Krypta mindestens vier Kaiser des Heiligen Römischen Reichs Deutscher Nation ruhen. Als wir die Kathedrale betraten, tönte uns von der Orgel auf der Empore eine Bach-Fuge entgegen. Kanzler Kohl, der wußte, wie sehr ich Kirchenmusik liebe, hatte diese aufmerksame Geste angeregt. Vor dem Dom hatte sich eine große Menschenmenge versammelt, die, soweit ich verstand, Kanzler Kohl darin bestärkte, britische und amerikanische Panzer aus Deutschland fortzuschicken und die Tiefflüge einzustellen.

Ich erfuhr erst später, daß Helmut Kohl Charles Powell in der Krypta hinter einen Grabstein gezogen und ihm erklärt hatte, da ich ihn nun in seiner Heimat an der Grenze zu Frankreich erlebt hätte, würde ich sicherlich verstehen, daß er – Helmut Kohl – sich nicht nur als Deutscher, sondern ebensosehr als Europäer fühlte. Ich verstand, was Helmut damit ausdrücken wollte, und fand diese Haltung sympathisch. Doch ich teilte nicht seine Schlußfolgerungen.

Das Bedürfnis der heutigen deutschen Politiker, ihr Nationalbewußtsein mit einer weiter gefaßten europäischen Identität zu verschmelzen, ist zwar verständlich, doch es stellt die selbstbewußten Staaten Europas vor große Probleme. Weil die Deutschen eine Scheu davor haben, sich selbst zu regieren, versuchen sie ein europaweites System zu schaffen, in dem sich keine Nation mehr selbst regiert. Doch auf lange Sicht kann ein derartiges System keine Stabilität besitzen, und angesichts von Deutschlands Größe und seinem Übergewicht kann in ihm unmöglich Ausgewogenheit herrschen. Die zwanghafte Beschäftigung mit einem europäischen Deutschland birgt die Gefahr in sich, daß ein deutsches Europa entsteht. Wenn die Deutschen glauben, auf diese Weise ihre Probleme lösen zu können, unterliegen sie einem Trugschluß. Außerdem lenkt dieser Ansatz die deutschen Staatsmänner von ihrer eigentlichen Aufgabe ab, die darin besteht, die nach 1945 entstandene westdeutsche Demokratie unter den veränderten und zugegebenermaßen schwierigen Bedingungen der deutschen Wiedervereinigung zu stärken und zu vertiefen. Dies würde nicht nur dem Wohl Deutschlands dienen, sondern auch der Beruhigung seiner Nachbarn.

Europawahl

Die britische Politik wandte sich nun zwei Themen zu, die trotz meiner Versuche, sie auseinanderzuhalten, bald nur noch in einem Atemzug genannt wurden: die Wahlen zum Europaparlament und mein zehnter Jahrestag im Amt. Was das zweite Thema betraf, hatte ich der Parteizentrale und der Partei strikte Anweisung erteilt, so wenig Umstände wie möglich zu machen. Ich gab ein oder zwei Interviews, bekam von der National Union zur Erinnerung eine Vase geschenkt, und die Konservative Partei veröffentlichte eine recht ansprechende Publikation, die zwar kein Bestseller, aber immerhin ein bescheidener Erfolg wurde. Zahlreiche Journalisten hingegen nahmen diese Gelegenheit natürlich zum Anlaß, ihre Betrachtungen zu zehn Jahren Thatcher zu Papier zu bringen, um zu der unvermeidlichen Schlußfolgerung zu gelangen, eine Dekade unter dieser Frau sei genug.

In dieser Atmosphäre war es nur natürlich, daß die Labour Party die Europawahl von 1988 als Refendum zum Thatcherismus allgemein und die in der Rede von Brügge vertretenen Standpunkte insbesondere ansah. Ich hätte unter Umständen ja akzeptieren können, daß bei der Europawahl ein Urteil zu Brügge abgegeben wurde, wenn es in der Konservativen Partei Kandidaten gegeben hätte, die diesen Ansatz – im Gegensatz zu einem föderalistischen – ebenfalls vertraten. Doch mit nur wenigen bemerkenswerten Ausnahmen war dies nicht der Fall.

Wie jeder Werbefachmann oder politische Stratege zugeben wird, braucht man in einem Wahlkampf vordringlich eine eindeutige Aussage. Doch die Konservative Partei trat offenkundig mit zwei widersprüchlichen Aussagen an, was Peter Brooke als Geschäftsführer der Partei und Christopher Prout, der Führer der

European Democratic Group (EDG – die konservativen Abgeordneten des Europaparlaments aus Dänemark, Spanien und dem
Vereinigten Königreich), nach Möglichkeit zu ändern suchten.
Viele führende Mitglieder der EDG waren ins Europaparlament
abgewandert, weil ihre Ansichten vom Rest der Partei nicht geteilt
wurden: Sie waren ein Relikt aus den Zeiten Ted Heath'. Ihre Kritik an unserer Wahlkampfstrategie, an unserer Europapolitik und
– wenn sie meinten, es sich leisten zu können – auch an mir persönlich fiel jedoch wieder auf sie selbst zurück. Denn indem sie die
Glaubwürdigkeit der Europapolitik der Konservativen Partei unterhöhlten, zerstörten sie auch ihre eigene politische Zukunft.

Mit der Aufgabe, das Wahlprogramm zu erstellen, hatte ich
Geoffrey Howe betraut. Da er versuchte, einen Konsens herzustellen, fiel das Ergebnis entsprechend nichtssagend aus, obwohl
Chris Patten daraus einen netten Text gemacht hatte. Die Plakat-
werbung hingegen war aggressiv, aber nicht besonders gut. Als ich
mich nach einer der wenigen Pressekonferenzen, die ich anläßlich
der Europawahl gab, in der Parteizentrale aufhielt, zeigte man mir
die letzten Anzeigenvorschläge für die Endphase des Wahlkampfs.
Sie gefielen mir ganz und gar nicht. Zum Erstaunen der versammelten Werbestrategen entwarf ich ein eigenes Plakat, auf dem
stand: »Die Konservativen haben ein starkes Großbritannien
geschaffen. Wählen Sie heute konservativ für ein starkes Europa.«
Vielleicht nicht besonders einfallsreich, aber direkt und mit
wesentlich mehr Durchschlagskraft als die verspielten und unklaren Entwürfe, die vorher zum Einsatz gekommen waren.

Unsere Gesamtstrategie war recht einfach. Es ging darum, die
konservativen Wähler – die in so großer Zahl von der Europäischen Gemeinschaft enttäuscht waren – an die Wahlurnen zu bringen. Vielleicht hätten wir dies auch erreicht, wenn die Botschaft
von den Kandidaten selbst mit größerer Überzeugungskraft und
stärkerem Nachdruck vorgetragen worden wäre und wenn uns die
von der Presse dankbar aufgegriffenen Attacken seitens Ted Heath
und anderen erspart geblieben wären. Doch im allerletzten
Moment – wie mir von den regelmäßigen Meinungsumfragen im
nachhinein bestätigt wurde – gab es eine große Wählerwanderung
zu den Grünen, die zu Lasten unseres Stimmenanteils ging.
Anscheinend verhielten sich die Leute bei der Europawahl wie bei

einer Nachwahl und wollten mit ihrer Entscheidung nicht etwa
eine wirkliche Änderung ihrer Lebensbedingungen herbeiführen,
sondern ihren Protest gegen die amtierende Regierung ausdrük-
ken. Nutznießer dieser Tendenz war die Labour Party, die uns drei-
zehn Sitze abnahm. Obwohl ich uns mildernde Umstände einräumen mußte, war ich nicht zufrieden. Denn dieses Ergebnis würde
all jene ermutigen, die darauf aus waren, an meinem Stuhl zu
sägen und meinen europapolitischen Ansatz zu untergraben.

Die Sitzung des Europäischen Rats in Madrid

Dies ließ nicht lange auf sich warten. Ich habe bereits beschrieben,
wie Geoffrey Howe und Nigel Lawson mich zu drängen versuchten, einen Termin für den Beitritt des Pfunds zum Europäischen
Wechselkursmechanismus festzusetzen, und wie ich dies im Juni
1989 in Madrid vermied.[6] Der Wechselkursmechanismus spielte in
Madrid, wie ich erwartet hatte, keine besondere Rolle. Die beiden
Kernpunkte waren die Behandlung des Delors-Berichts zur Wirt-
schafts- und Währungsunion sowie die Frage, ob die Gemeinschaft eine eigene Sozialcharta haben sollte.

Natürlich war ich von Grund auf gegen den ganzen Ansatz des
Delors-Berichts. Aber ich war nicht in der Lage, zu verhindern,
daß wir uns damit befaßten. Demzufolge entschied ich, drei Punkte hervorzuheben. Erstens sollte der Delors-Bericht nicht die einzige Grundlage für die weitere Arbeit an der Wirtschafts- und Währungsunion sein. Es mußte möglich sein, andere Vorstellungen einzubringen, wie etwa unsere eigene von einem harten ECU und
einem Europäischen Währungsfonds. Zweitens sollte der Prozeß
zur Einrichtung der Wirtschafts- und Währungsunion keinen starren Vorgaben zu Zeitpunkt oder Inhalt unterworfen sein. Insbesondere dürften wir uns weder darauf festlegen lassen, was in der
zweiten Stufe geschehen solle, noch wann sie in Kraft träte. Drittens sollte jetzt noch kein Beschluß über eine Regierungskonferenz
zu dem Bericht gefaßt werden. Falls ich damit nicht durchkam,
würde ich darauf beharren, daß solch eine Konferenz gründlich –
und so ausführlich wie möglich – vorbereitet werden müsse.

Was die Sozialcharta betraf, lagen die Dinge einfacher. Meines

Erachtens war es völlig unangemessen, Arbeitsbedingungen oder Sozialleistungen per Vorschrift auf EG-Ebene zu regeln. Die Sozialcharta war schlichtweg eine sozialistische Charta – sie war von den Sozialisten in der Kommission entworfen worden und wurde vornehmlich von den sozialistischen Mitgliedsstaaten unterstützt. Ich war durchaus bereit (wenn auch mit Vorbehalten), in den Kommuniqués der Ministerratssitzungen die Bedeutung einer »sozialen Dimension« im Binnenmarkt zu verankern. Aber für mich bezog sich dies auf Verbesserungen der Arbeitsbedingungen und des Lebensstandards, die ein freierer Handel mit sich bringen würde. Das Außenministerium hätte es wahrscheinlich gern gesehen, wenn ich eine nachgiebigere Haltung eingenommen hätte. Dort erinnerte man mich gerne an die Abhandlung »Warum Großbritannien eine soziale Marktwirtschaft braucht«, die Keith Joseph in der Zeit verfaßt hatte, als wir in der Opposition waren. Doch die Art von sozialem Markt, den Joseph und ich befürworteten, hatte herzlich wenig mit dem Begriff »soziale Marktwirtschaft« zu tun, so wie er in Deutschland verwendet wird. Dort war sie zu einem korporativistischen, staatlich sehr stark gelenkten und auf »Konsens« basierenden Wirtschaftssystem geworden, das die Kosten in die Höhe trieb, zunehmend unter der Erstarrung des Marktes litt und sich auf die tüchtige teutonische Arbeitsmoral stützte. Mit der Ausweitung solch eines Systems auf die ganze Gemeinschaft würde Deutschland freilich sehr gut fahren, zumindest kurzfristig, da es die gleichen Lohnkosten wie in Deutschland den ärmeren europäischen Ländern auferlegen würde, so daß sie nicht mehr mit den deutschen Waren und Dienstleistungen konkurrieren konnten. Daß die Kosten der Ausweitung dieses Systems auf die ärmeren Länder auch mit großen transnationalen Subventionen – für die der deutsche Steuerzahler aufzukommen hätte – finanziert werden müßten, hatten die deutschen Politiker offensichtlich übersehen. Aber dies kommt eben dabei heraus, wenn in einem System eher die Interessen von Produzentenkartellen als die Verbrauchernachfrage die Oberhand gewinnen, mag es sich formal als sozialistisch bezeichnen oder nicht.

Als ich nach Madrid reiste, nahm ich ein Dokument mit, das alle Vorzüge auflistete, welche die britischen Bürger genossen – den Gesundheitsdienst, Gesundheit und Sicherheit am Arbeitsplatz,

Renten und Beihilfen für Behinderte, Fortbildungsmaßnahmen und anderes mehr. Ich führte auch das Argument an, daß die freiwillige Sozialcharta des Europäischen Rats eigentlich genügte und wir kein EG-Dokument bräuchten. Denn ich wußte, daß ein solches Dokument die Grundlage von Richtlinien bilden würde, die nur das Ziel hätten, den Sozialismus Delorsscher Prägung durch die Hintertür einzuführen.

Am ersten Tag der Gespräche in Madrid befaßten wir uns hauptsächlich mit der Wirtschafts- und Währungsunion. Am späten Nachmittag wandten wir uns dann dem Binnenmarkt und der »sozialen Dimension« zu. Wie bereits beschrieben, legte ich in meiner ersten Rede meine Bedingungen für einen Beitritt zum Europäischen Wechselkursmechanismus dar. Doch ich unterstützte auch Poul Schlüter, als er sich gegen Paragraph 39 des Delors-Berichts wandte, der charakteristisch für die von den Föderalisten favorisierte »Wer A sagt, muß auch B sagen«-Haltung war. Frankreich vertrat die genau entgegengesetzte Position. Präsident Mitterrand bestand darauf, einen endgültigen Termin für eine Regierungskonferenz und für den Eintritt in die zweite und dritte Stufe zu vereinbaren, wobei er als Termin den 31. Dezember 1992 vorschlug.

Die Debatte wandte sich dann der Sozialcharta zu. Ich saß neben Cavaco Silva, dem recht vernünftigen portugiesischen Ministerpräsidenten, der zweifellos noch vernünftiger gewesen wäre, wenn sein Land nicht so arm und Deutschland nicht ganz so reich gewesen wäre.

»Merken Sie nicht«, sagte ich, »daß die Sozialcharta darauf abzielt, Portugal daran zu hindern, wegen seiner geringeren Lohnkosten weiterhin Investitionen aus Deutschland anzulocken? Das ist deutscher Protektionismus. Auf dieser Grundlage wird man entsprechende Direktiven erlassen, und Ihnen gehen Arbeitsplätze verloren.« Doch er blieb bei seiner Meinung, daß die Charta lediglich eine allgemeine Erklärung darstelle. Und vielleicht dachte er, er würde nicht zu schlecht dabei abschneiden, wenn die Deutschen bereit waren, genügend »Bindemittel« zu zahlen. Also stand ich mit meiner Opposition zur Charta allein da.

Als wir am zweiten Sitzungstag den Abschnitt des Kommuniqués aufsetzten, in dem es um die Wirtschafts- und Währungsunion ging, hatte ironischerweise Frankreich das Nachsehen. Mit einem akzeptablen Text, mochte er uns auch auf ein nicht akzeptables Ziel hinführen, konnte ich mich noch zufriedengeben, denn damit hatte ich alle meine Ziele erreicht. Wir konnten eine Regierungskonferenz nicht verhindern, da dazu lediglich ein einfacher Mehrheitsbeschluß nötig war, doch zumindest blieb ihr Ergebnis offen und der Zeitpunkt unklar. Präsident Mitterrands Versuch, einen endgültigen Termin für die zweite und die dritte Stufe in den Text einzufügen, blieb erfolglos. Zum Verdruß von Felipe Gonzalez, der gehofft hatte, noch mehr Diskussionen zu vermeiden, gab ich eine »einseitige Erklärung« ab, wie ich es nannte. Sie lautete:

> Großbritannien hält fest, daß es keinen Automatismus in bezug auf die Inangriffnahme, den Zeitplan wie auch den Inhalt der zweiten Stufe gibt. Es wird seine Entscheidungen in dieser Angelegenheit im Lichte des Fortschritts treffen, der bis dahin auf der ersten Stufe erreicht worden ist, insbesondere was die Durchführung aller Maßnahmen betrifft, die als unabdingbar vereinbart wurden.

Der Wortlaut war nicht gerade poetisch, aber der Sinn war klar. Präsident Mitterrand sah sich nun veranlaßt, seinerseits in einer Erklärung zu fordern, daß die Regierungskonferenz so bald wie möglich nach dem 1. Juli 1990 anberaumt werden sollte. Und so endete das Treffen in Madrid nicht gerade mit Getöse, sondern mit Gewimmer.

Die 200-Jahr-Feier der Französischen Revolution

Immerhin führten meine Unstimmigkeiten mit den Franzosen niemals zu gegenseitigen Ressentiments. Das war auch gut so, denn kurze Zeit später sollte ich dem G7-Gipfel in Paris beiwohnen. Dieses Ereignis wurde überschattet von der unermeßlich teuren – und für die Pariser höchst unbequemen – Feier des 200. Jahrestags der Französischen Revolution. Die Französische Revolution ist eines der Ereignisse, an dem sich in der Geschichte der historischen und politischen Theorien die Geister scheiden. Von den meisten – jedoch nicht allen – Franzosen wird sie heute als Grundlage

des französischen Staats angesehen, so daß selbst der konservativ-
ste Franzose begeistert die Marseillaise anstimmt. Die meisten
anderen Europäer beurteilen die Französische Revolution mit
gemischten Gefühlen, denn in ihrer Folge verwüsteten die französischen Armeen Europa. Andererseits beeinflußte sie Bewegungen, die letztlich zur nationalen Unabhängigkeit führten.

Für mich als britische Konservative – geprägt von meinem
ideologischen Mentor Edmund Burke, dem Vater des Konservativismus und dem ersten scharfsichtigen Kritiker der Revolution –
sind die Ereignisse von 1789 Ausdruck einer anhaltenden politischen Verblendung. Die Französische Revolution war der utopi-
sche Versuch, die traditionelle Ordnung – die sicher viele Unvoll-
kommenheiten aufwies – auf der Grundlage abstrakter, von eit-
len Intellektuellen formulierter Ideen umzustoßen. Im weiteren
Verlauf glitt sie – nicht durch Zufall, sondern durch Schwäche
und Niedertracht – ab in Säuberungen, Massenmord und Krieg.
In vielerlei Hinsicht war sie ein Vorgriff auf die noch schreckli-
chere bolschewistische Revolution von 1917. Die englische freiheitliche Tradition hingegen konnte über die Jahrhunderte hinweg wachsen, und ihre hervorstechendsten Eigenschaften waren
Kontinuität, Achtung vor der Rechtsordnung und Sinn für Ausgewogenheit, wie sie in der »Glorreichen Revolution« von 1688
zum Tragen kamen. Als ich von Journalisten von »Le Monde«
am Vorabend meines Besuchs in Frankreich gefragt wurde, was
die Französische Revolution für die Menschenrechte geleistet
habe, hielt ich es für angebracht, einige dieser Gedanken zu
äußern. Ich erklärte:

Die Menschenrechte haben ihren Ursprung nicht in der Französischen Revolution ... In Wirklichkeit stammen [sie] aus
dem jüdischen und dem christlichen Glauben ... [Wir Eng-
länder] erlebten 1688 unsere eigene, stille Revolution, in
deren Verlauf das Parlament dem König seinen Willen aufzwang ... dies war keine Revolution wie die in Frankreich
... »Freiheit, Gleichheit, Brüderlichkeit« – meiner Ansicht
nach vergaß man dabei Verantwortlichkeit und Pflichten.
Außerdem kam natürlich lange Zeit die Brüderlichkeit
abhanden.

Meine Worte wurden am folgenden Tag unter der Überschrift »›Les droits de l'homme n'ont pas commencés en France‹ nous déclare Mme. Thatcher« in »Le Monde« veröffentlicht.

Das war der Grundton, als ich zu den Feierlichkeiten in Paris eintraf. Für Präsident Mitterrand hatte ich eine Erstausgabe von Charles Dickens' »Eine Geschichte zweier Städte« mitgebracht, die ihm, einem Kenner derartiger Dinge, sicherlich gefiel, die aber auch in etwas eleganterer Form noch einmal das gleiche betonte wie ich in meinem Interview. Die Festlichkeiten selbst waren in einer Größenordnung gehalten, die eigentlich nur von einem Hollywoodstudio – oder eben von Frankreich – bewältigt werden konnte: ein nahezu endloser Festzug, eine Militärparade und eine Opernaufführung mit einem Bühnenbild, dessen Mittelpunkt eine riesige Guillotine bildete.

Das Gipfeltreffen rangierte nach diesen Feierlichkeiten eindeutig an zweiter Stelle. Genau dies barg auch ein mögliches Problem in sich. Eine große Anzahl von Staats- und Regierungschefs aus der Dritten Welt war zu den Feierlichkeiten eingeladen worden, und man mußte eventuell damit rechnen, daß Präsident Mitterrand plötzlich einen weiteren jener »Nord-Süd-Dialoge« anregen würde, wie wir ihn mit einem Stoßseufzer in Cancun[7] abgeschlossen hatten. Bei einer bilateralen Besprechung vor Beginn des Gipfels in der Amerikanischen Botschaft machte ich sogleich Präsident Bush – für den es der erste Weltwirtschaftsgipfel war – auf diese Möglichkeit aufmerksam. Er hielt es für schwierig, solch eine Anregung abzublocken, ohne als »herzloser Geizhals« dazustehen. Das würde mir keine Schwierigkeiten bereiten, entgegnete ich. Und so war es dann auch.

Letztlich überlegten es sich die Franzosen anders und brachten diese umstrittene Idee nicht ein. Statt dessen zogen sie es vor, auf der Ebene allgemeiner Verlautbarungen zu verharren. George Bush und ich trugen die vertrauten Argumente für Freihandel im Sinne der GATT-Runde vor. Mit meiner Hilfe brachte Präsident Mitterrand den Wortlaut seiner Fassung einer Erklärung zu den Menschenrechten (mit ihrer offenkundigen revolutionären Rhetorik) beinahe ohne Abstriche durch. Dann beschäftigten wir uns mit der Umwelt und der Drogenpolitik. Nachdem wenig Bedeutsames vollbracht worden war, brach jedermann zufrieden wieder auf. Diese

Art von Tagungen hatte den Gipfeln in früheren Jahren zu ihrem schlechten Ruf verholfen. Doch Präsident Mitterrands Abschluß- dinner für die Staats- und Regierungschefs in der neuen Pyramide im Vorhof des Louvre war ein kulinarischer Höhepunkt in meinem Leben. Einige Traditionen sind anscheinend selbst den Franzosen zu bedeutsam, als daß sie sie über Bord werfen würden.

Kabinettsumbildung

Ich wußte, daß mich bei meiner Rückkehr nach London unerle- digte Dinge erwarteten. An sich waren die Ergebnisse der Europa- wahl nicht besonders aussagekräftig. Doch sie wiesen auf wach- sende Unzufriedenheit hin, die wir nicht ignorieren durften. Am deutlichsten zeigte sich diese Unzufriedenheit in der Regierungs- fraktion. Eine Minderheit von konservativen Parlamentsabgeord- neten war mit meiner Linie in der Europapolitik nicht einverstan- den. Bedenklicher jedoch war eine weitverbreitete Unruhe, die daher rührte, daß die Aussichten auf einen Aufstieg in die Regie- rung verbaut zu sein schienen. Auch ich hatte den Eindruck, daß Veränderungen erforderlich waren. Nach zehn Jahren im Amt muß sich ein Premierminister mehr denn je der Gefahr bewußt sein, daß die Regierung als Ganzes müde oder erstarrt wirken könnte. Da ich mich nur höchst selten ernstlich müde und erst recht nie erstarrt fühlte, wollte ich diesen Eindruck keinesfalls auf- kommen lassen. Daher entschloß ich mich, im Kabinett einige Änderungen durchzuführen, um auf allen Ebenen Posten freizu- machen und einige neue Gesichter in die Regierungsmannschaft zu holen.

Außerdem beschäftigte ich mich schon seit geraumer Zeit mit meiner eigenen Zukunft. Ich wußte, daß meine Kraft noch für etli- che Jahre im aktiven Dienst ausreichte, und ich hatte die Absicht, die Wiederherstellung unserer Wirtschaftskraft bis zum Ende durchzuführen. Außerdem wollte ich unsere radikalen sozialen Reformen vollenden und Europa die neue Form geben, die ich in der Rede von Brügge vorgezeichnet hatte. Bis zu meinem Abgang, eventuell nach der Hälfte der folgenden Legislaturperiode, wollte ich mehrere Kandidaten mit der nötigen Charakterstärke und

Erfahrung aufbauen, die als Nachfolger in Frage kamen. Politiker
meiner eigenen Generation hielt ich aus verschiedenen Gründen
für ungeeignet. »Natürlich, das muß sie ja sagen« ist der Einwand,
der auf der Hand zu liegen scheint. Doch bei näherer Betrachtung
wird sich, wie ich hoffe, rasch zeigen, daß meine Einschätzung
nicht unberechtigt war. Zunächst einmal gehörten zu den Kandidaten, die ähnlich dachten wie ich: Norman Tebbit – der sich
immer mehr auf Margaret und seine Geschäftsinteressen konzentrierte; Nick Ridley – der zu unduldsam gegenüber Beschränktheit
und deshalb für konservative Parlamentsabgeordnete unakzepta-
bel war; Cecil Parkinson – der in den Augen der alten Garde desa-
vouiert war. Auf Geoffrey Howe werde ich später noch genauer
eingehen. Nigel Lawson interessierte sich nicht für dieses Amt –
und ich hatte nicht die Absicht, ihn umzustimmen. Michael Heseltine besaß keinen Mannschaftsgeist und erst recht keine Führungsqualitäten. Jedenfalls sah ich keinen Anlaß, mein Amt an
jemanden auch nur ungefähr in meiner Altersklasse abzugeben,
solange ich mich gesund und kräftig fühlte. In der nachfolgenden
Generation hingegen gab es eine ganze Anzahl potentieller Kandidaten, die ihre Fähigkeiten in einem hohen Regierungsamt unter
Beweis stellen sollten: John Major, Douglas Hurd, Ken Baker, Ken
Clarke, Chris Patten und außerdem vielleicht noch Norman
Lamont und Michael Howard. Meiner Meinung nach stand es mir
nicht zu, meinen Nachfolger auszuwählen. Doch es war meine
Pflicht, dafür zu sorgen, daß mehrere erprobte Kandidaten zur
Auswahl standen.

  In einer wichtigen Sache sollte ich mich allerdings irren. Natürlich war mir bewußt, daß einige meiner Kabinettskollegen und
weitere Minister mehr nach links und andere mehr nach rechts
tendierten. Doch ich glaubte, sie hätten sich im wesentlichen
davon überzeugen lassen, daß die von mir vertretenen Grundprinzipien richtig waren – orthodoxe Finanzpolitik, ein niedriger Grad
an staatlichen Eingriffen und Besteuerung, ein Mindestmaß an
Bürokratie, eine entschlossene Verteidigungspolitik und die
Bereitschaft, für britische Interessen einzutreten, wann und wo
immer sie bedroht waren. Damals hatte ich den Eindruck, als
müßte ich hier keine Überzeugungsarbeit leisten. Vielmehr glaubte ich, diese Argumente seien ihnen längst in Fleisch und Blut über-

gegangen. Heute jedoch weiß ich, daß man dies niemals auf Dauer voraussetzen kann.

Bei den vorausgegangenen Überlegungen zu meinen möglichen Nachfolgern habe ich Geoffrey Howe ausgeklammert. Mit Geoffrey war eine Veränderung vorgegangen. Zwar verfügte er noch immer über seine unglaubliche Arbeitskraft, doch sein Urteilsvermögen und sein klarer Blick waren getrübt. Ich hielt ihn nicht mehr für einen möglichen Anwärter auf die Führungsrolle. Aber schwerwiegender war, daß ich ihn wegen seines Verhaltens im Vorfeld der Sitzung des Europäischen Rats in Madrid auch nicht länger als Außenminister behalten konnte – zumindest nicht, solange Nigel Lawson Schatzkanzler war. Wenn ich gewußt hätte, daß Nigel sich mit Rücktrittsgedanken trug, hätte ich Geoffrey vielleicht noch eine Zeitlang in seinem Amt belassen. Doch so faßte ich den Entschluß, ihn durch einen jüngeren Mann zu ersetzen.

Zwei Minister sollten ganz aus dem Kabinett ausscheiden. Paul Channon war loyal und sympathisch. Doch das Verkehrsministerium gewann immer mehr an Bedeutung, und so war es höchst wichtig, daß unsere Politik überzeugend dargestellt wurde – besonders angesichts der entsetzlichen Unglücke, die uns in der letzten Zeit heimgesucht hatten, und der überfüllten Straßen, einer Begleiterscheinung des neuen Wohlstands in Großbritannien. Deshalb bat ich Paul, sein Amt niederzulegen, und er erfüllte meinen Wunsch, ohne eine Miene zu verziehen. An seiner Stelle ernannte ich Cecil Parkinson zum Verkehrsminister. Schmerzlicher war der Entschluß, John Moore zu entlassen. Dieser Mann dachte wie ich. Mehr noch als sein Nachfolger im Gesundheitsministerium, Ken Clarke, hatte er dafür gesorgt, daß die Reform des Gesundheitswesens eingeleitet wurde. Nachdem ich das Doppelministerium für Gesundheit und Soziales aufgeteilt hatte, hatte er im Sozialministerium mutige und radikale Ansichten zur Armut und Abhängigkeitshaltung vertreten. Doch wie ich bereits berichtet habe, konnte sich John, zumindest psychisch, nie völlig von der Schwächung durch die Krankheit erholen, die er sich in seiner Zeit als Minister im früheren Doppelministerium für Gesundheit und Soziales zugezogen hatte. Ich bat ihn also zurückzutreten und ernannte Tony Newton zu seinem Nachfolger, einen unerschütterlichen, nach links tendierenden Politiker, der jedoch das Unter-

haus und seine Aufgaben gut im Griff hatte. Außerdem holte ich
Peter Brooke ins Kabinett, den allseits beliebten und höchst verläßlichen früheren Geschäftsführer der Partei. Er wünschte sich
das Staatsministerium für Nordirland, und ich gab ihm den
Posten, nachdem ich Tom King ins Verteidigungsministerium versetzt hatte. Dieses Amt war durch das Ausscheiden von George
Younger frei geworden, der sich voll und ganz seinen geschäftlichen Interessen widmen wollte. Georges Abschied war ein schwerer Schlag. Ich schätzte seinen gesunden Menschenverstand, vertraute seinem Urteil und konnte mich stets auf seine Loyalität verlassen. Seine Karriere widerlegt die Legende, für einen Gentleman
sei kein Platz mehr in der Politik.

Der Charakter der Kabinettsumbildung und damit ihre Aufnahme in der Öffentlichkeit wurde jedoch von den drei grundlegenden
Veränderungen geprägt. Diese waren in umgekehrter Reihenfolge
zu ihrer Wichtigkeit: Chris Patten wechselte ins Ministerium für
Umweltfragen und Lokalverwaltung, sein Vorgänger Nick Ridley
übernahm das Wirtschaftsministerium (David Younger verließ
das Kabinett auf eigenen Wunsch, um stellvertretender Geschäftsführer der Partei zu werden); Ken Baker gab das Erziehungsministerium an John MacGregor ab und wurde Geschäftsführer der
Partei. Johns ehemaligen Posten als Landwirtschaftsminister
erhielt John Gummer, der damit neu ins Kabinett aufgenommen
wurde.

Doch der erste und entscheidende Schritt war, daß ich Geoffrey
Howe zu mir bestellte und ihn bat, aus dem Außenministerium
auszuscheiden, da ich dieses Amt John Major übertragen wollte.
Erwartungsgemäß war Geoffrey nicht gerade erfreut. Er hatte den
Prunk seines Amtes schätzengelernt, insbesondere die beiden
Häuser in Carlton Gardens in London und Chevening in Kent. Ich
bot ihm den Posten des Fraktionsführers an, das einen besonderen
Stellenwert erhalten sollte, da in Kürze das Fernsehen zum ersten
Mal live aus dem Parlament berichten würde. Es war ein wichtiges
Amt, und ich hoffte, er würde dies zu schätzen wissen. Doch Geof-
frey wirkte verdrossen und meinte, er müsse zunächst einmal mit
Elspeth sprechen. Natürlich verzögerte dies den Ablauf der Kabi-
nettsumbildung, denn ehe nicht seine Entscheidung gefällt war,
konnte ich keine anderen Minister zu mir bestellen. Ich nehme an,

Geoffrey traf sich mit David Waddington, dem Chief Whip, der mir geraten hatte, Geoffrey in irgendeiner Funktion im Kabinett zu behalten. Zwar war Davids Rat gut gemeint, aber vielleicht hätte ich Geoffrey doch bitten sollen, gänzlich aus dem Kabinett auszuscheiden; denn offensichtlich hat er mir nie verziehen. In der Folge fand zwischen ihm und der Downing Street ein reger Austausch von Noten statt, bei dem ich Geoffrey erst das Innenministerium anbot (wobei ich schon vorher wußte, daß er es wohl nicht annehmen würde); dann, nach einer Unterredung mit Nigel Lawson, Dorneywood, das Haus des Schatzkanzlers (das er, wie ich geahnt hatte, annahm); und schließlich, mit gewissem Widerstreben und auf sein Beharren hin, den Titel des Vizepremiers, den ich für den Notfall als Bonbon in Reserve gehalten hatte. Dieses Amt beinhaltete zwar keinerlei konstitutionelle Rechte, doch Willie Whitelaw war es (bis zu seinem Schlaganfall im Dezember 1987 und seinem Rücktritt im darauffolgenden Monat) kraft seiner Persönlichkeit und Erfahrung gelungen, es mit Leben zu erfüllen. Doch weil Geoffrey um dieses Amt gefeilscht hatte, verlieh es ihm nie den erhofften Status. In der Praxis sah es so aus, daß Geoffrey bei Kabinettssitzungen direkt zu meiner Linken saß – eine Position, die er wohl noch bedauert haben dürfte.

Durch die Verzögerung rief die Kabinettsumbildung zwangsläufig die üblichen Spekulationen wach. Aber wie ich erfuhr, war es Geoffreys Gefolgsleuten zu verdanken, daß der Inhalt unserer Gespräche in einem einzigartig ungeschickten Versuch, mir Schaden zuzufügen, an die Presse durchsickerte. In der Folge wurden ausgesprochen negative Berichte über Geoffrey und seine Häuser veröffentlicht, die zwar nicht gerade unverdient waren, an denen er jedoch zweifellos mir die Schuld zuschob.

John Major wirkte zunächst nicht sonderlich angetan darüber, daß er das Außenministerium übernehmen sollte. Von Natur aus bescheiden, wußte er, daß es ihm an Erfahrung mangelte, und wahrscheinlich hätte er ein weniger bedeutsames Amt vorgezogen. Doch wenn er sich Hoffnungen machte, unsere Partei einmal anzuführen, war er gut beraten, eines der drei großen Staatsämter zu übernehmen. Ich sollte wohl noch hinzufügen, daß ich – entgegen allen im Umlauf befindlichen Gerüchten – keineswegs fest entschlossen war, ihn als meinen Nachfolger zu favorisieren. Ich war einfach nur der Meinung, er müsse sich in der breiteren Öffentlichkeit einen Namen machen und weitere Erfahrungen sammeln, wenn er es mit den begabten Selbstdarstellern aufnehmen wollte, die gegen ihn antreten würden. Wegen Nigel Lawsons Rücktritt hatte er leider keine Gelegenheit, im Außenministerium zu zeigen, aus welchem Holz er geschnitzt war, weil er bald darauf wieder ins Schatzkanzleramt zurückkehrte.

Daß ich Nick Ridley ins Wirtschaftsministerium wechseln ließ, wurde allgemein als Reaktion auf die Kritik der Umweltlobby an Nick verstanden. Das war aber keineswegs der Grund für diesen Schritt. Ich wußte, daß Nick eine Veränderung wünschte. Natürlich war mir klar, daß es den Romantikern und Spintisierern der Bewegung nicht gefiel, daß er seine Politik auf wissenschaftliche Erkenntnisse und nicht auf Vorurteile gründete. Im übrigen vermutete ich schon, daß Chris Patten ihnen einen gemäßigteren Ansatz bieten würde. Später gab es Auseinandersetzungen zwischen mir und Chris, denn bei ihm ging die öffentliche Darstellung seiner Umweltpolitik immer auf Kosten der Substanz. Doch ich wollte Nick im Wirtschaftsressort, dem zweitwichtigsten Ministerium, haben, weil ich seine Unterstützung in den Kernfragen der Industrie- und Europapolitik brauchte.

Die Ernennung Ken Bakers zum Geschäftsführer der Partei war Ausdruck meines Bemühens, die Selbstdarstellung der Regierung zu verbessern. Wie Chris Patten kam auch Ken ursprünglich vom linken Flügel der Torys. Doch im Gegensatz zu Chris war er mittlerweile ein überzeugter Mann der Mitte. Seine größten Fähigkeiten lagen jedenfalls auf dem Gebiet der Öffentlichkeitsarbeit. Und ich verlor nie aus dem Auge, daß alle Thatchers, Josephs und Ridleys mindestens einen Ken Baker brauchen, der sich der Aufgabe widmet, ihre Botschaft zu vermitteln. Mit Freuden ernannte ich außerdem John MacGregor zum Erziehungsminister, denn mit seiner schottischen Begeisterung für Bildungsfragen war er genau der richtige Mann, um bei unserer Erziehungsreform Nägel mit Köpfen zu machen. Mit der Ernennung Ken Bakers hatte ich eine gute Wahl getroffen. Er diente mir tatkräftig und engagiert bis zum letzten Tag, ganz gleich, wie sehr uns der Wind auch um die Ohren blies. Da wir uns politisch nie besonders nahegestanden hatten, war ich ihm doppelt zu Dank verpflichtet.

Die unmittelbaren Folgen der Kabinettsumbildung waren unerfreulicher, als ich erwartet hatte. Dies lag an den Gerüchten, die sich mit der Frage beschäftigten, was Geoffrey verlangt und angeboten bekommen hatte und was nicht. Sobald sich die erste Aufregung jedoch gelegt hatte, wurde deutlich, daß wir vom neuen Profil der Regierung profitieren würden. Allerdings hatte Geoffrey nach wie vor eine gute Ausgangsposition, um mir Ärger zu bereiten, und die Ausrichtung der Regierung war leicht nach links verschoben. Denn die Berufung von Chris Patten und John Gummer sowie das Ausscheiden von John Moore hatten stärkeres Gewicht als die Ernennung Norman Lamonts, der zum rechten Flügel zählt. Natürlich war dies alles bedeutungslos, solange sich keine Krise anbahnte, durch die meine Autorität in Frage gestellt wurde.

Die deutsch-französische Achse und die »Politische Union«

Plötzlich kamen sie nicht mehr als einzelne Spione, sondern sie kamen in ganzen Heerscharen. Der Winter 1989 brachte jene revolutionären Veränderungen, die schließlich zum Zusammenbruch des Kommunismus in Osteuropa führten. Auf lange Sicht würden mir die frei gewählten, unabhängigen und antisozialistischen Regierungen jener Region bei meinem Kreuzzug für ein größeres Europa mit lockereren Banden als potentielle Verbündete zur Verfügung stehen. Doch kurzfristig hatte erst die Aussicht und dann die Verwirklichung der deutschen Wiedervereinigung zur Folge, daß der Einfluß von Kanzler Kohl gestärkt wurde. Außerdem erhielt dadurch Präsident Mitterrands und Jacques Delors' Forderung nach einem föderalen Europa weiteren Nachdruck, denn sie verfolgten damit den Zweck, das neue Deutschland in eine Struktur »einzubinden«, in der seine Vormachtstellung im Zaum gehalten werden konnte.

Diese Fragen, auf die ich im Zusammenhang mit den Ost-West-Beziehungen später noch genauer eingehen werde, bildeten für mich damals den Hintergrund zu der verschärften Auseinandersetzung über die Wirtschafts- und Währungsunion, in die ich mich in der Folge verwickelt sah.

Von Spanien ging die Präsidentschaft der Europäischen
Gemeinschaft an Frankreich über. Um zu verhindern, daß die für
Dezember in Straßburg angesetzte Sitzung des Europäischen Rats
vom Thema Osteuropa beherrscht wurde, berief Präsident Mitterrand für November einen Sondergipfel in Paris ein. Dort sollten
wir uns mit den Konsequenzen der Ereignisse in Osteuropa und
dem Fall der Mauer in Berlin beschäftigen. Außerdem forderte
Präsident Mitterrand die Einrichtung einer Europäischen Bank
für Wiederaufbau und Entwicklung, die Hilfsaktionen und Investitionen für die im Entstehen begriffenen Demokratien koordinieren sollte. Ich bezweifelte die tatsächliche Notwendigkeit einer
derartigen Institution. Daß Hilfe in dieser Größenordnung über
eine europäische und nicht etwa eine nationale oder gar noch größere internationale Institution abgewickelt werden mußte, war
noch nicht erwiesen. (Zwar gab ich auf der Straßburger Sitzung in
diesem Punkt nach, aber die spätere Entwicklung entsprach
durchaus meinen Wünschen. Vernünftigerweise sind inzwischen
nicht nur die Europäer, sondern auch die Vereinigten Staaten und
Japan an der Bank für Wiederaufbau und Entwicklung beteiligt.)
Schließlich schlossen Präsident Mitterrand und ich im Jahre 1990
einen Handel ab: Ich stimmte zu, daß sein Protegé Jacques Attali
den Posten des Präsidenten der Osteuropabank erhielt, und er war
einverstanden, daß die Bank ihren Sitz in London hatte.

In gewisser Hinsicht erwies sich die Strategie der Franzosen, zur
Frage der Ost-West-Beziehungen einen »inoffiziellen« Sondergipfel in Paris abzuhalten, als richtig. Denn die Konferenz des Europäischen Rats in Straßburg konzentrierte sich – zumindest auf den
offiziellen Sitzungen – im wesentlichen auf europaspezifische Themen wie die Währungsunion und die Sozialcharta. Ich wandte
mich so entschieden wie eh und je gegen die Einberufung einer
Regierungskonferenz zur Wirtschafts- und Währungsunion. Doch
ebenso bestand weiterhin wenig Aussicht, daß ich sie verhindern
konnte. Frankreich verfolgte die Absicht, den Termin für eine
Regierungskonferenz festzusetzen, und wenigstens dies hoffte ich
abwenden zu können. Bis kurz vor Beginn des Gipfels gingen wir
davon aus, die Deutschen würden uns unterstützen, indem sie
»weitere Vorbereitungen« forderten, bevor die Regierungskonferenz zusammentreten konnte. Doch Helmut Kohl stellte sich auf

die Seite Mitterrands – ein klassisches Beispiel für die deutsch-
französische Achse, die sich anscheinend immer dann bildete,
wenn Entscheidungsabläufe in ihrem Sinne beeinflußt werden
sollten. Schon bei meiner Ankunft in Straßburg war mir klar
gewesen, daß ich im wesentlichen auf mich allein gestellt sein würde. Da es keinen Sinn hatte, Widerstand zu leisten, wenn ich meine
Vorstellungen doch nicht durchsetzen konnte, war ich entschlossen, durchweg »vernünftig« zu sein. Und so kam man überein, die
Regierungskonferenz noch vor Ende des Jahres 1990, jedoch nach
den deutschen Bundestagswahlen, unter der Präsidentschaft Italiens abzuhalten. Was die Sozialcharta betraf, auf die ich mich
schon in Madrid eingeschossen hatte, bekräftigte ich noch einmal,
daß ich dem vorgelegten Text nicht zustimmen würde. Bestärkt
wurde ich in meiner Haltung durch die Tatsache, daß die EG-
Kommission mittlerweile zu dem Bereich, den die Charta abdek-
ken sollte, nicht weniger als 43 Einzelvorschläge vorgelegt hatte,
unter denen sich 17 rechtlich verbindliche Richtlinien befanden.
Damit war für uns die Diskussion zu diesem Thema beendet. Den
Streit über die Wirtschafts- und Währungsunion würde ich dann
in Rom wiederbeleben.

In der ersten Hälfte des Jahres 1990 mußten wir jedoch
zunächst einmal mit der Präsidentschaft der Iren fertig werden.
Die ungute Angewohnheit, »inoffizielle« Ministerratssitzungen
einzuberufen, erwies sich als ansteckend. Charles Haughey war
nämlich der Meinung, es sei ein weiteres dieser Treffen erforderlich, um die Ereignisse in Osteuropa und die Auswirkungen der
deutschen Wiedervereinigung auf die Gemeinschaft zu erörtern.
Vielleicht hatte Mr. Haughey dies auch wirklich vorgehabt, doch
den anderen kam die Gelegenheit gerade recht, um weiter ins föderalistische Horn zu stoßen. »Politische Union« wurde mittlerweile
in einem Atemzug mit der »Wirtschafts- und Währungsunion«
genannt. In gewissem Sinn war dies auch durchaus logisch. Eine
einheitliche Währung und eine gemeinsame Wirtschaftspolitik
erforderten letztendlich auch eine gemeinsame Regierung.

Doch das Konzept der »Politischen Union« war von einer spezifischen deutsch-französischen Agenda bestimmt. Die Franzosen
wollten die Macht der Deutschen in Grenzen halten. Dies sollte
ihrer Ansicht nach mit Hilfe der Stärkung des Europäischen Rats

und der vermehrten Anwendung von Mehrheitsbeschlüssen erreicht werden. Hingegen wollten sie weder die EG-Kommission noch das Europaparlament mit zusätzlichen Machtbefugnissen ausstatten. Demnach traten die Franzosen nicht aus Überzeugung, sondern aus taktischen Gründen für das föderalistische Konzept ein. Die Deutschen wiederum strebten aus ganz anderen Motiven und auf anderen Wegen die »Politische Union« an. Zum einen war sie der Preis, den die Deutschen für eine rasche, nach ihren Vorstellungen ablaufende Vereinigung mit Ostdeutschland zu zahlen bereit waren, ohne dabei auf all die Vorteile zu verzichten, die die Mitgliedschaft in der Europäischen Gemeinschaft mit sich brachte. Zum anderen war sie der Beweis, daß das neugebildete Deutschland nicht in die Fußstapfen des Deutschen Reichs von Bismarck bis Hitler treten würde. Aus diesem Grunde wollten die Deutschen die EG-Kommission mit weiteren Kompetenzen ausstatten und legten besonderen Wert auf eine Erweiterung der Machtbefugnisse des Europaparlaments. Sie waren also Föderalisten aus Überzeugung. Obwohl die Franzosen entschiedener auf die Verwirklichung der Politischen Union drängten, wurde die Debatte darüber zunehmend von den Deutschen bestimmt, die in der deutsch-französischen Achse immer mehr die Oberhand gewannen.

Ich selbst war strikt gegen beide Varianten der Politischen Union. Doch ich hatte nur dann eine Chance, sie zu verhindern, wenn ich die Gemeinschaft dazu bewegen konnte, die ausgetretenen Pfade der Beschlußfassung zu verlassen – also jene Kombination von hochfliegenden Plänen mit den dazugehörigen pathetischen Grundsatzerklärungen und den verschiedenartigsten organisatorischen Prozeduren, welche eine ernsthafte inhaltliche Diskussion zu dem eigentlichen Thema immer erst dann zuließ, wenn es schon zu spät war. Innerhalb der EG mußte ich darauf hinarbeiten, daß das Trennende zwischen den Deutschen und Franzosen offenbar wurde, während ich der Bevölkerung Großbritanniens mit klaren Worten vor Augen führen mußte, was mit »Politischer Union« gemeint war, wenn man sie ernst nahm. In der Europäischen Gemeinschaft gab es inzwischen viel zu viele Verträge und Kommuniqués mit nebulösen Formulierungen, die im Laufe der Zeit mit föderalen Inhalten gefüllt worden waren, die sie nach allge-

meiner Auffassung ursprünglich gar nicht besessen hatten. Folglich entschloß ich mich, für den Europäischen Rat in Dublin eine
Rede vorzubereiten, in der ich ausführen wollte, waren mit »Politische Union« nicht und niemals gemeint sein durfte. Auf diese
Weise wollte ich erreichen, daß alle Betroffenen aussprachen, welche – sicherlich unterschiedlichen – Vorstellungen sie mit diesem
Konzept verbanden.

Über die Entschlossenheit Deutschlands und Frankreichs, ihre
föderalistischen Pläne in die Tat umzusetzen, konnte kein Zweifel
mehr bestehen. Kurz bevor der Europäische Rat Ende April in
Dublin zusammentrat, veröffentlichten Präsident Mitterrand und
Kanzler Kohl eine gemeinsame Erklärung, in der sie forderten, auf
der Sitzung des Europäischen Rats in Dublin müßten »Vorbereitungen für eine Regierungskonferenz zur Politischen Union angeregt werden«. Darüber hinaus riefen sie die EG auf, »sich auf eine
gemeinsame Außen- und Sicherheitspolitik zu einigen und sie in
die Tat umzusetzen«. Etwa zur gleichen Zeit hielten es Mitterrand
und Kohl für angebracht, den litauischen Präsidenten in einer
gemeinsamen Note aufzufordern, die Unabhängigkeitserklärung
seines Landes einstweilig zu suspendieren, um die Verhandlungen
mit Moskau zu erleichtern. Wie ich mit gewissem Behagen in meiner späterer Rede auf dem Europäischen Rat herausstrich, erfolgte dieser Schritt ohne Konsultationen mit den übrigen Mitgliedsstaaten der Gemeinschaft, geschweige denn mit den NATO-Län-
dern – was nur bewies, daß eine »gemeinsame Außen- und Sicherheitspolitik« noch in ferner Zukunft lag.

Ich hielt meine Rede bereits zu einem frühen Zeitpunkt der
Konferenz bei einem Arbeitsessen. Darin betonte ich, der einzige
Weg, um Ängste auszuräumen, liege in einer Klarstellung, was
unserem Verständnis nach mit politischer Union nicht gemeint sei.
Politische Union bedeute nicht den Verlust der nationalen Identität. Ebensowenig sei damit beabsichtigt, auf unsere jeweiligen
Staatsformen zu verzichten – weder auf die Monarchie, der sich
sechs von uns verpflichtet fühlten, noch auf die Präsidentschaft,
die von den sechs anderen Staaten vorgezogen wurde. Weder sollten die nationalen Parlamente in ihren Rechten beschnitten noch
sollte das Europaparlament auf Kosten der nationalen Parlamente
in seiner Rolle gestärkt werden. Wir verfolgten nicht das Ziel, die

Wahlsysteme der einzelnen Länder zu ändern. Außerdem solle die Rolle des Ministerrats so bleiben, wie sie war. Auf keinen Fall dürfe mit Politischer Union gemeint sein, daß die Macht in Europa auf Kosten der Nationalregierungen und Parlamente stärker zentralisiert wurde. Die NATO dürfe nicht geschwächt werden, und die außenpolitische Zusammenarbeit solle nicht dazu führen, daß das Recht der einzelnen Staaten beschnitten würde, ihre eigene Außenpolitik zu verfolgen.

Seine Zunge während einer zehnminütigen Rede im Zaum zu halten, um nicht auszusprechen, was man wirklich denkt, ist sowohl eine physische als auch eine rhetorische Meisterleistung. Denn genaugenommen würde die Politische Union, wenn man sie ernst nahm, direkt auf das zusteuern, was ich gerade in Abrede gestellt hatte. Doch anscheinend fanden nur meine Bemerkungen über die Staatsformen – die auch in der Presse viel zitiert wurden – Eingang in die kaum kaschierte Agenda der Europäischen Kommission und ihrer Gesinnungsgenossen. Meine Rede hatte auch eine unmittelbare Auswirkung, denn in der Diskussion zeigte sich rasch, daß die Staats- und Regierungschefs nicht fähig – oder in diesem Stadium vielleicht auch nicht willens – waren, präzise zu erläutern, welche konkreten Vorstellungen sie mit der Politischen Union verbanden. Signor Andreotti übertraf alle Anwesenden an kalkulierter Mehrdeutigkeit, als er forderte, wir müßten zwar den Termin für die Regierungskonferenz zur Politischen Union festlegen, dürften jedoch nicht Gefahr laufen, uns schon jetzt auf eine klare Definition der Politischen Union zu einigen. Mr. Haughey beendete die Diskussion mit der verbindlichen Feststellung, nahezu alle Punkte, die ich in meiner Rede angesprochen hätte, würden aus der Politischen Union ausgeklammert. Aber vielleicht hielt er dabei ebenfalls seine Zunge im Zaum.

Ende Juni fanden wir uns erneut in Dublin ein. Wir ließen die EG-Außenminister gesondert beraten, damit sie eine Vorlage zur Politischen Union erarbeiteten, die der Europäische Rat anschließend diskutieren sollte. Ich hoffte, daß ich wenigstens die Aufmerksamkeit auf die Art von Vorschlägen gelenkt hatte, die später höchstwahrscheinlich auf dem Tisch liegen würden. Doch ich war nicht in der Lage, die Einberufung der Regierungskonferenz zu verhindern. Also erläuterte ich um so ausführlicher unsere neue-

sten Überlegungen zum »harten ECU«. Wenn ich erreichen konnte, daß auf der Regierungskonferenz die Themen Wirtschafts- und
Währungsunion und Politische Union in Verbindung miteinander
erörtert wurden, hatte ich schon viel erreicht. Mit größter Befriedigung erfüllte mich jedoch, daß ich auf dieser Sitzung des Europäischen Rats den deutsch-französischen Moloch in der Frage der
Kredite für die Sowjetunion bremsen konnte. Ich war nämlich keineswegs davon überzeugt, daß wir den früheren kommunistischen
Staaten – vor allem der kommunistischen UdSSR – einen Gefallen
taten, wenn wir ihnen ermöglichten, sich weitere Schulden aufzu-
laden. Jede Hilfsaktion mußte an ein klares Ziel gekoppelt und
darauf ausgerichtet sein, praktische Reformen zu unterstützen
und zu belohnen. Keinesfalls jedoch durfte sie – wie ich auch im
folgenden Monat auf dem G7-Gipfel in Houston ausführte – »das
Sauerstoffzelt liefern, das wesentlichen Strukturen des alten
Systems das Überleben sichert«.

Präsident Mitterrand und Kanzler Kohl hingegen neigten mehr
zur Machtpolitik und zu großen Gesten. Kurz vor Beginn des Gipfels in Dublin waren sie übereingekommen, einen Multi-Milliar-
den-Kredit für die Sowjets vorzuschlagen. Am zweiten Tag drangen sie beim Abendessen in die Anwesenden, diesem Anliegen
zuzustimmen. Ich erklärte jedoch, dies käme überhaupt nicht in
Frage. Kein Vorstand einer großen Firma könne sich eine derart
unprofessionelle Herangehensweise leisten. Und dies gelte für uns
genauso. Bevor wir irgendeine Entscheidung dieser Art fällten,
müsse eine genaue Analyse durchgeführt werden. Nach einer langen Auseinandersetzung, die auch am darauffolgenden Morgen
noch fortgesetzt wurde, setzte sich mein Vorschlag durch.

Wirtschafts- und Währungsunion und GATT

Mehr noch als die Politische Union empfand ich die Wirtschafts-
und Währungsunion als konkrete Bedrohung. Für mich war es so
enttäuschend, daß andere, die meine Ansicht teilten, sich aus einer
ganzen Anzahl von Gründen nicht dazu bekannten. Statt dessen
ließen sie mich im Kreuzfeuer der Kritik allein. Für die schwächeren Volkswirtschaften hätte eine einheitliche Währung eine ver-

heerende Wirkung gehabt, doch die entsprechenden Länder hofften, sich mit ihrem Stillschweigen ausreichende Subventionen erkaufen zu können. Das beste Beispiel hierfür war Griechenland. Der griechische Chor, der zu jedem auch noch so verstiegenen Vorschlag Deutschlands seine Zustimmung kundtat, war mir bald allzu gut vertraut.

Doch auch die Deutschen waren sich über die Schritte zur Europäischen Wirtschafts- und Währungsunion nicht einig. Gelegentlich ließ Bundesbankpräsident Karl Otto Pöhl unmißverständliche Kritik vernehmen. Ich vermute, daß der stärkste Druck zur Verwirklichung der Währungsunion von den Franzosen kam, die wohl nicht ertragen konnten, daß ihre Währungspolitik von der D-Mark und der Bundesbank bestimmt wurde. Für die Bundesbank stellte das Festhalten am Wechselkursmechanismus wahrscheinlich kein Problem dar, wohl aber der nächste Schritt. Doch inzwischen gab es starken politischen Druck, die Wirtschafts- und Währungsunion einzurichten. Ich hatte schon immer großen Respekt für die Bundesbank und die Konsequenz empfunden, mit der sie die Inflation in Deutschland drosselte. Um so bezeichnender schien es mir, daß gerade jene, die zu dieser Leistung in hohem Maße beigetragen hatten, einer einheitlichen europäischen Währung, welche natürlich das Ende der D-Mark bedeuten würde, am wenigsten abgewinnen konnten.

Ich empfand es als Erleichterung, die oft so engstirnige Atmosphäre der viel zu häufig stattfindenden Sitzungen des Europäischen Rats hinter mir zu lassen und an einem G7-Gipfel teilzunehmen. Im Juli fand in Houston der erste Weltwirtschaftsgipfel unter dem Vorsitz George Bushs statt, der der amerikanischen Regierung mittlerweile seinen Stempel aufgedrückt hatte. Inzwischen beschäftigten sich die Wirtschaftsgipfel keineswegs nur mehr mit »Wirtschaftsfragen«; dies war in einer sich derart schnell und radikal ändernden Welt einfach unmöglich. Uns bewegte vordringlich, was geschehen mußte, damit auf dem Gebiet der auseinanderbrechenden Sowjetunion Ordnung, Stabilität und ein bescheidener Wohlstand einziehen konnten. Ebenso wichtig war mir jedoch, daß ich in der Runde der G7 weitaus offener für Freihandel eintreten und Bündnisgenossen für mein Anliegen gewinnen konnte als innerhalb des enger gesteckten Rahmens der EG.

In Houston herrschte sengende Hitze – es war so heiß, daß die technologiebewußten Amerikaner bei der Eröffnungsveranstaltung fürsorglicherweise zu unseren Füßen eine zusätzliche Klimaanlage installiert hatten, die uns vom Boden her Kühlung spendete. Präsident Bush bat mich, die Wirtschaftsberatungen zu eröffnen. Nachdem ich auf die Folgen eingegangen war, die der Zusammenbruch des Kommunismus nach sich zog, wandte ich mich der Gefahr zu, die der Zusammenbruch des freien Handels bedeuten würde, sofern die GATT-Runde zu keinem Ergebnis kam. Die Welt dürfe auf keinen Fall wieder in Blöcke zerfallen, vor allem nicht in Handels- und Währungsblöcke. Dies wäre ein Schritt zurück mit verheerenden wirtschaftlichen und politischen Folgen, vor allem für die Länder, die keinem Block angehörten. Wir sollten uns jetzt schon überlegen, wie wir den Prozeß der Befreiung des Welthandels mit Gütern und Dienstleistungen nach Abschluß der gegenwärtigen GATT-Runde fortsetzen wollten.

Auch am folgenden Morgen beschäftigten wir uns mit Fragen des Handels. Ein Beitrag von Brian Mulroney, in dem er ausführte, daß bei einem Scheitern der GATT-Runde die unterentwickeltsten Länder die Verlierer wären, fand meine volle Unterstützung. Außerdem erinnerte ich die Anwesenden an die riesigen Summen, die die Europäische Gemeinschaft, die USA und Japan auf die Subventionierung ihrer Landwirtschaft verwandten. Und so wurde in Houston ein Kommuniqué verabschiedet, dessen Abschnitt über den Welthandel die beste und kompromißloseste Erklärung darstellt, die die Wirtschaftsmächte je zu diesem Thema verabschiedet haben. Tragischerweise war das Engagement der Europäischen Gemeinschaft für die Liberalisierung des Welthandels nicht sonderlich tiefgreifend, wie die nachfolgenden Ereignisse zeigten.

Die Sitzung des Europäischen Rats in Rom

Am 27. Oktober, einem Samstag, flog ich mittags nach Rom. Zwar wußte ich, daß mir schwere Stunden bevorstanden, doch das volle Ausmaß der Probleme, mit denen ich mich dann auseinanderzusetzen hatte, war mir noch nicht klar. Die Begründung für die Einberufung einer »inoffiziellen« Ministerratssitzung vor dem regulären Europäischen Rat im Dezember war dieses Mal sogar noch durchsichtiger als im Fall von Paris oder Dublin. Angeblich sollten wir dieses Mal unsere Vorbereitungen für die bevorstehende KSZE-Konferenz absprechen und die Beziehungen zur Sowjetunion erörtern.[8] Doch im Grunde wollten die Italiener das Ergebnis der beiden Regierungskonferenzen zur Währungsunion und zur Politischen Union vorwegnehmen. Niemand machte sich die Mühe, zu erklären, warum ein besonderer Gipfel nötig war, bevor sich die Regierungskonferenzen äußerten.

Wie immer konnte man nur schwer unterscheiden, ob bei den Italienern Arglist oder einfach nur Inkompetenz am Werk war – Hinweise auf beides gab es mehr als genug. In seiner Einladung war Signor Andreotti mit keinem Wort auf die Notwendigkeit einer Debatte über die GATT-Runde von Uruguay eingegangen. Deshalb beharrte ich in meinem Antwortschreiben darauf, wir müßten angesichts der knappen Frist, die uns noch bliebe, in Rom über die GATT-Verhandlungen sprechen, sofern die Wirtschafts- und Landwirtschaftsminister der Gemeinschaft nicht schon vorher zu einer Einigung gekommen waren.

Deutlicher ließen sich die Absichten der Italiener aus einem Brief des italienischen Ministerpräsidenten ablesen, in dem er doch tatsächlich eine Bestimmung vorschlug, auf der ohne jede Vertragserweiterung Machtbefugnis in verschiedenen Bereichen von den einzelnen Mitgliedsstaaten an die Europäische Gemeinschaft übergehen sollte. Die Italiener strichen heraus – was in der Presse eifrig aufgegriffen wurde –, sie würden eine gemäßigte Linie vertreten und nicht auf einem bestimmten Termin für den Eintritt in die zweite Stufe der Währungsunion beharren. Großbritanniens Vorschlag für einen harten ECU müsse ernst genommen werden. Außerdem legte der italienische Ratspräsident eine lange Liste einander häufig widersprechender Vorschläge zur Politischen Union vor. Sie enthielt Pläne für eine Gemeinsame Außenpolitik, die Erweiterung der Kompetenzen der Gemeinschaft, vermehrte Anwendung von Mehrheitsbeschlüssen, Erhöhung der Machtbefugnisse des Europaparlaments und anderes. Der eigentliche Zweck dieses Papiers blieb unklar. Außerdem wußte ich nicht, daß die Italiener hinter den Kulissen bereits einem aus Deutschland

stammenden und von den christdemokratischen Staatschefs mehrerer Länder unterstützten Vorschlag zugestimmt hatten, auf der
bevorstehenden Sitzung des Europäischen Rats die GATT-Runde
nicht zu behandeln. Wenn es zu einer Diskussion zu diesem Thema
gekommen wäre, hätten sie mich wohl nur schwerlich als die
Abweichlerin und sich selbst als die unschuldigen Internationalisten hinstellen können.

Kanzler Kohl hatte öffentlich von der Notwendigkeit gesprochen, für die Vorbereitung zu der Arbeit der Regierungskonferenzen und für den Eintritt in die zweite Stufe der Währungsunion Fristen zu setzen. Dennoch wirkten seine Vorstellungen, als er sie vor
Beginn der Ministerratssitzung in Rom gegenüber Douglas Hurd,
dem neuen britischen Außenminister, erläuterte, erstaunlich
moderat. Er meinte, möglicherweise könne das Ergebnis dieses
Sondergipfels den Rückschluß zulassen, daß sich zu dem Termin
für den Eintritt in die zweite Stufe der Währungsunion »ein Konsens herstellen« ließe. Douglas gewann sogar den Eindruck, daß
Helmut Kohl selbst daran nicht unbedingt gelegen war, und hielt
es für möglich, den Bundeskanzler davon zu überzeugen, daß wir
auf die Erwähnung eines konkreten Datums verzichten konnten.
Darüber hinaus habe Kanzler Kohl erklärt, er hätte gegen eine
Diskussion der GATT-Runde auf der Sitzung in Rom nichts einzuwenden, er wolle lediglich vermeiden, daß dort über die Haltung
der Gemeinschaft in dieser Frage verhandelt würde. Ihm sei klar,
wieviel davon abhinge, daß die EG der GATT-Runde ein Angebot
zur Landwirtschaft unterbreite, und er wisse, daß die Runde von
Uruguay spätestens im Dezember abgeschlossen sein müsse. Daß
Deutschland Zugeständnisse machen müsse, sei ihm bewußt. Aus
diesem Grunde sei er bereit, in absehbarer Zeit mit seinen Bauern
ein deutliches Wort zu sprechen – allerdings nicht jetzt sofort.
Allem Anschein nach vermittelte Kohl Douglas Hurd den Eindruck, wir könnten einen Handel abschließen. Wenn ich ihm bei
den Beratungen zur GATT-Runde beistehen würde, würde er mir
in der Debatte über die Regierungskonferenz zur Währungsunion
helfen. Dies entsprach jedoch nicht im geringsten seinen wahren
Absichten, wie sich später herausstellte.

Am Samstag traf ich mich mit Präsident Mitterrand in unserer
Botschaft in Rom zum Mittagessen. Mitterrand hätte sich nicht

liebenswürdiger zeigen können. Ich erklärte ihm, wie irritiert ich darüber sei, daß sich die Gemeinschaft im Hinblick auf die GATT-Verhandlungen zur Agrarwirtschaft auf keine gemeinsame Position hatte einigen können. Mittlerweile hatte ich erfahren, daß die Wirtschafts- und Landwirtschaftsminister am Vortage nach sechzehnstündigen Verhandlungen beinahe eine Einigung erzielt hatten, die dann jedoch in letzter Minute von den Franzosen verhindert worden war. Präsident Mitterrand meinte, es handele sich dabei um eine schwierige Frage. Die Landwirtschaft könne nicht isoliert betrachtet werden, und man dürfe nicht erwarten, daß Europa – genauer gesagt Frankreich – in jedem strittigen Punkt bei den GATT-Verhandlungen Zugeständnisse machen würde. Er erkundigte sich, wann dieses Thema auf unserer Ministerratssitzung meiner Meinung nach behandelt werden solle. Ich antwortete, ich würde es gleich zu Beginn ansprechen. Ich wolle vom Europäischen Rat die Zusage verlangen, daß die Gemeinschaft innerhalb der nächsten Tage Vorschläge unterbreiten werde. Wenn uns dies nicht gelänge, wäre dies ein Signal für die Welt, daß Europa dem Protektionismus anhinge. Präsident Mitterrand warf ein, natürlich sei die Europäische Gemeinschaft protektionistisch. Klarer konnte es nicht ausgesprochen werden, und damit war jede weitere Diskussion über dieses Thema sinnlos geworden.

Was die Vorschläge zur Politischen Union betraf, war der französische Präsident mit mir einer Meinung – zumindest behauptete er es. Er selbst bewertete einige Äußerungen Jacques Delors' äußerst kritisch und hatte für das Europaparlament nichts übrig. Zu meiner noch größeren Überraschung behauptete Präsident Mitterrand anschließend, Frankreich würde wie Großbritannien keine einheitliche, sondern eine gemeinsame Währung anstreben. Doch dies war nicht wahr. Aber wollen wir gnädig sein, es kann auch an der fehlerhaften Übersetzung gelegen haben. Zumindest konnte ich bei ihm weder Feindseligkeit noch den Wunsch, mich in die Enge zu treiben, erkennen.

Ich kannte mich in den Gepflogenheiten der Gemeinschaft mittlerweile zu gut aus, um seiner vorgeblichen Bonhomie zuviel Wert beizumessen. Trotzdem trafen auch mich die Vorgänge nach der offiziellen Eröffnung des Europäischen Rats unvorbereitet. Präsident Andreotti stellte gleich zu Beginn klar, daß man nicht die

Absicht habe, über die GATT-Runde zu sprechen. In meiner kurzen Entgegnung hielt ich den Teilnehmern vor, sie dürften unter den gegenwärtigen Umständen dieses wichtige Thema nicht außer acht lassen. Dabei hegte ich die Hoffnung, außer mir würde sich noch ein anderer Redner zu diesem Thema zu Wort melden. Doch nur Ruud Lubbers äußerte gelinden Protest. Zwar fand ein Teil der Äußerungen Eingang in die Abschlußerklärung, doch letztlich war niemand bereit, klar und deutlich seine Meinung zu diesen anstehenden und wichtigen Verhandlungen zu äußern.

Dann berichtete Jacques Delors von seiner kürzlichen Zusammenkunft mit Michail Gorbatschow. Zu meiner Überraschung schlug er vor, der Europäische Rat solle sich in einer Erklärung gegen jede Veränderung der Außengrenzen der Sowjetunion aussprechen. Wieder wartete ich auf Diskussionsbeiträge. Doch niemand ergriff das Wort. So konnte ich die Dinge nicht im Raum stehen lassen. Deshalb wies ich darauf hin, daß diese Angelegenheit nicht der Entscheidungsbefugnis der Europäischen Gemeinschaft unterliege, sondern allein Sache des Volks und der Regierung der Sowjetunion sei. Die baltischen Staaten seien aber jedenfalls unrechtmäßig in Besitz genommen und in die Sowjetunion eingegliedert worden. Und jetzt wollten wir ihnen letzten Endes das Recht streitig machen, ihre Unabhängigkeit zu fordern. Darauf entgegnete Monsieur Delors, er habe von Michail Gorbatschow die Zusicherung erhalten, daß die baltischen Staaten in die Freiheit entlassen würden, also sollten wir uns um diese Frage weiter keine Sorgen machen. Ich entgegnete, derartige Zusicherungen hatten wir von den Sowjets auch schon früher zu hören bekommen. Wir müßten uns zudem die Frage stellen, was mit den anderen Völkern sei, die möglicherweise ebenfalls die Sowjetunion verlassen wollten. An dieser Stelle wurden meine Einwände zunächst von Senhor Gonzales, dann von Präsident Mitterrand und schließlich auch von Kanzler Kohl unterstützt, worauf diese unbesonnene Initiative zurückgewiesen wurde.

Doch von diesem Zeitpunkt an verschlechterte sich die Atmosphäre noch weiter. Die anderen waren entschlossen, in das Kommuniqué Bestimmungen zur Politischen Union aufzunehmen, denen ich samt und sonders nicht zustimmen konnte. Ich erklärte, ich sei nicht willens, der Debatte auf der Regierungskonferenz

vorzugreifen, und ließ eine entsprechende einseitige Erklärung in
den Text einfügen. Hartnäckig bestanden die anderen außerdem
darauf, daß der deutsche Antrag angenommen und der Eintritt in
die zweite Stufe der Währungsunion auf den 1. Januar 1994 festgelegt wurde. Auch dies lehnte ich ab. Ich ließ in die Abschlußerklärung folgenden Satz einfügen:

> Das Vereinigte Königreich ist zwar bereit, über die erste Stufe
> zur Errichtung einer neuen Währungsinstitution und einer
> gemeinsamen EG-Währung hinauszugehen, doch es vertritt
> die Auffassung, daß jeglicher Entscheidung zu zeitlichen
> Festlegungen dieses Schritts Entscheidungen zu den Inhalten
> vorausgehen müssen.

Sie hatten kein Interesse an einem Kompromiß. Meine Einwände
prallten gegen eine Mauer eisigen Schweigens. Ich hatte keinen
Rückhalt mehr – und so mußte ich rundheraus nein sagen.

Innerhalb von drei Jahren war die Europäische Gemeinschaft
von konkreten Diskussionen über die Reform der EG-Finanzen zu
grandiosen Plänen einer Währungs- und Politischen Union übergegangen, für die ein fester Zeitplan erstellt wurde, noch bevor
man ihre Inhalte festgelegt hatte – und all dies ohne eine freimütige, öffentlich geführte Grundsatzdebatte zu diesen Fragen,
sowohl auf nationaler als auch auf EG-Ebene. Hier in Rom wurde
nun zur entscheidenden Schlacht für die Gestaltung der weiteren
Zukunft der Gemeinschaft geblasen. Doch zunächst mußte ich
nach London zurückkehren, um eine andere Schlacht durchzustehen, eine Schlacht, deren Ausgang auch die Entwicklung Europas
beeinflussen würde – die Schlacht um die Seele der konservativen
Regierungspartei.

26
Besseren Zeiten entgegen

*Der Fall des Kommunismus in Osteuropa,
die deutsche Wiedervereinigung und die Debatte
über die Zukunft der NATO, 1987–1990*

Überblick

Die internationale Lage der Jahre 1987 und 1988 unterschied sich nicht wesentlich von der Situation vor den Unterhauswahlen. Im Weißen Haus verfolgte Präsident Reagan weiterhin seine Verteidigungspolitik, mit der er die Sowjets immer wieder an den Verhandlungstisch gezwungen hatte. In der Sowjetunion führte Gorbatschow immer weitreichendere Reformen durch, die letztlich, mochte es ihm behagen oder nicht, wenn nicht dem Wohlstand, so doch der Demokratisierung Tür und Tor öffneten. Die Strategie des Westens, den Kommunismus zu bekämpfen und gleichzeitig unseren Frieden und unsere Sicherheit zu wahren, funktionierte – eine Strategie, der ich mit ganzem Herzen anhing und die ich bei meinen Reisen nach Osteuropa zu vermitteln suchte. Ihr Erfolg sollte bewirken, daß sich gänzlich neue Fragen zur Außenpolitik Großbritanniens und zur Verteidigungspolitik der NATO stellten.

Doch schon zuvor veränderte sich die vertraute politische Landschaft auf andere, von mir nicht vorhergesehene Weise. Als George Bush bei den amerikanischen Präsidentschaftswahlen seinen Gegner von der Demokratischen Partei besiegte, hatte ich erleichtert aufgeatmet, da ich meinte, dies sichere die politische Kontinuität. Doch nach dem Amtsantritt der neuen Mannschaft im Weißen Haus sah ich mich mit einer Regierung konfrontiert, welche die Bundesrepublik Deutschland als ihren führenden Partner in Europa betrachtete, ferner die europäische Integration förderte,

ohne anscheinend deren Folgen ganz zu überblicken, und gelegentlich auch die Notwendigkeit einer starken atomaren Verteidigung zu unterschätzen schien. Mein Eindruck war, daß ich mich
nicht mehr wie zuvor jederzeit auf die Zusammenarbeit mit den
Amerikanern verlassen konnte, was mir damals allerdings von
entscheidender Bedeutung zu sein schien. Denn nun – 1989 – wei-
teten sich die Risse im kommunistischen System Osteuropas zu
breiten Spalten aus, und bald sollte das gesamte Gefüge, Flügel für
Flügel, in sich zusammenbrechen.

Diese willkommene Revolution der Freiheit, die über Osteuropa hinwegfegte, warf bedeutsame strategische Fragen auf, insbesondere was die Beziehungen des Westens zur Sowjetunion betraf.
(Was war denn nun der »Westen«?) Doch erkannte ich sofort, daß
diese Entwicklung erhebliche Auswirkungen auf das Gleichgewicht der Kräfte in Europa hatte, wo ein wiedervereinigtes
Deutschland eine führende Rolle einnehmen würde. Es entstand
eine neue, andersgeartete »Deutsche Frage«, mit der man sich
offen und offiziell befassen mußte. Und das tat ich.

Die Geschichte lehrt, daß niemals größere Gefahr besteht, als
wenn Imperien zerbrechen. Daher war ich auf eine umsichtige Ver-
teidigungs- und Sicherheitspolitik bedacht. Entscheidungen über
unsere Sicherheit durften, so argumentierte ich, nur nach reiflicher
Überlegung und nach sorgfältiger Analyse künftig zu erwartender
Bedrohungen getroffen werden. Vor allen Dingen sollten solche
Beschlüsse nicht von dem Wunsch geleitet sein, durch Rüstungs-
kontroll-»Initiativen« politisch Eindruck zu schinden, sondern
durch die Einsicht in die Notwendigkeit einer glaubwürdigen
Abschreckung.

Weil ich so dachte und sprach, wurde ich als letzter kalter Krieger verspottet – und als unverbesserliche Deutschenhasserin überdies. Es wurde sogar behauptet, ich sei eine lästige Person, die vielleicht früher einmal einen Zweck erfüllt haben mochte, jetzt aber
einfach nicht mehr mit der Zeit gehen könne oder wolle. Damit
konnte ich leben; es hatte schon schlimmere Zerrbilder von mir
gegeben. Doch hegte ich keinen Zweifel, daß ich richtig lag, daß
das Unerwartete tatsächlich eintreffen würde, daß die Ereignisse
mir früher oder später recht geben würden. Zwar möchte ich nicht
für mich beanspruchen, ich hätte den zeitlichen Ablauf beim Sturz

des Kommunismus genau vorhergesehen, doch ich fand mich im Verlauf des Jahres 1990 in meiner grundsätzlichen Auffassung bestätigt, und zwar gleich mehrfach.

Zunächst erwärmten sich die britisch-amerikanischen Beziehungen wieder; zu guter Letzt waren sie sogar besser als jemals zuvor. Der Protektionismus seitens jenes »integrierten«, von Deutschland dominierten Europa, das die Vereinigten Staaten freudig begrüßt, ja gefördert hatten, begann plötzlich in Amerika Ängste zu wecken und Arbeitsplätze zu bedrohen. Und dieser Sinneswandel wurde durch den Angriff Saddam Husseins auf Kuwait, der jegliche Illusion zunichte machte, daß die Tyrannei überall auf der Welt besiegt sei, noch besiegelt. Mochte die UNO nur ihre Resolutionen verabschieden; bald sollte ein regelrechter Krieg auszutragen sein. Plötzlich schien Großbritannien mit seinen erfahrenen Streitkräften und seiner Regierung, die die Entschlossenheit besaß, an der Seite der Amerikaner zu kämpfen, der wirklich »führende Partner in Europa« zu sein.

Andererseits wurde mit der Zeit auch die volle Bedeutung der Veränderungen in Osteuropa besser verstanden. Daß sich demokratische, marktwirtschaftlich orientierte Staaten, die ebenso »europäisch« waren wie die Mitgliedsländer der bereits bestehenden EG, um einen Beitritt bewarben, ließ meine Vorstellung von einer lockereren, offeneren Gemeinschaft nun eher zeitgemäß als rückständig erscheinen. Auch erwies sich, daß die mutigen Reformer Osteuropas in Großbritannien – und dank meiner antisozialistischen Referenzen auch in mir – einen Freund sahen, der ihnen aufrichtig helfen wollte, anstatt sie von ihren Märkten auszuschließen (wie die Franzosen) oder nach einer wirtschaftlichen Vormachtstellung zu streben (wie die Deutschen). Diese osteuropäischen Staaten waren – und sind – Großbritanniens natürliche Verbündete.

Weiter im Osten, in der UdSSR, führten beunruhigendere Entwicklungen zu einer Überprüfung früherer euphorischer Einschätzungen über die Chancen einer friedlichen und geordneten Einführung der Demokratie und der freien Marktwirtschaft. In der Sowjetunion hatte ich sowohl den Respekt des kampfbereiten Parteichefs Gorbatschow wie auch die Achtung seiner antikommunistischen Gegner errungen. Ich habe die Gefährdung der Reformbewegung niemals unterschätzt; das war der Grund, weswegen ich mich im Westen so energisch für sie – und für Gorbatschow – einsetzte. Die Entwicklung in der Sowjetunion deutete nun verstärkt darauf hin, daß eine weitreichende politische Krise bevorstand. Deren mögliche Folgen für die Kontrolle über Nuklearwaffen und das gesamte Arsenal, das der sowjetische Militärapparat angesammelt hatte, waren auch für die schwärmerischsten Abrüstungsfanatiker im Westen nicht zu übersehen. Kurz gesagt, die Welt der »Neuen Weltordnung« entpuppte sich als gefährlicher, unsicherer Ort, in dem die konservativen Werte abgebrühter kalter Krieger wieder gefragt waren. Und so fand ich mich in jenen letzten Monaten und Wochen meiner Amtszeit als Premierministerin, während der innenpolitische Druck wuchs, einmal mehr im Brennpunkt großer internationaler Ereignisse, in die ich im Interesse Großbritanniens und im Einklang mit meinen Überzeugungen eingreifen mußte.

Besuch in Washington im Juli 1987

Am Dienstag, dem 16. Juli 1987, traf ich zu einem Besuch bei Präsident Reagan in Washington ein. Unser politisches Geschick zu jener Zeit hätte kaum unterschiedlicher sein können. Ich hatte gerade mit klarer Mehrheit eine Wahl gewonnen, was auch meine außenpolitische Position stärkte. Im Gegensatz dazu waren mein alter Freund und seine Regierung wegen der fortgesetzten Enthüllungen in der Iran-Contra-Affäre ins Wanken geraten. Ich erlebte einen Präsidenten, der verletzt und verwirrt war. Nancy hörte sich ständig die grausamen und verächtlichen Kommentare an, in denen sich die liberalen Medienkommentatoren ergossen. Wenn sie ihm dann davon berichtete, wurde er noch niedergeschlagener. Nichts kann einen integren Mann mehr verletzen, als wenn er erleben muß, wie seine grundlegende Ehrlichkeit in Zweifel gezogen wird. Das erboste mich ausgesprochen. Ich war entschlossen, mein möglichstes zu tun, um Präsident Reagan zu helfen, den Sturm unbeschadet zu überstehen. Das war nicht nur (aber natürlich auch) eine Frage der persönlichen Loyalität. Vielmehr hatte er noch achtzehn Monate als Regierungschef des mächtigsten Landes der Erde vor sich, und es lag in unser aller Interesse, daß sein Ansehen ungeschmälert blieb. Daher nutzte ich meine Interviews und öffentlichen Erklärungen in Washington, um diese Botschaft zu vermitteln. Beispielsweise sagte ich dem Interviewer in »Face the Nation« bei CBS:

»Kopf hoch! Kopf hoch! Sie müssen optimistischer sein! Amerika ist ein starkes Land mit einem großartigen Präsidenten, einem großartigen Volk und einer großartigen Zukunft!«

Die britische Botschaft in Washington wurde mit Glückwunschtelefonaten bestürmt. Außerdem erreichten meine Äußerungen noch ein weiteres, dankbares Publikum. Am Montagabend – als ich bereits wieder zurück in London war – erhielt ich einen Anruf des Präsidenten, der mir für meine Stellungnahme danken wollte. Er war gerade in einer Kabinettssitzung und bat mich zuzuhören. Ich hörte lauten, lang anhaltenden Applaus der Kabinettsmitglieder.

Mein vordringlichstes Anliegen in Washington hatte allerdings darin bestanden, die Konsequenzen unserer künftigen Argumentation für das Abkommen zum Abbau nuklearer Mittelstreckenraketen (INF) zu besprechen, das im Dezember von den Präsidenten Reagan und Gorbatschow unterzeichnet werden sollte. Ich hatte der »Nullösung« bei nuklearen Mittelstreckenwaffen immer gemischte Gefühle entgegengebracht. Einerseits war es ein großer Erfolg, daß wir durch die Stationierung unserer Cruise-Missiles und Pershings die Sowjets gezwungen hatten, ihre SS 20 zurückzuziehen. Andererseits würde aber der Abbau unserer landgestützten Marschflugkörper mittlerer Reichweite zwei unerfreuliche Auswirkungen haben. Erstens förderte er genau das, was Helmut Schmidt verhindern wollte, als er die NATO ursprünglich zu ihrer Stationierung gedrängt hatte: nämlich die Abkoppelung Europas von der NATO. Damit konnte man wieder wie in den 70er Jahren behaupten, die Vereinigten Staaten würden keine Nuklearwaffen als letztes Mittel zur Abschreckung eines konventionellen Angriffs des Warschauer Pakts auf Europa einsetzen. Dieses Argument würde dem allzeit präsenten Hang der Deutschen zur Neutralität Vorschub leisten – einer Tendenz, deren Verstärkung mit allen Mitteln seit langem erklärtes Ziel der Sowjets war. Zweitens nährte die »Nullösung« bei den Mittelstreckenraketen auch

Zweifel an der NATO-Strategie der »Flexible Response« [Flexible Reaktion; A. d. Ü.] – obgleich sie diese, wie ich zu betonen nie müde wurde, nicht tatsächlich zersetzen konnte. Für die »Flexible Response« war es notwendig, daß der Westen einer sowjetischen Aggression in jeder Phase mit einer Steigerung des Einsatzes konventioneller und nuklearer Waffen begegnen konnte. Der Abbau der Mittelstreckenraketen dagegen konnte unter Umständen als Schaffung einer Lücke in diesem Konzept ausgelegt werden. Daraus ergab sich, daß die NATO andere Nuklearwaffen auf deutschem Boden stationieren mußte, die eine glaubwürdige Abschreckung darstellten, und daß diese Waffen wenn nötig modernisiert und verstärkt werden mußten. Diese Frage – die Vermeidung einer weiteren »Nullösung« bei den nuklearen Kurzstreckenwaffen (SNF) – sollte das Bündnis in den Jahren 1989/90 ernsthaft spalten.

Bei den wichtigsten Punkten, die ich dem Präsidenten nun in Washington darlegte, ging es zum einen um die Notwendigkeit, U-Boot-gestützte Cruise-Missiles und zusätzliche Flugzeuge vom Typ F 111 für den Alliierten Obersten Befehlshaber Europa (SACEUR) als Ersatz für die abgezogenen Cruise-Missiles und Pershings abzustellen, und zum anderen die Notwendigkeit, dem Drängen der Deutschen nach baldigen Gesprächen über den Abbau der Kurzstreckenraketen (SNF) in Europa standzuhalten. Auch war mir an einem von den Amerikanern entwickelten, höherwertigen Nachfolgemodell der LANCE-Rakete mit größerer Reichweite (FOTL = Follow On To Lance) gelegen, das Mitte der 90er Jahre stationiert werden sollte, wie auch an einer taktischen Luft-Boden-Rakete (TASM = Tactical Air to Surface Missile), die unsere herkömmlichen Abwurfbomben ersetzen sollte. In diesen Fragen, welche die Verstärkung unserer Kurzstreckensysteme betrafen, waren der Präsident und ich einer Meinung. Dagegen stimmte ich mit den Deutschen in einem Punkt überein, in dem ich die Amerikaner nicht überzeugen konnte – daß wir es vorzögen, die alten Pershing 1 A in Deutschland für den verbleibenden Rest ihrer Lebensdauer (nämlich nur wenige Jahre) im Dienst zu belassen, sie aber nicht als Bestandteil des Mittelstreckenwaffen-Pakets zu betrachten. Doch stellte die Zukunft der Kurzstreckenraketen meiner Meinung nach ohnehin das wichtigste Element unserer nuklearen Abschreckung dar. Zumindest sollte sie sich als das umstrittenste herausstellen.

Gespräche mit Gorbatschow im Dezember 1987

Die britischen Sicherheitsinteressen waren mit den amerikanisch-sowjetischen Rüstungsverhandlungen eng verknüpft. Was die Kurzstreckenraketen betraf, so waren diese Waffensysteme ein außerordentlich wichtiger Schutz für unsere in Deutschland stationierten Truppen. Gespräche zwischen den beiden Großmächten über strategische Nuklearwaffen waren auch insoweit von unmittelbarem Interesse für uns, als sie den Stellenwert unserer nuklearen Abschreckung durch Trident berührten. Darüber hinaus habe ich auch immer an die Bedeutung von Kernwaffen zur Verhinderung nicht nur nuklearer, sondern auch konventioneller Kriege geglaubt – der einzige Punkt, bei dem ich, wie ich wußte, nicht von der Einsicht der Regierung Reagan ausgehen durfte.

Wiewohl ich nicht beabsichtigte, die Vermittlerrolle zwischen den Amerikanern und den Sowjets einzunehmen, war ich daher erfreut, als Michail Gorbatschow meine Einladung annahm, auf dem Weg in die Vereinigten Staaten, wo er den INF-Vertrag unterzeichnen wollte, Zwischenstation in Brize Norton [britischer Luftwaffenstützpunkt; A. d. Ü.] zu machen. Dies würde mir Gelegenheit geben, vor seinem Treffen mit Präsident Reagan seinen Standpunkt kennenzulernen und ihn auf andere Fragen anzusprechen, in denen ich meiner Meinung nach einen positiven Einfluß ausüben konnte, zum Beispiel die Menschenrechte und regionale Konflikte. Die Amerikaner hatten mich ausdrücklich gebeten, auf Gorbatschow wegen Afghanistan unter Druck zu setzen. Offenkundig suchte er eine Möglichkeit, die sowjetischen Truppen aus diesem katastrophalen Unternehmen abzuziehen.

Aus der Sowjetunion kamen unterschiedliche Signale. Gorbatschow hatte seinen Verbündeten Alexander Jakowlew ins Politbüro geholt; doch war – in einem Schritt, der auf lange Sicht schwerwiegende Folgen haben sollte – sein einstmaliger Protegé Boris Jelzin, der als unbestechlicher Radikalreformer zum Moskauer Parteichef bestellt worden war, öffentlich gedemütigt wor-

den. Innerhalb der sowjetischen Führungsspitze schienen sich
neben Gorbatschow selbst wohl nur Schewardnadse und Jakowlew engagiert für Gorbatschows Reformen einzusetzen.

Zu Beginn unserer Gespräche holte ich mein Exemplar von Gorbatschows Buch über die Perestrojka hervor, was ihn zu erfreuen
schien. Dies gab das Stichwort zu einer ausführlichen Schilderung der
Schwierigkeiten, denen er sich bei der Durchführung seiner beabsichtigten Veränderungen gegenübersah. Im Sprachgebrauch der Sowjets
– der von den westlichen Medien gewissenhaft wiedergegeben wurde
– wurden die Gegner der Perestrojka für gewöhnlich als »Konservative« bezeichnet. Ich sagte ihm, dies empfände ich als sehr irritierend,
und betonte, ich wolle mit Gorbatschows »Konservativen« nicht in
Verbindung gebracht werden. Schließlich könnten sie sich von meinem Begriff des Konservativismus kaum deutlicher unterscheiden.
Anschließend führten wir einen detaillierten Meinungsaustausch
über die Rüstungskontrolle. Zu den Mittelstreckenraketen gab es
nun nicht mehr viel zu sagen, daher konzentrierten wir uns auf das
geplante START-Abkommen[1], das auf eine Verringerung strategischer Nuklearwaffen abzielte. Zwischen den beiden Seiten bestanden
noch große Differenzen, was die Definition und die Frage der Verifizierung anbelangte. Auch wies ich noch einmal auf meine Entschlossenheit hin, weiterhin an Nuklearwaffen festzuhalten, was Gorbatschow zu der Bemerkung veranlaßte, ich würde wohl »lieber auf
einem Pulverfaß als in einem bequemen Sessel sitzen«. Darauf erinnerte ich ihn an die große Überlegenheit der Sowjets bei konventionellen und chemischen Waffen. Dann kam ich auf den sowjetischen
Abzug aus Afghanistan und die Frage der Menschenrechte zu sprechen. Ich gab zu bedenken, daß jede Entscheidung, die er zu diesen
Themen traf, der US-Regierung dabei helfen konnte, den Widerstand
gegen den INF-Vertrag im Senat zu überwinden. Doch kam ich in meinen Bemühungen nicht voran: Er war der Meinung, eine Lösung in
Afghanistan ließe sich einfacher herbeiführen, wenn wir aufhörten,
die Rebellen durch Waffenlieferungen zu unterstützen, und die Menschenrechte seien Angelegenheit des jeweiligen Landes. (Derartige
Bemerkungen über die Menschenrechte hatte Gorbatschow bereits
bei einem NBC-Interview geäußert, was in Amerika sehr ungünstig
aufgenommen wurde.) Bei dieser Gelegenheit bemühte ich mich vergeblich, einen Sinneswandel bei ihm zu bewirken.

Ich beendete unsere Diskussion, indem ich meine Hoffnung ausdrückte, das Ehepaar Gorbatschow werde im nächsten Jahr zu einem Staatsbesuch nach Großbritannien zurückkommen. Gorbatschow antwortete, er nehme die Einladung gerne an. Trotz seiner Reizbarkeit in bezug auf die Menschenrechte war es eine ergiebige, erfreuliche, ja sogar recht heitere Begegnung. Zu Mittag aßen wir in der Offiziersmesse. Hier stießen Kenneth Baker und Raissa Gorbatschowa zu uns, die eine Schule im Ort besucht hatten, wobei ein Gespräch mit Kindern und Lehrern sowie ein Krippenspiel auf dem Programm gestanden hatten. In einer speziellen Angelegenheit herrschte jedoch keine Weihnachtsstimmung. Ich hatte gewartet, bis der sowjetische Dolmetscher außer Hörweite war, um Gorbatschow, der mir vor dem Christbaum im Foyer ein russisches Weihnachtslied vorgesungen hatte, um eine Ausreiseerlaubnis für die Familie von Oleg Gordjewski zu ersuchen, damit sie zu ihm nach Großbritannien kommen könne. Gorbatschow schürzte die Lippen und schwieg – die Antwort war nur allzu deutlich.

Wieder in London, rief ich Präsident Reagan an, um ihn über unser Gespräch zu informieren. Ich teilte ihm mit, was ich zu Afghanistan und der Frage der Rüstungskontrolle gesagt hatte. Ferner wies ich den Präsidenten darauf hin, daß er sich auf eine scharfe Reaktion einstellen müsse, wenn er Gorbatschow auf die Menschenrechte anspreche. Reagan erwiderte, er sei auf harte Auseinandersetzungen mit Gorbatschow gefaßt, doch habe ich ihn wohl schon weichgeklopft. Auch fragte er mich, ob er dem sowjetischen Parteichef anbieten solle, einander künftig mit Vornamen anzusprechen. Ich riet ihm, hierbei vorsichtig zu sein, denn obwohl ich Gorbatschow als freundlichen und offenen Menschen kennengelernt hatte, war er doch auch recht förmlich, was durch die Starrheit des Sowjetsystems wohl noch verstärkt wurde.

NATO-Gipfel in Brüssel, März 1988

Das Gipfeltreffen zwischen Reagan und Gorbatschow in Washington war in jeder Hinsicht ein Erfolg. Der INF-Vertrag war nun beschlossene Sache, und für die erste Hälfte des Jahres 1988 wurde ein weiterer Gipfel in Moskau ins Auge gefaßt, bei dem der Vertrag unterzeichnet und eventuell auch eine Einigung über einen START-Vertrag erzielt werden sollte. Im Februar 1988 kündigte Gorbatschow an, im Mai werde der Abzug der sowjetischen Armee aus Afghanistan beginnen. Ganz offensichtlich stießen wir auf politisches Neuland vor, und es schien mir an der Zeit, bei einer NATO-Gipfelkonferenz die neue Lage zu erörtern. Das erste Treffen der Regierungschefs der NATO-Länder seit sechs Jahren – übrigens auch das erste seit zweiundzwanzig Jahren, an dem ein französischer Präsident teilnahm – wurde für März in Brüssel anberaumt.

Von Anfang an war klar, daß die Bundesrepublik Deutschland dabei wohl für die meisten Schwierigkeiten sorgen würde. Gorbatschow hatte eine überaus erfolgreiche Propagandakampagne gestartet, um deutsche Unterstützung für den Plan eines kernwaffenfreien Deutschland zu gewinnen. Ich wußte, daß in der deutschen Bundesregierung Kanzler Kohl nach wie vor grundsätzlich für die Verhinderung einer »dritten Nullösung« und Denuklearisierung eintrat. Sein Außenminister Genscher war jedoch gegenteiliger Auffassung. Kanzler Kohl beharrte darauf, daß die NATO am sogenannten »umfassenden Gesamtkonzept« (comprehensive concept) festhalten müsse, laut dem die verschiedenen Elemente der Verteidigungsstrategie, deren Bestandteil auch die Kurzstreckenwaffen waren, als ein Ganzes betrachtet wurden. Er war bereit, die in diesem »umfassenden Gesamtkonzept« vereinbarten Maßnahmen mitzutragen – vorbehaltlich einer gründlichen Prüfung durch das Bündnis –, um die Strategie der »Flexible Response« aufrechtzuerhalten. Andererseits hatte er in Washington öffentlich erklärt, gegenwärtig bestehe keine Notwendigkeit, einen Beschluß zur Modernisierung der atomaren Kurzstreckenwaffen zu treffen. Den Amerikanern und uns war es möglich, die Empfindlichkeiten der Deutschen im NATO-Kommuniqué [Erklärung von Brüssel; A. d. Ü.] zu berücksichtigen und dabei doch an der richtigen Position sowohl zur Militärdoktrin der NATO wie auch zur Modernisierung von Nuklearwaffen festzuhalten. Daher war ich auch mit dem Text, auf den sich die Regierungschefs einigten, nicht im geringsten unzufrieden. Darin hieß es: »... eine glaubwürdige Abschreckung müsse eine angemessene Mischung von konventionellen und nuklearen Streitkräften bewahren, die weiterhin auf dem gebotenen Stand gehalten werden, wo dies erforderlich ist«. Das genügte mir.

Nach dem offiziellen Abschluß des Brüsseler Gipfels traf ich mich mit Präsident Reagan, um die Ergebnisse zu erörtern. Ich sagte ihm, ich hielte den Gipfel für einen großen Erfolg, da Großbritannien und die Vereinigten Staaten zusammengehalten hätten. Diese Demonstration der Einheit der NATO werde ihm nützen, wenn er im Mai nach Moskau reiste, um Gorbatschow zu treffen. Leider hätten wir die Deutschen nicht dazu bewegen können, ausdrücklich die Position zu akzeptieren, daß Verhandlungen über atomare Abrüstung in Europa erst aufgenommen werden sollten, wenn die konventionellen Waffen auf gleiche Obergrenzen reduziert würden und ein Verbot chemischer Waffen erreicht sei. Für mich sei es vollkommen einleuchtend, daß sich die NATO nur unter diesen Voraussetzungen auf Verhandlungen über Kurzstreckensysteme einlassen dürfe. Präsident Reagan erklärte, er sei mit mir völlig einer Meinung. Die NATO dürfe sich nicht weiter in dieser Richtung bewegen, bis diese Bedingungen erfüllt seien. Auch in unserer Einstellung zu einem START-Abkommen stimmten wir überein. Ich erklärte, wenngleich ich das Ziel der START-Verhandlungen unterstütze, hielte ich es für wichtiger, auf ein wirklich zweckmäßiges Abkommen hinzuarbeiten, als einen raschen Abschluß anzustreben. Der Präsident antwortete, auch er ließe bei öffentlichen Äußerungen zu diesem Thema Vorsicht walten. Er wolle vermeiden, daß der Moskauer Gipfel als ein Fehlschlag gewertet werde, falls kein START-Abkommen zustande komme. Außerdem gab er zu bedenken, daß die START-Gespräche sich weitaus komplexer gestalten würden als die INF-Verhandlungen, vor allem im Hinblick auf die Frage der Verifizierungsmaßnahmen. Ich verließ Brüssel mit dem beruhigenden Gefühl, daß der Präsident und ich den vielen schwierigen Verhandlungen zur Rüstungskontrolle, die uns bevorstanden, in Eintracht entgegensahen.

Besuch Präsident Reagans in London, Juni 1988

Präsident Reagan stand zu seinem Wort, als er nach Moskau reiste. Zwar wurde der INF-Vertrag ratifiziert, doch gab es zähe Verhandlungen und keinen Kompromiß in bezug auf START. Die Sowjets verlangten von den Vereinigten Staaten, auch seegestützte Marschflugkörper (SLCM = Sea Launched Cruise Missiles) in den Vertrag aufzunehmen. Doch vermutlich war es für Präsident Reagan – wie auch für mich bei meinem Besuch im Jahre 1987 – das wichtigste, mit den Russen und dem Lebensstil in der Sowjetunion selbst vertrauter zu werden. Als er auf dem Rückweg von Moskau am Donnerstag, dem 2. Juni, in London eintraf, erzählte er mir, wie ergriffen er gewesen sei, daß dort riesige Menschenmengen zu seiner Begrüßung gekommen waren. Es hatte ihn jedoch sehr bestürzt, mit welcher Brutalität der KGB gegen Leute vorgegangen war, die sich ihm nähern wollten. Ich sagte ihm, nun, da die Russen mit eigenen Augen gesehen hätten, was für ein Mensch er sei, würde es für die sowjetischen Behörden um so schwieriger, das Volk zu überzeugen, daß die Vereinigten Staaten ein gefährlicher Feind seien. Der Sache der Menschenrechte – insbesondere der Religionsfreiheit – hatte er bei seinem Aufenthalt in der Sowjetunion absoluten Vorrang eingeräumt, was ich nachdrücklich begrüßte. Der Präsident berichtete mir auch über die schwierigen Verhandlungen zur Rüstungskontrolle. Er sei entschlossen gewesen, beim SDI-Programm keinen Fingerbreit nachzugeben und sich bei den START-Verhandlungen nicht zur Eile drängen zu lassen. In der Zwischenzeit müsse die NATO mit der Modernisierung ihrer nuklearen Kurzstreckenwaffen fortfahren, und die deutsche Bundesregierung müsse dazu bewegt werden, dies als einen positiven Schritt zu betrachten. Er wolle weiterhin darauf bestehen, daß erst ein Gleichgewicht bei den konventionellen Waffensystemen in Europa erzielt sein müsse, ehe es Verhandlungen über einen Abbau nuklearer Kurzstreckenwaffen geben könne.

Am nächsten Tag sprach der Präsident vor einem großen Publikum aus der City sowie dem diplomatischen Corps in der Guildhall. Es war eine hervorragende Rede, deren große Bedeutung erst im Licht späterer Ereignisse voll erkennbar wurde. Er erinnerte darin an jene Ansprache, die er 1982 vor beiden Häusern des Parlaments gehalten hatte und die Ausführungen enthielt, welche später als »Reagan-Doktrin« bekannt wurden[2]. Weder er noch ich wußten zu jener Zeit, daß die triumphale Bestätigung dieser Ausführungen unmittelbar bevorstand; es war jedoch eindeutig, daß wir in unserem »Kreuzzug für die Freiheit« große Fortschritte gemacht hatten. Nun war es an der Zeit, unser Anliegen neu zu formulieren, das ebenso spirituell wie politisch und wirtschaftlich war. Der Präsident formulierte es so:

> Wir glauben an eine höhere Ordnung... wir glauben daran, daß es der Menschheit nicht bestimmt ist, vom allmächtigen Staat entwürdigt zu werden, sondern als Ebenbild und Abbild unseres Schöpfers zu leben.

Staatsbesuch in Polen, November 1988

Nur fünf Monate später – im November 1988 – besuchte ich Polen. Hätte jemand einen Beweis für die Gültigkeit von Präsident Reagans Vision verlangt, so hätte er ihn in diesem Land gefunden, wo der katholische Glaube, das Nationalbewußtsein und die Niedergeschlagenheit durch die wirtschaftlichen Verhältnisse vereint die leere Sterilität des Marxismus bloßstellten und an den Fundamenten der kommunistischen Herrschaft rüttelten. Ich entschloß mich, der schon vor einiger Zeit ergangenen Einladung General Jaruzelskis Folge zu leisten und nach Polen zu reisen. Stets hatte ich größte Zuneigung und Bewunderung für dieses Volk von unbezwingbaren Patrioten gespürt, dessen Traditionen und Charakter auszurotten sich Preußen, Österreicher und Russen im 18. und 19. Jahrhundert sowie Nationalsozialisten und Kommunisten im 20. Jahrhundert vergeblich gemüht hatten. Ich konnte nicht vergessen, wie polnische Flieger mit der Royal Air Force gegen den Nationalsozialismus gekämpft hatten und wie der anfänglich um die Freiheit Polens geführte Krieg ausgerechnet dieses Volk unter dem Joch einer Tyrannei zurückgelassen hatte. Doch eben aus diesen Gründen begab ich mich auf diplomatisches Glatteis; und das war mir bewußt.

Ziel meiner Reise nach Polen war es, jene Strategie gegenüber den Ostblockstaaten fortzuführen, die ich zum erstenmal 1984 bei meinem Besuch in Ungarn angewandt hatte. Ich wollte diese Länder – ihre Regierungen und ihre Bevölkerungen – dem westlichen Einfluß öffnen und, was die Achtung der Menschenrechte sowie politische und wirtschaftliche Reformen anbelangte, Druck ausüben. Doch die jüngste polnische Vergangenheit hatte gezeigt, wie abhängig alle Ereignisse im Ostblock von den Absichten der Sowjetunion waren. Mochte man General Jaruzelski nun als einen Patrioten betrachten, der eingeschritten war, um seinen Landsleuten ein schlimmeres Schicksal zu ersparen, oder ihn einfach nur als Marionette der Sowjets sehen, so waren doch die Umstände, unter denen 1981 das Kriegsrecht verhängt und die Solidarność verboten worden waren, eine unvergeßliche Lektion in realer Machtpolitik gewesen. Nun war der politische und wirtschaftliche Bankrott der Regierung Jaruzelski abermals offensichtlich, und ihre Autorität wurde von der wiederauferstandenen Solidarność angefochten. Die Rolle des Westens – und vor allem die Rolle eines westlichen Staatsgastes – war es, den Antikommunisten Mut zu machen und sie gleichzeitig nachdrücklich dazu anzuhalten, alle sich bietenden Gelegenheiten gut zu nutzen, um die Verhältnisse zu verbessern und ihren Einfluß zu mehren. In den Verhandlungen mit der Regierung war es erforderlich, deutliche Worte über die Notwendigkeit von Veränderungen zu sprechen und gleichzeitig einen offenen Konflikt zu vermeiden, der kontraproduktiv gewirkt und der Sache der Liberalisierung geschadet hätte. Das sollte keine einfache Aufgabe sein.

Die polnische Obrigkeit ihrerseits war entschlossen, es mir noch schwerer zu machen. Am Vortag meines Besuches kündigte die polnische Regierung an, sie werde die Lenin-Werft in Danzig schließen, also die Heimat der Solidarność. Dies war eine Falle, die durch die Tatsache, daß es sich darüber hinaus um einen ungeschickten Zug handelte, nicht an Heimtücke verlor. Die Kommunisten hofften, ich käme nicht umhin, die Schließung eines unrentablen Betriebes gutzuheißen und den Protest der Solidarność dagegen unter Berufung auf die »thatcheristische« Wirtschaftspolitik verurteilen. Einige Kommentatoren erwarteten tatsächlich, ich würde auf diesen Winkelzug hereinfallen. Beispielsweise stand in einem Leitartikel der »Times« am Vortag meiner Abreise folgendes:

Die Premierministerin begibt sich heute auf eine Reise, von der viele meinen, sie solle sie nicht unternehmen. Ihre Polenreise war schon immer ein fragwürdiges Vorhaben, das als Geste des Beistands für das Jaruzelski-Regime gedeutet werden könnte. Nun ist sie gleich in doppelter Hinsicht fragwürdig.

In der Tat belegten sogar die offiziellen Zahlen, daß die Lenin-Werft sich zwar in einer ausgesprochen schlechten Lage befand, jedoch nicht die größten »Verluste« im Lande erwirtschaftete. Dies ließ eindeutig darauf schließen, daß die Entscheidung, ausgerechnet diesen Betrieb stillzulegen, politische und keine wirtschaftlichen Gründe hatte. Da 90 Prozent der Werftproduktion für die Sowjetunion bestimmt war, hing ihre wirtschaftliche Leistungsfähigkeit ohnehin hauptsächlich vom Wechselkurs zwischen Rubel und Zloty ab. Wo kein richtiger Markt besteht, lassen sich keine reellen Schätzungen von »Profit« und »Verlust« vornehmen. Doch es steckte noch mehr dahinter. Ich war überzeugt, daß man von Menschen nicht erwarten kann, die ökonomische Verantwortung zu übernehmen, welche in einer westlichen Volkswirtschaft erwartet würde, wenn man ihnen nicht gleichzeitig die Freiheit gewährt, die uns in einer westlichen Gesellschaft zusteht.

In Anbetracht dieser Maßnahmen war ich froh, daß ich von Anfang an betont hatte, mein Besuch solle neben seiner offiziellen Seite auch einen inoffiziellen Teil haben. Ich war nicht gewillt, mich an einer Begegnung mit Lech Walesa und den führenden Regimegegnern hindern zu lassen. Zur Ehre General Jaruzelskis muß gesagt werden, daß er keinerlei Einwände dagegen erhob. Andernfalls wäre ich allerdings tatsächlich Gefahr gelaufen, wider Willen der Sache der kommunistischen Propaganda zu dienen.

Bei der Planung meiner Reise hatte ich mich mit dem Papst beraten, dessen eigener Polen-Besuch im Juni 1987 den größten Anstoß für das Wiederaufleben der Solidarność und das Drängen nach Reformen gegeben hatte. Es war klar, daß man im Vatikan dachte, mein Staatsbesuch könne Gutes bewirken, doch ebenso klar war, daß die Kirche mit äußerster Vorsicht vorging – einer Vorsicht, die am ersten Tag meines Besuches bei einer Begegnung mit Kardinal Glemp überdeutlich wurde.

Bei der Planung meiner Polen-Reise gab es noch eine weitere Frage, in der ich einen Rat von berufener Seite für nützlich hielt, und zwar zu meiner Kleidung. Eine polnische Verkäuferin, die mich bei Aquascutum bediente, erklärte mir, in Polen sei Grün die Farbe der Hoffnung. Also wählte ich ein grünes Kostüm.

Meine erste offizielle Begegnung in Warschau am Abend des 2. November, einem Mittwoch, hatte ich mit dem kurz zuvor ernannten polnischen Ministerpräsidenten Rakowski. Obwohl er sich nach Kräften bemühte, war er kein sonderlich überragender geschweige denn überzeugender Verteidiger der Regierungsentscheidung zur Lenin-Werft. Er betonte, wie sehr er mit meinen öffentlichen Erklärungen zur Notwendigkeit von Wirtschaftsreformen übereinstimme, und schilderte die Schließung der Werft als Teil dieses Prozesses. In bemüht »thatcheristischem« Ton erklärte er mir, Rationalisierungen seien der einzige Weg, um Polen aus der Krise zu führen. Die größte Schwäche in der polnischen Geschichte sei das Fehlen dauerhafter Strukturen gewesen, und dies zu ändern sei er nun entschlossen. Ich erwiderte, die Umwandlung einer zentral gelenkten in eine auf Privatunternehmen und Wettbewerb gründende Volkswirtschaft sei immens schwierig. Doch sei nicht nur ein Wandel in der Wirtschaftspolitik erforderlich, sondern es mußten auch personelle, politische und geistige Veränderungen durchgeführt werden. Im Kommunismus seien die Menschen wie Vögel im Käfig, sagte ich: Selbst wenn man die Türen öffnete, hätten sie Angst hinauszufliegen. Die wesentliche Aufgabe, die auf diese Regierung zukäme, bestünde darin, das polnische Volk in die Veränderungen mit einzubeziehen; und das Problem dabei sei, daß es keine politischen Strukturen gebe, um die Menschen zu befragen und ihre Meinung frei äußern zu lassen. Der Unterschied zwischen der Lage, der ich mich nach meiner Wahl 1979 gegenübergesehen habe, und der Situation Rakowskis bestünde darin, daß ich in demokratischen Wahlen gewählt – und zweimal wiedergewählt – worden sei, um die erforderlichen Änderungen durchzuführen.

Im späteren Verlauf jenes Abends traf ich mit einer Reihe von Regimegegnern zusammen und erfuhr einiges über die Mängel des Systems. Mir war bekannt, daß es den Kommunisten nie gelungen war, die Kollektivierung der Landwirtschaft in dem Ausmaß zu vollziehen, wie es in anderen Ostblockstaaten geschehen war, und daß dies den Polen – in Verbindung mit dem Einfluß der katholischen Kirche – einen Grad an Freiheit erhalten hatte, der in kommunistischen Ländern einzigartig war. Daher sagte ich zu den Anwesenden, da sie Land besäßen, müsse es doch zumindest ihnen recht gut gehen. Nein, antworteten sie, dies sei nicht der Fall. Ob ich nicht wüßte, daß der Staat den Großteil des Saatguts, des Düngers, der Traktoren und anderer Gerätschaften – nicht zuletzt der Ersatzteile – der kollektiven Landwirtschaft zuweise? Die Regierung kontrolliere auch die Preise und die Verteilung. Unter diesen Umständen hielten sich die Vorteile des Landbesitzes in engen Grenzen. Letztendlich betrieb der Sozialismus, der ja nur eine weniger weit entwickelte Form des Kommunismus darstellt, seine übliche Verarmungs- und Demoralisierungspolitik. Später sprach ich diese Frage gegenüber Ministerpräsident Rakowski an, der die Tatsachen nicht ernsthaft bestritt.

Am Donnerstagnachmittag bekam ich meinen ersten wirklichen Eindruck von Polen – des Polens, das zu zerstören die Kommunisten sich vergebens bemüht hatten. Ich besuchte die Kirche St. Stanislaw Kostka im Norden Warschaus, wo Pater Jerzy Popieluszko seine antikommunistischen Predigten gehalten hatte, bis er 1984 von Angehörigen des polnischen Geheimdienstes entführt und ermordet worden war. (Ich besuchte auch Pater Popieluszkos Eltern in ihrem Haus, die trotz tiefer Trauer doch unendlich stolz auf ihren Sohn waren.) Die Kirche quoll fast über vor Gläubigen jeden Alters, die erschienen waren, um mich zu sehen. Bei meiner Ankunft stimmten sie eine polnische Hymne an. In Pater Popieluszko hatten sie offensichtlich einen Märtyrer gefunden, und ich verließ sie ohne jeden Zweifel daran, daß sich sein Glaube und nicht der seiner Mörder in Polen durchsetzen würde.

Dies sagte ich auch zu General Jaruzelski, als ich mich später mit ihm zu einem Meinungsaustausch traf. Der General hatte eindreiviertel Stunden ohne Unterbrechung über seine Pläne für Polen doziert. Darin zumindest war er ein typischer Kommunist. Er sagte sogar, er bewundere die Gewerkschaftsreformen, die ich in Großbritannien durchgesetzt hätte. Als er zu Ende kam, wies ich ihn darauf hin, daß das britische Volk nicht auf die Gewerkschaften angewiesen sei, um seine politische Meinung zu äußern, da es bei uns freie Wahlen gebe. In jener Kirche im Norden Warschaus hätte ich soeben den Einfluß der Solidarność-Bewegung erlebt. Ich erklärte, als Politikerin sagte mir mein Instinkt, dies sei weit mehr als eine Gewerkschaftsbewegung – es handele sich vielmehr um eine politische Bewegung, deren Macht niemand in Abrede stellen könne. Die Regierung täte recht daran, einzusehen, daß sie mit der Solidarność verhandeln müsse, und ich hoffte, die

Führer der Solidarność würden die Einladung der Regierung annehmen.

Den nächsten Tag, einen Freitag, werde ich niemals vergessen. Am frühen Morgen flog ich nach Danzig, um mit General Jaruzelski auf der Westerplatte, wo 1939 die ersten Gefechte zwischen den Polen und den angreifenden Deutschen stattgefunden hatten, einen Kranz niederzulegen. Auf der kargen Halbinsel an der Danziger Bucht ging ein scharfer Wind. Die Zeremonie dauerte eine halbe Stunde. Ich war froh, in meine Kabine an Bord des kleinen Marinebootes zu kommen, das mich den Fluß hinunter in die Stadt bringen sollte. Ich zog meinen schwarzen Hut und meinen schwarzen Mantel aus und kleidete mich in Smaragdgrün, dann ging ich wieder an Deck. Die Szenen bei der Ankunft unseres Bootes in der Danziger Werft waren unglaublich. Hier drängten sich die winkenden und jubelnden Werftarbeiter.

Nach einem Rundgang in der Altstadt von Danzig wurde ich zum Hotel gefahren, wo Lech Walesa und seine Kollegen mir in meinem Zimmer einen Besuch abstatteten. Zu dieser Zeit genoß Walesa einen etwas zweideutigen Status. Er stand unter einer Art freizügigem Hausarrest und war ironischerweise von polnischen Sicherheitsbeamten ins Hotel gebracht worden. Ich überreichte ihm die Geschenke, die ich für ihn mitgebracht hatte – einiges Angelzubehör, da er ein großer Angler war –, dann machten wir uns auf den Weg zurück zur Werft. Wieder warteten Tausende von Werftarbeitern auf mich, die jubelten und Solidarność-Fahnen schwenkten. Am Denkmal für die Werftarbeiter, die 1970 von Milizionären und Soldaten erschossen worden waren, legte ich Blumen nieder. Dann ging ich zum Haus von Pater Jankowski, Walesas Beichtvater und Ratgeber, zu einer Unterredung, der ein Mittagessen folgen sollte.

Die Führer der Solidarność waren teils Arbeiter, teils Intellektuelle. Walesa gehörte zu der ersten Gruppe, doch ermöglichten es ihm seine starke körperliche Präsenz wie auch seine Bedeutung als Symbolfigur, die Führungsposition auszufüllen. Er sagte mir, die Solidarność sei nicht geneigt, der Einladung der Regierung zu Gesprächen am Runden Tisch zu folgen, da er – vermutlich zu Recht – glaubte, der Zweck dieser Gespräche sei, die Opposition zu spalten und möglichst zu diskreditieren. Das Ziel der Solidarność beschrieb er als »Pluralismus«, also eine Gesellschaftsform, in der die Kommunistische Partei nicht der einzig zugelassene Entscheidungsträger wäre. Mir fiel jedoch auf, daß die Solidarność keinen konkreten Aktionsplan mit unmittelbaren praktischen Zielen hatte. Und meine Gastgeber schauten sogar recht überrascht, als ich sagte, meiner Meinung nach solle die Solidarność an den Gesprächen teilnehmen und eigene Vorschläge in Form einer detaillierten Tagesordnung mit unterstützenden Arbeitspapieren unterbreiten.

Beim Mittagessen – einem der besten Wildgerichte, die ich je genossen habe – berieten wir über eine mögliche Verhandlungsposition der Solidarność und erörterten, inwieweit ich bei meinen abschließenden Unterredungen mit der polnischen Regierung unterstützend wirken könne. Wir kamen zu dem Schluß, meine wichtigste Forderung gegenüber General Jaruzelski solle die rechtliche Anerkennung der Solidarność sein; eine De-facto-Anerkennung wäre nicht ausreichend. Das politische Augenmaß und die Beredsamkeit Lech Walesas und seiner Kollegen beeindruckten mich immer wieder. Einmal sagte ich: »Sie müssen wirklich dafür sorgen, daß die Regierung von diesen Gedanken erfährt.« – »Kein Problem«, erwiderte Walesa und zeigte zur Zimmerdecke, »unsere Treffen werden sowieso abgehört.«

Nach dem Mittagessen wurde vorgeschlagen, ich wolle vielleicht die nahegelegene Kirche St. Brygida besichtigen. Zu meiner Freude und meinem Erstaunen war die Kirche, als ich sie mit Walesa betrat, gefüllt mit polnischen Familien, die sich erhoben und die Solidarność-Hymne »Gott gebe uns unser freies Polen zurück« sangen. Mir stiegen Tränen in die Augen. Bei meinem Gang durch die Kirche mußte ich Hunderte von Händen schütteln. Ich hielt eine kurze, bewegte Ansprache, und auch Lech Walesa sprach einige Worte. Als ich die Kirche verließ, standen in den Straßen Menschen, die vor Rührung weinten und immer wieder »Danke, danke!« riefen. Bei meiner Rückkehr nach Warschau war ich entschlossener denn je, das kommunistische Regime zu bekämpfen.

Bei meiner abschließenden Unterredung mit General Jaruzelski am selben Nachmittag hielt ich mein Versprechen, das ich der Solidarność gegeben hatte. Ich dankte ihm, daß er meinem Besuch in Danzig keine Hindernisse in den Weg gelegt habe –

wenngleich nicht unerwähnt bleiben darf, daß die Regierung vorher wie nachher eine vollständige Nachrichtensperre darüber verhängt hatte. Ich betonte, wie sehr mich das politische Augenmaß der Solidarność-Vertreter beeindruckt habe. Wenn man die Bewegung der Teilnahme an Gesprächen am Runden Tisch für würdig erachte, dann könne man sie ebenso auch legalisieren. General Jaruzelski machte nicht den Eindruck, als sei er bereit, von seinem Standpunkt abzurücken. Ich wiederholte, meiner Meinung nach sei es unmöglich, die Solidarność zu ignorieren. Jeder Versuch, sie zu umgehen, hieße, das Schicksal herauszufordern. Die Diskussion verlief in einem relativ frostigen, wenngleich nicht unfreundlichen Klima. Außerdem war General Jaruzelski, wenigstens bis man ihn etwas kennenlernte, ein eher unangenehm anmutender Gesprächspartner: Durch seine dunkle Brille und seine seltsam starre, durch Rückenprobleme bedingte Haltung wirkte er recht distanziert. Doch machte ich nicht den Fehler, seine Intelligenz zu unterschätzen – und auch nicht seine Beziehungen, denn ich wußte, daß er Gorbatschow nahestand. Den Beweis, daß der General nicht nur Kommunist, sondern auch durch und durch Pole war, erhielt ich kurz vor meinem Abflug, als sein Wagen außerplanmäßig mit kreischenden Bremsen neben dem Flugzeug zum Stehen kam und der General mit einem riesigen Blumenstrauß heraussprang. Nicht einmal der Marxismus konnte die polnische Galanterie auslöschen.

Die Regierung Bush

Vierzehn Tage darauf war ich als letzter Staatsgast von Präsident Reagan wieder in Washington. Dabei bot sich mir Gelegenheit zu mehreren Gesprächen mit dem designierten Präsidenten Bush, der bereits seine Regierungsmannschaft zusammenstellte. Ich lernte auch Dan Quayle, den zukünftigen Vizepräsidenten, kennen – den ich entgegen allem grausamen Spott, mit dem er überschüttet wurde, stets als sehr gut informierten Mann mit gutem politischen Gespür erlebte – wie auch den zukünftigen Außenminister James Baker, auf dessen Ansichten ich in Kürze eingehen möchte. Sowohl der scheidende als auch der designierte Präsident betonten, wie wichtig es sei, das Haushaltsdefizit der Vereinigten Staaten in den Griff zu bekommen, das sich in den letzten vier Jahren zwar verringert hatte, aber dennoch weiterhin ein Problem darstellte. Dadurch erhob sich automatisch die Frage der Verteidigungsausgaben, und ich nahm mir die Freiheit, gegenüber George Bush meine Ansicht zu nuklearen Kurzstreckenraketen (SNF) zu bekräftigen und noch einmal die große Bedeutung des SDI-Programms herauszustreichen.

Den Umgang mit Bush in seiner Eigenschaft als Vizepräsident hatte ich immer als angenehm empfunden. Auch hatte ich den Eindruck, daß er seinem Land einen guten Dienst erwies, indem er den Kontakt der Regierung Reagan mit der Denkweise der Europäer aufrecht erhielt. Er war einer der anständigsten, ehrlichsten und patriotischsten Amerikaner, die ich je getroffen habe. Sein Werdegang und sein Durchhaltevermögen im Wahlkampf hatten bewiesen, daß er großen persönlichen Mut besaß. Doch hatte er noch nie wie Ronald Reagan und ich seine Überzeugungen überdenken und verteidigen müssen, wenn sie hoffnungslos unbeliebt waren. Das bedeutete, daß er nun einen Großteil seiner Zeit damit zubringen sollte, Problemlösungen zu suchen, die mir ganz spontan einfielen, da sie meinen grundlegenden Überzeugungen entsprangen.

Später erfuhr ich allerdings, daß Präsident Bush sich manchmal über meine Angewohnheit echauffierte, ohne Pause über Themen zu sprechen, die mich interessierten, weil er meinte, eigentlich hätte doch er die Diskussion bestimmen sollen. Noch wichtiger war aber vielleicht die Tatsache, daß George Bush den Drang verspürte, sich deutlich von seinem Vorgänger abzugrenzen; und eine Möglichkeit dazu war, mir die Sonderstellung, die ich unter den Beratern und Vertrauten der Regierung Reagan genossen hatte, ostentativ abzusprechen. Dies war verständlich; unser Verhältnis besserte sich allerdings bis zu meinem letzten Amtsjahr. Bis dahin hatte ich gelernt, daß ich mich ihm in Gesprächen unterzuordnen hatte und nicht mit Lob geizen durfte. Wenn dies notwendig war, um die britischen Interessen und den britischen Einfluß zu wahren, so schreckte ich auch nicht davor zurück, mich ein wenig in Bescheidenheit zu üben.

Leider fuhr man im amerikanischen Außenministerium trotzdem fort, gegen mich und meine Politik – insbesondere meine Europa-Politik – zu arbeiten, bis man beim Ausbruch der Golfkrise eilig die Position wechselte. Der damals vollzogene Schwenk in der amerikanischen Außenpolitik gegenüber Großbritannien mag nicht zuletzt am Einfluß von Außenminister Baker gelegen haben. Wenngleich er mich stets mit ausgesuchter Höflichkeit behandelte, standen wir uns doch nicht so nahe wie der bewundernswerte George Shultz und ich seinerzeit. Das war jedoch nicht so entscheidend; weitaus bedeutsamer schien mir, daß die mannigfaltigen Fähigkeiten des James Baker in der Behebung von »Pannen« lagen. Auf diesem Gebiet hatte er unterschiedliche Erfolge vorzuweisen. Als US-Finanzminister war er für zwei verfehlte Maßnahmen, das Plaza-Abkommen und den *Louvre-Accord*, verantwortlich gewesen, welche mit überaus schädlicher Wirkung die »Wechselkursstabilisierung« wieder in den Mittelpunkt der westlichen Wirtschaftspolitik gerückt hatten. Im State Department nun brachten James Baker und seine Mannschaft in der Außenpolitik der Vereinigten Staaten einen ähnlichen, angeblich »pragmatischen« Ansatz zur Problemlösung zum Tragen.

Meiner Ansicht nach bestand die wichtigste Konsequenz dieses Ansatzes darin, anstatt der »besonderen Beziehung« zu Großbritannien nun die Beziehungen mit Deutschland in den Mittelpunkt zu rücken. Wollte man die historischen Aspekte unserer Verbundenheit außer acht lassen, so wäre ich gewiß die erste, die ein solches Vorgehen sogar als sehr vernünftig verteidigen würde. Immerhin bestand die Gefahr, daß sich Deutschland – zunächst im Banne Gorbatschows und später von der Aussicht auf die Wiedervereinigung geködert – vom westlichen Bündnis fort- und zur Neutralität hinbewegen könnte. Nach der deutschen Wiedervereinigung gab es ein weiteres, von Frankreich propagiertes und unter anderen vom US-Außenministerium geschlucktes Argument, daß nur ein »vereintes Europa« die von den Deutschen ausgehende Macht verläßlich unter Kontrolle halten könne. Auf den Punkt gebracht hieß dies, daß ein von den Deutschen geführtes »vereintes Europa« es den Amerikanern ermöglichen werde, ihre Kosten für die europäische Verteidigung zu senken.

Keines dieser Argumente – die in ihrer Art auch von unserem außenpolitischen Beamtentum in Großbritannien hätten stammen können – war zutreffend. Die Gefahr, daß die Bundesrepublik Deutschland ihre Bindungen mit dem Westen lockern würde, wurde maßlos übertrieben. Ein vereintes Europa würde den Einfluß eines vereinigten Deutschlands erhöhen und nicht begrenzen. Deutschland würde seine Interessen innerhalb wie auch außerhalb eines »vereinten Europa« verfolgen, und zudem wäre ein von den korporativistischen und protektionistischen Grundlagen der deutsch-französischen Freundschaft geprägtes Europa den Amerikanern sicherlich unsympathischer gewesen als das lose europäische Bündnis, für das ich eintrat. Und die Vorstellung, daß die Europäer – mit Ausnahme der Briten und eventuell der Franzosen – sich selbst oder gar jemand anderen verteidigen konnten, war, mit Verlaub gesagt, einfach lachhaft. Denn die Bande des Blutes, der Sprache, der Kultur und der Werte, die zwischen Großbritannien und den Vereinigten Staaten bestanden, waren die einzig zuverlässige Basis für die US-Politik im westlichen Bündnis; und nur ein besonders kluger Kopf konnte etwas so Offensichtliches nicht wahrhaben wollen. Dies waren also meine persönlichen und politischen Überlegungen zur amerikanischen Großbritannien-Politik, während ich mich bemühte, meine drei Ziele zu verfolgen: erstens die Verteidigungskraft der NATO zu erhalten; zweitens sicherzustellen, daß die Sowjetunion sich nicht so sehr bedroht fühlen würde, daß sie in Osteuropa einmarschierte; und drittens mit den Auswirkungen der deutschen Wiedervereinigung fertig zu werden.

Uneinigkeit der NATO über nukleare Kurzstreckenwaffen (SNF)

Ende 1988 konnte ich weder absehen, in welche Richtung sich die britisch-amerikanischen Beziehungen entwickeln würden, noch, welches Ausmaß die Schwierigkeiten mit den Deutschen in der Frage der nuklearen Kurzstreckenwaffen (SNF) annehmen würden. Meiner Meinung nach waren nukleare Kurzstreckenwaffen für die NATO-Strategie der »Flexible Response« grundsätzlich unabdingbar. Jeder potentielle Aggressor mußte wissen, daß er bei Verletzung der NATO-Grenzen mit einem atomaren Verteidigungsschlag zu rechnen hatte. Falls dieses Abschreckungspotential beseitigt wurde, konnte er davon ausgehen, daß er bei einem konventionellen Angriff binnen weniger Tage die Atlantikküste erreichen würde. Dies war der aktuelle Stand der Dinge. Sobald jedoch der im Dezember 1987 in Washington unterzeichnete INF-Vertrag in Kraft trat und landgestützte nukleare Mittelstrecken-waffen abgezogen wurden, erhielten landgestützte Kurzstrecken-raketen, wie übrigens auch seegestützte Mittelstreckenraketen, um so größere Bedeutung.

Bei der Sitzung des Europäischen Rates auf Rhodos Anfang Dezember 1988 diskutierte ich mit Bundeskanzler Kohl über die Rüstungskontrolle. Er wirkte unbeirrbar und plädierte für die bal-dige Einberufung eines NATO-Gipfels, der ihn dabei unterstützen sollte, in seiner Regierung Einigkeit über ein »umfassendes Gesamtkonzept« zur Rüstungskontrolle zu erzielen. Ich stimmte mit ihm überein, dies solle lieber früher als später geschehen. Die Entscheidungen über die Modernisierung des Kernwaffenarsenals der NATO, insbesondere über den Ersatz für die LANCE-Rake-ten, müßten wir bis Mitte des Jahres fällen, fügte ich hinzu. Bun-deskanzler Kohl meinte, er wolle diese beiden Fragen noch vor den Europawahlen im Juni 1989 aus dem Weg geräumt haben.

Bis zum nächsten britisch-deutschen Gipfeltreffen in Frankfurt war der politische Druck auf den deutschen Kanzler allerdings noch gewachsen. Nun war er dazu übergegangen zu behaupten, eine Entscheidung zu den nuklearen Kurzstreckenwaffen sei eigentlich nicht vor 1991/92 notwendig.

In der Woche, ehe ich nach Frankfurt reiste, erörterte ich das Problem bei einem Mittagessen in Chequers mit James Baker. Ich sagte ihm, meiner Meinung nach sei Bundeskanzler Kohl immer noch ein beherzter Mitstreiter der Vereinigten Staaten. Das eigent-liche Problem sei Hans-Dietrich Genscher, der für gewöhnlich einen verbindlicheren und nachgiebigeren Umgang mit den Sowjets bevorzugte. Ich stellte die Prognose auf, daß wohl noch eine Reihe anderer Regierungen bei der Frage der Kurzstreckenra-keten ins Schwanken geraten würden, da Meinungsumfragen belegten, daß die Menschen nicht mehr an eine Bedrohung durch die Sowjetunion glaubten. Daher sei es unumgänglich, daß die Vereinigten Staaten und Großbritannien standhaft blieben. James Baker erklärte sich mit meiner Linie weitgehend einverstanden.

Ohne Garantien für die Aufstellung eines LANCE-Nachfolgemodells würde der amerikanische Kongreß der Regierung keine Mittel für dessen Entwicklung bewilligen. Allerdings überlegte er, ob man die Zustimmung der Deutschen durch bewußt vage Formulierungen bei den SNF-Verhandlungen gewinnen könne. Ich antwortete, trotz des Spielraums der NATO für einseitige Abrüstung bei ihrem Bestand an atomarer Artillerie könnten wir nicht über nukleare Kurzstreckensysteme verhandeln, ohne in eine Diskussion über eine weitere Nullösung gezogen zu werden. Offenbar war James Baker eher bereit als ich, die Empfindlichkeiten der Deutschen zu berücksichtigen. Dennoch war ich der Überzeugung, daß unsere Sichtweise dieselbe war.

Daher war ich bei meinem Treffen mit Bundeskanzler Kohl in Frankfurt relativ direkt. Ich forderte ihn auf, er solle bei der Darlegung seiner Gründe für die Aufstellung von Kurzstreckenwaffen sein Volk befragen, ob es seine Freiheit schätze. Für die Deutschen habe die Freiheit schließlich an jenem Tag begonnen, als der Zweite Weltkrieg beendet wurde, und die NATO habe sie über 40 Jahre lang verteidigt. Die Sowjetunion hingegen stelle nach wie vor eine militärische Bedrohung dar. Meiner Auffassung nach repräsentierten Großbritannien, die Bundesrepublik Deutschland und die Vereinigten Staaten die wahren Stützen der NATO. Zwar hätte ich Verständnis für seine Schwierigkeiten mit der öffentlichen Meinung in Deutschland, doch ginge ich davon aus, daß er und ich uns grundsätzlich einig seien. Die NATO müsse unbedingt ihre Rüstung modernisieren, andernfalls würden die USA früher oder später mit dem Abzug ihrer Truppen aus Deutschland beginnen. Großbritannien und die Bundesrepublik Deutschland sollten gemeinsam mit gutem Beispiel vorangehen. Ungeachtet des Drucks, unter dem der Bundeskanzler stand, reiste ich aus Frankfurt in dem Gefühl ab, daß die beschlossene Linie zu den Kurzstreckenwaffen doch beibehalten würde.

Die Sowjets hegten gewiß keinerlei Zweifel über die strategische Bedeutung der anstehenden Entscheidung zu den nuklearen Kurzstreckenwaffen. Am Mittwoch, dem 5. April, um 23 Uhr, traf das Ehepaar Gorbatschow in London zu seinem Besuch ein, der im vorigen Dezember wegen des Erdbebens in Armenien verschoben worden war. Ich begrüßte die Gäste am Flughafen und fuhr danach mit ihnen zur sowjetischen Botschaft. Hier wurden so viele Trinksprüche ausgebracht, daß der Verdacht nahe lag, Gorbatschows früheres Durchgreifen gegen den Wodka-Konsum sei nicht allgemein gültig. Gorbatschow äußerte sich in unseren Gesprächen enttäuscht über die Regierung Bush, ja er wirkte sogar überraschend argwöhnisch. Ich nahm den neuen Präsidenten in Schutz und verwies auf die Übereinstimmung seiner Regierungspolitik mit der Linie Reagans. Inhaltlich ging es bei unseren Gesprächen jedoch vorwiegend um die Rüstungskontrolle. Ich hielt Gorbatschow vor, wir hätten Beweise, daß die Sowjets uns über Anzahl und Art der in ihrem Besitz befindlichen Chemiewaffen nicht die Wahrheit gesagt hatten. Doch er behauptete hartnäckig, das hätten sie sehr wohl getan. Dann sprach er das Thema der Modernisierung atomarer Kurzstreckenwaffen an. Ich erklärte, von veralteten Waffen ginge keine Abschreckung aus, weswegen die nuklearen Kurzstreckenwaffen der NATO unbedingt erneuert werden müßten. Diese Absicht werde auch auf der bevorstehenden NATO-Gipfelkonferenz bekräftigt werden. Bei seiner Ansprache in der Guildhall griff Gorbatschow dieses Thema wieder auf. Die Rede enthielt einen etwas bedrohlichen Abschnitt darüber, welche Auswirkungen die fortschreitende SNF-Modernisierung seitens der NATO auf die Ost-West-Beziehungen und die Rüstungskontrollverhandlungen haben werde.

Dieser beständige Druck der Sowjets zeigte inzwischen Wirkung. Vor allem Bundeskanzler Kohl war auf dem Rückzug. Im April drangen Informationen über eine neue deutsche Haltung zur Modernisierung nuklearer Kurzstreckenwaffen und zum SNF-Vertrag an die Presse, noch ehe irgendeiner der Bündnispartner – bis auf die Amerikaner – informiert worden war. Die Deutschen sprachen sich weder gegen eine dritte Nullösung aus, noch forderten sie die Sowjetunion auf, ihre nuklearen Kurzstreckenwaffen auf das Niveau der NATO zu reduzieren. Zudem wurde die Modernisierung atomarer Kurzstreckenwaffen in Frage gestellt.

Obwohl wir bei unserer Begegnung in Deidesheim Ende April nach außen hin freundschaftliches Einvernehmen demonstrierten, führte ich erbitterte Diskussionen mit Bundeskanzler Kohl[3]. Er erging sich in langatmigen Rechtfertigungsversuchen für das jüngste Verhalten der Deutschen. Obwohl er selbst ausdrücklich Gegner einer dritten Nullösung war, verlangte er von der NATO, über ein SNF-Verhandlungsmandat zu diskutieren. Er erklärte, politisch sei es in der Bundesrepublik schlichtweg nicht zu rechtfertigen, daß ausgerechnet über jene Gattung von Kernwaffen, die Deutschland am direktesten beträfe, nicht verhandelt werden solle. Ich erwiderte, ich wolle Kanzler Kohl zunächst einmal an die Vorgeschichte erinnern. Schließlich sei es sein Vorschlag gewesen, in Bälde einen NATO-Gipfel einzuberufen, auf dem die Modernisierung beschlossen werden sollte, und ich hätte ihn darin bestärkt. Ich las ihm unsere gemeinsame Frankfurter Erklärung vor. Offiziell seien wir erst mehrere Tage nach den Enthüllungen in der Presse über die neue Haltung der deutschen Regierung informiert worden. Die NATO müsse über ein Arsenal an atomaren Kurzstreckenwaffen verfügen, und diese müßten auf dem neuesten Stand gehalten werden; darin hatte er selbst mir noch vor kurzem beigepflichtet. Wir durften uns nicht in SNF-Verhandlungen verwickeln lassen, die unweigerlich zu einer dritten Nullösung führen würden. Außerdem sagte ich Kanzler Kohl, wir hätten Berichte über die wahren Ansichten und Absichten der Sowjets erhalten. Sie seien hocherfreut, daß sie bei der Modernisierung ihrer atomaren Kurzstreckenwaffen einen Vorsprung erzielt hätten, während wir bei unseren zögerten. Ebenso seien sie zuversichtlich, daß sie die öffentliche Meinung in der Bundesrepublik Deutschland zugunsten der SNF-Verhandlungen beeinflussen könnten. Ich wiederholte, Großbritannien und die USA seien strikt gegen Verhandlungen über atomare Kurzstreckenraketen und würden an dieser Haltung auch weiterhin festhalten. Unsere derzeitige Rüstungskapazität sei, wenn wir die Strategie der »Flexible Response« aufrechterhalten wollten, an einem absoluten Minimum angelangt, und müsse eben zu gegebener Zeit nachgerüstet werden. Selbst wenn die Entscheidung über die Stationierung des LANCE-Nachfolgemodells FOTL (Follow On To LANCE) vertagt werde, müßte beim bevorstehenden NATO-Gipfel Klarheit über die Unterstützung für das Entwicklungsprogramm der Vereinigten Staaten hergestellt werden. Die Politik der bundesdeutschen Regierung habe der NATO in der Tat eine erhebliche Belastung auferlegt.

Kanzler Kohl wurde langsam ungehalten. Er sagte, er brauche keinen Nachhilfeunterricht über die NATO, da er von der »Flexible Response« überzeugt sei. Dann brachte er nochmals seine ablehnende Haltung gegenüber einer dritten Nullösung zum Ausdruck. Es sei jedoch eine Tatsache, daß die Deutschen mehr als alle anderen von der Stationierung atomarer Kurzstreckenwaffen betroffen seien, weswegen den deutschen Interessen Vorrang eingeräumt werden solle. Ich konterte, entgegen seiner Darstellung beträfen die Kurzstreckenwaffen nicht nur Deutschland. Unsere Truppen seien auf deutschem Boden stationiert. Noch nie sei es möglich gewesen, sich auf sämtliche NATO-Verbündete zu verlassen, da es immer schon schwache Bündnispartner gegeben habe. Doch seien bisher die Vereinigten Staaten, Großbritannien und die Bundesrepublik Deutschland die wahren Stützen der NATO gewesen. Nach diesen Ausführungen wurde der Kanzler noch wütender. Er erklärte, seit Jahren sei er als Vasall der Amerikaner attackiert worden, und nun werde er plötzlich als Verräter gebrandmarkt. Dann wiederholte er, seiner Ansicht nach könne man sich nach Abschluß des INF-Abkommens über Mittelstreckenwaffen nicht den Verhandlungen über atomare Kurzstreckensysteme entziehen. Doch werde er noch einmal über meine Worte nachdenken und sich diesbezüglich mit den Amerikanern in Verbindung setzen. In einem Schreiben berichtete ich Präsident Bush über unsere Unterredung und schloß mit der Bemerkung: »Unter der Voraussetzung, daß Großbritannien und die USA standhaft bleiben, können wir nach wie vor beim [NATO-]Gipfel zu einem zufriedenstellenden Ergebnis gelangen.«

Im Vorfeld des NATO-Gipfeltreffens berichtete die Presse weiterhin vorrangig über eine Spaltung des Bündnisses, was besonders ärgerlich war, da wir eigentlich das 40jährige Bestehen der NATO zu feiern hatten. Bei dieser Gelegenheit hätten wir den Erfolg unserer Strategie der Friedenssicherung durch Stärke herausstreichen können. Abgesehen von den Amerikanern stimmten nur die Franzosen mit meiner Linie zu den nuklearen Kurzstreckenwaffen überein. Da sie allerdings nicht der integrierten Kommandostruktur der NATO angehörten, fiel ihre Stimme bei der endgültigen Entscheidung nicht ins Gewicht. Am Dienstag, dem 16. Mai, notierte ich: »... es wäre vernünftig, wenn wir in bezug auf die nuklearen Kurzstreckenwaffen eine Fraktion zustande brächten, die keine Verhandlungen wünscht, gestützt auf eine Studie über die Forschungen auf dem Gebiet der atomaren Kurzstreckenwaffen.« Damals war ich noch einigermaßen optimistisch.

Dann erfuhr ich am Freitag, dem 19. Mai, daß die Amerikaner ihren Standpunkt geändert hatten. Nun waren sie plötzlich bereit, das Prinzip der Nichtverhandelbarkeit von atomaren Kurzstreckenwaffen umzustoßen. James Baker beteuerte in der Öffentlichkeit, wir seien über diese Kursänderung der Amerikaner unterrichtet worden, was aber nicht der Fall war. Ohne dem amerikanischen Formulierungsvorschlag, den ich für untragbar hielt, in irgendeiner Weise beizupflichten, sandte ich den Amerikanern zwei grundsätzliche Anmerkungen dazu. Erstens sollte eine Ergänzung angefügt werden, mit der die Einleitung von SNF-Verhandlungen von der Stationierung eines Folgemodells zu LANCE abhängig gemacht wurde. Zweitens sollte er die Forderung einer erheblichen Verringerung des sowjetischen atomaren Kurzstreckenwaffenarsenals bis auf den Stand der NATO enthalten. James Baker antwortete, er habe Zweifel, ob die Deutschen sich auf diese Vorschläge einlassen würden. Die Einstellung von Brent Scowcroft – dem nationalen Sicherheitsberater des amerikanischen Präsidenten – war vernünftiger. Doch konnte ich nicht einschätzen, wie die Meinung des Präsidenten selbst aussehen würde. Auf alle Fälle erkannte ich, daß ich quasi als fünftes Rad am Wagen nach Brüssel reisen mußte. Alle anderen stimmten SNF-Verhandlungen im Prinzip zu; Meinungsunterschiede bestanden nur noch über die Vorbedingungen dafür. Ich dagegen wünschte überhaupt keine Verhandlungen zu dem Thema. Und wenn sie schon unumgänglich waren, so wollte ich wenigstens strengere Bedingungen als die im amerikanischen Formulierungsvorschlag enthaltenen. Vor allen Dingen aber durfte es keine unklaren Formulierungen zur Frage der dritten Nullösung geben.

Dieses Gipfeltreffen war nicht mit einer Sitzung des Europäischen Rates zu vergleichen. Wenn es ein Erfolg werden sollte, mußten wir unbedingt die Einigkeit der NATO demonstrieren. Daher war ich der Meinung, ein Kompromiß wäre unter bestimmten Umständen eher eine moralische Pflicht als ein Zeichen der Schwäche. Dennoch brachte ich in meiner Rede mein Anliegen sehr deutlich zum Ausdruck und betonte vor allem meine große Skepsis hinsichtlich der Frage, ob Verhandlungen über den Abbau atomarer Kurzstreckenwaffen zum Nutzen der NATO seien. Ich war zwar bereit, eine Formulierung zu erwägen, die Verhandlungen in Betracht zog, doch erst sobald ein Abkommen über die Reduzierung konventioneller Rüstung geschlossen und wenigstens teilweise umgesetzt war – allerdings nur unter der Voraussetzung, daß es keine weitere Nullösung gab.

In letzter Minute brachten die Amerikaner dann doch noch Vorschläge ein, in denen sie eine Verringerung der konventionellen Rüstung forderten und hier nicht nur weitere, erhebliche Einschnitte verlangten, sondern auf Fortschritte bei den Wiener VKSE-Verhandlungen [über die konventionellen Streitkräfte in Europa; A. d. Ü.] drängten, damit die Reduzierungen auf diesem Gebiet bis 1992 oder 1993 abgeschlossen wären. Dank dieses Kunstgriffs war ein Kompromiß in der Frage der nuklearen Kurzstreckenwaffen möglich, da die Deutschen nun darauf hinweisen konnten, daß »baldige« SNF-Verhandlungen in Aussicht stünden. Dennoch hob ich in meiner anschließenden Erklärung vor dem Unterhaus die Tatsache hervor, daß die USA erst nach einer Einigung über den Abbau konventioneller Waffen sowie nach teilweise erfolgter Umsetzung dieser Regelung mit Verhandlungen über eine teilweise Reduzierung von Kurzstreckenraketen beginnen dürften. Bei den nuklearen Kurzstreckenwaffen der NATO würde es keine Reduktionen geben, bis eine vollständige Einigung über die Verringerung konventioneller Waffen erzielt wäre.

Ich war mir sicher, daß ich – ohne die tatkräftige Unterstützung der USA für den Kurs, den ich eigentlich hatte einschlagen wollen – alles Menschenmögliche versucht hatte, um zu verhindern, daß wir in eine weitere Nullösung hineinschlitterten. Mit dem Text, der nach zähen Verhandlungen in Brüssel verabschiedet worden war, konnte ich leben. Doch hatte ich mich nun selbst davon überzeugen können, daß der neue Ansatz der Amerikaner darin bestand, klare Absichtserklärungen über die Verteidigung des Bündnisses den politischen Empfindlichkeiten der Deutschen unterzuordnen. Das verhieß nichts Gutes.

Präsident Bushs Mainzer Rede vom 31. Mai 1989, in der er die Deutschen als »führende Partner« bezeichnete, bestätigte meinen

Verdacht über den europapolitischen Kurs der Amerikaner. Als der Präsident nach London kam, beteuerte er, auch wir seien »führende Partner«. Doch der Schaden war bereits angerichtet. Im weiteren Verlauf des Jahres 1989 kam durch die rasante Entwicklung in Osteuropa und die Aussicht auf eine deutsche Wiedervereinigung ein neues Element hinzu, das die USA dazu brachte, deutsche Themen noch wichtiger zu nehmen.

1989 – Der Fall des Kommunismus in Osteuropa und seine Folgen

Im Spätsommer 1989 gab es erste Anzeichen dafür, daß in Osteuropa der Zusammenbruch des Kommunismus unmittelbar bevorstand. In Polen siegte Anfang Juni die Solidarność bei den Parlamentswahlen, und General Jaruzelski akzeptierte das Ergebnis. Dazu beglückwünschte ich ihn, als er einige Tage darauf nach London kam. In Ungarn schritt die Liberalisierung voran. Im September öffnete das Land seine Grenzen nach Österreich, über die sich eine Flutwelle von DDR-Flüchtlingen ergoß. Der bevölkerungsmäßige Aderlaß der DDR und die Leipziger Demonstrationen Anfang Oktober führten zum Sturz Erich Honeckers. Am 9. November fiel die Berliner Mauer. Im folgenden Monat fand die Wende in der Tschechoslowakei statt. Vor Jahresende wurde der Dissident und Dramatiker Vaclav Havel, der im Februar verhaftet worden war, zum Präsidenten der Tschechoslowakei gewählt – und in Rumänien wurde der teuflische Ceausescu-Clan gestürzt.

Diese Ereignisse markierten jenen politischen Wandel, den ich mir in meinem ganzen Leben am sehnlichsten herbeigewünscht hatte. Doch so glücklich ich auch über den Sturz des Kommunismus in Ost- und Mitteleuropa war, wollte ich doch nicht zulassen, daß Euphorie meine Vernunft und Besonnenheit hinwegschwemmte. Ich gab mich nicht der Illusion hin, daß es ein leichter und schmerzloser Prozeß sein würde, Demokratie und freie Marktwirtschaft in diesen Ländern einzuführen. Manche der frei gewordenen Staaten konnten auf eine ausgeprägtere freiheitliche Tradition zurückgreifen als andere. Doch für genaue Vorhersagen darüber, welche Regierungsformen entstehen würden, war es noch zu früh. Zudem handelte es sich in Mittel- und Osteuropa – und noch mehr in der Sowjetunion – um ein buntes Gemisch ethnischer Gruppierungen. Die politische Freiheit konnte auch ethnische Konflikte und Streitigkeiten um Grenzen, die in der jüngsten Geschichte mehrfach hin- und hergeschoben worden waren, mit sich bringen. Krieg war mithin nicht ausgeschlossen.

Die willkommenen Veränderungen waren zum einen zustandegekommen, weil der Westen immer stark und resolut aufgetreten war – aber auch, weil sich die Sowjetunion unter Michail Gorbatschow von der Breschnew-Doktrin losgesagt hatte. Die Zukunft der neuen Demokratien würde vom Überleben einer gemäßigten Reformregierung in der UdSSR abhängig sein. In der Vergangenheit – 1956 in Ungarn und 1968 in der Tschechoslowakei – hatten wir gesehen, was geschehen konnte, wenn Demokraten auf die Straße gingen in der Überzeugung, der Westen würde letztlich eingreifen, um ihnen gegen die Sowjets zu helfen – und ihre Hoffnungen dann enttäuscht wurden. Es war zu früh für die Annahme, die unterdrückten Völker wären endgültig aus der Gefangenschaft befreit, denn ihre sowjetischen Kerkermeister konnten noch immer gefährlich werden. Deshalb war es von äußerster Wichtigkeit, Vorsicht walten zu lassen und Schritte zu vermeiden, die von der politischen Führung der Sowjetunion oder von den Militärs als provokativ aufgefaßt werden konnten.

Dies führte direkt zur dritten Überlegung – der Zukunft Deutschlands. Denn es gab nichts, was in der Sowjetunion mehr alte Ängste aufgerührt hätte – Ängste, die die Hardliner nur allzugerne ausnutzen würden –, als die Aussicht auf ein wiedervereinigtes, mächtiges Deutschland, womöglich mit wiederauflebenden Ambitionen an seiner Ostflanke.

Die Deutsche Frage und das Gleichgewicht der Kräfte

Es gab und gibt die Tendenz, die »Deutsche Frage« als ein zu heikles Thema zu betrachten, als daß wohlerzogene Politiker darüber reden dürften. Dies ist mir allerdings immer als Fehler erschienen. Das Problem hatte mehrere Aspekte, denen man sich nur zuwenden konnte, wenn Nichtdeutsche sie offen und konstruktiv erörterten. Ich glaube nicht an die Kollektivschuld: Meiner Meinung nach sind es einzelne Personen, die für ihre Handlungen moralisch zur Verantwortung zu ziehen sind. Allerdings glaube ich an einen Nationalcharakter, der durch eine Reihe komplexer Faktoren geprägt ist. Dem tut auch die Tatsache, daß Karikaturen zum Wesen eines Volkes oft absurd und überzogen sind, keinen Abbruch. Seit der Einigung unter Bismarck hat Deutschland – vielleicht zum Teil deswegen, weil die nationale Einheit so spät erfolgte – stets auf unberechenbare Weise zwischen Aggression und Selbstzweifeln geschwankt. Die unmittelbaren Nachbarn, zum Beispiel die Franzosen und die Polen, sind sich dessen eher bewußt als die Briten, von den Amerikanern ganz zu schweigen. Jedoch hält eben diese Sorge die unmittelbaren Nachbarn der Deutschen auch oft davon ab, klar Stellung zu beziehen, weil dies verletzend wirken könnte. Auch die Russen sind sich dieser Problematik schärfstens bewußt; ihr Bedarf an deutschen Krediten und Investitionen veranlaßt sie allerdings zum Stillschweigen. Vielleicht sind aber die ersten, die das »deutsche« Problem erkennen, die aufgeschlossenen Deutschen selbst, von denen die große Mehrheit überzeugt ist, daß Deutschland keine Großmacht werden darf, welche sich auf Kosten anderer Geltung verschafft.

Der wahre Ursprung der deutschen *Angst* [im Original deutsch; A. d. Ü.] ist die Qual der Selbsterkenntnis. Wie ich bereits erklärt habe, ist das einer der Gründe, warum so viele Deutsche aufrichtig – und wie ich meine, irrigerweise – Deutschland in ein föderatives Europa eingebettet wissen wollen. Es ist doch wahrscheinlich, daß Deutschland in einem solchen Gefüge die Führungsrolle einnehmen würde, denn ein wiedervereinigtes Deutschland ist schlichtweg viel zu groß und zu mächtig, als daß es nur einer von vielen Mitstreitern auf dem europäischen Spielfeld wäre. Überdies hat Deutschland sich immer auch nach Osten hin orientiert, nicht nur in Richtung Westen, obwohl die moderne Version solcher Tendenzen eher auf wirtschaftliche denn auf kriegerische territoriale Expansion abzielt. Daher ist Deutschland vom Wesen her eher eine destabilisierende als eine stabilisierende Kraft im europäischen Gefüge. Nur das militärische und politische Engagement der USA in Europa und die engen Beziehungen zwischen den beiden anderen starken, souveränen Staaten Europas, nämlich Großbritannien und Frankreich, können ein Gegengewicht zur Stärke der Deutschen bilden. In einem europäischen Superstaat wäre dergleichen niemals möglich.

Ein Hindernis auf dem Weg zu einem solchen Gleichgewicht der Kräfte war zu meiner Amtszeit die Weigerung des von Präsident Mitterrand regierten Frankreich, französischen Instinkten zu folgen und den deutschen Interessen den Kampf anzusagen. Denn das hätte bedeutet, die französisch-deutsche Achse aufzugeben, auf die Mitterrand sich stützte. Wie ich noch ausführen werde, sollte sich dieser Schwenk für ihn als zu schwierig erweisen.

Die deutsche Wiedervereinigung

Anfangs schien es auch wahrscheinlich, daß sich die Sowjets vehement gegen die Wiederauferstehung eines mächtigen Deutschland einsetzen würden – insbesondere eines Deutschland, das unter westlichen Bedingungen wiedervereinigt wurde und damit den Kommunismus in Mißkredit brachte. Allerdings hatten die Sowjets wohl damit gerechnet, daß die Deutschen – quasi als Gegenleistung für die Wiedervereinigung – eine Regierung links der Mitte einsetzen würden, die das lang angestrebte sowjetische Ziel eines neutralen, kernwaffenfreien Deutschland verwirklichen würde. (Es sollte sich herausstellen, daß die Sowjets – die vielleicht doch eine klarere Vorstellung von den wahren Gefühlen der DDR-Bürger hatten als wir – bereit waren, den Deutschen die Wiedervereinigung zum Preis einer bescheidenen Finanzspritze für ihre marode Wirtschaft zu verkaufen.)

Diese Fragen beschäftigten mich vorrangig, als ich im September 1989 beschloß, auf meiner Rückreise von der IDU-Konferenz in Tokio einen Kurzbesuch in Moskau einzulegen, um mit Michail Gorbatschow zu sprechen. Allerdings landete meine VC 10 zuerst zum Auftanken in der Stadt Bratsk in Sibirien. Zwei Stunden lang plauderte ich mit den örtlichen KP-Funktionären bei Kaffee in einer eiskalten, scheunenartigen Halle. Sie schienen begeisterte Anhänger der Perestrojka zu sein. Nach einer Stunde, in der wir uns mit dem Thema der örtlichen Rübenernte beschäftigt hatten, kam die Unterhaltung allerdings nur noch schleppend voran. Mei-

ne Berühmtheit rettete uns. John Whittingdale kam herein und
fragte, ob Oleg, der KGB-Wächter vor der Tür, ein Autogrammfo-
to haben könne. Sofort tat ich ihm den Gefallen. Meine Gastgeber
berieten sich hastig auf Russisch und baten dann ihrerseits um
Autogrammfotos. Damit war das Eis gebrochen.

Am nächsten Morgen und beim Mittagessen hatten Michail
Gorbatschow und ich in Moskau ein offenes Gespräch zum The-
ma Deutschland. Ich erklärte ihm, daß uns in der NATO diese
Aussicht nun doch recht bedenklich stimmte – obwohl wir uns aus
Tradition zur deutschen Wiedervereinigung bekannten. Dies, fügte ich hinzu, sei nicht nur meine Meinung, sondern ich hätte die
Frage auch mit einem anderen westlichen Spitzenpolitiker diskutiert – womit ich Präsident Mitterrand meinte, den ich allerdings
nicht namentlich nannte. Gorbatschow bestätigte, auch die
Sowjetunion wünsche keine deutsche Wiedervereinigung. Dies
bekräftigte mich in meinem Entschluß, das damals schon rasante
Tempo der Entwicklung zu bremsen. Natürlich wollte ich nicht,
daß die Ostdeutschen unter einem kommunistischen System wei-
terleben mußten – ebensowenig wie ich dies jedem anderen Volk
gewünscht hätte. Aber ich war mir sicher, daß sich in der DDR
bald eine wahrhafte Demokratie entwickeln würde und daß die
Frage der Wiedervereinigung, bei der die Wünsche und Interessen
der Nachbarn Deutschlands und anderer Mächte zu berücksichtigen waren, separat behandelt werden müsse.

Anfangs schien man in der Bundesrepublik Deutschland auch
willens dazu. Am Abend des 10. November, einem Freitag, rief
mich Kanzler Kohl nach seinem Besuch in Berlin an, wo die Mauer
gefallen war. Er zeigte sich tief bewegt von den Szenen, die sich
ihm geboten hatten – und welcher Deutsche wäre das nicht gewesen? Ich riet ihm, sich mit Gorbatschow in Verbindung zu setzen,
der durch die Vorgänge sicherlich zutiefst beunruhigt sei, und er
sicherte mir dies zu. Später an jenem Abend erschien der sowjetische Botschafter bei mir mit einer Botschaft von Präsident Gorbatschow, der befürchtete, es könne womöglich einen Zwischenfall
mit gravierenden Folgen geben – beispielsweise einen Angriff auf
Soldaten der sowjetischen Armee in der DDR oder in Berlin.

Anstatt jedoch zu versuchen, die Erwartungen zu bremsen,
machte sich Kanzler Kohl alsbald daran, sie noch zu schüren. In

einer Regierungserklärung vor dem Bundestag sagte er, der Kernpunkt der deutschen Frage sei die Freiheit. Die Deutschen in der DDR müßten die Chance erhalten, ihre Zukunft selbst zu bestimmen. Dazu brauchten sie keinen fremden Rat. Dies gelte »auch für die Frage der Wiedervereinigung und der deutschen Einheit«. Der Ton hatte sich bereits geändert und sollte sich auch weiterhin ändern. Allerdings versicherte Außenminister Genscher in einem vertraulichen Gespräch mit Douglas Hurd, die Deutschen wollten das Gerede von der Wiedervereinigung unterbinden.

Vor diesem Hintergrund berief Präsident Mitterrand eine Sondersitzung der EG-Regierungschefs in Paris ein[4], auf der die Vorgänge in Deutschland besprochen wurden. Die Position von Egon Krenz, dem neuen führenden Mann in der DDR, den die Sowjets mir gegenüber als Protegé Gorbatschows bezeichnet hatten, wirkte höchst prekär. Vor meiner Abreise sandte ich Präsident Bush eine Botschaft, in der ich meine Ansicht bekräftigte, der Einführung wahrhaft demokratischer Verhältnisse in der DDR solle Priorität eingeräumt werden. Die deutsche Wiedervereinigung sei dagegen kein Thema, das derzeit behandelt werden müsse. Später rief mich der Präsident an, um mir für mein Schreiben zu danken, mit dessen Inhalt er völlig übereinstimme. Gleichzeitig versicherte er mir, wie sehr er sich darauf freue, daß wir beide »in Camp David die Füße hochlegen und uns einmal richtig gut unterhalten« würden.

Fast ebenso freundschaftlich war das Treffen in Paris am Abend des 18. November, einem Samstag. Präsident Mitterrand eröffnete die Sitzung mit einer Reihe von Fragen – darunter auch jener, ob die Grenzen in Europa zur Debatte stünden. Dann sprach Bundeskanzler Kohl. Er erklärte, die Menschen wollten die »Stimme Europas hören«. Diesem Wunsch kam er entgegen, indem er vierzig Minuten lang redete. Abschließend sagte er, es solle keine Grenzdiskussionen geben, doch müsse es dem deutschen Volk ermöglicht werden, selbst über seine Zukunft zu entscheiden. Die Selbstbestimmung sei nun oberstes Gebot. Nachdem der spanische Ministerpräsident Gonzalez sich ohne große Wirkung in die Debatte eingemischt hatte, sprach ich. Ich erklärte, wir dürften uns keiner Euphorie hingeben, auch wenn derzeit historische Veränderungen im Gange seien. Der Wandel habe eben erst begonnen, und es werde mehrere Jahre dauern, bis wahrhafte Demokratie und Wirtschaftsreformen in Osteuropa verankert seien. Von einer Grenzverschiebung dürfe nicht die Rede sein, und die Schlußakte von Helsinki müsse weiterhin Anwendung finden[5]. Jegliches Bestreben, irgendwelche Grenzänderungen wie auch die deutsche Wiedervereinigung zu diskutieren, werde Gorbatschows Autorität untergraben und zudem in ganz Mitteleuropa im Hinblick auf Grenzstreitigkeiten eine wahre Büchse der Pandora öffnen. Um eine grundlegende Stabilität zu gewährleisten, müßten wir meines Erachtens sowohl die NATO wie auch den Warschauer Pakt intakt halten. Falls Kanzler Kohl dazu irgendwelche Vorbehalte hatte, so wurden sie nicht ausgesprochen, und ob er damals schon seinen nächsten Schritt zur Beschleunigung des Wiedervereinigungsprozesses eingeleitet hatte, ist mir nicht bekannt.

Am darauffolgenden Freitag, dem 24. November, erörterte ich dieselben Fragen mit Präsident Bush in Camp David – allerdings nicht mit »hochgelegten Füßen«. Obwohl er recht freundlich war, wirkte der Präsident zerstreut und nervös. Ich wollte alles versuchen, um ihn von der Richtigkeit meiner Ansichten über die Vorgänge im zerfallenden kommunistischen Lager zu überzeugen. Daher wiederholte ich viele meiner in Paris vorgebrachten Argumente zum Thema der Grenzen und zur deutschen Wiedervereinigung. Auch betonte ich, es sei notwendig, den sowjetischen Parteichef zu unterstützen, von dessen Verbleib an der Macht so vieles abhing. Der Präsident erhob keine direkten Einwände gegen meine Argumentation, doch fragte er mich spitz, ob mein Kurs Anlaß zu Schwierigkeiten mit Bundeskanzler Kohl gegeben habe und welche Einstellung ich zur Europäischen Gemeinschaft habe. Auch wurde deutlich, daß wir uns in der Frage, welche Priorität den Rüstungsausgaben nunmehr einzuräumen sei, uneins waren. Bush wies mich auf die schwierige Haushaltslage in seinem Land hin und betonte, wenn sich die Verhältnisse in Osteuropa und der Sowjetunion wirklich verändert hätten, dann müsse es für den Westen sicherlich auch Spielraum geben, seine Verteidigungsausgaben zu drosseln. Ich wandte ein, es werde immer eine unberechenbare Bedrohung geben, gegen die man gewappnet sein müsse. In dieser Hinsicht seien Rüstungsausgaben wie eine Hausratsversicherung. Man höre ja auch nicht auf, seine Versicherungsprämien zu bezahlen, nur weil in der eigenen Straße eine Zeitlang keine Einbrüche vorgekommen seien. Meiner Meinung nach solle der Umfang des Verteidigungsbudgets der Vereinigten Staaten nicht von Gorbatschow und seinen Initiativen abhängig gemacht werden, sondern von den Verteidigungsinteressen der USA. Vielleicht brachte ich mit meinen Bemerkungen nicht genügend Verständnis für seine Schwierigkeiten mit dem Kongreß auf – jedenfalls trugen unsere Diskussionen nicht dazu bei, die Atmosphäre zwischen uns zu verbessern.

Kurz nach meiner Rückkehr nach Großbritannien erfuhr ich, daß Kanzler Kohl – ohne vorherige Absprache mit den Verbündeten und in eindeutigem Verstoß gegen den Geist des Pariser Gipfeltreffens – vor dem deutschen Bundestag einen sogenannten Zehn-Punkte-Plan zur zukünftigen Entwicklung Deutschlands vorgelegt hatte. Der fünfte Punkt betraf seinen Vorschlag, »konföderative Strukturen zwischen beiden Staaten in Deutschland zu entwickeln mit dem Ziel, eine Föderation (das heißt eine bundesstaatliche Ordnung) in Deutschland zu schaffen«. Der zehnte Punkt lautete, seine Regierung erstrebe »die Wiedervereinigung, das heißt die Wiedergewinnung der staatlichen Einheit Deutschlands«.

Nun war die Frage, wie die Amerikaner reagieren würden. Um dies zu erfahren, brauchte ich nicht lange zu warten. In einer Vorbesprechung zu einer Pressekonferenz erläuterte James Baker die amerikanische Einstellung zur deutschen Wiedervereinigung, die, wie er sagte, auf vier Grundsätzen basierte: Das Ziel der deutschen Selbstbestimmung werde »unbeschadet ihrer Konsequenzen« weiterverfolgt. Zweitens sollte Deutschland nicht nur Mitglied der NATO bleiben (hier stimmte ich von Herzen zu), sondern auch Bestandteil einer »zunehmend integrierten Europäischen Gemeinschaft« sein (hier wiederum nicht). Der dritte Punkt lautete, daß die Schritte zur Einheit friedlich und stufenweise vollzogen werden sollten – was nur recht und billig war. Mit dem letzten Punkt – daß die Prinzipien der Schlußakte von Helsinki insbesondere im Hinblick auf die Grenzen eingehalten werden mußten – war ich völlig einverstanden. Unklar war jedoch noch, ob die Amerikaner das Hauptgewicht auf die Zukunft Deutschlands in einem »integrierten« Europa legten oder auf den Gedanken, daß die Wiedervereinigung nur langsam und schrittweise zustande kommen dürfe.

Präsident Bush persönlich blieb es überlassen, diese Frage zu beantworten – und zwar in seiner Ansprache vor den Regierungschefs der NATO in Brüssel Anfang Dezember, wo er über seine Gespräche mit Gorbatschow bei Malta berichtete. Er verlas eine offensichtlich sorgfältig vorbereitete Erklärung über Europas »zukünftige Architektur«, und forderte eine »neue, ausgereiftere Beziehung« mit Europa. Auch bekräftigte er die von James Baker entwickelten Prinzipien zur Wiedervereinigung. Doch die Tatsache, daß der Präsident bei dem ohnehin überwiegend europäischen Treffen in Brüssel mit derartigem Nachdruck auf die »europäische Integration« einging, wurde sofort – und wohl nicht ganz zu Unrecht – als Signal aufgefaßt, daß Amerika ein föderalistisches Europa befürwortete und nicht mit meinem in Brügge erläuterten Ziel der europäischen Entwicklung übereinstimmte. Für die Journalisten, die durch das richtungweisende Hintergrundbriefing des Außenministeriums hervorragend informiert waren, gab es keinen Anlaß, die Bemerkungen des Präsidenten anders auszulegen. Später rief mich der Präsident an, um seine Ausführungen zu erläutern. Er sagte, sie beträfen nur den Binnenmarkt, nicht aber eine weitergehende politische Integration. Das war auch meine Hoffnung, zumindest für die Zukunft. Es blieb jedoch die Tatsache bestehen, daß ich von den Amerikanern in bezug auf eine Verlangsamung der deutschen Wiedervereinigung weiterhin nichts erwarten konnte – dafür aber möglicherweise viel mehr, als mir lieb war, im Hinblick auf einen zügigen europäischen Einigungsprozeß.

Eine britisch-französische Achse?

Falls es noch Hoffnung gab, die deutsche Wiedervereinigung aufzuhalten oder zumindest zu verlangsamen, so mußte eine entsprechende Initiative von Großbritannien und Frankreich ausgehen. Doch selbst wenn Präsident Mitterrand seinen heimlichen Befürchtungen (von denen ich wußte) Taten folgen lassen sollte, standen uns nur wenige Möglichkeiten offen. Sobald die Entscheidung gefallen war, daß die DDR der Europäischen Gemeinschaft ohne besondere Beitrittsverhandlungen beitreten konnte – aus meinen eigenen Gründen war ich gegen eine Vertragsänderung und irgendwelche Gemeinschaftshilfen –, konnten wir mit Hilfe der EG-Institutionen kaum noch etwas gegen die rasche Wiedervereinigung unternehmen. Meine Hoffnungen stützten sich nun auf die vier Siegermächte – Großbritannien, Frankreich, die Vereinigten Staaten und die Sowjetunion –, bei denen die Verantwortung für die Sicherheit Berlins lag. Doch nachdem die USA – und bald auch die Sowjets – in den Vier Mächten nichts anderes mehr sahen als Diskussionsforum für die Einzelheiten der Wiedervereinigung, war auch dieses Gremium nur noch von beschränktem Nutzen. Die KSZE – bei der ich übrigens im folgenden Jahr meine Vorstellungen darlegte – bot zwar eine Basis, mit der sich alle unerwünschten Versuche einer Grenzverschiebung in Osteuropa verhindern ließen, doch der deutschen Wiedervereinigung würde auch sie sich nicht in den Weg stellen. Die letzte und auch größte Chance bestand demnach in der Schaffung einer stabilen politischen Achse zwischen Großbritannien und Frankreich, die gewährleisten würde, daß in jedem Stadium der Wiedervereinigung wie auch bei der zukünftigen wirtschaftlichen und politischen Entwicklung nicht alles nach dem Willen der Deutschen lief.

Am Rande der Tagung des Europäischen Rates in Straßburg im Dezember 1989 traf ich auf Mitterrands Anregung hin zweimal inoffiziell mit dem französischen Präsidenten zusammen, um unsere Haltung zur deutschen Frage zu erörtern. Er war noch besorgter als ich und stand dem Zehn-Punkte-Plan von Bundeskanzler Kohl sehr kritisch gegenüber. Deutschland, bemerkte er, habe in der Geschichte noch nie seine wahren Grenzen gefunden, denn die Deutschen seien ein Volk, das ständig in Bewegung und im Wandel sei. Daraufhin holte ich aus meiner Handtasche eine Landkarte, auf der Deutschland in seinen vielfältigen Konfigurationen der Vergangenheit abgebildet war. Diese Veränderungen waren im Hinblick auf die Zukunft nicht sonderlich beruhigend. Wir erörterten mögliche Schritte. Ich merkte an, daß wir bei dem Treffen in Paris, bei dem er den Vorsitz geführt hatte, schon die richtigen Antworten auf die Fragen der Grenzen und der Wiedervereinigung gefunden hätten. Doch Präsident Mitterrand meinte, Kanzler Kohl sei bereits viel weiter gegangen. Er sagte, in der Vergangenheit habe Frankreich in Augenblicken großer Gefahr stets besondere Beziehungen zu Großbritannien entwickelt. Nun habe er das Gefühl, eine solche Zeit sei wieder gekommen. Wir müßten zusammenrücken und in Verbindung bleiben. Auch wenn wir noch nicht herausgefunden hatten, wie wir den deutschen Moloch in die Schranken weisen konnten, so hatten wir doch offenbar beide den Willen dazu. Das war immerhin ein Anfang.

Bei den offiziellen Beratungen des Europäischen Rates in Straßburg herrschte allerdings ein ganz anderer Gesprächston. Doch sagte der niederländische Ministerpräsident Lubbers beim gemeinsamen Abendessen der Regierungschefs, seiner Meinung nach fördere Kohls Zehn-Punkte-Plan die Wiedervereinigung. Er halte das Gerede von Selbstbestimmung für gefährlich, und es sei besser, nicht von *einem* »deutschen Volk« zu sprechen. Diese Bemerkungen erforderten einigen Mut, doch konnten sie Kanzler Kohl kaum noch etwas anhaben, der argumentierte, Deutschland habe für den letzten Krieg mit dem Verlust von einem Drittel seines Staatsgebietes bezahlt. In der Grenzfrage blieb er unpräzise – für meinen Geschmack zu unpräzise – und sagte nur, die Oder-Neiße-Linie, welche die Grenze zu Polen markierte, solle nicht zum juristischen Problem werden. Weder zu diesem Zeitpunkt noch später schien er Verständnis für die Ängste und Empfindlichkeiten der Polen zu haben.

Für Januar 1990 war ein Treffen zwischen Präsident Mitterrand und mir anberaumt. Daher gab ich Papiere über eine mögliche Verstärkung der britisch-französischen Zusammenarbeit in Auftrag. Kurz vor Weihnachten hatte Mitterrand Ostberlin besucht, um das Interesse Frankreichs an der Zukunft Deutschlands zu bekunden. Doch ließ sein öffentliches Auftreten kaum einen Rückschluß auf seine persönlichen Gedanken zu. In seiner dortigen Pressekonferenz behauptete er, er sei »keiner von denen, die die Bremse anziehen«. Ich hoffte nur, daß mein bevorstehendes Treffen mit ihm seinen Hang zu Schizophrenie ausräumen könne.

Das Thema Deutschland nahm am Samstag, dem 20. Januar, den größten Teil meiner Gespräche mit Präsident Mitterrand im Elysée-Palast in Anspruch. In Anknüpfung an die Bemerkungen des französischen Präsidenten am Rande der Straßburger Gespräche sagte ich, es sei von größter Bedeutung, daß Großbritannien und Frankreich gemeinsam eine Linie für unser Umgehen mit den Vorgängen in Deutschland entwickelten. Die DDR stünde offenbar kurz vor dem Kollaps, und es sei in keiner Weise ausgeschlossen, daß wir im Laufe dieses Jahres mit einer grundsätzlichen Entscheidung für eine Wiedervereinigung konfrontiert würden. Mitterrand war offensichtlich verärgert über die Einstellung und das Verhalten der Deutschen. Er konnte den Deutschen zwar das Recht auf politische Selbstbestimmung zugestehen, doch hatten sie seiner Meinung nach nicht das Recht, die politischen Realitäten in Europa umzustoßen. Auch konnte er nicht akzeptieren, daß die deutsche Wiedervereinigung Vorrang vor allen anderen Themen haben solle. Er klagte, die Deutschen faßten jede Mahnung zu behutsamem Vorgehen als Kritik auf. Wer nicht aus vollem Herzen für die Wiedervereinigung Deutschlands stimme, werde als Deutschenfeind bezeichnet. Das Problem sei jedoch, daß es in Wahrheit keine Macht in Europa gebe, welche die Wiedervereinigung verhindern könne. Mitterrand stimmte meiner Analyse der Probleme zu, doch sagte er, nun sei er ratlos, was zu tun sei. Ich war weniger pessimistisch und erklärte, wir sollten zumindest alle Register ziehen, um den Prozeß der Wiedervereinigung zu verlangsamen. Die Schwierigkeit dabei sei, daß manche anderen Regierungen nicht bereit waren, dazu öffentlich Stellung zu beziehen – wie übrigens auch die französische, hätte ich hinzufügen können, doch das unterließ ich. Weiter führte Präsident Mitterrand aus, er teile meine Besorgnis über die sogenannte »Mission« der Deutschen in Mitteleuropa. Tschechen, Polen und Ungarn wollten nicht ausschließlich unter dem politischen Einfluß der Bundesrepublik stehen, doch würden sie deutsche Unterstützung und Investitionen brauchen. Ich fand, wir sollten nicht nur hinnehmen, daß die Deutschen einen besonderen Einfluß auf diese Länder ausübten, sondern sollten lieber unsererseits alles unternehmen, um unsere Beziehungen zu ihnen auszubauen. Zum Abschluß unserer Begegnung einigten wir uns darauf, daß unsere Außen- und Verteidigungsminister zu Gesprächen über die Wiedervereinigung zusammentreffen und prüfen sollten, inwieweit eine engere Zusammenarbeit zwischen Frankreich und Großbritannien in der Verteidigungspolitik denkbar sei.

Die Tatsache, daß diesen Diskussionen zwischen Präsident Mitterrand und mir nur wenige oder gar keine praktischen Schritte im Hinblick auf die Deutsche Frage folgten, bewies seine grundsätzliche Abneigung, die Gesamtrichtung seiner Außenpolitik zu ändern. Im wesentlichen hatte er folgende Wahl: Er konnte entweder den europäischen Einigungsprozeß vorantreiben, um den deutschen Riesen zu bändigen, oder aber diese Linie aufgeben und sich auf jene von General de Gaulle zurückbesinnen – das heißt, auf die Verteidigung der französischen Unabhängigkeit und eine Bündnispolitik zur Sicherung der Interessen seines Landes. Er traf die falsche Entscheidung für Frankreich. Darüber hinaus wuchsen wegen seiner Unfähigkeit, vertrauliche Worte mit öffentlichen Taten zu verknüpfen, auch meine Probleme. Allerdings muß man einräumen, daß sich seine Einschätzung, nichts könne die deutsche Wiedervereinigung aufhalten, als richtig erwies.

Im Februar reiste Kanzler Kohl – wieder ohne Absprache mit seinen Verbündeten – nach Moskau. Als Gegenleistung für eine Erklärung Gorbatschows, daß es von seiner Seite keinen Hinderungsgrund für eine deutsche Wiedervereinigung gebe, bot Kohl den Sowjets für den Abzug ihrer Truppen aus Ostdeutschland eine in ihren Augen wohl riesenhafte Summe – wenngleich sie sicherlich noch viel mehr hätten herausholen können. Von diesem Zeitpunkt an war jede realistische Chance, den Wiedervereinigungsprozeß zu verlangsamen, dahin. Doch diese Frage sollte mir noch weitere Schwierigkeiten bereiten – nicht zuletzt in meiner Beziehung zu den Amerikanern.

Am Samstag, dem 24. Februar, telefonierte ich eine dreiviertel Stunde mit Präsident Bush. Ich brach mit meiner Gewohnheit, am Telefon keine detaillierten Sachfragen zu erörtern, und bemühte mich, dem Präsidenten zu erläutern, welche Haltung wir meiner Meinung nach zum westlichen Bündnis und zu Europa mit einem wiedervereinigten Deutschland einnehmen sollten. Ich wies darauf hin, wie wichtig es sei, sicherzustellen, daß das vereinigte Deutschland in der NATO bleibe und daß dort weiterhin US-Truppen stationiert blieben. Wenn allerdings sämtliche sowjetischen Einheiten das Gebiet der DDR verlassen müßten, fügte ich hinzu, würde Gorbatschow Probleme bekommen. Daher hielte ich es für das beste, einige wenige dort auf eine unbestimmte Übergangszeit stationiert zu lassen. Auch sagte ich, wir müßten die Rolle der

KSZE stärken, nicht nur, um eine drohende Isolation der Sowjets
zu verhindern, sondern auch, um ein Gegengewicht zu der deutschen Übermacht in Europa zu schaffen. Immerhin gelte es zu
bedenken, daß Deutschland von Ländern umgeben sei, die es im
Laufe dieses Jahrhunderts angegriffen oder besetzt hatte. In der
Zukunft könne nur die Sowjetunion – beziehungsweise ihr Nach-
folgestaat – einen solchen Machtausgleich garantieren. Wie ich
später erfuhr, begriff Präsident Bush nicht, daß ich über ein langfristiges Gleichgewicht der Kräfte sprach und kein alternatives
Bündnis zur NATO meinte. Das war das letzte Mal, daß ich derlei
Dinge am Telefon erörterte.

Durch seine Unwilligkeit, einen ordentlichen Vertrag zur Festlegung der deutsch-polnischen Grenze abzuschließen, war es Bundeskanzler Kohl gelungen, den schlimmstmöglichen Eindruck zu
vermitteln. Der polnische Ministerpräsident Tadeusz Mazowiec-
ki, dem ich zum ersten Mal unter ganz anderen Umständen im
November 1988 in Danzig begegnet war, schilderte mir bei seinem
London-Besuch im Februar 1990 seine Befürchtungen. Ich drängte auf eine Klärung dieser Frage, als ich Kanzler Kohl zu Beginn
eines britisch-deutschen Gipfeltreffens Ende März in London
begegnete, erhielt allerdings keine klare Antwort. Auch stellte ich
sicher, daß die Polen einen Sonderstatus bei den »Zwei-plus-vier«-
Gesprächen erhielten (ich nannte sie lieber die »Vier-plus zwei«-
Gespräche zwischen den Vier Mächten und den beiden deutschen
Staaten). Schließlich, und auch nur auf großen Druck hin, erklärte
sich Kohl doch bereit, den Verlauf der Grenze zwischen Deutschland und Polen in einem im November 1990 unterzeichneten Son-
dervertrag festzuschreiben.

Die KSZE und die »demokratische Allianz«

Ein kleiner Gewinn bei der Saga von der deutschen Wiedervereinigung war die Stärkung der Rolle der KSZE (Konferenz für Sicherheit und Zusammenarbeit in Europa). Anfangs stand ich dem
gesamten Prozeß von Helsinki sehr skeptisch gegenüber. Doch
was die Nachteile der KSZE auf der Höhe des kalten Krieges auch
gewesen sein mochten, nun erwies sie sich als ein nützlicher Rah-

men, um zumindest einige der Probleme, die im neuen, demokratischen Europa entstanden waren, in Angriff zu nehmen. Natürlich konnte sie niemals den Rang der NATO einnehmen, die weiterhin die Basis unserer Verteidigung bilden mußte, auch wenn es nötig war, im Hinblick auf Strategie und Prioritäten einige Änderungen vorzunehmen. Doch bot die KSZE den Rahmen für die Verhandlungen über die konventionellen Streitkräfte in Europa (VKSE) zwischen der NATO und dem Warschauer Pakt, die zum Abschluß des VKSE-Abkommens führten, welches bei meinem – wie sich herausstellen sollte – letzten Gipfeltreffen im November 1990 in Paris unterzeichnet wurde. Die KSZE konnte den neuen Demokratien nicht die Sicherheitsgarantien bieten, die sie brauchten: sie strebten weiterhin eine assoziierte Mitgliedschaft in der NATO an, welcher Form auch immer.

Doch die KSZE bot drei erhebliche Vorteile. Zum ersten involvierte sie sowohl die Amerikaner als auch die Sowjetunion in die Zukunft Europas. Ohne die Präsenz und das Engagement der Amerikaner konnte in Europa niemals Stabilität eintreten. Zweitens war die KSZE das geeignete Forum für jegliche Erörterung von Grenzstreitigkeiten, obwohl sie über ihre Schlichterfunktion hinaus keine weitergehenden Möglichkeiten zur Durchsetzung hatte. (Die Durchsetzung sollte der NATO, der UNO oder notfalls einem oder mehreren Einzelstaaten obliegen – wobei die USA zwangsläufig die Führung übernehmen würden.) Drittens war es mein Ziel, daß die Grundsätze der Schlußakte von Helsinki neben den Prinzipien der Menschenrechte auch die Prinzipien von Privatbesitz und freien Märkten umfassen sollten. Wie ich im März in meiner Rede bei der Tagung der deutsch-englischen Gesellschaft (»Königswinter-Konferenz«) in Cambridge hervorhob, sollten wir den KSZE-Gipfel im November dazu nutzen, die Grundlagen für eine »große demokratische Allianz vom Atlantik bis zum Ural und darüber hinaus« zu schaffen.

Auf dieses Thema kam ich auch bei meiner Rede in Aspen, Colorado, am Sonntag, dem 5. August, zu sprechen. In Aspen legte ich meine von mir so bezeichneten »Grundsätze wahrer Demokratie« dar. Diese beruhten, wie ich ausführte, nicht allein auf dem Wahlrecht. Großbritannien zum Beispiel sei schon lange ein freies Land gewesen, ehe die Mehrheit der Bevölkerung das Wahlrecht erhielt. Ich stellte die These auf, Demokratie erfordere eine Begrenzung der Regierungsbefugnisse sowie Marktwirtschaft und Privatbesitz – und persönliches Verantwortungsgefühl, ohne das ein solches System nicht funktionieren könne. Ich forderte den KSZE-Gipfel auf, einer sogenannten »europäischen Magna Charta« zuzustimmen, die all diese Grundrechte enthalten würde, einschließlich des Rechtes auf nationale Selbstbestimmung. Zudem drängte ich auf eine engere Verbindung zwischen Ost-und Westeuropa und forderte, die Sowjetunion ins westliche Wirtschaftssystem einzugliedern. (Diese Gedanken bildeten die Grundlage für die Charta von Paris, die ich an dem Morgen nach dem Tag unterzeichnete, an dem ich erfuhr, daß ich in der ersten Runde der Wahlen für den Parteivorsitz der Konservativen Partei nicht die erforderliche Mehrheit erreicht hatte.)

Die Sowjetunion – 1989–1990

In meinem gesamten letzten Amtsjahr wurden immer wieder Zweifel laut, ob es klug sei, Gorbatschow bei seinen Reformen zu unterstützen. Doch ich fuhr damit fort und bereue es nicht. Zum ersten bin ich kein Mensch, der instinktiv seine Freunde fallenläßt, nur weil sich deren Glück wendet. Mag diese Haltung auch für den Moment zu Nachteilen führen, so fördert sie doch meiner Erfahrung nach den Respekt, den man bei seinen Verhandlungspartnern genießt. Respekt ist ein wichtiger Faktor in der Politik – diejenigen, die keinen genießen, werden mir hier wohl insgeheim zustimmen. Doch zum zweiten, und dies war noch wichtiger, hatte ich damals nicht den Eindruck, irgend jemand sei zur Durchsetzung der Reformen besser geeignet als Gorbatschow. Ich wollte den Sturz des Kommunismus erleben, und zwar nicht nur in Osteuropa und der Sowjetunion, sondern in allen Teilen der Welt – doch sollte er friedlich vonstatten gehen. Die beiden offenkundigen Gefahren für den Frieden waren eine – offene oder verdeckte – Machtübernahme sowjetischer Hardliner innerhalb des Militärs und ein gewaltsames Auseinanderbrechen der Sowjetunion. Im gesamten Verlauf des Sommers 1990 gab es beunruhigende Nachrichten über mögliche putschistische Strömungen innerhalb der sowjetischen Armee. Ihr Wahrheitsgehalt war zwar nie ganz sicher belegt, doch waren sie von einiger Wahrscheinlichkeit. Allerdings war es die Nationalitätenfrage – und das bedeutete, die Zukunft der Sowjetunion an sich –, die für Außenstehende am schwierigsten einzuschätzen war.

Heute glaube ich, wir im Westen überschätzten alle die Fähigkeit eines gewaltsam errichteten und gewaltsam zusammengehaltenen Sowjetreiches, dessen innere Stütze auf der marxistischen Ideologie und einer kommunistischen Nomenklatur beruhte, den Einbruch der politischen Freiheit zu überstehen. Vielleicht hatten wir zu viel auf die Diplomaten und die westlichen Experten und zu wenig auf die Emigranten gehört. Ich selbst schloß mich allerdings nur sehr begrenzt den im britischen und amerikanischen Außenministerium vorherrschenden Überlegungen zu Nationalitäten und Nationalstaatlichkeit an.

Zufällig waren wir uns jedoch alle einig über den rechtlichen Sonderstatus der baltischen Staaten. Hier lautete die Frage nicht, ob, sondern nur noch, wann sie ihre Unabhängigkeit erhalten sollten. (Mein Interesse am Schicksal dieser Länder datierte lange zurück: Schon 1967 hatte ich gegen ein Abkommen zwischen der damaligen Labour-Regierung und der Sowjetunion gestimmt, die seit der 1940 erfolgten sowjetischen Invasion im Baltikum in der Bank von England eingefrorenen Goldreserven der baltischen Staaten freizugeben, um damit ausstehende finanzielle Forderungen zu begleichen).

Bei meiner Begegnung mit Gorbatschow im Juni warnte ich die Sowjets, daß kriegerischer Einsatz ernste Konsequenzen haben werde. Den litauischen Präsidenten Landsbergis ermahnte ich bei seinem Besuch in London im November zu größter Vorsicht. Zudem drängte ich beide Seiten zu weiteren Verhandlungen, allerdings unter der klaren Voraussetzung, daß das Ergebnis die Unabhängigkeit der baltischen Staaten sein mußte.

Bei den anderen Republiken war die Sachlage weniger klar. Die Ukraine und Belorußland waren – durch ein unbedachtes Zugeständnis an Stalin im Jahre 1945 – bereits Mitglieder der UNO und konnten daher eventuell auch einen geringfügig anderen Status einfordern. Ich teilte nicht die vermeintlich realistische, doch in wirtschaftlicher Hinsicht törichte Ansicht, daß ein Staat über eine festgelegte Bevölkerungszahl, ein bestimmtes Bruttoinlandsprodukt oder ein gewisses Maß an Bodenschätzen verfügen müsse, um »lebensfähig« zu sein. Vielmehr waren die Einstellung der Bürger und der vom Staat vorgegebene allgemeine wirtschaftliche Rahmen zur Nutzung dieser Faktoren ausschlaggebend. Auch war ich, ganz allgemein gesprochen, nicht glücklich mit dem Argument, es läge an uns im Westen, über die zukünftige Form der Sowjetunion – oder gar ihre Existenz – zu bestimmen. Unsere Aufgabe bestand darin, zu überlegen, welche Folgen die künftige Entwicklung dort für unsere eigene Sicherheit haben würde. Und diese letzte Überlegung veranlaßte mich, mit äußerster Vorsicht vorzugehen. Zu erwarten, daß eine militärische Supermacht – auch eine kränkelnde wie die Sowjetunion – ihre Innen- und Außenpolitik ändert, um zu überleben, ist eine Sache. Eine ganz andere ist es, zu erwarten, daß sie still und leise Harakiri begeht. Bei einem Mittagessen während des Pariser KSZE-Gipfels im November hatte ich gegenüber dem rumänischen Präsidenten Iliescu bemerkt, bei der Festlegung einer Verhandlungsposition müsse man sich stets über die äußerste Grenze seiner Verhandlungsbereitschaft im klaren sein – über den Punkt, in dem man niemals nachgeben wolle. Gorbatschow, der uns zugehört hatte, lehnte sich über den Tisch und sagte, er sei völlig meiner Meinung: seine äußerste Grenze sei die äußere Umgrenzung der Sowjetunion. Dies konnte ich nicht akzeptieren, und wie bereits erwähnt, hatte ich dies auch in Rom klargestellt, als Jacques Delors mich von Gorbatschows Haltung zu diesem Punkt informierte[6]. Doch ich nahm diese Worte ernst.

An der Frage der Zukunft der einzelnen Sowjetrepubliken entzündeten sich 1990 die gravierendsten Kontroversen in der sowjetischen Politik. Sie war auch eines der Themen gewesen, die ich mit Gorbatschow bei meinem Zwischenstopp in Moskau im September 1989 erörtert hatte. Damals hatte er gerade ein Plenum über die Nationalitätenpolitik abgehalten. Dabei war es auch zu einigen bedeutsamen Veränderungen im Politbüro gekommen. Der langjährige KP-Chef der Ukraine, Schtscherbitski, hatte das Politbüro verlassen. Der frühere lettische Parteichef Pugo – einer der Anführer des Putsches von 1991 – war zum Kandidaten, KGB-Chef Krjutschkow – ein weiterer Putschist – zum Vollmitglied befördert worden. Ministerpräsident Ryschkow, der Gorbatschow nahestand, allerdings bei dem Versuch, die Wirtschaft zu managen, ziemlich ins Schwimmen geraten war, verblieb im Amt. Beim Mittagessen im Kreml erzählte Gorbatschow eine Anekdote von General de Gaulle, der einmal geklagt hatte, wie schwierig es sei, ein Land mit 200 Käsesorten zu regieren. Wieviel schwieriger sei es erst, ein Land mit 120 Nationalitäten zu regieren!»Zumal, wenn Käsemangel herrscht«, warf der stellvertretende Ministerpräsident Albakin ein. Und in der Tat schlug sich im Lauf der Monate die Enttäuschung über das Scheitern der Wirtschaftsreform zunehmend in nationalen Konflikten nieder.

Daß Boris Jelzin als radikaler Verfechter wirtschaftlicher wie politischer Reformen auf der Bildfläche erschien, hätte unter Umständen Gorbatschows Position stärken können. Wenn die beiden imstande gewesen wären, ihre Differenzen beizulegen, und wenn Gorbatschow außerdem bereit gewesen wäre, sich von der Kommunistischen Partei zu trennen, dann wäre der Reformprozeß vielleicht wieder in Schwung gekommen. Wenn, ja wenn! Ihr Verhältnis blieb unverändert schlecht, und Gorbatschow blieb bis zum Ende Kommunist.

In westlichen Kreisen gab es eine starke Tendenz, Jelzin nicht ernst zu nehmen. Ich konnte nicht glauben, daß diese Einschätzung – sofern man es überhaupt so nennen konnte – berechtigt war, und wollte mir ein eigenes Urteil bilden. Daher willigte ich erfreut ein, ihn während seines Besuchs in London am Freitag, dem 27. April 1990, zu treffen. Allerdings versäumte ich nicht, Gorbatschow vorher davon zu unterrichten und klarzustellen, daß ich Jelzin wie etwa einen Oppositionsführer empfangen würde. Der Kurzbericht, den ich über Jelzin erhalten hatte, faßte die damals vorherrschende Meinung über ihn zusammen. Darin wurde er als »umstritten« bezeichnet, da er als einziges Mitglied des Zentralkomitees der KPdSU gegen die sogenannte Programmatische Plattform gestimmt hatte – mit dem Argument, es sei das langjährige Machtmonopol der Kommunistischen Partei gewesen, das die UdSSR in seine derzeitige Krise manövriert und Zigmillionen von Menschen in die Armut getrieben habe. Er hatte erklärt, der demokratische Zentralismus sei untauglich und müsse durch eine echte Demokratie ersetzt werden. Er hatte ferner ein Parteiengesetz gefordert, das den Sonderstatus der KPdSU abschaffen sollte.

Dreifach hoch, dachte ich. Weiter hieß es in dem Bericht, der sich nicht gerade durch politischen Weitblick auszeichnete: ».. . einige Experten glauben sogar, wenn [Jelzin] zum Präsidenten der Russischen Föderation gewählt wird, werde er möglicherweise eine wichtigere Rolle spielen als Gorbatschow, der Präsident einer zerfallenden Union. Dies ist allerdings weit übertrieben.«

Mein Gespräch mit Jelzin dauerte nur eine dreiviertel Stunde. Anfangs war ich mir nicht ganz sicher, wie ich ihn einordnen sollte. Weit mehr als Gorbatschow entsprach er meiner Vorstellung eines typischen Russen: groß und stämmig, mit breitem slawischem Gesicht und weißem Haarschopf. Dazu war er selbstsicher, ohne überheblich zu wirken, und hatte ein freundliches, humorvolles Lächeln, gepaart mit einem Hang zur Selbstironie. Was mich jedoch am meisten beeindruckte, war, daß er manche der Grundprobleme eindeutig konsequenter durchdacht hatte als Gorbatschow. Zu Beginn unseres Gesprächs äußerte ich, daß ich Gorbatschow unterstützte, was ich von Anfang an klargestellt wissen wolle. Jelzin antwortete, ihm sei bekannt, daß ich den sowjetischen Staatschef und die Perestrojka unterstütze, und hier unterschieden sich unsere Ansichten in einigen Punkten, doch im Prinzip sei auch er ein Anhänger Gorbatschows und der Reformpolitik. Allerdings hätte Gorbatschow einigen Feststellungen der Reformanhänger, die diese vor drei oder vier Jahren geäußert hätten, mehr Aufmerksamkeit widmen sollen. Ursprünglich sei es das Ziel der Perestrojka gewesen, den Kommunismus effektiver zu gestalten, was er jedoch als Ding der Unmöglichkeit betrachte. Die einzige ernstzunehmende Lösung seien weitreichende politische und wirtschaftliche Reformen, einschließlich der Einführung der Marktwirtschaft. Doch sei die Zeit bereits weit fortgeschritten.

Damit sprach er mir aus dem Herzen. Mir fiel auf, daß Jelzin im Gegensatz zu Präsident Gorbatschow sowohl der kommunistischen Ideologie wie auch ihrer Diktion abgeschworen hatte. Er war es auch, der mich zum ersten Mal auf den Zusammenhang zwischen den Wirtschaftsreformen und der Frage hinwies, welche Machtbefugnis den einzelnen Republiken übertragen werden sollte. Hierzu klärte er mich auf, wie wenig Autonomie die Regierungen der einzelnen Republiken in Wirklichkeit besaßen; im wesentlichen fungierten sie als – oftmals unfähige und korrupte – Ausführende der zentralistischen Entscheidungen. Nun müsse ihnen ein eigener Haushalt zugewiesen und die Verfügungsgewalt darüber gegeben werden, sagte er; und ferner müsse jede der Republiken eine eigene Gesetzgebung und Verfassung erhalten. Er zeigte auf, daß die Unfähigkeit, die Frage der Dezentralisierung in den Griff zu bekommen, zu den derzeitigen Problemen geführt habe – es sei schlichtweg unmöglich, ein so großes Land zentral zu steuern. Nach diesem Gespräch sah ich nicht nur Boris Jelzin, sondern auch die grundsätzlichen Probleme der Sowjetunion in einem neuen Licht. Als ich einige Zeit später auf den Bermudas Präsident Bush meinen positiven Eindruck von Jelzin schilderte, machte er mir klar, daß die Amerikaner diesen Eindruck nicht teilten. Das war ein schwerer Fehler.

Besuch in der Sowjetunion, Juni 1990

Bei meinem Staatsbesuch in der Sowjetunion im Juni 1990 hatte ich Begegnungen mit den verschiedensten Persönlichkeiten, die die damalige sowjetische Politik prägten – nicht nur mit Präsident Gorbatschow, sondern auch mit radikaleren Reformern, Nationalisten sowie jenen, die potentiell die größte Gefahr für die Reformpolitik darstellten, nämlich den Militärs. Am Abend des 7. Juni, einem Donnerstag, landete ich in Moskau und wurde von Ministerpräsident Ryschkow am Flughafen empfangen. Am nächsten Morgen traf ich mit dem reformorientierten Moskauer Bürgermeister Gawriil Popow zusammen. Nie zuvor war mir ein Russe wie Popow begegnet. Er war das glatte Gegenteil eines gesetzten sowjetischen Bürokraten – er wirkte ungezwungen, sah etwas schmuddelig aus und trug vermutlich (wie mir später erklärt wurde) zum ersten Mal in seinem Leben eine Krawatte – zu Ehren meines Besuches.

Ich stellte fest, daß er ein begeisterter Anhänger von Milton Friedman und der Chicago School of Economics war. Er hatte den wesentlichen Punkt erfaßt: daß man nämlich keine Marktwirtschaft in Moskau – beziehungsweise auch anderenorts – einführen konnte, ohne daß es Privatbesitz wie auch einen klaren gesetzlichen Rahmen dafür gab. Als Ursache der gegenwärtigen politischen Krise betrachtete er die Tatsache, daß man bei der Verteilung von Besitz weit hinter dem Stand der anderen Reformen zurückgeblieben war. Daher sollten die Bürger ermutigt werden, eigene Wohnungen und Läden zu erwerben. Ferner wollte er den Dienstleistungsbereich privatisieren.

Weiter ging es mit Gesprächen und einem Arbeitsessen mit Präsident Gorbatschow. Zwar wirkte er auf mich weniger überschwenglich als sonst, doch ausgeglichen und gutgelaunt. Ich nutzte die Gelegenheit, um ihm mitzuteilen, daß ich weiterhin ein leidenschaftlicher Bewunderer seiner Reformbemühungen für die Sowjetunion sei. Viele Kommentatoren und Journalisten waren mittlerweile abgestumpft und wußten das Ausmaß der bisherigen Veränderungen nicht angemessen zu würdigen. Ich sicherte ihm meine volle Unterstützung – sowohl privat wie auch in der Öffentlichkeit – zu. Im Hinblick auf die Veränderungen in Mittel- und Osteuropa versuchte ich ihn zu überzeugen, daß es auch im Interesse der Sowjetunion sei, wenn ein vereinigtes Deutschland Mitglied der NATO wäre – denn andernfalls gäbe es keine Rechtfertigung für die weitere Stationierung amerikanischer Truppen in Europa. Deren Anwesenheit sei für den Frieden und die Stabilität in Europa aber von grundlegender Bedeutung. Ferner erläuterte ich ihm meine Vorstellungen zur weiteren Entwicklung der KSZE. Zu meinem Erstaunen wandte er zu keinem Zeitpunkt ein, die Zugehörigkeit eines vereinten Deutschland zur NATO sei nicht akzeptabel. Das gab mir das Gefühl, daß ich zumindest in diesem Punkt weitergekommen war. Die einzigen erheblichen Meinungsverschiedenheiten zwischen uns entzündeten sich – wie schon erwähnt – am Thema Litauen und an meinem Entschluß, mit ihm über die von uns zusammengetragenen Beweise zu diskutieren, daß die Sowjetunion Forschungen im Bereich der biologischen Waffen betrieb. Dies bestritt er energisch, versprach aber, der Sache nachzugehen.

Am selben Nachmittag hatte ich ein einstündiges Gespräch mit den führenden sowjetischen Militärs. Ich wollte mir ein Bild darüber machen, wie sie dachten, und ihnen gleichzeitig meine eigenen Ansichten mitteilen. Der sowjetische Verteidigungsminister Marschall Jasow hielt die Fäden des Gesprächs in der Hand: die anderen – darunter Marschall Moisejew, dessen Einwürfe und

Auftreten ihn als Mann von ungewöhnlicher Intelligenz und Charakterstärke auswiesen – sprachen nur, wenn der Verteidigungsminister schwieg. Dies war in gewisser Weise bedauerlich, denn Marschall Jasows Argumente waren vorhersehbar und brachten nichts Neues. Deshalb lenkte ich das Gespräch rasch auf die Ost-West-Beziehungen. Ich begrüßte es, sagte ich, daß wir nun in eine neue Phase mit besseren Beziehungen eingetreten seien; doch müßten beide Seiten die Notwendigkeit einer starken Verteidigung einsehen. Es gebe Spielraum für die Reduzierung der konventionellen Rüstung und der Kernwaffen, um unsere Verteidungsstrategie den neuen Gegebenheiten anzupassen. Doch wären wir weiterhin auf Kernwaffen angewiesen, da sie die einzig wirksame Abschreckung darstellten. Marschall Jasow vertrat die altbekannte sowjetische Linie, daß sämtliche Kernwaffen abgeschafft werden müßten. Ich sagte, ich wolle mir die Freiheit nehmen zu bezweifeln, daß sich die Ansichten Jasows und seiner Kollegen zu Kernwaffen wirklich grundlegend von meinen unterschieden. Schließlich besäße die Sowjetunion eine ganze Menge davon, und dies sicherlich nicht ohne Grund. Im Gegensatz zu Präsident Gorbatschow betonte Marschall Jasow, die Sowjets würden auf keinen Fall den Verbleib des vereinigten Deutschland in der NATO billigen. Allerdings konnte ich nicht ergründen, ob sich seine Einstellung tatsächlich von den Ansichten der sowjetischen Führung unterschied, oder ob er sie nur weniger subtil ausdrückte.

Am nächsten Morgen flog ich nach Kiew weiter. Hauptzweck meines Besuches dort war die Eröffnung der Ausstellung »British Days« im Rahmen eines Austauschs, der 1988 mit einem »Sowjetischen Monat« in Birmingham begonnen hatte. Als die Idee zu meinem Besuch aufgekommen war, hatte ich beim Außenministerium Erkundigungen eingezogen, welche Mittel für die Ausstellung aufgewendet werden sollten. Wie üblich mußte ich erfahren, daß die Planung unter einer rechten Knauserigkeit gelitten hatte. Zum Teil war es dem Druck, den ich ausübte, zu verdanken, daß die Kiewer Ausstellung doch ein großer Erfolg wurde. Das Ziel war gewesen, eine typische Straße in einer typischen Stadt im Norden Großbritanniens darzustellen, mit Geschäften und vor allem dem Haus einer typischen britischen Arbeiterfamilie. Die Kiewer trauten ihren Augen nicht, als sie die Stereoanlage und andere

Haushaltsgeräte betrachteten – und dann den Wagen in der Gara-
ge. Bei meinem Rundgang fragten sie mich, ob dies alles wirklich
der Realität entspräche: Führte der Durchschnittsbürger in Großbritannien wirklich ein so komfortables Leben? Allerdings, erwiderte ich. Dann sind uns lauter Lügen erzählt worden, und dies ist
der Beweis, war die Antwort. In der Tat war in dem Haus alles
ganz typisch, bis hin zum Zimmer der Teenager, in dem – wie in
den meisten Jugendzimmern – Kleidungsstücke und andere
Gegenstände verstreut herumlagen. Meine erste Reaktion war die
Feststellung, man hätte hier einmal aufräumen sollen, doch ließ
ich mich schließlich überzeugen, daß so alles noch lebensechter
sei.

Doch ebenso wie die Ukrainer nicht darauf vorbereitet waren,
wie das Leben in Großbritannien aussah, mußte ich feststellen,
daß ich nicht genügend über die Situation in der Ukraine informiert worden war. Überall, wo ich hinkam, stieß ich auf blau-gel-
be Fahnen und Wimpel (die Farben der Ukraine vor Gründung der
Sowjetunion) und auf Schilder, die Unabhängigkeit für die Ukraine forderten. Das brachte mich in ein gewisses Dilemma. So sehr
ich auch General de Gaulle bewunderte, wollte ich doch meine
sowjetischen Gastgeber nicht vor den Kopf stoßen, indem ich die
ukrainische Entsprechung zu seinem »Vive le Québec libre« pro-
klamierte. Und dies keineswegs nur deshalb, weil ich überzeugt
war, daß Präsident Gorbatschow die Ukraine niemals kampflos
aus der Sowjetunion entlassen würde: Die Ansicht, daß nicht nur
die UdSSR, sondern auch Rußland durch die Unabhängigkeit der
Ukraine bedroht wäre, vertraten sowohl die nichtkommunisti-
schen Russen wie auch die Kommunisten. (Die Unabhängigkeit
der Ukraine hat sich seit dem Zerfall der Sowjetunion als strategisch günstig für Europa und den Westen erwiesen und bewährt
sich, wie die wirtschaftliche und politische Stabilität und die Erfolge des Landes belegen.)

Doch bald schwand jegliche Hoffnung, ich könnte eine Bemerkung vermeiden, die von der einen oder anderen Seite mißverstanden würde. Der erst vor kurzem ernannte Generalsekretär der
ukrainischen KP, Iwaschko, bedauerte sehr, daß in meinem Terminplan keine Zeit für eine Zusammenkunft mit Mitgliedern des
neugewählten Obersten Sowjet der Ukraine vorgesehen war, und

fragte, ob ich dennoch zu einer Begegnung bereit sei. Dies bejahte ich. Ich stellte mir vor, es würde ein bescheidener, informeller Empfang. Doch als ich das Parlament betrat und in den Plenarsaal kam, stellte ich zu meinem Entsetzen fest, daß das gesamte Halbrund voll besetzt war. Ich hatte keine Rede vorbereitet, doch hier wurde eindeutig eine von mir erwartet. Meine Hoffnung war, daß ich mir etwas ausdenken könne, während ich vorgestellt wurde. Doch Parteisekretär Iwaschko hieß mich in knappen Worten willkommen und bat mich dann ans Mikrophon. Wie immer gelang es mir relativ gut, frei zu sprechen, doch dann wurden Fragen gestellt. Einer der Fragesteller berichtete mir, zehn der anwesenden Abgeordneten im Saal seien früher als politische Gefangene inhaftiert gewesen. Es sei meinen und Präsident Reagans Bemühungen zu verdanken, daß er heute kein Häftling mehr sei, sondern mir als Abgeordneter in diesem Saal gegenüberstünde. Doch ich konnte keine britische Botschaft in Kiew einrichten lassen und auch die Ukraine nicht in dieselbe Kategorie einordnen wie die baltischen Staaten, was die Anwesenden enttäuschte. Doch als ich sie verließ, hatte ich tiefen Einblick in die ganze Bedeutung der Nationalitätenfrage gewonnen. Ich begann zu zweifeln, ob die Sowjetunion letztendlich zusammengehalten werden konnte – und sollte.

Die letzte Etappe meiner Reise führte mich nach Leninakan in Armenien. Hier sollte ich eine Schule eröffnen, die nach dem Erdbeben von 1988 mit britischer Hilfe wiederaufgebaut worden war. Es war eine weitere politisch heikle Angelegenheit, da es erbitterte Kämpfe zwischen Armenien und Aserbeidschan um die Enklave Nagorni Karabach gegeben hatte und bei den Sowjets erhebliche Nervosität herrschte. Das Schulhaus war eines der wenigen Gebäude, die wiederaufgebaut worden waren. Im allgemeinen ließen die sowjetischen Leistungen beim Wiederaufbau eher zu wünschen übrig; den Fragen der Sicherheit wurde eindeutig Priorität eingeräumt. Ich fand mich von begeisterten Menschenmengen umflutet: In der Tat waren es so viele, daß meine ursprünglich vorgesehene Fahrtroute von den Sicherheitsbeamten abgeändert wurde. Obwohl mein Besuch kürzer ausfiel als geplant, zweifelte ich bei meiner Abreise nicht mehr daran, daß die nationale Begeisterung hier ebenso überwältigend groß war wie in der Ukraine.

Besuch der Tschechoslowakei und Ungarns im September 1990

Immer werde ich froh und dankbar sein, daß ich noch zu meiner Amtszeit als Premierministerin zwei ehemalige kommunistische Länder besuchen durfte. Im September 1990 konnte ich in der Tschechoslowakei und in Ungarn mit Menschen sprechen, die vor nicht allzu langer Zeit noch von den Kommunisten vollständig von der Macht ausgeschlossen worden waren und sich nun mit dem kommunistischen Erbe der Mißwirtschaft, der Umweltverschmutzung und des fehlenden Unternehmungsgeistes auseinandersetzen mußten. Von der Antrittsrede des tschechoslowakischen Präsidenten Havel war ich tief beeindruckt gewesen. Er hatte vom »Leben in einer Umwelt moralischen Verfalls« gesprochen, in der »Begriffe wie Liebe, Freundschaft, Mitleid, Bescheidenheit und Vergebung ihre Tiefe und Bedeutung verloren haben«. Er hatte die Demoralisierung durch den Kommunismus beschrieben: wie »das ehemalige Regime mit seiner arroganten und intoleranten Ideologie den Menschen zu einem Produktionsmittel und die Natur zu einem Produktionswerkzeug herabwürdigte. Auf diese Weise wurden Wesen und Beziehung von Mensch und Natur beeinträchtigt.«

Die Tschechoslowakei konnte sich glücklich über die geistigen Impulse schätzen, die sie von Präsident Vaclav Havel erhielt. Ebenso glücklich aber konnte sie sein, Vaclav Klaus, den dynamischen und überzeugten Marktwirtschaftler, zum Finanzminister zu haben (heute ist er tschechischer Ministerpräsident). Gemeinsam bauten sie die gesellschaftlichen und wirtschaftlichen Fundamente des Landes wieder auf. Abgesehen von den offensichtlichen Problemen, mit denen sie sich konfrontiert sahen, bestanden auch Spannungen zwischen dem tschechischen und dem slowakischen Teil der föderativen Republik. Ich verbrachte die meiste Zeit in Prag, einer Stadt, die ich noch nicht kannte, deren gesamtes Erscheinungsbild mir aber zu Bewußtsein brachte, daß ich mich wahrhaftig im Herzen Europas befand. Doch besuchte ich auch Bratislava, wo sowohl Wirtschaft als auch Stadtbild noch die Narben des kommunistischen Vandalismus trugen. Der slowakische

Ministerpräsident Meciar versicherte mir, die Tschechoslowakei werde als Föderation bestehen bleiben, was mir auch sinnvoll erschien, solange nicht größere wirtschaftliche Fortschritte erzielt waren. Doch es sollte nicht sein.

Wieder in Prag, beriet ich mich mit Präsident Havel, den ich schon früher kennengelernt hatte, als er einmal Großbritannien besuchte. Obwohl er politisch links von mir stand, war es doch unmöglich, ihn nicht zu schätzen und zu bewundern. Er wiederum sah wie ich die Notwendigkeit, die osteuropäischen Staaten in die EG zu integrieren, sobald das praktisch möglich war. Auch gefielen ihm meine Gedanken zu einer Europäischen Magna Charta und zur weiteren Entwicklung der KSZE. Ich hatte das Gefühl, für meinen europapolitischen Kurs einen Verbündeten gefunden zu haben.

Danach reiste ich nach Ungarn weiter. Gegenüber allen anderen osteuropäischen Ländern besaß Ungarn drei wesentliche Vorteile. Zunächst waren bereits unter der letzten kommunistischen Regierung beträchtliche wirtschaftliche und politische Reformen durchgeführt worden; daher gestaltete sich der Übergang weit weniger schwierig und schmerzhaft. Zweitens lag das Land bei Ministerpräsident József Antall in den Händen eines echten Konservativen. Ich hatte ihn bereits zu verschiedenen Anlässen getroffen, und wir stimmten politisch weitgehend überein. Drittens hatten die Ungarn ihre Regierungskoalition zusammengehalten, anstatt sich wegen geringfügiger Meinungsverschiedenheiten zu spalten. Antall besaß die Fähigkeiten und entwickelte auch bald die Autorität, um Ungarn die Führung und politische Kontinuität zu bieten, die das Land brauchte.

Dennoch war die Wirtschaftsreform eine beängstigend schwierige Aufgabe. Noch hatten die Ungarn die Kernfrage des Eigentums zu klären, sowohl was die Güter betraf, die Exilungarn und ihre Familien zurückforderten, wie auch die Privatisierung der Industrie. Aber es gab noch ein umfassenderes, strategisches Problem. In noch größerem Maße als die Tschechoslowakei und Polen hatte Ungarn den Wunsch, sich ein für allemal von der sowjetischen Bevormundung zu befreien. Antall hatte angekündigt, Ungarn werde aus dem Warschauer Pakt austreten und wünsche eine engere Anbindung an die NATO oder zumindest an die

Westeuropäische Union (WEU). In Polen und der Tschechoslowakei spielte man mit demselben Gedanken. Der ungarische Ministerpräsident versicherte mir, der Warschauer Pakt sei am Ende. Für den Fall der Auflösung des Bündnisses befürwortete ich für die Länder Osteuropas einen Sonderstatus als assoziierte NATO-Mitglieder.

Ein weiteres Problem, dem sich Ungarn, Tschechen und Polen gegenübersahen, war die Tatsache, daß ihre Geheimdienste vom KGB infiltriert waren, was für die nachrichtendienstliche Zusammenarbeit mit dem Westen ein großes Hindernis bildete. In der Tschechoslowakei waren sämtliche KP-Mitglieder aus dem alten Geheimdienst entlassen worden. Bei meinen Gesprächen mit Ministerpräsident Antall in seinem Büro im Parlamentsgebäude – das zu meiner Freude anders als bei meinem Besuch 1984 nun wieder zu seinem ursprünglichen Zweck genutzt wurde – zeigte sich, wie vorsichtig man überall sein mußte. Einmal wies er auf eine Statue, die der sowjetische Ministerpräsident Ryschkow Antalls liberalkommunistischen Vorgänger Nemeth geschenkt hatte. Bei einer genauen Untersuchung hatte man festgestellt, daß darin Wanzen untergebracht waren. Ich sagte, ich hoffte, sie werde weiterhin regelmäßig überprüft. Bei näherem Hinsehen erwies sich die Statue als so häßlich, daß ich Antall vorschlug, sie ganz aus dem Raum zu entfernen. Es wäre schön, wenn man sich ebenso leicht des übrigen kommunistischen Erbes entledigen könnte.

Die NATO im Wandel

So fasziniert ich auch von den Vorgängen in der Sowjetunion und in Osteuropa war, konnte ich doch nicht außer acht lassen, daß die Stärke und Sicherheit des Westens letztlich vom britisch-amerikanischen Verhältnis abhing. Aus den bereits beschriebenen Gründen – teils wegen der persönlichen »Chemie«, teils aufgrund echter Unterschiede in der politischen Linie – war dieses Verhältnis etwas angespannt. Daher lag mir besonders viel daran, daß die Gespräche, die ich mit Präsident Bush im April 1990 auf den Bermudas führen sollte, erfolgreich verlaufen würden. Dies war ebenso eine inhaltliche Frage wie eine Sache der Atmosphäre. Ganz all-

gemein gesprochen, wollte ich nun abwarten, bis der Präsident seine Ansichten dargelegt hatte, ehe ich die meinigen erläuterte. Auf
den Bermudas waren wir sehr darauf bedacht, die entspannte
Atmosphäre zu schaffen, die er, wie ich mittlerweile wußte, schätzte. Es wurde beinahe ein »familiäres« Treffen, bei dem Bush und
Denis zuletzt bei strömendem Regen auf einem 18-Loch-Platz
Golf spielten – eine durch und durch »britische« Angelegenheit.

Vorrangig ging es Präsident Bush und mir um die Zukunft der
NATO und um Beschlüsse zur europäischen Verteidigung. Nach
unserem Telefonat über die KSZE und die Gründe für den Erhalt
des Warschauer Paktes, bei dem es einige Mißverständnisse gegeben hatte, war mir nun besonders daran gelegen, ihn auf unmißverständliche Weise meines starken Engagements für die Sache der
NATO zu versichern. Der Präsident und offenbar auch NATO-
Generalsekretär Dr. Wörner wünschten die Einberufung einer baldigen NATO-Gipfelkonferenz. Mir persönlich wäre ein Gipfel im
Herbst lieber gewesen, um mehr Zeit für die Vorbereitungen zu
haben, doch es wurde deutlich, daß der amerikanische Präsident
einen Termin im Juni wünschte und Großbritannien dazu gerne als
Gastgeber gesehen hätte. Tatsächlich fand der Gipfel Anfang Juni
statt. Außerdem war Bush zu dem Schluß gekommen, daß der
amerikanische Kongreß keine Mittel zur Entwicklung eines Nach-
folgemodells für die LANCE-Rakete bewilligen würde, und daher
wollte er den Verzicht auf dieses Programm bekanntgeben. Ich
fand mich damit notgedrungen ab, hielt es jedoch für wichtig,
feste Zusagen zur zukünftigen Stationierung von Kernwaffen in
Deutschland zu erhalten, insbesondere für den Bereich der taktischen Luftunterstützung (TASM = Tactical Air Support Mission).
Die eigentliche Frage lautete also, wie wir das am geschicktesten
bewerkstelligen konnten, und sie erwies sich in der Tat als Schlüssel für die Haltung der Amerikaner im Vorfeld des NATO-Gipfeltreffens. Die USA wollten dieses Treffen zu einem Medienerfolg
machen, damit wir die deutsche Unterstützung bei den nuklearen
Kurzstreckenwaffen und das sowjetische Einverständnis für den
Verbleib Deutschlands in der NATO gewinnen konnten. Bei meiner Rückkehr nach London nahm ich die Vorbereitungen für den
NATO-Gipfel in Angriff, der in unserem Lande stattfinden sollte.
Kompliziert wurde es dadurch, daß ebenfalls im Juni eine Sitzung

des Nordatlantikrates – also der Außenminister der NATO – in Turnberry angesetzt war, wenige Meilen südlich von Ayr an der schottischen Westküste. Bei dieser Konferenz würden wahrscheinlich die wichtigeren Entscheidungen über die Umgestaltung der NATO getroffen werden, weswegen mir ihr erfolgreicher Verlauf sehr am Herzen lag.

Nicht zum erstenmal hatte ich mit den Amerikanern und auch mit dem Generalsekretär der NATO Meinungsverschiedenheiten über die Vorgehensweise beim NATO-Gipfel. Die Amerikaner wollten unbedingt eine Reihe von Initiativen verkünden, etwa ihren Vorschlag erheblicher Reduzierungen bei den konventionellen Waffen und noch weitergehende Verringerung im nuklearen Bereich. Zwischen mir und Präsident Bush fand ein reger Meinungsaustausch statt, und daraufhin wurden einige der spektakulärsten und am wenigsten durchdachten Vorschläge wieder fallengelassen. Nicht, daß ich alle Ziele der Amerikaner für den Gipfel verworfen hätte. Insbesondere befürwortete ich James Bakers Vorschlag, das Element der politischen Konsultationen als einer der Funktionen der NATO neben der rein militärischen *Planung* zu verstärken. Wie die Amerikaner war auch ich der Überzeugung, daß der NATO im Hinblick auf die Vermeidung von Reibungspunkten zwischen Amerika und Europa größere Bedeutung als je zuvor zukam.

Worüber ich jedoch überhaupt nicht glücklich war, war der amerikanische Vorschlag, im Kommuniqué die bewährte NATO-Strategie der »Flexible Response« offiziell zu ändern. Die Amerikaner beharrten auf der Einfügung der Formulierung, Nuklearwaffen seien »Waffen des letzten Rückgriffs«. Dies aber wäre meiner Meinung nach dazu angetan gewesen, die Glaubwürdigkeit der atomaren Kurzstreckenwaffen der NATO zu unterminieren. Ich fand, das Bündnis sollte wie bisher jegliche Einschränkungen für die Rolle der Kernwaffen vermeiden. Sonst würden wir uns auf jene fatale, von der sowjetischen Propaganda stets geforderte Position zubewegen (wenngleich wir sie damit noch nicht erreichten), daß »wir nicht als erste Nuklearwaffen einsetzen« würden. In diesem Falle waren unsere konventionellen Streitkräfte einem möglichen Angriff der Sowjets mit ihren zahlenmäßig überlegenen konventionellen Waffen ausgeliefert. In der endgültigen Fassung des ersten Absatzes war dieser Gedanke dann etwas ausweichend formuliert:

> Schließlich können die betroffenen Verbündeten nach dem endgültigen Abzug der stationierten sowjetischen Truppen und der Erfüllung des VKSE-Abkommens ihre Abhängigkeit von Nuklearwaffen verringern. Diese werden jedoch auch weiterhin eine wesentliche Funktion in der übergreifenden Strategie der NATO zur Verhinderung eines Krieges haben, und zwar indem sie gewährleisten, daß es keine Umstände geben kann, unter denen nicht mit einem nuklearen Gegenschlag auf militärische Handlungen gerechnet werden muß. Dennoch werden sie im Europa des Wandels zu einer neuen NATO-Strategie beitragen, in der Kernwaffen wirklich Waffen des letzten Rückgriffs sind.

Ich kann nicht behaupten, daß ich mit diesem unhandlichen Kompromiß zufrieden war. Doch hängt militärische Strategie letztlich nicht von einem Stück Papier ab, sondern davon, daß man sich verpflichtet, Mittel zum Erreichen praktischer militärischer Ziele einzusetzen. Die in Turnberry begonnene Umstrukturierung, die in Großbritannien durch Verteidigungsminister Tom Kings Programm »Options for Change« umgesetzt werden sollte, mußte sich darauf konzentrieren, wo bei den unvermeidlichen Einsparungen nun die Prioritäten zu setzen waren.

Einen Monat vor dem NATO-Gipfel führte ich in meiner Rede vor dem Nordatlantikrat meine Ansichten zu diesem Thema aus. Es dürfte meine Zuhörer nicht überrascht haben, mit welchem Nachdruck ich die Beibehaltung der militärischen Präsenz der USA in Europa forderte und auf die unverminderte Bedeutung der Modernisierung der Kernwaffen hinwies. Doch betonte ich auch, daß die NATO ihre »out of area«-Rolle außerhalb des NATO-Gebietes überdenken müsse. Dazu stellte ich folgende Frage:

> Sollte sich die NATO nicht zunehmend mit einer möglichen Bedrohung unserer Sicherheit von anderer Seite her befassen? Es gibt keine Garantien dafür, daß die Bedrohung für unsere Sicherheit an einer imaginären Linie mitten im Atlan-

tik haltmacht. Vor nicht allzu langer Zeit mußten einige von uns an den Persischen Golf ausrücken, um sicherzustellen, daß die Ölquellen dort weiter fließen, und auch im kommenden Jahrhundert werden wir vom Öl aus dem Nahen Osten abhängig sein. Aufgrund der Verbreitung von hochentwikkelten Waffensystemen und Militärtechnik in Gebieten wie dem Nahen Osten muß man damit rechnen, daß eine eventuelle Bedrohung für NATO-Länder eher von Gebieten außerhalb Europas ausgeht. Vor diesem Hintergrund wäre es ein Gebot der Vernunft, daß sich die NATO-Länder ihre Fähigkeit bewahren, mit flexibleren und vielseitigeren Waffensystemen eine Vielzahl von Aufgaben zu übernehmen.

Diese Ausführungen spiegelten meine langjährige Einstellung wider. Ich hatte selbst erlebt, wie wichtig die westliche Präsenz in weit entfernten Gebieten der Welt – und nicht zuletzt im Nahen Osten – sein konnte, um die Interessen des Westens zu wahren. Gewiß hatte sich die militärische Bedrohung durch die Sowjetunion verringert, doch hieß das ja nicht, daß nicht von anderen Diktaturen Gefahren ausgehen konnten. Allerdings konnte ich nicht ahnen, daß wir uns schon zwei Monate später mit einer explosiven Krise am Golf konfrontiert sehen würden.

Einige Überlegungen

Wenn ich die internationalen Entwicklungen der späten 80er Jahre betrachte, so scheinen sie mir überwältigend positiv. Der Kommunismus wurde besiegt, die Freiheit in den ehemaligen Satellitenstaaten wiederhergestellt, die grausame Teilung Europas beendet, die Sowjetunion befand sich auf dem Weg zu Reformen, Demokratie und nationaler Selbstbestimmung, und der Westen, insbesondere die Vereinigten Staaten, hatte sich durchgesetzt, da sich sowohl seine früheren Gegner als auch in zunehmendem Maße die Länder der Dritten Welt seine politischen Werte und sein Wirtschaftssystem zu eigen machten.

Hauptsächlich sind diese historischen Errungenschaften das Verdienst der Vereinigten Staaten und vor allem Präsident Rea-

gans, dessen Politik des militärischen und wirtschaftlichen Wettstreits mit der UdSSR die sowjetische Führungsspitze – und hier
vor allem Gorbatschow – gezwungen hatte, ihr Hegemoniestre-
ben aufzugeben und einen Reformprozeß einzuleiten, der letztlich
das gesamte kommunistische System zum Einsturz brachte. Ohne
den ausdauernden, mutigen Widerstand der Völker in der Sowjetunion und in Mittel- und Osteuropa hätte dies jedoch nicht gelingen können. Nie werden wir die Namen all jener kennen, die in
diesem Kampf gelitten haben und umgekommen sind, doch dürfen wir ihre Anführer feiern, von Wladimir Bukowski bis zu
Vaclav Havel, von Alexander Solschenizyn bis hin zu Kardinal
Mindszenty und den vier jungen Helden, die bei der Verteidigung
des russischen Weißen Hauses in Moskau ihr Leben opferten, als
das alte Regime bereits in den letzten Zügen lag.

Als diese alte Ordnung zusammenbrach und die Menschen allmählich ins Licht traten, wußte Präsident Bush mit großem diplomatischem Geschick auf die Phasen des gefährlichen und gefährdeten
Wandlungsprozesses zu reagieren. Auch soll all den standfesten
europäischen Verbündeten die Anerkennung nicht versagt bleiben,
die sowohl dem Druck als auch den Umgarnungsversuchen der
Sowjets widerstanden und an einer starken Verteidigung des Westens
festhielten: insbesondere Helmut Schmidt, Helmut Kohl, François
Mitterrand und... aber das verbietet mir meine Bescheidenheit.

Die Welt ist besser geworden. Doch in gewisser Weise ist sie auch
wie früher. Das Europa, das hinter dem Eisernen Vorhang hervor-
getreten ist, trägt viele Züge des Europa von 1914 und 1939: ethnische Konflikte, Grenzstreitigkeiten, politischer Extremismus,
Nationalismus und wirtschaftliche Rückständigkeit. Und noch
ein weiteres Schreckgespenst aus der Vergangenheit ist wiederauf-
erstanden: die Deutsche Frage.

Der einzige Fall, in dem ich mit meiner Linie zu einem außenpolitischen Thema unzweifelhaft gescheitert bin, war die deutsche Wiedervereinigung. Meine Absicht war, die Demokratisierung der
DDR voranzutreiben und gleichzeitig ihre Vereinigung mit der Bundesrepublik Deutschland hinauszuzögern. Gegen den ersten
Aspekt dieser Politik würde niemand Einwände erheben. Damals
waren viele auch mit dem zweiten Aspekt einverstanden, was durch
viele Lippenbekenntnisse bekräftigt wurde. Die meisten Beobach-

ter erkannten jedoch nicht, welche nationalistische Begeisterung für die deutsche Einheit in der DDR entbrannt war. Tatsächlich wurde diese Sehnsucht nicht einmal von den Dissidenten erkannt, die die Demonstrationen in Ostdeutschland anführten und für eine freie, reformierte, unabhängige DDR eintraten, nicht aber für eine größere Bundesrepublik. Und alle Nachbarn Deutschlands hofften, diese Entwicklung verhindern zu können, da sie befürchteten, sie werde den ohnehin schon von Erschütterungen heimgesuchten Kontinent noch mehr aus dem Gleichgewicht bringen.

Schließlich erwies sich der Wunsch der Deutschen beiderseits der Elbe jedoch als unwiderstehlich. Daher mußte diese Politik scheitern. War sie aber deswegen falsch? Dies ist eine komplexe Frage, die eine differenzierte Antwort erfordert. Sehen wir uns zunächst einmal die praktischen Folgen der raschen Wiedervereinigung an, die sich mit der Zeit zeigten. Die von den Westdeutschen betriebene Einverleibung ihrer benachbarten Verwandtschaft erweist sich als wirtschaftliche Katastrophe, die sich über die hohen Zinsen der Bundesbank und das Europäische Währungssystem (EWS) auf die übrige Europäische Gemeinschaft ausgeweitet hat. Wir alle mußten mit erhöhter Arbeitslosigkeit und Rezession für diese Politik bezahlen. Die politische Unreife der Ostdeutschen hat sich in der Form eines wiederauferstandenen (aber noch kontrollierbaren) Neonazismus und ausländerfeindlichen Extremismus über das ganze Land verbreitet. Im Hinblick auf das internationale Staatengefüge hat sich ein deutscher Staat herausgebildet, der so groß und dominierend ist, daß er sich nicht problemlos in die neue Architektur Europas einfügt.

Nicht zu vernachlässigen sind aber auch die positiven Auswirkungen meiner Politik. Sie zwang die Regierung der Bundesrepublik, die Grenzfrage mit ihren östlichen Nachbarn zu klären. Im großen und ganzen läßt sich sagen, daß sie die Voraussetzungen schuf, unter denen der KSZE-Prozeß eingerichtet wurde. Dieser stellt klar, daß die bestehenden Grenzen nicht durch einseitige Handlungen und ohne allgemeine Zustimmung verändert werden dürfen. Weiterhin förderte diese Politik die Beziehungen Großbritanniens mit den anderen Staaten Mittel- und Osteuropas, die uns heute in gewissem Maße als aufmerksame Wächter ihrer Interessen betrachten. Doch das Hauptargument für die Verlangsamung des deutschen Wiedervereinigungsprozesses war, daß man eine Atempause für die Planung neuer politischer Strukturen in Europa benötigte, innerhalb derer ein vereinigtes Deutschland keinen destabilisierenden Einfluß ausüben würde. Durch ihr verfrühtes Zustandekommen hat die Vereinigung Deutschlands drei unerfreuliche Entwicklungen begünstigt: erstens den überhasteten europäischen Föderalismus als Mittel, Gulliver zu fesseln, zweitens den Erhalt des deutsch-französischen Blocks zum selben Zweck und drittens den schrittweisen Abzug der USA aus Europa in der Annahme, ein föderatives Europa unter deutscher Führung werde sowohl stabil genug als auch in der Lage sein, sich um seine Verteidigung selbst zu kümmern.

Ich möchte an dieser Stelle nicht erneut alle Gründe dafür aufzählen, weshalb ich diese Entwicklungen für schädlich halte. Doch wage ich die Prognose, daß ein vereinigtes Europa im Inneren instabil und sich im außenpolitischen Bereich als Hemmnis für einträchtige Vereinbarungen mit Amerika – im Hinblick auf Handel, Politik und Verteidigung – erweisen würde. Weiterhin würde sich meiner Meinung nach der deutsch-französische Block zunehmend in einen deutschen Block verwandeln (wirtschaftlich betrachtet, in einen D-Mark-Block), in dem Frankreich weitgehend eine untergeordnete Rolle zukäme. Die Vereinigten Staaten würden in der Folge zuerst ihre Truppen heimholen und sich anschließend auf der weltpolitischen Bühne im Streit mit dem neuen europäischen Spieler wiederfinden.

Diese Entwicklungen sind jedoch nicht unvermeidlich. Im Zusammenhang mit dem Scheitern der britischen Deutschland-Politik ist unter anderem der offensichtliche Argwohn Frankreichs gegenüber der deutschen Machtposition und dem deutschen Machtstreben zutage getreten. Es sollte keinesfalls außerhalb der Kompetenzen eines künftigen britischen Premierministers liegen, als Gegengewicht zum deutschen Einfluß eine Entente zwischen Großbritannien und Frankreich aufzubauen. Auch sollte es in seiner Macht sehen, als Teil dieser Politik in der Europa-Frage eine stärkere Hinwendung zu de Gaulles Gedanken eines »Europe des Patries« zu fördern. Dieser neue Ansatz wird jedoch die Einsicht der politischen Elite in Frankreich erfordern, daß ein stabiles Gleichgewicht der Kräfte in Europa von der mehr oder minder dauerhaften Präsenz der USA in Europa abhängt. Und das bedeutet ein Eingeständnis, das die französischen Präsidenten bislang nur in vertraulichen Gesprächen zu äußern bereit waren.

27

Keine Zeit für weiche Knie

*Die Antwort auf die irakische Invasion in Kuwait
im Jahre 1990*

Die Ereignisse in Aspen

Am Mittwoch, dem 1. August 1990, startete die VC 10 morgens mit mir und meinen Begleitern an Bord von Heathrow aus in Richtung Aspen, Colorado. Der amerikanische Präsident sollte am Donnerstag die Konferenz des Aspen-Instituts eröffnen, und ich sollte am Sonntag die Schlußrede halten. Ich war schon früher aufgebrochen, um bei Präsident Bushs Rede anwesend zu sein. Zu dieser Zeit wußte ich bereits, daß sich irakische Truppen auf dem Weg zur kuwaitischen Grenze befanden. Die Verhandlungen zwischen dem Irak und Kuwait, welche in Djidda stattfanden, waren für diesen Tag unterbrochen worden, sollten jedoch, soweit wir wußten, bald wiederaufgenommen werden. Daher hielten wir die irakischen Truppenbewegungen für reines Säbelrasseln. Bald jedoch wurden wir eines besseren belehrt. Am Donnerstag, dem 2. August, um 2.00 Uhr morgens nach kuwaitischer Ortszeit führten die Irakis eine großangelegte militärische Invasion durch – wenn sie auch behaupteten, es handle sich um einen internen kuwaitischen Staatsstreich – und übernahmen die völlige Kontrolle über das Land.

Eine Stunde später – in Colorado war es später Nachmittag – rief mich Charles Powell von seinem Hotel aus an, um mir die Neuigkeiten zu berichten. Ich beschloß sofort, zwei in Penang und Mombasa stationierte Schiffe, die diese Region in etwa einer Woche erreichen konnten, in den Golf zu beordern, während die Dinge sich weiterentwickelten. Ein Schiff unserer Armilla Patrol, die »HMS York«, befand sich bereits in Dubai. Am nächsten Morgen informierte ich mich als erstes über die neuesten Entwicklungen, von denen mich eine Note von Charles Powell in Kenntnis setzte. Offensichtlich waren die anderen arabischen Regierungen von dem Schritt des Irak überrumpelt worden. Die Außenminister der Arabischen Liga, die gerade in Kairo zusammengetroffen waren, hatten sich auf keine gemeinsame Erklärung einigen können. König Hussein versuchte, die irakische Aktion zu rechtfertigen, indem er den Kuwaitis mangelnde Kompromißbereitschaft vorwarf. Die Herrscherfamilien am Golf waren äußerst beunruhigt. Derweilen hatte der Sicherheitsrat der Vereinten Nationen eine von Großbritannien stark befürwortete Resolution verabschiedet, in der die Aktion des Irak verurteilt und ein vollständiger Rückzug sowie sofortige Verhandlungen gefordert wurden. In seiner kompetenten und professionellen Art hatte Douglas Hurd nach seiner Rückkehr nach London angeordnet, alle kuwaitischen Vermögenswerte in Großbritannien einzufrieren – doch leider hatten die Irakis nur Schulden. Uns beschäftigte nun die Frage, ob Saddam Hussein die Grenze überschreiten und die saudi-arabischen Ölfelder besetzen würde. (Das war wirklich ein wichtiger Punkt, aber ich war von Anfang an davon überzeugt, daß uns diese Überlegungen nicht von dem Ziel ablenken durften, Saddam Hussein aus dem Gebiet, das er bereits in einem völkerrechtswidrigen Akt der Aggression besetzt hatte, zu vertreiben).

Während dieser Ereignisse logierte ich im Gästehaus, das zur Ranch von Botschafter Henry Catto gehörte. Ich las Charles' Note, hörte mir die Nachrichten an und ging dann spazieren, um mir in Ruhe über die Sachlage klar zu werden. Als ich zurückkam, erwarteten mich bereits Charles und Sir Anthony Acland, unser Botschafter. Wir erfuhren vom Weißen Haus, daß Präsident Bush trotz der aktuellen Entwicklung nach Aspen kommen und im Laufe des Vormittags eintreffen würde. Wie es meine Gewohnheit ist, sprach ich nun die ganze Problematik mit ihnen durch, und am Ende kristallisierten sich zwei Hauptpunkte heraus. Auf diese Weise war ich mir zu dem Zeitpunkt, als ich mit Bush im Hauptgebäude der Ranch zusammentraf, bereits darüber im klaren, wie wir vorzugehen hatten.

Glücklicherweise erkundigte sich der Präsident sogleich nach meiner Einschätzung der Lage. Ich setzte ihm meine Schlußfolgerungen in klaren und offenen Worten auseinander. Zum einen dürfe man Aggressoren gegenüber niemals nachgeben, wie wir in den 30er Jahren auf schmerzliche Weise erfahren hätten. Zum anderen könne Saddam Hussein, wenn er erst einmal die saudi-arabische Grenze überschritten hätte, in nur wenigen Tagen die ganze Golfregion in seine Gewalt bringen, was ihm die Kontrolle über 65 Prozent der Weltölreserven einbrächte. Damit wären wir alle erpreßbar. Wir müßten also Maßnahmen ergreifen, um der Aggression Einhalt zu gebieten, und dies müsse sehr schnell geschehen.

Als ich diese beiden Argumente vorbrachte, tat ich es in dem Gefühl, daß ich meinem Urteil aufgrund meines guten Instinktes und meiner Erfahrung vertrauen durfte. Dazu kamen natürlich noch die überaus wertvollen Erfahrungen, die ich als Premierministerin während des Falklandkrieges sammeln konnte. Zudem hatte ich während meiner Besuche am Golf auch die Möglichkeit gehabt, vertrauensvolle Beziehungen zu den Herrschern vieler dieser Staaten zu knüpfen, deren Bindungen zu Großbritannien oft enger waren als zu den USA. Ich verstand ihre Probleme und konnte ihre Reaktionen einschätzen.

Präsident Bush hörte sich an, was ich zu sagen hatte. Dann berichtete er mir von seinen Gesprächen mit Präsident Mubarak und König Hussein. Ihrer Ansicht nach sollten die Vereinigten Staaten nicht eingreifen, sondern einer arabischen Lösung eine Chance geben. Er habe erwidert, daß dies auch in seinem Sinne sei, daß jedoch diese Lösung einen Rückzug der Irakis und die Wiedereinsetzung der rechtmäßigen kuwaitischen Regierung beinhalten müsse. Mittlerweile hatte er einen Boykott irakischer Waren angeordnet, die irakischen Kredite gesperrt und irakische und kuwaitische Vermögenswerte einfrieren lassen. Des weiteren hatte er die Verlegung von Schiffen der amerikanischen Flotte vom Indischen Ozean in den Golf veranlaßt, wenngleich diese im Moment durch schwere See behindert wurden.

Anschließend besprachen wir unsere nächsten Schritte. Meiner Ansicht nach mußte der Sicherheitsrat ein uneingeschränktes Handelsembargo gegen den Irak verhängen, falls sich Saddam Hussein nicht zurückzöge. Diese Maßnahme wiederum wäre nur dann wirksam, wenn sie von allen Ländern eingehalten würde. Die quer durch die Türkei und Saudi-Arabien verlaufenden Pipelines, über die der Irak den Hauptteil seines Öls lieferte, müßten geschlossen werden – eine Entscheidung, die nicht leichtfallen würde. Also hing alles davon ab, ob die arabischen Staaten und die Türkei sich dazu bereit zeigten. Insbesondere Saudi-Arabien konnte die Befürchtung hegen, daß der Irak diese Maßnahmen als Rechtfertigung für einen Angriff benützen würde. Zwar konnten wir Truppen zum Schutz von Saudi-Arabien abstellen, aber nur auf ausdrücklichen Wunsch des Königs. (Tatsächlich war der amerikanische Verteidigungsminister Dick Cheney auf dem Weg nach Saudi-Arabien, um mit dem König ebendiese Frage zu erörtern.)

Zu diesem Zeitpunkt wurde Präsident Bush mitgeteilt, der Präsident des Jemen wünsche, ihn am Telefon zu sprechen. Bevor er mich verließ, um das Gespräch zu führen, erinnerte ich ihn daran, daß sich der Jemen – eines der nichtständigen Mitglieder des Sicherheitsrates – bei der Resolution, in der ein Rückzug der irakischen Truppen aus Kuwait gefordert wurde, der Stimme enthalten hatte. Es stellte sich heraus, daß auch der jemenitische Präsident Zeit gewinnen wollte, um eine arabische Lösung zu entwickeln. Präsident Bush entgegnete ihm, daß eine solche »Lösung« – sollte sie akzeptiert werden – den Rückzug der irakischen Streitkräfte und die Wiedereinsetzung der rechtmäßigen kuwaitischen Regierung zum Ziel haben müsse. Anscheinend verglich der Präsident des Jemen daraufhin die Ereignisse in Kuwait mit der amerikanischen Intervention in Grenada, was sich Präsident Bush zu Recht verbat. Als er zurückkam, beurteilten wir beide die Situation als nicht besonders ermutigend. Bei der anschließenden Pressekonferenz fragte man den Präsidenten, ob er den Einsatz von Gewalt ausschließen könne. Er entgegnete, das könne er nicht – eine Erklärung, die die Presse dahingehend interpretierte, daß er nun eine harte Haltung gegenüber Saddam Hussein einnehmen werde. Ich hatte jedoch von Anfang an in seiner Haltung keinerlei Anzeichen von Schwäche gefunden.

In der Zwischenzeit hatte ich eine Flut von Telegrammen erhalten, die sich mit den Reaktionen auf die Invasion beschäftigten. Nach Einschätzung des Kabinettsamtes stand ein irakischer

Angriff auf Saudi-Arabien nicht unmittelbar bevor, da es wahrscheinlich eine Woche dauern würde, um die dafür nötigen Streitkräfte zu sammeln. Meiner Meinung nach wurde dadurch ein
unverzügliches hartes Durchgreifen noch dringlicher.

Wie man sich unschwer vorstellen kann, war ich bei den Veranstaltungen, die für mich arrangiert worden waren, jetzt nur mit
halbem Herzen bei der Sache. Ungeachtet dessen war ich von dem,
was ich erlebte, fasziniert. Am Freitag gab es Veranstaltungen und
Diskussionen zu den Themen Wissenschaft, Umwelt und Verteidigung – unterbrochen von Meldungen über den neuesten Stand der
Krise, die jetzt die internationale Gemeinschaft in ihrem Bann
hielt. Ich besuchte gerade das SDI-Testgelände in Falcon und
unterhielt mich mit den jungen Wissenschaftlern, die an diesem
Programm arbeiteten, als ich zu einem Telefongespräch mit Präsident Bush gerufen wurde. Er überbrachte mir die gute Nachricht,
daß Präsident Özal sich bereiterklärt habe, die türkische Pipeline
für das irakische Öl zu schließen. Das überraschte mich nicht.
Während meiner beiden Türkeibesuche hatten mich die Stärke
und Standhaftigkeit des Präsidenten sehr beeindruckt, und ich
war mir auch über die strategische Bedeutung dieses Landes
bewußt geworden. Als zwar säkularer, aber dennoch islamisch
geprägter Staat mit einer starken Armee, der sich dem Westen und
Europa zuwendet und gleichzeitig noch zum Nahen Osten gehört,
konnte die Türkei ein überaus wichtiges Bollwerk gegen aggressive islamische Fundamentalisten oder andere revolutionäre arabische Nationalisten vom Schlag eines Saddam Hussein bilden.

Nach dem Mittagessen flog ich mit dem Hubschrauber zum Che-
yenne Mountain. Ich besuchte dort die SDI-Überwachungsstation,
von der aus jeder Satellit, der sich in einer Umlaufbahn befindet,
beobachtet wird. Wieder empfand ich großen Respekt für den
hohen Entwicklungsstand Amerikas auf den Gebieten der Wissenschaft und Technik. Vom Inneren dieses ausgehöhlten Berges aus
konnten die Vereinigten Staaten Observationen für militärische und
wissenschaftliche Zwecke bis tief in den Weltraum hinein anstellen.
Zwei Tage später erzählte mir der General, der diese Operation leitete, die Sowjets hätten mittlerweile zwei Satelliten über dem nördlichen Teil des Persischen Golfs stationiert. Dies war ein nützlicher
Hinweis darauf, daß sie sich ebenfalls Sorgen machten.

Am Samstagmorgen telefonierte ich mit Präsident Mitterrand. Wie schon bei der Falklandkrise nahm er auch in diesem Fall eine harte Position ein: Trotz einer falsch aufgefaßten Rede vor den Vereinten Nationen, in der die Lösung der Golfkrise mit anderen Problemen im Nahen Osten verknüpft wurde, bewiesen Präsident Mitterrand und Frankreich während der gesamten Krise, daß sie – außer Großbritannien – das einzige europäische Land waren, das den Mut zu einer kriegerischen Auseinandersetzung besaß.

Ich erwähnte bereits die Rede, die ich am Sonntag morgen vor dem Aspen Institut hielt.[1] Zwar wurden darin allgemeinere internationale Fragen behandelt, aber ich fügte auch einen Abschnitt über die Golfkrise ein. Er lautete folgendermaßen:

Die irakische Invasion in Kuwait tritt die Werte, für die die Vereinten Nationen stehen, mit Füßen. Wenn wir ihr Gelingen nicht vereiteln, kann sich kein kleines Land je wieder sicher fühlen. Die Herrschaft des Rechts würde durch das Gesetz des Dschungels abgelöst.

Die Vereinten Nationen müssen ihre Autorität geltend machen und ein umfassendes Wirtschaftsembargo gegen den Irak verhängen, wenn er sich nicht unverzüglich zurückzieht. Sowohl die Vereinigten Staaten als auch Europa unterstützen diese Haltung. Durchgreifende Wirkung aber erzielen wir nur dann, wenn dieser Schritt von allen Mitgliedern der Vereinten Nationen gemeinsam getragen wird. Sie müssen sich zu ihrer Überzeugung bekennen, denn es steht ein lebenswichtiges Prinzip auf dem Spiel: Wir dürfen nie mehr zulassen, daß ein Aggressor je wieder seinen Willen durchsetzt.

Anschließend beschäftigte ich mich mit den praktischen Maßnahmen, die uns zur Verfügung standen, um den Irak zum Rückzug aus Kuwait zu zwingen. Die Mitgliedsländer der Europäischen Gemeinschaft waren mittlerweile übereingekommen, ein umfassendes Wirtschafts- und Handelsembargo gegen den Irak zu unterstützen. Letztlich hing jedoch alles von den irakischen Ölexporten und der Bereitschaft der Türkei und Saudi-Arabiens ab, diese zu unterbinden. Die Amerikaner hatten immer noch Zweifel, ob die Türkei und Saudi-Arabien handeln würden. Ich war zuversichtlicher. Aber diese Zweifel machten eine wirksamere Durchsetzung aller anderen Maßnahmen noch wichtiger. Deshalb wies ich das Außenministerium an, Pläne für eine Seeblockade im nordöstlichen Mittelmeer, dem Roten Meer und dem Norden des Persischen Golfs vorzubereiten, damit wir irakischen und kuwaitischen Öllieferungen den Weg abschneiden konnten. Darüber hinaus erteilte ich die Anweisung, zu eruieren, welche konkreten militärischen Garantien man Saudi-Arabien geben konnte, und bat um genaue Angaben, welche Flugzeuge wir sofort in die Goldre gion entsenden konnten.

Ursprünglich hatte ich beabsichtigt, nach der Rede in Aspen ein paar Tage Urlaub mit meiner Familie zu machen. Nachdem ich eine Einladung ins Weiße Haus erhalten hatte, entschloß ich mich jedoch, statt dessen nach Washington zu fliegen und meine Gespräche mit dem Präsidenten fortzusetzen. Obwohl Präsident Reagan mit mir immer eine außerordentlich freundschaftliche Zusammenarbeit gepflegt hatte, hatte er mich doch niemals so sehr ins Vertrauen gezogen wie jetzt George Bush während der etwa zwei Stunden, die ich an jenem Nachmittag im Weißen Haus verbrachte. Das Treffen fand zunächst in einem sehr engen Kreis statt, zu dem außer dem Präsidenten nur Brent Scowcroft, ich und Charles Powell zählten. Nach einer halben Stunde stießen außerdem Dan Quale, James Baker und John Sununu zu uns. Während der letzten zwanzig Minuten nahm noch der NATO-Generalsekretär am Gespräch teil.

George Bush war diesmal insgesamt sehr viel zuversichtlicher als bei früheren Gesprächen mit mir. Er war entschlossen und gelassen, zeigte all jene Eigenschaften, die den Oberbefehlshaber der größten Weltmacht auszeichnen müssen. Jede Zögerlichkeit war von ihm abgefallen. Ich hatte George Bush immer gemocht. Aber jetzt stieg er noch in meiner Achtung.

Zunächst berichtete der Präsident, was man über die Situation wußte, und ging dann auf die Pläne der Amerikaner ein. Saddam Hussein hatte geschworen, er werde das Königreich Saudi-Arabien von der saudischen Königsfamilie befreien, falls amerikanische Streitkräfte in Saudi-Arabien einmarschierten. Auf Fotografien, die uns der Präsident zeigte, waren irakische Panzer zu sehen, die direkt bis zur saudi-arabischen Grenze vorgerückt waren. Ich sagte, es sei sehr wichtig, die Saudis zu unterstützen. Doch vor allem bestünde die Gefahr, daß Saudi-Arabien vom Irak angegriffen werde, bevor es die USA offiziell um Hilfe ersucht habe. Noch während unseres Gespräches erhielt der Präsident einen Anruf von Dick Cheney aus Saudi-Arabien. Er berichtete, daß König Fahd mit den Plänen der Vereinigten Staaten, die 82. Luftlandedivision und 48 Jagdflugzeuge vom Typ F-15 nach Saudi-Arabien zu verlegen, einverstanden sei. Er stellte einzig die Bedingung, daß diese Maßnahme nicht bekanntgegeben werden dürfe, bevor die Streitkräfte tatsächlich stationiert seien. Das waren hervorragende Neuigkeiten. Aber wie konnten wir all dies vor den Weltmedien und damit vor den Irakis verbergen, die, sollten sie davon erfahren, sich möglicherweise zu einem sofortigen Einmarsch in Saudi-Arabien entschlossen? Uns kam jedoch die Tatsache zu Hilfe, daß aller Augen auf die Vereinten Nationen gerichtet waren, wo gerade die Resolution 661 des Sicherheitsrates diskutiert wurde. Mit dieser Resolution sollte ein Handelsembargo gegen den Irak und Kuwait verhängt werden, wenngleich sie keine ausdrücklichen Maßnahmen für dessen Umsetzung vorsah. Und so waren die amerikanischen Flugzeuge bereits seit acht Stunden in der Luft, als die Presse ihren Abflug bemerkte.

Mit diesem Gespräch begann auch eine nicht enden wollende Auseinandersetzung zwischen den Amerikanern – insbesondere James Baker – und mir darüber, inwieweit und in welcher Form Maßnahmen gegen Saddam Hussein durch die Vereinten Nationen gebilligt werden mußten. In meinen Augen genügte die bereits verabschiedete Resolution des Sicherheitsrates vollauf, wenn wir uns zusätzlich auf Artikel 51 der UN-Charta zur Selbstverteidigung beriefen. Obwohl ich das bei dieser Gelegenheit nicht ausdrücklich zur Sprache brachte (wir hatten zu viele andere dringende Entscheidungen zu treffen), stützte sich meine Haltung – die durch unsere Schwierigkeiten mit der UNO im Falklandkrieg bestätigt worden war – auf zwei Überlegungen. Zum einen konnte man nicht sicher sein, daß der Wortlaut einer entsprechenden Resolution, die außerdem jederzeit durch einen Zusatz verändert werden konnte, letztlich zu unserer Zufriedenheit ausfallen würde. Sollte dies nicht der Fall sein, würde der untragbare Zustand eintreten, daß uns die Hände gebunden waren. Natürlich war mit

dem Ende des kalten Krieges eine stärkere Kompromißbereitschaft der Sowjetunion zu erwarten; auch würde das kommunistische China aus Furcht vor einer Isolation Konfrontationen vermeiden. Warum sollte man aber die Risiken auf sich nehmen, die
mit einer erneuten Anrufung der UNO verbunden waren, wenn
man sein Ziel auch ohne deren Zustimmung erreichen konnte?
Obwohl ich eine überzeugte Verfechterin des Völkerrechts bin,
widerstrebte es mir noch aus einem zweiten Grunde, die UNO in
Fällen anzurufen, in denen es nicht unbedingt nötig war. Denn
dies erweckte den Eindruck, daß souveräne Staaten nicht genügend moralische Autorität besaßen, um in ihrem eigenen Namen
zu handeln. Sollte es sich allgemein durchsetzen, daß Gewalt nur
mit Zustimmung der UNO ausgeübt werden durfte – und zwar
auch im Fall der Selbstverteidigung – dann war damit weder den
Interessen Großbritanniens noch der internationalen Gerechtigkeit und Ordnung gedient. Die Vereinten Nationen waren ein
nützliches, für bestimmte Probleme sogar unerläßliches Forum.
Aber man konnte sie kaum als den Angelpunkt einer neuen Weltordnung betrachten. Und für die Führungsrolle der Vereinigten
Staaten gab es noch keine Alternative.

Im weiteren Verlauf meines Gesprächs mit Präsident Bush in
Washington betonte ich, wir müßten uns unbedingt auf den Fall
vorbereiten, daß der Irak chemische Waffen einsetzen würde.
Außerdem wies ich darauf hin, wie wichtig ein offensives Vorgehen im Propagandakrieg sei. Dies war eine Verteidigungsaktion
des Westens zum Schutz der Eigenständigkeit Saudi-Arabiens, und
es galt, alles zu vermeiden, was sich erschwerend oder irreführend
auswirken konnte. Wir mußten zum Beispiel unser Möglichstes
tun, um die Israelis aus dem Konflikt herauszuhalten. Ich versprach auch, daß ich meine Beziehungen zu Herrschern im Nahen
Osten nutzen würde, um sie zu ersuchen, die amerikanische Verteidigungsaktion für Saudi-Arabien verstärkt zu unterstützen und
mehr Druck auf den Irak auszuüben.

Am Dienstag kehrte ich nach London zurück. Einen Tag später
führte ich ein einstündiges Telefongespräch mit König Fahd, in
dem er mich offiziell um die Stationierung britischer Flugzeuge
und (falls nötig) Streitkräfte in Saudi-Arabien ersuchte. Er sagte,
er könne nicht glauben, daß König Hussein sich auf die Seite Sad-

dam Husseins gestellt hatte, da doch dessen Partei König Husseins Verwandte ermordet habe. Doch zumindest war König Fahd fester denn je entschlossen, sich gegen einen Angriff zu behaupten. Im Laufe dieses Tages hatte ich noch die traurige Pflicht, Ian Gows Beerdigung beizuwohnen. Er war einer meiner treuesten und aufrichtigsten Berater gewesen, und ich sollte seine klugen Ratschläge und seinen trockenen Humor noch oft vermissen.

Die Kriegsvorbereitungen

Die Konservative Partei ließ mich den Feldzug, mit dem Saddam Hussein aus Kuwait vertrieben werden sollte, nicht zu Ende führen. Trotz der anderen Schwierigkeiten, mit denen ich zu kämpfen hatte, war ich in den folgenden Monaten mit meinen Gedanken fast ständig am Golf. Ich bildete einen kleinen Kabinettsunterausschuß, der aus Douglas Hurd (Außenminister), Tom King (Verteidigungsminister), John Wakeham (Energieminister), Patrick Mayhew (Erster Kronanwalt), William Waldegrave (Staatsminister im Außenministerium), Archie Hamilton (Staatsminister für die Streitkräfte) und dem Chef des Verteidigungsstabs bestand. Im Gegensatz zu dem größeren Kabinettsausschuß zur Außen- und Verteidigungspolitik, der die grundlegenden Entscheidungen fällte, traf sich dieser Unterausschuß zu regelmäßigen Gesprächen.

Eine unserer ersten Aufgaben bestand darin, die versprochene Unterstützung für Saudi-Arabien bereitzustellen. Am Donnerstag, dem 9. August, gab Tom King die Entsendung zweier Flugzeugstaffeln mit insgesamt 24 Flugzeugen bekannt. Es handelte sich hierbei um eine Staffel mit Tornado-F3-Abfangjägern und eine Staffel mit Jaguar Jagdbombern. Zwei Tage später waren sie stationiert und einsatzbereit. Wir schickten auch Nimrod Aufklärungs- und VC 10 Luftbetankungsflugzeuge. Ende August verstärkten wir unsere Einheiten mit einer weiteren Staffel Tornados – aber diesmal die Erdkampfversion GR1, die wir nach Bahrain entsandten, um eine Allwetter-Panzerabwehrfähigkeit bei Tag und Nacht zu gewährleisten. Zusätzlich wurden noch Rapier Luftabwehrbatterien aufgestellt.

Natürlich blieb ich weiterhin in engem telefonischen Kontakt

mit Präsident Bush. Ich hielt ihn über unsere militärischen Maßnahmen auf dem laufenden und kümmerte mich darum, daß wir
den amerikanischen Wünschen entsprachen. Wir führten auch
regelmäßige Gespräche über die neuesten Informationen zu Saddam Husseins Absichten. Allgemein war man zu der Ansicht
gelangt, daß er – ungeachtet seiner ursprünglichen Pläne – im
Moment nicht vorhabe, Saudi-Arabien anzugreifen, da inzwischen amerikanische Truppen dort stationiert waren. Aber trotzdem mußten wir uns meiner Meinung nach immer wieder vor
Augen halten, daß Saddam Hussein ganz einfach unberechenbar
war. In einer Notiz an das Verteidigungsministerium vom Sonntag, dem 12. August, formulierte ich es so:

> Wir dachten, daß der Irak nicht in Kuwait einmarschieren
> würde, obwohl er seine Streitkräfte an der Grenze zusam-
> menzog. Wir dürfen den gleichen Fehler nicht noch einmal
> machen. Sie könnten in Saudi-Arabien einmarschieren, und
> wir müssen darauf vorbereitet sein.

In diesen Wochen fand ein lebhafter diplomatischer Austausch
über das Telefon statt. Ich ermutigte die Türkei in ihrer unerschütterlichen Haltung gegenüber dem Irak. Die türkische Wirtschaft
erlitt schwere Einbußen, da sich die Türkei, anders als Jordanien,
strikt an die UN-Sanktionen hielt. Am Freitag, dem 24. August,
sprach ich darüber in einem Telefonat mit Präsident Özal. Er
drückte mir sein Mitgefühl wegen, wie er sagte, Saddam Husseins
erbärmlichen Auftritts mit den britischen Geiseln im Fernsehen
aus. Seiner Meinung nach hatte diese Vorführung ihm nur geschadet und gezeigt, was für ein Mensch er in Wirklichkeit war. Ich
vergaß nie, die Saudis und die Regierungen der Golfstaaten daran
zu erinnern, wieviel sie der Türkei verdankten, und drängte sie,
dem Land am Bosporus eine großzügige finanzielle Entschädigung zu gewähren.

Syrien, zu dem wir noch immer keine offiziellen diplomatischen
Beziehungen unterhielten, war ein weniger angenehmer Verbündeter gegen Saddam Hussein. Ich hatte eine Abneigung gegen das
Regime in Damaskus und machte mir keine Illusionen über dessen
unveränderte Bereitschaft, Terrorismus und Gewalt einzusetzen,

wenn es der Durchsetzung seiner Ziele diente. Dennoch durfte man die Tatsache nicht übersehen, daß uns die Rivalität zwischen Syrien und dem Irak eine Möglichkeit bot, die wir nicht ungenutzt lassen durften. Überdies ergab es keinen Sinn, unsere Streitkräfte neben denen der Syrer kämpfen zu lassen, wenn wir noch immer keine diplomatischen Kanäle für Gespräche besaßen. Ich stimmte daher widerstrebend einer Wiederaufnahme der diplomatischen Beziehungen mit Syrien zu, deren offizielle Bekanntgabe erst einige Tage nach meinem Rücktritt im November erfolgte.

Am Abend des 26. August rief mich Präsident Bush von Kennebunkport aus an. Ich teilte ihm mit, ich sei sehr zufrieden darüber, daß die Resolution 665 des Sicherheitsrates, die uns ermächtigte, das Embargo durchzusetzen, am Vortag verabschiedet worden war. Wir müßten nun all unsere Macht einsetzen, um die irakische Schiffahrt zu stoppen. Es sei jetzt nicht an der Zeit zu schwanken. Wie wir aus geheimen Quellen erfahren hätten, seien die Sanktionen umgangen worden, und diese Informationen müßten an die Öffentlichkeit gebracht werden. Der Präsident pflichtete mir bei. Meiner Ansicht nach ließen unsere Resultate im Propagandakrieg jedoch noch zu wünschen übrig. Vermutlich stünden wir jetzt am Anfang einer längeren Periode, in der abzuwarten sei, ob die Sanktionen wirken würden. In dieser Situation dürften wir nicht zulassen, daß die Ängstlicheren Oberhand gewannen. Der Präsident zeigte sich beunruhigt darüber, daß der Hafen von Akaba zur Umgehung der Sanktionen benutzt wurde, worauf ich ihm zusagte, dieses Problem bei meiner Zusammenkunft mit König Hussein in wenigen Tagen zu erörtern.

Was Syrien betraf, so mußte also der Feind meines Feindes mein Freund werden. Aber es betrübte mich, daß sich einer von Großbritanniens ältesten Freunden offenbar auf die Seite des Feindes geschlagen hatte. Ich hatte zu König Hussein von Jordanien bisher die denkbar besten Beziehungen unterhalten; dennoch stand es außer Frage, daß man ihm nicht einfach gestatten konnte, sich weiterhin über die Sanktionen hinwegzusetzen und die irakische Invasion zu rechtfertigen. Als ich dann am Freitag, dem 31. August, mit ihm zum Mittagessen zusammentraf, konnte ich meine Gefühle nicht verbergen.

König Hussein schien sich sehr unschlüssig darüber, welche

Haltung er einnehmen wollte. Er begann mit einer vierzigminütigen Erklärung, in der er aber das Vorgehen der Irakis nur einmal mehr rechtfertigte. Ich erwiderte, daß ich seine Version dessen, was eine offensichtliche Angriffshandlung gewesen war, höchst befremdlich fände. Der Irak habe chemische Waffen eingesetzt – und das nicht nur im Krieg, sondern sogar gegen das eigene Volk. Saddam Hussein sei ein internationaler Gesetzesbrecher und außerdem ein Verlierer, der der Sache der Palästinenser und auch der Araber unermeßlichen Schaden zugefügt habe. Acht Jahre lang habe er Scharen von jungen Irakis in einen sinnlosen Krieg gegen den Iran geschickt. Ich gab dem König zu verstehen, er solle nicht versuchen, im Interesse des Irak zu verhandeln, sondern lieber die Sanktionen gegen den Irak in die Tat umsetzen. Bei diesem Gespräch nahm ich kein Blatt vor den Mund. Aber keine Macht der Welt konnte den König von der Rechnung, die er aufgemacht hatte, abbringen: nämlich daß er politisch nicht überleben würde, wenn er sich offen gegen Saddam Hussein stellte.

Am Donnerstag, dem 6. September, beschäftigte sich das Unterhaus in seiner ersten Sitzung mit der Lage am Golf. Anders als der Kongreß der Vereinigten Staaten unterstützte unser Parlament fast einhellig den Standpunkt der Regierung: das Abstimmungsergebnis nach Ende der Debatte am folgenden Tag lautete 437 zu 35. Ich wandte meine Aufmerksamkeit auch dem Feldzug zu, der meiner Ansicht nach unvermeidlich war. Im Laufe des Nachmittags besprach ich die Lage mit Douglas Hurd. Ich sagte ihm, ich sei mir absolut sicher, daß Saddam Hussein Kuwait nur unter Zwang verlassen werde. Douglas neigte mehr zu Optimismus; er glaubte, daß Sanktionen eine Erfolgschance hätten – wir müßten Saddam Hussein nur davon überzeugen, daß er militärisch unterliegen würde, falls er sich nicht zurückzöge. Ich räumte ein, daß die Sanktionen noch einige Zeit brauchten, um Wirkung zu zeigen. Aber wir mußten uns der Gefahr bewußt sein, die ein zu langes Verbleiben unserer Streitkräfte in der Wüste und ein Zerbröckeln der arabischen und der internationalen Front gegen Saddam Hussein bedeuteten. Ich wollte keinen bestimmten Zeitpunkt für ein militärisches Eingreifen festlegen, dennoch mußten wir ein Auge darauf haben, ab welchem Zeitpunkt unser Handlungsspielraum enger wurde. Meiner Ansicht nach durften wir uns auch keine Illu-

sionen machen: Wenn sich die Sanktionen gegen den Irak als nutzlos erweisen sollten und die Amerikaner und die multinationale
Streitmacht nicht eingriffen, würden die Israelis zuschlagen.
Die Schlagkraft der irakischen Armee ließ sich nur schwer einschätzen. Ich hatte einige Zweifel über den Kampfgeist der irakischen Soldaten, die im Krieg gegen den Iran anscheinend Bombar-
dierungen aus großer Höhe und chemische Waffen den Infanterie-
kämpfen vorgezogen hatten. Die Republikanische Garde jedoch
wurde als gefährlich eingeschätzt. Die Amerikaner ließen größte
Vorsicht walten; bevor sie zum Einsatz bereit waren, wollten sie
starke Massierungen von Panzerkräften an Ort und Stelle haben.
Einige der Nachbarstaaten des Irak vermuteten hingegen, der
Widerstand der Irakis würde rasch zusammenbrechen; wie sich
zeigte, hatten sie recht.

Auf jeden Fall wollte ich wie schon im Falklandkrieg sicherstellen, daß unsere Streitkräfte die bestmögliche Ausrüstung hatten
und soviel davon, wie sie benötigten. Die Amerikaner wünschten,
daß wir unsere Truppen im Golf verstärkten, und hatten angeregt,
wir sollten eine Panzerbrigade mit Kampfpanzern vom Typ Challenger I entsenden, die sich den dort stationierten Alliierten Streitkräften anschließen sollten. Ich wußte jedoch, daß die Challenger
als sehr wendig, aber wenig zuverlässig galten. Deshalb berief ich
am Donnerstag, dem 13. September, eine Sitzung mit Tom King,
dem Chef des Verteidigungsstabs, dem Generalstabschef und Vertretern von Vickers ein und erkundigte mich detailliert nach sämtlichen möglichen Schwachpunkten dieses Typs. Ich hatte nicht vergessen, daß der Versuch der Amerikaner unter Präsident Jimmy
Carter, die Geiseln im Iran zu befreien, gescheitert war, weil die eingesetzten Hubschrauber nicht mit den Bedingungen des Wüstenkli-
mas fertiggeworden waren. Nach einem langen Gespräch hatten sie
mich überzeugt. Allerdings bestand ich darauf, daß die Panzerbrigade alle Ersatzteile, die sie möglicherweise benötigen konnte, mitnehmen sollte, um nicht auf Nachlieferungen warten zu müssen.
Darüber hinaus forderte ich von den Verantwortlichen eine schriftliche Garantieerklärung für die achtzigprozentige Verfügbarkeit
der Kampfpanzer – dieser Prozentsatz lag um ein Mehrfaches
höher als jener, die Challenger in Deutschland erreicht hatten.
Der Befehlshaber unserer Streitkräfte mußte ein Mann sein, zu

dem ich – wie auch sie – volles Vertrauen besaßen. Von den Männern, die das Verteidigungsministerium nannte, war in meinen Augen nur ein einziger der richtige für diese Aufgabe – Sir Peter de la Billière. Nur widerstrebend stimmte Tom King meiner Wahl zu, denn Peter de la Billière sollte in einer Woche in den Ruhestand treten; überdies hatten auch die anderen Kandidaten ihre Vorzüge. Aber ich brauchte einen kampferprobten General. Sir Peters Qualitäten kannte ich aus dem Jahr 1980, als er während der Besetzung der iranischen Botschaft in London das Kommando über die Operation der Spezialeinheiten des SAS (Special Air Service) führte[2], und aus dem Falklandkrieg. Außerdem sprach er arabisch – eine Tatsache, die angesichts einer großen multinationalen Streitmacht mit einem beträchtlichen Anteil arabischer Soldaten von einiger Bedeutung war. Also teilte ich Tom King mit, wenn ich es irgendwie verhindern könne, würde Sir Peter jetzt nicht in den Ruhestand treten; und sollte er nicht unsere Streitkräfte am Golf befehligen, so müsse er mir als persönlicher Berater bei den Kriegsentscheidungen in der Downing Street zur Seite stehen. Er ging an den Golf.

Am nächsten Morgen informierte ich George Bush telefonisch darüber, daß ich demnächst unsere Absicht bekanntgeben würde, die 7. Panzerbrigade an den Golf zu entsenden. Diese sollte aus zwei Panzerregimentern mit 120 Kampfpanzern, einem Regiment Feldartillerie, einen Bataillon Panzergrenadiere, Panzerabwehrhubschraubern und den notwendigen Unterstützungseinheiten bestehen. Dies war eine bis zu 7500 Mann starke, logistisch unabhängige Streitmacht in der Traditionsnachfolge der »Desert Rats« (»Wüstenratten«) von El Alamein. »Mein Gott, ein phantastisches Engagement; das ist wirklich eine ganze Menge«, rief der Präsident aus.

Am Abend des 30. September, einem Sonntag, traf ich in New York wieder mit dem Präsidenten zusammen. Offiziell hielten wir uns dort auf, um den »Weltgipfel für Kinder« der Vereinten Nationen zu besuchen, ein Anlaß, dessen einziger Höhepunkt in einer weiteren mitreißenden Rede des tschechoslowakischen Präsidenten Havel bestand. Präsident Bush war sehr müde, da er zwischen New York und Washington hatte hin- und herpendeln müssen, um den verhängnisvollen Haushaltskompromiß mit dem Kongreß (der ihn politisch schwächen sollte) auszuhandeln, bevor er zu diesem Treffen nach New York zurückgekehrt war. Dennoch war er gutgelaunt. Wir sprachen über James Bakers Wunsch nach einer weiteren Resolution des UN-Sicherheitsrates, die herangezogen werden konnte, um den Einsatz von Gewalt zur Vertreibung der Irakis aus Kuwait zu rechtfertigen. Wie schon zuvor hatte ich Zweifel und zog es vor, mich auf Artikel 51 zu stützen. Aber uns allen war klar, daß es bald an der Zeit sein würde, Gewalt anzuwenden. Es gab keinen Hinweis dafür, daß die Sanktionen tatsächlich eine Wirkung auf die irakischen Entscheidungen hatten, und nur das zählte. Wir durften in unserem Entschluß, den Aggressor Saddam Hussein vor den Augen der Welt zu besiegen, nicht wanken.

Wie sooft in diesen Monaten hatte ich das Gefühl, meine Erfahrungen bei den Vorbereitungen zum Falklandkrieg in nur wenig veränderter Form noch einmal zu durchleben. Es gibt immer Menschen, die davor zurückschrecken, Gewalt anzuwenden. Auch wenn sich Verhandlungen noch so aussichtslos gestalten – und ungeachtet der Schwierigkeiten für die Truppen, die sich auf den Krieg vorbereiten – suchen sie nach immer neuen Ausreden, um die Verhandlungen noch ein klein wenig weiterzuführen.

Dieses Mal übernahm Jewgeni Primakow, Gorbatschows Sonderbeauftragter am Golf, die Aufgabe, all diese Standardargumente vorzubringen. Nach seiner Rückkehr aus Bagdad suchte er mich am Nachmittag des 20. Oktober, einem Samstag, in Chequers auf. Er sprach sich zugunsten einer »flexiblen Koppelung« der Golfkrise mit dem arabisch-israelischen Konflikt aus, um Saddam Hussein dabei zu helfen, sein Gesicht zu wahren und einen gewissen »Handlungsspielraum« zu schaffen. Ich entgegnete ihm, Saddam Hussein sei ein Diktator, und nicht seine Worte, sondern allein seine Taten zählten. Mit einem Menschen seines Zuschnitts könne man nicht verhandeln. Natürlich hätten wir alle die Pflicht, uns der Lösung des arabisch-israelischen Problems mit noch größerer Entschlossenheit anzunehmen; aber diese Pflicht sei uns unabhängig von Saddam Husseins Einmarsch in Kuwait erwachsen. Wir dürften ihm nicht nachgeben. Später erfuhren wir, daß Primakow nach Moskau berichtet hatte, Mrs. Thatcher sei von allen am unzugänglichsten und entschlossensten gewesen.

Am Donnerstag, dem 23. Oktober, traf ich mich abends mit Tom King und Douglas Hurd zu einer Besprechung. Das Hauptziel dieser Zusammenkunft war es, dem Chef des Verteidigungsstabes Richtlinien für seine Beratungen mit General Colin Powell, dem Vorsitzenden der Vereinigten Stabschefs, während der nächsten beiden Tage in den USA zu geben. Ich zählte zunächst unsere strategischen Ziele auf, an denen sich die britische Politik in dem bevorstehenden Krieg orientieren sollte. Saddam Hussein mußte Kuwait verlassen, und Kuwaits rechtmäßige Regierung mußte wiedereingesetzt werden. Alle Geiseln mußten freigelassen werden. Der Irak hatte eine Entschädigung zu zahlen. Diejenigen, die für Greueltaten verantwortlich waren, mußten vor einem internationalen Gerichtshof zur Rechenschaft gezogen werden. Im Falle von Feindseligkeiten mußte das nukleare, biologische und chemische Potential des Irak vernichtet werden; im Fall eines friedlichen Rückzugs sollte es demontiert werden. Um diese Ziele zu erreichen, war es notwendig, daß die Allianz arabischer Regierungen gegen den Irak soweit wie möglich aufrechterhalten wurde und wir verhindern konnten, daß sich Israel in den Krieg einschaltete. Später mußte ein regionales Sicherheitssystem aufgebaut werden, um den Irak auch künftig unter Kontrolle zu halten.

Was Saddam Hussein betraf, würden wir seinen Sturz zwar nicht ausdrücklich anstreben, obwohl dies ein wünschenswerter Nebeneffekt unserer Aktionen sein mochte. Es galt, eine Situation herzustellen, in der sich Saddam Hussein seinem eigenen Volk gegenüber als der geschlagene Anführer einer geschlagenen Armee präsentieren mußte. An der Festlegung irakischer Angriffsziele mußte noch gearbeitet werden. Rein zivile Ziele mußten vermieden werden. Aber Kraftwerke und Staudämme konnten unter Umständen als legitime Ziele in Betracht gezogen werden. Wir hatten nicht die Absicht, irgendeinen Teil des irakischen Territoriums zu besetzen, jedoch konnte es die Lage erfordern, daß unsere Streitkräfte bei der Verfolgung irakischer Truppen irakisches Territorium betreten mußten. Wir mußten den Amerikanern klarmachen, daß ein militärisches Eingreifen aller Wahrscheinlichkeit nach noch vor Ende des Jahres erforderlich war. Gleichzeitig galt es zu verhindern, daß die Amerikaner den Einsatz von Gewalt von einer zuvor erfolgten Billigung durch die UNO abhängig machten. Statt dessen konnten wir uns auf Artikel 51 berufen.

Den zuletzt genannten Punkt besprach ich mit James Baker, als er mich am Abend des 9. November, einem Freitag, aufsuchte.

Aber ich konnte ihn nicht umstimmen. Er sagte, ohne das Einverständnis der UNO würde die amerikanische Öffentlichkeit ein militärisches Eingreifen nicht unterstützen. Ich fand es bedenklich, die militärische Option so lange hinauszuzögern, bis die jetzt zusätzlich entsandten amerikanischen Streitkräfte am Golf ankommen würden. Es sei entscheidend, die Gelegenheit, die sich uns jetzt bot und Anfang März verstrichen sein würde, nicht zu verpassen. Er konnte mich in dieser Hinsicht beruhigen. Doch ebenso wie für Saddam Hussein lief auch für mich jetzt die Zeit ab. Entsprechend James Bakers Wunsch wurde bei meiner letzten Kabinettssitzung am Donnerstag, dem 22. November – während der ich meinen Rücktritt als Premierministerin bekanntgab – die Entscheidung gefällt, Großbritanniens Streitmacht zu verdoppeln und eine weitere Brigade am Golf zu stationieren. Wir wollten die 4. Brigade aus Deutschland entsenden, die aus einem Regiment von Panzern des Typs Challenger, zwei Bataillonen Panzergrenadieren und einem Regiment der Royal Artillery mit Aufklärern und Unterstützungseinheiten bestand. Diese beiden Brigaden würden zusammen die Erste Panzerdivision bilden. Die Gesamtzahl der eingesetzten Streitkräfte des Vereinigten Königreichs würde damit mehr als 30 000 Mann betragen.

Seit dem Morgen des 2. August war kaum ein Tag vergangen, an dem ich nicht an diplomatischen und militärischen Entscheidungen beteiligt war, die darauf abzielten, den Irak zu isolieren und in die Knie zu zwingen. Eines der wenigen Dinge, die ich noch immer bedauere, ist die Tatsache, daß ich nicht lange genug im Amt bleiben konnte, um die Angelegenheit zu Ende zu bringen. Weder wurde Saddam Hussein entwaffnet noch führte man den Kampf bis zum Ende, was eine öffentliche Demütigung des Diktators vor seinen Untertanen und den islamischen Nachbarn bedeutet hätte. Dies war ein Fehler, der daher rührte, daß man von Anfang an übermäßig großen Wert auf einen internationalen Konsens gelegt hatte. Die Meinung der Vereinten Nationen fiel zu stark ins Gewicht, und das Ziel des Sieges zählte zu wenig. Und so ließ man Saddam Hussein die Position und auch die nötigen Mittel, die es ihm ermöglichten, sein Volk zu terrorisieren und noch mehr Unheil zu stiften. Wenn man Krieg führt, spricht viel dafür, im Sieg großmütig zu sein. Aber erst dann, wenn man den Sieg errungen hat.

28
Rette sich, wer kann

*Hintergrund und Verlauf der Auseinandersetzungen
um die Parteiführung 1990 und Rücktritt*

Der Hintergrund der Kampagne um den Parteivorsitz

1975 war ich der erste Kandidat für den Vorsitz der Konservativen
Partei, der nach den von Sir Alec Douglas Home ein Jahrzehnt
zuvor eingeführten Regeln einen amtierenden Parteichef heraus-
forderte. Ich betrat die Arena als krasser Außenseiter und errang
die Parteiführung in einer Kampfabstimmung. Deshalb wäre ich
auch die letzte gewesen, die sich über einen Herausforderer, der
mir meine Führungsposition streitig machen wollte, beschwert
hätte. Doch als Michael Heseltine 1990 gegen mich kandidierte,
war die Situation eine ganz andere. Ich hatte bis zu diesem Zeitpunkt drei Wahlsiege errungen und keine Niederlage einstecken
müssen; Edward Heath hingegen hatte drei von vier Wahlen verloren. Zudem war ich elfeinhalb Jahre ohne Unterbrechung Premierministerin gewesen; Ted dagegen hatte gerade eine Wahlniederlage hinter sich und war Oppositionsführer, als ihm der Parteivorsitz streitig gemacht wurde. Die politischen Überzeugungen
und Methoden, denen ich in Großbritannien den Weg bahnte, trugen zu einem weltweiten politischen Wandel bei. Überdies rüstete
sich unser Land gerade für einen Krieg in der Golfregion.
   Natürlich kennt eine Demokratie kein Ansehen der Person. Diese Erfahrung mußte bereits mein großer Vorgänger Winston Churchill machen, der Großbritannien in einem heroischen Kampf
gegen die Nazi-Tyrannei führte und dennoch 1945, während die
für die Nachkriegswelt so bedeutsamen Verhandlungen liefen, als
Verlierer aus den Wahlen hervorging. Aber wenigstens war es das

britische Volk, das damals seinen Rücktritt veranlaßte. Ich hatte keine Gelegenheit, mich den Wählern zu stellen – und auch sie konnten sich nur indirekt nämlich durch ihre Vertreter im Parlament – zu meiner letzten Amtszeit äußern.

Das 1965 eingeführte Verfahren zur Wahl des Vorsitzenden der Konservativen sollte laut einem ungeschriebenen Gesetz nicht zum Einsatz kommen, wenn die Partei an der Regierung war. Theoretisch hätte ich alljährlich durch eine Wahl in meinem Amt bestätigt werden müssen; aber da ich keinen Gegenkandidaten hatte, war dies eine reine Formsache. Michael Heseltine jedoch hatte seit seinem Ausscheiden aus dem Kabinett im Januar 1986 eine kontinuierliche, aber nie mit offenem Visier geführte Kampagne betrieben – in der Absicht, meinen Platz einzunehmen. Als man sich dann Ende 1988 und im Verlauf des Jahres 1989 wachsenden Problemen gegenübersah, ergab es sich unweigerlich, daß man den Einzelheiten des Wahlverfahrens größere Beachtung schenkte.

Den zunehmenden politischen Unmut im Sommer und Herbst des Jahres 1989 habe ich bereits geschildert. Die Hauptursache dafür war die Wirtschaftslage: Zur Drosselung der Inflation, die durch Nigel Lawsons Politik der Ankoppelung des Pfundes an die D-Mark angeheizt worden war, mußten die Zinsen künstlich hochgehalten werden. Dadurch wurden Probleme verschärft, die unter normalen Umständen weit weniger gravierend gewesen wären. Ein Beispiel dafür ist die Aufregung über die Gemeindesteuer: eine offene Wunde, die im darauffolgenden Jahr noch schmerzhafter werden sollte. Auch meiner Haltung zur Europäischen Gemeinschaft wurde hartnäckiger Widerstand entgegengesetzt, wenngleich von seiten einer kleinen Minderheit. Und natürlich gab es auch noch eine Reihe von Abgeordneten, die – aufgrund der verschiedensten Empfindlichkeiten oder weil sie von einem Posten entfernt worden waren beziehungsweise nie einen bekommen hatten – mit Freuden bereit waren, sich gegen mich zu verbünden. Es war sogar im Gespräch, daß einer von ihnen als »Strohmann« für den wirklichen Rivalen, nämlich Michael Heseltine, gegen mich antreten sollte.

Tatsächlich entschloß sich Sir Anthony Meyer aus persönlichen Gründen, 1989 gegen mich anzutreten, so daß eine Kampfabstim-

mung notwendig wurde. Mein Wahlteam bestand aus meinem
Persönlichen Referenten Mark Lennox-Boyd, George Younger,
Ian Gow, Tristan Garel-Jones (Staatsminister im Außenministeri-
um), Richard Ryder (Generalzahlmeister) und Bill Shelton. Diese
Gruppe identifizierte für mich unauffällig Anhänger, Unentschlos-
sene und Gegner, und sie leistete gute Arbeit. Ich selbst beteiligte
mich nicht am Wahlkampf, und dies erwartete auch niemand
ernsthaft von mir. Das Resultat war keineswegs unbefriedigend.
Ich erhielt bei 24 ungültigen Stimmen und drei Enthaltungen 314
Stimmen, während 33 auf Sir Anthony Meyer fielen. Doch diese
Kampfabstimmung hatte eine gewisse nervöse Unzufriedenheit
offenbart, wie George Younger es ausdrückte.

Dementsprechend räumte ich in meinem Terminkalender
Gesprächen mit Abgeordneten mehr Zeit ein und ließ mich auch
öfter in der »Gerüchteküche«, dem Teezimmer des Unterhauses,
sehen. Ferner führte ich regelmäßige Unterredungen mit Gruppen
von Abgeordneten, die gewöhnlich nach Regionen ausgewählt
wurden, damit ein breites Meinungsspektrum gewährleistet war.
Bei diesen Begegnungen, die gewöhnlich in meinem Zimmer im
Unterhaus stattfanden, sondierte ich reihum die Standpunkte und
Meinungen und nahm dann zu jedem Punkt im einzelnen Stellung.
Auf beiden Seiten nahm niemand ein Blatt vor den Mund – einmal
etwa sagte mir ein Abgeordneter in dieser Runde, es sei Zeit für
mich, meinen Hut zu nehmen. Ich leistete seiner Aufforderung
zwar nicht Folge, aber ich nahm sie zur Kenntnis.

Doch weder größte Diskussionsbereitschaft noch höchste
Rücksicht gegenüber persönlichen Empfindlichkeiten konnten
angesichts der politischen Lage des Sommers 1990 viel ausrichten.
Hohe Gemeindesteuersätze ließen viele konservative Abgeordnete
um ihren Sitz im Parlament bangen. Inflationsrate und Zinssätze
waren nach wie vor hoch. Da in der EG nun verstärkt Schritte zur
Umsetzung des föderativen Programms unternommen wurden,
verschärften sich in der Regierungspartei und der Regierung selbst
die Differenzen zur Europapolitik. Wie sich auf dem Parteitag des
Jahres 1990 zeigte, unterstützte die Basis der Partei nach wie vor
meine Linie, möglicherweise sogar entschiedener denn je. Aber zu
viele meiner Kollegen hegten eine unausgesprochene Verachtung
für die treuen Parteimitglieder an der Basis und betrachteten sie

nurmehr als »Fußvolk«, ohne ihnen ein Recht auf eine eigene politische Meinung zuzubilligen. Und als es schließlich um die Entscheidung über mein Schicksal ging, hörte niemand ernsthaft auf diese Menschen – obwohl sie pro forma konsultiert wurden und mit Nachdruck für mich eintraten.

Ich meinerseits blieb zuversichtlich bei meiner Überzeugung, daß wir diese Probleme meistern und die nächste Wahl gewinnen konnten. Was immer auch die Teuerungsrate besagen mochte – die hohen Zinsen erfüllten bereits ihren Zweck, denn die Inflationsrate war im Sinken begriffen. Ich wartete nur auf Anzeichen dafür, daß das Geldangebot fest unter Kontrolle war; erst dann wollte ich die Zinssätze senken, auch wenn dies einen veränderten Umrechnungskurs im Wechselkursmechanismus der EWS mit sich bringen sollte. Ende April hatte ich mit dem Beraterstab die erste intensive Diskussion über eventuelle Strategien für das nächste Wahlprogramm, und im Sommer erörterte ich bereits mit Kollegen die Einrichtung programmatischer Arbeitskreise. In meiner Rede auf dem Parteitag im Oktober 1990 deutete ich bereits einige unserer zukünftigen Ziele an: Ich plädierte für Privatisierungsmaßnahmen, Gutscheine für Erziehung und Fortbildung und eine Erhöhung der Anzahl staatlich subventionierter Schulen. Ich hatte noch nicht entschieden, wann wir Wahlen ausschreiben sollten, doch bereits den Sommer 1991 ins Auge gefaßt.

Auch über die nächsten Wahlen hinaus hatte ich mir schon Gedanken zu meiner Zukunft gemacht. Es gab vieles, was ich noch in Angriff nehmen wollte. Ein unmittelbar anstehendes Ziel war, Saddam Hussein zu besiegen und in der Golfregion die Grundlagen für einen dauerhaften Frieden zu schaffen. Um die Wirtschaft stand es im Prinzip gut; aber ich wollte Inflation und Rezession überwinden und einen stabilen Rahmen für wirtschaftliches Wachstum schaffen. Auch die Aussichten, in Ost- und Mitteleuropa mit dem Kommunismus aufzuräumen und in den dort neu entstandenen Demokratien konstitutionelle Regierungsformen zu etablieren, beurteilte ich positiv. Vor allem hoffte ich, mich mit meinen Vorstellungen zur Europäischen Gemeinschaft durchsetzen zu können – ein freies, von Unternehmergeist geprägtes Land wie Großbritannien sollte darin gute Entfaltungsmöglichkeiten finden. Aber ich wußte auch, daß nach dem Ende des Kalten Krieges ein umfassenderes System internationaler Beziehungen benötigt würde – ein System, in dem Organisationen wie UNO, GATT, IWF, Weltbank, NATO und KSZE die Szene beherrschten, während Nationalstaaten und internationaler Handel sich auf ihren eigentlichen Aufgabenbereich zu beschränken hatten. Solch ein System aber konnte nicht an einem Tag geschaffen werden: Diese Aufgabe war nur langfristig zu bewältigen.

Mein Problem war, daß mir ein Nachfolger fehlte, bei dem ich mich darauf verlassen konnte, daß er mein Vermächtnis bewahrte und darauf aufbaute. Ich schätzte John Major und war der Ansicht, daß er mir politisch nahestand. Aber er war relativ unerfahren, und seine Neigung, sich an den Meinungen anderer zu orientieren, gab mir zu denken. Aus den bereits genannten Gründen fand ich jedoch keinen Kandidaten, den ich ihm vorgezogen hätte.[1] Im Laufe der Zeit würde John vielleicht noch mehr Format gewinnen, oder ein anderer Kandidat würde in Erscheinung treten. Jedenfalls wollte ich sowohl angesichts der Bedeutung der anstehenden Aufgaben wie auch wegen der für mich noch ungeklärten Frage, wer mein Nachfolger werden sollte, nicht vor den nächsten Wahlen abtreten.

Allerdings beabsichtigte ich auch nicht ernsthaft, »auf ewig« weiterzumachen. Ich wollte in der nächsten Legislaturperiode noch etwa zwei Jahre im Amt bleiben und dann zurücktreten. Auch dann würde mir der Abschied natürlich schwerfallen. Ich fühlte mich so tatkräftig wie eh und je. Doch ich war mir bewußt, daß es eines Tages meine Pflicht sein würde, Downing Street No. 10 zu verlassen, unabhängig davon, ob die Wähler dies wünschten oder nicht.

Was mich allerdings nicht zum Ausscheiden aus dem Amt bewogen hätte, waren Argumente von der Sorte, wie sie mir Peter Carrington im April 1990 bei einem Essen in seinem Haus auftischte. Denis war an diesem Sonntag nicht dabei; er war über das Wochenende weggefahren. Peter behauptete, die Partei wünsche, daß ich mit Würde und zu einem Zeitpunkt meiner Wahl zurückträte. Das verstand ich als eine verschlüsselte Botschaft: Der Hinweis auf die »Würde« sollte mir vielleicht nahelegen, früher zurückzutreten, als ich es aus eigener, wirklich freier Entscheidung getan hätte. Ich vermute, Peter sprach damals im Auftrag zumindest eines Teils der führenden Torys. Ich selbst hatte vor, dann zu gehen, wenn dazu »die Zeit reif« war. Wenn es nach der Parteielite gegangen wäre, hätte ich ohnehin nie Parteivorsitzende werden können – geschweige denn Premierministerin. Die Äußerlichkeiten und das ganze Drum und Dran meines Amtes bedeuteten mir nicht das geringste. Ich wollte für meine Überzeugungen kämpfen, so lange ich konnte und nötigenfalls auch kämpfend untergehen. Der Begriff »Würde« war hier fehl am Platze.

Geoffrey Howes Rücktritt

Die Unruhe unter den Tory-Abgeordneten verwandelte sich im Gefolge der Nachwahlen in Eastbourne Ende Oktober in offene Panik. Ian Gows ehemaliger Parlamentssitz fiel durch einen Stimmverlust von 20 Prozent für die Konservativen an die Liberalen. Auch die Meinungsumfragen verhießen nichts Gutes. Die Labour Party lag weit vor uns. Das war beileibe kein aufbauender Hintergrund für den Gipfel in Rom, an dem ich am Wochenende des 27. und 28. Oktober teilnahm.[2] Doch während ich dort meine einsame Schlacht schlug, erschien Geoffrey Howe im Fernsehen und teilte Brian Walden mit, wir hätten de facto nichts gegen das Prinzip einer einheitlichen Währung, wobei er zu verstehen gab, daß ich wahrscheinlich für diesen Gedanken gewonnen werden könne. Das war entweder ein Zeichen von Illoyalität oder von bemerkenswerter Dummheit. Bei der ersten Fragestunde im Parlament nach meiner Rückkehr aus Rom mußte ich zu seiner Erklärung sofort Stellung nehmen. Ich begegnete den höhnischen Einwürfen der Opposition mit der Feststellung, Geoffrey Howe sei »eine zu große Persönlichkeit, als daß sich ein kleiner Mann [Neil Kinnock] für ihn einsetzen müßte«. Doch was er geäußert hatte, konnte ich nicht gutheißen.

Aber dies war erst der Anfang meiner Schwierigkeiten. Nun mußte ich im Unterhaus meine Erklärung zum Ausgang des Gipfeltreffens in Rom abgeben. Also stellte ich richtig, daß »eine einheitliche Währung kein politisches Ziel dieser Regierung« sei. Diese Feststellung – die ich als wesentlich erachtete – war jedoch an zwei wichtige Einschränkungen geknüpft. Die erste war, daß die von uns selbst vorgeschlagenen parallele oder »gemeinsame« Währung in Form eines harten Ecu sich eventuell zu einer einheitlichen Währung entwickeln könnte. Die zweite war eine Formulierung, auf die die Minister sich geeinigt hatten, nämlich, daß wir uns keine einheitliche Währung »oktroyieren lassen« wollten. Und unvermeidlich kamen sofort verschiedene Interpretationen dahingehend auf, was diese orakelhaft vieldeutige Ausdrucksweise wohl genau besagte. Jemand wie Geoffrey konnte sich auf hypothetische Einschränkungen stützen, um zu behaupten, es sei nicht ausgeschlossen, daß wir irgendwann doch eine einheitliche Währung befürworten würden. Das aber war nicht unsere Absicht, und zudem empfand ich diese Interpretation als zutiefst unehrlich. Die Beseitigung dieser Camouflage war es – falls eine Meinungsverschiedenheit in einem einzelnen Punkt überhaupt eine Rolle spielte –, die den Anstoß zu Geoffreys Rücktritt gab.

In Erwiderung auf Fragen erklärte ich: »Wenn es nach mir ginge, würde [der harte Ecu] nicht zu einem allgemeinen Zahlungsmittel innerhalb der Gemeinschaft werden – er könnte bestenfalls für kommerzielle Transaktionen eine weite Verbreitung finden. Viele Menschen würden auch weiterhin ihrer Landeswährung den Vorzug geben.« Ich brachte auch meine grundsätzliche Übereinstimmung mit Norman Tebbit zum Ausdruck, als er betonte, eine einheitliche Währung würde nicht nur dazu führen, »daß alle anderen Währungen abgeschafft werden müssen, sondern daß auch die Befugnis anderer Institutionen, Währungen auszugeben, abgeschafft werden muß«. Darauf erwiderte ich: »Diese Regierung glaubt fest an das Pfund Sterling.« Ich wandte mich auch mit aller Vehemenz gegen Jacques Delors' Konzept eines föderalen Europa, in dem das Europäische Parlament die Rolle des Repräsentantenhauses der Gemeinschaft übernehmen sollte, die Kommission die der Exekutive und der Ministerrat die des Senats. Mein diesbezüglicher Kommentar lautete: »Nein, nein, und nochmals nein!«

Dieser Auftritt veranlaßte Geoffrey schließlich zum Rücktritt. Die genauen Gründe dafür sind – ihm vielleicht, mir mit Sicherheit – nach wie vor nicht klar. Mir ist nicht bekannt, ob er tatsächlich eine einheitliche Währung befürwortete. Soweit ich weiß, machte er weder damals noch später deutlich, wo er stand – sondern lediglich, wo ich nicht stehen sollte. Vielleicht überzeugte ihn die en-

thusiastische – in der Tat lautstarke – Unterstützung, die ich von
seiten der Abgeordneten erhielt, daß er sofort handeln mußte, da
ich andernfalls die Regierungspartei zur Zustimmung zu dem Programm würde bewegen können, das ich zuvor in Brügge dargelegt
hatte. Aber was ich auch immer geäußert hätte, früher oder später
hätte Geoffrey Widerspruch erhoben und seinen Hut genommen.
Anders als bei meinen Unstimmigkeiten mit Nigel Lawson war die
Kluft zwischen uns mittlerweile ebensosehr persönlicher wie politischer Natur. Ich habe bereits berichtet, wie er reagierte, als ich
ihn aufforderte, sein Amt als Außenminister niederzulegen.[3] Der
Fraktionsvorsitz war für ihn nie eine Herzensangelegenheit gewesen. Im Kabinett war er mittlerweile zur destruktiven Kraft geworden, innerhalb der Partei zum Stein des Anstoßes; in der Öffentlichkeit schieden sich über ihn die Geister. Vor allem aber konnten
wir uns gegenseitig kaum mehr ertragen. Die unmittelbaren
Umstände seines Rücktritts überraschten mich. In mancher Hinsicht ist es allerdings noch erstaunlicher, daß er so lange in einer
Position blieb, die ihm eindeutig nicht zusagte.

Am Mittwoch, dem 31. Oktober, hörte ich nichts von Geoffrey.
Am Donnerstagmorgen nahm ich ihn bei der Kabinettssitzung zur
Vorbereitung des Gesetzgebungsprogramms ins Gebet – wahrscheinlich etwas zu heftig. Ich wunderte mich damals, daß er
sowenig zu seiner Verteidigung vorbrachte. Danach war ich zum
Mittagessen in der Wohnung, arbeitete an meiner Rede für die
Debatte zur Loyal Address, traf mich zu einer kurzen Besprechung
der Lage am Golf mit Douglas Hurd und fuhr dann in die Mar-
sham Street. Dort befand sich im Kellergeschoß unter dem Gebäudekomplex der Ministerien für Umwelt und Verkehr die Einheit
zur Überwachung des Golf-Embargos. Ich war noch nicht lange
da, als mich die Nachricht erreichte, daß Geoffrey mich dringend
in der Downing Street sprechen wolle – er habe die Absicht,
zurückzutreten.

Um 17.50 Uhr war ich zurück, und was sich nun abspielte, erinnerte mich lebhaft an den Rücktritt von Nigel Lawson. Ich bat
Geoffrey, seine Entscheidung bis zum nächsten Morgen zu verschieben, da ich ohnehin schon so viele Probleme am Hals hätte –
ein bißchen länger könne er doch sicher noch warten. Doch er

blieb hart. Er erwiderte, die Rede, die er abends vor der Royal Overseas League halten wollte, habe er bereits abgesagt, und sein Schritt müsse der Öffentlichkeit mitgeteilt werden. Also wurde die Entlassungsurkunde vorbereitet und sein Rücktritt bekanntgegeben.

In gewisser Hinsicht bedeutete sein Ausscheiden eine Erleichterung, doch hegte ich keinen Zweifel daran, daß es uns politisch schadete. Das ganze Gerede über eine Kandidatur Michael Heseltines für den Parteivorsitz würde nun wieder von vorne beginnen. Außer mir selbst war Geoffrey das letzte Regierungsmitglied aus dem Kabinett von 1979 gewesen. Die Presse würde bestimmt meine lange Amtszeit in den Mittelpunkt geringschätziger Betrachtungen rücken. Ich wußte nicht, was Geoffreys vorhatte, aber es war anzunehmen, daß er keine Zurückhaltung üben würde. Es war nun von entscheidender Bedeutung, daß die Kabinettsumbildung, die durch seinen Rücktritt notwendig wurde, zur Festigung meiner Autorität und zur Wiederherstellung der Einheit der Partei beitrug. Diese Aufgabe würde nicht leicht zu lösen sein; in der Tat waren diese beiden Ziele mittlerweile vielleicht gar nicht mehr vereinbar.

Dies alles konnte ich jedoch nicht sofort mit meinen Beratern besprechen, da ich bei einem Empfang für die Lord's Taverners – eine Wohlfahrtsorganisation, mit der Denis Verbindungen pflegt – in der Downing Street als Gastgeberin fungieren mußte. Doch sobald es mir möglich war, zog ich mich zurück und ging in mein Arbeitszimmer, wo sich Ken Baker, John Wakeham und Alastair Goodlad, der Stellvertreter des Chief Whip, der für Tim Renton eingesprungen war, zu einer Unterredung über die notwendigen Schritte eingefunden hatten.

Ich hatte bereits eine meines Erachtens ideale Lösung gefunden: Norman Tebbit sollte als Bildungsminister wieder ins Kabinett zurückkehren. Norman teilte meine Meinung zur Europapolitik und zu vielen anderen Themen; er war vertrauenswürdig, unbeugsam und redegewandt. Er würde einen hervorragenden Bildungsminister abgeben, der sowohl sein Programm an den Mann bringen als auch die Labour Party überrumpeln konnte. An jenem Abend konnten wir ihn nicht erreichen, doch am nächsten Morgen, dem 2. November, willigte er ein, zu kommen und darüber zu sprechen. Wie ich befürchtet hatte, ließ er sich jedoch nicht dazu überreden. Er war aus dem Kabinett ausgeschieden, um sich um seine Frau zu kümmern, und diese Aufgabe war für ihn absolut vorrangig. Er sicherte mir jegliche Unterstützung zu, die er von außen leisten konnte, doch in die Regierungsmannschaft wollte er nicht zurückkehren.

Nachdem Norman sich verabschiedet hatte, erschien Tim Renton, der wieder nach London zurückgekehrt war. Er dürfte zweifellos erleichtert aufgeatmet haben, als er erfuhr, daß Norman dem Kabinett nicht wieder angehören würde. Nun setzte er sich stark dafür ein, William Waldegrave, der zum linken Parteiflügel zählte, ins Kabinett aufzunehmen. William war schlank, reserviert und wirkte sehr intellektuell – etwa wie Norman St. John Stevas ohne seine humoristische Seite –, und mir schien, daß er sogar noch weniger als ein guter Verbündeter in Frage kam. Andererseits habe ich niemals talentierte Leute vom Kabinett ferngehalten, nur weil sie nicht ganz meiner Meinung waren, und damit wollte ich auch jetzt nicht anfangen. Ich bat ihn also, das Gesundheitsministerium zu übernehmen.

Aber ich suchte noch immer jemanden für das wichtige Bildungsressort, denn hier kamen uns John MacGregors mangelnde Fähigkeiten, unsere Politik in der Öffentlichkeit zu vertreten, teuer zu stehen. Deshalb berief ich Ken Clarke – wieder jemanden, der zwar nicht meinem Parteiflügel angehörte, aber dafür kräftig zupackte und keinen Konflikt scheute – also sehr nützlich, wenn es darum ging, einen Kampf durchzufechten oder eine Wahl zu gewinnen. John MacGregor wurde Geoffreys Nachfolger als Vorsitzender des Unterhauses. Diese Entscheidungen fanden in der Öffentlichkeit großen Anklang. Mein ursprünglicher Plan, Norman zurückzuholen, war zwar gescheitert, doch es war mir offenbar gelungen, die Einheit der Partei wiederherzustellen.

Alle Hoffnung auf eine Rückkehr zur Tagesordnung wurde jedoch schnell zunichte gemacht. Am Samstag, dem 3. November, weilte ich in Chequers, um mit meinen Beratern an der Erwiderung des Parlaments auf die Thronrede zu arbeiten, die durch Geoffreys Rücktritt natürlich zusätzlich an Bedeutung gewonnen hatte. Abends rief Bernard Ingham an und las mir einen offenen Brief von Michael Heseltine vor, den dieser an den Vorsitzenden seines Wahlkreises geschrieben hatte. Darin ging es ihm vorgeblich nur um die Notwendigkeit, daß die Regierung in der Europapolitik einen neuen Kurs einschlagen müsse. In Wirklichkeit war dies der erste vorsichtige öffentliche Schritt zu seiner Kandidatur für den Parteivorsitz. Dementsprechend waren am Sonntag, dem 4. November, die Zeitungen voll von Spekulationen über die Führung der Konservativen. Ferner wurden die ersten Meinungsumfragen seit Geoffreys Rücktritt veröffentlicht, die, wie nicht anders zu erwarten, sehr schlecht für uns ausfielen: In einer Umfrage lag die Labour Party mit 21 Prozent vor uns. Ich verbrachte den Sonntag mit der Arbeit an einer neuen Rede zu Umweltfragen, die ich am Dienstag in Genf halten sollte.

So oft es ging, traf ich mich Montag morgens mit Ken Baker und dem Team aus der Parteizentrale zur Durchsicht der Termine für die anstehende Woche. Beim Essen erörterte ich dann mit Ken, den Geschäftsführern und einigen Kollegen aus dem Kabinett die politische Lage. An diesem Montag sprachen wir über alles mögliche, nur nicht über das Thema, das uns alle eigentlich beschäftigte: die Frage, ob es zu einem Kampf um die Parteiführung kommen würde.

Dies war noch sehr ungewiß. In der britischen Presse herrschte nun der Eindruck vor, daß Michael mit seinem offenen Brief vielleicht etwas zu hoch gepokert habe. Wenn er sich jetzt nicht aufstellen ließ, würde man ihn als Feigling betrachten. Und wenn er kandidierte, würde er wahrscheinlich verlieren – trotz der Aufregung um Geoffreys Rücktritt. Man war allgemein der Auffassung, daß er sein Glück besser nach der Wahl hätte versuchen sollen – darauf hatten meine Gegner gehofft in der Erwartung, ich würde eine Niederlage erleiden.

Dies war der Hintergrund einer Unterredung, die ich am Nachmittag des 6. November, einem Dienstag, nach einem Kurzbesuch bei der Weltklima-Konferenz in Genf mit meinem Persönlichen Referenten Peter Morrison und Cranley Onslow, dem Vorsitzenden des Komitees von 1922, führte. Wir befürchteten, daß die Spekulationen über die Parteiführung den Konservativen und der Regierung großen Schaden zufügen würde. Daher schien es das beste zu sein, eine Entscheidung herbeizuführen und dem Gerede über den Kampf um den Vorsitz – falls es denn einen geben sollte –

rasch ein Ende zu setzen. Die Abstimmung mußte innerhalb von 28 Tagen nach Beginn der neuen Sitzungsperiode des Parlaments stattfinden, doch das genaue Datum bestimmte der Parteivorsitzende im Einvernehmen mit dem Vorsitzenden des Komitees von 1922. Wir kamen also überein, das Abschlußdatum für die Nominierung bereits auf Donnerstag, den 15. November, zu legen; der erste Wahlgang sollte am Dienstag, dem 20. des Monats stattfinden. Das bedeutete, daß ich zum Zeitpunkt des ersten Wahlgangs – falls es Wahlen geben sollte – in Paris auf der KSZE-Gipfelkonferenz sein würde. Der Nachteil dabei war natürlich, daß ich dann nicht in Westminster um Unterstützung werben konnte. Doch Peter Morrison und ich waren ohnehin nicht der Ansicht, daß ich auf Stimmenfang gehen sollte. Das mag im nachhinein betrachtet falsch gewesen sein; doch es ist wichtig zu wissen, wie wir zu diesem Entschluß kamen.

Erstens wäre es für eine Premierministerin, die elfeinhalb Jahre im Amt war und seit fünfzehn Jahren den Parteivorsitz innehatte – falsch gewesen, sich zu verhalten wie ein Neuling, der zum erstenmal kandidiert. Die Tory-Abgeordneten kannten meine Person, meine Laufbahn und meine Überzeugungen. Und denen, die nicht ohnehin schon hinter mir standen, konnte ich nicht viel Neues bieten, womit ich sie noch hätte auf meine Seite ziehen können. Eine Premierministerin hat die Möglichkeit, ihren Charme einzusetzen und zuzuhören; Woche für Woche hatte ich mir die Beschwerden von Parlamentariern angehört; aber ich konnte jetzt keinem Abgeordneten, der wegen der Gemeindesteuer beunruhigt war, glaubhaft versichern, er hätte mich durch seine Argumente überzeugt, und ich würde den ganzen Plan jetzt fallenlassen. Außerdem hätte ich das nicht im mindesten gewollt. Mit anderen Worten, meiner Stimmenwerbung waren von vornherein klare Grenzen gesetzt. Ein Herausforderer wie Michael dagegen konnte den Parlamentariern, die kein Amt bekleideten, Versprechungen machen, und andererseits den Amtsträgern versichern, daß sie ihren Posten behalten würden; er würde also von dem Unmut der Abgeordneten nur profitieren.

Zweitens war ich der Meinung, daß es – wie schon 1989 – das beste sein würde, wenn andere für mich den Wahlkampf führten. Ich war mir sicher, daß ich mit Peter Morrison einen erfahrenen

Mann im Unterhaus hatte, der ein gutes Team für mich zusammenstellen konnte. Peter und ich waren Freunde, seit er ins Unterhaus eingezogen war. Er war einer der ersten Abgeordneten gewesen, die mich 1975 gedrängt hatten zu kandidieren, und auf seine Loyalität konnte ich unbedingt zählen. Aber unglücklicherweise waren Peters Heiterkeit und Optimismus – jene Eigenschaften, die es ihm so leicht machten, auch uns aufzuheitern – nicht unbedingt die besten Voraussetzungen für eine präzise Einschätzung der Stimmungslage innerhalb der konservativen Fraktion, die ja eine höchst unberechenbare Wählerschaft darstellt. Natürlich nahm ich an, daß Peter noch andere »Zugpferde« in mein Team aufnehmen würde, zum Beispiel George Younger, der schon 1989 so gute Arbeit geleistet hatte.

Die Debatte über die Erwiderung des Parlaments auf die Thronrede würde mir Gelegenheit geben, meine Autorität neu zu festigen und neuen Schwung in die Regierungsarbeit zu bringen. Deshalb strengte ich mich bei der Arbeit an dieser Rede besonders an. An dem Tag, als die Debatte stattfand – es war Mittwoch, der 7. November –, kam mir Neil Kinnock mit einer seiner kläglichen Attacken zu Hilfe. Seine jüngste Wandlung zum »Marktsozialisten« verspottete ich mit den Worten: »Der Führer der Opposition redet gern von einem angebotsorientierten Sozialismus. Wir wissen, was er damit meint: Alles, was die Gewerkschaften fordern, wird Labour liefern!« Ich hatte mich jedoch auch mit dem heikleren Thema von Geoffreys Rücktritt auseinanderzusetzen, und hier galt es, versteckte Fallen zu beachten.

In Geoffreys Rücktrittsgesuch war von bedeutsamen politischen Differenzen nicht die Rede. Statt dessen konzentrierte er sich in seinem Schreiben auf »die Stimmung, die [ich]... letztes Wochenende in Rom und diesen Dienstag im Unterhaus verbreitet hatte«. Ich fühlte mich daher in meiner Rede zu folgender Formulierung berechtigt: »Wenn der Führer der Opposition die Rücktrittsbegründung meines Sehr Ehrenwerten und gelehrten Herrn Kollegen liest, wird es ihm schwerfallen, zwischen meinem Sehr Ehrenwerten und gelehrten Herrn Kollegen und den übrigen von uns irgendwelche politischen Differenzen von großer Tragweite zu entdecken.«

Diese Aussage war so weit nicht unrichtig, und sie erfüllte erst einmal ihren Zweck. Die Debatte nahm einen zufriedenstellenden Verlauf, doch bald zeigte sich, daß Geoffrey über meine Worte empört war. Offenbar war er der Meinung, daß sehr wohl grundlegende politische Differenzen zwischen uns bestanden, wenngleich es ihm bisher nicht möglich gewesen war, sie zu artikulieren. Vorerst herrschte lediglich die Ruhe vor einem politischen Sturm, der dann mit größter Heftigkeit losbrechen sollte.

Am Donnerstag, dem 8. November, unternahmen wir den ungewöhnlichen Schritt, im Anschluß an die Kabinettssitzung noch eine geschlossene Sitzung ohne die Staatsbeamten abzuhalten. Während dieser Besprechung warnte Ken Baker, daß wir bei den Nachwahlen in Bootle und Bradford North wahrscheinlich außerordentlich schlecht abschneiden würden. Seine Befürchtung bewahrheitete sich. Am schlechtesten schnitten wir in Bradford ab, wo wir auf den dritten Platz verwiesen wurden. Am nächsten Morgen rief mich Ken in aller Frühe an, um die Wahlergebnisse mit mir zu besprechen, die ich wie üblich bis in die Nacht am Fernsehen verfolgt hatte. Ich gab mich tapfer und sagte, das Ergebnis sei nicht schlechter, als ich es erwartet hätte. Aber es war schlecht genug und kam zudem zum ungünstigsten Zeitpunkt.

Was die politischen Kommentatoren an diesem Tag jedoch am meisten interessierte, war eine Erklärung Geoffreys, er werde »im Verlauf der nächsten Tage eine Gelegenheit suchen, dem Unterhaus die inhaltlichen und formalen Gründe darzulegen, die [ihn] zu [seiner] schwierigen Entscheidung bewogen« hätten. Natürlich verdichteten sich während des Wochenendes die Mutmaßungen, daß Michael Heseltine kandidieren würde. Das ganze politische Leben schien plötzlich von einer fiebrigen Nervosität erfaßt; man hatte den Eindruck, als würden alle Ereignisse fast unabhängig von den Wünschen und Vorstellungen der beteiligten Akteure einem bedeutsamen, aber völlig unvorhersehbaren Höhepunkt entgegenstreben. Angesichts dieser Entwicklung war ich praktisch machtlos – es blieb mir nichts anderes übrig, als weiter unbeirrt mein Programm zu absolvieren, laut dem ich am Samstag, dem 10. November, in meinem Wahlkreis und am Sonntag, dem Volkstrauertag, am Ehrenmal für die Gefallenen der Weltkriege erwartet wurde.

Wie schon am Montag zuvor, so hatten auch am 12. November

bei der morgendlichen Besprechung zur kommenden Woche mit Ken Baker und dem anschließenden Mittagessen mit Kabinettskollegen alle nur ein Thema im Kopf – und wieder wagte bezeichnenderweise niemand, es anzuschneiden. Nach wie vor wußte keiner von uns, was Geoffrey sagen würde, ja nicht einmal, wann mit seinem Auftritt zu rechnen war; aber noch nie war eine Rede von ihm mit solcher Spannung erwartet worden. Am Abend hielt ich selbst eine Ansprache auf dem Bankett des Lord Mayor von London in der Guild Hall, bei der ich ganz bewußt einen kämpferischen Ton anschlug. Doch mittlerweile war es so weit, daß ich nach Worten suchen mußte. Ich verwendete eine Metapher aus dem Cricket, die zwar an diesem Abend mit großem Applaus bedacht wurde, doch später gegen mich verwendet werden sollte:»Ich stehe immer noch auf dem Feld, auch wenn das Spiel jetzt ziemlich hart geworden ist. Und falls es jemand bezweifeln sollte – ich kann Ihnen versichern, ich werde keinem ›Abpraller‹ ausweichen oder ›mauern‹ oder ›auf Zeit spielen‹. Jetzt wird ›auf Sieg gespielt‹«.

Der Kampf um die Parteiführung beginnt

Mittlerweile hatte ich erfahren, daß Geoffrey dem Unterhaus die Gründe für seinen Rücktritt am nächsten Tag – Dienstag, den 13. November – darlegen wollte. Natürlich wollte ich nach der Fragestunde dableiben, um mir diese Erklärung anzuhören.

Seine Rede war höchst überzeugend; in der Tat war sie die stärkste Unterhausrede seiner ganzen Karriere. Wenn sie ihr vergebliches Ziel, nämlich die Erklärung der politischen Differenzen, die ihn zum Rücktritt bewogen hatten, auch verfehlte, so war sie im Hinblick auf ihre wahre Intention – nämlich mir zu schaden – ein voller Erfolg. Sie war kühl, sezierend, stellenweise geradezu unterhaltsam – und giftig. Sein lange unterdrückter Groll verlieh Geoffreys Worten mehr Kraft als jemals zuvor. Meine Metapher aus dem Cricket wendete er gegen mich mit der Gewandtheit eines Kronanwalts, wobei er behauptete, meine früheren Bemerkungen zum harten Ecu würden die Position des Schatzkanzlers und des Gouverneurs der Bank von England unterminieren:»Es ist , als würde man seine Schlagmänner auf das Spielfeld schicken, nur

damit sie bei den ersten Würfen erkennen, daß ihre Schläger vor
dem Spiel vom Mannschaftskapitän zerbrochen wurden«. Meine
grundsätzlichen Argumente gegen den Vormarsch des Föderalismus innerhalb der Europäischen Gemeinschaft karikierte er auf
bestechende Weise als bloßen Tick und Ausdruck meines Eigen-
sinns. Der Schlußsatz seiner Rede lautete:»... auch für andere ist
es nun an der Zeit zu überlegen, ob sie den tragischen Loyalitäts-
konflikt, mit dem ich vielleicht zu lange gerungen habe, noch ver-
antworten können.« Diese unverhüllte Aufforderung an Michael
Heseltine, als Kandidat gegen mich anzutreten, ließ im Unterhaus
die Wogen hochschlagen.

Es war ein eigenartiges Erlebnis, sich diese detaillierte Auflistung anzuhören; ich fühlte mich beinahe wie eine Angeklagte, die
eines Kapitalverbrechens beschuldigt wird, beim Plädoyer des
Staatsanwalts. Denn ich stand ebensosehr im Mittelpunkt des
Interesses wie Geoffrey – wenn alle Ohren ihm lauschten, waren
alle Blicke auf mich gerichtet. Unter der Maske der Gelassenheit
waren alle meine Gefühle in Aufruhr. Ich hegte nicht den geringsten Zweifel daran, daß diese Rede mir schweren Schaden zufügte.
In einem Winkel meines Gehirns liefen die üblichen politischen
Überlegungen ab, wie meine Kollegen und ich gegenüber den verschiedenen Lobbies reagieren sollten. An Michael Heseltine war
nicht nur eine regelrechte Aufforderung zur Kandidatur an die
Hand ergangen; auch eine gute Waffe war ihm mitgeliefert worden. Wie würden wir ihr die Spitze nehmen können?

Auf einer Ebene unterhalb des reinen politischen Kalküls war
ich jedoch schockiert und tief verletzt. Vielleicht war es angesichts
der Gereiztheit, die während der letzten Jahre meine Beziehung zu
Geoffrey bestimmt hatte, einfach dumm von mir, mit solchem
Schmerz zu reagieren. Doch jegliche negativen Gefühle zwischen
uns waren immer nur hinter verschlossenen Türen zum Ausdruck
gekommen, wenn auch manchmal Einzelheiten in die politischen
Klatschkolumnen gelangt waren. In der Öffentlichkeit hatte ich
Geoffrey als Schatzkanzler ebenso wie als Außenminister immer
volle Unterstützung zukommen lassen. Eingedenk unserer Auseinandersetzungen in der Opposition und während der frühen achtziger Jahre hatte ich ihn als Stellvertretenden Premierminister sogar
noch zu einem Zeitpunkt im Kabinett behalten, als eine erhöhte

Aufmerksamkeit für meine eigenen politischen Interessen bezüglich Europas, der Wechselkurse und eine Menge anderer Sachpunkte mich ansonsten bewogen hätten, ihn durch jemanden zu ersetzen, der meiner politischen Linie eher entsprach.

Geoffrey zeigte sich durch derartige Erinnerungen allerdings unbeeindruckt. Nachdem wir so viele schwierige Zeiten gemeinsam durchgestanden und so viele gemeinsame Erfolge errungen hatten, war er nun mit vollem Vorsatz darangegangen, seine Kollegin auf diese brutale und öffentlichkeitswirksame Art und Weise zu demontieren. Und mit welchem Resultat? Noch war ungewiß, wie es mit mir weitergehen würde. Aber wie auch immer, von diesem Augenblick an würde man bei dem Namen Geoffrey Howe nicht mehr an den zuverlässigen Schatzkanzler und ebensowenig an den Außenminister mit großem diplomatischem Geschick denken, sondern nur noch an die letzte Tat dieses Mannes – seinen ruchlosen Verrat. Und der Scharfsinn, mit dem er den Dolch führte, war die beste Garantie dafür, daß der Ruf, den er mordete, letztlich sein eigener war.

Am nächsten Morgen, es war Mittwoch, der 14. November, rief Cranley Onslow, der Vorsitzende des Komitees von 1922, an, um mitzuteilen, daß er die offizielle Mitteilung von Michael Heseltines Kandidatur für den Parteivorsitz erhalten habe. Nun schlug Douglas Hurd meine Nominierung vor, und John Major unterstützte sie – dieser Schritt sollte demonstrieren, daß das Kabinett geschlossen hinter mir stand. Peter Morrison brachte mein Wahlkampfteam auf Trab, wenngleich manche diese Metapher später als vielleicht ein wenig übertrieben bezeichneten. Maßgeblich beteiligt waren George Younger, Michael Jopling, John Moore, Norman Tebbit und Gerry Neale. An die einzelnen Fraktionsmitglieder erging die diskrete Frage, ob sie als Anhänger, Unentschlossene oder Gegner zu betrachten seien. Michael Neubert sollte eine Liste darüber führen. An Gegner wollten wir uns gar nicht mehr wenden, doch jeder Unschlüssige sollte von dem Mitarbeiter des Teams angesprochen werden, dem man die größte Überzeugungskraft gegenüber diesen Abgeordneten zutraute.

Wir kamen überein, daß ich meine Position hauptsächlich in Presseinterviews darlegen sollte. Deshalb gewährte ich am Abend

des 15. November, einem Donnerstag Michael Jones von der
»Times« und Charles Moore vom »Sunday Telegraph« ein Interview. Ich dachte gar nicht daran, dem Thema Europa auszuweichen, das Geoffreys Rede wieder ins Blickfeld gerückt hatte. Bevor
die Frage nach einer einheitlichen Währung überhaupt gestellt
würde, erklärte ich, sei ein Referendum notwendig. Es handle sich
hier um ein verfassungsrechtliches Thema, nicht nur um ein wirtschaftliches, und deshalb sei es falsch, das Volk nicht direkt zu
befragen. Als man mir die praktischen Maßnahmen für meine Wahlkampagne erklärte, war ich recht zufrieden. Unklar war leider nur, wie
lange einige der wichtigsten Mitglieder meines Teams überhaupt
zur Verfügung stehen würden. Peter hatte Norman Fowler angesprochen, der seine Mitarbeit zunächst zusagte, dann aber unerwartet wieder ausstieg mit der Begründung, er sei zu lange mit
Geoffrey Howe befreundet gewesen. George Younger, der bald das
Amt des Präsidenten der Royal Bank of Scotland übernehmen sollte, war geschäftlich sehr in Anspruch genommen. Auch Michael
Jopling verabschiedete sich, und John Moore war nur zeitweise im
Land. Später stellten sich einige jüngere Abgeordnete aus der »No
Turning Back Group« als Mitarbeiter zur Verfügung. Sie waren
entsetzt über unseren Wahlkampf und zogen nun alle Register.
Ihre Hilfe war mir willkommen, aber weshalb war sie notwendig
geworden? Das hätte mir ein Warnsignal sein sollen. Doch die
Kampagne lief weiter, und ich ging wie gewohnt meinen terminli-
chen Verpflichtungen nach – am Freitag, dem 16. November, stand
ein Besuch in Nordirland auf dem Programm.

Michael Heseltines Wahlkampf war mittlerweile voll im Gange.
Er hatte eine grundlegende Revision der Gemeindesteuer angekündigt und sprach davon, daß er bei der Finanzierung von
Dienstleistungen wie Erziehungswesen und Ausbildung nicht
mehr kommunale, sondern an den Staat entrichtete Steuern heranziehen werde. Ich hatte im Unterhaus bereits erwähnt, daß dies
womöglich einen Aufschlag auf die Einkommensteuer um fünf
Pence oder einschneidende Kürzungen anderer öffentlicher Ausgaben bedeutete – oder ein Haushaltsdefizit nach vier Jahren, in
denen wir schwarze Zahlen geschrieben und Schulden abbezahlt
hatten.

In einem Interview, das ich Simon Jenkins von der »Times« gab, ging ich nun zum Angriff auf Michaels Position über, indem ich auf seine langjährigen korporativistischen und interventionistischen Anschauungen aufmerksam machte. Es erschien am Montag und wurde prompt in gewissen Kreisen als zu aggressiv bezeichnet. Dabei enthielt es nicht einmal ansatzweise eine persönliche Kritik. Im Grunde waren Michael Heseltine und ich in allen politischen Kernpunkten verschiedener Meinung. Die Abgeordneten unserer Fraktion sollten daran erinnert werden, daß es hier ebenso um eine Auseinandersetzung zwischen zwei Philosophien wie zwischen zwei Persönlichkeiten ging. Sie wollten jedoch nicht sehen, daß außer ihrem Parlamentssitz noch etwas anderes auf dem Spiel stand – was symptomatisch war für die Angst und die Leichtfertigkeit, mit der die ganze Angelegenheit behandelt wurde.

Für den Abend, des 17. November, einem Samstag, hatten Denis und ich Freunde und Berater nach Chequers eingeladen – Peter Morrison, die Bakers, die Wakehams, Alastair McAlpine, Gordon Reece, die Bells, die Neuberts, die Neales, John Wittingdale und natürlich Mark und Carol. (George Younger konnte nicht kommen, weil er in Norfolk einen Termin hatte.) Wir aßen gemütlich zu Abend, und danach gingen wir zum geschäftlichen Teil über. Mein Team gab mir einen Überblick über die Zahlen und Fakten, die sehr vielversprechend schienen. Peter Morrison teilte mir mit, seiner Ansicht nach könnten wir mit 220 Jastimmen, 110 Neinstimmen und 40 Enthaltungen rechnen, was leicht für einen Sieg reichen würde. (Für einen Sieg im ersten Wahlgang war eine Mehrheit von mindestens 15 Prozent notwendig.) Selbst wenn man mit einkalkulierte, daß manche Abgeordnete bei der diskreten Befragung gelogen hatten, standen meine Chancen noch gut. Ich war mir aber trotzdem nicht völlig sicher und meinte zu Peter: »Ich weiß noch, Ted hat das auch gesagt. Verlassen wir uns nicht auf Zahlen – manche Leute stehen bei beiden Seiten auf der Liste.« Die anderen wirkten wesentlich zuversichtlicher und debattierten vor allem darüber, was nach meinem Sieg zur innerparteilichen Aussöhnung zu tun sei. Ich hoffte, daß sie recht behalten würden – doch mein Gefühl sagte mir etwas anderes.

Beim KSZE-Gipfeltreffen in Paris

Am nächsten Tag, es war Sonntag, der 18. November, flog ich nach Paris zum KSZE-Gipfel, über den ich bereits an anderer Stelle berichtet habe. Dieses Treffen bezeichnete den offiziellen – leider nicht den tatsächlichen – Beginn jener neuen Ära, die Präsident George Bush als »neue Weltordnung« bezeichnete. Es wurden dort umfassende Beschlüsse zur Gestaltung Europas nach dem Kalten Krieg gefaßt. Sie reichten von beiderseitigen massiven Kürzungen bei den konventionellen Streitkräften innerhalb des VKSE-Rahmens über eine europäische »Magna Charta«, die politische Rechte und wirtschaftliche Freiheiten garantieren sollte (ein Gedanke, für den ich mich besonders eingesetzt hatte), bis zur Einrichtung von KSZE-Institutionen zur Förderung von Versöhnung und freien Wahlen, Verhinderung von Konflikten und Ermutigung von Konsultationen zwischen Regierungen und Parlamentariern.

Wie gewöhnlich führte ich eine Reihe von Gesprächen mit anderen Regierungschefs. Die Lage am Golf stand fast immer im Mittelpunkt dieser Unterredungen, doch meine Gedanken wanderten immer wieder zu den Ereignissen in Westminster. Der Montag begann mit einem gemeinsamen Frühstück mit Präsident George Bush; danach unterzeichnete ich im Namen des Vereinigten Königreichs das historische Abkommen zur Reduzierung der konventionellen Streitkräfte in Europa, nahm an der ersten Plenarsitzung der KSZE teil und traf anschließend mit den anderen Regierungschefs beim Mittagessen im Elysée-Palast zusammen. Am Nachmittag hielt ich meine Rede vor dem Gipfel, in der ich auf die langfristigen Vorteile des in Helsinki begonnenen Prozesses einging, die Bedeutung der Menschenrechte und der Rechtsstaatlichkeit hervorhob, deren Zusammenhang mit wirtschaftlicher Freiheit betonte und vor jedem Versuch einer Schwächung der Rolle der NATO warnte, die »das Kernstück der westlichen Verteidigung« darstelle. Später sprach ich mit dem Generalsekretär der UNO über die Lage am Golf, und am Abend empfing ich Bundeskanzler Kohl zum Dinner in der britischen Botschaft.

Im Gegensatz zu den anderen Regierungschefs, mit denen ich mich unterhalten hatte, kam Helmut Kohl sofort auf das Wesentliche, nämlich die Wahl der Parteiführung, zu sprechen, und das war typisch für ihn. Er meinte, es sei besser, solch schwierige Themen nicht zu unterdrücken, sondern sie offen anzusprechen, und er schien entschlossen, diesen Abend mir zu opfern, um mich so seiner uneingeschränkten Unterstützung zu versichern. Es schien für ihn unvorstellbar, daß ich mein Amt verlieren könnte.

Wenn man bedenkt, daß unsere Standpunkte zum zukünftigen Kurs der Europapolitik erheblich voneinander abwichen und mein Ausscheiden aus dem Amt letztlich den Wegfall eines Hindernisses für die Pläne des Bundeskanzlers bedeutete – eine Annahme, die sich als richtig erweisen sollte –, war dies sehr großmütig. Bei einem weniger aufrichtigen Politiker hätte ich eine solche Geste lediglich als Rückversicherung im Falle meines Wahlsiegs verstanden. Aber Kanzler Kohl war kein verschlagener Mensch, weder als Verbündeter noch als Gegner, und deshalb berührten seine Worte und sein echtes Mitgefühl mich sehr. Ich versuchte, meine Verwirrung zu überspielen, indem ich ihm die Besonderheiten des Systems zur Wahl der Parteiführung bei den Torys erklärte. Dazu meinte er lediglich, das würde seinen Verdacht, dieses Verfahren sei völlig verrückt, nur bestätigen. Ich war mittlerweile selbst zu dem Schluß gekommen, daß er damit wohl nicht ganz unrecht hatte. Doch dann wandte sich das Gespräch zu meiner Erleichterung den Aussichten der Regierungskonferenz des Europäischen Rates und der Wirtschafts- und Währungsunion zu. In diesen Punkten schien Kanzler Kohl kompromißbereit zu sein, zumindest was die zeitlichen Vorstellungen anbetraf. Ob daraus mehr geworden wäre als bei früheren Zusicherungen, kann ich nicht sagen, aber ich hoffte es zumindest.

Am nächsten Tag sollten mir die Ergebnisse des ersten Wahlgangs mitgeteilt werden. Peter hatte mich am Montagabend angerufen und immer noch zuversichtlich geklungen. Es war bereits in die Wege geleitet worden, daß er nach Paris kommen und mir »die gute Nachricht« mitteilen sollte, die ihn telefonisch vom Büro der Whips aus erreichen würde. Darüber hinaus war auch genau festgelegt worden, was ich in jedem möglichen Falle tun und äußern würde – von einem überwältigenden Sieg bis zur Niederlage im ersten Wahlgang waren alle Möglichkeiten durchgespielt worden. In dem Bewußtsein, daß ich nichts weiter tun konnte, konzentrierte ich am Dienstag meine ganze Energie auf weitere Unterredungen mit Regierungschefs und den Fortgang der KSZE-Gespräche.

Am Vormittag traf ich mit Präsident Gorbatschow, Präsident Mitterrand und dem türkischen Staatspräsidenten Özal zusammen; beim Mittagessen sprach ich mit Ministerpräsident Ruud Lubbers aus den Niederlanden. Danach unterhielt ich mich noch mit dem bulgarischen Präsident Schelew; er meinte, es sei Präsident Reagan und mir zu verdanken, daß Osteuropa die Freiheit erhalten habe, und daran würde man sich immer erinnern. Vielleicht konnte nur der Regierungschef eines Landes, das jahrzehntelang unter kommunistischem Terror zu leiden hatte, wirklich nachvollziehen, was in der Welt geschehen war und weshalb. Die Nachmittagssitzung der KSZE war um 16.30 Uhr beendet.

Nach dem Tee und einem kurzen Austausch mit meinen Beratern über die Ereignisse des Tages begab ich mich in mein Zimmer in der Botschaft und ließ mich frisieren. Kurz nach 18 Uhr ging ich in ein kleines Zimmer, das für mich reserviert worden war, um auf das Wahlergebnis zu warten. Außer mir waren noch Bernard Ingham, Charles Powell, unser Botschafter Sir Ewen Fergusson, Crawfie und Peter zugegen. Peter stand telefonisch mit dem Chief Whip in Verbindung, Charles mit John Whittingdale. Ich setzte mich an einen Schreibtisch, um etwas zu arbeiten.

Charles erfuhr die Ergebnisse als erster, ohne daß ich etwas davon mitbekommen hatte. Ich bemerkte nicht, wie er den Anwesenden per Handzeichen zu verstehen gab, daß wir unser Ziel nicht erreicht hatten, und er sagte auch nichts, sondern wartete, bis Peter Morrison die offizielle Meldung aus dem Büro der Whips bekam. Peter las die Zahlen vor: Ich hatte 204 Stimmen erhalten, Michael Heseltine 152, 16 Stimmen waren Enthaltungen.

»Nicht ganz so gut, wie wir gehofft hatten«, kommentierte Peter, ausnahmsweise einmal mit vollem Understatement, und übergab mir den Zettel mit den Ergebnissen. Ich rechnete sie schnell im Kopf durch. Michael Heseltine hatte ich geschlagen und darüber hinaus die klare Mehrheit der Regierungspartei hinter mir (tatsächlich erhielt ich bei meiner Niederlage mehr Stimmen als John Major später bei seinem Sieg), aber es reichte nicht ganz, um einen zweiten Wahlgang zu vermeiden. Hätte ich nur zwei Stimmen halten können, die an Michael gegangen waren,

dann hätte das Ergebnis gereicht. Aber knapp daneben ist auch
vorbei, und es hatte keinen Sinn, sich darüber den Kopf zu zerbre-
chen. Einen Augenblick lang war es still im Raum.
Peter Morrison brach das Schweigen. Er versuchte, Douglas
Hurd über das Haustelefon in der Botschaft zu erreichen; der aber
telefonierte gerade mit John Major in Great Stukeley, wo sich der
Schatzkanzler von einer Weisheitszahnoperation erholte. Einige
Minuten später erreichten wir Douglas, und er kam sofort zu uns.
Ich brauchte ihn nicht lange zu bitten, mich weiterhin zu unterstützen, denn er erklärte sofort, ich solle mich zum zweiten Wahlgang stellen, und sicherte mir seine und John Majors Unterstützung zu. Er stand zu seinem Wort, und ich war froh, einen so treu-
en Freund an meiner Seite zu wissen. Ich dankte ihm, wechselte
noch einige Worte mit ihm und ging dann wie geplant nach unten,
um mich der Presse zu stellen und meine Erklärung abzugeben:

Guten Abend, meine Herren. Es freut mich natürlich sehr,
daß sich mehr als die Hälfte der Abgeordneten der Regierungsfraktion zu meiner Unterstützung bereit gefunden hat,
doch ich bin auch enttäuscht, weil ich nicht ganz die erforderliche Mehrheit für einen Sieg im ersten Wahlgang erreicht
habe. Deshalb erkläre ich hiermit, daß ich die Absicht habe,
beim zweiten Wahlgang noch einmal zu kandidieren.

Douglas sprach nach mir:

Ich möchte das Ergebnis des Wahlgangs nur kurz kommen-
tieren. Die Premierministerin hat auch weiterhin meine volle
Unterstützung, und ich bedaure es sehr, daß dieser destruktive, unnötige Kampf auf diese Weise noch verlängert wird.

Dann ging ich nach oben, um zu telefonieren, unter anderem mit
Denis. Es gab nicht viel zu sagen. Die Gefahren waren zu offensichtlich, und am Telefon konnte man ohnehin nicht frei darüber
reden, was jetzt zu tun sei. Aber jedenfalls wußte man in London
nun dank meiner Presseerklärung, daß ich weitermachen würde.
Als die schlechte Nachricht übermittelt wurde, hatte ich ein

schwarzes Wollkostüm mit braunschwarzem Kragen getragen; jetzt zog ich mich um. Ich fühlte mich zwar noch wie betäubt, doch irgendwie war ich weniger betroffen, als ich erwartet hatte. Jedenfalls trage ich dieses schwarze Wollkostüm noch heute, obwohl ich normalerweise Kleidungsstücke, die böse Erinnerungen wecken, nicht mehr anzuziehen pflege. Jetzt aber mußte ich mich für ein Ballett und das anschließende Diner im Schloß von Versailles in Schale werfen. Ich ließ Präsident Mitterrand ausrichten, daß ich mich verspäten würde, und bat, ohne mich zu beginnen.

Bevor ich mich auf den Weg nach Versailles machte, begrüßte ich noch meine alte Freundin Eleanor Glover, in deren Schweizer Wohnung ich so viele schöne Urlaubsstunden verbracht hatte, und die nun von ihrer Pariser Wohnung aus gekommen war, um mich zu trösten. Wir unterhielten uns nur ein paar Minuten im Wohnzimmer des Botschafters. Sie erschien in Begleitung ihres Dienstmädchens Marta, die bemerkte, sie habe»es in den Karten gesehen«. Ich dachte, vielleicht wäre es hilfreich, Marta ins Wahlkampfteam aufzunehmen.

Um 20 Uhr verließ ich die Botschaft mit Peter Morrison; zusammen wurden wir mit halsbrecherischer Geschwindigkeit in einem großen schwarzen Citroën mit Motoradeskorte durch die leeren, für die Präsidenten Bush und Gorbatschow abgesperrten Straßen von Paris chauffiert. Doch in Gedanken war ich in London. Ich wußte, daß wir nur dann eine Chance hatten, wenn die Kampagne ordentlich in Schwung kam und wir jeden potentiellen Anhänger dazu brachten, für mich zu kämpfen. Immer wieder betonte ich gegenüber Peter:»Wir müssen kämpfen!«Gut zwanzig Minuten später kamen wir in Versailles an, wo mich Präsident Mitterrand erwartete.»Wir hätten natürlich niemals ohne Sie angefangen«, erklärte er und geleitete mich mit dem bemerkenswerten Charme, der ihm zu Gebote stand, hinein – so als hätte ich eben eine Wahl gewonnen und nicht halbwegs verloren.

Man kann sich wohl vorstellen, daß ich das Ballett nicht mit ungeteilter Aufmerksamkeit verfolgen konnte. Selbst das anschließende Diner – und dergleichen ist bei Präsident Mitterrand immer ein unvergeßliches Erlebnis – war für mich eher eine Tortur. Als wir aufbrachen, wartete draußen bereits die Presse auf uns, und ein Großteil der Aufmerksamkeit galt meiner Person. Als George und Barbara Bush dies bemerkten, begleiteten sie mich hinaus – eine jener kleinen Gesten der Freundlichkeit, die uns daran erinnern, daß es auch in der Machtpolitik nicht immer nur um Macht geht.

Von Paris aus wurden nun die Vorbereitungen für meine Rückkehr nach London getroffen. Ich würde der Unterzeichnung der Schlußakte des Gipfeltreffens noch beiwohnen, die ursprünglich geplante Pressekonferenz aber ausfallen lassen, um frühzeitig nach London zurückzukommen. Dort war eine Besprechung mit Norman Tebbit und John Wakeham unmittelbar nach meiner Ankunft arrangiert worden, der sich später Ken Baker, John Mac-Gregor, Tim Renton und Cranley Onslow anschließen sollten. Zwischenzeitlich wurden drei »Stimmenfänger« ernannt: Für mein Wahlkampfteam sollte Norman Tebbit meine Anhänger innerhalb der Fraktion eruieren, Tim Renton übernahm die gleiche Aufgabe bei den Whips, und im Kabinett würde John MacGregor um Stimmen werben. Um diese letzte Aufgabe sollte sich eigentlich John Wakeham kümmern, denn ich hatte mich entschieden, ihn wesentlich stärker in meinen Wahlkampf miteinzubeziehen. Doch da er sich gerade auf eine Erklärung zur Privatisierung der Elektrizitätswerke vorbereitete, delegierte er die Aufgabe an John MacGregor.

Heute weiß ich, daß eben zu dieser Zeit die meisten anderen Minister in London anfingen, von mir abtrünnig zu werden. Doch als ich an jenem Dienstag spätabends zu Bett ging, vermutete ich noch nichts Böses. Eine erste Ahnung von dem, was auf mich zukommen würde, beschlich mich dann am nächsten Morgen, als mir von meinem Privatbüro mitgeteilt wurde, man habe gemäß meiner Anweisung Peter Lilley angerufen – einen eingefleischten Thatcheristen, den ich im Juli 1990 zum Nachfolger Nick Ridleys im Wirtschaftsministerium ernannt hatte – und ihn um seine Hilfe bei der Abfassung meiner Rede für die Mißtrauensdebatte am Donnerstag gebeten. Offenbar hatte er erwidert, darin sehe er keinen Sinn mehr, da ich erledigt sei. Daß eine solche Antwort ausgerechnet von ihm kam, bestürzte mich mehr, als ich zu sagen vermag. Es würde also noch härter werden, als ich mir in meinen schlimmsten Träumen vorgestellt hatte.

Konsultationen nach der Rückkehr in die Downing Street

Am Mittwoch, dem 21. November, gegen Mittag traf ich in der Downing Street ein. Auf Peter Morrisons Vorschlag hin hatte ich mich dazu bereiterklärt, nach meiner Rückkehr mit allen Mitgliedern des Kabinetts unter vier Augen zu sprechen. Die notwendigen Vorkehrungen dazu wurden unmittelbar nach meinem Eintreffen in London getroffen. Der Schein trog: Die Mannschaft von No. 10 freute sich über meine Ankunft und applaudierte. Ein Anhänger hatte tausend rote Rosen geschickt, und im weiteren Verlauf dieses langen Tages trafen immer mehr Bouquets ein, bis jeder Flur und jede Treppe mit Blumen gesäumt war.

Ich ging sofort nach oben in die Wohnung zu Denis. Unsere Zuneigung füreinander hat die Ehrlichkeit in unserer Beziehung nie beeinträchtigt, und so auch jetzt nicht: Er riet mir, aufzugeben. »Mach' nicht weiter, Liebes«, sagte er. Doch ich wurde das Gefühl nicht los, daß ich weitermachen mußte. Meine Freunde und Anhänger erwarteten von mir, daß ich kämpfte, und ich schuldete es ihnen, solange ich noch Erfolgschancen hatte. Aber hatte ich sie wirklich?

Etwas später ging ich mit Peter Morrison ins Arbeitszimmer hinunter, wo bald darauf auch Norman Tebbit und John Wakeham eintrafen. Norman teilte mir mit, wie er die Situation einschätzte. Er meinte, es sei sehr schwierig festzustellen, wie die Parlamentsmitglieder abstimmen würden, doch nicht wenige von ihnen würden mit aller Entschlossenheit für mich kämpfen. Den schwächsten Stand hatte ich bei den Kabinettsministern. Es gelte, Michael Heseltine Einhalt zu gebieten, und er denke, ich hätte gute Chancen, dies zu erreichen. Ich nahm bei meiner Antwort kein Blatt vor den Mund. Wenn ich die Golfkrise durchstehen und die Inflation drücken könne, erwiderte ich, dann werde ich imstande sein, den Zeitpunkt meines Rücktritts zu bestimmen. Rückblickend wurde mir klar, daß sie aus dieser Bemerkung schlossen, ich würde bald nach der nächsten Wahl zurücktreten.

Wir hatten jedoch noch andere Möglichkeiten in Betracht zu ziehen. Wenn Michael Heseltine als Parteivorsitzender undenkbar war, wer konnte ihn dann am ehesten aufhalten? Weder Norman noch ich glaubten, daß Douglas der geeignete Mann sei, um Michael zu schlagen. Und sosehr ich seinen Charakter und seine Fähigkeiten schätzte und ihn für seine große Loyalität zu Dank verpflichtet war, bezweifelte ich doch, daß Douglas politisch in meinem Sinne weiterarbeiten würde. Und diese Überlegung war für mich von grundlegender Bedeutung – letztlich war dies der Gedanke, der mich veranlaßte, John Major in Erwägung zu ziehen. Was konnte ich von ihm erwarten? Würde er siegen, wenn ich zurücktrat? Seine Aussichten waren im besten Falle noch ungewiß. Und darum beschloß ich, weiterzukämpfen.

John Wakeham meinte, wir sollten uns über die Sitzung Gedanken machen, die gleich beginnen würde. Vor allem solle ich mich auf das Argument gefaßt machen, daß ich, wenn ich weiterkämpfte, mit Demütigungen zu rechnen hätte. Diese Warnung bekam ich an jenem Tag noch öfter zu hören. John selbst wollte sich gar nicht auf diesen Gedanken einlassen, solange die Frage noch gar nicht aktuell war. Schließlich sei es niemals demütigend, wenn man für seine Überzeugungen einstünde.

Anschließend gingen Norman, John, Peter und ich in den Kabinettssaal, wo sich Ken Baker, John MacGregor, Tim Renton, Cranley Onslow und John Moore zu uns gesellten. Ken eröffnete die Diskussion mit der Feststellung, es ginge in erster Linie darum, Michael Heseltine aufzuhalten. Seiner Ansicht nach war ich die einzige Person, die dies bewerkstelligen konnte. Douglas Hurd war nicht so erpicht darauf, Parteiführer zu werden, und zudem gehörte er dem traditionellen Flügel in der Partei an. John Major war für die Abgeordneten attraktiver, auch stand er meinen Überzeugungen näher und hatte nur wenige Gegner, allerdings auch wenig Erfahrung. Ken führte aus, zwei Dinge seien für meinen Sieg von Bedeutung: Meine Wahlkampagne müsse ganz anders angepackt werden, und ich müsse mich verpflichten, die Gemeindesteuer radikal zu überdenken. Von einer aggressiven Werbekampagne in den Medien riet er ab.

Dann berichtete John MacGregor, er habe mit den Kabinettsministern gesprochen, die sich ihrerseits an ihre Junior-Minister gewandt hätten. Nur sehr wenige von ihnen beabsichtigten, ihre Loyalität aufzukündigen; das vorrangige Problem sei, daß sie letztlich nicht an meinen Erfolg glaubten. Sie seien besorgt über die schwindende Zahl meiner Anhänger. Später erfuhr ich, daß diese Darstellung nicht ganz der wirklichen Lage entsprach. Vielmehr hatte John MacGregor unter den Kabinettsministern eine große Minderheit ausgemacht, die nicht mehr uneingeschränkt hinter mir stand – entweder weil diese Leute wirklich mein Ausscheiden wünschten oder weil sie überzeugt waren, daß ich Michael Heseltine nicht schlagen könne, oder weil sie einen anderen Kandidaten befürworteten. John fühlte sich jedoch nicht imstande, mir diese Information in Gegenwart von Tim Renton – und auch nicht in Gegenwart von Cranley Onslow – offen mitzuteilen, und es war ihm nicht gelungen, sie mir bereits im vorhinein zu übermitteln. Dies war bedeutsam, denn hätten wir uns schon früher am Tage ein richtiges Bild von der Lage machen können, so hätten wir vielleicht noch einmal überlegt, ob man die Kabinettsminister in Einzelgesprächen um Unterstützung bitten sollte.

Die Diskussion ging weiter. Typischerweise gab Tim Renton eine sehr entmutigende Einschätzung der Lage ab. Er sagte, viele Abgeordnete und Minister hätten gegenüber dem Büro der Whips verlauten lassen, ich solle den Kampf aufgeben. Sie bezweifelten, daß ich Michael Heseltine schlagen könne, und wollten lieber einen Kandidaten, der die Einheit der Partei wiederherstellen würde. Der Trend sei negativ, meinte er, räumte jedoch ein, daß durch einen verbesserten Wahlkampf, der von den jüngeren Parteimitgliedern geführt werden sollte, in den fünf bis zur Wahl verbleibenden Tagen durchaus noch Anhänger zurückgewonnen werden könnten.

Doch Tim hatte noch eine Neuigkeit für mich. Willie Whitelaw habe ihn um ein Gespräch gebeten, berichtete er. Willie mache sich Sorgen, daß ich im zweiten Wahlgang eine Niederlage erleiden könne – es war ergreifend, wie viele Leute sich wegen einer möglichen Demütigung meiner Person Sorgen machten –, und er befürchte, selbst wenn ich einen knappen Sieg erränge, würde es schwierig für mich werden, die Einheit der Partei wiederherzustellen. Er wolle nicht in die Rolle einer »grauen Eminenz« schlüpfen, doch wenn ich es wünsche, würde er kommen und mich »als Freund« besuchen.

Als nächster berichtete Cranley Onslow, er sei vom Komitee von 1922 nicht beauftragt worden, mich zum Rücktritt aufzufordern –

ganz im Gegenteil –, aber ebensowenig habe das Komitee Michael Heseltine eine Botschaft zukommen lassen. Letztlich erklärte das Komitee angesichts des bevorstehenden zweiten Wahlgangs und des ungewissen Ausgangs seine Neutralität. Cranley erklärte, er sei der Ansicht, eine von Heseltine geführte Regierung werde es nicht mit mir und meiner Mannschaft aufnehmen können. Unter den Sachfragen war die Europapolitik seiner Ansicht nach nicht der entscheidende Punkt: Europa sei bei Parlamentswahlen kein ausschlaggebendes Thema. Die meisten Leute seien vielmehr wegen der Gemeindesteuer besorgt, und er hoffe, daß in diesem Punkt etwas Grundlegendes geschehen werde. An dieser Stelle warf ich ein, es sei mir nicht möglich, in fünf Tagen Kaninchen aus dem Hut zu zaubern. John MacGregor fügte hinzu, wenn ich zum jetzigen Zeitpunkt eine gründliche Überprüfung der Gemeinde-steuer zusagen könne, wäre das nicht glaubwürdig, so günstig es auch scheinen möge.

John Wakeham erklärte, die große Frage sei, ob es einen Kandi-daten gebe, der mehr Chancen habe, Michael Heseltine zu schla-gen, und dafür sehe er keine Anzeichen. Deshalb hänge alles davon ab, meine Kampagne zu stärken, und das könne nur gelin-gen, wenn alle meine Kollegen entschlossen für mich einträten. Ken Baker und John Moore teilten mir nun mit, wen ich ihrer Ansicht nach für mich gewinnen mußte, um zu siegen. Ken bemerkte, jene, die befürchteten, ich könne die Wahl verlieren, sei-en meine treuesten Anhänger – Leute wie Norman Lamont, John Gummer, Michael Howard und Peter Lilley. John Moore betonte, ich brauche zum Erfolg unbedingt die Unterstützung aller Mini-ster, vor allem der Junior-Minister.

Der letzte Beitrag kam von Norman Tebbit. Wie Cranley glaubte auch er, das Thema Europa sei im Kampf um die Parteiführung nicht mehr von Bedeutung; der einzig wichtige Punkt sei die Ge-meindesteuer, und hier würden sich Michaels Versprechungen ins-besondere für Parlamentarier aus dem Nordwesten des Landes als attraktiv erweisen. Trotzdem erklärte Norman mit Nachdruck, ich könne mehr Stimmen gewinnen als Michael, vorausgesetzt, daß die Mehrzahl meiner langjährigen Kollegen sich hinter mich stellte.

Im Grunde war das Ergebnis dieses Treffens sehr demoralisie-rend. Obwohl ich in Parlamentswahlen nie unterlegen war, nach wie vor die Parteibasis hinter mir wußte und soeben das Votum der Fraktionsmehrheit erhalten hatte, war das beste, was man über mich sagen konnte, offenbar, daß ich größere Chancen für einen Sieg über Michael Heseltine hätte als andere Kandidaten. Und sogar dies war ungewiß, weil meine treuesten Anhänger an meinem Sieg zweifelten und andere glaubten, selbst wenn ich gewänne, würde ich außerstande sein, die Partei für die Parlamentswahlen wieder zu einen. Und über all dem hing die Furcht vor dem vielbeschworenen Schreckgespenst der »Demütigung«, falls ich mich auf einen Kampf einlassen und verlieren sollte. Ich beendete die Runde mit der Bemerkung, ich würde mir die vorgetragenen Argumente durch den Kopf gehen lassen. Rückblickend weiß ich, daß mein Vorsatz durch diese Gespräche geschwächt wurde. Im Augenblick war ich jedoch noch entschlossen weiterzukämpfen. Doch ich hatte das Gefühl, die eigentliche Entscheidung würde erst am Abend bei den Gesprächen mit meinen Kabinettskollegen fallen.

Doch zuvor mußte ich vor dem Unterhaus meine Erklärung zum Ausgang des Gipfels in Paris abgeben. Als ich das Haus verließ, rief ich den wartenden Journalisten zu: »Ich mache weiter, ich kämpfe für den Sieg!« Später, als ich die Nachrichten sah, bemerkte ich, daß ich um einiges zuversichtlicher wirkte, als ich mich gefühlt hatte.

Es war kein besonderes Vergnügen, in dieser Situation eine Erklärung vor dem Unterhaus abzugeben: nur die Opposition kam dabei auf ihre Kosten. Man interessierte sich mehr für meine Absichten als für meine Worte. Danach ging ich in mein Zimmer im Unterhaus, wo mich Norman Tebbit aufsuchte. Es war Zeit – vielleicht höchste Zeit –, daß ich mich persönlich um Unterstützung für meine Kandidatur kümmerte. Norman und ich suchten den Tea Room auf. Noch nie hatte ich eine derartige Stimmung erlebt. Wiederholt hörte ich: »Michael hat mich schon zwei-, dreimal um meine Stimme gebeten. Das ist das erstemal, daß Sie zu mir kommen«. Parlamentarier, die ich seit Jahren gut kannte, schienen jetzt völlig von Michaels Schmeicheleien und Versprechungen eingenommen zu sein – zumindest kam es mir anfangs so vor. Doch dann wurde mir klar, daß viele, die so sprachen, zu meinen Anhängern gehörten und sich im Grunde beschwerten, daß meine Wahlkampagne nicht kämpferisch genug war. Sie waren geradezu verzweifelt, weil wir offenbar schon kapituliert hatten.

Ich ging zurück in mein Zimmer. Jetzt gab ich mich keinen Illusionen mehr darüber hin, wie schlecht es um uns stand. Wenn ich noch eine Chance haben wollte, mußte ich die ganze Kampagne neu aufziehen, auch wenn es fünf vor zwölf war. Ich bat John Wakeham, mir zu helfen, da er meines Erachtens die nötige Autorität und die entsprechenden Kenntnisse besaß, um diese Aufgabe in Angriff zu nehmen. Er sagte zu, meinte jedoch, er brauche Leute zu seiner Unterstützung: John litt noch immer unter den Folgen des Bombenattentats von Brighton. Also entfernte er sich, um mit Tristan Garel-Jones und Richard Ryder zu sprechen, denn beide hatten 1989 bei der Kampagne um den Parteivorsitz intensiv mitgearbeitet.

Dann hatte ich eine Unterredung mit Douglas Hurd. Ich ersuchte ihn, mich für den zweiten Wahlgang vorzuschlagen, und er sagte bereitwillig zu. Anschließend telefonierte ich mit John Major, der sich zu Hause, in Huntingdon, aufhielt. Ich teilte ihm mit, daß ich mich entschlossen hätte, noch einmal zu kandidieren, und daß Douglas mich vorschlagen würde. Dann fragte ich ihn, ob er meine Kandidatur unterstützen wolle. Darauf war es einen Augenblick lang still. Sein Zögern war geradezu greifbar. Zweifellos hatte er auch Schwierigkeiten wegen seiner Weisheitszahnoperation. Dann sagte er, wenn ich es wünschte, würde er das tun. Später, als ich meine Anhänger drängte, bei der Wahl des Parteivorsitzenden für John zu stimmen, betonte ich, daß er nicht gezögert habe, mich zu unterstützen. Aber wir beide wußten es besser.

Nun begab ich mich zu einer Audienz in den Palast, um die Königin davon in Kenntnis zu setzen, daß ich für den zweiten Wahlgang kandidieren würde, wozu ich nach wie vor entschlossen war. Danach kehrte ich in mein Zimmer im Unterhaus zurück, um die Mitglieder des Kabinetts der Reihe nach zu empfangen.

Die Meinungen im Kabinett

Natürlich hätte ich meine Bemühungen vor dem zweiten Wahlgang darauf konzentrieren können, die Abgeordneten direkt anzusprechen und für mich zu gewinnen. Vielleicht hätte ich das auch tun sollen. Doch die vorausgegangenen Gespräche hatten mich davon überzeugt, daß es wesentlich war, mich nicht nur der formellen Unterstützung der Kabinettsminister zu versichern, sondern sie auch dazu zu bewegen, Junior-Minister und Abgeordnete für meine Sache zu gewinnen. Allerdings – indem ich sie um Unterstützung bat, lieferte ich mich ihnen auch aus. Wenn eine beträchtliche Zahl von Kabinettskollegen mir ihre Unterstützung versagte, würde sich diese Tatsache hinterher nicht verschleiern lassen. Ich erinnerte mich daran, daß sich Churchill, damals Premierminister, einmal bei seinem Chief Whip beklagte, weil das Gerede über seinen Rücktritt – Anthony Eden sollte bald darauf Churchills Nachfolge antreten – seine Autorität untergrabe. Ohne Autorität aber könne er sein Amt nicht wirksam ausüben. In ähnlicher Weise ist auch eine Premierministerin entscheidend geschwächt, die weiß, daß ihr Kabinett nicht mehr hinter ihr steht. Mir war klar – und ich bin mir sicher, auch das Kabinett wußte dies –, daß ich nicht eine Stunde länger in der Downing Street bleiben wollte, wenn ich als Regierungschefin keine echte Autorität mehr besaß.

Wie bereits erwähnt, hatte ich mit Douglas Hurd und John Major bereits gesprochen, wenngleich ich sie nicht direkt gefragt hatte, was ich tun solle. Cecil Parkinson hatte ich bereits nach meiner Rückkehr aus dem Tea Room konsultiert. Er riet mir, im Rennen zu bleiben, versicherte mir seine uneingeschränkte Loyalität und fügte hinzu, es werde ein harter Kampf werden, aber ich könne siegen. Nick Ridley, der nicht mehr dem Kabinett angehörte, aber immer noch eine einflußreiche Persönlichkeit war, sagte mir ebenfalls seine volle Unterstützung zu. Auch Ken Baker hatte mir versichert, daß er ohne Wenn und Aber hinter mir stünde. Der Lordkanzler und Lord Belstead, der Führer des Oberhauses, waren in diesem Spiel von untergeordneter Bedeutung, und John Wakeham war ohnehin mein Wahlkampfmanager. Aber mit allen anderen wollte ich in meinem Zimmer im Unterhaus reden.

Im Verlauf der nächsten zwei Stunden kamen die Kabinettsminister nacheinander herein, nahmen auf dem Sofa vor mir Platz und unterbreiteten mir ihre Ansichten. Alle benutzten mehr oder weniger dieselbe Formulierung: Selbstverständlich wollten sie mich unterstützen, doch bedauerlicherweise könnten sie nicht an meinen Sieg glauben.

Es entging mir nicht, daß sie in den Räumen über meinem Zimmer, die dem Korridor des Kabinettssaals im Unterhaus gegenüberlagen, fieberhaft diskutiert hatten, was sie sagen sollten. Wie alle Politiker, die nicht mehr weiter wissen, hatten sie sich auf eine »Linie festgelegt«, und daran hielten sie auf Biegen und Brechen fest. Nach drei oder vier Gesprächen von dieser Sorte hatte ich beinahe das Gefühl, ich könne in diesen Chor miteinstimmen. Doch so monoton das Lied auch war, der Ton und die individuelle Reaktion der Vortragenden an jenem Abend boten dramatische Kontraste.

Der erste Minister, der mich aufsuchte, war allerdings gar kein Kabinettsmitglied. In Francis Maude, Angus Maudes Sohn und Staatsminister im Außenministerium, sah ich einen verläßlichen Verbündeten. Francis sagte mir, er unterstütze meine Überzeugungen mit aller Leidenschaft, er werde zu mir halten, solange ich weitermachen würde, aber an meinen Sieg könne er nicht glauben. Er verließ den Raum ziemlich bedrückt, und auch mich hatte er nicht merklich aufgeheitert.

Dann kam Ken Clarke. Er gab sich kraftvoll, in jenem etwas derben Stil, dessen er sich gerne befleißigt: der aufrichtige Freund. Diese Art und Weise, den Premierminister auszuwechseln, meinte er, sei ja die reine Farce, und er selbst würde mich mit Freuden weitere fünf oder zehn Jahre lang unterstützen. Die meisten Kabinettsmitglieder seien jedoch der Ansicht, ich solle zurücktreten. Andernfalls werde ich nicht nur verlieren, sondern »haushoch verlieren«. Und wenn das geschehe, werde der Parteivorsitz an Michael Heseltine gehen und die Partei sich spalten. Folglich sollten Douglas und John von ihrer Verpflichtung gegen mich entbunden werden und die Erlaubnis erhalten zu kandidieren, da beide bessere Chancen hätten als ich. Entgegen hartnäckigen Gerüchten drohte Ken Clarke zu keinem Zeitpunkt mit seinem Rücktritt.

Peter Lilley, dem sichtlich unbehaglich zumute war, betrat als nächster den Raum. Aufgrund dessen, was ich in Paris über ihn erfahren hatte, wußte ich in etwa, was ich von ihm erwarten konnte. Pflichtschuldigst kündigte er an, er werde mich unterstützen, falls ich kandidieren sollte, doch einen Sieg hielte er für ausgeschlossen. Michael Heseltine dürfe auf keinen Fall Parteivorsitzender werden, andernfalls sei alles, was ich erreicht hätte, in Gefahr. Die einzige Möglichkeit, dies zu verhindern, sei, den Weg für John Major freizumachen.

Natürlich war ich, was Ken Clarke und Peter Lilley anbetraf, aus ganz unterschiedlichen Gründen pessimistisch gewesen. Aber meinen nächsten Gast, Malcolm Rifkind, hatte ich bereits von vornherein abgeschrieben. Nach Geoffreys Rücktritt war Malcolm wahrscheinlich mein schärfster Kritiker im Kabinett, und er blieb auch jetzt bei seiner unnachgiebigen Haltung. Ohne Umschweife erklärte er, ich könne nicht gewinnen; nur John und Douglas hätten Siegeschancen. Doch nicht einmal er stellte sich eindeutig gegen mich. Als ich ihn fragte, ob ich im Falle meiner Kandidatur mit seiner Unterstützung rechnen könne, war die Antwort, darüber müsse er erst einmal nachdenken. Und er versicherte mir tatsächlich, daß er nie an einer Kampagne gegen mich mitwirken würde. Im stillen dankte ich Gott für diese kleine Barmherzigkeit.

Nach so viel Mitleid und Erbarmen war es eine Wohltat, mit Peter Brooke zu sprechen. Er war wie immer charmant, aufmerksam und loyal und versicherte, er werde in jedem Falle zu mir stehen. Da er aus Nordirland kam, hatte er keinen genauen Überblick über die Meinungsvielfalt innerhalb des Parlaments und konnte keine maßgebliche Einschätzung zu meinen Aussichten abgeben. Doch er glaubte, wenn ich weiterkämpfte und aus allen Rohren feuerte, dann könne ich auch gewinnen. Ob ich auch siegen konnte, wenn ich nicht alle Munition verschoß? Das begann ich allmählich selbst zu bezweifeln.

Mein nächster Besucher war Michael Howard, ein weiterer aufsteigender Stern, der meine Ansichten teilte. Seine Fassung des vom Kabinett intonierten Themas klang insgesamt beherzter und ermutigender. Wenngleich er meine Aussichten anzweifelte, wollte er mich nicht nur mit seiner Stimme unterstützen, sondern mit aller Kraft die Werbetrommel für mich rühren.

Dann erschien William Waldegrave, den ich erst bei der letzten Regierungsumbildung ins Kabinett geholt hatte. Er äußerte sich sehr zurückhaltend, doch mehr konnte ich von jemandem, der meine politischen Ansichten nicht teilte, kaum erwarten. Aber er erklärte freimütig, daß es unehrenhaft wäre, einen Posten in meinem Kabinett anzunehmen und mich drei Wochen später dann nicht zu unterstützen. Solange ich kandidierte, werde er für mich stimmen. Doch William befürchtete das Schlimmste. Er meinte, es würde eine Katastrophe geben, wenn die korporativistische Politik wieder ans Ruder käme – was natürlich nichts anderes heißen sollte, als daß Michael Heseltine unbedingt in Schach gehalten werden solle. In diesem Augenblick bekam ich eine Nachricht von John Wakeham, der mich dringend sprechen wollte. Offenbar war die Lage doch um einiges schlechter, als er gedacht hatte. Das überraschte mich nicht, auch aus meiner Sicht gab es keinerlei Anlaß zu Optimismus.

John Gummer stürmte als nächster ins Zimmer. Auf den ersten Blick war seine Position nicht gleich erkennbar. Er trat leidenschaftlich für die Europäische Gemeinschaft ein, aber offenbar teilte er mit mir grundlegende politische Anschauungen. Mit einer gewissen milden Neugierde fragte ich mich, wie er diesen Widerspruch wohl für sich lösen würde. Aber leider spulte auch er nur die üblichen Floskeln ab: Er werde mich im Falle meiner Kandidatur unterstützen, doch als Freund wolle er mich warnen, daß ich nicht gewinnen könne, und deshalb täte ich gut daran, den Weg für John und Douglas freizumachen.

Anschließend sprach ich mit Chris Patten. Chris und ich hatten viele Jahre zusammengearbeitet, als er noch Direktor des Conservative Research Department war. 1989 hatte ich ihn dann ins Kabinett geholt. Er war sehr wortgewandt, und vielleicht hatte er mich mit diesem Talent zu schnell davon überzeugt, daß wir mit denselben Worten auch das gleiche meinten. Aber er gehörte dem linken Parteiflügel an; ich konnte mich also nicht beschweren, als er mir mitteilte, er werde mich zwar unterstützen, doch ich könne nicht gewinnen und so weiter.

Sogar bei Melodramen gibt es Intermezzi; und selbst in »Macbeth« gibt es die Pförtnerszene. Nun folgte ein kurzes Gespräch mit Alan Clark, Staatsminister im Verteidigungsministerium. Er erwies sich als ein ritterlicher Freund, der vorbeikam, um mich mit dem ermutigenden Rat aufzumuntern, ich solle weiterkämpfen, koste es, was es wolle. Unglücklicherweise aber fügte er hinzu, ich solle kämpfen, auch wenn meine Niederlage gewiß sei, denn es sei besser, die Bühne im Glanz einer ruhmreichen Niederlage zu verlassen, als sich sacht und leise in die Nacht des Vergessens davonzustehlen. Da ich aber kein besonderer Freund wagnerianischer Schlußszenen bin, vermochte mich dieser Rat nur kurzzeitig zu trösten. Ich freute mich allerdings, jemanden auf meiner Seite zu wissen, der selbst Angesichts einer Niederlage zu mir hielt. Inzwischen waren John Wakeham und Ken Baker aufgetaucht. Sie hatten nichts Gutes zu berichten. John sagte, er bezweifle jetzt, ob ich tatsächlich mit der Unterstützung des Kabinetts rechnen könne. Und was ich gehört hatte, war keineswegs dazu angetan, seine Zweifel zu widerlegen. Er fügte hinzu, er habe versucht, ein Wahlkampfteam zusammenzustellen, doch nicht einmal dies sei ihm gelungen. Ich hatte mittlerweile erkannt, daß ich es nicht mit polnischen Kavalleristen zu tun hatte, aber ich war doch überrascht darüber, daß nicht einmal Tristan Garel-Jones und Richard Ryder zur Zusammenarbeit mit John bereit waren, weil auch sie nicht mehr an meinen Sieg glaubten.

Tristan Garel-Jones hatte schon im Vorjahr in meinem Wahlkampfteam mitgearbeitet, doch damals war meine Stellung nicht ernsthaft bedroht gewesen. Dennoch konnte ich keine große Enttäuschung über seinen Entschluß empfinden. Sein Verständnis von konservativer Politik war immer von der Ansicht bestimmt gewesen, daß der Weg des geringsten Widerstandes der beste sei, und so gesehen war er vermutlich nur konsequent. Ein persönlicher und politischer Schlag war es allerdings, erfahren zu müssen, daß Richard – der als mein Staatssekretär mit mir in die Downing Street gekommen war und den ich bis zur Grenze des Vertretbaren ge- und befördert hatte – mich nun bereits bei den ersten Anzeichen einer Niederlage im Stich ließ.

Ken Baker berichtete, daß sich die Lage seit unserem Gespräch am Morgen verschlechtert habe. Zehn bis zwölf Kabinettsmitglieder hätten ihm gegenüber die Meinung geäußert, ich könne nicht gewinnen. Und wenn sie das glaubten, dann würde tatsächlich nicht genug Enthusiasmus aufkommen können, um den Sieg zu erringen. Trotzdem meinte er, ich solle weitermachen. Er befürwortete jedoch Tom Kings Vorschlag – den dieser mir wenig später selbst unterbreitete –, ich solle versprechen, daß ich im Falle eines

Sieges nach Weihnachten zurücktreten werde. Dahinter stand der Gedanke, daß ich auf diese Weise bis zum Ende des Golfkriegs im Amt bliebe. Diese Vorstellung war jedoch nicht akzeptabel für mich: Denn während dieser Frist hätte ich keine Autorität mehr besessen, die ich aber angesichts der bevorstehenden Auseinandersetzungen in der Europäischen Gemeinschaft dringender denn je benötigte.

Nachdem John und Ken gegangen waren, war die Reihe an Norman Lamont, der auch nur die schon bekannte Formel wiederholte. Die Situation ließe sich nicht mehr bereinigen, meinte er. Alles, was wir in den Bereichen Wirtschaft und Europa erreicht hätten, würde durch einen Sieg Michael Heseltines gefährdet – alles, außer Robertson Hares bekanntem Ausruf »O großes Elend!«.

Dann kam John MacGregor herein und informierte mich etwas verspätet über die mangelnde Unterstützung im Kabinett, was er mir aber nicht früher habe mitteilen können. Auch er enthielt sich jeglicher Originalität und spulte nur die »Formel« ab. Tom King brachte ebenfalls nur das Übliche vor, wenn auch mit etwas mehr Anteilnahme als die meisten anderen. Dazu hatte er den von Ken Baker bereits erwähnten Vorschlag anzubieten: Ich solle mich bereiterklären, zu einem festgesetzten Datum zurückzutreten. Ich war zwar dankbar für die Abwechslung, lehnte ihn jedoch noch einmal ab.

Unter diesen Umständen war es wirklich ein Trost, als David Waddington erschien und mir gegenüber auf dem Sofa Platz nahm. David war ein getreuer Freund, den aber, wie ich unschwer erkennen konnte, tiefer Kummer erfüllte. Von seinem Gefühl her war er unbedingt für eine Fortsetzung des Kampfes. Im Gegensatz zu einigen seiner Kollegen besaß für ihn das Argument, man solle angesichts der zu erwartenden Niederlage besser aufgeben, keinerlei Anziehungskraft – weder als Ausflucht noch als verhüllte Drohung oder als Möglichkeit, mich im Stich zu lassen, ohne dazu zu stehen. Für ihn war es lediglich Einsicht in die Realitäten, der er sich widerstrebend beugte. Doch als ehemaliger Chief Whip – und wie oft hatte ich mir während der letzten Tage gewünscht, er möge dieses Amt immer noch innehaben – wußte er, daß ich im Kabinett keine Rückendeckung mehr hatte. David sagte, er wünsche mir den Sieg und er werde mich unterstützen, doch er könne für den Sieg nicht garantieren. Als er den Raum verließ, hatte er Tränen in den Augen.

Mein letzter Besucher, Tony Newton, schaffte es trotz seiner offenkundigen Nervosität gerade noch, die vereinbarte Standardformel herauszubringen: Er könne sich nicht denken, daß ich gewinnen würde, etc. etc. Ich konnte es mir mittlerweile auch nicht mehr vorstellen. John Wakeham kam noch einmal herein und führte weiter aus, was er mir zuvor schon mitgeteilt hatte. Ich hatte die Unterstützung des Kabinetts verloren. Nicht einmal ein glaubwürdiges Wahlkampfteam konnte ich mehr auf die Beine stellen. Es war aus.

Ich war todunglücklich. Dem Widerstand von Gegnern und potentiellen Rivalen hätte ich die Stirn bieten und sie sogar noch für ihre Herausforderung achten können; aber es schmerzte mich, von jenen verlassen zu werden, die ich für meine Freunde und Verbündeten gehalten hatte: und auch die doppelzüngigen Worte, mit denen sie ihren Verrat in freimütige Ratschläge und in Besorgnis um mein Schicksal ummünzten, taten weh. Ich diktierte eine kurze Rücktrittserklärung, um sie am nächsten Morgen vor dem Kabinett zu verlesen. Doch ich behielt mir vor, vor meiner endgültigen Entscheidung noch in der Downing Street mit Denis zu sprechen.

Ich war gerade im Begriff zu gehen, als Norman Tebbit in Begleitung von Michael Portillo eintrat. Michael war Staatsminister im Ministerium für Umweltfragen und Lokalverwaltung und war für die Bereiche Kommunalverwaltung und Gemeindesteuer verantwortlich. Es stand außer Frage, daß er alles, wofür wir eintraten, leidenschaftlich verfocht. Er versuchte, mich davon zu überzeugen, daß das Kabinett die Situation falsch einschätzte, daß man mich schlecht beraten habe und daß ein energisch geführter Wahlkampf immer noch alles zum Guten wenden könne. Mit nur einem Anflug solcher Geisteshaltung in den höheren Chargen wäre dies vielleicht in der Tat noch möglich gewesen; aber leider war davon nichts zu merken. Dann erschienen noch weitere loyale Parlamentarier aus der »Gruppe der 92« – George Gardiner, John Townend, Edward Leigh, Chris Chope und einige andere. Sie äußerten sich in ähnlicher Weise wie Michael. Ich war unendlich dankbar für ihre Unterstützung und Anteilnahme und versprach, ich wolle mir überlegen, was ich tun könne. Und damit kehrte ich endlich zurück in die Downing Street.

Rücktritt

Zu Hause angekommen, ging ich nach oben und suchte Denis auf. Es gab nicht viel zu sagen, doch er konnte mich wenigstens trösten. Er hatte mir seine Meinung schon früher mitgeteilt, und nun war sie bestätigt worden. Etwas später ging ich nach unten in den Kabinettssaal und begann mit der Arbeit an der Rede, die ich am nächsten Tag anläßlich der Mißtrauensdebatte zu halten hatte. Mein Persönliches Büro hatte bereits einen ersten Entwurf erstellt, der allerdings unter völlig anderen Umständen zustande gekommen war. Norman Tebbit und – überraschenderweise – John Gummer kamen mir zu Hilfe. Das Ganze war eine traurige Angelegenheit. Ab und zu mußte ich mir eine Träne trocknen, denn allmählich wurde mir die ungeheure Tragweite der Geschehnisse bewußt.

Während wir bis in die Nacht hinein an der Arbeit saßen, stellten sich auch Michael Portillo und zwei weitere Kollegen ein, die bis zum Schluß kämpfen wollten; Michael Forsyth und Michael Fallon. Sie wurden nicht zu mir vorgelassen, da ich an der Reinschrift meiner Rede arbeitete. Als ich jedoch hörte, daß man sie weggeschickt hatte, sagte ich, ich wolle sie selbstverständlich gerne empfangen, und sie wurden zurückbeordert. Sie erschienen gegen Mitternacht und versuchten noch einmal, mich davon zu überzeugen, daß noch nicht alles verloren sei.

Bevor ich in jener Nacht zu Bett ging, betonte ich, es sei wichtig sicherzustellen, daß für den Fall meines tatsächlichen Rücktritts John Majors Nominierungsunterlagen vor dem endgültigen Ablauf der Frist zur Vorlage bereit seien. Die Entscheidung über meinen Rücktritt wollte ich überschlafen, wie ich es bei bedeutsamen Angelegenheiten immer zu tun pflegte; erst dann würde ich einen endgültigen Entschluß fassen. Aber es würde sehr schwierig werden, mich durchzusetzen, wenn sich das Kabinett nicht mit ganzem Herzen hinter meine Kampagne stellte.

Am nächsten Morgen um 7.30 Uhr – es war Donnerstag, der
22. November – telefonierte ich nach unten zu Andrew Turnbull
und teilte ihm mit, ich hätte mich endgültig zum Rücktritt entschlossen. Mein Persönliches Büro arrangierte eine bereits vorgesehene Audienz bei der Königin. Peter Morrison rief Douglas Hurd
und John Major an, um sie über meine Entscheidung zu unterrichten. Auch John Wakeham und Ken Baker wurden informiert. Ich
genehmigte den Text der Presseerklärung, die am Vormittag veröffentlicht werden sollte, ließ eine halbstündige, ziemlich planlose
Vorbesprechung mit Bernard, Charles und John zu Fragen im
Unterhaus über mich ergehen und ging kurz vor 9 Uhr nach unten,
um in meiner letzten Kabinettssitzung den Vorsitz zu führen.

Normalerweise standen die Minister vor Beginn in kleinen
Gruppen im Vorzimmer des Kabinettssaals herum und diskutierten oder scherzten miteinander. Heute war es still. Ein jeder stand
mit dem Rücken zur Wand und blickte irgendwohin, nur nicht in
meine Richtung. Es gab eine kurze Verzögerung; John MacGregor
war im Stau steckengeblieben. Als er eintraf, gingen alle, immer
noch schweigend, in den Saal.

Ich kündigte eine Erklärung an:

Nach eingehenden Konsultationen mit meinen Kollegen bin
ich zu dem Schluß gekommen, daß es im Hinblick auf die
Einheit der Partei und die Aussichten auf einen Wahlsieg von
Vorteil ist, wenn ich zurücktrete und damit anderen Kabinettsmitgliedern Gelegenheit gebe, für die Parteiführung zu
kandidieren. Ich möchte all jenen im Kabinett und außerhalb
danken, die mir ihre Unterstützung gewährt haben.

Anschließend verlas der Lordkanzler eine Erklärung zur Würdi-
gung meiner Arbeit, die nach übereinstimmender Meinung der
Minister in das Kabinettsprotokoll aufgenommen werden sollte.
Den größten Teil dieses Tages und auch in den darauffolgenden
Tagen kam ich mir vor wie eine Schlafwandlerin; ich war nicht
imstande, die Geschehnisse um mich herum wirklich wahrzuneh-
men und zu fühlen. Ab und an wurde ich jedoch plötzlich von
Emotionen überwältigt, und dann ließ ich meinen Tränen freien
Lauf. Einer dieser schwierigen Augenblicke war die Verlesung der

Würdigung durch den Lordkanzler. Als er geendet und ich die Fassung wiedergewonnen hatte, sagte ich, der Zusammenhalt des Kabinetts sei von größter Bedeutung für die Wahrung all dessen, woran wir glaubten. Dies sei der Grund für meinen Rücktritt. Das Kabinett solle sich geschlossen hinter den Kandidaten stellen, der die größten Chancen habe, Michael Heseltine zu schlagen. Durch meinen Rücktritt würde ich anderen Platz machen, die nicht mit der Verbitterung ehemaliger, von mir entlassener Minister belastet seien. Die Einheit der Partei sei von entscheidender Bedeutung. Unabhängig davon, ob ein, zwei oder drei Kollegen kandidierten, sei es wesentlich, daß sich das Kabinett in diesem Geiste der Einheit geschlossen hinter den Kandidaten mit den größten Erfolgschancen stelle.

Dann sprachen mir Ken Baker im Namen der Partei und Douglas Hurd als Dienstältester des Kabinetts in wenigen Worten ihre Anerkennung aus. Mehr konnte ich nicht ertragen; andernfalls hätte ich befürchten müssen, die Fassung endgültig zu verlieren. Deshalb beendete ich die Diskussion mit der Erklärung, ich hoffe, es werde mir möglich sein, den neuen Parteivorsitzenden voll und ganz zu unterstützen. Nun folgte eine zehnminütige Pause zur Erledigung von Höflichkeitsbesuchen beim Parlamentspräsidenten, beim Oppositionsführer und beim Vorsitzenden der Liberal Party (Jim Molyneaux von den Unionists war nicht erreichbar), und um 9.25 Uhr wurde dann eine entsprechende Erklärung veröffentlicht.

Danach wurde die Kabinettssitzung fortgesetzt. Alles verlief beinahe wie immer. Die zu besprechenden Angelegenheiten reichten von äußerst unwichtigen Dingen – einem Rat zu Fischereifragen unter dem Vorsitz der Italiener, deren Inkompetenz ihn zu einem völligen Mißerfolg werden ließ – bis zu Themen von größter Bedeutung, nämlich der Entscheidung über die Entsendung einer zweiten Brigade an den Golf. Ich konzentrierte mich auf Details und schaffte es auf diese Weise, alles durchzustehen. Die offizielle Kabinettssitzung war gegen 10.15 Uhr zu Ende, doch ich bat die Minister, noch zu bleiben. Es war eine Wohltat, sich bei einer Tasse Kaffee auf mehr oder weniger ungezwungene Art und Weise über das Thema zu unterhalten, was alle am meisten beschäftigte, nämlich den Ausgang des zweiten Wahlgangs.

Nach der Kabinettssitzung unterzeichnete ich persönliche Botschaften an die Präsidenten Bush und Gorbatschow, die Regierungschefs der Europäischen Gemeinschaft und der G7-Staaten und einige Staatschefs in der Golfregion. Douglas und John, die sich beide zur Kandidatur entschlossen hatten, waren bereits voll mit der Organisation ihres Wahlkampfs beschäftigt. Später arbeitete ich an meiner Rede für die Debatte am Nachmittag. Allmählich begann ich zu spüren, daß eine große Belastung von mir gewichen war. Wenn ich weitergekämpft hätte, obwohl so viele Kabinettskollegen, Junior-Minister und Abgeordnete gegen mich waren, wäre eine Mißtrauensdebatte eine kräftezehrende Tortur gewesen. Doch nun, da ich meinen Rücktritt erklärt hatte, würde ich mich wieder der geschlossenen Unterstützung der Konservativen Partei erfreuen können. Nun würde mein Weg bis zum Ende mit Rosen gesäumt sein. Und da dies mein letzter bedeutsamer Parlamentsauftritt als Premierministerin sein würde, beschloß ich, die Errungenschaften der letzten elf Jahre in eben dem Geiste zu verteidigen, in dem ich für sie gekämpft hatte.

Nach einer kurzen Audienz bei der Königin kehrte ich zum Mittagessen in die Downing Street zurück. Im Arbeitszimmer trank ich ein Gläschen mit einigen Mitgliedern meines Teams. Plötzlich wurde mir bewußt, daß nun auch sie über ihre Zukunft nachdenken mußten, und ich versuchte, sie ein wenig aufzumuntern, während sie sich alle Mühe gaben, mich zu trösten. Crawfie hatte schon zu packen begonnen. Joy sah unerledigte Wahlkreisangelegenheiten durch. Denis räumte seinen Schreibtisch. Ich mußte jedoch noch Amtsgeschäfte erfüllen. Nachdem ich mein übliches Briefing für die Fragestunde erhalten hatte, ging ich gegen 14.30 Uhr ins Unterhaus.

Grand Finale

Wer das Unterhaus nicht kennt, wird die britische Politik nie begreifen. Das »House« ist nicht nur irgendeine gesetzgebende Körperschaft. Bei besonderen Anlässen rückt es auf eine beinahe mystische Art und Weise in den Mittelpunkt dessen, was die Nation bewegt. Zeitungskommentare und die Betrachtungen von

Zeugen belegen, daß ich nicht die einzige war, die die emotionsgeladene Spannung jenes Nachmittags spürte. Und es schien, als ob eben diese Intensität, vermischt mit dem Gefühl der Erleichterung darüber, daß mein großer Kampf nun zu Ende war, meine Worte beflügelte. Während der Fragestunde gewann ich mein Selbstvertrauen allmählich wieder zurück.

Danach setzte ich mich, schöpfte Atem und hörte mir die Rede an, mit der Neil Kinnock die Mißtrauensdebatte eröffnete. Während all seiner Jahre als Oppositionsführer hatte Mr. Kinnock meine Erwartungen nie enttäuscht. Bis zum bitteren Ende gelang es ihm, exakt den falschen Ton zu treffen. Nun hielt er eine Ansprache, die vielleicht ihren Zweck erfüllt hätte, wenn ich angekündigt hätte, daß ich für den zweiten Wahlgang zur Verfügung stünde – eine klassische einseitige Phrasendrescherei. Mit einem kleinen Zugeständnis an die Großzügigkeit, die das Unterhaus bei einem solchen Anlaß erfüllt (und der ein Abgeordneter seiner Partei, Dennis Skinner, keineswegs ein Gemäßigter und ein alter »Sparringspartner« von mir, kurz darauf in einem denkwürdigen Zwischenruf Ausdruck verleihen sollte), hätte er sich die Verlegenheit zunutze machen können, die auf den Bänken der Torys zunehmend spürbar wurde. Zudem hätte er damit mich entwaffnet und meine mühsam aufrechterhaltene Fassung untergraben. Statt dessen brachte er es fertig, mich und die Reihen hinter mir mit seiner leidenschaftlichen Entrüstung anzustecken, und trug damit noch zur Stärkung der neugefundenen Einheit der Torys bei – unter den gegebenen Umständen eine bemerkenswerte, ja gerade verwunderliche Leistung.

Die Rede, die ich im Anschluß daran hielt, ist nicht gerade der eloquenteste Beitrag zum Parlamentsprotokoll. Sie ist vielmehr ein kämpferischer Aufruf zur Verteidigung der Leistungen der Regierung, der Punkt für Punkt auf die Angriffe der Opposition eingeht und dem Conservative Research Department mehr zu verdanken hat als Burke. [A.d.Ü.: Die Ideen Edmund Burkes übten großen Einfluß auf konservative Denker des 19. Jahrhunderts aus.] Doch für mich brachte in diesem Augenblick jeder Satz mein Vermächtnis zum Ausdruck, das ich dem Urteil der Geschichte überantwortete. Es war, als hielte ich nicht meine letzte Rede als Premierministerin, sondern meine letzte Rede überhaupt, und die

daraus erwachsende Überzeugungskraft durchdrang jeden im
Saal.

Nach dem üblichen Wortgeplänkel mit den Zwischenrufern von
der Opposition formulierte ich noch einmal meine Überzeugungen zum Thema Europa und erinnerte an die großen Umwälzun-
gen, die seit meinem Einzug in die Downing Street die ganze Welt
ergriffen hatten:

> Vor zehn Jahren befand sich der Osten Europas unter dem
> Joch totalitärer Regierungen, und seine Völker kannten
> weder Recht noch Freiheit. Heute haben wir ein Europa, in
> dem Demokratie, Rechtsstaatlichkeit und die grundlegenden
> Menschenrechte sich immer mehr ausbreiten; ein Europa, in
> dem die Bedrohung unserer Sicherheit durch die überlegenen
> konventionellen Streitkräfte des Warschauer Paktes beseitigt
> ist; ein Europa, in dem die Berliner Mauer niedergerissen und
> der Kalte Krieg beendet ist.
> Diese ungeheuren Veränderungen geschahen nicht zufällig.
> Sie wurden erzielt durch Stärke und Entschlossenheit in der
> Verteidigungspolitik und Zurückweisung jeglicher Ein-
> schüchterung. Niemand in Osteuropa glaubt, daß die dorti-
> gen Länder frei wären, wenn es nicht jene westlichen Regie-
> rungen gegeben hätte, die bereit waren, die Freiheit zu vertei-
> digen, und die die Hoffnung nährten, daß eines Tages auch
> Osteuropa frei sein würde.

Mein letzter Gedanke galt dem Falklandkrieg und dem Konflikt
am Golf, für den wir uns gerade rüsteten:

> Es gibt noch etwas, das in dieser Stunde spürbar ist, nämlich
> ein Gefühl für das Schicksal dieser Nation. Und es ist die
> Jahrhunderte alte geschichtliche Erfahrung, die die Gewähr
> dafür bietet, daß Großbritannien stets zu den Waffen greifen
> wird, wenn es gilt, Grundwerte zu verteidigen, das Gute zu
> unterstützen und das Böse zu überwinden. Denn wir, die
> Konservativen, sind nie vor schwierigen Entscheidungen
> zurückgewichen, und deshalb können dieses Haus und dieses
> Land heute Vertrauen in diese Regierung hegen.

Dies waren meine Worte zur Verteidigung der Leistungen jener Regierung, die ich elfeinhalb Jahre lang geführt hatte; mit der ich in drei Wahlen siegreich geblieben war; die den Weg bereitet hatte für die neue wirtschaftliche Freiheit, welche viele Länder von Osteuropa bis Asien und Ozeanien umgestaltete; die den Ruf Großbritanniens als bedeutsamer Macht in der Welt wiederherstellte – und die gerade in jenem Augenblick, als unser historischer Sieg im Kalten Krieg auf der Pariser KSZE-Konferenz besiegelt wurde, beschlossen hatte, sich meiner Dienste zu entledigen. Unter dem tosenden Beifall meiner Kollegen, der »Wets« wie der »Dries«, der Verbündeten wie der Gegner, der treuen Anhänger und der feigen Abtrünnigen, nahm ich Platz und überlegte, was als nächstes zu tun sei.

Der Abschied

Eine Aufgabe lag noch vor mir: Ich mußte sicherstellen, daß John Major mein Nachfolger wurde. Ich wollte glauben – vielleicht brauchte ich das –, daß er der richtige Mann war, um mein Vermächtnis zu wahren und zu schützen und unsere Politik weiter voranzutreiben. Deshalb beunruhigte es mich zu erfahren, daß einige meiner Freunde erwogen, für Michael Heseltine zu stimmen. Sie fragten sich argwöhnisch, welche Rolle manche Anhänger John Majors wie etwa Richard Ryder, Peter Lilley, Francis Maude und Norman Lamont bei meinem Sturz gespielt haben mochten. Zudem waren sie der Meinung, Michael Heseltine könne sich trotz all seiner Fehler als ein fähiger Parteiführer erweisen. Ich bemühte mich nach Kräften, sie vom Gegenteil zu überzeugen, nicht nur in persönlichen Gesprächen, sondern auch bei einem Essen, das ich am Montag für meine Anhänger gab. In den meisten Fällen hatte ich Erfolg.

Doch zunächst lag noch mein letztes Wochenende in Chequers vor mir. Ich traf dort am Samstag abend ein, nachdem ich mit Familie und Freunden in der Downing Street gemütlich zu Mittag gegessen hatte. Am Sonntag morgen gingen Denis und ich zum Gottesdienst, und Crawfie belud in der Zwischenzeit einen Range Rover mit Hüten, Büchern und einer Reihe persönlicher Gegenstände, die in unser Haus in Dulwich gebracht werden sollten. Gersons kümmerte sich um die größeren Gegenstände. Vor dem Mittagessen luden Denis und ich die Angestellten in Chequers zu einem Abschiedsumtrunk ein und bedankten uns für die Freundlichkeit, mit der sie uns in all den Jahren umsorgt hatten. Ich hatte Chequers geliebt und wußte, daß ich es vermissen würde. Deshalb entschloß ich mich, mit Denis ein letztes Mal durch alle Räume zu gehen, während draußen das Licht des Winternachmittags der Dämmerung wich.

Natürlich hatte sich das öffentliche Interesse nach meinem Rücktritt sofort auf die Frage konzentriert, wer mein Nachfolger sein würde. Wie bereits erwähnt, unternahm ich alles, was in meiner Macht stand, um John zu unterstützen, ohne jedoch öffentlich zu erklären, daß ich ihm den Sieg wünschte. Aber etwa zu diesem Zeitpunkt wurde mir auch bewußt, daß seine Haltung in gewissem Sinne zweideutig war. Einerseits war er verständlicherweise bestrebt, meine Anhänger für sich zu gewinnen. Andererseits betonte er in seinem Wahlkampf seine Eigenständigkeit. Ein Witz, der im Zusammenhang mit Bemerkungen zur Lage am Golf aufkam und in dem es hieß, ich wolle gelegentlich »vom Rücksitz aus ins Steuer greifen«, führte sofort zu großer Unruhe in Johns Lager. Unglücklicherweise war dies ein Vorgeschmack auf künftige Ereignisse.

Doch als die Ergebnisse bekanntgegeben wurden, war ich hocherfreut: John Major hatte 185 Stimmen erhalten, Michael Heseltine 131 und Douglas Hurd 56. Offiziell hatte John zwei Stimmen zu wenig, doch schon nach wenigen Minuten kündigten Douglas und Michael an, daß sie ihn im dritten Wahlgang unterstützen würden. Damit war er neuer Premierminister. Ich gratulierte ihm und nahm an den Feierlichkeiten in der Downing Street Nr. 11 teil. Allerdings blieb ich nicht lange; dies war sein Abend, nicht der meine.

Mittwoch, der 28. November, war mein letzter Tag im Amt. Mittlerweile war fast alles gepackt. Frühmorgens ging ich ein letztes Mal ins Arbeitszimmer hinunter, um nachzusehen, ob nichts vergessen worden war. Aber ich mußte mit Schrecken feststellen, daß ich nicht hineinkonnte, weil der Schlüssel an meinem Bund bereits fehlte. Um 9.10 Uhr ging ich in die Halle. (Ich sollte in Kürze zu meiner letzten Audienz bei der Königin im Palast erscheinen.) Wie am Tage meiner Ankunft hatten sich auch jetzt alle meine Mitarbeiter der Downing Street dort versammelt. Ich verabschiedete mich von meinen Referenten und all den anderen, die ich im Laufe der Jahre so gut kennengelernt hatte. Manche hatten Tränen in den Augen. Ich versuchte, die meinen zurückzuhalten, doch als ich durch die Halle schritt und jene mir zum Abschied applaudierten, die mich vor elfeinhalb Jahren auf eben diese Weise bei meinem Einzug begrüßt hatten, ließ ich meinen Gefühlen freien Lauf.

Bevor ich mit Denis und Mark an meiner Seite das Haus verließ, hielt ich inne, um meine Gedanken zu ordnen. Crawfie wischte mir etwas Mascara aus dem Gesicht – der Beweis für Tränen, die ich nicht hatte zurückhalten können. Dann öffnete sich die Tür und gab den Blick frei auf ein gewaltiges Presseaufgebot. Ich trat vor die Mikrophone und verlas eine kurze Erklärung:

Es ist an der Zeit, ein neues Kapitel aufzuschlagen, und dazu wünsche ich John Major alles Gute. Er wird hervorragende Unterstützung erhalten, er hat das Zeug zu einem großen Premierminister, und ich bin sicher, daß er dies in kürzester Zeit unter Beweis stellen wird.

Ich winkte den Menschen zu und ging dann in den Wagen, Denis an meiner Seite, so wie es immer gewesen war. Wir passierten Reporter, Polizisten und die hohen, schwarzen Tore von Downing Street Nr. 10 und ließen die berühmten roten Aktenköfferchen mit der Aufschrift »On H. M. Service«, Fragen des Parlaments, Gipfelgespräche und Parteitage, Haushaltsdebatten und Kommuniqués, Lageräume und Telefone mit Zerhacker hinter uns und fuhren einer ungewissen Zukunft entgegen.

Dank

Viele Menschen haben mir bei der Arbeit an diesem Buch geholfen. Einige von ihnen kann ich nicht namentlich nennen, da sie nach wie vor im Staatsdienst stehen; andere kann und werde ich im folgenden anführen. Doch es gibt einen Menschen, dem ich besonderen Dank schulde.

Regierungsbeamte, die für die Vorbereitung von Gipfelgesprächen zuständig sind, werden von Politikern gern als »Sherpas« bezeichnet – in Anlehnung an die Führer im Himalaya, die den Bergsteigern bei der Bezwingung des Mount Everest behilflich sind. Mein unentbehrlicher »Sherpa« beim Schreiben dieses Buches war Robin Harris. Robin hat für mich in tiefsten Schluchten und auf höchsten Bergen offizieller Akten nachgeforscht, um mein Erinnerungsvermögen zu bestätigen oder auf die Probe zu stellen; er war mir ein trittsicherer Führer durch Stürme von Fakten und Deutungen; und er stellte sicher, daß die Expedition auf dem direktesten Weg und in gutem Zustand, ja sogar mit einer gewissen Eleganz, ihr Ziel erreichte. Ohne seinen Rat und seine Hilfe in jeder Phase der Unternehmung hätten wir den Gipfel wohl kaum erklommen.

Wir waren bei unserer Reise nicht allein. Gelegentlich schloß sich uns John O'Sullivan auf Skiern an, brachte unsere Auseinandersetzungen in Schwung, beschnitt die Prosa und trieb die Geschichte voran. Ohne ihn hätte das Schreiben dieses Buches länger gedauert, und auch die Lektüre würde noch mehr Zeit in Anspruch nehmen.

Ein weiteres unverzichtbares Mitglied des Teams war Chris Collins, unser Forscher. Er verband peinliche Genauigkeit mit großem Arbeitseifer und bedingungslosem Engagement; und zu diesen Vorzügen gesellte sich noch die wertvolle Objektivität des Geschichtswissenschaftlers. Debbie Fletcher tippte – und tippte und tippte noch einmal – das sich stetig weiterentwickelnde Manuskript; sie beeindruckte durch ihre Tüchtigkeit und nie versiegende Heiterkeit. Tessa Gaisman steuerte bei der Auswahl der Fotos die ihr eigene persönliche Mischung aus gutem Geschmack und gesundem Menschenverstand bei. Carolyn Selman half uns, die Presseverlautbarungen und Zeitungsausschnitte in eine handliche Ordnung zu bringen. Allen Mitarbeitern bei meinen Memoiren bin ich unendlich zu Dank verpflichtet. Unsere Zusammenarbeit war »hart, aber herzlich«.

Einer der vergnüglicheren Aspekte des Memoirenschreibens besteht darin, alte Zeiten gemeinsam mit guten Freunden noch einmal zu durchleben. Ich konnte Erinnerungen und Überlegungen von vielen heranziehen, die auf diese oder jene Art und Weise einen Part in meiner Geschichte innehatten. Meinen besonderen Dank möchte ich Cynthia Crawford, Sir Charles Powell, Sir Alan Walters und dem Parlamentsabgeordneten John Wittingdale aussprechen, deren Hilfe von unschätzbarem Wert war. Zu bestimmten Themen konnte ich Professor Tim Congdon, Andrew Dunlop, Lord Griffiths of Fforestfach, George Guise, dem Parlamentsabgeordneten Archie Hamilton, Sir John Hoskyns, Sir Bernard Ingham, Dr. Sheila Lawlor, John Mills, Sir Peter Morrison, Ferdinand Mount, Lord Parkinson of Carnforth, Caroline Ryder, Stephen Sherbourne, Sir Kenneth Stowe, Lady Wakeham und Lord Wolfson of Sunningdale um Rat bitten.

Bei der Durchsicht der offiziellen Unterlagen fand ich diese eben so faszinierend wie in ihrer Aussage beschränkt: In der Tat hat ihr trockener Ton mich in meiner Ansicht bestätigt, daß es von Wert ist, dieses Buch zu schreiben. Manche Geschichten muß man erlebt haben, um sie erzählen zu können. Aber andererseits wäre ich, die nie ein Tagebuch geführt hat, ohne diese Aufzeichnungen verloren gewesen. Deshalb bin ich Robin Butler und den Mitarbeitern des Kabinettsamts sehr zu Dank verpflichtet für die freundliche und effiziente Art und Weise, mit der sie mir die Unterlagen aus meiner Regierungszeit verfügbar machten.

Meine Verleger taten, was Verleger sollten – sie ließen mich meine Arbeit tun, sorgten aber dafür, daß ich mich nicht verzettelte und daß ich die Termine hielt. Eddie Bell erwies sich als ein verständnisvoller und kluger Berater in praktischen Fragen. Stuart Proffitt scheute keine Mühe, um sicherzustellen, daß Fachjargon und Unklarheiten beseitigt wurden. Dafür danke ich ihnen.

Mein letzter Dank gilt Julian Seymour, der mein Büro leitet: Ohne ihn und seine Kollegen hätte ich meine Geschichte nicht erzählen können.

Zeittafel 1979

1979

3. Mai	Parlamentswahlen
7. Juni	Europawahlen
12. Juni	Haushalt von 1979. Standardsatz der Einkommenssteuer auf 30 Prozent, Höchstsatz auf 60 Prozent herabgesetzt
28. Juni	Weltwirtschaftsgipfel in Tokio
1.–8. August	Commonwealth-Konferenz in Lusaka
27. August	Lord Mountbatten kommt bei einem Attentat ums Leben. Bombenanschlag von Warrington
23. Oktober	Geoffrey Howe kündigt die Aufhebung der Devisenkontrollen an
29.–30. Oktober	Europäischer Rat in Dublin: Auseinandersetzungen über den Haushalt
16. Dezember	Premierministerin und Lord Carrington treffen zu zweitägigem Besuch in Washington ein
25. Dezember	Beginn der sowjetischen Invasion in Afghanistan

1980

2. Januar	Beginn des Stahlarbeiterstreiks, der bis zum 3. April dauert
5. Mai	SAS stürmt die iranische Botschaft in London

2. Juni	Kabinett billigt das EG-Haushaltsabkommen
22. Juni	Weltwirtschaftsgipfel in Venedig
22. September	Ausbruch des Krieges zwischen Iran und Irak
10. Oktober	Premierministerin spricht auf dem Parteitag der Konservativen in Brighton:»Die Lady wird nicht umkehren.«
27. Oktober	Beginn des Hungerstreiks im Maze-Gefängnis. Ende am 18. Dezember
4. November	Ronald Reagan gewinnt die Präsidentschaftswahlen in den USA
8. Dezember	Britisch-irischer Gipfel in Dublin

1981

5. Januar	Norman St. John Stevas und Angus Maude scheiden aus der Regierung aus. Francis Pym wird Fraktionsführer, John Nott wechselt ins Verteidigungsministerium, Leon Brittan kommt als Staatssekretär ins Kabinett
10. Februar	Die Staatliche Unternehmensbehörde National Coal Board kündigt Zechenschließungen an. Die Regierung zieht den Plan des NCB am 18. Februar zurück
1. März	Bobby Sands beginnt den zweiten Hungerstreik der IRA. Abbruch am 3. Oktober, nachdem zehn Gefangene gestorben sind. Anschließend Bombenanschlag auf die Chelsea-Kaserne
10. März	Haushalt für 1984
24. März	Gründung der SDP. Bildung der Alliance am 16. Juni
30. März	364 Wirtschaftswissenschaftler kritisieren in einem offenen Brief unsere Wirtschaftspolitik
11.–14. April	Unruhen in Brixton
10. Mai	François Mitterrand wird französischer Präsident
3. Juli	Unruhen in Southall. Straßenkämpfe in Toxteth und in Moss Side vom 4.–8. Juli

20. Juli	Beginn des Weltwirtschaftsgipfels in Ottawa
23. Juli	Auseinandersetzung im Kabinett über öffentliche Ausgaben
14. September	Ian Gilmour, Mark Carlisle und Lord Soames verlassen die Regierung; Nigel Lawson, Norman Tebbit und Cecil Parkinson kommen ins Kabinett. Jim Prior wird Staatsminister für Nordirland
30. September	Beginn der Commonwealth-Konferenz in Melbourne
13. Dezember	In Polen wird das Kriegsrecht verhängt

1982

2. März	Roy Jenkins siegt bei den Nachwahlen in Hillhead, Glasgow
2. April	Argentinien besetzt die Falkland-Inseln
3. April	Samstagsdebatte im Unterhaus über Falkland. Abschnitt aus der Resolution 502 des UN-Sicherheitsrats wird angenommen
5. April	Erste Marineeinheiten verlassen Portsmouth. Lord Carrington und andere Minister des Außenministeriums treten zurück. John Biffen wird Fraktionsführer
25. April	Süd-Georgien wird zurückerobert
2. Mai	Die »HMS Conqueror« versenkt die »General Belgrano«
4. Mai	Die »HMS Sheffield« wird von einer Exocet-Rakete getroffen
21. Mai	Britische Truppen gehen in San Carlos an Land
5. Juni	Europäischer Rat in Versailles
14. Juni	Eroberung von Port Stanley. Argentinien kapituliert
20. Juli	Bombenanschläge im Hyde Park und im Regent's Park
26. Juli	Dankgottesdienst in der St. Paul's Cathedral

| 17. September | Bundesrepublik Deutschland: Helmut Schmidt wird durch ein Mißtrauensvotum gestürzt. Helmut Kohl wird Bundeskanzler |
| 20. September | Premierministerin tritt Reise nach Japan, China, Hongkong an |

1983

6. Januar	Kabinettsumbildung: John Nott tritt zurück, Michael Heseltine wird Verteidigungsminister, Tom King übernimmt das Ministerium für Umweltfragen und Lokalverwaltung
23. März	Präsident Reagan gibt SDI-Programm bekannt
28. Mai	Weltwirtschaftsgipfel in Williamsburg
9. Juni	Parlamentswahlen
11. Juni	Die neue Regierung: Nigel Lawson wird Schatzkanzler, Leon Brittan Innenminister, Geoffrey Howe Außenminister, Francis Pym tritt zurück
14. Oktober	Cecil Parkinson tritt zurück
25. Oktober	US-Invasion in Grenada
14. November	Stationierung von Cruise-Missiles in Greenham
4. Dezember	Europäischer Rat in Athen
17. Dezember	Bombenanschlag bei Harrods

1984

9. Februar	UdSSR: Tod Andropows. Premierministerin reist zum Begräbnis nach Moskau
8. März	Beginn des Bergarbeiterstreiks
25. Juni	Haushaltsabkommen auf dem Europäischen Rat in Fontainebleau
10. Juli	Landesweiter Dockerstreik (Ende 20. Juni)

24. August	Zweiter landesweiter Dockerstreik (Ende 18. September)
12. Oktober	Bombenanschlag in Brighton
25. Oktober	Oberster Gerichtshof ordnet Zwangsverwaltung der Streikkasse der NUM an
31. Oktober	Indira Gandhi kommt bei Attentat ums Leben
6. November	USA: Präsident Reagan wird wiedergewählt
20. November	Gründung der British Telecom
15. Dezember	Michail Gorbatschow und seine Frau besuchen Chequers
19. Dezember	Premierministerin unterzeichnet in Peking Honkong-Abkommen

1985

20. Februar	Premierministerin spricht in Washington vor beiden Kammern des Kongresses
5. März	Bergarbeiter kehren an die Arbeit zurück
11. März	Michail Gorbatschow wird neuer Generalsekretär der KPdSU. Premierministerin reist zu Tschernenkos Begräbnis nach Moskau
4. April	Premierministerin bricht zu elftägiger Reise durch den fernen Osten auf
2. Mai	Weltwirtschaftsgipfel in Bonn
2. September	Regierungsumbildung: Peter Rees, Patrick Jenkin und Lord Gowrie scheiden aus. Norman Tebbit wird Geschäftsführer der Partei. Leon Brittan übernimmt das Wirtschafts- und Douglas Hurd das Innenministerium. Kenneth Clarke, John MacGregor und Kenneth Baker werden neu ins Kabinett aufgenommen
9. September	Unruhen in Handsworth (bis zum 10. September), in Brixton am 28. September
16.–19. September	Premierministerin reist nach Ägypten und Jordanien

25. September	Im Plaza-Abkommen wird die Abwertung des Dollar beschlossen
6.–7. Oktober	Unruhen in Broadwater Farm
16.–23. Oktober	Commonwealth-Konferenz in Nassau: Auseinandersetzungen über Südafrika
24. Oktober	Premierministerin und Präsident Reagan sprechen vor der UN-Vollversammlung
15. November	Premierministerin unterzeichnet in Hillsborough das Anglo-Irische Abkommen
3. Dezember	Europäischer Rat in Luxemburg

1986

9. Januar	Westland: Michael Heseltine tritt zurück
24. Januar	Westland: Leon Brittan tritt zurück
28. Januar	Veröffentlichung des Grünbuchs zur Gemeindesteuer
15. April	Luftangriff der USA auf Libyen
3.–6. Mai	Premierministerin besucht Südkorea und den Weltwirtschaftsgipfel in Tokio
21. Mai	Kabinettsumbildung: Keith Joseph tritt zurück. Kenneth Baker wird Erziehungsminister
24.–27. Mai	Premierministerin besucht Israel
3. August	Sondergipfel der Regierungschefs des Commonwealth zu Südafrika
24. Oktober	Großbritannien bricht in Anschluß an die Hindawi-Affäre die diplomatischen Beziehungen zu Syrien ab
15.–16. November	Premierministerin besucht nach dem amerikanisch-sowjetischen Gipfel in Reykjavik Camp David
5. Dezember	Europäischer Rat in London

1987

22. Februar	Louvre-Accord zur Stabilisierung des Dollar
28. März	Premierministerin tritt fünftägige Reise in die UdSSR an (Ende 2. April)
8. Juni	Beginn des Weltwirtschaftsgipfels in Venedig
11. Juni	Parlamentswahlen
17. Juli	Premierministerin besucht Präsident Reagan in Washington
6. Oktober	Parteitag der Konservativen. Regierung nimmt in der Folge Abstand von der stufenweisen Einführung der Gemeindesteuer (zweigleisiges Verfahren)
13. Oktober	Commonwealth-Konferenz in Vancouver
19. Oktober	Der »Schwarze Montag«
8. November	Beim Bombenanschlag in Enniskillen werden 14 Menschen getötet und 60 verletzt
7. Dezember	Premierministerin trifft in Brize Norton zu Unterredungen mit Michail Gorbatschow zusammen
8. Dezember	Unterzeichnung des Vertrags zum Abbau strategischer Mittelstreckenwaffen in Washington

1988

4.–18. Januar	Premierministerin bereist Afrika
10. Januar	Lord Whitelaw tritt aus gesundheitlichen Gründen zurück
7. März	Die Zinsobergrenze für das Pfund Sterling wird aufgehoben
15. März	Haushalt für 1988. Standardsatz für Einkommensteuer auf 25 Prozent, Höchstsatz auf 40 Prozent herabgesetzt
2.–3. März	NATO-Gipfel in Brüssel
6.–8. April	Premierministerin besucht die Türkei
18. April	Michael Mates Ergänzungsantrag zur Gemeindesteuer wird zurückgewiesen

21. Mai	Premierministerin spricht vor der Generalversammlung der Church of Scotland
2. Juni	Der Leitzins steigt von seinem Tiefststand von 7,5 auf 8 Prozent
19.–21. Juni	Weltwirtschaftsgipfel in Toronto
17. Juli	Alan Walters wird erneut Wirtschaftsberater der Premierministerin
25. Juli	Kabinettsumbildung: Das Ministerium für Gesundheit und Soziales wird geteilt. Kenneth Clarke und John Moore übernehmen die beiden Ressorts
30. Juli	Premierministerin tritt elftägige Reise in den Fernen Osten und nach Australien an
20. August	Bombenanschlag der IRA in Ballygawley, Grafschaft Tyrone. Premierministerin bricht Urlaub in Cornwall ab
20. September	Die Rede von Brügge
2. November	Premierministerin tritt dreitägigen Besuch in Polen an
8. November	USA: George Bush gewinnt die Präsidentschaftswahlen
17. November	Premierministerin besucht Washington: Abschied von Präsident Reagan und Gespräche mit George Bush
24. Dezember	Bombenanschlag in Lockerbie

1989

31. Januar	Veröffentlichung des Weißbuchs zur Reform des Nationalen Gesundheitsdienstes
27. März	Premierministerin tritt sechstägige Reise durch Afrika an
1. April	Premierministerin besucht Namibia
5. April	Michail Gorbatschow kommt für drei Tage nach Großbritannien
29.–30. Mai	Gipfel anläßlich des vierzigjährigen Bestehens der NATO in Brüssel

3. Juni	China: Tausende von Demonstranten fallen auf dem »Platz des Himmlischen Friedens« in Peking einem Massaker zum Opfer
26. Juni	Europäischer Rat in Madrid
14.–16. Juli	Zweihundert-Jahrfeier der Französischen Revolution und Weltwirtschaftsgipfel in Paris
24. Juli	Regierungsumbildung: John Moore, Paul Channon, Lord Young und George Younger scheiden aus. Geoffrey Howe wird Präsident des Geheimen Staatsrats und John Major an seiner Stelle Außenminister
19.–22. September	Premierministerin reist nach Japan
18.–24. Oktober	Commonwealth-Konferenz in Kuala Lumpur
26. Oktober	Nigel Lawson tritt zurück. John Major wird Schatzkanzler und Douglas Hurd Außenminister
9. November	Die DDR öffnet die Grenzen zur Bundesrepublik. Fall der Berliner Mauer
5. Dezember	Premierministerin schlägt Sir Anthony Meyer bei der Wahl um die Parteiführung mit 314 zu 33 Stimmen. 27 Enthaltungen
10. Dezember	Tschechoslowakei: Ende der kommunistischen Herrschaft
22. Dezember	Rumänien: Ceausescu wird gestürzt

1990

2. Februar	Südafrika: Präsident de Klerk verkündet die Aufhebung des Verbots des ANC. Freilassung von Nelson Mandela am 11. Februar
31. März	Unruhen am Trafalgar Square
24.–25. April	Premierministerin reist anläßlich des fünfundsiebzigsten Jahrestags der Gallipoli-Landung auf der Halbinsel Gelibolu in die Türkei
6. Juli	NATO-Gipfel in London

9. Juli	Weltwirtschaftsgipfel in Houston
14. Juli	Nick Ridley tritt zurück
30. Juli	Ian Gow wird von der IRA ermordet
2. August	Golf: Irakische Invasion in Kuweit. Premierministerin führt in Aspen, Colorado, Gespräche mit Präsident Bush
17.–19. September	Premierministerin besucht die Tschechoslowakei und Ungarn
3. Oktober	Wiedervereinigung Deutschlands
27.–28. Oktober	Europäischer Rat in Rom
1. November	Geoffrey Howe tritt zurück
19.–21. November	KSZE-Konferenz in Paris
20. November	Erster Wahlgang um den Parteivorsitz der Konservativen: Margaret Thatcher 204, Michael Heseltine 152 Stimmen, 16 Enthaltungen
22. November	Premierministerin gibt ihren Entschluß bekannt, für den zweiten Wahlgang nicht zu kandidieren. Letzte Rede vor dem Unterhaus als Premierministerin
28. November	Margaret Thatcher tritt vom Amt der Premierministerin zurück

Anmerkungen

Einführung

1 Ein politischer Fachterminus der frühen fünfziger Jahre für einen Konsenspolitiker, der den gemäßigten Konservatismus R. A. Butlers mit dem gemäßigten Sozialismus Hugh Gaitskills verband.

2 Staatsmann im achtzehnten Jahrhundert, Premierminister 1766–1768.

3 Die ersten fünfzig Jahre meines Lebens werde ich in einem zweiten Band abhandeln.

4 Die Bezeichnung wurde von Harold Wilson geprägt; sie war abgeleitet vom Namen des Selsdon Park Hotels, in dem das konservative Schattenkabinett seinem rechtsgerichteten Programm für die Wahlen von 1970 den letzten Schliff gab.

1 Über dem Laden

1 Das Privy Council, der Staatsrat, gehört zu den ältesten politischen Institutionen in Großbritannien. Zu seinen Mitgliedern zählen die wichtigsten Berater der Krone, einschließlich aller Kabinettsminister. Gewöhnlich treffen bei seinen Sitzungen einige Minister in Anwesenheit der Königin zusammen. Heute haben diese Sitzungen rein formellen Charakter, aber der Eid, den neue Mitglieder leisten müssen, bekräftigt die Verpflichtung zur Geheimhaltung nicht abgeschlossener Regierungsangelegenheiten und »Orders in Council« stellen immer noch einen wichtigen Schritt zur Verabschiedung von Gesetzen dar, die nicht der Zustimmung des Parlaments bedürfen.

2 Das Grundsatzreferat wurde 1974 von Harold Wilson gegründet und von James Callaghan übernommen. Ich erhöhte die Anzahl der Mitarbeiter. Ihr Wert liegt darin, daß sie aufgrund ihrer engen Zusammenarbeit mit dem Premierminister und einer direkten Mitwirkung bei den täglichen politischen Aufgaben sehr flexibel operieren können.

3 Quango steht für »Quasi-autonomous non-governmental organisation«, also eine quasi-autonome Organisation, die nicht Teil der Regierung ist. Die »Quangos« waren von der Regierung finanzierte Organe, die Aktivitäten des öffentlichen Interesses förderten und überwachten.

4 Siehe Kapitel 2, Seiten 778 f.

5 »QL« steht für »Queen's Speeches and Future Legislation Comittee«, ein Ausschuß für Thronreden und künftige Gesetzesvorhaben.

6 Das Komitee von 1922 besteht aus allen Fraktionsmitgliedern ohne Ministerrang. In den Sitzungen dieses Komitees und seiner Unterausschüsse werden politische Maßnahmen und verschiedene Ansichten erörtert. Die Resultate werden durch die Whips und die Parlamentarischen Referenten den Ministern bekanntgegeben. Das Komitee von 1922 hat auch das letzte Wort bei der Wahl des Speakers, wenn die Konservative Partei die Regierung übernimmt.

7 Zu detaillierten Angaben über Großbritanniens Beitrag zum Etat der Europäischen Gemeinschaft und den Verhandlungen hierüber siehe Kapitel 3.

8 Smith Square Nr. 32 ist die Adresse der Konservativen Parteizentrale, Belgrave Square ist die Adresse der deutschen Botschaft.

2 Neue Weichen stellen

1 Vom 17. 8. 1979 an veröffentlichten wir einen neuen »Steuer- und Preisindex« (Tax and Price Index, TPI), um ein realistischeres Bild von den Auswirkungen unserer Wirtschaftspolitik auf den Lebensstandard zu geben. Dieser Index zeigte sowohl die Steueränderungen als auch die Bewegung der Verbraucherpreise an und war als Indikator für Veränderungen der Lebenshaltungskosten für den arbeitenden Teil der Bevölkerung, der die Mehrheit der Gesellschaft bildet, besser geeignet als die Teuerungsrate. Bei Gehaltsverhandlungen sollte jedoch die wirtschaftliche Lage des jeweiligen Betriebes berücksichtigt werden.

2 Der Anteil des öffentlichen Dienstes am gesamten britischen Arbeitsmarkt war stetig gewachsen, und zwar von 24 Prozent im Jahre 1961 auf fast 30 Prozent zur Zeit unserer Amtsübernahme. Bis 1990 hatten wir ihn durch Privatisierung und andere Maßnahmen wieder unter den Stand von 1961 gebracht.

3 Der Griffiths Report von 1983 schuf die Basis für die Einführung einer Generalverwaltung im staatlichen Gesundheitsdienst, ohne welche die späteren Reformen nicht möglich gewesen wären. Siehe Seiten 831 ff.

4 Erst gegen Ende meiner Amtszeit begannen wir mit den radikalen Reformen des öffentlichen Dienstes, wie sie im »Next Steps Programme« enthalten waren. Gemäß diesem Programm wird ein Großteil der Verwaltungsarbeit – im Gegensatz zur Planung – an Dienststellen delegiert, die zwar von Beamten besetzt sind, deren Spitzenpositionen jedoch auf dem freien Arbeitsmarkt ausgeschrieben werden. Die Dienststellen operieren innerhalb eines von den Behörden vorgeschriebenen Rahmens, unterliegen jedoch in ihrem internen Arbeitsablauf keiner Kontrolle. Die Führungsqualität im öffentlichen Dienst verspricht dadurch entscheidend verbessert zu werden.

5 »Wet« (»naß«, »feucht«) kommt aus dem Gymnasiastenjargon und bedeutet schwächlich oder ängstlich. Die Gegner unserer Wirtschaftspolitik wurden in den frühen achtziger Jahren von deren Befürwortern »Wets« (auf dt. etwa »Waschlappen«) getauft, weil man ihnen unterstellte, daß sie vor harten und schwierigen Entscheidungen zurückschreckten. Wie es in England mit politischen Schimpfnamen so oft geschieht – die Bezeichnung »Tory« wurde bei-

spielsweise ursprünglich für irische Banditen verwendet – identifizierten sich die Gegner unseres Wirtschaftskurses bereitwillig mit dem Namen »Wets« und nannten im Gegenzug unsere Anhänger »the Dries« (»die Trockenen«).

6 Zum Stahlstreik siehe Kapitel 4, Seiten 166 ff.

7 Diese beinhalteten eine ganze Reihe von Maßnahmen, die wir von der Labour-Regierung übernommen, aber etwas modifiziert hatten. Dazu gehörten ein Jugendförderungsprogramm, Ausbildungsmaßnahmen, die Schaffung zusätzlicher Arbeitsplätze, Unterstützung für Kleinunternehmen und Ausgleichszahlungen für Arbeitnehmer mit zeitlich befristeten Verträgen.

8 Patrick Jenkin hatte bereits im Juni 1979 angekündigt, daß wir die gesetzliche Verpflichtung zur Anpassung langfristiger Sozialbezüge an Preise oder Einkommen (je nach dem, welcher dieser beiden Indikatoren höher lag) streichen würden. Künftig sollte sich die Anpassung nur mehr nach den Preisen richten.

9 Zu Sparmaßnahmen im Haushalt für 1980 siehe Kapitel 5, Seiten 148 ff.

10 Zu den Gipfeltreffen und diplomatischen Besuchen dieser Periode siehe Kapitel 3.

11 Siehe Buch II.

12 Zum Ausgang dieser Proteste und unsere Reaktion auf die Hungerstreiks siehe Kapitel 14.

3 Hinein ins Getümmel

1 Durch das Nordseeöl erhielt Großbritannien bald darauf einen Sonderstatus unter den großen Industrienationen, denn wir wurden zu Nettoexporteuren von Öl. Doch auch unsere Märkte wurden von der internationalen Rezession in Mitleidenschaft gezogen; und von daher blieben wir von den Auswirkungen des Preisanstiegs für Rohöl auf den internationalen Märkten nicht verschont.

4 Das Beste kommt noch, Jack

1 Damit bezeichnet man Flächen von meist ca. 500 Hektar, auf denen Firmen größtmögliche steuerliche Erleichterungen geboten werden – 100 Prozent Ermäßigung auf industrielle und gewerbliche Bauten, völlige Befreiung von den Erschließungskosten, Ausnahme von der örtlichen Gewerbesteuer, großzügigere Auslegung von Verordnungen, beschleunigte Bearbeitung der Baugenehmigung. Diese Idee stammte von Geoffrey.

2 Alle geldpolitischen Maßnahmen beziehen sich auf Banknoten und Münzen. Da aber der Großteil aller Transaktionen in der Wirtschaft nicht bar, sondern durch Übertragung von Forderungen an Banken vorgenommen wird (zum Beispiel mit Schecks), umfassen die meisten Maßnahmen auch einen großen Teil der gesamten Bankeinlagen. Weiterreichende Maßnahmen schließen häufig die Guthaben anderer finanzwirtschaftlicher Institutionen wie beispielsweise Bausparkassen ein. M3 beinhaltet im Umlauf befindliche Münzen und Scheine und alle Guthaben in Sterling (auch »Certificates of Deposit«), die sich – im Bereich der privaten wie des staatlichen Sektors – im Besitz von Einwohnern des Verei-

nigten Königreichs befinden. Der Streit über die Messung der Geldmenge dauert an, obwohl er aufgrund der fehlgeleiteten Fixierung auf den Wechselkurs ein wenig in den Hintergrund getreten ist.

Allerdings wurden von jenen, die wegen der von uns vorgenommenen Änderungen Kritik an der mittelfristigen Finanzplanung übten, zwei wichtige Punkte außer acht gelassen. Zum ersten impliziert der Begriff »Monetarismus« einfach die Auffassung, die Inflation sei lediglich ein geldpolitisches Problem, weshalb ihr Rückgang, soll er von Dauer sein, im wesentlichen durch eine Reduktion des Geldmengenwachstums erreicht werden könne. Und zum zweiten sind die Bemessung des Geldangebots und seine Kontrolle auf keinen Fall identisch. Unser Problem bestand darin, die Geldmenge abzuschätzen, was wiederum dazu führte, daß wir nach besseren Bemessungsgrundlagen suchen mußten, um das Konzept M3 zu ergänzen. Aber wir wußten, wie wir die Geldmenge kontrollieren konnten – durch Zinssätze – und handelten entsprechend; tatsächlich vertrat Alan Walters später überzeugend den Standpunkt, daß wir sie zu sehr kontrolliert hatten.

3 Siehe Seiten 159 ff., 165.

4 Der Bericht war niederschmetternd. SLADE hatte ihre starke Position in der Druckindustrie dazu benutzt, um Freischaffenden, Beschäftigten bei Fotostudios und Werbeagenturen zu drohen, die Veröffentlichung ihrer Arbeiten zu boykottieren, falls sie nicht der Gewerkschaft beitraten. Der Bericht kam zu dem Ergebnis, die Kampagne sei »ohne Rücksicht auf die persönliche Einstellung, die Interessen oder das Wohl der ins Auge gefaßten neuen Mitglieder geführt worden«.

5 Der Ryder-Plan von 1975 sah staatliche Investitionen in Höhe von 1,4 Milliarden Pfund über einen Zeitraum von sieben Jahren vor, um die Produktionsstätten zu modernisieren und neue Modelle auf den Markt zu bringen.

6 Siehe Seiten 936 f.

5 Keine Kehrtwendung

1 Höhere Zinssätze verlocken die Menschen, die Summen zu erhöhen, die sie in zinsträchtigen Kapitalanlagen investiert haben, und Barmittel sowie nicht verzinsliche Anlagen auf Girokonten zu reduzieren.

2 Der Streik im öffentlichen Dienst begann im März 1981 und dauerte fünf Monate. Die Gewerkschaftsmitglieder streikten selektiv in verschiedenen wichtigen staatlichen Einrichtungen, so zum Beispiel das Computerpersonal in den Steuerbehörden, was der Regierung 350 Millionen Pfund an Zinsen für Kredite kostete, die aufgenommen werden mußten, um Verspätungen und Ausfälle bei den Steuereinnahmen auszugleichen. Auch in der Kommunikationszentrale der Regierung (Government Communications Headquarters), dem Zentrum für elektronische Aufklärung, wurde gestreikt, was uns im Januar 1984 zu der Entscheidung bewegte, dort keine Gewerkschaften mehr zuzulassen.

6 Der Westen und der Rest der Welt

1 Der dreimonatige Londoner Interbankensatz belief sich auf 13 Prozent. Im Gegensatz dazu lagen die amerikanischen Zinssätze bei 18 Prozent und in Frankreich, Italien und Kanada zwischen 18 und 20 Prozent. Die deutschen Zinssätze von nominal 13 Prozent waren absolut gesehen sehr hoch – und überdies war die Deutsche Mark in den vergangenen zwölf Monaten gegenüber dem US-Dollar um 40 bis 45 Prozent abgewertet worden.

7 Der Falklandkrieg I: Folgt der Flotte

1 Später, als der Krieg gewonnen war, griff Enoch Powell das Thema in einer parlamentarischen Anfrage noch einmal auf: »Ist sich die Sehr Ehrenwerte Lady bewußt, daß nun der Bericht des behördlichen Chemikers vorliegt, dem kürzlich eine gewisse Substanz zur Prüfung übergeben wurde, und daß ich eine Kopie dieses Berichts besitze? Er besagt, daß die geprüfte Substanz aus eisenhaltigem Material höchster Qualität besteht und daß sie von höchster Dehnfestigkeit und gegen Verschleiß und Belastung höchst resistent ist und zu allen nationalen Zwecken vorteilhaft genutzt werden kann.« Ian Gow ließ die beiden Zitate drucken und rahmen und überreichte sie mir 1982 als Weihnachtsgeschenk; sie hängen noch immer in meinem Büro an der Wand.
2 Die maritime Sperrzone umfaßte einen Kreis mit einem Radius von 200 Seemeilen; sein Mittelpunkt befand sich ungefähr in der Mitte der Falkland- Inseln. Nach dem Inkrafttreten der Sperrzone wurden alle in der Zone angetroffenen argentinischen Kriegs- und Hilfsschiffe als feindlich betrachtet und mußten damit rechnen, von britischen Streitkräften angegriffen zu werden.
3 Siehe Seite 304

9 Generale, Kommissare, Mandarine

1 Gegen Ende der 80er Jahre betrug der sowjetische Rüstungshaushalt nach allgemeinen Schätzungen 25–30 Prozent des Bruttosozialprodukts.
2 Deutschland hatte bei seinem Beitritt zur NATO im Jahre 1955 auf den Besitz von atomaren, biologischen und chemischen Waffen verzichtet.

10 Die Entwaffnung der Linken

1 Siehe Seiten 348 ff.
2 Siehe Seite 165.

12 Alles läuft wieder normal

1 Bis 1982 fußte die kanadische Verfassung auf britischen Parlamentsbeschlüssen, die nur Westminster abändern konnte, obwohl Kanada natürlich in jeder prak-

tischen Hinsicht schon lange ein unabhängiger Staat war. In jenem Jahr regelten wir auf Wunsch Kanadas auf gesetzlicher Grundlage die »Einbürgerung« der Verfassung und der verfassungsändernden Gesetzgebung, das heißt, wir gaben sie voll und ganz in kanadische Hand.

2 Siehe Seiten 638 ff.

13 Mr. Scargills Aufstand

1 Siehe Seiten 211 ff.
2 Siehe Seiten 538 ff.
3 Inzwischen wurden mir Dokumente vorgelegt, die beweisen, daß er darüber umfassend Bescheid wußte und die Zahlungen persönlich genehmigt hatte.
4 Siehe Seiten 945 ff.

14 Schatten der Gewalt

1 Die National Union of Conservative and Unionist Association – die ehrenamtlichen Organisationen der Partei.
2 Hier und im folgenden wird der Begriff »nationalistisch« synonym für »katholisch« verwendet, und »unionistisch« für »protestantisch«. Sicher entspricht die politische und ethnische Teilung Nordirlands zu einem großen Teil (aber nicht immer) der Glaubenstrennung und wird manchmal durch diese verschärft, doch ist es irreführend, sie vorwiegend als religiös bedingt anzusehen. Die mordenden IRA-Rebellen und die Hungerstreikenden, die Selbstmord begingen, sind keine »Katholiken« im eigentlichen Sinn, noch sind die »loyalen« sektiererischen Mörder »Protestanten«. In Wahrheit – wenn man dieses Wort im Sinne seiner Bedeutung versteht – sind sie gar keine Christen.
3 Von der Entstehung Nordirlands bei der Teilung im Jahre 1920 bis 1972 hatte es dort eine Herrschaft der protestantischen Mehrheit gegeben, die als »Stormont« bekannt war, benannt nach dem Ort des Parlamentsgebäudes am Rand von Belfast.
4 Siehe Seiten 92 ff.
5 Siehe Seiten 283, 319, 329, 333.
6 In Großbritannien erhielten Häftlinge nur einen Straferlaß von 33 Prozent. Im folgenden Jahr erließen wir ein Gesetz, um dieser ungeheuerlichen Diskrepanz ein Ende zu setzen, und verringerten den Straferlaß in Nordirland ebenfalls auf 33 Prozent.
7 Die Internierung – eine Haft ohne vorherigen Prozeß, war 1971, auf dem Höhepunkt der Unruhen eingeführt, 1975 aber wieder abgeschafft worden.
8 Der Stalker-Sampson-Report war das Ergebnis einer polizeilichen Untersuchung zu einer Reihe von Zwischenfällen im Jahre 1982, bei der die RUC bei Zusammenstößen mit mutmaßlichen Terroristen angeblich eine Praxis des »gezielten Todesschusses« verfolgte.
9 Die »Birmingham Six« waren sechs Iren, die wegen mehrfachen Mordes verurteilt worden waren, nachdem die IRA 1974 auf zwei Lokale in Birmingham

Bombenanschläge verübt hatte. Es folgte eine jahrelange Kampagne, um die Unrechtmäßigkeit ihrer Verurteilung zu beweisen, und dies führte schließlich zur Entlassung der Sechs. Doch zu dem Zeitpunkt, von dem hier die Rede ist, war ihr jüngster Berufungsantrag vom Gericht soeben abgelehnt worden.

10 Nach irischem Gesetz ist jede in Irland geborene Person von Geburt an irischer Staatsbürger; doch Personen, die in Nordirland zur Welt gekommen sind, werden erst irische Staatsbürger, wenn sie sich selbst dazu entscheiden.

11 1985 hatten britische Fußballfans im Heysel Stadion in Brüssel italienische Fans angegriffen; als eine Mauer einstürzte, waren 38 Italiener ums Leben gekommen. Später wurden 26 der beteiligten Briten von Großbritannien an Belgien ausgeliefert, wo sie vor Gericht gestellt wurden.

15 Vom Regen in die Traufe

1 Den Ministern im Oberhaus stand seit 1984 eine auf drei Monate begrenzte Entlassungszahlung zu. Wir brachten im Juli 1990 einen Gesetzentwurf ein, der vorsah, daß dieses Modell auch auf das Unterhaus übertragen wurde. Aufgrund des Zeitmangels wurde das Gesetz erst im Februar 1991 erlassen.
2 Der wichtigste Unterausschuß des Wirtschaftsausschusses des Kabinetts E.
3 Siehe Kapitel 4 und 23.
4 John Redwood trat 1983 sein Amt als Leiter des Beraterstabs an und erwies sich in der Folge als tatkräftiger Mitarbeiter. Er und Peter Warry prüften British Leylands Bilanzen fachkundig und kritisch und setzten mich regelmäßig vom Ergebnis ihrer Arbeit in Kenntnis.

16 Gute Geschäftspartner

1 Im Februar 1993 haben ehemalige sowjetische Funktionäre bei einer Konferenz in der Princeton University zum Ende des kalten Krieges eben diesen Punkt bestätigt.

17 Bringen wir die Welt wieder in Ordnung

1 Siehe Seiten 376 ff.
2 Am 22. Juli 1946 verübte eine Gruppe jüdischer Terroristen unter Führung von Menachem Begin einen Bombenanschlag auf das Hotel, bei dem 31 Menschen ums Leben kamen.

18 Spiel ohne Grenzen

1 Eine Würdigung der Ereignisse in Athen findet sich in Kapitel 12, Seiten 476 ff.
2 Zu meinen Leidenschaften gehört das Sammeln von Menüs: Für den Connais-

seur gebe ich hier die Speisefolge des Dinners vom 25. Juni wieder: Assortiment de foie gras d'oie, Homard breton rôti, Beurre Cancalais, Carré d'agneau, Asperges tides, Fromage de la Brie et de Fontainebleau, Soufflé chaud aux framboises, Mignardises et fours frais und dazu die besten Weine.

3 Großbritannien und Irland erhielten aufgrund ihrer Insellage die Erlaubnis, bestehende Maßnahmen zur Gesundheits-, Sicherheits-, Umweltpolitik und zum Verbraucherschutz beizubehalten oder neue zu entwickeln.

19 Hattrick

1 Siehe Kapitel 22.
2 Siehe Seite 819.

20 Auf dem Weg der Besserung

1 Siehe Seite 69.
2 Zur Terminologie siehe Seite 790.
3 Siehe meine Rede vor der Rand Afrikaans University vom Mai 1991.
4 Das Ministerium für Gesundheit und soziale Sicherheit (Department of Health and Social Security, DHSS), später umbenannt in Ministerium für Gesundheit (Department of Health), ist für die strategische Planung der Gesundheitsvorsorge in England und Wales zuständig. Ihm unterstehen die Regionalen Gesundheitsbehörden (Regional Health Authorities, RHAs), die für besondere Dienstleistungen, umfangreichere Investitionsprojekte und Regionalplanung zuständig sind. Diesen wiederum sind die Bezirksgesundheitsbehörden (District Health Authorities, DHAs) untergeordnet, auf die weiter unten eingegangen wird. Allgemeinärzte, Zahnärzte, Apotheker und Optiker werden von separaten Diensten betreut, den sogenannten Familienbetreuungsausschüssen (Familiy Health Service Authorities). In Schottland sind verschiedene Gesundheitsbehörden unter der Ministerialabteilung für innere Angelegenheiten und Gesundheit zusammengefaßt.
5 Kurzfristig zogen wir auch die Einführung einer staatlichen Lotterie als Finanzierungshilfe für den Staatlichen Gesundheitsdienst in Erwägung. Wenngleich ich einen gewissen Sinn in der Einrichtung örtlicher Lotterien sah, um damit den freiwilligen Gesundheitsdiensten zu kleinen Finanzspritzen für besondere Projekte zu verhelfen, hielt ich es nicht für besonders vernünftig, daß die Regierung die Bevölkerung zum Glücksspiel ermuntern wollte, die darüber hinaus auch noch an die staatliche Gesundheitsvorsorge gekoppelt war.
6 Die medizinische Prüfung (medical audit) ist ein Verfahren, bei dem die Qualität medizinischer Versorgung einzelner Ärzte von Kollegen bewertet wird.

21 Mehr ein Lebensstil als ein Programm

1 Einer kleinen Korrektur stimmte ich allerdings zu, nämlich Steuererleichterungen für Betriebskindergärten.

22 Kleine örtliche Gewitter

1 Ein Großteil der Kommunalausgaben wird durch staatliche Zuschüsse finanziert. Mit der zuschußbezogenen Ausgabenveranlagung (GREA) wurde versucht, den Gemeinden Zuschüsse je nach Höhe ihrer »notwendigen Ausgaben« zukommen zu lassen. Den Umfang dieser Ausgaben errechnete die Regierung nach einer Vielzahl von Faktoren, angefangen von der Einwohnerzahl einer Gemeinde bis hin zum Zustand der dortigen Straßen. Die zur freien Verfügung gewährten Zuschüsse (block grant system) veränderten die Zuteilung der staatlichen Zuschüsse, so daß die Kommunen um so weniger Zuschüsse erhielten, je weiter sie die für sie veranschlagte GREA-Summe überschritten – das heißt, je mehr die Kommunalausgaben die staatlich bewilligten Ausgaben überschritten, desto höhere Abgaben mußten die Rates-Pflichtigen entrichten. Zielvorgaben für einzelne Kommunen (ausgehend von den Ausgaben früherer Jahre) wurden später eingeführt mit der Absicht, jedes Jahr eine Verringerung der Kommunalausgaben zu erreichen: Gemeinden, die ihre Zielvorgaben überschritten, verloren dadurch Zuschüsse (Einbehaltung von Finanzmitteln – holdback). Die Audit Commission wurde 1982 ins Leben gerufen. Ihr oblag es, die Finanzen der Kommunalverwaltungen in England und Wales zu prüfen, und sie hatte das Recht, Arbeiten durchzuführen und zu fördern auf der Basis, daß diese finanziell tragbar und rationell waren.

2 Die Rates der Haus- und Wohnungseigentümer wurden nach einer bestimmten Summe von Pence pro (the »poundage«) Pfund erhoben, und zwar ausgehend von dem Mietwert eines Hauses. Dieser Mietwert wurde vom Finanzamt aufgrund von Schätzwerten bestimmt. Da der Markt für Miethäuser und -wohnungen sehr klein war, waren diese Veranlagungen häufig unrealistisch. Zudem veränderte sich der Mietwert solcher Objekte im Lauf der Zeit, und deshalb mußten in gewissen Abständen Anpassungen vorgenommen werden, das heißt, die Rates wurden neu festgesetzt.

3 Das »volle« Sicherheitsnetz bedeutete, daß es während des ersten Jahres nach Einführung der Gemeindesteuer weder Verluste noch Gewinne durch die Abschaffung des Finanzausgleichs geben würde.

4 Die Gesetze zur Festsetzung einer Obergrenze ermächtigten uns, in mehreren unterschiedlichen Fällen einzugreifen. Nun informierten uns die Anwälte, daß wir weitaus rigoroser als ursprünglich angenommen bei der Festsetzung einer Obergrenze für Kommunen vorgehen konnten, die die Steuer jährlich übertrieben stark angehoben hatten (im Unterschied zur Festsetzung einer Obergrenze bei jenen, die in einem bestimmten Jahr übertrieben hohe Ausgaben gemacht hatten).

23 Gefällige Kürzungen

1 Siehe Seiten 505 ff.

2 Die Einkünfteregelung legt fest, bis zu welchem Betrag ein Rentner in den ersten Ruhestandsjahren zusätzliche Einkünfte beziehen darf, ohne daß dies seine Rentenbezüge schmälert.

3 Zum Rücktritt von Nigel Lawson siehe Seiten 986 ff.

4 Zu beiden Punkten siehe Seiten 938 ff.

5 Siehe Seiten 619 ff.

24 Von festen und freien Wechselkursen

1 Siehe Seite 150.

2 Überfinanzierung bedeutete, daß die Regierung alle Anstrengungen unternahm, die privaten Einlagen bei den Banken zu verringern – und damit auch die Geldmenge M3 –, indem man mehr Staatsanleihen verkaufte, als zur Finanzierung des Haushaltsdefizits nötig waren. Der »Schatzwechselberg« entstand aus dem Einsatz des Erlöses der am Markt zurückgekauften Schatzwechsel.

3 Siehe Seiten 973 ff.

4 Wir müssen an dieser Stelle stets zwischen Nominal- und Realzinsen unterscheiden. Hohe Zinssätze sind bei hoher Inflation in erster Linie eine Folge von Markterwartungen. Wenn davon ausgegangen wird, daß die Inflationsrate hoch ist, also beispielsweise bei zehn Prozent liegt – dann ist ein Zinssatz von zehn Prozent notwendig, selbst wenn man die Steuern unberücksichtigt läßt, um den durch die Inflation bedingten Wertverlust der Ersparnisse der privaten Haushalte auszugleichen. Tatsächlich üben die Realzinsen – dies ist die Differenz zwischen erwarteter Inflationsrate und dem Zinssatz – einen Einfluß auf das Sparverhalten und die Wertpapieranlagen der privaten Haushalte sowie der Unternehmensinvestitionen aus.

5 Zu diesem Thema und zum Thema Europäischer Rat in Madrid siehe Seiten 1023 ff., 1037 ff.

6 Der Gedanke, daß die Inflation, die Ende 1988 begonnen und bis Mitte 1991 angedauert hatte, ihre Erklärung in der Zins- und Geldpolitik von 1985 fand, setzte einen Verzögerungseffekt von beinahe vier Jahren auf die Inflationsentwicklung voraus. Wir wissen, daß laut Milton Friedman Verzögerungen »lang und variabel« sind und im Durchschnitt etwa achtzehn Monate andauern. Drei oder vier Jahre sind also nicht ausgeschlossen, aber doch sehr unwahrscheinlich.

7 Die Zinssätze waren im November 1988 auf 13 Prozent und im Mai 1989 auf 14 Prozent gestiegen.

8 Nachdem unser ursprünglicher Vorschlag von konkurrierenden Währungen auf keine große Resonanz traf, hatten wir mit der Ausarbeitung eines neuen Vorschlags (der »harte ECU«) begonnen, der auf einer Vorlage von Sir Michael Butler basierte, dem ehemaligen EG-Botschafter Großbritanniens, der mittlerweile an der City-Universität lehrte.

25 Im Eiltempo nach Babylon

1 Siehe Seite 574.

2 Siehe Seiten 751 ff.

3 Die WEU wurde 1948 gegründet und verfolgte hauptsächlich den Zweck, die militärische Zusammenarbeit zwischen Großbritannien, Frankreich und den Benelux-Staaten zu sichern. Deutschland und Italien traten ihr in den fünfziger Jahren bei. Die WEU ist älter als die NATO, spielte jedoch nach der Gründung des Atlantischen Bündnisses eine immer geringere Rolle.

4 Siehe Seiten 584 f.

5 Siehe Seiten 1088 ff.

6 Siehe Seiten 977 ff.
7 Siehe Seiten 253 ff.
8 Siehe Seiten 1106 ff., 1165 ff.

26 Besseren Zeiten entgegen

1 Hier handelt es sich um die amerikanisch-sowjetischen Verhandlungen zum Abbau strategischer Atomwaffen, die im ersten Amtsjahr der Regierung Reagan aufgenommen worden waren.
2 Siehe Seiten 374 ff.
3 Deidesheimer Treffen, siehe Seiten 1032 ff.
4 Bezüglich weiterer Diskussionen bei diesem Treffen siehe Seite 1050.
5 Die 1975 verabschiedete Schlußakte von Helsinki beinhaltet u. a. folgende Verpflichtung: »Die Teilnehmerstaaten betrachten gegenseitig alle ihre Grenzen sowie die Grenzen aller Staaten in Europa als unverletzlich und werden deshalb jetzt und in der Zukunft keinen Anschlag auf diese Grenzen verüben. Dementsprechend werden sie sich auch jeglicher Forderung oder Handlung enthalten, sich eines Teiles oder des gesamten Territoriums irgendeines Teilnehmerstaates zu bemächtigen«. Allerdings sah die Schlußakte auch vor, daß »Grenzen in Übereinstimmung mit dem Völkerrecht, durch friedliche Mittel und durch Vereinbarung verändert werden können.«
6 Siehe Seite 1061.

27 Keine Zeit für weiche Knie

1 Siehe Seiten 1107 f.
2 Siehe Seite 141.

28 Rette sich, wer kann

1 Siehe Seiten 1044 ff.
2 Siehe Seiten 1057 ff.
3 Siehe Seiten 1046 ff.

Personen- und Ortsregister

Gummer, John (Landwirtschaftsminister Juli 1989 – November 1990,
Geschäftsführer der Partei 1983 –
September 1985, Generalzahlmeister September 1984 – September
1985) 417, 442 f., 539 f., 596, 889,
1046, 1049, 1174, 1180, 1184
Gummer, Penny 539

Hadfields 165
Hague, Douglas 193
Haig, Alexander 238, 264, 266, 270,
279, 282, 284–297, 300 ff., 304 f.,
307, 311 ff., 319 ff., 325, 328, 330,
339–342, 353, 368, 370 f.
Hailsham, Quintin (Lordkanzler
Mai 1979 – Juni 1987) 55, 66
Hamilton, Archie 581, 1137
Hammond, Eric 517
Hampstead 431
Hanna, Vincent 814
Hannover 579, 976, 1019, 1023,
1025
Hanrahan, Brian 316
Harare 733
Hares, Robertson 1182
Harlech, Lord 115
Harper, Ross 854
Harris, Robin 784, 789, 792
Harrison, Margaret 866
Harrogate 424 f., 813
Hart, David 519
Hassan von Marokko 731
Hastings, Stephen 314
Haughey, Charles 329, 549 f., 552 f.,
555, 557, 559, 574, 576, 578–581,
585, 1051, 1054
Havel, Vaclav 1093, 1118 f., 1125,
1142
Havers, Michael (Erster Kronanwalt
Mai 1979 – Mai 1986, Lordkanzler
Juni 1987 – Oktober 1987) 166,
281, 316, 337, 492 f., 495, 532
Hawke, Bob 718 f., 721, 725, 737 f.
Hayek, Friedrich von 25, 848, 987
Healey, Denis 51, 88, 311, 423, 429 f.,
798
Heath, Edward 17, 26 f., 39, 44, 58,

167, 233, 244, 251, 260, 420, 442,
484, 593, 595, 886, 889, 954, 965,
1024, 1036, 1146, 1164
Heathrow 675, 710, 987, 1128
Helms, Jesse 240
Helsinki 675, 1099 f., 1106 f., 1165
Henderson, Michael 327 f.
Henderson, Sir Nicholas 272, 279,
284, 303, 312
Hendon 431
Heseltine, Michael (Minister für
Umwelt und Lokalverwaltung Mai
1979 – Oktober 1983, Verteidi-
gungsminister Oktober 1983 –
Januar 1986) 219, 389, 423, 464 f.,
469 f., 593 f., 598–618, 650, 663,
884 f., 889, 898, 917 f., 1044,
1146 f., 1154–1157, 1159, 1161–
1164, 1167, 1171–1175, 1178 ff.,
1182, 1186, 1190 f.
Highgate 431
Hillsborough Castle 569
Hindawi, Nezar 710
Hiroshima 348
Hitler, Adolf 1052
Home, Alec Douglas 26
Honecker, Erich 1093
Hongkong 105, 376–380, 457, 661,
687–697, 701
Hoskyns, John 57, 74, 92, 203, 206,
211, 230
Houston 1055 ff.
Howard, Michael (Arbeitsminister
Januar 1990 – November 1990)
597, 1044, 1174, 1179
Howe, Derek 407
Howe, Elspeth 66, 1046
Howe, Sir Geoffrey (Schatzkanzler
Mai 1979 – Juni 1983, Außenmini-
ster Juni 1983 – Juli 1989, Präsident
des Geheimen Staatsrates Juli 1989
– November 1990, Fraktionsführer
Juli 1989 – November 1990) 29,
51 f., 59, 66, 74 ff., 78, 84, 86–89,
92, 149, 156 f., 161, 181, 184 f.,
188 ff., 192 ff., 200, 202–208, 223–
226, 233, 280, 392, 402, 404, 406,
411, 418, 420, 424, 440 f., 450, 464,

O'Fiaich, Kardinal 555
O'Sullivan, John 792, 802
Obasanjo 721
Ogilvy, Angus 470
Ohira, Masayoshi 108, 111, 113
Oman 246
Onslow, Sir Cranley 634 f., 1156,
1162, 1170, 1172 ff.
Orgreave 501 f., 533
Orlow, Juri 672
Orme, Stan 516
Ostberlin 356, 1103
Ottawa 247, 249, 456
Owen, David 472, 794, 800
Oxford 184, 229, 703
Özal, Turgut 1132, 1138, 1167

Padstow Harbour 420
Paisley, Ian 558, 570 f.
Palmerston, Lord 653
Panama-Kanal 326
Pantefract 528
Papandreou, Andreas 478 f., 757,
1032
Paris 53, 631, 746, 964, 1019 f., 1040,
1050, 1058, 1098, 1165, 1175
Parkinson, Cecil (Kanzler des Herzog-
tums Lancaster April 1982 – Januar
1983, Geschäftsführer der Partei
September 1981 – Oktober 1983,
Generalzahlmeister September 1981
– Juni 1983, Wirtschaftsminister
Juni 1983 – Oktober 1983, Energie-
minister Juni 1987 – Juli 1989, Ver-
kehrsminister Juli 1989 – Novem-
ber 1990) 56, 228, 230, 280, 316,
402, 404, 409, 411 f., 422, 431,
441–444, 591, 593, 781, 816, 941–
946, 1044 f., 1177
Parsons, Sir Anthony 138, 200, 271 f.,
313, 319, 322, 324, 328, 332, 341
Patten, Chris (Minister für Umwelt
und Lokalverwaltung Juli 1989 –
November 1990) 903 ff., 913 ff.,
916 f., 1036, 1044, 1046, 1048 f.,
1180
Pearce, Sir Austin 613
Pebble Island 327

Peckham 386
Peel, Sir Robert 401
Peking 377, 661, 689, 691, 693 f.,
698
Penang 1128
Peres, Shimon 710 ff.
Perle, Richard 636
Perth 327, 415, 779, 971
Peshawar 252
Pienaar, Louis Alexander 735
Pöhl, Karl Otto 976 f., 1024, 1056
Ponsonby, Amanda 987
Popieluszko, Jerzy 1079
Popow, Gawriil 1113
Port Darwin 339
Port Stanley 264, 278, 310, 316, 343–
346, 807
Port Talbot 175, 498
Portillo, López 311, 321
Portillo, Michael 1183 f.
Portsmouth 281, 814
Post, Laurens van der 277, 724
Powell, Sir Charles 652, 668, 774,
1034, 1128 f., 1134, 1167
Powell, Colin 1144
Powell, Enoch 274, 547, 618
Prag 1029, 1118 f.
Pretoria 738
Price, Charles 539
Primakow, Jewgeni 1143
Prior, James (Arbeitsminister Mai
1979 – September 1981, Minister
für Nordirland September 1981 –
September 1984) 54 f., 71, 91, 147,
153 f., 156, 161 f., 166, 172, 195,
199, 216, 227–230, 396, 558, 561,
565, 609
Prout, Christopher 1035
Puerto Rico 468
Pugo, Boris 1110
Pym, Francis (Verteidigungsminister
Mai 1979 – Januar 1981, General-
zahlmeister Januar 1981 – Septem-
ber 1981, Fraktionsführer September 1981 – April 1982, Außenminister April 1982 – Juni 1983, Präsident des Geheimen Staatsrats September 1981 – April 1982, Kanzler